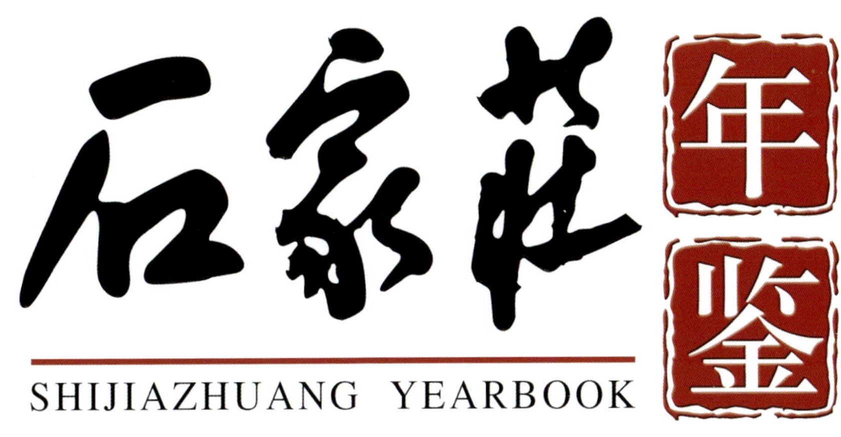

2015 石家庄市人民政府 编

河北人民出版社

图书在版编目（CIP）数据

石家庄年鉴．2015/石家庄市人民政府编．—石家庄：河北人民出版社，2016.11
ISBN 978-7-202-11467-4

Ⅰ．①石… Ⅱ．①石… Ⅲ．①石家庄—2015—年鉴 Ⅳ．①Z522.21

中国版本图书馆CIP数据核字（2016）第277970号

书　　名　石家庄年鉴2015
　　　　　Shijiazhuang Nianjian 2015
编　　者　石家庄市人民政府

责任编辑　杨永林
美术编辑　于艳红
责任校对　付敬华
策划总监　薛鹏飞
版式设计　速诺传媒
封面设计　王　鹏
彩页设计　李　康
翻　　译　杨永林

出版发行　河北人民出版社（石家庄市友谊北大街330号）
印　　刷　天津市银博印刷集团有限公司
开　　本　889毫米×1194毫米　1/16
印　　张　47
字　　数　1 270 000
版　　次　2016年11月第1版　2016年11月第1次印刷
印　　数　1-3 000
书　　号　ISBN 978-7-202-11467-4
定　　价　380.00元

石家庄市地方志编纂委员会

名誉主任：孙瑞彬　省委常委、市委书记

主　　任：邢国辉　市委副书记、市长

常务副主任：刘晓军　市委常委、常务副市长

李　清　市委原副书记

副主任：胡儒钗　市委常委、市委秘书长

王中联　市人大常委会副主任

赵拴文　市政协副主席

丁建民　石家庄警备区参谋长

郭广生　市政府原副市长

孟胜林　市政府秘书长

委　　员：刘月照　市委常务副秘书长

宋国宏　市政府常务副秘书长

王云辉　市委组织部副部长

赵志敏　市政府办公厅副主任

张　炬　市委农工委常务副书记

赵文锋　市发展和改革委员会主任

郎金国　市教育局局长

王雁南　市科学技术局局长

《石家庄年鉴》特邀编委

《石家庄年鉴》终审

李　清　郭广生　孟胜林　宋国宏　赵志敏

《石家庄年鉴》

主　　编：曹立波

副 主 编：刘建洲　武光宇　薛鹏飞

编辑部主任：薛鹏飞

责任编辑：（按承编顺序为序）

徐陈卫：特载、文献法规

刘　欠：大事记

肖海军：市情概览、特色园区、工业、城乡建设与环境保护、信息产业、国内外贸易·旅游、县（市）区概况

王建峰：公共管理和社会组织

石玉杰：社会团体、政法、军事

彭连忠：农业、交通运输、金融、综合经济管理

赵振献：科学技术、教育、文化、卫生·体育、社会生活

荀志俊：人物、图照

韩　芳：统计资料

编辑说明

一、《石家庄年鉴》是石家庄市人民政府主办的一部全面记述石家庄市市情的权威性大型综合性地方年鉴。本年鉴自1993年始，逐年编纂出版，向国内外发行。

二、本年鉴以邓小平理论、“三个代表”重要思想和科学发展观为指导，如实记录上一年度石家庄市政治、经济、军事、文化、科技、教育等方面的情况，充分反映各行各业取得的成就，客观记述改革和建设中的经验与教训，是各级领导和机构实施决策的重要依据，是国内外了解石家庄最准确、最权威的资料性文献。

三、本卷为2015年卷，总第20卷，着重记述2014年度经济社会发展情况。本年鉴采用分类编纂法，由类目、分目、条目三部分组成。共设特载、大事记、市情概览、特色园区、公共管理和社会组织、政法、军事、农业、工业、城乡建设与环境保护、交通运输、信息产业、国内外贸易·旅游、金融、综合经济管理、科学技术、教育、文化、卫生·体育、社会生活、县（市）区概况、人物、文献法规、统计资料等24个类目。条目统一用黑体字加【】表示。记述时间“月”“日”未标注年份均为2014年。货币单位“元”无专门标注均指人民币。为反映工作实际，记述用地、占地、耕地面积有的使用“亩”，其余均采用国家规定的法定计量单位。

四、年鉴组稿采取部门供稿与责任编辑采编相结合的方式。市直各部门，各县（市）区政府及有关单位均指定专人撰写，并经主管领导审核。

五、本年鉴数据一般截至2014年底，个别事情记述上限适当追溯，下限稍有延长，以供读者了解发展脉络。全局性数据以石家庄市统计局提供的数据为准。统计资料由市统计局提供。2013年6月原石家庄辛集市划归河北省直接管辖，如无标注说明，本年鉴数据一般不包括辛集市。“特载”全文引用，数据未改动，其他内文数据均为准确数据。因统计口径等原因，有关部门提供的个别数据与统计数据不尽一致，采用时请予注意。

◆ 2014年4月3日，国家农业部部长韩长赋（左二）在河北省长张庆伟（左三）和石家庄市长王亮（左一）陪同下，到石家庄市赵县西湘洋村调研考察高产创建示范方水肥一体化技术。

◆ 2014年10月17日，国家卫生计生委主任李斌（女）到石家庄市指导召开全国农村改厕工作现场推进会。

◆ 2014年3月21日，中共石家庄市委常委集体赴西柏坡开展“重温‘两个务必’，坚持执政为民”主题活动。

石家庄市交通运输局

2014年，市交通运输局完成交通基础设施建设投资126.33亿元。高速公路建设完成投资88.03亿元，建设里程228.5千米，其中京港澳高速改扩建工程105千米（新建段82.9千米）顺利通车。干线公路建设完成投资22.9亿元，通车里程136千米。农村公路建设完成投资9.5亿元，建设里程1113千米，完成农村面貌提升主街道硬化366.7千米、县乡公路改造442.8千米、年久失修路303.5千米。公路养护完成投资4.2亿元，完成大中修17项301.5千米，桥梁维修加固15座2245延米，干线公路技术状况指数达到85.6。路域环境整治和绿色廊道建设成效显著，清除非交通标志9434块、违章建筑2013平方米、摊点3701处，清运垃圾6.2万立方米，栽植各类树木70万株。

◆ 市政府党组成员、市交通运输局局长　罗二虎

加强运输市场管理，全年完成货运量24141.63万吨，货运周转量10247049.6万吨千米，完成客运量6179.18万人，客运周转量375277.88万人千米。开展道路运输市场“打非治违”专项行动，查处违章经营车辆4167辆次、非法运营“三车”4326辆。推进城市公交建设，新开辟公交线路10条，合并公交线路9条，优化调整线路41条，营运行驶里程1.81亿千米，运送乘客5.1亿人次，全年公交出行分担率达到29.23%。至2014年底，市交通运输局拥有2个国家级、10个省级、70个市级文明单位，6个国家级、21个省级、113个市级青年文明号。

绿色廊道

市交通运输局非常重视道路环境建设，因地制宜，积极开展以高速公路、国省干线为重点的绿化提升行动，累计投资2978万元，栽植各类树木70万株，成活率达到95%以上，绿色廊道建设取得显著成效。

领导视察

省市领导非常重视石家庄市交通运输建设，2014年省委常委、市委书记孙瑞彬，河北省交通运输厅厅长高金浩，石家庄市市长王亮等领导，多次深入交通运输一线检查指导工作。

◆ 省委常委、市委书记孙瑞彬视察指导新城大道建设

◆ 河北省交通运输厅厅长高金浩视察石家庄城市公交运营

◆ 市长王亮视察白佛客运站

◆ 市交通运输局局长罗二虎到平山县调研农村道路建设

新城大道

新城大道全长7.17千米，建设标准为城市快速路和城市主干路、全线高架、全封闭双向八车道，工程总投资22.38亿元。2014年12月，新城大道全线施工完成，大大缩短了主城区到正定新区的通行时间，对拉开城市框架，实施跨河发展，加快正定新区建设步伐，建设大省省会具有重要意义。

石家庄市国有资产监督管理委员会

◆ 石家庄市国资委主任、党委书记　毕拉祥

石家庄市国资委于2004年1月挂牌成立，主要整合了原市经贸委、企业工委、体改办、各行业协会筹备组、财政局、劳动局等部门相关职能，为市政府直属正县级特设机构。2009年，根据《石家庄市人民政府关于市政府机构设置的通知》（石政发〔2009〕40号），市国资委列为市政府工作部门。内设机构19个处（室），行政编制127人，事业编制5人，工勤编制10人，实际在职人员146人。至2014年底，市国资委监管21户企业资产总额317.15亿元，实现营业收入294.68亿元，利润6.22亿元；列入监管事业单位7户，其中财政全额拨款学校2家，经营性事业单位5家；市国资委党委管理全市国有企业一级党组织119个，党员42900名。2014年市国资委获得石家庄市文明单位、工会工作先进单位、安全生产目标管理优秀单位和普法先进单位等荣誉称号，连续多年被石家庄市委授予“先进基层党组织”。

以做大做强国有企业、提高发展质量效益为目标，以全面深化国资国企改革为动力，引导企业深入研究市场，完善经营策略和市场布局，强化经济运行动态监测和调度，实现国有企业主要经济指标平稳增长。推进机关标准化建设，初步建起科学化、规范化、制度化标准管理体系。建立网络交互平台，实现国资管理部门与监管企业间资源共享和互联互通。探讨国企改革、党的建设、企业文化等，全年在市级以上报刊、电视台、广播电台刊播新闻宣传报道120余篇（条），《石家庄日报》5次在头版显要位置刊发市国企改革发展做法。

加强企业安全生产管理，按照“以人为本、预防为主、安全发展”总方针，深化“党政同责、一岗双责”和安全生产承诺制，2014年市国资委与19家企业签订《安全生产目标管理责任书》和《消防责任状》，督促落实安全设施资金2662万元，举办安全生产培训332场次，开展安全生产大检查5次，下达隐患整改通知323个，落实整改310个。重视企业队伍建设，综合考核监管企业领导班子及领导人员，调整北人集团、宝德集团等11家监管单位董事会和经理层人员36名，举办高级管理人员培训班16期270余人次。

国有资产监管。制定出台《石家庄市国有企业财务预算等重大信息公开暂行办法》和《石家庄市国有企业负责人经营投资责任追究暂行办法》，完善国资监管法规体系，提高国资监管规范性和有效性。规范国有产权变动程序，提升产权管理水平。落实国有资本经营预算制度，审核催缴国有资本收益，并利用收益资金，支持企业转型升级、改制重组和科学发展。督促企业构建内控管理体系，建立“以流程为纽带，以控制为手段，以制度为保障”企业内部管理控制机制，夯实基础管理，提升运营水平。借鉴先进城市国有企业成功做法，摸底调查市本级经营性国有资产，起草《加快推进市级经营性国有资产集中统一监管工作的报告》，推动经营性国有资产统一监管。

国有企业改革。制定适合各企业特点改革方案，优化国有资产布局，提高国有资产整体竞争实力。2014年市国资委管理8家企业完成改制，其中，方元纺织机械厂、羊毛衫厂2家企业完成集体企业改制；驼梁宾馆、市机械供销公司等4家企业完成国有产权无偿划转和有效整合；北国惠民食品销售有限公司、宝石电真空玻璃公司2家企业完成国有产权有偿退出。

国有资本运作。加速推进国有资产证券化，北人股份调整股权结构和规模，完善法人治理结构，达到上市基本要求，择机申请上市；宝德集团、建投集团、白龙化工等优势企业有效运作国有资源和资本，做好进入资本市场前期准备。以优势企业为依托，通过担保和反担保联合捆绑相关企业，提高银行信用资本，实现低成本融资。2014年北人集团、常山集团、白龙化工等企业获得各类贷款11亿元。

石家庄物产集团有限公司

石家庄物产集团有限公司是2005年经市委、市政府批准成立的国有独资企业，隶属石家庄市国资委，注册资本19494万元。主要经营业务：房地产开发，房屋租赁，物业服务，酒店、住宿、餐饮服务；太阳能产品销售及出口业务；声波清灰项目研发、销售及安装。下设石家庄宝晟房地产开发有限责任公司、河北德服物业服务有限公司、石家庄市燃料总公司（石家庄物产集团有限公司“4050”及内退人员管理中心）3个全资子公司。负责9家改制或破产重组企业党组织及1家挂靠企业党组织管理。现有在职人员419 名，退休人员569人，代管国资系统离休干部572人。2014年实现利润126.40万元，净资产收益率3.46%，应收款项回收率42.17%，投资收益率19.08%，均超额完成市国资委下达计划指标。

◆ 2月18日，召开党的群众路线教育实践活动动员大会

石家庄市国有资本经营有限公司

◆ 专题民主生活会

石家庄市国有资本经营有限公司是国有独资企业，主要为全市各类工商企业提供金融服务，注册资本6.43亿元。经营范围：市属国有资产运营、投资、并购重组、产权转让、资本运作、资产增值；资产管理、财务顾问。经营模式：利用自有资本进行股权投资业务、短期融资业务、为企业融资提供财务顾问业务、担保业务等。下设全资子公司2个：石家庄市国经设备租赁有限责任公司、石家庄国经商业管理有限公司；参股公司2个：石家庄旭新光电科技有限公司、石家庄白龙化工股份有限公司。至2014年底，公司资产总额8.80亿元，同比增长10.23%；主营业务收入2866.91万元，同比增长19.71%；利润总额505.12万元，同比增长32.04%；利税917.29万元，同比增长39.45%；成本费用利润率22.96%，完成全年考核指标229.6%；业务总额30480万元，完成全年考核指标203.2%。

石家庄市保安服务公司

◆ 按照公司印发《关于开展“创建客户满意岗点 创建市场认可单位”主题练兵活动的实施方案》要求，实施第一批124个岗点评比考核，通过率达到90%

石家庄市保安服务公司成立于1988年，是市国资委主管、市公安局监管，以社会责任为先的大型国有保安企业，是中国保安协会、河北省保安协会常务理事单位和石家庄市保安协会副会长单位。现有10多家子公司及分公司，服务范围涵盖保安人防、武装押运、金库守护、大型活动安保、技术防范、犬防、现场安检、消防保安、金融服务、物业服务、人力资源、保安器材销售、保安教育培训等涉及安保服务诸多方面。公司拥有一支正规化、专业化、职业化的保安队伍，现有职工1万余人，共为省会1610余家党政机关，水、电、油、气、暖、通信、金融行业单位，中小学幼儿园等治安保卫重点单位及各类大型群体活动提供专业化安保服务。2014年公司实现营业收入3.37亿元，利税总额1737万元，安全护卫率100%，运钞车百千米油耗14 升，较好完成市国资委制定的各项考核任务指标，被河北省委、省政府授予省级“文明单位”荣誉称号，被石家庄市保安协会评定为“五星级保安服务公司”。

石家庄白龙化工股份有限公司

石家庄白龙化工股份有限公司是1997年12月由石家庄市化工二厂改制设立的股份制企业。主要产品苯酐、顺酐、增塑剂。注册商标"白龙"牌。"白龙"商标为河北省著名商标,"白龙"牌苯酐为河北省名牌产品,顺酐为河北省优质产品。主导产品苯酐和顺酐产量在河北省内占第一位、在国内占第五位。其中,苯酐产品的综合能耗在国内占第三位、综合技术水平为国内先进;顺酐综合能耗在国内占第一位、综合技术水平为国内先进。近年来,公司获得全国苯酐、增塑剂行业十强企业,中国化工企业500强企业,全国化工环境保护先进单位,河北省著名商标企业,河北省诚信企业,河北省明星企业,河北省劳动关系和谐单位,石家庄市百强企业,石家庄市优秀企业,石家庄市文明单位等荣誉称号。

2014年公司由石家庄市谈固北大街搬迁至石家庄循环化工园区,实施改造优化升级,一期新厂项目建设完工,进入试生产阶段,老厂区生产装置全部停产。公司通过实施搬迁改造优化升级和采用国际先进技术,全面提升了企业生产装置整体技术水平,并依托化工园区原料资源,逐步形成经济合理的上下游一体化产品链,企业主要产品技术达到国际先进水平,提高了产品市场竞争力,实现了良好的经济效益。

◆ 2014年2月19日,市人大常委会副主任王中联到企业检查安全和生产经营工作

石家庄市建设投资集团有限责任公司

石家庄市建设投资集团有限责任公司(简称建投集团)隶属于石家庄市国资委,前身是1998年经市政府批准成立的石家庄市建设投资有限公司。2006年组建集团公司;2009年初被市政府确定为市属经营性国有资产运营和投融资平台;2010年5月,根据市政府深化投融资平台改革和建设要求,剥离政府性融资职能,退出投融资平台,向市场化运作和企业化经营方向发展。经营范围:统一经营和管理授权范围内的国有资产、为企业提供破产清算服务、破产企业资产变现与相关业务咨询、从事产权经纪业务、企业改制、重组及业务咨询、履约担保业务、工程建设投标机械设备买卖和租赁、房地产开发与经营、物业管理、自营和代理各类商品及技术进出口业务、经济信息咨询。建投集团拥有6家子公司和13家参控股企业。近年来,建投集团获评"中国AAA级信用企业""河北省诚信企业""石家庄市百强企业"和石家庄市"精神文明先进单位""安全生产先进单位",还获得"石家庄市五一建功立业奖""先进基层党组织""普法工作先进集体"及石家庄市总工会授予"五一劳动奖状"等荣誉称号。2014年底,建投集团注册资金27.0亿元,资产总额490.0亿元,实现收入1.09亿元,利润总额4224万元,总资产增长率13.12%,成本费用率67.13%,投资收益率8.05%。

◆ 建投集团办公楼

石家庄宝德投资集团

◆ 宝德集团董事长、党委书记 马靖

石家庄宝德投资集团(简称宝德集团)前身是石家庄宝德中小企业担保服务有限公司,成立于2002年,是河北省成立较早的融资担保机构。宝德集团是经石家庄市人民政府批准,于2014年5月组建的国有独资投资企业,是河北省融资性担保业协会副会长单位、石家庄市融资性担保业协会常务副会长单位。集团旗下拥有石家庄宝德中小企业担保服务公司、石家庄宝德设备租赁公司和石家庄骥德酒业公司等子公司,主营业务有融资担保、融资租赁和白酒产销等。

2014年宝德集团面对经济下行复杂局势和河北产业结构调整等不利影响,审时度势,稳调结构,开拓创新,加强风险控制,积极应对。至2014年底,宝德集团资产总额22.0亿元,同比增长37.5%;净资产7.5亿元,同比增长9.5%;营业收入3.84亿元,同比增长10%;实现利润1.01亿元,同比增长8%;上缴税费6280万元,并入选石家庄市优秀企业100强。

石家庄北国人百集团有限责任公司

石家庄北国人百集团有限责任公司（简称北人集团）成立于2000年7月4日，2008年3月，改制为国有控股股份制企业。北人集团旗下拥有北国商城股份有限公司、石家庄饮食公司、石家庄国际博览中心、针纺织品公司、华远公司等8家企业，主要涉及百货连锁、超市连锁、家电连锁、珠宝连锁、餐饮娱乐、租赁会展、仓储配送等行业，经营网点遍布河北、山东、山西、河南、北京、天津和内蒙古等7省（市）25座城市。北人集团是跨区域、多业态的大型商业企业集团，连续5次入选“中国企业500强”，其中2014年排名第386位，被授予“全国商业服务业年度十佳企业”“全国和谐商业企业”“全国商业服务业顾客满意企业”“全国五一劳动奖状”等荣誉称号，是河北省商贸流通领域龙头企业。根据中华全国商业信息中心统计，2014年1~12月全国50家重点大型零售企业商品零售额累计同比下降0.7%，全年累计零售额同比下降企业38家。在低迷的市场环境下，2014年北人集团年销售额同比增长6.5%，实现逆势增长。至2014年底，北人集团总经营面积130万平方米，员工总数4.6万余人；资产总额97.40亿元，同比增长9.21%；年销售收入321.36亿元，同比增长6.5%；实现利税12.32亿元，同比增长3%；上缴税金6.60亿元。

◆ 2014年11月26日，北人集团、北国股份主要领导出席北国商城西扩封顶仪式

石家庄常山纺织集团有限责任公司

◆ 2014年12月30日，省人大常委会党组副书记、省总工会主席王增力，副省长张杰辉到正定常山纺织园调研指导“安康杯”竞赛活动

石家庄常山纺织集团有限责任公司成立于1991年，是在石家庄市属纺织工业企业基础上联合组建，1996年改组为国有独资公司石家庄常山纺织集团有限责任公司，拥有独资（控股）公司11家，其中上市公司1家，员工1.4万人，注册资金12.54亿元，主要生产能力纱锭50万枚，国际先进、国内领先的宽幅无梭织机2000余台。

2014年公司按照“强研发、精制造、创品牌、大贸易”发展构想，加快推进向中高端转化步伐，着力发展功能性、环保型、差别化高档面料，向产业链高端迈进。**强研发**——发挥国家级企业技术中心和国家认可实验室的优势及“东华大学研究生社会实践基地”院士工作站的作用，建立市场化、符合现代企业制度要求的人才激励机制；规划至2015年末，新产品贡献率达到50%以上；至2018年末，新产品贡献率达到70%以上。**精制造**——以企业搬迁改造为契机，加大淘汰落后产能工作力度，把用工多、效率低、功能落后的设备淘汰掉；规划至2015年末，高端产品比重提高到90%以上，差别化产品比重提高到50%以上；至2018年末，高端产品比重提高到95%以上，差别化产品比重提高到60%以上。**大贸易**——实现从简单生产销售到产业链经营转变；规划至2015年末，公司贸易经营年营业额突破12亿元；至2018年末，公司贸易经营年营业额达到15亿元。**创品牌**——实现从产品主导到品牌创造转变；规划至2015年末，品牌贡献率达到50%以上；至2018年末，品牌贡献率达到70%以上。

至2014年底，公司资产总额73.20亿元，同比下降4.40%；实现营业收入79.42亿元，同比增加12.29%；生产经营企业实现利润2330万元，同比增加6.10%；利税4935万元，同比增长39.41%；出口创汇8791万美元，同比增加12.60%。公司被中国纺织企业联合会评为2013~2014年度中国纺织服装企业竞争力500强（列87位）；被中国棉纺织行业协会评为2013~2014年度中国棉纺织行业竞争力百强企业（列20位）；被河北省工业经济联合会评为2014年河北百强企业、2014年河北纺织业排头兵企业（列1位）；被河北省工商局延续认定为河北省著名商标企业。

石家庄市机械技工学校

◆ 石家庄市机械技工学校师生表彰大会

石家庄市机械技工学校始建于1965年，是石家庄市建校最早的国办技工学校，现为国家重点技工学校。学校建校之初为“石家庄市动力工读学校”，1973年更名为“石家庄市机械工业学校”，1974年改称为“石家庄市机械技工学校”。2003年“石家庄机电工业学校”正式挂牌，与“石家庄市机械技工学校”为两牌一校。学校隶属于石家庄市国资委，是人力资源和社会保障部批准的国家重点技工学校，属市财政全额拨款事业单位。

学校占地面积4.6万平方米，建筑面积3.4万平方米。现有教职工145人，具有高级职称25人，中级职称32人，高级技师8人、技师31人，6名教师具有高级考评员资格，工种考评员26名。坚持“以服务为宗旨，以就业为导向，规范办学，质量立校，精细管理，突出特色，德育为首，技能至上”办学理念，始终将教育教学质量视为立校之本，严格“立德树人”，强调全面发展，现开设专业20个，就业率保持在98%以上。

1992年以来，学校多次获得“省级先进技工学校”“省级教学质量优秀单位”“市级文明单位”等荣誉称号；被石家庄市政府命名为“全市职业教育先进集体”；被市总工会授予“石家庄市五一建功立业奖状”；被河北省总工会授予“五一奖状”，命名为“河北省职工职业技能竞赛突出贡献单位”；被市全民科学素质工作领导小组命名为“石家庄市科学素质教育基地”。2014年学校获得石家庄市文明单位、六五普法工作先进单位，市国资委信息工作、安全工作先进单位及石家庄市中等职业学校学生技能大赛优秀承办单位等荣誉。

石家庄经济学校

◆ 教师风采礼仪大赛

石家庄经济学校始建于1980年，是一所属于石家庄市国资委的国办重点中等职业学校。学校秉承“规范发展”和“以人为本”相结合的管理理念，围绕“职业教育就是就业教育”办学宗旨，坚持实行“多层次、多渠道、多形式”联合办学方式，走出一条具备经济学校特色的“校企合作、工学结合、订单培养”办学之路，形成普通教育与成人教育、脱产教育与在职教育、学历教育与在岗培训相结合的办学新格局。实行“订单式”培养，与石家庄周边多家知名企业签订就业协议，学生入学即确定就业方向和单位，毕业后经面试、体检、考核合格者全部推荐安排就业，学生就业率达到98%以上，就业对口率达到80%以上，实现了“学生、企业、学校”三方共赢。近年来，学校被授予全国中等专业教育先进学校、省教学改革先进单位、省模范职工之家、市职业教育先进集体、市普法先进集体、市安全文明校园等荣誉称号，学校现为全国骨干教师培训科研单位、市文明单位、市科学素质教育基地、市级化学制药专业实训基地、市人力资源和社会保障局定点培训机构、南京大学网络教育学院在河北省设立唯一学习中心。

石家庄国大集团有限责任公司

石家庄国大集团有限责任公司（简称国大集团）成立于1997年，经营范围包括酒店餐饮、便利店连锁经营、食品加工销售等，现有参控股子公司5家，曾荣获全国五一劳动奖状、全国酒店业五十强、中国500家最大服务企业等荣誉称号。旗下国大酒店经营公司拥有“驿家365”连锁酒店品牌、“千里行”客栈品牌、“唐年”商务酒店品牌3个自有品牌。2014年底，“驿家365”达到165家，成功入选全球连锁酒店300强，位列第210位，成为华北地区强势品牌，继续保持省内第一、全国前列的发展态势。旗下洛杉奇食品公司以“金凤”“洛杉奇”两大著名品牌为核心，依托花园式厂区硬件和“金凤”中华老字号传统，尝试开展工业旅游项目开发，得到省市领导的重视，多次到现场考察指导。旗下河北国大连锁商业公司创立“36524”便利店达到300余家，跻身全国连锁百强企业之列。旗下国大健康城开发建设公司正在筹划建设“国大国际健康城”项目，该项目落地后，将为集团公司注入新的价值点。

◆ 2014年7月3日，河北省人大常委会副主任宋恩华视察金凤工业园

◆ 2014年9月17日，常务副市长刘晓军视察金凤工业园

石家庄市公共交通总公司

◆ 2014年1月29日，市长王亮（右一）到市公交总公司看望慰问一线职工

石家庄市公共交通总公司是市属国有大型企业，始建于1956年。公司以经营城市公共交通和市辖县汽车客运为主，兼营车辆维修、物资供销等服务项目，实行三级管理，总公司是唯一法人机构。下辖10个运营公司、5个直属单位、9个机关处室；在职员工13721人；运营车辆4017部，其中天然气公交车3461部，占总车数86.2%，天然气空调车1337辆，占总车数33.3%；拥有运营线路223条，其中主城区119条，鹿泉区、藁城区、栾城区和正定区域104条；线路长度达到3761千米。2014年公司获得“省级文明单位”“市级安全生产先进单位”和“全市优秀志愿服务集体”等荣誉称号。

石家庄市工商行政管理局

坚持改革创新 加强法治建设 为维护省会市场秩序做出新贡献

◆ 石家庄市工商局局长　曹新华

2014年，市工商局以服务省会经济社会发展为目标，以推进工商登记制度等改革事项为动力，强化责任意识，扎实抓好落实，实现了市场主体稳步发展，市场秩序总体平稳，消费维权形势逐步好转。

一、深化商事制度改革，服务经济快速发展

采取放宽住所（经营场所）登记条件、开展电子营业执照等有效措施，推进企业注册便利化。落实“三证合一、一照一码”改革，10月1日市工商部门成功举行河北省首张“一照一码”营业执照颁发仪式。开展市场主体帮扶专项行动，2014年全市新登记市场主体10.27万户，市场主体累计达到46万户，市场主体新增量和总量均居全省第一。推行注册登记免费代办机制，设立河北省首家“银企对接办公室”，由银行免费为企业代办营业执照、组织机构代码证等。推进商标战略实施示范工作，2014年全市新增注册商标9752件，居全省之首；新增驰名商标9件，著名商标70件；至2014年末，全市共有驰名商标46件，著名商标609件。帮助企业破解融资难题，2014年市工商局支持845家企业融资146.6亿元。加强事中事后监管，2014年市工商局对全市1446户企业报送即时信息实施抽查，其中192户企业责令限期公示，问题较为严重的201户企业列入经营异常名录并予公示。

◆ 打击非法传销

二、加强重点领域监管，维护良好市场秩序

以专项执法行动为抓手，科学谋划，持续发力，全面

◆ 举办银企对接活动，解决企业融资难问题

◆ 加强市场监管力度，维护经济秩序

◆ 释放改革红利，发放全省首张一照一码营业执照

◆ 举办消费保护维权进校园活动

◆ 局长曹新华走访调研帮扶村建设，为群众送去温暖

◆ 向群众讲解假冒产品识别办法

◆ 开展党的群众路线教育实践活动，广泛征求群众意见

提升执法质量和社会效能。加强重点领域监管执法力度，查处不正当竞争案件500余起，其中查处各类侵权假冒违法案件74件；查处无照经营户数2000余户；责令停止发布广告703条，立案128起；开展合同格式条款专项整治，立案129起；检测化肥900个批次，检测农药50个批次，查办各类农资案件283起，为农民避免经济损失1800多万元。建成全省首个网络监管平台，全市56000余家网络经营主体建立数据库，查处网络违法案件59起。取缔传销窝点、场所230个，清查教育遣返传销人员1900余人次。做好大气污染防治服务，开展煤炭、成品油、车用天然气和汽车市场专项整治。

三、加强消费维权，营造安全放心的消费环境

深入开展12315护民生专项行动，查处侵犯消费者权益等违法案件286起，为消费者挽回经济损失570万元。2014年，全市抽检儿童服装、装饰装修材料等十大类597个批次产品质量。根据舆情和消费纠纷易发节点，有针对性的开展专项执法检查。2014年“六一”儿童节期间，组织开展校园净化专项行动，取缔无照经营12户，检查网吧、娱乐场所325户次，受理申诉举报8件，查处2家，立案3起，最大限度地保护了少年儿童合法权益。

◆ 开展红盾护农活动

◆ 实施商标战略

◆ 打假维权查处假冒日化用品

石家庄市食品药品监督管理局

◆ 2014年1月17日，国家食品药品监督管理总局副局长尹力（前左二）到神威药业调研

◆ 2014年12月5日，邀请市法制办公室领导到市食药监局对执法人员进行法律法规培训

◆ 2014年4月29日，副省长许宁（左五）、市长王亮（左三）、省食药监局局长丁锦霞（右三）陪同国家食药监总局局长张勇（左四）到华北制药调研

石家庄市食品药品监督管理局成立于2004年，前身为市医药管理局。2013年9月，市政府将原市政府食品安全委员会办公室、原市食品药品监督管理局、市质量技术监督局、市工商行政管理局、市粮食局、市商务局的食品安全监管和药品管理职能进行整合，重新组建市食品药品监督管理局，对食品药品实行集中统一监管，同时承担市政府食品安全委员会的具体工作。近年来，石家庄市食药监局立足全市食品药品监管工作实际，着眼体制改革面临的新形势、新任务，秉承“食药并重，监管并举”原则，按照“抓基层、打基础，抓制度、强监管，抓体系、建网络，抓队伍、树形象”工作思路，规范食品药品生产经营秩序，严打违法违规行为，有效提升了食品药品安全保障水平。抓基层、打基础，奠定监管工作基石，壮大基层执法队伍和社会监督力量。至2014年底，全市乡镇（街道）共有食品药品监管员1014人，村（社区）共有食品药品监管协管员5399人，市区共有食品药品行业尚德守法观察员1000人。抓制度、强监管，严格规范行政行为，形成“四位一体”法律法规制度体系和“8+6”工作机制，推进了日常监督、隐患排查、专项整治、打假治劣、重大活动餐饮服务食品安全保障工作。抓体系、建网络，提高科学管理水平，建成企业基础数据库、电子监管地图及企业和品种电子档案21214个，较好发挥了科技支撑作用。抓队伍、树形象，提高食品药品安全保障能力和水平，提升执法队伍素质，制定规范执法、联系群众、党风廉政系列制度。深化行政审批制度改革，提供优质高效服务，行政事项办理时限缩减到2~15个工作日。2014年，市食药监局获评全省食品药品安全工作考核第二名和全省食品药品公众满意度调查综合测评第二名。

◆ 2014年5月15日，市餐饮化保执法大队开展餐饮保障执法行动

◆ 2014年3月13日，市食药监局举行全市假劣药械、保健食品、化妆品集中销毁活动

◆ 2014年10月30日，市食药监局举行食品药品行业“尚德守法”观察员颁证仪式

石家庄市 长安区人民法院

石家庄市长安区人民法院现有正式干警115名，内设办公室、政治处、立案庭、信访办、纪检监察、审管办、刑一庭、刑二庭、少年庭、民一庭、民二庭、民三庭、商一庭、商二庭、行政庭、审监庭、法警队、执行一庭、执行二庭、执行三庭、协调处、西兆通人民法庭、胜利北街人民法庭等23个职能部门。

近年来，长安区人民法院按照“围绕大局、服务中心、把握重点”的工作思路，以司法为民为基点，以审判改革为动力，以提高审判质量为基础，以建设高素质的法官队伍为保障，忠实履行宪法和法律赋予的神圣职责，圆满完成审判执行各项工作任务，为促进经济发展和构建和谐长安提供了有力的司法保障。

2010~2014年，长安区法院审结各类案件24917件，其中，刑事案件2132件、民商事案件16890件、行政及行政非诉执行案件582件、执结案件5276件、审查监督案件37件。长安区法院共计荣立集体一等功一次、集体二等功两次、集体三等功一次；被授予“全国少年审判工作先进集体”荣誉称号；被共青团中央、最高人民法院命名为全国优秀“青少年维权岗”，少年法庭被共青团中央、教育部、中宣部、司法部、全国人大内司委命名为全国未成年人保护工作先进集体及河北省青少年教育基地等光荣称号；还荣获石家庄市精神文明单位、石家庄市社会治安综合治理先进单位、石家庄市大调解工作先进集体、石家庄市信访工作先进集体、石家庄市政法系统先进基层党组织、石家庄市预防青少年违法犯罪工作先进集体、石家庄市法院系统信息工作先进集体、石家庄市民商事调解工作先进单位、石家庄市刑事审判观摩一等奖等荣誉；连续多年获评实绩突出领导班子，多次被市委政法委、市中级人民法院及长安区委、区政府评为先进单位。

◆ 市中级法院院长崔存利到长安区法院考察调研

◆ 长安区法院中层以上领导干部会议

◆ 全体干警到西柏坡接受教育

◆ 市民向法官赠送锦旗

◆ 长安区法院领导张明丽到河北医科大学授课

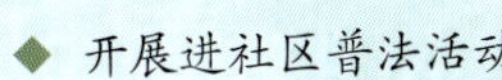

◆ 开展进社区普法活动

石家庄市裕华区人民检察院

◆ 检察长　宋庆绵

裕华区人民检察院编制72人，在职干警56人，内设科室17个。工作人员本科以上学历57人，占98.4%；具有法学（法律）硕士学位研究生10人，占16.4%。拥有检察官48人，占78.6%，

2014年，该院贯彻落实区委和上级检察院工作部署，围绕全区工作大局，忠实履行了宪法和法律赋予的神圣职责，6个集体、19名个人获得区级以上表彰奖励，并被国家检察官学院确定为教学示范基地，公诉科被国家版权局荣记集体三等功。

坚持把人民群众的关注点作为查办职务犯罪工作的着力点，严肃查办影响稳定、危害发展、侵害群众利益的职务犯罪案件。全年立案侦查贪贿、渎职侵权等职务犯罪案件16件21人，均为大案。其中县处级国家工作人员1人，其他国家机关工作人员5人。查办石家庄市房产管理局张某某等人受贿窝案、串案被河北省人民检察院评为优秀案例，并被最高人民检察院《反渎职侵权工作指导与参考》收录，向全国检察系统推广。

严厉打击危害公共安全、黑恶势力、“两抢一盗”、严重暴力犯罪等影响群众安全感的刑事案件，努力维护公共安全和社会秩序。建立、完善“重特大刑事案件提前介入、引导侦查工作办法”“轻微刑事案件快速办理工作规则”等制度措施，形成“严打”斗争长效机制。2014年办理提请批准逮捕各类刑事犯罪嫌疑人317件428人，办理公安机关移送审查起诉366件559人，所办案件没有错捕、错诉、漏捕、漏诉。

严格执行刑事和民事诉讼法，做到敢于监督、善于监督、依法监督、规范监督，全面履行诉讼监督职责。2014年裕华区检察院督促公安机关撤案5件5人，督促立案22件22人，追加逮捕39人，追加起诉6人。会同区司法局、公安分局开展社区矫正人员情况核查，逐人建立

◆ 检察长宋庆绵向干警赠书

◆ 开展党的群众路线教育实践活动，组织全体干警到革命圣地西柏坡参观学习

◆ 在党的群众路线教育实践活动中，检察长宋庆绵深入金马社区，开展调研活动

◆ 北京城建集团向裕华区检察院赠送锦旗

◆ 检察长宋庆绵与金马社区15家小饭桌经营者座谈

◆ 副检察长付文奎为中电投供热公司中层以上干部作预防职务犯罪警示教育

◆ 副检察长付文奎带领区检察院干警，在万达广场开展“完善举报制度，加强举报人保护”宣传活动，耐心解答群众咨询，现场受理群众举报

◆ 六一儿童节前夕，区检察院工作人员到明德家园儿童村看望孤儿

档案22份。对监管工作中存在的脱管、漏管等问题提出纠正意见3件次；对认为确有错误的民事判决、裁定提请市检察院抗诉1件，向法院提出再审检察建议2件。2014年区检察院办理市检察院交办二审案件14件，还对10件侵害困难群体合法权益的民事案件，支持受害个人提起诉讼。

立足检察职能，促进发展、保障民生。全年举办送法进企活动6次，联系相关职能部门帮助解决问题和困难4件。开展破坏生态环境资源、危害食品药品安全犯罪专项立案监督活动及“涉农检察宣传月”活动，走访5个镇（街道办事处）、12个重点村（居），解答群众咨询30人次，解决群众合理诉求3起。积极参加“加强基层建设年”活动，派驻工作人员到二十里铺村、位同村、宋村开展帮扶工作，与基层干部群众共谋发展良策。区检察院与区委宣传部、办事处、社区合作共建未成年人“公益课堂”，购置图书和教学用品，开展青少年普法讲座。全年发布“裕检领航”微信账号16期、创办并编发《未检专刊》4期。

持之以恒建设过硬检察队伍，坚定理想信念，提高职业素养，培育优良作风。开展党的群众路线教育实践活动和增强党性、严守纪律、廉洁从政专题教育活动，大力整改检察工作和队伍建设中存在的问题及不足，加快培养复合型、专业化、精英化人才步伐，落实AB岗工作制度。依托区检察院作为国家检察官学院教学实践基地优势，组织干警参加高层次、高水平培训。同时，利用“周末课堂”，采取请专家学者作讲座、院领导授课、干警谈学习体会等方式开展自我培训。贯彻落实党风廉政建设责任制，严格“两个主体责任”，签订三级责任状，做到党风廉政建设与业务工作同部署、同检查、同考核。

◆ 周末课堂讲座

◆ 在党的群众路线教育实践活动中，组织干警到正定塔元庄参观学习

◆ 全体干警到北京国家博物馆参观复兴之路展览

◆ 六一儿童节，检察长宋庆绵到位同小学与孩子们共度节日

◆ 助残日奉献爱心

◆ 在党的群众路线教育实践活动中，全院干警走进社区，开展打扫卫生活动

石家庄市裕华区人民法院

◆ 2015年3月8日，全国妇联权益部部长到裕华区法院婚姻家庭专业法庭视察指导

◆ 2015年6月12日，河北省高级法院领导王越飞到裕华区法院调研指导审判工作

◆ 法官走进社区，为居民提供法律服务

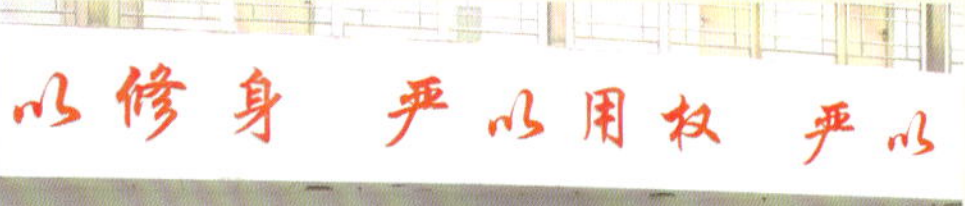

◆ 2014年12月4日，在第一个国家宪法日，裕华区法院干警向宪法宣誓

◆ 人民陪审员庄严宣誓

石家庄市裕华区人民法院于2001年石家庄市行政区划调整成立，前身为石家庄市郊区人民法院。现有国家政法专项编制81人，实有在岗人数73人，其中法官49人，一线法官34人。伴随着裕华区快速发展，裕华区法院受理案件数逐年快速增长。2012年裕华区法院受理案件3927件，2013年受理案件4812件，2014年受理案件5796件，三年间，受理案件数量增长47.6%，人均受理案件数量增长65%。

2014年，裕华区法院立足队伍、案件、管理实际，以“夯实基础、抓好重点、破解难题、创新亮点”为指导方针，着力打造自身特色，营造了团结向上、争创一流的良好局面。在党的群众路线教育实践活动中，裕华区法院注重加强队伍建设和作风建设，打造高素质法官队伍，涌现出“全国模范法官”刘秀娟、“全国法院人民法庭工作先进个人”何亚辉、“全省法院办案标兵”赵智勇等模范典型。

在司法公开中，裕华区法院健全机制，完善制度，充分利用媒体、网络等多元化信息手段，构建微博、微信、官方网站、《裕华法院报》、期刊《跬步集》等“多位一体”司法公开网络化格局，全范围、宽领域、深层次推进司法公开，拓宽了群众参与司法渠道。推进审判流程公开、裁判文书公开、执行信息公开三大平台建设，落实庭审直播、文书上网、阳光评估要求，努力实现阳光司法，有效提升了司法公信力。2014年裕华区法院被石家庄市中级法院评为全市法院新闻宣传工作先进单位。

◆ 表彰先进模范

推进专业化审判，裕华区婚姻家庭专业法庭连续多年调解率达到85%以上，2014年被省高级法院授予集体二等功，被河北省妇女联合会评为河北省维护妇女儿童权益先进集体。民一庭主动延伸司法职能，服务小微企业，推进审判模式改革，劳动争议案件全面推行“要素式审判”。道路交通事故专业法庭及时、高效为当事人解决交通事故纠纷，案件服判息诉率及主动履行率在全院名列前茅。行政庭推进行政机关负责人出庭应诉制度，召开辖区内行政机关负责人座谈会，畅通行政诉讼渠道。执行局改进和加强审判执行工作，着力破解执行难题，探索和解决引发执行信访的深层次问题，强化源头治理，在全省执行工作现场会上作经验介绍，并在全省法院系统推广。

2014年裕华区法院新审判综合大楼即将投入使用，这是裕华区法院成立以来第一座独立办公场所，面积12000平方米，以打造智能法院为宗旨，采用互联网思维和大数据思维，加强信息化建设，其中，诉讼服务中心、数字审委会、执行指挥中心、数字法庭均按照要求设计规划。诉讼服务中心面积500多平方米，分为诉讼引导区、自助服务区、第三方服务区、当事人等候区、窗口服务区、审查立案区6个功能区域，具备诉讼引导、立案审查、法律咨询、便民服务、案件查询、约见法官、费用收取、司法救助、诉前调解等多项职能，能够为当事人提供优质、高效、便利的“一站式”综合服务。2015年，裕华区法院继续围绕“让人民群众在每一个司法案件中都能感受到公平正义”目标，牢牢坚持“司法为民、公正司法”工作主线，充分发挥审判职能，为促进经济社会健康发展提供有力的司法保障。

◆ 2015年6月1日，向石家庄循环化工园区丘头小学赠书

◆ 走进社区，开展志愿服务

◆ 参加裕华区妇联举办拔河比赛

筑牢健康屏障 增进人民福祉

石家庄市疾病预防控制中心

没有全民的健康就没有全面的小康。2014年，石家庄市疾控中心在市卫生计生委坚强领导下，紧紧围绕市委、市政府中心工作，开拓创新、锐意进取，在传染病防控、慢性病管理、健康教育与健康促进、计划免疫、卫生应急等多领域取得丰硕成果，中心获得“2012-2013年度河北省文明单位”称号，多项工作在全省乃至全国产生积极影响，获得国家、省卫生计生委及上级疾控机构的好评。

◆ 市疾控中心卫生应急精英团队成立

慢病防控创出全国经验。慢性病综合防控示范区创建位居全省首位，石家庄市井陉矿区一次性通过国家评审组验收，全市国家级慢性病综合防控示范区达到4个。

万名健康指导员深入城乡。在全市城乡招募1.4万多名具有健康素养和一定沟通能力的健康教育志愿者，进村入户开展健康宣传和健康促进活动。

有害因素监测严把健康关。食品安全风险监测全省领先；挂牌河北省食品安全风险监测分中心，承担省级赋予更多检测职能。雾霾监测工作深得国家认可，中国疾控中心派遣专家到中心现场调研，并在石家庄市举办空气污染（雾霾）人群健康影响监测工作交流现场会，推广石家庄市做法。

多措并举防控传染病成效显著。2014年市疾控中心在全省首创艾滋病抗病毒治疗医防合作管理模式，再次被确定为全国第三轮艾滋病综合防治示范区。艾滋病检测网络扩大，全市艾滋病筛查实验室和检测点达到423个。实施结核病人发现攻坚行动，针对结核病人发现难、管理难问题，提出结核病防治“八抓一落实”长效工作机制。有序开展传染病防控，在手足口病防控上，加强托幼机构老师培训，将托幼机构的晨检、消毒以及患病儿童家庭隔离措施落到实处。加强医疗机构传染病疫情报告和死因监测管理及医疗机构消毒效果监测。启动乙脑疫情发病因素研究项目，组建攻关团队。

卫生应急组建精英团队。精心挑

◆ 全国伤害干预试点现场会在石家庄市召开

◆ 艾滋病防治宣传

◆ 开展野外培训及实战演练，锤炼应急队员野外生存能力和快速反应能力

石家庄市安全生产监督管理局

2014年，石家庄市安全生产监督管理局贯彻落实科学发展观，严格坚守安全生产“红线”，牢固树立省会意识、大局意识，落实党政同责、一岗双责制度，扎实开展“示范创建对标”和观摩执法活动，深化安全生产隐患排查治理，突出重点行业专项整治及“六打六治”打非治违活动，强化企业安全生产标准化建设、企业法人代表安全生产承诺制建设，较好确保了全市安全生产形势总体稳定。2014年全市未发生重大以上事故，生产经营类事故起数、死亡人数同比实现“双下降”，所监管煤矿、非煤矿山、危险化学品、烟花爆竹、冶金等高危行业及农机行业实现“零事故、零死亡”。

2014年石家庄市政府被河北省政府考核为“安全生产目标管理优秀单位”，考核成绩位列全省11个设区市第一名。市安监局被国务院安委办评为2014年度全国“安全生产月”优秀活动单位，被中国安全生产报社评为安全生产新闻宣传先进单位，被河北省委省政府评为2012~2013年河北省文明单位，并被河北省推荐为第四届全国文明单位。

◆ 2014年9月2日，省委常委、市委书记孙瑞彬到市安监局视察指导安全生产并看望慰问工作人员

◆ 2014年6月16日，河北省政府副秘书长杨国占向省会安全生产志愿者队伍授旗

◆ 2014年1月24日，副市长郝竹山带领市安监局等部门主要负责人深入企业督导检查安全生产

◆ 2014年6月16日，省市联合在西清公园举办2014年安全生产月咨询日活动

◆ 2014年5月10日，市政府在河北大学人民武装学院举办高危重点企业应急救援技能比武大赛

◆ 2014年6月11日，市政府在平山县举行非煤矿山事故应急救援演习

选16名青年专业技术人员组建应急团队，为全市突发公共卫生事件应急处置提供人才储备。卫生应急管理水平稳步提升，全年举办大型应急演练两次；制定埃博拉疫情应急处置预案，圆满完成磁河流域生活饮用水应急监测；成功处置突发公共卫生事件22起。

预防接种门诊实现提档升级。按照“统一设计、统一标准、统一设施、统一标识、统一流程、统一格调”的“六统一”建设标准要求，全市133个预防接种门诊完成提档升级，建成11家示范性预防接种门诊。探索推行麻疹防控“四接种一摸排”新模式，运用“即日接种、追踪接种、每月查漏补种、应急接种及流动儿童摸排”的麻疹防控策略，有效遏制全市春季麻疹疫情上升势头。

科研管理取得新突破。在中心提出的科研工作“大融合、大合作、大课题、大奉献、大保障”方针指引下，再次获批一项自然科学基金项目。全年发表论文54篇，获奖科研成果7项，立项科研课题12项。质量管理体系顺利实现“四合一”转变。实施数字化疾控建设工程，研发升级疾控协同办公系统，成功实现移动办公。

◆ 市疾控中心公共卫生惠民志愿者服务队到石家庄市特殊教育学校开展健康知识宣传

◆ 市疾控中心举办首个开放日活动，省会市民“零距离”感受公共卫生服务

◆ 在抗击埃博拉、抗洪救灾等演练中，锻造出一支来之能战、战之能胜的疾控队伍

◆ 雾霾监测现场采样

◆ 预防手足口病，教授幼儿正确洗手方法

◆ 提档升级后的鹿泉区疾控中心预防接种门诊

目　录

特　载

大事记

市情概览

特色园区

公共管理和社会组织

政 法

军　事

农　业

工业

城乡建设与环境保护

交通运输

信息产业

国内外贸易·旅游

金　融

综合经济管理

科学技术

教　育

社会生活

县（市）区概况

人　物

文献法规

统计资料

CONTENTS

Featured Articles

Events

City Survey

Featured Park

Public Administration and Social Organizations

Politics and Laws

Military Affairs

Agriculture

Industry

Urban-Rural Construction and Environmental Protection

Traffic Transportation

Information Industry

Domestic and Foreign Trade & Tourism

Finance

General Economic Management

Science & Technology

Education

Culture

Public Health & Sport

Social Life

An Introduction of Cities Counties and Districts

Figures

Literatures & Regulations

Statistical Data

石家庄年鉴 Featured Articles

特　载

特　载

市委全会讲话

——2014年12月29日在中共石家庄市委第九届第六次全会上的讲话

中共河北省委常委、市委书记　孙瑞彬

这次市委全会的主要任务是，认真贯彻落实党的十八届三中四中全会、中央经济工作会议、中央农村工作会议和省委八届九次全会、全省经济工作会议精神，总结今年工作，分析当前形势，部署明年工作，动员全市各级党组织和广大党员干部群众认清形势、统一思想，改革创新、攻坚克难，加快转型升级、跨越赶超、建设幸福石家庄步伐，圆满完成“十二五”奋斗目标，为率先在全省全面建成小康社会奠定坚实基础。下面，我代表市委讲几点意见。

一、正确认识和把握形势，切实把思想和行动统一到中央、省委的决策部署上来

2014年是不平凡的一年，是我们在经济形势复杂严峻、各项任务十分繁重的情况下，经受考验、奋力拼搏并取得显著成绩的一年。一年来，在省委的坚强领导下，我们认真贯彻落实党的十八届三中、四中全会精神，以及党中央、国务院和省委、省政府的一系列重大决策部署，以开展党的群众路线教育实践活动为动力，团结带领全市广大干部群众，紧紧围绕转型升级、跨越赶超、建设幸福石家庄，率先在全省全面建成小康社会的奋斗目标，扎实推动省会工作上水平、创一流，全市呈现出经济平稳健康发展、城镇建设步伐加快、民生持续改善、社会和谐稳定和从严治党扎实推进的良好局面。

——全市经济在宏观环境极其不利的情况下，实现了稳中向好，中东西区域协调发展、工业强市等重大战略举措成效凸显，主要经济指标位居全省前列，预计经济总量达到5135亿元；继去年全部财政收入重返全省第一之后，今年公共财政预算收入在落后10年后也重返全省第一，分别达到680亿元和343亿元，增长10%和13%。

——省会中心城区功能品位大幅提升，新客站东广场竣工投用，地铁建设让广大市民倍感自豪，城市到处充满了绿色，容貌发生了巨大变化，到过石家庄的人都说这座城市变美了，大气了、洋气了，像个大都市。

——省会跨河发展进程加快，正定新区30平方千米起步区地下综合管廊、18条主要干道和60万平方米居民安置房基本完工，新城大道、太行大街竣工通车，具备了聚集产业人气、快速建设发展的条件。

——盼望已久的行政区划调整终于实现，极大地拓展了城市发展空间，城区面积由469平方千米增加到2206平方千米，人口由304万增加到455万，掀开了省会建设新的一页；石家庄综合保税区成功获批。这些都在石家庄发展史上留下了浓墨重彩的一笔。

——大气污染防治取得重大阶段性成效，截至12月27日，一级天数从去年的“零”增加到12天；优良天数达到113天，同比增加73天；综合指数同比下降27%，其中PM10浓度同比下降32.9%，PM2.5下降20%，其他污染物指标也都大幅下降，老百姓都说空气质量明显

比以前好多了。

——发展环境进一步优化，市场主体和老百姓的满意度有了新的提升，创业活力进一步增强，新登记企业和注册资本比去年分别增长87.8%和165.2%，光谷科技园、浙友机电设备生产基地等重大项目落户石家庄。

——民生工作全面推进，围绕老百姓上学、就业、看病、社保、平安、养老、供暖以及精神文化生活等等，办了一大批实事好事，山区教育扶贫、110警务站建设、大学生就业、失独家庭关怀等重点民生工程受到了老百姓的欢迎，自2011年以来我市连续5次进入全国幸福城市前10名。

——全面从严治党取得新成效，通过扎实开展教育实践活动，党的优良传统得到恢复和发扬，作风建设长效机制进一步健全，党员干部的作风、形象发生深刻变化，各级领导班子的凝聚力、战斗力进一步增强。

这些成绩的取得，是省委、省政府正确领导、大力支持的结果，是各级党委、政府团结带领全市人民艰苦奋斗、共同努力的结果。在此，我谨代表市委，向辛勤工作在各条战线上的同志们，向所有关心支持省会改革发展的朋友们，表示衷心的感谢，并致以崇高的敬意！

前不久，党的十八届四中全会、中央经济工作会等重要会议相继召开，习总书记分别作了重要讲话，对全面推进依法治国、做好明年经济工作进行了重大部署，提出了一系列新思想、新观点、新要求。省委八届九次全会和全省经济工作会认真贯彻中央一系列会议精神，结合河北实际，就推进依法治省和做好明年经济工作提出了要求、作出了部署。这些都为我们做好明年工作指明了方向、提供了遵循。全市各级各部门一定要认真学习、深刻领会中央和省委的一系列会议精神，切实把思想和行动统一到中央和省委的重大决策部署上来。

贯彻中央和省委精神，做好明年省会工作，一定要充分认清当前形势，特别是要深刻理解、主动适应“四个新常态”。一是经济发展新常态。中央经济工作会议深刻阐述了我国经济发展新常态带来的趋势性变化，指出我国经济增长速度正从高速转向中高速，经济发展方式正从规模速度型粗放增长转向质量效率型集约增长，经济结构正从增量扩能为主转向调整存量、做优增量并存的深度调整，经济发展动力正从传统增长点转向新的增长点。做好今后的经济工作，必须把握好经济新常态，切实增强转变发展方式的自觉性和紧迫感。二是全面深化改革新常态。全面深化改革，是推进国家治理体系和治理能力现代化的必然要求，是全面建成小康社会、实现“两个100年”奋斗目标的强大动力，改革将伴随全面建成小康社会的全过程。我们必须强化改革思维、加大改革力度，坚决破除制约我市发展的体制机制障碍，向改革要红利、以改革增动力。三是全面推进依法治国新常态。全面依法治国是一场广泛而深刻的革命。对我市来讲，实行依法治市、依法行政，建设法治政府、法治社会的任务很重。这要求各级党委、政府必须切实转变执政理念和手段，提高用法治思维和法治方式推动工作的能力。四是全面从严治党新常态。党的十八大以来，党中央从出台八项规定、加强作风建设抓起，在党要管党、从严治党上，一环紧扣一环，一招紧似一招，全面从严治党也成为新常态。这对每个领导班子、领导干部以及每个普通党员，都提出了很高的要求。各级各部门特别是领导干部一定要转变思想观念，跟上时代步伐，正确认识新常态，主动适应新常态，努力谋求新发展、实现新跨越。

2015年，是全面深化改革的关键之年，是全面推进依法治市的开局之年，是全面完成“十二五”规划的收官之年，也是为率先在全省全面建成小康社会奠定坚实基础的重要一年。做好明年工作，具有特殊而重要的意义，既有很多有利条件，也面临很多困难和挑战。从有利的方面讲，一是世界经济增速可能略有回升，第一大经济体美国的经济复苏渐趋稳固；二是我国经济发展总体向好的基本面没有改变，中央继续实行积极的财政政策和稳健的货币政策，中央的一系列宏观调控将带来若干政策利好，特别是国家各部委对我省大力度调整产业结构、治理环境污染，给予了充分理解，有利于我们争取国家的政策支持；三是京津冀协同发展战略的实施将促使区域生产力重新布局，为我们承接京津功能疏解和产业转移创造了机会；四是行政区划调整为做大做强省会拓展了空间、注入了活力；五是我市经济发展的基础比较扎实，不易产生大起大落，近几年谋划储备实施了一批大项目、好项目，转型升级、跨越赶超的后劲比较足；六是经过开展教育实践活动，各级党组织和广大党员干部的思想作风以及凝聚力、战斗力有了新的提升。从不利方面来看，一是世界经济总体复苏疲弱态势难有明显改观，美、欧、日和新兴经济体的走势和政策取向继续分化，不确定不稳定因素依然较多；二是我国经济经过 30 多年的高速增长之后，已进入了深度调整期，正处于“三期叠加”、动力转换阶段，面临需求总体偏弱、潜在风险暴露等困难，经济增长仍承受较大压力；三是我市产业档次低、发展方式粗放的问题依然突出，传统增长引擎马力下降，新兴产业支撑作用还不够强；四是环境约束越来越紧，节能减排任务十分艰巨，等等。而且我们还要看到，大部分有利因素是“软的”，是需要通过积极争取才能获得的；而不利因素大都是“硬约束”，需要下大力克服。总之，我们一定要对所面临的形势有清醒的认识和准确的把握，既要看到有利因素和重大机遇，坚定信心、奋力争取；又要看到面临的困难和挑战，攻坚克难、积极应对，牢牢把握明年工作的主动权，努力实现既定的奋斗目标。

根据中央和省委精神，结合我市实际，明年全市工作总体要求是：全面贯彻落实党的十八届三中四中全会、中央经济工作会议、中央农村工作会议，习总书记系列重要讲话，省委八届九次全会、全省经济工作会议精神，坚持稳中求进工作总基调，坚持以提高经济发展质量和效益为中心，主动适应经济社会发展新常态，把转方式调结构放到更加重要位置，紧紧抓住京津冀协同发展的重大机遇，深入实施中东西区域协调发展战略，狠抓改革攻坚，突出创新驱动，推进依法治市，改善两个环境，保障改善民生，维护社会稳定，坚持从严治党，深化作风建设，推动省会工作上水平、创一流，加快转型升级、跨越赶超、建设幸福石家庄步伐，推动省会绿色崛起，全面完成“十二五”规划目标，为率先在全省全面建成小康社会奠定坚实基础。

按照上述要求，2015 年我市经济发展的主要预期指标是：全市生产总值增长 8%，公共财政预算收入增长 12%，城乡居民可支配收入分别增长 8%、10%。

二、大力实施创新驱动发展战略，加快省会转型升级、跨越赶超步伐

发展是第一要务，而创新驱动是经济发展的核心动力。党的十八大报告明确提出，要大力实施创新驱动发展战略；在中央经济工作会上，总书记强调要突出创新驱动；在全省经济工作会上，本顺书记提出要在创新发展中实现河北绿色崛起。随着我国经济逐渐步入新常态，创新驱动的重要性越发凸显。我们要坚决贯彻总书记的讲话精神以及中央、省委的决策部署，切实把经济发展转移到依靠创新驱动的轨道上来，为加快推进转型升级、跨越赶超注入新的强大动力。2015 年，我们要把创新发展作为贯穿经济工作的主线，努力实现五个新突破。

（一）要在工业强市上实现新突破。工业是创新驱动的主战场，创新是工业强市的发动机。我们要通过创新驱动，解决传统产业不优、新兴产业不大、工业竞争力不强等突出问题，为工业强市注入新的动力。一要大力提升工业创新发展能力。实施创新驱动发展，根本在于提高自主创新能力，关键在于大量聚集优质创新资源。目前，我市工业的创新发展能力与先进省会城市相比差距很大，与京津相比差距就更大。为此，我们一方面要自己“长本领”。要以建设国家创新型城市为载体，发挥省会科技、人才优势，强化企业创新主体地位，借助“石家庄京津冀产学研联盟”平台，围绕我市主导产业，大力推进原始创新、集成创新和消化吸收再创新，提升自主创新能力，研发一批具有自主知识产权的核心技术、关键技术和高新技术产品，抢占科技创新制高点。这是在市场竞争中立于不败之地的根本。另一方面，要大力“抓引进”。提升创新驱动能力，非一朝一夕所能办到的。在短时间内，必须把大力引进科技创新产业人才、成果和项目摆在突出位置，以最优惠的政策、最优质的服务、最有吸引力的环境，吸引国内外顶尖创新人才及团队到我市创业发展，吸引国内外一流科技成果到我市落地转化。在这方面，我们一定要解放思想，加大政策创新力度，让全世界成为石家庄的科技研发基地、人才培养基地，而我们要成为最有吸引力的成果转化基地。在创新发展上要突出抓好“四个一批”，即：引进一批科技创新产业人才，实施一批

科技成果转化项目，组织一批重大科技创新工程，培育一批创新型企业和产业集群。二要大力培育壮大战略性新兴产业。战略性新兴产业是以重大技术突破和发展需求为基础，代表科技和产业发展方向，对经济社会发展全局具有重大引领和带动作用的产业。抓战略性新兴产业就是抓创新驱动，就是抓转型升级，就是抓工业强市。所以，我们要把发展壮大战略性新兴产业作为工业强市的重要抓手，坚持有所为、有所不为，立足我市实际，发挥比较优势，明确发展重点，突出抓好电子信息、生物医药、新材料、新能源以及卫星导航、高端装备制造等重点产业，加快实现战略性新兴产业倍增，再造一个竞争力强大的石家庄工业。三要大力改造提升传统产业。要继续用好“对标”这个行之有效的抓手，促进企业实施技术创新、产品创新、管理创新、营销创新，使传统产业能够适应市场变化，保持发展活力，真正把那些“两高一低”产业变成绿色、循环、低碳的现代产业。要大力推进我市钢铁、建材、化工、纺织等传统产业走创新发展的路子，淘汰落后产能，实施腾笼换鸟，加快转型升级，不断提升产业和产品档次。四要大力扶持高成长性企业发展。企业是市场经济的主体。实施创新驱动，实现工业强市，关键靠企业。我们要在落实好“双11”企业扶持政策的同时，继续选择那些发展理念新、创新能力强、成长性好的企业，予以重点扶持，尽快打造一批主营业务收入过100亿、500亿、1000亿的大企业，使这些企业在创新驱动、工业强市进程中发挥引领和支撑作用。

（二）要在发展现代服务业上实现新突破。我市作为省会城市，产业基础雄厚，人口大量聚集，交通通讯发达，区位优势明显，为发展现代服务业创造了良好条件。这是省内其他城市所不具备的。我们一定要充分发挥省会的比较优势，推动现代服务业创新发展，大幅提升服务业对全市经济的贡献率。要大力创新和发展新兴业态，推进现代服务业与新型工业、现代农业的融合发展、跨界发展、创新发展，促进云计算、大数据、物联网等与现代制造业相结合，加快发展现代物流、电子商务、工业研发设计、金融服务、文化创意等新兴业态，提升省会现代服务业的档次和水平。要强力推进石家庄综合保税区建设，确保如期封关运行，将其打造成为省会对外开放和发展现代服务业的“桥头堡”。要依托我市主导产业，举办系列工业品博览会，聚集人气，开拓市场，做大做强我市会展业。特别要加快实施老火车站综合改造，使其具备会展功能，争取更多的展会落户石家庄。要适应老百姓不断增长的物质文化需求，不断拓展服务领域，大力发展休闲购物、餐饮娱乐、运动健身等便民利民服务业，积极推进生活服务业进社区、进农村。要大力发展休闲旅游业，尽快打通中心城区通往郊县特别是进入西部山区的快速通道，发展一批都市农事体验园、山区农家乐，进一步把西山森林公园打造好，为广大市民休闲提供好去处，并为山区老百姓增收致富创造条件。要倾力打造服务业品牌，把发展“夜经济”、旅游业作为刺激消费、拉动增长的重要措施，精心谋划组织，提高档次品位，促其做大做强。

（三）要在发展现代农业上实现新突破。当前，我市正处在由传统农业向现代农业、由农业大市向农业强市转变的阶段。要按照稳粮增收、提质增效、创新驱动的总要求，扎实做好“三农”工作，依靠改革创新推进农业现代化。要严格落实基本农田保护制度，提高农业综合生产能力，加强粮食生产核心区建设，确保粮食等主要农产品稳产高产，进一步强化农业的基础地位。要大力推进农业经营方式的创新，坚持以工业化的理念发展农业，加快培育一批新型农业经营主体，建设一批农业园区，发展一批家庭农场，引导和鼓励社会资本投资农业项目，积极稳妥地推进土地适度规模经营，努力使农村生产关系与生产力发展水平相适应，加快农业产业化步伐，推动农民向产业工人转变，把农民从土地中解放出来，大力提升我市农业的市场竞争力。要以组团新区为重点区域，建设一批产出高效、产品安全、资源节约、环境友好的现代农业科技园区，促进一产三产融合互动发展，做大做强生态旅游农业。要大力推进农业科技创新，积极培育和引进农业新品种，普及和推广农业新技术，以先进的技术装备武装农业，以农业科技化促进农业现代化。要把实施农村面貌改造提升、打造美丽乡村，作为转变农业生产方式和农民生活方式、推动农村文明进步的重要抓手，大力改善农村人居环境，提高农民素质，推动“物的新农村”和“人的新农村”建设齐头并进。要重点抓好正定、西柏坡两个省级片区的改造提升，推进鹿泉、栾城、藁城、矿区四个区的全域提升，其它县（市）各打造1个重点片区，力争用三年时间使全市农村全部完成改造提升任务。

（四）要在壮大县域经济上实现新突破。县域经济不发达，是我市全面建成小康社会最大的“短板”。大力发展县域经济是省委提出的“四大攻坚战”之一，也是我们率先在全省全面建成小康社会必须跨过的一道坎。推动县域经济加快发展，关键是要以创新为动力，深入实施中东西区域协调发展战略，充分发挥市、县两个层面的积极性。在市级层面，要认真总结分析实施中东西区域协调发展战略取得的经验和面临的问题，加大工作指导和推动的力度，努力在工作的统筹、政策的配套、考核的引导、规划的引领、布局的优化上下功夫，避免雷同发展，防止恶性竞争。要建立健全一整套完善的工作机制和推动举措，特别是在三大区域产业布局上、重点项目摆放上、重大基础设施建设上、城乡建设规划控制上、生态补偿机制落实上，加强市级统筹，拿出过硬举措，真正管起来，把三大区域协调发展战略做实，使战略的实施更加有序、更加协调，更能发挥中东西各自的优势，凸显各自的特色，发挥各自的作用。同时，要加大对县域的扶持力度，帮助各县（市、区）解决在发展中遇到的困难和问题，为县域发展创造更好的外部条件。在县域层面，各县（市、区）党委、政府要切实肩负起振兴县域经济的主体责任，对照小康目标和先进县（市）查找差距，增强加快发展的紧迫感和危机感。要创新工作思路和举措，按照各自的发展定位，突出抓好园区建设、招商引资、民营经济、扶贫攻坚和新农村建设，努力在培育壮大县域特色主导产业、发展立县大项目上搞攻坚、求突破，进一步壮大县域经济实力，加速赶超步伐。

（五）要在项目建设上实现新突破。创新发展最终要落实到项目上，离开项目谈发展就是一句空话。要始终把项目建设作为经济工作的头等大事来抓，围绕创新驱动发展，大力实施项目攻坚，努力在项目建设的规模和质量上实现新突破。要进一步优化投资结构，大力提高产业项目的投资比重，实施创新发展重点建设项目计划，抓一批对产业升级和创新发展有带动作用的大项目、好项目，争取更多项目列入国家和省计划盘子。要加大招商力度，各县委书记、县长和工业聚集区负责同志要继续把每年引进一个大项目作为一项硬任务，真正做到引得来、能落地、见实效。在这次全会上，我们以书面形式通报了各县（市、区）党政主要领导和工业聚集区负责人引进项目情况，有表扬，也有批评，希望大家认真对待，继续把这项工作当作大事来抓。要加大对高科技、创新型企业和项目的招商引资力度，特别是孵化器中即将毕业的企业，都是我们的“宝贝”，务必密切跟踪、紧盯不放，千方百计把它们留在石家庄。要进一步为项目建设提供优质服务，继续实行重大项目市、县领导分包责任制，及时协调解决项目建设中存在的困难和问题，力促项目早落地、早开工、早投产、早达效。这里我强调一个问题，就是要像保护基本农田一样保护好产业用地。从明年起，要对产业用地开展普查、建立档案、严格管理，让产业用地真正用在产业项目上，决不允许将宝贵的产业用地随意拿去搞房地产开发。

三、大力推进城镇建设上水平、出品位，努力打造现代一流省会城市

城镇化是工业化的重要载体，工业化是城镇化的重要动力。当前，我市正处在工业化加速发展阶段，对省会建设、县城建设提出了很高的要求。我们要围绕率先在全省全面建成小康社会的目标，认真贯彻习总书记关于加快新型城镇化的重要指示精神，以及省委、省政府关于省会建设的总体要求，紧紧抓住京津冀协同发展和行政区划调整的重大历史机遇，坚持工业化、信息化、城镇化、农业现代化同步推进，坚持产业、生态、文化融合发展，加快推进以人为核心的城镇化，大力提高城镇化的质量，强力推进县城建设上水平、省会建设出品位，努力打造经济实力强、生态环境美、文化底蕴厚的现代一流大省省会。

一要强化规划的引领作用。提升城市品位，规划是灵魂，建设是基础，管理是保障。今年，我们对行政区划实施了调整，省会城市发展空间大大拓展，使省会建设有了一个更大的舞台，这对城市规划提出了新的更高的要求。我们要认真

贯彻习总书记关于城市规划建设的重要指示精神，切实强化“大城市”的意识，以行政区划调整为契机，借鉴其他城市在规划方面的经验教训，解放思想、打开眼界，按照大城市的标准，加强对城市发展的顶层设计，加快调整完善省会都市圈规划，提升规划的科学化水平，尽量减少遗憾、不留败笔。要研究城市发展负面清单，划定城市开发边界，优化城市空间布局，合理划分功能分区，留好城市通风廊道，科学处理好滹沱河南岸与北岸、中心城区与组团新区、省会都市圈与县城的关系，着力打造“一河两岸三组团”的省会城市建设新格局。要切实增强规划的刚性约束，强化规划的引领作用，城市规划一旦确定，就要严格执行，决不能各行其是、无序发展，把宝贵的城市发展空间搞乱。要开放城市规划设计市场，引进国内外一流团队参与城市规划设计，努力在提高品位上下功夫。特别是对城市重要节点、片区和标志性建筑都要精心设计，从严把控建筑风格、建筑高度、装修档次、外观色调，注重增加城市文化内涵，让每一条街区、每一座建筑都体现匠心、成为经典。要加强对城市建设的计划管理，根据城市规划和发展需要，统筹安排城建项目，确保城市建设有序发展。

二要大力提升中心城区品位。中心城区是展示省会城市形象最重要的窗口。通过实施三年大变样、三年上水平，中心城区的面貌已经发生巨大变化。下一步要控制开发强度，除危陋建筑之外，一般不再搞大拆大建，把工作的重点转到出品位上来。要进一步深化对标天津活动，持续开展城市容貌综合整治，抓好城市美化、绿化、亮化，并逐步从主街主路向次干道和小街巷延伸，真正把老城区扮靓做美。要加强对“老字号”和历史风貌建筑的保护，留住城市的历史文化记忆。要突出抓好新客站、旧火车站等重点片区改造提升，努力打造省会的新地标。要严格控制城中村改造，对正在改造的城中村要加快推进，没有开工的一律停止，把工作着力点转移到老旧小区改造提升上。要大力推进轨道交通以及新胜利大街等重大基础设施建设，加快热源热网建设，理顺供热管理体制和运行机制，大力提高城区载体功能，使中心城区更加宜居宜业、方便舒适。要加大以交通为重点的基础设施建设力度，科学谋划、加快推进我市交通路网建设，构建与省会地位相适应的“大交通”格局，为京津冀协同发展、实施中东西协调发展战略、发挥省会对县域的带动作用提供交通支撑。

三要强力推进省会城市跨河发展。实施城市跨河发展，构建“一河两岸”城市格局，对于拉开城市框架、打造一流省会具有重要意义。要把滹沱河北岸作为省会城市建设的重点方向，统筹正定古城保护、正定新区建设以及空港工业园和综合保税区建设，努力把北岸区域打造成京津产业转移的承载区、产业转型升级的示范区、新型城镇化的试验区。要认真贯彻总书记关于古城保护工作的指示精神，秉持正确的古城保护理念，大力推进正定古城保护工作，加快古城保护重点项目建设，统筹做好文物保护、古城开发、人口疏解等工作，力争早日恢复千年古郡、北方雄镇的历史风貌。要把滹沱河沿岸市区段规划好、控制好、整治好，谋划一批大型功能性项目，将沿岸打造成省会市民的公共活动场所和文化休闲空间。要按照“低碳、生态、智慧”的理念，加大正定新区建设力度，继续抓好功能性项目和公建配套项目建设，集中力量加快先导区建设，使新区建设尽快出形象。要研究加快新区发展的配套政策，增强新区的吸引力。要推进产城融合发展，引进一批战略投资者，聚集一批优质产业，实施一批城建项目，增强新区聚集人口和产业的能力。要加快空港工业园基础设施建设，提高承载能力，打造宜居宜业的空港新城。要对滹沱河北岸、京广铁路以西区域进行科学规划，将推进新型城镇化与实施农村面貌改造提升有机结合，努力打造“记得住乡愁”的现代庄园。

四要加快推进组团新区与中心城区融合发展。三个组团新区要坚决克服县域观念，切实强化城市思维，以建设大省省会的站位和中心城区标准，大力提升城市规划建设管理水平，加快融入中心城区步伐。要突出抓好基础设施对接工作，加强连接中心城区与各组团新区的道路建设，特别是加快推进南二环东、西延等快速通道建设，大力发展公共交通，加快实现同城化。要重视中心城区与组团新区之间区域的规划控制，打造绿色生态隔离带和都市休闲区，防止城市“摊大饼”式发展。要做好组团新区与中心城区在产业发展、劳动就业、社会保障、社会管理和公共服务等方面的对接，在具备条件的地方实施乡改街、村改居，积极稳妥推进三个新区早日实现全域城镇化。

五要狠抓县城建设上水平。县城是发展县域经济的重要平台，是省委确定的“四大攻坚战”之一。今年我市的县城建设成效不小，建设管理水平明显提升，但仍有近一半的县（市）被列入全省重点推进县。这与我们省会城市的地位极不相称。我们要切实增强抓好县城建设的紧迫感、压力感，再接再厉、奋起直追，坚决打好县城建设翻身仗。要以提升县城规划设计水平为龙头，实行拆建并举，继续推进县城扩容升级、基础设施提档、载体功能完善、管理水平提升，特别要把迎宾景观大道、标志性街道和县城出入口打造好，高标准抓好环境卫生整治，彻底改变县城脏乱差的局面，推动县城建设迈上新台阶。

六要大力提升城市管理水平。城市三分建、七分管。要积极适应城市快速发展、规模不断扩大的新形势，把实施城市管理体制改革，下放城市管理权限，作为明年城管战线的工作主线和首要任务，大力推进城市管理重心下移，以权力下放促管理水平提升。市里直管的事情能下放给区里的全部下放到区，能交给市场的全部交给市场，充分调动区、街一级管理城市的积极性，实现城市管理的无缝隙衔接，切实改变“看得见的管不了，管得了的看不见”现象。市级城管部门要把主要精力放到组织协调、制定标准、监督检查上来。要按照“大城市”的标准，大力推进城市管理精细化，完善城市管理标准体系，提高城市管理规范化、精细化水平，将精之又精、细之又细的管理触角延伸渗透到城市的每一个角落，使城市到处干干净净，到处整洁有序，到处体现管理。要坚决做好省会房地产市场整顿工作，将房地产市场纳入依法有序健康发展的轨道。要着眼于提高城市管理效率，加快推进智慧城市建设，加强数字城管系统平台建设，运用现代科技手段配置城市资源、提高管理水平。

四、深入推进“两个环境”建设，努力打造更加宜居宜业的石家庄

改善两个环境，事关民生改善、经济发展，事关全市1000万老百姓的根本利益，事关全面建成小康社会目标的实现。必须坚定不移、持续发力，以坚韧不拔的态度、改革创新的精神和务实管用的举措，一招不让地抓好两个环境建设，使石家庄成为更加宜居宜业的美好家园。

生态环境要实现明显改善。近年来，生态环境不好特别是大气污染严重，一直是困扰我市的一大突出问题，也是老百姓和全社会关注的焦点问题。对此，市委、市政府采取了一系列强有力的措施，动员全市力量，大力实施生态环境治理攻坚战，取得了重大阶段性成效，极大地鼓舞了我们战胜污染的斗志和士气。实践证明，在生态环境治理特别是在大气污染防治上，只要态度坚决、下定决心，措施对路、狠抓落实，就没有克服不了的困难，就一定能够甩掉重污染城市的“黑帽子”，让省会重现蓝天白云。2015年我们要把治理大气污染摆在更加突出的位置，坚定必胜信心，加大工作力度，力争省会大气质量在2013年的基础上实现明显改善，提前两年实现省委、省政府提出的五年明显改善的目标。围绕这个目标，一要在科学精准治霾上下功夫。要一以贯之地抓好压煤、抑尘、控车、迁企、减排、增绿等六大举措，并在工作中不断加以细化、完善，以最严格、最精细、最有针对性的措施，治理大气污染，努力留住“APEC蓝”。二要在依法依规治污上下功夫。要以国家新《环保法》的实施和《大气污染防治法》的修订颁布为契机，着力用法治思维和法治方式解决污染治理中的突出矛盾和问题。要进一步加大环境监管执法力度，依法严厉打击各种环境违法行为，努力把大气污染治理转移到法治轨道上来。三要在严明责任抓落实上下功夫。要建立严格的大气污染防治责任制，把各项工作抓细、抓严、抓实，确保落到实处。要加强督导检查，对责任不落实、工作不到位、任务没完成的，予以严肃问责。要开展大规模造林绿化活动，突出抓好“一山二环三河”绿化以及绿色廊道、太行山绿化、农村绿化，努力创建森林城市，让石家庄绿起来，为后人留下一片宝贵的绿色财富。要像重视大气污染治理那样高度重视水生态安全，切实加强水源地保护，加大市域主要河流污染治理力度，坚决控制地下水超采，为省会发展提供可持续的水资源支撑。要统筹推进山水林田湖生态修复工作，切实抓好矿山治

理、水土保护、水源涵养等工作，努力打造生态环境美的秀丽石家庄。

发展环境要实现明显改善。优化发展环境我们已经抓了四年了，目前这项工作已进入了“深水区”。前不久，我们调整了优化发展环境工作的推进体制。要充分发挥新体制的优势，进一步创新工作思路和举措，努力开创优化发展环境工作新局面。一要大力度简政放权。发展环境不好，很大程度上是政府管得太多、效率太慢、监管不力，市场作用发挥不够造成的。2015 年要把简政放权作为优化发展环境的主基调，以市场不失范为底线，能精简的全部精简，能下放的再次下放，能交给市场的一个不留。要做实县级政府，市一级要把主要精力放到抓调研、出政策、定标准、抓协调、搞监督上来。简政放权是一个重大的改革，肯定会涉及很多方面的利益，会有不小的阻力，我们一定要下定决心，坚决“拆庙搬神”，为企业“松绑减负”。要进一步深化行政审批制度改革，大力推行“权力清单”、“负面清单”、“责任清单”制度，清单之外的审批事项一律取消，并向社会公开，着力打造“高效政府”、“阳光政府”。二要打造法治化的环境。法治环境是最好的发展环境。要把推进法治政府建设作为打造法治化环境的重要内容，所有职能部门都要依法办事、依法行政，让那些“潜规则”统统失效。不管国有、民营哪种成分，不管大、中、小、微哪种规模的企业，都要一视同仁、公平对待。要深入开展基层执法标准化建设，进一步整顿规范基层执法行为，健全和完善行政处罚自由裁量基准制度，切实减少执法的随意性，对违法行政、司法不公、粗暴执法以及吃拿卡要等行为要严肃查处。三要热情服务市场主体。企业是市场的主体。为市场主体搞好服务、排忧解难，是各级政府和公务人员义不容辞的责任。在当前市场竞争十分激烈的情况下，我们的各级干部一定要更加关心企业家、关心市场主体，主动作为、搞好服务，切实为企业解决实际困难，保护好企业家的创业激情，让企业家在石家庄成为最受尊敬、最有地位的一个群体。

五、大力保障和改善民生，切实让老百姓过上更好的日子

我们的一切工作，都是为了让老百姓过上幸福生活。我们要按照总书记的要求，顺应人民群众对美好生活的新期待，把保障改善民生摆在更加突出的位置，把更多的财力向民生领域倾斜，以强烈的为民情怀，下大力解决好老百姓最关心、最直接、最现实的利益问题，带着感情解民忧、惠民生、保民安，多做雪中送炭的工作，切实把实事好事办到老百姓心坎上，特别要把 2015 年利民惠民十件实事落到实处，让改革发展成果惠及更多老百姓。

一要创造充分的就业机会，让老百姓生活更稳定。就业是民生之本。老百姓关心经济发展，更关心自己的工作和收入。有了好工作，生活才能稳定，日子才会殷实。特别是在经济发展进入新常态、产业结构调整力度加大的情况下，更要重视做好老百姓的就业工作，突出精准发力，努力让每一个有就业愿望的人都能找到合适工作。要实施更加积极的就业政策，多渠道开辟就业岗位，最大限度地满足劳动群众的就业需求。一方面，要大力抓发展，多上项目、多办企业，鼓励支持全民创业，用发展的办法扩大就业容量；另一方面，要加大对就业的服务指导力度，突出抓好高校毕业生、城镇就业困难人员、农村转移劳动力等群体的就业工作，高度重视并做好化解过剩产能中出现的下岗再就业工作，开展多种形式、有针对性、高质量的职业技能培训，提高劳动者就业能力，实现更高质量的就业。

二要完善能托底的社会保障，让老百姓生活更放心。社会保障是社会的“稳定器”、民生的“安全网”。有了托底的社会保障，老百姓生活才能后顾无忧。我们要从省会实际出发，逐步健全完善全覆盖、保基本、多层次、可持续的社会保障体系，不断提高养老、医疗、失业、住房等社会保障水平，切实守住老百姓的生活底线，使他们不为饥寒所迫、大病所困、养老所难、失业所忧，生存得更有尊严。要更加关注低收入群众的生活，时刻把他们的安危冷暖放在心上，千方百计为他们排忧解难，让每一名困难群众都感受到党和政府的温暖。要进一步做好计生特殊家庭的关怀帮扶工作，决不让听党话的人吃亏。要巩固完善新农合大病保险制度，切实解决好“因大病致贫”问题。要深入实施精准扶贫，大力开展“春雨行动”，加大对贫困地区经济发展的扶持力度，增强自我“造血”功能，使贫困地区的老百姓早日脱

贫致富奔小康。

三要提升公共服务水平，让老百姓生活更满意。公共服务涉及千家万户，与民生幸福息息相关。近年来，随着经济的快速发展，优质公共资源不足及服务滞后等问题比较突出。各级党委、政府一定要强化责任意识和问题导向，着力研究对策、补齐短板，努力让每个家庭、每个社会成员都能够享受到优质均等化的公共服务。要积极发展学前教育，推进义务教育均衡发展，突出解决好入园难、上“好学校”难问题，让每一个孩子都能享受优质教育。房地产开发要严格按规定做好教育设施的配建和移交。要深入推进山区教育扶贫工程，加强运行和保障机制建设，着力提升项目学校管理水平，抓好义务教育与高中段教育、职业教育的配套衔接，让每一个没考上大学的孩子都能掌握一技之长，使他们能够真正走出大山、脱贫致富、改变命运。要认真解决老百姓看病的烦恼，大力推进优质卫生资源倍增工程，巩固基层医改成果，健全城乡基层医疗卫生服务网络，改变“大医院人满为患”的现象；进一步提高基本医疗保障水平和公共卫生服务水平，严格落实国家基本药物制度，启动实施疾病应急救助，让更多的人享受到优质的医疗卫生服务。要适应人口老龄化的趋势，完善养老服务体系，加快养老服务设施建设，让每一个老人都能老有所养、安度晚年。

四要繁荣发展先进文化，让老百姓生活更多彩。文化对于满足人们精神需求、提升群众生活质量、推动社会和谐进步具有重要促进作用。要坚持用社会主义核心价值观塑造人的灵魂、引领社会风尚，大力开辟城乡思想教育文化阵地，继续办好“燕赵讲坛”，广泛开办“燕赵社区大讲堂”，积极开展“三下乡”，以群众喜闻乐见的形式和载体，将加强思想教育、理顺社会情绪与服务群众生活、满足精神文化享受有机结合起来，在全市进一步形成向上向善、崇德守法、团结和谐、理性包容的社会氛围。要实施正确的舆论引导，围绕全市中心工作，抓好主题宣传，唱响主旋律、打好主动仗、传播正能量，努力为转型升级、跨越赶超提供精神动力和舆论支持。要生动形象地讲好石家庄故事，让市民更加热爱这座城市，让外地人更加向往石家庄。要加强意识形态领域的工作，强化网络社会管理，壮大网络舆论主阵地，积极开展网上舆论斗争。要大力组织开展群众性的精神文明创建和主题道德教育实践活动，努力培育城市精神，争创全国文明城市。要加强省会特色文化建设，打造西柏坡红色文化等品牌，切实搞活改制后的国有文艺院团，创作一批文艺精品，大力繁荣文化市场，不断提升省会的文化品位。要大力实施文化惠民，加强公共文化设施建设，完善基层公共文化服务体系，积极开展彩色周末、高雅艺术演出、一月一名剧、送戏下乡等群众文化活动，不断满足城乡群众文化需求。要大力培育发展文化产业，努力把文化产业打造成我市的支柱产业。

五要着力打造平安省会，让老百姓生活更安全。平安是最大的民生。当前，我们既处在重要战略机遇期，又处于矛盾凸显期，维护社会稳定的任务十分繁重。作为省会城市，在维护稳定上更具有特殊重要的意义。要进一步创新社会治理方式，深入学习推广“枫桥经验”，把社会治理与服务群众有机结合起来，加大矛盾纠纷排查化解力度，加强基层基础工作，努力把问题解决在基层、化解在源头。要以解决群众合理诉求为核心，进一步创新信访工作机制和手段，下大力解决信访问题，切实维护群众合法权益。要继续深化平安省会建设，大力开展平安创建活动，进一步完善社会治安防控体系，充分发挥110警务站的功能作用，严厉打击各类违法犯罪活动，着力做好反恐处突各项工作，不断增强老百姓的安全感和满意度。要高度重视并抓好安全生产、食品药品安全、防灾减灾救灾等工作，切实保障老百姓生命财产安全。

六、扎实推进全面深化改革和依法治市，为全面建成小康社会提供动力和保障

今年是全面深化改革的元年。在中央和省委的正确领导下，我市的全面深化改革工作实现了良好开局。2015年我们要进一步坚定改革的决心，加大改革的力度，以改革为动力，向改革要红利，推动省会事业又好又快发展。第一，要大力解放思想，勇于自我革命。全面深化改革首先要解放思想。要坚决破除僵化的思想观念和陈旧的思维模式，敢于打破种种“不可能”、“不允许”，善于运用市场的思维和市场的方式、开放的思维和开放的方式、

创新的思维和创新的方式、法治的思维和法治的方式来推进改革。改革涉及利益格局的调整，有时还要“革自己的命”，同时改革也是有风险的。这些都是影响全面深化改革的“拦路虎”。全市各级各部门特别是领导干部，一定要站在对历史负责，对全市1000万老百姓的根本利益负责的高度，强化担当意识，勇于自我革命，坚决破除部门利益、小团体利益，解决好不敢改、不愿改的问题，不失时机地推动各领域的改革，不能让石家庄的发展耽误在我们这一代人身上。这是开创全面深化改革新局面的关键和前提。第二，要坚持问题导向，推进关键改革。改革由问题倒逼而来。我们既要讲好改革的“普通话”，对中央和省委部署的改革任务坚决抓好贯彻落实；又要讲好改革的“石家庄话”，解决好困扰和束缚我市发展的难题。一要围绕进一步简政放权、优化行政审批、提升行政效能、激活市场主体、深化国企改革加大改革力度；二要围绕推进保税区建设、复制推广上海自贸区经验、进一步扩大对外开放加大改革力度；三要围绕实施创新驱动战略、促进科技成果转化、加快转型升级步伐加大改革力度；四要围绕深度参与京津冀协同发展、落实中东西协调发展战略加大改革力度；五要围绕发展现代农业、农村土地经营权流转以及创新农村产权制度、经营体系、市场体系加大改革力度；六要围绕大气和水污染防治、建立落实生态补偿机制加大改革力度；七要围绕推进依法治市、建设法治政府、落实依法行政、推进司法公开、确保司法公正加大改革力度；八要围绕保障和改善民生加大改革力度；九要围绕建设大省省会、推进城市管理工作重心下移、构建与“大城市”相适应的规划建设管理体制、组团新区和中心城区融合发展加大改革力度；十要围绕党要管党、从严治党、领导班子和干部队伍建设、深化作风建设、克服“四风”问题、落实“两个责任”加大改革力度。还有一些方面，就不再一一列举。2015年，要重点围绕这十方面设定具体改革项目，研究改革办法，成熟一项、推出一项，真正拿出一批过硬、提神、灵验的改革举措来。第三，要严明改革责任，狠抓工作落实。对各项改革工作，要实行严格的责任制，分工负责，强力推进。市委各专项改革小组及各县（市、区）、市直各部门要切实增强改革的主动性，着力在抓试点、攻难点、创亮点上下功夫，把改革工作工程化、项目化、责任化，逐项搞突破、抓落实、见成效，确保改革任务落实。市委改革办要切实发挥职能作用，加强综合协调和跟踪督办，推动我市全面深化改革工作积极稳妥健康推进。

全面推进依法治国是党中央作出的重大战略决策，是推进国家治理体系和治理能力现代化的必然要求，是全面建成小康社会的重要保证。习总书记就推进依法治国提出了明确要求，省委全会对依法治省作出了全面部署。我们要切实把思想和行动统一到中央和省委全会精神上来，进一步强化法治观念，大力推进依法治市，为省会各项事业发展、率先在全省全面建成小康社会提供有力的法治保障。一要强化法治意识，坚持依法执政。依法治国意味着对公权力的规范和约束。贯彻落实依法治国、全面推进依法治市，要求各级党委、政府和领导干部必须切实转变观念，增强法治意识，自觉运用法治思维和法治方式谋划和推动工作。无论是推动发展、深化改革，还是化解矛盾、维护稳定，都要转移到法治化轨道上来。各级领导干部要对法律怀有敬畏之心，带头遵守法律，带头依法办事，不得违法行使权力，更不能以言代法、以权压法、徇私枉法。二要坚持依法行政，建设法治政府。坚持依法行政，建设法治政府，是依法治市的重中之重。要推进各级政府事权规范化、法律化，做到法定职责必须为、法无授权不可为。要严格依法决策，规范行政执法，进一步深化“两法衔接”工作，努力做到严格规范、公正文明执法，全面提高依法行政水平。三要围绕全市大局，加强立法工作。推进依法治市，必须立法先行。要充分行使好地方立法权，围绕市委、市政府重大战略的落实、重大工作的推进，高起点、高质量地推进地方立法工作，健全法规体系。要充分发挥市人大及常委会在立法中的作用，把我们一些好的经验做法、改革创新成果，用立法的形式固定下来、坚持下去，为省会又好又快发展提供有力的法治保障。四要严格公正司法，维护公平正义。要围绕解决好老百姓反映强烈的违法施政、司法不公等突出问题，推进司法改革，抓好司法公开，严格公正司法，促进司法清明，让老百姓在每一个司法案件中都感受到公平正义。要认真落实省“两办”《关于党政领导干部支持政法机关依法独立公正办案的规定》，坚决查处领导干部干预司法活动、插手具体案件的行为。五要加强法制宣传，倡导全民守法。法治是社会主义核心价值观的内容之一。法治的根基在于公民发自内心的拥护，法治的力量源于公民出自真诚的信仰。我们要大力加强法治教育，把推进全民普法和守法作为依法治市的长期基础性工作来抓，努力将法治精神、法治意识、法治观念化作全体市民的价值追求，形成办事依法、遇事找法、解决问题用法、化解矛盾靠法的良好社会氛围。

七、坚持全面从严治党，为省会各项事业发展提供坚强保证

办好省会的事情，关键在党，关键在人。全市各级党组织一定要认真贯彻习总书记关于党要管党、从严治党的总要求，主动适应全面从严治党“新常态”，始终把管党治党放在一切工作的核心地位，以全面从严治党的实际成效，为省会各项事业健康发展提供坚强保证。

一要强化管党意识，严格落实治党责任。从严治党，重在落实责任。这个责任重于泰山！各级党委（党组）书记一定要从巩固党的执政地位、夯实党的执政根基的高度看问题，把抓好党建作为第一位的任务、作为最大的政绩，认真履行党建第一责任人的责任，既要一心一意谋发展，又要聚精会神抓党建，带头把从严治党的责任担当好、落实好，真正做到“两手抓、两手都要硬”。要实施严格的责任传导，改进和加强党建考核，督促领导班子成员和基层党组织书记严格履行管党治党责任，在全市形成重视党建工作、一级抓一级、层层抓落实的浓厚氛围。各级党组织和党组织书记，要牢固树立不抓党建就是失职、抓不好党建就是渎职的意识，对党员干部队伍要从严教育、从严管理、从严监督，切实抓好班子、带好队伍。对那些管党治党责任不落实，在抓班子、带队伍上问题较多的领导干部要坚决予以调整和问责。

二要持续加压给力，深入推进作风建设。从严治党，关键要严在作风上。目前，经过扎实开展教育实践活动，全市干部队伍作风有了新的改进，但与新形势、新任务的要求相比还有差距，稍有松劲，一些问题就有可能反弹和回潮。要认真贯彻中央“八项规定”精神，进一步巩固和拓展教育实践活动成果，以克服“四风”问题为突破口和抓手，深入持久地推进作风建设，特别是要认真抓好各项整改任务的落实，努力向省委和全市老百姓交一份满意答卷。要坚持问题导向，将整改工作常态化，紧紧盯住作风领域出现的新变化新问题，及时跟进相应措施，什么问题突出就抓什么，什么问题复发就治理什么，努力根除作风“顽疾”。对胆大妄为、顶风违纪者要严肃处理。要注重加强制度建设，用制度来保证作风建设的长效化。

三要严格党内生活，加强领导班子建设。从严治党，首先要从严管理领导班子；管好班子，必须从党内政治生活严起。在教育实践活动中，各级领导班子都召开了一次高质量的专题民主生活会，经历了一次严格的党内生活锻炼。要以此为新的起点，运用好“四大法宝”，经常使用批评和自我批评这个有力武器，开展积极健康的思想斗争，不断提高党内政治生活的政治性、原则性、战斗性。要认真贯彻执行民主集中制，严格按照民主集中制的原则来设定和处理党内重要关系，严格按照民主集中制的规则和程序研究解决重大问题，以正确地贯彻执行民主集中制来增强各级领导班子的凝聚力、战斗力、创造力，营造团结和谐、干事创业的良好氛围。要严肃政治纪律和政治规矩，对总书记指出的“七个有之”问题，在石家庄要坚决杜绝。坚决反对团团伙伙、拉拉扯扯、拉山头、搞圈子、不讲组织纪律、搞“小九九”等现象，坚决反对自由主义、分散主义、好人主义、个人主义，切实维护党的团结统一。各级党委、政府要严格请示报告制度，领导干部要认真遵守请销假制度。

四要抓好基层党建，切实夯实基层基础。基层党组织离老百姓最近、服务群众最直接，其作风如何直接关系到党的各项决策部署能否得到贯彻落实，关系到党和政府在人民群众中的形象。全市各级党组织一定要更加重视基层、关心基层、支持基层，围绕基层存在的突出问题，采取有针对性的措施，认真加以研究解决。要严格落实基层党建工作责任制，严格实施述评考核，完善激励约束机制，真正把党建责任落到实处。要着力营造基层乡镇拴心留人的环境，拓宽基层选人用人的渠道，充分调动基层乡镇干部

的积极性。要切实抓好村（社区）两委换届工作，加大农村、社区软弱涣散党组织整顿力度，选好配强基层党支部书记，努力打造坚强的战斗堡垒。要大力加强基层服务型党组织建设，抓好“三级平台、两个代办”便民服务体系建设，深入开展“在职党员进社区”、“党员志愿服务”等活动，使基层党组织真正成为群众的贴心人、主心骨。

五要加强廉政建设，打造清廉干部队伍。推动转型升级、跨越赶超，需要既干事、又干净的干部。各级党组织一定要把落实党风廉政建设“两个责任”，作为从严治党的一项重要政治任务，党委（党组）要担负起主体责任，纪检监察机关要承担好监督责任，主要负责同志要履行好第一责任人的责任，各级领导干部都要带头廉洁从政、落实“一岗双责”。要通过一环紧扣一环的责任体系，种好各自的“责任田”，在党员干部队伍中构筑起反腐倡廉的坚固防线。要始终坚持以“零容忍”的态度惩治腐败，做到有案必查、有腐必反、有贪必肃。这里需要提醒大家的是，查办的案件没有一个是因为干工作有瑕疵、搞改革有失误而被查的，没有一个是因为敢担当、干实事而被查的，都是由于本人贪污腐败被查的。反腐败清理的是腐败分子，净化的是政治生态，优化的是发展环境。因为反腐败就不敢干事了，对于我们共产党员来说，是永远讲不通的。贪污腐败、不干净，影响事业发展；而不干事则同样是腐败，同样贻误事业发展。作为党的干部，一定不要有任何私心杂念，也不要追求任何特权，就是要一心一意干好工作。只要干得好、有激情、敢担当、清正廉洁，就会被重用、就会有前途。

当前，面对从严治党的新常态，一些党员干部产生了消极情绪，出现了“为官不易”的想法和“为官不为”的状况，生怕“办错事”，受到追究。这种想法和行为是完全错误的，是与党的宗旨相违背的。大家要清醒地认识到，从严治党一定会越来越严。广大党员干部特别是领导干部，一定要认真贯彻落实总书记“三严三实”的要求，正确理解新常态，从思想上、作风上、行动上主动适应新常态，习惯在这种严的要求中生活，在严的环境里工作，在严的约束内用权，始终保持高昂的精神状态，以“抓铁有痕、踏石留印”的劲头、“功成不必在我”的境界，充满激情地履职尽责、干事创业。这也是对党员干部作风和党性修养的一种现实考验。希望同志们能够经得起这个严峻考验。

做好2015年的工作，任务艰巨、责任重大。让我们紧密团结在以习近平同志为总书记的党中央周围，在省委的坚强领导下，认真落实中央和省委的各项决策部署，改革创新、攻坚克难，奋发进取、高歌猛进，加快转型升级、跨越赶超、建设幸福石家庄步伐，全面完成“十二五”规划，努力开创全面建成小康社会新局面！

政府工作报告

——2015年1月19日在石家庄市第十三届人民代表大会第三次会议上

石家庄市人民政府市长　王亮

各位代表：

现在，我代表市人民政府向大会作工作报告，请予审议，并请市政协各位委员和列席会议的同志提出意见。

一、2014年工作回顾

刚刚过去的2014年是极不平凡的一年，面对宏观经济下行压力不断加大和环境约束日益趋紧的严峻形势，全市人民在省委、省政府和中共石家庄市委的正确领导下，全力以赴稳增长、调结构、促改革、治污染、惠民生，实现了经济社会稳步健康发展，较好地完成了市十三届人大二次会议确定的目标任务。

经济运行稳中向好。坚持把稳增长摆在更加重要的位置，突出投资拉动，强化要素保障，全市经济平稳健康运行，主要经济指标在全省保持领先。预计地区生产总值完成5100亿元，增长8%，高于全省1.5个百分点。全部财政收入完成681.3亿元，可比增长10%；一般公共预算收入完成343.5亿元，可比增长13%，总量均居全省第一。固定资产投资完成5076亿元，增长16.2%。社会消费品零售总额完成2424亿元，增长12.5%。外贸进出口总值完成147亿美元，增长5%。民营经济增加值完成3400亿元，增长8.5%，全省综合排名位居第一。城乡居民人均可支配收入分别达到27422元、11123元，增长8.5%和10.5%。

结构调整取得明显进展。牢牢抓住经济结构调整这个战略重点，有保有压、有扶有控，实现了经济发展与结构优化良性互动。项目建设势头强劲。全市亿元以上在建项目达到889个，光谷一期等145个攻坚项目进展顺利，完成年度投资计划的120%。中博新能源汽车、三元工业园等51个新开工项目加快建设，石炼化800万吨油品升级改造、常山生化肝素钠、君乐宝婴幼儿配方乳粉等48个重点项目竣工投产。25个省级以上开发区主营业务收入完成6152.8亿元，增长19.7%。工业转型升级步伐加快。坚持"有中生新"，改造提升传统产业，集中实施技改项目1600项，完成技改投资1536亿元，增长21%；工业企业全面开展对标行动，创建省级对标示范企业26家、行业标杆543项；新增入统工业企业200家，规模以上工业增加值完成2072亿元、利润达到746亿元，分别增长8%和11%。坚持"无中生有"，培育壮大新兴产业，生物医药产业列入国家高端生物医药区域集聚发展试点，中航通用飞机、格力电器等143项战略性新兴产业项目建设提速，新增高新技术企业76家，高新技术产业实现增加值310亿元，增长13%。服务业快速发展。完成增加值2169亿元，对经济增长的贡献率达到53%。成功列入国家电商与物流快递业协调发展试点城市和全国电子商务进农村综合示范项目计划，商务云数据中心建成投用，电商交易额达到2400亿元，增长25%。三大省级物流园区入驻商户1.3万家，年交易额突破400亿元。国际贸易城、华润万象城等121个商贸重点项目扎实推进。成功举办首届石家庄旅游交易会，旅游业总收入达到406亿元。金融保险、文化创意、养老服务等产业健康发展，北京银行石家庄分行正式营业。农业生产稳定增长。国家现代农业示范区申报成功。粮食生产获得丰收，连续三次获评全国粮食生产先进市。肉、蛋、奶和蔬菜、果品产量全省领先。积极培育新型农业经营主体，家庭农场由54家增加到770家，农民合作社达到1.2万家。实施农业产业化项目184个，新增省、市重点龙头企业45家，平山葫芦峪等农业综合开发项目取得成效，农业产业化经营率达到61.6%。

改革开放扎实推进。重点领域改革全面深化，市场活力和内生动力明显增强。政府职能转变步伐加快。衔接落实省政府取消下放的审批事项97项，向县（市）区下放审批事项45项，市级保留的113项审批项目全部向社会公开。食药监和工商、质监行政体制改革基本完成。市本级44个行政机关标准化建设全面完成。经济领域改革不断深化。全面落实商事制度改革措施，新增各类市场主体10.2万户，增长44%；新登记注册资本1538.6亿元，增长165.2%。完成市机械供销公司等8家国有企业改制，21家监管企业实现营业收入293亿元、利润6.3亿元，双超年度计划。15个试点村完成土地承包经营权确权颁证，农村土地承包经营权流转达到159万亩，占家庭承包耕地的24.5%。省会的开放度进一步提升。石家庄综合保税区获国务院批准；成功组织石洽会等系列招商引资活动，全年实际利用外资10.2亿美元，引进市外资金1353亿元；新增多层次资本市场挂牌上市企业30家、境外投资企业27家，超千万美元进出口企业达到92家。创新发展能力持续提高。科技大市场建成投用，与中国技术交易所等15家技术转移机构开展合作，中德医疗器械联合实验室正式揭牌，中欧联合实验室获得中国、美国、加拿大检测体系认证。科技中心等省级以上孵化器达到9家，孵化器总面积达到100万平方米，入驻企业667家。协同创新发展迈出坚实步伐。明确了石家庄在京津冀协同发展中打造现代商贸物流基地的功能定位。由我市发起和组织的京津冀产学研联盟正式成立，北大、清华、中科院等242家知名院校、科研机构和企业加入。成功签署与中关村共建集成电路产业基地协议。与央企合作不断深化，首安工业自动灭火系统等97个项目顺利推进。

新型城镇化进程加快。强力推进大省省会建设，全市城镇化率达到56.3%。省会发展空间实现大拓展。顺利完成行政区划调整，城区面积由469平方千米扩展到2206平方千米。交通枢纽建设步伐加快，石济客专正式启动，京港澳高速改扩建竣工通车，京昆石太高速、南绕城高速顺利推进；307国道大修完工，308国道改造加快实施，新赵公路全线贯通，新建干线公路110千米；太行大街、新城大道建成通车，把“一河两岸”连为一体。城市载体功能不断提升。正定国际机场第二航站楼、新客站东广场建成投用；轨道交通1、3号线一期工程55个工点全部开工，14个地铁站主体封顶；新胜利大街、方北路和裕翔街等城市路网建设改造整体加快。竣工热源项目80个，新增供热面积963万平方米。实施石津干渠沿线雨污导排工程，完成主城区4条路段雨污分流改造。南水北调一期工程全线通水。对槐安路、裕华路、体育大街等主路主街进行了景观整治，改善提升老旧小区279个、小街巷100条，新建提升绿地710公顷。深入开展房地产专项整治，有效规范了房地产市场秩序。新区建设步伐加快。河北奥体中心、石家庄报业传媒大厦等24个功能性项目建设全面展开，湖南大道、天祥街等6条道路建成通车。正定古城墙保护、周汉河综合整治、月城、瓮城修复等十大工程60个项目顺利实施。县城建设力度加大。13个县（市）全部完成城乡总体规划编制。改造提升迎宾路101千米、标志性街道46千米，拆除违章建筑420万平方米，县城机械化清扫率达到50%。新增公共绿地741.6公顷，鹿泉、高邑通过国家级园林县城初评，井陉通过省级园林县城复查，新乐成功创建省级园林县城，高邑、元氏获省人居环境进步奖。368个省级重点村面貌改造提升任务全面完成，全国农村改厕工作现场会在正定召开。

生态环境持续改善。以壮士断腕的决心和勇气，全力实施环境治理攻坚战。大气质量明显好转。市财政投入资金15.8亿元，综合实施压煤、抑尘、控车、迁企等六大举措，全年空气质量优良天数达114天，比上年增加71天，优良率提高19.5个百分点，重度以上污染天数比上年减少51天，下降14个百分点，六项主要污染物平均浓度全面下降，其中PM2.5、PM10分别下降19.5%、32.5%，二氧化硫、一氧化碳、二氧化氮、臭氧分别下降41%、24.9%、22.1%、15.6%。率先在全省完成污染物来源解析。压减燃煤700万吨、钢铁产能112万吨、水泥产能1850万吨，提前3年完成水泥过剩产能压减任务。实施减排项目205项，全市17家热电企业实施除尘改造，市内所有工地开展绿色施工。淘汰黄标车 8.07 万辆。提前一年完成“十二五”节能减排任务。华旭药业、永通化工等 4 家企业完成搬迁，石钢搬迁至井陉矿区工作正式启动。生态修复力度加大。完成水污染治理项目 469 项，滹沱河整治二期工程进展顺利，汪洋沟综合整治工程基本完工，洨河出市断面水质稳定达到省考核要求；建立黄壁庄水库上游水源联动预警机制，拆除岗南水库周边违章建筑 2 万平方米，集中式饮用水源地水质稳定达标。大力实施环省会经济林建设等重大绿化工程，完成造林 62 万亩，超出目标 12 万亩，森林覆盖率达到 36%。环境监管水平不断提升。全市 114 家国省控重点企业全部实现污染源在线监控，实行县、乡、村三级环保网格化管理，环境执法力度不断加大，关停环保违法企业 230 家，立案查处各类污染环境案件 521 起。圆满完成 APEC 会议期间空气质量保障任务。在此，向为改善大气质量付出艰辛努力、做出积极贡献的全市各界，表示衷心的感谢！

民生保障水平不断提高。全年各级财政用于民生的支出达到 447.4 亿元，占一般公共预算支出的 79.4%。就业服务得到加强。积极开展就业困难人员、零就业家庭就业援助，着力做好压减产能涉及职工的安置分流和再就业工作，全年城镇新增就业 10 万人，农村劳动力转移就业 5.2 万人，保持高校毕业生登记失业率为零。保障水平不断提高。企业退休人员人均月养老金由 1655 元提高到 1844 元；城镇居民基本医疗保险和大病保险最高支付限额达到 30 万元；提高了城乡低保、农村“五保”供养标准。建立计生特殊家庭“医养扶一体化”服务保障机制。对市内区 60 周岁以上困难老人和 90 岁以上高龄老人实施政府购买居家养老服务。开工建设保障房 2.7 万套，竣工 2.48 万套，分配入住 2.06 万套。对 267 个贫困村实施精准扶贫，5.5 万贫困人口稳定脱贫。教育事业均衡发展。学前教育资源不断扩大，新增公办幼儿园学位 6750 个，学前三年毛入园率达到 90%。优质教育资源倍增工程成果显著，12 个县（市）区通过国家、省义务教育基本均衡评估验收，二十四中一期、二中二期改造等项目扎实推进。山区教育扶贫工程深入实施，设立家庭经济困难学生生活补贴专项经费，累计发放 2061.4 万元，资助学生 29446 人次。中高职教育衔接取得新进展，市职教中心等 8 所中职学校与省内 7 所高校实现对接。国家教育信息化公共资源平台试点建设取得阶段性成果。在全省率先颁布实施教育设施规划建设管理条例。文化体育事业日益繁荣。霞光大剧院主体竣工，丝弦剧场投入使用，51 个社区文化中心提档升级，文化惠民工程深入实施，《百合岭》、《灯魂》等精品创作成果丰硕；河北美院文化创意产业基地等 4 家园区入选首批省级示范园区。成功举办第九届省少数民族传统体育运动会，获省运会“五连冠”，石家庄永昌足球队“冲超”成功。医药卫生事业健康发展。全市 31 家县级公立医院全部实现药品零差率销售；市一院中心院区综合病房楼、市四院新院区、市五院应急救援综合楼等优质卫生资源倍增工程加快推进；国家中医药发展综合改革试验市建设成效显著，创建“国医馆”、“国医堂”做法在全国推广。新农合筹资标准由 340 元提高到 390 元，参合率达到 98.4%。“单独两孩”政策启动实施。社会治理不断强化。深入实施食品药品安全专项整治，持续开展安全生产隐患排查整改和打非治违行动，各类事故同比下降 12%。发挥价格调节基金作用，物价总水平基本稳定。严厉打击各种刑事犯罪，刑事发案率持续下降。实行重大事项社会稳定风险评估制度，有效预防和化解矛盾，保持社会和谐稳定，连续五次入选全国幸福城市前十名，人民群众安全感、幸福感进一步增强。公开承诺的农村饮水安全、缓解“入园难”、助残帮扶等十件实事全面完成。

一年来，我们深入开展党的群众路线教育实践活动，严格执行“八项规定”和“约法三章”。自觉接受人大法律监督、政协民主监督和社会舆论监督，认真办理人大代表建议和政协委员提案，按时办复率和走访率均达到 100%。加大廉政建设工作力度，严肃查处“庸懒散拖”行为，效能责任追究 359 人，发展环境进一步优化。国防动员和双拥共建深入开展，妇女儿童、民族宗教、外事侨务、防震减灾、残疾人、气象、档案、人防等各项事业都取得了新成绩。

各位代表！过去的一年，我市在国内外环境复杂多变、经济下行压力加大、污染治理力度空前的背景下，取得上述成绩实属不易。这是省委、省政府和市委正确领导的结果，是全市广大干部群众共同奋斗的结果。在此，我代表市人民政府，向全市人民，向人大代表、政协委员，向各民主党派、工商联、人民团体和社会各界人士，向驻石解放军、武警官兵和政法干警，向中直、省直机关驻石单位，向关心支持石家庄发展的香港和澳门特别行政区同胞、台湾同胞、海外侨胞、国内外朋友，致以崇高的敬意和衷心的感谢！

回顾2014年工作，虽然大多数经济社会发展指标好于全省平均水平，但仍有地区生产总值、规模以上工业增加值、社会消费品零售总额等指标没有完成预期目标。经济发展长期积累的深层次矛盾和问题尚未根本解决，传统产业拉动能力减弱，新兴产业还没有形成战略支撑，创新发展能力还不够强；县域经济发展不平衡，总体实力偏弱；财政收支矛盾突出，公共服务水平还不够高，城乡居民收入增长还不够快；大气污染依然严重，生态环境治理任务十分艰巨；政府职能转变还不到位，服务意识和作风建设仍需大力加强。对此，我们一定强化问题导向，采取有力措施，认真加以解决，决不辜负全市人民的厚望！

二、2015年主要工作任务

今年是全面深化改革的关键之年，是全面推进依法治国的开局之年，是全面完成“十二五”规划的收官之年。综合分析全年形势，世界经济总体复苏疲弱态势难以明显改观，我国经济运行多重困难和多方面矛盾相互交织，经济下行压力依然较大；我市正处在转型升级、跨越赶超的关键时期，保持经济平稳较快发展的任务十分艰巨。在看到困难的同时，我们更要看到，我国仍处于重要战略机遇期，经济发展进入新常态，总体向好的基本面没有改变；新型工业化、新型城镇化、信息化和农业现代化深入推进，省会行政区划调整顺利完成，为我市经济转型升级开辟了广阔空间；京津冀协同发展进入全面实施阶段，随着交通互联互通、产业协作发展、生态共建共享的深入，必将极大提高省会的创新能力和产业层次；市委确定的中东西三大区域协调发展、“一河两岸三组团”城市布局、工业强市等重大战略深入实施，省会首位度和综合实力不断提升，为率先发展奠定了坚实基础，增添了强大动力。我们一定要顺势而为，乘势而上，保持政治定力，坚定必胜信心，抢抓发展先机，努力开创全市经济社会发展新局面！

政府工作的总体要求是：全面贯彻党的十八届三中四中全会、中央经济工作会议、省委八届九次全会、市委九届六次全会精神，坚持稳中求进工作总基调，以提高经济发展质量和效益为中心，主动适应经济发展新常态，把转方式调结构放在更加重要的位置，紧紧抓住京津冀协同发展的重大机遇，深入实施中东西区域协调发展战略，狠抓改革攻坚，突出创新驱动，推进依法行政，优化两个环境，保障改善民生，维护社会稳定，推动省会工作上水平、创一流，加快转型升级、跨越赶超、建设幸福石家庄步伐，全面完成“十二五”规划目标，为在全省率先全面建成小康社会奠定坚实基础。

今年经济社会发展的主要预期目标是：地区生产总值增长8%，一般公共预算收入可比增长12%，服务业增加值增长10%以上，规模以上工业增加值增长9%左右，固定资产投资增长16%，社会消费品零售总额增长12%，进出口总值增长5%，实际利用外资增长5%。城乡居民人均可支配收入分别增长8%和10%，居民消费价格指数涨幅控制在4%以内，城镇登记失业率控制在4.5%以内，人口出生率控制在14.8‰以内。

提出上述目标，充分考虑了与完成“十二五”规划和率先全面建成小康社会目标相衔接，符合省会发展实际和社会预期，能够更好地适应经济发展新常态。我们一定要全面落实市委九届六次全会部署，坚持把创新发展作为贯穿经济工作的主线，努力在推进工业强市、发展现代服务业、现代农业、壮大县域经济和项目建设上实现新突破。更加注重深化改革开放、释放发展潜力，更加注重项目建设、增强经济发展后劲，更加注重主动融入京津冀协同发展、打造省会发展新优势，更加注重科技成果转化、提高创新驱动能力，更加注重提升公共服务水平、增进民生幸福，努力向全市人民交出一份满意答卷！

围绕实现今年目标，重点做好九个方面工作：

（一）集中实施项目攻坚，强力拉动经济增长。扩大投资规模，优化投资结构，提高投资效益，实现上大项目、上一批大项目的新突破，打造石家庄经济升级版。

狠抓重点项目建设。全年实施亿元以上项目1000个以上，总投资9000亿元，年度完成投资3000亿元。以“三个一百”重点项目为抓手，实施合力攻坚，确保石药抗肿瘤新药产业化、石煤机二期等100个项目开工建设，格力三期、通用航空产业基地二期、神威医药物流园等100个项目竣工投产，力促石炼化轻烃综合利用一期、河北光纤产业集群等100个前期项目完成各项前期手续。把泸州老窖华北基地、华药青霉素产业升级等单体投资超10亿元的160个产业项目作为重中之重，集中力量保开工、快建设、早投产。筛选一批大项目、好项目列入省重点项目盘子。紧紧抓住国家实施交通建设、清洁能源等“七大工程包”的重大机遇，精心谋划未来三年的支撑性项目，力争市级重点项目储备达到2000项以上。优先保障重点项目建设用地，提高土地利用效率，全年补充耕地3.5万亩。

突出抓好战略性新兴产业。努力“让新芽长成大树”，加快提升新兴产业支撑能力。重点围绕生物医药、高端装备制造、信息技术、新材料、新能源、节能环保等新兴产业，大力推进总投资638亿元的62个项目建设，确保完成年度投资182亿元。抓住建设国家高端生物医药产业集聚发展试点市机遇，制定出台医药产业振兴规划，支持华药、石药、四药、以岭、神威等龙头企业加快发展，确保科仁创新药物产业化等5个项目如期开工，石药制剂扩产改造等3个项目竣工投产，对获得新药证书的企业给予奖励。积极推进中车城轨车辆一期、翼辰铁路配件、欣意电缆等项目建设，确保高端装备制造产业增加值增长18%以上。支持中电科导航、四方通信、旭新光电等骨干企业做大做强，加快发展有源光缆、光电显示玻璃基板、新型连接器开关等高精尖产品，打造中国光纤产业集群。抓好中博、新宇宙新能源汽车项目建设，努力打造中国北方新能源汽车生产基地。推进中广核、河北国威光伏电站建设，力争上海航天机电、山东润峰光伏电站一期工程竣工投用。

提升产业园区承载能力。继续实施开发区产业倍增三年计划，力争高新技术开发区主营业务收入超过2000亿元，经济技术开发区超过1200亿元，循环化工园区超过500亿元，全市开发区主营业务收入增长26%以上。大力提升25个省级以上开发区道路、电力、通讯、供排水等基础设施建设水平，力争高标准实现“九通一平”。积极创建国别型、区域型、产业型特色园区，重点推进栾城浙商机电产业园、藁城翼辰铁料工业园、行唐台湾创新产业园、无极香港皮革制品产业园、元氏中小企业产业园等园区建设。完善园区管理体制和运行机制，提升项目审核、环评、金融等综合服务水平，为企业发展创造良好环境。

（二）深入实施工业强市战略，全力提高质量和效益。坚持走新型工业化道路，改造提升传统产业，发展壮大特色产业，做大做强龙头企业，加快工业经济由规模速度型向质量效率型转变。

推进传统工业改造升级。“让老树开出新花”，提升传统产业装备水平和智慧制造能力。积极引导钢铁、纺织、建材、化工等传统优势产业加大技改投入，推进工业化与信息化深度融合，全年滚动实施千万元以上重点技改项目200项，技改投入达到1600亿元以上。重点抓好高性能纤维复合材料、冀中能源煤制天然气等89个升级改造项目，开发省级新产品、新技术100项以上。深化对标行动，引导各类企业在研发、生产、销售、管理等环节实施全过程对标，争创省级以上标杆指标200项；推进企业管理创新，年内培育5家省级管理创新示范企业。深入实施品牌战略，年内争创中国驰名商标5件、省著名商标80件、省名牌产品70项。支持钢铁、水泥、钙镁行业降耗提质，加快实现转型升级。

做大做强重点骨干企业。对中航通飞、东旭集团、常山生化、欣意电缆等列入省“三个一百”和市“双11”的工业企业，在项目审批、资质认证、招标采购、银企对接等方面提供全方位服务，引导生产要素向企业集聚，加快培育一批国际国内知名品牌。支持石炼化、格力电器等重点骨干企业，积极向总部争取生产计划指标，最大程度实现满负荷生产，充分发挥产能效益，培育一批百亿级、千亿级企业，提高对省会经济发展的贡献率和支撑力。

支持中小微企业加快成长。深入开展中小微企业“服务提升年”活动，积极推广中小微企业小额信用贷款、创业贷款、“保险＋信贷”合作等金融服务，完善银担合作机制，全年担保额达到260亿元以上。支持中小微企业创业基地建设，鼓励有条件的县（市）区建设中小微企业创业产业园。实施中小微企业成长培育工程，筛选120家有市场、有潜力的企业予以重点扶持，促其尽快发展壮大。认真落实“个转企、小升规”扶持政策，年内新增规上工业企业160家。全面落实支持民营经济加快发展的政策，充分激发各类创业实体活力，以50家优势企业为重点，支持民营企业向专精新特方向发展，促进民营经济总量做大、质量做优、效益提高。

壮大县域综合经济实力。按照“分类指导、重点倾斜、合力推进”的思路，以做强特色产业集群为重点，以做大产业园区为载体，统筹项目用地、财税金融、环境容量等要素资源，促进各县（市）区扩大经济总量、提高发展质量，力争主营业务收入超50亿元的产业集群达到20个，超百亿元的达到10个以上。支持中部发展现代服务业、高新技术产业、高端装备制造业，打造转型发展示范区；推动东部加快实现工业突破，重点支持晋州纺织、无极皮革、行唐奶业、高邑建陶、新乐食品加工、赵县生物医药、元氏住宅产业化、深泽医药等特色产业扩大规模、集群发展、培树品牌；支持西部提升生态环境质量，完善基础设施，发展绿色工业、生态农业和休闲旅游业，加快矿区石钢新厂区、平山和井陉光伏发电、灵寿纳米节能薄膜、赞皇国家级生态县创建等项目建设，推动中东西三大区域协调发展。

（三）大力发展现代服务业，打造全国现代商贸物流基地。按照服务方式信息化、服务业态高端化、服务内容多样化的思路，提升发展层次，拓宽发展领域，引领现代服务业向价值链高端迈进。

力促现代服务业超常发展。围绕建设国家电子商务示范城市，完善商务云数据中心功能，建设鹿泉数字产业园，抓好汉佳及时惠、财富大厦金融电商、慧聪网等20个电子商务平台建设，力争电子商务交易额达到2800亿元。加快发展跨境电子商务，依托综合保税区，全力申报国家跨境电子商务试点城市。启动国际服务外包经济开发区建设，确保国家软件基地二期扩建项目顺利开工。加快发展现代商贸物流业，突出抓好浙江传化、中储物流中心、京铁亿博物流港等总投资830亿元的75个重点项目；加快国际贸易城建设，力争会展、仓储、国际馆等主要设施建成开业。提升南部综合、正定商贸和西北综合三个省级物流产业聚集区水平，力争年交易额突破500亿元。大力发展金融服务业，鼓励金融机构扩大信贷规模；积极引进国内外金融机构，力争广发银行入驻省会。加强上市辅导服务，确保科林电气、通合电子等10家企业到多层次资本市场上市融资。积极发展健康养老服务业，支持富力健康养生城、南洋生态城、中节能健康城、神威医养综合体等龙头项目建设。加快发展会展业，积极申办通用航空展、京津冀三地电子商务博览会，举办好正博会、药博会等大型展会。

大力提升传统服务业。积极利用新型商业模式改造批发、零售、餐饮等传统服务业，大力发展新兴业态，推进传统服务业跨界创新发展。支持勒泰、万达、万象天成等大型商贸零售企业拓展“线上”业务，开办网上名品店、网上超市、网上地方特色市场。提升南三条、新华集贸、正定小商品等传统批发市场，着力打造集批发零售、展示交易、仓储物流、电子商务于一体的现代化市场。高标准建设商贸流通服务设施，重点抓好总投资1105亿元的21个大型商贸项目，完成年度投资224亿元，支持北人集团加快奥特莱斯、北国商城西扩等项目建设，确保中环广场、高新区中央商务区等项目开工，振西购物中心、阿尔卡迪亚商务广场等建成开业。以大型商务楼宇为依托，引进文化创意、现代商务、广告设计等企业总部，培育一批各具特色的税收“亿元楼”。

努力扩大城乡居民消费。大力推进国家信息消费试点城市建设，围绕养老健康家政、教育文化体育等重点领域，实施智慧社区、数字家庭等六大工程，确保社区光纤网络和行政村宽带实现全覆盖。优化城乡流通网络，在三环周边谋划建设大型超市，新增社区服务网点50家以上；推进电子商务向农村延伸，新建县级配送中心5个、乡村供销超市200家。落实职工带薪休假制度，大力发展休闲旅游、特色旅游，新增星级农家乐50家，旅游业总收入增长15%以上。

（四）加快转变农业发展方式，实现现代农业发展新突破。全面推进国家现代农业示范区建设，大力提升农业产业化、规模化、组织化、品牌化水平，促进农业集约发展、可持续发展。

提升农业综合生产能力。加强基本农田保护，启动永久基本农田划定工作。完成65万亩高标准基本农田建设，大力推广水肥一体化等先进技术，创建50个小麦和48个玉米万亩高产示范片，不断提高粮食生产能力。发展壮大畜牧、蔬菜、林果三大优势产业，挖掘老字号公司品牌价值，支持洛杉奇参与国家生态养殖标准制定，新建双鸽生态养殖园等100个畜禽标准化养殖示范场，完成60家乳粉用标准化奶牛场、30个市级以上现代蔬菜标准园、15个现代果品示范区建设。提高农业科技创新能力，争创国家级农业科技示范园区。大力发展特色农业、节水农业、绿色农业和休闲观光农业，打造2个休闲观光农业示范县、10个都市现代农业园区。加大农产品质量监管力度，新增质量可追溯试点30个。

壮大农业产业化规模。积极把现代产业组织方式引入农业，谋划建设农业产业化项目180个以上，重点抓好以凯隆达为代表的食品加工业、以雨润为代表的农产品物流业，新增市级以上龙头企业20家，农业产业化经营率达到63.1%。全力支持君乐宝上市融资，加快建设三元现代乳品工业园。大力发展各类新型农业经营主体，积极推进适度规模经营，农民合作社达到1.3万家，家庭农场达到1000家。提高农业装备技术水平，发展农业机械专业合作社，主要农作物耕种收机械化水平提高到85.5%。完善农业农村综合信息服务体系，建设信息化示范工程，构建统一的农业网络服务平台。

改善农村生产生活条件。深入开展农村面貌改造提升行动，完成400个省级重点村改造任务。重点抓好正定、西柏坡两个省级片区建设，推进鹿泉、栾城、藁城、矿区四个区村庄全面提升，其它县（市）各打造1个重点片区。实施高铁高速沿线垃圾清理和环境整治专项行动。切实做好历史文化名镇名村的规划保护工作。加强农田水利基本建设，发展节水灌溉面积53万亩。抓好槐河等8条中小河流治理，完成25座小型水库除险加固，治理水土流失面积160平方千米。建设农村公路400千米、户用沼气8400个。加大对271个贫困村的帮扶力度，确保5万人稳定脱贫，平山县脱贫出列。

（五）实施创新驱动战略，加快推进经济转型发展。把创新驱动置于经济发展全局的核心位置，整合创新资源，加快成果转化，贯通产业链条，努力让创新成为驱动发展新引擎。

大力引进创新人才和科技成果。出台实施引进科技创新产业人才的政策措施，为所有创新创业产业人才提供最优惠的激励政策、最优质的金融服务、最优良的创业环境和最优厚的生活待遇。全市新安排6亿元科技成果转化扶持基金，支持入选国家“千人计划”、省“百人计划”的海内外人才到我市创业。促进科技与金融深度融合，探索开展专利权、科技成果入股试点，建立主要由市场决定项目和经费分配机制。以建立完善科技支行、担保机构、保险机构为重点，打造专门支持科技创新的金融服务平台。重点推进以岭院士楼、石药集团等院士工作站、博士后科研工作站建设，支持以岭药业承办好国际络病学大会。

强化企业创新主体地位。支持优势企业开展关键核心技术和重大科技成果联合攻关，推动卫星导航、药用制剂、高端装备制造、光电子等创新型产业集群发展，集中实施重大科技专项25项以上、省级以上科技项目110项以上，力争新增技术创新示范企业和工业设计中心20家。着力抓好技术研究中心和重点实验室建设，年内新培育认定市级以上工程技术研究中心10家以上，争取中电科54所等重点实验室进入国家序列。实施科技型中小企业成长计划，全年培育科技型中小企业2000家以上，选择50家科技型中小企业进行重点培育，力争新认定高新技术企业30家以上，高新技术产业增加值增长14%。

加强科技创新平台建设。充分发挥省会科技大市场“交易、共享、服务、交流”一体化综合服务功能，加强与中国技术交易所等技术转移机构的合作，年内技术合同登记额增长20%以上。各县（市）区都要建设科技型中小企业孵化器，为创新创业人才搭建发展平台、提供优质服务。在高新区、正定新区、鹿泉区等县（市）区建设科技型中小企业产业园，满足孵化毕业企业落地发展需要。厚植创业创新文化，加强知识产权保护，尊重劳动、尊重创造、尊重人才，努力开创大众创业、万众创新的新局面。

（六）加快大省省会建设，推进城镇建设上水平出品位。以建设国家新型城镇化试点城市为契机，大力推进主城出品位、组团提标准、新区见形象、县城求突破，完善城镇体系，加快新型城镇化进程，全市城镇化率达到59%。

拉开城市发展框架。坚持以科学规划为引领、路网建设为先导、互联互通为目标，按照新的区划范围和功能布局，启动产业发展规划、城市总体规划、土地利用规划和生态建设规划修编，划定城市开发边界，优化城市空间布局，形成相互衔接、协调一致的规划体系。本着改革的精神和放权的要求，发挥鹿泉、栾城、藁城三个新区的后发优势，激发内在活力，加快发展步伐。实施南三环辅道贯通、307国道辅线拓宽、南二环东延西拓工程，形成东至藁城、西至井陉和矿区的快速通道；南延体育大街，拓宽改造107国道和308国道，完善主城区连接栾城、正定、新乐的快速路网；实施太行大街北延工程，将主城区、正定新区连为一体，加快城市北跨发展步伐。

完善城市承载功能。高标准规划建设以新客站为中心的城市核心商圈，彰显省会品位和特色。增强主城区道路通达能力，实施和平路高架桥西延和裕华路西延工程，建设槐安路匝道，加快推进新胜利大街建设，改造提升建设大街、仓丰路等市区道路。加快轨道交通建设，确保1、3号线一期工程首开段年底实现“洞通”，完成2号线初步设计评审及报批等前期工作。推进“公交都市”建设，新开辟5条公交线路，启动快速公交建设，建成汇通路公交枢纽站和30个港湾式公交站。提升城市排水管网建设标准，完善胜利大街仓丰路地道桥区域排水设施，对中山路、维明街等路段进行雨污分流改造。谋划建设煤粉高效利用等洁净热源项目，推进热计量入户改造，提升供热保障能力。提高建筑节能标准，推广使用新能源、新技术、新材料。实施市区配电网提升工程，对二环内配电线路进行自动化改造，完善152个老旧小区低压供电设施。实施中山路、太行大街、民心河北线等园林绿化重点工程，在裕华区建设占地208亩的城市公园，在滹沱河南岸建设占地1000亩的生态公园。对滹沱河中华大街至太行大街河道两侧实施绿化美化，打造16千米滨水生态景观带。

提升城市精细化管理水平。全面对标天津，完善城市管理标准体系，提高城市管理规范化、数字化、常态化水平。加快智慧城市建设，加强4G网络推广应用，实施城市百兆光纤工程，扩大“天眼”工程覆盖范围，建设城市管理大数据平台。完善鹿泉、藁城、栾城三个新区数字城管平台建设，尽快实现与主城区“同城化”发展。深入开展房地产市场专项整治，严格规划控制，规范土地市场，确保房地产市场健康有序发展。理顺城管执法体制，推进综合执法，启动市区道路停车管理改革，加大交通秩序、市容环境治理力度。提升城市保洁水平，二环内主次干道机械化清扫保洁率达到80%以上。

加大正定新区建设和古城保护力度。实施城市跨河发展战略，把正定新区作为城市建设的主战场，加快4平方千米先导区建设，尽快集聚产业、集聚人气。统一规划、分步建设规划展馆、科技馆、图书馆、大剧院、青少年活动中心等功能性场馆，确保奥体中心年底投用，国际展览中心、传媒大厦主体封顶，职教园区特教学校竣工、信息技术学校主体完工。加快实施碧水源集团河北总部、宝能中心、河北出版传媒中心等产业项目。进一步完善配套设施，完成北京大街南延，新建续建隆兴大道等12条道路，确保污水处理厂和供水厂建成投用。加大正定古城保护力度，完成南城墙、阳和楼、隆兴寺、开元寺片区改造，启动实施博物馆、历史建筑修缮等9项工程，基本恢复“千年古郡、北方雄镇”的历史风貌。

加快推进县城建设。全面实施“绿化增量、景观提升、精细管理、精品街道打造、基础设施建设”五大攻坚，继续完善县城建设投融资体制，加快城中村和老旧小区改造，每个县建成1座占地150亩以上的综合性公园、3条以上绿化精品街道、1座展示县域风貌的特色建筑，县城生活垃圾无害化处理率达到90%以上，污水处理率达到81%以上。高标准规划建设商务中心、文化中心，所有县城整体上都要实现突破性提升。灵寿、深泽、赞皇力争从全省县城建设重点推进县中出列，赵县、无极争创省级园林县城。稳妥推进乡改镇、村改居工作。落实放宽户口迁移政策，合理引导农业人口向城镇转移，有序推进转移人口市民化。

（七）**深化改革开放，增强发展动力和活力**。坚持以改革统领全局，以开放活跃全局，努力提高改革开放的深度和广度，打造开放型经济新优势。

继续深化重点领域改革。完善国有资产监管体制，推进经营性国有资产集中统一监管，加快从管资产为主向管资本为主转变，抓好石焦集团搬迁重组、市制酒厂混合所有制改革、北国股份增资扩股和常山股份定向增发工作，完成动力机械厂等5家企业改制重组。深化农村综合改革，积极推进农村土地承包经营权依法有序、适度规模流转，年内土地承包经营权确权登记颁证完成全部工作任务的60%以上。扎实推进供销社综合改革。加快财政体制改革，认真落实新《预算法》，严格实行全口径预算管理；推行县以下机关公务员职务与职级并行制度；扩大政府购买服务范围，积极向出版印刷、咨询评估、检验检测等事务性项目延伸。按要求完成公务用车制度改革。创新投融资机制，整合财政专项资金，通过股权投资基金、政府和社会资本合作（PPP）、第三方担保等融资模式，放大财政资金撬动作用；激活社会资本，支持民间资本发起设立产业投资基金和股权投资基金；搞活县域金融，加快设立服务中小企业的金融机构，积极发展民营银行，筹建晋州农商行，做好深泽、行唐、赵县村镇银行设立工作。继续深化商事制度改革，开展企业准入单一窗口审批试点。稳妥推进资源类民生价格改革，建立居民用水、用气阶梯价格制度。启动不动产统一登记工作。

扎实推进对外开放。实施“走出去”战略，推广苹乐集团境外投资、多元发展经验，支持新大东服装、鼎鑫水泥等建材、纺织服装、原材料生产企业向国外转移，年内新增境外投资企业20家以上。对年进出口额超5000万美元的20家企业实行一对一帮扶，鼓励企业境外商标注册和认证。实施“引进来”战略，主动对接世界500强和国内领军企业，加强与环渤海、长三角、珠三角等重点地区的经济合作。办好全球冀商领袖峰会暨回乡投资洽谈会。年内正定、栾城、藁城、鹿泉、高新区党政主要领导每人至少引进1个10亿元以上项目，其他县（市）区党政主要领导每人至少引进1个5亿元以上的项目。全年引进市外资金增长15%。

主动融入京津冀协同发展。以交通、生态环保、产业三个领域率先突破为重点，推进协同创新，主动承接非首都核心功能疏解，加快融入京津冀城市群步伐。扎实做好京石、津石城际铁路前期工作，加快石济客专建设，力促京石城际铁路早日开工；加密省会高速路网，确保京昆石太高速建成通车、南绕城高速全面开工，启动津石、西阜、平赞和石衡等高速公路建设，完成5条高速公路连接线建设，形成石家庄与北京、天津之间3条以上快速公路通道。强化正定国际机场区域枢纽功能，全力打造联接京津的高铁、高速、空港立体交通体系。深化与京津大气污染联防联控。切实发挥京津冀产学研联盟的桥梁纽带作用，努力形成研发在京津、转化在石家庄的产业链条。加强与北京的产业对接，推进新型中药制剂研究中心、中交财富中心、高邑新材料基地等一批项目在我市落地。深化与中关村的战略合作，积极争取国家集成电路产业投资基金支持，全力推进中关村正定集成电路封装产业基地建设。

高标准建设综合保税区。全部完成2.86平方千米土地征收工作。加快建设综合服务中心和卡口通道、检验检疫区、信息系统等口岸设施，确保海关、检验检疫等机构顺利入驻。按期完成供水、供电、供热等配套基础设施，确保顺利通过国家验收。加大招商引资力度，引进一批科技含量高、经济效益好、符合节能环保要求的外向型企业，重点抓好美国合众速递、颖都皮草等项目建设。依托正定国际机场，发展国际航空服务业，推进“区港一体化”发展，尽快把综合保税区打造成为全省外向度最高、政策最优、功能最全的开放先行区。

（八）**强力推进污染治理，实现生态环境明显好转**。良好的生态环境是最普惠的民生福祉。必须进一步强化源头严防、过程严管、后果严惩，加快向绿色低碳循环发展新方式转变。

全力改善大气环境质量。继续采取“压煤、抑尘、控车、迁企、减排、增绿”综合措施，科学治霾，精准治污，确保空气质量明显好转。出台大气污染深入治理三年规划，全年削减燃煤270万吨。大力推广新型节能环保锅炉和炉具，加快淘汰10蒸吨及以下燃煤锅炉。严控扬尘污染，市区建筑工地全部实行绿色施工，渣土车辆全部采取全密闭措施，所有露天矿山、采砂场全部实行绿色生产。建立黄标车动态淘汰机制，确保黄标车只减不增。推进主城区工业企业退城进园，加快石钢整体搬迁步伐，确保2017年新厂区建成投产。对钢铁、水泥、电力、玻璃四个行业实行企业排污总量控制，对重点企业的燃煤锅炉、工业窑炉实施除尘、脱硫、脱硝改造，全面执行最新排放标准。

深入实施生态修复工程。加强饮用水源地环境保护，启动岗南、黄壁庄水库上游导污工程，对岗南水库实施全面隔离防护。继续实施河流生态整治工程，重点抓好滹沱河、磁河综合整治，提升汪洋沟、洨河的自净能力，确保河流断面水质全面达标。编制地下水超采综合治理中长期规划，逐步关停自备井，严格控制地下水超采。提升污水处理能力，提高污水排放标准。加快南水北调配套工程建设，建成主城区3座地表水厂和15座县级水厂，主城区春节前用上南水北调引来的长江水。加强山水林田湖综合治理，实施环省会、西部山区、河流绿化美化提升工程，全市完成造林绿化50万亩，森林覆盖率达到37%以上。制定土壤污染防治计划，全面治理农业面源污染。

加强环境保护监督管理。严格落实新《环保法》和《大气污染防治法》，强化环境监管执法力度，开展环境保护大检查，依法严厉打击环境违法行为，切实把污染治理转移到法治轨道上来。加快建设总量减排和大气预报预警两个中心，实行排污总量IC卡控制制度。加强环保网格化属地监管，完善环保监管评价机制，加大污染防治问责力度。执行新的排污费征收标准，推行阶梯差别收费，提高企业主动治污积极性。

（九）着力保障和改善民生，不断增进人民群众福祉。坚持守住底线、突出重点、完善制度，保障基本民生，关注低收入群众生活，保持社会和谐稳定。

完善社会保障体系。努力扩大就业再就业，统筹抓好高校毕业生、农村转移劳动力、城镇困难人员、退役军人等重点人群的就业工作，全年城镇新增就业9.52万人，农村劳动力转移就业5.15万人。开工建设保障性住房2.3万套，基本建成2.2万套，分配入住2万套。推进城镇职工和居民基本医疗保险异地就医即时结算，积极做好工伤保险省级统筹工作。确保城镇职工参加基本养老保险人数达到197.9万人、城镇职工和居民基本医疗保险参保人数达到281万人。扎实推进居家养老、社区养老和集中养老协调发展，新增养老床位3000张，新建标准化居家养老综合服务中心10家。全市农村五保集中供养能力达到70%以上。完善临时救助制度，有效解决群众突发性生活困难。

促进教育公平均衡发展。实施第二期学前三年行动计划，规范居民住宅小区教育设施建设和移交工作。推进优质教育资源提升扩充工程，加快普通中小学现代化学校建设，完成国家、省对11个县（市）区义务教育基本均衡评估认定。深入实施山区教育扶贫工程，重点抓好义务教育与高中段教育、职业教育全面衔接。大力发展现代职业教育，加快市职教园区建设，整合主城区职业教育资源，培养社会急需的技能型人才。推进石家庄学院向应用型技术大学转型，提升重点专业学科服务经济社会发展的水平。扎实推进国家中小学综合质量评价、特殊教育综合改革示范市建设。

提高基本医疗保障水平。深化县级公立医院改革，全面取消药品加成。继续推进优质卫生资源倍增工程，加快市一院正定新区分院、市六院玉村院区等项目建设。实施"国医堂"建设三年行动计划，力争100%的社区卫生服务中心、90%以上乡镇卫生院能够提供中医药服务。提高新农合筹资标准，政府补助资金由每人320元提高到380元，补助资金总额达到21.7亿元，同比增长18.8%，参合率达到95%以上。巩固完善新农合大病保险制度，提高实际报销比例，切实解决因病返贫问题。实施疾病应急救助制度。加强计划生育工作，促进人口长期均衡发展。

加强公共文化服务体系建设。践行社会主义核心价值观，弘扬正能量，引领新风尚。进一步完善基层文化设施，抓好第二批国家级公共文化服务体系示范项目和省级示范县创建工作。加快霞光大剧院建设，年底前投入使用。深入开展"文化进万家"、专业艺术院团下基层演出、公益电影放映等文化惠民活动。加强文艺精品创作，力争更多精品获国家级大奖。加快西柏坡版权产业园等产业园区建设。积极开展全民健身活动，更新健身路径

100条。组织好“中超”主场比赛，支持石家庄永昌足球俱乐部健康发展。

积极创新社会治理。加快推进社会诚信、商务诚信和司法诚信建设，建立覆盖全市企业和个人的信用信息体系。扎实开展食品安全示范试点城市和食品药品安全县创建活动，切实保障人民群众饮食用药安全。进一步完善立体治安防控体系，严厉打击违法犯罪行为，不断提升人民群众的安全感。持续开展安全生产专项整治行动，坚决遏制重特大事故发生。推进司法服务进社区，扎实开展“零发案”小区创建活动，建成50个标准化社区。加强市场价格监管，保持物价总水平基本稳定。完善信访绿色通道制度，方便群众表达诉求。大力发展残疾人和慈善事业，年内建设4座慈善爱心超市、400个经常性社会捐助站。积极开展“双拥”创建活动，支持工会、共青团、妇联等人民团体发挥桥梁纽带作用，保障妇幼权益，关心老龄事业，继续做好国防动员、防震减灾、民族宗教、外事侨务、档案、气象、人防、社科、仲裁等各项工作。切实做好“十三五”规划编制工作。

继续办好利民惠民实事。越是困难时期，越要关心群众生活。今年我们将继续集中财力，办好十件惠民实事。实施老旧小区“双解困”工程。解决100个老旧小区3层以上居民用水难问题；解决100个老旧小区无市场化物业管理问题。提高老旧小区供热质量。对全市170个老旧小区的二次管网和换热站进行改造。支持革命老区重点村建设。对175个革命老区重点村基础设施进行改造，提高公共服务水平，解决行路难、饮水难、增收难等问题。保障农村饮水安全。新建农村饮水安全工程376处，解决410个村、50万人的饮水安全问题。提高助残服务水平。在各县（市）及藁城、栾城、鹿泉、矿区新建20个残疾人日间照料中心。增建街旁游园。在中心城区新建10座街旁游园。深化计生特殊困难家庭帮扶。开设就医绿色通道，提供免费健康体检，享受重大疾病住院费用减免和护理补贴。帮扶高校毕业生就业。设立3000万元就业创业专项资金，全年帮扶高校毕业生实现创业2000人以上，提供基层管理岗位800个。开展主城区小学生免费托管试点。在主城区四区各选取5所小学开展免费托管，逐步解决下午放学后小学生无人看管问题。新扩建公办标准化幼儿园。在市内七区、高新区及部分县（市）新扩建50所公办标准化幼儿园，新增学位6000个。

三、全面加强法治政府建设

按照全面推进依法治国新要求，坚决维护宪法法律权威，大力推进依法治市、依法行政，加快建设职能科学、权责法定、执法严明、公开公正、廉洁高效、守法诚信的法治政府。

依法履行政府职能。坚持法定职责必须为，法无授权不可为，上半年市县乡三级政府行政权力清单、责任清单制度实现全覆盖。建立政府法律顾问制度，把合法性审查纳入决策程序。完善政府决策制度，增强政府决策的公开性、透明性和时效性。积极推进综合执法，加大食品药品、安全生产、环境保护、征地拆迁、民间融资等重点领域执法力度，切实维护群众合法权益。坚持依法综合治税，堵塞漏洞，防止逃税，打击骗税，确保应收尽收。对法定职责范围内的行政事务，勇于负责，敢于担当，拿出苦干实干拼命干的劲头抓落实，不出成果不松手，不达目标不罢休。

加大简政放权力度。加快转变政府职能，进一步精简市级行政审批事项，同步落实省取消下放的审批事项，全面取消非行政许可审批和行政监管事项。加快行政审批服务创新，启动市级政府部门行政审批“两集中、两到位”改革，做到目录之外无审批，中心之外无循环，全面提高行政审批效率。加强县（市）区、乡镇政府机关标准化建设，提高行政效能和规范化水平。全面推行“三级平台、两个代办”服务制度，打通服务企业、联系群众“最后一公里”，为企业和群众提供更加高效便捷的服务。

强化行政权力监督。自觉接受市人大的法律监督、工作监督和市政协的民主监督，诚恳接受社会监督和舆论监督。保障和支持审计、监察等部门依法独立行使监督权。对权力集中的部门和岗位实行分事行权、分岗设权、分级授权，强化内部流程控制，防止权力滥用。按照公开是常态、不公开是例外的要求，推进政府信息公开。整合工程建设招投标、土地使用权出让、国有产权交易、政府采购等专业交易市场，建立统一规范的公共资源交易平台。加快电子政务建设，推行企业投资项目网上并联核准制度。

正确引导社会舆论，及时回应社会关切，全面提高政府公信力。

加强反腐倡廉建设。加强惩治和预防腐败体系建设，严格落实党风廉政建设“一岗双责”。进一步完善重点部门和关键岗位廉政风险防控措施，强化对人权、事权、财权的制度约束，筑牢法治“篱笆”，防范权力“越线”。坚决纠正“四风”，严格落实 “八项规定”、“约法三章”，严格控制一般性支出，确保“三公”经费只减不增。严厉查处权力寻租、权钱交易和损害群众利益的腐败行为，做到有腐必反、有贪必肃，树立为民务实清廉的良好形象。

各位代表！全面完成 2015 年任务目标，责任重大，使命光荣。让我们紧密团结在以习近平同志为总书记的党中央周围，在省委、省政府和市委的坚强领导下，紧紧依靠全市人民，奋发有为，开拓进取，加快转型升级、跨越超越、建设幸福石家庄步伐，为在全省率先全面建成小康社会而努力奋斗！

关于石家庄市2014年国民经济和社会发展计划执行情况与2015年国民经济和社会发展计划（草案）的报告

——2015年1月19日在石家庄市第十三届人民代表大会第三次会议上

石家庄市发展和改革委员会主任　赵文锋

各位代表：

我受市政府委托，向大会作石家庄市2014年国民经济和社会发展计划执行情况与2015年国民经济和社会发展计划（草案）的报告，请予审议，并请市政协委员和其他列席人员提出意见。

一、2014年经济社会发展计划执行情况

2014年，全市上下认真贯彻国家、省稳增长、调结构、促改革、惠民生各项政策措施，积极落实市委、市人大的部署和要求，坚决打好“工业强市、项目建设、县域经济、深化改革”四大硬仗，加快转型升级、绿色崛起，努力推动全市经济社会保持平稳健康发展。年初确定的38项国民经济和社会发展计划指标中，12项民生指标完成或超额完成计划目标；9项生态指标（约束性指标）按照国家节能减排财政政策示范市要求，提前一年完成“十二五”规划目标；17项经济指标（预期性指标）中14项好于全省平均水平，有地区生产总值、服务业增加值、规模以上工业增加值和利润、高新技术产业增加值、社会消费品零售总额、城镇居民人均可支配收入、研发经费支出占地区生产总值比重等8项指标未能完成预期目标。具体情况如下：

——地区生产总值预计增长8%，高于全省预期1.5个百分点，低于计划2个百分点。其中，规模以上工业增加值和利润分别增长8%、11%，服务业增加值增长10%，低于计划4、3、1个百分点。主要原因是：今年以来，市场需求不足，工业生产者出厂价格指数持续回落，企业人工成本上涨15%以上，融资成本率提高了3个百分点左右，原材料价格涨幅高于产成品8个百分点左右，“双向挤压”使企业生产经营比较困难，占规模以上工业90%的八大主导产业，除电子信息、装备制造、纺织服装产业增加值增速保持在14%以上较快增长外，其余五大产业增速均不到8%，保持较快增长的产业难以弥补重化工业形成的差距，工业低于预期影响全市经济增长1.47个百分点。服务业虽然延续了近年来较快增长的态势，但对全市经济的支撑作用还不够强，从影响服务业增加值的主要指标情况看，金融业和其他服务业保持12%较快增长，交通运输仓储和邮政业、批发和零售业增速均在9%左右，住宿和餐饮业增速维持在8%左右，房地产业增速回调到5%以上，预计全年服务业增加值难以达到11%的预期目标，将影响全市经济增长0.54个百分点。

——一般公共预算收入完成343.5亿元，可比增长13%，总量居全省第一，完成计划目标。

——固定资产投资预计增长17%（含辛集市增长16.2%），高于全省预期1.5个百分点，完成计划目标。

——社会消费品零售总额预计增长12.5%，高于全省预期0.1个百分点，低于计划0.5个百分点。主要是近年来电子商务发展迅猛，对传统消费分流较大，而网上消费

尚未纳入社会消费品零售总额统计范围，在一定程度上影响了社会消费品零售总额的较快增长；另外，居民收入增势放缓、大宗商品需求不旺、住宿餐饮有所回落等，影响了消费增长。

——进出口总值、出口总值预计分别增长5%、9%，完成计划目标。

——实际利用外资10.2亿美元，引进市外资金增长15%，均完成计划目标。

——粮食总产量预计达到450万吨，完成计划目标。

——规模以上高新技术产业增加值预计增长13%，高于全省预期1个百分点，低于计划9个百分点。主要原因是：规模以上高新技术产业增加值是从规模以上工业中分类核算而来，在工业增速回落的情况下，虽然规模以上高新技术产业增加值增速高于工业增速5个百分点，但与计划预期差距较大。作为我市高新技术产业重要支撑的生物医药产业，原料药因市场需求下降和环保倒逼的影响面临停限产困境，华药、石药等龙头企业主营业务收入均出现下滑，生物医药产业增加值仅增长2%左右，影响了全市高新技术产业较快增长。

——研发经费支出占地区生产总值比重预计达到1.78%，低于计划0.32个百分点。主要是由于我市研发基础相对薄弱，2013年研发经费支出占地区生产总值比重为1.5%，虽然近年加大研发投入，但增幅与经济总量增速相比仍有较大差距。

——城镇新增就业10万人，完成计划目标；登记失业率为3.63%，控制在4.5%的计划目标以内。

——城镇化率预计达到56.3%，高于全省预期7个百分点，完成计划目标。

——农村居民人均可支配收入预计增长10.5%，完成计划目标。城镇居民人均可支配收入预计增长8.5%，低于计划1.5个百分点。主要原因是我市工资性收入和离退休金占城镇居民收入的90%，主城区机关事业单位人员上调津贴尚未落实，在一定程度上影响了城镇居民增收。

——单位生产总值能耗和二氧化碳排放量预计均下降7.5%，万元工业增加值用水量预计为18.4立方米，化学需氧量、二氧化硫、氨氮、氮氧化物排放量和细颗粒物浓度预计分别下降3.57%、3.22%、5.32%、11.67%和19.5%，造林绿化面积62万亩，均完成计划目标。

——城镇职工参加基本养老保险、基本医疗保险和城镇居民参加基本医疗保险人数分别达到189.5万人、134.8万人、143万人，新型农村合作医疗参保率98.4%，城镇保障性安居工程住房开工2.7万套，新增农村饮水安全人口50万人，高中阶段毛入学率92.5%，中等职业教育招生人数3.33万人，居民消费价格指数102.5，人口出生率14.77‰，均完成计划目标。

二、2015年经济社会主要发展目标

2015年是全面深化改革的关键之年，是“十二五”规划的“收官”之年。按照党的十八届四中全会、中央经济工作会议和省委八届九次全会、省经济工作会议、市委九届六次全会精神，坚持稳中求进工作总基调，坚持以提高经济社会发展质量和效益为中心，主动适应经济发展新常态，积极融入京津冀协同发展，深入实施中东西区域协调发展和创新驱动战略，狠抓改革攻坚，加快结构调整，优化两个环境，加强民生保障，促进经济社会持续健康发展。全市主要预期目标是：

——经济发展提质增效。全市生产总值增长8%，一般公共预算收入可比增长12%，规模以上工业增加值增长9%左右，固定资产投资增长16%，社会消费品零售总额增长12%，进出口总值增长5%，实际利用外资增长5%，引进市外资金增长15%。

——产业结构优化升级。服务业增加值增长10%以上，规模以上高新技术产业增加值增速高于工业增速5个百分点。每万元生产总值能耗、主要污染物排放等节能减排指标按省要求安排。

——人民生活不断提高。城乡居民人均可支配收入分别增长8%、10%，城镇新增就业9.52万人，城镇登记失业率控制在4.5%以内，城镇保障性安居工程住房开工量2.3万套，新增农村饮水安全人口50万人，人口出生率控制在14.8‰以内，居民消费价格指数控制在104以内，城镇化率达到59%。

2015年，全市生产总值增长目标确定为8%，主要是综合考虑调整结构、稳定就业、改善民生，与“十二五”规划目标和率先全面建成小康社会任务相衔接等因素提出的，

有利于引导各方面将主要精力集中到绿色发展、转型发展、创新发展、协同发展上来，努力做到调速不减势、量增质更优。

三、2015年重点工作和措施

为确保实现国民经济和社会发展计划目标，全市经济社会发展工作将统筹兼顾、抓住关键、突出重点，着力抓好十方面工作。

(一)全力以赴推进项目建设，定向精准保持投资较快增长。一是抓好产业类项目建设。重点抓好四方通信全光网络技术工程研究中心等项目建设，加快发展新一代信息网络应用；推进卫星导航产业园建设，力促汉佳卫星导航总部基地等项目建成投用；用好国家医药产业区域集聚发展试点政策，重点抓好石药厄他培南新药产业化等一批高端生物医药项目建设；同时抓好国际贸易城、深国际物流等投资超10亿元的商贸物流项目；力争完成投资3000亿元。二是抓好生态项目建设。重点抓好口头灌区连通等8大骨干水网工程和岗南水库上游应急避险导流项目建设，加快推进灭失矿山地质环境治理等7大工程和环省会经济林等6大工程，确保完成投资300亿元。三是抓好民生项目建设。重点推进市四院新院区、24中改造等项目，抓好供水、污水和垃圾处理等设施配套，鼓励各类投资主体参与民生项目建设，全年完成投资400亿元。四是抓好基础设施项目建设。鼓励和吸引社会资本参与基础设施建设，加快推进石济客专、南绕城高速、和平路高架西延等工程，力争完成投资920亿元。五是强力推进“三个一百”重点项目建设。抓好东旭玻璃基板及装备制造产业化等100个开工项目，中航通飞华北基地等100个竣工项目，中电子华北总部等100个前期项目推进，确保完成投资730亿元。

(二)着力推动产业组织多样化，力促经济提质增效升级。一是继续支持“双11”企业发挥龙头带动作用。对中博新能源汽车、北人集团等22家重点企业做好协调服务，扶持企业壮大规模，带动相关行业延伸产业链条，打造新能源汽车、新型光纤、卫星导航等先导性产业。二是培育壮大高成长性企业。从生物医药、高端装备制造、新一代信息技术等战略性新兴产业中，筛选一批高成长性企业予以重点支持，扶持企业把产品做优、规模做大、市场做强，以尖端核心技术推进新兴产业加快发展。三是大力发展小型、智能、专业化产业组织。各县(市、区)明确1个主导产业，加强产业链项目谋划，每县力争引进生成3~5个具有自主知识产权、发展潜力大的中小企业，在项目建设、要素供给等方面予以保障，发现和培育新的经济增长点。同时，落实好“个转企、小升规”扶持政策，年内新培育规模以上工业企业160家。四是着力推进产业园区提档升级。重点抓好高新区、石家庄经开区、循环化工园区、鹿泉经开区、栾城高新区等5大“千亿级园区”建设，力促石药抗肿瘤新药等项目开工、中农博远农业装备制造等项目竣工；同时强力推进园区基础设施建设，力争高标准实现“九通一平”。

(三)强化服务业态多点支撑，力推服务业加快发展。一是以壮大新型业态提升服务业规模和档次。加快服务业与工农业协同跨界创新发展，突出抓好电子商务、健康养老等新型业态发展，积极招引大型电商企业在我市设立区域性中心，大力实施养老健康家政、信息、节能环保、旅游休闲、住房、文化教育体育等6大领域消费扩大升级工程。二是以信息化改造提升商贸物流业。支持北国、润丰等商贸物流企业进行信息化改造，鼓励企业积极开展“线上营销，线下成交”等新型营销模式；谋划建立全市域信息化物流平台和行业专业物流平台，充分利用云计算与物联网、移动互联网等融合发展新技术，实现智能化物流。同时，以文化因子发酵、提升“夜经济”品质和水平。三是以项目建设促进服务业发展。重点抓好总投资1105亿元的国际贸易城等21个商贸项目、总投资459亿元的传化物流等18个物流项目和总投资66亿元的通用365电子商务智慧谷等16个电商项目建设，支撑服务业扩规模、上档次。

(四)加快转变农业发展方式，保持农业农村良好发展势头。一是稳定提高农业综合生产能力。加快推进98个小麦、玉米高产示范片建设，确保粮食总产稳定在450万吨。建设30个市级以上现代蔬菜标准园，新建100个畜禽标准化养殖示范场，稳步提高蔬菜、肉、蛋、奶产量，保障全市人民生活供给。二是强力推进农业集约化发展。大力发展现代农业和农产品深加工，重点抓好平山、元氏、藁城、赵县四个现代农业示范区建设，推进农村专业合作组织规范化、标准化、规模化；大力扶持君乐宝、双鸽等企业，培育市级以上龙头企业20家，力争农产品加工转化率达到78%。三是加强农业农村基础设施建设。改造乡村道路400千米，完成25座小型水库除险加固和8条河流治理，发展节水灌溉53万亩；建设农村户用沼气8400个，推广清洁燃烧炉具5万台；抓好西柏坡片区等重点区域农村面貌改造提升，建设美丽乡村；继续做好271个贫困村帮扶工作，实现5万人稳定脱贫。

（五）大力提升创新能力，打造驱动发展新引擎。一是加快创新研发平台建设。进一步完善石家庄科技大市场功能，抓好与中国技术交易所、科易网等技术转移机构合作对接。加快企业技术中心、国家地方联合工程实验室、国家“千人计划”联合实验室建设，争取中电科54所、以岭药业等重点实验室进入国家序列，推进新药研制、卫星导航应用等技术创新。二是抓好科技创新产业人才引进。制定出台引进科技创新产业人才意见，在创业环境、融资服务、项目服务、生活待遇等方面给予政策优惠，重点引进一批科研领军人才到我市研发、创业。三是推进技术合作和协同创新。加强与中科院、清华、北大等院校的合作对接，重点抓好创新型示范园区和协同创新产业园区建设，实施创新发展重点项目计划，筛选100项对产业转型升级有重大推动作用的创新合作项目予以重点扶持，支持创新成果产业化、市场化。

（六）加快推进绿色循环低碳发展，保护改善生态环境。一是严控能源消费总量和消耗强度。科学制定减煤计划，严控煤炭消费总量，加快燃煤锅炉淘汰和改造升级，积极推广洁净型煤和节能环保炉具，对产能过剩企业新上高耗能项目实行煤炭减量或等量替代，确保全年削减燃煤270万吨。坚持节能降耗预警调控制度，逐月通报节能目标完成情况，重点实施80项节能技改项目，实现节能量50万吨标煤。二是大力实施减排攻坚行动。开展火电、钢铁等行业重点企业以及燃煤锅炉、工业炉窑除尘、脱硫脱硝设施建设和提标改造，推进重点行业扬尘、粉尘、挥发性有机物综合整治，加快石钢等企业搬迁升级，加强机动车尾气监管，推广使用新能源公交车。全面实施河流生态整治，改造升级30家污水处理厂，确保排水达到一级A标准、河流出市水质达到省控要求。三是加快山水林田湖生态修复。认真落实《关于加快山水林田湖生态修复的实施意见》，重点推进西部山区山体修复、饮用水源地保护等6大类20项重点工程，突出抓好南水北调配套、尾矿库综合治理等9大工程建设，努力实现生态环境明显改善。

（七）加快推进新型城镇化进程，优化城市发展空间格局。一是着力完善城区载体功能。以部分行政区划调整为契机，拉开城市框架，启动藁城区、栾城区、鹿泉区与主城区的“三规合一”工作，加快推进南二环东拓西延，改造提升建设大街等市区道路，轨道交通1、3号线一期首开段实现“洞通”，高水平建设新客站及周边区域，抓好老火车站标志性历史文脉景观建设，推进老旧城区改造，完成房屋征收面积27.9万平方米。二是加快推进正定新区建设。在滹沱河北岸整体谋划建设正定新区，重点抓好新区高端服务区建设，奥体中心建成投用，会展中心、传媒大厦主体完工，启动规划展馆、科技馆等项目。加大正定古城保护力度，恢复南城墙、隆兴寺等片区历史风貌。三是实施县城建设攻坚。重点抓好县城绿化增量、景观提升、精细管理、精品街道打造、基础设施建设，每县建成1个综合性公园、3条以上绿化精品街道，加强县城公共环境、公共秩序管理，提升人居环境品质。同时，强力推进9个新市镇建设，实现与中心城区道路、公交、水网、电网等的同城化。

（八）全面深化改革开放，加快形成经济发展新动力。抓好重点领域改革。进一步推进向城区下放经济管理权限，推行市、县一体化电子政务，开展营业执照、机构代码证、税务登记证“三证合一”登记制度改革，完善市级公共资源交易平台，推进政府购买服务，设立市级土地流转指导中心、县级农村土地承包仲裁机构和县乡（镇）土地流转服务机构，同时强化责任落实，确保各项改革措施顺利实施。构建开放型经济新体制。加快石家庄综合保税区建设，做好顶层设计，拓展口岸作业、保税加工、保税物流等保税服务功能。巩固国家医药出口基地等7个省级以上出口基地，加快培育循环化工等新出口基地，争创第三批省级出口基地。支持企业境外商标注册和认证，年内推广出口品牌50个以上。推进医药、建材、纺织服装等产业向国外转移，新增境外投资企业20家以上。

（九）积极融入京津冀协同发展，全力推进区域对接合作。一是抓好产业承接平台建设。加快正定新区等“一区六园六基地”建设，积极承接京津战略性新兴产业和现代服务业、科教文卫和健康养老产业转移。用足用好国务院推向全国的中关村先行先试政策，突出抓好正定集成电路封装测试基地建设，融入中关村集成电路产业链发展体系。二是抓好合作项目推进。对北大中电石家庄信息科技园等27项正在洽谈项目，逐项落实签约条件；对中钢研新型集成房屋生产等11项已签约项目，加快工作进度，力争落地开工；对三元乳品工业园等67项已实施项目，全力推进，尽快建成投用。三是发挥石家庄京津冀产学研联盟作用。组织召开电子商务、节能环保等产业专题对接会，开展“大学行、企业行”科技洽谈巡行活动，促进高校、科研机构与企业深度交流合作，吸引京津冀地区优质资源向我市集聚，争取更多的项目、科研成果在我市产业化。四是加快京津石交通一体化建设。积极推进津石、石邯城际铁路前期工作，力争京石城际铁路早日开工，启动石津、石衡等高速公路建设，加快推进京昆高速石太段建设；强化正定国际机场区域枢纽功能，做大做强空铁联运，形成进出北京第二“航空通道”。

（十）加强保障改善民生，促进社会和谐发展。一是精准发力做好就业工作。积极开展“就业援助月”、“春风行动”等专项活动，重点帮助就业困难人员、转移就业的农村劳动者、高校毕业生等群体就业，做好化解过剩产能和转型升级涉及企业的援企稳岗工作。充分发挥市场在促进就业中的作用，鼓励创业带动就业。二是建立健全社会保障体系。抓好社会保险参保扩面工作，推进城镇居民、职工基本医疗保险异地就医即时结算和工伤保险省级统筹，巩固完善新农合大病保险制度，建立被征地农民参加基本养老保险制度，实现各项社会保险应保尽保。三是加强基本公共服务建设。深入实施山区教育扶贫工程，抓好义务教育与高中段教育、职业教育全面衔接，市内各区新打造优质初中3～4所、小学10所以上，规范居民住宅小区幼儿园建设。加强文化设施建设，加快推进霞光大剧院、正定新区文化产业园等项目。实施优质卫生资源倍增工程，加快推进市一院正定新区分院、市六院玉村院区等项目建设。并加强生产安全、消防安全、食品药品安全管理。

同时，做好“十三五”规划编制工作，开展重大课题研究，搞好与京津冀协同发展规划衔接，明确“十三五”目标任务，抓好重大项目谋划，争取更多项目列入国家、省规划，科学绘制“十三五”发展蓝图。

以上报告，请予审议。

关于石家庄市2014年市本级预算及市总预算执行情况和2015年市本级预算及市总预算(草案)的报告

——2015年1月19日在石家庄市第十三届人民代表大会第三次会议上

石家庄市财政局局长　周立新

各位代表：

受市政府委托，现将2014年市本级预算及市总预算执行情况和2015年市本级预算及市总预算草案提请大会审议，并请市政协各位委员和其他列席人员提出意见。

一、2014年预算执行情况

2014年，面对错综复杂的经济形势和艰巨繁重的改革任务，在市委的坚强领导下，全市上下认真贯彻落实党的十八届三中、四中全会精神，着力稳增长、调结构、促改革、惠民生，经济社会平稳发展。在此基础上，财政预算执行情况总体较好，圆满完成了市十三届人大二次会议确定的预算任务。

（一）市总预算执行情况

1. 一般公共预算执行情况

2014年，全市一般公共预算收入完成343.5亿元，占年初预算的102.7%，可比增长13%。其中，税收收入完成268亿元，增长12.8%；非税收入完成75.5亿元，可比增长13.6%。

全市一般公共预算收入加上中央分享收入256亿元、省分享收入81.8亿元，全部财政收入完成681.3亿元，可比增长10%。

全市一般公共预算支出563.4亿元，占调整预算的94.9%，可比增长11.4%。

2. 政府性基金预算执行情况

2014年，全市政府性基金收入完成259亿元，占预算的103.2%，增长2.6%。全市政府性基金支出276.4亿元，占调整预算的91.6%，增长5.6%。

（二）市本级预算执行情况

1. 一般公共预算执行情况

2014年，市本级一般公共预算及城区分享收入完成154.9亿元，占预算的110.9%，可比增长13.8%。

市本级一般公共预算及城区分享收入154.9亿元，加上级补助59.2亿元、上年结余结转11.9亿元和地方政府债券8.1亿元等资金，减上解支出10亿元、补助县（市）区支出9.4亿元和安排预算稳定调节基金8.5亿元等，全年支出预算调整为206.2亿元，实际支出190.8亿元，占调整预算的92.5%，可比增长15.8%。

市本级一般公共预算主要项目支出情况是，一般公共服务支出15.2亿元，占调整预算（下同）的98.2%，可比增长（下同）8.2%；公共安全支出16.7亿元，占预算的99.9%，增长3.9%；教育支出23.9亿元，占预算的95.4%，增长11.6%；科学技术支出3.2亿元，占预算的93.2%，增长4.8%；文化体育与传媒支出4亿元，占预算的91.6%，下降1.8%；社会保障和就业支出11亿元，占预算的99%，增长2%；医疗卫生支出12.6亿元，占预算的98.7%，增长14.6%；节能环保支出16.6亿元，占预算的97.7%，增长0.9%；城乡社区事务支出26.7亿元，占预算的89.4%，下降1.2%；农林水事务支出4.9亿元，占预算的98.5%，增长11.3%；交通运输支出25.5亿元，占预算的82.7%，增长45.9%；资源勘探信息等事务支出12.5亿元，占预算的92.5%，增长123.6%；住房保障支出6.3亿元，占预算的95.9%，增长167.4%；净增债务付息支出8亿元，占预算的100%。

需要说明的是，收支相抵后，市本级结转15.2亿元（上级专款5.3亿元、预留调资款4.7亿元等）。省转贷地方政府债券8.1亿元，主要用于偿还债务。

2. 政府性基金预算执行情况

2014年，市本级政府性基金收入完成149.6亿元，占预算的100%，下降6.2%，主要是国有土地出让收入减少影响。

当年市本级政府性基金收入加上年结转、上级补助，实际支出162.8亿元，占调整预算的94%，增长5.7%。

上述预算执行情况为快报统计数，决算完成后，再向市人大常委会报告。

（三）落实人大预算决议情况及2014年预算执行成效

——财政综合实力进一步增强。受经济下行压力不断加大，以及治理大气污染消化过剩产能和国家实施包括“营改增”在内的结构性减税政策等多种因素影响，财政增收压力很大，全市各级财税部门迎难而上，积极创新财税工作，完善综合治税措施，依法加强税收征管，主动培植壮大财源，有效化解减收压力，全市财政收入规模和质量保持了全省领先水平。全部财政收入在上年重返全省第一后，一般公共预算收入时隔10年后重返全省第一；税收收入占一般公共预算收入比重达到78%，较上年提高2.7个百分点，超过全省平均水平2个百分点；全市13个县（市）中，财政收入迈上5亿元台阶的县（市）达到了9个，为全省财政收入增添了分量。

——民生财政保障水平显著提升。财政资金分配向基层倾斜，向事关人民群众切身利益的领域倾斜。全市用于民生支出447.4亿元，占一般公共财政支出的比重达到79.4%，比上年提高2个百分点。其中，教育支出116.3亿元，全面落实城乡义务教育保障资金，各类家庭贫困学生得到有效资助，为1.2万名山区贫困学生发放生活和交通补助；医疗卫生支出54.4亿元，支持构建全民医保体系，新农合和城镇居民医保补助标准提高到320元，基本公共卫生服务人均补助标准达到35元，31家县级公立医院全部实现药品零差率销售；文化体育传媒支出7.6亿元，落实博物馆、图书馆、美术馆、文化馆（站）免费开放政策，支持51个社区文化中心提档升级，推进霞光大剧院、丝弦剧场建设，基本公共文化服务体系逐步完善；社会保障支出48.5亿元，支持养老服务体系建设，市内区60周岁以上困难老人和90岁以上高龄老人享受政府购买居家养老服务，实行政府托底，城乡低保对象、农村五保户等应保尽保；着力解决低收入家庭住房问题，为1.6万户发放廉租住房租赁补贴，多渠道筹资确保了2.7万套保障性住房开工建设；农林水支出51.6亿元，全面落实各项强农惠农富农政策，发放粮食直补、良种补贴、农机购置补贴等资金15.3亿元，投入农业综合开发和农田水利建设资金4.8亿元，拨付农村饮水安全项目资金3亿元，落实资金4.3亿元，用于368个重点村面貌改造提升，下达一事一议奖补资金2.4亿元，用于全市1223个村1804个公益项目建设；公共安全支出32.4亿元，有力支持了平安省会建设。

——支持调结构转方式更加有力。围绕加快转型升级和跨越赶超，市本级统筹整合产业发展资金12亿元，支持了传统产业升级改造、重点产业聚集区基础设施建设，以及战略性新兴产业和现代服务业发展。争取中央和省专项资金19亿元，用于产业振兴和经济结构战略性调整。各级财政投入7.6亿元，支持科技创新，加速科技金融结合，推进科技大市场建设，促进科技型中小企业发展壮大。落实资金3800万元，对省市新认定的31个企业技术中心和5个工程实验室进行奖励，鼓励企业创名牌、增效益。落实“营改增”等结构性减税政策，为企业减负超过20亿元，取消或免征19项行政事业性收费项目，安排专项资金为2.6万户企业和工商户免费注册或变更登记。

——生态治理和城市建设投入持续加大。以创建节能减排财政政策综合示范城市为契机，各级财政多渠道筹集资金35.4亿元，着力支持大气污染防治，用于压煤、降尘、控车、迁企、减排、增绿和环境监测能力建设，促进了大气质量显著好转。投入水污染治理专项资金15.2亿元，用于汪洋沟、滹沱河、洨河、老磁河综合整治工程建设等。市级筹集城建资金73亿元，启动了石济客运专线，扎实推进正定新区建设和正定古城保护，大力支持轨道交通、新客站东广场、新城大道、裕翔街改造等重点基础设施建设，提升省会城市综合承载能力。

——财政管理改革不断深化。扎实推进预算管理制度改革，财政管理机制进一步完善。编制了2015年度全口径预算，将一般公共预算、政府性基金预算、国有资本经营预算和社保基金预算全部纳入政府预算体系。细化预算编制，市级部门预算实施项目库管理，支出细化至项级科目。建立了结余结转资金定期清理机制，盘活资金15亿元。强化绩效预算管理，重点对涉及民生的新生儿出生缺陷预防、扶贫、农业保险等专项资金开展绩效评价。改革财政投入方式，积极推进政府购买服务，在污水处理、园林绿地维护、空气质量监测、居家养老服务等领域开展了试点工作，比传统模式节约资金9000多万元。进一步规范政府性债务管理，出台了政府性债务管理暂行办法和债务风险管控方案，对全市政府性债务进行清理甄别，有效防范了债务风险。严控行政经费支出，出台会议费、培训费等管理办法，完善了厉行节约的长效机制，开展专项整治，全市“三公”经费支出4.9亿元，比上年下降28%。政府预决算、部门预决算和“三公”经费预决算全部按要求进行了公开。

总的看，全市和市本级2014年预算执行情况较好，但财政运行也面临一些突出矛盾和挑战。主要是：在收入增速放缓、刚性支出不断增多、收支矛盾加剧的同时，长期以来实行事业发展经费投入与财政收支增幅或生产总值挂钩机制，固化财力的情况比较突出，制约了财政资金的统筹和调控能力；财政保障方式待改进，市场在资源配置中起决定性作用发挥不充分；预算管理与《预算法》的要求还有一定的差距，资金使用绩效有待进一步提高等。对此，我们高度重视，并在今后的工作中努力加以解决。同时，恳请各位代表、委员一如既往地对财政工作加强监督并提出宝贵意见和建议。

二、2015年财政预算草案

2015年是全面深化改革的关键之年，也是全面完成“十二五”规划的收官之年，做好各项财政工作意义重大。当前我市经济正处在爬坡过坎、攻坚克难的关键时期，支撑财政收入较快增长的基础仍不稳固，“营改增”扩围等减税政策也将一定程度影响财政收入增长。同时推进改革攻坚、提高民生保障水平、促进区域协调发展、加快城市基础设施建设、实施大气污染防治等都需要大量资金投入，财政工作面临前所未有的压力和挑战，各项任务十分艰巨。

为此，2015年预算安排和财政工作的指导思想是，全面贯彻党的十八届三中、四中全会和中央经济工作会议精神，紧紧围绕省委八届九次全会和市委九届六次全会的决策部署，坚持稳中求进工作总基调，主动适应经济发展新常态，继续落实积极财政政策，优化财政支出结构，着力促进调结构转方式，着力推进创新驱动，着力保障改善民生，着力支持生态改善，坚持依法理财，深化财政改革，提高资金绩效，为实现转型升级、跨越赶超、建设幸福石家庄，推动省会绿色崛起，率先在全省全面建成小康社会提供更加坚实的财力支撑。

基于以上指导思想，预算安排遵循以下总体思路和基本原则：一是依法理财。全面贯彻落实《预算法》，着力推进预算管理改革，完善政府预算体系，改进预算控制方式，深化预决算公开，逐步建立全面规范、公开透明的预算制度。二是统筹兼顾。在保障基本公共服务合理需要的前提下，优先安排市委、市政府确定的改善民生、促进产业发展、推进城市建设和支持生态环境治理等重点支出。三是整合财力。加大资金整合力度，统筹政府各类可用资金，打破资金壁垒，对资金使用散碎，形不成合力，以及重复建设的支出进行整合，集中财力办大事。四是科学精细。严格按照《预算法》要求，切实编准、编实部门预算，所有资金最大限度落实到具体项目和单位，切实降低部门代编预算规模，减少项目论证不科学不准确造成支出缓慢、资金沉淀等问题，提高预算执行到位率。五是绩效导向。把资金安排与使用绩效相结合，所有发展性支出项目都制定明确的绩效目标，实行财政资金全程绩效监控，科学引导财政资金的流向。六是厉行节约。落实党政机关厉行节约反对浪费条例，坚持勤俭办一切事业，严控“三公”经费和会议培训支出，严禁新建楼堂馆所，严控财政供养人员增长。

（一）一般公共预算安排情况

1．全市一般公共预算

2015年，全市一般公共预算收

入安排365亿元，可比增长12%。汇总的全市一般公共预算支出安排447.8亿元，比上年预算增长28%。

2.市本级一般公共预算

市本级一般公共预算及城区分享收入安排159.2亿元，可比增长5%。按照现行体制测算，市本级一般公共预算收入加上级补助收入16.4亿元（含上级提前下达市本级转移支付资金4亿元）、县（市）区上解收入3.3亿元，减上解上级支出7.7亿元及补助县（市）区支出8.4亿元后，可用财力为162.8亿元。鉴于2015年收支矛盾异常突出，按照跨年度预算平衡的要求，从预算稳定调节基金调入20亿元，市本级可用财力为182.8亿元。相应安排支出182.8亿元，比上年预算增长37.5%。其中，基本支出51.6亿元（人员经费38.1亿元、正常公用经费6亿元、专项公用经费7.5亿元），占总支出的28.2%；专项项目支出127.2亿元，占总支出的69.6%；预备费4亿元，占总支出的2.2%。

需要说明的是，市本级“三公”经费预算安排1.6亿元，比上年减少157万元。其中，公务用车运行维护费1.5亿元，减少161万元，未安排公务用车购置费；公务接待费892万元，增加13万元，原因是工商、质监部门管理体制下划，公用经费相应增加；因公出国（境）费140万元，减少10万元。

（二）政府性基金预算安排情况

1. 全市政府性基金预算

2015年，全市政府性基金收入安排379.1亿元，按照收支平衡和专款专用原则，相应安排支出379.1亿元。

2. 市本级政府性基金预算

市本级政府性基金收入安排255亿元。其中，国有土地使用权出让收入245亿元，城市基础设施配套费收入4.3亿元，政府住房基金收入3.5亿元，彩票公益金收入1.1亿元，城市公用事业附加收入1亿元，其他收入1000万元。

市本级政府性基金收入加上年结余5185万元，安排支出255.5亿元。其中，城乡社区事务支出253.8亿元（土地征收补偿等成本性支出137.5亿元、计提保障房和上缴养老保险等各类基金26.8亿元、轨道交通资本金20亿元、太行大街回购23亿元），交通运输支出908万元，资源勘探电力信息等支出833万元，彩票公益金支出1.6亿元。

政府性基金预算是按照以收定支原则安排的，如果执行中出现短收，按规定相应调减支出。

（三）国有资本经营预算安排情况

2015年，市本级国有资本经营预算收入安排1.3亿元。其中，利润收入2049万元，股利、股息收入1.1亿元。

按照收支平衡原则，安排支出1.3亿元。其中，宝德集团担保资本金和弥补北人集团国有股份出资不足等2600万元；改制企业职工安置等支出1亿元。

由于县（市）区国有企业转制基本完成，全市国有资本经营预算不再汇总。

（四）社会保险基金预算安排情况

1. 全市社会保险基金预算

2015年，全市社会保险基金预算收入安排224.3亿元，支出预算安排208亿元。

2. 市本级社会保险基金预算

市本级社会保险基金预算收入安排146.3亿元。其中，基本养老保险基金收入95.5亿元，失业保险基金收入7.1亿元，基本医疗保险基金收入32.9亿元，工伤保险基金收入3.3亿元，生育保险基金收入2.4亿元，城镇居民基本医疗保险基金收入5.1亿元。

社会保险基金预算支出安排139.7亿元。其中，基本养老保险基金支出91.8亿元，失业保险基金支出6.9亿元，基本医疗保险基金支出30.8亿元，工伤保险基金支出3.3亿元，生育保险基金支出2.2亿元，城镇居民基本医疗保险基金支出4.7亿元。

（五）市本级重点支出保障和主要项目安排情况

1. 支持保障和改善民生。教育支出25.2亿元（财政存量资金安排2.6亿元），主要用于落实城乡义务教育经费保障机制、中职免学费、各类助学金等相关政策，以及标准化幼儿园、中小学校和大中专院校基础设施建设等。社会保障和就业支出6亿元（福彩公益金安排1.1亿元），主要用于落实城乡社会保障政策、养老服务体系建设、优抚安置、残疾人保障等。医疗卫生支出14.6亿元，支持构建全民医保体系，新农合和城镇居民医保财政补助标准提高到380元，基本公共卫生服务人均补助标准提高到40元。文体传媒支出4.1亿元（体彩公益金安排5135万元），主要用于公共文化服务体系建设、文体基础设施建设、全民健身和文化场所免费开放等。公共安全支出18.5亿元，保障政法机关办案经费，提升装备水平，支持平安省会建设。农林水支出10.9亿元，主要用于落实支农惠农强农政策、农业生产和综合开发、饮水安全工程、农田基础设施建设，以及农村面貌综合改造提升等。

2．支持创新驱动和产业发展。安排科技创新资金6.5亿元（财政存量资金安排2亿元），其中，3亿元科技成果转化扶持基金支持入选国家“千人计划”、省“百人计划”的海内外高层次人才到我市创业，1亿元支持工业企业科技创新，1.8亿元用于支持重点科技项目研发、科技孵化器、科技大市场和中小企业创新平台建设等。重点产业发展引导资金3亿元，航空运输发展专项资金3.2亿元，现代服务业发展专项资金4000万元，文化产业发展扶持引导资金3000万元，旅游业发展资金3000万元。

3．支持生态环境治理。大气污染治理专项资金5亿元，主要用于水泥、钢铁等行业大气污染防治攻坚行动、环保燃煤采暖炉置换、新能源汽车推广、淘汰黄标车；水污染治理专项资金7.8亿元，主要用于城市污水处理、饮用水源地保护、农村面源污染综合治理；环境监测能力建设资金5500万元，主要用于大气和水体监测平台和环保应急能力建设；生态环境恢复建设资金6亿元，主要用于环省会经济林、滹沱河绿色生态长廊建设、新增城市公园绿地。

4．支持城市基础设施建设。统筹一般公共预算和政府性基金预算，安排城建资金119亿元。其中，轨道交通资本金20亿元，太行大街回购23亿元，重点项目建设38亿元（主要项目有南二环东拓西延6.4亿元、新客站广场完善3.7亿元、老旧小区改造2亿元、和平路高架桥西延2亿元、裕华路西延1.5亿元、正定古城保护5000万元等），偿还债务利息38亿元。

三、确保完成预算任务的主要措施

（一）树立法治思维，全面推进依法理财。认真学习贯彻十八届四中全会精神，全面落实《预算法》，强化法治理念和法治思维，深化财政改革，全面推进依法理财。完善政府预算体系，将政府所有收支全部纳入预算管理。强化资金统筹，健全预算标准体系。实行财政中期规划管理，改进年度预算控制方式，建立跨年度预算平衡机制。按法定时限批复部门预算、下达转移支付，按规定调整预算、调剂使用资金，硬化预算约束。深化预决算公开，细化公开内容。建立全过程绩效预算管理机制，推行绩效评价，加强评价结果运用。清理规范财政专户，严格财政借垫款管理。进一步规范政府性债务管理，切实防范化解风险。

（二）强化收入管理，做大做强财政蛋糕。密切关注国家财税政策调整变化情况，深入分析经济运行走势，努力做到财政收入与经济发展相协调。大力支持战略性新兴产业和现代服务业发展，积极培育和壮大财源基础。依法强化税收征管，全面清理规范税收等优惠政策，努力做到应收尽收。规范行政事业性收费管理，继续做好罚没收入、基金收入、土地出让金等非税收入管理工作。完善综合治税机制，动态监控重点税源，努力堵漏增收，保持收入平稳增长，切实提高收入质量。

（三）优化资源配置，改进财政支出方式。规范财政支出范围，逐步减少直接投向竞争性领域的资金。更多运用市场思维，改进财政支出方式，对公共服务领域，能够通过市场解决的，向社会购买服务，促进政府职能转变；有稳定收入的准公益项目，努力建立规范的融资机制，采取PPP模式，引入社会资本参与，缓解建设资金困难；对符合政策和发展方向的战略性新兴产业等竞争性项目，采用股权投资、贷款贴息、风险补偿等方式支持，更好地发挥财政资金的引导和撬动作用。

（四）严肃财经纪律，保证资金规范使用。进一步强化预算单位的主体责任，切实履行财政监督职责，对违规违纪行为，依法严肃处理、追究责任，强化财经纪律的刚性约束。加强内控机制建设，明确风险控制流程和关键控制节点，建立事前防范、事中控制、事后监督纠正的动态监控机制。健全国库管理、政府采购、投资评审、财政监督等机制，扎紧制度的篱笆。自觉主动接受人大监督、民主监督、审计监督、社会监督，确保财政资金在阳光下运行。

各位代表，2015年财政改革发展任务依然艰巨而繁重。我们将在市委的正确领导和市人大的监督支持下，认真落实本次大会的决议，改革创新，攻坚克难，奋发进取，扎实工作，圆满完成全年预算任务。

大事记

大事记

2014年

1月

3日，市长王亮主持召开房地产市场专项整治调度会，要求各级相关部门提高认识、统一思想、形成合力，坚决遏制全市“小产权房”违法建设和销售行为。

☆3日，市家庭服务业协会成立。

9日，国家统计局局长马建堂到石家庄市考察第三次全国经济普查登记工作，并到河北慧聪电子商务有限公司、河北瑞天塔元庄综合超市加盟店、兴业银行石家庄分行普查登记工作现场，查看普查员利用PDA等信息设备开展数据采集全过程。

☆9日，由中央宣传部、中央文明办、科技部、农业部、文化部、国家卫生计生委、国家新闻出版广电总局、中国科学技术协会8部委和河北省委、省政府联合主办，中央、省、市、县141家单位参加的全国文化科技卫生“三下乡”活动在行唐县文化广场开幕。这是该项活动自1996年开展以来，首次在石家庄市举办启动仪式。

☆9日，全市首个“宣传文化科技村”在行唐县南凹村挂牌。

15～18日，市政协召开第十二届委员会第二次会议。应出席委员652名，实际出席委员642名。

16～19日，市第十三届人民代表大会第二次会议在人民会堂举行。应出席会议市人大代表614名，实际出席580名。

21日，市长王亮走访慰问92岁高龄、1939年入党老干部韩荣吉，桥西区低保户孟艳、优抚对象刘桂珍、特困职工陈安。

26日，中共石家庄市第九届纪律检查委员会第四次全体会议召开。

27日，中共石家庄市委决定，追授平山县委宣传部原副部长齐庆三“优秀共产党员”称号。

29日，市长王亮到市供电公司留营营业班、石家庄西郊供热有限公司控制室、市公交公司九路车队、西苑街道社区卫生服务中心、合作路供热交换站走访慰问春节期间坚守一线工作岗位的供热供电系统职工、公交公司职工、社区卫生服务中心医护人员。

30日，省委常委、市委书记孙瑞彬到石家庄日报社、石家庄广播电视台、市林业局森林防火指挥中心看望慰问工作一线干部职工。

☆30日，市长王亮视察督导省城春节期间大气污染治理，在市大气梯度监测站和世纪公园大气监测点，王亮查看仪器设备，了解空气监测，并在西大街烟花爆竹销售点了解烟花爆竹质量，询问销售情况。王亮要求各级各部门严明责任、强化措施、狠抓落实，做好春节期间空气污染监测，同时加强烟花爆竹销售、燃放管理，将治理措施落实到位，坚决打好大气污染治理攻坚战。

2月

1日起，全市新机动车尾气排放执行国四标准，尾气排放达不到国四标准的新购置车辆，不予注册登记，不核发车辆牌照。

8日，全市召开党的群众路线教育实践活动动员大会，安排部署和正式启动开展党的群众路线教育实践活动。

11日，省委常委、市委书记孙瑞彬到第一批教育实践活动联系点—栾城县北屯村调研，要求认真贯彻落实中央和省委、市委关于开展党的群众路线教育实践活动的决策部署，在接地气中摸实情，在听民声中转作风，在促发展中聚民心，着力解决党员干部队伍中的“四风”问题，积极探索农村改革发展新路径，切实把教育实践活动的成效体现到更好促进农业发展、农民增收、农村进步上，为转型升级、跨越赶超、建设幸福石家庄，推进省会绿色崛起，加快全面建成小康社会步伐奠定坚实基础。

12日，全市召开重点项目调度会，省委常委、市委书记孙瑞彬在会上听取了各县（市）区和工业聚集区关于2014年攻坚项目建设进展情况的汇报，提出加快转型升级、跨越赶超步伐，关键靠项目，靠一批好项目、大项目。全市各级各有关部门一定要认真贯彻十八届三中全会、省委八届六次全会和市委九届五次全会精神，增强省会意识、责任意识、危机意识，强化“抓项目就是抓发展，抓大项目就是抓大发展，抓一批好项目大项目就是抓跨越式发展”的意识，扎实开展“项目攻坚年”活动，努力在项目建设上走在全省前列。

☆12日，市长王亮到循环化工园区调研，现场调度石炼化年产800万吨油品质量升级项目建设涉及的具体问题，要求确保项目如期试车、早日投产。

12～14日，省会2014春节文化活动—“盛世欢歌”文化游园在市内五区同时举行，水上公园、平安公园、长安公园、西清公园和欧韵公园共同推出民间花会、综艺演出、花灯猜谜等系列活动，与市民一起喜迎元宵佳节。

24日，市委党的群众路线教育实践活动领导小组召开第一次会议，听取全市教育实践活动进展情况汇报，并对下一步工作研究部署。

3月

1日，石家庄德合房地产开发有限公司在市工商局企业分局领到河北省工商登记制度改革后颁出首张新版营业执照。

1日、10日，市长王亮两次到平山县北冶乡蹲点调研指导党的群众路线教育实践活动。

5日，市委宣传部、省会精神文明办室在全市启动以“首善省会、邻里守望”为主题社区学雷锋志愿服务活动。

5～6日，省委常委、市委书记孙瑞彬到正定县调研指导第二批党的群众路线教育实践活动。孙瑞彬走访了基层联系点正定县北早现乡上水屯村，考察了乡便民服务大厅和财政大厅，并在正定县听取开展教育实践活动和市委督导组工作汇报，与县四大班子负责人进行谈心谈话。孙瑞彬提出，第二批教育实践活动要坚持谋在高处、学到深处、干到实处，规定动作做到位、自选动作创特色，灵魂深处受教育，结合实际搞活动，扎扎实实见成效，做到干部受教育、发展添活力、群众得实惠。

6日，河北省纪念“三八”国际劳动妇女节主题活动在石家庄市正定县塔元庄村举行，会议表彰了省“三八”红旗手标兵、省维护妇女儿童权益先进个人、省巾帼建功标兵等妇女先进典型，同时启动“中国梦·巾帼行”系列活动。

10日，省委常委、市委书记孙瑞彬到石家庄幼儿师范高等专科学校、石家庄职业技术学院和石家庄信息工程职业学院调研职业教育，考察了学前教育实训场地、动漫专业装备设施、大学生生产性实训基地和创业孵化园。

12日，省委常委、市委书记孙瑞彬，市长王亮，市四大班子领导、市直机关干部职工，驻石家庄部队官兵和鹿泉市干部群众等1600人到西山省会义务植树基地参加植树活动。

13日，市委常委会举行党的群众路线教育实践活动学习交流会议，从习近平总书记在正定县工作期间坚持群众路线的往事汲取营养和动力，会议邀请正定县原县长程宝怀、原副县长何玉现场讲述了习近平总书记在正定工作期间的感人往事。会议围绕贯彻中央精神、践行群众路线、坚决克服“四风”、切实转变作风，谈体会，找差距，明确努力方向，市委每个常委作了表态发言。

☆13日，市政府与北京首都农业集团有限公司在北京签约，确定在新乐市境内新建以生产婴幼儿配方乳粉和液态奶为主的河北三元工业园，规划年产婴幼儿配方乳粉4万吨、液态奶25万吨。

14日，市长王亮调研省会园林绿化工作，考察了民心河北线整治、子龙大桥两侧渣土山绿化、太平河二期绿化整治、环城水系西线绿化，提出抓住春季造林绿化的大好时机，迅速在全市掀起造林绿化新高潮。

18日，市长王亮主持召开全市农村面貌改造提升行动（基层建设年活动）领导小组第一次会议，贯彻落实河北省农村面貌改造提升行动（基层建设年活动）动员会和全市农村工作会议精神，安排部署全市农村面貌改造提升行动涉及的368个省重点村完成15件实事，6个中心村联村并建工作。

21日，为纪念党中央离开西柏坡“进京赶考”65周年，市委常委集体到西柏坡开展“重温‘两个务必’，坚持执政为民”主题活动。

23日，“中国梦·赶考行”——省级领导干部集体学习教育座谈会在西柏坡举行。

☆23日，河北省首届“温柔生产、水中分娩、自然哺喂”研讨会在市妇产医院举行。在此会议上，国际水中分娩协会授予市妇产医院“国际水中分娩协会会员单位”称号。

24日，由市政府主办“你我齐努力，携手护蓝天”2014年“地球一小时”暨第五届“低碳宣传周”进农村活动，在藁城市岗上镇大同幼儿园启动。

25日，国家工业和信息化部党组副书记、副部长苏波带领国务院安全生产委员会第二专项督查组到石家庄市河北卫星化工股份有限公司、北人集团先天下购物广场、冀中能源井陉矿业集团元氏矿业有限公司督查检查，了解企业安全生产情况。

25日，国家发改委、财政部、商务部等8部门联合下发通知，同意包括石家庄在内30个城市为国家电子商务示范城市。

28日，省长张庆伟到石家庄调研体育工作，察看了正定新区正在建设中的河北奥林匹克体育中心项目和市裕彤国际体育中心。

31日至4月1日，全国妇联副主席、书记处书记喻红秋带领全国妇联联合调研组一行6人到石家庄市调研妇女手工编织产业和巾帼现代农业科技示范基地创建情况，考察了市妇女手工编织协会手工编织品展示展卖厅、布艺生产专业村——深泽县白庄乡小堡村、藁城市禾苗种植服务专业合作社、赞皇县原村土布生产基地、石家庄信息工程职业学院女大学生就业创业实践基地。

4月

2～3日，国家农业部部长韩长赋到河北省调研春季农业生产、种植业结构调整、农田节水工作，考察了石家庄赵县西湘洋村高产创建示范方、赵县农科所，走访了解春季麦田管理、节水灌溉、水肥一体化及抗旱小麦品种培育。

4日，中央宣传部、国家民政部、解放军总政治部在华北军区烈士陵园举行清明烈士公祭活动。国家民政部部长李立国，解放军总政治部副主任吴昌德，中央宣传部副部长王世明，北京军区政治委员刘福连和省市领导及社会各界2000余人参加活动。

☆4日，位于华北军区烈士陵园内的华北革命战争纪念馆向社会免费开放，纪念馆总建筑面积5450平方米，展厅面积3000平方米，展出展品227件、图片435幅、雕塑10组，配置多媒体播放系统10个。

☆4日，市政府与中国证监会河北证监局签署《关于促进石家庄市资本市场发展的合作协议》，确定共同推动石家庄市多层次资本市场发展。

☆4日，市政府与中国工商银行河北省分行举行银企对接签约仪式。按照协议，未来三年，工商银行河北省分行向石家庄市重点产业、重点项目、园区建设、科技创新、节能减排及“三农”和小企业领域提供融资支持500亿元。

5日，市政府下发《关于取缔市区露天炭火烧烤的通告》。

9日至6月30日，河北省委第二巡视组按照巡视监督常态化、全覆盖要求和2014年巡视工作任务安排，专项巡视了石家庄高新技术产业开发区、循环化工园区、西柏坡管理局，并对石家庄市和所辖县(市)区领导班子及其成员进行了监督检查。

10～11日，全国人大常委会副委员长、民建中央主席陈昌智带领民建中央13人调研组，就“加大改革力度，建立解决产能过剩的长效机制”课题到石家庄调研考察。

11日，国家卫生计生委副主任、国家中医药管理局局长王国强就国家中医药发展综合改革试验市建设及基层中医药服务到石家庄市专题调研。

11日和19日，由市金融工作办公室、人民银行石家庄中心支行、河北银监局、河北证监局、河北保监局主办，《石家庄日报》、《燕赵晚报》承办的第八届金融理财文化推广节权威峰会和现场活动在石家庄举行。本届主题为“诚信服务，安全创新”。

12日，河北省首款按照国家新版《婴幼儿配方乳粉生产许可审查细则》实施要求，并获得国家批准生产的自主品牌婴幼儿配方奶粉——石家庄“君乐宝”奶粉投放市场。

16日，石家庄市召开创建全国文明城市动员会。

17日，共青团市委、市交通管理局共同启动“文明交通、青年先行”志愿服务活动。

19日，市区时光公园正式命名为“雷锋广场”。

22日，省长张庆伟到平山县葫芦峪现代农业产业园调研农业产业化发展，考察了葫芦峪园区的核桃长势、山区灌溉和土地整理，听取了园区农业综合开发以及引进战略投资者、资本运作等情况介绍。

23日，全国政协常委、经济委员会副主任李毅中带领全国政协调研组到石家庄所辖鹿泉市、平山县专题调研化解过剩产能工作，考察了河北西柏坡建材有限公司和东建水泥拆除现场，详细了解两地拆除水泥企业的做法。

☆23日，石家庄市身患绝症、痴迷技术创新的华药集团职工齐名当选全国十大“最美职工”。

5月

1日，中共河北省委、河北省政府授予石家庄市“2013年度河北省发展民营经济先进市”称号；授予栾城县、鹿泉市、正定县“2013年度河北省发展民营经济先进县(市)”称号。

6日，由亚洲旅游文化联合会、亚洲旅游业CSR研究中心、亚洲旅游业品牌研究会、中国城市发展促进会、中国品牌建设与管理协会联合组织的第20届亚洲旅游业金旅奖峰会暨颁奖盛典在安徽省灵璧县举行，石家庄市在此会议上获得第20届“亚洲金旅奖·最具特色魅力旅游目的地城市”称号。

12日，瑞典库姆拉市市长卡塔琳娜·汉森带领市政府教育代表团4人到石家庄市访问，了解教育工作，学习借鉴教育理念，寻求教育、环保合作机遇。

17～18日，由世界华人演讲家大同盟、中国演讲协会、高邑县委县政府联合主办的“中国梦·我的梦”2014“中国·高邑·千秋杯”全国大学生演讲大赛暨首届全国中学生演讲大赛在石家庄市高邑县举行，共有来自全国25个省、直辖市、自治区71所高校和16所中学263名选手参加比赛，评出团体奖43个，个人奖113个，单项奖6个。

21日，市委全面深化改革领导小组召开第一次会议，贯彻落实中央、省委关于全面深化改革的决策部署，研究部署石家庄市全面深化改革工作。会议审议通过《市委全面深化改革领导小组工作规则》、《市委全面深化改革领导小组专项小组工作规则》、《市委全面深化改革领导小组办公室工作细则》和《市委全面深化改革领导小组2014年工作要点》。

☆21日，“中国梦·赶考行——柏坡巡访”中央和省直新闻媒体编辑记者老区行活动在西柏坡启动。该项活动由中国记者协会、新闻战线“三项学习教育”活动领导小组办公室和省委宣传部、省记者协会联合举办，来自18家中央主要新闻媒体和26家全国性行业类媒体以及省直新闻媒体100余名采编人员，利用一周时间，在平山县西柏坡革命老区学习采访、体验生活，接受革命传统教育和新闻工作传统教育，并深入6个乡镇10个村，与基层群众同吃、同住、同劳动，以实际行动弘扬“赶考”精神、落实“三贴近”原则。

22～23日，由国家民政部低收入家庭认定指导中心主办的居民家庭经济状况核对信息系统建设座谈会在石家庄召开，来自10多个省、自治区、直辖市核对机构60余名代表参加座谈。

28日，“正定号”环京津旅游专列（石家庄北—张家口南Y516次、张家口南—石家庄北Y515次）正式开通。这是石家庄市与北京铁路局合作继“西柏坡号”（邯郸—承德）后开行第2趟环京津旅游专列。

29日，省委常委、市委书记孙瑞彬专程到桥东区长征街小学和长安区第一幼儿园，看望慰问少年儿童和教职员工，和小朋友一起庆祝“六一”国际儿童节。

30日，省长张庆伟，省委副书记赵勇，省委常委、市委书记孙瑞彬等省市领导到石家庄市东风西路小学，看望小朋友，与优秀少先队员、残疾儿童、留守儿童、进城务工子女儿童以及少儿工作者代表一起参加主题队会活动。

☆30日，河北省第十二届人民代表大会常务委员会第八次会议表决通过《河北省人口与计划生育条例修正案（草案)》。至此，石家庄市“夫妻一方为独生子女，只有一个子女的”，经过批准可以再生育一个子女。

6月

7日夜，石家庄市引岗南、黄壁庄水库输水管线受损，6月11日漏水点全部成功封堵，市区供水恢复正常。

10日，“2014年食品安全宣传周”活动启动仪式在市区槐安东路与谈固东街交叉口永辉超市门前广场举行。

13日，全市举行民兵应急力量拉动示范演练现场观摩会，承担抗洪抢险、反恐维稳和森林防火任务的450名民兵参加演练活动。

18～19日，省委常委、市委书记孙瑞彬主持召开市委常委班子专题民主生活会，贯彻习近平总书记在指导兰考县委常委班子专题民主生活会时的讲话精神，并围绕“为民、务实、清廉”主题，按照“照镜子、正衣冠、洗洗澡、治治病”总要求，市委常委逐一查摆聚焦“四风”问题，深刻剖析思想根源，开展批评和自我批评，提出整改方向和主要措施。

26日，市第一医院肿瘤三科主任乞国艳获得第九届中国医师奖。

30日，石家庄君乐宝乳业有限公司与乳制品配料领域顶级供应商——全球最大的食品企业之一爱尔兰KERRY集团签署战略合作协议，双方商定在全球范围探索互利共赢的合作方式，促进资源共享与产业进步，加强优势集成与互补。

7月

2日，国家财政部考察组到石家庄市调研正定新区综合管廊项目，认为“先地下、后地上”将涉电、涉水及通信网络等管线全部建在管廊，体现出“低碳、生态、智慧”建设理念，经验和做法值得推广与应用。

☆2日，河北省工业经济帮扶督导组到石家庄市听取市政府2014年以来全市工业经济运行和政策落实推进情况汇报，了解参会16家企业经济运行状况及存在的困难、问题，并到石家庄炼化、格力电器、石药集团考察指导。

3日，中国工业经济联合会调研组到石家庄市专题调研产业升级措施与经验，考察了石家庄四药总部搬迁与改造项目进展情况，并就原有生产线改造提升及高附加值新产品上市和产业化进行指导。

5日，华北军区烈士陵园举行4A级旅游景区揭牌仪式。

8～9日，中央第八巡回督导组组长、全国政协教科文卫体委副主任、重庆市政协原主席邢元敏，省委常委、市委书记孙瑞彬到正定县指导县委常委班子党的群众路线教育实践活动专题民主生活会。石家庄市副市长、正定县委书记王韶华代表县委常委班子作对照检查，查摆“四风”突出问题，剖析思想根源，提出整改措施，正定县委各常委分别作对照检查，开展批评和自我批评。

14日，省委常委、市委书记孙瑞彬到井陉矿区和井陉县调研乡镇基层建设，考察了井陉矿区贾庄镇、凤山镇和井陉县北正乡、南王庄乡，了解乡镇基层建设和经济社会发展情况，并就加强乡镇一级基层政权组织建设，与基层干部交流谈心。

☆14日，市第四医院与韩国Oblige整形医院签约，成为石家庄市首家引进韩国美容技术的公立医院。

18日，市政府与中国城市规划设计研究院签约战略合作备忘录，双方商议围绕石家庄市发展重大课题，在政策前期研究、规划研究、技术咨询、学术交流等建立广泛、长久的合作机制。

23日，全市共产党员志愿服务活动暨省会“创建文明城、党员在行动”动员会召开。会议印发了市委《关于在全市共产党员中开展志愿服务活动的实施意见》。省委常委、市委书记孙瑞彬参加会议并要求全市党员率先垂范，开展志愿服务，为创建全国文明城市做出贡献。

30日，全市农村面貌改造提升现场观摩会在元氏县、栾城县召开。市长王亮及市直有关部门、各县(市)区负责人观摩考察了元氏县方里村，栾城县南屯村、夏凉村、八里庄村的农村环境、民居改造、配套设施、公共服务等建设。

☆30日，省会文明办、河北省企业信用促进会石家庄市工委联合启动石家庄市“善行河北·诚信企业”主题实践活动，重点开展合同信用、金融信用、纳税信用、质量信用、服务信用、劳动保障信用、财务统计信用、价格信用、环保信用、安全生产信用十个方面信用系列创建活动。

☆30日，市工商联三明商会成立。

8月

1日，市电子商务协会成立。

11 日，“聚焦京津冀协同发展——第十二届全国重点网络媒体河北行”在石家庄启动，40 余家全国重点网络媒体参与采访。

12～13 日，2014 中国·石家庄 WDC、AL“世界杯”舞蹈公开赛暨 NDC 标准舞选拔赛在石家庄市河北省体育馆举行，共有来自中国、英国、挪威、丹麦等 15 个国家 150 多个代表队 5000 多名选手参赛。

13～15 日，中国会展行业联盟、全国城市会展管理办公室、《第一会展》杂志联合在上海市举办“2014 中国国际会展产业论坛”，中国石家庄（正定）国际小商品博览会在此会上获评“2013–2014 年度中国十佳优秀特色展会”。

20 日至 12 月底，全市集中开展油气长输管道打非治违专项行动，严厉打击破坏、损害油气管道以及其他危害管道安全的违法犯罪行为，整治管道周边乱建乱挖乱钻、违规违章建（构）筑物占压管道、安全间距不足等安全隐患问题。

27 日，石家庄地铁运营分公司在高新区挂牌成立。

29 日，市工商联金融服务中心在广安大街揭牌成立。

30～31 日，由国家中医药管理局指导、中国中医药报社主办、神威药业集团协办的第四届中国中医药发展大会在石家庄市举行。来自全国中医药领域的专家、学者、企业界人士及业务部门领导等共计 800 多人参会。主题为“国家战略与路径选择”。

☆8 月，石家庄市动漫公司“深度动画”原创动漫作品《赵云与咔哒盒子》，在美国最大的华语电视媒体 ICN（International Chinese Network Inc）电视台播出，这是石家庄动漫首次登陆美国。

9 月

1 日起，全市新农合重大疾病费用实行出院即报。

1～30 日，全市开展为期一个月“质量月”活动，重点整治民生类产品质量。

3 日，全省首家“春蕾计划·护蕾行动”在石家庄市长安区盛世长安小学启动。

9 日，省长张庆伟，省委副书记赵勇分别到石家庄市第二中学、第四十中学看望慰问教师。

13～14 日，贵州省遵义市市委副书记孟曙初和市政府副市长、工商联主席李莲娜，带领由近 20 名企业家组成的经贸考察团到石家庄市考察交流、举办投资洽谈会。石家庄市 60 多位企业家参加洽谈活动，两地企业家现场交流并签订旅游开发、城市综合体建设、农产品超市等多个项目合作意向和战略合作协议，石家庄聚合投资有限公司与遵义红旅集团签订的战略合作协议成为亮点。

15 日，国务院正式批准设立石家庄综合保税区。

16 日，由市政府、市节能减排财政政策综合示范工作办公室主办，市财政局、市环保局、市城乡规划局共同承办的第三届“石家庄生态日”主题宣传活动举行。本届主题为“你我携手，共建生态家园”。

18 日，石家庄新闻网手机客户端“掌中石家庄”上线，网民及手机用户进入“掌中石家庄”客户端页面，即可浏览石家庄最新图文新闻。

19 日，河北省委第七巡视组巡视石家庄市工作动员会召开。省委常委、市委书记孙瑞彬，省委第七巡视组组长郭世峰参加会议。

19～21 日，首届国际心脑健康论坛（2014·石家庄）在市人民会堂举行。来自美国、澳大利亚及国内多所著名研究机构的专家学者围绕心脑健康领域最新进展研讨交流，举办专题交流活动 14 场，并在此次论坛会上成立河北省心脏健康教育联盟。

20 日，品汇广场·精品导报第 14 届千人相亲会在品汇广场举行，单身男女及亲友 5000 余人参加相亲活动。

20 日至 10 月 7 日，由中国电子商会、省信息产业与信息化协会主办，新华区政府、河北太和集团、太和电子城承办的河北省第 11 届数码电脑节在太和电子城举行。本届主题为“体验电子科技 惠享智慧太和”。

22 日，石家庄海关正式启用区域通关一体化通关方式，标志京津冀海关区域通关一体化全面启动。

☆22 日（世界无车日）7～11 时，石家庄市区中山路建设大街至中华大街段，除公交车、出租车、校车、通勤车，执行任务的警车、救护车、消防车、工程抢险车、邮政车及婚庆用车外，禁止其他机动车通行。2014 年“无车日”活动主题为“我们的街道，我们的选择”。

23 日，石家庄市宣布传达国务院批复河北省政府关于石家庄市部分行政区划调整的请示，同意撤销石家庄市桥东区，部分街道划归石家庄市长安区，部分街道划归石家庄市桥西区；撤销县级藁城市、县级鹿泉市和栾城县，同时分别设立石家庄市藁城区、鹿泉区和栾城区。

30 日，省市领导与社会各界干部群众代表到华北军区烈士陵园，向纪念碑敬献花篮，缅怀为民族独立、人民解放、国家富强、人民幸福英勇献身的革命先烈。

10 月

1 日至 2015 年底，月销售额 2~3 万元的小微企业、个体工商户和其他个人暂免征税。

10 日凌晨，石家庄国际机场 2 号航站楼正式启用。

11 日，由河北科技大学、河北师范大学等驻石家庄高校，与 100 家石家庄电子商务与服务外包企业组成的服务外包与电商校企联盟揭牌成立。

16~17 日，国务院安全生产委员会办公室督查组到石家庄市，督导检查全市安全生产工作。督查组实地检查了鹿泉区的金隅鼎鑫水泥有限公司二分公司，藁城区的藁城汽车站、龙华园建筑工地，以及高新区的格力电器（石家庄）有限公司，听取了高新区管委会安全生产工作汇报。督查组专家对石家庄市安全生产责任体系建设、“六打六治”打非治违专项行动，以及安全生产示范创建对标整改给予肯定。

17 日，全国农村改厕工作现场推进会在石家庄市正定县举行。国家卫生计生委主任李斌，副主任、中医药管理局局长王国强，省长张庆伟，省委副书记赵勇，省委常委、市委书记孙瑞彬参加会议。此次会议确定将正定县农村改厕经验向全国推广。

18 日，由河北省发展和改革委员会、省质量技术监督局、省工业和信息化厅、省住房和城乡建设厅、省商务厅、省农业厅、省旅游局、省新闻出版广电局、省品牌战略促进会主办的 2014 第八届河北品牌节在石家庄市举行，主题为“凝聚力量·成就品牌”。

18~19 日，由中华医学会整形外科学分会、北京医学会整形外科学分会、中国医学科学院整形外科医院、北京协和医院共同主办的第六届宋儒耀整形外科青年医生论坛在北京举行，市第一医院整形美容科青年医生闫军飞撰写的《腭粘膜骨膜瓣在硬腭瘘口修复术中的应用》获得优秀论文奖。

21 日，人民教育出版社课程教材研究所石家庄市实验基地授牌仪式在市第十五中学举行，这是人民教育出版社成立的第 14 个实验基地，也是河北省首个人民教育出版社课程教材研究所实验基地。

23 日，河北遨司特通用航空有限公司的罗宾逊 R44 直升机在栾城机场试飞成功，正式投入运营。这是省会首家投入运营的直升机通用航空有限公司。

☆23 日，市工商联南安（福建省）商会成立。

25~26 日，由中国药学会主办，河北省药学会承办，石药集团协办的“2014 年中国药学大会暨第十四届中国药师周”在石家庄市举行，主题为“服务创新驱动战略，推动健康产业发展”。

28~30 日，国务院妇女儿童工作委员会办公室、联合国儿童基金会在石家庄市召开“儿童保护培训暨总结会”，来自北京、天津、河北、山西、吉林等省（市）区 100 余名妇女儿童工作委员会办公室负责人及全国儿童保护领域的专家聚集石家庄市，围绕儿童保护工作开展交流培训。

30 日，“无线石家庄”手机客户端正式上线运行。

31 日，中国铁塔石家庄市分公司挂牌成立。

11 月

1 日零时，石家庄新客站东广场开始试运行。

☆1 日起，全市餐饮业取消最低消费。

5 日，国家公安部在北京召开第二届全国 119 消防奖表彰大会，石家庄市裕华区东明小学获得“全国 119 消防奖先进集体”称号；石家庄国际机场航空护卫部安检员张淼获得“全国 119 消防奖先进个人”称号。

☆5 日，市长王亮带领市四大班子领导和市直部门、市内各区负责人组成考察团到河北省沧州市学习参观城市建设。

5~7 日，第 26 届全国医药经济信息发布会在广东省肇庆市举行，石家庄市 2 名企业家在此次会议获授“2014 中国医药经济年度人物”，分别是石家庄四药有限公司董事长曲继广、神威药业集团董事长兼总裁李振江。

7～14 日，第四届全国铁道行业职业技能大赛车站值班员竞赛暨中国铁路总公司助理值班员竞赛决赛在石家庄市河北轨道运输职业技术学院举行。来自全国 18 个铁路局 144 名选手参加比赛，决出车站值班员工种前 30 名、助理值班员工种前 15 名。

9 日，由市公安消防支队与市广播电视台联合主办，市广播电视台生活频道承办的石家庄市首届全民消防安全知识电视大赛（9 月 12 日开赛）决赛在石家庄广电中心举行。经过激烈角逐，藁城信誉楼商厦代表队夺得冠军，新华区亚工恒业集团代表队、正定县常胜代表队分别获得亚军和季军。

13 日，市中级法院发布 2013 年度《行政审判白皮书》，这是市中级法院首次向社会公布《行政审判白皮书》。

☆13 日，市教育局对外公布《石家庄市教育行政处罚规定及程序规范》，自 12 月 1 日起施行，有效期 5 年。

15 日，第八届中国产学研合作创新大会在广东省深圳市召开。会上，由石家庄高新区牵头，高新区 14 家制药企业及北京大学、中国医学科学院药物研究所、河北科技投资集团联合发起组建的“中国药用辅料与制剂产业技术创新战略联盟”成立。

22 日，省长张庆伟到石家庄综合保税区、石家庄正定国际机场调研，考察保税区项目建设最新进展、2 号航站楼运行情况。张庆伟提出，石家庄综合保税区要坚持同步建设、同步招商、同步设立管理机构，做好顶层设计，提高土地利用效益，最大限度地发挥综合保税区的辐射带动作用。

22 日 12 时 32 分，国产新支线飞机 ARJ21-700 降落石家庄机场，13 时 49 分飞往海口美兰机场。这是 ARJ21-700 新支线飞机开展功能和可靠性专项试飞首次飞抵石家庄机场。

24 日，《经济日报》头版“改革发展新景象”专栏刊发长篇通讯《石家庄的“幸福密码”》。

28 日，市地方志学会成立。

29 日，河北省工业经济联合会宣布第二届河北工业大奖获奖企业名单，石家庄市 4 家企业入选。其中，石药集团获得第二届河北工业大奖特别奖；石家庄君乐宝乳业有限公司、神威药业集团有限公司、河北先河环保科技股份有限公司获得第二届河北工业大奖。

☆29 日，由市第五医院、市医学会肝病学分会、市传染病管理与控制中心主办的《肝病基础与临床研究新进展暨医疗质量控制研讨会》在太行国宾馆举行。

12 月

1 日，石家庄市赞皇县、无极县、深泽县、行唐县、平山县 5 个县级公立医院综合改革全面启动。至此，全市 16 个县（市）31 家县级公立医院改革实现全覆盖。

☆1 日起，全市执行新的最低工资标准，每月 1480 元，同比上涨 160 元。

4 日，省委常委、市委书记孙瑞彬在亚太大酒店会见澳大利亚 APAC 集团公司执行主席沙恩·斯通。

6 日，由中国地市报研究会主办的第三届中国地市报系列“十强”、“十佳”表彰会在上海市举行，石家庄日报社（传媒集团）获授中国地市报新闻创新十强称号。

☆6 日，石家庄铁路客运执行互联网售票、电话订票预售期延长至 60 天规定。

8 日，市委常委会讨论并原则通过《关于实施创新驱动发展战略大力引进科技创新产业人才的意见》。

☆8 日，市基础教育改革与发展研究中心在石家庄学院挂牌成立，这也是中国首个地市级基础教育改革与发展研究中心。

9～10 日，市长王亮到科技大市场和河北易文赛生物技术有限公司、中欧联合实验室、河北健海生物芯片技术有限公司、河北人天通信技术有限公司、石家庄中博汽车有限公司、兄弟依兰公司调研科技创新，提出培育形成新的优势产业。

10 日零时，石家庄境内铁路实施新的列车运行图。

11 日，市综合法律服务中心试运行。

12 日，石家庄京津冀产学研联盟揭牌成立。该联盟由市政府发起和组织，会员包括高等院校、科研院所和工商企业 242 家。

13 日，由中国科学技术协会指导，河北省委宣传部、河北出版传媒集团主办，《少儿科学周刊》承办的第四届少儿科学知识大赛在石家庄市启动，参赛对象为全国 6～14

岁中小学生。同日，由《少儿科学周刊》发起、河北省科技馆提供支持的小蜜蜂科学社正式成立。

17日，市人大常委会举办首次新闻发布会，宣布《石家庄市教育设施规划建设管理条例》于2015年1月1日起正式实施。

18日，南水北调中线河北段工程通水活动在石家庄市华柴机电设备有限公司暗涵出口举行，标志南水北调中线河北段工程正式通水。

19日，国家农业部表彰2014年全国粮食生产先进单位和先进个人，石家庄市再次获得全国产粮大市称号，藁城区、赵县获评产粮大县（区），高邑县东良庄村冯俊杰获评全国种粮大户。

21日10时，改扩建后，途经石家庄的京港澳高速河北段通车试运行。

24日，石家庄连接主城区和正定新区的新城大道正式通车。

26日，市政府正式授予石家庄广播电视台交通广播（简称交通946）为“石家庄应急广播”，标志“石家庄应急广播信息发布系统建设”启动。

30日，市政府与北京中关村科技园管委会签订共建集成电路产业基地合作框架协议，双方商定在石家庄市合作建设集成电路封装测试产业基地。

☆30日，民盟中央美术院河北分院石家庄市美术院在市美术馆揭牌成立。

31日6时，石家庄广播电视台首个高清频道——新闻综合频道上线播出。

☆12月，市服务外包协会成立。

市情概览

市情概览

行政区划

【地理位置】 石家庄市是河北省省会，全省政治、经济、科技、金融、文化和信息中心，是国务院批准实行沿海开放政策和金融对外开放城市。地处河北省中南部，环渤海湾经济区。位于北纬37°27′～38°47′（误差±1′），东经113°30′～115°20′（误差±1′）之间，东与衡水市接壤，南与邢台市毗连，西与山西省为邻，北与保定市交界。南北最长处148.018千米，东西最宽处175.383千米。辖区总面积14888平方千米（不包括河北省直管辛集市面积960平方千米），其中市区面积2240平方千米。石家庄市在首都北京西南方向，距离北京市区283千米。

【区划设置】 石家庄市辖8区13县（市），即长安区、桥西区、新华区、裕华区、井陉矿区、藁城区、鹿泉区、栾城区、井陉县、正定县、行唐县、灵寿县、高邑县、深泽县、赞皇县、无极县、平山县、元氏县、赵县、晋州市、新乐市。拥有2个国家级开发区，即石家庄国家高新技术产业开发区（1991年3月国务院批准设立）、石家庄经济技术开发区（1992年7月河北省批准设立，2012年10月国务院批准升级为国家级开发区，由藁城区管辖，曾称藁城经济开发区）。2013年6月1日，原石家庄辛集市调整区划设置，划归河北省直接管辖。另有5个派出机构（国家级高新技术产业开发区、西柏坡管理局、循环化工园区、正定新区、空港工业园）行使所在地域行政管辖权。年末全市共有镇117个，乡88个，街道办事处56个，居委会599个，行政村4014个。

【区划调整】 2014年9月9日，国务院批复河北省政府关于石家庄市部分行政区划调整的请示（国函〔2014〕122号）；9月23日，石家庄市宣布传达国务院批复。同意撤销石家庄市桥东区，部分街道划归石家庄市长安区，部分街道划归石家庄市桥西区；撤销县级藁城市、县级鹿泉市和栾城县，同时分别设立石家庄市藁城区、鹿泉区和栾城区。原桥东区的中山东路、阜康、建安、胜北4个街道和桃园镇划归石家庄市长安区管辖，原桥东区的东华、休门、彭后、东风、汇通5个街道划归石家庄市桥西区管辖。藁城区、鹿泉区、栾城区分别以原藁城市、原鹿泉市、原栾城县的行政区域为现行政区域。此次区划调整后，石家庄市管辖由原6区16县市（12个县4个县级市）变为8区13县市（11个县2个县级市）；市区面积由456平方千米变为2240平方千米，同比增加1784平方千米。

（周连颖）

建制沿革

石家庄市域有着悠久的历史。据《禹贡》记载，夏禹时期为冀州地。春秋时期域内先后建有鲜虞国（都城在今正定新城铺一带）、鼓国（都城在今晋州城西）、肥国（都城在今藁城区城西南城子村一带）。战国时期鲜虞人建立中山国（都城在今平山县城北下三汲一带）。秦始皇统一中国后，全面推行郡县制，属巨鹿郡（郡治今巨鹿县）。西汉高祖三年（公元前204年），始置恒山郡（郡治今元氏县西北）。汉文帝初，因文帝名恒，讳改恒山郡为常山郡。汉高祖十年（公元前196年），改秦时东垣县（县治今石家庄市东古城）为真定县，并于汉武帝元鼎四年（公元前113年）置真定国（都城在今东古城）。三国时期，为魏地，分别属常山郡、安平郡、赵国、巨鹿郡、中山国。西晋统一后，分别属冀州常山郡（西晋郡治由今元氏县西北移至东古城，东晋郡治由东古城移至今正定镇）、中山国、巨鹿郡、赵国、博陵国。隋代，分别属恒山郡（后改恒州，郡治真定，今正定镇）、赵郡（郡治平棘，今赵州镇）、信都郡（郡治今冀州市）、高阳郡（郡治今定州市）。五代时期，属河北成德军节度使，域内有镇州（州治今正定镇）、赵州（州治今赵州镇）、定州（州治今定州市）、祁州（州治今无极镇）。宋代，属河北西路（路治今正定镇）。元代，属中书省真定路（路治今正定镇）、保定路（路治今保定市）、广平路（路治今永年县）等。明代，属京师正定府（府治今正定镇）、保定府（府治今清苑县）。清代，属直隶省真定府（府治今正定镇，清雍正元年改正定府）、保定府（府治今清苑县）、赵州（州治今赵州镇）、定州（州治初属祁州，雍正十二年改今定州市）。民国元年（1912年），中华民国成立，仍沿清制。民国3年（1914年），裁府设道。民国14年（1925年）6月24日，中华民国临时执政命令直隶省建立“石家市”，实行市自治制；8月29日中华民国临时执政又以1273号指令批准将石（家）庄、休门合并，取首尾各一字，更名为石门市，组建石门市政公所，筹建市制。民国17年（1928年），南京国民政府通令全国，取消所有市政公所，废除原来的“市自制”。至此，建市工作遂告搁浅。民国27年（1938年）1月15日，组建伪石门市政公署筹备处。民国28年（1939年）10月7日，伪中华民国临时政府行政委员会以秘字第1027号指令，正式批准设立石门市。民国36年（1947年）11月12日石门市解放，12月26日石门市更名为石家庄市。民国37年（1948年）9月26日，石家庄市改属华北人民政府领导。民国38年（1949年）1月24日阳泉市划归石家庄市（同年8月又划归山西省）；8月1日石家庄市归河北省人民政府领导，为省辖市。1949年石家庄专区初设，辖14县1镇。1958年4月28日，石家庄市由省辖市改为专辖市。1960年5月3日，国务院批准撤销石家庄专区，改为石家庄市。1961年5月，国务院批准恢复石家庄专区建制。石家庄专区辖石家庄市和25个县。1962年6月，国务院批准设立衡水专区，石家庄专区所辖衡水等8县划归衡水专区，此后石家庄专区辖石家庄市和17个县。1967年11月21日，石家庄地区革命委员会成立，专区改称地区。1967年12月20日，石家庄市革命委员会成立。1968年1月29日，河北省会迁至石家庄市。1978年3月11日，石家庄市划为河北省直辖市。1978年7月，石家庄地区革命委员会撤销，成立河北省石家庄地区行政公署。1982年8月12日，撤销石家庄市革命委员会，恢复石家庄市人民政府。1993年6月30日，石家庄地区行政公署与石家庄市人民政府合并，成立新的石家庄市人民政府。

市　标

【概况】 1997年7月根据市人大代表提出的议案以及市政府领导的批示，由市园林局开始着手准备市花市树评选工作，1997年8月正式启动。通过民意测评和专家评审，1997年9月16日初步确定月季和槐树为市花市树。1997年11月，市政府研究同意。1997年12月，提请市第九届人大常委会第30次会议审议批准，正式确定月季为石家庄市市花，槐树为石家庄市市树。

【市花】 月季　属蔷薇科、蔷薇属，系木本落叶灌木，原产中国，已有2000多年的栽培历史，被誉为“花中皇后”，花色艳丽，千姿百态，香味馥郁，品种繁多，露地栽培从春到秋处处可见其绰约丰姿，是美好、友谊、和平的象征。月季适应性强，耐寒抗旱，对土壤要求不高，栽培繁殖容易，管理技术易掌握，易于推广普及。石家庄市月季栽培有悠久的历史，通过引种、繁殖、培育，已经广泛用于街道、公园、庭院、广场的绿化、美化。同时也是插花、切花、盆景制作的理想植物材料，深受广大市民喜爱。月季具有极高的观赏价值，还有极高的经济价值。月季的花、花蕾、叶、根皆可入药，并能制作高级香精、香料。月季还能代表石家庄人顽强不屈、坚韧不拔的品格，展示石家庄人奋发图强、不断进取的精神风貌。

【市树】 国槐　属豆科槐属，系落叶乔木。国槐原产于中国，栽培历史悠久，抗逆性强，寿命长。石家庄市有百年以上古槐多达71株，其中500年以上的古槐就达58株，且仍然枝繁叶茂，生机勃勃。国槐树干端直，树冠宽广，展叶早落叶晚，是优良的庭荫树和街道树，其花芳香，又是优良的蜜源植物。国槐性强健，具有很强的萌芽力，耐强修剪，更新能力强，耐寒、耐旱、耐瘠薄，并对二氧化硫、氯气、氯化氢等有毒气体抗性较强，是良好的抗污、滞尘、耐烟毒树种。石家庄市以国槐用作行道树的街道达120多条，占全市街道41.87%，是街道的主要骨干树种之一。国槐经济价值高，木材坚硬，耐水湿，材质优良，可供建筑、家具、造船、雕刻等用，全株可入药，花蕾可作黄色染料，种子可榨油、制皂。国槐在民间是吉祥、幸福、美好的象征，中国人自古以来把它作为吉祥树、幸福树，它也能代表石家庄人顽强不屈、坚韧不拔的品格，展示石家庄人奋发图强、不断进取的精神风貌。

自然资源

【矿产资源】 石家庄市东部为华北平原，西部为太行山区。西部山区地质构造复杂，成矿条件良好，拥有比较丰富的矿产资源。截至2014年底，全市发现矿种有59种（包含亚种61种），矿产地423处，其中大型矿产地28处，中型矿产地62处，小型189处。已经开发利用矿产资源28种，主要有煤、铁、金、云母、建筑石料用灰岩、建筑用沙等。金属矿产可分为黑色金属、有色金属、贵金属、放射性、稀土金属等几大类。黑色金属矿产：铁矿分为磁铁矿、赤铁矿、褐铁矿，以磁铁矿为主。磁铁矿保有储量2870万吨，主要分布在平山县、赞皇县，钒钛磁铁矿储量35651吨，主要分布在赞皇县和元氏县；锰矿储量2.2万吨，主要分布在灵寿县。有色金属矿产：铜矿发现矿点10余处，储量1109.9万吨，主要分布在平山县、灵寿县。铝土矿探明储量3190.2万吨，保有储量3000万吨，主要分布在赞皇县、井陉县。铅矿探明储量1369.3万吨，铅锌矿储量50吨，分布在平山县。贵重金属矿产：金矿主要分布在灵寿县、平山县，行唐县亦有发现，矿体为石英脉型，探明储量13.24吨，品位一般在2~8克，矿石可选性好。非金属矿产除少数用于提取某种非金属元素，大多数非金属矿产是利用其矿物或矿物集合体（包括岩石）的某些物理、化学性质和工艺特性等。冶金辅助原料非金属矿产：主要有矽线石、萤石、熔剂灰岩、冶金白云岩、冶金石英岩、冶金脉石英、耐火黏土。耐火黏土主要分布在井陉县境内，为中石炭统沉积矿床，共生铝土矿，伴生硫铁矿，保有储量6881.0万吨。建材及其他非金属矿产：主要有石墨、压电水晶、熔炼水晶、滑石、石棉、白云母、长石、石榴子石、刚玉、蛭石、方解石、石膏、水泥灰岩、玻璃石英岩、玻璃砂岩、陶土、高岭土、白垩、芙蓉石、水泥配料页岩、水泥配料黄土、水泥配料黏土、砖瓦黏土、饰面板岩、大理石、珍珠岩、片麻岩、透辉石、辉闪长岩、辉岩等。其中装饰石材、云母、蛭石预测储量巨大，大理石、花岗岩储量近1万亿立方米。石灰岩矿为寒武子及奥阴子沉积矿床，规模大，质量好，开采条件简单，总储量339.7亿吨。井陉县石灰岩分布较广，储量大，其品位为全国之首。刚玉储量180.2万吨，分布于灵寿县、平山县。金红石储量6.7万吨，分布于平山县。页岩石料（俗称坩子土）储量50.04亿立方米，主要分布在鹿泉区。平原河沙丰富，新乐市、元氏县、鹿泉区、正定县等县（市）区古河道、滹沱河等河滩广为分布，预测储量317.6亿吨。石家庄市的矿产资源在全省占用重要地位，居全国首位的有碎云母；居全省首位的有8种：矽线石、电石灰岩、长石、砖瓦用页岩、饰面用角闪岩、铝土矿、玻璃用砂岩、水泥用灰岩。石家庄市的优势矿种有20余种：金、铁、煤、水泥灰岩、电石灰岩、制碱灰岩、冶金用白云岩、玻璃用石英砂岩、耐火黏土、白云母、石英、长石、蛭石、滑石、矽线石、石棉、石油、天然气、建材及饰面石材等。

（张凤兰）

【能源资源】 石家庄市煤炭、石油、天然气等矿藏储量较为丰富，煤种有肥煤、焦煤、无烟煤、气煤等。全市煤炭保有储量9107.8万吨，主要分布在元氏县和井陉矿区，其次是赞皇县、元氏县。石油和天然气资源主要分布在晋州市，油气田地质储量5.1亿吨，含油面积3.04万平方米；天然气储量19.2亿立方米。至2014年底，全市（不含辛集市）共有户用沼气37.11万户，养殖场大、中、小型沼气池工程175处，大型秸秆沼气联户供气工程8处，年可产沼气11540万立方米，折合标煤8.3万吨左右，年减排二氧化碳21.58万吨左右。石家庄市地处太阳能资源较为丰富地带，年辐射量为1259～1350千卡／平方厘米，年日照时数为2563～2852小时，占可照时数58%～65%，太阳能利用方面主要有太阳能热水器、太阳能灶等。2014年末全市太阳能热水器累计达到80.05万平方米，拥有沼气物业管理服务中心17个、村级物业服务网点1386个，形成比较完整的建、管、用、服务一条龙工作体系。

（张凤兰　刘栋）

【生物资源】 石家庄市生物资源比较丰富。动物现知陆栖（包括两栖）脊椎动物223种。其中，以鸟类最多，其次是兽类，两栖类及爬行类较少。野生动物种类有金钱豹、野猪、狍子、狐狸、狼、松鼠、獾、黑眉锦蛇、豺、黄羊、刺猬、雀鹰、天鹅、灰鹤、啄木鸟、麻雀、猫头鹰、石鸡、家燕、草兔、黑斑蛙、环颈雉、灰喜雀、斑鸠。其中，国家珍贵稀有动物有金钱豹、斑羚、褐马鸡、天鹅等。褐马鸡为中国特有珍稀动物，仅见于山西省、河北省。现有畜禽几十个品种，地方畜禽品种有深县猪、大马身猪、大尾寒羊、小尾寒羊、河北奶山羊、太行山羊、冀南黄牛、太行牛、太行驴、柴鸡、河北鹅、虎皮黄兔。引进的畜禽品种有牛类：河北西门塔尔牛、南阳牛、荷兰黑白花奶牛、蒙古牛、短角牛、西门塔尔牛、夏洛来牛、海福特牛、利木赞牛、安格斯牛、爱沙尼亚牛、蒙贝利亚牛。马类：蒙古马、伊犁马、苏高血马。驴类：关中驴、渤海驴、泌阳驴。猪类：迪卡猪、冀合白猪、大约克夏猪、长白猪、杜洛克猪、汉普夏猪、北京黑猪、施格猪、PIC猪、皮特兰猪。羊类：美利奴羊、波尔华斯羊、考力代羊、茨盖羊、新疆细毛羊、萨能奶山羊、边区莱斯特羊、罗莫尼玛须羊、波尔山羊。鸡类：尼克鸡、白洛克鸡、宝万斯鸡、京红鸡、海赛克斯鸡、伊莎鸡、艾维茵鸡、罗曼鸡、爱拔益加鸡、雅康鸡、雅发鸡、海兰系列、京白系列。兔类：青紫兰兔、比利时兔、加利福尼亚兔、黑优兔、安哥拉兔、法国巨型兔、獭兔、丹麦兔、新西兰兔、日本大耳白兔、塞北兔。鸭类：康贝尔鸭、麻鸭、北京鸭。鹅类：石头鹅、郎德鹅。特养品种：梅花鹿、马鹿、兰狐、银狐、苏乌里貉、白玉蜗牛、散大蜗牛、落地王鸽、白羽鸽、美国牛蛙、七彩山鸡、乌骨鸡、鹌鹑、貂、小香猪、海狸鼠、蝎子、鹧鸪、麝鼠。鱼类资源有50多个品种。主要经济鱼类有：鲤、鲢、鳙、草、鲫、鲂、鳊、鲶、泥鳅、黄颡、乌鳢、黄鳝、鲴等，小杂鱼类主要有：白条、棒花、马口、麦穗、鳑鲏、鰕虎鱼、翘嘴鲌等，另外还有中华鳖、青虾、蚌、螺、莲藕等，引进发展的品种主要有：罗非、牛蛙、中华绒螯蟹、淡水白鲳、池沼公鱼、大银鱼、太湖新银鱼、日本白鲫、高背鲫、彭泽鲫、鳜鱼、革胡子鲶、大口鲶、罗氏沼虾、彩虹鲷、虹鳟鱼、金鳟鱼、香鱼、欧洲丁鱼岁、大口胭脂鱼、中国胭脂鱼、加州鲈、鲟鱼、白斑狗鱼、银大麻哈鱼、斑点叉尾鮰、雅鱼等。

石家庄植被属暖温带针阔混交林，植被类型由自然植被和人工植被组成。植被结构复杂，种类繁多，植物资源合计2500余种。其中草本植物占80%以上。木本植物有44科74属144种，乔木有26科35属75种，灌木有23科34属43种。主要树木分类，阔叶树：杨树、柳树、国槐、刺槐、臭椿、香椿、红椿、合欢、苦楝（井陉）、漆树、黄连木、白榆、青檀（井陉）、梧桐、泡桐、杜仲、银杏、椋子木（井陉）、五角枫、栾树、黄金树、楸树、枫杨、悬铃木。灌木：柽柳、胡枝子、葛藤、紫穗槐、黄栌、锦鸡儿、枸杞、珍珠梅、绣线梅、鼠李、酸枣、沙枣、沙棘、女贞、六道木、丁香、夹竹桃、照山白、荆条、野杜鹃。针叶树：油松、华山松、雪松、云杉、桧柏、圆柏、侧柏、柞树、落叶松、水杉。经济木：苹果、梨、桃、杏、山楂、板栗、李、葡萄、石榴、柿子、核桃、大枣、花椒、桑、猕猴桃。草场分四类：山地草甸类草场，地处深山，处于原始状态，资源很少被利用；山地灌木类草场，草高40～70厘米，盖度60%～80%；丘陵草丛类草场和低温草甸草场。药用植物资源丰富，有1039种，野生药材上百种，人工种植药材230多种。另外还有水生芦苇、莲藕等。人工种植牧草：紫花苜蓿、粒粒苋、串叶松香草、冬牧—70黑麦草、聚合草、沙打旺、苦卖菜、草木栖、鲁梅克斯、克孜连科。天然野生牧草共有121科1116种，其中菊科牧草占135种，禾本科占109种，豆科占98种，蔷薇科占58种，百合科占46种。代表性野生牧草主要有：野豌豆、直立黄芪、达乌里黄芪、野苜蓿、无芒雀麦、隐子草、冰草、披碱草、老芒麦、鹅冠草、早熟禾、胡枝子、山葱、白羊草、青木栖状黄芪、野古草、大油芒、白茅、铁杆蒿、野青茅、狗哇花、棘豆等。

【水资源】 2014年全市水资源总量16.77亿立方米，比2013年减少3.69亿立方米，比多年均值20.35亿立方米减少3.58亿立方米。

供水量 全市供水量28.34亿立方米。其中，地表水供水7.62亿立方米，占26.9%；地下水供水量20.72亿立方米，占73.1%。

用水量 全市用水量28.34亿立方米。其中，农田灌溉用水量18.20亿立方米，占64.2%；工业用水量2.86亿立方米，占10.1%；居民生活用水量3.02亿立方米，占10.6%；林牧渔畜用水量1.49亿立方米，占5.3%；城镇公共用水量0.91亿立方米，占3.2%；生态与环境用水量1.86亿立方米，占6.6%。

地下水动态 2014年底，全市平原区地下水平均埋深33.13米，较2013年同期地下水位下降1.26米。监测点最大埋深高邑县城关61.95米，最小埋深鹿泉区山尹村1.59米。

（王潇潇）

【土地资源】 石家庄市土地资源类型多样，适宜性广，土地资源比较丰富。光、热、水土条件适宜，土地利用率和生产率高，但地域差异明显，土地后备资源不足。根据全国统一规定和石家庄市实际情况，全市土地资源类型按土地利用现状划分，采用二级分类系统，共分8个一级地类，36个二级地类。石家庄市东部、西部自然和社会经济条件明显差异，按地貌类型和土地利用主导方向，分为西部山区林木地，中部山麓、平原建设用地区和东部平原农业地区3个地区分区。石家庄市土壤类型主要有山地草甸土、棕壤、褐土、潮土、盐土、风沙土新积土、粗骨土、石质土、沼泽土、水稻土等11个土类，22个亚类，81个土属，270个土种。至2014年底，石家庄市行政区土地总面积140.5万公顷（2107.58万亩）。其中，农用地89.46万公顷（1341.9万亩），占土地总面积63.67%；建设用地19.03万公顷（285.5万亩），占土地总面积13.53%；未利用地32.04万公顷（480.59万亩），占土地总面积22.80%。2014年末全市拥有耕地58.14万公顷（872.1万亩），占农用地64.99%，占全市土地总面积41.37%，人均耕地面积0.88亩（全省人均耕地1.40亩，低于全省人均耕地面积37.14%）。2014年全市补充耕地项目立项168个，新增耕地5.9万亩。其中，验收项目31个，新增耕地1.1万亩；正在实施项目137个，计划新增耕地4.8万亩。2014年全市土地收储2208.59亩，其中企事业单位收储1140亩，城中村改造收储788.1亩，协助收储新征土地280.49亩；向地产交易市场移交土地27宗，面积1444.34亩。

（张凤兰）

人口

【概况】 2014年9月9日国务院批复石家庄市撤销桥东区，设立藁城区、鹿泉区、栾城区，至此，石家庄市区人口涵盖8区，另5个分别为长安区、桥西区、新华区、裕华区和井陉矿区。按照国家和河北省人口统计要求，2014年石家庄市人口统计（不含辛集市）仍将原桥东区单列。至2014年底，全市共有人口2725675户，9612479人。其中，城镇人口3994592人，占41.56%；农村人口5617887人，占58.44%。市区人口1124101户，4079702人。其中，城镇人口2953223人，占72.39%；农村人口1126479人，占27.61%。市辖13县（市）人口1601574户，5532777人。其中，城镇人口1041369人，占18.82%；农村人口4492408人，占81.18%。2014年全市总人口较2013年增加94289人，增长率为0.98%，其中城镇人口增加46973人，农村人口增加47316人。自然增长112044人，增长率为11.71‰；机械增长-13061人，增长率为-1.37‰。2014年全市共报出生175493人，出生率为18.34‰；死亡人口63449人，死亡率为6.63‰。2014年全市总人口中，男性4845086人，占50.40%；女性4767393人，占49.60%。

【人口分布】 石家庄市平原地区人口稠密，城镇及市区人口密度更大，山区人口相对稀少。按县（市）区统计，长安区130077户，444195人，全部为城镇人口；桥东区98404户，331251人，全部为城镇人口；桥西区136114户，549150人，全部为城镇人口；新华区144316户，495539人，全部为城镇人口；裕华区156915户，579099人，全部为城镇人口；井陉矿区28347户，94992人，全部为城镇人口；井陉县109655户，333449人，其中城镇人口73382人；正定县127238户，495927人，其中城镇人口117214人；栾城县90438户，342791人，其中城镇人口103056人；行唐县147285户，459139人，其中城镇人口65207人；灵寿县103836户，345924人，其中城镇人口76417人；高邑县54782户，199986人，其中城镇人口57049人；深泽县90842户，261308人，其中城镇人口39329人；赞皇县91406户，273760人，其中城镇人口35921人；无极县145673户，533218人，其中城镇人口78332人；平山县165126户，500208人，其中城镇人口71479人；元氏县100020户，440162人，其中城镇人口83866人；赵县172627户，613274人，其中城镇人口105635人；藁城市221725户，829859人，其中城镇人口251193人；晋州市156447户，562042人，其中城镇人口95068人；新乐市136637户，514380人，其中城镇人口142470人；鹿泉市117765户，412826人，其中城镇人口104748人。

【民族构成】 在全国56个民族中，2014年末石家庄市拥有51个民族。总人口中，汉族9503996人，占98.87%；回族57223人，占0.60%；满族34036人，占0.35%；剩余48个少数民族17144人，占总人口0.18%，其中维吾 族251人，藏族158人。另有其他未识别民族79人（包括穿青人），外国人加入中国籍1人。

【年龄构成】 2014年全市总人口中，6周岁以下844019人，占8.78%；18岁以下2007561人，占20.89%；18岁至35岁2744752人，占28.55%；35岁至60岁3278230人，占34.10%；60岁以上1581936人，占16.46%。（人口数据由市公安局户政部门提供）

（赵光）

民族·宗教

【民族】 石家庄市是一个少数民族散居城市。至2014年末，全市有民族51个，除汉族外，少数民族有50个。少数民族缺门巴族、塔吉克族、保安族、塔塔尔族、德昂族。少数民族人口108403人，占全市人口总数1.13%。其中，回族人口居多，共计57223人，占少数民族人口52.79%，其次为满族、蒙古族。人口在1000人以上少数民族有土家族、壮族、苗族和朝鲜族。少数民族人口分布呈现“大分散、小集中”特征，22个县（市）区（含高新区）都有少数民族居住，其中市区少数民族71134人，占全市少数民族人口总数65.62%。全市有3个民族乡，即无极县高头回族乡、藁城区九门回族乡、新乐市彭家庄回族乡；17个民族村，分别分布在无极县、藁城区、新乐市、正定县4个县（市）区。

【宗教】 石家庄市有佛教、道教、伊斯兰教、天主教、基督教5种宗教。至2014年底，全市有宗教活动场所504处，宗教教职人员900名（含基督教传道员），信教群众近36.3万人，占全市总人口3.78%，分布于全市22个县（市）区（含高新区）。

佛教 全市信仰佛教公民10.2万人，主要分布在赵县、正定县、藁城区、井陉县、赞皇县、鹿泉区。有教职人员334人，佛教活动场所80处，其中寺院33处，固定处所47处，较著名的寺院有赵县柏林禅寺、正定县临济寺、鹿泉区龙泉寺、藁城区天台寺和市内谛音寺。市级宗教团体1个（石家庄市佛教协会）。

道教 全市信仰道教公民1.3万余人，主要分布在藁城区、新乐市、鹿泉区、平山县、栾城区。有教职人员95名，宗教活动场所19处，其中宫观11处，固定处所8处。较著名的道观有桥西区的关帝庙、鹿泉区的十方院和抱犊寨金阙宫，平山县天桂山的青龙观等。市级宗教团体1个（石家庄市道教协会）。

伊斯兰教 全市信仰伊斯兰教公民5.7万人。主要分布在市区和无极县、新乐市、正定县。有清真寺13座，教职人员53名。市级宗教团体1个（石家庄市伊斯兰教协会）。

天主教 全市信仰天主教公民10.1万人，分布在20个县（市）区，开放活动场所182处，其中教堂126处，固定处所56处。教区教职人员69名（不含辛集市），其中神甫55名，修女14名。市级宗教团体1个（石家庄市天主教爱国会）。

基督教 全市信仰基督教公民9万人，分布在22个县（市）区。宗教活动场所210处，其中教堂30处，固定处所180处；教职人员349名，其中牧师、长老60名，传道员289名。市级宗教团体2个（石家庄市基督教三自爱国运动委员会、石家庄市基督教协会）。

（张建营　徐焕力）

风景名胜

【概况】 石家庄旅游资源丰富，名胜古迹众多。有文化名城、故国遗址、古寺名桥、革命圣地等大量珍贵历史遗存；有丰富多彩的社会旅游资源，包括商贸会展、民俗民艺、都市风情等旅游景观。拥有全国重点文物保护单位39处，省文物保护单位103处，市、县文物保护单位300余处；国家级历史文化名城1座，国家级森林公园3处（仙台山、五岳寨、驼梁山），省级森林公园9处（南寺掌、西柏坡、棋盘山、藏龙山、沕沕水、海山岭、封龙山、洞阳坡、高山寨），野生动植物自然保护区4处（平山县驼梁自然保护区、灵寿县漫山自然保护区、赞皇县嶂石岩自然保护区、井陉县南寺掌自然保护区）。至2014年末，石家庄市共有A级景区33处，其中5A级景区1处，4A级景区26处，3A级景区4处，2A级景区2处。

【纪念馆、陵园】 **革命圣地西柏坡** 位于平山县境内，是国家爱国主义教育基地、国家5A级景区，距离省会石家庄市区80千米。1948年5月至1949年3月中共中央在西柏坡居住10个月，召开了全国土地会议、党的七届二中全会，指挥三大战役，赢得解放战争决定性胜利。西柏坡依托红色旅游资源优势，开发和培育红色旅游市场，形成中共中央旧址，包括陈列馆、纪念碑、石刻园、五大书记铜像等10多个旅游景点，成为资源丰厚，感染力和震撼力强的独特景区。

华北军区烈士陵园 位于石家庄市区，是中国兴建较早、规模较大、造型艺术水平较高的烈士陵园之一，国家4A级景区。陵园内长眠着抗日战争时期、解放战争时期无数革命先烈，伟大的国际主义战士白求恩、柯棣华也在其中。陵园自建成以来，受到老一辈无产阶级革命家的关怀和重视，毛泽东、刘少奇、朱德等中央领导曾亲临陵园，凭吊先烈。

【风景区】 **驼梁山** 位于平山县境内西北部，国家4A级景区，距离石家庄市区150千米，距离山西省五台山45千米，景区面积22平方千米，主峰海拔2281米，是河北省五大高峰之一。驼梁山集森林风光、草原风光、山岳风光为一体，自然生态呈现原始状态，以凉、静、野而闻名，是太行山中段生物多样性最丰富、最具代表性的典型区域。森林生态系统发育良好，从山谷到峰顶分布着白桦、松柏、枫树等树种及灌木草本植物，涉及 102 科、686 个高等树种，植被覆盖率达 98%。驼梁山是国家大型水库——岗南水库、黄壁庄水库和滹沱河的主要水源涵养地，也是阻挡来自西部高原风沙、寒流侵袭石家庄的重要生态屏障。2009 年 11 月驼梁自然保护区晋升为国家级自然保护区。

天桂山 位于平山县境内，国家 4A 级景区。天桂山既有雄秀交融的天然风光，又具有皇家园林的高贵气质和道家仙山的神秘色彩，是一个寻古探幽的绝佳去处。天桂山是北方珍贵的岩溶地貌区，形成众多的天然溶洞等奇特景观，山内风光绝佳，景色迷人，是一处远近闻名的道教圣地，有“北武当”之称，至今保存有许多道观。1997 年为迎接香港回归祖国，在天桂山百丈危崖上镌刻的“归”字，高 97 米，宽 49 米，载入吉尼斯世界纪录。名山巨字，珠联璧合，堪称天下奇观。

苍岩山 位于井陉县境内，国家级重点风景名胜区，国家 4A 级景区。以“一奇、三绝、十六景、七十二景观”名扬海内外，素有“五岳奇秀一揽山，太行群峰唯苍岩”的盛名。1988 年被评为国家级重点风景名胜区，1994 年被国务院审定为中国历史文化名山。大自然的鬼斧神工使苍岩山中心地带形成奇异的断崖绝壁及优越的生态环境，曾获得第 73 届奥斯卡最佳外语片奖影片《卧虎藏龙》部分外景就在苍岩山拍摄。

仙台山 位于井陉县辛庄乡，距离石家庄市区 50 千米。仙台山主峰海拔 1195 米。山峰奇秀，俨然一尊大佛巍然屹立。树木繁多，自然景色优美，每至汛期，百泉汇合飞流直下，山光水影，宛如银河倒悬，仙朗凌空，故名仙台山。仙台山景观分上、中、下层，最下一层的仙台山牌坊，用太行山南麓独有的大红袍石料建成，风格别致，步石台阶经通天门，攀栏直上通天峡，过一崭，一步一景点，一石一奇观。有卧鹰岩、雀吸岩，如来讲经，蘑菇石，蝴蝶展翅石，青蛙望日等。东西北三面悬空。

清凉山 位于井陉矿区西部，距离石家庄市区 48.5 千米。清凉山主要由下古生界灰岩构成，在大地构造上地处井陉县凹陷的西缘，在内外应力长期共同作用下形成温带喀斯特景观，经亿万年风雨侵蚀，使清凉山既有北方山峰雄伟壮观之势，亦有南方山川秀丽险峻之韵。因山势峻峭，古木苍翠，景色秀丽，山腰间多有天然溶洞，清泉常流，夏日置身于此，清风习习，心旷神情，实为避暑胜地，故名“清凉山”。

嶂石岩 位于赞皇县西南部，国家级重点风景名胜区，国家 4A 级景区。以奇特、秀丽、多姿、壮观的自然风光著称。以嶂石岩山势造型命名的“嶂石岩地貌”，是和丹霞地貌、张家界地貌并称的国内三大砂岩旅游地貌之一。嶂石岩景区作为嶂石岩地貌的命名地，地貌类型最齐全，特征最突出，素有“百里赤壁，万丈红绫”之称，2003 年被评为国家地质公园。景区内有国内最大的天然回音壁，弧形陡壁，高耸云天，体量之大，回音效果之好，堪称一绝，已载入吉尼斯世界纪录。景区内许多山峰海拔高度都在千米以上，是观日出、赏云海的最佳地点。嶂石岩“佛光”也是不难见到的自然奇观。

五岳寨 位于灵寿县西北部深山区，因五座山峰并列耸立，且有五岳之特点而得名。属河北省漫山自然保护区的一部分，总面积 88 平方千米。五岳寨于 2004 年被国家旅游局评定为 4A 级旅游区，2006 年评定为河北省地质公园。景区内山高林密、繁花似锦、群山拱翠、云海波澜且气温湿润凉爽、空气清新，动植物及水资源极为丰富，大小瀑布数百个。海拔 2000 余米的亚高山草甸可让游人感受到“风吹草低见牛羊”的坝上草原境界。幽险的峰谷景观，浓厚的边塞区域特色，使景区成为集旅游观光、健身疗养、避暑度假、寻奇涉幽、登山探险、科学考察为一体的高品位、多功能自然风景区。

抱犊寨 位于鹿泉区境内，距离石家庄市区 17 千米，国家级 4A 景区。旧名抱犊山，古名萆山。古代农民抱牛犊上山，养大后让其耕田，因此得名。抱犊寨不是一个村庄，而是一座集历史人文和自然风光为一体的名山古寨。海拔 580 米，四周悬崖绝壁，顶部平旷坦夷，有肥沃良田 660 亩，土层深达 66 米，异境别开，草木繁茂，恍如世外桃源。曾是汉淮阴侯韩信“背水一战”的古战场，也是著名道人张三丰成道涉足之福地，风光奇异独特，景色宜人，被誉为“天堂之幻觉，人间之福地，兵家之战场，世外之桃花源”的天下奇寨。抱犊寨山体轮廓奇特，远观如一尊巨型卧佛，枕南朝北，眉目毕肖，形象逼真，南北坡各有一条羊肠小道可通。登至山颠，豁然开朗，修建有中国最大山顶门坊——南天门、全国第一座山顶地下石雕五百罗汉堂、全国最大的金漆壁画装饰韩信祠等。景区内“千龙壁”长36米、高13米，体量宏大，雕绘有999条张牙舞爪的金龙，形似喷云吐雾，形态各异。殿堂坐南朝北，分为地上、地下两层。地上是“弥勒殿”，地下是“五百罗汉堂”。地下殿堂，宽敞恢弘，500罗汉井然有序地列于殿中，或坐、或卧、或喜、或怒、或立、或仰、或慈、或厉，体态有别，神情各异；500罗汉为青石所雕，加以彩绘，做工精细，真切动人。

封龙山 又名飞龙山，位于石家庄市区西南15千米，鹿泉区城南20千米，元氏县城西北20千米。西倚太行山，东临平原，主峰海拔812米。封龙山自然风光秀丽，以沟深林茂，清泉碧溪，奇峰怪石为胜。封龙山历史文化璀璨，曾有五通汉碑、三大书院、四大禅林、三大石窟、两大道观。早在唐代《十道志》中就被列为河北名山，以封龙山历史文化而论，汉代李躬、唐代郭震、姚敬曾讲学于此山。五代以后，书院文化崛起，真定名士、文学家、史学家、政治家李昉与学者张著在此创办学院。到北宋，见诸记载的河北书院仅有3处，全在封龙山中。元代著名学者、数学家李冶在此著书讲学，金元时著名文学家元好问和教育家张德辉在此讲学授业，人称“龙山三老”。古代名家在此培养出大批杰出人才，使封龙山成为河北古代教育胜地之一。

石家庄植物园 位于市区西部，占地5000多亩，园内种植各类植物达1100多种，建有科普教育与儿童游乐区，植物系统分类区，观赏植物品种展示区，植物进化展示带，水上游憩区，盆景园区，温室、宿根花卉展示区，拥有草木葱翠、鲜花烂漫的美景让人陶醉不已，还有丰富的文化内涵和科普知识。

沕沕水 国家4A级景区，位于平山县西南边缘，距离平山县城45千米，距离省会石家庄市区95千米，景区面积11.5平方千米，海拔800～1100米。沕沕水曾获得国家级风景名胜区、中国最佳生态旅游景区和省级农业旅游示范点称号，景区集自然风光、人文景观和红色旅游于一体，品味高雅、特色鲜明、风情浓郁。早在明清时代，沕沕水即为平山“八大胜景”之一，享有“沕水瀑布天上降”的美誉，拥有典型的喀斯特岩溶泉，半山沕沕涌出，常年湍流，四季不竭，水质洁净甘冽，湖潭星罗棋布，沿绝壁飞落，形成落差93米、45米等多级瀑布，“如白练之经于天，白虹之饮于源”，堪称“燕赵第一瀑”。景区环山叠嶂，怪石嶙峋，灵鹫峰、梦笔峰、神龟望瀑、观音坐莲，鬼斧神工，栩栩如生。装点山谷的数百种野生植物，色彩斑斓，葱郁玲珑；原始森林，夏绿秋红，禽兽争鸣。革命战争年代，沕沕水发电厂出色地完成向革命圣地西柏坡和兵工厂供电使命，为党中央指挥三大战役、解放全中国立下卓越功勋，被誉为“边区创举”、“红色发电厂”。沕沕水盛夏凉爽舒适，严冬人无寒感，季节分明，气候规律变化，形成四时景色。春赏山花，夏看飞瀑，秋观红叶，冬览冰挂，各具魅力，胜似仙境。

天山海世界 国家4A级景区，位于市内高新技术开发区，1999年9月26日试营业，1999年10月1日正式向社会开放，隶属天山实业集团，是中国最大的室内恒温水上戏水项目，被誉为华北的碧水明珠。占地60余亩，总建筑面积17000平方米，2002年10月被评为国家4A级景区。设有峡谷冲浪、水上秋千、水上浮萍、桃园仙境等新、奇、特项目，戏水大厅高大明亮，绿草如茵，椰林葱葱，众多游乐设施可提供多种娱乐方式，构成一座都市水上“迪斯尼”乐园。

另外，风景区还有水泉溪、蟠龙湖、温塘度假区、东方巨龟苑等景点。

【古迹】 **古城正定** 距离石家庄市区13千米，是国家级历史文化名城，历史上与保定、北京并称“北方三雄镇”，是河北中部的政治、经济和文化中心。城内汇集有唐、宋、元、明、清几代不同风格的古代建筑，被誉为“中国古代建筑博物馆”。境内现存国家级重点文物保护单位7处，省级重点文物保护单位5处，县级重点文物保护单位26处。驰名中外的隆兴寺是正定最著名的景点，位列全国十大名寺，是国家4A级景区。寺院荟集了隋唐以来大量的建筑、壁画、雕塑等艺术珍品，有6处文物堪称“全国之最”。其中，最著名的是铜铸千手观音，举高21.3米，是世界古代铜铸佛像中最高大的一尊。除此之外，寺内有堪称宋代建筑孤例的摩尼殿，被鲁迅誉为东方美神的倒坐观音，有中国时代最早、体量最大的木制转轮藏，还有被推崇为隋碑第一的龙藏寺碑、设计巧妙的铜铸毗卢佛等珍贵遗存。古城内的临济寺是临济宗的发源地，在佛教界享有盛誉，临济宗在国内广为流传，名扬海外，至今在日本、东南亚、美国都有大量临济宗信徒，每年春、夏之际，来自海内外的广大信徒都前来朝拜祖庭，盛况空前。正定不仅文物众多，而且也是名人的故乡和冠军的摇篮，家喻户晓的三国名将赵云赵子龙就是正定人，国家乒乓球训练基地建在正定，被称为“中国乒乓运动的福地”、“冠军的摇篮”。

安济桥 位于赵县境内，又称大石桥、赵州桥，是中国现存最早的敞肩式大型石拱桥，所谓敞肩就是大拱两端各有两个小拱，采用这种形式桥身看起来更加轻盈，造型更加精巧，同时节省石料，减轻桥身重量，更为重要的是可辅助渲泄洪水，减少水流阻力。在欧洲，这种桥梁直到19世纪才开始流行，晚于中国1200多年。安济桥开启了“敞肩拱桥”的先河，对中国乃至世界桥梁建筑产生了巨大而深远的影响，被公认为世界拱桥的鼻祖，在桥梁建筑史上占有极其重要的地位，被称为“天下第一桥”。

柏林寺 位于赵县县城南端。创建于东汉末年，唐代高僧玄奘法师赴西天取经前，曾在这里学习经文达一年多。20世纪80年代末，著名法师净慧任寺院主持，他含辛茹苦，广结善缘，恢复寺院，广传佛法，使柏林寺恢复了勃勃生机，声名日益显赫。如今的柏林寺不仅是礼佛弘法的圣地，更成为与赵州桥联拱双璧的旅游佳境。

毗卢寺 位于石家庄市区。是全国重点文物保护单位，以保存珍贵的明代宗教壁画而享誉中外，壁画的内容包涵佛、道、儒三教人物故事经画122组500多身，线条流畅、色彩艳丽、服饰精美，是中国古代壁画艺术的瑰宝。

伏羲台 位于新乐市。是中华民族人文始祖——伏羲氏寓居的地方，距今有六、七千年的历史，已形成伏羲台、人祖庙等多处景观为主体的伏羲文化旅游区。

古中山国遗址 位于灵寿县境内。河北先秦四大古都之一，出土文物19000余件，数量之庞大，器具之精美令人叹为观止，其中创下多项世界文化之最和中国文化之最，展示了2000多年前神秘的战国文化，是石家庄历史文化的重要组成部分，越来越受到世人的关注。

另外古迹还有井陉县境内的秦皇古驿道，是古代通往山西入长安的“国道”，历史上秦始皇东巡病故于沙丘，其遗体曾经从这条驿道送往咸阳。于家石头村是明朝大将于谦的故乡，已建成中国民族文化村，村内建筑全部采用太行山的石头为原材料，颇有地方特色。

（刘伟东）

气　候

【气温】 2014年石家庄市年平均气温介于13.6～15.4℃之间，平均值为14.5℃，较常年偏高1.3℃，为显著偏高。春、夏、秋、冬四季平均气温也较常年偏高，其中春季较常年偏高2.6℃，属于显著偏高。

【降水】 2014年全市年平均降水量275.8毫米，较常年485.7毫米显著偏少；降水量空间分布不均匀，东部、南部相对较多，西部、北部较少。其中，栾城县年降水量最多，为439.2毫米；正定县最少，为203.1毫米；市区为294.8毫米。秋季降水量接近常年，春、夏、冬季降水量均比常年偏少，其中夏季偏少56.6%，偏少最多，为显著偏少。

【日照】 2014年全市年平均日照时数2064.3小时，较常年偏少290.9小时，为显著偏少；各地日照时数分布不均，其中平山县日照时数最多，为2336.6小时，市区最少，为1585.4小时；春季和夏季日照时数接近常年，冬季和秋季日照时数均偏少100小时以上，秋季偏少最多，为−169.1小时，属于异常偏少。

【异常天气】 **雾霾** 2014年石家庄

表 1　　2014 年石家庄市主要气象要素一览表

要素	月份	1	2	3	4	5	6	7	8	9	10	11	12	年
降水量(毫米)	累积值	0.0	7.4	0.8	23.8	24.8	36.5	46.1	54.9	66.2	11.3	4.2	0.0	275.8
	距平	−2.7	2.0	−10.5	2.7	−13.9	−21.8	−78.7	−78.5	15.2	−11.9	−8.4	−3.1	−209.9
气温(℃)	平均值	0.0	0.6	10.9	16.5	23.0	25.9	27.9	26.1	20.7	15.0	7.3	0.7	14.5
	距平	+2.8	−0.2	+3.7	+1.6	+2.4	+0.4	+1.0	+0.9	+0.1	+0.8	+1.8	+1.4	+1.3
雨(雪)日	累积值	0	5	2	2	8	5	6	12	9	13	6	4	67
相对湿度	平均值	46	64	44	59	39	56	63	64	75	70	53	32	55
日照(小时)	累积值	150.2	64.8	198.9	193.3	266.7	197.1	198.2	210.3	119.1	119.4	142.1	204.3	2064.3
气压(百帕)	平均值	1012.9	1015.1	1006.8	1003.9	995.2	993.5	992.4	996.3	1002.2	1007.8	1011.3	1015.2	1004.4
极大风速(米/秒)	风向	WNW	N	WSW	SE	W	NNE	WSW	ENE	ENE	WNW	WNW	WNW	WNW
	风速	140	4.3	62	76	104	97	72	106	52	58	80	78	140

备注：距平值为 2014 年值与 1981~2010 年 30 年平均值之差。

市出现大雾 241 站次，霾 1342 站次，其中市区霾日数 273 天。秋季和冬季出现多次持续性雾霾天气过程，主要有：1 月 10～18 日、2 月 20～26 日、3 月 8～10 日和 25～27 日、10 月 3～8 日和 17～25 日、11 月 20～27 日、12 月 7～9 日，特别是 2 月 20～26 日、11 月20～27 日雾霾强度大，影响范围广，给人们生活带来较大不利影响。

最晚初雪　受冷空气和西南暖湿气流共同影响，2 月 4 日夜间至 2 月 7 日白天石家庄出现明显降雪天气，井陉县降雪量最大，为 6.2 毫米，市区降雪量 3.9 毫米。此次降雪是有历史记录以来石家庄市最晚一次初雪天气过程。

春季首场透雨　5 月 10～11 日，全市出现春季第一场透雨，普降达到中雨分级，平均降水量 16.8 毫米，其中平山县西沙岭村最大，为 38.7 毫米。

干旱　2014 年全市降水量275.8 毫米，是近 30 年降水量最少一年（历史上 1972 年降水量最少，为 259.5 毫米），其中 11～12 月全市无有效降水，气象干旱明显。

高温　2014 年全市夏季 37℃以上高温日数出现 110 站次，较常年偏多。5 月 26～30 日出现连续高温炎热天气，大部分县（市）最高气温超过 35℃，高温达到 49 站次。其中 5 月 29 日正定县最高气温达到 43.4℃，为全市最高；市区日最高气温 42.8℃，超过历史同期极值。此次高温天气过程影响范围广，程度严重，期间出现中到重度干热风，5 月 28 日最为严重。7 月 11～21 日石家庄市再次出现持续高温闷热天气，日最高气温 35℃左右，其中 7 月 11 日和 7 月 21 日大部分县（市）最高气温在 37℃以上，个别监测点达到 38℃以上。

强对流　6 月 22 日下午，石家庄市出现 2014 年最强一次强对流天气，赵县的杨扈、深泽县的羊村雨量超过 50 毫米。新乐市、深泽县、元氏县、高邑县出现短时大风，平山县、新乐市、藁城市伴有冰雹，冰雹最大直径 10 毫米。根据统计，藁城市受灾人口 50000 人，农作物受灾面积 4162 公顷，农业直接经济损失 9948 万元；新乐市农作物受灾面积 4000 多公顷，成灾 2667 公顷，绝收 1240 公顷，死亡 1 人。

局地暴雨　8 月 4 日下午，石家庄市出现分布不均雷雨天气，大部分县（市）雨量为中到大雨，市区、栾城县、元氏县、藁城市、灵寿县、平山县、正定县、赵县、赞皇县共 16 个雨量站出现暴雨，藁城市的刘海庄最大，为 72.9 毫米，石家庄市区 5.3~61 毫米。

寒潮 受强冷空气影响，11月12～13日石家庄市出现一次强降温寒潮天气过程，大部分县（市）48小时最低气温降幅8～9℃，高邑县、元氏县降幅10℃，达到寒潮标准。

石家庄市气象局

局 长：张秉祥

副局长：智利辉 连志鸾（1月免）

陈道红（12月任）

（卞韬 李国翠 索妮莎）

国民经济与社会发展

【概况】 2014年，全市围绕“转型升级、跨越赶超，建设幸福石家庄”奋斗目标，坚持稳中求进、改革创新，着力稳增长、调结构、抓改革、治污染、惠民生思路，取得经济发展稳中有进，社会事业全面进步。全年全市生产总值完成4794.4亿元。其中，第一产业增加值439.7亿元；第二产业增加值2185.0亿元；第三产业增加值2169.5亿元。三次产业结构比例为9.4 46.8 43.8。全年市区居民消费价格指数为102.0%，其中食品价格指数为103.0%。工业生产者出厂价格指数为98.4%，购进价格指数为97.5%。年末城镇登记失业率为3.61%，同比回落0.04个百分点。

【农业】 全年农林牧渔业总产值794.6亿元，同比增长4.2%。粮食播种面积68.0万公顷，同比减少0.2万公顷；粮食总产量449.3万吨。其中，小麦总产量229.2万吨，亩产461.5千克；玉米总产量208.7万吨，亩产458.2千克。2014年石家庄市被农业部授予“全国粮食生产先进市”称号，藁城区、赵县获评“全国粮食生产先进县（市）”称号。蔬菜、瓜果类播种面积16.1万公顷，总产量1269.4万吨。其中，蔬菜（含菜用瓜）播种面积

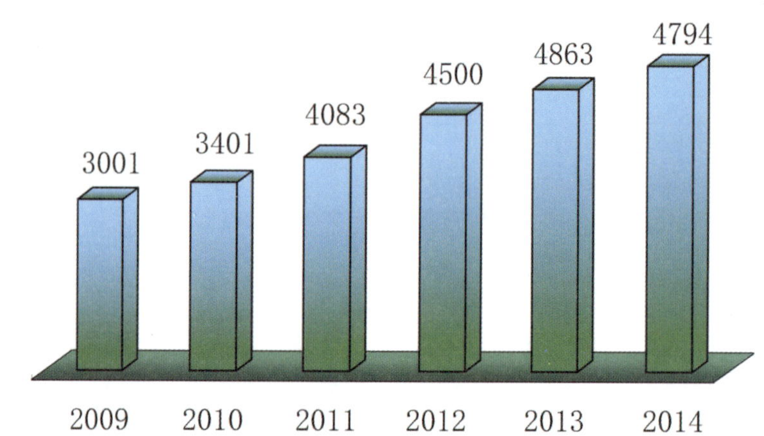

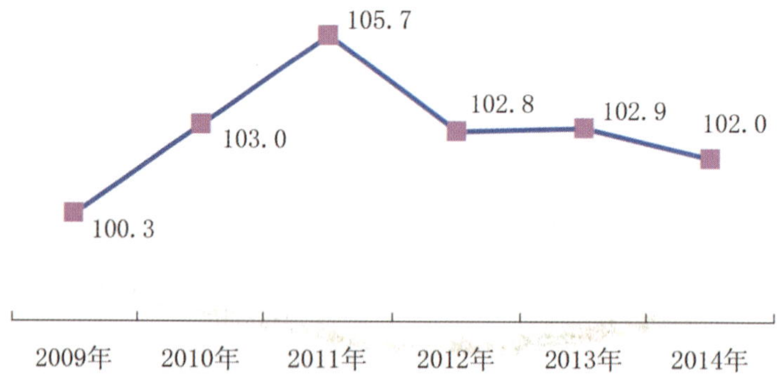

表 2　　2014 年石家庄市区居民消费价格指数（以 2013 年同期为 100）表

指　标	指　数
市区居民消费价格总指数	102.0
食品	103.0
烟酒	99.4
衣着	103.1
家庭设备用品及维修服务	100.5
医疗保健和个人用品	103.0
交通和通信	100.6
娱乐教育文化用品及服务	100.9
居住	101.0

15.1 万公顷，总产量 1214.8 万吨。水果总产量（不含果用瓜）210.9 万吨，其中苹果产量 23.5 万吨、梨产量 136.6 万吨（雪花梨 36.0 万吨、鸭梨 46.2 万吨）、红枣产量 26.1 万吨。至 2014 年末，全市牛存栏 75.2 万头；驴存栏 3.0 万头；猪存栏 325.0 万头；羊存栏 113.7 万只；鸡存栏 1.04 亿只。肉类总产量 70.9 万吨，其中，牛肉 8.9 万吨、驴肉 2791 吨、猪肉 41.4 万吨、羊肉 2.0 万吨。奶类产量 117.7 万吨，其中牛奶产量 117.5 万吨；禽蛋产量 94.0 万吨，其中鸡蛋产量 93.0 万吨。水产品养殖面积 1.5 万公顷，总产量 3.5 万吨。农业机械总动力 1822 万千瓦，主要农作物综合机械化水平达到 84%，同比增长 2%；小麦、玉米秸秆综合利用率达到 96%。农村流转土地 158.8 万亩，占家庭承包耕地总面积 24.5%，同比提高 6.3 个百分点。农业产业化经营率 64.9%，同比提高 0.8 个百分点。

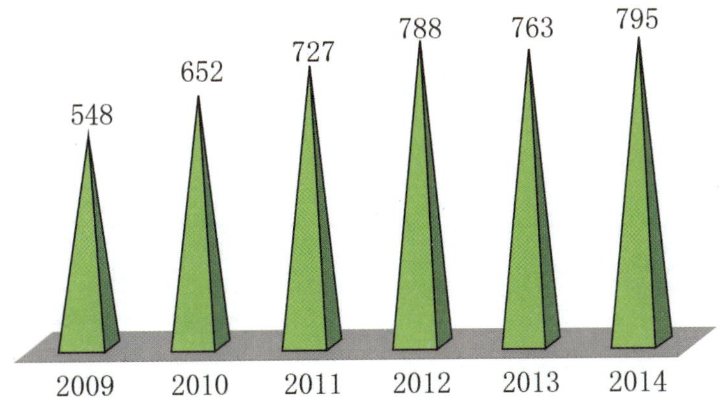

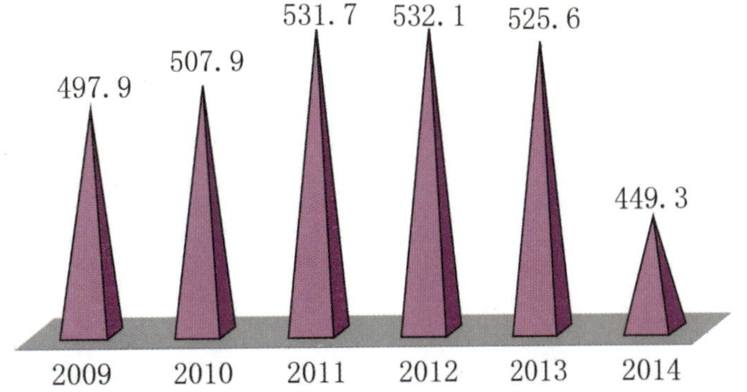

表 3　　2014 年石家庄市主要农产品产量及其增长速度表

产品名称	产量（万吨）	比上年±%
粮食	449.3	-4.44
油料	17.3	-3.89
棉花	0.37	-2.63
蔬菜（含瓜果类）	1269.4	-
水果（不含果用瓜）	210.9	10.59
肉类总产量	70.9	2.75
蛋类	94.0	3.18
奶类	117.7	4.25
水产品	3.5	0

【工业】 2014 年全市拥有规模以上工业企业 2295 家，总资产4756.5 亿元；规模以上工业企业实现增加值 1851.3 亿元，同比增长 5.9%。其中轻工业实现增加值 840.9 亿元，增长 9.9%；重工业实现增加值 1010.4 亿元，增长 6.7%；轻重工业比重为 45:55。七大主导行业实现增加值 1559.3 亿元，同比增长 8.5%。其中，钢铁行业实现增加值 180.8 亿元，增长 6.3%；装备制造业实现增加值 313.7 亿元，增长 15.2%；石化行业实现增加值299 亿元，增长 7.7%；医药制造业实现增加值 116.8 亿元，增长 2.9%；建材行业实现增加值 130.6亿元，下降 3.3%；食品行业实现增加值 239.3 亿元，增长 7.0%；纺织行业实现增加值 279.1 亿元，增长 14.0%。六大高耗能行业实现增加值 654 亿元，同比增长 3.1%。全年规模以上工业企业主营业务收入8117.8 亿元，同比增长 6.8%；实现利润 664.8 亿元、利税 942.8 亿元。

规模以上工业增加值(亿元)

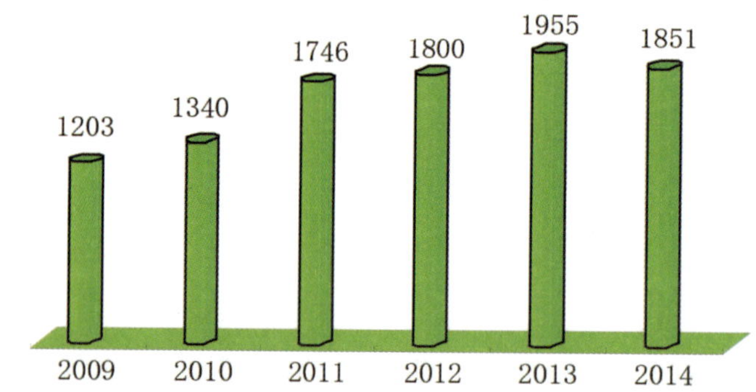

规模以上工业利税和利润(亿元)

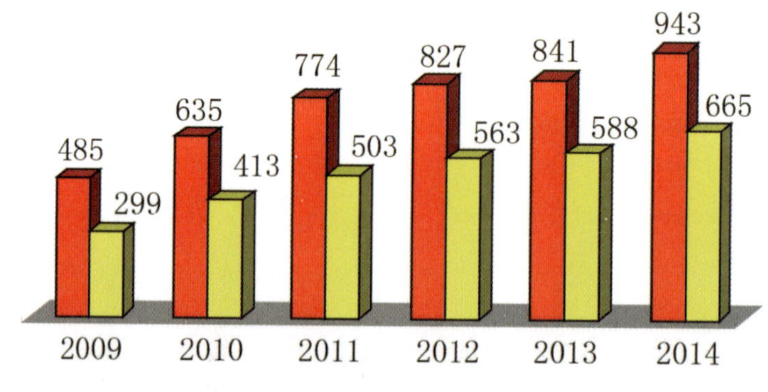

表 4　2014 年石家庄市主要工业产品产量及其增长速度表

产量占比	产品名称	完成量	占全省比重（%）	同比增速（%）
占全省100%	集成电路	4649 万块	100.00	37.3
	合成纤维单体	31880 吨	100.00	-72.7
	白银（银锭）	650 千克	100.00	-5.0
	表	1519481 只	100.00	-1.7
	程控交换机	136128 线	100.00	75.7
	电饭锅	616590 个	100.00	97.4
	环境监测专用仪器仪表	90880 台	100.00	17.2
	家用电风扇	2024266 台	100.00	-13.7
	饲料生产专用设备	4392 台	100.00	9.0
	中型拖拉机	68 台	100.00	-75.7
	浓硝酸（折 100%）	11204 吨	100.00	-41.9
占全省50%以上	光缆	704368 芯千米	98.73	26.5
	气体压缩机	4353 台	97.91	149.7
	金属切削工具	9247 万件	93.29	7.4
	瓷质砖	203040723 平方米	91.76	8.0
	天然大理石建筑板材	4989253 平方米	86.58	6.0
	合成洗涤剂	141766 吨	85.11	7.1
	酱油	30532 吨	79.37	-0.5
	农产品初加工机械	6324 台	77.41	17.4
	沥青和改性沥青防水卷材	37103267 平方米	68.58	9.3
	石墨及炭素制品	421096 吨	61.64	3.7
	无纺布（无纺织物）	77128 吨	61.60	160.3
	布	368024 万米	60.10	3.8
	铸钢件	265955 吨	58.11	18.0
	合成纤维聚合物	12760 吨	50.34	-47.6
占全省30%~50%	石膏板	3340 万平方米	46.34	8.3
	房间空气调节器	3762340 台	44.66	16.8
	灯具及照明装置	363891 套（台、个）	41.76	17.3
	化学药品原药	199627 吨	40.48	15.0
	通信及电子网络用电缆	130909 对千米	39.84	-34.1
	电动机	3349700 千瓦	38.35	0.2
	农用氮、磷、钾化学肥料（折纯）	791059 吨	36.84	-10.5
	饲料	4538148 吨	35.49	10.9

（续表）

产量占比	产品名称	完成量	占全省比重（%）	同比增速（%）
	合成氨（无水氨）	1004217 吨	34.54	-21.1
	纸制品	834045 吨	33.64	16.6
	化学纤维用浆粕	50686 吨	33.24	-26.0
	硫酸（折 100%）	514652 吨	32.34	4.4
	服装	18544 万件	31.48	11.2
	卷烟	2610000 万支	30.23	3.4
其他主要产品	硅酸盐水泥熟料	13545044 吨	23.05	-6.7
	水泥	24457485 吨	23.02	-36.1
	生铁	12467256 吨	7.36	2.5
	粗钢	12294858 吨	6.63	6.9
	光电子器件	681 万只（片）	6.54	48.4
	钢材	12086855 吨	5.04	6.1

【固定资产投资】 全年全社会固定资产投资完成 4916.0 亿元，同比增长 16.6%。其中，固定资产投资(不含农户) 4779.0 亿元，同比增长 14.16%。全年建设项目 3999 个，完成投资 4051.1 亿元，同比增长 17.7 %。其中，亿元以上施工项目 912 个，增长 4.5%；完成投资 2576.3 亿元，同比增长 20.7%。房地产开发投资完成 1025.3 亿元，同比增长 10.5%。年末全市共有建筑施工企业 1755 家。其中，总承包企业 460 家，专业承包企业 961 家，劳务分包企业 334 家。建筑业总产值 1135.1 亿元，利润 29.4 亿元。

【国内贸易】 2014 年全市实现社会消费品零售总额 2218.8 亿元，同比增长 12.5%，总量、增速分别位居全省第一和第三。至 2014 年末，全市拥有面积超 5000 平方米大型商业网点 224 家，建筑面积 1277 万平方米。商品交易市场 650 个，年交易额 1658 亿元，交易额亿元以上市场 53 个。建成“万村千乡”农家店 3776 个，覆盖 100%的乡镇和 87%的行政村。2014 年河北省最大的商贸企业北人集团实现销售收入 321.46 亿元，排名全国第八，北国商城单店销售 45.8 亿元，名列全国第五。2014 年全市电子商务交易额达到 2400 亿元，同比增长 25%，网上零售 306 亿元，同比增长 29%；新增电商企业 50 家，累计达到 360 家。

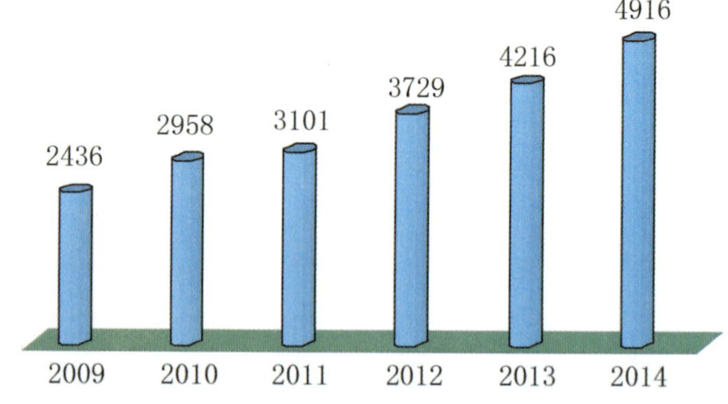

社会消费品零售总额(亿元)

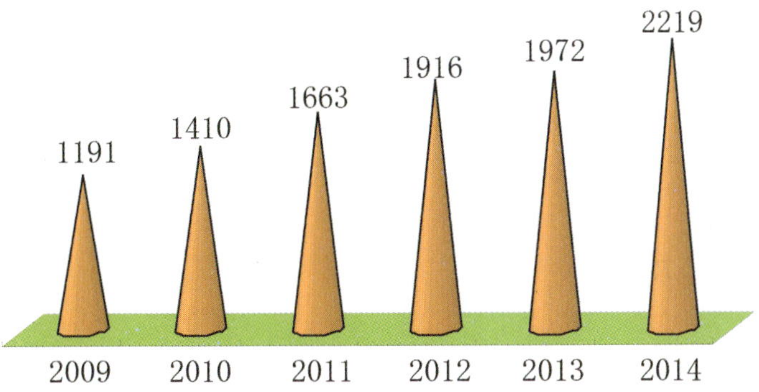

【对外贸易和旅游】 2014年全市对外贸易进出口总值130.77亿美元，同比增长2%。其中，出口69.84亿美元，增长10.4%；进口60.93亿美元，下降6.2%。2014年全市新备案境外投资企业33家，同比增长43.48%；投资总额4.5亿美元，同比增长89.96%。至2014年底，全市累计备案境外投资企业161家，投资总额9.4亿美元，分布世界30多个国家和地区。全年实际利用外资10.2亿美元，同比增长5%。2014年全市旅游业接待海内外游客5796.1万人次，实现总收入436.41亿元，同比分别增长18.50%和31.09%，旅游业接待规模和收入保持河北省首位。

【财政和金融】 2014年全市财政收入660.76亿元，同比增长4.97%；一般公共预算收入331.91亿元，同比增长8.71%。全部财政收入位列河北省第一，一般公共预算收入10年再返河北省首位。一般公共预算支出563.41亿元，占调整预算94.91%，同比增长11.46%。2014年全市新成立农村商业银行1家、村镇银行6家、小额贷款公司8家，1家农村商业银行、3家村镇银行获准筹建，27家拟设立小额贷款公司申请上报河北省备案。至2014年末，全市共有银行金融机构35家，其中政策性银行2家，大型商业银行5家，股份制商业银行9家，邮政储蓄银行1家，城市商业银行5家，外资银行1家，市级农村信用社1家，农村合作银行1家，农村商业银行2家，村镇银行8家。2014年底，全市金融机构人民币各项存款余额9124.61亿元，同比增长6.00%，较年初增加516.83亿元；人民币各项贷款余额5098.92亿元，同比增长13.01%，较年初增加586.90亿元。2014年全市30家企业在各类资本市场挂牌上市，创

进出口总值与出口总值(亿美元)

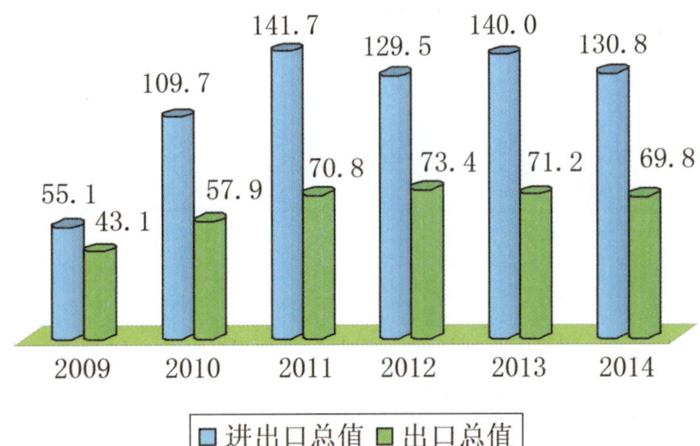

实际利用外资(亿美元)

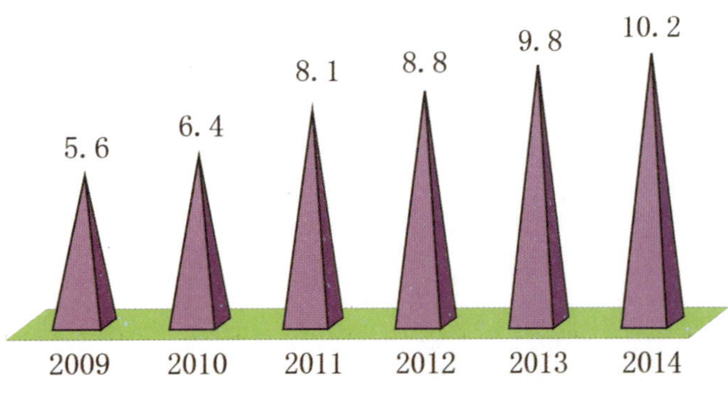

下历史新高。其中，深圳证券交易所1家，新三板2家，天津股权交易所11家，石家庄股权交易所16家。至2014年底，全市累计实现企业挂牌上市67家，实现融资490亿元。

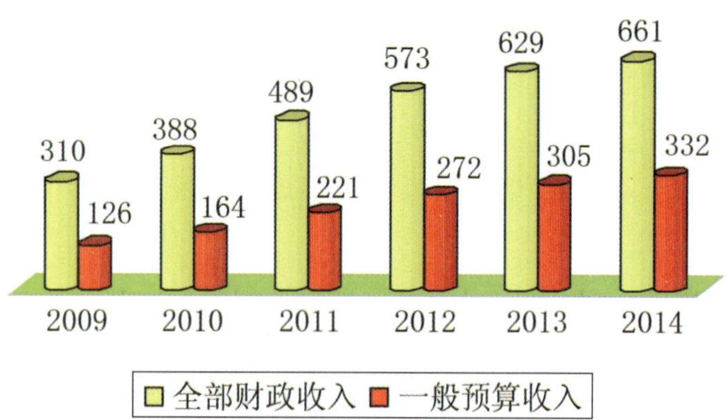

【科学技术和教育】 2014年全市登记科技成果375项，占全省12.16%，居全省设区市之首，其中260项科技成果达国内领先以上水平；评选科学技术特别奖3项，科技进步奖86项，组织奖7项。2014年石家庄市获得河北省自然科学二等奖1项；省技术发明三等奖1项；省科技进步奖10项，其中，一等奖2项，二等奖6项，三等奖2项；神威药业集团有限公司董事长李振江获得省突出贡献奖。2014年全市技术合同总成交额（技术输出额与技术吸纳额之和）47.80亿元，较2013年增加9.51亿元，同比增长24.84%。2014年全市专利申请量6373件，授权量4433件，专利申请量、授权量均居全省第一。2014年全市共有各级各类学校（含幼儿园）3255所，其中，幼儿园1302所，小学1378所，中学415所（含初级中学218所、普通高中66所、九年一贯制学校79所、完全中学46所、十二年一贯制学校6所），特教学校24所，中等职业学校136所；市属高校5所。在校生1622591人，其中，在园幼儿 284682人，小学生720565人，初中生306998人，普通高中生167183人，特教学生1302人，中职生 141861人；高校学生47781人。教职工116868人，专任教师 99708人。

【文化、卫生和体育】 2014年全市共有艺术表演团体21个，艺术表演场馆15个，文化馆25个，公共图书馆25个。拥有省级以上文物保护单位142处。档案馆馆藏文书档案261615卷、112074件；图书资料17822册、报刊资料6741份。图书馆拥有古籍15.7万册、善本34种。9件作品获评文艺振兴奖。国家级“非遗”项目达到12项。2014年石家庄广播电视台创收2.64亿元，同比增长16.27%。广播综合覆盖率99.43%，电视综合覆盖率99.42%。2014年全市共有卫生医疗机构6571个（市区2320个、县4251个），其中，省级医疗机构11个，部队医院3个，市直医疗机构9个，县级综合医院16个，县级中医院16个，县级妇幼保健院（所）22个，乡镇卫生院220个，城市社区服务中心（站）206个（市区200个、县6个），村级医疗卫生机构3985所，民营医疗机构1555个。床位49496张，卫生技术人员61040人（执业医师28209人、注册护士22773人）。2014年全市选手在省级以上比赛获得金牌261枚、银牌198枚、铜牌148枚。完成农民健身工程184个，安装健身器材1104件，更新和安装市区健身路径150条。

【城乡交通和环境保护】 2014年全市公路通车总里程17974.34千米，同比增加492.46千米，路网密度113.4千米／百平方千米；公路建设完成投资126.33亿元。市域内拥有铁路干线5条（京广、石太、石德、石太客运专线、京广高铁安阳至涿州段）、支线2条（新井、凤山），分别起止京广铁路207.9千米（寨西店承安铺间）至321.3千米（高邑鸭鸽营间），石太铁路石家庄至70.1千米（南峪娘子关间），石德铁路石家庄至85.25千米（束新王家井间），石太客运专线石家庄北站至59.97千米（井陉北阳泉北间）；京广高铁57.04千米至452.40千米；两支线总长18.1千米，合计营业里程328.7千米。铁路车站29个，其中高铁客运站3个。2014年石家庄机场运营客货航线86条，通航城市62个；保障飞机起降 5.62 万架次，同比增长 8.1%；年客流量突破 560 万人次，同比增长 9.6%；货邮吞吐量 4.55 万吨，同比增长 5.8%。2014 年城市轨道交通完成投资 45 亿元，累计完成投资 67 亿元。2014 年市区公共交通共有营运车辆 4017 辆，同比减少 40 辆，其中天然气公交 3501 辆，占总运营车辆 85.12%；营运线路 223 条，同比减少 2 条；营运线路总长 3761 千米，同比增加 42 千米；营运行驶里程 1.81 亿千米，运送乘客 5.1 亿人次；公交出行分担率 29.23%。

全年城市环境空气质量优良天数 114 天。其中，I 级天数12 天，II 级天数 102 天，占总天数 31.2%；III 级天数 101 天，占总天数 27.7%；IV 级天数 48 天，占总天数的 13.2%；V 级天数 60 天，占总天数 16.4%；VI级天数 42 天，占总天数 11.5%。

【人口、人民生活和社会保障】 2014 年末全市常住总人口 998.72 万人，同比增长 4.9%；人口自然增长率 7.14‰。出生人口 17.65 万人，出生率 13.35‰；死亡人口 6.34 万人，死亡率 6.21‰。2014 年全市居民人均可支配收入 19084 元，同比增长 8.8%；城镇居民人均可支配收入 26071 元，增长 8.3%；农村居民人均可支配收入 10542 元，增长 10.4%。2014 年全市居民人均消费支出 12501 元，同比增长 9.8%；城镇居民人均消费支出 16796 元，增长 9.8%；农村居民人均消费支出 7258 元，增长 9.9%。年末全市城镇职工参加基本养老保险人数 199.5 万人，同比增加 12.9 万人。其中，在职人员 151.8 万人，增加 10.1 万人；离退休人员 47.7 万人，增加 2.8 万人。全市城乡居民参加养老保险人数 385.6 万人，同比增加 5.2 万人。年末全市城镇居民参加医疗保险人数 286.3 万人，同比增加 9.8 万人。其中，城镇职工 139.4 万人，增加 3.5 万人；城镇居民 146.9 万人，增加 6.3 万人。年末全市参加失业保险人数 90.4 万人，同比增加 0.2 万人；工伤保险人数 133.2 万人，增加 9.1 万人；生育保险人数 132.2 万人，增加 1.5 万人。年末全市享受居民最低生活保障人数 18.35 万人。其中，城镇居民 3.48 万人；农村居民 14.87 万人。

（市统计局）

【5 次幸福城市评选进入全国城市前十名】 3 月 20 日，清华大学发布 2013 年“中国幸福地图”，石家庄位列最幸福城市第六名，居杭州、玉溪、广州、衢州、鹰潭之后。此次调查是清华大学心理学系应用中国社交媒体全年大数据，汇总分析新浪网上亿微博和几十亿个数据，通过建立一个 1552 个关键词词库，再扫描全部 2013 年新浪微博，将正性词出现次数减去负性词出现次数，除以有效微博总数，得出某一城市的幸福指数。2014 年 4 月，北京大学市场与媒介研究中心和赶集网共同发布《2014 中基层岗位职场薪酬研究》。该报告通过在线问卷的调查方法，收集了来自全国各地 270350 份有效问卷，覆盖 36 个城市，受访人群涵盖各个年龄段的中基层白领工作者、销售、房产经纪人、保安、美容美发师、快递员等职业。其中，职场幸福感受石家庄上班族位列第一名。至此，连同 2011 年 5 月 6 日中国社会科学院发布《2011 年中国城市竞争力蓝皮书：中国城市竞争力报告》，石家庄居民幸福感指数排名第一；2012 年 8 月 18 日中央电视台在“2012 幸福城市市长论坛”发布幸福调查数据，石家庄排名全国十大幸福感省会城市第七名；2013 年 3 月 7 日中央电视台财经频道发布《CCTV 2012-2013 经济生活大调查》调查

城镇居民人均可支配收入和农村居民人均可支配收入(元)

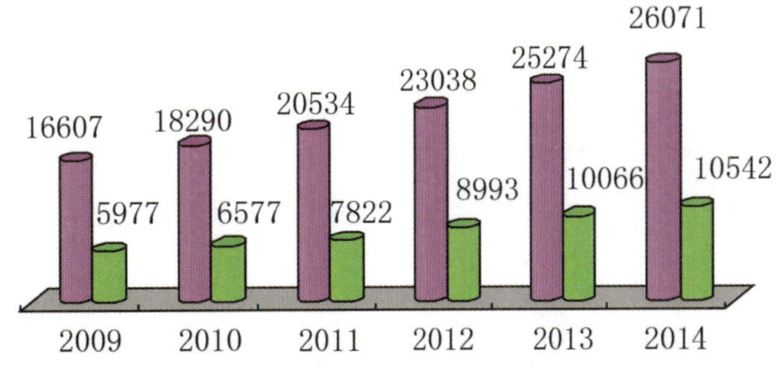

结果，石家庄入选居民幸福感最强十大省会城市之一，排名第十。接连五次评选，石家庄幸福感均进入全国城市前十名。

（范玉蕾）

【节能减排财政政策综合示范城市建设】 2013年9月，国家财政部、发改委正式启动第二批综合示范城市申报，支持重点选择在京津冀、珠三角、长三角地区。全国26个地级城市申报，15个城市进入第二轮公开答辩、专家评审阶段，最终包括石家庄市在内10个城市入选国家第二批综合示范城市行列，综合示范期为2014～2016年。根据国家政策，中央财政在产业低碳、交通清洁、建筑绿色、服务业集约、污染物减量、可再生能源、新能源利用六大领域给予倾斜支持，在完成年度考核指标任务前提下，石家庄市每年获得中央财政综合奖励资金5亿元，综合示范期三年共计15亿元。经报国家财政部、发改委正式批复备案，2014～2016年三年综合示范期内，石家庄市确定实施节能减排监管能力建设、重点排放企业和水环境治理示范、交通清洁化示范、清洁能源及新能源推广示范、压煤和煤炭清洁利用示范5大典型示范项目。综合示范期内，石家庄市节能减排总目标：提前一年超额完成“十二五”节能减排任务，单位GDP能耗、化学需氧量、氨氮、二氧化硫、氮氧化物五项指标，分别比2010年下降19%、10.3%、14.3%、14.3%、13.5%以上。到2016年，单位地区生产总值能耗达到0.948吨标准煤，年均下降5%；单位GDP能耗、化学需氧量、氨氮、二氧化硫、氮氧化物等主要污染物排放指标分别比2010年下降27%、16%、20.2%、20%、19.5%，基本形成绿色、低碳、循环的经济社会发展新模式。2014年石家庄市五大典型示范项目计划完成投资31.4亿元。至2014年末，实际投资31.6亿元，占计划投资100.6%，其中，使用中央财政综合奖励资金4.3亿元，地方财政安排11.5亿元，企业和社会自筹15.8亿元。拨付财政资金7300万元用于支持大气和水质量监测能力建设，完成节能减排监测平台建设设计方案编制；安排资金4.8亿元用于重点污染企业和水环境综合治理，集中拆除35家水泥企业，直接化解水泥产能1850万吨，减少粉尘排放近7000万吨，腾退土地858亩，年预计氮氧化物、COD排放总量分别减少171吨、8.2万吨；拨付资金3.3亿元用于补贴提前淘汰黄标车车主，年减少氮氧化物5000～7000吨；下达资金1.8亿元用于支持推广城郊洁净型煤、环保采暖炉具和重点企业燃煤替代，年减少粉尘排放1200吨、二氧化硫1400吨、氮氧化物1100吨，节约标煤近40万吨。根据全市2013～2017年大气污染防治攻坚行动计划和2014年工作方案，石家庄市全面实施“压煤、降尘、控车、迁企、减排、增绿”六大举措。压煤：2014年全市压减燃煤700万吨；压减水泥产能1850万吨，提前3年完成水泥过剩产能压减任务；压减钢铁产能112万吨。推广优质低硫煤800多万吨，取缔煤炭经营企业储煤场670个、关停571个。降尘：市内所有工地开展绿色施工；二环内全部实现机械化清扫作业；餐饮服务经营场所全部安装高效油烟净化器；严格秸秆禁烧执法问责，秸秆焚烧火点个数为“零”，实现连续4年火点个数为“零”目标。控车：2014年全市完成8.07万辆黄标车淘汰任务，机动车路检路查合格率91.5%；市区天然气公交车占有率达到85%以上。迁企：2014年华旭药业、永通化工等4家企业完成搬迁，石钢公司搬迁升级改造项目正式启动。减排：2014年全市实施减排项目205项，17家热电企业完成除尘升级改造，市区执行烟尘特别排放限值每立方米20毫克。增绿：2014年市区新建提升绿地面积710万公顷；实施环省会经济林建设等重大绿化工程，全市造林绿化完成62万亩，超出目标12万亩，森林覆盖率达到36%。至2014年12月31日，石家庄市优良天数达到114天，同比增加71天，优良率31.2%，同比增加19.5个百分点；重度以上污染天数较2013年减少51天，同比下降14个百分点。空气质量综合指数较2013年改善26.6%，大气中各项污染物年均浓度均出现大幅下降。可吸入颗粒物（PM10）、细颗粒物（PM2.5）、二氧化硫（SO_2）、二氧化氮（NO_2）、一氧化碳（CO）和臭氧（O_3），分别同比下降32.5%、19.5%、41.0%、22.1%、24.7%、15.6%。2014年全市万元GDP能耗、化学需氧量、氨氮、二氧化硫、氮氧化物5项指标提前一年实现“十二五”减排任务目标，分别比2010年下降19%、10.3%、14.3%、14.3%、

13.5%以上。

（政府文件）

【5 家企业入选中国企业 500 强】 9月1日，中国企业联合会、中国企业家协会发布“2014 中国企业 500 强”名单，市企业联合会、企业家协会推荐的河北省物流产业集团有限公司、河北敬业集团、石家庄北国人百集团有限责任公司、河北建工集团有限责任公司、河北建设集团有限公司五家企业再次入选。中国企业联合会、中国企业家协会按照国际通行方式，以 2013 年企业营业收入为入围标准，经专家委员会审定，排出 2014 中国企业 500 强。石家庄市 5 家企业中位次提升最多的是河北省物流产业集团有限公司，以 5803130 万元的营业收入，名列中国企业 500 强第 210 位，较 2013 年提升 64 位次；河北敬业集团以 5042501 万元的营业收入，名列中国企业 500 强第 238 位，较 2013 年下降 9 位次；石家庄北国人百集团有限责任公司以 3016801 万元的营业收入，名列中国企业 500 强第 386 位，较 2013 年提升 9 位次；河北建工集团有限责任公司以 2833695 万元的营业收入名列中国企业 500 强第 405 位，较 2013 年提升 8 位次；河北建设集团有限公司以 2624965 万元的营业收入名列中国企业 500 强第 450 位，较 2013 年下降 17 位次。

（范玉蕾）

【8 家企业入选河北省百强民营企业】 5 月 1 日，中共河北省委、河北省人民政府公布“2013 年度河北省百强民营企业”名单，石家庄市 8 家企业入选。

表 5　石家庄市入选 2013 年度河北省百强民营企业名单

序号	企业名称	所在县（市）区或园区
1	河北诚信有限责任公司	元氏县
2	石家庄以岭药业股份有限公司	高新区
3	石家庄君乐宝乳业有限公司	鹿泉市
4	河北九天医药化工有限公司	元氏县
5	河北翼辰实业集团有限公司	藁城市
6	河北常山生化药业股份有限公司	正定县
7	石家庄玉晶玻璃有限公司	行唐县
8	东旭集团有限公司	高新区

【石家庄民营 50 强企业】 2014 年 9 月，石家庄市公布 2013 年度石家庄市民营 50 强企业名单。评选办法：以 2013 年全市上缴税金 1000 万元以上（经税务部门确认）的民营工业和民营商贸企业，依据 2013 年度纳税额大小依次排序，且连续三年没有重大事故和劳动纠纷及其他严重违法事项，同时控制钢铁、水泥、房地产行业入选企业个数不超过总入选量的 15%，确定“2013 年度石家庄市民营 50 强企业”。其中，河北诚信有限责任公司获评“2013 年度石家庄市民营经济金牌企业”；河北天山实业集团有限公司等 3 家企业获评“2013 年度石家庄市民营经济银牌企业”；石家庄四药有限公司等 8 家企业获评“2013 年度石家庄市民营经济铜牌企业”。

表6

2013年度石家庄市民营50强企业名单

序号	企业名称	所在县（市）区或园区
1	河北诚信有限责任公司	元氏县
2	河北天山实业集团有限公司	高新区
3	石家庄以岭药业股份有限公司	高新区
4	神威药业集团有限公司	栾城县
5	石家庄四药有限公司	高新区
6	石家庄君乐宝乳业有限公司	鹿泉市
7	河北九天医药化工有限公司	元氏县
8	河北翼辰实业集团有限公司	藁城市
9	河北常山生化药业股份有限公司	正定县
10	石家庄玉晶玻璃有限公司	行唐县
11	石家庄东华金龙化工有限公司	循环化工园区
12	东旭集团有限公司	高新区
13	河北华莹集团	平山县
14	河北冀凯实业集团有限公司	高新区
15	石家庄鸿业塑胶制品有限公司	赞皇县
16	石家庄科林电气股份有限公司	鹿泉市
17	石家庄新华能源环保科技股份有限公司	栾城县
18	河北旭跃实业集团有限公司	井陉县
19	河北电机股份有限公司	栾城县
20	嘉禾啤酒有限公司	桥东区
21	石家庄杰克化工有限公司	栾城县
22	河北天宁化工有限公司	井陉县
23	石家庄金河房地产开发有限公司	正定县
24	高邑县力马建陶有限公司	高邑县
25	博深工具股份有限公司	高新区
26	河北先河环保科技股份有限公司	高新区
27	河北宏昌天马专用车有限公司	藁城市
28	河北汇金机电股份有限公司	高新区
29	聚诚集团有限公司	井陉县
30	石家庄汇丰源投资集团有限公司	裕华区

（续表）

序号	企业名称	所在县（市）区或园区
31	高邑县圣泽瓷业有限公司	高邑县
32	河北天成房地产开发有限公司	新华区
33	石家庄市油漆厂	桥西区
34	河北晓进机械制造股份有限公司	高新区
35	河北金源化工股份有限公司	正定县
36	石家庄通合电子科技股份有限公司	高新区
37	石家庄嘉祥精密机械有限公司	高新区
38	石家庄桥西糖烟酒食品股份有限公司	桥西区
39	金环建设集团有限公司	高新区
40	奥星制药设备（石家庄）有限公司	长安区
41	河北旭辉电气股份有限公司	高新区
42	河北长城麦高食品有限公司	藁城市
43	河北金仑医药有限公司	高新区
44	河北小蜜蜂工具集团有限公司	正定县
45	石家庄市兄弟伊兰食品配料有限公司	正定县
46	河北橡一医药科技股份有限公司	正定县
47	博广热能股份有限公司	高新区
48	河北华旭化工有限公司	藁城市
49	石家庄新奥车用燃气有限公司	高新区
50	河北亚诺化工有限公司	藁城市

（政府文件）

精神文明建设

【概况】 2014年，全市以建设社会主义核心价值体系，提升市民文明素质为宗旨，以创建全国文明城市、道德模范先锋为载体，广泛开展“善行河北·首善省会”主题活动及中国好人、河北雷锋、石家庄市文明公民标兵评比表彰活动。培训文明城市创建骨干600人次、志愿服务骨干1200人次、文明交通1500人次。加强公益广告宣传，利用《石家庄日报》、《燕赵晚报》、石家庄广播电台、石家庄电视台等宣传载体，实现公益宣传全覆盖。召开全市培育和践行社会主义核心价值观、推进基层思想道德建设现场会，推广藁城市岗上村、北席村开展思想道德建设的经验做法，倡导城乡建立“善行功德榜”、“功德录”和“好人档案”。组织368个重点村在干道两侧和沿高铁、高速公路、国道村庄侧面，开展农村宣传文化墙建设，完成绘制面积22950平方米，粉刷完成率100%。2014年全市191人获评“石家庄市文明公民标兵”

2014年7月26日，省委常委、市委书记孙瑞彬参加青园社区铲除小广告劳动，以身作则参与"创建文明城 党员在行动"主题实践活动

称号，3人当选"中国好人"。

【公民思想道德建设】 开展"首善省会，美德故事人人讲"、"行业标兵人人争"、"关爱空巢·晚晴行动"主题活动。1月26日，省会文明办、石家庄广播电视台共同主办的首届"首善省会，美德故事人人讲"活动颁奖典礼在市广电中心举行，评选出十佳故事讲解员奖、十佳故事创作者奖和十佳美德故事原型奖。4月23日，市委宣传部、省会文明办、石家庄广播电视台主办的第二届"首善省会，美德故事人人讲"活动启动，通过挖掘发生在石家庄市民身上的美德故事，尽力发现身边的真善美，展示石家庄人勤劳朴实、积极向上、豁达包容、乐于助人的精神风貌，传递社会正能量。2014年全市评选美德故事300多个，行业标兵近200名，集中关爱空巢老人600人次。至2014年末，全市191人获评"石家庄市文明公民标兵"，3人当选中国好人。其中，胡玉兰入选《好人365》，受到国家表彰和宣传。

（吴蕾）

【未成年人思想道德建设】 全年以《全国未成年人思想道德建设工作测评体系》为导向，突出培育和践行社会主义核心价值观主题，搭建活动载体和平台，完善教育网络，优化未成年人成长环境。2014年全市未成年人思想道德建设测评收集整理电子材料1900余份，上报材料260余份。建立"党委统一领导、党政群齐抓共管、文明委组织协调、有关部门各负其责、全社会积极参与"领导体制和工作机制。以创建全国文明城市为契机，强化未成年人思想道德建设的组织领导。市委、市政府及省会文明委多次召开未成年人思想道德建设推进会议，制定《石家庄市〈全国未成年人思想道德建设工作测评体系〉责任分解》、《2014年全市未成年人思想道德建设实施方案》文件，建立推进、协调、督导机制。将未成年人思想道德建设纳入领导班子实绩考核及文明单位、文明村镇等评选条件，与创建文明城市工作同步部署、同步落实、同步督导，形成宣传、教育、文化广电新闻出版、公安、工商、财政、民政、共青团、妇联、关心下一代工作委员会等部门协调联动、齐抓共建格局。开展"做有道德的人"主题教育实践活动、"学习和争做美德少年"活动，在未成年人中倡导"学习美德少年，争做美德少年"良好风尚。2014年5月，全市各中小学校开展为期一个月心理健康教育系列活动，主题为"培育健康心灵绽放生命华彩"，并举办"校园心理剧"、"心理沙龙"、"和谐心·幸福城"大型公益讲座、"心理健康教育百场巡讲"等活动，促进未成年人心理健康成长。建立学校、家庭、社会"三结合"立体教育网络，各级教育部门和学校将社会主义核心价值观融入教育全过程，体现在课堂教学、主题活动、校园文化各个环节，还采用微电影、情景剧、快板、小品、诗歌等形式开展生动活泼的核心价值观宣传教育，促进学生德智体美劳全面发展。9月22日至10月11日，省会文明办在全市举行"向国旗敬礼，做一个有道德的人"网上签名寄语活动，全市各学校将上网签名寄语活动作为中小学团（队）日、主题班会或家庭作业内容，组织未成年人上网面向国旗敬礼并签名寄语，抒发感言，表达祝福祖国65岁生日。至2014年底，全市累计开办各类家长学校5339所、家庭教育指导中心20个、亲子园260个；举办家教知识讲座2348期，开展大型家教咨询356次，发放宣传资料60万多份，家长直接受益35万名。发挥社会大课堂作用，建成市级中小学校外综合实践活动基地1个、青少年校外活动中心17个，命名一批未成年人道德实践基地、中小学生社会实践基地、生命教育实践基地、法制教育基地；促进青少年宫、儿童活动中心、科技馆与学校教育衔接；开展“小手拉大手、共创文明城，共做有德人、共圆中国梦”、“我出一份力，呼吸好空气”主题实践活动，引导中小学生走出校园，参与文明城市创建和“绿色崛起”，形成社会化、开放性的未成年人思想道德建设格局。开展乡村学校少年宫项目建设。利用农村学校场地设施，加以修缮并配备必要器材，依靠教师和志愿者管理，在课余时间和节假日组织普及性公益活动。至2014年底，全市建成中央专项资金支持项目39个，在建中央和省专项资金支持项目22个。市区建成20所城市学校少年宫。市四十中学依托城市学校少年宫开展“校园里的梨园春”活动，弘扬国粹，在中央电视台戏曲频道专题播出；石家庄外国语学校将少年宫活动纳入素质教育选修课，定期组织城市学校少年宫汇报演出；盛世长安小学、振头小学、裕华路小学发挥学生社团作用，开设泥塑、棋艺、演讲、国画等少年宫活动，促进学生全面发展。优化社会文化环境。2014年全市爱国主义读书活动推动“全民阅读”，“燕赵讲坛”名家荟萃成为周末市民学堂，各级爱国主义教育基地、图书馆、博物馆、纪念馆、展览馆等公益性文化设施向未成年人免费开放；支持图书、动漫、出版物创作，生产出《太行谣》、《龙宫借神铁》、《雏凤凌空》、《赵云与咔哒盒子》、《夜萝莉》等一批有影响的好作品；净化社会环境，取缔黑网吧6家，排查整治校园周边治安乱点110处，取缔一批涉黄涉赌场所，查处清缴一批色情暴力口袋书、卡通画、小广告、游戏软件和流氓玩具。

（王更　张兆祥　刘超）

【齐庆三先进事迹报告会】 4月2日，齐庆三先进事迹报告会在石家庄人民会堂举行。省委常委、市委书记孙瑞彬，市委副书记、市长王亮，市委副书记司存喜，市人大常委会主任杨志辉，市政协主席王华清等市四大班子领导及全市党员干部代表1000余人参加报告会。2013年11月11日，44岁平山县委宣传部副部长齐庆三因连续昼夜加班，过度疲劳，突发心脏病，经抢救无效逝世。齐庆三去世后，河北省委宣传部、省人力资源和社会保障厅追授齐庆三为“河北省优秀宣传干部”，石家庄市委和平山县委分别追授齐庆三为“优秀共产党员”称号。齐庆三的先进事迹经河北省、石家庄市媒体宣传报道后，在社会上引起强烈反响。省委常委、市委书记孙瑞彬两次作出批示：“要把齐庆三同志的事迹作为我们的重大典型宣传出去，树起来，让全市广大干部学习，特别是要作为教育实践活动要先学一步。”“一定要好好宣传这位新时期共产党员的感人事迹。作为我们身边的典型，在学习教育活动中成为全市、全省乃至全国的榜样。”

（王更）

【白求恩国际和平医院张笋获记一等功】 5月8日，北京军区给白求恩国际和平医院神经内科副主任张笋记一等功庆祝大会在白求恩国际和平医院举行。张笋自1996年入伍起，始终将践行白求恩精神作为职业操守的最高追求，从医17年未出一次差错、未受一次投诉。她无私帮助困难患者，被称为“微笑天使”。两次赴非洲参加国际维和行动、投身跨国军演，凭借精湛的技术和热情的服务被当地居民称为“来自中国的白求恩”。2012年，张笋被确诊为脑部胶质瘤。为了在自己头脑清楚时多治疗几位病人，她不断推迟自己的手术日期，在手术后不久就重返工作岗位。她还捐出1.1万元特殊党费资助贫困患者和学生，并承诺在生命走到尽头的时候捐献有用的器官。张笋曾荣立个人三等功2次，被授予联合国和平荣誉一级勋章、全军“爱军精武标兵”、河北省白求恩式医药卫生工作者、河北省“三八”红旗手标兵、河北十大新闻人物、感动省城十大人物，并获得8项省部级科研成果奖。

（王静）

【文明城市创建】 4月16日，全市召开创建全国文明城市工作会议，正式启动全国文明城市创建工作。加强文明城市创建宣传，利用《石家庄日报》、《燕赵晚报》、石家庄广播电台、石家庄电视台、地铁建设围挡、城市建筑施工围挡、公园广场、公交站亭、公交车等宣传载体，实现公益宣传全覆盖。实施“文明交通计划”、“文明旅游”、“诚信企业”、“小手拉大手共建文明城”主题活动。文明城市创建培训骨干 600 人次，志愿服务培训骨干 1200 人次，文明交通培训 1500 人次。2014 年全市收集文明城市创建材料、图片 4000 多份，经过对比、筛选，上报完成填空题 7 份、表格 49 张、电子文档 105 个、正式文件 159 份、图片 781 张。

【农村精神文明建设】 召开全市培育和践行社会主义核心价值观、推进基层思想道德建设现场会，推广藁城市岗上村、北席村开展思想道德建设的经验做法，倡导城乡建立“善行功德榜”、“功德录”和“好人档案”。2014 年全市印发《功德录》39000 册，制作《善行功德榜》3500 余块，确定省级《功德录》示范点 10 个。组织 368 个重点村在干道两侧和沿高铁、高速公路、国道村庄侧面，开展农村宣传文化墙建设，完成绘制面积 22950 平方米，粉刷完成率 100%。年末全市 360 个村新建文化广场，完善率达到 90%；300 多个村新建村民中心，使用率达到 80%。实施扶贫帮困“春雨行动”。9 月 2 日，市扶贫帮困“春雨行动”领导小组（扩大）会议召开，印发《关于动员全社会力量实施扶贫帮困“春雨行动”的意见》，正式启动“春雨行动”。9 月 5 日，市扶贫帮困“春雨行动”领导小组办公室主任（扩大）会议讨论和制定了《扶贫帮困“春雨行动”实施方案》，市级领导每人选定帮扶户 1 个。“春雨行动”中，全市登记确定帮扶贫困户 20544 户，并将首批 14105 户困难家庭名单和需求信息统一录入数据库，建立帮扶台账。实施省、市、县三级党组织定点帮扶 4 个重点县 151 个贫困村，将贫困户联系人与驻村帮扶工作队精准对接，从资金、项目上重点支持。

【志愿服务活动】 3 月 19 日，市志愿服务平台开通仪式在桥西社区服务中心举行。该平台由石家庄志愿服务网、“12349”志愿服务热线、志愿服务管理系统三部分组成，具有志愿者注册、志愿服务项目管理、志愿服务组织管理、志愿服务时间记录、热线电话服务等功能，24 小时无缝隙提供志愿服务。2014 年 8 月，石家庄市志愿服务组织和志愿者网络注册启动。至 2014 年末，全市注册志愿服务组织 3299 个，志愿者 212249 人，发放志愿者证 14000 个。开展“创建文明城，党员在行动”主题实践活动，87 个市直机关党员志愿服务队深入 72 个社区参加党员志愿服务活动，累计出动党员志愿者 87836 人次，清理小广告 29 万多张，清理垃圾 77289 立方米，发放文明城市宣传册、宣传品 7 万多份。2014 年全市还开展了“邻里守望·温暖新春”、“关爱孤寡老人工程”、“幸福圆梦计划”、“小手拉大手、文明一起走”等主题志愿服务活动。

河北省省会精神文明建设委员会办公室

主　任：闫国文

副主任：林春山

（吴蕾）

五大产业基地

【国家生物产业基地】 石家庄是世界重要的抗生素、半合成抗生素和维生素原料药生产基地，是中国规模最大的软胶囊、中药颗粒剂、基因工程药品和兽药产业化基地。2005 年 6 月，国家发改委认定石家庄国家生物产业基地为首批国家生物产业基地之一。2014 年全市共有生物医药企业 138 家，实现销售收入 700 亿元，同比增长 20%。知名生物医药企业有华药集团、石药集团、神威药业、以岭药业、石家庄四药、常山生化、智同医药、龙泽制药、亿生堂等，其中 8 家生物医药企业在境内外证券交易所上市。2014 年全市生物产业围绕“两区三园”（产业聚集区、示范园区、栾城产业园、深泽产业园、赵县产业园）布局，全力打造高端医药园和产业核心区。以京津冀产学研联盟为依托，与京津冀高等院校、科研院所及企业开展广泛合作。年末全市拥有与生物技术相关大专院校、科研机构 20 多所。2014 年华药集团头孢制剂国际化能力建设、以岭药业中药制药过程数字化控制与全程质量监测项目竣工投产；石药集团厄他培南、华药集团达托霉素等总投资17亿元14个项目开工建设。

【装备制造产业园区】 2014年3月，河北省政府批准石家庄装备制造产业园更名为河北石家庄装备制造产业园区，2014年7月又批准成为省级高新技术产业开发区、省级装备制造外贸转型示范基地、省级化工外贸转型示范基地。该园区是集飞机、火车、汽车装备为一体的大型装备制造园区，也是京津冀协同发展战略40个承接产业转移平台之一。2014年装备制造产业园共有企业135家，其中规模以上工业企业54家；规模以上工业企业主营业务收入75.55亿元，同比增长13.7%；固定资产投资完成31.69亿元，同比增长18.81%。入驻央企项目8家。其中，中国中车石家庄产业园项目总投资58亿元，总占地面积2000亩，规划建成年营业收入150亿元、利税29亿元，重点建设铁路货车修造、城市轨道车辆总装检修、新能源客车、工程机械制造四大板块；中航通飞华北基地项目总投资26亿元，总占地1919亩，规划年主营业收入32亿元、利税5亿元，主要生产小鹰500、海鸥300、运5B、赛斯纳208型飞机，年生产能力300架；中煤集团石煤机工程机械研发中心项目总投资32亿元，占地1000亩，规划年营业收入30亿元、利税5亿元，主要建设采掘设备、随车起重机、铆焊、辅助运输设备、钻探装备等车间。“十二五”期间，该园区规划建设基础设施项目38项，总投资10.53亿元；修建道路排水工程5项，总长1.4万米；铺设雨、污水管网15条，总长6.3万米；迁改高压线路及搭建供电线路17条，总长4.7万米；建设地表水厂1座，日供水能力3万吨；建设污水处理厂1座，日处理污水量1万吨。至2014年末，装备制造产业园区具备双热源（灵达热电厂、裕华热电厂），双水源（苏邱水厂、地表水厂），双污水处理（绿源污水处理厂、桥东污水处理厂）能力，建成110千伏变电站3座、35千伏变电站1座，水网、电网、热力管网、天然气管网基本完善，通讯信号良好，园区道路“五纵五横”（107国道、裕翔街、顺翔街、奥翔街、方西街；南三环、南车路、东坡路、衡井公路、灵达路）基本框架形成。

【信息产业基地】 2014年信息产业基地主营业务收入110亿元，同比增长30%；实现税收1.56亿元，同比增长32%；固定资产投资完成37.4亿元，同比增长28%。全年建设项目24个，总投资32.6亿元；续建项目7个，总投资10.5亿元。其中，投资3.34亿元的13所中瓷管壳封装、投资1.7亿元的京华电子、投资5200万元的金硕电子、投资6830万元的精诚通讯4个项目竣工投产；投资6500万元的神玥软件、投资5850万元的健达智能交通2个项目正在装修；投资2.95亿元的鹿岛V谷科技园项目3栋车间竣工、8栋主体封顶。新开工项目17个，总投资22.1亿元。其中，投资1.65亿元的阳天通信、投资1.45亿元的东联电子、投资9300万元的数英仪器、投资8383万元的德海电子、投资7500万元的13所半导体检测中心、投资7500万元的银河微波、投资6800万元的立明电子7个项目正在装修；投资4.8亿元的13所MEMS传感器项目主体完成3层，投资9500万元的众联能源科技主体完成4层，投资6000万元的晶禾电子主体完成4层，投资4亿元的立翔慧科、投资1.5亿元的天林电子等7个项目正在建设。全年基础设施工程总投资2.13亿元。其中，石柏南大街绿化提升，新泰大街、申兴大街建设工程完工；光谷科技园公租房、职工食堂主体完工，基础配套工程正在管道铺装，产业孵化楼正在地基施工。

【纺织服装基地】 11月16日，河北省政府批准正定经济技术产业开发区成立。纺织服装基地作为正定经济技术产业开发区南区，规划面积由4.2平方千米扩大到12平方千米。2014年纺织服装基地在建、新开、前期项目8个，投资总量212.5亿元。在建项目2个，常山纺织二期项目完成投资1亿元，9万锭纺纱车间、800台织布车间投产；常山生化药业透明质酸钠项目完成投资3.66亿元，正在安装设备。新开、前期项目6个，分别为中博汽车项目、亚视光机电产业园项目、鑫汇金高能定位导热服装及保暖护具项目、古林家纺项目、森蒂诺户外装备项目、常山纺织三期项目。全年固定资产投资完成15亿元，同比增长87.5%，是历年投资最大一年。中博汽车两个批次1100亩、亚视光机电产业园两个批次75亩、鑫汇金高能定位导热服装及保暖护具项目65亩、常山生化药业140亩征地组卷及征地手续报批完成。至2014年末，该基地拥有全国500强企业1家（常山纺织股份），上市公司2家（常山纺织股份、常山生化），投产企业3家。2014年纺织服装基地新引资项目5个，总投资100多亿元，分别为投资30亿元的微风集团电动车项目、投资20亿元的西子电梯项目、投资20亿元的德国山地车项目、丹麦家用电动车项目（新能源汽车合作项目）、康佳电动车项目（新能源汽车合作项目）。

【南部工业区】 2014年南部工业区共有规模以上企业53家，其中，建成投产企业29家，主营业务收入超亿元以上企业12家。固定资产投资完成28.2亿元，同比增长62.1%；主营业务收入54.81亿元，同比增长15%；实现工业增加值9.04亿元，同比增长15%；实现利税5.94亿元，同比增长15.12%。2014年工业区实施产业项目38项，总投资178.65亿元。其中，新开工项目11项，总投资42.07亿元；续建项目20项，总投资112.92亿元；竣工项目7项，总投资23.66亿元；前期谋划项目4项，总投资39.48亿元。工业区聚集省市重点骨干企业主要有金隅水泥、天山国际制造园、力马煤改气、诚信化工新区、润玉陶瓷、聚祥泰陶瓷、河北玻尔、河北万特生物、河北九天医药、瑞雪谷物、远征药业、宏升管业等。2014年南部工业区实施基础设施项目3项，总投资2.49亿元。其中，新开工项目1项，总投资3573万元；续建项目2项，总投资2.13亿元。前期谋划项目8项，总投资4.17亿元。建成道路16条，全长68.46千米。建成220千伏变电站2座，110千伏变电站6座，35千伏变电站2座。建成污水处理厂2座，分别为日处理4万吨的元氏槐阳污水处理厂和日处理2万吨的赞皇皇明污水处理厂；在建2座，分别为日处理4万吨的元氏槐东污水处理厂和日处理4万吨的高邑泲河南污水处理厂。

（各基地办公室）

特色园区

特色园区

石家庄国家高新技术产业开发区

【概况】 石家庄国家高新技术产业开发区（简称高新区）是1991年3月经国务院批准设立的首批国家级高新区。1995年经国务院批准，将位于市区东部原石家庄经济技术开发区并入石家庄高新区。2005年6月，国家发展和改革委员会（简称发改委或发展改革委）审核确定石家庄高新区政策区面积15.53平方千米，其中东区7.33平方千米，西区8.2平方千米。2009年10月15日，石家庄市委、市政府决定石家庄高新区对原裕华区宋营镇、原栾城县郄马镇实行托管。至2014年末，石家庄高新区辖2个街道办事处2个镇（长江街道办事处、太行街道办事处，宋营镇、郄马镇）、28个行政村、7个居委会，常住总人口17.55万人。2014年石家庄高新区完成地区生产总值181.0亿元，同比增长12.0%。其中，第一产业增加值1.7亿元，下降0.4%；第二产业增加值121.7亿元，增长11.8%；第三产业增加值57.6亿元，增长12.7%。全社会固定资产投资完成212.3亿元，同比增长19.3%。财政收入40.81亿元，同比增长23.25%，其中公共财政预算收入20.57亿元，同比增长31.64%。社会消费品零售总额69.84亿元，同比增长11.0%。2014年高新区新增上市挂牌企业8家，分别为河北汇金科技股份有限公司、石家庄五龙制动器股份有限公司、方大科技、华威凯德、果莺电子、迪泰尔电器、筑盛科技、博广热能。至2014年末，高新区在创业板、新三板、石家庄股权交易所、天津股权交易所上市挂牌企业达到18家。2014年中国生物中心发布全国国家级园区（包括国家级高新区和国家级经济技术开发区）生物医药产业综合竞争力排名：在108家将生物医药产业作为主导产业的国家级园区中，从产业竞争能力、研发创新能力、可持续发展能力等评价，石家庄高新区生物医药产业综合排位全国第4，位列上海张江、北京中关村、武汉东湖之后。

【工业经济】 拥有规模以上工业企业107个；主营业务收入461.4亿元；规模以上工业增加值完成109.9亿元；实现利润47.2亿元、利税64.3亿元。万元工业增加值能耗同比下降11%。加大5个石家庄市重点扶持百亿元企业扶持力度。2014年格力电器（含小家电）完成产值66.6亿元，利税8亿元；以岭药业完成主营收入25.2亿元，利税5.5亿元；石家庄四药完成营业收入30.5亿元，利税6亿元；东旭集团实现销售收入26亿元，利税11.7亿元；欣意电缆完成销售收入3.9亿元。工业企业对标培育省级对标示范企业7家、市级对标示范企业13家。促进两化融合，新增5家省级两化融合重点企业，年末高新区拥有国家级两化深度融合示范企业1家（石药集团），省级两化融合重点企业18家（其中省级示范企业3家：石药集团、冀凯集团、格力电器）。市科技中心、日中天科技、中机盛科3家省级中小企业公共服务示范平台建成。

【招商引资】 围绕产业转型升级，瞄准新兴产业和高端服务业，坚持“科学招商、政策招商、高端招商、产业链招商、主要领导带头招商、政企联合招商”理念，实施“内资按产业、外资按地域、入区项目评审、小分队式精准招商”措施。全年引进5亿元以上项目17个。其中，50亿元以上项目2个，分别为投资75亿元的东旭集团建设高科技产业园项目、投资50亿元的汉富城开投资公司建设石家庄节能环保产业园项目；投资10亿元以上项目5个，分别为投资3亿美元的石药集团抗肿瘤高科技产业园、投资11亿元的河北德路通公司建设新型肿瘤细胞检测器产业化等项目；投资5亿元项目10个。2014年高新区与国家商务部投资促进局签约，成为中国国际投资促进中心（德国）首批共建运营单位。实际利用外资1.11亿美元，完成全年任务111%；利用省外、市外资金110亿元，完成全年任务120%。确定服务外包企业60家，完成服务外包额5.6亿元，完成全年任务186%。外贸进出口逆势增长，累计实现进出口额4.66亿美元，同比增长12.86%。

【重点项目】 成立项目推进领导小组，实行分级定期调度制度。建立奖惩机制，实行项目推进工作责任制，将项目推进情况列入年度重点工作考核。细化服务措施，提高审批效率，千方百计变“纸上项目”为“落地项目”。2014年高新区安排重点建设项目155项，总投资1136.28亿元。其中，计划开工项目38项，总投资422亿元；续建项目41项，总投资305亿元；技改项目42项，总投资11.15亿元；计划竣工项目58项，总投资159亿元；前期项目34项，总投资398亿元。年末41个项目正在建设，38个项目竣工投产。列入省重点和全市攻坚年项目进展顺利，大唐电信、格力三期、东旭玻璃基板、石药抗肿瘤新药、河北生命原点等项目进点施工；中煤装备采掘设备项目完成主体施工；诚志永华液晶材料项目开始试生产，石家庄四药总部搬迁项目于2014年6月投产，并通过国家新版GMP认证。

【科技创新】 2014年高新区新认定高新技术企业59家，占全市新认定总数72%，至2014年末，高新区拥有高新技术企业163家；新认定科技型中小企业188家，至2014年末，高新区拥有科技型中小企业504家；培育省级科技小巨人企业20家；8家企业负责人入围“河北省百名科技型民营企业家”。2014年高新区新增院士工作站5家：石家庄中煤装备制造股份有限公司、东旭集团有限公司、天俱时工程科技集团有限公司、河北智同医药控股集团有限公司、石家庄藏诺生物股份有限公司。至2014年末，高新区院士工作站达到10家。2014年高新区新增省级工程技术研究中心1家：由河北美邦工程科技有限公司建设的河北省膜过程工程技术研究中心；新增市级工程技术研究中心5家：石家庄市口服液体制剂工程技术研究中心、石家庄市智能配电工程技术研究中心、石家庄市移动通信网络优化工程技术研究中心、石家庄市平板显示玻璃技术和装备工程技术研究中心、石家庄市水溶液肥料工程技术研究中心；新增省级企业技术中心1家：河北汇金机电股份有限公司；新增市级企业技术中心3家：河北工大科雅能源科技有限公司、石家庄恒运网络科技有限公司、石家庄开发区天远科技有限公司。至2014年底，高新区拥有市级以上重点实验室、工程技术中心、企业技术中心等创新平台83家，其中，国家级8家、省级29家、市级46家。2014年高新区申报各类科技项目371项，是2013年的2倍，获得市级以上科技项目立项90项；利用创新平台研发项目160项，申请专利83项。“药用辅料与制剂产业集群”被科技部认定为全国第二批创新型产业集群试点，“卫星导航与位置服务产业集群”、“光电子创新型产业集群”被省科技厅认定为“首批河北省创新型产业集群”（全省6家）。

【科技服务业】 高新区是河北省唯一国家级软件园、国家动漫产业发展基地、河北省服务外包示范园区、河北省唯一国家知识产权试点园区，2014年聚集软件企业146家，软件从业人员5100人，实现软件服务收入20多亿元。入驻数字内容服务类企业33家，实现收入2.13亿元。入统服务外包企业60家，实现服务外包额5.6亿元。河北旭辉电气股份有限公司、博广热能股份有限公司、石家庄恒运网络科技有限公司、石特阀门股份有限公司4家企业知识产权贯标完成。全年获得专利授权1521项，累计7674项，较2013年增长20%；建成知识产权综合服务平台，引进知识产权服务单位8家，为企业提供免费培训近1000人次，提供免费咨询、维权服务、专利代理等知识产权服务500多人次。2014年高新区拥有国家级、省级技术转移机构各1家，实现技术合同收入1.2亿元。搭建银企对接平台，破解科技型中小企业融资难题。与兴业银行、中信银行签订战略合作协议，授信额度300亿元；小额贷款公司发放贷款8.4亿元；知识产权质押贷款3700万元；20家科技型中小企业申报履约保险贷款近6000万元。

（樊永革）

【孵化器建设】 制定出台《石家庄高新区孵化器建设管理办法》和《石家庄高新区孵化器服务规范》。天山科技园、日中天科技园获授省级科技企业孵化器称号。新增入孵备案企业139家（区内登记注册并纳税），新增年产值6.92亿元、税收5530万元。科技孵化器规模、等级和数量均居全省第一。至2014年底，高新区拥有省级以上孵化器9家，其中国家级4家；区级孵化器5家；孵化面积102万平方米；在孵企业700多家，从业人员3.3万人，涉及电子信息、生物医药、数字医疗、新材料、现代服务、节能环保等领域；毕业企业130家。孵化器拥有科技公共服务平台35个。

（王丽强）

【基础设施】 全年新建、续建道路5条，总投资1810万元的闽江道（珠峰大街—天山大街）、漓江道（燕山大街—泰山街）、秦岭大街（湘江道—闽江道）3条道路竣工通车，总投资3238万元的仓宁东路（太行大街—燕山大街）、燕山大街（珠江大道—湘江道）正在建设，南二环东延（新元高速—燕山大街）实施征地拆迁前期工作。仓盛东路、仓丰东路等10条道路施工设计方案完成。格力110千伏变电站投入运行，增加变电容量12.6万千伏安。留村220千伏变电站升级改造正在施工。昆仑大街电力隧道完成勘察、设计。韩通—民生29级塔维修及更换地线、石家庄四药用电增容、以岭药业大楼用电增容、格力三期高压线迁改及临时用电方案和设计、中国电信生产中心项目临时用电和正式用电方案及设计完成，协调解决荣御府小区正式用电。年末变电站由5座增加到8座，3座新变电站建成后，新增变电容量57.6万千伏安，累计变电容量达到148.6万千伏安。新建供水管网5.2千米；污水处理厂升级改造主体工程完工。新建珠江大道、珠峰大街、闽江道3条高温水供热管道。新建加气站1座，敷设市政燃气管网2.5千米。2014年1月，市液化气应急储配中心在高新区正式挂牌成立，规划占地130亩、投资1.5亿元、储存液化气3400余吨。新装5条区间道路照明设施，铺设地埋电缆6500米，安装照明灯杆127根，照明灯具163盏。南辛庄槐安路南侧回迁楼回迁入住；西仰陵回迁楼封顶；太行大街回迁房完成3栋住宅主体工程；32号地小区9栋高层住宅交付使用；留村拆迁完成总量99.5%，9栋回迁楼封顶，15栋回迁楼开工建设。泊水湾保障性住房小区2288套保障房及配套建设收尾。拆迁拆违205处，拆除违法建筑、超期临建3.2万平方米。

【生态环境】 PM2.5首要污染物指标下降21%。投资5400多万元烟气脱硫增容和脱硝改造工程、投资111万元主煤场防风抑尘网工程及3号4号锅炉除尘设施改造工程完成，年末高新区热电煤气公司大气污染物排放全部达到新的国家标准要求。推广使用优质低硫煤27.7万吨，拆除分散燃煤锅炉88台，推广置换环保采暖炉326台，投资4794.9万元完成4个村5184户天然气入户改造工程，年减少燃煤消耗26000吨，规模以上餐饮服务业油烟全部治理。建筑工地安装工地冲车设施55台，视频监控55套，检查渣土运输车辆2740辆次，查扣违章运输车70余辆，处罚金额109.35万元，投资480万元购买清扫保洁设备14辆。淘汰黄标车886辆。植树造林35.67万株，新增绿地15.39万平方米，850亩环省会防护林和村庄绿化、环村林带绿化任务完成。

【乡村建设】 6个省重点村项目建设总投资14439.9万元，硬化道路141445平方米、巷道286885平方米，新修连村道路30280平方米。新增路灯线杆689个，安装路灯1245个。清运积存垃圾、杂物238000立方米，清残垣断壁和路障220处，清庭院674个，新建垃圾分类收集设施78个。完成旱厕改造2324个。新植环村林带19200平方米，村内新植乔木12180株，新植花草灌木10510平方米，完成墙体改造51640平方米。新建沼气池203户，改造厨房4934个。

【社会民生】 基本完成市一中东校区（五十四中）二期工程建设和五十六中学接管，3所小学建成投用；顺利通过国家和省政府教育督导评估，获评“国家义务教育发展基本均衡达标县（区）”。投资350万元升级改造宋营镇卫生院等4家基层医疗卫生机构，长江社区卫生服务中心获授“全国群众满意的社区卫生服务机构”称号；高新区妇幼保健和计划生育服务中心成立；河北医科大学附属二院、三院、四院以及市妇产医院在高新区设立分院，形成省级综合医院、重点专科医院、社区卫生服务中心、社区卫生服务站“四位一体”医疗保障体系。新增参加企业职工养老保险1.4万人；发放养老金6677.1万元。为903名低保对象发放低保、救助等资金320万元。提供就业岗位67180个，城镇新增就业人数9745人，城镇登记失业率2.8%。

石家庄国家高新技术产业开发区

副市长、中共高新区工委书记：

蒋文红

市政府党组成员、党工委副书记、管委会主任：

吴时茂

党工委副书记、管委会副主任：

关保松（满族）

党工委副书记、纪工委书记：

潘宗营 （12月免）

党工委委员、管委会副主任：

姚玉和 高金光

高华树 戴宝进

（樊永革）

石家庄循环化工园区

【概况】 石家庄循环化工园区（简称化工园区）位于石家庄市区东南方向20千米处，是河北省政府确认的首批省级工业聚集区和循环经济示范园区。2005年12月启动建设，起步区规划面积5.44平方千米，2011年规划面积扩大至10.26平方千米。为促进石家庄市产业结构调整，打造新的工业经济增长极，2012年7月成立中共石家庄循环化工园区工作委员会（简称工委）和石家庄循环化工园区管理委员会（简称管委会），级别为副厅级，托管藁城市丘头镇，管辖面积56.62平方千米，其中核心产业区面积10.26平方千米。2013年化工园区被确定为河北省实施工业强省战略十大新型工业化基地之一，被评为省级中小企业产业示范集群。常住总人口4.98万人。2014年化工园区加强工业运行调度，实现中石化石家庄炼化分公司（简称石家庄炼化分公司或石炼化）800万吨油品质量升级项目一次性试车成功和产业链稳定运行。推进联合石化废动植物油生产生物柴油及生物基制品等23个重点项目建设，启动水岸新城建设、汪洋沟综合整治、农村面貌提升等工程。组建循环化工研究院、行政服务中心、社保中心、综合治税办公室、财政投资评审中心、综合执法大队和环境监测站7个事业单位；市工商、质监、国税、地税、公安、国土、规划7个垂直管理部门派驻机构全部到位。协调上海同济城市规划设计院完善《石家庄循环化工园区总体规划（2013—2030）》专家评审意见；委托中国环境科学研究院开展化工园区总体规划环境影响评价，根据石化产业特征和循环经济原则，从生态环境影响角度，论证园区总体规划的合理性，提出产业规模、布局优化、生态环境不利影响的减缓措施。2014年化工园区完成原油加工292万吨，生产己内酰胺2.89万吨，环己酮8.87万吨，烧碱10万吨，氯气4.48万吨，氨基乙酸7.21万吨。固定资产投资完成76.7亿元，主营业务收入218亿元，实现财政收入21亿元。

石家庄炼化800万吨油品质量升级项目装置

【重点项目】 至2014年底，化工园区核心产业区入驻中石化石家庄炼化分公司、晋煤集团金石化工投资集团、盈德气体集团、河北威远生物化工股份有限公司、河北石焦化工股份有限公司、石家庄白龙化工有限公司、石家庄东华金龙化工有限公司等规模以上工业企业21家，实施工业项目40个，总投资572亿元，累计完成投资351亿元。2014年实施工业项目22个，完成固定资产投资76.68亿元。其中，河北北田3万吨工程塑料和1万吨塑料改性、东华化工8万吨工业氨基乙酸扩建、联合石化C4综合利用、白龙化工搬迁改造一期4个项目竣工试车；通华化学TFT液晶单体和市染料厂3万吨还原靛蓝2个续建项目建设顺利推进；联合石化废动植物油生产生物柴油及生物基制品、河北达索原料药及医药中间体一期、青岛昌盛光伏农业大棚3个项目开工；轻烃综合利用一期、河北恩和医药中间体、尼龙产业园二期、新合泰催化剂产业园、冀荣药业年产10000吨药用氨基酸系列产品等11个项目完成前期审批手续；河南万众燃气热点联产电厂、东同光电1000吨陶瓷靶材2个项目正在办理前期审批。

【招商引资】 全年化工园区引进项目5个，总投资83.1亿元。其中，投资62亿元的河南万众热电联产项目完成注册登记；投资2.2亿元的昌东触媒项目、投资2.3亿元的北京新合泰石化催化剂和万吨级表面活性剂项目、投资5亿元的河北冀荣万吨级药用氨基酸项目、投资5.6亿元的河北恩和食品添加剂及化工中间体项目完成项目备案。河南万众热电联产项目规划建设规模4×350MW 9F级燃气—蒸汽联合循环供热机组，占地面积400亩，总投资62亿元（电厂投资52亿元，管道投资10亿元）；规划建成后年发电量90亿千瓦时，蒸汽产能960吨每小时，年产值70亿元，上缴利税7亿元；一期投资27亿元的2×350MW项目正在建设，规划建成后年耗天然气7.8亿立方米，节省煤炭93万吨。

【城镇建设】 化工园区是石家庄市新型城镇化建设试点园区，2014年化工园区实施了水岸新城项目一期、汪洋沟综合整治、农村面貌提升等重点工程建设。水岸新城项目：总投资21亿元，占地面积7000亩，规划建成后安置核心产业区卫生防护距离内5个村4794户15944人；2014年启动建设水岸新城一期工程主要用于安置中石化石家庄炼化分公司800万吨油品质量升级项目卫生防护距离内搬迁村民，落实国家开发银行贷款17.83亿元，建设一期住房18栋，占地233.41亩，总建筑面积42.15万平方米，安置回迁户1220户。汪洋沟综合整治工程（化区园区段）：汪洋沟全长49.18千米，流经化工园区段8千米；化工园区投资4929万元，主要实施汪洋沟改线和综合整治，提高过流能力，改善水质，实现河畅、水清、岸绿、景美、水环境明显改善、生态环境有效恢复。农村面貌改造提升工程：化工园区辖内徐村、丽阳、曹家庄均列入河北省农村面貌改造提升行动重点村，其中徐村获评市级美丽乡村。2014年化工园区投入资金1000余万元，实施农村布局优化、民居美化、道路硬化等15件实事，重点解决饮水安全、垃圾处理、厕所改造等农民最迫切需要解决的6件事，新打500米深水井2座，新修供水管道40000米，新修村内桥梁2座，硬化村内道路15632平方米，铺设村内便道23015平方米，完成厕所改造652座，修缮危房387间，粉刷墙体48000平方米，村内绿化近300亩，清理村庄垃圾18000立方米，徐村天然气接入工程完成，1784户村民全部实现天然气入户。制定出台《石家庄循环化工园区关于促进设施农业加快发展的若干政策》。以周家庄、徐村、堤上等村蔬菜示范园为基础，谋划设施蔬菜大棚建设，发展农业采摘和观光旅游。2014年化工园区新增设施蔬菜面积500亩，累计达到1300亩；丘头镇建成奶牛养殖大镇，南乐乡、堤上等养牛场成为伊利等知名奶制品企业的奶源基地。以大气污染治理为重点，投资2亿元，完成石炼化燃煤锅炉脱硫脱硝除尘改造和烟气旁路拆除切断、石炼化一催化再生烟气治理、旭隆化工硫酸车间转化器改造和东华化工35蒸吨燃煤锅炉拆除、石炼化和八维化工的VOC综合治理、八维化工的料场治理7个重点大气污染项目治理。超额完成市政府下达优质低硫煤、洁净型煤推广任务和环保炉置换任务指标，置换环保炉1548台，推广低硫煤2.5万吨、洁净型煤2.5万吨。

【社会民生】 编制《石家庄循环

化工园区学校布局建设规划（建议）2014—2030》，明确化工园区学校建设布局、建设数量规模、建设步骤等。投入专项资金175万元，改善园区中小学校硬件设施，提高教学条件。建设急救创伤为重点、专科特色明显的综合性公立医院，投资1.2亿余元启动扩建化工园区医院病房楼项目，设置床位300余张。2014年化工园区新农合参合农民45601人，参合率97%，补偿99664人次，发放补偿1512.82万元；新农合参保21502人，参保率98.33%；符合享受新农保待遇8322人，发放保险金889.03余万元。开展社会救助，提高低保、五保、散居孤儿等补贴标准，全年向372人发放补贴65万元；出台《重点优抚对象医疗保障暂行办法》，较好解决了重点优抚对象医疗难问题。

石家庄循环化工园区

中共石家庄循环化工园区工委书记

管委会主任：

高新城

党工委委员、管委会副主任：

范振鹏　宋同原　范书青

党工委委员、纪工委书记：

王光

（范长锋　郝英敏）

正定新区

【概况】 正定新区于2010年10月批准组建，位于石家庄滹沱河北岸，规划包括正定历史文化名城及东侧建设区域，建设用地135平方千米，人口140万；主要建设低碳、生态、智慧新城，建成承载未来新兴产业和省会高端服务业的载体。正定新区功能定位为石家庄中心城区“一城三区”的核心组成部分，是市级行政和文化中心、现代服务业基地、科教创新集聚区。正定新区建设按照三期圈层推进：一期率先启动30平方千米起步区建设，起步区范围北至正无路、西至新元高速、南至滹沱河畔、东至太行大街以东地带，并以综合商务中心为引领带动新区建设，实现城市建设重心向北转移，居住人口达到30万人；二期35平方千米，居住人口55万人，逐步开始新区中央商业带建设，着手打造市级商业中心；三期39平方千米，增加居住人口30万人，主要推进职教综合服务带建设，推动创新型产业发展。正定新区辖诸福屯、三里屯2个街道办事处，20个居委会，总人口6万人。2014年正定新区实现财政收入3.06亿元，同比增长47%，其中公共财政预算收入2.6亿元，增长37%。实施项目32个，完成投资49.86亿元。其中，正定新区投资37.36亿元；社会投资12.5亿元。新增城市道路长度18千米；新增绿化面积100万平方米；征收宅基地745户、企业373家。年末安置房开工面积累计达到231.5万平方米。

【重点项目】 2014年正定新区在建重点项目8个，总投资120亿元，完成投资17亿元。商务中心占地面积300亩，建筑面积39万平方米，地上12层、地下2层，总投资16.24亿元，正在屋顶飘架及内外装修施工。河北奥林匹克体育中心（简称河北奥体中心）占地面积702亩，总投资27亿元，由体育场、体育馆、游泳跳水馆、网球馆、综合训练馆和田径（篮排）馆构成，采用空中平台将建筑连为一个整体。其中，体育场建筑面积12万平方米，总投资5.7亿元，位于中心场馆区西部，地上5层，地下1层，规划可容纳6万人观看体育比赛或文艺演出，2014年1月体育场工程主体结构封顶；综合馆完成护坡及桩基施工。石家庄报业传媒大厦占地面积38.46亩，建筑面积11万平方米，总投资5.65亿元，进入4层施工。3个项目开展桩基施工，分别是石家庄宝能中心，占地面积96亩，建筑面积28.8万平方米，总投资15亿元；省出版传媒创意中心，占地面积93.6亩，建筑面积17.54万平方米，总投资13.23亿元；亚宇喜来登五星级酒店，占地面积81亩，建筑面积28万平方米，总投资10亿元。6月6日，亚宇中心·喜来登酒店项目在石家庄正定新区举行开工奠基仪式，这是正定新区第一个开工建设的五星级酒店及商业项目，也是正定新区地标建筑。该项目由北京亚宇欣联投资有限公司投资建设，地上面积17.5万平方米，地下4层10.5万平方米，位于正定新区核心区域，东临北京南大街，西至昆明街，南依隆兴西大道，北接朱河道，是包括五星级酒店、5A级写字楼、定制总部楼、公寓、大型商业超市、餐饮、休闲、娱乐为一体的商业综合体项目；在建石家庄地铁出入口与该项目地下商场相连，全玻璃幕墙设计，引入多项高科技、低能耗技术，达到人、建筑、景观、现代感最大契合。职教园区特教学校占地面积104亩，建筑面积4.3万平方米，总投资1.52亿元，正在室内外装修；石家庄信息技术学校一期四栋楼主体封顶。正定新区第一中学主体完工，正在内外装修。

【招商引资】 全年将企业总部、金融后台、商业服务、商业综合体作为重点招商内容，组团参加5月18日中国·廊坊国际经济贸易洽谈会、10月23日中国·石家庄国际投资贸易洽谈会两场招商活动，并与正定县招商局合作举办“正定县暨正定新区投资合作专题对接活动”。2014年正定新区签约引进项目13个、投资额150亿元，涵盖总部经济、电子商务、金融服务、医疗教育、文化产业以及综合性商业等领域。其中，亿元以上签约项目11个，分别是省国控投资管理有限公司总部、河北银行总部、河北服装科技大厦、天山集团总部、钢贸电子商务大厦、碧水源大厦、天山·云谷电子商务产业园、华人华侨创业产业园、石家庄经济学院新校区、千喜鹤商学院、泰雅轩书画艺术馆。推进落地项目建设，加大项目融资力度，拓宽融资渠道，至2014年末，正定新区累计获得授信贷款157.9亿元，到位资金121.16亿元。其中，2014年获得授信贷款76.9亿元，到位资金56.58亿元。

【基础设施建设】 新建道路10条、总长度18千米，覆盖面积70万平方米，总投资14.15亿元。其中，上海大街西辅路、天祥街、天宁街、湖南大道（大临济段除外）4条道路完工；青海大道快车道具备通车条件；北京大街南延、隆兴大道、南宁街、西宁街、文庙街北延5条道路正在基础施工。主干道青海大道全长2.5千米，红线宽48米，双向六车道，投资1亿元。新城大街南延全长2千米，红线宽60米，双向八车道，投资2亿元。隆兴路全长2.3千米，红线宽48米，双向六车道，投资2亿元。与道路项目同步实施市政管线敷设，完成铺设给水管线23千米、污水管线48千米、雨水管线64千米、中水管线14千米、燃气管线36千米里、弱电管线6千米，迁改电力线路38条，总长度50千米。秉承“低碳、生态、智慧”建设理念，选择占用空间少、节省土地资源、环境污染小地下式污水处理厂；2014年底，正定新区污水处理厂竣工投入使用，占地面积166.4亩，日处理污水量10万吨；采用国内最先进的膜处理系统，出水标准达到一级A标准。新增绿化面积100万平方米，年末正定新区绿化面积达到300万平方米。其中，上海大街道路两侧绿化、湖南大道两侧绿化、正无路（京港澳高速至天津大街段）两侧绿化、经济林建设完工；河北大道北侧绿化工程、滨水绿化带二期工程完成地形整理。

【城区管理】 取缔治理非法砂场、中转沙场19家。淘汰黄标车249辆，完成目标任务117%，在全市排名第三。开展打击环境污染违法犯罪“利剑斩污”专项行动，利用两个月时间集中实施畜禽粪便加工点取缔活动，清除积存原料30万立方米，取缔加工点57家，彻底祛除长达十余年顽疾，有效改善大气环境。加快社区安置房建设，三里屯、常山和诸福屯建设安置房总建筑面积500万平方米，开工91栋1.86万套，总开工面积231.5万平方米。其中，三里屯六区11栋具备入住条件；三里屯一区7栋基本竣工；31栋封顶，正在内外装修。

【社会民生】 扩大养老保险覆盖范围，全年新增参保人员1137人，缴纳养老保险费885.4万元；续保人员9664人，续保金额7642.3万元。提高城镇居民医疗保障水平，为8442人次报销基本医疗保险费2440万元。搭建新型就业平台，与市就业服务局、市高级技工学校联合协作，举办就业培训班42期，免费培训居民700人；联系驻正定新区单位吸纳辖区居民就近就业1000余人。

正定新区

副市长、中共正定新区工委书记：
王韶华
工委常务副书记、管委会主任：
吕军　（12月免）
党工委副书记、管委会常务副主任：
王威
党工委委员、管委会副主任：
孙风毅　李春华
党工委委员、纪工委书记：
陶国田

（辛维铎）

空港工业园

【概况】 空港工业园于2010年10月批准组建，位于河北省省会石家庄北部，规划面积124平方千米，规划人口60万，是河北省按照“科学发展的实验区、对外开放的先行区、经济增长的带动区”发展目标重点打造的省级开发区。空港工业园与石家庄正定国际机场毗邻，距离石家庄市区30千米，首都北京200千米，天津新港350千米，黄骅港300千米。107国道和京港澳、京昆高速公路纵横南北，黄石、青银高速公路纵贯东西；京石高速铁路在园区设有专门停靠站；机场快速路、太行大街、东三环从园区直达石家庄市区。2014年石家庄空港工业园以构建“两个枢纽、三个基地”（华北地区的复合式交通枢纽、旅游枢纽，华北地区的航空加工业基地、服务外包基地、综合性物流基地）为核心，围绕“产业带动，项目拉动，措施推动”思路，全力打造石家庄对外开放桥头堡。9月15日，国务院批准同意设立石家庄综合保税区。11月7日，市委、市政府印发《关于空港工业园对综合保税区及相关区域进行共同管理的意见》（石字〔2014〕27号），规定首批共管范围包括：石家庄综合保税区建设和园区项目占地涉及的正定县新城铺镇和藁城区增村镇部分村庄；共管面积56.44平方千米，村庄20个，总人口5.5万人；首批共管内容包括：统一规划管理，统一土地管理，统一基础设施建设，统一招商引资，统一管理部分社会事务。依据《石家庄综合保税区土地征收储备实施方案》（石政办函〔2014〕59号），启动土地征收储备工作。至2014年末，2.86平方千米土地组卷的批次、各地块边界勘测和埋桩定界，区内地上建筑物、附着物的清点、确认、评估，以及土地分户丈量、地上青苗的确认统计工作完成；发放青苗补偿和秋粮补助1239户，签订土地权收回协议1234户；迁坟12座。

【招商引资】 围绕综合保税区规划方案，重点开展电子商务、软件服务外包等新兴服务产业招商。全年洽谈项目17个，通过石家庄海关初审11个，总投资99亿元。其中，美国合众跨境电商基地项目总投资10亿元，占地417亩，规划年货物吞吐量151.7万吨，年交易额104亿元；空港国际皮草中心项目总投资14.9亿元，占地585亩，建筑面积65万平方米，包括仓储物流区用地150亩、加工区用地435亩，规划年进出口贸易额100亿美元；棉麻公司纺纱和服装加工及保税物流仓储项目总投资12.98亿元，占地400亩，规划年纺纱2.4万吨，加工中高档服装60万件，年产值10亿元；软木深加工生产项目总投资1.1亿元，占地28.5亩，规划建设亚洲最大的软木制品加工基地，填补国内高档红酒瓶塞生产空白。制定重点在建招商项目推进领导联系制度；编印招商手册2万余册。推进空港工业园门户网站建设，扩大对外宣传，提高社会知名度，年末点击量达到80万人次。

【基础设施建设】 全年建成园区道路总里程1.3万余米。其中，主要道路梦龄大道综合保税区内双向8车道长805米、宽50米，区外双向6车道长1104米、宽40米；区内中央大街双向4车道长2722米、宽30米；海关巡逻道双向2车道长421米、宽15米。实施综合保税区对外连接道路工程，建设机场北大街双向4车道长5421米、宽20米；西环港北路双向4车道长462米、宽20米；货运区路双向4车道长773米、宽20米；空港北大街双向4车道长1347米、宽30米。安装路灯174根（杆）。中央大街弱电、天然气接通。

【批准设立综合保税区】 9月15日，国务院批准设立石家庄综合保税区（国函〔2014〕124号）。10月27日，省委常委、市委书记孙瑞彬到综合保税区调研，要求将综合保税区打造成为石家庄市对外开放的桥头堡。石家庄综合保税区位于石家庄空港工业园起步区，石家庄正定国际机场东侧，规划面积2.86平方千米，围网面积2.58平方千米，规划范围东至空港北大街，南至海关巡逻南路，西至机场北大街，北至海关巡逻北路。综合保税区主要功能为口岸作业、保税物流、保税加工、保税服务、保税仓储。根据综合保税区功能定位，结合石家庄市产业发展方向，重点发展保税加工类、保税物流类、保税服务类产业。2014年综合保税区控制性详细规划完成，投资1.8亿元一期路网工程6条道路及亮化设施完工，综合保税区与机场、高铁站、西南片区之间实现互联互通。至2014年末，综合保税区11个拟入区项目通过石家庄海关初审，总投资99亿元。

【新型城镇建设】 2013年6月9日，空港工业园在市城乡规划委员会第九次会议上入编石家庄市9个重点示范区新型城镇化近期建设规划。2014年空港工业园启动安置社区工程和城镇化建设一期东平乐村改造工程。其中，安置社区工程整合共建西咬村、冯家庄、台上3个村，总建筑面积70.7万平方米，回迁费用估算5.07亿元，规划设计方案、项目建议书编制完成，正在编制拆迁、补偿、安置实施细则；城镇化建设一期东平乐村改造工程，总建筑面积34万平方米，回迁费用估算6.25亿元，制定完成拆迁、补偿、安置实施细则，签订旧村改造协议，立项审批及房屋评估完成。

石家庄空港工业园

中共石家庄空港工业园工委书记、管委会主任：

杨志乾

党工委副书记、管委会副主任：

夏生华

党工委委员、管委会副主任：

李卫山 申春良

张风彦 穆增科

刘军志

党工委委员、纪工委书记：

刘军

（蔡晓敏）

石家庄年鉴 Public Administration and Social Organizations

公共管理和社会组织

公共管理和社会组织

中国共产党石家庄市委员会

【概况】 2014年，中共石家庄市委面对复杂多变的经济形势和艰巨繁重的建设任务，始终贯彻落实习近平总书记系列重要讲话精神和河北省委重大决策部署，以开展党的群众路线教育实践活动和反对“四风”（克服形式主义、官僚主义、享乐主义和奢靡之风）为动力，团结带领全市干部群众，围绕转型升级、跨越赶超、建设幸福石家庄，率先在全省全面建成小康社会的奋斗目标，解放思想、深化改革，攻坚克难、奋力拼搏，推动省会各项工作上水平、创一流，实现了经济平稳健康发展、城镇建设步伐加快、民生持续改善、社会和谐稳定、从严治党扎实推进的良好局面。

开展党的群众路线教育实践活动和反“四风”整顿，改进党员干部作风。市委常委会将开展第二批党的群众路线教育实践活动，作为从严治党、加强作风建设，为省会事业发展提供坚强作风保证的重要抓手和重大契机，立足省会实际，围绕为民、务实、清廉主题，贯彻“照镜子、正衣冠、洗洗澡、治治病”总要求，做到“灵魂深处受教育、结合实际搞活动、扎扎实实见成效”，突出作风建设，聚焦“四风”问题，以整风精神推进党的群众路线教育实践活动和反“四风”整顿，取得党群干群关系密切，党风政风明显好转的良好书面。将加强思想教育摆在首位，组织党员干部学习贯彻习近平总书记系列重要讲话精神，狠抓理想信念、革命传统、实践体验、党纪法规、正反典型“五项教育”，以好干部标准、总书记在正定的优良作风、焦裕禄精神、“两个务必”为镜子，开展有针对性的专题学习，将教育实践活动变成不上党校的教育培训。通过教育实践活动和反“四风”整顿，全市党员干部经历了一次触及灵魂的思想洗礼，起到醒脑、提神、补钙作用，筑牢了为民、务实、清廉思想基础。将整治“四风”突出问题作为教育实践活动重中之重，针对“四风”顽疾开展大排查、大检修、大扫除。2014年全市查处“四风”问题1139件，给予党政纪处分288人，有效遏制“四风”蔓延势头。开展正风肃纪等“四个专项行动”，狠抓扶贫帮困等“六件惠民实事”，开展清查公园违规占用绿地等“六个大清查”活动，推进服务型党组织建设，打通联系服务群众“最后一公里”，解决了一批涉及群众切身利益的热点难点问题，受到老百姓的欢迎。将开展批评与自我批评作为教育实践活动取得实效的最关键环节，以河北省委、兰考县委、保定市委常委班子为标杆，召开了一次严肃认真、实事求是、民主团结的专题民主生活会，真刀真枪提意见，满腔热情帮同志，收到红脸、出汗、排毒、治病效果，达到“团结—批评—团结“的目的。加强基层领导班子专题民主生活会和组织生活会指导，各级基层党组织普遍召开一次高质量的民主生活会，广大党员干部普遍经受了一次严格的党内生活锻炼，党的批评和自我批评的优良传统得到恢复和发扬。坚持问题导向，狠抓整改落实，针对群众最不满意的问题，边查边改、立行立改，办理了一批看得见、摸得着的实事好事，以改进作风取信于民，让群众看到效果、得到实惠、增强信心，拉近了党与群众的距离。坚持将制度建设作为解决“四风”问题治本之策，出台落实党风廉政建设“两个责任”、整治文山会海、严控评比表彰等制度规定，从体制机制上堵塞滋生“四风”漏洞，扎紧了克服“四风”的“篱笆墙”。

将发展作为第一要务，推进转型升级、跨越赶超。市委常委会始终将发展作为第一要务，立足率先全面建成小康社会、为全省经济发展挑重担，积极适应经济新常态，切实转变发展理念，追求有质量的发展，组织实施经济工作“四大硬仗”，推进转型升级、跨越赶超。面对宏观环境不利情况，全市经济实现平稳较快发展。2014年全市实现地区生产总值4794.4亿元，对全省经济增长贡献率达到19%；全部财政收入660.76亿元，同比增长4.97%，公共财政预算收入331.91亿元，同比增长8.71%，总量均居全省首位，公共财政预算收入10年后重返全省第一。实施工业强市战略，坚持无中生有和有中生新并举、招商引资和内生发展并重，强力推动工业突破。重视战略性新兴产业发展，完善发展规划，加大政策支持，实施倍增计划，产业档次实现新提升。深入推进“对标行动”，2014年全市省级对标示范企业占全省六分之一，连续三年获得全省综合考核第一名。扶持高成长性企业发展，落实市级领导联系帮扶企业制度，君乐宝乳粉等一批新的经济增长点形成。下决心压减“两高一低”企业产能，实施“腾笼换鸟”，连续两次淘汰水泥产能1850万吨，提前三年完成水泥产能压减目标，为发展高端产业提供了空间。开展国家创新型城市建设，研究制定实施创新驱动发展战略和引进科技创新产业人才的意见，加快推进科技成果转化，增强创新驱动发展能力。真诚关心企业和企业家，及时解决企业遇到的困难和问题，为工业企业发展创造良好的外部环境，2014年全市规模以上工业实现增加值1851.3亿元，同比增长5.9%，工业运行质量和效益保持全省第一。发挥省会优势，提升现代服务业发展水平。大力扶持高成长性商贸物流企业和重点项目，一批大型城市综合体建成投用。发展电子商务等新兴业态，商务云数据中心建成投用，石家庄市列入国家电子商务示范城市和国家信息惠民试点城市。石家庄综合保税区成功获批。中国·石家庄国际投资合作洽谈会（简称石洽会）、中国·石家庄（正定）国际小商品博览会（简称正博会）、中国·石家庄国际医药博览会（简称药博会）影响力提升，省会“夜经济”、山区“农家乐”蓬勃发展，服务业对经济增长贡献率达到53%。将抓项目作为经济工作重中之重，实施“项目攻坚年”活动，督导县（市）区党政主要负责人抓好项目招商引资，开展重点项目联查活动，加大项目建设考核力度，调动各方面招商引资的积极性。实行市、县两级领导分包重大项目制度，及时协调解决项目建设中遇到的困难和问题，促进项目落地、建设和达产。发起成立石家庄京津冀产学研联盟，主动加强京津对接，积极争取京津产业转移项目。2014年全市全社会固定资产投资完成4916.04亿元，同比增长16.6%，高于全省平均水平。按照中东西三大区域协调发展布局，加强县域经济分类指导，推动中部快速隆起、东部工业突破、西部绿色发展。2014年中部区域公共财政预算收入同比增长13.6%，在全市占比83%；东部区域规模以上工业增加值同比增长10.9%，对全市贡献率超过45.2%；西部区域发展绿色产业，生态屏障功能逐步显现。将发展民营经济作为县域经济重要支撑，加大扶持力度。2014年全市民营经济综合排序保持全省第一，获评发展民营经济先进市。将园区作为县域经济发展重要载体，加大整合提升力度，园区聚集承载能力实现新提高。重视农业、农村、农民“三农”工作，落实强农惠农富农政策，增强农业基础地位，农业综合生产能力提升。加强“粮食生产核心区”建设，粮食单产、总产再创历史新高。坚持以工业化理念发展农业，着力培育新型农村市场主体，稳妥推进农村土地流转，重视发展农业规模经营。2014年平山葫芦峪农业开发经验在全省推广。城镇居民人均可支配收入26071元，同比增长8.3%；农村居民人均可支配收入10542元，同比增长10.4%。农村居民人均可支配收入增速高于城镇居民2个百分点。将实施农村面貌改造提升行动作为转变农村生产生活方式、推进农村文明进步的重要抓手，落实试点先行、以点带面，因地制宜、扎实推进措施，高标准完成重点村建设任务，受到农民群众的欢迎。坚持问题导向，着眼解决制约省会发展和老百姓反映强烈的突出问题，全面推进各领域改革。重点围绕实施工业强市、加快转型升级，优化发展环境、实施全民创业，破解要素制约、改善土地资金供应，治理环境污染、优化生态环境，夯实基层基础、强化社会治理，增强基层活力、方便群众办事，维护公平正义、保持社会稳定，落实“八项规定”、坚决反对“四风”等八个方面，实施一批关键性改革和试点。2014年全市以市委、市政府或市直部门名义制定出台涉及改革内容文件95件，其中石家庄市农村集体经济股份制改造试点经验在全省推广，文化产业集成创新、融合发展经验，行政执法和刑事司法“两法衔接”经验，在《人民日报》、《法制日报》等国家媒体刊发。

推进城镇建设上水平、出品位，下狠力建设大省省会。市委常委会将加快城镇化步伐、打造一流省会城市，作为率先在全省全面建成小康社会的重要推动力，强力推进省会建设出品位、县城建设上水平，全力开创省会城市建设新局面。围绕做大做强省会城市、加快城市化步伐、增强中心城市辐射带动能力，报经国务院批准，实施部分行政区划调整，鹿泉、藁城、栾城由县(市) 改为区，原桥东区划入桥西区和长安区，拓展了城市发展空间，优化了城市布局。以出品位为主攻方向，推进主城区改造提升。开展省会房地产市场治理整顿，实施拆违治乱攻坚战，集中整治违法建筑设施。加强城市建设规划管理，规范城市建设秩序。推进对标天津活动，开展城市容貌综合整治，规范提升新胜利大街等主街主路建设，省会城市面貌取得新变化。抓住国家支持棚户区改造重大机遇，加大老旧小区及小街巷改造提升力度。推进重大基础设施建设，新客站东广场竣工投用，轨道交通、雨污分流改造等重点工程进展顺利，城市承载能力提升。石家庄铁路枢纽改造六线隧道工程顺利开通，省会被铁路分割历史结束。加大城市管理力度，探索推行市场化改革，城市管理标准化、精细化水平提升。推进省会北跨发展，统筹正定新区、保税区、空港工业园建设、正定古城保护和新型城镇化建设。加强滹沱河两岸市区段规划控制，实施综合整治和绿化植树工程，增加城市“留白”和市民休憩空间。实施正定古城墙修复、周汉河整治等古城保护工程，古城保护取得阶段性成效。推进正定新区功能性项目和配套项目建设，新城大道建成通车，河北奥林匹克体育中心主体工程完工，新区吸引力提升，初步具备聚集人口和产业能力，“一河两岸”城市发展格局正在形成。将县城建设作为推进新型城镇化、发展壮大县域经济的重要抓手和载体，实行规划引领、拆建并举，狠抓“三旧一违”拆除改造、基础设施建设和绿化美化工作，推进迎宾景观大道、标志性街道建设，实施环境卫生综合整治，提升县城建设管理水平。

实施改善两个环境攻坚战，打造宜居宜业城市。市委常委会认为，生态环境和发展环境不优是制约省会发展的两大突出矛盾，关系发展、涉及民生，是社会问题、也是政治问题。市委常委会动员全市上下，坚决克服畏难情绪，发扬连续作战精神，实施新一轮改善生态环境和发展环境攻坚战。以大气和水污染防治为重点，大气污染防治作为重中之重，将改善生态环境作为最基本的民生抓起。围绕尽快甩掉重污染城市“黑帽子”，开展省会大气颗粒物源解析，完善治理措施，落实压煤、抑尘、控车、迁企、减排、增绿等六大治污举措，做到科学施治。2014年市区城市环境空气质量优良天数114天。其中，一级天数从2013年的“零”达到12天。将造林绿化作为改善生态环境的重要抓手，以“一山二环三河”和城市绿化为重点，开展大规模造林绿化行动，全年完成造林绿化62万亩，森林覆盖率达到36%。加强水源地保护，推进汪洋沟、滹沱河等流域生态综合整治。坚持以法治思维和法治方式推进环保工作，依法查处各种环境违法行为，增强了市场主体和群众环境守法意识。将优化发展环境作为完成转型升级、跨越赶超“两大任务”的关键举措，连续四年在春节假期后第一个工作日召开全市广播电视大会，就优化发展环境进行再动员、再部署。激发市场主体活力，深化行政审批制度改革，落实国家和河北省下放审批事项承接，下放审批权限23项。推进执法标准化建设、便民服务体系建设和“零障碍服务协办机制”，增强政务服务中心办事效率。推进公共资源交易市场化改革，健全完善监管办法和运行规则。实行破坏发展环境行为“零容忍”制度，严肃查处一批损害发展环境案件，激发了市场主体投资信心和创业活力。

保障和改善民生，营造和谐稳定的社会环境。市委常委会将民生幸福作为第一追求，积极顺应全市人民对美好生活的新期待，带着感情解决老百姓最关心、最直接、最现实的利益问题，年初确定十件利民惠民实事基本完成。2014年全市用于民生支出资金447.4亿元，占一般公共财政支出比重79.4%，比2013年提高2个百分点。围绕孩子们能上一个好学校，实施优质教育资源扩充提升工程，稳步推进主城区小学生免费托管服务，实现义务教育均衡发展水平全省领先，有效缓解了城区幼儿入园难问题。推进山区教育扶贫工程，制定出台深山区初中毕业生免费接受高中阶段教育政策。围绕老百姓能找到一个好工作，开展就业创业帮扶活动，加大下岗失业人员和就业困难人员帮扶力度，突出做好高校毕业生创业就业和化解过剩产能中下岗人员再就业工作，连续四年保持高校毕业生登记失业率为“零”。围绕居民生活保障问题，实行城乡低保人员“应保尽保”、城镇基本医疗保险市级统筹、特定人群政府购买居家养老服务制度，建成计生特殊家庭医养扶一体化服务保障机制。围绕老百姓看病更方便、更省钱，推进市级优质卫生资源倍增工程，提高新农合保障水平，2014 年“国家中医药发展综合改革试验市”建设扎实推进，县级公立医院综合改革全面实施，基本药物实行零差率销售，减轻了群众就医负担。加大热源热网建设改造力度，冬季供热基本实现安全稳定运行。2014 年 4 月，在北京大学等单位联合调查中，石家庄上班族幸福感排名全国第一，连续 5 次位列全国幸福城市调查前 10 名。坚持将弘扬社会主义核心价值观摆在突出位置，开展“中国梦·赶考行·柏坡情”、“善行河北·首善省会”等主题活动，推动社会主义核心价值观在石家庄市落地生根。加强舆论引导，唱响主旋律、打好主动仗、传播正能量，讲好石家庄故事，营造良好的舆论氛围。推进全国文明城市创建工作，坚持问题导向、活动引领，典型示范、全民参与，实现市民道德素质和社会文明程度新提升。推进网络社会管理，开展网上舆论斗争。举办群众文艺活动，创作一批文艺精品力作，2014 年“燕赵讲坛”等文化品牌影响力提升。狠抓文化产业项目建设，4 家园区入选首批河北省文化产业示范园区，1 家文化企业在新三板上市，3 个县进入河北省文化产业十强县。开展“抓源头、除隐患、重治理、创平安”活动，以解决问题为核心，化解信访积案，推进涉法涉诉信访制度改革，妥善处理信访问题。加强社会治安防控体系建设，发挥 110 综合警务站作用，开展严打整治专项行动，坚决打击各类违法犯罪活动，2014 年全市刑事发案率连续 3 年大幅下降，群众安全感全省第一。推进食品药品安全，市县食品药品监管机构改革完成。重视抓好安全生产工作，全市安全生产形势整体平稳。

坚持党要管党、从严治党方针，为省会发展提供保证。市委常委会将加强和改进党的建设作为重大政治责任，贯彻党要管党、从严治党方针，全面加强党的建设。将打造坚强有力的领导班子作为党的建设重中之重，切实按照习近平总书记提出的好干部标准和新的干部任用条例要求，围绕加快工业化、城镇化步伐，选配德才兼备的领导干部，提拔重用那些有激情、敢担当、有本领、能干事的干部，树立正确的用人导向。重视年轻干部培养选拔，推行市直机关科级干部轮岗交流和基层锻炼措施，首次从优秀大学生村官选拔乡科级干部，激发了干部队伍活力。修订完善领导班子和领导干部综合考核评价办法，调整考核指标体系，实行科学的干部考核评价机制。贯彻党管人才原则，狠抓人才规划纲要落实，实施高层次人才支持计划，启动“十百千人才工程”。重视基层组织建设，探索充实和稳定基层干部队伍的有效办法，开展创建基层党建示范区、在职党员进社区、党员志愿服务等活动，总结推广正定县“农民办事不出村”信息化系统，增强基层党组织的凝聚力、战斗力。重视党风廉政建设，制定出台《关于落实党风廉政建设党委主体责任纪委监督责任的实施办法（试行）》，明确各级领导班子、领导干部抓党风廉政建设的责任。推进“廉洁石家庄”建设，打造“西柏坡廉政文化品牌”，加强“一把手”和重要领域、关键岗位廉政风险防控。查处违反中央“八项规定”和“四风”案件，出台党员干部办理婚丧喜庆等事宜“十不准”，收到良好的社会效果。发挥市委常委会总揽全局、协调各方的领导核心作用，坚持重要事项沟通协调制度，支持人大、政府、政协班子依照法律和章程主动、独立负责地开展工作。加强同民主党派、工商联和无党派人士协商合作与共事，重视党外干部队伍建设。加强党管武装工作，推进国防后备力量建设。贯彻执行民主集中制，创造团结和谐、干事创业的良好氛围，2014 年市委常委一班人以身作则、勇于担当，带头践行为民、务实、清廉要求，表现出强烈的事业心、责任感，为各级干部作出了表率。

（陈金海）

【中共石家庄市委及工作部门组成人员】

书　　记：孙瑞彬
副 书 记：王亮
　　　　　司存喜
市委常委：孙瑞彬
　　　　　王亮
　　　　　司存喜
　　　　　鲍际国
　　　　　张小国（9 月免）
　　　　　刘晓军
　　　　　刘明轩
　　　　　刘志鹏
　　　　　张树志
　　　　　王俊钟
　　　　　胡儒钗
　　　　　高天
　　　　　程凯　（3 月免）
　　　　　毛全球
　　　　　李震国
　　　　　崔大平
市委秘书长：胡儒钗
常务副秘书长：刘月照
副秘书长：梁立柱
　　　　　高尘
　　　　　李兵英
　　　　　周树仁
　　　　　董志明
　　　　　尹勃
　　　　　王勇军（1 月任）
市机关事务管理局局长、党组书记兼市委副秘书长：裴晓青
市委副秘书长兼市委研究室主任：李海峰
市委副秘书长兼市政府驻北京联络处主任：谷维真
市信访局局长、党组书记兼市委副秘书长：暴胜贤

市委办公厅

纪检监察员：李惠英

市纪律检查委员会

书　　记：刘明轩
常务副书记：贾巧秀
副 书 记：刘吉广　刘书平
　　　　　梁建林
纪委常委：韩秀华　左素娥
　　　　　李惠英　张忠祥
　　　　　郝建哲

市委组织部

部　　长：王俊钟
常务副部长：韩保来
副 部 长：宋学恭　解晓东
　　　　　张忠良　王云辉
　　　　　刘力

市委宣传部

部　　长：高天
常务副部长：王惠周
副 部 长：兰国良（3 月免）
　　　　　郭纯阳　王中月

市委统战部

部　　长：毛全球
常务副部长：徐拥政
副 部 长：李爱民　张志敏
　　　　　刘兰敏

市委政法委

书　　记：刘志鹏
常务副书记：黄朝庆
副 书 记：刘志魁　孟建中
　　　　　程文才（兼）
　　　　　李骁

市直机关工委

书　　记：王玉国
副 书 记：范志斌　胡国龙
　　　　　赵占辉（兼纪工委书记）

市委农工委

书　　记：张树志
常务副书记：王武德（1 月免）
　　　　　张炬　（1 月任）
副 书 记：王荣军　高地动
　　　　　陈彦良

机构编制委员会

主　　任：左建平
副 主 任：邓京生　郝延平

台湾工作办公室

主　　任：王溪波
副 主 任：王春立　杨文江

信访局

局　　长：暴胜贤
副 局 长：苏清才　李增辰
　　　　　郭树君　赫建青

研究室

主　　任：李海峰
副 主 任：郭宗海　谭运江
　　　　　任维维

老干部局

局　　长：解晓东
副 局 长：宋成武　李爱虎
　　　　　许磊

机关事务管理局

局　　长：裴晓青
副 局 长：李长亭　卢首往
　　　　　郭金岭　张宏社

【中共石家庄市委常委会议】 1 月14 日，孙瑞彬主持召开九届市委常委会第 75 次会议。听取市财政局关于调整机关津贴补贴标准有关情况的汇报；研究干部人事问题（市委常委会议纪要九届第 75 号）。

1 月 24 日，孙瑞彬主持召开九届市委常委会第 76 次会议。研究关于全市开展党的群众路线教育实践活动的有关事项；研究关于召开全市着力改善“两个环境”广播电视大会有关事项及 2014 年全市“两个环境”建设工作要点；讨论并同意关于召开市纪委九届四次全会的安

排意见和市纪委工作报告（讨论稿）；研究《关于在全市组织开展“抓源头、除隐患、重治理、创平安”活动的实施方案(讨论稿)》；听取全省农村工作会议主要精神及全市贯彻落实意见的汇报；讨论并同意关于追授齐庆三“优秀共产党员”称号的决定；讨论并同意关于市政府驻北京联络处、市接待办公室成立党组的意见；研究干部人事问题（市委常委会议纪要九届第76号）。

3月19日，孙瑞彬主持召开九届市委常委会第77次会议。传达学习全国人大、政协“两会”精神及省委常委扩大会议精神，研究贯彻落实意见；讨论并原则同意《关于成立市委全面深化改革领导小组的建议方案》；听取市社会管理综合治理委员会办公室（简称综治办）关于全国人大、政协“两会”期间治理进京非访工作中问责情况的汇报；研究干部人事问题（市委常委会议纪要九届第77号）。

4月4日，孙瑞彬主持召开九届市委常委会第78次会议。研究市园林场所违规经营问责问题；研究干部人事问题（市委常委会议纪要九届第78号）。

4月10日，孙瑞彬主持召开九届市委常委会第79次会议。听取全省计划生育工作电视电话会议精神及贯彻落实意见的汇报；听取关于解决裕华区基督教徒上访问题有关情况的汇报；听取关于创建全国文明城市工作汇报；听取关于学习贯彻《党政领导干部选拔任用工作条例》有关情况和下一步工作的汇报；研究干部人事问题（市委常委会议纪要九届第79号）。

4月16日，孙瑞彬主持召开九届市委常委会第80次会议。讨论并同意《关于进一步做好公务越野车收缴处置工作方案(讨论稿)》；研究干部人事问题（市委常委会议纪要九届第80号）。

5月8日，孙瑞彬主持召开九届市委常委会第81次会议。听取关于学习贯彻中央教育实践活动视频会议精神及全市活动开展情况的汇报；讨论并原则同意《关于加快推进京津冀协同发展的实施意见（讨论稿）》；听取关于中央组织部部分省（区）市党委组织部长座谈会议主要精神及全市贯彻落实意见的汇报；讨论并同意关于治理“文山会海”等4个专件；讨论并同意《关于贯彻落实中央〈建立健全惩治和预防腐败体系2013—2017年工作规划〉和省委〈实施意见〉的实施细则（讨论稿）》；讨论并同意《石家庄市2014年河北省劳动模范、先进工作者、先进集体推荐名单》和《石家庄市2014年全国五一劳动奖状、奖章和工人先锋号推荐名单》；研究干部人事问题（市委常委会议纪要九届第81号）。

5月21日，孙瑞彬主持召开九届市委常委会第82次会议。听取关于全省治理进京非访工作会议精神及全市贯彻落实意见的汇报；听取关于省司法公开座谈会和省全面推进司法公开工作动员大会精神及全市贯彻落实意见的汇报；听取石家庄市教育实践活动学习教育、听取意见环节自评报告及第二环节工作安排的汇报；讨论并同意《关于追授王永华同志石家庄市“优秀共产党员”称号并在全市开展向王永华同志学习活动的意见》；讨论并同意《关于成立冀中南检察院分党组的意见》（市委常委会议纪要九届第82号）。

5月28日，孙瑞彬主持召开九届市委常委会第83次会议。集中观看河北省委常委班子民主生活会《焦点访谈》专题片和兰考县委常委班子民主生活会《焦点访谈》专题片；学习习近平总书记指导兰考县委常委班子民主生活会时的重要讲话和《人民日报》相关报道、中央活动办《关于河南省兰考县委专题民主生活会情况的通报》、中央和省委关于开好专题民主生活会的有关规定等学习材料；书面通报市委常委班子征求意见情况；书面印发省委督导组关于市委常委会领导班子和领导干部征求意见及民主评议情况反馈材料；研究《市委常委班子专题民主生活会前准备工作日程安排》（市委常委会议纪要九届第83号）。

5月30日，孙瑞彬主持召开九届市委常委会第84次会议。研究《市委常委班子对照检查材料提纲》（市委常委会议纪要九届第84号）。

6月4日，孙瑞彬主持召开九届市委常委会第85次会议。听取关于市委常委会征求意见情况的通报和“两代表一委员”、服务对象和群众代表对市委常委会查摆问题情况的点评（市委常委会议纪要九届第85号）。

6月5日，孙瑞彬主持召开九届市委常委会第86次会议。通报市委常委谈心交心情况；研究市委常委班子专题民主生活会召开前有关工作；研究《市委常委会班子对照检查材料》（市委常委会议纪要九届第 86 号）。

6 月 12 日，孙瑞彬主持召开九届市委常委会第 87 次会议。集中观看《保定市委常委班子专题民主生活会纪实》专题片（市委常委会议纪要九届第 87 号）。

7 月 17 日，孙瑞彬主持召开九届市委常委会第 88 次会议。传达学习习近平总书记在中央政治局第十六次集体学习时的重要讲话精神，研究全市贯彻落实意见；听取关于全省纪检监察机关推进转职能转方式转作风电视电话会议精神及贯彻落实意见的汇报；听取关于全省农村面貌改造提升现场观摩调度会精神及全市贯彻落实意见的汇报；讨论并原则同意《关于调整市委有关工作领导小组委员会、联席会议的意见（讨论稿）》；讨论并原则同意《关于鼓励和支持民营经济加快发展的若干政策措施（讨论稿）》；讨论并原则同意《关于进一步加强政府投资项目管理的意见（讨论稿）》；讨论并原则同意《关于在全市共产党员中开展志愿服务活动的意见（讨论稿）》；听取市公安局关于强化反恐防暴工作情况的汇报；书面印发《关于全省文化产业发展工作现场经验交流会主要精神及我市贯彻落实意见的汇报》（市委常委会议纪要九届第 88 号）。

7 月 24 日，孙瑞彬主持召开九届市委常委会第 89 次会议。研究干部人事问题（市委常委会议纪要九届第 89 号）。

8 月 8 日，孙瑞彬主持召开九届市委常委会第 90 次会议。研究干部人事问题（市委常委会议纪要九届第 90 号）。

8 月 18 日，孙瑞彬主持召开九届市委常委会第 91 次会议。讨论并原则同意《关于落实党风廉政建设党委主体责任纪委监督责任的实施办法（试行）（讨论稿）》；讨论并同意市编办《关于市教育局加挂市委教育工作委员会牌子等机构编制调整事宜的意见》（市委常委会议纪要九届第 91 号）。

8 月 28 日，孙瑞彬主持召开九届市委常委会第 92 次会议。听取关于整治“三超两乱”有关情况的汇报（市委常委会议纪要九届第 92 号）。

9 月 12 日，孙瑞彬主持召开九届市委常委会第 93 次会议。听取关于 2014 下半年省委巡视工作动员部署会主要精神及石家庄市贯彻落实意见的汇报；听取关于省委第二巡视组对高新区、循环化工园区、西柏坡管理局进行专项巡视向市委的反馈意见和落实意见情况的汇报（市委常委会议纪要九届第 93 号）。

9 月 19 日，孙瑞彬主持召开九届市委常委会第 94 次会议。研究市行政区划调整有关工作；研究干部人事问题（市委常委会议纪要九届第 94 号）。

9 月 22 日，孙瑞彬主持召开九届市委常委会第 95 次会议。传达国务院批复及省委常委会有关精神，安排部署部分行政区划调整工作（市委常委会议纪要九届第 95 号）。

9 月 27 日，孙瑞彬主持召开九届市委常委会第 96 次会议。研究石家庄市部分行政区划调整有关工作（市委常委会议纪要九届第 96 号）。

10 月 12 日，孙瑞彬主持召开九届市委常委会第 97 次会议。传达学习习近平总书记在中央党的群众路线教育实践活动领导总结大会上的讲话精神；研究全市教育实践活动有关工作；听取关于省委、省人大常委会有关人大工作系列会议主要精神及全市贯彻落实意见的汇报；听取关于省委、省人大常委会有关人大工作系列会议主要精神及全市贯彻落实意见的汇报；听取部分行政区划调整干部安置和人事安排工作情况的汇报（市委常委会议纪要九届第 97 号）。

10 月 30 日，孙瑞彬主持召开九届市委常委会第 98 次会议。传达学习党的十八届四中全会精神，研究贯彻落实意见；听取关于全省处置不合格党员工作会议精神及全市贯彻落实意见的汇报；听取市公安局关于贯彻落实中央、省领导批示指示和公安部省厅会议精神的情况汇报；听取关于成立市委网络安全和信息化领导小组并召开第一次会议的工作汇报；听取部分行政区划调整工作情况的汇报；讨论并同意《石家庄市人民政府职能转变和机构改革方案》（市委常委会议纪要九届第 98 号）。

11 月 3 日，孙瑞彬主持召开九届市委常委会第 99 次会议。传达学习中央巡视组向河北省反馈巡视情况有关精神，研究石家庄市落实整改意见（市委常委会议纪要九届第 99 号）。

11 月 7 日，孙瑞彬主持召开九届市委常委会第 100 次会议。研究干部人事问题（市委常委会议纪要九届第 100 号）。

11 月 13 日，孙瑞彬主持召开

九届市委常委会第101次会议。听取关于全省农村面貌改造提升行动现场观摩会主要精神及全市贯彻落实意见的汇报；听取市部分行政区划调整工作总结汇报，研究有关干部人事问题（市委常委会议纪要九届第101号）。

11月20日，孙瑞彬主持召开九届市委常委会第102次会议。传达学习省委常委扩大会议精神，安排部署党风廉政建设和当前工作（市委常委会议纪要九届第102号）。

12月8日，孙瑞彬主持召开九届市委常委会第103次会议。传达学习《中共中央关于湖南衡阳破坏选举案处理情况及其教训警示的通报》和省委办公厅通知精神；研究《关于实施创新驱动发展战略大力引进科技创新产业人才的意见（讨论稿）》；听取关于全身干部人事档案专项审核工作会议和全省干部监督工作视频会议精神及全市贯彻落实意见的汇报；讨论并同意《石家庄市人大常委会2015年立法计划（草案）》和《石家庄市人大常委会第五个五年立法规划新增预备项目（草案）》；听取全市反恐防暴工作情况汇报；书面印发《关于全市禁毒工作的报告》（市委常委会议纪要九届第103号）。

12月12日，孙瑞彬主持召开九届市委常委会第104次会议。听取关于全省村“两委”换届动员部署会议精神及全市贯彻落实意见的汇报；听取关于全省超职数配备干部问题专项整治工作调度会议精神及全市贯彻落实意见的汇报；研究干部人事问题（市委常委会议纪要九届第104号）。

12月24日，孙瑞彬主持召开九届市委常委会第105次会议。传达学习中央经济工作会议、省委八届九次全会和全省经济工作会议主要精神，听取市委九届六次全会安排意见及有关文件起草情况的汇报；听取市人大党组关于召开石家庄市第十三届人民代表大会第三次会议和市政协党组关于召开政协石家庄市第十二届委员会第三次会议有关事项的汇报；讨论并同意市纪委关于李文昌、吕军、王贵海违法违纪行为和张杰、邢平、胡随林、赵海军违纪行为的定性及处理意见（市委常委会议纪要九届第105号）。

【市委九届六次全体(扩大)会议】 12月29日，中共石家庄市第九届委员会举行第六次全体(扩大)会议。市委常委会主持会议。省委常委、市委书记孙瑞彬，市委副书记、市长王亮及市委委员、候补委员参加会议。全会主要任务：贯彻落实党的十八届三中四中全会、中央经济工作会议、中央农村工作会议和省委八届九次全会、全省经济工作会议精神，总结2014年工作，分析形势，部署2015年工作，动员全市各级组织和干部群众认清形势、统一思想，改革创新、攻坚克难，加快转型升级、跨越赶超、建设幸福石家庄步伐，圆满完成“十二五”奋斗目标，为率先在全省全面建成小康社会奠定坚实基础。

（陈金海）

【改善“两个环境”广播电视大会】 2月7日，市委、市政府连续第四年在春节后上班第一天召开全市着力改善生态环境和发展环境广播电视大会。省委常委、市委书记孙瑞彬，市委副书记、市长王亮参加会议，市委常委、常务副市长刘晓军，市委常委、纪委书记刘明轩分别通报了石家庄市损害生态环境和发展环境的典型案例。会议提出：坚持一张蓝图干到底，以钢铁般的意志、强有力的举措和改革的精神，坚决打好改善两个环境攻坚战，努力打造风清气爽、宜人宜居的生态环境和公平正义、服务优良的发展环境，把石家庄建设成为独具魅力、充满活力的幸福美好家园。坚持走绿色崛起之路，突出抓好大气污染综合整治，坚决甩掉重污染城市的黑帽子，力争年内省会大气质量有较大的改善。同时，要像抓大气污染防治那样，抓好水环境的治理，努力为石家庄市的工业化、城镇化提供可持续的水资源支撑。以改革的精神和钢铁般的意志，努力营造企业家和老百姓真正叫好的发展环境。突出解决管得太多、效率太慢的问题；让权力在阳光下运行；提高市场监管水平；规范基层执法行为；主动服务市场主体，在全市再掀全民创业热潮。

【党的群众路线教育实践活动动员大会】 2月8日，全市召开党的群众路线教育实践活动动员大会，贯彻落实中央和全省党的群众路线教育实践活动第一批总结暨第二批部署会议精神，安排部署和正式启动开展党的群众路线教育实践活动。省委常委、市委书记孙瑞彬，省委第十督导组组长高喜同，市委副书记、市长王亮参加会议。会议提出：

坚决把思想和行动统一到中央和省委的决策部署上来，以高度的政治责任感和整风的精神，扎实深入地开展教育实践活动，以党的作风建设的实际成效，为加快转型升级、跨越赶超、建设幸福石家庄步伐，推动省会绿色崛起，率先在全省全面建成小康社会提供强大动力、打下坚实基础；坚持主题不变、镜头不换，以整风精神扎实开展教育实践活动；准确把握第二批活动的特点要求，做到不虚不空不偏；深入开展三个专项行动：克服"四风"问题专项行动、便民利民为民专项行动、解决发展难题专项行动，以改进作风的实际成效取信于民；加强组织领导，确保教育实践活动善始善终、善作善成。4月2日，省委常委、市委书记孙瑞彬主持召开全市领导干部会议，就深入开展群众路线教育实践活动和抓好各项重点工作做出安排部署。孙瑞彬要求全市紧密联系各自实际，将教育实践活动搞扎实、抓到位，确保见到实效，并提出6个方面意见，即学习教育要突出"深"、听取意见要突出"诚"、立行立改要突出"实"、领导带头要突出"先"、活动氛围要突出"浓"、督导工作要突出"严"。

（张明星）

【市委常委会克服"四风"十项承诺】 2月25日，中共石家庄市委常委会全体成员就贯彻中央重大决策部署，深入开展党的群众路线教育实践活动，坚决克服形式主义、官僚主义、享乐主义和奢靡之风（简称"四风"），向全市人民作出十项承诺。分别是：带头遵守党的政治纪律；带头贯彻民主集中制；带头密切联系群众；带头维护群众利益；带头真抓实干；带头改进文风会风；带头艰苦奋斗；带头科学民主依法决策；带头坚持正确用人导向；带头廉洁自律。

（陈金海）

组织工作

【概况】 2014年，全市组织系统坚持党要管党、从严治党方针，组织开展党的群众路线教育实践活动和反"四风"整顿，培养选拔党和人民需要的好干部，落实党员干部监督管理制度，推进基层服务型党组织建设。按照中央和河北省委统一部署，全市四大班子、21个县（市）区、90个市直单位、6个市属企业、5所市属高校深入开展党的群众路线教育实践活动，广泛听取意见，查找问题，全年各级各部门征求意见70.2万条，查找"四风"问题23.3万条。加强党员干部队伍建设，全市举办各类培训班531期，培训党员干部72324人次，其中市委组织部直接办班15期，培训干部2112人次。建立干部教育培训登记制度，印制《干部教育培训登记手册》，县级干部和正科级干部人手一册。选派12912名机关干部到5294个基层单位开展蹲点服务。推进高层次人才队伍建设，选拔20名高层次人才给予重点支持；工业、商贸服务业等十大领域选拔787名人才重点培养；举办3期培训班，培训市管拔尖人才340名。开展基层党建示范区创建活动，设立社区惠民项目专项资金，按照每个社区10万元标准，市级财政连续3年为419个社区安排惠民项目专项资金。全年投入村级组织建设经费8亿元以上，每个村平均20万元；社区运转资金平均31.2万元，年末全市社区室内办公及服务场所总面积较2013年新增2.7万平方米，同比增长16%。2014年5月，河北省委追授石家庄市平山县委宣传部原副部长齐庆三"全省优秀共产党员"称号。

【党的群众路线教育实践活动】 按照中央和河北省委统一部署，全市四大班子、21个县（市）区、90个市直单位、6个市属企业、5所市属高校深入开展党的群众路线教育实践活动。以好干部标准、总书记优良作风、焦裕禄精神及"两个务必"为镜子，举办"四个专题"学习教育。邀请正定县老领导授课、做报告156场，受教育干部3万多名；举办焦裕禄事迹史料展，编写《党的群众路线教育实践活动农村党员干部三字经》，选树齐庆三、灵寿县"最美县委大院"等先进典型。按照市委提出"三个敞开"、"三个结合"要求，通过"10种方式"、"20条渠道"，广泛听取意见，查找问题。2014年全各级各部门征求意见70.2万条，其中查找"四风"问题23.3万条。开展谈心谈话、"三堂会诊"等活动，组织各级领导班子和基层党组织严密组织召开专题民主生活会和组织生活会，民主评议党员60.9万名，评定"好"党员55.3万名。开展正风肃纪、还利于民、化解积案、蹲点服务4个专项行动和21项专项整治，落实扶贫帮困、改善人居环境、修复生态环境、

2014 年 3 月 21 日，中共石家庄市委常委在西柏坡召开常委座谈会

维护公共安全、办事公开、全民创业“六件惠民实事”，开展行政不作为、乱作为、效率低及公路“三乱”等“6 个大清查”活动，有效改进了党员干部作风。

【领导班子和干部队伍建设】 举办习近平总书记系列重要讲话和党十八届三中全会精神学习培训班 8 期，市管干部全部轮流集训，2000 多名市管干部获赠《干到实处走在前列》、《放下，找回淡定的自己》等 10 余本书。开办农村面貌改造提升和新型城镇化、依法行政建设法治政府、经济运行统计监测等专题研讨班 15 期。至 2014 年末，全市组织系统举办各类培训班 531 期，培训党员干部 72324 人次，其中市委组织部直接办班 15 期，培训干部 2112 人次。建立干部教育培训登记制度，印制《干部教育培训登记手册》，县级干部和正科级干部人手一册。选派 12912 名机关干部到 5294 个基层单位开展蹲点服务，办理惠民实事 3 万多件。指导各级领导班子建立健全理论中心组学习、议事决策规则、民主生活会、党内重要情况通报等制度，加强干部工作制度建设，研究制定干部选拔任用 25 项机制，印发《市管干部任免调整运转程序操作手册》，涉及干部日常管理、调整动议、民主推荐、考察、讨论决定、任职、依法推荐提名和民主协商等各个环节。整治超职数配备干部等“三超两乱”问题，消化超职数配备干部 122 人。加大年轻干部培养选拔力度，至 2014 年底，全市培养 35 岁以下科级年轻干部 1082 人，同比增长 26.1%。推进干部轮岗交流，制定出台《进一步推进市直机关科级领导干部轮岗交流工作的意见》。严密做好省市县乡四级公务员录用联考、大学生村官选聘等工作，全年招录选调生 81 名，安置正团职军队转业干部 19 人，选聘大学生村官 292 名，从优秀大学生村官公开选拔乡科级领导干部 21 名。加强干部日常监督管理，落实领导干部报告个人有关事项规定，建立抽查核实和“凡提必核”制度，2014 年 10 名县处级党政正职实施经济责任审计。整治“跑官要官、领导干部违规兼职、裸官、干部走读”等 6 项违规违纪行为，清理党政领导干部在企业、社团兼职 117 人次，清理副科级以上“裸官”7 人。规范县乡级干部管理，全年核查机关工作人员 23528 人、事业单位工作人员 107816 人，查出违规进入机关和事业单位人员 915 人。学习贯彻中央新颁布《干部任用条例》，各级党委（党组）理论中心组举办专题学习会，县(市)区、市直单位主要领导干部和组织（人事）部门负责人参加专门培训。严格党政领导干部管理，印发《关于进一步做好党政领导干部选拔任用工作事项报告的通知》，成立信访举报问题领导小组，制定《处理信访举报问题领导小组议事办法》和《举报受理工作暂行办法》。2014 年市委组织部门直接查核督办违规用人问题 46 起，给予党政纪处分 6 人，诫勉谈话 18 人，免职 1 人，行政撤职 1人，取消任职资格 5 人。修订完善县(市) 区、市直部门领导班子和领导干部综合考核评价办法，新制定领导干部评价体系、市属高校评价体系。研究制定《关于做好部分县（市、区）区划调整中组织人事工作有关问题的通知》、《石家庄市部分行政区划调整人事安排意见》等文件，成立区划调整工作专项督导组，顺利完成原桥东区 27 名市管干部、13287 名干部职工及各类人员划转交接，其中划转归入长安区 7243 人，划转归入桥西区 6032 人。

【基层组织建设】 开展基层党建示范区创建活动，制定出台《关于全面加强基层服务型党组织示范区建设的指导意见》。设立社区惠民项目专项资金，按照每个社区10万元标准，市财政连续3年为419个社区安排惠民项目专项资金。全年投入村级组织建设经费8亿元以上，每个村平均20万元；社区运转资金平均31.2万元，年末全市社区室内办公及服务场所总面积较2013年新增2.7万平方米，同比增长16%，其中500平方米以上社区96个，占社区总数20%。2014年全市21个县（市）区创建形成农村党建示范区52个、城市党建示范街道社区99个。推进基层服务型党组织建设，研究制定《关于贯彻落实〈关于加强基层服务型党组织建设的实施意见〉的通知》等文件，转化提升软弱涣散基层党组织453个。轮训县（市）区所有村“两委”干部，举办示范培训班3期，培训村党支部书记1049名。至2014年底，全市投入村级帮扶资金3000多万元，办理实事1187件，其中27个村投资400余万元建成村级活动场所。落实大学生村官管理规定，在大学生村官中开展“青春无悔·美丽乡村”活动，全年培训基层在岗大学生村官815名。做好农村“两委”换届工作，制定印发8个换届工作实施意见文件；落实县（市）区委书记第一责任人、乡镇党委书记具体负责人责任；重视矛盾问题排查化解，2014年全市排查化解班子不团结、宗族派性问题严重等六类问题307件；配合农村“打黑除恶、灭霸扫痞”活动，审核村“两委”23795名干部基本情况，及时化解183个重点村难点村问题。至2014年底，全市4057个村党支部换届基本完成，村委会换届完成全市75.4%。

【党员队伍建设】 统筹推进党员队伍建设（简称党建），深化“1+3”大工委制、社区网格化管理。2014年全市468个社区全部推行网格化管理，设立楼院网格党支部1860个，形成条块结合、资源共享、优势互补、共驻共建城市基层党建新格局。开展“在职党员进社区”活动，全年6.5万余名在职党员在社区注册登记，参与社区建设，认领服务岗位2万余个，在全国32个副省级城市、省会城市中位居第一。2014年石家庄市在全国社区党建工作座谈会上，以《在职党员进社区服务群众零距离》为题作典型发言。举办星期六“党员志愿服务日”活动，2014年7月下旬，石家庄市将每周六确定为“党员志愿服务日”，号召党员带头成为注册志愿者，亮出身份参加志愿服务活动。推进党组织组建，全年新建非公企业党组织67个，其中329家外商投资企业组建党组织25个；年末全市具备组建条件698家规模以上非公企业全部建立党组织，规模以下非公企业建立党组织696家。加强企业和社会组织党建工作，国有企业开展争创“四好”领导班子、“四强”党组织和“四优”共产党员活动；非公企业和社会组织开展党建强、经济强“双强”企业（单位）活动。2014年全市党建工作立项调研课题55项，其中，河北省委组织部下达《石家庄市街道社区党建工作创新研究》调研任务完成；《落实党委党组党建工作责任制问题研究——石家庄市委落实基层党建责任制情况调研》获得河北省党建研究课题一等奖。改进发展党员和党员教育管理，学习贯彻《发展党员工作细则》，修订完善《关于在全市各类学校中实施发展党员工作系统工程的指导意见》和《石家庄市发展党员工作责任追究办法》，制定《石家庄市农村党员档案管理办法（试行）》，印制《党支部工作手册》。组织各级党组织和广大党员开展3·23“赶考日”、党章学习日、党员活动日等系列教育活动，重视做好党员“双育工程”、“关爱老党员工程”，为建国前入党3976名老党员发放生活补贴1616万元。制定《关于建立党代会直接联系群众制度的通知》，推进党代表工作制度化建设。举办党代表加强履职能力专题培训班，开展“党代表之家”创建活动。印发《关于乡镇党代会年会制试点工作实施方案》，全年158个试点单位成功召开党代会。

【人才培养管理】 制定印发《关于实施高层次人才支持计划的意见》、《关于实施“十百千人才工程”的意见》等文件。2014年12月，全市评选产生“十百千人才工程”人选792名。其中，优秀企业家76人；创新技术人才90人；创业管理人才42人；宣传文化人才99人；教育人才100人；卫生计生人才100人；农业人才94人；农村青年人才100人；技能大师11人；社会工作人才 80 人。评选产生全市农村青年拔尖人才 30 名。选拔 20 名高层次人才给予重点支持；工业、商贸服务业等十大领域选拔 787 名人才重点培养；举办培训班 3 期，培训市管拔尖人才 340 名。优化人才发展环境，召开入选国家“千人计划”人才座谈会，向 2 名入选国家“千人计划”博士各颁发奖励资金 100 万元。至 2014 年底，全市共有获得省级以上荣誉称号专家 140 多人，其中，院士 1 人，国家杰出人才 1 人，国家“千人计划”专家 2 人，享受国务院特殊津贴专家 27 人，国家有突出贡献中青年专家 2 人，河北省有突出贡献中青年专家 38 人。拓宽招财引智渠道，对事业发展急需高层次人才开辟“绿色通道”，2014 年全市为市属 5 个部门 15 个事业单位选聘人才 136 名。首次以市政府名义组团在成都市招揽英才，达成就业意向 268 人，其中博士 1 人、硕士 61 人。加大人才创业事迹宣传，开展“人才服务宣传月”活动，在《石家庄日报》头版连续刊载 5 名省级高端人才事迹和贡献，在《河北日报》、《石家庄日报》等新闻媒体刊发市人民医院智力引进、市十大知名校长等人才管理工作的做法，首次制作入选国家“千人计划”人才、先河环保企业领军团队宣传片，形成人才辈出、人尽其才、才尽其用的用人局面。

（尹路）

2014 年 1 月 9 日，市委常委、宣传部部长高天（右）为全市首个“宣传文化科技村”——行唐县南凹村揭牌

宣传工作

【概况】 2014 年，全市宣传部门围绕经济社会发展大局，开展“党的群众路线教育实践活动”、“项目建设巡礼”、“创建全国文明城市”、“大气污染防治”、“行政区划调整”等重大主题宣传。制定印发《关于成立市委宣传思想文化工作领导小组（石家庄市思想政治工作联席会议、石家庄市培育和践行社会主义核心价值观工作协调领导小组）的通知》（石字〔2014〕10 号），形成全党动手、部门负责大宣传格局。3 月 3 日，全市宣传部长会议举行，会议提出 2014 年全市宣传思想文化工作要做到“一个把握、两个强化、三个推进”，其中，“一个把握”是牢牢把握意识形态领域的领导权、管理权、话语权；“两个强化”是强化理论武装，强化舆论引导；“三个推进”是推进社会主义核心价值观培育和践行，推进文化事业产业改革发展，推进省会文明城市创建。9 月 25 日，全市第十一批“宣传文化示范村”命名及器材配发活动在灵寿县白马岗村举行，共命名 58 个乡村为市级“宣传文化示范村”，至此，全市“宣传文化示范村”总数达到 449 个，形成遍及城乡、辐射周边的宣传文化阵地网络。开展“燕赵文化英才”、“十百千人才工程”评选活动，入选人才 126 名。

【新闻宣传】 开展“党的群众路线教育实践活动”、“项目建设巡礼”、“创建全国文明城市”、“大气污染防治”、“行政区划调整”等重大主题宣传，组织策划“石家庄：新中国从这里走来”、“灵寿最美县委大院”等主题宣传活动，拍摄 2014 版最新城市形象宣传片，出版图书《石家庄之最》。至 2014 年末，全市在省级以上媒体发稿 4200 多篇（条），在中央主要媒体刊播 1500 余篇（条），其中，“党的群众路线教育实践活动”、“转型升级、淘汰落后产能”、“创新 110 警务机制”、“山区教育扶贫”、“建立计生特殊家庭关怀扶助长效机制”得到中央媒体宣传报道。搭建政府与群众沟通交流网络桥梁，建立河北省首个移动客户端——无线石家庄；“石家庄发布”政务微博影响力提升，入选全国政务微博百强，获评全国十佳快速响应微博。扩大网络文化影响力，策划开展“鲜花送雷锋，善美在省城”、“同绘中国梦、共画文明城”等10多次大型网络活动，参与网站150余家，线上线下参与网友超过500万人次。开展省会首届优秀网络文化作品“五个一”征集活动，收集作品1500余部。拍摄《我出一份力，绿色E起来》网络公益宣传片，点击量达到4000多万次。2014年石家庄市获得“中国城市网络形象排行榜十佳城市奖”。

【理论学习调研】 学习贯彻习近平总书记系列重要讲话精神，开展党的群众路线教育实践活动和反“四风”整顿宣传，市委中心组集中学习16次，主要学习《习近平谈治国理政》、《习近平总书记系列重要讲话读本》等原文原著和辅导材料。印发《进一步加强党委（党组）中心组学习的实施意见》，抓好党的十八届四中全会精神宣讲，举办全市中心组学习秘书和理论骨干培训班，组织宣讲团和县（市）区宣讲小分队深入农村、社区、学校开展宣讲活动。完成省级政治理论研究课题5项；电视理论宣传栏目《理论之窗》播出25期；《石家庄政工论坛》改版。2014年石家庄市两次在全省宣传理论工作会议上作经验介绍。面向社会公布社学科学规划课题指南，确立涵盖经济、文化、党建等方面课题43项，推出一批有价值、有份量研究成果，为市委市政府决策提供了有益参考。举办“建设幸福石家庄”理论研讨会，撰写调研报告《幸福城市评选的调查与思考》得到市委主要领导的肯定；撰写《石家庄的“幸福密码”》在《经济日报》头版刊发。

【推行社会主义核心价值观】 召开社会主义核心价值观推进会议，开展“善行河北，首善省会”、“中国梦，赶考行，柏坡情”、“核心价值观，我认知，我践行”、扶贫帮困“春雨行动”等宣传主题活动，在450多个县（市）级文明村（居）、960多个市级文明单位发放功德录39000册，建成善行功德榜3200余块，记录好人档案650余本。采用公益广告形式，宣扬社会主义核心价值观，电视、广播和沿街60余块大型LED屏、上万个商店门脸每天滚动播出；《石家庄日报》、《燕赵晚报》等媒体设置专版刊发；建筑工地、地铁围挡制作公益广告6000余幅；150条公交线路、1750辆公交车、各公交站亭布置公益广告；发放宣传画4万张；社区绘制文化墙100个3万余平方米；以社会主义核心价值观为主题，建设3个主题公园、6个主题广场。在全市中小学开展“伟人风范——社会主义核心价值观进校园”、“争做美德少年”等主题实践活动，推动社会主义核心价值观“进教材、进课堂、进头脑”。在庆祝新中国成立65周年之际，开展“五星红旗飘起来”活动，10万余面五星红旗在大街小巷飘扬。强化榜样力量，举办“中国梦”系列专题报告会，宣传优秀干部齐庆三、灵寿最美县委大院、平山县河北梆子剧团、常山纺织集团全国劳动模范杨普等先进典型。评选“感动省城十大人物”、“文明公民标兵”，在市属媒体宣传拾金不昧胡玉兰等道德模范，胡玉兰入选“中国好人榜”，市建南社区学雷锋工作站站长靳国芳获得“全国道德模范提名奖”，青园小区郭德江获得“全国最美志愿者”称号。

（陈宏杰）

【青少年奋发向上崇德向善读书教育活动】 12月4日，全市召开青少年爱国主义教育工作会议，决定从12月4日起，至2015年9月，在全市青少年中开展“奋发向上崇德向善”读书教育活动。组织青少年通过读书、演讲、征文、主题班会、社会实践等方式，宣传“最美”人物，弘扬“最美”精神，引导青少年从小树立奋发向上、崇德向善的理想信念。此次活动由市委宣传部、市教育局、市文广新局、共青团市委、市妇联共同主办，石家庄市新华书店有限责任公司承办。要求全市各中小学校组织中小学生阅读《奋发向上崇德向善》读本，该读本由中国妇女出版社和新世界出版社编辑出版，以漫画故事形式宣传社会主义核心价值观和中华传统美德，并分为小学低年级、小学中高年级、初中、高中4种版本，专门供青少年参与读书活动使用。全市各中小学校以读本为参考，结合班会、团队会组织专题活动；利用墙报、板报、宣传栏、校网、微信、微博开展宣传实践活动；以“奋发向上、崇德向善”为主题，举办故事会、演讲会、知识竞赛、征文活动；还采取参观、访问、社会调查活动补充完完善教育内容。

（王更）

【文化事业】 推进公共文化服务体系建设。霞光大剧院、丝弦剧院工程收尾；投资100万元新建58个宣传文化示范村，年末全市累计建成市级“宣传文化示范村（镇）”448个。举办“欢乐大舞台，唱响中国梦”、“彩色周末”、引进高雅艺术演出、“一月一名剧”等系列群众文艺活动，演出1600余场次。开展“引进高雅艺术演出”活动，引进《印象国乐》、《天鹅湖》、《锁麟囊》等演出14场。“千场电影进社区，万场电影进农村”活动在社区、农村放映电影49097场。“唱响核心价值观、共跳百姓健康舞”活动在全市城乡举办集中展示演出500余场。“燕赵讲坛”举办讲座50场，直接受众2万多人，出版讲稿集萃60万字，成为全国知名城市文化品牌。行唐县成功举办全国文化、卫生、科技“三下乡”集中服务活动，中央、省、市141家单位到场参加，资助帮扶金额2.62亿元。打造城市文化新品牌，成功举办首届省会大学生戏剧节。以“五个一工程”建设为龙头，围绕“深入生活、扎根人民”主题活动，新创作戏剧《黎明前的星光》、《安娥》，广播剧《贾大山和他的朋友》，影视作品《夏天的拉花》、《桃子的爱情》等文艺作品。2014年全市9部作品获评河北省“五个一工程”奖，获奖数量位居全省第一。

（陈宏杰）

【9部作品获河北省五个一工程奖】 2014年石家庄市9部作品获得第十一届河北省精神文明建设“五个一工程”（2011～2014年）奖。分别是电影《夏天的拉花》；动画电影《西柏坡2英雄王二小》；动画片《精灵梦叶罗丽》；纪录片《正定》；戏剧：河北梆子《白毛女》（平山县河北梆子剧团），晋剧《背水之战》（井陉县晋剧团）；歌曲《太行谣》（市群艺馆）；图书《天天都有大太阳》（康志刚）、《牵牛花》（唐慧琴）。第十一届河北省“五个一工程”奖入选作品80件，分为电影、电视剧、动画片、纪录片、戏剧、广播剧、歌曲、图书8个类别。

（王欣）

【文化产业】 推进文化体制改革，成立市文化体制改革专项小组和市国有文化资产管理办公室。在建文化产业项目120余个，其中，“河北长城影视动漫旅游创意园”初具形态，东方文化创意产业基地投入使用。市重点文化企业百年巧匠手工艺品有限公司上市，成为河北省第一家文化上市企业。新增专业动漫企业10家，总数达到80余家；动画片产量1.7万分钟。创作动画片《老子道德三百问》获得第27届金鹰奖优秀动画片奖，深度动画公司创作动画片《赵云与咔哒盒子》在美国最大华语电视媒体播出。成功举办第九届动漫博览交易会，签约项目总额1.25亿元。2014年全市16个文化产业项目获得河北省发展引导资金支持。

（陈宏杰）

统战工作

【概况】 2014年，全市统战工作以同心凝聚共识、做好建言献策、热情奉献社会、促进宗教和谐、加强党外代表人士队伍建设为重点，立足发挥优势、服务大局，整合资源、打造亮点，创新思维、破解难题，转变作风、树立形象要求，建立政府部门与民主党派对口联系工作制度，推进落实党外人士民主监督作用和党派组织及爱国宗教团体建设。3月18日，全市召开统战部长会议，部署安排全年统一战线工作。5月13日，围绕贯彻河北省委、省政府《关于大力推进民营经济加快发展的若干意见》及河北省民营企业发展大会精神，组织50余名民营企业家举行座谈会。谋划成立市工商联金融服务中心，有效缓解中小企业融资难问题。2014年市工商联金融服务中心与30多家金融机构签订战略合作协议，为200多家企业制定企业金融策划，为100多家企业提供融资近8亿元。全年举办统战和宗教干部及教职人员培训班27期，培训人员650余人次；举办党外代表人士培训班90余期，培训党外人士近5000人次。2014年市委统战部获评全国统战系统宣传工作先进单位，2人获评全国统战宣传工作先进个人。

【参政议政】 出台发挥党外人士民主监督作用的意见，建立政府部门与民主党派对口联系工作制度。7月8日，围绕重点项目建设，全市组织统一战线各界人士开展考察调研和建言献策活动。以《党外人士建言专报》为载体，畅通党外人士建言献策渠道；编印《党外人士建言专报》9期，其中8期得到省委常委、市委书记孙瑞彬的批示，调动了党外人士建言献策积极性和主动性。引导各民主党派开展同心服务进老区、进社区、进园区“三进”活动，让老百姓得到实惠，受到各地群众的欢迎。

【扶持非公经济】 优化民营经济发展环境，制定《关于鼓励和支持民营经济加快发展的若干政策措施》。谋划成立市工商联金融服务中心，缓解中小企业融资难问题。2014年8月市工商联金融服务中心成立，至2014年末，市工商联金融服务中心与30多家金融机构签订战略合作协议，累计为200多家企业制定企业金融策划，为100多家企业提供融资服务，融资额近8亿元。打造“民营企业家讲坛”，提升民营企业家综合素质，举办民营企业家培训班5期，受训人员近2000人。

【宗教团体建设】 推进爱国宗教团体健康发展，支持和帮助宗教团体建立健全民主管理制度。总结市佛教协会、道教协会、伊斯兰教协会换届经验，于12月10日召开市基督教协会第五次代表会议，完成市基督教三自爱国运动委员会、基督教协会两会换届工作。6月24～25日，市委统战部、市民族宗教局联合在市社会主义学院举办统战和宗教干部及宗教教职人员教育培训班，2014年全市举办统战和宗教干部及教职人员培训班27期，培训人员650余人次。密切与宗教界人士联系，定期深入宗教活动场所交流、征求意见和开展走访慰问活动。

【党外代表人士队伍建设】 落实中央和河北省关于加强新形势下党外代表人士队伍建设文件要求，将党外代表人士队伍建设列入各级领导班子考核内容。市委统战部、组织部联合安排8名党外科级干部到亿元乡镇和工业园区担任副职岗位职务，锻炼和提升党外人士队伍素质，让党外人士亲身感受经济社会发展成果。开展党外人士培训，举办民主党派骨干成员和党外干部培训班。12月2～5日，全市民主党派骨干成员、党外干部培训班在市委党校举行，主要集中学习研讨“关于多党合作与参政议政的几个问题”、“培育和践行社会主义核心价值观”、“党派、党外干部谈合作共事经验”，学习解读“党的十八届四中全会精神”，开展“同心同向同行，同走‘赶考’路”主题教学活动。2014年全市举办党外代表人士培训班90余期，培训党外人士近5000人次。

【党外知识分子联谊会】 搭建无党派人士思想引导、作用发挥和成长锻炼平台，推动成立县（市）区党外知识分子联谊会。至2014年末，市县两级成立党外知识分子联谊会22个，共有理事1974人。2014年全市党外知识分子联谊会理事组建同心律师团和党外专家“三农”服务团，不定期到农村和社区开展技术指导、送医下乡、法律咨询等活动，发放技术资料600余份，培训农民400余人，提供法律咨询700余人次。

【联络联谊活动】 推动海内外联络联谊活动，接待以吴有义为会长的“美西中国和平统一促进会”参访团及以廖国栋为团长的台湾中医药参访团等台湾参访团组53个、413人次到石家庄市考察。接待来自美国、加拿大、澳大利亚、荷兰和中国香港等11个国家及地区的海内外侨界社团、侨界领导60多人次。组织赴台湾考察团组21个、115人次。与河北省台湾同胞联谊会共同举办2014年全国台湾同胞联谊会青年夏令营、冬令营河北分营活动。丰富联络载体和内容，9月25日，启动举办“中国梦·赤子心”港澳台海外杰出人士燕赵讲堂活动。

（刘宏信）

政法工作

【概况】 2014年，全市政法系统围绕维护社会稳定、促进社会公平正义、保障人民安居乐业职责，依法实施法治社会管理，开展平安省会建设，没有发生危害政治、经济和社会稳定的重大案事件，群众安全感和满意度评价位列全省第一。推进法治石家庄建设，扩大审务、检务、警务和司法行政公开力度，强化执法监督，及时发现纠正执法过错和瑕疵案件。打击破坏市场经济秩序和污染环境违法犯罪，依法平等保护各类市场主体合法权益，为省会经济社会发展创造良好的法治环境。重要节点启动战时情报专班和网络舆情应对处置机制，落实政治保卫、反恐防暴、矛盾排查、非访治理、护城河防控、社会面管控等措施，妥善处置影响社会稳定问题，全年群体性事件较 2013 年下降 34%。以预防化解社会矛盾为主线、以维护社会政治稳定为重点、以创新完善制度机制为保障、以强化基层基础建设为支撑，提升情报信息收集研判质量，制定《石家庄市涉稳群体工作手册》。创新信息载体，建立《维稳信息通报》、《维稳工作专报》，印发《全市维稳工作意见》，开展社会稳定风险评估，落实社会稳定指数评价机制，评价范围延伸至乡级。2014 年石家庄市社会稳定评价指数在全省位次同比上升 5 个位次。推进政法队伍职业化建设，举办培训班 82 期，培训干警 21282 人次；筹资 300 余万元，重点帮扶特困干警 800 余名。开展正风肃纪专项行动，自查自纠问题 1119 个；查处政法干警违法违纪案件 29 件，移交司法机关立案侦查 7 人，移交部门纪律处分 5 人；政法机关纪检监察部门立案 94 件 119 人，给予党政纪处分 95 人，审判机关作有罪判决 28 人，涉嫌犯罪被司法机关立案尚未结案 19 人。

【基层维稳建设】 推进综合服务管理平台建设，市级依托“12345”市长公开电话，开通“961890”群众服务热线；市县两级依托政务服务大厅开展便民综合服务；乡镇（街道）依托社会管理综合治理维护稳定中心，全部建立综合服务管理中心。落实农村“四个覆盖”。2014 年全市 3987 个行政村全部实现基层党组织、群众自治组织、经济合作组织、综合治理维稳组织四个全覆盖；30%的行政村作为首批示范村编制了“农村四个覆盖成果集锦”；1995 个行政村实现无刑事案件、无治安案件、无信访案件“三无”目标，占行政村总数一半以上。加强护路工作站建设。创新护路工作模式，全市 319 个铁路沿线村（居）全部建立规范护路工作站。2014 年 10 月，河北省铁路护路联防工作现场会在石家庄市召开，向全省推广石家庄市铁路沿线村（居）护路工作站建设经验。

【打防结合措施】 分析省会治安形势，瞄准突出刑事犯罪，开展富有成效的专项打击行动，用打击手段震慑犯罪行为。推动技防人防建设。全市建设三级视频监控平台 175 个，市区设置监控点 7592 个，县域设置监控点 8366 个，重点区域实现有效覆盖。加强和规范保安队伍、巡防队伍、志愿者队伍建设，实施“哨兵工程”，发动出租车司机、公交车司机、环卫工人、沿街单位保安员、停车场管理员五支力量为公安机关提供线索，提升群防群治水平。开展集中排查整治。集中开展社会治安重点地区和突出治安问题排查整治专项行动，挂牌督办社会治安重点地区，有效解决治安混乱、案件高发、群众反映强烈的突出问题。加强特殊人群服务和管理。流动人口服务管理形成“以房管人、以证管人、以业管人、以站管人、以网管人、以人管人”“六管”工作模式，各类流动人口全部纳入服务管理范畴。预防青少年违法犯罪，开通“12355”青少年综合服务热线，建立青少年公益培训基地和青少年服务中心，推进青少年法制教育基地建设。刑释解教和社区矫正人员服务管理坚持严格管控，落实服刑人员回归必接制度；实施帮扶，建立社区服刑人员创业促就业基地和过渡性安置基地。

【隐患源头治理】 开展“抓源头、除隐患、重治理、创平安”活动，从维护社会稳定、矛盾隐患排查、信访问题解决、群体性事件化解、社会治安管控、社会舆情应对及群众安全感满意度等方面，提出“七个明显提高”工作目标，确定 88 个示范项目和 175 个重点项目，每两个月考核、通报各项涉稳指标。2014 全市进京非访同比下降 43%，刑事案件同比下降 13.6%，舆情有效控制率达到 100%。完善“大排查、大调处、大帮扶”工作机制，全市建立排查组织 6413 个，调解组织 6689 个，聘任专（兼）职调解员 52307 人；建立行业性、专业性人民调解组织 517 个，其中河北省规定 9 类矛盾突出行业全部建立行业性、专业性调解组织。2014 年赞皇县通过政府购买服务化解矛盾纠纷、灵寿县“十大帮扶工程”经验在全市推广。至2014年末，全年各级调解组织调解矛盾纠纷47019起，成功率97.6%。精心治理进京非访问题，全市建立部门联动机制，完善重点人员数据库，开展专项治理行动，加强重点时期稳控。落实问责制度，约谈8个县（市）区委主要领导和15个单位政法委书记、公安局长、法院院长及县级包案领导，4名县级干部主5名科级干部作出组织处理，3个单位给予一票否决警示，2个单位实施一票否决。2014年全市发生进京非访3309人次，同比下降44.8%；河北省通报石家庄市进京非访2840人次，同比下降52.6%。

【平安创建活动】 以无严重刑事犯罪、无群体上访、无安全事故、无邪教组织活动、无个人极端事件、无重点人员漏管失控“六无”为标准，开展五个基层平安创建活动。平安社区创建：主城区601个社区中316个达到平安标准，达标率51.8%。“零发案”小区创建：制定《“零发案”小区创建三年规划》，主城区1899个小区创建“零发案”小区668个，创建率35.2%。平安医院创建：市社会管理综合治理办公室、市卫生计生委联合开展打击涉医违法犯罪专项行动，将医疗机构治安管理纳入社会治安重点地区和突出治安问题排查整治重要内容，至2014年末，全市79.1%的医院达到平安医院标准。平安学校创建：开展“护校安园”专项行动，全市1085所学校达到平安学校标准，达标率58.7%。平安家庭创建：全市50个单位获授石家庄市“平安家庭”创建活动先进集体；100户家庭获授石家庄市“平安家庭”；212万户家庭达到平安家庭标准，达标率85%。

【推进公平执法】 加强执法规范化建设，重点解决不作为、乱作为和执法不严、司法不公、司法腐败等突出问题。落实执法监督，提高办案质量；依托执法办案信息系统，提升案件质量管控；运用执法检查、案件评查等手段，及时纠正执法办案过程中存在问题。2014年全市协调执法交办案件58件，督办案件94件，评查重点信访案件对20件，审查减刑、假释、暂予监外执行案件3597件。推进司法公开和司法公正，印发《关于全市司法公开工作的推进意见》，落实“司法信息、司法文书、司法活动、司法场所”公开。2014年市政法部门公开事项22类166项；市县两级政法部门均建立新闻发言人制度，普遍开通官方微博、微信，公布权力清单及运行流程；基层所、队、庭执法行为全程录音录像基本全覆盖。建立行政执法机关、公安机关、司法机关、检察机关和法制部门之间执法信息资源共享互通平台，全市720余家行政执法单位实现行政执法和刑事司法信息网上移送、网上受理和网上监督。至2014年末，全市行政执法单位上传案件31964件，移送1023件。

【法制保障服务】 依法维护经济秩序，开展打击非法集资、外贸诈骗、传销、制售假冒伪劣商品4个专项行动。改善生态环境，开展整治环境污染、保障食品药品安全、整顿交通秩序专项行动，破获污染环境案件773起，捣毁黑窝点、黑作坊230个，黑工厂56个，黑市场16个。加强法律服务，实施“五一三”工程，建立“五张网络”（社区居民法律服务网络、党政机关法律服务网络、企事业单位法律服务网络、特殊人群法律服务网络、媒体法律服务网络）、一套指挥平台（“12348”司法行政综合服务指挥中心）、三大保障措施（组织保障、队伍保障、制度保障），营造良好的法治环境。2014年司法行政综合服务指挥中心“12348”服务热线接待来访16569人次，提供法律咨询55046人次，办理案件1446件。

【政法系统“双十佳”评选】 2014年全市评选十佳政法基层单位10个，十佳政法干警10人。十佳政法基层单位：长安区公安分局谈固派出所、赵县公安局户政大队、行唐县公安局危爆大队、市公安局出入境管理支队出国（境）科、桥西区人民检察院反渎职侵权局、新乐市人民检察院未成年人刑事检察科、晋州市人民法院执行局、井陉县人民法院小作法庭、鹿泉区司法局法律援助中心、市司法局法律援助中心。十佳政法干警：王君来，新华区人民检察院控告申诉科干警；王茂哲，晋州市人民检察院反贪局侦查一科科长；于海英，赞皇县公安局治安大队大队长；刘卫娜，正定县公安局车站街派出所副所长兼太平街警务室社区民警；武臻军，井陉县公安局秀林刑警中队中队长；冯硕，市公安局指挥部情报中心副主任；刘月彩，深泽县人民法院立案庭庭长；康静，灵寿县人民法院民事审判第一庭审判员；钱建友，无极县司法局公证处主任；贺江彬，市司法局办公室副主任。

（刘志强）

机关工委工作

【概况】 2014年，市直机关工委牢牢把握“服务中心、建设队伍”两大任务，聚焦大局，找准抓手，在“协助”上做文章，在“服务”上下功夫。开展党的群众路线教育实践活动和反“四风”整治，推进市直机关党组织的思想、作风、制度和反腐倡廉建设。建立学习制度和督促检查机制，提高党员干部的政治思想素质和理论水平。全年举办党的十八届三中、四中全会精神和习近平总书记系列重要讲话为主要内容专家辅导班、报告会16场次，培训党员干部3000余人次；举办专职党务干部和入党积极分子培训班2期，培训400余人；市直机关党组织举办座谈会、演讲比赛、知识竞赛活动60余场（次）。加强党建工作，贯彻落实党组织和党员活动日制度、党组织换届选举制度、发展党员工作制度、党费收缴使用制度，建立基层党组织换届台账。严格发展党员，制定市直机关发展党员计划，培训入党积极分子155名。印发《市直机关共产党员广泛参与志愿服务活动的实施意见》和《关于开展“首善省会·志愿服务人人为”主题道德实践活动的通知》，并于2014年5月上旬至7月上旬，动员市直机关党组织和党员干部集中开展“党员带动·服务社区”志愿服务活动。至2014年底，全市共有市直机关基层党组织单位86个，党员42561名。其中，10个市直单位党组织换届调整，调整书记7名、副书记2名、专职副书记4名、委员40名。

【思想建设】 坚持用中国特色社会主义理论体系武装市直机关党员干部，狠抓理论武装工作。以市直单位党委（党组）理论中心组学习为重点，以党员科级干部和理论骨干培训为关键环节，以指导基层党组织抓好机关党员全员学习为重要任务，制定学习计划，完善学习制度，建立督促检查机制。全年举办党的十八届三中、四中全会精神和习近平总书记系列重要讲话为主要内容专家辅导班、报告会16场次，培训党员干部3000余人次；举办专职党务干部和入党积极分子培训班2期，培训400余人；市直机关党组织举办座谈会、演讲比赛、知识竞赛活动60余场（次）。推进学习型党组织建设，开展“党委书记讲党课”及优秀党课评选活动，60多个单位党委书记围绕贯彻落实党的十八届三中、四中全会精神作党课专题讲座。探索党建理论创新，举办“机关党建暨党的群众路线理论调研征文活动”，征集54个单位调研报告和论文133篇，向河北省直机关工委推荐调研成果在《河北机关党建》杂志刊发。开展机关党建交流活动，召开全市党的十八届四中全会精神专题辅导暨全市机关党建工作经验交流会，增强县（市）区机关工委沟通联系，促进机关党的建设整体水平提升。抓好党员思想教育，开展“首善省会·志愿服务人人为”道德实践活动、“道德讲堂”活动、文明餐桌行动、“善行功德榜”、创建全国文明城活动，成立学雷锋志愿服务队和网络文明传播志愿者队伍，拓展精神文明创建活动内涵和载体。开展“法律进机关”、“依法行政示范机关”活动和市直机关“六五”普法先进集体、先进个人评选推荐活动，提高机关干部队伍法律素质和依法行政能力。

【组织建设】 落实党建工作制度，提升机关党建程序化、规范化和制度化水平。落实党组织和党员活动日制度、党组织换届选举制度、发展党员工作制度、党费收缴使用制度，建立基层党组织换届台账。严格发展党员，制定市直机关发展党员计划，培训入党积极分子155名。提升党务干部业务水平，举办市直机关基层党组织书记学习贯彻《中国共产党发展党员工作细则》暨党务工作培训班。全年新发展党员700人，转正650人，改善了党员队伍结构，为党组织增添了新鲜血液。至2014年底，全市共有市直机关基层党组织单位86个，党员42561名。其中，10个市直单位党组织换届调整，调整书记7名、副书记2名、专职副书记4名、委员40名。推广党费管理软件应用，从

2014年3月初开始，利用一个月时间，分7个小组检查指导基层党组织党费缴纳、管理使用和党费管理软件运行，规范明确了党费收缴时间及标准。

【党风廉政建设】 严抓市直机关作风整治，探索市直机关纪委建设。贯彻落实中央和河北省“八项规定”要求，依据市委《关于进一步加强作风建设的若干规定》要求，采取定期检查与随机抽查、全面检查与重点检查相结合方式明察暗访市直单位20余次，发现违规人员后，开展批评教育和诫勉谈话，促进了机关工作作风向好转变。探索机关纪委建设，强化市直机关纪检工作职能，学习借鉴其他省市机关纪委建设经验，形成建立健全市直机关纪委组织初步方案。探索推广党务公开，按照省、市党务公开工作领导小组制定的工作部署和“先行试点、逐步实施、循序渐进、务求实效”总体思路，在市直机关推广省级党务公开及基层重要事务规范化管理工作联系点建设经验，制定出台了符合市直机关党务公开特点的规章制度。加大信访工作和案件督办力度，在实行案件线索归口管理基础上，增强结果件督办力度，针对存在苗头性、倾向性问题的党员干部落实函询机制，有效预防了违纪问题发生。2014年市直机关工委受理群众来信来访80件，均按规定进行登记和分类处理。

【群团组织建设】 加强机关群团组织工作管理，健全群团组织机构，指导11个基层工会组织开展换届选举、委员调整或组建工作，调整工会主席、委员36名。妇女儿童工作委员会指导河北省出入境检验检疫局石家庄办事处成立妇女儿童工作委员会，2个基层妇女儿童工作委员会增补委员2名。开展岗位创建活动，市直机关工委联合市总工会、共青团石家庄市委、妇联分别以深化“职工之家”、“青年文明号”、“巾帼建功”创建活动为载体，调动广大职工、青年、妇女工作积极性，激发立足本职、建立新功的热情，表彰和奖励了2012～2013年度先进集体和个人。加强市直民兵思想和组织建设，将市直民兵编组调整为应急分队、支援分队、储备分队，举办民兵培训班2期，提升了民兵军事训练、军事素质和执行任务能力。

【扶贫帮困】 全年3次慰问建国前加入中国共产党老党员和生活困难党员，发放慰问金20.68万元。市直机关工委帮扶5个村建立党员图书室、党员活动室，购置音响设备等，资助帮扶资金8.2万元。关心困难职工，审查和审核在册管理特困职工家庭21户、困难职工家庭44户。帮助石家庄日报社、市委党校等18个单位25名职工申请一日捐救助金28万余元。救助白内障职工5人。

（刘卫星）

农业农村工作

【概况】 2014年，全市农业农村工作围绕农村改革、现代农业和美丽乡村建设，开展农村面貌改造提升行动，坚持以工业化理念推进农业、工业、服务业融合发展，加快农业由高产向优质、高产、高效并重可持续发展转变。2月19日，全市召开农村工作会议，贯彻落实中央和全省农村工作会议精神，研究部署全市“三农”工作，印发出台《关于进一步深化农村改革加快发展现代农业的意见》和《2014年石家庄市农村面貌改造提升行动（基层建设年活动）实施方案》，统筹推进“三农”工作。全年播种粮食68.0万公顷，粮食总产量449.3万吨，连续三年获评全国粮食生产先进市称号。实施农业产业化项目184个；新增省市农业重点龙头企业45家，拥有市级以上重点龙头企业277家，经营总额达到800亿元；农业产业化经营率64.9%。建成休闲观光农业园区54个，年接待游客125万人次。7月31日，国家农业部公布第四批“全国一村一品示范村镇”名单，石家庄市井陉矿区贾庄镇天户峪村以“昊源苹果”入选，成为石家庄市第四批唯一入选村镇。至2014年末，石家庄市共有全国一村一品示范村镇4个。推进农业基础设施建设，完成小型病险水库除险加固25座，整治河道堤防22.5千米，发展节水灌溉53万亩，新建单村供水工程266处、联村水厂8处，解决了336个村、62万人饮水安全问题。开展农村面貌改造提升行动，全年累计投入20亿元，完成368个省级重点村15件实事改造任务，19个村获评省级美丽乡村，43个村获评市级美丽乡村。实施革命老区重点村建设、扶贫攻坚行动等帮扶农民增收工程，完成5.5万贫困人口脱贫任务。加强农村燃煤污染治理，新建秸秆沼气联户供气工程6处、大中型沼气工程9处，推广户用沼气2700余户、生物质采暖炉具2.25万台，秸秆综合利用率达到96%。率先在全省探索推广以节能环保采暖炉治理农村燃煤污染举措，全年推广环保采暖炉1.6万台。2014年石家庄市获批全国现代农业示范区。

（刘惠发　米振合）

【《关于进一步深化农村改革加快发展现代农业的意见》】 2月19日，在全市农村工作会议上，市委、市政府印发出台《关于进一步深化农村改革加快发展现代农业的意见》。主要内容：2014年全市重点推进农村承包土地经营权、乡政府所在地集体建设用地使用权和宅基地使用权确权登记工作，开展产权交易市场体系建设试点和农村集体产权股份合作制改革试点，培育扶持新型农业经营主体，探索法人农业组织建设的有效形式，推进农村集体经营性建设用地入市，实行与国有土地同等入市、同权同价；2014年全市每个乡（镇）要完成1～2个村庄的承包土地和宅基地确权登记试点工作。力争到2017年，全市农村土地确权登记工作基本完成，农村产权交易市场体系基本健全，土地流转规范有序，法人农业和新型农业经营体系建设全面推进，农村产权制度改革取得突破性进展，初步构建起城乡一体发展的新格局。1.推进农业生产经营体制创新，加快发展现代农业。按照确保粮食安全的战略要求，全面实施粮食生产核心保护区规划。市、县两级设立粮食高产项目补助资金，对各县（市）在核心区内建设高产千亩方和万亩片、开展基础建设、推广应用先进技术给予支持。培育发展新型农业生产经营主体。2014年每个农村县（市）争取新培育1～2个农业公司，注册5个以上家庭农场，并争创市、县示范性农场，打造3～5个达到市级以上标准的示范合作社。健全农业产业化经营机制。力争到2017年全市打造出30家以上在全省、全国知名的龙头企业和名牌产品，农产品加工转化率达到80%以上。推进特色农业建设。支持设施蔬菜、畜禽养殖、优质果品等特色基地建设，鼓励发展标准化示范园区，强化地理标志产品保护。2014年全市力争设施蔬菜播种面积达到126万亩，新建标准化示范养殖场100个，建成10个管理技术先进、经济效益好的现代果业示范园区，确保主要农产品的市场供应。支持都市农业园区建设。到2017年，全市建成30个以上产业特色突出、功能完备的现代都市农业示范园区，在满足市民休闲游乐需求的同时，提升现代农业建设水平。强化农业基础支撑保障体系建设。2014年全市要完成15座小型水库的除险加固，发展节水灌溉面积53万亩，主要农作物耕种收机械化率达到83%以上。加强农产品质量安全体系建设。完善农产品质量检验检测体系，加大对承担农产品质量检测监管职责的115个农技推广区域站、157个基层动检分所，以及1000个村级工作室的支持，推进监管工作全覆盖，确保农产品质量安全。加快农业多元化服务体系建设。完善农业信息服务体系，加强新型农村大喇叭及农业互联网工程建设，推进农业信息网络向农业公司、龙头企业、农民合作社、种养大户、家庭农场延伸覆盖。2.推进农村土地制度改革，切实搞活土地资源。创新农村土地管理制度。探索农村宅基地流转、集体经营性建设用地入市以及城乡建设用地增减挂钩工作，在符合规划和用途管制前提下，最大限度激活农村土地资源。2014年在鹿泉市、正定县、栾城县、藁城市和市内各区已完成农村产权确权登记的乡村，开展宅基地流转、集体经营性建设用地入市试点，取得经验后，逐步向全市推广。创新推进农用地流转。自2014年起，市、县设立土地承包经营权收储基金和流转奖励资金，市级对流转期限5年以上、流转面积200亩以上，县级对流转期限5年以上、流转面积100亩以上的规模经营主体给予奖补。建立农民自愿退出土地承包经营权补偿机制。创新农村土地承包经营权流转平台。加快建立完善由市、县、乡、村四级组织构成的土地流转交易服务平台，市、县两级设立交易服务大厅，履行市、县域内承包土地流转信息的发布、政策咨询和服务职责。力争两年内健全全市土地承包经营权流转服务网络。创新集体经营性建设用地管理。开展城乡建设用地增减挂钩试点，允许农村土地综合整治中节余的建设用地指标在县域内使用，增减挂钩形成的土地收益全部返还农村，用于支持农业农村发展和改善农民生产生活条件。开展农村闲置土地、砖瓦窑土地综合整治和开发利用。创新农村宅基地管理制度。建立农民宅基地有偿退出机制，对自愿放弃宅基地的农户，由村集体经济组织给予相应的经济补偿。3.推进农村产权制度改革，赋予农民更多财产权。全面开展农村资产确权登记工作。加快建立较为完善的集体土地范围内农民住房登记制度。设立农村土地确权登记、房屋登记专项资金，农村土地、房屋登记颁证工作经费纳入市、县财政预算。健全完善农村资产评估制度。探索成立县级农村集体土地、主要农作物、农业机械等行业资产评估专家委员会，统筹指导、协调和监督农村资产评估工作。建立农村产权流转交易市场。推进城乡一体的产权交易市场门户网站和产权交易平台建设，逐步实现申请报名、网上挂牌、在线竞拍、中标公示等全流程在线交易。深化村级财富积累机制。坚持巩固完善、深化提高的原则，深化村级财富积累机制，发展壮大农村集体经济。力争2014年全市农村经济数据监管实现全覆盖，到2017年全市农村集体经营性收入每年增长5%以上。加快推进农村集体产权股份合作制改革。赋予农民对落实到户的集体资产股份占有、收益、有偿退出及抵押、担保、继承权，保障集体经济组织及其成员权利。鼓励城中村、城郊村、产业园区内村庄以及具备条件村庄，因地制宜开展农村集体经济股份合作制改造，改造后建立的农村集体股份经济合作社按农民专业合作社注册登记，成立的集体公司制企业按《公司法》规定注册登记。对“一河两岸三组团”范围内完成集体产权股份合作制改造的村（社区），市财政给予一定资金补助。4.推进城乡建设机制创新，推动城乡一体化发展。建立城镇化建设投资运营机制。探索建立市场化运作方式开展城镇化建设，支持组团县（市）组建国有独资运营公司，承担市场运作主体功能，直接组织房屋征收和回迁房项目的融资、建设，促进新型城镇化建设。推进县城、9个新市镇和重点镇基础设施建设。推进城乡产业融合发展。研究、落实财税优惠和用地倾斜政策，鼓励引导城市工商企业向农村转移、各类资本向农村投入，支持城市工商企业到农村建设农副产品生产基地，并依托其技术、研发、资本等优势，集聚农村土地、人力和自然资源，实现城乡产业互动融合。健全农民创业就业政策体系。落实农民创业扶持政策，支持新型农业生产经营主体吸纳当地农民就业，对招收已流转土地承包经营权农户达到一定比例的，市财政给予一定补助。开展扶贫攻坚行动。实施帮扶农民增收工程，拓展创新一户新增一名非农就业劳力、一亩经济林，一个村新上一个农产品加工项目、一个财富积累项目，一个部门新办一件实事“五个一”帮扶模式，多渠道增加农民收入。推进农业转移人口市民化。全面放开县（市）城及建制镇落户限制，实行以身份证代码为唯一标识的人口登记制度。探索建立农村人居环境整治和管护长效机制。开展农村环境综合整治，加快实施以环省会、环县城、环景区，沿国省道、沿铁路、沿高速“三环三沿”区域农村为重点的农村面貌改造提升行动。2014年改造提升村确保达到300个以上。统筹推进城乡社区建设。统筹城乡基础设施和公共服务布局建设，加快基础设施向农村延伸，公共服务向农村覆盖。力争4年内全市建成10个以上标准较高、宜居宜业的新型农村社区典型。推进农村环境污染治理。鼓励推广应用新型肥料、高效低毒农药和可降解农膜等新型农业投入品。2014年力争完成主城区和组团县（市）900个村、43万户农村居民的燃煤污染治理任务，并逐步向其他县（市）农村推进。5.加强和改善对深化农村改革工作的领导，完善农村工作体制机制。完善农村工作体制机制。市直各相关部门要履行好推进农村改革的职责，深入研究制定具体措施办法，加强配合，齐心协力，推动农村改革实现新的突破。增强农村金融保险服务能力。鼓励有实力的村集体为农户提供担保、农业产业化龙头企业为有订单关系的农户提供担保、实体型的农民合作社为其成员提供担保。开展农户信用等级评估，分级确定担保额度，对5万元以下的小额贷款可实行无抵押物信用担保。探索农户、工商户依托农民合作社、集贸市场等，组建信用共同体，相互担保，相互监督，提高融资能力。鼓励保险机构开展特色优势农产品保险，有条件的地方提供保费补贴。规范农业保险大灾风险准备金管理，加快建立财政支持的农业保险大灾风险分散机制。加强农村基层组织建设。创新农村社会治理，努力实现基层党组织、群众性自治组织、经济合作组织、综治维稳组织“四个覆盖”，维护农村社会和谐稳定，确保深化农村改革取得明显成效。

【《农村面貌改造提升行动(基层建设年活动)实施方案》】 2月19日，在全市农村工作会议上，《2014年石家庄市农村面貌改造提升行动(基层建设年活动)实施方案》公布。主要内容：2014年全市重点改造提升362个省重点村，全面完成改造提升行动要求的15件事。每个县(市)按照省市“美丽乡村”标准要求突出打造3~5个“美丽乡村”，启动6个中心村建设示范点，2014年开工建设，三年完成建新、拆旧、复垦任务。2012年和2013年的基层建设年帮扶村、农村面貌改造提升省重点村实施查漏补缺、巩固提升，向15件事拓展，全面建立环境卫生和农村公共设施管护长效机制。全市其他村庄重点解决饮水安全、道路硬化、垃圾处理、厕所改造、村庄绿化、危房改造等农民最迫切需要解决的6件事。15件事：1.饮水安全。科学有序推进农村集中连片供水。2.道路硬化和亮化。坚持就地取材、体现乡村特色。3.垃圾处理。探索建立政府补贴、村集体和群众为主的农村垃圾清理长效筹资机制，推广新乐小流村环境卫生管护“六个一”做法。4.厕所改造。加快农村旱厕改造，推广三格化粪池式、三联通沼气池式、双瓮漏斗式和完整下水道水冲式厕所，实现粪便无害化处理。2014年全市农村1/3户完成改厕，彻底消灭连茅圈。省重点村80%的户完成厕所改造，每个省重点村要有1座以上无害化公共厕所。5.村庄绿化。以房边、村边、道边、空地绿化为重点，努力形成村在林中、人在绿中的良好环境。6.民居节能改造和危房改造。按照节能环保、美观实用要求，实施墙体、门窗、屋顶改造。7.农村环境污染治理。城镇周边的村庄，生活污水就近接入城镇污水收集管网统一处理。开展农业清洁示范区建设，推进农业废弃物综合利用。加强污染防治工程建设，全面改善农村生态环境。8.土地整理和公墓建设。推进农村公益性公墓和骨灰堂建设，条件暂不具备的村实行骨灰深埋，不留坟头，节约耕地。9.厨房改造和秸秆处理。有条件的村发展清洁能源，使用天然气、液化气、太阳能、秸秆气化等。10.村民中心建设。每个行政村都要建有村民中心，完善农村标准化卫生室建设，提高医疗服务水平，改善农民就医条件。建设互助幸福院，完善配套设施，推广多种农村养老模式，提高服务质量和水平。11.环境美化。结合村庄建筑和文化特色，设立村庄标识，精心设计村内路牌、门牌、设施标牌。12.农村教育设施建设。推进农村中小学校舍维修改造长效机制建设，扶持农村学前教育，改善农村学校和幼儿园办学条件。加强农村校车管理，保障中小学生上学安全。13.传统文化保护。建立保护和开发机制，精心保护修缮村内古塔、古庙宇、古戏台、古祠堂、古民居等，凸显村庄文化底蕴，传承历史文化，发展民间艺术，打造一批文化旅游村。14.产业支撑。因地制宜制定农村产业发展规划，发展传统特色家庭手工业，推广“一村一品”，推进农村土地制度和集体资产股份制改革，深化村级财富积累机制，壮大集体经济。15.基层组织建设。深化基层组织“领头雁”工程和农村干部“素质工程”，2014年重点村党组织书记轮训一遍。创新社会管理，全面推行农村基层党组织、群众性自治组织、经济合作组织、综治维稳组织“四个覆盖”。开展以抓矛盾纠纷化解、抓信访问题解决、抓社会治安防控、保社会和谐稳定为主要内容的“三抓一保”活动。

(市委文件)

【出台推动农村土地承包经营权流转意见】 6月30日，市政府出台《关于进一步推动农村土地承包经营权流转促进农业规模经营发展的意见》(石政发〔2014〕30号)。主要内容：2014年市财政拿出3000万元，设立农业规模经营发展扶持资金，扶持家庭农场、专业大户、农民合作社、农业企业等新型农业经营主体。2015年基本实现省、市、县、乡(镇)流转管理服务信息化，市设立土地流转指导中心，县、乡(镇)政府设立土地流转服务机构。2017年全市农村土地流转率力争达到30%以上，城郊现代都市农业区域带(主城区至藁城市、鹿泉市、正定县、栾城县四组团县县城之间区域)农村土地流转率达到力争50%；“四个新市镇”(上庄镇、铜冶镇、冶河镇、岗上镇四个城镇化重点乡镇）农村土地流转率力争达到80%以上。到2017年底，全市基本完成农村土地承包经营权确权登记颁证工作。

（市政府文件）

【河北华澳光伏现代农业园项目启动】 10月10日，石家庄市首个集近郊旅游、养老养生、光伏发电、农业种植为一体的河北华澳光伏现代农业园项目正式启动。2014年4月，国务院批准同意供销合作总社在河北、浙江、山东、广东4省开展农业综合试点。河北华澳光伏现代农业园项目是由河北省供销合作总社和石家庄神喻王联合打造的全国试点项目。河北华澳光伏现代农业园项目总占地8500亩，位于藁城区，由河北省供销合作联合社控股企业石家庄神喻王果蔬科技有限公司投资建设。项目一期占地1500亩，总投资3.6亿元。这是石家庄市引入的首家将光伏新能源应用于农业领域的项目，主要利用农业产业园400余个菌类种植大棚棚顶铺设多晶硅太阳能电池板，电池板使用寿命25年，每年可向社会提供绿色电能1820万千瓦时。该项目除现代光伏节水设施农业示范园外，还包括CS游戏乐园、休闲垂钓中心、星级度假酒店、农业生态养老及银发产业园等，将工业、农业、生态和旅游业结合起来，创建了电力生产、田园景观、农业生产活动、农业生态环境和生态农业经营新模式。

（岳金宏　任立欣）

【农村土地承包经营权流转】 开展农村土地承包经营权确权登记颁证试点，试点范围包括71个乡、426个村，涉及农户16.6万户、土地82.17万亩。全年确权工作队实际进驻村371个，工作底图完成村332个，完成公示村172个，建立登记簿1375份。至2014年末，全市确权登记颁证试点全面完成村34个，涉及地块43597块、面积102862亩、农户16346户。推进农村土地承包经营权有序流转，2014年全市流转农村土地158.8万亩，占家庭承包耕地总面积24.5%，同比提高6.3个百分点。其中，20亩以上规模流转面积102.8万亩，占流转总面积64.7%，100亩以上规模流转面积67.7万亩，占流转总面积42.6%；流转期限1～5年(含5年)、5～10年(含10年)、10年以上分别占流转总面积42.2%、24.5%和33.1%，农户自发流转和集体统一组织流转农村土地承包经营权分别占流转总面积73.4%和26.6%。2014年井陉矿区涧底村集体经济股份合作制改造试点经验在全省推广；鹿泉区土地流转市场建设经验得到河北省肯定。

【农民合作社】 全年农业部门备案农民合作社数量4789家，其中国家级农民合作示范社17家，省级农民合作示范社58家，市级农民合作示范社148家，98%的乡镇有注册合作社，80%以上村建有合作社。全市入社农户34万户，带动农户44万户，分别占全市农户总数28%、36%，年销售收入6.6亿元，盈余1.3亿元。按照行业分，粮食类、蔬菜类、果品类、养殖类合作社数量分别达到1719家、995家、626家、1222家，分别占备案总数36%、21%、13%、26%；销售收入分别达到1.45亿元、0.89亿元、1.38亿元、2.35亿元，分别占年销售收入总数22%、13.5%、21%、35.6%。2014年全市家庭农场数量发展到770家。

（王风楼　赵海龙）

【美丽乡村建设】 开展农村面貌改造提升行动，全年累计投入20亿元，高标准打造精品示范村40个、精品示范片17个、沿高铁精品示范线1条，完成368个省级重点村15件实事改造任务，19个村获评省级美丽乡村，43个村获评市级美丽乡村。2014年全国农村改厕工作现场会在正定县召开，栾城区连片改造、高邑县PPP模式推进城乡垃圾一体化处理、鹿泉区村史馆建设、无极县中心村王吕社区建设得到河北省委、省政府的肯定。2月10日，全市13个村在河北省农村面貌改造提升行动（基层建设年活动）动员大会上获评省级“美丽乡村”，鹿泉市、藁城市、正定县获评先进县（市）。13个“美丽乡村”分别是：新乐市小流村、正定县合家庄、鹿泉市东辛庄、鹿泉市西良政村、赞皇县东高村、高邑县仓房村、平山县梁家沟、晋州市北王家庄、藁城市岗上村、藁城市镇南村、元氏县毛遗村、栾城县南浪头村、元氏县故城村，每个“美丽乡村”获得省财政奖补资金

200 万元。

（刘惠发　米振合）

机构编制

【概况】 2014 年，市机构编制委员会办公室(简称市编委办)围绕政府职能转变、政府机构改革和事业单位分类改革重点工作，控制优化编制配置资源，推进行政审批制度改革，衔接落实国务院、河北省政府取消和下放行政审批事项，实施向城区下放行政审批管理权限，启动市县乡三级政府建立权力清单和责任清单。加强区划调整指导，印发《〈石家庄市部分行政区划调整实施方案〉和〈关于行政区划调整工作的若干纪律规定〉的通知》(石字〔2014〕22 号)，确定原桥东区编制分配原则，提出人员编制调整方案，保证划转人员“一人一编”。严格事业单位登记管理，全年办理事业单位法人设立、变更、注销登记 84 家，年度检验 461 家，年检合格率 100%；推进网站标识证书全覆盖，完成市直机关事业单位中文域名续费 320 个，续费率 100%。制定优化编制核准流程、事业单位法人登记便民服务卡、政务和公益中文域名服务指南等措施，开通“石家庄机构编制”政务微信。

【行政审批制度改革】 2014 年 5月，全市行政审批制度改革工作由市监察局调整为市编委办牵头负责。至 2014 年底，市本级分三批衔接落实国务院、河北省政府取消和下放行政审批事项 65 项，市级保留行政审批事项 113 项。2014 年下半年，全市启动建立行政审批制度改革权力清单、责任清单、监管清单和负面清单，其中权力清单、责任清单由各级机构编制部门牵头负责，监管清单由各级工商部门和机构编制部门牵头负责，负面清单由各级发展改革部门牵头负责。健全完善监管体制机制，印发《石家庄市人民政府 2014 年促进市场公平竞争维护市场正常秩序重点任务工作方案》(石政办函〔2014〕109 号)，明确具体改革措施 20 条。

【政府职能转变和机构改革】 启动市县政府机构改革，研究拟定《市政府职能转变和机构改革方案》，经市政府机构改革和职能转变工作领导小组、市委常委会研究通过，10 月 31 日上报河北省委、省政府。印发《贯彻落实省委、省政府〈关于市县政府职能转变和机构改革的意见〉的通知》(石办发〔2014〕9 号)，科学制定方案，明确机构限额，规范机构设置，严控机构编制，落实安排部署。根据省政府《关于调整省级以下工商质监行政管理体制的实施意见》(冀政〔2014〕24 号)，稳妥推进工商质监行政管理体制改革。划分行政类事业单位和发达镇改革试点，重新上报石家庄市拟划分行政类事业单位报告，研究提出改革方向和措施；结合政府机构改革，初步确定根据不同情况分步实施改革、加强过渡期管理、逐步消化编制的改革措施。落实河北省《关于开展经济发达镇行政体制改革试点工作的指导意见》，推进无极县张段固镇、井陉县天长镇经济发达镇行政管理体制改革试点。

（秦臻）

【工商质监食药监管理体制改革】 根据国家和河北省推进行政管理体制改革决策部署，12 月 26 日全市召开工商、质监、食药监行政管理体制改革工作推进会，确定 2014 年 12 月底前完成工商、质监体制调整县级移交工作和食品药品监督管理体制改革。改革主要内容：市、县两级工商、质监部门由省级以下垂直管理调整为市和县(市)区政府分级管理，业务接受上级工商、质监部门的指导和监督；改革完善食品药品监督管理体制，整合机构和职责，对食品生产、流通和消费环节实行集中统一监管，构建一体化、广覆盖、专业化、高效率、无缝隙的食品药品监管体系。

（焦莉莉）

【机构编制和人员核查管理】 2014 年 4～10 月，全市组织开展机构编制和人员核查，成立由常务副市长为组长的领导小组，利用 1 个月时间在灵寿县举行核查试点。抽调组织、人力资源和社会保障、财政等部门人员组成联合核查小组，按照国家和河北省要求，实地核实市直部门(单位)100%，抽查验收所有县(市)区单位 40%，按时完成数据录入。中央编委办、河北省编委办抽查验收栾城区和深泽县。加强控编减员管理，制定《石家庄市严格控制编制和人员的工作方案》，明确控编减编工作目标、主要措施和组织实施方法。按照“空编先核准后补充，满编先出后进，超编只出不进，逆向流动严格控制”原则核准使用编制，有效控制财政供养人员增长。至2014年末，全市财政供养人员同比净减少928人。其中，市直部门净减少151人，县（市）区净减少777人。

【机构设立和调整】 市政务公开办公室隶属关系由市纪委机关调整为市政府办公厅。市保密局更名为市国家保密局，与市保密委员会办公室实行一个机构、两块牌子。市农业开发办公室更名为市农业综合开发办公室，多种经营项目处更名为产业化项目处、项目评审处更名为监督评价处；市收费管理局更名为市非税收入管理局。市冀中南地区人民检察院设立纪检组，为市纪委派出机构。市公安交通管理局更名为市公安局交通管理局。市教育局加挂中共石家庄市委教育工作委员会牌子，设立中共石家庄市教育局纪律检查工作委员会（简称纪工委），与市教育局纪委（监察室）实行一个机构、三块牌子。市优化发展环境建设领导小组办公室、市公共资源管理委员会办公室隶属关系由市纪委调整到市政府办公厅。市行政服务中心更名为市政务服务中心。撤销桥西区裕西街道办事处，设立长兴街道办事处。市反恐怖工作协调小组办公室更名为市反恐怖工作领导小组办公室。市发改委驻京项目资金协调处更名为项目协调处。设立市公安局循环化工园区分局，为市公安局派出机构；市公安局桥西分局裕西派出所更名为长兴派出所，裕西刑警中队更名为长兴刑警中队。市城乡规划局滹沱河分局更名为市城乡规划局市政监查分局，原滹沱河分局所辖区域内的城乡规划监管职责分别交由长安、桥东、新华3个规划分局承担。市工业和信息化局装备工业处加挂国防工业办公室牌子。长安区设立老干部二局，由区委组织部管理。裕华区红十字会由区卫生局代管改由区政府领导。设立中共正定县委诸福屯、三里屯街道工作委员会和正定县人民政府诸福屯、三里屯街道办事处。市审计局行政事业审计处挂机构编制审计处牌子。市外事办公室（市侨务办公室）设立机关党委。市健康教育所与市计划生育宣传教育中心合并为市卫生计生宣传教育中心。设立市规划监察支队、市医学鉴定与管理中心、市园博园管理处、市滹沱河生态绿廊管理处。撤销市粮食行业服务中心、市粮食局机关后勤服务中心、市法制事务中心。市石津高速公路筹建处更名为市津石高速公路筹建处，市衡昔高速公路筹建处更名为市石衡高速公路筹建处。开发区（园区）机构设立和调整：石家庄高新区科学技术局加挂知识产权局牌子。设立石家庄高新技术产业开发区综合治税办公室。设立石家庄正定新区综合治税办公室。撤销高新区科技创业园区建设处，设立财务处。撤销建筑市场管理处和市容环境卫生管理处，设立科技创业园区企业服务中心。设立石家庄循环化工园区综合治税办公室。设立河北元氏经济开发区、河北灵寿经济开发区、河北高邑经济开发区、河北井陉经济开发区、河北藁城经济开发区、河北深泽经济开发区、河北新乐经济开发区、石家庄西北（鹿泉）物流产业聚集区，党工委、管委会（暂不定规格，不定编制）分别为所在县（市）党委、政府派出机构，根据管辖地党委、政府授权，行使园区管理、监督、协调、服务职能。正定新区环境保护局不再保留市环境保护局正定新区分局牌子。中共河北鹿泉绿岛火炬开发区工作委员会和河北鹿泉绿岛火炬开发区管理委员会分别更名为中共河北鹿泉绿岛经济开发区工作委员会和河北鹿泉绿岛经济开发区管理委员会。

（秦臻）

台湾工作

【概况】 2014年，全市围绕促进两岸关系和平发展和服务石家庄经济社会发展两个大局，大力推进石家庄台湾两地经贸、文化交流活动。全年两地人员往来3.46万人次。赴台湾人数2.3万人次，其中赴台湾旅游2.2万人次，赴台湾考察团组27个近200人次。台湾到石家庄人数1.16万人次，其中到石家庄旅游近1万人次，台湾到石家庄团组45个600多人次，贸易往来2000余人次。全年新增台湾独资企业8家，总投资2.12亿美元。其中，河北晟立生态科技有限公司投资2亿美元，河北喀啦喀啦餐饮管理有限公司投资150万美元，台湾联强国际集团投资800万美元。至2014年底，全市常住台商113人、台胞183人、台属5万余人，其中涉台婚姻65人；拥有台资企业79家，总投资12.6亿美元；合同利用台资7.6亿美元；年纳税6亿元，解决劳动就业2万人。妥善处理台商经济投诉案件5起、房产纠纷案件2起、政策咨询案件2起。引导台企台商发展不忘回馈社会，鼓励参加助残、助教活动。2014年台企旺旺集团向河北科技大学贫困学生捐赠食品价值40余万元；国祥公司为石家庄市10所国祥希望小学2981名学生捐赠童装马甲价值30万元，并出资50余万元设立助学金和购买文体活动器材。

【两岸交流】 全年石家庄台湾两地人员往来3.46万人次。赴台湾人数2.3万人次，其中赴台湾旅游2.2万人次，个人游1000人次，赴台考察团组27个近200人次。台湾到石家庄人数1.16万人次，其中到石家庄旅游近1万人次，台湾到石家庄团组45个600多人次，贸易往来2000余人次。2014年5月，世界500强之一台湾正崴集团董事长郭台强和远东航空公司董事长张维纲到石家庄市考察空港工业园项目。2014年6月，台湾海基会董事长林中森一行6人到石家庄市参观考察。2014年8月，首届冀台经济贸易博览会暨台湾南投县农产品展在石家庄举行，两地企业精英及河北省冀台经济贸易促进会会员单位领导等约2200人次和市民20000人次观展，销售和预定农产品、艺术品、酒、食品等涉及金额580万元，签署合作项目协议4项。两岸人文交流增多，2014年4月，台湾少年儿童教育艺术团35名学生到石家庄外国语教育集团参观学习和交流。2014年8月，台湾贤德惜福文教基金会董事长周荃（女）率领第六届台湾大学研习营23所台湾高校64名大学生到石家庄市台企国祥公司参观学习并举行联谊活动。2014年8月，台湾东森电视台与金门酒厂在石家庄市举办产品推销会。2014年9月，石家庄市举办台湾士林美食节。

【对台经贸】 全年新增台湾独资企业8家，总投资2.12亿美元。其中，河北晟立生态科技有限公司投资2亿美元，福尔曼莉台湾伴手礼投资30万美元，克丽缇娜（上海）贸易有限公司河北分公司投资40万美元，美朴生活家居有限公司投资50万美元，特力屋贸易有限公司投资100万美元，河北喀啦喀啦餐饮管理有限公司投资150万美元，台湾联强国际集团投资800万美元，多力船长热狗旗舰店投资10万美元。参加中国廊坊国际贸易洽谈会，邀请台商46名参会，涉及台湾企业28家，其中世界500强企业1家。参加9·8厦门第十八届中国国际投资贸易洽谈会，邀请台商26名，并组织参会人员到台商集中的漳州市、泉州市、福州市学习考察招商经验。参加10月23～24日石家庄市举办的“2014年中国·石家庄国际投资合作洽谈会”，邀请台湾4个团组及零散客商32人参会，并与行唐县共同举办“行唐投资合作专题对接会”。

（潘新民）

信访工作

【概况】 2014年，全市信访工作形势平稳向好，赴省进京信访量同比大幅度下降，其中进京非正常访同比下降44.9%，到市以上集体访同比下降36.6%。坚持市级党政领导定期到市信访接待服务中心接访约访，县乡两级每天一名领导干部接访，县（市、区）党政主要领导轮流接访制度。全年组织开展市县乡三级干部集中接访约访活动12次，接待群众来访2569批次、4798人次，当场解决信访事项297件，落实领导包案1748件。加大信访工作问责力度，全年责任倒查重点案件20多起，责任追究出现问题部门12个。2014年市信访局获评全省信访工作先进集体和人民建议征集工作先进单位。

【矛盾隐患排查】 采取信访日常排查与重要会议、重大活动期间和敏感节点相结合方式，组织集中开展矛盾隐患大排查活动7次。在重要会议、重大活动期间，市信访部门及时制定信访保障方案，组织县（市、区）和市直部门，做好信访值班和疏导劝返，为举办会议、活动营造了良好环境。全年各地各部门排查上报信访苗头隐患8579件，全部建立台账，落实责任制。至2014年底，全市化解信访矛盾隐患8193件，化解率95.5%。

【化解信访积案】 严格落实中央和河北省信访工作规定，依法处置非正常上访和违法违规上访，维护正常的社会秩序和信访秩序。已经落实“四个到位”、“四不欠账”要求，还坚持缠访、闹访、非正常上访人员，组织地方、部门及人大代表、政协委员、专家学者、记者、律师等社会各界力量，开展公开听证，促进息诉罢访。按照河北省委、石家庄市委开展党的群众路线教育实践活动要求，从2014年3月初至2014年9月底，全市组织开展化解信访积案专项行动。市信访部门梳理确定信访案件2807件，向各县(市、区)和市直部门集中交办，明确县级包案领导、承办单位、具体责任人，实行挂账督办。至2014年底，全市信访积案办结率100%，息诉率85.8%。

（刘旗）

政策研究

【概况】 2014年，市委研究室围绕全市亟待解决的重点难点焦点问题，立足当好参谋、多出主意，深入做好调查研究。全年完成重大调研课题12个，提出一批具有重要价值的意见和建议。开展各种专题视察活动，帮助决策咨询委员及时了解省会最新发展动态。参与京津冀协同发展，撰写重振老字号、加快传统村落保护开发等建言成果获得市主要领导批示。全年主编市委机关刊物《石家庄决策》12期，编发《专家建言》2期、《决策建议》4期、《重要动态》24期，其中征集各类决策咨询意见建议12篇，组织编发《专家建言》2期，获得市领导批示8人次，批示率100%。各县（市、区）委研究室完成调研成果512项，获得市级以上领导批示57人次，在市级以上期刊发表文章308篇。2014年市委研究室调查研究工作获评全省优秀等次，决策咨询工作获得全省先进单位称号。主编《石家庄决策》获评全国城市十佳党刊，2014年《石家庄决策》获得市级以上领导批示116人次，其中肯定性批示98人次。

【调查研究】 坚持以党的十八届三中四中全会、省委八届六次全会和市委九届五次全会精神为指导，围绕转型升级、跨越赶超、建设幸福石家庄，率先在全省全面建成小康社会进程中的重大问题，特别是市委领导关心关注、亟待解决的重点难点焦点问题，当好参谋、多出主意，深入开展调查研究。全年完成重大调研课题12个，调研内容涉及振兴传统产业、发展现代服务业、推动可持续发展、金融创新、生态环保、深化改革、城市建设、民生改善以及基层组织建设等领域，提出一批具有重要价值的意见建议，进入市委领导决策视野，取得市领导批示率、转化率和关注度“三个大幅提升”。2014年市委研究室撰写《调查研究报告》获得市以上领导批示率100%，累计获得省市领导批示42人次。其中，获得市委书记批示8篇次、市长2篇次、人大主任7篇次、政协主席2篇次。8项调研成果被市委、市政府领导批转市直部门和负责人，要求研究相关政策措施、抓好工作落实，直接推动了药品电商平台、振兴乳业、做大做强会展业、养老事业、城乡垃圾处置、加强乡镇干部队伍建设等重点工作，调研成果直接转化率70%。2014年市委研究室撰写调研报告和文章被省级内刊采用3篇，其中《河北发展》2篇，《河北改革动态》1篇。加强传统村落保护开发、破解中小企业融资难等调研报告所提建议，被市人大常委会纳入重点督办内容；政府购买社会服务、高铁对经济社会发展影响等调研报告，分别获得石家庄市第十四届社会科学优秀成果一等奖、二等奖。2014年市委研究室撰写12篇《调查研究报告》得到市委、市政府主要领导和分管市领导批示31人次，其他非分管市领导批示11人次，占到批示总数26%。牵头或参与起草市委工作要点，市委全面深化改革领导小组工作要点，实施创新驱动发展、引进科技创新产业人才意见等综合文稿10余篇，并将调研成果直接融入领导讲话、市委文件和各项工作方案、安排意见之中，发挥了以文辅政作用。

【决策咨询】 办专题考察和研讨活动，借助“外脑”作为当好参谋助手的重要手段和渠道，全力为市决策咨询委员开展工作提供服务保障。开展专题视察活动，邀请市直部门和单位通报介绍全市重点工作进展情况，帮助决策咨询委员及时了解省会最新发展动态。组织决策咨询委员视察高新区和市科技大市场，参与京津冀协同发展，开展专题研讨活动，为更好抓住京津冀协同发展重大机遇，推进全市又好又快发展，提出建设性意见建议。围绕中心工作，及时组织决策咨询委员建言献策。2014年市委研究室开展“留住城市记忆”系列调研、重振老字号、加快传统村落保护开发等建言成果被市领导批转市直部门研究落实。全年主编市委机关刊物《石家庄决策》12期，编发《专家建言》2期、《决策建议》4期、《重要动态》24期，其中征集各类决策咨询意见建议12篇，组织编发《专家建言》2期，获得市领导批示8人次，批示率100%。完善市委研究室和市决策咨询委员会沟通联络制度，适时召开联席会，通报交流情况，形成围绕大局落实决策咨询功能和作用。2014年石家庄市决策咨询工作获评全省先进单位。

【重要决策刊物】 将讲政治作为“立刊之魂”，将提质量作为“办刊之要”。组稿选稿做到好中选优，突出文章思想性、指导性和可读性。全年编发《石家庄决策》12期，发行5万余册。其中，向全市各级党组织发送4万余册，上报、交流6千余册。《石家庄决策》连续9年蝉联全国城市十佳党刊，2014年再次获评“省会双十佳内资出版物”。编辑出版《重要动态》，为市委领导及时提供全国各地重要决策信息。全年《重要动态》编发24期，获得市领导批示59人次，其中市委书记批示14篇次、市长批示6篇次。创办刊物《决策建议》，主要围绕发展大局提出建设性意见建议，专报市委、市政府主要领导。全年《决策建议》编发4期，获得市领导批示7人次，其中市委书记批示3篇次。

（阎晓斌）

老干部工作

【概况】 2014年，全市老干部系统立足用心用情做好老干部工作要求，采取举办报告会、辅导班、书画展、运动会等方式，加强和推进各项工作建设，引导老干部树立坚定的理想信念，积极建言献策，为社会发挥余热。12月19日，市委常委会专题研究老干部工作，省委常委、市委书记孙瑞彬要求各级各部门统筹协调，形成合力，推进老干部学习、活动、保健“三位一体”阵地建设，营造更加尊重关心老干部、更加重视支持老干部工作的浓厚氛围。2014年市长王亮代表市委、市政府两次向老干部通报全市经济社会发展情况。听取离退休老干部、老同志意见和建议，上门征求市级老领导意见78人。坚持春节、国庆节、中秋节等重大节日期间开展定期走访慰问活动，看望市级老干部、老红军及老干部遗属，慰问改制破产企业上收管理的离休干部和军队移交政府安置的离休人员，并安排专人易地慰问安置在外省市离休干部35人。加强老干部工作队伍建设，开展有突出奉献老干部工作者评选表彰活动，5人获得省级表彰，荣立二等功；88人获得市级表彰，荣立三等功。2014年市委老干部局获评全国敬老先进单位、全国关心下一代工作先进单位、全国关爱明天普法先行工作先进集体。

【思想政治建设】 以学习贯彻党的十八大和十八届三中全会精神为主线，采取举办报告会、辅导班、书画展、运动会等方式，加强和推进老干部学习、活动“两项建设”。学习宣传党的政策，举办离退休干部党支部书记培训班，组织老干部参加中央宣讲团在省会举办宣讲报告会，邀请中央党校教授王长江、省委党校教授李志勇分别作党的十八报告及党的十八届三中全会精神专题辅导。举行国际形势报告会，邀请石家庄陆军指挥学院教授王建华作中国周边安全形势报告。联合市老年书画研究会等老年团体，举办学习宣传党十八大精神书画巡展等。开展“余热生辉燕赵情、同心共筑中国梦”主题活动，通过“主题征文、书画摄影展”等方式，引导老干部坚定理想信念。

【政治生活待遇】 坚持春节、国庆节、中秋节等重大节日期间开展定期走访慰问活动，看望市级老干部、老红军及老干部遗属，慰问改制破产企业上收管理的离休干部和军队移交政府安置的离休人员，并安排专人易地慰问安置在外省市离休干部35人。定期组织老干部参观工农业生产。2014年5月，40多位市级老领导到正定新区和正定县考察，视察了正定新区河北奥林匹克体育中心、特教学校、居民回迁楼、地下管廊等重点工程，参观了正定县南城门和西城墙，了解正定古城风貌恢复工程建设情况。2014年市级老领导还参观视察滹沱河生态旅游景区、晋州市等地建设。落实定期情况通报制度。2014年上半年和下半年市委两次召开情况通报会，向老领导通报全市经济社会发展情况，并就全市重大问题主动征求老干部意见建议。落实老干部生活待遇。全面保障离休干部离休费发放和医疗费待遇，协调市级财政为16家市直差额拨款和自收自支事业单位35名离休干部落实统筹外费用42万元；为市直单位303名特困老干部落实帮扶资金30万元将市直171家改制破产企业1092名离休干部实行上收管理，规范公用经费、特需经费和办公经费的管理和使用。及时下发文件调整离休干部护理费及军队移交政府安置离退休干部的交通费、生活补助费、独生子女父母退休奖励费和防暑降温费标准。协调部分单位解决离退休干部医药费、书报费问题，维护了老干部合法权益。

【老年活动】 加强石家庄市老年大学、老干部活动中心和老干部休养所管理，桥西新建一个2万平方米老干部活动中心(包括老年大学)，城市四角及高新区、正定新区新建6个老干部活动点，形成市区老干部活动阵地“2+6”格局。市老年大学探索建立教师“选聘、考勤、教学进度、第二课堂”四个台账和“督导、评估、激励、关爱”四个机制。市老干部活动中心举办员工培训，简化办卡程序，添置活动器材，增加活动项目，整治内外环境，服务水平大幅提升。全年市老干部活动中心接待老干部12万人次，参加活动人数同比增长7%。市委老干部局所属3个干休所开展“文明楼院创建”活动，建立工作人员与老干部结对帮扶制度，定期举行走访看望、送医送药及健康讲座、体育健身和娱乐文化活动。2014年市直机关离退休干部第20届运动会举行，3700多名离退休干部参加了健步走、小球投篮、套圈、飞镖、钓鱼等9个项目比赛，激发了老干部锻炼热情，增进了感情交流。

【建言献策】 开展“我为石家庄科学发展献良策”活动，向老干部发放《建议征集表》1000多份，征集老干部意见建议2000多条。选树11名在农村党支部任职老干部先进典型，引导老干部为社会主义新农村建设献策出力。引导老干部参加大气污染治理活动，聘请260名老干部担任大气污染防治监督员。组织老干部热心参与关心下一代工作，至2014年底，全市共有各级各类关心下一代工作组织7234个，校外辅导员6328人；爱国主义教育报告团247个、科技报告团121个、法制教育报告团194个、关爱工作小组190个；从事关心下一代工作离退休老干部25921人；8个先进集体、34个先进个人受到河北省表彰。

（卢建平）

机关事务管理

【概况】 2014年，市机关事务管理局以建设服务型、节约型、法治型机关为主线，履行管理、保障、服务职责，确保了市委、市政府机关大院安全稳定，高效有序运转。定期召开机关安全工作会议，分析安全保卫形势，配合内卫、公安、信访、消防等部门，做好机关大院安全管理。采用人防、物防、技防“三位一体”方式和“预防为主，打防结合”手段，始终将维护机关大院安全稳定作为重中之重，实现市委、市政府机关大院无刑事犯罪、无治安案件、无火灾事故、无自然灾害“四无”目标。协调起草《石家庄市公务用车制度改革实施方案》，推进公务用车制度改革。全年出车18万余台次，完成各种特殊应急保障任务149台次，均做到安全无事故。贯彻落实《公共机构节能条例》和《河北省公共机构节能办法》，制订《石家庄市2014年公共机构节约能源资源工作要点》，完成市2014年度公共机构能源资源消耗统计数据汇总上报。举办节能宣传周活动，督导检查县（市）区和重点市属公共机构开展节能活动。

【基础设施建设】 加强市委、市政府机关大院环境卫生整治，市委、市政府两院种植绿化面积4000多平方米；粉刷机关围墙护栏、市委院配楼外墙等18000余平方米、补烫房顶4000余平方米；中山路老干部高层宿舍二次管网改造，东大街宿舍、师范街宿舍等机关老旧小区暖气分户改造，水、电表出户改造、政府院浴室升级改造及机关食堂“油改气”工程完成。参与制定《石家庄市人民政府关于做好2015年老旧小区环境综合整治工作(草案)》，协调所辖区政府和行业管理部门推进“一管到户”和老旧小区物业管理社会化。日常维修维护基础设施2000余次。回收利用市委机关院直饮水系统排放尾水，年节水6000余吨。“五一”劳动节、“十一”国庆节期间，摆放花坛10个，花卉近20万株，做到了三季有花、四季常绿，美化了机关院落办公环境。

【生活服务】 贯彻落实《食品卫生管理规定》和《食堂饮食安全管理暂行规定》，严格执行《餐饮业食品原料采购索证登记》和《消毒登记》等制度，确保食品安全。改善干部职工伙食，提高饭菜质量，保持饭菜价格基本稳定，就餐满意率提高。采取“走出去、请进来”和岗位练兵、业务技能竞赛等方式，提高食堂炊管人员业务技能。加强车辆管理，协调起草《石家庄市公务用车制度改革实施方案》，推进公务用车制度改革。全年出车18万余台次，完成各种特殊应急保障任务149台次，均做到安全无事故；市委、政府两个车队用油同比节余7.58万升，折合49.27万余元（按照每升平均6.5元计算）。

（曹建龙　王东旭）

党史工作

【概况】 2014年，市委党史研究室履行“存史、资政、育人”职能，以突出党史正本编写为重点，开展党史资料征编和党史研究活动。《中国共产党石家庄历史》（第二卷）第二稿统稿完成，组织召开工作调度会20多次，征集和查阅文献档案330多卷、文献资料1100余件，完成统稿文字50万字。纪念中国人民抗战胜利70周年，与石家庄老区建设促进会合作完成《抗日战争时期侵华日军在石家庄制造的惨案》一书资料征集、编写，交付印刷出版。指导基层党史部门开展业务研究，推进县（市）区党史《第二卷》编撰工作，2014年全市大部分县(市)区党史部门启动社会主义时期党史《第二卷》资料征编，各县（市）区党史部门还根据当地实际，采取编辑党史通俗读物、建立党史教育基地、举办主题展览和党史报告会、讲党课、开展知识竞赛、赠送党史书籍等形式，发挥党史教育独特功能。

【《中国共产党石家庄历史》(第二卷)第二稿统稿】 2010年4月《中国共产党石家庄历史》（第二卷）编写启动征编工作。至2014年底，《中国共产党石家庄历史》（第二卷）第二稿统稿完成，组织召开工作调度会20多次，征集和查阅文献档案330多卷、文献资料1100余件，收集整理领导讲话220多件，报刊资料600多份，翻阅查考其他参考书籍100余册，复印资料4600多份，在初稿70多万字基础上，完成第二稿统稿50万字。

【党史专题研究】 纪念中国人民抗战胜利70周年，与石家庄老区建设促进会合作完成《抗日战争时期侵华日军在石家庄制造的惨案》一书资料征集、编写，交付印刷出版。《河北年鉴（2014)》石家庄卷资料、图片征集完成，编写资料3.1万字，图片9张。撰写市地方志办公室《石家庄年鉴(2014卷)》“党史研究”资料3000字。河北省委党史研究室关于开展第二批河北省中共党史教育基地评选命名石家庄地区候选基地资料收集上报完成，搜集符合评选标准的革命历史遗址、遗迹9处，经评审，百团大战前线指挥部旧址（井陉县）命名为第二批“党史教育基地”。纪念邓小平同志诞辰110周年，组织征集上报邓小平在石家庄革命实践活动文字资料和图片资料。征集《党史工作通讯》资料20多万字，图片70多张；编辑、印刷、出版、发行《党史工作通讯》5期，约6万字；《党史工作通讯汇编》一书编辑、印刷、出版发行，全书37万字。

中共石家庄市委党史研究室
主　任：张建国
副主任：王利利　张亚强
　　　　张素钊

（何芳）

党校工作

【概况】 2014年，市委党校坚持正确办学方向，以深入开展党的群众路线教育实践活动为载体，坚持将学习贯彻党的十八大、十八届三中、四中全会和习近平总书记系列重要讲话精神作为干部培训首要任务，突出“质量、特色、品牌”优势，发挥干部成长摇篮职能作用，全面推进特点突出、特色鲜明一流省会城市党校建设。全年举办各类培训班次98期，培训学员8508人次，同比增加876人次。其中，主体班次34期，培训轮训学员3992人次；承办各类外来班次64期，培训学员4516人次。开设不同教学专题183个。其中，新教学专题68个；校内教师授课280人次；项目组教学9次，参与教师36人次；外请中央党校、国家宗教事务局、省委党校、普通高校等29名专家学者及党政领导到校授课47人次。选派教师实施“送教下基层、送课进机关”活动101场次，受众13830余人次。加强市情研究，2009年创刊《领导决策参阅》，至2014年末，共刊发69期，其中45期得到市委、市政府主要领导批示。2014年市委党校获评2012～2013年度省级文明单位。

【教学培训】 率先在全省党校系统开展学习习近平总书记系列重要讲话精神轮训班，举办县处级领导干部培训2期，举办科级干部轮训班6期、学习示范班1期，培训学员1000余人次。至2014年底，市委党校举办各类培训班次98期，培训学员8508人次，同比增加876人次。其中，主体班次34期，培训轮训学员3992人次；承办各类外来班次64期，培训学员4516人次。开设不同教学专题183个。其中，新教学专题68个；校内教师授课280人次；项目组教学9次，参与教师36人次；外请中央党校、国家宗教事务局、省委党校、普通高校等29名专家学者及党政领导到校授课47人次。选派教师实施“送教下基层、送课进机关”活动101场次，受众13830余人次。突出品牌特色，“重走赶考路”党性教学品牌得到中央组织部肯定。市委党校依托西柏坡红色资源，研发推出“西柏坡精神”和“重走赶考路”两个主题教学活动，经过实践和完善，“重走赶考路”成为河北省干部教育培训特色品牌，在全国党校系统引起反响。2014年市委党校“重走赶考路”教学品牌承办全国20余个省市各类培训班次203期，培训人员15755人次。4月24日，中央组织部调研组到市委党校就“重走赶考路”教学活动开展专题调研活动，给予市委党校“赋予红色资源新的生命力”评价。立足新时期干部教育培训需要，深入研究习近平总书记在正定工作期间的执政理念和领导风格，推出“同呼吸心相印”党的优良传统和作风主题教学活动，投资建设了“同呼吸心相印”主题教室，并在全市县处级干部培训班等5期主体班教学成功应用。结合石家庄市中心工作和干部需求，形成“突发事件应对”、“法治政府建设”、“优化发展环境”、“生态文明建设”等重点学科。党的十八届四中全会召开后，市委党校依据现时形势，随即举办学习贯彻党十八届四中全会精神师资培训班，聘请中央党校、中国社会科学院、河北省委党校的专家及学者解读党十八届四中全会精神，为全市开展学习贯彻党的十八届四中全会精神做好师资准备。

【科研成果】 全年申报国家、省、市级课题71项，获准立项30项。其中，博士研究生、青年教师明世法申报的国家社会科学基金项目——《社会转型期宗教组织的筹资模式、支出结构变迁与趋势研究》获准立项，这是市委党校第二次获得该项目立项，也是此次全国4个获得立项市级党校之一。加强全国“红地标”党校间联系沟通，开展科研教学资源共享和交流合作活动，4月15日市委党校首倡并组织召开“红地标党校·论党的群众路线学术研讨会”，广泛交流各地党校的教学科研培训新成果，研究探索红色资源共享的教育新模式。加强市情研究，2009年创刊《领导决策参阅》，至2014年末，共刊发69期，其中45期得到市委、市政府主要领导批示；2014年《领导决策参阅》刊发5期，3期得到市委、市政府领导批示落实。

中共石家庄市委党校

校　　长：司存喜（兼）

常务副校长：孙晋康

副 校 长：杜新昉　周建立

　　　　　陈向勤　高建庄

　　　　　尹浩　　董杰

（王雷）

石家庄市人民代表大会

【概况】 2014年，石家庄市人民代表大会及其常委会围绕关系改革发展稳定、群众切身利益和社会普遍关注的重大问题，筛选梳理涉及立法、听取和审议专项工作报告、执法检查、专题询问等7大类60项工作，并首次将4项财政专项资金审查监督、15项专题调研列入年度工作计划。全年举行市人大常委会会议7次，审议议题47项，并对全市养老服务体系建设和食品安全工作进行专题询问。召开主任会议21次，研究和讨论议题131项。任免市级国家机关工作人员44名，补选省人大代表4名。审议修订地方性法规1部，制定地方性法规1部，清理地方性法规44部，其中修改处理20部，废止处理5部。提高地方立法质量，制定《关于开展地方性法规立法前评估工作的实施意见(试行)》。开展立法前调研和评估活动，实施《石家庄市大气污染防治条例》、《石家庄市肉品管理条例》立法后评估。2014年市人大常委会组成人员通过多种形式联系人大代表566人次，收集意见建议612条；邀请人大代表和群众列席常委会会议和主任会会议、参加立法论证、执法检查、视察调研1800多人次；征集人大代表和社会各界意见建议257条。市、县、乡三级建立“人大代表之家”275个、“人大代表联络站”86个，基本实现乡镇、街道全覆盖。2014年全市各级人大代表通过“人大代表之家”联系群众35600多人次，提出意见建议2560多条，为群众办实事好事1600多件。多次召开座谈会，研究做好市人大机关工作。5月15日，市人大常委会召开市十三届人大常委会专门委员会工作座谈会；9月4日，市人大常委会召开首次全市人大宣传工作座谈会；12月11日，市人大常委会召开全市人大工作座谈会。建立市人大常委会组成人员、市人大代表履职档案，规范委员和人大代表履职行为，激发履职热情。研究制定省人大代表小组和市人大代表小组学习培训计划，明确学习内容和要求，重点开展人大工作基础知识和提高代表提出建议质量学习培训。2014年6月，市人大常委会组织各县(市)区人大常委会主任参加全国人大机关举办为期一周的学习培训。健全市人大机关信访工作联动机制，实行主任会议成员接访制度。全年市人大机关接待处理群众来信来访1271件次，有效解决一批合理诉求，维护了社会和谐稳定。

市第十三届人民代表大会共有代表名额645名，市第十三届人民代表大会第二次会议时，实有代表614名。8人代表资格终止：无极县代表团程凯、赞皇县代表团张小国、长安区代表团孙玉山、桥西区代表团赵雪芹、新华区代表团李晋宇、裕华区代表团陈树松调离石家庄市，深泽县代表团杜会芹去世，另有平山县人大常委会接受王俊英辞去市第十三届人民代表大会代表职务，根据《中华人民共和国全国人民代表大会和地方各级人民代表大会代表法》规定，王俊英代表资格终止。补选4名市十三届人民代表大会代表：高邑县李雪荣，桥西区李景中，裕华区郭满平，长安区李军。至2014年底，市第十三届人民代表大会实有代表610名。

2014年市十三届人大二次会议收到人大代表建议406件，经市人大常委会主任会研究，确定18件为重点建议。2014年3月，将全部建议分门别类交由市“一府两院”研究办理。2014年8月，市人大常委会组织开展18件重点建议办理情况集体视察活动，并安排市人大各专门委员会跟踪督办。2014年10月，市人大常委会组织领衔提出建议100多名人大代表集中视察建议办理情况，并对各单位办理代表建议进行了满意度测评。至2014年底，406件人大代表建议解决和基本解决占53.4%，正在解决和列入规划占41.9%，没有解决、作出解释说明占4.7%；人大代表满意和基本满意占94.1%，表示理解占5.4%，不满意占0.5%；43个被测评部门和单位中，41个测评满意和基本满意率达到88%以上，2个测评满意和基本满意率最低，均为84%。

举办纪念全国人民代表大会成立60周年系列活动，宣传人民代表大会制度和市人民代表大会的光辉历程、显著成就和实践经验，重点安排6项活动：集中收听收看中共

2014年11月25日，市人大常委会主任杨志辉（前排左二）等集体视察市农村面貌改造提升建设

中央组织召开的纪念全国人民代表大会成立60周年大会实况；召开纪念全国人民代表大会成立60周年暨全市人大工作座谈会；召开全市人大新闻宣传工作座谈会；举办“石家庄市第一届人民代表大会”研讨会和《人民民主的范例——石家庄市第一届人民代表大会图片展》；举办纪念全国人民代表大会成立60周年征文和书画展活动；举行人民代表大会制度知识竞赛。

【市第十三届人大常委会组成人员及各部门负责人】

主　任：杨志辉

副主任：朱增海

王中联（女）

王俊英（1月任,12月免）

王增飞

李锡海

杜振琪

楚行宇（满族）

秘书长：张院生

委　员：马军　马恩来（回）

王涛　王云辉

王文晔（女）

王玉国　王生力

王仕平　王印行

卢素强　兰国良

刘月照　刘书平

刘国清　米春荣（女）

严晋峰　李俊秀（女）

李晓华（女）

李爱民　杨印胜

步淑段（女）

肖荣智　吴秀超

何金录　张琰

张静　（女）

张泽辉　张美林

邵新中　宗立荣（女）

赵海奎　胡永权

姜博卿　徐习军

徐拥政（1月任）

郭登洲　黄朝庆

崔芸　（女，1月任）

崔瑞芳（女）

韩保来　潘卫东

副秘书长：周全宁　潘明文

倪华　杨传英

研究室

主　任：马军

副主任：崔书冠　王建丰

选举任免代表工作委员会

主　任：王云辉

副主任：时洪斌　李勤

法制委员会

主　任：徐习军

副主任：宋健

内务司法委员会

主　任：卢素强

副主任：孙利华

财政经济委员会

主　任：刘国清

副主任：张杰

农业和农村委员会

主　任：何金录

副主任：马兆芹

城乡建设和环境资源委员会

主　任：王生力

副主任：（空）

教育科学文化卫生委员会

主　任：严晋峰

副主任：（空）

民族侨务外事委员会

主　任：吴秀超

副主任：王庄丽

信访办公室

主　任：赵海奎

副主任：张万明

【市第十三届人民代表大会第二次会议】 1月16～19日，市第十三届人民代表大会第二次会议在人民会堂举行。会议推选孙瑞彬、司存喜、杨志辉、朱增海、王中联、王增飞、李锡海、杜振琪、楚行宇、张院生为大会主席团常务主席。580名市人大代表出席会议。会议收到市人大代表建议、批评和意见308件，代表10人以上联名提出议案29件。会议补选王俊英为市第十三届人民代表大会常务委员会副主任，徐拥政、崔芸（女）为市第十三届人民代表大会常务委员会委员。会议表决通过了《关于石家庄市人民政府工作报告的决议》、《关于石家庄市2013年国民经济和社会发展计划执行情况与2014年国民经济和社会发展计划的决议》、《关于石家庄市2013年市本级预算及市总预算执行情况和2014年市本级预算及市总预算的决议》、《关于石家庄市大气污染防治情况的报告的决议》、《关于石家庄市人民代表大会常务委员会工作报告的决议》、《关于石家庄市中级人民法院工作报告的决议》、《关于石家庄市人民检察院工作报告的决议》。

【市十三届人大常委会会议】 2月27日，市十三届人大常委会第七次会议召开。市人大常委会主任杨志辉、副主任王中联分别主持会议，副主任朱增海、王俊英、王增飞、李锡海、杜振琪、楚行宇，秘书长张院生和委员50人出席会议。会议听取了市人大常委会秘书长张院生受主任会议委托所作关于《石家庄市人大常委会2014年工作要点（草案）》的说明，市安监局局长崔同英受市政府委托所作关于全市安全生产工作情况的报告，市法院院长崔存利所作关于全市法院执行工作情况的报告，市政府副市长郭运兴受市长王亮委托所作关于人事任免事项说明，市检察院副检察长曹爱国受检察长侯建华委托所作关于人事任免事项说明，市人大常委会委员王云辉、何金录、王生力所作分组发言。与会人员表决通过了《石家庄市人大常委会2014年工作要点》，以无记名投票方式对关于全市安全生产工作情况的报告进行了满意度测评，会议还通过了有关人事任免事项。

3月13日，市第十三届人大常委会第八次会议召开。市人大常委会主任杨志辉主持会议，副主任朱增海、王中联、王俊英、王增飞、李锡海、杜振琪、楚行宇，秘书长张院生和委员47人出席会议。会议以举手表决方式通过关于接受梁树林辞去河北省第十二届人民代表大会代表职务的决议。

4月28～29日，市十三届人大常委会第九次会议举行。市人大常委会主任杨志辉主持会议，副主任朱增海、王俊英、王增飞、杜振琪、楚行宇，秘书长张院生和委员48人出席会议。市政府副市长张业列席会议。会议听取了市环保局局长王华平所作关于《石家庄市市区生活饮用水地下水源保护区污染防治条例（修订草案）》的说明，市人大常委会副主任、执法检查组组长杜振琪所作关于检查《石家庄市城市园林绿化管理条例》实施情况的报告，市政府副秘书长高庆洲所作关于全市农业科技创新与推广情况的报告，市工业和信息化局局长吴飞所作关于全市民营经济发展情况的报告，市教育局局长闫纯错所作关于全市义务教育均衡发展情况的报告，市检察院副检察长何军恒所作关于“两法衔接”工作情况的报告。与会人员分组审议了上述议题，以投票表决方式对全市义务教育均衡发展情况的报告进行了满意度测评，以举手表决方式通过关于接受副市长程凯辞去职务请求的决定。

6月25～27日，市十三届人大常委会第十次会议举行。市人大常委会主任杨志辉主持会议，副主任朱增海、王中联、王俊英、王增飞、李锡海、杜振琪、楚行宇，秘书长张院生和委员48人出席会议。市政府副市长孟祥红列席会议。会议听取和审议了市人大法制委员会副主任委员徐习军所作关于《石家庄市市区生活饮用水地下水源保护区污染防治条例（修订草案）》审议结果的报告；市政府副秘书长郎金国所作关于《石家庄市教育设施规划建设管理条例(草案)》的说明；市人大常委会副主任、执法检查组组长李锡海所作的关于检查全市实施《中华人民共和国气象法》情况的报告；市发改委主任赵文锋所作关于全市国民经济和社会发展第十二个五年规划纲要中期评估情况的报告；市政府副秘书长宋国宏所作关于全市加快新市镇建设，推进城镇化进程工作情况的报告；市民政局局长李文昌所作关于全市养老服务体系建设情况的报告；市外事办主任李风江所作关于全市外事侨务工作情况的报告；市人大常委会副主任楚行宇和市法院院长崔存利所作关于人事任免事项的说明。与会人员以举手表决方式通过《石家庄市市区生活饮用水地下水源保护区污染防治条例(修订草案)》，待报请省人大常委会审议批准后实施。

8月27～28日，市十三届人大常委会第十一次会议举行。市人大常委会主任杨志辉主持会议，副主任朱增海、王中联、王俊英、王增飞、李锡海、杜振琪、楚行宇，秘书长张院生和委员49人出席会议。会议审议通过了市人大法制委员会副主任委员徐习军所作关于《石家庄市教育设施规划建设管理条例草案》审议结果的报告；市发改委主任赵文锋所作关于2014年国民经济和社会发展计划1～6月份执行情况的报告；市财政局局长周立新所作关于2014年1～6月份全市及市本级预算执行情况的报告和关于2013年市本级决算和市总决算情况的报告；市审计局局长刘桂江所作关于2013年度市本级预算执行和其他财政收支的审计工作报告；市人大常委会内务司法委员会主任、执法检查组副组长卢素强所作关于检查《石家庄市实施〈中华人民共和国工会法〉办法》实施情况的报告；市政府副秘书长高庆洲所作关于农村面貌改造提升工作情况的报告；市公安局副局长王云才所作关于全市社会治安防控体系建设工作情况的报告。会议表决通过《石家庄市教育设施规划建设管理条例》，关于批准2013年市本级决算的决议，并对关于全市社会治安防控体系建设工作情况的报告进行了满意度测评。会议决定接受李晋宇辞去石家庄市人民政府副市长职务的请求，报石家庄市人民代表大会备案；任命李雪荣为石家庄市人民政府副市长。

10月28～30日，市十三届人大常委会第十二次会议举行。市人大常委会主任杨志辉、副主任王中联分别主持会议，副主任朱增海、王增飞、李锡海、杜振琪、楚行宇，秘书长张院生和委员46人出席会议。市政府常务副市长刘晓军，市中级人民法院副院长尹新民，市人民检察院检察长侯建华列席会议。会议听取和审议了市发改委主任赵文锋所作关于落实市人大常委会《关于加快实施中东西三大区域经济协调发展战略的决议》情况的报告；市大气污染防治指挥部办公室主任、市环保局局长王华平所作关于落实市人大常委会《关于进一步加强我市大气污染防治工作的决议》情况的报告；市人大常委会民族侨务外事委员会主任、执法检查组副组长吴秀超所作关于检查《中华人民共和国旅游法》实施情况的报告；市食品安全办公室主任、市食药监局局长米志奇所作关于全市食品安全工作情况的报告；市卫生计生委主任李志宏所作关于全市提升基层医疗卫生服务能力情况的报告；市政府秘书长孟胜林所作市政府关于办理市十三届人大二次会议代表建议情况的报告，印发了市法院和市检察院关于办理市十三届人大二次会议代表建议情况的报告；市中级人民法院副院长尹新民所作关于人事任免事项的说明。

12月30日，市十三届人大常委会第十三次会议召开。市人大常委会主任杨志辉主持会议，副主任朱增海、王中联、王增飞、李锡海、杜振琪、楚行宇，秘书长张院生和委员47人出席会议。市政府副市长李雪荣、张业，市法院院长崔存利，市检察院检察长侯建华列席会议。会议决定市十三届人大三次会议2015年1月19日召开。会议听取了市人大常委会秘书长张院生所作关于召开市十三届人大三次会议有关事项的报告和关于市人大常委会工作报告稿的说明，市人大法制委员会副主任委员徐习军所作关于《石家庄市人大常委会关于废止部分法规的决定草案的说明》，市政府秘书长孟胜林所作关于全市战略性新兴产业发展情况的报告，市审计局局长刘桂江所作关于《2013年度市本级预算执行和其他财政收支情况的审计工作报告》有关问题整改情况的报告，市财政局局长周立新所作关于2014年市本级预算调整情况的报告，市人大常委会副主任、代表资格审查委员会主任委员楚行宇所作关于个别代表的代表资格审查报告、关于补选4名省十二届人大代表议案的说明和关于提请任命徐丽荣、曹平凯两名市人大财政经济委员会委员议案的说明，副市长李雪荣所作关于人事任免事项的说明。与会人员以举手方式表决通过关于个别代表的代表资格审查报告、关于召开市十三届人大三次会议的决定、市十三届人大三次会议建议议程、市十三届人大三次会议主席团和秘书长建议名单、市十三届人大三次会议列席人员名单、市人大常委会工作报告稿、关于废止部分法规的决定、关于批准《石家庄市人民政府关于2014年市级预算调整情况报告》的决定和人事免职事项，以无记名投票方式补选高邑县李雪荣、桥西区李景中、裕华区郭满平、长安区李军4名省十二届人大代表。会议确认王俊英的市第十三届人民代表大会代表资格终止，并根据《中华人民共和国全国人民代表大会和地方各级人民代表大会选举法》第五十三条规定，王俊英的市第十三届人大常委会副主任职务相应终止。

【市人大常委会主任会议】 全年召开市人大常委会主任会议21次，研究和讨论议题131项。研究了提交市人大常委会会议各项视察报告、调研报告、执法检查情况报告、初审意见和人事任免事项；市人民代表大会、市人大常委会会议、全市人大工作座谈会、全市人大新闻宣传工作座谈会等重要会议的会务筹备；市人大常委会领导视察调研的安排意见，市人大常委会会议请假规定，关于调整市十三届人大常委会有关副主任工作分工的意见，对养老服务体系建设和食品安全进行专题询问的安排意见，组织开展纪念全国人民代表大会成立60周年系列活动安排意见，“人大代表之家”创建工作，市人大机关各部门考核评价指标等。传达学习了习近平总书记纪念全国人大成立60周年重要讲话，河北省委、省人大常委会有关人大工作系列会议精神。听取了关于市十三届人大二次会议代表建议、批评和意见及重点建议推荐情况的汇报；关于实施《河北省宗教事务条例》情况、《石家庄市城区河系公园管理条例》立法后评估情况、治理“三车”工作情况的视察报告，并提交政府部门研究处理。

【市十三届人大常委会主任与“三长”联席会议】 2月20日，市人大常委会组织召开市人大常委会主任与市政府市长、市法院院长、市检察院检察长联席会议，协调和安排2014年市人大常委会主要工作。市人大常委会主任杨志辉主持会议。市长王亮，市人大常委会副主任朱增海、王中联、王俊英、王增飞、李锡海、杜振琪，市法院院长崔存利，市检察院检察长侯建华参加会议。受杨志辉委托，市人大常委会秘书长张院生就2014年市人大常委会立法计划（草案）、听取和审议专项工作报告与计划预算和审计工作报告计划（草案）、执法检查工作计划（草案）、专题询问计划（草案）、监督政府性重点项目资金和专项资金使用情况计划（草案）、视察工作计划（草案）分别作简要说明。

【视察、咨询、调研活动】 市人大常委会围绕全市经济发展、民生保障、城镇建设、环境保护以及法律法规的贯彻落实等人民群众关心的热点问题，组织市人大常委会组成人员、专门委员会委员、咨询委员会委员、市人大代表开展视察、咨询、调研、执法检查和监督活动。结合常委会议题开展民营经济发展、战略性新兴产业发展、“十二五规划”中期评估、安全生产、食品安全、养老服务体系建设、义务教育均衡发展、治安防控体系建设、提升基层医疗卫生服务能力、法院执行工作、农业科技创新与推广、农村面貌改造提升、加快新市镇建设、市检察院“两法衔接”工作、外事侨务工作等23项专题视察活动及《石家庄市城市园林绿化管理条例》、《中华人民共和国气象法》、《石家庄市实施〈中华人民共和国公会法〉办法》、《中华人民共和国旅游法》实施情况4项执法检查。各专门委员会开展治理“三车”、造林绿化、职业技术教育发展、地铁建设、精神卫生工作、农田水利设施建设、奶业发展等10项视察活动。制定《石家庄市第十三届人大常委会咨询委员会章程》、《石家庄市第十三届人大常委会咨询委员会工作规则》。全年市人大常委会咨询委员会委员列席市人民代表大会1次、市人大常委会会议6次、主任会议18次，累计360人次参加市人大常委会及各专门委员会活动，提出意见建议300余条，完成高质量调研报告7篇，发挥了“谋划、论证、建言”和市人大常委会“外脑”“智库”作用。市人大机关工作部门围绕人大信息化建设、基层人大工作、加强人大司法监督、全口径预算审查监督、建立人大代表之家、构建新型医患关系、重信重访、房地产市场管理等开展专题调研15项。还对交通基础设施建设资金使用、扶贫资金使用、优抚资金使用、保障性住房建设资金使用进行了监督检查。12月9～10日，驻石家庄市部分全国和省人大代表开展集中视察活动，了解石家庄市经济运行和城市建设。代表们视察了新火车站东广场和轨道交通中山广场站、平安大街站、体育场站，并听取市发改委、市城市建设投资控股集团有限公司、市轨道交通建设办公室工作汇报。代表们建议：石家庄市正处在转型升级关键时期，在经济形势比较困难情况下，要重视实体经济发展，以实事求是的态度对待实体经济，关心工业企业，与企业共同研究脱贫解困办法；加大扶持环保产业力度，制定切实可行的政策，吸引资金、技术、人员、相关企业落户，带动经济全面发展；企业要增加社会责任，注重环保，提高能源利用率，适应现阶段环保、节能形势要求；地铁站建设要突出石家庄本地风土人情，体现石家庄文化内涵和历史风貌。

（郝杰）

石家庄市人民政府

【概况】 2014年，石家庄市人民政府在河北省委、省政府和中共石家庄市委坚强领导下，贯彻落实党的十八大、十八届三中全会和中央经济工作会议、中央城镇化工作会议、中央农村工作会议以及河北省委八届六次全会、中共石家庄市委九届五次全会精神，紧紧围绕转型升级、跨越赶超，建设幸福石家庄任务目标，将改革创新贯穿经济社会发展各个领域各个环节，坚持稳中求进、好中求快的总基调，深入实施中东西区域协调发展战略，全力以赴稳增长、调结构、促改革、治污染、惠民生，实现了经济社会稳步健康发展，社会事业全面进步。2014年全市实现生产总值4794.4亿元。其中，第一产业增加值439.7亿元；第二产业增加值2185.0亿元；第三产业增加值2169.5亿元。三次产业结构比例为9.4∶46.8∶43.8。2014年全市居民人均可支配收入19084元，同比增长8.8%；城镇居民人均可支配收入26071元，增长8.3%；农村居民人均可支配收入10542元，增长10.4%。2014年全市居民人均消费支出12501元，同比增长9.8%；城镇居民人均消费支出16796元，增长9.8%；农村居民人均消费支出7258元，增长9.9%。

农林牧渔业。2014年全市农林牧渔业总产值794.6亿元，同比增长4.2%。其中，农业产值410.2亿元，占农林牧渔业总产值51.6%；林业产值14.1亿元，占农林牧渔业总产值1.8%；牧业产值334.0亿元，占农林牧渔业总产值42.0%；渔业产值4.3亿元，占农林牧渔业总产值0.5%；农林牧渔服务业产值32.0亿元，占农林牧渔业总产值4.0%。全年农作物播种面积90.34万公顷；粮食播种面积68.0万公顷，同比减少0.2万公顷；粮食总产量449.3万吨。其中，小麦总产量229.2万吨，亩产461.5千克；玉米总产量208.7万吨，亩产458.2千克。2014年石家庄市被农业部授予“全国粮食生产先进市”称号，藁城区、赵县获评“全国粮食生产先进县（市）”称号。薯类播种面积1.9万公顷，总产量36.8万吨；油料播种面积5.4万公顷，总产量17.3万吨；棉花播种面积4242公顷，总产量3679吨。蔬菜、瓜类播种面积16.1万公顷，总产量1269.4万吨。其中，蔬菜（含菜用瓜）播种面积15.1万公顷，总产量1214.8万吨；西瓜播种面积7396公顷，总产量42.0万吨。果园种植面积14.6万公顷，其中苹果园1.1万公顷、梨园3.8万公顷。水果总产量（不含果用瓜）210.9万吨，其中苹果产量23.5万吨、梨产量136.6万吨（雪花梨36.0万吨、鸭梨46.2万吨）、红枣产量26.1万吨。至2014年末，全市牛存栏75.2万头，其中奶牛39.0万头；驴存栏3.0万头；猪存栏325.0万头；羊存栏113.7万只；鸡存栏1.04亿只。肉类总产量70.9万吨，其中，牛肉8.9万吨、驴肉2791吨、猪肉41.4万吨、羊肉2.0万吨。奶类产量117.7万吨，其中牛奶产量117.5万吨；禽蛋产量94.0万吨，其中鸡蛋产量93.0万吨。水产品养殖面积1.5万公顷，总产量3.5万吨。当年造林面积3.2万公顷，其中当年人工造林面积2.5万公顷；封山育林面积6.2万公顷；当年零星（四旁）植树2502.4万株。干果产量4.9万吨，其中核桃4.3万吨。木材采伐量3.66万立方米。除险加固小病险水库25座，治理中小河道4条：鹿泉区汉河、正定县周汉河、无极县磁河、元氏县潴龙河，整治河道堤防22.5千米，治理水土流失面积180平方千米，新增及恢复改善灌溉面积94万亩，发展节水灌溉面积53万亩，解决农村60万人饮水安全问题。2014年全市农业机械总动力1822万千瓦，主要农作物综合机械化水平达到84%，同比增长2%；小麦、玉米秸秆综合利用率达到96%。发放国家农机购置补贴资金1.61亿元，补贴各类农业机械11752台（套）。夏收期间，投入小麦联合收获机1.8万台，完成小麦联合收获494万亩，占小麦种植面积97.8%；秋收期间，投入各类农机21万台（套），完成玉米联合收获345万亩，机收率达75.2%，同比提高8.4个百分点。2014年全市农业综合开发争取财政支持资金2.73亿元，自筹资金1.35亿元，新立土地治理和产业化经营项目59个。其中，土地治理项目26个、17.03万亩，包括中低产田改造项目12.93万亩、建设高标准示范农田0.59万亩、生态综合治理4.10万亩；产业化经营财政补助项目31个，包括产业化经营项目19个、有机肥试点项目1个、设施蔬菜项目11个、产业化经营中央财政贷款贴息项目2个。农村流转土地158.8万亩，占家庭承包耕地总面积24.5%，同比提高6.3个百分点。农业产业化经营率64.9%，同比提高0.8个百分点。

工业经济。2014年全市拥有规模以上工业企业2295家，其中大型企业52家、中型企业243家、小型企业1915家；年从业人员平均人数61.4万人；总资产4756.5亿元，资产负债率47.1%。规模以上工业企业实现增加值1851.3亿元，同比增长5.9%。其中轻工业实现增加值840.9亿元，增长9.9%；重工业实现增加值1010.4亿元，增长6.7%；轻重工业比重为45:55。七大主导行业实现增加值1559.3亿元，同比增长8.5%。其中，钢铁行业实现增加值180.8亿元，增长6.3%；装备制造业实现增加值313.7亿元，增长15.2%；石化行业实现增加值299亿元，增长7.7%；医药制造业实现增加值116.8亿元，增长2.9%；建材行业实现增加值130.6亿元，下降3.3%；食品行业实现增加值239.3亿元，增长7.0%；纺织行业实现增加值279.1亿元，增长14.0%。六大高耗能行业实现增加值654亿元，同比增长3.1%。全年规模以上工业企业主营业务收入8117.8亿元，同比增长6.8%；实现利润664.8亿元、利税942.8亿元。亏损企业118家，亏损面5.3%。单位电量创造增加值6.51元／千瓦时，高于全省平均水平37.9%，居全省设区市第2位。

商贸流通业。2014年全市实现社会消费品零售总额2218.8亿元，同比增长12.5%，总量、增速分别位居全省第一和第三。总投资1505亿元、57个重点商贸项目计划完成投资248.3亿元，实际完成投资252.6亿元。至2014年末，全市拥有面积超5000平方米大型商业网点224家，建筑面积1277万平方米。其中，大型城市商业综合体10个；大型购物中心16家；百货店23家、超市35家、专业店／专卖店19家、家居建材商店17家。商品交易市场650个，年交易额1658亿元，交易额亿元以上市场53个。建成“万村千乡”农家店3776个，覆盖100%的乡镇和87%的行政村。55家社区达到“河北省商业示范社区”标准，其中8家达到国家标准。早餐网点达到300多个，早餐车稳定在400辆左右。拥有金鼎百货店3家，达标百货店6家；国家级酒家12家；中华老字号企业4家。2014年河北省最大的商贸企业北人集团实现销售收入321.46亿元，排名全国第八，北国商城单店销售45.8亿元，名列全国第五。4月26～28日，2014中国·石家庄（正定）国际小商品博览会在正定县华北门业博览中心举行，签约项目23个，总投资额523亿元。2014年石家庄获批国家电子商务示范城市和国家电子商务与物流快递协同发展试点城市。至2014年末，全市电子商务交易额达到2400亿元，同比增长25%，网上零售306亿元，同比增长29%；新增电商企业50家，累计达到360家。辖内河北省物流产业集团有限公司、河北敬业集团、石家庄北国人百集团有限责任公司、河北建工集团有限责任公司、河北建设集团有限公司5家企业入选2014中国企业500强。

民营经济。2014年全市民营经济实现营业收入15611亿元，同比增长12.3%；完成增加值3140.7亿元，增长8.7%，占全市GDP比重66.5%；上缴税金470亿元，增长8.2%，占财政收入71.1%；完成固定资产投资1604亿元，增长20%，占全社会总投资32.6%；民营经济单位28.9万个，增长3.51%，其中民营企业53212个，增长6.95%；从业人员266.7万人，增长3.98%；年末规模以上民营工业企业达到1949个，增长2.58%。2014年全市登记各类内资私营企业35977户，投资人62636人，雇工40537人，注册资本13827417.99万元。其中，农林牧渔业1014户，投资者1494人，雇工3388人，注册资本436358.5万元；采矿业19户，投资者32，雇工137人，注册资本18070万元；制造业4185户，投资者6794，雇工8129人，注册资本1435281万元；电力、热力、燃气及水生产和供应业38户，投资者61，雇工34人，注册资本43696万元；建筑业3119户，投资者5073，雇工2170人，注册资本1472306.5万元；批发和零售业12928户，投资者22606，雇工11098人，注册资本2644235.17万元；交通运输、仓储和邮政业1112户，投资者1598，雇工1037人，注册资本226134.5万元；住宿和餐饮业219户，投资者336，雇工250人，注册资本29747万元；信息传输、软件和信息技术服务业856户，投资者1602，雇工8219人，注册资本215897.96万元；金融业556户，投资者1328，雇工214人，注册资本1480032万元；房地产业1613户，投资者2633，雇工433人，注册资本942451.35万元；租赁和商务服务业5219户，投资者9545，雇工2911人，注册资本2691270.72万元；科学研究和技术服务业3876户，投资者7450，雇工1760人，注册资本1863132.29万元；水利、环境和公共设施管理业97户，投资者158，雇工45人，注册资本79248万元；居民服务、修理和其他服务业570户，投资者884，雇工323人，注册资本66752万元；教育18户，投资者33，雇工62人，注册资本5575万元；卫生和社会工作27户，投资者44，雇工91人，注册资本15921万元；文化、体育和娱乐业511户，投资者965，雇工236人，注册资本161309万元。2014年吊销内资私营企业1999户，其中城镇1742户，吊销后注销225户，其中城镇185户；注销内资私营企业2126户，其中城镇1774户，注册资本397309.26万元。至2014年末，全市共有各类内资私营企业127159户，投资人250714人，雇工114840人，注册资本49453785.64万元。其中，城镇内资私营企业102675户，投资人206923人，雇工54832人，注册资本41951661.11万元。实有私营企业集团67户。注册资本100万元～500万元42374户，500万元～1000万元13110户，1000万元～1亿元11905户，亿元以上648户。2014年5月1日，石家庄市8家企业入选中共河北省委、河北省人民政府评选的“2013年度河北省百强民营企业”，分别是河北诚信有限责任公司（元氏县）、石家庄以岭药业股份有限公司（高新区）、石家庄君乐宝乳业有限公司（鹿泉市）、河北九天医药化工有限公司（元氏县）、河北翼辰实业集团有限公司（藁城市）、河北常山生化药业股份有限公司（正定县）、石家庄玉晶玻璃有限公司（行唐县）、东旭集团有限公司（高新区）。

城乡建设。6月1日，《石家庄市城乡规划条例》发布实施。2014年全市共有建筑施工企业1755家，勘察设计单位202家，其中甲级97家、乙级91家、丙级14家。新增供热面积700万平方米，年末全市集中供热面积1.45亿平方米。市区下达房屋征收计划4次，列入计划项目18个。拆除城中村66个，拆迁3680户，建设城中村回迁楼84个，新开工110栋，竣工73栋，竣工面积159万平方米。所辖县（市）推进县城建设，累计投资6.4亿元，高标准打造迎宾景观大道18条，标志性街道17条和出入口34个，整治道路长度147.4千米。市区使用天然气居民91.95万户，拥有CNG公交车3400辆、双燃料出租车6700多辆，液化气常用户11.3万户。年末建有CNG母站6座、CNG加气站44座、LNG加气子站1个、点式天然气民用供应站17个。开展县城环境卫生专项整治，清理垃圾97万吨，清除小广告53万处，整治广告牌匾9190块。施工工地扬尘综合治理4990万平方米，备案工程100%安装摄像监控和冲洗设施，施工道路实施硬化，土方和建筑垃圾覆盖90%以上。提高垃圾收集处置能力，市区二环外建成垃圾收集站20座；清理二环内生活垃圾积存点186处、1万余吨。主城区免费开放公厕729座。至2014年末，市区共有路灯90230盏，灯杆47381基，落地式配电箱368台，杆上配电箱44台，专用配电室5座，箱式变电站165台，装灯街道532条，功率13263千瓦，路灯主要光源为高压钠灯、无极灯、LED灯3种，其中LED灯11090盏、无极灯19914盏、高压钠灯57403盏，亮灯率保持98%以上。9月30日，灵寿县灵寿镇、元氏县槐阳镇获评国家级生态乡镇。2014年高邑县、元氏县获授2013～2014年度河北省人居环境进步奖。

住房保障。2014年河北省下达石家庄市保障性安居工程任务为新开工2.7万套，竣工2.15万套，分配入住2.03万套，新增发放廉租住房租赁补贴500户。至2014年底，全市开工保障性安居工程项目108个、31113套，占年度责任目标115.2%；竣工项目56个、24881套，占年度责任目标115.7%；年内分配保障房入住项目59个、20594套，占年度责任目标101.4%；新增发放廉租住房租赁补贴1414户，占年度责任目标282.8%，累计发放住房补贴款1510万元。2014年全市建成和在建保障性安居工程住房29.6万套，其中市区22.2万套。2014年全市享受住房保障家庭2.69万户。其中，享受实物配租家庭2.14万户；享受租金补贴家庭0.55万户。2014年市区享受住房保障家庭2.15万户。其中，享受实物配租家庭1.75万户，享受租金补贴家庭0.4万户，累计发放补贴资金2.4亿元。2014年市本级分配公共保障房2次、3008套；市本级管理保障房小区16个、1.95万套、91.2万平方米，租金收入4164万元。2014年全市发放商品房预售许可证152个，批准预售项目77个、806万平方米，开具购房查询证明4.7万份。商品住房上市面积566万平方米，同比增长58%；成交面积552万平方米，同比上涨52%；成交均价6410元／平方米，同比上涨1%。市区二手住房成交169.6万平方米，同比下降7.7%；成交均价5275元/平方米，同比下降0.93%。全年完成各类权属登记158384件，同比增长16.14%，发证132225个，同比增长12.54%，其中办理初始登记372.57万平方米，同比减少38.8%；办理转移登记577.09万平方米，同比增长4.8%；办理抵押登记1321.72万平方米，同比减少10.8%。完成各类收费5697万元。至2014年末，全市累计登记房产11853.64万平方米，其中住宅面积7943.64万平方米；商品房交易金额371.36亿，同比增长24.07%；存量房交易金额92.16亿，同比减少14.6%。2014年全市受理房地产开发企业资质1447件，通过1395件，公告注销开发企业资质84家。至2014年底，全市共有房地产开发企业1723家。2014年全市归集住房公积金58.05亿元，完成计划126.2%，同比增长10.7%；提取住房公积金26.64亿元；发放住房公积金个人贷款39.22亿元，完成计划130.73%，个贷率84.22%，逾期率0.01%；实现可供分配增值收益4.09亿元。至2014年12月底，累计归集住房公积金327.66亿元，累计提取住房公积金131.09亿元，住房公积金归集余额196.57亿元，累计发放公积金个人贷款95798户、221.99亿元，公积金个人贷款余额165.55亿元，保障性住房项目贷款余额7.76亿元。全年住房公积金实现业务收入8.25亿元。其中：存款利息收入1.02亿元，委托个人贷款利息收入6.84亿元，委托保障性住房项目贷款利息收入0.39亿元。全年住房公积金业务支出4.16亿元。其中：住房公积金利息支出3.93亿元，委托贷款手续费支出0.23亿元。

交通运输。2014年全市公路通车总里程17974.34千米，同比增加492.46千米，路网密度113.4千米／百平方千米。其中，高速公路5条（黄石高速公路、青银高速公路、京昆高速公路、京港澳高速公路、西柏坡高速公路）559.68千米；国道4条（107国道、207国道、307国道、308国道）417.81千米；省道21条1432.39千米；县道43条1580.62千米；乡道5000.69千米；村道8728.56千米；专用公路254.58千米。桥梁4170座25928.81延米。公路建设完成投资126.33亿元。市域内拥有铁路干线5条（京广、石太、石德、石太客运专线、京广高铁安阳至涿州段）、支线2条（新井、凤山），分别起止京广铁路207.9千米（寨西店承安铺间）至321.3千米（高邑鸭鸽营间），石太铁路石家庄至70.1千米（南峪娘子关间），石德铁路石家庄至85.25千米（東新王家井间），石太客运专线石家庄北站至59.97千米（井陉北阳泉北间）；京广高铁57.04千米至452.40千米；两支线总长18.1千米，合计营业里程328.7千米。铁路车站29个，其中高铁客运站3个。2014年石家庄机场运营客货航线86条，通航城市62个；保障飞机起降5.62万架次，同比增长8.1%，其中保障航班运输起降5.12万架次，增长9.2%；年客流量突破560万人次，同比增长9.6%，其中运送国际和地区旅客19.3万人，增长21%；货邮吞吐量4.55万吨，同比增长5.8%。2014年城市轨道交通完成投资45亿元，累计完成投资67亿元。2014年市区公共交通共有营运车辆4017辆，同比减少40辆，其中天然气公交3501辆，占总运营车辆85.12%；营运线路223条，同比减少2条；营运线路总长3761千米，同比增加42千米；营运行驶里程1.81亿千米，运送乘客5.1亿人次；公交出行分担率29.23%。

环境保护。全年城市环境空气质量优良天数114天。其中，Ⅰ级天数12天，Ⅱ级天数102天，占总天数31.2%；Ⅲ级天数101天，占总天数27.7%；Ⅳ级天数48天，占总天数的13.2%；Ⅴ级天数60天，占总天数16.4%；Ⅵ级天数42天，占总天数11.5%。全年城市空气污染指数为10.88，其中可吸入颗粒物、细颗粒物、二氧化硫、二氧化氮、一氧化碳和臭氧污染指数分别为3.260、4.427、1.673、1.600、1.050、1.000。城市总体环境空气质量状况较为严峻，颗粒物污染严重。110天首要污染物为PM10，210天首要污染物为PM2.5，2天首要污染物为臭氧，3天首要污染物为NO_2。大气污染物浓度呈现"晨峰午谷"及"冬重夏轻"的污染变化规律。污染物小时浓度值最高值常出现于清晨，最低浓度多出现在午后；污染最严重的月份为1月、2月和12月，污染最轻的月份为7月和8月；全年四个季度中，一季度污染最重，三季度污染最轻。2014年石家庄各县(市)区环境空气综合污染指数最大的为元氏县，颗粒物污染最重的是正定县，SO_2污染最重的是藁城区，NO_2、CO污染最重的是井陉矿区，臭氧污染最重的是无极县。2014年石家庄城市环境空气质量优良天数在全国74重点城市排在第72位，好于邢台市、保定市，差于北京市、郑州市、天津市周边城市。在河北省11个设区市中，石家庄城市环境空气质量排在第9位，好于邢台市和保定市。2014年市域内地表水总体呈现"有机污染型"，各地表河流受沿途工业污染源污染较重，城市下游河段水质多超过地表水功能区划标准。2014年市环境监测中心监测城市17眼地下水井中的14眼水井（化工厂、焦化厂、铁丝厂无水未监测）、25项指标。监测结果：总硬度（79.8%），总大肠菌群（46.4%），硝酸盐氮（26.2%），溶解性总固体(25.0%)，氯化物（6.0%）5项指标超标，其余指标超标率为0%；没有水质优良、水质较好和水质极差的井，地下水质量良好井数3眼，占21.43%，地下水质量较差井数11眼，占78.57%。2014年城市声环境以交通噪声和生活噪声为主要噪声源，城市功能区噪声白天基本达到国家标准，夜间存在超标现象。2014年市环境监测中心在市区8条主干线、23条次干线、37条支路、其他道路129条，合计197个路段，总长363.331千米道路上布设道路交通噪声监测点位364个，测试结果：市区昼间道路交通噪声值为54.5～78.0分贝，平均等效声级为68.2分贝。2014年市区昼间等效声级值同比上升1.4分贝，夜间等效声级值上升0.4分贝，昼夜等效声级值上升0.8分贝，其中，年平均昼间等效声级值最大值为68.7分贝，夜间平均等效声级值最小值为42.2分贝。2014年石家庄市产生工业固体废物1500.9万吨，处置利用率99.8%。启动不同级别雾霾预警应急响应15次、47天。其中，Ⅳ(蓝色）7次，Ⅲ级（黄色）5次，Ⅱ级（橙色）2次，Ⅰ级（红色）1次。

园林绿化。新建公园7个、广场1个，市属公园提升改造14个。集中整治公园广场设施，铺装公园道路、广场5.4万平方米，安装道牙石1460延米。规范公园经营项目103项，拆除违规项目9处、1.1万平方米。开展县城建设绿化攻坚行动，各县（市）种植乔木79.6万棵、灌木140.2万株，建设绿道绿廊94.8千米，新增绿地325.2公顷；新建、升级改造公园游园53个，基本达到"300米见绿、500米见园"要求。创建省级园林城市1个，申报国家园林城市1个。至2014年末，全市新建提升绿地710万平方米，栽植乔灌木770万株；建成区绿地面积达到8511.42万平方米，绿地率达到40.47%，绿化覆盖率达到44.58%，人均公园绿地面积15.19平方米。

全社会固定资产投资。全年全社会固定资产投资完成4916.0亿元，同比增长16.6%。其中，固定资产投资（不含农户）4779.0亿元，同比增长14.16%。全年建设项目3999个，完成投资4051.1亿元，同比增长17.7%。其中，亿元以上施工项目912个，增长4.5%；完成投资2576.3亿元，同比增长20.7%。房地产开发投资完成1025.3亿元，同比增长10.5%。建筑业总产值1135.1亿元，实现利润29.4亿元。

招商引资。全年实际利用外资10.2亿美元，同比增长5%；引进市外资金1137.32亿元，完成全年任务118.22%。2014年全市24个省级以上经济开发区（不含高新区）主营业务收入5979.83亿元，同比增长20.60%。5·18廊坊经济贸易洽谈会签约项目41个，其中外资项目17个，总投资25.22亿美元，协议外资19.94亿美元；内资项目24个，总投资711.58亿元，拟引资585.48亿元。9·8第十八届中国(厦门)国际投资贸易洽谈会签约外资项目8项，总投资5.22亿美元，协议外资1.5亿美元。10·23中国·石家庄国际投资合作洽谈会签约重大内外资项目40个，总投资813.91亿元，拟引资784.23亿元。其中，外资项目5项，总投资3.5亿美元，协议外资5552.14万美元；内资项目35项，总投资792.9亿元，拟引资780.9亿元。

对外贸易。2014年全市对外贸易进出口总值130.77亿美元，同比增长2%。其中，出口69.84亿美元，增长10.4%；进口60.93亿美元，下降6.2%。2014年市政府下达外贸进出口增长目标5%未能完成，出口增长目标4%超额完成；省政府下达石家庄市外贸进出口目标134.6亿美元，实际完成97.2%，主要影响因素是铁矿石进口价格下降。2014年石家庄市外贸进、出口额均列河北省第二名，增幅低于全省平均值；出口增幅位列河北省第7位，低于全省平均值5个百分点，高于全国平均值4.3个百分点；进口增幅位列河北省第8位，低于全省平均值7.1个百分点。对外贸易顺差8.92亿美元。2014年全市一般贸易出口64.5亿美元，同比增长12.2%；进口58.7亿美元，同比下降6.2%。加工贸易出口5.14亿美元，同比增长0.7%；进口1.48亿美元，同比下降11.2%。2014年全市新备案境外投资企业33家，同比增长43.48%；投资总额4.5亿美元，同比增长89.96%。单体投资500万美元以上项目17个，占总项目51.5%；单体投资1000万美元以上项目10个，占总项目30.3%。至2014年底，全市累计备案境外投资企业161家，投资总额9.4亿美元，分布世界30多个国家和地区。33家新增境外投资企业涉及医药研发、建筑材料、机械电子、通讯设备、农林开发、畜牧及水产养殖、房地产开发、矿产资源开发、股权投资、商品流通等多个行业。其中，从事纺织、服装、医药、建材石家庄市优势产业领域企业11家。投资亚洲国家和地区12家，占总数36.36%；美洲国家10家，占总数30.30%；非洲7家，占总数21.21%；大洋洲4家，占总数12.12%。

旅游业。2014年全市旅游业接待海内外游客5796.1万人次，实现总收入436.41亿元，同比分别增长18.50%和31.09%，旅游业接待规模和收入保持河北省首位。2014年全市编制完成旅游规划12个，新建、在建旅游项目81个，完成投资69.3亿元。华北军区烈士陵园获评国家4A级旅游景区，新乐伏羲台、正定高远红木古典家具文化博物馆获评国家3A级旅游景区。中航通飞华北飞机工业有限公司、中粮可口可乐饮料（河北）有限公司、石家庄洛杉奇食品有限公司获评石家庄市工业旅游示范点。至2014年底，全市共有国家A级景区33处，其中5A级景区1处、4A级景区26处、3A级景区4处、2A级景区2处；星级饭店67家，其中五星级4家、四星级27家、三星级29家、二星级7家；旅行社250家，其中出境组团社27家、一般组团社223家，旅行分社47家，服务网点573家。工农业旅游示范点32个，其中国家级农业旅游示范点1个、省级农业旅游示范点14个、省级工业旅游示范点8个、市级工业旅游示范点9个。省级星级农家乡村酒店2个，市级星级农家乡村酒店10个。旅游商品生产企业81家，拥有旅游纪念品、传统手工艺品、旅游用品、工艺美术品、文化艺术品、旅游食品等八大系列1200余种。旅游直接从业人员5万余人，间接就业人员37万人。新增导游员359人。6月13～15日，首届旅游交易会暨西柏坡红色旅游联盟成立大会举行，签约旅游投资项目24个，投资金额32亿元。10月24～25日，举办旅游商品博览会暨首届旅游商品大赛，签约旅游商品投资项目40个，签约金额72.5亿元。

财政收入。2014年全市财政收入660.76亿元，同比增长4.97%；一般公共预算收入331.91亿元，同比增长8.71%。全部财政收入位列河北省第一，一般公共预算收入10年再返河北省首位。一般公共预算支出563.41亿元，占调整预算94.91%，同比增长11.46%。其中，市本级支出190.8亿元，占调整预算92.52%，增长15.82%；县（市）区支出372.61亿元，增长9.35%。市本级一般公共预算主要支出项目：一般公共服务支出15.2亿元，占调整预算98.2%，同比增长8.2%；公共安全支出16.7亿元，占预算99.9%，增长3.9%；教育支出23.9亿元，占预算95.4%，增长11.6%；科学技术支出3.2亿元，占预算93.2%，增长4.8%；文化体育与传媒支出4亿元，占预算91.6%，下降1.8%；社会保障和就业支出11亿元，占预算99%，增长2%；医疗卫生支出12.6亿元，占预算98.7%，增长14.6%；节能环保支出16.6亿元，占预算97.7%，增长0.9%；城乡社区事务支出26.7亿元，占预算89.4%，下降1.2%；农林水事务支出4.9亿元，占预算98.5%，增长11.3%；交通运输支出25.5亿元，占预算82.7%，增长45.9%；资源勘探信息等事务支出12.5亿元，占预算92.5%，增长123.6%；住房保障支出6.3亿元，占预算95.9%，增长167.4%；净增债务付息支出8亿元，占预算100%。

金融业。2014年全市新成立农村商业银行1家、村镇银行6家、小额贷款公司8家，1家农村商业银行、3家村镇银行获准筹建，27家拟设立小额贷款公司申请上报河北省备案。至2014年末，全市共有银行金融机构35家，其中政策性银行2家，大型商业银行5家，股份制商业银行9家，邮政储蓄银行1家，城市商业银行5家，外资银行1家，市级农村信用社1家，农村合作银行1家，农村商业银行2家，村镇银行8家。2014年底，全市金融机构人民币各项存款余额9124.61亿元，同比增长6.00%，较年初增加516.83亿元；人民币各项贷款余额5098.92亿元，同比增长13.01%，较年初增加586.90亿元；存量存贷比为55.88%，增量存贷比为113.56%。2014年全市30家企业在各类资本市场挂牌上市，创下历史新高。其中，深圳证券交易所1家，新三板2家，天津股权交易所11家，石家庄股权交易所16家。至2014年底，全市累计实现企业挂牌上市67家，实现融资490亿元。其中，境内公开市场上市14家，境外各类资本市场上市12家，新三板上市2家，天津股权交易所挂牌企业19家，石家庄股权交易所挂牌企业20家。2014年全市企业共发行中期票据、短期融资券、企业债券291.3亿元。其中，企业债64亿元，中期票据150亿元，短期融资券69.3亿元，PPN定向融资工具8亿元。

科学技术。2014年全市争取国家科技部、省科技厅各类科技项目276项，资金21795.268万元。其中，国家级科技项目65项，资金13058.268万元；省级计划项目211项，资金8737万元。235个项目列入市科学技术研究与发展计划课题，其中10个项目列入市科技重大研发课题。拥有国家、省、市国际科技合作基地15家，其中国家级基地9家。新增高新技术企业76家，规模以上高新技术企业完成增加值310亿元，同比增长13%。至2014年底，全市拥有市级以上工程技术研究中心（重点实验室）224家，其中国家级工程技术研究中心1家、省级58家、市级121家；国家级重点实验室2家，省部共建2家，省级40家。登记科技成果375项，占全省12.16%，居全省设区市之首，其中260项科技成果达国内领先以上水平。2014年全市评选科学技术特别奖3项，科技进步奖86项，组织奖7项。2014年12月25日，河北省政府印发《关于2014年度河北省科学技术奖励的决定》，石家庄市获得河北省自然科学二等奖1项；省技术发明三等奖1项；省科技进步奖10项，其中，一等奖2项，二等奖6项，三等奖2项；神威药业集团有限公司董事长李振江获得省突出贡献奖。2015年1月9日，由神威药业集团有限公司与清华大学共同完成的“中药注射剂全面质量控制及在清开灵、舒血宁、参麦注射液中的应用”项目在国家科技奖励大会上获得2014年度国家科技进步二等奖。2014年全市技术合同总成交额（技术输出额与技术吸纳额之和）47.80亿元，较2013年增加9.51亿元，同比增长24.84%。其中，技术输出额12.31亿元，占2014年全省技术输出总额41.21%；技术吸纳成交额35.49亿元，较2013年增长39.58%，占全省技术吸纳额23.18%。技术输出额与技术吸纳额均居全省第一。2014年全市专利申请量6373件，授权量4433件，专利申请量、授权量均居全省第一。

教育事业。2014年全市共有各级各类学校（含幼儿园）3255所，其中，幼儿园1302所，小学1378所，中学415所（含初级中学218所、普通高中66所、九年一贯制学校79所、完全中学46所、十二年一贯制学校6所），特教学校24所，中等职业学校136所，市属高校5所。在校生1622591人，其中，在园幼儿284682人，小学生720565人，初中生306998人，普通高中生167183人，特教学生1302人，中职生141861人；高校学生47781人。教职工116868人，专任教师99708人。民办教育机构（不含幼儿园）635所，其中，全日制学校160所，在校生147977人；民办教育培训机构 475 所，培训学生 130269 人。特级教师 292 人，其中在职 156 人，退休 135 人，离休 1 人；省级名师 83 人，市级名师 1227 人；省级骨干教师 447 人，市级骨干教师 4050 人。

文化艺术。2014 年全市共有艺术表演团体 21 个，艺术表演场馆 15 个，文化馆 25 个，公共图书馆 25 个。省会“千场电影进社区、万场电影进农村”大型公益文化活动放映电影 49097 场，其中社区放映 1013 场，农村放映 48084 场。2014 年市电影公司分九批订购影片 32 部 71295 场，其中科教片 7 部 26348 场，故事片 16 部 27516 场，戏曲片 9 部 17431 场。“燕赵讲坛”举办讲座 50 场，到场听众 2 万多人。新增认定文物 379 件（套）。至 2014 年底，全市拥有省级以上文物保护单位 142 处，其中全国重点文物保护单位 39 处，市、县文物保护单位 300 余处，各类不可移动文物 5000 多处；各类馆藏文物 3.9 万余件，三级以上精品文物 1 万余件。档案馆馆藏文书档案 261615 卷、112074 件；图书资料 17822 册，报刊资料 6741 份。图书馆拥有古籍 15.7 万册、善本 34 种。640 册收入《中国古籍善本书目》，600 余种近万册收入《河北省古籍善本书目》。《周易传义大全》二十四卷，明弘治四年（1491）罗氏竹坪书堂刻本，《中国古籍善本书目》等著录为全国独家收藏；《易经讲意纲目集注》、《四书大文》、《学林就正》等 4 种全国仅 2 家收藏。10 种珍贵古籍入选《国家珍贵古籍名录》，28 种入选《河北省珍贵古籍名录》。投资 100 万元，新建宣传文化示范村 58 个，年末建成市级“宣传文化示范村（镇）”448 个。1 月 22 日，第十二届河北省文艺振兴奖评选结果公布，石家庄市 9 件作品获评文艺振兴奖，分别为：周喜俊创作的长篇小说《当家的男人》、唐慧琴创作的中篇小说《拴马草》、白国庆创作的诗歌《干净的村庄》及河北梆子《白毛女》、数来宝《河北好人数不清》、舞蹈《那是一朵美丽的花》、歌曲《难忘太行那首歌》、动漫作品《家有豆丁》、赵玉芝美术作品《嫦娥喜迎神九》。加强文化市场监管，出动检查人员 21000 余人（次），检查文化场所 9600 余家（次），取缔违法摊档 200 家。9 月 6～15 日，国家文化部艺术司、河北省文化厅和唐山市政府共同主办的第九届中国评剧艺术节在唐山市举行，石家庄市参演 3 台剧目，其中市青年评剧团的《灯魂》获优秀剧目奖，市青年评剧团的《新卖妙郎》、市评剧院一团的《哑女传奇》获参演剧目奖，徐金仙、靳玲展、赵继兰获优秀演员奖。11 月 11 日，国务院公布第四批国家级非物质文化遗产代表性项目名录（共 153 项）和国家级非物质文化遗产代表性项目名录扩展项目名录（共 153 项），石家庄市高邑县南岩乱弹入选扩展项目名录，序号 183，项目编号Ⅳ－39。至此，石家庄市国家级“非遗”项目达到 12 项。2014 年石家庄广播电视台创收 2.64 亿元，同比增长 16.27%。其中，广告创收 2.46 亿元，增长 16.9%；其他经营创收 1756 万元，增长 9.5%。广播频率全天市场份额保持 41.31%，电视频道全天市场份额 8.8%，晚间时段收视率达到 3.27%。年末广播综合覆盖率达到 99.43%，电视综合覆盖率达到 99.42%。5 月 15～19 日，石家庄市参加第十届中国（深圳）国际文化产业博览交易会，“平山县果然版权产业园区”和“正定县文化科技创意产业园”两个大型文化产业项目签约，总金额 25.3 亿元。9 月 30 日至 10 月 4 日，2014 中国·石家庄第九届国际动漫博览交易会举行，签约项目 5 个，总金额 1.245 亿元；发布项目 1 个，招商金额 900 万元。12 月 18 日，国家文化部、人力资源和社会保障部在北京举行全国文化先进单位，全国文化系统先进集体、先进工作者和劳动模范表彰（简称“三先”表彰）活动，市文广新局获得全国文化系统先进集体称号，这也是河北省文化系统唯一一家地市级单位获此荣誉；井陉县获得全国文化先进县称号，并被评为 2014～2016 年度中国民间文化艺术之乡。

卫生医疗。2014 年全市共有卫生医疗机构 6571 个（市区 2320 个、县 4251 个），其中，省级医疗机构 11 个，部队医院 3 个，市直医疗机构 9 个，县级综合医院 16 个，县级中医院 16 个，县级妇幼保健院（所）22 个，乡镇卫生院 220 个，城市社区服务中心（站）206 个（市区 200 个、县 6 个），村级医疗卫生机构 3985 所，民营医疗机构 1555 个。床位 49496 张，卫生技术人员 61040 人（执业医师 28209 人、注册护士 22773 人）。新农合补偿参合农民 1734.57 万人次，补偿金额 21.05 亿元；新农合参合率

98.40%，人均筹资标准390元，最高补偿额30万元；大病保险筹资标准提高至25元，最高补偿20万元。所有政府办基层医疗机构和村卫生室全部实行基本药物制度，2014年基本药物销售额累计20096万元，为群众减轻药品费用负担3933.01万元。培训乡镇卫生院骨干技术和管理人员412名、乡村医生3699名、社区卫生技术人员848名。全市52所社区卫生服务中心建立“国医堂”，113所社区卫生服务站建立“国医馆”，形成社区卫生服务机构“一堂一馆”格局；126所乡镇卫生院建立“国医堂”，74所乡镇卫生院建立标准化中医科。市中医院成立“治未病”中心，全部县级中医院设立“治未病”科，126个乡镇卫生院和社区卫生服务中心设置“治未病”门诊。以市中医院为龙头，7个县级中医院、4个民营中医院和20个社区卫生服务中心联合成立中医联合体，发挥市中医院人才、技术和管理优势。实施国家基本和重大公共卫生服务，2014年全市电子健康档案规范率达到85.93%，预防接种率达到95%，为贫困白内障患者免费实施复明手术3052例，举办健康教育讲座1.15万场次；实施出生缺陷干预工程，免费婚前检查7.77万人，孕前优生检查8.34万人，产前筛查9.25万人，新生儿代谢性疾病筛查12.30万人，听力筛查11.92万人。至2014年12月31日，受理单独两孩再生育批准4842对。

体育事业。2014年全市选手在省级以上比赛获得金牌261枚、银牌198枚、铜牌148枚。举办市级比赛20项32次，协助基层举办比赛70次。开展全民健身活动，举办自行车、拔河、健身秧歌、趣味运动会等20多项150余场次，参与人数10万余人次。参加河北省第十四届运动会，石家庄市代表团获得金牌223枚、奖牌549枚、团体总分9304分，取得金牌数、奖牌数、团体总分“三个第一”。7月11～13日，在河北省体育馆举办“旺鼎杯”2014年全国体育舞蹈锦标赛。8月10日，在正定县子龙广场举行2014年“全民健身日”系列活动暨“瑜伽山杯”武术展演活动。举办社会体育指导员培训4期，培训二级指导员5000余人。命名石家庄市青少年体育俱乐部12所，市体育局、教育局联合命名石家庄市体育传统项目学校90所。2014年石家庄永昌足球俱乐部以17胜6平7负积57分的成绩，获得中国足球甲级联赛第二名。全年体育彩票销售额14.41亿元，其中电视彩票销售12.76亿元，即开型彩票销售1.65亿元。2014年7月2日，全民健身中心项目开始施工。至2014年末，全市完成农民健身工程184个，安装健身器材1104件，更新和安装市区健身路径150条。

社会保障。年末全市城镇职工参加基本养老保险人数199.5万人，同比增加12.9万人。其中，在职人员151.8万人，增加10.1万人；离退休人员47.7万人，增加2.8万人。全市城乡居民参加养老保险人数385.6万人，同比增加5.2万人。年末全市城镇居民参加医疗保险人数286.3万人，同比增加9.8万人。其中，城镇职工139.4万人，增加3.5万人；城镇居民146.9万人，增加6.3万人。年末全市参加失业保险人数90.4万人，同比增加0.2万人；工伤保险人数133.2万人，增加9.1万人；生育保险人数132.2万人，增加1.5万人。年末全市享受居民最低生活保障人数18.35万人。其中，城镇居民3.48万人；农村居民14.87万人。

（薛鹏飞）

【石家庄市人民政府及工作部门组成人员】

市　长：王亮

常务副市长：刘晓军

副市长：程凯　（4月免）

李雪荣（8月任）

孟祥红（女）

郭运兴　张业

李晋宇（8月免）

王韶华　郝竹山

蒋文红

秘书长：孟胜林

常务副秘书长：蒲国良

副秘书长：郎金国

袁丽华（兼接待办公室主任）

高庆洲　宋国宏

刘明亮　刘建立

于胜永　聂群英

马立宁

王亚楼（挂职）

一、市政府工作部门

办公厅

主　　任：（空）

副 主 任：赵志敏

纪检组长：王书文

发展与改革委员会

主　任：赵文锋

副主任：左力鸥　赵建林

唐志勤　吴书科

教育局

局　长：闫纯锴（兼书记）

副书记：苏志远

副局长：马建国　马力

赵立芬　李立水

科学技术局

局　长：王雁南

副局长：张英才　张志敏

陈玉　郝金卓

工业和信息化局

局　长：吴飞

副局长：徐东　李丰基

单元林　邢卫建

王庆九　刘俊德

民族宗教事务局

局　长：哈宝伏

副局长：王洪河　林海军

褚国成　罗瑞燕

王凤余（12月任）

监察局

局　长：刘吉广

副局长：王文朝　李小平

周顺达

公安局

局　长：郭运兴（副市长）

常务副局长：许振霞

副局长：王云才　武瑞琪

李新乐　田朝民

张宝池　李丛刚

张建芬　刘生吉

李佳楠

耿云鹞（挂职，6月任）

民政局

局　长：李文昌（12月免）

副局长：张建慧（10月主持全局工作）

顾玉平　韩绍明

任跃民　张岩

司法局

局　长：王建国

副局长：赵士宗　张仲

赵云龙　高新展

财政局

局　长：周立新（女）

副局长：彭占良　刘生彦

王东华　高山

周巧娥（女）

人力资源和社会保障局

局　长：宋学恭

副局长：盛庆功　石景辉

袁民杰　温富才

国土资源局

局　长：张兰格

副局长：杜敏海　李少恒

梁伟　李海江

环境保护局

局　长：张炬　（1月免）

王华平（1月任）

副局长：耿富顺　梁国发

张智华　牛新国

城乡规划局

局　长：王晓临

副局长：杨若威　李惠林

张雅琳　滕斌

建设局

局　长：赵新朝

副局长：王华平（1月免）

郭彦军　王文章

李智强　张顺泽

曹新杰

城市管理委员会

主　任：卢建新

副主任：高乃善　周二焕

李景再　黄久胜

康利君

住房保障和房产管理局

局　长：李义增

副局长：韩东波　王文兴

肖香宝

交通运输局

局　长：罗二虎

副局长：孙宏普　闫炳华

朱增奇　刘占中

张子云

水务局

局　长：王东刚（11月任）

副局长：王振华　薛运田

崔文秀　马福恒

农业局

局　长：张军卫

副局长：孙任虎　李茂昌

吴振见　齐胜平

林业局

局　长：杨建秋

副局长：陈金成　贾彬

张振江　李玉明

畜牧水产局

局　长：吕军英

副局长：刘军普　贾建平

刘芬玲

商务局

局　长：田嘉一

副局长：刘平　张春生

杨文波　王松林

文化广电新闻出版局

局　长：李波

副局长：赵树斌　张秀芳

张文志　左春和

体育局

局　长：唐青

副局长：刘坤　黄增国

李辉　吴丽艳

卫生和计划生育委员会

主　任：李志宏（女，兼计划生育协会常务副会长，12月任）

党委副书记：解立芳（女）
副主任：武常贵　甄继革
林慧芳（女，1月任）
张红梅（女，兼计划生育协会副会长）
王金海　张东生
魏建英（女）

食品药品监督管理局（食品安全委员会办公室）
局　长(主　任)：米志奇
副局长(副主任)：
黄岩松　李俊
杜瑞行　杜爱朝
李建　李利佳

审计局
局　长：刘桂江
副局长：张建国
赵英然（女）

国有资产监督管理委员会
主　任：毕拉祥
副主任：韦东　刘春东
孟超英　宋夕元

安全生产监督管理局
局　长：崔同英
副局长：杨玉珠　任兆彦
李天征

统计局
局　长：马千里
副局长：刘建强　杨进喜
杨建波

粮食局
局　长：朱献军
副局长：徐龙蛟　王国强
刘趁通　李云庆

旅游局
局　长：赵俊芳
副局长：米进立　刘庆卫
张蕾　尚乃冀

法制办公室
主　任：郑国良
副主任：赵成英　张和起
赵建勋

外事侨务办公室
主　任：张聪　（1月免）
李风江（1月任）
副主任：李风江（1月免）
樊为民　孟硕
范玉龙　李会文

人民防空办公室
主　任：魏晓流
副主任：刘金虎　苏力
胡月平　姜辉

金融工作办公室
主　任：张新峰
副主任：张春涛　丛九龄

二、市政府直属事业机构

投资促进局
局　长：王强
副局长：陈卫平　苗先国

地震局
局　长：赵万里
副局长：杨卫东　王德环

园林局
局　长：任建忠（4月免）
毕凤鸣（4月任）
副局长：陈新位　王锡江
孙志强（4月免）

档案局
局　长：唐克
副局长：付明华　朱银刚
傅丽娟　张建伟

三、部门管理机构

物价局
局　长：霍国林
副局长：朱振堂　杜宪京
李辉斌　王文亭

【市政府常务会】 1月6日，市长王亮主持召开市政府第十五次常务会议，就做好现阶段各项经济工作进行研究部署，并就提交石家庄市第十三届人民代表大会第二次会议审议的《政府工作报告》（征求意见稿）进行研究讨论。会议还听取了2014年开展项目攻坚年活动情况、利民惠民实事谋划工作、2013年预算执行和2014年预算安排等情况的汇报。

1月23日，市长王亮主持召开市政府第十六次常务会议，研究通过《石家庄市未成年人社会保护工作实施方案》、《关于推行行政机关负责人行政诉讼出庭应诉工作的意见》、《关于2013年度高新技术成果落地奖励情况》、《石家庄市气象灾害防御规划（2014—2020年）》等事项。《关于石家庄市未成年人社会保护工作实施方案》：会议认为，2013年5月石家庄市被民政部纳入全国20个未成年人社会保护工作试点地区之一，全市社会各界要以此为契机，共同参与未成年人保护，建立未成年人新型社会保护体系；要坚持未成年人权益保护优先，加强理论创新、政策创新、制度创新、实践创新，探索构建新型未成年人社会保护体系，共同推进未成年人社会保护事业的发展；到2020年底，建立健全一个政府主导、部门协同、全社会参与的未成年人保护工作体系。《关于推行行政机关负责人行政诉讼出庭应诉工作的意见》：会议认为，倡导和推行行政机关负责人行政诉讼出庭应诉，是全面推进依法行政和建设法治政府的重要举措。推行行政机关负责人出庭应诉，能够让领导干部直观地了解行政执法状况和存在的问题，有针对性地改进管理方式、规范执法行为，促使一线执法人员强化责任意识、规则意识，推动全市行政执法水平提升。

2月21日，市长王亮主持召开市政府第十七次常务会议，研究并原则通过《关于加快省会现代服务业发展的实施意见（2014—2017年）》、《关于健全综合治税体系依法加强税收征管的实施意见》、《关于加快推进家庭农场发展的意见》、《关于进一步加强国民经济和社会发展统计监测工作的意见》、《石家庄市测绘地理信息管理办法》。会议提出，2014～2017年全市要抓住打造京津冀第三增长极的发展机遇，大力发展现代服务业，以服务业龙头企业和项目为支撑，以聚集园区为载体，以改革开放、技术进步、机制创新为动力，改造提升传统服务业，培育新兴服务业，构建现代服务业发展产业体系，全面提高现代服务业高端化、国际化水平，使现代服务业成为带动全市转型升级和跨越赶超的战略力量。按照“增量调强、存量调优，项目带动、创新驱动，集中布局、集约发展，产业融合、统筹推进”的基本原则，依照城市总体规划，着力推动现代都市商圈建设，做大会展经济品牌，壮大楼宇经济产业群，打造国家重要的物流节点城市，推动电子商务平台建设，提升文化旅游产业，培育壮大节能环保服务业，繁荣都市休闲旅游文化消费。要将滹沱河北岸的正定新区、空港工业园和正定古城作为高端服务业发展的重点区域，推进现代服务业一体化开发，打造新的增长极，重点发展商贸流通、物流、金融、电子商务、科技信息、文化旅游、节能环保、健康养老等现代服务业。会议就依法加强税收征管，确定了综合治税工作重点：重点行业税源管理，重点加强建筑安装、房地产行业、“营改增”涉税企业、个体和专业市场税收管理；地方税收管理，重点加强土地增值税、房产税等7个地方小税种税收管理；大力推行“以电控税、以票控税”等税源控管成功经验，从源头上堵塞税收漏洞。会议还听取了全市与央企合作项目情况的汇报。会议指出，“百家央企进河北”活动以来，全市与39家央企展开合作，合作项目73个；已竣工投产央企合作项目21个，总投资228.7亿元。

3月7日，市长王亮主持召开市政府第十八次常务会议，研究并原则通过《关于2014年省会主城区城建计划》、《关于推进京津冀协同发展的工作方案》。会议安排部署了2014年城建工作，并围绕道路交通、排水设施改造、垃圾处理设施、老旧小区改造、城区容貌整治、供热、园林绿化、保障房、人防工程、轨道交通、新客站东西广场等城建工程建设提出具体目标。会议提出，道路交通工程要围绕拉开城市框架、提升市区通行能力、解决保障房和国贸城等重点区域配套路网、改善主城区和组团县（市）的交通环境、推进公交都市建设等实施建设；排水设施（雨污分流）改造项目要加大力度，逐步解决城区雨污混流问题，提升城市排水功能；垃圾处理要理顺渠道，逐步推进生活、餐厨、建筑垃圾集中收集和无害化处理；老旧小区要逐个编制改造方案，2014年下半年启动建设；城区容貌整治要重点完成容貌整治工程、夜景亮化工程、二环三环之间道路硬化、病险桥梁加固工程；2014年计划完成100个老旧小区二次管网和换热站改造。会议还听取了石家庄科技大市场建设汇报。会议提出，依托石家庄科技中心建设的石家庄科技大市场对整合科技资源，建成具有长效机制科技成果转化平台，推动全市科技创新体系建设，促进科技成果转化具有非常重要的意义；科技大市场重点工作为技术转移、产权交易和科技金融服务，要以“三厅一网”为核心载体，通过网络交流平台和实体大厅，实现技术、资金、服务供需双方的快速无缝对接；设立行政审批受理区、金融服务区、项目发布区、中介服务区，确保具备完善的技术转移、产权交易、科技金融、成果展示推介、科技政策服务五大功能。

3月17日，市长王亮主持召开市政府第十九次常务会议，研究并原则通过《关于加快推进卫星导航产业发展实施意见》。会议提出，石家庄市拥有中国电子科技集团（简称中电科集团）54所、13所等一批高端技术研发机构，有中电科卫星导航运营服务有限公司及汉佳电子、德海电子、远东华强等20多家卫星导航产业企业，发展卫星导航产业优势突出。加快推进卫星导航产业发展，应以北斗卫星导航系统建设为引领，以建设国家级卫星导航运营中心、导航与位置服务国家工程技术研究中心、卫星导航定位系统与产品测试认证中心、卫星导航产业基地“三中心一基地”为核心，以研发、应用、服务为重点，依托中电科集团 54 所、13 所技术优势，培育汉佳电子、晶禾电子等一批成长性企业，延长产业链，扩展应用市场，拉动设备制造和相关服务业发展，完善配套基础设施，促进产业聚集。构建从产品研发生产、应用系统建设到运营、检测认证等相关服务协调发展的较为完整的产业体系，打造卫星导航产业集群。计划到2018年，全市卫星导航产业集群初步形成，主营业务收入达到 300 亿元。

4 月 21 日，市长王亮主持召开市政府第二十次常务会议，传达贯彻全省推进新型城镇化和推进京津冀协同发展工作会议精神，安排部署全市新型城镇化工作，讨论研究石家庄市推进京津冀协同发展的具体措施。会议提出，要加紧组织编制《石家庄市新型城镇化规划(2014—2020 年)》；广泛征求意见，修改完善《关于推进新型城镇化的意见（讨论稿）》。新型城镇化工作，全市要围绕全面提高城镇化质量，加快转变城镇化发展方式，以人的城镇化为核心，将农业转移人口市民化作为首要任务；以综合承载能力为支撑，提升城市可持续发展水平；以体制机制创新为保障，通过改革释放城镇化发展潜力，走以人为本、集约高效、绿色低碳、四化同步的新型城镇化道路。京津冀协同发展，全市要抓住良机，强化组织领导，明确责任分工，开展专项对接活动，创新招商对接方式，加强承接平台建设，发挥省会资源、交通、产业、科教、人才等综合优势，积极承接首都功能疏解和京津产业转移，完善协同政策，推进深度融合。会议还研究并原则通过《石家庄市汪洋沟综合整治工作实施方案》、《关于加强洨河综合管理工作的意见》。

5 月 8 日，市长王亮主持召开市政府第二十一次常务会议，研究并通过《石家庄大气污染防治攻坚行动 2014 年工作方案》、《石家庄市 2014 年水污染防治实施方案》、《石家庄市 2014 年污染物总量减排计划》、《石家庄市钢铁水泥电力玻璃行业大气污染治理攻坚行动计划》、《石家庄市基本公共服务行动计划》、《石家庄市中心城区工业企业搬迁改造和产业升级实施意见》、《石家庄市教育设施规划建设管理条例（草案）》、《裕华区已征储备地有关问题》、《石家庄综合保税区土地收储意见和关于加快推进工业转型升级的实施方案》、《石家庄市国家信息消费试点工作方案》。会议明确了 2014 年大气和水污染防治工作目标，提出全力抓好压煤、降尘、控车、迁企、减排、增绿、环保能力建设；强力推进钢铁、电力、玻璃、水泥四大行业污染治理；加强饮用水水源地保护和主要河流水污染防治，强化污染减排，深化源头治理。会议提出，2014 年全部拆毁西柏坡高速公路两侧的水泥粉末企业，在彻底完成第一批 18 家企业拆除基础上，完成第二批 17 家水泥企业 18 台磨机拆除。市内五区、高新区、正定新区、循环化工园区和鹿泉市、正定县、藁城市、栾城县区域内禁止储存、销售和使用硫分高于 0.8%的煤炭；其他县（市、区）禁止储存、销售和使用硫分高于 1%的煤炭；除统一的配送中心外，其余配煤、储煤场一律关停。全市 595 个建筑工地全面实行绿色施工，未达标的一律关停整顿直至达标验收后方可允许开工。渣土运输车辆违法实施追溯执法，倒查施工源头，依法追溯建筑单位、施工单位责任。二环路、三环路间 277 条黄土裸露路段和地块全部实施硬化。建成区餐饮服务经营场所全部安装高效油烟净化设施，实现达标排放。全面取缔市区内露天炭火烧烤。完成总退水渠护砌清淤工程，开展汪洋沟综合整治，确保 2014 年底完成。

5 月 23 日，市长王亮主持召开市政府第二十二次常务会议，研究并通过《关于促进居民收入增长的实施意见》、《石家庄市公共资源交易监督管理办法（试行）》、《石家庄市公共资源交易运行规则（试行）》、《加强全面建成小康社会统计监测规则的实施意见》、《2014 年城区汛期安全及有关工作》、《棚户区改造融资工作进展情况》、《调整市区停车费服务标准的试行方案》、《石济客专项目石家庄市区段方案变更增加投资我市按比例出资的有关情况》。会议针对城区防汛隐患问题，明确解决方案和责任单位。会议提出，民心河是石家庄市城区唯一泄洪渠道，沿线 60 余座雨水阀门及时开启是城区安全度汛的关键，要逐一检查，发现问题及时解决；要加大地道桥泵站设施的检查维护，制定预案和措施，一旦遇有强降雨形成桥下积水时，及时抽排，做好车辆、人员的安全疏导工作；要全面排查地下人防、商场、仓库、车库、人行通道等各类地下设施，按照守土有责原则，各责任单位认真做好汛前排查，制定应急预案，提前备足相应设备、物料；各类在建工地，特别是基建工地和地铁工程，逐工地做出汛期安全评估，实行无缝隙管理，确保万无一失。会议还明确提出到2018年全市居民人均可支配收入比2010年翻一番。

6月16日，市长王亮主持召开市政府第二十三次常务会议。省委常委、市委书记孙瑞彬参加会议并听取全市1～5月份经济运行情况汇报及下一步工作措施。孙瑞彬提出，要分析经济情况，找出经济“减量因素”和“增量因素”，并与年初制定工作目标相比，找出不足与缺项，依此调整工作措施；要确保工业增长、促进投资、加快推进城市项目建设、强化会展经济，确保全市经济平稳增长。会议还听取了迎接国务院督查组对稳增长、促改革、调结构、惠民生政策落实情况开展全面督查的实施方案，研究了关于“十二五”规划纲要中期评估报告、加快全市民营经济发展的意见、加快棚户区改造的实施意见。

6月19日，市长王亮主持召开市政府第二十四次常务会议，研究并原则通过《关于进一步推动农村土地承包经营权流转促进农业规模经营发展的意见》、《关于石家庄市粮食产业集团的组建方案》、《进一步加强我市饮用水源环境保护工作的措施》、《关于石家庄市教育扶贫工程实施意见》、《关于加快发展养老服务业发展的实施意见》、《关于筹备全省第九届民族运动会有关情况》、《关于加强城市基础设施建设的实施意见》、《石家庄市国有企业负责人经营投资投资责任追究暂行办法》和《国有企业财务预算等重大信息公开暂行办法》。《关于加快推进养老服务业发展的实施意见》，提出到2020年，在全市全面建成以居家为基础、社区为依托、机构为支撑、信息为辅助，功能完善服务优良、覆盖城乡的养老服务体系。会议要求，全面加快养老设施建设，新建城区和新建居住（小）区，要按标准要求配套建设养老服务设施，老城区和已建成居住（小）区无养老服务设施的，要通过购买、置换、租赁等方式建设养老服务设施；将农村养老服务设施建设纳入农村公共服务设施统一规划，充分利用村级公共服务场所、农家院、闲置校舍建设村级养老服务站、幸福院、托老所等养老服务设施；培养养老人才队伍，将养老专业人才和服务队伍建设纳入全市人才队伍建设和人力资源保障工作的重要内容，建设一支专业养老服务人员、社会工作者、志愿者相结合的养老服务队伍；推进医养融合发展，通过养老机构设立医疗机构、有条件的医疗机构开设老年病科、社区医疗机构与养老机构或老年人家庭签订医疗服务契约等模式，构建养老、医护、康复、临终关怀服务相互衔接的服务模式，实现老年人在养老机构和医疗机构之间的便捷对接。《关于加强城市基础设施建设的实施意见》，提出加快建设包括公共交通设施、道路慢行系统、道路桥梁设施、排水防涝设施、综合管理设施等；完善供水设施、燃气设施、供热设施、城市电网、通信设施等城市公用基础设施；推进污水处理、垃圾处理、园林绿化等环境基础设施建设，改善人居环境、增强城市综合承载能力，提高城市运行效率，稳步推进新型城镇化。

7月23日，市长王亮主持召开市政府第二十五次常务会议，传达学习习近平总书记在中央政治局第十六次集体学习时发表的重要讲话及河北省委、省政府近期召开的一系列重要会议精神，研究并通过《石家庄市放宽市场主体住所（经营场所）登记条件的规定》、《2014年城乡居民分散燃煤污染治理实施方案》、《农村垃圾处理实施方案》、《2014年大气污染防治重点工作考核实施方案》。会议提出，放宽市场主体住所（经营场所）登记条件，申请人申请市场主体登记，工商部门不再审查租赁房屋的房产证明，提交能够证明对住所（经营场所）享有使用权的材料即可予以登记；占道棚亭由城管部门出具意见；单位宿舍由单位征求利害关系人意见后，出具不扰民证明；允许企业“一址多照”，同一地址可作为两个以上企业的住所（经营场所），允许商务楼宇内能有效划分区间的集中办公区设立多家服务企业；同一住宅办理多个执照的，无需重复出具“住改商”证明；允许“一照多址”；探索尝试电子商务秘书企业登记管理，由秘书企业对没有办公实体的电子商务企业进行住所托管。

8月27日，市长王亮主持召开市政府第二十六次常务会议，听取全市园林绿化重点工程情况汇报，提出2014年秋冬季实施园林绿化四大重点工程。滹沱河生态绿廊工程：西起中华大街北延线，东至太行大街以东朱河橡胶坝，全长16千米，秉承“为城市留白，让自然做功”理念，坚持“生产、生活、生态式绿廊，节水、节能、节约型景观”总体原则，满足生态防护、郊野游览、滨河观赏、观果休闲、科普健身等多种功能，打造“低投入、低养护”型的绿色生态景观长廊。新客站东广场绿化工程：按照“简约、大气、生态、靓丽”原则，将新客站广场分为形象展示区、广场景观区、林下活动区、生态休闲区等多个功能区域，实施高标准绿化建设，打造展示省会形象的亮丽城市名片。太行大街绿化工程：坚持“生态优先、节约建设”原则，大量运用本地乡土树种和彩叶植物，在确保景观前提下突出绿量；通过运用具有吸尘作用的植物品种，发挥园林绿化的生态效应；营造自然的生态环境，实现植物群落的有机结合和优势互补，降低建设和管护成本。“两线”绿化提升工程：提升改造2009年“两线”工程已建成的石太高速和京港澳高速市区段两侧绿化，丰富空间色彩，形成美观、靓丽的彩色景观带，打造“生态翠林、华彩乐章”的城市高速景观大道。会议要求各县（市）区将棚户区改造工作列入政府议事日程，加大棚户区改造及融资督导力度，加快手续办理，推进项目建设进度，促进新型城镇化建设。会议还听取了关于加强全市职业教育工作的汇报。

9月23日，市长王亮主持召开市政府第二十七次常务会议，传达国务院批复河北省政府关于石家庄市部分行政区划调整的请示和和省委常委、市委书记孙瑞彬重要讲话精神，并对做好部分行政区划调整期间工作安排部署。

9月29日，市长王亮主持召开市政府第二十八次常务会议，专题研究全市经济社会发展情况，安排部署重点工作。会议要求，各级各部门要咬定年初确定的任务目标不放松，进一步增强做好工作的责任感和紧迫感，强力攻坚，全力冲刺，确保完成全年经济发展任务目标。要始终把项目建设作为推动经济社会发展的总抓手，全力以赴加快项目建设，坚持能快则快、能上则上，在大项目、好项目建设上实现新突破，千方百计保增长；要紧紧围绕建设大省省会目标，抓好主城区功能设施项目建设，积极推进城乡建设提速提质，加快县城建设和农村面貌改造提升，推动产城融合发展；要把节能减排与结构调整、与经济发展结合好，在倒逼机制中加快产业转型升级。会议部署了国庆节期间重点工作，要求各级各部门加强组织领导，采取有效措施，强化安全生产和食品药品安全监管，严格落实24小时领导带班和值班制度，坚决消除隐患，确保生产安全、食品安全，确保和谐稳定。会议通报了全市1～8月各项经济指标完成情况、1～9月和全年预计完成情况、存在的问题和工作措施，还就做好部分行政区划调整工作提出要求。

10月14日，市长王亮主持召开市政府第二十九次常务会议，研究石钢公司搬迁产品升级改造项目合作协议，听取全省重点项目建设观摩调度会议精神和贯彻落实意见、全市1～3季度及全年主要指标完成情况、大气污染防治重点工作情况。

11月13日，市长王亮主持召开市政府第三十次常务会议，研究谋划2015年经济社会发展各项工作。会议提出，2015年要把握京津冀协同发展机遇，坚持发展是第一位，围绕投资拉动、扩大开放、项目建设、中小企业发展等，抓好产业类项目、基础设施项目、民生项目、生态项目建设，全力以赴保增长。抓好经济结构调整，加快发展战略性新兴产业，培育壮大现代服务业，确保结构优、质量好；抓好城市建设和新型城镇化进程，加大民生事业支持力度，加强就业、社保等重点工作；开展大气污染综合防治和生态环境治理，加大水污染治理力度，严控污染物排放，狠抓节能降耗工作；深化各项重点改革，推动行政管理体制改革，推进依法行政；简政放权，深化国企、行政体制、医药卫生、农村产权制度等领域改革。会议研究并原则通过《石家庄市重污染天气应急预案（修编稿）》、《石家庄市城市配送运营车辆管理规定》、《市供销社深化供销合作社综合改革构建农业社会化服务体系实施方案》。会议听取了全省农村面貌改造提升行动现场观摩会精神和石家庄市贯彻落实意见的汇报、关于落实向城区下放经济管理权限的汇报、关于岗南黄壁庄水库饮用水源地保护区调整的汇报

11月27日，市长王亮主持召开市政府第三十一次常务会议，组织学习党的十八届四中全会精神，提出深入推进依法行政，加快建设法治政府要求。会议指出，各级政府必须在党的领导下、在法治轨道上开展工作，创新执法体制，完善

执法程序，推进综合执法，严格执法责任，建立权责统一、权威高效的依法行政体制，加快建设职能科学、权责法定、执法严明、公开公正、廉洁高效、守法诚信的法治政府。依法全面履行政府职能，推行政府权力清单制度，推进各级政府事权规范化、法律化；健全依法决策机制，将公众参与、专家论证、风险评估、合法性审查、集体讨论决定确定为重大行政决策法定程序，建立重大决策终身责任追究制度及责任倒查机制；深化行政执法体制改革，理顺行政强制执行体制和城管执法体制，健全行政执法和刑事司法衔接机制；严格规范公正文明执法，强化行政权力的制约和监督，全面推进政务公开。会议研究并原则通过《关于加快发展现代职业教育的实施意见》，提出按照服务区域经济、坚持就业导向，创新教育理念、坚持制度引领，优化教育结构、坚持统筹发展，分层分类指导、坚持多样成才的原则，加快构建具有区域特色的现代职业教育体系，建立职业教育质量保障体系，推进职业教育制度创新，提升职业教育发展保障水平。到2020年，形成与石家庄市现代产业体系相匹配，与社会就业相适应，办学类型和学习形式多样、中职高职有机衔接、职业教育与普通教育立交互通，学校企业社会相互融合，体现终身教育理念，特色鲜明、国内一流，适合全市经济社会发展的现代职业教育体系。会议原则通过《关于加快山水林田湖生态修复的实施意见》；研究了市区公共安全视频联网系统建设实施方案；听取了贯彻落实新预算法和石家庄市2014年度科学技术奖评审情况汇报。

12月8日，市长王亮主持召开市政府第三十二次常务会议，听取关于2015年利民惠民实事谋划工作的汇报，研究并原则通过《石家庄市规范乡镇（街道）安全生产监管工作的意见》。会议本着贴近群众生活，实事求是确保年度完成的原则，筛选2015年拟谋划利民惠民10件实事，涉及老旧小区“双解困”工程、供热质量提升工程、革命老区重点村建设工程、农村饮水安全工程、社区助残水平提升工程、街旁游园建设工程、计生特殊困难家庭帮扶工程、大学生就业帮扶工程、主城区小学生免费托管服务工程、新扩建30所公办标准化幼儿园工程等。会议提出完善乡镇（街道）安全生产监管工作机制，明确安全生产管理体系、重大危险源监控管理制度等7项基本制度，建立完善安全生产责任制及“网格化”管理等11类安全监管基础档案。

12月15日，市长王亮主持召开市政府第三十三次常务会议，研究并原则通过《关于进一步规范土地市场秩序的意见》。会议提出要进一步规范土地市场秩序，从源头上杜绝违法建设，中心城区土地开发要严格实行政府主导、计划管理，土地一、二级开发彻底分离，做到净地收储、净地供应。

12月25日，市长王亮主持召开市政府第三十四次常务会议，研究并原则通过《深化户籍制度改革实施意见》。会议提出，本着坚持从实际出发，坚持以人为本，坚持统筹推进，坚持公开、高效的原则，通过深化户籍制度改革以及相关经济社会配套改革，在尊重群众意愿的基础上，促进有能力在城镇就业生活的农业转移人口和其他常住人口有序实现市民化，推进城镇基本公共服务常住人口全覆盖，力争2020年实现全市户籍人口城镇化率达到45%以上。会议还研究了2014年度石家庄市有突出贡献的中青年专家人选名单，拟定专家人选98名，其中工业类34人、农业类12人、教育类21人、卫生类25人、社会科学类6人。

【市政府党组克服“四风”十项公开承诺】 2月28日，中共石家庄市人民政府党组全体成员就贯彻落实中央和省、市委重大决策部署，开展党的群众路线教育实践活动，坚决克服形式主义、官僚主义、享乐主义和奢靡之风（简称“四风”），向全市人民作出十项公开承诺：带头遵守党的纪律，始终坚持政治坚定；带头密切联系群众，始终坚持群众路线；带头当好人民公仆，始终坚持执政为民；带头建设法治政府，始终坚持依法行政；带头规范施政行为，始终坚持从严治政；带头转变政府职能，始终坚持简政放权；带头发扬党内民主，始终坚持民主集中制；带头改进工作作风，始终坚持求真务实；带头厉行勤俭节约，始终坚持艰苦奋斗；带头执行廉政准则，始终坚持清正廉洁。

【利民惠民10件实事】 至2014年12月底，市委、市政府确定的2014年利民惠民10件实事全部完成任务目标。

表 7 2014 年石家庄市确定利民惠民 10 件实事一览表

序号	10 件实事	任务目标	完成情况
1	提升供热质量	对全市 100 个老旧小区二次管网和换热站进行改造。	实际确定的改造任务为 101 个老旧小区。全部改造工作于 2014 年 11 月 14 日前完工，超额完成全年任务目标，保证了供热工作正常进行。
2	缓解交通拥堵	对槐安路、二环路 10 处路口进行渠化改造，缓解槐安路、二环路交通拥堵问题。	至 2014 年 12 月底，完成和平路中华大街口、和平路体育大街口、合作路新合街口、胜利大街平安大街口、裕华路大经街口、平安大街裕华路口等 12 个路口改造，超额完成年度任务。
		提升改造主城区 100 条次干道和小街巷。	至 2014 年 12 月底，100 条次干道和小街巷提升改造任务圆满完成。
		打通民生路等 4 条断头路。	至 2014 年 12 月底，民生路（建设大街—平安大街）工程、通园街（东岗路—塔南路）工程、建通街南延工程、贯商路（裕翔街—体育大街）工程全部完工并全线通车，圆满完成任务目标。
		完善交通诱导系统，通过控制左转、设置单行道等交通组织形式，建立区域微循环。改革停车管理体制，优化静态交通秩序，清理规范“三车”运营。	在 2013 年完成智能交通一期工程建设基础上，2014 年开展二期工程建设，2014 年招标工作完成，进入施工阶段。至 2014 年 12 月底，市区道路实行“禁止左转”措施 128 处、“禁止右转”措施 20 处、“禁止直行”措施 12 处，新增单行道 18 处，同时，为保证各项措施顺利实施，市交管局还新增 36 处电子警察进行违法抓拍；完成治理市区交通组织类堵点 19 处；累计劝返“三车”60113 辆次，查扣 17256 辆次，拘留 226 人。考察国内 5 个城市停车管理先进经验，全面调查摸底市区道路停车场，组建市区道路停车改革工作领导小组办公室，《关于石家庄市区道路停车场改革工作实施方案》经市政府常务会议原则通过，于 2015 年 1 月 1 日正式启动实施；全面清理整顿全市道路停车场，重点查处乱停乱放、停车不入位、占压盲道等违法停车行为。
3	整治老旧小区环境	对 100 个老旧小区道路、路灯、给排水等基础设施改造提升。	至 2014 年 12 月底，实际完成 277 个老旧小区基础设施改造，超额完成年度目标任务。
4	缓解“入园难”问题	新扩建 50 所公办标准化幼儿园。	至 2014 年 12 月底，50 所幼儿园项目全部开工建设，实际完成投资 9327.3 万元，其中，竣工项目 30 个，竣工面积 4.6 万平方米，在建项目 20 个，在建面积 4.2 万平方米。
5	改造提升公园广场	新建 10 处街旁游园。	至 2014 年 12 月底，圆满完成任务目标，新建 10 处街旁游园，总面积约 88.5 万平方米。10 处新建街旁游园为丰华园、东王回迁绿地、众美凤凰城绿地、子龙大桥东、两侧绿地、勒泰广场、107 国道北绿地、建设大街杜北游园、友谊大街街旁游园、万达广场东西两侧游园。
		对 15 座公园广场进行全面改造升级。	至 2014 年 12 月底，全市集中整治 13 座市管公园和 17 座区管公园，超额完成任务目标，累计铺装修缮园路广场 5.4 万平方米，补植乔灌木 2.3 万株，绿篱 1.2 万延米；清理或关停、规范管理经营项目 103 项，拆除违规项目 9 处、1.1 万平方米。

（续表）

序号	10件实事	任务目标	完成情况
6	丰富市民文化生活	对全市现有的51个街道办事处社区文化活动中心进行提档升级，配备必要的文化活动器材。	至2014年12月底，市、区（管委会）两级完成51个市区文化中心演出器材设备的配备工作，圆满完成任务目标。
7	建设全民健身中心	启动建设全民健身中心，年内完成主体工程。	至2014年12月底，主体工程基本完成。第一、二段完成地下2层主体工程和地上2层钢柱、钢梁安装（北侧已到顶），钢结构地上5层（局部为5层）钢柱、钢梁和楼承板加工制作完成；第三段完成地下2层钢筋绑扎和墙柱混凝土浇筑；第四段完成基础底板钢筋绑扎和基础底板支模。专业管线预留预埋与主体工程同步进行。
8	保证饮水安全	新建联村集中供水工程18处，单村集中供水工程210处，解决310个村、50万人的饮水安全问题。	2014年11月底提前完成任务目标。全年累计完成投资2.5亿元，新建联村水厂18处，单村供水工程210处，解决了310个村、50万人的饮水安全问题。
9	开展助残行动	为1000名贫困听力障碍人员免费配发助听器工作。	2014年12月2日完成。
		为3000名贫困精神病患者免费提供药物工作。	该项工作完成，市、县（市）区按照1:1比例共计投资150万元。
		为200户残疾家庭实施无障碍改造工作。	改造工作全部完成。
		为1000名贫困白内障患者实施免费复明手术。	至2014年6月底，该项工作圆满完成。
10	山区贫困学生免费就读	为山区6县56所学校转移安置的12356名深山区贫困家庭学生发放生活、交通补助，保障家庭经济困难学生吃、行全免费。	2014年全市资助山区教育扶贫工程项目学校家庭经济困难学生29446人次（春季学期10718人次，秋季学期18728人次），累计发放专项补助资金2061.339万元，山区家庭经济困难学生资助政策全面落实，圆满完成任务目标。

【提案办理】 全年办理省级人大代表建议、政协委员提案71件。其中，省人大代表建议主办28件，会商办理7件，省政协提案主办28件，会商办理8件，均按时办结，按时办结率100%，答复函规范化率100%，问题解决率48%。全年走访人大代表、政协委员29人次，办理提案37件，走访率66.1%。全年办理市级人大代表建议、政协委员提案940件，其中，市十三届人大二次会议代表建议395件，市政协十二届二次会议提案545件，满意率和基本满意率均占95%。

【服务协调】 全年省会服务协调办公室受理市民来电来信56万件（次），受处率100%。向承办单位交办群众诉求事项17万余件，办结率93%。编报《市政府公开电话日报》和《重要情况专报》320期，承办市领导批示160件，办结率100%。为省直机关、驻石家庄部队协调解决有关事项36件，满意率100%。

（市政府办公厅）

【衔接落实省政府2013年第三批取消下放行政审批项目】 2月20日，市政府办公厅印发《关于衔接落实省政府2013年第三批取消下放行政审批项目的通知》（石政办函〔2014〕13号），决定市本级衔接落实省政府2013年第三批取消下放行政审批事项17项（其中取消8项，市本级实施9项），接收省委托实施事项3项。

表 8　　石家庄市衔接落实省政府 2013 年第三批取消下放行政审批项目目录

（共 17 项，取消 8 项，接收 9 项）

一、衔接取消项目（8 项）

序号	实施机关	项目名称	设定依据	备注
1	市教育局	民办学校聘任校长核准	《中华人民共和国民办教育促进法》	在石家庄市原列入行政监管事项，现予以取消
2	市民政局	法律规定自批准之日起即具有法人资格的社会团体及其设立分支机构、代表机构备案	《社会团体登记管理条例》（国务院令第 250 号）	此 4 项事项原包括在“社会团体登记、民办非企业登记许可”之内，现予以取消，其他保留
3	市民政局	市属社会团体分支机构、代表机构设立登记	《社会团体登记管理条例》（国务院令第 250 号）	
4	市民政局	市属社会团体分支机构、代表机构变更登记	《社会团体登记管理条例》（国务院令第 250 号）	
5	市民政局	市属社会团体分支机构、代表机构注销登记	《社会团体登记管理条例》（国务院令第 250 号）	
6	市人力资源和社会保障局	石家庄市有突出贡献的中青年科学、技术管理专家审定	《关于印发省管优秀专家和有突出贡献的中青年专家的选拔办法和管理办法的通知》（冀发〔1994〕5 号）	在石家庄市原属于市政府权力，不是审批事项，现予以取消
7	市文物局	由政府出资修缮的非国有市级重点文物保护单位的转让、抵押或者改变用途审批	《中华人民共和国文物保护法》	原列入市级委托县（市）区实施事项，现予以取消
8	县级供销社、县级工商行政管理机关	盐的零售网点经营批准	《河北省盐业管理实施办法》（省政府令〔1992〕第 75 号公布，省政府令〔2007〕第 4 号修正）	取消“食盐零售许可”，现转为行政监管事项

二、衔接下放项目（9 项）

序号	原实施部门	项目名称	设定依据	下放后实施部门	备注
1	省环境保护厅	由省政府或省政府授权有关部门审批、核准、备案的（环境保护部委托或要求由省级环境保护部门审批的建设项目除外）纺织化纤、医药、化学品及农药制造、垃圾及污泥集中处置、水泥粉磨站（不新增产能）、土砂石开采、矿山整合及尾矿库建设、城市基础设施与房地产、地质勘查、水力发电、电子、轻工、表面处理及热加工（不含轧钢工序）、煤矿、煤炭项目，以及非跨行政区域〔设区市、省直管县（市）〕的石油天然气管线、二级及以下等级公路和水利项目环境影响评价文件的审批	《中华人民共和国环境影响评价法》第二十二条、第二十四条，《建设项目环境保护管理条例》（国务院令第 253 号）第十二条	市环境保护局	

（续表）

序号	原实施部门	项目名称	设定依据	下放后实施部门	备注
2	省环境保护厅	已经由省级环境保护行政主管部门批准其建设项目环境影响报告表（不包括辐射类、电磁类项目）、登记表、以及社会事业与服务业（高尔夫球场项目除外）、房地产开发类建设项目竣工环境保护验收	《中华人民共和国环境保护法》第二十六条，《建设项目环境保护管理条例》（国务院令第 253 号）第二十条、第二十二条	市环境保护局	
3	省环境保护厅	列为国家重点控制污染的电力、钢铁、水泥、玻璃、焦化、医药、石化、造纸行业的企业以外的企业排污许可证核发	《中华人民共和国大气污染防治法》第十五条，《中华人民共和国水污染防治法实施细则》（国务院令第 284 号）第十条，《河北省减少污染物排放条例》第十五条，《关于印发河北省钢铁水泥电力玻璃行业大气污染治理攻坚行动方案的通知》（冀政函〔2013〕154 号）	市环境保护局	部分下放：列为国家重点控制污染源的电力、钢铁、水泥、玻璃、焦化、医药、石化、造纸行业的企业排污许可证由省环境保护厅核发；省环境保护厅核发排污许可证以外企业的排污许可证由设区市、省直管县（市）环境保护局核发
4	省环境保护厅	省级以下（不含省级）环境保护部门审批的建设项目以及省级环境保护部门审批的水泥磨粉站、水电、水利设施、煤矿、输油（气）管线、地质勘查、农林牧渔、社会事业与服务业、房地产类建设项目主要污染物排放总量的核定	国务院《关于加强环境保护重点工作的意见》（国发〔2011〕35 号），《河北省主要污染物排放权交易管理办法（试行）》（冀政〔2010〕158 号），《河北省人民政府关于进一步加强环境保护工作的决定》（冀政〔2012〕24号）	市环境保护局	
5	省环境保护厅	非跨行政区域〔设区市、省直管县（市）、扩权县〕雷达、豁免水平以上的电视、广播发射台、差转台电磁辐射类建设项目环境影响评价文件的审批	《中华人民共和国环境影响评价法》第二十二条、第二十四条，《建设项目环境保护管理条例》（国务院令第 253 号）第十二条		
6	省环境保护厅	Ⅱ类射线装置中的 X 射线深部治疗机、数字减影血管造影装置（包括小 C 型臂）核技术利用项目环评审批、《辐射安全许可证》颁发	《中华人民共和国放射性污染防治法》第二十九条，《放射性同位素与射线装置安全和防护条例》（国务院令第 449 号）第六条，《河北省辐射污染防治条例》第十条	市环境保护局	

（续表）

序号	原实施部门	项目名称	设定依据	下放后实施部门	备注
7	省环境保护厅	设区市、省直管县（市）发放的《辐射安全许可证》单位的放射源转让审批、备案	《放射性同位素与射线装置安全和防护条例》（国务院令第449号）第二十条	市环境保护局	
8	省环境保护厅	送交河北省放射性废物库暂存处置的废旧放射源回收（收贮）备案	《放射性同位素与射线装置安全和防护条例》（国务院令第449号）第二十三条	市环境保护局	
9	水行政主管部门	主要行洪河道的河道采砂许可	《中华人民共和国水法》第三十九条，《中华人民共和国河道管理条例》（国务院令第3号）第二十五条，《河北省河道采砂管理规定》（省政府令〔2008〕第3号公布，省政府令〔2011〕第17号、〔2013〕第2号修正）	市水行政主管部门	

表9　石家庄市接收省政府委托行政审批项目目录

（共3项）

序号	原实施部门	项目名称	设定依据	委托后实施部门
1	省林业厅	收购珍贵树木种子和限制收购林木种子的批准	《中华人民共和国种子法》第三十三条	市林业局
2		采集或者采伐国家重点保护种质资源审批	《中华人民共和国种子法》第八条	
3		设区市所属的国有林场林木和其他国有企业事业单位林木、利用外资营造的用材林采伐许可	《中华人民共和国森林法》第三十二条，《中华人民共和国森林法实施条例》（国务院令第278号）第三十二条、第三十三条，《河北省实施〈中华人民共和国森林法〉办法》第三十条、第三十四条	

（市政府文件）

【衔接落实省政府2014年第一批取消下放行政审批事项】 6月20日，市政府办公厅印发《关于公布衔接落实省政府2014年第一批取消下放行政审批项目和市本级保留的行政审批项目清单的公告》，公布市本级衔接落实省政府2014年第一批取消下放行政审批事项17项，其中取消5项、接收12项。此次调整后，市本级保留的行政审批项目共计104项（行政许可项目66项、非行政许可项目38项），部分保留的行政审批项目13项，委托实施的行政审批项目40项。

表 10　　石家庄市衔接落实省政府 2014 年第一批取消下放行政审批事项目录

（共 17 项）

一、衔接取消项目（5 项）

序号	实施部门	项目名称	项目类别	备注
1	市编委办	事业单位法人年检	行政监管	取消年检，改为年度报告
2	市国土局	土地整治规划审核	行政监管	取消市本级对县级土地整治规划的审核
3	市环保局	环境保护设施运营单位临时资质审批〔属于“环境保护（污染治理）设施运营单位乙级、临时资质认定”部分委托〕	行政许可	取消（原 2013 年委托项目）
4	市物价局	出租汽车旅客运价备案	行政监管	取消县级向市本级备案
5	市交通局	水路运输经营者及船舶停业备案	行政监管	取消县级向市本级备案

二、衔接下放项目（12 项）

序号	原实施部门	项目名称	下放后实施部门	备注
1	省教育厅	民办教育机构名称冠名“河北”审批	市、县（市）区教育行政主管部门	列入石家庄市行政许可项目（分级管理）
2	省环保厅	X 射线探伤机、工业用 X 射线 CT 机环境影响评价文件审批、《辐射安全许可证》颁发	市环保局	列入石家庄市行政许可项目
3	省交通厅	二级及以下等级公路项目环境影响报告书预审	市交通局	列入石家庄市行政监管项目
4		更新砍伐省管高速以外国家和省的干线公路护路林的审批		列入石家庄市行政许可项目
5	省畜牧兽医局	主要草种杂交种子及其亲本种子、常规原种种子的经营许可证的核发	县级畜牧行政主管部门	进一步下放到县级畜牧行政主管部门实施（分级管理）
6	省林业厅	国有林业企业事业单位隶属关系变更	市、县林业行政主管部门	列入石家庄市行政许可项目（分级管理）
7	省卫生计生委	省直医疗卫生机构以外的护士延续注册许可	市、县（市）区卫生计生委（卫生局）	列入石家庄市行政许可项目（分级管理）
8	省人防办	计划总投资 300 万元以下单建式人民防空信息系统建设项目新建、续建或改建审批	市人防办	列入石家庄市行政监管项目
9		人民防空工程价值在 500 万元以下的资产转让、报损、报废审批		列入石家庄市行政监管项目
10		省人防办审批的人民防空信息系统建设项目委托技术单位审查意见备案		列入石家庄市行政监管项目〔县（市）人防主管部门向设区市人防主管部门备案〕
11		省直管县和省定人民防空重点城市人民防空应急行动预案备案		列入石家庄市行政监管项目〔县（市）人防主管部门向设区市人防主管部门备案〕
12	省邮政局	自办邮政普遍服务场所转为代办审批	市邮政局	列入石家庄市行政许可项目

表 11　石家庄市衔接落实省政府 2014 年第一批取消下放行政审批事项后市本级保留的行政许可项目目录

（共 66 项）

序号	实施部门	项目名称
1	市教育局	中等学历教育（普通高级中学、职业高中、中等专业学校）、设立审批
2		民办教育机构名称冠名“河北”审批
3	市民宗局	设立其他固定宗教活动处所的审批
4	市公安局	爆破作业单位许可（非营业性）、爆破作业人员许可
5		枪支、弹药运输（携运）许可
6		建设工程消防设计及竣工验收
7		内地公民前往港澳定居通行证核发
8	市民政局	社会团体登记、民办非企业登记
9	市人社局	特殊工时制度审批
10	市国土局	采矿权设立、延续、变更、注销审批（仅限小型建材矿）
11		非国有矿山企业地勘单位采矿权、探矿权转让和市场项目探矿权转让审批
12	市环保局	建设项目环境影响评价审批
13		排污许可证核发
14		危险废物经营许可证（医疗类）
15		危险废物转移批准
16		由省政府或省政府授权有关部门审批、核准、备案的涉及农林牧渔、水利、社会事业与服务业、办公商业及城镇居民用房项目环境影响报告书，由省政府或省政府授权有关部门审批、核准、备案的建设项目环境影响报告表（不含辐射项目）、登记表（含辐射项目），330 千伏输变电辐射类建设项目环境影响报告表（跨设区市、省直管县、扩权县项目除外）的审批
17		废弃电器电子产品处理资格审批
18		由省政府或省政府授权有关部门审批、核准、备案的（环境保护部委托或要求由省级环境保护部门审批的建设项目除外）纺织化纤、医药、化学品及农药制造、垃圾及污泥集中处置、水泥粉磨站（不新增产能）、土砂石开采、矿山整合及尾矿库建设、城市基础设施与房地产、地质勘查、水力发电、电子、轻工、表面处理及加工（不含轧钢工序）、煤矿、煤炭项目，以及非跨行政区域〔设区市、省直管县（市）〕的石油天然气管线、二级及以下等级公路和水利项目环境影响评价文件的审批
19		已经由省级环境保护行政主管部门批准其建设项目环境影响报告表（不包括辐射类、电磁类项目）、登记表，以及社会事业与服务业（高尔夫球场项目除外）、房地产开发类建设项目竣工环境保护验收
20		列为国家重点控制污染源的电力、钢铁、水泥、玻璃、焦化、医药、石化、造纸行业的企业以外的企业的排污许可证核发
21		非跨行政区域〔设区市、省直管县（市）、扩权县〕雷达、豁免水平以上的电视、广播发射台、差转台电磁辐射类建建设项目环境影响评价文件的审批
22		Ⅱ类射线装置中的 x 射线深部治疗机、数字减影血管造影装置（包括小 C 型臂）核技术利用项目环评审批、《辐射安全许可证》颁发

（续表）

序号	实施部门	项目名称
23	市环保局	设区市、省直管县（市）发放的《辐射安全许可证》单位的放射源转让审批、备案
24		送交河北省放射性废物库暂存处置的废旧放射源回收（收贮）备案
25		x射线探伤机、工业用x射线CT机环境影响评价文件审批、《辐射安全许可证》颁发
26	市规划局	建设用地规划许可
27		建设工程规划许可（含临时建设工程）
28	市建设局	建筑（含市政）工程施工许可
29		城镇燃气经营许可和燃气设施改动审批
30		建筑业企业资质审批
31	市城管委	城市排水许可证核发
32		城市建筑垃圾处置核准
33	市房管局	房地产开发企业资质审批（四级和暂定级）
34		划拨土地地上建筑物、其他附着物转让、抵押审批
35		商品房预售许可（市内五区）
36	市交通局	从事国内水路运输业务及水路运输服务业务经营许可
37		公路建设项目施工批准
38		道路运输经营及道路运输相关业务许可
39		船舶业务及船员适任证书审批
40		更新砍伐省管高速以外国家和省的干线公路护路林的审批
41	市水务局	取水许可
42		开发建设项目水土保持方案审批和水土保持设施验收
43		河道（水库）管理范围内建设项目及从事生产经营活动审批
44		建设项目节水设施“三同时”的设计审查、竣工验收
45		主要行洪河道的河道采砂许可
46	市林业局	国有林业企业事业单位隶属关系变更
47	市畜牧局	黄壁庄水库渔业捕捞
48	市卫生计生委	公共场所卫生许可（市内五区）
49		医师执业注册、变更注册及重新注册许可
50		省直医疗卫生机构以外的护士延续注册许可
51	市药监局	餐饮服务许可
52	市安监局	非煤矿矿山企业安全生产许可证核发

（续表）

序号	实施部门	项目名称
53	市粮食局	粮食收购许可
54	市人防办	人防工程拆除改造审批、防空地下室建设审批、竣工验收
55	市地震局	建设工程抗震设防要求审批
56	市园林局	工程建设项目绿化用地面积审查
57	市工商局	外国（地区）在中国境内从事生产经营活动和企业常驻代表机构设立、变更、注销登记
58		外商投资广告企业设立分支机构、项目审批
59		企业法人（集团）、（分公司分支机构、营业单位）设立（开业）、变更、注销登记
60		外商投资企业及其分支机构设立、变更、注销登记
61	市质监局	特种设备作业人员考核发证和特种设备使用登记
62	市烟草局	烟草专卖零售许可
63		烟草专卖品准运证
64	市邮政局	自办邮政普遍服务场所转为代办审批
65	市气象局	防雷装置设计审核和竣工验收
66		升放无人驾驶自由气球、系留气球单位资质认定和施放气球活动审批

表12　石家庄市衔接落实省政府2014年第一批取消下放行政审批事项后市本级保留的非行政许可项目目录

（共38项）

序号	实施部门	项目名称
1	市发改委	确认高危及重要电力用户名单，批准自备应急电源的配置方案
2		政府类投资项目审批
3	市公安局	外国人签证签发
4		金融机构营业场所、金库安全防范设施建设方案审批及工程验收
5	市环保局	省级以下（不含省级）环境保护部门审批的建设项目以及省级环境保护部门审批的水泥粉磨站、水电、水利设施、煤矿、输油（气）管线、地质勘查、农林牧渔、社会事业与服务业、房地产类建设项目主要污染物排放总量的核定
6	市规划局	建设项目选址审批
7		建设工程设计方案审定
8		建设工程竣工规划核实
9	市建设局	建设工程招标文件、建设工程招投标情况书面报告备案
10		建设工程合同、外地进石家庄项目和建筑工程最高限价及竣工结算备案

（续表）

序号	实施部门	项目名称
11	市建设局	建设工程（分建筑和市政）及燃气设施建设工程竣工验收和建设工程质量监督备案
12		移交建设项目档案
13		建筑节能产品审核和新型墙体材料登记
14		建设工程安全生产监督备案
15	市房管局	保障性住房项目审批
16		公有住房出售审批
17		保障性租赁住房配建实施方案审批
18		单位售房款交存与支取审批
19	市水务局	建设项目水资源论证报告书审查
20	市商务局	加工贸易审批
21	市体育局	经营高危险性体育项目许可
22	市药监局	药品零售企业经营质量管理规范（GSP）认证
23	市国资委	企业国有资产处置（国有产权无偿划转）
24		国有产权（股权）转让审批
25		清产核资资产损失核销
26	市安监局	建设项目职业卫生“三同时”审查
27	市外事办	“三侨考生”（归侨学生、归侨子女和华侨子女）身份认定
28		邀请外国人来华
29	市物价局	工农业产品价格
30		行政事业性收费、经营性收费
31		《收费许可证》、《经营服务收费证》核发、变更及审验
32	市工商局	股权出质登记
33	市国税局	出口货物退（免）税审批
34	市地税局	房产税困难性减免
35	市住房公积金中心	住房公积金提取审批
36		住房公积金贷款审批
37		住房公积金降低缴存比例、缓缴审批
38	市气象局	大气环境影响评价使用气象资料审查

表 13

石家庄市衔接落实省政府 2014 年第一批取消下放行政审批事项后市本级部分保留的行政审批项目目录

（共 13 项）

序号	实施部门	项目名称	类别
1	市发改委	企业投资类项目核准（企业投资国家规划矿区外的煤炭开发项目核准）	许可
2	市规划局	乡村建设规划许可	许可
3		出具规划条件	非许可
4	市城管委	在城市设置户外广告牌、指示牌、标语牌、画廊、橱窗、霓虹灯、灯箱、旗帜、显示屏幕；招牌、条幅、充气装置、实物造型审批	许可
5		挖掘城市道路、占用城市道路及道路两侧审批	许可
6	市交通局	出租汽车经营许可及经营许可证、道路运输证和驾驶员从业资格证核发	许可
7		出租汽车经营者兼并、合并、分户、停歇业、变更许可事项	非许可
8		农村公路建设项目的设计文件审批	非许可
9	市公安局	影响交通安全的道路施工许可	许可
10	市药监局	《药品经营许可证》（零售）核发、换发、变更	许可
11		第一类医疗器械产品注册、重新注册变更	许可
12		科研、教学所需毒性药品购用审批	许可
13	市安监局	危险化学品建设项目安全审查	许可

表 14

石家庄市衔接落实省政府 2014 年第一批取消下放行政审批事项后市本级委托实施的行政审批项目目录

（共 40 项）

序号	委托单位	项目名称	类别	委托实施单位
1	市公安局	爆破作业审批（在城市、风景名胜区和重要工程设施附近实施）	许可	县（市）区公安行政主管部门
2		道路停车场审批	非许可	县（市）区公安行政主管部门
3	市国土局	临时用地审批	许可	县（市）区国土行政主管部门
4		勘查许可证延续、变更、注销登记审批	许可	县（市）区国土行政主管部门
5	市环保局	4、5 类放射源和 3 类射线装置辐射安全许可证发放、变更审批	许可	县（市）区环保行政主管部门
6	市规划局	乡村建设规划许可	许可	“四组团”县（市）规划行政主管部门
7		出具规划条件	非许可	“四组团”县（市）规划行政主管部门
8	市房管局	三级物业管理企业资质核定（市内五区）	许可	市内五区房管行政主管部门

（续表）

序号	委托单位	项目名称	类别	委托实施单位
9	市交通局	出租汽车经营许可及经营许可证、道路运输证和驾驶员从业资格证核发	许可	县（市）道路交通行政主管部门
10		农村公路建设项目的设计文件审批（跨区域除外）	非许可	县（市）交通行政主管部门
11		铁轮车、履带车和其他可能损害公路路面的机具，确需在公路上行驶的同意及对确需行驶公路的超限运输车辆审批	许可	县（市）区交通行政主管部门
12		涉路施工活动审批	许可	县（市）区交通行政主管部门
13		出租汽车经营者兼并、合并、分户、停歇业、变更许可事项	非许可	县（市）交通行政主管部门
14	市水务局	农村水电站项目初步设计审批	非许可	县（市）区水务行政主管部门
15	市农业局	农作物种子生产、经营许可证	许可	县（市）区农业行政主管部门
16	市文广新局	市级文物保护单位的建设控制地带内建设工程设计方案审批、由市政府出资修缮的非国有不可移动文物转让、抵押或者改变用途审批、市级文物保护单位原址保护审批、市级文物保护单位修缮审批	许可	区文广新部门
17		非国有文物收藏单位和其他单位举办展览需借用国有馆藏文物审批	许可	区文广新部门
18		拍摄市级文物保护单位审批	许可	区文广新部门
19		博物馆对处理不够入藏标准、无保存价值的文物或标本审批	非许可	区文广新部门
20		印刷业经营者兼营包装装潢和其他印刷品印刷经营活动审批	非许可	区文广新部门
21		从事包装装潢印刷品和其他印刷品印刷经营活动的企业变更印刷经营活动审批（不含出版物印刷）	非许可	区文广新部门
22		印刷业经营者兼并其他印刷业经营者（不含出版物印刷企业）审批	非许可	区文广新部门
23		印刷业经营者因合并、分立而设立新的印刷业经营者（不含出版物印刷企业）审批	非许可	区文广新部门
24	市体育局	体育竞赛活动的审批	非许可	县（市）区体育行政主管部门
25		体育竞赛活动变更的审批	非许可	县（市）区体育行政主管部门
26	市卫生计生委	麻醉药品、第一类精神药品购用印签卡核发、变更、换证许可	许可	县（市）区卫生行政主管部门
27		放射诊疗许可	许可	县（市）区卫生行政主管部门
28		外国医疗团体来华短期行医审批	许可	县（市）区卫生行政主管部门
29		医疗机构设置及执业许可	许可	区卫生部门

（续表）

序号	委托单位	项目名称	类别	委托实施单位
30	市药监局	第一类医疗器械产品注册、重新注册变更（市内五区、高新区）	许可	县（市）、井陉矿区食品药品监督行政主管部门
31		麻醉药品和第一类精神药品运输证明核发、麻醉药品和精神药品邮寄证明核发	非许可	县（市）、井陉矿区食品药品监督行政主管部门
32		第二、三类医疗器械经营许可	许可	县（市）、井陉矿区食品药品监督行政主管部门
33		科研、教学所需毒性药品购用审批（市内五区、高新区）	许可	县（市）、井陉矿区食品药品监督行政主管部门
34	市安监局	危险化学品建设项目安全审查（《河北省危险化学品建设项目安全监督管理细则》第六条第二款规定除外）	许可	县（市）区安监行政主管部门
35		危险化学品经营许可证核发	许可	县（市）区安监行政主管部门
36		危险化学品安全使用许可证核发	许可	县（市）区安监行政主管部门
37		矿山建设项目的安全设施设计及竣工验收审查	许可	县（市）区安监行政主管部门
38	市园林局	城市园林绿化企业资质核准	许可	县（市）区园林行政主管部门
39	市工商局	事业单位广告经营资格许可	许可	县（市）区工商行政主管部门
40		企业名称预先核准（含外资企业）	许可	县（市）区工商行政主管部门

（市政府文件）

人力资源和社会保障

【概况】 2014年，市人力资源和社会保障系统以开展党的群众路线教育实践活动为契机，围绕“民生为本、人才优先”主线和服务型机关建设，实施窗口单位改进作风专项行动，完善“一站式”服务，开通网上服务大厅、社保网上办公管理系统、“掌上人社”和“石家庄高校毕业生就业创业网络公众平台”。至2014年末，全市城镇新增就业10.2万人，城镇登记失业率3.64%，农村劳动力转移就业5.3万人，均超额完成目标任务。修订完善创业政策，鼓励支持全民创业。全年参加创业培训1.5万人，发放小额担保贴息贷款6.46亿元。完善社会保障制度，将县（市）和井陉矿区纳入城镇基本医疗保险市级统筹，将藁城区、鹿泉区和栾城区3区医保调整为统收统支。至2014年末，全市城镇职工参加基本养老保险人数199.5万人，同比增加12.9万人；城乡居民参加养老保险人数385.6万人，同比增加5.2万人；城镇居民参加医疗保险人数286.3万人，同比增加9.8万人。全市参加失业保险人数90.4万人，同比增加0.2万人；工伤保险人数133.2万人，增加9.1万人；生育保险人数132.2万人，增加1.5万人。出台《关于实施高层次人才支持计划的意见》，专项资助列入省市“支持计划”高端人才；成功举办石家庄市第七届高级人才洽谈会。至2014年末，全市引进人才2.5万人，其中高层次人才1304人。加强公务员管理，开展党政机关及事业单位“两超两违”、规范领导干部在企业兼职（任职）、规范县乡干部管理专项整治。2014年全市录用公务员219人，招聘事业单位工作人员809人。

【就业创业】 修订完善创业政策，鼓励支持全民创业。全年参加创业培训1.5万人，发放小额担保贴息贷款6.46亿元，直接扶持创业人员9060人，间接带动就业1.8万人。开展就业援助活动，实行援企稳岗措施，对符合条件的企业，给予转岗培训补助、岗位补助和社会保险补助。2014年全市举办就业援助进社区小型招聘会22场，帮助就业困难人员实现就业1526人。开展“春风行动”，促进农村劳动力转移就业，为农村劳动力进城务工、返乡创业和就近转移就业提供服务。全年举办农村劳动力转移就业专场招聘会86场次，提供就业岗位13.2万个。实行高校毕业生就业优惠政策，出台《关于贯彻落实2014年普通高等学校毕业生就业创业工作实施意见的通知》、《石家庄市高校毕业生网络创业认定暂行办法》及扶持高校毕业生就业创业优惠政策，再次设立3000万元就业创业专项资金。提出高校毕业生自主创业(含网络创业)一次性创业补助由原来5000元提高到10000元；自主创业毕业生每吸纳1人就业给予一次性创业带动就业补贴2000元；驻石家庄高校及其他社会力量创建大学生创业孵化园给予不超过100万元一次性建园补贴。将小额担保贷款作为推进高校毕业生创业、带动就业的重要抓手。2014年全市将毕业生自主创业小额担保贴息贷款额度由原来10万元提高到20万元、合伙经营的由原来40万元提高到60万元，并全额贴息，能够按期足额偿还贷款的，可给予二次贷款。2014年全市发放各类就业创业补贴资金3339万元，有1023名毕业生成功创业，带动就业3509人。组建覆盖全市231个乡镇，57个街道办事处，538个城镇社区、4430个行政村的市县乡三级高校毕业生实名制信息数据库，实时动态监测高校毕业生就业情况；组织2000名岗位信息员搜集、汇总整理所在行业、单位、辖区高校毕业生岗位需求信息，及时记录跟踪岗位信息和对接效果，定期上报汇总并通过媒体或网络向社会发布，做到岗位信息资源共享。2月11～12日，由河北省人力资源和社会保障厅主办，河北省人才交流服务中心、市人力资源和社会保障局承办的“2014年河北省毕业生就业市场”在石家庄学院南校区举行，共有2000余家招聘单位进场，提供就业岗位4.2万余个，两天进场求职约9万余人次。用人单位以民营企业为主，占参加单位总数的83%，国有企业占12%，合资企业占4%，其他类型企业占1%。省内百强及知名度较高的企业如石药集团、华北制药集团、长城汽车股份有限公司、石家庄北国人百集团等到会参与。总体看，2014年新春毕业生就业市场呈现5个新变化：招聘会现场求职者激增，不少人拖着行李求职；企业现场面试，求职者可快速进入状态；“北上广”(北京市、上海市、广州市)企业不再受热捧，求职者慢慢回归二线城市；民企不再无人寻问，专业对口基层岗位也愿意干；应届毕业生在招聘会上不再走马观花，多数人与企业仔细商谈。2014年全市建立涵盖家政服务、教育培训、社区物业、动漫产业、电子商务等类型创业孵化园12家，总面积3.5万平方米，年可容纳创业入驻实体1000户；入园高校毕业生数量占8成以上，孵化成功率95%以上。至2014年底，全市建立创业实训基地和创业孵化园区近100家，入驻高校毕业生4800多人。7月15日，位于裕华区体育大街与塔北路交叉口世纪佳泰大厦的北方创业孵化园正式开园，建筑面积5100平方米，可向135个创业实体免费提供经营场地和创业服务，这是石家庄市单体规模最大的创业孵化园。2014年8月，河北省首批认定15家示范性家政服务员培训输出基地。其中，石家庄市入选3家单位，分别为石家庄市嫂子家园家庭服务有限公司、河北吉米家政服务有限公司、河北省恒瑞职业培训学校等。2014年全市搜集用人单位7320家、就业岗位9.15万个。2014年石家庄市共有市属生源高校毕业生6.4万人，回市54225人。通过推行促进高校毕业生就业一揽子政策，实现就业53499人，就业率达到98.7%，连续第4年实现石家庄籍高校毕业生登记失业率为零。

【社会保障体系建设】 完善社会保障制度，将县(市)和井陉矿区纳入城镇基本医疗保险市级统筹，将藁城区、鹿泉区和栾城区3区医保调整为统收统支。研究制定城乡居民基本养老保险实施意见，推行城乡居民养老保险衔接，开展社会保险扩面工作。至2014年末，全市城镇职工参加基本养老保险人数199.5万人，同比增加12.9万人。其中，在职人员151.8万人，增加10.1万人；离退休人员47.7万人，增加2.8万人。全市城乡居民参加养老保险人数385.6万人，同比增加5.2万人。年末全市城镇居民参加医疗保险人数286.3万人，同比增加9.8万人。其中，城镇职工139.4万人，增加3.5万人；城镇居民146.9万人，增加6.3万人。年末全市参加失业保险人数90.4万人,同比增加0.2万人;工伤保险人数133.2万人,增加9.1万人;生育保险人数132.2万人,增加1.5万人。严格监督社会保险基金管理,印发《石家庄市城镇基本医疗保险定点零售药店和定点医疗机构管理办法》,开展“两定点”集中检查3次。推进社会保障卡发放和应用,全年完成信息采集515万人,制卡426万张,发卡425万张。

【人才工程】 制定印发《关于实施高层次人才支持计划的意见》,专项资助列入省市“支持计划”高端人才。赴外地高校举办人才招聘会。4月26日,由市政府主办,市委组织部、市人力资源和社会保障局承办的石家庄市高新技术企业人才招聘成都校园专场活动在成都电子科技大学、成都中医药大学举办。此次招聘会石家庄市带去100余家企业5000余个岗位信息,现场达成就业意向268人,其中博士1人、硕士61人、本科206人。举办第七届高级人才洽谈会暨应届毕业研究生招聘会。11月15日,石家庄市第七届高级人才洽谈会暨应届毕业研究生招聘会在市人才市场举办。参会95家单位提供岗位1565个,1800余人参会应聘,其中博士硕士900余名,达成就业意向460人。2人入选国家千人计划。2014年河北博伦特药业有限公司董事长李玮博士、石药集团有限责任公司中央药物研究院副院长胡志祥博士入选国家“千人计划”,实现石家庄市人选国家“千人计划”零的突破。5月16日,市委、市政府特向两名专家颁发奖金各100万元。至2014年末,全市引进人才2.5万人,其中高层次人才1304人;选拔推荐各级各类专家43名;申报博士后创新实践基地8家;新培养高级工以上技能人才1.25万人;生物、制造、医药开发等12个外国专家引智项目完成,聘请外国专家14名。

(市人力资源和社会保障局)

【20人入选高层次人才支持计划】 12月16日,石家庄市公示20名高层次人才支持计划对象。分别为(以姓氏笔画为序):

田国英　市农林科学研究院
史占良　市农林科学研究院
朱青竹　市农林科学研究院
仲锡军　河北迈尔斯通电子材料有限公司
刘金成　河北阳煤正元化工集团有限公司
刘彦军　市农林科学研究院
远松灵　市京华电子实业有限公司
李月华　市农业技术推广中心
李玉平　市果树站
李占利　石家庄中煤装备制造股份有限公司
张继军　石家庄工大化工设备有限公司
陈钟　神威药业集团有限公司
赵玉斌　市中医院
赵洪明　市动物疫病预防控制中心
赵韶华　石家庄以岭药业股份有限公司
姚继明　石家庄美施达生物化工有限公司
高春平　石家庄高新区达为医药科技有限公司
姬胜利　河北常山生化药业股份有限公司
强慧勤　市畜牧兽医技术开发中心
潘卫东　石药集团有限责任公司

(王更)

【人事管理】 加强公务员和事业单位工作人员管理,开展党政机关及事业单位“两超两违”、规范领导干部在企业兼职(任职)、规范县乡干部管理专项整治。2014年度公务员录用省市县乡四级联考和事业单位公开招聘工作完成,共录用公务员219人,招聘事业单位工作人员809人。举办各类公务员培训班7期,培训540人。全市事业单位专业技术人员空岗补聘工作完成,申报推荐高级专业技术职务任职资格2480人,评审中、初级人员1.5万人。接收军转干部429名。2014年7月,全市评选推荐河北省模范军队转业干部9人、军队转业安置工作先进单位7个、先进军队转业工作者7人。

表 15　2014 年石家庄市评选推荐河北省模范军队转业干部表彰名单

序号	姓　名	单位及职务
1	吕建江	市公安局桥东分局安建桥警务站主任
2	张书泰	市人民警察训练学校副校长
3	王海强	市中级人民法院办公室主任
4	张建敏	市人力资源和社会保障局机关社保局副局长
5	李英良	市安监局办公室副主任
6	白雪峰	市地税局办公室主任
7	张进生	市质监局质量处科员
8	陈红鑫	桥东区财政局局长
9	党酉胜	河北胜尔邦环保科技有限公司董事长兼总经理

表 16　2014 年石家庄市评选推荐河北省军队转业安置工作先进单位表彰名单

序号	单位名称
1	中共石家庄市委组织部
2	石家庄市人力资源和社会保障局
3	石家庄市公安局
4	石家庄市检察院
5	石家庄市食品药品监督管理局
6	石家庄市商务局
7	石家庄市桥西区人力资源和社会保障局

表 17　2014 年石家庄市评选推荐河北省先进军队转业工作者表彰名单

序号	姓　名	单位及职务
1	杜士海	市人力资源和社会保障局党组成员、军转办主任
2	赵利剑	中共石家庄市委组织部干部一处处长
3	张青山	市公安局政治部副主任兼人事处长、警校副校长
4	张文娟	市发展和改革委员会人事处处长
5	李宗志	市建设局人事处处长
6	李跃军	裕华区人力资源和社会保障局局长
7	钱书堂	正定县人力资源和社会保障局副局长

【创建和谐劳动关系】 完善工资集体协商制度，2014年全市企业工资集体协商建制率达到94%。按照“托低、提中、稳高”工作思路，开展市县机关事业单位津贴补贴提标和规范工作，县级津贴补贴最低执行标准由年人均11000元提高到15200元。落实《河北省事业单位绩效工资实施意见》，核定市直全部事业单位绩效工资总量，2014年全市3.48万人实施绩效工资。推行企业劳动用工备案制度，提高劳动合同签订率。至2014年底，全市9752户企业纳入到石家庄市劳动用工备案系统，备案职工97万人，劳动合同签订率达到99.8%。健全农民工工资支付保障机制，加强劳动保障监察执法，开展清理拖欠农民工工资专项整治行动，全年共为2.9万名劳动者追讨工资2.23亿元；受理劳动争议案件2248件；受理和承办信访事项96件。

（市人力资源和社会保障局）

法制工作

【概况】 2014年，全市法制工作以深化改革和法治政府建设为目标，坚持科学规划、统筹安排，突出重点、严抓落实，有效增强运用法治思维、法治方式推进工作的意识和能力，较好为改善生态环境、优化发展环境，实现转型升级、跨越赶超、建设幸福石家庄创造了良好法治环境。建立健全机构，依据市政府领导分工变化，调整充实市依法行政工作领导小组组成单位及人员，成立市长任组长，常务副市长任副组长，市政府秘书长、常务副秘书长和市监察局、司法局、人社局等主要领导为成员的市依法行政工作领导小组。倡导立法为民理念，推进重点领域立法，将转变经济发展方式、强化市场监管、防治环境污染、改善保障民生、加强社会治理和促进政府职能转变等制度建设作为重点，发挥立法在全面深化改革中的引领和推动作用，为市委、市政府重大决策贯彻落实提供保障。依法科学民主决策，将行政决策合法性放在首位，凡是涉及经济社会发展和人民群众切身利益的重大政策、重大项目等事项，严格按照公众参与、专家论证、风险评估、合法性审查、集体讨论决定的程序进行。至2014年末，全市前置审查市政府部门规范性文件55件，备案审查县级政府规范性文件47件，向省政府法制部门报送备案市政府（办公厅）规范性文件11件；办理行政复议申请232件，审理办结214件；办理行政应诉和行政复议答复案件84件，其中行政应诉77件、复议答复7件。

【依法行政】 依据市政府领导分工变化，及时调整充实市依法行政工作领导小组组成单位及人员，成立市长任组长，常务副市长任副组长，市政府秘书长、常务副秘书长和市监察局、司法局、人社局、编委办、财政局、审计局、法制办主要领导为成员的市依法行政工作领导小组。围绕党的十八届三中全会和省委、省政府对依法行政工作新要求，印发《石家庄市2014年度依法行政工作安排意见》（石政办函〔2014〕53号），部署安排行政立法、行政审批制度改革、规范行政执法、规范性文件管理和行政复议、行政应诉、行政调解6个方面21项重点工作，明确要求和工作目标。深化评议考核，将依法行政纳入各级部门领导班子和领导干部年度综合考评依据，并由市法制办公室牵头，完善考核内容及标准，邀请市委考核办、市人大、市政协部门参加，评议考核42个市直行政执法部门和所辖县（市、区）政府依法行政工作。强化法治思维，市政府制定《2014年度领导干部学法计划》，并在市政府常务会集中学习《中共中央关于全面推进依法治国若干重大问题的决定》和《预算法》、《安全生产法》等法律法规。举办依法行政专题培训班，6月9～13日，市法制办会同市委组织部，在河北师范大学为各县（市、区）政府及市直部门领导干部举办“推进依法行政、建设法治政府”专题培训；党的十八届四中全会召开后，市政府部门围绕贯彻落实会议精神，举办专题法制讲座60余场次；2014年9月下旬，石家庄市安排部分县（市、区）政府法制机构和市直部门法规处工作人员，到中国政法大学专门学习行政立法、规范性文件起草、行政复议和行政执法责任制建设，以及《行政诉讼法》修改、《行政强制法》实施等知识，提高了法制人员依法行政能力。发挥律师在法治政府建设的作用，在市政府及部门建立法律顾问制度，聘请律师担任法律顾问、与律师执业机构签订专项法律服务协议，组织律师参与依法行政工作。深化法律服务体系建设，整合法律咨询、人民调解、律师、公证、普法、法律援助、司法鉴定等职能。2014年12月初，市综合法律服务中心正式运行。

（刘军）

【行政审批制度改革】 2014年12月，全市启动建立市县乡三级权力清单制度。实施范围包括：市县政府工作部门，乡(镇)政府、街道办事处；具有行政主体资格并依法承担行政职能的政府直属事业机构(单位)及部门所属事业单位；列入党委工作机构序列但依法承担行政职能的部门或单位；其他行使行政职权的部门或单位。主要完成5项任务，包括梳理部门行政职权、确定部门行政职权、编制并公开行政权力清单及运行流程、加强事中事后监管、建立相关制度机制。

（戴丽丽）

【重点领域立法】 倡导立法为民理念，推进重点领域立法，将转变经济发展方式、强化市场监管、防治环境污染、改善保障民生、加强社会治理和促进政府职能转变等制度建设作为重点，发挥立法在全面深化改革中的引领和推动作用，为市委、市政府重大决策贯彻落实提供保障。科学编制立法计划，在广泛征求意见和建议基础上，市政府印发《2014年度立法工作安排意见》(石政函〔2014〕46号)，部署安排地方性法规、政府规章的制定、修订和调研项目，明确起草部门和完成时限。严格按照立法程序，审修和论证法规、规章草案，全年向市人大常委会提交《市区生活饮用水地下水源保护区污染防治条例（修订案)》、《教育设施规划建设管理条例》2件地方性法规草案；制定出台《节约用水办法》、《暴雪大风寒潮大雾高温灾害防御办法》、《测绘地理信息管理办法》3件政府规章。全面清理阻碍京津冀一体化发展政府规章，集中审查、清理现行政府规章92件。配合国家和河北省立法工作，组织对《大气污染防治法》、《河北省用能和排污计量管理办法》、《河北省铁路安全管理规定》等19件法律规章草案进行讨论，提出相关建议。

【行政决策】 依法科学民主决策，将行政决策合法性放在首位，凡是涉及经济社会发展和人民群众切身利益的重大政策、重大项目等事项，严格按照公众参与、专家论证、风险评估、合法性审查、集体讨论决定的程序进行。发挥法制机构参谋、助手、法律顾问作用，落实各级各部门法制机构全程参加本级政府常务会和本部门办公会制度，将法制机构合法性审查意见作为各级领导干部作出决策的前置条件，基本做到未经合法性审查或经审查不合法的，不提交会议讨论和作出决策。2014年市政府出台《石家庄公共资源交易监督管理办法》、《石家庄市放宽市场主体住所登记条件的规定》等50余项重大行政决策及市政府与相关单位签订《石家庄市太阳能光伏网发电项目投资建设框架协议》、《市公交车充电站建设与运营管理合作协议》等13项重大项目建设合同全部经过法制部门合法性审查。

【文件审查】 严格执行《河北省规范性文件制定规定》，落实市直部门和县（市、区）政府规范性文件前置审查和备案管理办法。2014年全市全市前置审查市政府部门规范性文件55件，同意印发47件，提出具体审查意见15件；备案审查县级政府规范性文件47件，经审查同意备案文件37件，不需备案文件10件（属政府机关内部文件）；向省政府法制部门报送备案市政府(办公厅）规范性文件11件。及时公开规范性文件信息，凡是经审核同意印发和备案的规范性文件，统一编号，通过市政府信息公开平台和政府部门网站，及时向社会公开，最大限度方便公民、法人、其他组织查询和了解。

【行政执法】 深化行政执法体制改革，贯彻落实《省委、省政府关于全面建立“三个公开、三个清单”制度进一步优化发展环境的意见》和省政府法制办《关于建立行政执法公开制度的实施方案》，市直48个行政执法部门均建立符合自身实际的行政执法公开制度，并将行政执法依据、流程、案件进展情况在本部门网站、市政府信息公开平台进行公开。推进县（市）落实相对集中行政处罚权，各县（市）综合执法局职能划转基本到位，实现城市管理领域相对集中行政处罚权全覆盖。完善行政执法和刑事司法“两法衔接”机制，规范程序，明确责任主体，两者达到有效对接。2014年《人民日报》、《法制日报》等中央媒体刊发石家庄市“两法衔接”经验和作法。加强行政执法监督，依托市政府电子政务网络，投资13万元，建成覆盖全市执法部门的行政执法监督信息平台，公众可随时通过该平台监督、评议行政执法工作和执法人员。开展行政执法案卷评查，重点对行政执法部门办理的一般程序行政处罚案卷、行政许可案卷进行评查，并通报评查结果。2014年在全省农业系统行政执法案卷评查中，石家庄市6卷农业行政处罚案卷获得优秀案卷，位列第一。严格行政执法人员管理，清理不合格和不在岗行政执法人员1890名。推进执法标准化建设，落实政府法制机构备案审查行政执法部门重大行政执法行为；规范自由裁量权，结合政府执法部门工作实际，修订完善自由裁量基准制度。查办行政执法举报案件，采取行政执法建议书形式，向行政执法部门反馈行政执法存在问题，及时纠正不规范行政执法行为。

【化解行政纠纷】 严格执行《行政复议法》及其实施条例，围绕"以人为本、复议为民"理念，创新复议方式，改进复议方法，依法公正办理行政复议案件。全年收到行政复议申请232件，涉及土地类案件39件、公安类119件（交通管理104件、公安处罚15件）、工伤类8件、信息公开类21件、答复和告知等其他45件；审理办结214件，其中，维持原具体行政行为53件、撤销49件、终止29件、驳回18件、其他方式处理58件、不予受理7件。坚持依法公正作出行政复议决定，对违法或者不当行政行为，该撤销的坚决予以撤销，2014年办理行政复议案件中，撤销率达到23%，是作出撤销决定最多一年。坚持书面审查与实地调查相结合，将实地调查过程作为法制宣传教育、化解矛盾和树立政府亲民形象的过程。坚持将调解、和解作为处理复议案件、解决争议的首选方式，2014年有27%的案件经调解、和解结案。加强行政应诉，严格执行《行政诉讼法》及其规定，全年办理行政应诉和行政复议答复案件84件，其中，行政应诉77件、复议答复7件；至2014年12月底，结案46件，其中，维持11件、撤销3件、驳回19件、撤诉2件、确认违法2件、驳回上诉维持原判9件。推行行政机关负责人出庭应诉制度，起草印发《关于推行行政机关负责人行政诉讼出庭应诉工作的通知》，明确行政机关负责人出庭范围、数量等新要求。规范行政应诉行为，建立行政诉讼案件和行政复议案件审结报告制度，起草行政诉讼、行政复议案件审结报告34份。

（刘军）

民族宗教

【概况】 2014年，全市民族宗教系统围绕宗教团体建设，成功完成市基督教两会换届，有效解决20年未换届问题。2013～2014年，除天主教石家庄教区没有主教无法换届外，市佛教协会、道教协会、伊斯兰教协会、基督教两会均换届完成。开展"宗教政策法规学习月"活动，举办宗教工作培训班和佛教、道教、天主教教职人员专题培训班，邀请2名国家宗教事务局司长和河北省民族宗教事务厅领导培训授课。编印《民宗部门部分行政管理事项》手册，提高基层民族宗教机构依法行政能力和水平。严格佛教寺庙、道教宫观管理，制止和清理乱建大型露天佛像问题，查处纠正借教敛财及寺观承包现象。将文明敬香、建设生态寺观活动与创建和谐寺观教堂活动相结合，指导市佛教协会向各佛教活动场所和信众发出文明敬香倡议书。做好第二届全省创建和谐寺观教堂先进集体、先进个人评选推荐，全市6个集体、5名个人获评河北省先进。引导和支持宗教界开展慈善公益活动，2014年全市宗教界捐款捐物折值100万元，深受社会各界好评。落实宗教活动场所主要教职任职备案试点，推进宗教活动场所换证管理，严格宗教界财务管理。实施"千名教职帮扶工程"，帮扶市教职人员144名，发放补贴资金21.6万元。开展民族宗教领域矛盾纠纷排查活动，维护宗教领域安全稳定。按照依法管理和属地管理原则，有效处置和化解个别民族宗教领域隐患，维护了社会稳定。

【民族团结宣传教育】 开展第五个民族团结宣传月活动，利用广播、电视、报刊、网络、街头大屏幕、出租车载屏、横幅等媒体及平台，广泛宣传党的民族政策。在石纺路小学举办"民族一家亲，相约中国梦"为主题的民族团结活动启动仪式，授予该校"石家庄市民族团结宣传教育基地"称号。探索城市民族团结和谐社区创建工作，重点打造民族团结进步示范社区——新华区北新街社区，并多次派人到该社区蹲点调研，开展帮助扶持活动。

（徐焕力）

【河北省第九届少数民族传统体育运动会】 9月1～4日，由河北省民族宗教事务厅、河北省体育局主办，石家庄市政府承办的河北省第九届少数民族传统体育运动会在石家庄市举行。比赛场地设在河北省体育学院与河北省体育馆。共有来自全省11个设区市、定州市和河北省体育学院13个代表团，10多个民族1500多名运动员、教练员、裁判员及工作人员参加赛事。运动会设珍珠球、木球、射弩、蹴球、毽球、秋千、陀螺、押加、高脚竞速、板鞋竞速、武术、民族式摔跤12个大项，800多名运动员在比赛中获得金牌92枚、银牌90枚、铜牌94枚。其中，石家庄代表团获得金牌23枚、银牌13枚、铜牌7枚，金牌榜和奖牌榜均排名第一。

（刘真　侯毅）

【少数民族发展资金】 全年争取省级以上少数民族发展资金286万元，下达市本级少数民族发展资金59万元。印发《石家庄市少数民族发展资金管理办法》，多次检查督导九门、高三2个特色村寨及正定县五里铺民族工作示范村建设，调查总结民族工作示范村、特色村寨建设经验，2014年3个村累计获得建设资金133万元。落实少数民族民贸民品企业扶持政策，2014年全市少数民族民贸民品企业享受财政贴息资金4922.4万元，其中常山纺织集团被国家民族事务委员会评为“百家壮大企业”。推进少数民族社会事业发展，初步摸底3个民族乡文化、科技需求，在藁城区九门村举办少数民族乡村“民族团结一家亲”文艺汇演活动。

（徐焕力）

外事侨务

【概况】 2014年，市外事侨务系统围绕“转型升级、跨越赶超、绿色崛起”总目标和“服务国家外交、服务地方发展”总体思路，以国际友城交流为重点，以引资引智引大项目为动力，积极推进对外交往和务实合作。至2014年底，石家庄市与世界19个国家25个城市建立友城或友好关系城市；邀请接待美国、俄罗斯、韩国、日本、意大利等国来访团组32批313人次；审批办理邀请外国人来华552批1900人；审批因公出国、赴港澳团组79批192人次；为16家企业39人申办APEC商务旅行卡；为18人申办赴港工作签证。贯彻落实国家侨务政策，维护华侨华人、港澳同胞合法权益，走访归侨侨眷家庭77户，调研侨资侨属企业31家，接待侨务信访、咨询300余人次。

【友好往来】 围绕国家外交战略，以友城为纽带，积极推进对外交往和务实合作。至2014年底，石家庄市与世界19个国家25个城市建立友城或友好关系城市；邀请接待美国、俄罗斯、韩国、日本、意大利等国来访团组32批313人次；组团出访79批192人次。2014年8月，石家庄市派遣中学生友好代表团访问日本长野市；11月5日，以小池英树为团长的日本长野市中学生代表团一行14人到石家庄市访问。10月29日，石家庄市与加拿大曼尼托巴省经贸代表团在北京开展投资合作对接，石家庄压力容器制造有限公司等60多家企业与加拿大企业代表洽谈合作意向。

【涉外服务】 全年审批办理邀请外国人来华552批1900人；审批因公出国、赴港澳团组79批192人次；为16家企业39人申办APEC商务

2014年9月1日，河北省第九届少数民族传统体育运动会在石家庄市开幕

旅行卡；为18人申办赴港工作签证。2014年9月，因公出访管理系统全面改造升级，增设因公电子护照指纹和面像采集室，申办护照更加方便和快捷。编辑印刷2014版《中国公民海外安全常识》手册，免费发放外事侨务工作服务对象及单位。全年接待外国记者到石家庄采访7批55人；依法应对、稳妥处置涉外事件9起。2014年6月，开展境外非政府组织在石家庄活动情况调查摸底，建立信息库，实行规范管理。

【外侨服务】 贯彻落实国家侨务政策，维护华侨华人、港澳同胞合法权益，走访归侨侨眷家庭77户，调研侨资侨属企业31家，接待侨务信访、咨询300余人次，发放宣传册3000余本。石家庄市涉外法律服务咨询中心和归侨侨眷技能培训中心成立。长安区青园街道办事处获评“全国侨务进社区工作明星小区”。设立侨商网站，组织部分侨资企业参加河北科技大学2014届毕业生双选招聘会，并与河北科技大学签署合作框架协议。促成365Welcome公司等侨资项目在石家庄市落户。参加2014年武汉华侨华人创业发展洽谈会，建立与美国硅谷联络渠道。邀请20家海外侨商参加2014年中国·石家庄国际投资合作洽谈会，签署合作意向6个，涉及金额73.5亿元。

（杨春丽）

经济研究

【概况】 2014年，市政府研究室按照“服务中心、服务决策、服务大局”总体要求，主动作为，同心协力，全力做好领导交办文稿的起草工作。全年起草各类综合文稿和文件125篇（件）。其中，直接为市政府主要领导起草文稿36篇；完成调研报告32篇；起草教育实践活动和内部文稿54篇。立足自身职能，开展课题攻关，提升决策咨询水平。围绕市委、市政府中心工作，深入县（市、区）和市直部门、企业开展调查研究，为市委、市政府提供决策依据，较好发挥了服务决策、信息反馈、意见咨询和参谋助手作用。紧贴基层，开展蹲点调研。全年撰写调研报告32篇，领导批示28篇次。其中，省政府研究室《专报》刊发1篇，《调研内参》刊发3篇；市政府研究室《决策参考》刊发14篇，《石家庄经济》刊发14篇；市政府办公厅内部通报1篇。

【以文辅政】 全力做好领导交办文稿起草工作。及早动手、集中时间，把握新常态、新任务，经过20多次修改完善，高质量完成2015年《政府工作报告》起草任务。自我加压，专门撰写和解读2014年《政府工作报告》文章——《坚持改革统领创新驱动加速绿色崛起努力把〈政府工作报告〉提出的任务目标落到实处》，并在《石家庄日报》刊发，为社会各界全面理解把握《政府工作报告》主旨提供帮助。集中力量，加班加点，按时撰写完成《全市2014年工作总结和2015年工作谋划》，市长王亮在“中国梦、赶考行”新华网接受访谈文稿，参加全省京津冀协同发展座谈会、全省民营经济发展大会、全省市长座谈会及人民日报社组织的京津冀协同发展论坛上的发言，一季度经济形势分析会议上的讲话、市政府党组班子对照检查材料。2014年6月和10月，国务院“稳增长、促改革、调结构、惠民生”政策落实督导组和国家审计署到石家庄市，分别就国家政策落实情况督查和专项审计，检查涉及19个专题60多项内容，项目多、事项杂，市政府领导确定由政府研究室牵头，协调政府办公厅各处室及发改委等部门，连续加班一周，顺利完成2个《自查报告》起草任务。根据市领导要求，政府研究室牵头，与市人大常委会城乡建设和环境资源委员会、市房管局、市财政局联合就加快老旧小区综合整治、保障基本物业服务开展调研，拿出建议，得到市委副书记司存喜、常务副市长刘晓军、副市长李雪荣等市领导批示。围绕河北省政协领导到石家庄市调研“扩权强县强区”情况，政府研究室组织平山县、元氏县、晋州市及市编委办公室人员召开座谈会，撰写汇报材料，受到省政协领导肯定。《石家庄经济》的编辑也注重了与县（市）区的联系，办刊特色更加突出。多次完成约稿任务，向市委组织部提供2006~2011年政府工作综述，用于组织史编撰；向国务院发展研究中心提供石家庄市2010~2013年经济社会发展综述，用于编辑《中国城郊经济年鉴》。

【决策咨询】 立足自身职能，开展课题攻关，提升决策咨询水平。围绕市委、市政府中心工作，深入县（市、区）和市直部门、企业开展调查研究，为市委、市政府提供决策依据，较好发挥了服务决策、信息反馈、意见咨询和参谋助手作用。围绕“三农”工作，利用函调方式，完成《关于我市家庭农场发展情况的调查与建议》。借鉴济南市、六安市等城市经验，在走访调研基础上，完成《关于加快推进我市农村土地承包经营权确权登记工作的调查与建议》。针对农村新型社区建设，政府研究室调研组到晋州市桃源镇、无极县、高邑县蹲点调研，采取实例解剖、成本测算方式，起草《推进建设用地增减挂钩加快农村新型社区建设的调查与建议》，得到市政府领导肯定。围绕培育发现经济新的增长点，撰写《关于石家庄市做大做强电子商务带动现代服务业超常发展的调查与建议》，得到省委常委、市委书记孙瑞彬批示，并在省政府研究室《专报》刊发；撰写《关于推动我市科技与金融结合加快创新驱动促进产业转型升级的建议》，得到副市长郝竹山批示；撰写《我市小微企业生存状况的调查与建议》，采用数据分析、图文并茂的新形式，得到市长王亮高度评价。围绕发展环境，撰写《关于我市注册资本登记制度改革后市场监管面临的新情况及对策建议》，得到市长王亮、常务副市长刘晓军及市政府秘书长孟胜林批示，并在省政府研究室《调研内参》刊发。针对部分企业反映石家庄经济技术开发区发展环境问题组织调查，上报调查报告，获得市长王亮、常务副市长刘晓军批示。还撰写了《新常态形势下我市经济发展对策探析》、《关于加快我市服务外包开发区发展的建议》、《关于促进我市电子商务加快发展的几点建议》、《大西帐村成功创建方亿科技园的做法与启示》等调研报告。

【基层调研】 制定下发《关于市政府系统2014年重点调研课题计划的通知》，确定108个重点调研课题，收到文稿80篇。受市政府主要领导指派，政府研究室与有关部门一起赴余杭新区、蜀山开发区、西咸新区、兰州新区实地考察，组织起草《市政府关于加快正定新区建设的若干意见》，得到市长王亮、常务副市长刘晓军、副市长王韶华批示。借鉴先进城市经验，起草《关于谋划建设正定转型发展示范区的意见建议》、《一个三年崛起的电子信息产业基地——关于蜀山电子信息产业园区建设的调查》2篇调研文章，得到市委、市政府领导肯定。围绕赞皇县创建国家级生态县重大课题，多次深入县、乡、村走访调研，开展座谈讨论和征求意见，并起草《关于赞皇县创建国家级生态县有关情况的调查与建议》和《支持赞皇县创建国家级生态县的八条措施》2篇文稿。按照市政府领导要求，参加关于旅游小镇发展联合考察，参与起草《关于昆明旅游小镇发展情况的调研报告》，得到市长王亮、副市长孟祥红批示。聚焦社会热点，开展调研，思群众之所想，谋群众之所愿，撰写《关于我市大气污染防治若干微观问题的思考与建议》，由省政府研究室《调研内参》刊发，得到副省长张杰辉批示。联合有关部门，走访调研，撰写《我市乡镇以下环保网格化管理工作的进展情况及下一步推进的建议》。采取临时通知与不打招呼、集中座谈与入户提问相结合，撰写《关于提升我市农村卫生室服务水平的调查与建议》，真实反映了村情民愿；撰写《关于石家庄市农村卫生室实行基本药物零差率销售政策情况的调查与建议》，得到市长王亮批示，并在省政府研究室《调研内参》刊发。撰写《关于推动我市职业教育体制改革的思考与建议》、《加快我市养老服务业发展的对策建议》2篇调研报告，由市领导批示有关部门借鉴。至2014年底，市政府研究室撰写调研报告32篇。其中，领导批示28篇次；省政府研究室《专报》刊发1篇，《调研内参》刊发3篇；市政府研究室《决策参考》刊发14篇，《石家庄经济》刊发14篇；市政府办公厅内部通报1篇。2014年政府研究室撰写的《务力走出一条具有石家庄特色的新型城镇化道路》、《扶持民营经济关键在公平竞争》、《培育创业沃土助力创业梦想》、《石家庄综合保税区发展需关注的“五个一”问题》等文章，分别在《河北经济日报》、《石家庄日报》发表。

石家庄市政府研究室

主　任：张雪峰

副主任：张福久

（谷鹏）

地方志工作

【概况】 2014年，市地方志办公室(简称方志办)贯彻落实《地方志工作条例》和《河北省地方志工作规定》，深入学习领会全国第五次地方志工作会议及中国地方志指导小组领导到河北省调研讲话精神，扎实推进二轮修志攻坚、年鉴编纂、地情文献和为现实服务工作。二轮修志攻坚顺利推进。《石家庄市志(1991—2005)》完成总纂稿，正在补充修改。二轮修志石家庄市规划县（市、区）志书23部（含《辛集市志》，2013年6月后归河北省直管），至2014年末，正式出版12部，分别为《正定县志》、《栾城县志》、《新乐市志》、《辛集市志》、《鹿泉市志》、《平山县志》、《井陉县志》、《赵县志》、《赞皇县志》、《井陉矿区志》、《长安区志》、《裕华区志》；4部完成三审，分别为《晋州市志》、《元氏县志》、《桥西区志》、《桥东区志》；3部完成二审，分别为《藁城市志》、《深泽县志》、《无极县志》；4部正在编纂，分别为《石家庄市志》、《高邑县志》、《灵寿县志》、《新华区志》。部门志、行业志规划编修13部，正式出版8部，《河北省大项目志·石家庄卷》水利志、排水志完成定稿审核。乡镇志规划110部，出版或交付出版16部。至2014年底，县（市、区）志完成总体任务70%，部门志、行业志完成总体任务62%。2014年鹿泉区村志编纂受到河北省委副书记赵勇、省人大常常委会副主任宋恩华的肯定，并批示全省地方志工作机构研究推广。综合年鉴数量质量双提升。《石家庄年鉴(2014卷)》编纂质量提高，适度调整和增减分目、条目，做到记述科学合理。至2014年末，全市出版综合年鉴数量达到12部，分别为《石家庄年鉴》、《藁城年鉴》、《鹿泉年鉴》、《晋州年鉴》、《栾城年鉴》、《井陉年鉴》、《正定年鉴》、《赵县年鉴》、《行唐年鉴》、《元氏年鉴》、《赞皇年鉴》、《桥西区年鉴》；出版综合年鉴县（市、区）11个。地情资源开发利用。全市各级地方志工作机构围绕党委、政府中心工作，适时编纂出版反映本地经济、社会、文化发展的地情文献，石家庄市本级2013年启动旧志整理，规划整理旧志84部，至2014年末，完成旧志资料搜集38部，首批印刷出版18部（78卷）；所辖22个县（市、区）整理旧志20余部，其中，正定县、行唐县、井陉县3县完成旧志整理正式印刷出版，赞皇县、灵寿县、深泽县、栾城县启动明清旧志整理和校勘。开展地方志理论研究，提交理论研讨文章6篇。

【信息化建设立项申报】 1999年起，市地方志办公室启动建设市情信息资源网站，受各方面因素影响，网站维护基本处于“停摆”状态，不能适应志鉴编纂实际需要和大众用志检索需求。2014年结合全市统一规划编报信息化项目契机，市地方志办公室启动《石家庄市地方志信息化建设规划方案(2015—2017年)》，申报地情文献资料数字化、地情基础数据库建设、地情网站群建设、移动终端微门户建设、数字方志馆建设、史志编纂及协同办公平台为核心的六大功能系统平台建设，拟投入资金358万元，分三期实施。至2014年末，前期申报、信息填报完成，正在项目审核。

【地方志学会成立】 2014年市地方志办公室根据学会管理规定，启动市地方志学会筹建工作。由河北省山河通信有限公司、石家庄市盛世仁和文化传播有限公司2个社会团体，河北日报社副刊部主任李翠荣、河北经贸大学教授尤春雨、北京尚德世缘国际文化交流有限公司总经理马茜3名个人代表，作为地方志学会发起团体和个体，共同向市民政局递交成立市地方志学会申请，市民政局社会团体登记管理机关核准通过。11月27日，石家庄市地方志学会成立大会正式召开，审核通过学会章程、宗旨、业务范围、机构设置、会员要求、学会地址等事项，确定首届理事会人员名单。

【《晋州市志(1991—2005)》出版发行】 2014年8月，《晋州市志(1991—2005)》由新华出版社出版发行，该书共计159.9万字，主编为安锁然。全志以大事记为统领，明设政区、自然环境、居民、经济总情、城乡建设、交通运输、水利电力、信息传媒、经济体制改革、农业、工业、商贸服务业、金融业、财政税务、综合经济管理、中国共产党地方组织、综合党务、人民代表大会、人民政府、综合政务管理、人民政协地方组织、人民团体、公检法司、军事、精神文明建设、教育、科学技术、卫生体育、文化、人物30编，暗分地理、经济、政治、文化、人物五大类，全面记述了晋州市15年间自然与社会发展变化（涉及改革追溯至1978年）。

【《裕华区志(2001—2005)》出版发行】 2014年8月，裕华区地方志编纂委员会主持编纂《裕华区志（2001—

2005)》由吉林人民出版社出版发行。全志上限始于2001年3月裕华区成立，下限止于2005年12月31日。该志共计100余万字，图照200多张，彩色照片、图、表随文设置，图文并茂，资料详实，全书系统、准确、翔实记述了2001~2005年裕华区经济、社会发展的状况，编、章、节结构，按“事以类从，类为一志”原则，依次设置政区建制、自然环境、环境保护、人口、中共裕华区地方组织会议与决策等22编、85章、289节，62篇。

【《桥东区志(1990—2005)》出版发行】《桥东区志(1990—2005)》在2013年三审基础上，分类整理专家评审意见，并结合桥东区实际制定修改方案，增编“居民生活和民俗”篇及“建制沿革”、“职能转变”、“土壤”、“优惠政策”等章节，充实增厚“文物史迹”章；调整部分篇目，增减合并章节文字，篇目保留25篇，105章调整为100章，375节减少至319节，700目调整为854目，全卷文字由52.5万字增加至62.95万字。2014年3月，《桥东区志(1990—2005)》修改完成，通过河北省地方志评审组终审，2014年10月由河北人民出版社出版发行。

【《桥西区志(1947—2011)》通过终审】2014年9月，《桥西区志(1947—2011)》通过河北省方志评审组终审。专家认为《桥西区志(1947—2011)》体例完备，文风端正，语言朴实流畅，同意交出版社规范性把关。该通志编纂经历选配区地方志办公室人员、内部培训、篇目拟订、承编单位发动、落实撰稿人员、集中培训、资料收集、初稿撰写、史实核对、初稿修改、分纂、总纂等阶段，内容涉及政治、经济、军事、人民生活、人物等，全书图文并茂，数字丰富，较好反映了桥西区建区以来政治、经济、文化发展脉络，内文设置29篇，约200万字。

【《晋州史话》组稿完成】《晋州史话》为《中国史话》系列丛书之一。该书共计7万余字，主编为晋州市地方志办公室主任安锁然。主要内容有历史沿革、史海钩沉、名人风采、地方文化、自然人文景观、现代风貌六大板块。全书生动介绍了晋州的建置沿革、重大历史事件和知名人物、民间文化、非物质文化遗产、文物遗迹、区域规划建设、经济特色。2014年《晋州史话》由社会科学文献出版社完成组稿校对，正在出版中。

【《藁城金钹战鼓》通过评审】2014年石家庄市藁城区政协主持编写《藁城金钹战鼓》一书通过评审。该书填补了藁城战鼓历史上无文字和鼓谱记录的空白。藁城战鼓历史悠久，文化内涵丰富，系优秀传统民间艺术，亦是河北省非物质文化遗产，在历年各类表演活动及赛事中屡获大奖。藁城区政协组织专业人员深入农村，寻找战鼓老艺人座谈、采访，现场收录记述，历经一年多艰苦努力，搜集到大量有价值的珍贵材料，对鼓谱进行了抢救性地挖掘和整理。该书共计50余万字，图照60幅，原汁原味、全面系统地记录了藁城金钹战鼓近百种鼓谱及表演程式套路，具有较强的史料性、专业性、可读性，地域特色浓厚，是研究探讨打击乐文化的专著。

【藁城区《南董古镇志》出版发行】2014年12月，由石家庄市藁城区南董村公益联合会主持编修、退休干部龚小元主编的《南董古镇志》一书由河北人民出版社出版发行，填补了该村文化建设史一项空白，也为藁城区村镇志编修起到示范和引领作用。《南董古镇志》历时五年修纂而成，上限为公元前400年(南董建村时间)，下限至2014年。全书设18章115节，置图照百余幅，共计85万字，从建置沿革、自然环境、村民生活、经济、政治、文化、社会等方面全面客观地记载了南董村的历史与现状，重点记述了改革开放30余年来全村发生的巨大变化和辉煌业绩，展示了该村的科学文化、道德风尚、风俗习惯、乡土人情、知名人物等，其中村内诸宗族及家谱详尽记载为一大亮点。该书资料翔实，语言朴实、简洁，图文并茂，地方特色浓郁，首次向人们揭开南董村这一藁城古镇厚重、悠久的文化面纱，对传承历史文化、宣传推介南董、提高南董知名度起到积极作用。

【鹿泉区村志编写】2012年4月，鹿泉市正式启动村志编写工作。至2014年末，鹿泉区115个村开展村志编纂。其中，24个村17部村志出版；25个村23部村志完成初稿；66个村正在编纂。鹿泉区将村志工作和村史馆建设作为加强乡村文化保护和传承、建设美丽乡村的重要载体及资政育人、弘扬社会主义核心价值观的重要手段，2014年该项工程得到河北省委副书记赵勇、省人大常委会副主任宋恩华的肯定，并批示全省地方志工作机构研究推广。2014年8月，河北省和石家庄市地方志办公室主要领导专门到鹿泉区开展专题调研，总结鹿泉区村志编修工作经验，撰写《从鹿泉编修村志经验浅谈村志的编纂工作》在中国地方志期刊网刊载。2014年11月，河北省和石家庄市地方志办公室召开工作会议，推广鹿泉区村志编修工作经验。2014年河北省委农工部《新农村建设要情》第32期刊载《建设留得住乡愁的美丽乡村——关于鹿泉市推进村志编纂工作的调查》，被冀农提办41号和石家庄市农村工作领导小组办公室《三农讯刊》转发。至2014年底，鹿泉区建成东辛庄、下聂庄、北薛庄、段庄、新庄头5个各具特色的村史馆，成为美丽乡村一张亮丽名片。

石家庄市地方志办公室

主　任：曹立波

副主任：刘建洲　武光宇

（王建峰　肖海军）

城乡基层政权建设

【村两委换届领导小组第一次会议】 12月9日，石家庄市召开村“两委”换届工作动员部署会，启动村“两委”换届工作。12月17日，市村“两委”换届领导小组召开第一次会议，听取《全市村党组织和第十届村民委员会换届工作的实施意见》、《社区党组织和居民委员会换届选举工作的实施意见》起草说明，并进行讨论。会议要求，村、社区“两委”换届要围绕“选好人、事平稳”目标，把握好政策、程序、重点、进度，加强领导，强化指导，有序推进；准确把握村民委员会组织法和选举办法规定，做好选委会推选、候选人提名、选民登记、大会选举工作，保证换届选举在法制轨道上有序进行；加强分类指导，按照先村支部、后村委会的推进顺序，先易后难，一村一策，集中力量、集中时间搞好此次换届；教育引导党员群众学法守法，依法参加选举，合理有序反映诉求，坚决杜绝拉票贿选事件发生。至2014年底，全市4057个村党支部换届基本完成，村委会换届完成全市75.4%。

（王更）

【城乡社区建设】 2014年1月，《石家庄市标准化社区建设基本标准》制定印发。至2014年底，石家庄城区433个社区有261个社区达标，占社区总数60.3%。完善社区服务信息平台，2014年市本级投入资金60万元，初步建成市级社区服务信息中心。农村社区新建102个社区服务中心投入使用，2014年底，全市累计建成农村社区服务中心1200余个。

【社会组织管理】 2014年全市新批社团78家，其中市本级21家；注销登记29家，其中市本级1家；新批民办非企业单位182家，其中市本级22家；注（撤）销登记41家，其中市本级撤销登记22家。至2014年底，全市共有社会团体1035家，其中市本级269家；全市共有民办非企业单位1306家，其中市本级132家。3月4日，市属石家庄新华电脑学校等35个民办非企业单位登记管理权限下放。3月6日，全市社会组织管理工作会议召开。2014年全市社会组织办理行政许可事项件101件，其中社会团体65件、民办非企业单位36件。2014年全市社会组织应检1976家，其中市属344家；实际参检1858家，其中市属329家，参检率94%。至2014年底，全市撤销登记连续两年以上不参加年检市属民办非企业单位22家。开展社会组织评估，全年参加评估社会组织84家，经各级评审委员会审定，评定5A级3家、4A级6家、3A级37家、2A级33家、1A级5家。

（张彦平）

政务服务

【概况】 2014年，市政务服务中心围绕市委、政府中心工作，以开展党的群众路线教育实践活动为契机，以标准化建设为统领，以双提双效建设为突破口，勇于进取，攻坚克难，全力提高政务大厅办事效能和服务水平。集中整治政务大厅办事窗口，市政务服务中心5次召开专项整治推进会和工作调度会，要求窗口单位以所属办事窗口是否做到“应进必进、应办必办”、“充分授权”、“应知应会”为重点实行整改。至2014年底，全市除4项行政许可和14项非行政许可审批属于“涉及国家秘密、审批量小、审批对象特殊单一以及需经特定设施设备和技术手段检验、检疫、检测的事项”外，其余所有市本级行政许可62项（政务中心57项，分中心5项），非行政许可审批事项24项(政务中心22项，分中心2项）全部进驻市政务服务中心政务大厅（包括分大厅）办事窗口集中办理办结。编制《国务院、河北省取消下放和石家庄市本级保留行政审批项目目录汇编》，免费向办事企业和群众发放。制作“石家庄市本级保留行政审批项目目录”展板，在政务大厅显著位置向公众展示。利用电子显示屏，滚动播放审批事项办理进展情况，方便办事企业和群众查询、监督。全年市政务服务中心政务大厅共受理行政审批及其他服务事项87358项次，办结87427项次，提前办结率95.6%，按时办结率100%。

【集中整治办事窗口】 2014年初，市政务服务中心按照《石家庄市人民政府办公厅关于印发市政府2014年重点工作目标任务分解的通知》（石政办函〔2014〕29号)要求，从2014年4月开始，利用3个月时间，集中精力、集中时间开展政务大厅办事窗口“前店后厂、体外循环”问题整治专项行动，并将行动列入《中共石家庄市纪委落实市委正风肃纪专项行动任务实施方案》（石群组发〔2014〕30号)文件。各窗口单位利用一个月时间自查自纠，组织专门力量拉网式梳理排查每一办事窗口办理的审批事项。通过自查自纠和梳理排查反映出进驻事项不到位，形成“体外循环”；部门对办事窗口授权不到位，致使窗口“只挂号、不看病”，充当“二传手”；因体制因素，审批事项由部门内部多个处室审批把关，窗口工作人员无法固定等问题，市政务服务中心5次召开专项整治推进会和工作调度会，要求窗口单位以所属办事窗口是否做到“应进必进、应办必办”、“充分授权”、“应知应会”为重点实行整改。至2014年底，全市保留市本级行政审批事项104个，其中行政许可66项、非许可审批38项，涉及36个职能部门，除4项行政许可和14项非行政许可审批属于“涉及国家秘密、审批量小、审批对象特殊单一以及需经特定设施设备和技术手段检验、检疫、检测的事项”外，其余所有市本级行政许可62项（政务中心57项，分中心5项），非行政许可审批事项24项（政务中心22项，分中心2项）全部进驻市政务服务中心政务大厅（包括分大厅）办事窗口集中办理办结。

【提升窗口服务质量】 市政务服务中心围绕为民务实清廉主题，将开展党的群众路线教育实践活动，解决形式主义、官僚主义、享乐主义、奢靡之风“四风”问题与政务大厅综合服务平台和办事窗口服务质量建设相结合，落实为群众办好事、让群众好办事服务要求。编制《国务院、河北省取消下放和石家庄市本级保留行政审批项目目录汇编》，免费向办事企业和群众发放。制作“石家庄市本级保留行政审批项目目录”展板，在政务大厅显著位置向公众展示。利用电子显示屏，滚动播放审批事项办理进展情况，方便办事企业和群众查询、监督。以标准化认证为推手，制定和规范办事窗口服务标准，加强办事窗口服务用语、服务态度、服务仪表、服务质量标准化管理。推行提高服务效能和服务质量的便民措施：在政务大厅每层设立综合服务窗口，专人负责审批事项的咨询、引导和协调；新添置医药急救箱、雨伞、饮水机等便民设备，等候区设置等候座椅、报纸架等服务设施；政务大厅门前广场实行功能划分，重新规范停车位和自行车停放区，方便办事群众停放车辆。

【市县政务平台联网建设】 根据市委、市政府《关于贯彻落实冀字〔2014〕24号文件精神的通知》和市领导批示要求，市政务服务中心按照“总体规划、分步实施、逐步推进”工作思路，2014年9月在正定县召开全市各县（市、区）政务服务中心主任参加的标准化建设和三级平台建设工作会议，将正定县政务服务中心标准化建设作为示范点，在全市推广，并确定第一批10个重点县（市、区）政务服务中心开展政务服务平台规范化建设。各县（市、区）按照《关于进一步加强全市政务服务中心标准化建设的意见》（石政办发〔2013〕42号)要求，规范和改进名称标识、进驻事项、审批流程、内部管理等；深泽县、赞皇县、行唐县、栾城县、新乐市、正定县、晋州市7个县（市）政务中心完成视频监察系统和网上审批软件安装调试及事项订制、管理员培训，其中栾城县、行唐县正式上线运行。

（魏建宏）

中国人民政治协商会议石家庄市委员会

【概况】 2014年，市政协十二届委员会第二次会议成功举行，审议通过市政协常委会工作报告、提案工作报告，协商讨论市政府工作报告及其他相关报告。全年召开政协常委会议6次，审议通过议题33项；召开政协主席会议9次，研究讨论议题42项；审查交办提案576件；组织大会发言57篇；编辑《社情民意》内刊40期，《石家庄政协》杂志6期。至12月31日，政协石家庄市十二届委员会共有委员648名，常委会组成人员129名。2014年1月，政协石家庄市十二届委员会常务委员会第四次会议同意李志峰辞去政协石家庄市十二届委员会常务委员职务；同意丁跃莹、于诺(女)、邓敬妙（女）、杜平兰（女）、李计波、李志峰、李彦峰、张孚、张树强、陈双平（女）、陈贵房、宫国恩、郭卫欣（女）、崔芸（女)辞去政协石家庄市十二届委员会委员职务；免去崔芸政协石家庄市十二届委员会人口资源环境委员会副主任(不驻会）职务；增补左建平、谷维真、张海双、袁丽华（女）、高卫燕(女)、唐克、窦志刚、裴晓青为政协石家庄市十二届委员会委员；2014年1月，政协石家庄市十二届委员会常务委员会第五次会议增补郝建国为政协石家庄市十二届委员会委员；2014年1月，政协石家庄市十二届委员会第二次会议补选郝建国为副主席，补选高翠君为常务委员；2014年12月，政协石家庄市十二届委员会常务委员会第九次会议通过：韩宝深不再担任政协石家庄市十二届委员会农业委员会主任职务；李庆安不再担任政协石家庄市十二届委员会社会和法制委员会（民族和宗教委员会）副主任职务；同意张云雁、刘建华辞去政协石家庄市十二届委员会委员；免去李文昌政协石家庄市十二届委员会常务委员、社会和法制委员会副主任（不驻会）职务，撤销其政协石家庄市十二届委员会委员资格；撤销吕军政协石家庄市十二届委员会委员资格。2014年9月，市政协常委郑志敏去世。

2014年市政协提出提案670件，经审查立案576件。其中，集体提案170件，委员提案406件；涉及民生289件，占立案总数50%。至12月31日，提案全部办结。其中，解决或采纳347件，占60.2%；正在解决或列入计划解决196件，占34%；因客观因素和条件限制一时难以落实33件。在市政协十二届二次全会上，53名委员作大会发言，提出意见建议260条。探索立法协商，首次就修改完善《石家庄市市区生活饮用水地下水源保护区污染防治条例(修订草案)》开展立法协商，提出修改建议69条，市人大常委会采纳26条。2014年全市各民主党派提交提案170件，反映社情民意信息135条，提交大会发言31篇。2014年确定的18件重点提案中，14件为党派团体提案。市民建主委武义青围绕京津冀协同发展建言献策，分别在民建中央市级组织建设研讨会和中国技术经济学

2014年12月17日，市政协主席王华清(前排右二)带领部分驻石家庄省政协委员，围绕“助推工业企业创新驱动、转型升级”主题，深入企业视察调研

术年会作典型发言；市民盟主委郭斌提交的《科学治霾，改善大气环境质量》提案，被省政协列为1号提案重点督办；市民进《关于高考网上阅卷问题的建议》被民进中央采用；市农工党主委王宝山《加强青少年社会教育的建议》、《完善我国住宅专项维修基金管理办法的建议》被农工党中央采用；市九三学社《对地方高校进一步简政放权，落实和扩大办学自主权》建议，被中央统战部采用。2014年市政协向省政协和市委、市政府报送社情民意信息128期，省政府领导批示5期，市委、市政府领导批示24期，其中，“规范农村土地流转、遏制和治理地下水超采、加大险隘河流域治理力度、利用地下人防工程建设停车场、建立公共水域救生系统”得到办理落实。

加强制度建设，制定《关于加强和改进重点调研工作的意见》、《委员履职管理办法》，建立健全《市政协主席会议成员联系常委、常委联系委员、委员联系群众的意见》、《市政协领导联系县（市、区）政协制度》等60多项制度规定。至2014年末，市、县两级政协建成“委员之家”108个，21个县（市）区实现全覆盖。

【石家庄市政协第十二届常委会组成人员及工作机构负责人】

主　席：王华清（女）
副主席：赵拴文
王长华（不驻会）
武义青（不驻会）
范振增（不驻会）
贾连海
张维德
葛瑞芳（女）
石汉文（满族，不驻会）
郭斌　（不驻会）
郝建国（1月任）
秘书长：赵磊
常务委员：（按姓氏笔划排序）
丁建民　于铁龙
马靖
马千里（女）
王志臣
王丽欣（女）
王宏宇（满族）
王灵增　王建国
王勋涛　王俊奇
王智森　王溪波
邓小梅（女）
邓素雪（女）
石志玲（女）
卢书彦（女）
叶少华　田斌
田玉卓（女）
田向阳　田朝民
兰云彩（女）
冯润明　毕凤鸣
吕玲　（女）
吕军英
乔茜　（女）
仲岩　（女）
任建忠
刘凡　（女）
刘一平（女，拉祜族）
刘志魁
刘顺英（女）
闫纯锴　米志奇
许立
孙宏普（满族）
孙晋康
孙德惠（女）
苏丽　（女）
李小平
李文昌（12月免）
李志宏（女）
李志峰（1月免）
李国中　李树国
李海峰　杨云乐
杨作昌　肖建科
吴振见　邸占欣
宋学　（女）
张越　（女）
张子峰
张文武（满族）
张计刚　张玉锁
张兰格（女）
张永健　张旭辉
张运凯
张灵芝（女）
张忠良　张秉祥
张素丽（女）
张振平
张慧巧（女）
陈玉联（女）
陈聪敏（女）
范玉龙　尚建斌
尚晏芝（女）
果通　　周书献
周志斌
郑建　（女）
郑志敏（9月去世）
孟凡英（女）
孟笑梅（女，满族）
赵风清　赵俊芳
郝彦忠　郝菊亭
哈宝伏（回族）
段文　　侯俊宏
侯登录　姜青辉
骆亚男（女）
贾彬　　夏玉颖

钱成海
徐仁　（女）
徐振声　高波
高翠君　（女，1 月补）
郭刚能　郭纯阳
黄远　（女）
黄超　曹伟
曹志风
常军英（女）
康瑞峰（回族）
盖和平
董素平（女）
韩利华（女）
韩宝深　程鹏起
鲁玉芳（女）
蒲月英（女）
蒲国良
解亚静（女）
解晓东（女）
蔡志强
廖岩　（女）
潘云龙　薛平友

副秘书长：王镇元
陈克俭
苏丽
乔茜　（女，不驻会）
崔瑞芳（女，不驻会）
姜博卿（不驻会）
李俊秀（女，不驻会）
程鹏起（不驻会）
王丽欣（女，不驻会）
门立新（不驻会）

研究室

主　任：徐振声
副主任：高伟

提案委员会

主　任：盖和平
副主任：赵志英（女）
田朝民（不驻会）
任建忠（不驻会）

人口资源环境委员会

主　任：邸占欣
副主任：崔海龙
张秉祥（不驻会）
张兰格（女，不驻会）
陈金成（不驻会）
崔芸　（女，不驻会，1 月免）

学习和文史资料委员会

主　任：段文
副主任：张丽红（女）
马建彬（不驻会）
王勋涛（不驻会）
孙晋康（不驻会）
郭纯阳（不驻会）

财政经济委员会

主　任：周书献
副主任：焦永良
毕凤鸣（不驻会）
郝菊亭（不驻会）
赵俊芳（不驻会）
赵康彪（不驻会）
高国欣（不驻会）
蒲国良（不驻会）
霍国林（不驻会）

农业委员会

主　任：韩宝深（12 月免）
副主任：李福忠
田国英（不驻会）
吕军英（不驻会）
杨建秋（不驻会）
吴振见（不驻会）
高地动（不驻会）

教科文卫体委员会

主　任：邓素雪（女）
副主任：张少华（女）
闫纯锴（不驻会）
米志奇（不驻会）
李志宏（女，不驻会）
李波　（不驻会）
陈健敏（不驻会）
邵平　（女，不驻会）
唐青　（不驻会）

社会和法制委员会

主　任：王灵增
副主任：李庆安（12 月免）
苏彦英（女，不驻会）
孝磊　（不驻会）
李文昌（不驻会，12 月免）
尚建斌（不驻会）
郑国良（不驻会）
高翠君（女，不驻会）
魏洪涛（不驻会）

民族和宗教委员会

主　任：王灵增
副主任：李庆安（12 月免）
哈宝伏（不驻会）
果通　（不驻会）
邓元富（不驻会）
康瑞峰（不驻会）
解志英（不驻会）
马铭江（女，不驻会）

港澳台侨和外事委员会

主　任：石志玲（女）
副主任：杨建刚
王溪波（不驻会）
许立　（不驻会）
范玉龙（不驻会）

【市政协第十二届委员会第二次会议】 1 月 15～18 日，市政协召开第十二届委员会第二次会议。市政协主席王华清，副主席赵拴文、王长华、武义青、范振增、贾连海、张维德、葛瑞芳、石汉文、郭斌、郝建国，秘书长赵磊出席会议。会议审议通过市政协十二届二次会议政治决议，市政协十二届常委会工作报告决议和提案工作情况报告决议，市政协十二届二次会议提案审查情况报告；补选郝建国为市政协副主席，高翠君为常务委员。会议期间，市政协委员听取和讨论了市政府工作报告、市中级法院及市检察院工作报告，并围绕转型升级、跨越赶超、绿色崛起等重大问题开展议政建言。会议期间，收到政协委员集体、个人及联名提案670件，经审查立案576件，立案率86%。

【市政协第十二届常委会会议】 1月6日，市政协召开十二届四次常委会议。市政协主席王华清主持会议。副主席赵拴文、武义青、范振增、贾连海、张维德、葛瑞芳、石汉文、郭斌，秘书长赵磊出席会议。会议传达学习市委九届五次全会精神；审议通过关于召开市政协十二届二次会议的决定、议程、日程等事项和市政协常委会工作报告、提案工作报告及报告人名单。会议决定1月15～18日召开市政协十二届二次会议。

1月15日，市政协召开十二届第五次常委会议。市政协主席王华清主持会议，副主席赵拴文、王长华、武义青、范振增、贾连海、张维德、葛瑞芳、石汉文、郭斌，秘书长赵磊出席会议。市委常委、组织部长王俊钟到会作市政协第十二届委员会增补委员名单（草案）说明；会议审议通过市政协第十二届委员会增补委员名单。

1月17日，市政协召开十二届六次常委会议，市政协主席王华清主持会议。副主席赵拴文、王长华、武义青、范振增、贾连海、张维德、葛瑞芳、石汉文、郭斌，秘书长赵磊出席会议。市委常委、组织部长王俊钟到会作十二届市政协副主席、常务委员候选人名单（草案）的说明。会议审议通过市政协十二届二次会议选举办法，十二届市政协副主席、常务委员候选人名单（草案）以及总监票人、监票人名单（草案），市政协十二届二次会议政治决议（草案）、常委会工作报告的决议（草案）和提案工作情况报告的决议（草案）、市政协提案委员会关于第二次会议提案审查情况的报告（草案）。

5月28日，市政协召开十二届七次常委会议，围绕“农业要强、农村要美、农民要富”专题协商议政。市政协主席王华清，副主席赵拴文、王长华、武义青、范振增、贾连海、葛瑞芳、石汉文、郭斌，秘书长赵磊出席会议。副主席张维德主持会议。市委常委、农工委书记张树志到会通报全市“三农”工作情况。此次常委会议是十二届市政协开展“双月”协商系列活动又一次专题协商议政会，21名市政协常委、委员分别就推进农村土地流转、改善农村生态环境、加强农村学校建设、做大做强专业合作社、完善科技服务体系、发展林下经济、加强农村用水管理等作口头发言和书面发言。

9月29日，市政协召开十二届八次常委会议，围绕“助推省会健康养老服务业发展”主题开展协商议政。市政协主席王华清主持会议，副主席赵拴文、王长华、武义青、范振增、贾连海、张维德、葛瑞芳、石汉文、郭斌、郝建国，秘书长赵磊参加会议。副市长张业到会通报市政协十二届二次会议以来提案办理情况和全市养老服务业发展情况。31名市政协常委、委员分别就全市养老服务体系建设、农村养老事业发展、改善社区和居家养老环境、扶持民办养老、失独家庭养老保障、养老服务队伍建设等作口头发言和书面发言。

12月30日，市政协召开十二届九次常委会议。市政协主席王华清，副主席赵拴文、武义青、范振增、贾连海、张维德、葛瑞芳、石汉文、郝建国，秘书长赵磊出席会议。会议传达学习了市委九届六次全会精神；审议通过关于召开市政协十二届三次会议的决定和议程、日程，市政协常委会工作报告、提案工作报告及报告人名单等安排、文件；审议通过人事事项：韩宝深不再担任市政协第十二届委员会农业委员会主任职务，李庆安不再担任市政协第十二届委员会社会和法制委员会（民族和宗教委员会）副主任职务，同意张云雁、刘建华辞去市政协第十二届委员会委员，免去李文昌市政协第十二届委员会常务委员、社会和法制委员会副主任（不驻会）职务，撤销李文昌市政协第十二届委员会委员资格，撤销吕军市政协第十二届委员会委员资格。

【市长与政协委员协商座谈会】 11月21日，市长王亮带领市政府有关部门负责人与市政协委员围绕“助推省会民营企业发展”主题协商座谈。市政协主席王华清主持座谈会。11位经济界政协委员，开门见山、直面问题，就加快民营企业搬迁各项政策落实、促进民营医药企业健康发展、推动装备制造业转型升级、解决民营企业用地难融资难、加强两个环境建设、扶持农业产业化龙头企业、提高民营企业自主创新能力、帮助中小微企业培育新的经济增长点等提出意见和建议。

（杜晓烨）

中共石家庄市纪律检查委员会

【概况】 2014年，全市纪检监察系统围绕推进“转职能、转方式、转作风”要求，推动纪律检查体制改革，坚定不移惩治腐败，在“震慑、不敢、知止”上取得初步成效。落实监督责任制，市委常委、纪委书记刘明轩3次与22个县（市、区）和48个市直部门主要领导、纪委书记（纪检组长）集中约谈。探索实施下级党委（党组）主要负责人在市纪委全会述责述廉、接受市纪委委员质询评议及实行签字背书、电视问廉述责、责任巡察、双重约谈、问责双查等做法。开展党纪政纪法规廉政教育，661名党员领导干部参加党纪政纪法规知识考试。打造“西柏坡廉政文化品牌”，西柏坡廉政教育馆改造提升、西柏坡高速公路廉政文化长廊建设、西柏坡廉政文化公益广告展播等10项重点工作取得进展。完善领导干部述职述廉、诫勉谈话、函询提醒等制度，开展任前廉政谈话620人次，实施函询提醒156人，编发廉政提醒短信7万余条。落实“周学习、月讲座”制度，有计划、分专题举办培训班8期，培训纪检监察干部760人次。清理议事协调机构，市纪委牵头或参与议事协调机构由102个精简到13个。率先在全省市级纪检监察机关成立纪检监察干部监督室。2014年市纪委内设机构调整后，直接从事监督执纪问责业务部门、人员分别占总数60%和66%。至2014年末，全市纪检监察机关立案1945件，同比增长12.1%，处分2221人，同比增长21.7%。其中，新立案县处级干部31人，同比增长181.8%，处分27人，同比增长125%；处分乡科级干部365人，同比增长46.6%；查处贪污贿赂类案件678件，同比增长20%，其中贪污贿赂类案件比重达34.5%。开展整风肃纪专项行动，建立检查组410个，暗访名胜景点、消费娱乐场所3000余处，排查车辆4万余辆，查处违反中央八项规定精神和“四风”方面问题535件，处理567人。2014年西柏坡廉政文化品牌建设、损害发展环境问题集中治理、正风肃纪还利于民专项行动等工作受到河北省纪委肯定；石家庄市规范领导干部婚丧喜庆有关事宜的做法得到中央及河北省委党的群众路线教育实践活动办公室肯定，《人民日报》、新华网、中央纪委网站等新闻媒体给予报道，引起积极反响。

2014年1月26日，市纪委九届四次全会召开

【重要会议】 1月26日，市纪委九届四次全会在亚太大酒店召开，会议传达第十八届中央纪委第三次全会和第八届省纪委第四次全会精神，总结2013年全市党风廉政建设和反

腐败工作，研究部署2014年全市党风廉政建设和反腐败工作。省委常委、市委书记孙瑞彬参加会议并作重要讲话。市委常委、市纪委书记刘明轩代表市纪委常委会作《坚持从严治党强化监督执纪问责坚定不移推进党风廉政建设和反腐败斗争》工作报告。

2月7日，市委、市政府召开着力改善“两个环境”广播电视大会。市委常委、常务副市长刘晓军，市委常委、纪委书记刘明轩分别通报石家庄市损害生态环境和发展环境的典型案例。省委常委、市委书记孙瑞彬作重要讲话，动员全市各级各部门和广大党员干部群众行动起来，真刀真枪改善生态环境，扎扎实实优化发展环境，为加快转型升级、跨越赶超、建设幸福石家庄步伐，推动省会绿色崛起，率先在全省全面建成小康社会提供坚强保障和有力支撑。

5月19日，全市纪检监察机关查办案件工作会议在亚太大酒店召开。市委常委、纪委书记刘明轩出席会议并作讲话。会议传达贯彻全省查办案件工作会议精神，分析形势，总结工作，交流经验，研究部署现阶段和今后一个时期查办案件工作。

7月10日，市纪委监察局领导班子召开党的群众路线教育实践活动专题民主生活会。市委常委、纪委书记刘明轩主持会议，并代表市纪委班子作对照检查，查摆“四风”突出问题，剖析思想根源，提出整改措施。市纪委领导班子成员分别作对照检查，开展批评和自我批评。市委第十一督导组到会指导，组长贾义江给予肯定并提出建议。

9月3日，石家庄市召开深入落实中央八项规定、持之以恒纠正“四风”电视电话会议。市委常委、纪委书记刘明轩提出结合实际，开展自查自纠，及时整改存在突出问题，抓好落实中央八项规定精神、纠正“四风”工作。各县（市、区）纪委、市直各单位、各部门纪检组（纪委）、市纪委机关有关人员参加会议。

9月4日，市委反腐败协调小组会议在市纪委第二会议室召开，各成员单位汇报了2014年以来反腐败协调工作开展情况。市委常委、纪委书记刘明轩主持会议并对如何做好下一步工作提出具体要求。市委常委、政法委书记刘志鹏，市政府副市长、公安局长郭运兴，市法院院长崔存利，市检察院检察长侯建华，市纪委常务副书记贾巧秀，市审计局局长刘桂江参加会议。

【违纪案件查处】 全年各级纪检监察机关立案查处违纪案件1945件，同比增长12.1%，处分2221人，同比增长21.7%。其中，新立案县处级干部31人，同比增长181.8%，处分27人，同比增长125%；处分乡科级干部365人，同比增长46.6%；查处贪污贿赂类案件678件，同比增长20%，贪污贿赂类案件比重达34.5%。2014年立案调查石家庄日报社原党委书记、社长王贵海，市住房保障和房产管理局原党组副书记、副局长白彦德等涉嫌违纪违法县（处）级干部31名，党内通报市管干部违纪违法典型案例15起。建立和完善领导干部问题线索统一管理、线索排查会议、领导包案、纪检监察室与基层联系单位办案“捆绑责任制”制度，规范“两规”措施，加强办案设施建设和办案人员监督管理，完善查办案件工作医疗保障机制，全年未发生办案安全事故问题。

【正风肃纪还利于民专项行动】 2014年元旦、春节、五一劳动节、中秋节、国庆节等重要节日时段，建立检查组410个，暗访名胜景点、消费娱乐场所3000余处，排查车辆4万余辆，查处违反中央八项规定精神和“四风”方面问题535件，处理567人，其中给予党政纪处分220人，点名道姓通报典型案件66起。开展正风肃纪、还利于民专项行动，专项清理超标配备公车、多占办公用房、“吃空饷”问题，专项整治“会所中的歪风”、违规享受低保和侵占公共资源、违反惠民政策侵犯群众利益问题。2014年全市清理违规享受城乡低保人员8046人，清退公园绿地违规经营项目56项，查处拖欠群众钱款问题22件。集中清理在饮用水资源保护区建设培训中心、度假村、会所问题，严肃处理违纪人员21名。

【解决群众反映强烈突出问题】 针对新农合、“小官巨腐”、违规违法建设项目、治超和车管等群众反映强烈突出问题，集中开展专项整治行动。2014年查处医保和新农合资金管理领域案件专项行动立案40件，给予党政纪处分38人，移送司法机关处理6人；查处治超和车管领域案件专项行动立案55件，给予党政纪处分 50 人；查处“小官巨腐”案件专项行动立案 754 件，给予党政纪处分 752 人，移送司法机关 29 人；集中整治违规违法建设项目立案 32 件，给予党政纪处分 59 人，2014 年底移送司法机关处理 10 人。围绕优化发展环境和改善生态环境建设，贯彻落实中央、省市重大决策部署。2014 年针对大气污染防治，约谈平山县、正定县、晋州市、无极县、深泽县 5 个县市政府主要领导和主管领导，实施行政问责 57 人，给予党政纪处分 45 人。集中整治部分干部身上存在不作为、慢作为、乱作为、吃拿卡要等行为和问题，查处相关案件和问题 254 件，给予党政纪处分 103 人，离岗培训 59 人。

【党员干部婚丧喜庆十不准】 2014 年 5 月，市纪委下发《中共石家庄市纪委关于进一步规范党员干部婚丧喜庆有关事宜的通知》，规定党员干部做到“十不准”。即：1.不准向同事、部属、下属单位和与自己行使职权有关的单位、个人发送请柬及其他任何形式的邀请。2.不准安排部属及单位工作人员为党员干部办理婚丧事宜发通知、请柬、打招呼等办理活动。3.不准设置款台账房，收受与行使职权有关或可能影响公正执行公务的单位和个人的礼品、礼金、有价证券等借机敛财行为。4.不准利用职务上的便利和影响用公款、公物和在本单位或有业务往来单位的宾馆、饭店、招待所、食堂办理婚丧喜庆事宜。5.不准动用公车和与行使职权有关系的外商、私营企业及个人的车辆参与办理婚庆事宜，使用私车或租用车辆要控制在 6 辆以内。工会等组织为本单位干部职工办理丧葬事宜确需使用公车的不得超过 3 辆，但不准使用带有明显标识的车辆和制式装备车辆。6.不准长时间、分批次、多地点或采取其他“化整为零”的方式变相大操大办。婚事限定一事一天一地办理，邀请参加婚礼的人员限定在亲属范围之内，婚礼宴席不超过 20 桌。7.不准在职党员干部担任亲属之外的婚庆主持、司仪、迎宾、致辞、作陪、敬酒等活动。8.不准用公款向办理婚丧事宜的党员干部赠送礼品、礼金及有价证券等。9.不准借婚丧喜庆事宜参与或举办封建迷信活动。10.不准借乔迁新居、子女升学、订婚、参军、过生日、小孩满月、百天等各种名义摆设宴席借机敛财。

（丁晓琳）

民主党派和工商联

【民主党派和工商联领导成员】

民革石家庄市委员会

主　委：范振增

副主委：夏玉颖　胡永权

　　　　乔茜　（女）

民盟石家庄市委员会

主　委：郭斌　（兼职）

副主委：杨凤虎（兼职）

　　　　尹兆旭（兼职）

　　　　崔瑞芳（驻会）

　　　　祝淑钗（兼职）

　　　　武志永（兼职）

民建石家庄市委员会

主　委：武义青

副主委：曹志刚

　　　　田荣凤（女）

　　　　李小平　姜博卿

民进石家庄市委员会

主　委：石汉文

副主委：李俊秀（女）

　　　　李立水　张运凯

　　　　寇学臣　王志臣

农工党石家庄市委员会

主　委：王宝山

副主委：王彦英　张祥建

　　　　宗立荣　程鹏起

　　　　陈志强

九三学社石家庄委员会

主　委：王长华

副主委：王志国　于奕峰

　　　　邵新中　刘小立

　　　　王丽欣（女）

　　　　栾文楼

工商业联合会

主　　席：王中联

党组书记：李爱民

常务副主席：郝菊亭

副 主 席：阎志勇　门立新

中国国民党革命委员会石家庄市委员会

【概况】 2014 年，中国国民党革命委员会石家庄市委员会（简称市民革）以中共十八届三中、四中全会精神为指引，以开展坚持和发展中国特色社会主义学习实践活动为主线，以加强自身建设为基础，以提升参政议政水平为重点，围绕全市中心工作，创新工作机制，提高服务水平，关注两岸形势，推进祖国和平统一。联系民革党员，收集观点，撰写信息材料。加强对台交流，2014年6月，市民革党员、河北循征医药科技公司总经理陈立峰赴台考察台湾合富集团，双方就合富集团到石家庄投资事宜进行友好洽谈。至2014年底，市民革机构设置有组织处、宣传处、社会服务处、办公室；建有支部32个；党员783名。

【思想建设】 市民革领导班子成员、市委委员和机关工作人员利用主委会、委员会、机关办公会学习领会中共十八届四中全会精神和内容，组织市民革党员参加各级各类学习培训班，通过网站、QQ群、易信平台开展宣传活动，将会议精神传达到每一位党员。制定出台《民革石家庄市委坚持和发展中国特色社会主义学习实践活动实施方案》，成立学习实践活动领导小组；印发《民革坚持和发展中国特色社会主义学习实践活动学习读本》，召开委员扩大会与基层支部主委共同学习。发挥会刊宣传阵地作用，改进会刊内容和排版，增加参政议政板块，每期选登一篇优秀调研报告和一篇社情民意信息，改进文风，缩短篇幅，扩大信息量，提升会刊实效性和可读性。新增易信平台，分设“石家庄民革”、“石家庄民革工作”和“非公企业人士交流”等栏目，利用易信平台上传下达工作、交流经验和学习心得。

【组织建设】 开展对标学习活动。2014年4月，组织市委委员、各支部主委和机关工作人员一行29人赴郑州市民革学习基层组织建设经验，并就党员属地管理、总支和基层委员会设立及基层支部评比表彰等进行交流，拓展了支部工作思路，提升了自身工作水平。按照属地管理原则，推进支部届中调整，在充分酝酿和细致准备基础上，将原省直6个支部调整为11个支部，新成立支部人数规模10～30人，其中，15人以上支部配备主委、副主委、组织委员、宣传委员、外联委员各1名，15人以下支部根据实际需要配备主委、副主委和部分支委，达到支部规模适中、运转高效目标。桥东区撤销后，将原桥东区划归桥西区民革党员按照自愿原则，调整到桥西区民革支部；原民革桥东区一、二、三支部更名为民革长安区五、六、七支部。

【参政议政】 完善参政议政激励机制，1月15日，市民革十届四次委员（扩大）会议通过《市民革先进支部、先进个人评选奖励办法（试行）》，出台《民革石家庄市委员会基层支部考核细则》。2014年在市政协十二届二次会议上，市民革提出集体提案40篇，3篇大会发言及12位委员撰写18篇个人提案获得采纳。全年市民革报送社情民意信息30多篇。参照省民革成立专委会机制，夯实参政议政基础。5月7日，市民革主委会审议通过成立7个专委会，分别是资源环境委员会、教科文卫体委员会、财政经济委员会、社会法制委员会、农业农村委员会、行政效能委员会、工业企业委员会；夏玉颖、胡永权、乔茜3位副主委分别担任各专委会主任；还通过《民革石家庄市委专门委员会工作条例》，规范专委会运行。

【社会服务】 开展“同心·博爱行”系列活动。2014年1～2月，民革市委会联合经济学院支部，为赵县西湘洋小学、南寺庄小学和行唐县杨家庄小学共计捐献30台电脑，帮助农村小学改善教学环境。2014年3月，结合三八妇女节，号召民革女党员将家里多余衣物、文体用品、书籍等捐给基层困难群众，获得广大女党员积极响应，收到300多件衣物、多件文体用品和书籍，分别捐给河北外国语学院爱心超市、新华区柏南二社区和桥东区东华街道社区困难群众。开展法律援助，建立民革河北中山法律援助中心石家庄站中心。2014年4月中旬，省民革成立中山法律援助中心，由市民革党员、河北中宇律师事务所主任王子郁担任主任，3位市民革党员担任副主任；2014年市民革30名律师、6名顾问加入中山法律援助中心石家庄站中心，为需要法律援助困难群众和弱势群体提供帮助；6月24日，桥西二支部主委、中山法律援助中心副主任刘华接受民革山西省委六支部党员杨照法律咨询，通过详细分析当事人诉讼材料，向当事人提供了具体法律解决办法；2014年6月初，石家庄站中心律师鲁敏为平山县部分小学临时工解决退休工资问题提供法律援助。响应民革省委号召，帮扶“精英博爱小学”孤困儿童。制定《帮扶“精英博爱小学”孤困儿童行动方案》，明确帮扶任务和时间节点；11月24日，召开帮扶动员会，向各支部传达民革市委会帮扶方案和开展活动要求，号召支部发动广大党员自愿认领孤困儿童，并组织与会人员赴“精英博爱小学”实地考察；11月26日，召开2014年民革非公经济人士年会，向民革企业家传达市委会帮扶方案，号召非公经济人士迅速行动起来，与“精英博爱小学”孤困儿童及其家庭结对帮扶。2014年长安五支部全体党员为省会癌症小学生捐助1000元，并到医院看望患病儿童；机关支部开展“同心博爱，翰墨薪传，牵手博爱行在正定”活动，免费为正定县小学50名教师举办为期2个月软笔书法培训，受到正定县各界好评。

（文雯）

中国民主同盟石家庄市委员会

【概况】 2014年，中国民主同盟石家庄市委员会（简称民盟市委）引导盟员践行社会主义核心价值观，履行参政议政和民主监督职能，积极参加社会服务活动。开展统战理论实践创新成果评选，向民盟省委推荐《提高民主党派参政议政科学化水平的有效途径》、《对于推进“人才强盟”战略的调研与思考》分别获得民盟河北省委2013年理论研究课题一等奖、三等奖，并在民盟省委举办的宣传理论工作骨干培训班作典型发言和经验介绍。2014年民盟市委获得民盟中央“思想宣传工作先进集体”和民盟河北省委“理论研究工作先进集体”称号。至2014年底，民盟市委共有基层盟组织（基层支部、小组）41个，基层委员会9个，盟员1035人。其中，新建立基层支部2个，新发展盟员52人。

【思想建设】 开展中国特色社会主义学习实践活动。民盟市委采取召开主委会、常委会、专题报告会等形式组织盟员学习贯彻习近平总书记一系列重要讲话，中共十八届三中、四中全会及中共石家庄市委九届五次（扩大）会议精神，在基层盟组织开展坚持和发展中国特色社会主义学习实践活动；组织盟员听取民盟省委主委边发吉主讲“我们所处的时代与文化发展”讲座，引起盟员对社会主义核心价值观深刻思考，增强了盟员政治责任感和历史使命感；3次组织盟员参加纪念建国65周年书画展、摄影展活动。优化宣传教育平台，推动参政党理论研究。调整和完善《石家庄盟讯》栏目，优化页面布局和背景，突出民盟特色和服务功能，提升了服务性、时效性和可读性。

【组织建设】 制定发展规划，优化组织结构。2014年民盟市委根据工作需要和盟员发展现状，按照“注重质量、注意数量、保持特色、优化结构”原则，制定《民盟石家庄市委组织发展实施方案》。全年新建立基层支部2个，新发展盟员52人，盟员人数实现稳步增长。启动民盟市委基层委员会改建，在民盟基层总支基础上建立基层委员会。民盟市委深入30多个支部开展调研活动，全面掌握基层支部活动情况；贯彻落实民盟中央和民盟省委关于加强基层民盟组织建设会议精神，召开基层民盟组织会议，举办支部主委培训班，总结近年来民盟基层组织建设的主要做法和经验，提出基层组织建设存在问题和困难，明确发展方向。健全民盟市委领导班子和机关干部分工联系制度，督导民盟市委领导班子和机关干部围绕年度工作目标和任务开展联系支部活动。筹备成立4个民盟高校基层委员会，重组部分支部，推行支部活动经常化，提高盟员参与率，为基层盟员参政履职搭建平台。举办第31期新盟员培训班，33名来自高校、医药卫生、教育及其他界别新盟员参加培训。加强后备干部队伍建设，推荐1名机关干部到灵寿县乡镇政府部门挂职锻炼，推荐1名机关干部参加全省农村面貌改造提升行动（基层建设年活动）；加强骨干队伍培训，选派5位盟员参加民盟省委在省社会科学院举办的“全省基层组织负责人培训班”，选派1名基层主委参加民盟中央组织的“基层支部主委学习培训班”，储备了基层组织建设人才。

【参政议政】 利用人大、政协“两会”平台建言献策。2014年在省政协十一届二次全会上，民盟市委主委郭斌提交《科学治霾改善大气环境质量》提案再次列为省政协主席督办一号提案；在市政协十二届二次会议上，民盟市委提交3件建言作为大会口头发言，4篇集体提案列为重点提案。其中，《关于加强我市水资源环境治理的几点建议》得到省委常委、市委书记孙瑞彬的批示，责成市政协牵头成立调研组，就发言中提到问题开展调研。以反映信息为载体，提高盟员议政能力。全年民盟市委向民盟省委、市政协及市委统战部报送各类信息30余篇(次)。其中，《滹沱河、汉河水岸垃圾成山，建议加大整治力度》、《关于在资源环境约束条件下提高我市经济增长质量的建议》等6条信息获得省委常委、市委书记孙瑞彬批示。举办宣传、参政议政联席会议，邀请民盟省委参政议政部负责人作《如何做好社情民意工作》专题讲座。2014年民盟科技大学一支部、民盟桥西一支部分别被中共石家庄市委统战部评为“参政议政工作先进集体”。围绕京津冀协同发展课题开展调研，报送民盟省委《借京津冀协同发展之机实现河北农业转型》、《加强京津冀区域大气污染综合防治，促进生态文明建设》2篇调研材料；组织农业专委会到灵寿县青同镇调研现代农业，报送市政协十二届常委会《改革创新，打造石家庄市现代农业升级新版本》等3篇大会发言材料。配合石家庄新闻频道《提案追踪》栏目，录制节目14期，扩大了民盟市委社会影响力。

【社会服务】 按照“发挥优势、突出特色、量力而行、注重实效”原则，同心同行，探索创新，开展多种形式社会服务活动。举办农村烛光行动，民盟市委2次联合长安二支部、四支部到平山县王常裕小学开展“同心·关爱行”捐助活动，捐赠电脑3台、图书1200册、体育用品价值1000多元。开展扶贫义诊活动，4月27日，民盟市委联合河北省中医院、中共石家庄市委统战部驻村工作组到高邑县中韩村举行同心服务义诊活动，义诊群众300余人次，并为村民发放《中医养生保健手册》等医学科普读物；6月15日，民盟桥西总支组织盟员到元氏县佃户营村进行扶贫义诊并赠送药品活动，将新购20套课桌椅及精心挑选文具用品捐助给佃户营村小学学生；11月1日，民盟市委组织民盟河北医大四院支部盟员到廊坊市大城县叶庄子村开展义诊活动，接待诊治、咨询村民100多人次，开处方80多张，眼科检查16人次，心电图检查20多人次。举办“黄丝带”帮教活动，5月28日，民盟市委联合民盟省委、民盟秦皇岛市委、民盟邢台市委到河北省女子监狱开展“黄丝带”帮教活动，参加帮教盟员艺术家、书法家通过精彩的演出和现场创作励志作品向失足人员传达了社会各界的鼓励和关爱之情。2014年民盟市委被民盟中央授予“民盟社会服务工作先进集体”称号。

（王法会）

中国民主建国会石家庄市委员会

【概况】 2014年，中国民主建国会石家庄市委员会（简称民建市委）以学习贯彻中共十八大、十八届三中、四中全会精神为主线，以坚持和发展中国特色社会主义学习实践活动为抓手，组织举办各类学习教育活动，提高会员思想认识。开展组织建设年活动，整理和修订民建市委会现行制度，形成适合自身特点、涵盖各方面3大类14小类制度框架体系。平稳推进基层支部换届，确定目标、流程和日程安排，至2014年末，32个支部有27个换届完成。成立新会员支部，直接由民建市委组织处领导和管理。履行参政党职能，完善《专委会工作条例》、《参政议政奖励办法》等制度，树立调查研究为市委市政府决策服务思想。2014年市政协十二届二次会议上，民建市委提交集体提案27件。

【思想建设】 以学习贯彻中共十八大、十八届三中、四中全会精神为主线，以坚持和发展中国特色社会主义学习实践活动为抓手，利用支部主委工作会、中心组学习、机关干部例会、专题研讨会形式举办各类学习教育活动。全年中心组学习传达中共十八届四中全会、全国及省市“两会”、全市优化发展环境大会精神，转发《民建河北省委关于开展坚持和发展中国特色社会主义学习实践活动的通知》，制定下发《民建石家庄市委关于开展坚持和发展中国特色社会主义学习实践活动的方案》、《民建石家庄市委关于开展坚持和发展中国特色社会主义征文活动的通知》，组织举办支部主任工作会、新会员及信息员培训和专委会活动，开阔眼界，拓宽思维，将会员思想统一到中共中央、省市决策部署上，坚定中国共产党领导、走中国特色社会主义道路信念。把握正确舆论导向，及时准确更新网站内容，优化版面设置，并将网站与QQ群、邮箱等联络工具整合，较好发挥了网络宣传交流功能。

【组织建设】 整理和修订民建市委会现行制度，形成适合自身特点、涵盖各方面3大类14小类制度框架体系。建立和完善会员信息管理平台、会员数据库、档案资料等，提升组织管理自动化程度和效率。平稳推进基层支部换届，确定目标、流程和日程安排，遵循属地化导向，调整、整合、优化部分支部，至2014年末，32个支部有27个换届完成。2014年9月石家庄市部分行政区划调整后，民建市委联系藁城区、栾城区、鹿泉区3个区委统战部，筹备酝酿建立新的基层组织。成立新会员支部，直接由民建市委组织处领导和管理，并确定一年后按属地分配至基层支部。

【参政议政】 完善《专委会工作条例》、《参政议政奖励办法》等制度，树立调查研究为市委市政府决策服务思想。根据中共石家庄市委市政府中心工作及民建中央、民建河北省委调研重点，制定调研方向，确定重点课题。召开参政议政委员会会议，由每个委员认领课题，将任务分解到人。明确支部、参政议政委员会委员、专委会课题完成时限，较好完成全年调研任务。2014年民建河北省委举行京津冀协同发展调研成果评比中，高钟庭撰写《京津冀协同发展的体制机制及有关政策研究》、马仁会撰写《京津冀环境约束下河北省过剩产能转化升级对策研究》、王峻撰写《京津冀一体化背景下加快环保产业发展研究》分获一、二、三等奖。2014年市政协十二届二次会议上，民建市委提交集体提案27件。其中，《关于加快我市养老体系建设的建议》、《正定古城在新型城镇化进程中存在问题及建议》、《正定古城保护要抓特色》、《加快发展我市立体绿化》、《做大做强以现代服务业为特征的城市经济》等提案得到《燕赵都市报》、《燕赵晚报》、《石家庄日报》等媒体广泛关注；《关于加快我市养老体系建设的建议》被市政协列为2014年1号提案；民建市委提交政协大会发言材料中，4篇确定为口头和书面发言，其中《关于石家庄市物流市场存在的问题及建议》、《关于我市地下空间资源科学开发利用的建议》得到中共河北省委常委、市委书记孙瑞彬批示。2014年第二季度召开的市政协常委会上，民建市委提交《大力发展山地药材种植加快林下经济发展促进农民增收》、《加强农村环境整治力度推进农村生态文明建设》2篇建议确定为大会发言。

【社会服务】 转变思路，探索社会服务新形式、新途径，在保留传统项目“同心同向助民生·思源扶老济困”活动和“帮扶进老区”活动基础上，探索开展“文化进校园、法律进基层”等社会服务。2014年桥西一支部为平山县营里乡东沙岭村孩子们捐赠学习用品40多套，向当地贫困村民捐赠衣服等生活用品价值6000多元。民建会员周志坤为邢台市临城县张家镇村应届毕业生王璐璐提供生活费、学费及上大学学习用品，承诺资助王璐璐至大学毕业。桥东七支部与社会爱心人士出资5000元资助河北省秦皇岛市抚宁县一位贫困儿童上学；桥东七支部成员为平山县蛟潭庄小学捐赠价值5000余元衣服及文体用品。裕华总支到裕华区国丰养老院开展“尊老敬老，奉献爱心”慰问活动，为老人表演节目，送去生活必需品。依托支部和会员企业，联合社会文化团体，开展文化进校园活动，桥东三支部、八支部会员为石家庄市少年儿童保护中心孩子们捐赠价值1万元生活学习用品。拓宽社会服务领域，延伸服务渠道，开展法律进基层活动，提升社会学法、知法、守法氛围。2014年5月，民建长安四、五支部组织法律界会员，在长安区建北街道花园社区居委会为社区居民提供法律咨询、政策法规服务，接待社区群众200余人。

（李建光）

中国民主促进会石家庄市委员会

【概况】 2014年，中国民主促进会石家庄市委员会（简称民进市委）以建设高素质参政党地方组织为目标，以开展坚持和发展中国特色社会主义学习实践活动为主线，以开展创先争优活动、助推依法治国为落脚点，加强基层支部和专委会人才队伍建设，科学引导会员将学习中共十八届四中全会精神落实到具体工作中，为建设和谐、幸福石家庄做出贡献。申报课题《高素质参政党自身建设的动力探因和科学路径选择》在市委统战部审核通过，顺利结项；《在新的历史起点上进一步加强参政党自身建设的思想政治工作若干问题研究》通过河北省委统一战线学会立项评审，列入重点研究课题范围。2014年民进市委被中共石家庄市委统战部评为“宣传工作先进单位一等奖”。优化支部结构，规范会员发展，严格入会人员政治素质、人品道德、业务水平、参政议政能力考察，吸收高学历、高层次、有代表性人士入会。全年民进市委考察发展会员51名。

【思想建设】 多次召开主委会、常委会、支部主任会议，深入学习中共十八届四中全会精神及统战理论，转发学习全国“两会”精神通知，提高理论水平。召开统战理论研究工作会，落实“理论研究与实际工作相互促进”要求。民进市委申报课题《高素质参政党自身建设的动力探因和科学路径选择》在市委统战部审核通过，顺利结项；《在新的历史起点上进一步加强参政党自身建设的思想政治工作若干问题研究》通过河北省委统一战线学会立项评审，列入重点研究课题范围。调整改进会刊《石家庄民进》版块形式和内容，增强宣传效果，提高时效性和可读性。与社会媒体加强联系，扩大对外宣传，2014年民进市委网站上线《庆祝新中国成立65周年网络书画展》，展出书画界会员30余幅作品；向民进中央报送庆祝第30个教师节专题稿件10篇；为“民进70年情缘：岁月钩沉”主题征稿选配照片5幅。

【组织建设】 优化支部结构，规范会员发展，严格入会人员政治素质、人品道德、业务水平、参政议政能力考察，吸收高学历、高层次、有代表性人士入会。全年民进市委考察发展会员51名。规范基层支部建设，印发《关于开展基层支部活动场所建设的意见（试行）》和《民进石家庄市委标准化支部建设条件》。调整长安总支、长安支部、43中支部班子，新成立44中支部。开展“创先争优”活动，2014年民进市委在民进省委组织工作会议上，以总分第一评比结果获评民进河北省先进市级组织；长安支部、裕华支部等10个支部获评先进基层组织；于绍斌、马天妍等57人获评先进个人。

【参政议政】 探索参政议政新机制，督促基层支部将社情民意信息作为会务工作重要内容。部署调研计划，每季度汇总支部报送信息，并在会讯公布。印发《信息工作手册》，提高会员撰写信息能力。全年收集会员社情民意信息1000余篇，上报100余篇，被民进中央、民进省委和市政协采用30余篇。2014年民进市委在市政协二届二次会议上，提交提案78件，占大会提案总数13.4%；集体提案21件，其中3件集体提案确定为市政协领导重点包案督办案件，占总数16.7%。2014年民进市委《关于改善我市农村生态环境的建议》在市政协十二届七次常委会作大会发言；《关于续建槐安西路匝道出入口的建议》等5篇信息被市委统战部《党外人士建言》采用；《加快县城建设推进县域经济社会又好又快发展的建议》被民进省委采用；《北方推进太阳能互补采暖的建议》被省政协采用；《高考网上阅卷问题的建议》被民进中央采用。2014年在河北民进参政议政年会上，民进市委参政议政工作获得一等奖，社情民意信息工作获得二等奖。

【社会服务】 利用文化优势，春节前在金马小区举办写春联、送祝福活动；庆祝黄埔同学会成立90周年，征集书法、绘画作品16幅；民进市委副主委寇学臣，会员周仲贤、张建荣、吴建潮创作书画作品参加河北省委统战部统战文化墙展示及全省统一战线庆祝建国65周年网络书画展。开展汉字书写百千万工程。5月30日，在市第一中学启动石家庄市第五届规范汉字书写艺术节，会员张京波出资赞助5万元；至2014年底，全市命名规范汉字书写实验学校205所，培训规范汉字书写教师4200余人，直接参与中小学生和教师24万余人次。发挥联系广泛优势，助力“同心”工程。2014年5月，开展向山区儿童捐赠图书活动，民进会员踊跃捐书近4000册。5月29日，民进市委与河北医科大学总支到市少年儿童保护中心慰问，为孩子们送去T恤衫、粽子，并共庆六一儿童节。5月29日，民进市委联合市政协医药卫生、科技、法律等方面专家，赴灵寿县开展送医、送教、送科技、送法律、送文化“五下乡”活动。5月30日，为20名残疾学生发放“藏诺特教奖学金”5万元。9月23日，向深泽县方元小学捐赠电子琴5台、图书3000册及价值近6万元篮球、羽毛球等文体用品。

（张伟）

中国农工民主党石家庄市委员会

【概况】 2014年，中国农工民主党石家庄市委员会（简称农工党市委）学习贯彻中共十八大、十八届三中、四中全会精神及习近平总书记关于治国理政系列重要论述，提高成员思想认识，开展坚持和发展中国特色社会主义学习实践活动。全年农工党市委在省级以上刊物、网站发表理论文章、宣传信息40余篇，其中《新时期民主党派参政议政面临的问题与对策》等11篇文章刊登在《前进论坛》和农工党中央网站。2014年农工党市委被农工党省委评为“宣传思想工作先进集体”。加强组织建设，2014年农工党市委儿童医院支部、老年病医院支部、桥西区支部、省二院支部、河北师范大学支部、省四院支部6个基层支部被农工党省委评为“优秀基层组织”，2人获授“优秀党务工作者”称号，142人获评“优秀党员”。至2014年底，农工党市委发展新党员46名。其中，中高级职称占43%；硕士以上学历11人，医卫界16人，文教科技界12人；平均年龄37.5岁。

【思想建设】 采用专题辅导和自学相结合方式，重点抓好学习贯彻中共十八届三中、四中全会精神及习近平总书记关于治国理政系列重要论述。10月31日，农工党市委组织市委委员、基层组织班子成员和各级人大代表、政协委员、参政议政骨干，在河北省社会主义学院召开学习中共十八届四中全会精神培训会暨八届九次全委扩大会，邀请3名专家专题辅导中共四中全会和习近平总书记系列重要讲话精神。开展坚持和发展中国特色社会主义学习实践活动，坚定中国共产党领导下多党合作制度信心。结合纪念农工党省委成立30周年，重新修订农工党市委史志，并举办征文及征集书画作品活动。全年农工党市委在省级以上刊物、网站发表理论文章、宣传信息40余篇，其中《新时期民主党派参政议政面临的问题与对策》等11篇文章刊登在《前进论坛》和农工党中央网站。开展理论学习，加强党务信息沟通，交流参政议政成果，编印出版《石家庄农工》2期。

【组织建设】 上好入党第一课。2014年8月，农工党市委组织召开新党员培训会，学习农工党党史党章、统战理论等内容，帮助新党员深入了解组织，坚定中国共产党领导下多党合作和政治协商制度的信心。加强基层组织建设，2014年11月，邀请专家在河北省社会主义学院就如何做好党派基层组织工作进行专题培训。建立平安、裕华、鹿泉3个基层支部活动室，配备硬件设施，为基层支部提供固定活动场所。加强机关建设，坚持每周例会制度。加强机关干部理论学习，2014年7月底，农工党市委全体机关干部参加农工党省委在张家口市召开的“全省机关干部培训班”，农工党市委副主委程鹏起应邀在培训班作《如何做好党派机关工作》专题讲座。2014年农工党市委儿童医院支部、老年病医院支部、桥西区支部、省二院支部、河北师范大学支部、省四院支部6个基层支部被农工党省委评为“优秀基层组织”，2人获授“优秀党务工作者”称号，142人获评“优秀党员”。至2014年底，农工党市委发展新党员46名。其中，中高级职称占43%；硕士以上学历11人，医卫界16人，文教科技界12人；平均年龄37.5岁。

【参政议政】 围绕中共石家庄市委九届五次全会确定的目标，引导成员建言献策。2014年农工党市委主委王宝山在全国人大会议上提交《关于完善我国网络立法的建议》等4篇议案，并就《完善我国〈住宅专项维修基金管理办法〉》和《完善对独生子女父母的奖励和帮助政策》接受长城网、《河北青年报》专访。农工党市委在市政协全会上，提交集体提案25件、大会发言3件。其中，《疏导结合治理渣土和扬尘，减少形成雾霾和污染》等4件提案，在市电视台《提案追踪》栏目播出。制定调研计划，与农工党省委、对口联系单位、市政府部门开展联合调研，为市委、市政府科学决策提供参考，为改善民生提出建议。全年向市委、政府部门提交信息51条，向市委统战部报送党外人士建言45条，其中60余条信息在媒体刊登。2014年农工党市委被农工党省委评为社情民意先进集体，3名成员获评社情民意先进个人。

【社会服务】 发挥人才智力优势，开展“同心奉献、服务社会”活动。

2014年农工党市委“同心服务团”专家到赵县杨户乡卫生院、藁城区冯辛庄村、新华区残疾人康复中心开展义诊活动，累计受诊人数600余人。联合多方力量，开展社会服务活动。5月18日，农工党市委联合市委统战部、市民宗局、市九三学社在市区棉二社区开展义诊咨询，宣传预防保健知识。6月4日，农工党市委联合农工党省委到灵寿县举办第七届“中国环境与健康宣传周”宣传、义诊、健康讲座活动，受诊人员200余名，发放健康知识手册、环保资料600余份，赠送文体用品200套，价值5000余元。宣传和弘扬中医药文化，举办基层卫生人员培训，提高医务人员技术水平和服务质量。开展“杏林春雨”行动和“基层中医圆梦燕赵行”活动。3月29日，农工党市委“杏林春雨”行动首次在市区美丽华大酒店举办基层医疗技术培训，100余名县级以上检验科负责人参加《临床分子诊断及其管理》等专业培训。安排裕华区支部成员到市润石集团，省儿童医院专家到赞皇县秦家庄，省三院专家到行唐县开展义诊活动，累计受诊人数600多人次。2014年农工党市委被农工党省委授予“国际科学与和平周先进集体”和“中国环境与健康宣传周先进集体”称号。

（卢彦冬）

九三学社
石家庄市委员会

【概况】 2014年，九三学社石家庄市委员会（简称九三学社市委）围绕全市中心工作，履行民主监督、参政议政职能，开展“坚持和发展中国特色社会主义学习实践活动”，提高社员接受中国共产党领导的自觉性和坚定性，增强道路自信、理论自信和制度自信。发展社员42名。其中，博士15名、硕士9名；高级职称19名；人社人员平均年龄39.1岁。2014年九三学社市委主委王长华向全国政协会议提交个人提案3件；河北省政协十一届二次会议采用九三学社市委大会发言8份，集体提案立案15份；市政协十二届二次会议采用九三学社市委大会发言11份，集体提案立案30份。开展义诊、捐助、法律讲座等社会服务活动9次，累计向贫困地区捐赠图书、桌椅等物品价值12万元，向贫困学生资助2万元，受益群众5000人次。2014年九三学社市委社员发表论文197篇，其中2篇论文在国际物理顶级杂志发表，1篇论文在国际化学顶级期刊发表；出版专著23部；获得发明专利6项；社员承担国家自然科学基金项目13项、省自然科学基金项目12项、省部级课题12项、厅局级科研项目38项。社员获得省科技进步一、二、三等奖各1项，省社科优秀成果三等奖1项。

【思想建设】 开展“坚持和发展中国特色社会主义学习实践活动”，提高社员接受中国共产党领导的自觉性和坚定性，增强道路自信、理论自信和制度自信。配合九三学社省委调研，组织部分离退休社员召开思想建设座谈会，填写《离退休社员思想状况调查问卷表》。参加九三学社省委举办的“我与九三”征文活动，择优选取和推荐优秀文稿9篇。其中，《人格魅力引领我成长》获得“我与九三”优秀征文作品二等奖；《民主与科学的精神感召力》、《我与九三》获得优秀奖；九三学社市委获得优秀组织奖。加强思想理论与社史研究，理论研究课题参与度、中标率提高。2014年度九三学社省委思想建设与理论研究课题申报中，九三学社市委投标课题13项，中标7项，投标率、中标率分别占全省总量27.1%和28%，同比分别增长58.4%和42.9%。2014年度中共石家庄市委统战部统战调研课题中，九三学社市委中标课题1项。参加九三学社中央理论研究与征文活动，九三学社市委提交《“中国梦”国际化的几点思考》，在山西省太原市召开“全面深化改革与共同体意识研讨会”活动作书面交流。参加河北省政协举办纪念人民政协成立65周年征文活动，九三学社市委提交1篇征文获得采用。2014年9月，《九三学社河北省志》由河北科学技术出版社出版发行。全年《石家庄社讯》出版4期，收录文稿86篇，图片55幅。撰写消息、人物传记、理论文章、学习体会稿件材料，其中，九三学社中央网站采用19篇，九三学社省委网站采用44篇，九三学社省委《简讯》采用22篇，《九三冀刊》采用6篇，中共石家庄市委统战部《统战之声》采用12篇。2014年1名九三学社社员获评全省宣传工作先进个人。

【组织建设】 全年发展社员42名。其中，博士15名、硕士9名；高级职称19名；人社人员平均年龄

39.1岁。2014年10月下旬，九三学社市委举办第十九期新社员培训班，以社章、社史为内容，并邀请中共石家庄市委党校教授作《中国特色政党制度的特点与优势》专题报告。石家庄市部分行政区划调整后，在征求社员本人意见基础上，重新调整原桥东区支社社员划分，并走访新成立3个新区统战部，协商社员发展事宜。2014年九三学社市委被九三学社中央授予组织建设先进集体称号；在九三学社省委成立30周年座谈会上，九三学社市委获评先进市级组织称号，6个支社获评先进基层组织称号，19人获评优秀社员称号。2014年九三学社市委社员发表论文197篇，其中2篇论文在国际物理顶级杂志发表，1篇论文在国际化学顶级期刊发表；出版专著23部；获得发明专利6项；社员承担国家自然科学基金项目13项、省自然科学基金项目12项、省部级课题12项、厅局级科研项目38项。社员获得省科技进步一、二、三等奖各1项，省社科优秀成果三等奖1项；1人享受国务院特殊津贴；1人获评河北省杰出专业技术人才称号，1人获评河北省有突出贡献的中青年专家称号，3人获评省管优秀专家称号；1人获评省"三三三人才"第一层次人选，2人获评第三层次人选；1人获评省优秀教师称号；1人获评省首届青年拔尖人才称号；6人分别获得石家庄青年五四奖章、石家庄市青年拔尖人才荣誉。

【参政议政】 九三学社市委主要领导多次参加中共石家庄市委、政府、政协组织召开的协商会、座谈会、情况通报会及视察、调研活动，就全市经济和社会发展重大问题提出建议。拓宽协商渠道，经中共石家庄市委统战部协调，九三学社市委与市发改委等3家政府部门建立对口联系机制。2014年九三学社市委向市监察局等12家单位推荐"特约人员"12名，为社员发挥民主监督作用搭建了平台。大会发言和提案质量提升，九三学社市委主委王长华向全国政协会议提交个人提案3件，在《人民政协报》、《燕赵都市报》等媒体刊登。河北省政协十一届二次会议采用九三学社市委大会发言8份，集体提案立案15份。市政协十二届二次会议采用九三学社市委大会发言11份，其中口头发言1份；获得市领导批示7份，占批示总数29.2%；集体提案立案30份，其中重点提案1件、督办提案1件、优秀提案2件。2014年九三学社市委多次召开参政议政会议、研讨会、专委会主任联席会，安排专委会委员到市环保局、教育局等部门开展调研活动，撰写调研报告20余篇。其中，《洋奶粉冲击下，国产奶粉路在何方——河北省国产奶粉消费者信任度调查》在《人民政协报》发表；《关于提升我市科技创新能力的建议》在《石家庄决策》发表；《关于进一步完善我市公共自行车服务系统的建议》在《石家庄经济》发表。2014年九三学社市委向九三学社省委提交中央级课题1项、省级课题4项。

【社会服务】 探索服务民生途径，促进和谐社会发展。2014年九三学社市委开展义诊、捐助、法律讲座等社会服务活动9次，累计向贫困地区捐赠图书、桌椅等物品价值12万元，向贫困学生资助2万元，受益群众5000人次。2014年九三学社市委到秦皇岛市抚宁县田各庄中心学校，捐助课桌、板凳820套，价值10余万元。石家庄新华区支社到平山县、行唐县开展图书捐赠活动，累计向2所贫困小学捐赠图书621册，价值2万元。发挥专家学者优势，组织内儿科、泌尿外科、消化内科专家社员到长安区棉二社区举办进社区、为民义诊活动。河北医科大学第二支社围绕糖尿病管理、高血压血压控制、蛋白尿处理主题，到鹿泉区、正定县开展义诊咨询活动，为当地老百姓发放宣传资料，普及医疗常识，受到广泛好评。

（党大志）

石家庄市工商业联合会

【概况】 2014年，市工商业联合会（简称市工商联）按照中央统战部、全国工商联统一部署，开展以"四信"（非公经济人士对中国特色社会主义的信念、对党和政府的信任、对企业发展的信心、对社会的信誉）为主要内容理想信念教育实践活动。提升民营企家综合素质，举办"省会民营企业家学习十八届三中全会精神培训班"、"民营企业管控与效率提升"、"十八大下的民营企业营销战略"等4期培训班和"全市民营企业家学习党的十八届四中全会精神座谈会"，号召民营企业自觉按照党和国家方针政策经营做事。完成调研任务9项，撰写了《石家庄市民营企业压减产能情况调研》、《关于我市非公经济发展状况问题研究》等调研报告。2014年在市政协十二届二次会议上，市工商联副主席郝菊亭作《弘扬优秀传统文化、推动精神文明建设》大会发言被市政协列为2014年重点提案。参与大气污染防治行动，全市商会和民营企业家捐献树苗2万余株，在市区西山小壁林区建设“民营企业家光彩林”60多亩。开展“春雨行动——光彩手拉手”帮扶活动，对接贫困户6000个，捐款捐物超过500万元。2014年全市民营经济实现营业收入15611亿元，同比增长12.3%；完成增加值3140.7亿元，增长8.7%，占全市GDP比重66.5%；上缴税金470亿元，增长8.2%，占财政收入71.1%；民营经济单位28.9万个，增长3.51%，其中民营企业53212个，增长6.95%；从业人员266.7万人，增长3.98%；年末规模以上民营工业企业达到1949个，增长2.58%。2014年石家庄市民营经济综合排序继续保持全省第一，获评全省民营经济发展先进市。

【理想信念教育】 按照中央统战部、全国工商联统一部署，市工商联与与市委统战部联合印发文件，开展以“四信”为主要内容理想信念教育实践活动。打造“民营企业家讲坛”，提升民营企家综合素质。结合河北省民营企业家素质提升工程，发挥市工商联民营企业培训中心作用，举办“省会民营企业家学习十八届三中全会精神培训班”、“民营企业管控与效率提升”、“十八大下的民营企业营销战略”等4期培训班，受训人数2200余人次。召开“全市民营企业家学习党的十八届四中全会精神座谈会”，邀请市委常委、统战部长毛全球到会传达会议精神，号召民营企业自觉按照党和国家方针政策经营做事。拓展宣传渠道，与《石家庄日报》共同开办“工商联之窗”专版，宣传中央、省、市关于鼓励支持非公有制经济发展的政策措施及非公有制企业、非公有制经济人士典型事迹。2014年市工商联推荐博深工具、先河科技、天俱时工程科技等8家企业为思想政治工作先进民营企业，获得省委宣传部、省委统战部、省工商联联名表彰；市工商联合会企业家副主席曲继广、魏立华及副会长李志永获评第五届河北省优秀社会主义事业建设者；市工商联合会企业家副主席李振江获评第四届全国优秀社会主义事业建设者。

【发展民营经济】 开展招商引资，帮助民营企业邀请澳大利亚国会议员、澳大利亚国际商会顾问史密斯，澳大利亚悉尼市政委员会副主席、澳洲联邦自贸机构主席穆帝文等到石家庄考察投资。举办“澳大利亚国际商会招商推介会”、“遵义民营企业投资洽谈会”、“辽宁阜新招商引资推介会”、“宁夏石嘴山招商推介会”，并与澳大利亚国际商会、遵义市工商联、宁夏石嘴山工商联等签订友好商会协议。组织200多家商会及企业参加“5·18廊坊国际投资贸易洽谈会”、“2014中国·青海绿色发展投资贸易洽谈会”、“光彩事业南疆行”等招商推介活动；组织130多家商会和企业到晋州市开展“民营企业园区行”活动。至2014年底，全市民营经济累计签订经贸合作项目13个，涉及金额300多亿元。10月23~24日举行2014年中国·石家庄国际投资合作洽谈会（简称石洽会）期间，市工商联邀请海内外异地河北商会、南安商会等100多家商会举办“百家商会进省会”大型专场洽谈会，促成南安商会与石家庄市5个开发区签订投资意向，总投资金额222亿元。成立金融服务中心，缓解企业融资难问题。2014年市工商联创新思路和载体，通过举办“新三板知识讲座”、“中小企业资本市场上市融资说明会”等，宣传推广中小企业融资渠道。2014年8月，谋划成立市工商联金融服务中心，下设3个实体单位，服务内容涉及小额贷款、小额担保、基金服务等。2014年底，该中心与30多家金融机构签订战略合作协议，累计为200多家企业制定企业金融策划，为100多家企业提供融资服务，融资额近8亿元。市工商联成立市工商联金融服务中心的经验和做法得到中央统战部的肯定，在《中国统一战线》报道，并被市委统战部列为2014年创新工作成果。依托人才中心，缓解大学生就业难和企业用工难问题。发挥市工商联人才交流服务中心作用，在全市民营企业、非公经济组织中开展专业技术资格初聘和职业技能鉴定。2014年11月，组织100余家民营企业开展“百家民企进高校大型招聘会”，提供岗位4000余个。推行企业投资自主权第三方评估。“落实企业投资自主权和示范项目第三方评估”是全国工商联部署重点工作。2014年市工商联组织50多家企业通过召开座谈会、走访了解、发放问卷调查等形式，听取企业和部门意见，协助省工商联高质量完成综合评估报告。

【非公经济人士参政议政】 制定市工商联领导班子调查研究工作制度，形成蹲点调研与专项调研相结合、领导牵头与处室参与调研新机制。全年完成调研任务9项，撰写了《石家庄市民营企业压减产能情况调研》、《关于我市非公经济发展状况问题研究》等调研报告。政协会议发言和提案质量提升，2014年在市政协十二届二次会议上，市工商联副主席郝菊亭作《弘扬优秀传统文化、推动精神文明建设》大会发言，得到市委常委、宣传部长高天批示，并被市政协列为2014年重点提案；市工商联还向市政协会议提交《关于加快我市中小企业发展的建议》、《关于高速公交收费的建议》2个提案。参与政策制定。5月9日，市工商联与市委统战部联合召开学习贯彻全省民营经济发展大会座谈会，41位民营企业家从放开行业准入、强化金融服务、加大财政扶持等9个方面，提出意见建议31条。市政府委托市工业和信息化局、市工商联等部门在民营企业家提出意见建议基础上，起草印发《关于鼓励和支持民营经济加快发展的若干政策措施》。

【光彩事业】 响应市委、政府号召，参与大气污染防治行动，向全市民营企业发出“节能减排，以实际行动改善空气质量”倡议。2014年全市商会和民营企业家捐献树苗2万余株，在市区西山小壁林区建设“民营企业家光彩林”60多亩。引导直属商会和会员企业开展“春雨行动——光彩手拉手”帮扶活动，对接贫困户6000个，捐款捐物超过500万元。开展“村企携手，共建美丽乡村”活动，并与党的群众路线教育实践活动和全市农村面貌改造提升行动结合，对接行唐县九口子乡华沟村定向扶贫，向井陉县微水镇良河东村和平山县小觉镇南盘石村派出驻村工作组，帮扶筹措资金200多万元，修桥铺路，美化村容村貌，有效改善了帮扶村生产生活条件。

（陈军委）

社会团体

【社会团体领导成员】

总工会

主　　席：王俊英（9月免）
常务副主席：高翠君
副　主　席：郭乃杰

共青团石家庄市委员会

书　记：王涛
副书记：魏洪涛　陈宏锋
　　　　袁照华　王宏

妇女联合会

主　席：崔芸
副主席：苏彦英　马玉玲
　　　　姜红

科学技术协会

主　席：陈健敏
副主席：羊文庆　冯卫和
秘书长：董升

文学艺术界联合会

主席、党组副书记：周喜俊
党组书记、副主席：邵平
副主席：肖建科（兼秘书长）
　　　　张桂珍

归国华侨联合会

党组书记、主席：胡翎
党组副书记、副主席：许立
副主席：胡为民

社会科学界联合会(与社会科学院、讲师团合并)

党组书记、院长(主席、主任)：
　　　　马建彬
副院长（副主任）：赵惠娟
副院长（副主席、副主任）：
　　　　李贞年

残疾人联合会

理 事 长：尚建斌
副理事长：张爱艳　安永卫

黄埔军校同学会

名誉会长：陈建中　孟昭夫
会　　长：张连枝
副 会 长：王敬之　徐丙生
秘 书 长：邱振贵（兼）

台湾同胞联谊会

会　　长：廖海鹰
副 会 长：王爱鸽　陈瑛
秘 书 长：游艳红

消费者协会

名誉会长：张承禄　张殿奎
　　　　赵长栓

会　　长：路国庆
副 会 长：李景祯　汤化敏
　　　　　卢金保　贾利民
　　　　　夏玉颖　栗绪楼
　　　　　王占云
秘 书 长：许毅敏
副秘书长：陈磊

工业经济联合会

名誉会长：沈志峰　方秉钧
　　　　　陈启明
顾　　问：王同林　周世俊
　　　　　彭造岭
会　　长：杨耀波
常务副会长：谢艳华
副 会 长：程宝怀　王习文
　　　　　左喜书　张昌荣
　　　　　王建良　杨成桂
　　　　　于锡庆　吴宝河
　　　　　王炳熙　张征
　　　　　李怀斌　姚振春
　　　　　唐秀珍
党组书记：谢艳华
秘 书 长：任保山
副秘书长：谢艳华　高国欣

红十字会

会　　长：张业
常务副会长、党组书记：
　　　　　王鹏飞
副 会 长：张玉安
秘 书 长：郝瑞起

石家庄市总工会

【概况】 2014年，市总工会积极开展“广普查、深组建、全覆盖”集中建会行动，新发展会员1.35万人，总数累计达到166.9万人，职工入会率达到98.7%；新增基层工会组织214个，总数累计达到1.9万个。2014年全市222个乡镇总工会通过达标验收，达标率79%。企业工会实现“双亮”目标1.2万家，占企业总数60%。推行工资集体协商，构建和谐劳动关系。2014年全市企业和谐劳动关系创建活动覆盖面扩大，开展创建和谐劳动关系企事业单位达到2.23万家，覆盖率达到95%。石家庄市工资集体协商工作获得全国总工会表彰，885家企业达到协商质量A类标准。建立工资集体协商参与制度，制发星级专职协商指导员考核奖励办法。2014年全国餐饮行业工资集体协商工作推进会在石家庄市召开，推广市财贸工会经验；新乐市、行唐县总工会将工资集体协商纳入党委目标考核。推进厂务公开和职工代表大会管理体系建设，至2014年底，全市大中型企业建立厂务公开310家、职工代表大会管理体系108家；石家庄油漆厂获得“全国厂务公开民主管理示范单位”先进称号；1183家企事业单位达到职工代表大会管理体系规范化建设标准。维护职工合法权益，参与市商标印刷厂、常山纺织股份公司棉一分公司等14家企业改革改制。培育先进典型，发挥劳动模范带动作用。2014年华药集团职工齐名被中央宣传部、全国总工会评为全国十大“最美职工”；常山股份公司“杨普工作室”被国家人力资源和社会保障等部委评为“国家级技能大师工作室”，获得“全国工人先锋号”称号；市供电公司单东阳创新工作室被全国总工会命名为全国劳动模范创新工作室。2014年上半年，石家庄市出租车爱心车队被中华全国总工会表彰为全国工人先锋号。这是全省首支获此荣誉的出租汽车文明车队。市出租车爱心车队由13名有爱心的出租车司机于2004年8月1日自发组建成立，2014年发展到61部出租车、100余人。4月16日，石家庄市公告2014年河北省劳动模范91人。2014年全市开展劳动竞赛企事业单位覆盖面达到60%，参赛职工超过90万人；职工提出合理化建议10万条，创造技术革新30万项。职工职业技能竞赛直接参赛职工10万余人，职工直接晋升技能等级800余名。2014年市总工会被全国总工会、国家安监总局评为全国“安康杯”竞赛优秀组织单位。

（李波涛）

【职工互助活动实施细则】 2014年1月，石家庄市出台新的《石家庄市职工互助活动实施细则》。主要内容：将职工互助金缴纳标准调整为每期每人50元；将10种重大疾病救助扩展为12种；因同一病种，两次或两次以上连续住院治疗的，可按累计医疗费所达到的档次计算救助额；将“本科及以下在读学生”纳入缴费职工、特困职工未成年子女救助范围；降低12种重大疾病以外的其他重大疾病救助门槛，缴费职工及其未就业的配偶、未成年子女，在救助当期内，住院医疗费个人自付部分达到3000元即可获得救助；将未参加医疗保险和新农合的职工纳入医疗救助范围。12种重大疾病包括：恶性肿瘤、慢性肾功能衰竭（须透析治疗或肾脏移植手术）、再生障碍性贫血、急性心肌梗塞、心脏瓣膜置换术（须开胸手术）、脑中风后遗症（永久性的功能障碍）、颅内肿瘤手术（需开颅手术或放射治疗）、重大器官移植术（须异体移植术）、脑膜炎后遗症（永久性的功能障碍）、主动脉手术（须开胸或开腹手术）、冠状动脉搭桥术（须开胸手术）、肝硬化。1月1日至2月28日，全市以基层工会为单位组织缴纳互助金。2014年石家庄市第三期职工互助活动募集资金2142.85万元，参加活动职工42.1万；实施救助1753人，发放救助金1116万元，其余资金转入下一期救助基金。2014年11月，石家庄市启动第四期职工互助活动，12月1～31日进入缴纳互助金阶段。第四期职工互助活动救助期为2015年1月1日至12月31日。

【5名职工获得全国五一劳动奖章】 4月28日，石家庄市1个单位、5名个人、3个集体在北京人民大会堂举行庆祝“五一”国际劳动节暨全国五一劳动奖状奖章表彰大会上，被中华全国总工会分别授予全国五一劳动奖状、全国五一劳动奖章、全国工人先锋号。全国五一劳动奖状（1个）：格力电器（石家庄）有限公司；全国五一劳动奖章（5名，参见《石家庄年鉴2015》“人物”）；全国工人先锋号（3个）：常山纺织股份有限公司杨普工作室、河北白沙烟草有限责任公司卜建立创新工作室、市公安局长安分局新浩城综合警务服务站。

（戴丽丽）

【维权调解】 开展农民工维权专项行动，为农民工调处欠薪案件30多起，挽回损失100多万元。启动维权服务源头普法、源头监督、源头预防、源头调处“四源”行动，建立“两庭一团”维权平台，推行劳动争议诉前调解机制。2014年市职工劳动争议调解庭成功调解劳动争议案件70多起，为职工挽回经济损失500多万元；工会仲裁庭依法仲裁5起调解难案；职工法律援助团受理法律援助案件50余件，涉及职工500余人。2014年市职工劳动争议调解委员会被省总工会、省司法厅、省人力资源和社会保障厅联合命名为“河北省区域性、行业性劳动争议调解示范单位”。

【帮扶救助】 推进县级职工服务中心提质升级，年末全市基本建成市、县、乡镇（街道）三级服务体系。深化“金秋助学扶困育才”行动全程帮扶机制，全年资助219人进入大中专院校学习，石家庄市金秋助学经验在全省推广。2014年全市42.1万职工参加第三期“职工互助”活动，募集资金2100余万元，共为2691人发放救助金1700余万元。筹集资金608万元，开展生活救助、走访慰问、联谊座谈、关爱农民工四个方面16项送温暖系列活动。举办19场次“千企万岗进县区”就业洽谈会，达成就业意向3万多个。年末全市200人以上组建工会企业，70%达到企业、职工、生活、后勤保障“四提升”标准。

（李波涛）

中国共产主义青年团石家庄市委员会

【概况】 2014年，共青团石家庄市委（简称团市委）围绕市委九届五次全会工作部署，以党的群众路线教育实践活动为契机，坚持上级精神具体化、外地经验本地化、青年需求行动化理念，致力思想想第一、标准定第一、工作干第一、成绩创第一目标，汇聚青春力量，助力绿色崛起。开展理论学习培训，采取书记讲党课、书记讲材料、部长讲坛、邀请党校专家教授作专题辅导、邀请希望将军讲革命传统、到革命圣地西柏坡重温“两个务必”等形式，加深对党的理论、社会主义核心价值观以及“中国梦”的理解。打造服务型团组织，团市委、市纪委联合印发《关于开展“小手拉大手，廉洁一起走”教育活动的实施方案》，组织中小学校开展“小手拉大手，廉洁一起走”及廉政大讲堂、警示参观、主题班会、征文比赛、漫画征集、课本剧征集“六个一”活动，将廉洁种子从小种进青少年心里，推进全社会形成敬廉崇洁之风。举办“我身边的青年朋友”、“幸福乡村行”活动，将党团组织温暖和关怀送到青年工人、农民、大学生心中。2014年6月，团市委组织市、县、企业、高校88名团干部分成15个组，深入农村、企业开展“一融三同”（融入青年，同学习、同劳动、同生活）活动，与普通青年交朋友，听真话、沾土气、长本领。倡导节俭之风，带动和引导婚龄青年加入绿色环保、爱护环境、移风易俗、婚事新办行列。4月28日，50对新人在正定新区园博园举行第六届石家庄“同植爱情树·共享好空气”青年公益集体婚礼。推进中专院校、中职、中学基层团组织及青年联合会、学生联合会、少先队、青年企业家协会、青年志愿者协会等外围组织建设。至2014年末，全市中小学校全部开设少先队活动课；县乡村三级团组织规范化建设全部完成；新建非公企业团组织1151家。2014年团市委得到省市领导批示肯定15次；国家级媒体11次、省级媒体586次、市级媒体975次报道；5月4日，《石家庄日报》整版刊发《用“心”服务青年，让爱覆盖青年——团市委“服务型团组织”建设纪实》；石家庄市委《决策》第五期、第十期专版刊发团市委真情服务群众、做好团员志愿服务报道。2014年7～10月，团中央书记处书记周长奎、傅振邦、徐晓到团市委调研指导。2014年格力电器（石家庄）有限公司注塑分厂设备保障组、中铁十七局集团石家庄工程指挥部三分部分别被共青团中央、国家安监总局授予2013年度“全国青年安全生产示范岗”称号；南车石家庄车辆有限公司软件工程师刘辛、河北联拓汽车贸易有限公司技术培训师李东晓分别被共青团中央、国家人力资源和社会保障部授予2013年度全国青年岗位能手称号。2014年12月，共青团市委、市青年志愿者协会命名表彰“创建文明城团员在行动”5个优秀志愿服务集体和166名优秀志愿服务个人。其中，5个优秀志愿服务集体为石家庄市公交公司二公司、河北东明国际家具博览有限公司、石家庄邮电职业技术学院、安利中国日用品有限公司河北分公司、河北国大连锁商业有限公司。2014年石家庄团市委获得全国“突出贡献青年文明号活动组织单位”称号。

【青少年思想教育】 开展“我的中国梦”、“中国梦·幸福城”主题教育活动，引导青年团员学习党的十八届三中全会、省委八届六次全会、团的十七大、市委九届五次全会精神。举办青少年书法、绘画、摄影展及“奋斗的青春最美丽”分享会等丰富多彩、特色鲜明主题活动，选树青年典型，用中国梦的共同理想感召广大青少年，坚定走中国特色社会主义道路理想信念。培育和践行社会主义核心价值观，在青少年中开展“善美青春·出彩人生”、“迈入青春门，走好成人路”、“与信仰对话”、“与人生对话”、“彩虹人生”等教育活动，倡导先进、健康、时尚的青年文化；举办“同植成人树，共享好空气”第二十届“3·18”成人节宣誓仪式暨种植成人林活动。“五四”青年节前夕，团市委在石家庄学院举办“学习贯彻习近平总书记系列重要讲话精神”青年读书班，省委常委、市委书记孙瑞彬为各界青年作首场辅导讲座。“六一”儿童节前夕，团市委举行石家庄市少先队风采展示；10月13日建队日举办“新中国少先队从这里走来”——石家庄市纪念少先队建队65周年队史讲座暨座谈会。利用“石家庄共青团”微博、微信等新媒体，围绕党政中心工作，开展“绿色崛起，青年先行”、文明城市创建、“石家庄地铁建设进行时”、“我出一份力，呼吸好空气”、“传递网络正能量、共建幸福石家庄”、“我的青春故事”等主题活动，加强重点网络群体联系、服务和引导，引领青春风尚，汇聚网络正能量。至2014年底，“石家庄共青团”微博粉丝超过240万，发布微博5万余条。

【青春建功实践活动】 围绕转型升级、跨越赶超、绿色崛起、建设幸福石家庄总目标，团市委发挥自身优势，丰富活动载体，做到资金助力、人才助力、科技助力、招商助力、宣传助力，多管齐下带领广大青年在经济社会发展中建功立业。推进招商引资，与高新区、循环化工园区等50余家企业对接，举办青春致富大讲堂457场；与市投资招商局联合成立团市委招商引资工作领导小组，开展“青联委员县区行”、“青春助力新发展、转型升级我当先”活动；至2014年底，团市委完成招商引资项目50多项，协议资金100多亿元。推动县域经济发展，开展“一县一品”、“青年精英县区行”、农村青年致富带头人“领头雁”培养计划、农村青年致富带头人“3A”培训活动，组织农村青年在培育新型农业经营主体、构建新型农业经营体系中发挥作用；2014年团市委在农村专业合作组织和涉农行业协会建立团组织14家，覆盖农村团员350人。解决青年创业就业难题，开展“青春建功幸福城·圆我创业就业梦”活动，每月在高校、社区举办一场“送岗位进校园”公益招聘会；联合国大集团和京东商城，开展“365合伙人计划”，对参与“365合伙人计划”贫困青年和返乡学生，提供创业培训和创业资金担保。实施理念引导工程、技能提升工程、岗位对接工程、创业帮扶工程、示范带动工程“五项工程”，举办青春创业大讲堂、青年创业就业培训、征集青年创业项目等活动，帮助青年转变择业观念，激发创业热情。2014年团市委组织创业大讲堂80余场，举办招聘会30场，提供就业岗位4万个，建立青年就业创业见习基地351家；帮助1300名青年上岗见习、380名青年成功创业。助力农村面貌改造提升行动，开展“绿色崛起，青年先行”活动，重点以文化墙绘制及青年文化示范街打造为特色，组织1000余名大学生，为42个社区、32个乡村绘制完成文化墙2.3万余平方米，打造青年文化示范街52条。

【助力文明城市创建】 7月26日，团市委启动“创建文明城团员在行动”活动，提出“起步就是高潮，出征就是决战”口号，组织全市青年团员、团干部、青少年参与文明交通、绘制文化墙、社区环境整治等工作。分包10个路口文明交通志愿服务，采取成立临时团支部、加强岗前培训、统一上岗服装、团干部分包路口、微信交流督导、选树宣传典型、创新活动载体等方式措施，至2014年底，全市共有40余个单位、2.2万人次团员青年志愿者参与活动。开展“青春服务进万家”活动，依托全市24个党建示范社区、10个残疾人日间照料中心的“青年志愿者服务站”，为社区群众和残疾人提供固定化、常态化、规范化的志愿服务。组织供电、供水、燃气、医疗等公共服务领域青年文明号、青年志愿者在社区（农村）广场开展集中便民服务和公共政策宣传，制作发放“青春服务卡”1万张，并将青年文明号、青年志愿者联系人和联系方式发放入户。开展希望工程“春雨行动·圆梦大学”、“金秋送暖志愿服务走进山区学校”、“爱心传递”活动，筹集希望工程款420余万元，资助大中小学生857余名，为山区28所贫困学校援建希望厨房、快乐体育园地、希望图书室、音乐室和多媒体教室78个。建立50余家标准化社区青少年服务中心，重点向青少年提供法律服务、心理疏导、爱心助学、校外教育等帮助。推动关爱留守少年儿童活动常态化、制度化，建立和完善“青苗幸福站”，形成辐射周边学校关爱网络。推进青少年社会治理创新，以城乡社区公共服务、重点青少年群体管理、预防青少年违法犯罪、未成年人权益保护为重点，以青年志愿者服务站、青少年社区服务中心、“12355”青少年服务平台、法制教育基地、“青苗幸福站”等阵地为依托，探索承接与青少年相关政府购买公共服务项目。

（李继锋）

石家庄市妇女联合会

【概况】 2014年，市妇联贯彻落实市委九届五次全会精神，围绕妇女群体，立足职能、彰显优势、创新载体、夯实基础，推进妇联工作健康发展。开展“家风连四风·巾帼率先行”、“晒家风笔记”、“讲廉政故事”、“签承诺书”活动，推动家庭成为反对“四风”“八小时”以外坚强阵地。开展“家庭助廉”活动，向市直机关部门和全市广大妇女群众发放倡议书，引导妇女在家庭树立廉洁家风，营造“学廉、尚廉、敬廉”社会氛围。开展“最美家庭”评选和“传承好家风的好妈好爸”推荐宣传活动。2014年3月，市妇联、省会文明办在全市启动寻找“最美家庭”评选活动，以群众自荐、互相学习、彼此借鉴、共同分享为宗旨，发放宣传画14000余张，举办最美家庭故事会1976次，征集家风家训2500多条，晒出家庭照片10000余幅，营造了谈家风、议家训、讲故事、晒幸福、展文明良好氛围，涌现出一大批平等和谐、孝老敬亲、低碳生活、勤劳创业、爱心奉献的美好家庭。7月21日，全市100个家庭获评“最美家庭”。启动“家庭教育空中课堂”项目，为全市7万个家庭订制《中国妇幼》手机报。举行石家庄市家庭教育书籍漂流启动仪式，发放家教图书价值2万元。全年举办家庭教育公益讲座45场。加强妇联组织建设，制定《关于进一步加强妇联组织建设工作的意见》，在河北慧聪电子商务公司、勒泰中心、煦塔蔬菜种植专业合作社成立妇女组织；推动妇女组织负责人担任所在乡镇（街道）妇联兼职副主席。打造精品阵地，创建精品妇女之家50个；开通“石家庄妇联”微信平台、“爱的港湾”腾讯微博和qq群，打造综合网上服务模式；2014年市妇联“妇女之家”建设在《中国妇女报》头版刊登。借助村“两委”换届，推动妇女进入村“两委”班子。2014年全国人大常委会副委员长、全国妇联主席沈跃跃，全国妇联副主席、书记处书记喻红秋，全国妇联书记处书记焦扬到石家庄市考察调研妇女发展和妇联工作。2015年2月，中华全国妇女联合会授予杨葆英2014年全国三八红旗手称号；2015年2月，石家庄市10人获评2014年河北省三八红旗手。其中杨普、王雅从获评2014年河北省三八红旗手标兵。2014年市妇联获评全国城乡妇女岗位建功先进集体、全国妇女宣传舆论阵地建设先进单位称号。

（刘静）

【胡玉兰获授“拾金不昧”巾帼美德模范】 8月15日，家境困难的石家庄市区梦溪园小区保洁员胡玉兰，在打扫楼道时，捡拾到一个装有30万元现金的塑料袋，面对巨款，不为所动，果断选择报警寻找失主。胡玉兰的感人事迹经《石家庄日报》和《燕赵晚报》报道后，引起社会各界强烈反响。8月18日，省委常委、市委书记孙瑞彬专门做出批示：“看了8月16日《燕赵晚报》关于胡大姐拾金不昧的报道，令人十分感动。特别是胡大姐家庭负担很重，捡到重金，却没有任何犹豫，立即上交，禁不住让人热泪盈眶。我们这座城市的百姓是多么好的百姓，人民是多么让人尊敬的人民！胡大姐就是这座城市人民群众的代表。要关心胡大姐的生活，帮助解决困难，要广泛宣传她的事迹，彰扬其高尚的道德情操，让这座具有光荣历史的城市到处充满着人间大爱。”8月19日，市妇联授予胡玉兰“拾金不昧”巾帼美德模范称号。11月5日，省会文明委授予胡玉兰“石家庄市文明公民标兵”称号。

（赵元君　刘迪）

【妇女岗位立业建功】 推动省会绿色崛起，举办“绿色崛起·巾帼誓师”大会，号召广大妇女争当省会绿色崛起参与者、实践者；组织“三八”红旗集体（个人）、巾帼文明岗（星）、女企业家栽种“巾帼林”30亩。开展“创建文明城·巾帼要建功”主题志愿服务活动，全市51826名巾帼志愿者参加文明交通、城市清洁、社会主义核心价值观宣传等志愿服务。启动“爱心编织温暖·情系环卫工人”公益活动，市委办公厅、市总工会、市政协妇联组巾帼志愿者及女企业家等爱心人士编织围巾、帽子近1000套，分5批发给环卫工人。开展美丽庭院创建活动，集中打造368个重点村，挖掘提升49个精品示范村；组建成立市级“美丽庭院”讲师团，深入乡村现场教学；年末创建美丽庭院3.4万户。打造妇女创业就业品牌，举办全民创业就业集中行动暨妇女就业招聘会，提供岗位5000余个。开通女企业家电商服务直通车，为39家企业免费提供一年网络推广和资金助力服务。打造家庭手工业品牌，举办手工编织大赛，挖掘编织15类400余件作品；在128个村开展“妇女手工编织技能培训乡村行”活动，培训妇女8000余人次，年末全市10万余名妇女实现居家灵活就业。打造巾帼现代农业科技示范基地品牌，选取5个特色基地，采取项目化运作方式，重点打造和推广；10月23日，石家庄市巾帼现代农业科技示范基地带头人联盟成立，48名现代农业科技示范基地女带头人成为第一届会员，藁城区禾苗种植服务专业合作社理事长高素娥当选第一届会长；年末成功打造3个国家级、25个省级、14个市级巾帼现代农业科技示范基地。打造巾帼家政服务品牌，在市妇女儿童活动中心建立巾帼家政服务员培训输出基地，举办培训班6期，培训学员260名。

【维护妇女合法权益】 开展普法宣传，启动全市“三八”维权周城乡妇女法制宣传教育展演活动，发放宣传资料2000份，接受咨询百余人次。利用11·25国家反家暴日，12·1世界艾滋病日、12·4法制宣传日等节点，举办形式多样的法制主题宣传活动，推动全社会营造维护妇女合法权益的良好氛围；2014年中澳（澳大利亚）合作家庭暴力危机干预中心项目研讨会在石家庄市召开。完善维权机制，畅通“妇女诉求绿色通道”，完善县、乡、村三级信访代理维权网络。全年接收妇女维权信访案件1080余件，结案率80%以上，共为223名权益受侵害妇女提供法律援助。创建和谐平安家庭，10月11日，市妇联“婚姻家庭”维权志愿服务团在河北世悦律师事务所成立，首批17名成员、顾问获颁聘书；2014年河北省“平安家庭”创建活动推进会在石家庄市召开。完善“12338”妇女维权服务热线管理，全年处理来电来访案件1600多起。

【爱心关怀妇幼】 开展扶贫帮困“春雨行动”，为30名农村贫困“两癌”妇女发放救助金21.5万元；成立“健康关爱巾帼志愿服务队”，组建“彩虹桥妇女健康家园”。播种爱心和关怀，为老区重点村革命母亲送去“爱心大礼包”139个；为贫困儿童争取救助款物价值236万元；471名爱心代理妈妈牵手留守儿童，新建留守儿童家园2所，新建市级儿童友好家园示范点10所；2014年全国儿童保护培训暨总结会在石家庄市召开。推进新生儿出生缺陷防治，建立合作、防控、保障机制，年末新生儿出生缺陷发生率监测数据由2011年111.52/万下降至95.26/万。

（刘静）

石家庄市科学技术协会

【概况】 2014年，市科学技术协会（简称市科协）机关共有在职人员28人；下辖事业单位2个，分别为市科学普及中心、市科技咨询服务中心，人员30人。拥有市级学会、协会、研究会32个，会员1.8万人；企（事）业科协、院校科协56个，会员4800余人；县（市、区）科协21个，人员104人；乡镇、街道科协307个，人员8549人；农业技术协会467个，人员65900余人。开展为民办实事、好事活动，组织“科普大篷车服务队”走进社区举办科技知识巡展，实现社区居民自己操作、近距离体验科技魅力。2014年市科协在3个县市开展万名科技致富带头人培训。提升科技人员知识结构和水平，采取以奖代补与举办重点活动相结合方式，开展学术交流、科普宣传和承接政府转移职能工作。2014年市科协举办具有影响力、规模较大国际学术会议2次，与来自美国及北京市、江苏省、广东省、台湾地区专家交流和研讨科普课题。全年举办专家服务基层科技惠民活动11次，参与专家20人次，服务内容涉及种植、养殖、气象、医保等，解决技术难题20余个，直接受益4000余人。广泛征集专家建议，编发《关于在我市推广使用“干式清扫车清灰除尘系统”和“多功能清扫车污水净化回用一体化装置”的建议》，获得市长王亮批示和肯定。推荐10人获评第八届河北省优秀科技工作者；推荐22个农业技术协会（基地、社区、个人）获得国家、省级奖补资金296万元。2014年市科协获得河北省青少年创新大赛优秀组织奖、河北省机器人大赛优秀组织奖及市级文明单位、市普法先进单位、市节能减排先进单位等称号。

（韩建辉）

【科普活动】 建设科普画廊，出台电子科普画廊建设实施意见及方案；多次试播、查验播放效果，征求社区居民意见和建议。至2014年底，市区公园、社区建成电子科普画廊16个。实施科学素质提升工程，分区域、按行业统筹安排，在农村开展农村实用技术培训10次，培训1200余人，发放科普图书3000余本，涉及种植、养殖等内容；在社区开展科普讲座10场，举办科普大篷车巡展24次。5月16～22日，2014年石家庄市科技活动周举行。主题为“科技生活·创新圆梦”。科技活动周期间，来自科技、气象、环保、卫生等25家市科普联席会成员单位在市区水上公园集中举行宣传活动，现场向公众普及生活中各种科技知识，正定科技馆展示了“穿墙而过”、“双曲狭缝”、“空气炮”等20多个科学知识。围绕“创新发展，全民行动”主题，举办全国科普日活动。9月20日，市科学技术协会、市教育局、市科技局在市区青园小区举办全市性的全国科普日主场活动，现场举办科学小实验、流动科技馆展览、车载天象厅等科普展览及咨询活动，还面向青少年群体，专门设计了趣味实验、机器人表演、科技制作等内容。

（韩建辉　李云萍　郝超华）

【提升全民科学素质】 按照面向基层、贴近群众、关注民生思路，以长效机制建设为重点，创新方式方法，制定出台《2014年全民科学素质行动工作要点》，落实《全民科学素质纲要》。开展“提升公民科学素质为基层群众办实事典型案例征集活动”，收集案例40余篇，涵盖五类重点人群及多个部门，涌现出“新乐市红薯协会科技铺就致富路协会架起致富桥”等优秀典型案例。宣传和解读“公民科学素质指标七问”，涉及内涵、CSL的作用、测算方式、发展状况及“十二五”时期中国CSL发展目标等，推动更多公民了解全民科学素质工作，理解全民科学素质含义，懂得提升科学素质重大意义。

【科普宣传】 与河北电视台都市频道合作举办“科普生活大调查”节目，并根据季节和群众关注热点进行选题，开展专家解析，播出52

期。按照“将动漫引入科普，让科普融入生活”思路，与石家庄信息工程职业学院联合制作“科普一家人”系列科普动漫片，在市科协网站点击播放。宣传雾霾知识，在收集、编辑、整理、专家审定基础上，设计四大类25种宣传资料，形成雾霾知识库，内容涉及雾霾成分、成因、危害、应对措施等；与石家庄信息工程职业学院联合制作雾霾知识动漫作品45个。与石家庄广播电台联合举办“省会科普伴您行”活动，邀请专家做客直播间解疑答惑，每周1期。以生活常识为主，全年在LED大屏幕、公交车、机场移动电视播放科普知识短片52集、3285期次。

【科技服务】 发挥优势，开展科技服务，搭建企业发展平台。为河北冀川实业总公司搭桥，与石家庄飞机实业总公司合作研发气动元件新产品。与石家庄数英仪器有限公司合作研发仪器仪表新产品，帮助企业解决技术创新、管理和发展中的难点问题，提高企业竞争力。协助29家企业安装专利信息软件，为企业发展提供支撑。开展“讲理想、比贡献”竞赛活动，引导科技工作者结合专业特长，促进企业技术创新。2014年市科协筛选、上报省科协“讲理想、比贡献”竞赛活动18个项目获得表彰；筛选、上报国家科协“讲理想、比贡献”竞赛活动10个项目获得表彰，位列全省获奖总数第一名。促进科技成果产业化转化，落实专家服务企业建家、建站长效机制，为提高企业自主创新能力和市场竞争力提供支撑。2014年市科协新建企事业科协组织9家，帮助企业申报院士专家工作站8家、科技专家企业工作站3家。

【青少年科技活动】 关注山区和弱势青少年群体，在46所山区学校和市特殊教育学校启动青少年科技教育活动，送去科普器材、资源箱50个，科普资料1万余册；组织科普大篷车开进山区学校12场次，开展科技活动20余项。“农村中学科技馆”项目通过验收。2014年中国科技馆发展基金会通过石家庄市“农村中学科技馆”项目建设验收并给予好评。“农村中学科技馆”由中国科技馆发展基金会投资30万元，在石家庄市栾城区西营乡中学按照国家级标准投资建设，为河北省唯一一家。成功承办河北省青少年科技创新大赛终审评比展示活动；参加河北省青少年机器人大赛获得“优秀组织奖”和团体第一名。筹建市青少年机器人工作室进入收尾阶段。开展青少年科学调查体验、雅培科学培训、燕赵少儿科普行等活动，有效提升科技辅导员和学生素质。

（韩建辉）

石家庄市文学艺术界联合会

【概况】 2014年，市文学艺术界联合会（简称市文联）坚持“二为”方向、“双百”方针和“三贴近”原则，以文艺志愿服务为载体，以育人才、出精品为目标，无私奉献，开拓创新，在精品创作、人才培养、队伍建设等方面取得较好成绩。全年出版文艺类图书80余部，在全国和河北省文联会议介绍市文联工作经验13次，举办文艺辅导、书法培训、文学讲座、公益演出等志愿服务活动200余场次。2014年中国文联文艺研修院2次邀请周喜俊为全国基层文联负责人培训班做案例教学；市文联“树旗帜、带队伍、育人才、出精品”经验在全国基层文联系统推广；撰写理论文章《以人才培养推动文艺事业生态发展》入选中国文联编纂《基层文联工作经验汇编》。至2014年底，市文联设有办公室、宣传创作部、通联部、编辑部4个部室；下辖作家协会、书法家协会、美术家协会、摄影家协会、民间文艺家协会、音乐家协会、舞蹈家协会、影视家协会、戏剧家协会、曲艺家协会10个协会。加强人才培养，市作家协会在河北省文学院签约作家由上届5人增至10人，占入选总人数21.7%，在全省领先；唐慧琴、梅驿、程雪莉3位青年作家被选送到中国作家协会鲁迅文学院高级研讨班进修；3人获得河北省文艺振兴奖青年作家奖和青年导演奖。

【精品创作】 1月22日，第十二届河北省文艺振兴奖评选结果公布，石家庄市9件作品获评文艺振兴奖，分别为周喜俊创作的长篇小说《当家的男人》、唐慧琴创作的中篇小说《拴马草》、白国庆创作的诗歌《干净的村庄》及河北梆子《白毛女》、数来宝《河北好人数不清》、舞蹈《那是一朵美丽的花》、歌曲《难忘太行那首歌》、动漫作品《家有豆丁》、赵玉芝美术作品《嫦娥喜迎神九》。9部作品获得第十一届河北省精神文明建设“五个一工程”(2011~2014年)奖，分别是电影《夏天的拉花》；动画电影《西柏坡2英雄王二小》；动画片《精灵梦叶罗丽》；纪录片《正定》；戏剧：河北梆子《白毛女》(平山县河北梆子剧团)，晋剧《背水之战》(井陉县晋剧团)；歌曲《太行谣》(市群艺馆)；图书《天天都有大太阳》(康志刚)、《牵牛花》(唐慧琴)。中篇小说《双刃刀》、《位置》等37件作品在《人民文学》、《十月》、《中国作家》、《光明日报》等报刊发表，河北梆子《子弟兵的母亲》在中央电视台播出。全年出版文艺类图书80余部。

【文艺宣传】 以“中国梦”为主题，开展文艺宣传活动。3月1~3日，市文联在栾城县举办“中国梦”故事创作培训班。《故事会》常务副主编吴伦，中国故事委员会副主任、《民间文学》副主编范大宇受邀为省会60余名故事作家作讲座。9月25日，石家庄首个故事创作基地在栾城区揭牌。9月21日，由市委宣传部、市文联等单位联合主办，市曲艺家协会承办“中国梦我们的梦——践行核心价值观榜样就在我身边”少儿曲艺专题晚会正式录制，国庆节前后在河北杂技频道《喜乐园》栏目播出。举办书法美术摄影展览。9月20日，由市文联、市摄影家协会联合举办《光影筑梦》——石家庄市庆祝建国65周年摄影作品展在市博物馆开幕并举行颁奖仪式。9月28日，由市文联主办、市书法家协会承办纪念建国65周年书法作品展览在耕香院举行。

【文艺界管理活动】 3月26日，市文联在市人民会堂召开九届二次全委会暨2014年度工作会议，会上宣读了《中共石家庄市委宣传部关于表彰奖励2013年度全市文艺工作者在全国大报大刊发表文艺作品决定》，协会、县(市、区)、行业文联代表和获得全国大奖代表介绍了文艺工作和创作经验。9月11日，河北省文联、市文联共同举办全市基层文联工作经验交流会。省文联党组书记解晓勇，市委常委、宣传部长高天出席会议并讲话。省文联副主席、市文联主席周喜俊结合实际总结了十年来基层文联工作。县(市、区)基层文联负责人和作家艺术家代表50余人参加座谈交流，探讨新形势下基层文联如何更好地面向人民，服务群众。会议向全市文艺工作者发出《石家庄市文艺界践行社会主义核心价值观倡议书》。10月27日，市文联组织召开全市文艺界学习贯彻习近平总书记在文艺座谈会上的讲话精神座谈会，《石家庄日报》以《创作更多无愧于时代的优秀作品》为题，整版刊登市文联文艺界代表发言摘要。

【文艺讲座与研讨】 开展文艺讲座下基层、进校园活动。2014年市文联主席、市作家协会主席周喜俊到灵寿县中学作《青年人要勇做追梦使者》文学讲座。市文联副主席、市书法协会主席肖建科应邀到河北师范大学教师教育中心，为全省中小学骨干教师书法研修班的老师和学生作《书法教育与中国传统文化》讲座；到藁城市实验小学作《中国书法与传统文化》专题讲座；到灵寿县参加文艺志愿服务活动，为灵寿县80余名书法爱好者作专业讲座。举办精品创作研讨会。5月16日，由河北省文联、河北教育出版社、市文联共同主办“纪念毛泽东同志《在延安文艺座谈会上的讲话》发表72周年暨周喜俊文论集《用什么回报你——我的家园》座谈会”在河北省军区招待所举行，与会专家学者重点研讨了《用什么回报你——我的家园》。召开作家评论家座谈会。1月20日，市文联举办作家评论家座谈会，参会青年作家和评论家结合自己成长经历和创作实践，围绕如何把握正确的创作方向、传播社会正面能量开展沟通和交流。

(陈广山)

石家庄市归国华侨联合会

【概况】 2014年，市归国华侨联合会(简称市侨联)转变工作作风，密切联系侨界群众，倾心构建侨胞之家，为推动省会转型升级、跨越赶超，实现绿色崛起发挥独特作用。借助省会品牌经贸洽谈活动，搭建项目对接平台，促成一大批节能环保项目落户石家庄市。注重联络联谊，采取迎进来走出去、创建海外顾问库等方式，加强与海内外联谊。征集海内外侨界群众意见建议150余人次、211条次。12月26日，市侨联举行十届四次全委(扩大)会，会议审议通过《石家庄市侨联关于密切与侨联委员及侨界群众联系的制度》、《关于增强法治意识树立法治思维，为建设法治社会发挥侨界作用的决议》。2014年市侨联被河北省人力资源和社会保障厅、省侨联授予全省侨联系统先进集体称号，3人获评全省侨联工作先进工作者；栾城区侨联被省侨联授予全省侨联系统先进组织称号；河北博伦特药业有限公司总经理李玮博士入选国家“千人计划”，实现省会国家“千人计划”零的突破；旭新光电获得中国侨联创新团队奖；姚继明、高春平入选石家庄市首届高层次人才支持计划。

【服务经济建设】 搭建对接平台，为经济发展服务。10月23～24日，由河北省政府主办，石家庄市政府、河北省商务厅承办的2014年中国·石家庄国际投资合作洽谈会（简称石洽会）上，市侨联邀请来自美国、荷兰、加拿大等9个国家和地区30余名侨界领导、侨商到石家庄参会。促成中国侨联华商会副会长朱建德与赞皇县政府，就槐河综合治理、小城镇建设和工业园区项目达成合作意向；来自美国周建平博士研发全类别肿瘤早期广谱筛查项目，获得河北省政府部门报批，进入审查、立项阶段；由天津市侨联推荐天津昌固节能环保项目拟推广至石家庄市。以项目服务为重点，助力县域经济发展。市侨联组织人员到井陉县、高邑县等10个县（市、区）开展考察调研活动，围绕助力侨企发展、服务县域经济举办座谈交流会，加强与各县（市、区）沟通联系，收集整理县域经济产业定位、招商政策和项目信息，宣传推荐区位优势及招商引资政策，推动侨商投资县域经济，形成长期集聚效应。2014年河北盛德利印铁制罐有限公司投资5亿元、占地230亩的盛益饮品项目在高邑县正式投产；康泰塑胶科技集团有限公司投资25亿元、占地200亩的云母研发、生产、加工和物流配送综合项目在灵寿县落户，纳入河北省重点项目；河北中智电池制造有限公司的锂离子电池项目成为石家庄市申报河北省新能源汽车战略新兴项目之一，在井陉县落户一期投产。激发创新活力，扶持侨资侨属企业做大、做强。开展入侨企调研摸情况、搭建平台促合作、积极宣传树典型、营造氛围促交流等系列活动，侨企发展呈现出高新技术引领、市场定位准确、产业规划科学等鲜明特点。2014年旭新光电科技有限公司总投资27亿元的国家重点建设项目——TFT—LCD玻璃基板项目，新增销售收入11亿元，实现利税5亿元；河北博伦特药业有限公司新增投资1亿元、产品3个；河北大威大食品检测服务有限公司投资860万元，在高新区建成河北省第一个民营第三方检测机构并取得河北省质监部门认证。

【拓展联络联谊空间】 开展“国庆连侨心，同心谋发展”、“领袖互联网思维”、“委员联谊，互通共赢”等委员活动，为建设幸福石家庄广聚正能量。2014年市侨联副主席、河北医科大学国际交流学院院长田庆宝为市侨联老年委员作《做好情绪的管理师》科普讲座，普及科学健康知识；市侨联常委、市第一医院党委书记、副院长张新元促成印尼力宝集团投资15亿元建设市第一医院新院址项目；市侨联委员、河北艺术职业学院副教授郝爽和河北经贸大学副教授崔濒月利用自身优势，向海外同学和亲友推介石家庄。促进上下联动、区域互动、共谋发展。参加中国侨联常委会、全委会，邀请省侨联领导到石家庄市调研，参加省侨联侨务干部培训，加强与中国侨联、省侨联沟通联系。2014年中国侨联、河北省侨联刊物及网站分别刊登市侨联服务县域经济、吸引海外人才等十多个方面好经验和好做法。增强与各省、省会城市侨联联络联系，深化与珠三角、长三角和重点侨乡交往关系，组织人员到浙江省、江苏省、福建省福州市及厦门市等地考察交流学习，拓展对外联络空间。以“石洽会”为平台，围绕京津冀协同发展战略，密切与北京市华商会及海淀区侨联、天津市侨联等组织和商会的联系，借势发力，开展招商引资、招贤引智，积累互利共赢经验和奠定联络基础。拓展联络空间。2014年市侨联接待来自美国、加拿大、澳大利亚等11个国家和地区海内外侨社团、侨界领导100余人次。2014年12月初，市侨联主席胡翎随省侨联考察团出访瑞士和丹麦，拜访瑞士联邦大苏黎士区经济促进署和中国驻丹麦大使，参加了丹麦上海同乡会迎新年联谊会。市侨联副主席、石家庄科技职业学院院长武志永通过美国孔子学院，推广汉语文化教育和文化交流。至2014年底，市侨联聘请海外顾问 197 人。创新联络载体，建立“石家庄归侨侨眷之家”QQ 群和“石侨之家”微信群，实现海内外侨胞网上互动、时时互通。利用视频网络、电子邮箱等形式，向海外重点侨界领导和侨社团及时发布石家庄市招商洽谈活动，密切侨联与海外侨胞感情。2014 年《石家庄侨联》刊物出刊 4 期，发放 6000 余份，成为联络联谊一张亮丽名片。

【参政议政】 全年侨界人大代表、政协委员参加全国、省、市人大及政协部门视察调研活动 120 余次。完善充实全国、省、市、县四级侨界人大代表、政协委员信息档案，建立与侨界人大代表、政协委员定期联系和沟通机制。2014 年市侨联与 107 名侨界人大代表、政协委员联系 500 余次，实现沟通、联系常态化。探索调研视察、提案议案、立项落实反馈工作机制，建立与市人大常委会民族侨务外事委员会、市政协港澳台侨和外事委员会等涉侨部门沟通联系制度，商定侨界各级人大代表、政协委员每半年定期向市侨联反馈参政议政情况，及时组织侨界人大代表、政协委员调研视察活动，为参政议政提供准确素材。2014 年侨界人大代表、政协委员提出议案提案、批评建议、社情民意 167 件，涉及教育、医疗、卫生、大气治理、社会风气等 15 个方面。其中，全国人大代表、市侨联主席胡翎提出《将华侨保护纳入立法程序的建议》、《强化国民国家意识的建议》等 15 件议案被全国人大和有关部门采纳，《将华侨保护纳入立法程序的建议》列入 2014 年全国人大华侨委员会重点工作；市侨联常委、市政协常委郑建撰写《关于进一步完善农村三级医疗卫生服务网络建设的建议》获评市政协优秀提案。

【为侨服务】 开展“走基层、访百户、蹲点服务、问需于侨”活动，畅通与侨界群众联系渠道。2014 年市侨联为到石家庄投资置业海外人才解决发展环境、就医、就学及帮助侨资侨属企业解决投融资难、招工难等实际问题近 100 件；走访慰问贫困、病难归侨侨眷 50 户 200 余人次，发放慰问金、慰问品合计 5 万余元；接待侨界群众来信来访 20 多人次，解决涉侨问题 120 多件。做到事事有回音，件件有落实，受到侨界人士一致好评。探索为侨服务新方法，创新为侨服务新载体。贯彻落实中共中央办公厅《关于加强和改进新形势下侨联工作的意见》，围绕发挥新侨作用，做好海外人才工作，探索为新侨服务新方法。开展专题调研活动，到河北师范大学、河北科技大学、河北医科大学等新侨聚集高校，采取座谈会、实地考察等方式做好调查研究，撰写《发挥新侨作用，服务省会发展》论文课题被市委统战部作为全市优秀调研课题推荐参加全省统战系统理论创新评审。与中华英才网石家庄分公司联合举办“2014 夏季中高级人才洽谈会暨首届省会海外归国人才洽谈会”，到场招聘企业 350 家，其中侨资侨属企业 45 家，共提供就业岗位 2 万余个，应聘到场 1 万多人。完善依法护侨机制，提升为侨服务能力。2014 年市侨联与市司法局联合在市侨联设立侨胞侨属法律援助工作站，为侨界弱势群体免费提供法律咨询、法律援助。发挥侨联工作网络和基层作用，加强各县（市、区）侨联工作指导，开展基层组织建设、侨务干部配备、侨情现状 8 个方面摸底调查。2014 年栾城区成立华商会，裕华区建成社区侨务工作“三级网络”平台。重视高校人才荟萃、智力密集优势，赴河北师范大学、河北科技大学、河北医科大学等 5 所高校举办贯彻落实中共中央办公厅《关于加强和改进新形势下侨联工作的意见》座谈交流会；邀请国家“千人计划”创业人才李玮博士到石家庄学院作“中国梦赤子心港澳台海外杰出人士燕赵讲堂”讲座。利用法律顾问委员会、华商会、海外人才联谊会、老年委员会平台作用，延伸侨联工作手臂。2014 年市侨联老年委员会组织活动 30 余次，参与人员 1000 多人次。

（李志刚）

石家庄市社会科学界联合会

【概况】 市社会科学界联合会（简称市社科联）于 1985 年 12 月成立，2010 年与市社会主义科学院、讲师团合并，是从事社会科学研究和理论宣传的学术性群众团体，是全市社会科学各学术团体（学会、协会、研究会）的联合组织。2014 年，市社科联以学习宣传贯彻党的十八大、十八届三中全会精神为主线，树立进取意识、机遇意识、责任意识，围绕中央和省、市委重大战略部署，把握发展新要求，发挥独特优势，深入开展理论宣讲、政策宣传和社会科学研究。推进社会科学普及，市委办公厅、市政府办公厅联合下发《关于加强社会科学界联合会工作的通知》；利用新闻媒体和社会科学网宣传《河北省社会科学普及规定》，印制3万份《河北省社会科学普及规定》手册，免费发放市民。12月20～26日，市社科联成功举办省会第十二届社会科学普及周活动。加强学会管理，拥有团体会员45个。围绕学会组织建设、学术研讨等内容开展交流活动。2014年10月，市社科联组织部分学会参加全国大中城市社科联第24次会议，4个学会获得全国先进学会称号。2014年9月，全市5人获评石家庄市第九届社会科学优秀青年专家。分别是：任维维，市委研究室；李巧兰（女），石家庄学院；张杰英（女），市委党校；贾丽英（女），石家庄学院；霍丽娟（女），石家庄职业技术学院。2014年市社科联获评全国先进社科联组织。

【社会科学研究】 坚持正面宣传，主动引领社科研究方向。录制播出“理论之窗”电视节目24期，深入基层举办理论宣讲20余场，新建理论宣讲乡镇工作站1个；举办理论骨干培训班2期。2014年市社科联发表论文36篇，《西柏坡时期党的精神建设研究》著作出版，完成调研报告5篇。突出导向激励机制，2014年上半年召开市第十三届社科优秀成果和第八届社科优秀青年专家表彰座谈会；2014年下半年完成市第九届社会科学优秀青年专家评选、第十四届社会科学优秀成果评奖。注重社科专家培养，落实《石家庄市社科专家培养项目资助管理办法》，加大社科专家、人才管理和课题项目资助。2014年全市确定社科专家资助培养课题17项，每项资助3000～5000元。

（刘献国）

【第十四届社会科学成果奖励项目】 12月16日，石家庄市第十四届社会科学成果奖励项目评奖结果公示，共70项。其中，一等奖10项；二等奖20项；三等奖40项。

表18　2014年石家庄市第十四届社会科学成果奖励项目一等奖

序号	姓名	合作者	工作单位	题目
1	张兵		石家庄学院	《公平之路——当你感到不公平》
2	赵惠娟	苏瑞翩　陈战彬	市社科院	《逻辑与体系——中国特色社会主义理论体系逻辑结构研究》
3	申玉兰	张杰英	市委党校	“昆明PX抗争事件”对我市的警示意义
4	朱祥海		石家庄学院	《利维坦法哲学》
5	谭运江	刘顺江　李星	市委研究室	我市政府购买社会服务工作滞后 亟待加大推进力度
6	陆静		石家庄学院	提高区域文化竞争力的文化生态学探析
7	刘丽敏		市委党校	城乡一体化视角下的新农村法治建设
8	葛茂林	吴荣哲　兰颖松	石家庄学院	论舆论宣传创新
9	李亚卿	杨琳　王志臣　靳春会	市42中学	《新课题模式与教学案例》
10	梁新顺		正定梁梦龙研究会	《秋碧堂法书》

表 19　　2014 年石家庄市第十四届社会科学成果奖励项目二等奖

序号	姓名	合作者	工作单位	题目
1	刘新起	王清华	石家庄职业技术学院	职业技术学院“校中厂”教育模式的探索
2	张振平		石家庄学院	《幼儿教师专业化成长指南》
3	邢鸿儒		市社科院	雷锋精神为“中国梦”凝聚伟力
4	丁利锐	杨青	石家庄学院	河北省城镇社区教育问题与对策
5	娄海波	王艳品　王红英	市委党校	石家庄文化建设的路径分析
6	张爱华	赵明	石家庄学院	《知识产权视域下的企业品牌战略》
7	杨晖	贾海丽	市委党校	经济利益多元视角下思想政治教育存在的问题及对策
8	陈淑荣		石家庄学院	欧洲文化产业发展及其对河北省的借鉴作用
9	宋宏雄	马朝阳	河北正定中学	高中语文读本（选修）8 册
10	李玉华	黄玥　赵冰琴	市委党校	关于加快我市县城经济发展的调研报告
11	王素贞	曹雪梅	石家庄学院	冀教版小学语文教材中的国学元素分析
12	程凯	张雪峰　张民 袁有成	市政府研究室	关于对标西安加快石家庄科技大市场建设的建议
13	廖杏		石家庄学院	《杜尚的反讽艺术》
14	孙晋康	李安庆	市委党校	《风范》
15	任维维	刘永强　张凌涛	市委研究室	高铁对我市经济社会发展的影响及对策建议
16	褚亚玲	刘锋	石家庄学院	《社会良心——储瑞耕评传》
17	秦丽君	李春秋	石家庄职业技术学院	高校思想政治理论课教师队伍建设的思考
18	张永梅		幼儿师范高等专科学校	幼儿文学教学中的职业技能训练
19	郭全洲	谭立群　王凤飞	石家庄职业技术学院	基于供应链协同的河北省食品安全监管长效机制研究
20	王金刚		市教育学会	2012 年晋冀豫中考思想品德试题赏析

表 20　　2014 年石家庄市第十四届社会科学成果奖励项目三等奖

序号	姓名	合作者	工作单位	题目
1	韩彦林	王书芳　王亚莉 张素新　李月彩	石家庄信息工程职业学院	《高职实用英语》
2	周志平	李刚　卢志伟	石家庄学院	农村学前教育发展的对策
3	范彩萍	王云峰　封国江	市委党校	对加快提升石家庄县城和小城镇发展水平的研究
4	李英然		石家庄学院	黛玉葬花：《红楼梦》诗意叙事的深度开掘

（续表）

序号	姓名	合作者	工作单位	题目
5	史中朝	张昆玲	市群众艺术馆	河北地方戏的生态保护与发展路径研究
6	李哲	刘琳	石家庄学院	契诃夫戏剧思想对我国现代戏剧文化发展的启示
7	李红亚		河北正定中学	现代文教学亟须构建目标体系
8	陈步峰	刘聚梅	市民族文化研究会	《快乐服务的心灵智慧》
9	王慧杰		石家庄学院	宋朝使臣对辽交往礼仪规则探微
10	王玉栋		石家庄职业技术学院	《体操健身概论》
11	孙志勇	冯译冉　刘青	石家庄学院	“太行山红色文化走廊”育人模式的探索
12	吴鹤明		石家庄职业技术学院	大学生志愿服务活动常态化机制探讨
13	周剑瑭	康乾	石家庄日报社	在“两个环境”建设中发挥好示范引领作用
14	陶林		长安区大丰屯学校	一个苹果核引发的教育思考——试用“ABC理论矫正学生不合理行为”
15	杨娟	王倩	石家庄学院	罗斯福新政得以顺利推行的原因
16	高红欣	刘小丽	石家庄科技工程职业学院	高职教育质量评价体系中学生评教存在的问题及对策研究
17	张磊		石家庄职业技术学院	国产动画片缺少艺术性的原因
18	陆相林	马育倩　高树芳	石家庄学院	基于FLP理论的城市旅游集散中心-旅游景区空间整合研究
19	任丽娟	王永颜　刘永涛	石家庄科技工程职业学院	河北省农村“两后生”参加职业技能培训意向调查研究
20	盖海红	靖桥	石家庄职业技术学院	非物质文化遗产融入文化建设的思考
21	姚红玲	张玉伟　赵亚伟　郭腾	石家庄信息工程职业学院	工作室模式在高职专业技能培养中的运用研究
22	朱凤荣		石家庄学院	论我国大学文化之精神重建
23	安明法		鹿泉区人大	《人民日报在东焦》
24	张金环	周德胜　刘懿婧	石家庄学院	价值链核心企业对节点企业绩效评价的指标体系建构
25	宋泽军		市地税局	我国税收征管模式发展改革趋势与思考
26	张海国		市科技干部教育学院	加强石家庄市科普能力建设的思考
27	葛旭晖		市社科院	实现农民增收的根本出路是大力发展县域经济
28	吉朝珑	陈丽芬	石家庄学院	法治精神：西柏坡精神的应然内涵
29	宿建业	高飞	市运管处	浅谈“十二五”期间道路运输行业如何发挥思想政治工作和精神文明的重要作用
30	谷建恩	魏爱江　梁胜文	市委党校	准确把握社会稳定形势 进一步提高应急管理水平
31	李天		市水产技术推广站	实施石家庄现代渔业品牌战略思考

（续表）

序号	姓名	合作者	工作单位	题目
32	姚宝茹		市社科院	切记“两个巩固”筑牢思想长城
33	曹雪彦	王伟燕　孙强	市委党校	基于SWOT分析的石家庄城市核心竞争力研究
34	韩溢	张崇	市政府研究室	国家大力发展综合配套改革试验区的动态分析与建议
35	马提福		市地税局	加强科学管理 打造优秀团队
36	武进英	杨婧　王玉倩 段金朝	市委党校	农村安全饮水工程质量保障机制的研究
37	李娟	张然	石家庄学院	《解密私募–中国私募的赢利模式和策略》
38	石丽娟		市社科院	以信息服务业推动石家庄市现代产业体系发展
39	张旻捷		市高级技工学校	大学审计教育存在的问题及对策
40	张辰琛	李丽华	石家庄学院	中国水资源可持续发展的伦理分析

（康乾　左浩然）

【燕赵讲坛】 塑造省会文化品牌，办好“燕赵讲坛”。全年燕赵讲坛举办讲座50场，做到场场出精彩，月月有亮点。2014年5月，举办“燕赵讲坛”开办十周年纪念活动期间，省委常委、市委书记孙瑞彬专门就石家庄市公益文化讲座“燕赵讲坛”作出批示。孙瑞彬批示指出：“燕赵讲坛”已经创办十周年，非常受老百姓的欢迎和喜爱，并成为了我们这座城市的知名文化品牌，这是宣传文化战线的同志们为老百姓办的一件大好事。文化是一个城市的灵魂，决定着一个城市的品位。现在老百姓物质生活改善了，非常渴望享受更多高层次的精神文化生活。希望“燕赵讲坛”要贴近时代、贴近百姓，举办更多更精彩老百姓喜闻乐见的讲座，进一步唱响主旋律、凝聚精气神，传播新知识、弘扬正能量，为建设幸福石家庄、率先全面建成小康社会提供强大精神力量。祝“燕赵讲坛”越办越好！5月30日，“中国梦，赤子心，港澳台海外杰出人士燕赵讲堂”活动在石家庄市举行，邀请李锦记健康产品集团高级副总裁、无限极（中国）有限公司行政总裁俞江林作《自动波领导模式》演讲。制作编纂《十年华章——燕赵讲坛十周年纪念》画册完成；《燕赵讲坛文粹（2013）》正式出版。

（刘献国）

石家庄市残疾人联合会

【概况】 2014年，市残疾人联合会（简称市残联）以市政府工作报告利民惠民实事为重点，以开展助听、助行、助困、助学活动为平台，竭尽所能为残疾人提供康复、教育就业、扶贫、法律援助等服务。至2014年底，全市共有残疾人75.1万人；市残联共为7.73万名残疾人提供康复、教育就业、扶贫、法律援助等服务，其中康复、教育等资助9000余名。2014年全市残疾人就业保障金征收入库9000多万元，同比增长15.3%，征收额和增长幅度位居全省第一。举办“全国助残日”、“爱耳日”、“爱眼日”、“世界自闭症日”等宣传教育活动，利用市区12块露天电子屏幕，播放残疾人事业宣传短片1680次，发放宣传资料21万余份。组织残疾人参加竞技体育比赛，2014年参加韩国仁川市亚洲残疾人运动会，石家庄市6名运动员获得9枚金牌、3枚银牌、2枚铜牌，2次打破亚洲残疾人运动会纪录；参加河北省第八届残疾人运动会，石家庄市运动员获得49枚金牌、27枚银牌、7枚铜牌。开展全国残疾人专项调查，完成24万持证残疾人和非持证残疾儿童信息核查、入户调查任务。组建残疾人家庭手工业协会石家庄分会，吸收个人会员82名、会员单位15个。至2014年末，全市建立市级法律救助站21个；办理法律援助案件481件，结案346件；接待残疾人来访1120余人次。2014年河北省精神文明建设委员会办公室、河北省志愿服务指导委员会办公室联合表彰河北省第三届优秀志愿者、优秀志愿服务品牌、优秀志愿服务组织、志愿服务工作先进单位、志愿服务先进工作者，市残联报送时淑芳、武胜刚获授河北省优秀志愿者称号，市藏诺特教奖学金获授河北省优秀志愿服务品牌称号，尚建斌获授河北省志愿服务先进工作者称号。2014年市残联被省、市精神文明建设委员会办公室表彰为志愿服务工作先进单位，市残疾人服务业协会被国务院残疾人工作委员会表彰为残疾人之家，市残疾人康复指导中心被省残联表彰为残疾人康复示范基地。

【残疾人优惠政策和服务】 落实《石家庄市残疾人免费乘坐公交车实施办法》，每月集中为残疾人办理公交爱心卡，2014年全市累计办理残疾人爱心卡6.2万余张。发放贫困重度残疾人生活补贴和护理补贴，2014年全市发放残疾人生活补贴1.8万余人，发放残疾人护理补贴1.2万余人。实施贫困残疾人家庭无障碍改造200户。市残疾人康复培训中心、就业孵化基地、日间照料中心建设完成，市按摩医院正在筹建。市残疾人农疗中心建成，共向1000余名残疾人提供农疗活动。依托社区卫生服务站，新建社区康复示范站50个，年末全市建立残疾人体育自强健身示范点23个、农村书屋10个。依托特殊教育学校、康复机构、社区活动中心等机构，建立志愿助残服务站（点）100余个。举办残疾人培训班50余次，培训残疾人4000余名。在30余个小微型用人单位设立残疾人扶贫基地，帮助1000余名残疾人实现就业或带动就业。采取举办残疾人就业（创业）服务周、洽谈会、公益大讲堂等形式，帮助近600名残疾人实现就业意向。2014年全市帮助城镇残疾人就业1500余名、农村残疾人从业3.2万余人；资助考入高等院校残疾人学生74名、残疾人子女147名。开设残疾人就业咨询、求职登记、就业年审等服务窗口，为2000余名残疾人、200余家用人单位提供求职登记和双向就业推荐服务。

【关爱残疾人活动】 3月3日（第十五次全国爱耳日），全市以“爱耳护耳，健康听力——预防从初级耳科保健做起”为主题，在市残联综合服务中心举办“爱耳日”宣传教育活动，免费为贫困听障人士发放瑞声达听力集团捐赠助听器10台；邀请市第四医院产前诊断中心主任张艳华介绍耳聋基因检测项目的临床意义及社会意义，白求恩国际和平医院副院长、耳鼻喉科主任李晓明讲解初级耳科保健及听力康复知识。耳鼻喉专家现场义诊，市第四医院还为20名参加免费听力基因筛查市民进行血样采集。3月23～24日，在全国八城市“中途之家”验收总结会暨第五次脊髓损伤康复工作交流会议上，石家庄市以98分获得2013年“中途之家”试点项目第二名，被中国肢残协会授予“中肢协脊髓损伤者中途之家”称号。4月2日（世界自闭症日），由市残联主办、市第八医院承办的特殊联欢会在市第八医院儿童康复中心举行，正在住院参加康复治疗自闭症儿童及家长、医务人员200余人参加活动，以歌曲、舞蹈、朗诵、亲子活动等表演形式营造了“爱·共融”的温馨感人氛围，为自闭症儿童及家长、公众搭建起交流、沟通平台，促进自闭症儿童康复和回归社会，让更多人士了解和关爱自闭症儿童。5月30日，市残联、市教育局联合开展残疾人爱心企业家助学活动，向全市22所特殊教育学校20名品学兼优学生每人发放藏诺特教奖学金2500元（奖励资金由石家庄藏诺生物股份有限公司赞助）。12月3日（国际残疾人日），市残联举行全市听障儿童家长培训班，帮助聋儿家长增强康复知识技能，树立正确的聋儿康复观。

【市委书记看望慰问残疾人贾海霞、贾文其】 4月24日，省委常委、市委书记孙瑞彬专程到井陉县孙庄乡冶里村看望残疾人贾海霞、贾文其，走访慰问和了解生活状况。贾海霞、贾文其历时12年植树上万棵，把昔日荒凉滩地变成郁郁丛林。孙瑞彬深情地说：你们身残志坚，十几年如一日坚持植树绿化，在你们身上体现出的自强不息精神和所做的感人事迹非常了不起，感动了全市人民，非常值得大家学习。植树造林可以改善生态、美化环境，一棵树就是一个除尘器，一片林就是一个制氧站，希望你们能继续坚持下去，并带动更多的人加入到植树绿化的行列中，共同打造山清水秀的美丽石家庄。

【残疾人日间照料中心】 4月9日，

市残疾人日间照料中心正式运行。该中心位于市区谈固东街155号（市残疾人综合服务中心4楼），具备职业技能培训、心理康复、教育康复、生活能力训练、文体娱乐、图书阅览等服务功能；开办手工串珠、编织等培训，向市内有需求残疾人提供日间托养服务；入托残疾人享受免费技能培训，免费午餐，免费午休。至2014年底，全市建成残疾人日间照料中心11所，新华区、长安区、桥西区、裕华区及原桥东区各2所；市残疾人日间照料中心共为20名智力残疾人提供托养服务，各区残疾人日间照料中心累计提供托养服务320余人次，长安区仁华家园、桥西区残联日间照料中心设备齐全、功能完善、特色较突出。

【残疾人体育运动】 7月20日（第八次全国特奥日），省市残联以“开展基层特奥活动，实现美好中国梦”为主题，在石家庄市特教学校共同举办第八次全国特奥日趣味运动会比赛，设置定点投篮、1分钟跳绳、亲子活动、拔河比赛4个项目，市内区及4所培智学校特奥运动员及其家长、志愿者250余人参加活动。8月24～29日，河北省第八届残疾人运动会在邢台市举行。石家庄市102名残疾人运动员参加了11个大项、104个小项比赛，获得金牌49枚、银牌27枚、铜牌7枚，总分位列全省第二，2名运动员3项成绩超出世界纪录。10月18～24日，2014年亚洲残疾人运动会在韩国仁川市举行，石家庄市李虎召、米娜、黄丽莎、侯占彪、张扬、康国锋6名残疾运动员参加18个田径项目比赛，获得9枚金牌、3枚银牌、2枚铜牌，2次打破亚洲残疾人运动会纪录的好成绩。其中，李虎召参加男子T53级轮椅竞速100米、200米、400米及4×100米项目独揽4枚金牌；米娜参加女子F37级铅球、铁饼项目获得金牌，并打破女子F37级铅球亚洲残疾人运动会纪录纪录；侯占彪获得男子F46级铁饼金牌，打破亚洲残疾人运动会纪录；黄丽莎获得女子T53级轮椅竞速100米、200米金牌。10月21日，市残联举办第三期残疾人体育健身指导员培训班，讲解社区残疾人体育健身活动的组织与实施、残疾人运动中常见的运动伤病与防治方法等。至2014年底，市残联累计培训专职体育健身指导员301人。

【残疾人技能培训】 2014年6月，市残联、市财政局联合出台《关于加强残疾人职业技能培训项目资金管理的通知》，要求发挥残疾人就业保障金作用，提高资金使用安全性、规范性和有效性，帮助残疾人学习一技之长。2014年市级通过政府采购形式，在8所学校完成2000名残疾人职业技能培训；各县（市、区）举办残疾人培训班50余次，培训残疾人5000余名。建立残疾人职业能力评估工作室，帮助150余名残疾人开展职业能力测评和评估。开展听力残疾人驾照考试。市公安交通管理局指派市冀铁驾校为石家庄市听力残疾人考取驾照唯一指定驾校；听力残疾人驾照考试采取先体检后报名方式，体检确定在市第二医院，体检结果必须符合《机动车驾驶证申领和使用规定》第十一条要求。推荐10名盲人参加全国盲人医疗按摩人员考试。其中，具有中专以上学历6人，在医疗机构从事按摩4人；通过考试盲人4人，其中，具有中专以上学历3人，在医疗机构从事按摩1人。帮助盲人从业人员实现继续教育46人。12月22日，市按摩医院首期按摩培训班举行开班仪式，培训学时3个月，主要以小儿推拿课程为主，共有40名视力残疾、肢体残疾学员参加特色培训。

【河北省第五届残疾人职业技能竞赛】 11月12～14日，由省残疾人联合会、省人力资源和社会保障厅联合主办的河北省第五届残疾人职业技能竞赛在石家庄市举行。竞赛设立计算机组装、英文文本处理、网页设计、英文桌面排版、CAD制图、海报设计、室内摄影、封面摄影、剪纸、男服制作、美发、盲人保健按摩、电子装配与测试、插花、水彩绘画等25个竞赛项目。石家庄市40名选手参加18个项目比赛。其中，网页设计、电子装配与测试、美发、海报设计4个项目获得第一名，海报设计、美发2个项目获得第二名；综合成绩取得团体第二名。

（王剑锋　宋稳强　董凯凯）

石家庄市黄埔军校同学会

【概况】 2014年，市黄埔军校同学会（简称市黄埔同学会）以纪念黄埔军校建校90周年为契机，高举爱国主义旗帜，深化交流，优化服务，凝心聚力，为推动祖国和平统一，促进全市改革开放和科学发展、绿色崛起奋力作为。加强理论学习，提高党性修养，组织黄埔同学会会员学习和贯彻党的十八届三中、四中全会及习近平总书记系列重要讲话精神，印发《十八届四中全会公报》，并在《河北黄埔》开辟学习专栏，交流学习体会。学习习近平总书记在纪念全民族抗战爆发77周年仪式上的重要讲话，弘扬抗战精神，增强团结一心的精神纽带和自强不息的精神动力。办好黄埔同学会内部刊物，及时将党和政府对台方针政策传达到广大会员中去，为会员发挥余热、献计出力提供思想指南。组织黄埔亲友参加素质培训。2014年10月初，市黄埔同学会组织黄埔子弟陶梅生、胡海霞、焦玉林等，参加在河北省社会主义学院举办习近平总书记系列重要讲话和党的十八届三中全会精神培训班，开拓视野，增长知识，为做好对台和海外统战工作奠定基础。

【“黄埔之家”建设】 完善重大节日、会员生日、困难救助、大病应急补助、临终关怀5种关爱制度。落实困难会员专项资金使用办法，深入每位会员家中问寒问暖，了解情况，帮助解决生活中遇到的具体困难和问题。2014年看望了身患重病张连枝、贺兆忠等5位同学。筹措帮扶善款。向市财政申请救助款10万元；与深圳龙越慈善基金会联系沟通，获得社会帮扶资金；为市黄埔同学会部分参加过抗战会员解决实际困难，较好解决了黄埔同学刘自勖、贺兆忠、何福心等生活困难和养老问题。开展走访慰问活动。2014年市黄埔同学会对全市黄埔会员逐一走访慰问，送去慰问品，将党和政府关怀送到会员手中，激发了黄埔同学为祖国统一事业奉献余热的积极性。

【宣传联络】 贯彻市黄埔同学会宗旨，鼓励黄埔同学及亲友向《河北黄埔》等刊物撰写回忆录、学习体会、建议稿件。全年征集上报18位黄埔同学“黄埔老人的幸福晚年”专题征稿，并在《河北黄埔》杂志刊登。征集刘自勖、黄谷修等黄埔同学和亲友纪念黄埔军校建校九十周年书画作品90幅。2014年黄埔同学刘振荣绘画作品在第四届全国老年书画展活动中获得特别荣誉奖，入编《第四届全国老年书画展作品集》。加强海外朋友联络联系，及时宣传党和政府对台方针政策、石家庄市经济社会发展状况及市黄埔同学会工作。发挥对外宣传窗口作用，利用互联网络便捷优势，以电子刊物、信件、电子商务等形式，加强同海外、港澳及台湾岛内相关友好社团和朋友联系，及时收集海外朋友反映问题和建议。

【纪念黄埔军校建校九十周年】 2014年是黄埔军校建校九十周年。4月9日，市黄埔同学会组织黄埔同学专程到北京新文化运动纪念馆参观由黄埔军校同学会、广东省黄埔军校同学会、广东革命历史博物馆和北京新文化运动纪念馆联合举办的“爱国·团结·奋斗——纪念黄埔军校建校90周年展”。通过观看历史照片和珍贵文物，了解黄埔军校历史，感受黄埔军校创立时的困难艰辛和黄埔师生为国家统一、民族独立前赴后继、不畏牺牲的英雄壮举，深刻理解黄埔精神。6月12～15日，市黄埔同学会在市博物馆举办庆祝黄埔军校建校90周年书画展。中共河北省委统战部副巡视员付辉东，中共石家庄市委常委、统战部长毛全球，副市长孟祥红，市政协副主席、民革市委主委范振增参观展览。此次书画作品展围绕“庆祝黄埔军校建校90周年继续发扬黄埔精神”和“歌颂祖国的大好山河”主题，邀请省市黄埔军校同学及亲友、各民主党派成员、社会各界人士和廊坊市、唐山市、承德市、保定市黄埔军校同学会代表，包括台湾黄埔同学王云翀、刘达勤学长及尹铭铮、张连枝、历雷、刘振荣、韩杰茜等，原黄埔同学会总会会长李运昌之子李惠仁、黄埔起义中将周振强之子周小奇、黄埔将领戴安澜之子戴橙东、黄埔将领张灵甫之子张道宇、李又韦胞弟李又灿及书画名家数千人参加，创作书画作品300多幅。书画展以图片展示纪念黄埔将帅峥嵘岁月，以书画挥毫诉说黄埔将帅丰功伟绩，以诗歌刻画黄埔将帅战斗场面，生动展现了黄埔军校36官佐72学子及抗日战争24次正面战役胜利场面。精选展出部分书画作品及卢沟桥中国抗日战争纪念馆、北京大学“爱国·团结·奋斗——纪念黄埔军校建校90周年展”作品，编印《纪念黄埔军校建校九十周年书画作品集》和《画册》。6月13日，副市长孟祥红、市黄埔同学会会长张连枝等黄埔同学及亲友参加河北省黄埔同学会举行纪念黄埔军校建校 90 周年座谈会。

（邱振贵）

石家庄市台湾同胞联谊会

【概况】 2014 年，市台湾同胞联谊会（简称市台联）围绕两岸关系和平发展主题，发挥亲情、乡情优势，联谊、团结和服务台湾同胞，增进石（石家庄）台（台湾）交流。重视理论学习和台海形势教育。11 月 14 日，市台联组织在石家庄台胞 10 余人到河北省社会主义学院听取中国社会科学院台湾研究所所长助理、研究员朱卫东教授作台情报告会。12 月 29 日，市台联组织 23 名在石家庄台胞参加河北省台联八届三次理事（扩大）会暨全省中青年台胞培训班，听取党的十八届四中全会精神辅导和台海形势讲座。关爱台胞，开展走访慰问活动。2014 年春节前，市台联走访慰问姜鼎新等老台胞和台胞遗孀，了解台胞及遗孀衣食住行和身体状况，询问生活需求，带去温暖和慰问品。10 月 10 日，市台湾同胞联谊会邀请省台联会长王耀冀及 20 余名老台胞到娘子关游览，营造尊老、爱老、助老氛围，丰富台胞晚年生活。2014 年市台联在春节、元宵节、重阳节、中秋节等重大节日均举办联谊活动，增进了台胞友情。支持绿化建设，组织植树活动。3 月 11 日、10 月 17 日，市台联两次组织部分台胞与市政协委员到市区小壁林区开展“统一林”义务植树活动。感受祖国发展，加强爱国教育。5 月 21 日，市台联组织 20 多名驻石家庄台胞到晋州市周家庄参观人民公社，感受当地自然朴实的民风和健康有序的管理理念。周家庄素有“最后一个人民公社”之称，跨越半个世纪，是全国唯一保留人民公社制度的乡镇。10 月 1 日，驻石家庄 15 名老台胞冒雨参加河北电视台农民频道现场直播节目“欢畅嘉年华”，代表全市台胞为庆祝祖国成立 65 周年，献唱《鼓浪屿之波》。10 月 24日，驻石家庄台胞及保定台胞 30 余人参加由省台联、市台联及保定市台联共同组织的狼牙山红色之旅，增进两地青年台胞交流，加深爱国主义教育。

【重要会议】 4 月 10 日，市台联召开三届六次理事扩大会，总结 2013 年度工作，传达十二届全国人大二次会议精神；市台联理事及台胞代表 20 余人参加会议。12 月 11 日，市台联召开三届七次理事（扩大）会，讨论第四次台联代表大会所需重要文件材料，并通过相关决定；市台联理事 12 人参加会议。12 月 16 日，市台联第四次代表大会在亚太大酒店召开，选举产生市台联第四届理事会。河北省台联会长王耀冀，市人大常委会副主任李锡海、市政协副主席范振增参加会议。会议审议并通过市台联第三届理事会工作报告和《石家庄市台湾同胞联谊会章程（修正案)》；选举廖海鹰为市台联第四届理事会会长。2014 年市台联会长廖海鹰列席第十二届全国人民代表大会一至三次常务会，在讨论发言中，廖海鹰就消费者权益保护法、环境保护法修正案草案、特种设备安全法草案发表意见。

【石台交流活动】 1 月 20～26 日，由省市台联共同举办的 2014 年全国台联台胞青年冬令营河北分营活动在张家口市崇礼县举行，来自台湾长荣大学、台湾国立中山大学、台湾国立高雄大学等 10 多所大学 60 余名师生参加此次活动。4 月 25 日，以台湾国民党中央常委、中华海峡两岸医疗暨健康产业发展协会理事长廖国栋为团长的台湾中医药参访团一行 10 人到石家庄参观考察。市委常委、统战部部长毛全球，副市长孟祥红会见参访团一行。台湾客人参观了河北神威药业集团和河北以岭药业集团，对石家庄市中医药产业发展给予较高评价，希望与石家庄市在中医药产业领域增加沟通和交流，共谋两地中医药事业发展。4 月 25 日，“艺绘两岸·燕赵行——陈志声书法作品展”在河北省博物馆开展，这是台湾地区书法家首次在石家庄举办展览。8 月 22～28 日，应台湾原住民议事联盟主席根志优邀请，全国台联副会长陈杰率领大陆台籍医生到台湾地区台北、花莲、嘉义、台中等地原住民部落，为台湾阿美族、噶睹玛兰族、邹族、太雅族、鲁凯族、赛夏族、排湾族的头目长老开展健康咨询活动。市台联会长廖海鹰长以主任医师身份随团参加义诊活动。

（游艳红）

石家庄市消费者协会

【概况】 2014 年，市消费者协会（简称市消协）系统以“新消法新权益新责任”为主题，贯彻落实新

《消费者权益保护法》，加快推进“12315”体系建设。举办经常性消费知识大讲堂活动，传播消费知识，提高科学理性消费和依法维权意识，树立文明、健康、保护环境和节约资源消费理念。督促企业诚信经营，履行社会责任。开展调查研究，确立家居、出国留学、家装、中小学生、大学生、老年健康、家电、保险、通信、农资十大消费教育基地。加强省市县各级消协组织联系沟通，联合开展进企业、进社区、进乡村、进学校消费维权教育宣传服务活动30场次，现场受理消费者投诉咨询，与消费者面对面沟通交流，帮助解决实际问题，有效维护消费者合法权益。全年受理消费者咨询、投诉、举报13222件，调解成功率95.98%，挽回消费者经济损失645.4万元。与《河北法制报》联合开办消费维权专栏，每周四发布消费热点、典型案例、消费警示、提示及消协工作动态信息。与《石家庄日报》、《燕赵晚报》、《河北青年报》及广播电台、电视台等新闻媒体合作，举办“3·15”特别报道，每季末发布投诉分析，不定期发布消费警示和消费维权案例，曝光侵害消费者权益典型案件，剖析消费侵权现象。全年市消协系统发布消费信息60余条。

【消费指导】 宣传新《消费者权益保护法》及相关法律、法规，编印《新〈消费者权益保护法〉解析》材料和《纪念2014年3·15国际消费者权益日专刊》，发放新《消费者权益保护法》5000本。刊登市政府保护消费者合法权益办公会议成员单位2013年保护消费者合法权益典型案例及消协工作成果。发布消费警示、消费提示，引导消费者科学、理性消费并维护自身合法权益。组织专家、学者、基层消费维权工作者编印《石家庄市消费维权知识培训教材》，招募消费维权志愿者800名，举办消协工作人员和消费维权志愿者培训。开展“消费教育进乡村优质农资到万家”活动。2014年5月，中央电视台报道石家庄市栾城县生产假化肥事后，市消协联合市供销社、农资公司开展三期“消费教育进村优质农资到万家”活动，在乡村现场宣传新《消费者权益保护法》，举办真假农资比对，讲解假农资危害，具体指导农民如何使用优质农资增产、增效；现场发放新《消费者权益保护法》1500份，接受农民消费者咨询380人次，接受投诉15起，全部予以解决。组织知名企业开展新《消费者权益保护法》培训。5月12日至6月28日，市消协与市商业联合会举办新《消费者权益保护法》培训班四期，主要结合零售商业特点和案例剖析，讲解消费者9项权利、经营者14项义务及国家保护消费者合法权益的法律法规。参训企业包括北人集团各大超市、银座东购、永辉超市、建华百货等市内大型商业企业，参会客服经理、执行总监460人次。2014年全市消协系统开展消费教育系列活动160场次，通过报刊、网络、活动等方式发布消费提示、消费警示、消协观点信息40条。

【社会监督】 加强重点企业社会监督，推进诚信体系建设，提高企业履行社会责任和主动做好消费维权工作自觉性。安排消协工作人员经常深入商场、超市等经营场所，开展明察暗访和消费体察活动，及时向管理部门反映问题，提出建议。发挥监督联络站作用。2014年10～11月，市消协密集走访北国商城、先天下、蓝天商厦等市级消费监督联络站，了解日常消费维权情况，发放消费维权培训资料和宣传材料，提出改进意见。开展“汽车消费维权季”家用汽车行业服务状况监督调查活动。2014年7～9月，市消协在全市范围内开展“汽车消费维权季”家用汽车行业服务状况监督调查和消费者评议活动，采取明察暗访、公开点评、消费体察、受理投诉、座谈评议、约谈曝光等方式，发放和收回有效调查问卷300份。

（李哲）

【消费投诉】 2014年市“12315”指挥中心受理市民投诉举报13222件，挽回消费者经济损失645.4万元。其中，投诉8850件，调解成功率95.98%，挽回经济损失87.42万元；举报4372件；解答市民消费咨询826个、疑难问题723个。从消费分类看，服装鞋帽类消费投诉量较大，占投诉总量11.42%，较2013年增长6.53%；其他依次是电信互联网服务投诉占比11.32%、家用电器类投诉占比10.92%、家居用品类投诉占比8.45%、交通工具类投诉占比7.73%，传统消费仍是市民投诉重点。从消费数据看，商品类投诉占总量73.9%，较2013年增长16.55%；服务类投诉占比26.1%，较2013年增长近一倍。数据表明，市民消费趋向逐渐由商品消费转向服务消费。

（翟相哲）

【3·15国际消费者权益日活动】 3月5日，市政府召开保护消费者合法权益办公会议，专门研究石家庄市2014年纪念“3·15国际消费者权益日”活动方案，听取办公会议办公室及各成员单位2013年工作情况及2014年工作安排汇报。3月11日，市消协组织永辉超市、建华商场、国美电器、海尔公司等30家企业，围绕消费领域热点、难点问题在市工商局召开知名企业座谈会。市卫生计生委、质监局、工商局、食药监局、物价局等部门代表及10家企业代表发言，研究探讨学习宣传新《消费者权益保护法》。3月14日，副市长孟祥红到桥西区保龙仓和桥东区华夏灯具城活动现场，视察指导3·15宣传咨询服务活动。3月15日，河北省工商局局长刘云峰、省消协会长孙芳等到石家庄市西清公园、长安区建华商场宣传咨询服务活动现场视察指导，现场与消费者交谈，宣传新《消费者权益保护法》。2014年“3·15国际消费者权益日”活动期间，全市消协系统接待消费者咨询5580人次，接受消费者投诉563件，发放《石家庄2014年3·15消费维权专刊》、新《消费者权益保护法》及解析材料17万余份。

（李哲）

石家庄市工业经济联合会

【概况】 2014年，市工业经济联合会（经济团体联合会，简称市工经联或经团联）贯彻落实党十八届三中、四中全会及习近平总书记系列重要讲话精神，全面推进经济类行业协会规范发展，提升县级工经联（经团联）服务能力，组织开展调查研究，加强党组织和工会建设。参与招商引资活动，指导市商业联合会、市茶业协会组织、市医药协会、市旅游行业协会举办2014年全国（石家庄）年货购物节、年货精品展销会、第二届河北茶文化博览会、医药博览会、石家庄首届旅游交易会等行业性会展活动，助力经济发展。组织石药集团、北国集团等近40家企业参加中国企业500强和河北省“百强排序”活动，5家企业入选2014中国企业500强，8家企业入选河北省百强民营企业。加强县级工经联（经团联）建设，研究县级工经联（经团联）适应形势发展服务定位问题，组织开展对标服务和调查研究。行唐县11家企业获得国家和河北省扶持项目，总投资6.1亿元；深泽县、无极县、栾城县、高邑县等工经联（经团联）举办对标培训和经验交流活动，引导企业对标先进找差距、细化措施赶目标。至2014年底，全市共有经济类行业协会86家，形成较为完善的服务体系。2014年市工经联（经团联）获评“市级文明单位”、“先进基层党组织”、“普法工作先进单位”和“调研工作先进单位”。

【服务经济发展】 加强行业统计与分析，指导市装备制造等13家行业协会规范开展季度、年度行业统计与分析，编发市纺织、医药、装备、食品、粮食、婚庆、商贸流通、建筑、物流等行业经济运行分析30期。推进行业自律和诚信建设，践行“创建诚信协会服务全市发展”承诺。市现代物流行业协会向全市各行业发出《物流行业诚信经营倡议书》。市装饰协会制定《石家庄市装饰装修行业诚信自律规范经营实施意见》，对入驻家装基地的装饰公司和设计单位实行统一审核、统一发证、统一监理，并统一使用市装修协会与市工商局制定的《装饰装修施工合同》，做到“五统一、五规范”。市食品生产加工行业协会举办食品安全国家标准培训班，宣传贯彻《食品安全国家标准食品生产通用卫生规范》（GB14881—2013）和《食品工业企业诚信管理体系（CMS）建立及实施通用要求》（QB/T4111—2010）。市旅游协会结合行业特点，出台《石家庄市旅游协会导游员管理细则》等管理规定和行业准则。市粮食行业协会筹备并组建放心粮油配送中心，11家市区内放心粮油示范销售企业纳入统一配送。市融资性担保行业协会研究制定市融资性担保业务规范运作行业自律标准。参与招商引资活动，指导市商业联合会、市茶业协会组织、市医药协会、市旅游行业协会举办2014年全国（石家庄）年货购物节、年货精品展销会、第二届河北茶文化博览会、医药博览会、石家庄首届旅游交易会等行业性会展等活动，助力经济发展。指导市商业联合会、市美容美发行业协会等参与2014年“正博会”招商。组织市商业联合会、企业家、装备制造、粮食、医药、中小企业发展总会、金华商会7家行业协会推进招商工作，邀请香港、浙江、上海等近40家国内行业知名企业参会，有针对性开展投资洽谈合作。指导市旅游行业协会参与承办石家庄市旅游商品博览会暨旅游商品大赛。推进银企对接活动。市商业联合会与世悦律师事务所合作，为会员搭建河北省境内上市投融资平台，享受政府支持政策；与汇丰源合作，为会员提供贷款、典当等服务，2014年解决会员企业贷款资金1000多万元。市中小企业发展总会、医药协会、装备制造行业协会、煤炭经营行业协会、汽车流通行业协会，分别与民生银行、中信银行等金融机构深化合作，有效推进银行授信贷款落实。组织石药集团、北国集团等近40家企业参加中国企业500强和河北省“百强排序”活动，5家企业入选2014中国企业500强，8家企业入选河北省百强民营企业。举办“服务企业见行动”活动。开展行业培训，指导市商业联合会开展新《消费者权益保护法》培训、市建筑协会举办建筑结构专业技术讲座、市快递行业协会开展快递企业安全知识培训会和邮政特邀监督员培训。市商业联合会组织商贸流通行业企业家赴香港开展商贸洽谈和考察培训活动，在商贸、金融等项目达成诸多合作意向。协调南三条市场、新华集贸市场、太和电子城等18家大型市场及优秀商户代表参加2014中国市场大会，石家庄市50余家单位、个人获授荣誉和称号，促进了全市商品交易市场品牌建设。市中小企业家协会举办民营企业管理模式培训班、企业制胜之道、技术创新管理、中小企业卓越管理、中小企业品牌建设等10个专题培训，并与相关单位联合举办“2014年总裁春季论坛”等大型活动。市低碳经济发展协会与节能协会等联合开展“携手节能低碳，共建碧水蓝天”主题宣传活动。市企业家协会开展第十三届优秀企业、优秀企业家评选活动，表彰在推动全市经济社会发展中做出突出贡献的企业。

【调查研究】 以行业发展为课题做好调研。根据河北百强企业排序结果，结合石家庄市主要行业发展等重大课题，深入重点行业企业调研，广泛听取意见和建议。市工经联（经团联）联合市医药行业协会撰写《关于石家庄市医药行业经济运行情况的调研报告》，联合市粮食协会撰写《粮食存“银行”安全又增值——关于圣康“粮食银行”运作模式的调查与思考》，分别在《石家庄经济》杂志2014年第5期和市委《决策》杂志2014年第9期发表，反映了行业企业诉求，引领了行业转型发展。推广行业新技术新产品，引领行业科学发展。市工经联（经团联）联合市装备制造行业协会深入会员企业调查研究，撰写《关于加快石家庄市生物质颗粒燃料推广应用的调研报告》，呈报市政府，在《石家庄经济》刊物发表，助力生态环境治理。发挥重点领域行业协会组织优势，指导相关协会深度调研石家庄市纺织业、装备制造业、商贸业、建筑业、医药化工产业、现代物流业等行业转型升级情况，并结合行业统计与分析，及时向市委、市政府提出意见建议。

【行业协会建设】 按照《石家庄市行业协会“十二五”发展规划》要求，至2014年底，全市共有经济类行业协会86家，形成较为完善的服务体系。加强行业协会组织建设。推进筹备石家庄市宁德商会、台州商会成立；指导市装备制造行业协会召开行业工会联合会成立大会，审议通市装备制造行业工会联合会章程和集体合同；指导市现代物流行业协会举行市物流行业仲裁调解中心及城市配送物流分会成立大会，组建成立现代物流行业城市配送物流分会及石家庄仲裁委员会物流行业仲裁调解中心。细心指导，严格监管，规范行业协会运行。指导市饭店烹饪行业协会、金华商会、测绘行业协会，根据协会章程要求召开会员代表大会，及时完成换届。指导市建筑行业协会、工程勘察设计咨询协会、医药行业协会、装备制造行业协会、装饰行业协会、企业家协会6家协会召开理事会，明确重点工作，提高服务水平。以年检初审为时机，促进协会规范运行。根据《社团登记管理条例》和民政部门对行业协会年检要求，自2014年3月开始，对所属经济类行业协会进行年检初审；2015年5月底，协会变更、换届、财务等年检初审工作结束；依据财务管理制度，聘请专业会计事务所，开展行业协会年度财务检查，确保重点行业协会扶持资金合理支出和有效利用；结合年检初审发现问题，逐一提出整改意见，监督各协会抓好落实，强化年检考核功能。抓典型树标杆，明确行业协会发展和服务目标。根据2014年市工经联（经团联）工作任务目标及各协会履行服务职能、发挥参谋助手作用、承担行业自律使命等情况，开展综合评价，选出市商业联合会、企业家协会、建筑协会、装饰协会、装备制造行业协会5家协会作为全市经济类行业协会对标标杆，以“工经信息”形式发布工作亮点，引导各行业协会对标先进，查找差距，提升经济类行业协会综合服务能力和水平。

【县级工经联建设】 研究规范服务定位。召开全市工经联（经团联）工作座谈会，探讨县级工经联（经团联）适应形势发展服务定位问题，明确“开展县域经济发展调查、区域行业发展规划、发展区域性经济类行业协会、促进区域经济技术合作、组织实施行业自律、搭建信息交流服务平台”等职能。开展对标服务。2014年行唐县工经联（经团联）开展推荐对标示范企业活动，申报国家和省市扶持资金项目，争取资金支持。其中，2家企业列为国家中小微企业扶持项目，9家企业列为河北省扶持项目；总投资6.1亿元。深泽县、无极县、栾城县、高邑县等工经联（经团联）举办对标培训和经验交流活动，引导企业对标先进找差距、细化措施赶目标。指导调查研究。2014年市工经联（经团联）指导各县级工经联（经团联）围绕县域重点产业发展开展调查研究，了解企业发展状况，研究解决制约发展的突出问题，促进县域经济良性发展。井陉县工经联（经团联）以搞好行业调研为重点，为振兴传统产业献言献策，撰写《关于打造中国钙都的几点建议》、《我县陶瓷行业的现状及发展建议》、《关于我县工业企业循环经济发展情况的思考》等调研文章，获得县委、县政府领导好评。

（张书清）

石家庄市红十字会

【概况】 2014年，市红十字会募集款物价值1181.41万元，其中本级募捐款物687万元，争取上级款物494.41万元；市红十字会直接救助群众2117人，各县（市、区）红十字会关爱特困教师、孤寡老人等专项救助2995人，发放救助款物1185.63万元。提升筹资募捐能力，开展“博爱一日捐”活动，募集善款446.62万元。开展应急救援、人道救助、应急救护，投入资金50万元购置帐篷、防汛器材、通讯器材等备灾物资，筹措备灾资金500万元。2014年全市无偿献血人数16.98万人次，献血量59.38吨；造血干细胞采集入库志愿者2500人，成功实施捐献12人；登记遗体捐献志愿者新增170人，实现捐献13例。推进志愿服务，制定《推进志愿服务制度化管理办法》，下发《在全市开展“三关爱倡人道促和谐”志愿服务活动的指导意见》。组织22个县（市、区）红十字会召开“三关爱”、“红十字社区”及“红十字青少年”工作现场会，培育“贴近民生、服务群众”惠民项目。2014年长安区长丰红十字社区、新华区、井陉矿区关爱老人，晋州市关爱脑瘫患儿，深泽县关爱留守儿童项目受到老百姓赞誉。

【组织建设】 2014年高邑县红十字会、鹿泉区红十字会理顺管理体制，裕华区红十字会批复成立，年末全市21个县（市、区）红十字组织管理体制顺畅规范运行。新创建红十字学校12所、乡镇等红十字基层组织206个，组建志愿服务队6支，年末全市登记红十字志愿者达到6139人。发展红十字会员，依据《中国红十字会会员管理办法》，动员社会力量参与红十字会工作。修改完善市级会员管理办法，制定《考评细则》，实现会员单位发展、管理、服务等工作具体化、标准化。至2014年底，市红十字会发展市级团体会员单位23个、个人会员4000人，县级团体会员91个、个人会员2140人。提高红十字队伍能力素质。采取分片观摩调度、研讨交流、开设网上学校等方式，推行红十字干部培训常态化。举办红十字会重点工作、核心业务理论研讨和经验交流活动，提高红十字专(兼)职干部专业化水平。

【筹资募捐】 开展“博爱一日捐”活动。采取给县（市、区）主要领导、主管领导寄送“一日捐动员信”形式，争取各级领导理解和支持。指导县（市、区）红十字会采取志愿服务、媒体宣传、组织启动仪式、重点劝捐等方式，动员社会各界，最大限度地吸纳慈善资金。2014年全市“博爱一日捐”募集善款446.62万元。开拓会员单位合作项目。市红十字会联合17家医疗会员单位，筹集资金205万元，对22个病种开展惠民救助活动。动员石家庄现代中医血液肾病医院出资100万启动“百万元救助贫困肾病和血液病患者”项目。与河北省红十字基金会、市第一医院共同开展先心病患儿救助和人工耳蜗手术救助。与河北省红十字基金会、市中医院开展尿毒症患者透析项目。筹资50万元，与市妇联联合开展救助贫困妇女“两癌”患者项目。筹资70万元，与市计划生育协会开展计生家庭困难救助。争取上级项目支持。2014年市红十字会争取“魔豆爱心工程”款物2.82万元。申请“小天使基金”183万元，救助61人；申请“天使阳光基金”22万元，救助11人；申请省红十字基金会“救助先心病患儿项目”33万元，救助11人。至2014年底，市红十字会募集款物价值1181.41万元，其中本级募捐款物687万元，争取上级款物494.41万元。

【应急救援、人道救助、应急救护】 提高应急救援能力。组建救援队，配备个人装备和部分救护救援器材；拍摄应急演练纪录片，明确应急救援工作建设标准，规范应急救援程序；采取桌面推演、程序讲解、模拟训练、实地演练等方式，提升各级应急救援能力；投入资金50万元购置帐篷、防汛器材、通讯器材等备灾物资；筹措备灾资金500万元，确保灾情发生，救灾款物能够及时拨付使用。主动开展人道救助。全年发放救助款物价值1185.63万元，直接救助群众2117人。筹集10.7万元，购置棉被1000条，开展2014年度“红十字博爱送万家”活动。筹集20万元在市内开展“关爱环卫工人，构建和谐社会”送温暖活动，慰问环卫职工家庭200户。2014年市红十字会救助贫困大病患者690人，发放救助金134.95万元，其中2014年底救助贫困大病患者293人，发放救助金46.2万元，《中国红十字报》以“为大病患者‘雪中送炭’”为题给予报道。设立“计生家庭救助资金”，为45名家庭贫困独生子女发放助学金4.5万元；设立“艾滋病救助资金”，为12名艾滋病致孤儿童发放救助金4.44元，为7户特困艾滋病家庭每户发放救助金1000元。慰问老党员和生活困难党员，走访28户，发放慰问金1.4万元。举办“魔豆爱心工程”培训班2期，帮扶支持52名贫困母亲网店创业。应急救助19人，发放救助金16万元。“两癌救助项目”救助贫困两癌妇女17人，发放救助金8.5万元。争取河北省红十字基金会救助先心病患儿项目，救助患儿11名，发放救助金33万元。动员爱心企业捐献价值234.99万元“贝因美”奶粉3085箱，发放福利院、特教学校和孤儿院。县（市）区红十字会开展特困教师、特困学生、孤寡老人等专项救助活动，发放救助款物价值298万元，共救助2995人。提升应急救护培训水平。市红十字会联合市财政局、教育局等五部门，在石家庄信息工程职业学院开展应急救护初级培训试点，培训救护师资100名、大学新生3500名。2014年市红十字会举办初级应急救护知识公益培训100场，受益人群17000人；防灾减灾日期间，组织1万名在校学生参与全国红十字青少年自救互救知识答题竞赛，石家庄市6所学校获最佳组织奖一等奖。2014年《中国红十字报》以“打造生命健康保障工程”为题，报道长安区红十字会普及应急救护培训提高居民的自救互救能力。

【无偿献血、造血干细胞捐献、遗体捐献】 井陉矿区、井陉县、平山县无偿献血志愿服务分队和石家庄市第一支乡镇无偿献血志愿服务小队——晋州总十庄镇乡镇无偿献血志愿服务小队成立；行唐县爱心献血屋正式启用。至2014年底，石家庄市无偿献血人数16.98万人次，献血量59.38吨，较好满足了省会医院临床用血需求，连续第八次获得全国“无偿献血先进城市”。广泛利用新闻媒体普及、扩大造血干细胞捐献知识知晓率，细致做好配型再动员工作。2014年全市造血干细胞采集入库志愿者2500人，成功实施捐献12人，年末累计入库36720人，累计成功实施捐献48人。加强红十字遗体捐献志愿者工作站建设，指定专人、配备专车。采取举办纪念活动、媒体播放公益广告等方式，增进市民了解和支持遗体捐献。建造遗体捐献志愿者纪念林（馆），让逝者安息，让善行永久传承。2014年全市登记遗体捐献志愿者新增170人，累计达到1444人；实现捐献13例，累计达到84例；成功实施器官捐献6例，捐献器官16个。

（郝瑞起　戎怡）

【刘金剑捐献干细胞淋巴细胞】 刘金剑，40岁，石家庄市栾城区个体老板。2012年刘金剑成为骨髓捐献志愿者。2013年10月10日，刘金剑接到河北省红十字会工作人员电话，得知自己血液样本与一名白血病患者配型成功，他没有丝毫犹豫，表示同意捐献。2014年8月5日，刘金剑第一次捐献造血干细胞。12月1日，刘金剑再次接到中华骨髓库电话，得知患者病情出现反复，需要捐献淋巴细胞，他随机表示，救人救到底，愿意进行第二次捐献。12月17日，刘金剑在白求恩国际和平医院捐献淋巴细胞悬液143毫升。至此，刘金剑成为2004年以来，河北省第7例二次捐献干细胞的志愿者。

（任立欣　程丽娜）

【红十字宣传】 加强红十字会人道救援职责宣传，为市直主要部门领导、县（市、区）主管领导、会员单位订阅《中国红十字报》、《博爱》杂志209份。加入河北新闻网“善行河北·爱心公益救助联盟”，签约石家庄广播电台新闻882栏目，及时更新红十字网站信息及多媒体募捐箱公益广告。编印《石家庄红十字工作简讯》，建立新闻发言人制度和信息发布制度。2014年市红十字会工作在电视、广播电台、报纸等新闻媒体报道78篇，在搜狐网、河北新闻网、石家庄新闻网、长城网等主流媒体网站转载突破500余次。

（郝瑞起　戎怡）

政　法

政　法

公　安

【概况】 2014年，全市公安系统以创建全国最平安省会城市为目标，转变作风、服务民生，忠诚履职、勇于担当，攻坚克难、顽强拼搏，提升执法公信力和服务水平，有力维护了省会政治安全、社会稳定和治安平稳，为率先在全省建成小康社会创造了安全稳定的社会环境。以维护政治安全和社会稳定为着眼点、着力点，主动适应新形势下维护稳定工作新要求、新挑战，较好完成中央巡视组在石家庄期间、中共十八届四中全会、APEC会议等重大安全保卫任务。开展打击邪教组织专项行动，落实纠纷排查措施，及时发现各种不稳定因素。严格互联网24小时巡查机制，成立治理进京“非访”领导机构，建立进京“非访”日通报、日督办、旬报告工作制度，规范信访秩序，遏制进京“非访”高发态势。加强公安队伍管理，开展“为民、务实、清廉”主题教育，增强全心全意为人民服务宗旨意识；培训晋升民警1094人次。开展整风肃纪专项行动，查处民警违法违纪案件18起39人；清理调整超标办公用房1892.45平方米，清退公车32辆。以“关爱英模·情暖警心”为主题，走访慰问基层单位375个、民警及家属307人，发放慰问金133万余元。至2014年底，全市现发命案107起，侦破106起，刑事发案同比下降15.9%；利用视频监控直接破获刑事案件679起、治安案件1368起，预防制止违法犯罪1228起；交通管理查扣车辆17256辆次，拘留226人，查处各类交通违法行为2001479起。

【刑事侦查】 遵循不同时期违法犯罪规律，开展“春季攻势”、“夏季严打”、冬季严打整治“百日攻坚”专项整治行动。区分不同领域违法犯罪活动，开展打击非法集资、涉外合同诈骗、传销及“猎狐2014”等经济领域违法犯罪专项行动，“三战四治理”等食品药品领域违法犯罪专项行动，“利剑斩污”等环境污染违法犯罪专项行动，“除冰扫雪”、“铲污除垢”等黄赌违法犯罪专项整治行动，“百城禁毒会战”等吸贩毒违法犯罪专项行动。重点打击突出违法犯罪行为，开展严打扒窃、抢夺，严打黑恶痞霸，追逃等专项行动，全年破获各类刑事案件13502起，抓获犯罪人员7567名、逃犯4351名，打掉黑恶势力团伙49个、痞霸团伙575个，成功侦破“4·25”、“4·29”挟持人质案，“5·12”、“5·21”特大拐卖外籍妇女案，“12·15”抢劫杀人案，和“12·18”、“12·19”、“12·22”绑架案。2014年全市现发命案107起，侦破106起，现发命案侦破率99.1%；逮捕数、起诉数同比分别上升8.7%和25.6%；刑事发案同比下降15.9%，实现连续3年大幅下降。

【治安管理】 以人民满意为最高标准，以创新治理方式为抓手，落实多管齐下、综合治理，多措并举、源头治理，各方动员、系统治理措施，实现社会治安形势好转。坚持专项打击和常态打击相结合、以点带面和以面保点相结合，完善防控体系，扩大“零发案小区”数量，年末全市零发案小区达到699个，居民小区侵害财物案件同比下降43.6%。开展社会治安乱点整治、企业周边秩序整治，创新一区一域小平安汇聚全市大平安思路。治安乱点整治，排查确定社会治安乱点115个，整改102个，其中市区6类23处治安重点地区整治效果显著。企业周边秩序整治，排查重点企业1520家，发现整改治安隐患242处；排查化解涉企矛盾纠纷19起，破获涉企刑事案件3起；建立驻企警务室30个、派驻民警36人。

完善立体防控体系，推进视频监控建设，建成三级视频监控平台91个，纳入监控点位11877个；利用视频监控直接破获刑事案件679起、治安案件1368起，预防制止违法犯罪1228起。至2014年底，全市41737处重点单位和重点部位安装监控摄像头145321个、报警探头22291个，重点单位、党政机关、大中专院校、中小学幼儿园技防设施安装率均达100%，城镇居民小区安装率达到95%，农村地区安装率达到80.5%。推进巡控队伍建设，全市新建或重组巡控大队17支、巡控中队180支，各级巡控力量总数接近20000名。严格危爆物品管理，全年查处涉危涉爆案件86起，收缴炸药5920.9千克、雷管29408枚、各类枪支98支、管制刀具4693把、烟花爆竹533.2万余响、易制爆危险化学品71.25吨。

【交通管理】 开展为期4个月交通安全隐患排查整治，确定事故隐患点段30处，其中15处市级挂牌督办全部整治完毕。加大营运客车、货车、危险品运输车、校车等重点车辆检查力度，将重点运输企业、重点车辆、重点驾驶人纳入“源头监管服务平台”。至2014年底，全市纳入监管服务平台道路运输企业1094家、重点车辆101588辆、重点驾驶人104014人；培训运输企业交通安全管理人员841人，发放《交通安全提示卡》86578份；98%以上农村面包车粘贴安全提示；向市交通、安监和教育部门发送通报函318份；利用媒体曝光红色、橙色监管企业和连续发生亡人交通事故运输企业2次。开展“道路客运安全年”活动，全年检查运输企业3019次，发现安全隐患462处，下达《交通安全隐患整改通知书》734份、《严重道路交通安全隐患整改通知书》241份，召开有安全隐患运输企业负责人会议439次，约谈企业负责人和安全管理人员1148人，组织驾驶人培训教育1722场，受教育59066人。开展违法违规车辆治理，全年累计查扣17256辆次、拘留226人；查处各类交通违法行为2001479起。开展疏堵保畅攻坚战，实施堵点优化19处、公交站牌改动14处、道路路口改造10处。削减高峰交通流量，5月1日起，市区二环路以内（不含）早晚高峰时段实施外埠车辆以及专业作业车限行举措；市区二环路主要进市口安装警告标志82处，在原有23处卡口设备基础上新增13处。加强大气污染防治，落实黄牌货车、黄标车、摩托车等常态化限行措施；市政府启动重污染天气应急响应后，分级实施机动车限行措施。严格机动车检测和号牌发放，统一使用河北省公安交通管理局（简称交管局）选号系统，机动车号牌落实河北省交管局集中管理、发放，号牌资源全部进入号池，采用30选1、自编自选、互联网选号3种方式供驾驶人选取，有效杜绝了“关系号”、“人情号”问题。2014年9月，市区和平路与建华大街交叉口开始试点“借道左转”过路口通行方案。主要变化：路口4个方向撤销原来左转待停区，增加直行待停区；调整信号灯设置，亮灯方式由原来先直行后左转，变为先左转后直行；由东向西、由西向东两个方向的左转车道均利用邻近一条逆行车道，改造为潮汐车道；东、西两个潮汐车道入口处均增加一个信号灯。12月18日，首批22名听力障碍人士在市区学府路93号驾驶员考试中心参加驾驶证科目一考试，这是2014年10月底开启听障学员报考驾驶证后首场考试。

【消防安全】 做好消防安全工作受理，全年接待群众2000人次，解答问题400余个，受理工程项目980个。集中开展消防车通道、九小场所等集中整治行动14次，检查单位33561家，发现火灾隐患22497处，整改火灾隐患21780处，临时查封110家，责令“三停”511家，罚款4439.9万元，拘留77人，整改消案重大火灾隐患50处。建立农村和社区消防安全网格13508个，落实网格化管理人员17256名，网格内94%的九小场所达到“三懂四会”（懂场所的火灾危险性、懂预防火灾的措施、懂扑救火灾的方法；会打119报警、会使用灭火器材扑救初期火灾、会组织人员安全疏散、会开展日常消防安全教育）标准。加强消防队伍建设，采取集中培训与岗位轮训相结合、日常培训与晋职培训相结合方式，全年举办党委（支部）书记、基层指挥员、大队长、防火科长、装备技师、文职人员培训班12期，受训官兵1100余人次。举办派出所消防工作现场观摩学习活动周活动，集中轮训派出所民警2000余名；科学界定派出所消防安全重点单位4619家，派出所消防处罚案件起数和行政处罚数同比分别增长93.8%和232.5%。投入资金50余万元，制作火灾案例警示展牌1300块，在全市社区农村、商场市场、宾馆饭店、医院养老院、学校5类场所举办火灾案例警示巡展活动1000场。启动全市首届消防安全知识电视大赛，在全社会营造关注消防、参与消防的良好氛围，提升了居民消防安全素质。至2014年底，全市新增市政消火栓308座，消防水鹤31座；新建一级普通消防站3座；实现火灾亡人同比下降66.67%，伤人同比下降16.67%。

【执法公开】 坚持"网上网下并行、网上公开为主"思路，在群众接待场所设置触屏查询机148台，接受群众查询4万余人次，受理群众意见建议83条，整改执法问题31例，其中机动车选"吉祥号"、"贿考"、违章销分问题彻底治理。依托"燕赵警民通"门户网站，打造执法公开网站群，实现警务信息一网发。2014年市公安部门门户网站访问总流量达到200余万次，日均流量5000余次。加强执法公开培训，全年集中培训警察业务骨干928名，2503名警察参加执法资格考试，全部警察参加法制培训学习。升级改版公安执法手机软件，年末全市一线民警安装率达到80%。开通联网公安民警视频同步庭审旁听系统，组织参加庭审旁听97场次，年末涉及公安执法信访案件同比下降40%。完善执法考评机制，发现执法问题52个；受理行政诉讼案件3起，全部胜诉；审结行政复议案件206起，法定期限内结案率100%；审核其他行政机关移送案件53起。2014年石家庄市公安执法公开做法在全省公安机关推广。加强执法视频管理，办案场所和看守所讯问室视频监控全部升级。2014年石家庄市5个看守所通过"五化建设"验收，占河北省三分之一。其中，市第一看守所被国家公安部评为全国看守所五化建设工作示范单位；市第一看守所、市拘留所、正定县看守所获评2013年度全省公安监管工作先进监管场所。

【桥东区办理出入境证件受理点开通】 2014年2月，石家庄市桥东区公安分局出国（境）证件受理分点开通。这是市区继裕华区公安分局、新华区公安分局开通受理分点后，市区开通的第3个公民因私出国（境）证件受理分点。市公安局出入境管理处桥东区受理点位于桥东区长征街46号（正东路与长征街交叉口西北角），大厅面积130平方米，主要办理三类出国（境）业务：中国公民因私普通护照；内地居民往来港澳通行证；大陆居民往来台湾通行证。申请人携带身份证、户口页原件即可办理，其中，办理中国公民因私护照业务需要户口本首页，办理大陆居民往来台湾通行证需要旅行社发票原件。

【警务站新增11项便民服务】 6月6日，全市综合警务服务站拓展便民服务工作启动，新增11项便民服务职能。其中，全市110个警务站均实现交通违法行为查询、监控记录小型机动车（9座以下）交通违法、POS机罚款缴纳，60周岁以上人员驾驶本审验，机动车车主、驾驶人邮寄地址、联系电话信息变更备案，交通事故快速处理，开通失物招领平台，设置便民伞架和10把便民伞6项服务职能；56个警务站还实现办理辖区新出生婴儿入户申报登记，死亡户口注销登记，户口移入登记，出入境业务宣传、咨询解答和表格领取，《犬只准养证》申报和年检5项服务职能。

（冯朝勇）

检 察

【概况】 2014年，全市检察系统依法正确履行法律监督职责，推进反腐倡廉建设、平安省会建设、法治石家庄建设和检察队伍建设。批准逮捕各类犯罪嫌疑人6293人，提起公诉9695人；行政执法单位移送涉嫌犯罪案件1255件，公安机关立案607件，检察机关批捕103件、公诉168件，法院判决119件；查处行政执法人员失职渎职案件21件35人。12个单位受到国家级表彰，11个单位20名个人受到省级表彰，长安区人民检察院获评第四届全国文明单位，石家庄市人民检察院、长安区人民检察院、桥西区人民检察院、新乐市人民检察院、行唐县人民检察院、平山县人民检察院获评全国文明接待室，石家庄市人民检察院、长安区人民检察院、桥西区人民检察院获评省级文明单位，1个基层检察院被最高人民检察院记集体一等功，1人获评全国模范检察官。加强检察队伍管理，开展正风肃纪、蹲点服务、“增强党性、严守纪律、廉洁从政”等教育活动，依法查处违法违纪检察人员7人，其中4人依法追究刑事责任。开展检察规范执法强化年活动，培训学习修改后的刑事诉讼法、民事诉讼法和《执法规范》，与中国人民大学法学院联合举办在职法律硕士班，并在市检察院机关设立辅导站。深化案件管理，全部案件实行网上运行，全程跟踪、预警和监控。全年评查案件128件，纠正案件瑕疵42次。检察人员撰写调研文章在国家级期刊发表67篇、省级期刊发表54篇、核心期刊发表2篇；承担最高人民检察院重点理论调研课题33个、河北检察院理论调研课题22个。

【案件办理】 发挥批捕、起诉职能，开展打黑除恶、惩治“两抢一盗”、扫黄打非等专项活动，突出打击严重影响社会稳定和人民群众安全的黑恶势力犯罪、严重暴力犯罪和多发性侵财犯罪，全年批准逮捕各类犯罪嫌疑人6293人，提起公诉9695人。采取适时介入、引导侦查、补强证据、强化出庭措施，成功办理郗某等12人团伙贩毒案，孙某等10人拐卖妇女案等大案要案。开展打击侵犯知识产权和制售假冒伪劣商品犯罪、打击危害食品安全犯罪等专项工作，严厉打击走私、偷税骗税、合同诈骗、信用卡诈骗、虚开增值税专用发票、非法吸收公众存款等严重破坏市场经济秩序犯罪，依法提起公诉425件690人。全年行政执法单位移送涉嫌犯罪案件1255件，公安机关立案607件，检察机关批捕103件、公诉168件，法院判决119件；检察机关建议移送114件，监督立案51件，查处行政执法人员失职渎职案件21件35人。参加全市“抓源头、除隐患、重整治、创平安”活动，排查各类矛盾隐患137件，重点苗头隐患56件。开展“举报宣传周”活动，办理来信1367件，同比下降6%；来访2048件2683人次，同比下降4.7%；重复访955件1217人，集体访19件386人；受理涉检案件429件，涉检赴省信访28件46批次239人。集中开展检察长接访、约访活动，检察长接访361次723人次，答复办结案件56件。2014年市检察院受理举报204件；落实举报奖励28人，奖励金额8.5万元；受理立案监督22件，国家赔偿6件，支付赔偿金25.7万元；为刑事被害人及其近亲属提供救助8件8人，发放救助金2.9万元。

【社会服务】 开展“服务园区建设、保障安全投资、促进企业发展”活动，帮助园区企业和职工解决实际问题362个。深化南水北调、轨道交通等重大项目法治服务，协调解决实际困难和法律问题87件，帮助完善管理制度118项。开展城乡建设和房地产市场领域专项监督活动，立案查处重大违规建设项目背后职务犯罪28人。参与碧水蓝天工程建设，开展为期一年生态环境司法保护专项工作，联合法院、公安和环保等单位，严厉打击大气污染、水体污染、土壤污染等破坏生态环境犯罪及环境监管领域职务犯罪，批准逮捕破坏环境资源案件79件104人，监督公安机关立案20件26人，依法查办破坏生态环境背后职务犯罪案件3件15人。

【治理创新】 2014年市级检察院和22个基层检察院全部开通网络门户网站，市级检察院和12个基层检察院开通网络微博。市县两级检察院建成多功能检务大厅，其中市级检察院投资1500万元建成集控告、举报、申诉、咨询、查询等功能于一体综合性受理接待平台，实现视频接访、网上预约接访、受理和答复。建立健全辩护人、诉讼代理人预约查询机制，施行检察权网上公开。全年落实案件流程信息公开查询643人次，公开终结性法律文书91份。建立新闻发布制度，召开新闻发布会3场，参加“阳光热线”2次，并在《石家庄日报》开辟设立检察专栏。创办《检察讯息》期刊，定期向市人大代表、政协委员和各界代表通报检察信息讯情。加强舆情监控，落实涉检网络舆情全天候监测，发现和有效处置涉检网络舆情9起。建立社区、企业、检察机关三位一体未成年人犯罪矫正帮扶机制，在全市开展“检校共建”和“青少年维权岗”活动；建立社区矫正动态监督检察信息管理系统，纠正社区矫正不当149件；开展

"进千家门、察百姓情、办群众事"、"和谐进基层，检察官驻村帮扶"活动，深入乡镇、农村、学校，开展法制宣传1258次，接访1120人次，受理举报134件。推进科技强检，基层院全部建成检察专网分级保护，市级检察院建成电子物证实验室和手机一卡通系统。加强侦查信息平台建设，开展手机及硬盘数据恢复取证、话单分析和资金账目分析，建成植物园集中办案基地。

【惩处和预防职务犯罪】 全年查办贪污贿赂犯罪案件205件259人，其中要案15人(厅级3人、处级12人)、大案176件213人；查办渎职侵权犯罪案件58件111人，其中要案4人、重特大案件23人。承办中央纪委、最高人民检察院、河北省纪委、河北省检察院交办专案13件，为国家挽回经济损失3亿多元。2014年10月，市检察机关依法立案侦查5名领导岗位人员，分别是石家庄市正定新区管委会原主任吕军，市民政局原局长李文昌，石家庄日报社原党委书记、社长王贵海，市发展和改革委员会原党组副书记、副主任兼能源办公室主任张彦春，石家庄高新技术产业开发区原党工委副书记、纪工委书记潘宗营。开展退耕还林、粮食补贴、房地产开发、房产登记和卫生行政等重点领域专项活动，查办职务犯罪案件87件109人。推进警示教育基地建设，桥西区检察院与河北省送变电公司共建警示教育基地被最高人民检察院评为优秀教育基地。开展预防职务犯罪进机关、进企业、进农村、进学校、进社区、进军营"六进"宣讲活动，举办警示教育239次、预防宣传145次，接受行贿犯罪档案查询1.18万次。

【诉讼监督】 贯彻落实市人大常委会《关于加强人民检察院法律监督工作的决议》，围绕人民群众反映强烈的突出问题，提升诉讼监督薄弱环节，完善监督机制，促进公平正义。以监督纠正侦查机关应当立案而不立案、不应当立案而立案、应当追究刑事责任而不追究刑事责任等问题为重点，监督侦查机关应当立案而不立案285件，不应当立案而立案75件。以监督纠正刑讯逼供、暴力取证、违法采取和变更强制措施、错捕漏捕、错诉漏诉等问题为重点，加强"在逃人员"、"另案处理人员"监督，纠正漏捕306人，纠正遗漏罪行67件、遗漏同案犯227人，提出书面纠正意见387次，依法不批准逮捕1102人，不起诉261人。以监督纠正有罪判无罪、无罪判有罪、量刑畸轻畸重以及严重违反法定程序等问题为重点，提出刑事抗诉86件，纠正审判活动违法75件次。至2014年底，全市检察系统提出民事行政抗诉29件；提出再审检察建议7件，执行监督建议24件，办理支持起诉55件，督促履行职责84件；办理纠正程序违法8件，息诉和解案件18件；听取辩护人意见171件，安排律师阅卷872件；审查减刑、假释、暂予监外执行案件3836件，纠正150件，纠正监管活动违法195件，纠正监外执行违法169件，提出羁押必要性审查建议27件，死刑临场监督6次。针对群众反映强烈的"有权人、有钱人"违法保外就医、监外执行问题，开展减刑、假释、暂予监外执行专项检察活动，向监管单位发出收监建议23件；突击体检暂予监外执行罪犯，对不符合条件32人全部建议收监。探索保外就医监督新办法，变事后监督为同步监督与事后监督相结合，检查拟保外就医人员70余人，其中45人未达保外就医标准。加大犯罪惩处监督，查处刑罚执行和监管活动中职务犯罪6件11人。

石家庄市人民检察院

检 察 长：侯建华

副检察长：何军恒 曹爱国

兰志伟（女）

李彦平（女）

臧玉平 崔少波

冀中南地区检察院检察长：李芳栋

纪检组长：李占存

政治部主任：王国政

反渎职侵权局局长：任志晓

（边卫宁 安庆胜）

审 判

【概况】 2014年，全市法院系统共受理各类案件100155件，审执结82580件，同比分别上升13.47%和3.94%，其中市级法院受理17099件，审执结14341件。审理刑事案件7071件，判处罪犯9789人。审理破坏市场经济秩序案件434件，判处罪犯728人。办理减刑、假释案件4204件。审理破坏环境资源刑事案件50件，判处罪犯82人。通过网络系统查控财产信息35712件次，金额5.1亿元；曝光失信被执行人信息10119条。2014年全省法院系统首个反腐倡廉警示教育室在新华区法院建成投入使用。加强队伍建设，按照“建一流班子、带一流队伍、创一流业绩”思路，坚持为民务实清廉主题，开展“为民务实在一线换位体验”、“我为群众解烦忧”、“学习焦裕禄，做新时期好党员好干部”、“中国梦·法官颂”教育活动，征集意见建议6972条。举办业务培训、岗位练兵、庭审锻炼、业务竞赛75场次，培训法官和干警3400余人次。落实党风廉政建设主体责任和监督责任，巡查基层法院4个，聘请特约监督员49名。市县两级法院网站开设“院长信箱”，办理答复群众投诉、咨询等4542件。贯彻落实市人大常委会决议，走访人大代表、政协委员1923人次，征求意见建议3326条；邀请2300余人次指导、旁听庭审、听证案件，办结人大代表建议、政协委员提案377件，满意率100%。2014年全市法院系统49个集体、125名个人受到市级以上表彰奖励；市级法院少年庭获授全国优秀青少年维权岗和全国法院少年法庭工作先进集体；新华区赵陵铺法庭获授予全国法院人民法庭工作先进集体，3名法官获授全国法院先进个人。

2014年10月20日，市中级人民法院召开特约监督员聘任大会，聘任特约监督员49名

【刑事案件】 全年审理各类刑事案件7071件，判处罪犯9789人。开展打黑除恶专项斗争，严惩危害群众安全的犯罪行为，依法审理危害公共安全、侵犯人身财产、妨害社会管理秩序案件5706件，判处罪犯8779人。开展打击制售假冒伪劣商品、危害食品安全、集资诈骗犯罪等专项活动，依法审理破坏市场经济秩序案件434件，判处罪犯728人，公开宣判集资诈骗、非法吸收公众存款案件30件。审理贪污贿赂渎职案件150件，判处罪犯278人。参与社会管理综合治理，办理减刑、假释案件4204件。推进社区矫正，蓝天培训中心免费对123名刑满释放人员进行法制教育、技能培训和就业指导。

【民商事案件】 全年依法审理民生案件33276件。审理婚姻家庭、抚养继承案件15451件；审理邻里纠纷、宅基地纠纷案件3228件；审理人身财产侵权、劳动、医疗、住房、消费案件5165件；审理农村土地承包经营权流转、土地开发利用、农民工工资等涉农案件136件；审理涉军案件8件。开展司法救助，为困难当事人减缓免诉讼费413万元，为116名生活确有困难当事人申请司法救助资金 320 万元。出台《关于为“改善两个环境，加快转型升级、跨越赶超、绿色崛起步伐，建设幸福石家庄”提供司法保障和服务的意见》和《关于快速办理涉企案件的暂行规定》，审理商事案件 23492 件，标的额 153.91 亿元。规范市场经营秩序，审理买卖、借贷合同纠纷案件 10480 件；审理企业破产、清算重组、股权转让案件 231 件；审理知识产权案件 431 件。开展“为企业发展司法把脉”、“企业直通车”活动，向企业提出司法建议 163 条。

（路银良）

【“毒饺子”案宣判】 1 月 20 日，市中级人民法院依法对河北天洋食品厂“毒饺子”案作出一审判决，以投放危险物质罪判处被告人吕月庭无期徒刑，剥夺政治权利终身。日本驻中国使馆官员、媒体记者及各界群众 50 余人旁听宣判。市中级人民法院审理查明，被告人吕月庭于 1993 年到河北省食品进出口（集团）天洋食品厂工作，至 2007 年一直为临时工。为早日转为合同工，提高工资、福利待遇，吕月庭决定用注射器向冷库中的速冻饺子注射甲胺磷，试图制造事端，引起厂方重视，借机提出要求。2007 年 7～8 月间，吕月庭利用工作之便进入冷库，用一支 5 毫升注射器向速冻饺子等产品中注射甲胺磷未遂；同年 10～12 月间，吕月庭使用一支 20 毫升注射器，先后 3 次进入冷库向多箱速冻饺子内注射甲胺磷。作案后，吕月庭将注射器抛弃于天洋食品厂同一收水井中。被注射甲胺磷的饺子销往日本千叶县市川市、千叶县千叶市、兵库县高砂市和中国河北省承德市后，14 人食用中毒，其中 13 人身体受到不同程度损伤：1 人重伤，6 人轻伤，6 人轻微伤。案发后，河北天洋食品厂全面停产。至 2010 年 1 月 28 日，“毒饺子”案造成该厂产品召回运费、封存产品保管费等损失 1543433.89 元，封存产品超过保质期限损失 2125396.40 元，封存食品原材料超过保质期限损失 1875677.31 元。

（戴丽丽）

【行政案件】 履行司法审查职能，审理行政案件 816 件，执结非诉行政执行案件 2514 件。审理土地征收、房屋拆迁行政案件 76 件。推动落实行政机关负责人出庭应诉制度，建立行政审判与行政执法、行政复议联席会议制度，共同解决司法审判和行政执法难题。建立年度行政审判白皮书制度，发布《2013 年全市法院行政案件司法审查报告》，较好反馈行政执法突出问题。参与集中整治环境污染行动，审理破坏环境资源刑事案件 50 件，判处罪犯 82 人；审理资源开发民事案件 20 件、环境保护行政案件 53 件。

【审判改革】 创新管理制度，开展审判权力运行监督，新制定修订制度规定 43 项。加强审判流程管理，实施审判质效评估、案件评查和绩效考核，促进审判管理规范化、科学化。2014 年全市一线法官和执行员人均办案 93 件，同比提高 11 件；一审案件服判息诉率同比上升 9.8%、上诉率同比下降 25.9%。创新案件审判方式，在赵县、晋州市、桥西区、新华区、藁城区、平山县法院开展案件繁简分流、简易程序规范化和要素式裁判文书试点；在裕华区、无极县法院试点小额速裁改革。2014 年全市法院适用简易程序审理民商事一审案件 35317 件，

2014 年 11 月 13 日，市中级人民法院首次举办新闻发布会

适用率71.6%，审理周期缩短50%。推进轻刑快判、量刑规范化和减刑假释制度改革，全年运用快速审判方式审理轻微刑事案件1406件；运用量刑规范化方式审理交通肇事、故意伤害、盗窃等15种多发性案件4179件；审前公示减刑、假释案件2200件，运用公开开庭方式审理减刑、假释案件62件。创新执行机制，实施协调联动，建立执行指挥中心和网络查控系统。2014年市法院与18个基层法院实现并网运行，与17家银行实现信息互联共享，通过网络系统查控财产信息35712件次，金额5.1亿元。强化反规避执行举措，曝光失信被执行人信息10119条，限制出境和高消费407人次，以拒执罪移送公安机关67人，20%失信被执行人主动履行义务。2014年全市法院执结案件12582件，标的额57.98亿元。推进诉访分离，按照"法院理诉、中心接访"要求，解决涉诉信访案件"入口不顺"、"程序空转"、"出口不畅"问题，依法妥善办结信访案件594件。拓宽申诉信访渠道，实现最高人民法院、省、市、县四级法院远程视频互通，视频接访119人次。增强基层治理功能，推进人民陪审员"倍增计划"，2014全市基层法院人民陪审员由599人增加到2101人；陪审一审案件10114件，陪审率提高24.6%。发挥基层法庭面向农村、面向群众、面向基层优势，推进"一乡（镇）一法庭"建设，新增基层法庭123个，总数达到209个，实现基层法庭乡镇全覆盖。2014年基层法庭审理传统民事案件16873件，调解纠纷4907件，司法确认人民调解协议2067件。

【审判公开】 加强信息化建设，建成审判管理网、内网网站、外网网站（含微博、微信）"三个网络"和审判流程公开、裁判文书公开、执行信息公开"三大公开平台"。以信息技术为支撑，建成数字化法庭152个、远程视频接访室23个、看守所数字化提讯室15个、驻石家庄监狱数字化法庭4个；启用全省首个中级法院庭审直播平台，实现24路窗口公网直播。2014年市法院系统全部案卷生成电子卷宗，历史案卷电子化扫描启动。加强诉讼服务中心建设，以群众满意为标准，出台"司法为民四十条措施"。全年市县两级法院诉讼服务中心拓展服务功能，为当事人提供诉讼引导、立案审查、诉讼收费、立案调解、救助服务、查询咨询、材料收转、判后答疑、信访接待、调档阅卷、远程接访、庭审直播"十二项功能"集一体"一站式"诉讼服务，共接待群众42万人次。法院外网网站设置"诉讼服务大厅"，开通案件查询、诉讼指导、费用计算等服务功能，网上立案118件。推行巡回审判、上门立案及律师绿色快速通道便捷服务。加强调解工作，参与支持人民调解、行政调解、司法调解，全年调解结案23312件。2014年市法院在省委政法委、社会管理综合治理办公室委托河北省统计局开展的全省群众对政法机关满意度调查中，位列河北省法院第一名。推行审判公开常态化，出台《进一步推进司法公开工作的意见》、《司法公开目录》、《司法公开时间表》，推进立案、审判、执行、听证、文书、审务"六个公开"。全年市法院通过庭审网络直播平台、外置大屏幕、微博微信等渠道，向社会公开直播庭审1650件；在中国裁判文书网公开裁判文书33187篇；实施网络司法拍卖，以电子竞价方式公开拍卖涉案物品47案，成交总额3.5亿元；利用法院内外网和微博微信等，发布法院工作动态、审判规则、诉讼风险提示等政务审务信息27130条；将法院定期开放日变为经常性开放活动，2014年全市22.8万人走进法院，"零距离"感受审判公开常态化。建立新闻发布例会制度，及时公布重要工作和活动，2014年市县两级法院与电视台、广播电台、报社等媒体合办法治栏目9个，增强了群众参与意识、监督意识和法治意识。

石家庄市中级人民法院

院　长：崔存利

副院长：尹新民

万会峰（10月任）

张保江

张瑞明（女）

李增益　苏风雷

李惊涛

纪检组长：李耀江

政治部主任：王政光

执行局局长：钱建军

办公室主任：王海强

（路银良）

司法行政

【概况】 2014年，全市司法行政系统围绕建立“五一三”（“五”即构建五张网络：居（村）民法律服务网络、政府机关法律服务网络、企事业单位法律服务网络、特殊人群服务网络、法治宣传法律服务网络；“一”即建设市县两级综合法律服务指挥平台；“三”即落实组织机构、队伍、经费保障）司法服务体系建设，全力营造良好的法治环境和平安稳定的社会环境，较好增强了全社会法制意识。推进司法公证建设，规范公证服务质量，健全完善公证制度，提升公证工作公信力，拓宽公证服务领域。9月20日和21日，国家司法考试顺利举行，石家庄考区报名应试4636人，设置考点2个，考场155个，实际参加考试3694人，参考率为79.7%。2014年市司法局获评省级文明单位。全市31个单位和个人获得河北省“六五”普法中期先进称号。其中，井陉县、裕华区、桥东区获评河北省“六五”普法中期先进县（市）区；市妇联、市供销社、市国资委、市农业局、市审计局、市卫生计生委获评河北省“六五”普法中期先进单位；19人获评河北省“六五”普法中期先进工作者、先进个人称号。

【人民调解】 拓展调解领域，市县两级建成各类行业性、专业性人民调解组织397个，涵盖医疗、交通、物业、旅游、保险、食品安全、征地拆迁等领域。县级“五类纠纷”调解委员会全部建成，覆盖率100%。市司法部门与市级法院联合制定印发《关于推行诉调对接工作机制的实施意见》，成立“诉前人民调解室”，选派人民调解员进驻市内区人民法院，协助基层法院开展诉前人民调解。2014年全市各级人民调解组织受理案件57020起，调解成功55625起，调解成功率97.55%。

【社区矫正】 落实刑满释放人员核查、衔接机制，实现重点帮教对象衔接率100%。至2014年底，全市累计接收矫正对象13284人，在册5696人，累计再犯罪14人，累计再犯罪率0.1%，低于全国0.2%再犯罪率平均水平。刑满释放人员在册9759人，帮教率99.81%，安置率99.05%，较好解决了刑满释放人员快速融入社会问题。探索开展社区服刑人员集中教育培训，制定《关于开展社区服刑人员集中教育培训工作的实施方案》。规定参加培训人员共三类，包括新接收的被判处管制、宣告缓刑、裁定假释的社区服刑人员。社区服刑人员在社区矫正期间有下列情形之一，必须参加集中教育培训：入矫时间在60天以内，社区矫正期限在3个月（含）以上的社区服刑人员（未成年人、年龄在70岁以上、生活不能自理的除外）；社区服刑人员在社区矫正期间违反《社区矫正实施办法》监督管理规定以及其他法律法规，受到两次警告处分的；社区服刑人员在社区矫正期间违反监督管理、教育矫正规定，尚未受到警告处分但有必要进行集中教育培训的。教育培训每月定期举办两期，每期培训3天。8月25日，第一期培训班正式启动。集中教育培训主要内容以入矫教育为主，包括公共道德、法律常识、时事政策、职业培训、就业指导等。11月26日，河北省召开社区矫正工作电视电话会议，决定重点开展社区矫正培训中心、警示教育基地、社区矫正劳动教育基地“三个基地（中心）”建设，并在此次会上向全省推广石家庄市“依托戒毒场所建立社区矫正培训中心”的经验。

【法治宣传】 推进法治社会建设，实施“六五”普法规划，开展法律进机关、进学校、进企业、进市场、进社区、进农村、进家庭、进单位“法律八进”活动，评选依法行政示范机关、依法治校示范校、诚信守法示范企业、公平守信示范市场、民主法治示范社区、民主法治示范村、学法守法示范家庭、依法管理示范单位“法治八建”先进。开展专题普法活动，针对雾霾治理，在全市举行为期一个月环保法律法规专项宣传，在全市各级学校举办“法治环保、伴我成长”征文活动，征集文章5000余篇。加强基层普法队伍建设，推行设立“十户普法员”，推广面达到70%。促进干部学法懂法，举办市直部门及县（市）区普法骨干培训班，培训 150 人，还组织全市机关干部参加普法考试。利用“12·4”国家宪法日、“3·15”消费者权益日等时间节点，举办“弘扬宪法精神、建设法治中国”等主题法治宣传活动，营造尊法学法守法用法社会氛围。2014 年中国新华社以《中国政府将全力运行关到法治的笼子》为题报道了石家庄市政府法律顾问建设情况；人民调解员高瑞奎在《河北法制报》举办的十大法治事件、十大法治人物评选中，获评河北省“十大法治人物”。增强媒体法制宣传效果，开设普法微博，在省市媒体设立《调和》、《看法》、“新闻 882 公益广告”、“百人法律服务团”栏目。2014 年全市 24 个单位被河北省确立为省级“法治八建”示范点，22 个村（社区）推荐为全国“民主法治”示范村，鹿泉区、高邑县、晋州市推荐为全国“法治创建活动”先进县（市）区。

【律师工作】 完善律师行业组织机构、内部管理制度和工作机制，开展律师事务所规范化建设。实行法律服务公示，方便居民熟知司法行政法律服务职能，做到涉法问题和纠纷一个电话能找到专业人员帮助解决。推行一村一居设立法律顾问，签订协议，定期上站，解答居民法律咨询，实现社区居民拥有“自己的律师”。2014 年全市法律公示覆盖 95%的社区、农村。落实市政府《关于充分发挥律师在法治政府建设中的作用，进一步加强政府法律顾问制度建设的意见》，推动市县两级政府及部门、乡镇（街道）建立政府法律顾问制度，为各级政府依法行政提供保障。开展司法行政进社区（乡村）工程，在全市各村（居）推行一村一居法律顾问制度。2014 年市县两级政府法律顾问制度实现全覆盖；92%的乡镇（街道）、83%的村(居)建立法律顾问制度；至 2014 年末，司法行政进社区（乡村）工程提供法律服务 14000 余件。

【法律服务】 编纂《舆情分析》，推进法制建设，做好法律援助。建立市县两级综合法律服务中心，实现法律咨询、法律服务、司法行政业务一站式受理、一站式办结。12 月 11 日，市综合法律服务中心运行。市综合法律服务中心位于市区中华北大街 559 号（中华北大街与北三环交口东北角），占地 576 平方米，分上下两层，一层为综合接待大厅，受理咨询服务区设有法律援助、人民调解、社区矫正、公证事务、司法考试、法律咨询等司法行政业务，每天由律师、公证人员、人民调解员轮流值班，采取现场解答和任务指派等方式，对来电来访居民提供“一站式”窗口服务；二层为“12348”司法行政协调指挥中心，接听群众热线，解答、指派、督办群众法律服务要求。市综合法律服务中心为群众提供了方便，也起到一流示范窗口作用。各县（市）区按照统一部署，全部建成县级综合法律服务中心，其中三分之一以上县（市）区按照临街一层标准建设，方便群众来访。2014 年全市综合法律服务中心接待群众来电来访 4 万余件（次）。

（闫长润　李少杰）

【遗嘱公证网上查询】 2014 年 12 月，全市 21 个公证处所办理的遗嘱公证 1.3 万余个录入完成，与中国遗嘱备案公证查询平台实现联网。市民经公证机构申请，可凭遗嘱公证书编号，实现上网查询。查询步骤：遗嘱人死亡后，继承人、与公证遗嘱有利害关系的自然人、司法机关以及相关部门经向公证机构申请并履行审批手续，可通过互联网登录中国公证协会门户网站，凭公证编号，通过平台查询遗嘱公证信息。

（戴丽丽）

【司法鉴定】 加强司法鉴定管理，推进机构认证认可和能力验证，实行可行性准入和凡进必考制度，2014 年全市 17 个鉴定机构参加国家级司法鉴定能力验证。开展司法鉴定行风建设活动，遵循“公正、透明、规范、质量”要求，严格重点部位、鉴定实施程序、责任追究、执业公开、投诉处理管理。2014 年全市办理司法鉴定案件 6267 件，无一例错鉴、假鉴问题。

（闫长润　李少杰）

军　事

军　事

石家庄警备区

【概况】 2014年，石家庄警备区以强军目标为统领，以提升战斗力为牵引，以党的群众路线教育实践活动为抓手，突出“听党指挥、履行使命、安全稳定”三项重点工作，全力整治“四风”问题，狠抓部队训练和管理，较好完成上级交给的各项任务。加强党委班子和干部队伍建设，举行党委（支部）书记和团级单位党委正副书记集中培训，开展“讲党性、守党规、严党纪”教育，召开师团两级党委专题民主生活会，增强党委班子原则性、战斗性。依据《团级后备干部选拔程序规定》，实行考试与考核相结合办法选拔后备干部，注重群众公论，形成良好用人导向。开展党的群众路线教育实践活动和反“四风”专题教育，落实常委分片包干措施，清理整治违规住房，压减行政消耗开支，纠正超编超配干部问题，梳理解决问题41个，为基层办实事15件。举办师团两级理论集训，编印《思想政治建设应知应会内容选编》，夯实官兵思想政治根基。开展“牢记强军目标，献身强军实践”主题教育及战斗力标准大讨论、官兵原创短信展评、实地参观见学等活动，激发官兵干事创业内在动力。密切关注意识形态领域斗争，及时举行形势政策和警示性法制教育，确保部队政治坚定、思想纯洁。2014年7月，河北陆军预备役步兵师警卫调整连在石家庄国盾特卫保安服务有限公司挂牌成立，人员由预备役步兵师现役军官和石家庄国盾特卫保安服务有限公司优秀职工组成，主要担负反恐、安全保卫、抗震救灾和抗洪抢险等应急任务。8月21日至9月20日，市国防教育办公室在全市举行中学生“爱我中华，心系国防”主题演讲比赛，激发青少年学生爱军尚武，关心国防意识；9月13日，市委宣传部、石家庄警备区政治部和市国防教育办公室联合启动第十四个全民国防教育日宣传周。2014年石家庄警备区被河北省军区表彰为战备工作与军事训练先进单位。

【战备训练】 围绕总部、军区作战值班抽查和应急处置演练，规范值班秩序，提升应急备勤水平。完善战备设施，拓展战备建设试点成果，加强信息融合和视频指控系统建设。召开民兵应急力量拉动示范演练现场观摩会，探索各类队伍应急拉动演练有效模式。2014年石家庄警备区机关、平山县人民武装部较好完成网上应急拉动演练任务；井陉县、元氏县、赞皇县民兵分队执行扑灭3县交界重大山火任务发挥了重要作用，受到地方党委和政府的赞誉。聚焦能打仗、打胜仗，分层次、分科目、分阶段实施训练考核，有效增强部队战备训练水平。加强警备区机关干部、基层人民武装部参谋业务培训，分批实施作战标图集训。2014年9月，石家庄警备区首长带领裕华区人民武装部民兵应急分队参加军区基础训练考核，总评成绩获得第一名；2014年底，石家庄警备区组织全区干部参加标图、体能、手枪射击、队列考核，新华区人民武装部获得总评成绩第一名。

【基层建设】 落实北京军区“太原会议”精神和河北省军区基层重点帮建要求，制定警备区《新一轮基层三年重点帮建方案》。采取常委包干、军地协同、上下合力办法，实现警备区人民武装部和70%基层武装部、民兵连（营）部正规化建设基本达标。修改完善《人武部建设考评标准》和《评分细则》，落实依“法”考评，被河北省军区转发推广。提高基层武装部干部业务能力，编写《专武干部业务知识手册》和《武装工作应知应会常识》教材。推动人民武装部独立营院办公制度，2014桥西区人民武装部搬迁入住，长安区、无极县、高邑县、赞皇县正在建设和落实。在裕华区、栾城区人民武装部召开基层武装工作规范化建设现场会，研究探索人民武装向高校和高新技术领域拓展的方法路子，获得河北省军区肯定，做法得到总参动员部转发推广。2014年第四干休所率先完成装备车辆信息保障平台建设；第二干休所被北京军区表彰为先进干休所。

【国防动员】 围绕提升国防动员保障能力，筹备成立市装备动员办公室。开展国防动员理论研究，撰写《着眼应对重大灾害，着力提高民兵应急救援能力》获得河北省一等奖。调整优化编组结构，落实应急、支援、储备“三支队伍”合理配置。制定《廉洁征兵工作措施》，开展征兵宣传进校园、进社区、进农村活动，较好完成男女兵和直招士官征集任务，大学生入伍士兵较2013年比例提升。2014年桥西区、藁城区人民武装部被河北省政府、河北省军区评为征兵工作先进单位。

【部队安全管理】 按照依法治军、从严治军要求，将部队安全稳定作为硬指标、硬任务，始终保持大事大抓强劲态势。召开安全稳定工作会议，逐级签订安全管理责任书，明确任务和责任。修订完善师团两级安全稳定工作方案，落实领导分片包干责任制。以“平安营院”建设为抓手，严格部队安全管控，连续14年实现“双无”目标。2014年石家庄警备区机关和鹿泉区人民武装部担负河北省军区“四个秩序”规范建设试点任务，其中《警备区机关四个秩序规范化建设实施细则》和《人武部四个秩序规范化建设实施细则》获得河北省军区推广。协调地方公安、交通运输等部门，完成日本遗留化学武器运输保障任务，受到国家外交部和解放军总部领导的肯定。开展枪支弹药清查整顿，完成报废弹药集中调运和销毁处理任务。2014年市民兵训练基地出色完成年度实弹射击保障任务，市民兵武器装备仓库装备管理连续25年实现安全无事故。加强保密管理，落实集中文印规定，规范文印室建设；严格涉密、重要岗位、非现役文职、职工和临时聘用人员政治考核，消除不安全因素，确保了队伍纯洁性。

【后勤综合保障】 研究制定《财经管理规定》、《公务接待管理规定》、《药品和医疗器械集中采购管理办法》、《物资集中采购管理规定》等制度，举办财经人员集中培训，规范财物管理。严格预算审核，推行公务卡结算制度，促进财经管理正规化。开展财务专项整治，有效解决财务管理遗留问题。发挥审计监督作用，严格领导干部离任经济责任审计事项监督。加大违规住房清理力度，落实空余房地产租赁项目核查，上报完成全部租赁项目。推进车辆综合治理，实行公务用车集中管理、统一派遣。推进职工改革，制定出台《职工管理规定》和《职工年度考核实施细则》。

【双拥共建】 重视官兵家庭涉法问题调解，维护军人军属合法权益。协调市教育局出台《军人子女报考普通高级中学优待办法》，落实加分优惠政策。开展“助力小康·服务人民”系列活动，协调驻军向全市对口帮扶重点村提供经费500余万元；石家庄警备区为赞皇县北洼村解决帮扶项目6个，提供帮扶资金200余万元。组织驻石家庄部队副团职以上干部开展“1+1”助学活动，帮扶贫困学生327名。发动驻军官兵和民兵预备役人员参加植树造林活动，栽植树木1000余亩9万余株。2014年新乐市人民武装部和第二干休所获评河北省文明单位。

（孔文浩　张立广）

军事院校

石家庄陆军指挥学院

【重要活动】 1月23日，石家庄陆军指挥学院在教学指挥中心举办救助慰问生活困难家庭活动，学院领导向陈涛转交了全院教职员工的爱心捐款，向身患重大疾病及家庭生活困难官兵发放了慰问金。4月4日，学院政委张华伟代表石家庄陆军指挥学院参加在华北军区烈士陵园由中央宣传部、国家民政部、解放军总政治部举办的清明烈士公祭活动。6月10～11日，《人民日报》、新华社、《解放军报》等24家中央、驻地媒体记者应邀到学院集中采访军事运筹研究中心典型事迹，观看《运筹制胜剑道的尖兵》宣传简介片，参观军事运筹研究中心主要成果展。9月10日，学院在红星礼堂召开庆祝教师节表彰大会，表彰全国优秀教师、全军优秀教师、2014年度军队院校育才奖获奖者、学院青年成才奖获得者、模范教员、优秀教员和任教满30年及20年教学工作人员代表。与会人员观看了反映尊师重教主题、教员队伍集体风貌多媒体片和影片《邓小平》。10月10～11日，学院举行2014年秋季运动会，696名运动员参加比赛，共设立项目47个、奖牌353枚。10月14～15日，6所中高级任职教育院校研讨会在学院召开，会议研究讨论了陆军合成指挥军官能力素质标准、中高级院校毕业学员考核实施办法及专业人才培养方案。11月26日，解放军总参谋部副总参谋长乙晓光到石家庄陆军指挥学院调研，与院部领导个别谈话。

【宣讲教育】 4月21～22日，解放军总参谋部教育实践活动巡回督导组到学院检查督导第一批教育实践活动整改落实和第二批教育实践活动开展情况，督导组听取学院汇报，抽查军队指挥系和指挥干部进修班2个基层单位，查阅学习文件资料，召开官兵代表座谈会。5月5日，解放军总参谋部学习贯彻习近平主席系列重要讲话精神宣讲团以“指导新的伟大实践的强大思想武器”和“推进国防和军队建设的科学指南”为题，到学院宣讲辅导。5月23日，《解放军报》原副总编陶克应邀到学院授课辅导，题目为《雷锋——永远的榜样》。7月1～2日，解放军总参谋部党的群众路线教育实践活动巡回督导组到学院检查督导开展情况，督导组听取了第一批教育实践活动整改落实和第二批教育实践活动开展情况汇报，查阅对照检查资料，与军队指挥系领导开展个别谈话，指导军队指挥系党委召开专题民主生活会。11月28日，石家庄陆军指挥学院在红星礼堂召开党的群众路线教育实践活动总结大会，归纳总结成果，梳理经验和启示，并以整风精神，围绕落实从严治党要求进行动员部署。参会学院领导及与会人员还观看了专题教育片《让历史警示未来》。12月1日，解放军总参谋部学习贯彻中共十八届四中全会和全军政治工作会议精神宣讲团到石家庄陆军指挥学院举办宣讲解读和辅导活动。

（魏明）

军械工程学院

【总装备部领导视察】 9月3～4日，中央军委委员、总装备部部长张又侠，总装备部政委王洪尧到军械工程学院视察指导和慰问教职员工，考察了院史馆、模拟训练中心、科技馆、强电磁场环境模拟与防护技术国防科技重点实验室，观看学院简介录像片，听取建设情况汇报，接见优秀教师代表，向学院赠送图书资料费50万元。

【第六届全国大学生机械创新设计大赛】 7月27～30日，第六届全国大学生机械创新设计大赛在辽宁省沈阳市东北大学举行。来自北京理工大学、西安交通大学、国防科技大学等612所军内外高校10万余名学生4180件作品参赛。大赛评委会通过审阅设计资料、观摩实物演示和作品答辩等程序，评出设计奖一等奖126项、二等奖229项。其中，军械工程学院参赛作品“小书僮—多功能助教系统”和“圆柱截交与相贯组合模型”分别获得全国一等奖和二等奖。

【承办首届河北省大学生力学竞赛】 11月8～9日，由河北省教育厅和力学学会主办，军械工程学院承办的首届河北省大学生力学竞赛举行。竞赛主旨：推动河北省高校力学教学改革创新，搭建省内高校学子展现力学才华平台，提高高校学生实践操作能力和创新能力。共有来自河北省12所高校16支代表队参加，共评选一等奖2项、二等奖4项、三等奖10项。军械工程学院选派2支参赛队，分别以总分第一名、第四名的成绩获得大赛一等奖、二等奖。

【科研类航空航天模型锦标赛暨中国国际飞行器设计挑战赛】 9月28日至10月4日，由国家体育总局、教育部、科技部联合主办的2014科研类全国航空航天模型锦标赛暨中国国际飞行器设计挑战赛在山东省胶州市举行。来自清华大学、北京航空航天大学、西北工业大学等全国70多所高校、1500余名选手参赛。比赛以体育竞赛为平台，结合国防、国民经济建设以及国家重点科研任务，通过参赛选手自行制作航空航天模型进行缩比验证飞行，检验创新作品可行性、可靠性和实用性，挖掘、拓展高校学生及科研院所人员的科技创新能力，为航空工业和国防建设搭建发掘创新后备人才、检验创新作品平台。军械工程学院4支参赛队获得一等奖1项、二等奖2项、三等奖1项。

【外军装备保障理论研讨会】 9月27～28日，由军队院校外军研究教学协作联席会主办，军械工程学院承办的“2014外军装备保障理论研讨会”召开。会议主题为“新时期外军装备保障动态变化”。来自解放军总参谋部军训部、军事科学院、外国语学院等全军25个单位40余名代表参加会议。南京陆军指挥学院教授沈寿林等5名专家分别围绕“外军装备维修体制转型趋势分析”、“美军弹药保障研究”、“防化装备保障研究”、“如何做好外军研究”和“和平使命2014”联合军演及装备保障情况作专题报告。

【参加中国河北军民融合成果展】 12月5日，学院参加由河北省政府主办的中国河北军民融合暨国防工业协同创新成果展洽会。来自国家国防科工局、总装备部机关、河北省军工企业和军内外院校等800余个单位1500余名代表参会，其中北京理工大学、哈尔滨工业大学、空军工程大学、海军工程大学等20所军内外高校参加成果展示和项目洽谈。军械工程学院遴选9项军民两用技术成果参展，展区吸引50余家企业咨询洽谈，其中20余家企业现场达成初步合作意向，8家企业达成深度合作意愿。

（王海卿）

武警石家庄市支队

【概况】 2014年，中国人民武装警察部队河北省总队石家庄市支队(简称支队）围绕强军目标，创新发展，严抓部队建设和管理，较好完成上级交给各项工作任务。采取党委机关先行一步、机关基层统分结合、党委常委下基层宣讲等形式，贯彻落实习近平主席讲话精神和开展党的群众路线教育活动，增强官兵政治觉悟。及时针对意识形态领域出现新情况新问题、网络信息带给官兵思想影响冲击及干部转业调整引起思想波动，在普遍教育基础上，将发现解决官兵隐性思想问题作为重点，狠抓谈心、思想分析、个别人排查转化、思想骨干培训、政治考核等制度落实，做细一人一事思想教育。开展战斗力标准大讨论、“中国梦、强军梦、我的梦”主题演讲比赛、“党史军史警史”知识竞赛等活动，将官兵思想凝聚到强军目标。组织参观西柏坡纪念馆、华北烈士陵园、正定塔元庄村，邀请正定县老领导授课辅导，推动官兵缅怀革命先烈丰功伟绩，感受改革开放巨大成就。推进网上警史馆和实体警史馆建设，用支队建设发展史激发官兵斗志。全年支队3次举行先进典型、训练尖子表彰大会，有力营造了争先创优、激励军心士气良好氛围。

【军事训练】 围绕“能打仗、打胜仗”根本目标，以“端饭碗、守阵地”的强烈责任感，狠抓能力建设。立足实战抓训练。支队党委将军事训练作为提高能力的根本途径，落实党委把关谋训、主官亲自带训、机关合力抓训手段，树立“评先挂钩”、“一票否决”抓训导向机制，研究出台《加强特勤排建设措施》、“创破纪录活动办法”及每两月覆盖抽考中队等制度，有效调动官兵参训积极性。2014年支队克服训练基地搬迁无场地困难，投入资金30余万元，改建一大队训练场；协调士官学校射击场，按计划如期开展集训活动，确保了部队总体训练水平和应急处置能力提升。年终参加河北省总队考核取得19个科目11个优秀5个良好的历史最好成绩。贯彻武警总部参谋长集训和河北省总队集训精神，落实一切工作围绕中心谋划，一切力量聚焦中心用力，做到组织领导不间断、分析形势不间断、隐患治理不间断、狠抓正规化建设不间断、一线督导不间断，确保了部队良好的训练秩序和执勤秩序。立足反恐维稳形势，支队党委坚持顾全大局，主动克服经验不足、兵力紧张、保障困难等压力，坚决按照河北省总队和地方党委指示，科学部署，严密组织执勤，做好协调保障，提升社会维稳和应急处突能力，较好保障了省会社会大局稳定。

【行政管理】 落实武警总部依法从严治警集训精神，坚持依据法规抓规范，紧盯隐患抓治理，持续用力抓养成。开展“条令学习月”活动，将“学法知法守法用法”与举办警示教育、小结讲评、理论抽考、考核评比、体会交流相结合，增强官兵条令意识、正规意识和安全意识。坚持按条令条例依法管理，从一言一行、穿衣戴帽、起床作息入手，严格规范一日生活和官兵举止。严格执行纪律，做到违纪问题必查，不当行为必纠。2014 年支队 4 次开展作风纪律教育整顿活动，纪律处分 4 名官兵，6 名违纪人员在大会作检查。将安全工作作为部队建设不可突破的底线，上级安全要求第一时间学习，领导安全指示第一时间落实，部队安全问题第一时间解决，确保了部队内部高度稳定。严格落实河北省总队安全管理要求，全年围绕安全问题安排部门以上领导专题授课 6 次；开展安全隐患“拉网式”排查整治 6 次；每次实弹射击、大项集体活动均有支队常委一线督导；每次重大任务、敏感时期均执行风险评估措施；率先在河北省总队实现集中文印管理及在外人员离队教育、物品点验、短信提醒、跟踪管控、家庭联管办法。2014 年支队重新考核审批驾驶私家车干部 50 名；安全大检查发现隐患 178 处全部清除；3000 余份账外文件清理销毁，取得河北省总队保密检查总评第一的好成绩。加强内务建设，全年 3 次下发通知，逐项统一内务、库室设置等 28 个问题；重新修订车辆、手机、士官选取、兵员管理等措施；一中队、十二中队开展装备管理试点，规范了武器装备、反恐器材存放、维护保养和登记统计；九中队营房新建搬迁，推行精细化管理试点，较好落实了部队正规化建设。

【后勤保障】 贯彻武警总部、河北省总队后勤部长集训精神，围绕部队基础建设薄弱环节、发展不平衡问题，狠抓现代后勤保障建设。聚焦打胜仗能力建设，紧贴形势任务，完善保障方案 63 种，与周围县（市）区 20 余家企事业单位签订保障协议；修订完善《后勤战备物资管理规定》、《后勤值班规定》、《后勤战备物资账簿》等规章制度；新建支队后勤“两室一库”；采取实案组训、实地驻训、实兵合训方法，严抓后勤应急保障实战化训练。2014 年 8 月，支队完成河北省总队后勤应急保障力量建设现场会任务；全年还完成“卫士—14”演习、重大节日战备、环京卡点及石家庄市区巡逻等重大活动后勤保障任务。突出后勤保障重点，推进基础设施建设。2014 年协调市政府印发推进驻警营房建设专项通知，按照年均不低于 20 万元标准将建设经费列入地方财政预算。2014 年支队自筹经费，新建停车场、卫生队改建、常委办公室改造及 17 个新建、改建中队设施建设，其中中队设施升级改造覆盖面达到 71%，配套率达到 94%。提升服务保障能力，坚持医疗日常巡诊及每季度覆盖一遍做法，远程医疗系统全天候开放，送诊服务热线 24 小时畅通。至 2014 年末，支队全年收治病号 512 人次，组织官兵体检 2032 人次，接种疫苗 4210 人次，基本解决基层官兵看病难问题。落实被装量体套测制度，及时公示被装供给信息，主动为官兵调换服装 300 余件（套），官兵着装适体率达到 99%。开展“绿色警营”创建活动，利用春秋两季组织官兵植树绿化 670 平方米。开展“伙食质量年”活动，利用食品卫生检测盒，定期检查基层食品安全。开展“送技术、送服务”活动，全年支队实施武器弹药普查 4 次，营具维修 3 次，后勤业务培训 6 批。注重质量效益，预算管理严格经费投向、投量，做到定单位、定项目、定数额，杜绝“乱开口子、乱上项目”问题；经费审批实行年度预算逐级审批、日常开支分级审批、大项支出专项报批、动用预留一事一批制度，堵塞经费开支漏洞；经费使用严控行政性消耗，推行大宗物资、办公用品集中采购制度。

【处置持刀劫持人质事件】 4 月 25 日 15 时 45 分，接鹿泉市公安局通报，一名男子在鹿泉市龙海南苑小区旁边 307 国道路边持刀劫持一名女学生，要求支队出动兵力协助处置。支队接到报告后，支队长陈涛带领支队特勤排官兵紧急赶赴现场，并命令鹿泉市中队应急班协助公安机关进行先期处置，支队政委郭连清坚守值班室全时关注现场态势。16 时 35 分，支队参战官兵到达现场，实施现地侦察，协助公安机关加强现场封控，同时根据现场实情将参战官兵分为狙击组、机动组开展模拟演练。17 时 05 分，在谈判未果情况下，公安干警趁犯罪嫌疑人精力分散之机成功将罪犯击毙，人质安全解救。18 时 10 分，参战官兵安全返回部队。

（杨国明　田永刚）

人民防空

【概况】 2014 年，市人民防空（简称人防）以军事斗争准备为核心，落实“长期准备、重点建设、平战结合”建设方针和新时期人防“战时防空、平时服务、应急支援”要求，创新发展，较好完成人防建设各项任务。按照政治坚定、业务精湛、纪律严明、作风过硬要求，推进机关效能建设，提升干部职工的政治素养、能力素质和文化素质，增强大局意识、职责意识和服务意识。严格落实人防机关“准军事化”建设，制定和完善突发事件预案。贯彻执行《党员领导干部廉政准则》，坚持廉洁从政规定，自觉接受群众监督。加强人防财务管理，依法足额征收应征人防收入；强化人防项目预算管理，严格执行批复预算科目、项目和数额，不随意调整预算和改变项目或资金用途。2014 年全市人防收入全部纳入预算管理，及时缴入国库。推进基层人防建设，提高基层人员素质和执法水平，全年石家庄所辖市（县）区批建防空地下室面积是 2013 年 1.5 倍。2014 年市人防办被河北省军区评为信息化条件下战法创新先进单位，并被河北省人防办评为直属公用工程建设先进单位。

【人防工程】 全年批建防空地下室和核定防空地下室易地建设费 2 个指标超额完成目标任务。制定人防工程建设规划，突出人防工程质量监督验收，编制完成《石家庄市人防工程质量检测实施细则》。加强人防工程维护管理，存在安全隐患的早期人防工程实行加固改造或者报废，已竣工验收人防工程全部悬挂人防工程标识牌。开通人防工程兼作避暑纳凉场所功能。

【指挥通信】 整治编组人防专业队伍，石家庄市人防数据采集、国家党政专网建设、赞皇县白草坪人防疏散基地指挥通信建设完成。2014 年市人民防空机关带领直属通信分队进驻山西省太原市、晋中市举行跨区支援拉动演练。推进人防信息化建设，2014 年全市人防指挥专网建设进入收尾阶段，北斗导航定位系统建设项目分析、方案论证、资金申请及 14 个县（市）区小型指挥车通信设备配置、喷涂工作完成，并举行机动指挥通信系统培训和演练。加强通信警报建设，警报科学布点示范区建设完成，警报信息数据录入和训练步入常态化；新增和更新部分防空警报器及接收设备。开展防空警报试鸣，组织部分小区居民举行紧急疏散掩蔽演练。

【宣传教育】 开展人防宣传教育进机关、进学校、进社区、进企业、进网络“五进”活动。印发《防空防灾应急知识读本》、《防空防灾应急知识手册》和《防空防灾应急知识画册》，建立人防宣传教育示范学校和社区，3 个居民小区举办人防知识宣传活动。结合防空警报试鸣，不拘形式，组织举办各种人防宣传。市第 4 中学学生开展防空知识培训和防护技能演练；市直机关干部举行人防知识答卷活动。

（魏晓流　张明金）

石家庄年鉴 Agriculture

农　业

农　业

概　述

2014年，全市实现农林牧渔业总产值794.6亿元，同比增长4.2%。其中，农业产值410.2亿元，占农林牧渔业总产值51.6%；林业产值14.1亿元，占农林牧渔业总产值1.8%；牧业产值334.0亿元，占农林牧渔业总产值42.0%；渔业产值4.3亿元，占农林牧渔业总产值0.5%；农林牧渔服务业产值32.0亿元，占农林牧渔业总产值4.0%。全年农作物播种面积90.34万公顷；粮食播种面积68.0万公顷，同比减少0.2万公顷；粮食总产量449.3万吨。其中，小麦总产量229.2万吨，亩产461.5千克；玉米总产量208.7万吨，亩产458.2千克。2014年石家庄市被农业部授予“全国粮食生产先进市”称号，藁城区、赵县获评“全国粮食生产先进县（市）”称号。薯类播种面积1.9万公顷，总产量36.8万吨；油料播种面积5.4万公顷，总产量17.3万吨；棉花播种面积4242公顷，总产量3679吨。蔬菜、瓜类播种面积16.1万公顷，总产量1269.4万吨。其中，蔬菜（含菜用瓜）播种面积15.1万公顷，总产量1214.8万吨；西瓜播种面积7396公顷，总产量42.0万吨。果园种植面积14.6万公顷，其中苹果园1.1万公顷、梨园3.8万公顷。水果总产量（不含果用瓜）210.9万吨，其中苹果产量23.5万吨、梨产量136.6万吨（雪花梨36.0万吨、鸭梨46.2万吨）、红枣产量26.1万吨。至2014年末，全市牛存栏75.2万头，其中奶牛39.0万头；驴存栏3.0万头；猪存栏325.0万头；羊存栏113.7万只；鸡存栏1.04亿只。肉类总产量70.9万吨，其中，牛肉8.9万吨、驴肉2791吨、猪肉41.4万吨、羊肉2.0万吨。奶类产量117.7万吨，其中牛奶产量117.5万吨；禽蛋产量94.0万吨，其中鸡蛋产量93.0万吨。水产品养殖面积1.5万公顷，总产量3.5万吨。当年造林面积3.2万公顷，其中当年人工造林面积2.5万公顷；封山育林面积6.2万公顷；当年零星（四旁）植树2502.4万株。干果产量4.9万吨，其中核桃4.3万吨。木材采伐量3.66万立方米。除险加固小病险水库25座，治理中小河道4条：鹿泉区汊河、正定县周汉河、无极县磁河、元氏县潴龙河，整治河道堤防22.5千米，治理水土流失面积180平方千米，新增及恢复改善灌溉面积94万亩，发展节水灌溉面积53万亩，解决农村60万人饮水安全问题。2014年全市农业机械总动力1822万千瓦，主要农作物综合机械化水平达到84%，同比增长2%；小麦、玉米秸秆综合利用率达到96%。发放国家农机购置补贴资金1.61亿元，补贴各类农业机械11752台（套）。夏收期间，投入小麦联合收获机1.8万台，完成小麦联合收获494万亩，占小麦种植面积97.8%；秋收期间，投入各类农机21万台（套），完成玉米联合收获345万亩，机收率达75.2%，同比提高8.4个百分点。2014年全市农业综合开发争取财政支持资金2.73亿元，自筹资金1.35亿元，新立土地治理和产业化经营项目59个。其中，土地治理项目26个、17.03万亩，包括中低产田改造项目12.93万亩、建设高标准示范农田0.59万亩、生态综合治理4.10万亩；产业化经营财政补助项目31个，包括产业化经营项目19个、有机肥试点项目1个、设施蔬菜项目11个、产业化经营中央财政贷款贴息项目2个。农村流转土地158.8万亩，占家庭承包耕地总面积24.5%，同比提高6.3个百分点。农业产业化经营率64.9%，同比提高0.8个百分点。

种植业

【概况】 2014年，全市农作物播种面积90.34万公顷；粮食播种面积68.0万公顷，同比减少0.2万公顷；粮食总产量449.3万吨。其中，小麦总产量229.2万吨，亩产461.5千克；玉米总产量208.7万吨，亩产458.2千克。蔬菜、瓜类播种面积16.1万公顷，总产量1269.4万吨。西瓜播种面积7396公顷，总产量42.0万吨。2014年年发放种粮农民粮食直补和农资综合直补资金2.73亿元，与2013年持平，直补面积209万亩，受益农户51万户。以高产创建为抓手，全市在粮食主产（乡）镇建成100个高产创建万亩示范片。开展农作物病虫害统防统治，利用广播电台、电视台、报纸、网络等媒体，宣传推广专业化统防统治技术和方法。至2014年底，全市共有农作物病虫害统防统治专业化合作服务组织360个，配备大型自走式机械498台、无人植保机50架，大型机械保有量是2012年前总量的7倍，数量约占全省三分之一；实施农作物病虫害专业化统防统治面积351.6万亩。出台《关于加快推进家庭农场发展的意见（试行）》、《关于进一步推动农村土地承包经营权流转促进农业规模经营发展的意见》文件，制定土地流转、家庭农场、农民合作社等新型农业经营主体扶持政策，设置农业规模经营发展扶持资金3000万元。2014年全市土地流转面积158.8万亩，成立粮食生产合作社1360家，年末全市100亩以上粮食合作社、种粮大户达到256个，家庭农场登记注册770家，市工商部门注册农民合作社数量11980家，市农业部门备案实体合作社4789家，17家农民合作社获评国家级示范社，58家获评省级示范社称号。2014年石家庄市再次获评全国产粮大市，藁城区、赵县获评全国产粮大县（区），高邑县东良庄村农民冯俊杰获评全国种粮售粮大户。

2014年8月25日，乍得共和国棉花专家考察团到市农林科学研究院考察

【粮食生产】 全年农作物播种面积90.34万公顷；粮食播种面积68.0万公顷，同比减少0.2万公顷；粮食总产量449.3万吨。其中，小麦总产量229.2万吨，亩产461.5千克；玉米总产量208.7万吨，亩产458.2千克。薯类播种面积1.9万公顷，总产量36.8万吨；油料播种面积5.4万公顷，总产量17.3万吨；棉花播种面积4242公顷，总产量3679吨。12月19日，国家农业部表彰2014年全国粮食生产先进单位和先进个人，石家庄市再次获得全国产粮大市称号，藁城区、赵县获评产粮大县（区），高邑县东良庄村冯俊杰获评全国种粮大户。2014年全市按照“稳定面积、依靠科技、主攻单产、增加总产”基本思路，抓政策、明责任，稳面积、优结构，增投入、夯基础，重科技、强服务，扶龙头、促加工，取得粮食综合生产能力稳步提升，单产保持较高水平。以高产创建为抓手，开展粮食“百、千、万”高产创建竞赛活动，按照每10万亩建设1个万亩高产示范片标准，在全市粮食主产乡镇建成高产创建万亩示范片100个（小麦52个、玉米48个）；

2014年11月12日，市农林科学研究院与国家农业信息化工程技术研究中心签订农业信息化合作协议

万亩示范片实施品种优质化、栽培标准化、灌溉节水化、生产机械化、服务社会化“五化工程”，推行人员、技术、标牌“三落实”和品种、测土配方施肥、种植形式、肥水管理、病虫防治、农机作业“六统一”管理。根据统计，万亩示范片产量明显高于大田：50个小麦万亩示范片平均亩产636.4千克；48个玉米万亩示范片平均亩产748.8千克。建立快捷高效推广转化体系，粮食作物耕种收综合机械化水平达到82%，小麦生产基本实现全程机械化。2014年全市土地流转面积158.8万亩，组建统防统治组织360个，成立粮食生产合作社1360家，100亩以上粮食合作社、种粮大户达到256个，其中规模种植面积500亩以上有22个。采取“公司+基地+农户”、“公司+合作社+农户”、托管代耕代种、统防统治等形式缓解了农民种地难等问题。市政府研究制定《关于加快农业产业化经营发展的实施意见》，从资金、税收、用地等方面扶持粮食产业龙头企业做强做大。至2014年底，全市固定资产1000万元以上、年销售产值2000万元以上粮油加工企业达到67家，年加工转化粮食360多万吨，占粮食总量65%以上，粮食生产初步实现规模化生产、产业化经营。

【蔬菜生产】 全年蔬菜、瓜类播种面积16.1万公顷，总产量1269.4万吨。其中，蔬菜（含菜用瓜）播种面积15.1万公顷，总产量1214.8万吨；设施蔬菜播种面积7.3万公顷，总产量577.3万吨。蔬菜生产围绕“稳面积、扩设施、提质量、增效益”思路，以标准化生产为核心，以提档升级为方向，以标准园创建为抓手，落实区域化布局、规模化种植、标准化生产、市场化运作、产业化经营管理模式。以建设规模化标准园为载体，加强“菜篮子”工程建设，筹备打造市级蔬菜标准园20个。2014年市级蔬菜标准园建设完成标准化生产、质量管理、生产条件改善、技术培训等任务，较好落实新品种推广、集约化育苗、水肥一体化、防虫网、粘虫板、生物农药使用等关键技术措施。加快省级蔬菜产业示范区藁城区建设，在19个村建起蔬菜标准园，较2013年增长20%；引进主导蔬菜新品种92个，示范推广新品种6个，蔬菜清洁生产示范应用面积达到6000余亩；投资50万元扶持合作社育苗场建设，注册蔬菜商标品牌9个，认证绿色产品55个、无公害产品3个，获得认证企业16家。2014年藁城区示范村入社率、优型设施覆盖率、标准化生产技术普及率均达到100%。开展省部级蔬菜标准园创建活动，14个项目实施单位共试验示范新品种36个，良种覆盖率100%；推广实施微滴灌沟灌节水技术1.5万亩，防虫网、粘虫板技术、测土配方施肥1.2万亩，蔬菜生产关键技术普及率90%以上。至2014年末，全市拥有部级蔬菜标准园4个：藁城区、灵寿县、行唐县、平山县；省级现代蔬菜产业园10个：鹿泉区、栾城区、高邑县、无极县等；省级蔬菜产业示范区1个：藁城区；85%的项目创建单位建有育苗基地，80%的项目创建单位建有冷储设施。

【都市休闲农业】 以农业园区建设为载体，初步建成“一环两带三大板块”都市农业区域格局，即以石环公路为主线建设绿色屏障体系；沿滹沱河区域建设集旅游观光、休闲娱乐、文化科普等为一体特色农业开发带，沿西部山前区域建设集生态旅游、农事体验、餐饮娱乐等为一体生态农业开发带；省会西北部建设以生态观光为主题现代生态农业板块、省会东北部建设以产业园区为主题现代园区农业板块、省会东南部建设以高效设施为主题现代设施农业板块，实现四季有花、有果、有菜、有瓜，拓展农业生活、生态功能，扩大市民休闲空间。2014 年元氏县、栾城县及平山县沕沕水生态观光园分别被认定为河北省休闲农业与乡村旅游示范县和示范点，元氏县还被认定为全国休闲农业与乡村旅游示范县；正定县塔元庄村获评中国最美休闲乡村；赵县旭海庄园获评全国休闲农业与乡村旅游四星级企业，9 家企业获评省级休闲农业与乡村旅游星级企业。至 2014 年末，全市共有都市农业园区 54 个，年接待游客 300 万人次。

【农产品质量安全监管】 提升基层农产品监管能力，扩大监管覆盖面，推进市、县、乡、村四级监管体系建设，建成乡级检测站 38 个、村级检测点 80 个、村级工作室 1000 个，年末并入市农产品质量安全监管指挥系统检测站点达到 224 个。加强农产品质量检验检测，全年定性抽检、自检样品 80 万个，其中，市级抽检蔬菜样品 5055 个，定量检测参数包括有机磷、有机氯、菊酯类、氨基甲酸酯四类 50 多项参数，平均合格率 99.41%。2014 年国家农业部组织 4 次蔬菜质量例行检测和认证产品风险监测，石家庄市抽检蔬菜样品合格率 100%。推进“百村千户无公害蔬菜标准化示范工程”，重点示范推广无公害蔬菜标准化生产技术 10 项，推广面积 230 万亩；新认定无公害基地 12 个，面积 6.5 万亩；认证无公害产品 21 个。

【种子质量监管】 开展以玉米、蔬菜、大豆等农作物为主冬春季种子抽检和以小麦、蔬菜为主夏秋抽检活动，全市抽取种子生产企业和种子市场种子样品 1289 个，抽检量创下历史新高，为 2013 年 2 倍多。2014 年全市田间小区同步种植鉴定小麦种子样品 204 个、玉米杂交种子样品 227 个；海南种植鉴定玉米种子样品 40 个，鉴定数量是 2013 年 4 倍。至 2014 年底，全市监督抽检小麦繁种田面积 60215 亩，占小麦繁种田面积 30%以上。印发《关于深化农作物种业体制改革提高创新能力的意见》（石政发〔2014〕18 号），推进农作物新品种示范园建设，提高农作物良种覆盖率。2014 年全市建成市级小麦、玉米等新品种示范园 8 个，小麦大面积展示区 1 个，展示小麦、玉米新品种 39 个，农作物良种覆盖率保持 98%以上。推动农作物种子企业发展，至 2014 年末，全市拥有种子企业 77 家，占全省三分之一，其中注册资本金 3000 万元以上 18 家。加强种业信息宣传和行业服务，印发《现代农作物种业工作手册》2000 册。组建成立现代农作物种业技术创新战略联盟，搭建相互信任、交流合作、利益共享、共同发展平台。提升种业科技创新和企业商业化育种能力，2014 年河北省主要农作物审定品种目录中，石家庄市小麦、玉米、棉花、大豆等作物审定数量及商业化率居领先地位。

【农业综合执法】 开展“春雷”、“绿剑”护农行动，全年出动执法人员 8427 人次、车辆 2461 车次，检查农资、农产品生产经营单位 6598 个次，发现问题 304 起，其中责令改正 151 起，立案查处 153 起（简易程序案件 20 起，一般程序案件 133 起），移送司法机关 4 起，移交质检、安监部门 2 起，总涉案农资数量 24 万千克，罚款 39.96 万元。2014 年市农业局直接办案 13 起，罚款 10.92 万元；完成上级部门交办案件 8 起，调解农资纠纷 30 起，现场检查省粮油作物所、市农林科学研究院等 5 个单位小麦转基因中间试验 10 个。推进农业综合执法规范化建设，正定县、赵县列为国家农业部综合执法规范化建设示范县。至 2014 年底，全市 9 个单位纳入国家农业部综合执法规范化建设示范项目，占全省总数 40%。开展农业行政处罚优秀案卷评比活动，评选市级优秀案卷 14 份。农业执法案卷再获全国优秀。2014 年 12 月，国家农业部印发《关于 2014 年农业行政处罚案卷评查情况的通报》，共评查各省推荐案卷 87 个，从执法主体、当事人认定、事实证据、法律适用、执法程序、文书制作等方面综合评审，全国评出农业行政处罚优秀案卷 33 卷，评出优秀行政处罚决定书 8 份。其中，市农业行政综合执法支队办理的“假冒农药登记证号案”、晋州市执法大队办理的“经营未取得农药登记证农药案”2 个案卷和晋州市执法大队办理的“经营未取得农药登记证农药案”《行政处罚决定书》[晋农（农药）罚〔2014〕8 号]，分获全国优秀案卷和优秀文书。这是河北省唯一地级市获得全国农业行政处罚优秀案卷和文书，晋州市执法大队的执法文书也是河北省唯一县级农业执法机构首次获得全国农业行政处罚优秀文书。

（王风楼　赵海龙）

畜牧·水产业

【概况】 2014年，全市牧业产值334.0亿元，占农林牧渔业总产值42.0%；渔业产值4.3亿元，占农林牧渔业总产值0.5%。至2014年末，全市牛存栏75.2万头，其中奶牛39.0万头；驴存栏3.0万头；猪存栏325.0万头；羊存栏113.7万只；鸡存栏1.04亿只。肉类总产量70.9万吨，其中，牛肉8.9万吨、驴肉2791吨、猪肉41.4万吨、羊肉2.0万吨。奶类产量117.7万吨，其中牛奶产量117.5万吨；禽蛋产量94.0万吨，其中鸡蛋产量93.0万吨。水产品养殖面积1.5万公顷，总产量3.5万吨。新建扩建500万元以上畜牧项目29个，总投资26.8亿元，其中亿元以上项目5个。创新开展生猪良种辐射服务，国家生猪良补项目由原来灵寿县、藁城区、新乐市3个县（市、区）辐射到无极县、晋州市、平山县等9个生猪重点县（市、区），年末全市生猪良种覆盖率达到98%。实施信贷支农政策，392个养殖场与民生银行、邮政储蓄银行等9家金融机构成功对接，获得信贷支持资金5.81亿元，其中，鹿泉区、行唐县、元氏县、灵寿县、新乐市、赞皇县、赵县、深泽县、平山县等9个县（市、区）信贷支持资金超过2000万元。扩大保险保农覆盖，全市奶牛、能繁母猪、育肥猪投保196.9万头，同比增长28.6%。开展标准化规模养殖示范场四级联创活动，新创建示范场204个，年末全市县级以上示范场达到776个。探索建立养殖档案管理，市级以上养殖示范场全部按照新标准达到规范化要求，并在全省推广。培育发展新型农业经营主体，建成种养结合型新型农牧经营主体73个。加强畜禽粪污治理工程建设，238个规模养殖场新建粪污处理设施，年末畜禽粪污处理设施累计达到451个，减排化学需氧量9320吨、氨氮排放量413吨，完成省下达目标任务。推进乳粉用奶牛场标准化建设，69家乳粉用奶牛场实施标准化改造，其中纳入省级项目61家，占全省73%，争取省级资金6445万元。扩大优质奶源基地，号召乳品企业自建牧场，君乐宝乐源牧业行唐牧场、铜冶牧场一期建设完成，河北三元新乐牧场正在筹建。8月7日，国家农业部副部长牛盾到石家庄市调研现代渔业发展，考察了鹿泉休闲渔业田语生态观光园、鹿泉邓庄中华鳖养殖专业合作社。2014年市畜牧水产局获评全国农业先进集体；市畜牧水产局牧工商开发总公司总经理王成友被省政府表彰为先进工作者。

现代化鸡蛋生产线检测分装车间

【牧渔产品质量监管】 牧渔产品检验检测技术和服务能力提升，市畜产品质量监测中心获得国家农业部无公害农产品检测机构资质，具备国家无公害农产品检测任务资格。加强畜禽产品质量安全，严格畜禽档案规范化管理，促进畜禽养殖标准化。6月6日，全市畜禽养殖档案规范化管理现场会在新乐市召开，90余名参会人员现场观摩新乐市德源奶牛养殖专业合作社和木村畜牧技术推广站养殖档案建设及管理。

加强畜牧业医疗废物管理，防止疫病传播，维护公共卫生安全。6月10日，市动物卫生监督所组织召开全市动物诊疗机构监管暨医疗废弃物规范处置合同签约会，67家动物诊疗机构与医疗废弃物处置中心现场签订委托合同。围绕监管检测重点，采取督导、指导、奖补3项举措，推动县（市、区）开展实验室检测。组建成立市畜禽定点屠宰管理办公室。按照市委机构编制办公室《关于食品药品监管体制改革涉及事业单位机构编制调整事宜的批复》（石编〔2013〕52号）规定，组建设立市畜禽定点屠宰管理办公室，为市畜牧水产局所属副县级事业单位，经费形式为财政资金基本保证，编制领导职数1正1副，由原商务综合执法局划转编制10名、人员13人。5月5日，市畜牧水产局、市食品药品监管局、市商务局实施人员交接。至2014年底，全市除赵县、正定县、新乐市、赞皇县4个县（市）外，其余县（市、区）职能划转完成。2014年市畜禽定点屠宰管理办公室严厉打击私屠滥宰行为，端掉私屠滥宰窝点6个。落实安全风险评估制度，全年组织单项风险评估12次、综合评估4次，并根据风险状况，及时实施“瘦肉精”、畜禽屠宰、生鲜乳违禁物质等专项整治行动。4月23日至5月10日，全市实施牧渔产品及养殖投入品质量安全集中整治行动。2014年全市检测牧渔产品13.4万批次，其中市本级检测3.3万批次，检测合格率99%。2014年石家庄市在农业部和河北省组织的牧渔产品质量安全例行抽检中，牧渔产品质量安全检测合格率达到99.2%。

【重大动物疫病防控】 推进基层动物卫生监督所站标准化建设，鹿泉区、栾城区、井陉矿区、晋州市、新乐市、灵寿县、平山县、无极县、井陉县等县（市、区）基层所站建设任务完成。采取全员轮训、巡回培训、封闭培训、以考代训、技能练兵、大比武等形式，提高基层动物卫生监督所站人员业务水平。9月19日，市动物卫生监督所在灵寿县举行全市动物卫生监督技能竞赛，来自各县（市、区）45名选手参加比赛。竞赛内容3项：笔试、现场问答及电子出证、鸡的屠宰检疫技能操作。新乐市获得团体奖一等奖，宋喜山、孙树永、王鼎获得个人一等奖。加强兽医实验室检测能力建设，市畜牧水产局、市总工会、市人力资源和社会保障局联合举行兽医实验室人员技能大比武活动，并选派优秀业务人员参加全省大比武，获得团体和个人2个一等奖。根据疫病发生季节特点，重点加强春秋两季重大动物疫病防控，顺利通过国家和河北省动物疫病防控验收。推进动物检疫电子出证，全年使用电子检疫票证64万张。依法查处新乐市等地病死动物违法经营案件。加强国家农业部病死猪无害化处理试点建设，新乐市集中处理场建成运行，晋州市2个无害化处理点建成投用，2014年全市规模养殖场无害化处理病死猪5万头，是2013年4倍多。

【良繁体系建设】 6月16～17日，河北省畜牧兽医行业职业技能鉴定指导站在石家庄市举办家畜繁殖工技能培训鉴定班，全市各畜场（站）、规模养殖场、家畜改良（配种）站等68人参加培训；河北农业大学教授杜健、新乐市曙亮优种猪精液供应中心主任孔书亮授课；经培训鉴定考核，合格人员获得国家家畜繁殖工职业资格证书。7月17日，市畜牧技术推广站举行猪精液检测联网监测系统操作培训会，介绍和培训检测软件改版、视频监测系统升级方法，并在3个县级检测中心、6个种公猪站检测设备示范升级更新检测软件。10月15～16日，河北省第九届种猪拍卖会在灵寿县举行，近1000人参加。河北双鸽美丹畜牧科技有限公司公猪测定成绩获得桂冠，其中，580号长白种公猪获得生长指数和单项排名2个第一名，并以4.05万元成交价成为本届拍卖会“猪王”；153号大约克种公猪获得生长指数和综合评估2个第二名。本届拍卖会拍卖优秀种公猪23头，其中，河北双鸽美丹畜牧科技有限公司拍卖5头，市牧工商开发总公司原种猪场拍卖1头。11月28～29日，由市畜牧兽医学会联合省畜牧业协会肉牛业分会、国家肉牛牦牛技术支撑体系共同承办的河北省肉牛业发展大会暨肉牛母牛繁育和犊牛培育技术培训班在石家庄举行。参会人员300余人。会议解读了《河北省牛羊肉发展规划（2014～2020年）》、《河北省2014年肉牛基础母牛扩群项目实施方案》及新生犊牛核查办法。国家肉牛牦牛技术支撑体系首席科学家曹兵海、岗位专家李俊雅，中国农科院哈尔滨兽医研究所研究员于力，河北天和肉牛良繁基地董事长李树静博士等分别就中国肉牛产业发展现状和趋势、肉牛选育提高及新品种培育、饲养管理、人工授精等关键技术作专题报告。

【职业技能竞赛与培训】 6月12日，由市总工会、市人力资源和社会保障局共同主办，市农林水电工会承办，市畜牧水产局协办的全市畜牧水产系统兽医实验室技能竞赛在市区北方大厦举行，来自各县（市、区）及市疫控中心36名技术人员参赛。竞赛内容3项：操作技能、理论知识、现场问答。河北省动物疫病防控中心专家担任评委，经比赛角逐，平山县、正定县、行唐县代表队分获团体前3名，市疫控中心张慧、正定县疫控中心马国红、市疫控中心张超分获个人前3名。7月3日，全市畜产品质量安全检测技术大比武在市区北方大厦举行，来自农业县（市、区）和市畜产品质量监测中心36名选手参赛。省畜产品监测中心、市疫控中心和市畜产品监测中心9名专家组成评审委员会，通过检测人员现场操作技术、仪器设备使用、检验有关记录、检测结果等逐项打分；评选团体奖和个人奖3名：鹿泉区、栾城区、行唐县获得团体一等奖，鹿泉区农产品检测站张梦雪、栾城区畜产品检测站王亮、行唐县畜产品检测站杨晓霞获得个人一等奖。7月4日，河北省畜牧兽医局在市区北方大厦举办全省兽医实验室技术人员大比武，比武内容包括兽医实验室比对试验、理论知识考试、现场问答3项，石家庄市5名选手参赛，石家庄市获得集体一等奖，3名选手获得个人奖：市疫控中心张超获得个人一等奖，新乐市刘玉花获得个人二等奖，行唐县薛保强获得个人三等奖。8月11～13日，河北省畜牧兽医局在省畜产品质量监测中心举办全省畜产品质量安全基层检测技术人员大比武活动。市质监中心崔荣飞、鹿泉区农产品综合质监站张梦雪分别作为市级和县级检测技术人员参加大比武。大比武分理论考试和酶标仪现场操作2项内容，张梦雪、崔荣飞分别以第二名、第三名成绩获得个人一等奖（一等奖共3名），石家庄市以总得分第一名成绩获得团体一等奖（共3名）和优秀组织奖。8月8日，市畜牧水产局举行全市畜禽养殖档案管理培训，

2014年7月3日，石家庄市举办畜产品质量监测大比武

2014年9月19日，石家庄市举办动物卫生监督大比武

200余人参会，邀请畜牧、兽医、饲料行业专家就新修订养殖档案填写作讲解。9月19日，河北省蛋鸡产业技术体系石家庄市综合试验推广站在试验站示范基地平山县西柏坡五丰蛋鸡养殖基地召开全市现代养鸡技术观摩培训会。参会专家、教授和技术人员50余人。河北省蛋鸡产业技术体系首席专家河北农业大学臧素敏教授、石家庄综合试验推广站王金中结合五丰基地建设分别作关于现代蛋鸡产业发展方向及关键技术、现代蛋鸡场建设技术专题报告。

【畜牧饲料管理】 2月28日，河北省蛋鸡产业技术体系蛋鸡营养与饲料岗位专家赵国先教授到平山县葫芦峪农业开发园区、井陉县晨晓养鸡场指导调研太行鸡养殖，专家组察看了园区太行鸡放养、育雏，采集了太行鸡饲料样品。3月17～19日，由河北省饲料工业协会主办的2014年河北省饲料工业发展峰会在鹿泉区召开。主题为“学习启航智慧，行动决胜未来”。国家农业部畜牧业司、省畜牧兽医局及九鼎集团董事长、上海辅音国际首席顾问官、河南雄峰科技有限公司董事长等单位领导和8家企业主要负责人，全国各地畜牧行业930余人参会。会议解读了《饲料和饲料添加剂生产许可管理办法》、《饲料生产企业许可条件》、《混合型饲料添加剂生产企业许可条件》和新修订的《饲料标签标准》。

【畜禽粪污治理】 实施畜禽粪污综合治理，发挥1000万元市级财政资金撬动作用，按照不高于建设费用30%给予财政资金支持，引导养殖场建设储粪池、污水沉淀池、沼气池、发酵床等处理设施。238个规模养殖场新建粪污处理设施，年末畜禽粪污处理设施累计达到451个，减排化学需氧量9320吨、氨氮排放量413吨，圆满完成河北省下达目标任务。

【执法规范化建设】 围绕“抓执法、强监管、保安全、促发展”思路，巩固提高牧渔业执法规范化水平。2014年市县两级畜牧行政综合执法、动物卫生监督机构全部配备执法记录仪，市动物卫生监督所及直属所配备执法包，并举行示范练兵、技能竞赛活动。至2014年底，全市查处畜牧水产业各类违法案件985起，同比增长8%；市畜牧执法支队与市公安局联合行动，打掉横跨4省非法制售兽用生物制品团伙，刑拘7人。

【畜产品质量监测中心获得无公害农产品检测机构资质】 开展争创农业部无公害农产品检测机构，市畜产品质量监测中心添置检测仪器，增加检测项目，加强人员培训及技术和质量体系管理，提升监测能力。检测人员参加农业部农产品质量安全中心组织的猪肝中克伦特罗、莱克多巴胺、沙丁胺醇，鸡肉中氟喹诺酮类药物，牛奶中三聚氰胺5个检测项目能力验证，全部获得一次性通过。7月31日，农业部农产品质量安全中心印发《关于公布增加和恢复部分无公害农产品检测机构资质名单的通知》（农质安发〔2014〕14号），市畜产品质量监测中心获得无公害农产品检测机构资质，有效期为3年。

【君乐宝2产品获国际创新产品奖】 5月14日，SIAL国际食品饮料展在上海市举行，石家庄市君乐宝乳业旗下婴幼儿配方奶粉、开啡尔酸奶在“食品趋势及创新大赛”上摘取2项创新大奖。其中，开啡尔酸奶凭借完美口味与新颖设计获得SIALCHINA2014创新大奖，君乐宝婴幼儿配方奶粉获得SIALCHINA2014创新产品称号。

（王荣申　黄滨　李跃　戴建卫　谢峰　尹华丁）

林　业

【概况】 2014年，全市林业系统以“建设生态文明、幸福美丽石家庄”为目标，大规模实施植树造林和增林扩绿工程，全力改善生态环境。以太行山绿化等国家林业重点生态工程为依托，实施“2345”绿化工程。结合农村面貌改造提升行动，绿化建设2000个村庄，打造“看得见山水、记得住乡愁”的美丽乡村。开展全民义务植树活动，520多万人踊跃参加，植树1500多万株。经过2013～2014年两年建设，环省会经济林工程基本完成，栽植经济林30.6万亩。2014年全市投入林业建设资金7.49亿元，其中中央投资0.94亿元；完成中央财政森林抚育补贴试点任务5.4万亩，其中国有林2.2万亩，非国有林3.2万亩；完成区划界定生态公益林面积123.31万亩，其中国家级113.31万亩，省级10万亩。至2014年底，全市完成造林绿化62万亩，植树5000多万株；当年造林面积3.2万公顷，其中当年人工造林面积2.5万公顷；封山育林面积6.2万公顷；当年零星（四旁）植树2502.4万株；森林覆盖率由2013年34.31%提升至36%。生态林业、民生林业快速发展，林业旅游与休闲产业人数规模达到755.22万人次。2014年全市果园种植面积14.6万公顷，其中苹果园1.1万公顷、梨园3.8万公顷；水果总产量（不含果用瓜）210.9万吨，其中苹果产量23.5万吨、梨产量136.6万吨（雪花梨36.0万吨、鸭梨46.2万吨）、红枣产量26.1万吨。干果产量4.9万吨，其中核桃4.3万吨。花卉种植面积4.08万亩。木材采伐量3.66万立方米。人造板产量192.21万立方米。林业产值14.1亿元，占农林牧渔业总产值1.8%。2014年平山县获评国家林业局首批颁发“全国林业专业合作组织示范县”奖牌，全国28个县(市、区)获得此项荣誉，平山县是河北省唯一获此奖牌县。

（曹文芳）

【《关于实施绿色石家庄攻坚工程的意见》】 3月27日，市政府印发《关于实施绿色石家庄攻坚工程的意见》（石政发〔2014〕12号）。主要内容：围绕创建国家森林城市目标，全市重点实施“12345”绿化工程，“1”即一个中心城区绿化工程；“2”即“两环”绿化工程（环省会生态绿化、环省会经济林）；“3”即东、中、西三大片区绿化工程；“4”即49条道路绿化林带工程（7条高速，2条高铁，3条一般铁路，4条国道，33条省道）；“5”即五河绿化工程（滹沱河、大沙河、木刀沟、槐河、泲河）。2014～2017年，全市完成造林绿化200万亩，每年完成50万亩，其中城区绿化600多万平方米，农村50万亩。到2017年，城市建成区绿化覆盖率达到45.3%，绿地率达到42%，人均公园绿地面积达到15.8平方米，全市村庄绿化覆盖率达到36%，全市森林覆盖率达到40%。到2017年，“三大片区”绿化工程中，东部平原完成造林20万亩，主要结合农村面貌提升改造和美丽乡村建设，营造“环村林”“街边林”等；中部丘陵区完成造林48万亩，主要在平山县、赞皇县、灵寿县建设优质薄皮核桃基地，在赞皇县、行唐县建设一批优质大枣基地，在元氏县、鹿泉市建设一批优质石榴基地，在平山县、井陉矿区建设一批优质苹果基地；西部深山区完成造林60万亩，主要实施封山育林等国家重点绿化工程。2014～2017年，完成流经石家庄市境内滹沱河、大沙河、木刀沟、槐河、泲河5条河流两岸绿化林带建设，绿化面积36万亩，植树3500万株。到2017年，全市建设义务植树基地5万亩，完成义务植树2000万人次，植树6000万株。通过实施绿色石家庄攻坚工程，全市构建起点、线、环、面结合的多树种、多层次，多效益的生态绿化格局，将石家庄市建成城在林中、林在城中、人在绿中的森林城市。

（市政府文件）

【造林绿化】 以国家林业重点工程为依托，将人工造林与封山育林相结合，大力发展生态林和经济林。2014年太行山绿化工程、中央财政造林补贴试点工程、防沙治沙试点工程、退耕还林工程完成人工造林6万亩、封山育林8万亩。环省会生态绿化工程完成造林0.5万亩，环省会经济林完成造林15.4万亩。西山区域绿化工程，在鹿泉区南起封龙山、北至西柏坡高速公路的西山区域，完成造林1.2万亩。绿色通道工程，对2013年完成的5条铁路、7条高速、4条国道和33条省道两侧绿化带进行完善提升补植补造；京石高铁两侧各建设50米绿化林带，全长80.4千米；京港澳高速公路石家庄段两侧各建设50米绿化林带，全长75.8千米，通道绿化美化工程完成造林3.1万亩。“五河”绿化工程，主要绿化滹沱河、大沙河、木刀沟、槐河、泲河及滹沱河上游岗南水库、黄壁庄水库周边等，完成造林8.6万亩。汪洋沟综合整治工程，河道两岸各建设8～10米具有生态、防护、经济、景观等功能的绿化带和风景片，完成造林910亩。农村面貌改造提升行动，实施村庄庭院绿化、县乡道路绿化和农田林网等工程，涉及2000个村庄，其中省级重点368个，完成造林19.2万亩，农田林网控制率达到

85%以上。2014 年全市创新造林绿化方式，将生态效益和经济效益挂钩，鼓励和引导大户、联户承包经营，支持龙头企业、合作组织、工商企业兴建经济林基地，完善“合作社＋农户”、“公司＋合作社＋农户”等造林机制，实现绿化造林与农民利益有机结合，调动起群众造林积极性。开展全民义务植树活动。3 月 12 日、3 月 23 日，省市党政机关干部、企事业单位工作人员、驻石家庄部队官兵 4000 余人在西山义务植树基地、西柏坡开展义务植树活动，栽植树木 2.5 万余株。2014 年全市共有 520 多万人参加义务植树，累计植树 1500 多万株，建成“公仆林”、“八一林”、“巾帼林”、“新闻林”等。春季造林绿化。2 月 27 日，全市召开春季造林绿化工作动员大会，安排部署开展春季城乡造林绿化工作。会上市政府与赞皇县、正定县签订造林绿化任务目标责任书。2014 年全市春季造林绿化在城区栽植乔灌木 750 万株，新建提升绿地 700 万平方米；实施春季重点工程栽植乔灌木 660 万株，新建提升绿地 440 万平方米；在农村完成植树造林 50 万亩，植树 5639 万株，其中工程造林 4339 万株，义务植树 1300 万株。秋冬季造林绿化。12 月 12 日，全市秋冬季造林绿化工作基本完成，造林绿化面积 26 万亩，超额完成计划任务。秋冬季造林绿化最大亮点是环省会周边重点造林工程，其中，西山区域绿化、三环路两侧绿化、环省会经济林、滹沱河两岸绿化、京港澳高速公路绿化、汪洋沟绿化等重点造林绿化工程完成造林 9.6 万亩。至 2014 年末，全市造林绿化投入资金 5.3 亿元，造林绿化面积 62 万亩，植树 5000 多万株，规模数量创下历年最高。

（曹文芳）

【10 人获授河北省绿化奖章】 根据《河北省绿化委员会、河北省林业厅、河北省人力资源和社会保障厅、河北省总工会关于开展 2012—2014 年度“河北省绿化奖章”评选工作的通知》（冀绿字〔2014〕1 号）要求，11 月 12 日石家庄市绿化委员会办公室公示推荐 10 人为石家庄市“河北省绿化奖章”候选人。12 月 26 日河北省绿化奖章评选表彰工作领导小组批准同意石家庄市 10 人为“河北省绿化奖章”获得者。10 人分别是：贾彬，石家庄市林业局副局长；田怀忠，河北鑫冠农业科技开发有限公司理事长；刘海涛，平山县葫芦峪农业科技开发有限公司董事长；戴云峰，正定县林业局局长；张振力，晋州市林业局高级农艺师；石建朝，赞皇县林业旅游局林业工程师；宋利和，河北科技大学绿化中心主任；剧慧存，石家庄市果树站农业技术推广研究员；庞国强，石家庄市森林病虫害防治检疫站林业工程师；姜俊娟，石家庄市林业局绿化处处长。

（河北省文件）

【创建国家森林城市】 按照“让森林走进城市，让城市拥抱森林”建设理念和“依山傍水锦绣地、林茂果丰森林城、幸福美丽石家庄”建设思路，组织开展创建国家森林城市活动。实施林业工程，改善生态环境，促进大气环境治理，增加森林资源总量，提高整体绿化美化效果，构筑城市多层次、多树种、多效益生态绿化格局，让城市融入大自然，让居民望得见山、看得见水，记得住乡愁。开展创建国家森林城市宣传，提高社会各界人士知晓率、支持率和参与率。3 月 12 日，在《石家庄日报》制作“实施绿色省会攻坚工程，创建国家森林城市”宣传专版；制作创建国家森林城市公益广告，从 3 月 1 日至 4 月 15 日在市电视台黄金时段和城管 LED 街头屏幕循环滚动播放；结合 2014 年 3 月份植树月、3·12 植树节、全市造林绿化动员大会、环城绿化等活动，在《石家庄日报》、《河北青年报》、长城网、中国新闻网等媒体，连续刊发专版、专栏和专访，向社会展示林业建设成就；与中国移动公司合作，在市林业系统开办集团网与创建国家森林城市宣传彩铃业务；结合 9·16 生态日举办创建国家森林城市图片展览 1 期；发展“石家庄市生态文化村”20 个并颁牌；考察谋划省会“生态文明教育基地”2 个；起草制作《绿色省会、美丽石家庄》大型宣传画册。重点实施退耕还林、太行山绿化、三北防护林、环省会生态绿化、环省会经济林、西山森林公园、绿色通道、五河绿化、滹沱河百里绿色长廊、大西柏坡绿化、万树进村等林业生态建设工程。主城区采取“规划建绿、破硬增绿、见缝插绿、拆墙透绿、立体绿化”等方式，开展以新建公园和道路绿化提升为重点城市绿化建设，大幅度提高城区绿化密度、深度、厚度，城市森林质量和生态防护功能提升。至2014年底，全市森林面积达到720万亩，森林覆盖率36%；中心城区绿化覆盖率43.37%、绿地率39.26%、人均公园绿地14.55平方米。

【果品产业】 以建设全省果品产业第一强市为目标，优化果树果品产业布局，推进名牌战略和果品精深加工。2014年全市果园种植面积14.6万公顷，其中苹果园1.1万公顷、梨园3.8万公顷；水果总产量(不含果用瓜）210.9万吨，其中苹果产量23.5万吨、梨产量136.6万吨（雪花梨36.0万吨、鸭梨46.2万吨)、红枣产量26.1万吨。干果产量4.9万吨，其中核桃4.3万吨。梨、核桃种植面积和产量均居全省第一位，大枣居第二位。主要果品及其主产地情况：苹果产量超1000万千克主产地有深泽县7048.5万千克、藁城区4362.4万千克、井陉县3786.5万千克、平山县1974万千克、鹿泉区1675.3万千克、晋州市1170万千克，6个县（市、区）苹果产量共计2亿千克，占总产量85.11%。梨产量超1500万千克主产地有晋州市60390万千克、赵县50000万千克、藁城区17831.8万千克、深泽县2559.6万千克、新乐市2100万千克、无极县1850万千克，6个县(市、区)梨产量共计13.5亿千克，占总产量98.65%。葡萄总产量1.28亿千克，产量超1250万千克主产地有深泽县1297.1万千克，晋州市8750万千克、鹿泉区1393.9万千克，3个县（市、区）葡萄产量共计1.15亿千克，占总产量89.8%。红枣产量超1亿千克主产地有赞皇县1.19亿千克、行唐县1.15亿千克，2个县红枣产量共计2.34亿千克，占总产量89.83%。核桃主产地有赞皇县1300万千克、平山县1240万千克、灵寿县650万千克，3个县核桃产量共计3190万千克，占核桃总产量74.89%。石家庄域内苹果、梨、红枣、葡萄、桃、柿子等水果种植较为普遍，形成以赵县、晋州市为中心的梨，以赞皇县、平山县、灵寿县为中心的核桃，以赞皇县、行唐县为中心的大枣三大优势产业。晋州市、深泽县的葡萄，元氏县的石榴，井陉矿区的苹果、赞皇县的樱桃也成为具有一定知名度的特色林果产业。至2014年末，全市共有果品加工企业304个，年加工能力57万吨，年产值49亿元；贮藏企业2161个，贮藏库2405个，年贮藏能力49万吨；内销企业718个，年销售额14.6亿元；出口企业283个，年出口额7亿元；批发市场38个，年交易额20.9亿元；果品专业合作社371个，入社人数40990人；果品协会44个，入会人数13350人；果品农民经纪人数2874人。

（张爱明）

【赞皇大枣获国际金奖】 8月26~28日，由国家林业局、黑龙江省政府主办的第三届中国（伊春）国际森林产品博览会在黑龙江省伊春市举行。赞皇大枣“大秋红”产品以个大色优、皮薄肉厚、自然含糖量高、品质上乘等优势夺得金奖，这是“赞皇大枣”继获得“2007中国国际林业博览会”金奖后获得的又一国际性大奖。至2014年底，赞皇县大枣种植面积45万亩，产量1.25亿千克，打造了阳泽十万亩大枣科技示范园区、南壕科技示范区等精品工程，有枣能、九维生物、绿康等63家大枣加工龙头企业，年加工量突破10万吨，大枣产业综合产值达到3.6亿元，仅大枣产业一项，全县人均增收1200元，占农民纯收入30%以上。

（岳金宏　董利国　安献锋）

【第二届省名优果品擂台赛暨果王评选活动】 9月26日，第十八届中国(廊坊）农产品交易会期间，第二届河北省名优果品擂台赛暨果王评选活动在廊坊市举行，石家庄市选送果品获得奖项60项。其中，获得果王6项、占全省15.38%；金奖19项、占23.17%；银奖16项、占15.24%；铜奖17项、占15.89%；名优产品2项；总获奖率达到61.22%。参赛果品获奖总数、获得果王、金奖、银奖、铜奖数量及获奖率均居全省第一。

（郑亚丛）

【壳素红牌红枣获金奖】 10月25~28日，第十二届中国国际农产品交易会暨第三届中国山东农产品交易会在青岛市举行。行唐县几丁质红枣专业合作社生产的“壳素红”牌甲壳素红枣在此次交易会获得金奖。行唐县甲壳素红枣施用甲壳素有机肥培育，属原生态、无公害、品质高、营养全的农果产品，2009年取得绿色食品认证，2013年获授“甲壳素红枣生产方法”国家发明专利。经中国科学院综合对比测试，0.5千克甲壳素红枣的营养相当1千克多普通红枣，其中Vc含量比普通红枣高 102.6%。

（申卫霞）

【花卉产业】 2014 年全市花卉种植面积 4.1 万亩，其中控温温室面积 106864 平方米、日光温室面积 2679942 平方米，总产值 31218 万元；年产切花切叶 1222.2 万支、盆花 1385.1 万盆、观赏苗木 717.7 万株；花卉市场 39 个、花卉企业 212 个、花农 2012 户，花卉从业人员 8849 人，其中专业技术人员 868 人。发展具备一批全国著名的仙客来、红掌、凤梨、蝴蝶兰、一品红、君子兰等名优特色花卉生产基地。8 家企业获认省级花卉示范基地，分别是河北绿之源农林科技有限公司（藁城区）、南董镇花卉苗木产区（藁城区）、高邑县垚淼农林科技发展有限公司（高邑县）、石家庄市雅美园艺有限公司（新华区）、河北盛祥市政园林工程有限公司（长安区）、石家庄市神州花卉研究所（裕华区）、石家庄芳草地花木种植有限公司（赞皇县）、井陉县国卉种植专业合作社。1 月 18～30 日，2014 年河北省（省会）迎春花卉联展举行。主会场 1 个：西三教花卉市场，分会场 4 个：植物园花卉市场、北城花卉市场、河北伟建花卉基地、河北汇春·肖家营花卉休闲观光基地，集中展销绿植、凤梨、红掌、仙客来、君子兰、蝴蝶兰、盆景、绢花、根雕、假山奇石、观赏鱼等类型品种。同时举办 2014 年河北省（省会）迎春花卉联展——暨最美河北汇春·肖家营花卉休闲观光基地摄影大赛，收到摄影作品 366 幅，评出一等奖 1 名、二等奖 6 名、优秀奖 21 名。

【林业科技推广】 加强林业科技推广项目建设，促进科技成果转化和普及。1 月 9 日，由中共中央宣传部、中央文明办等 8 部委与河北省委省政府联合主办，中央、省、市、县 100 多家单位参加的 2014 年全国文化科技卫生“三下乡”活动在行唐县文化广场举行，市林业局组织 4 位林果专家和科技服务站人员现场提供果树管理、病虫害防治、盆栽花卉等技术咨询服务，向林果农解答咨询 100 多人次，发放林果技术资料及 10 个大枣新品种明白纸 1 万余份，赠送科技图书 2000 余册。2 月 25 日，平山县林业局在岗南镇一坡果园举办全县春季果树管理及果品安全生产技术培训会。2 月 26 日，市林业局在藁城市东里庄村示范基地举办速生杨根蘖林培育技术培训班，为林农详细讲解技术方法并现场操作示范。2 月 28 日，栾城县林业局召开 2014 年环省会经济林工程建设推进暨技术培训会。还举办了栾城核桃管理科技大讲堂、鹿泉果树修剪擂台赛、晋州葡萄现场培训会等科技推广活动。2014 年市果树站承担的抗病大枣品种选育、核桃标准化技术推广分别获得市科技一等奖和市山区创业一等奖；平山县、行唐县的林业有害生物防治、苹果省力栽培等项目获奖；新承担市科技局杨树根孽林培育、樱桃引种栽培等项目取得突破性进展。承担中央财政林业科技推广示范资金项目——夏黑葡萄标准化管理技术推广示范，获得中央支持资金 100 万元。苹果三优模式、梨省力栽培、葡萄简化管理等先进实用技术得到大面积推广；元氏西岭底、平山刘家会等省级科技示范点作用和影响扩大。

【森林资源保护】 加强野生动植物保护宣传，提高市民保护野生动植物法规意识。3 月 3 日，举办首个世界野生动植物日主题宣传活动。11 月 8 日，以《20 年后，您希望只看到纸折动物？》为主题，在河北科技大学举行省会野生动物保护宣传月活动启动仪式，加强《野生动物保护法》普法宣传。开展以打击野外违法用火为主“金钺行动”，查处非法用火案件 158 起。开展以打击滥伐盗伐林木行为、非法运输加工木材行为、非法采挖运输大树苗行为“金剑行动”，检查木材交易市场 85 处、木材经营场所 34 处，收缴涉案木材 12 立方米；查处刑事案件 2 起；查处行政案件 66 起，其中私挖大树（苗木）类案件 11 起。开展以打击用投毒、网捕、上套、枪击等手段，非法猎捕、杀害野生动物违法犯罪行为“金网行动·1 号”，发放宣传材料 5000 余份，清理清查整治古玩城、市场等重点场所 17 处，清理整顿野生动物驯养繁殖场 21 家，解救野生动物 1 只。开展“金网行动·2 号”，打击团伙盗伐、滥伐林木，非法运输木材，非法采集、毁坏、收购、运输、加工、出售国家重点保护植物等违法犯罪活动和破坏野生动物资源违法犯罪行为，清理整顿木材市场、木材加工厂等重点场所 20 个，查处行政案件 27 起；破获刑事案件 1 起。开展以打击违法占用林地为主要内容“金盾行动”，查处行政案件 27 起，成功侦破塔元庄村非法占用林地案。

开展“爱鸟周”活动，突击检查各类鸟市30余次、没收捕鸟用沾网20个、巡查餐馆饭店及野生动物原材料集散地80余次。开展野生动植物救助行动，协调救助野生动物150余只。加强林地征收审核管理，审核占用征收林地项目2项，林地面积47.31公顷。2014年全市列入林权制度改革集体林地面积633.33万亩，明晰林业产权面积617.49万亩，产权明晰率97.5%；发放林权证50015本，发证面积587.23万亩，发证率95.1%。

【林业有害生物防治】 坚持“预防为主，科学治理，依法监管，强化责任”防治方针，突出林业有害生物防治重点，实施科学防控。加强基层防治体系建设，在主要林区扶持组建林业有害生物防治专业队423支，并配备各类药械；初步建成市级标准示范站3个；培训人员3000余人，发放各类宣传资料10万份。采取定点监测、定期普查和群众举报相结合方式，加强林业灾情监测预报。设立测报站（点）260个、美国白蛾监测点651个、松材线虫病监测点6个、标准地69块，悬挂诱捕器104套，配备测报人员483名、查防员3158名，发布监测报告80余期，提供各类信息120余期3万余份，2014年美国白蛾、春尺蠖、红脂大小蠹、油松毛虫、杨扇舟蛾等主要病虫害测报覆盖率100%、准确率97%。防治美国白蛾、杨扇舟蛾、红脂大小蠹、油松毛虫等重大林业有害生物，购置灭幼脲3号、阿维菌素、高效氯氰菊酯、森得保、苦·烟乳油等农药80吨，新购高压喷雾器、杀虫灯、高枝剪等防治器械300余件。防止林业有害生物传播，落实种苗检测检疫制度，调出种苗产地检疫率97%，种苗调入复检率100%。制定《2014年美国白蛾防治方案》，采取诱虫灯诱杀、人工捕捉、剪除网幕、摘除卵块、释放天敌、地面喷药等措施，动用防治专业队423个、人员1.5万人次，高射喷药机械405台、车载打药机16台、高枝剪2000余把，释放周氏啮小蜂2亿头，完成地面防治17.5万亩次，剪除网幕5.4万个，诱杀成虫2.3万余头。5月25日至6月30日，市林业局和13个县（市、区）动用“小松鼠”、“贝尔”、“三角翼”等三架直升飞机，转场正定、元氏、平山等停机点，对境内京港澳、京昆、石黄、石太、西柏坡高速和308等国道两侧绿化带，以及滹沱河、沙河、磁河等生态防护林和平山、灵寿、行唐、晋州、藁城、深泽、新乐、鹿泉、无极、栾城、正定、长安等13个县（市、区）重点生态区域实施飞机喷药防治美国白蛾，完成飞防作业269架次，喷洒无公害农药10.32吨，防治面积16.48万亩。2014年全市林业有害生物发生面积84.9万亩，完成防治面积84.9万亩，防治率100%，无公害防治率90.12%。其中，美国白蛾17.42万亩，涉及17个县（市、区）及高新区共141个乡镇（办事处），835个村、190个小区、街道；松毛虫11万亩、杨扇舟蛾16.7万亩、松阿扁叶蜂7.9万亩、其他病虫害31.88万亩。全年石家庄市没有出现大的林业疫情灾害，成灾面积、成灾率均为0‰。

【森林防火】 遵循“预防为主、积极消灭”原则，从预防与扑救两方面着手，落实森林防火措施，做到“横向到边、纵向到底、全覆盖、无缝隙”要求。实施森林防火行政首长负责制和部门分工责任制，落实县长、乡长、村长和林业局长、林场场长“五长”责任。推进预防和扑救体系建设，提高预防与扑救综合能力。采取媒体宣传、张贴标语、制作宣传牌、出动宣传车等形式，宣传《森林防火条例》和森林火灾预防扑救知识，营造森林防火社会氛围。全年发放宣传材料37万份，发送防火短信2万余条，印制宣传年画3万份，刷写、张贴宣传标语3.5万条，张贴《春季森林防火公告》5000余份，制作宣传牌5100块，发放到行政村1700个，市电视台和气象部门联合在天气预报节目增播森林火险等级预报。严格落实火情监测和防火值班制度，针对不同地域、时段和人群，采取不同管控措施，加强野外火源管理，做到严防死守。制定《森林防火隐患排查实施方案》，组织实施“五清”专项行动，清理地边115千米、林边233千米、矿边151处、坟头1.5万处、隔离带44万平方米。5月26日，元氏县、井陉县、鹿泉市3县（市）交界地带发生森林火灾（又称“5·27”森林火灾），广大军民与专业扑火队连续奋战，5月31日成功扑灭。“5·27”森林火灾过火面积676亩，其中林木受灾面积160亩，未造成人员伤亡和村庄及重要设施损毁。2014年全市森林受害面积控制在0.3‰以下。

【太行山森林重点火险区综合治理二期工程】 根据国家林业局《关于组织申报2012年森林防火基础设施建设项目的通知》(规建函〔2012〕1号)要求，2012年5月市林业局组织上报《河北省石家庄市太行山森林重点火险区综合治理二期工程可行性研究报告》；2012年8月国家林业局下发《关于河北省石家庄市太行山森林重点火险区综合治理二期工程可行性研究报告的批复》(林规批字〔2012〕20号)，批准该项目；2014年8月河北省林业厅下发《关于石家庄市太行山森林重点火险区综合治理二期工程初步设计的批复》(冀林〔2014〕108号)，批准初步设计。项目总投资2061万元，其中中央投资1237万元，地方配套投资824万元。建设范围包括市本级及所辖平山县、灵寿县、井陉县、赞皇县4个森林防火重点县。建设内容包括火情监测瞭望系统，购置瞭望监测设备、摩托车；宣传教育能力建设，购置宣传教育设备、宣传车、宣传碑(牌)；专业队伍能力建设，购置扑火机具、运兵车、小型水罐车、扑火机具运输车、越野运兵车；基础设施建设，建设专业扑火队营房5处，建筑面积2900平方米；建设防火物资储备库5处，建筑面积1250平方米。至2014年底，县级4处营房和4处储备库建成。

（张爱明）

【机构编制调整】 2012年9月11日，市机构编制委员会办公室印发《关于调整市林业局部分事业单位机构编制事宜的批复》(石编办〔2012〕86号)，根据该文件，2014年市林业局将市林业站、市林业世界银行贷款项目办公室和市林木种苗管理站合并为市林业管理站，挂市林木种苗质量监督检验站牌子，合并后编制20名，机构规格科级，领导职数1正2副，经费形式为财政性资金基本保证。主要职责：承担全市造林工程，林业生态建设与管理；防沙治沙重点示范项目管理；林木种苗生产、销售和质量管理；全市林业世界银行贷款项目、退耕还林工程管理等相关工作。4月9日，市机构编制委员会办公室印发《关于调整市林业局部分事业单位机构编制事宜的批复》(石机编办〔2014〕27号)，根据该文件，市林业局将市林业技术推广站职责调整到市果树站，按照“编随事走”原则，将市林业技术推广站使用23名编制连人带编划转到果树站13名。调整后，市果树站编制25名。主要职责：承担全市果树、桑蚕、花卉行业管理；果花产品质量检验；野生花卉资源开发、保护及管理；开展林业技术推广与技术咨询等相关工作。市林业技术推广站更名为市森林消防扑火大队，配置运兵车、小型水罐车、扑火机具运输车、越野运兵车、灭火机、高压水枪、2号灭火工具、铁锹等装备与工具，负责全市森林火灾预防和组织扑救等相关工作。调整后，市森林消防扑火大队使用原林业技术推广站剩余10名编制，设领导职数1正3副。经费形式为财政性资金基本保证，根据工作需要可采取政府购买服务方式聘用临时专业扑火人员。2014年市森林消防扑火大队招录队员100人，分设3个中队，实行军事化管理，保障待遇、统一着装、集中食宿、强化练兵、全天备勤，建成一支专业森林消防扑火队伍。

【林业龙头企业】 2014年石家庄市新增国家林业重点龙头企业1家：平山县葫芦峪农业科技开发有限公司，这也是首批国家林业重点龙头企业；新认定石家庄吉利食品有限公司、昊源林果场、石家庄市桥西西三教花木基地、赵县旭海果汁有限公司、河北省晋州市长城经贸有限公司、石家庄市丸京干果有限公司、河北金吉祥木业有限公司、河北大吾生态农业科技有限公司等50家企业为2014~2015年度河北省林业重点龙头企业，占全省认定总数20.2%，居全省首位；认定鹿泉市紫藤葡萄专业合作社、鹿泉市佛山田仙红石榴专业合作社、正定县东里双黄桃专业合作社、平山县绿宝薄皮核桃专业合作社、高邑县华良银杏苗木专业合作社、行唐县几丁质红枣专业作社、赵县梨果产业协会、赵县大寺庄果品技术专业合作社等34家合作社、协会为2014~2015年度河北省林业重点合作组织，占全省认定总数18.3%，认定数量全省第一。

【新增省级观光采摘果园15处】 落实《河北省人民政府关于加快建设果品产业强省的意见》，大力拓展果品业生态观光、休闲采摘、愉悦身心等功能，开展观光采摘果园创建活动，培育一批“春赏花、夏观果、秋采摘、冬尝鲜”高标准观光采摘果品基地，推动休闲观光果业实现经营特色化、管理规范化、产品品牌化、服务标准化。4月29日，河北省林业厅下发《关于命名“省级观光采摘果园”的通知》（冀林字〔2014〕137号），石家庄市15处观光采摘果园列为省级观光采摘果园，分别是大谈现代农业科技生态观光园、元富农产品专业合作社、瑞鑫果木种植专业合作社、圣康无花果种植基地、香雪红梨种植合作社、井陉县假期梨园农业有限公司、科丰农业开发有限公司、太行山生态开发基地、金腾葡萄种植专业合作社、大吾乡生态谷农业科技有限公司、优农种植专业合作社、东岭生态农业有限公司、城寨果树种植专业合作社、红满天果品专业合作社、北冶乡梨树湾村。

（方士刚　张爱明）

水　务

【概况】 2014年，全市水利系统树立“项目强水、科学治水、依法管水、人水和谐”理念，加强水利事业薄弱环节建设，大力发展民生水利和生态水利，落实和强化最严格水资源管理制度。推进用水、节水立法，3月1日市人大常委会颁布实施《石家庄市节约用水办法》，将《石家庄市市区供水节约用水管理条例》列入立法规划。开展基层水利服务体系建设，2014年5月，全市组织验收17个县（市、区）77个乡镇（区域）水利站，安排市级财政资金50万元用于部分乡镇水利站建设。严格防汛抗旱部署，调整市、县、乡三级防汛抗旱指挥部成员，落实行政领导、水利部门和技术人员“三位一体”防汛责任制，修订完善各类防洪预案和主要城镇、山地灾害易发区防洪及避险转移预案，制订大中型水库及石家庄市城区防汛抢险操作规程，备足防汛物资，建立抢险队伍，组织抢险演练。科学利用雨洪资源，及早储备抗旱水源。2014年全市除险加固小病险水库25座，治理中小河道4条（鹿泉区汊河、正定县周汉河、无极县磁河、元氏县潴龙河），整治河道堤防22.5千米，治理水土流失面积180平方千米，新增及恢复改善灌溉面积94万亩，发展节水灌溉面积53万亩。农村人口饮水安全工程完成投资2.98亿元，新建单村供水工程266处、联村水厂8处、农村学校204处，解决336个村、62万人饮水安全问题。加强污水处理和雨水集蓄利用，28座污水处理厂全部正常运行，全市污水处理率达90%，回用率达25%，其中主城区污水处理率、回用率分别达到100%和30%，实现“十二五”规划目标。年度用水指标计划分解完成，万元工业增加值用水量减少到14.24立方米，灌溉水利用系数提高到0.686。

【农田水利建设】 以水利规划为引领，以建设项目为载体，持续推进农田水利建设，促进农业生产环境改善。小型农田水利建设，重点实施小型农田水利重点县元氏县、鹿泉市2013年度建设项目，赵县、赞皇县、新乐市、平山县、灵寿县2013年度和2014年度建设项目，行唐县、正定县、井陉县、高邑县2013年度省级以上农田水利建设资金项目，总计完成投资1.61亿元，发展节水灌溉面积17万亩。2014年11月，石家庄市赞皇县、井陉县、平山县、行唐县、灵寿县5个国家重点县2013年度国家水土保持重点建设工程项目全部通过河北省水利厅验收。石家庄市2013年国家水土保持重点项目总投资5311.02万元，涉及9条小流域，治理面积95平方千米，占项目区总面积70%以上。其中，整修梯田1268.37公顷，营造经济林3267.26公顷，种植水保林5649.48公顷，封育治理4101.39公顷；修建扬水站23座，蓄水池56个，大口井15眼，标志碑25座，谷坊128座，护地堤4.55千米，作业路50.3千米。2014年12月，省水利厅、省财政厅联合发文通报全省小型农田水利重点县2013年项目绩效考评结果，石家庄市鹿泉区、赵县获评优秀。鹿泉区2013年小型农田水利重点县项目于2013年12月开工建设，2014年5月竣工，项目总投资2332.91万元，涵盖6个镇17个行政村，修建防渗渠道103.68千米、农耕桥616座、跌水128座、水闸328座、灌溉分水口5126个、自动量水设施6处、普通量水设施224处、倒虹吸2座；发展节水灌溉面积30586亩，年新增节水能力466.5万立方米，年提高粮食生产能力10%以上。赵县2013年小型农田水利重点县项目于2014年3月开工建设，2014年10月底完工，项目总投资2234.41万元，涵盖3个镇11个行政村，铺设低压输水管道321178米，安装出水口及其保护装置各13382套，更新机井90眼，配套机井255眼，修建智能机井房379座、井台185处，硬化田间路5000米；发展节水灌溉面积33456亩，年新增节水能力160万立方米，年新增粮食生产能力301万千克。大中型灌区配套改造，元氏县八一灌区成功申报2014年农业综合开发中型灌区节水改造项目；平山县北跃、大川灌区和鹿泉区计三、源泉灌区末级渠系改造列入小型农田水利重点县项目；总计完成投资4061.8万元，实施干支渠防渗35.6千米、斗渠防渗52.7千米，改善灌溉面积6.9万亩。2014年全市渠灌区累计灌溉186.5万亩次，累计引水37664万立方米。至2014年末，全市农田水利基本建设累计完成投资15.8亿元，投工678万个，完成工程量2937万立方米。其中，新建及维修小型水源工程12254项，新增及恢复改善灌溉面积94万亩；鹿泉区、正定县分别获得河北省农田水利基本建设“海河杯”竞赛一、二等奖。

【南水北调工程】 南水北调配套工程中线石家庄段建设取得阶段性成果，总干渠完成通水实验，176千米管道实现贯通167千米，占总任务95%；累计开挖土石1100万立方米，浇筑混凝土3.98万立方米。配套污水处理厂建设完工1座：赞皇污水处理厂；基本建成1座：市区西北污水处理厂；开工在建12座：新乐、鹿泉、藁城、无极、深泽、栾城、元氏、正定、高邑等污水处理厂。2月4日，市区西北水厂成功向市区输送江水。6月5日，南水北调中线一期工程黄河北段总干渠开始充水试验。6月11日6时10分，河北磁县岳城水库提闸（6月5日10时28分开始）放水水流到达石家庄境内。此次充水渠道从河南省焦作市温县济河节制闸起，到石家庄市古运河节制闸止，全长近500千米。黄河以北段总干渠充水试验采用多水源连续充水方式，由沁河、盘石头水库、岳城水库提供充水水源，调用水9000余万立方米。石家庄境内主要是市区以北邯石段工程，该工程自古运河枢纽起，止于邢石界，经新华区、桥西区、鹿泉市、元氏县、赞皇县、高邑县，涉及18个乡（镇）、62个行政村，全长65.79千米。

【防汛抗旱】 围绕防汛保安全、抗旱保丰收思路，科学研判雨情、水情，准确把握防汛抗旱形势，提前开展防汛大检查。落实行政领导、水利部门和技术人员“三位一体”防汛责任制，修订完善243座大中小型水库、主要城镇和61处山地灾害易发区防洪及避险转移预案，病险水库下游及河道内村庄逐户发放避险转移明白纸。制订大中型水库及石家庄市城区防汛抢险操作规程，防汛物资储号备50余个品种，价值6000多万元，组建应急抢险常备队伍525支，6.5万人，预备队427支，13.8万人。举办各县（市、区）主管局长、防汛办公室人员、重点乡（镇）长、村长以及负责山洪灾害县级非工程措施项目技术人员参加防汛知识培训班，组织抢险演练、山洪灾害防御应急演练和山洪灾害避险转移演练。下拨专项资金25万元，用于小水库汛期值守，保证小水库有人看、有人守、有人管，遇有险情提前通知预警。加强雨水情、墒情、旱情、工情等统计发布和预报，实时发布监测信息，指导农民科学抗旱。2014年全市修建塘坝、水池、水窖、截潜流、大口井等小型抗旱积雨工程1545余处，新建扬水站点582处，新打机井4051眼，维护机井6167万眼，渠道清淤549多千米，新修防渗渠道588千米，抗旱浇灌面积648.4万亩，抗旱浇灌累计用水量24.24亿立方米。其中，县级抗旱服务站投入抗旱设备742台套，新打抗旱应急水源井620眼，维修机井1994眼，维修机泵3952台套，抗旱浇地21.53万亩，浇果树16万株。坚持防汛抗旱两手抓，在确保安全前提下，科学调度多蓄水。2014年石家庄汛期降水239.5毫米，较2013年同期减少219毫米，较常年同期减少174毫米。至2014年底，全市12座大中型水库蓄水总量7.58亿立方米，较2013年同期减少2.9亿立方米。其中，岗南水库蓄水4.5亿立方米，黄壁庄水库蓄水1.44亿立方米，横山岭水库蓄水0.39亿立方米，口头水库蓄水0.27亿立方米。2014年全市农村水电站完成发电量5130万度，超计划发电472万度。7月28～29日，井陉县景庄电站、张河湾坝后电站通过河北省水利厅农村水电竣工验收组验收，认为2座电站的建设规模、设计内容均符合标准，工程质量合格、财务管理规范、投资控制基本合理。景庄水电站于2006年3月开工，2007年10月建成完工，装机容量1600千瓦，设计年发电量635万千瓦时；张河湾坝后水电站于2009年9月开工，2011年3月建成完工，装机容量640千瓦，设计年发电量254.9万千瓦时。

【汪洋沟综合整治工程】 汪洋沟发源于藁城区北席村西，是石家庄市东南部主要排沥河道，也是全市“三河两渠一沟”（滹沱河、洨河、磁河，石津总干渠、邵村排干渠，汪洋沟）重要河流，流经辖区循环化工园区、藁城区和赵县，全长49.18千米，流域面积623.5平方千米。2014年5月，汪洋沟综合整治工程正式实施，主要包括五大工程建设：环保治理、河道整治、两岸绿化、管网改造、农村环境整治。至2014年底，藁城区、赵县及循环化工园区河道整治工程全部完工；52座桥梁建设基本完工；良村南污水处理厂达标运行；赵县生物产业园新建污水处理厂主体工程完工；赵县范庄镇新建污水处理厂工程完成土建和管网铺设，正在安装设备；高新区污水处理厂升级改造工程完成基坑开挖和地下管道铺设，正在安装设备；5座水质自动监测站建设完工，并入14家企业安装视频监控；雨污管网改造工程进入扫尾阶段，藁城区11个村、赵县14个村、循环化工园区3个村整治任务基本完成，清理垃圾和杂物7.06万立方米；整治后，汪洋沟基本达到河畅、岸绿、水清。

【水资源管理】 落实省政府关于石家庄市建成区为地下水禁采区划定要求，开展全市平原区地下水超采区评价，细化河北省划定超采范围和管理措施，严厉打击擅自凿井取水行为。2014年全市查处违规凿井行为53起，其中处罚8起，移交法院强制执行2起；受理水资源论证项目36个，责成其中6家修改水资源论证报告；鹿华热电等新增用水项目未予通过。市水务局、市发改委联合下达用水计划指标并层层分解，其中主城区计划用水指标下达到各用水单位，实行年考核、季考核，超计划用水征收加价水资源费。至2014年末，主城区征收超计划加价水资源费22.3余万元。严格取水许可和计划用水管理，率先在全省建成取水许可台账系统，69家停用水单位注销《取水许可证》，削减年取水许可量1838万立方米。加强水资源监测管理，全市在建成水资源政务办公网络和门户网站基础上，协调投资150余万元启动水资源监控系统升级改造和监控站点更新维护项目，修复原有监控点位，整合监控资源，提高系统实用性、可靠性和可操作性。同步推进国家水资源监控能力建设项目，率先在全省启动一期项目建设，2014年11月底全市100个规模以上取用水户水量监测站点建设完成，二期项目招投标和合同签订完毕。推进节水型社会建设，万元工业增加值用水量减少至14.24立方米。

【生态水利工程】 以国家、省级水土保持生态治理项目为重点，推进节水型农业建设，渠灌区大力发展渠道衬砌防渗节水灌溉，适度推广管道输水灌溉；井灌区重点发展以高标准低压管道输水为主高效节水灌溉；规模化种植粮食、棉花、蔬菜、林果区域推广喷灌、微灌、膜下滴灌等高效节水灌溉。至2014年底，全市发展节水灌溉面积53万亩，农业灌溉水有效利用系数0.686，新增及恢复改善灌溉面积94万亩，整治河道堤防22.5千米，治理水土流失面积180平方千米，完成投资9000多万元。依托市级河流综合整治重点工程，加强污水处理和雨水集蓄利用，全市28座污水处理厂正常运行，污水处理率达到90%，回用率达到25%，其中主城区污水处理率、回用率分别达到100%和30%，实现“十二五”规划目标。加强城市水源地管理和保护，重要河流严格实施限制纳制措施，建设水质监测断面，完成水质监测确界立碑。

【民生水利工程】 全年完成病险水库除险加固工程投资5648万元，除险加固小型水库25座：井陉县方山、良沟水库，灵寿县上下庄、北洋沟、娃娃沟水库，鹿泉区羊角庄、团山水库，平山县桃林、卜轴、上峪、蛟潭庄、东红岭北、栲栳台、东王庄、高洼、黑龙池水库，元氏县大寺峪、黑水河、时家庄、马岭水库，赞皇县孤山井沟、东坛山、贾沟、南徐乐、白壁西沟水库。完成中小河流治理投资9478万元，汊河鹿泉段治理工程、渚龙河元氏县南苏村至北正村段治理工程、河北省周汉河正定县段治理工程、磁河无极县段河道治理工程等4条中小河流主体竣工。完成农村人口饮水安全工程投资2.98亿元，新建单村供水工程266处，联村水厂8处，农村学校204处，扩户71处，解决饮水安全问题336个村、62万人。其中，井陉县单村供水工程39处，解决饮水安全问题40个村、2.6万人；灵寿县单村供水工程37处，扩户2处，农村学校4处，解决饮水安全问题43个村、5万人；行唐县单村供水工程11处，扩户6处，解决饮水安全问题17个村、3.5万人；鹿泉区单村供水工程14处，农村学校17处，解决饮水安全问题14个村、2.8万人；元氏县单村供水工程9处，农村学校7处，扩户9处，解决饮水安全问题18个村、5.1万人；赞皇县单村供水工程23处，农村学校15处，解决饮水安全问题23个村、3万人；井陉矿区单村供水工程10处，解决饮水安全问题10个村、1万人；高邑县单村供水工程1处，扩户8处，农村学校1处，解决饮水安全问题9个村、1.8万人；正定县联村集中供水工程1处，单村供水工程11处，扩户2处，农村学校3处，解决饮水安全问题17个村、4.2万人；栾城区联村集中供水工程1处，单村供水工程10处，扩户8处，农村学校8处，解决饮水安全问题23个村、4.3万人；晋州市联村集中供水工程1处，单村供水工程12处，扩户4处，农村学校8处你，解决饮水安全问题24个村、6.4万人；藁城区联村集中供水工程2处，单村供水工程5处，扩户5处，农村学校10处，解决饮水安全问题32个村、8.1万人；赵县单村供水工程5处，扩户14处，农村学校56处，解决饮水安全问题19个村、5.3万人；无极县联村集中供水工程1处，扩户1处，农村学校20处，解决饮水安全问题11个村、3.7万人；新乐市单村供水工程6处，扩户7处，农村学校16处，解决饮水安全问题16个村、4.6万人；深泽县联村集中供水工程1处，扩户5处，解决饮水安全问题7个村、1万人；平山县单村供水工程68处，扩户71处，农村学校204处，解决饮水安全问题28个村、2.86万人。落实水库移民后期扶持资金6953.34万元，完成后期扶持项目461个，库区面貌及移民生产生活条件得到有效改善。

【行政执法】 组建成立市水政监察支队，调查处理水事案件122起，涉及违规用水楼盘86家、自备水源井非法取水36起。其中，落实整改108起，立案查处14起，结案12起，收缴罚款23.5万元。APEC会议及重污染天气预警期间，全市设立24小时公开举报电话接受群众投诉，开展昼夜巡查，累计出动执法车辆414车次、执法人员1656人次，发现违法行为47起；办理查处群众投诉118起、市长公开电话转交18起、省水务部门转办案件3起。市水务局、市公安局建立非法采沙联合执法机制，2014年5月召开全市河道管理及执法工作会议，部署河道非法采沙治理。2014年市水政监察支队参与和组织联合执法13次，打击犯罪团伙89个，刑事拘留247人，批捕10人，起诉46人，年末河道非法采沙现象基本遏制，沙场扬尘污染得到控制。

【水务集团有限责任公司】 2014年市水务集团有限责任公司基本完成融资合作和增资改制上市准备，签订《融资合作框架协议》，引进战略融资合作方——北京建信投资基金有限公司，完成增资改制认证，审议通过法律文件10个，包括《增资协议》、《股权质押协议》、《股权回购协议》、《供水特许经营协议》、《污水处理特许经营协议》等，确定中信证券股份有限公司为上市保荐机构。多方筹措资金，保障重点项目建设。2014年市水务集团有限责任公司与多家金融机构合作，采取贷款、交银租赁等方式融资10.36亿元，并获得建设银行贷款授信额度10亿元。至2014年底，市水务集团有限责任公司完成产水量1.87亿立方米，售水量1.51亿立方米；污水处理量2.97亿立方米，中水销售额584.45万元；实现利润865.72万元。

（王潇潇）

农业机械

【概况】 2014年，全市落实国家农机购置补贴资金16130万元，补贴各类农业机械11752台（套），其中大中型拖拉机1340台、小麦联合收割机1209台、玉米联合收获机1470台、深松机202台，种植机械1605台、耕整机械2602台、设施农业设备185台、畜牧水产机械1101台；受益农户8781户，拉动农民投入5.38亿元。年末全市农机总动力达到1822万千瓦，主要农作物综合机械化水平达到84%，同比增长2%，小麦生产基本实现全程机械化；小麦和玉米秸秆综合利用率达到96%。推广农机新机具新技术，新增带剥皮功能玉米联合收获机1432台，新增大型茎穗兼收型青贮收获机173台，完成玉米机械化收获345万亩，玉米机收率达到75.2%，同比增长8.4%；新增深松机具188台，保有量3363台，完成深松作业108万亩；实施农业生产全程社会化服务试点项目，完成机械化作业20万亩；新增保护性耕作面积11万亩；小麦播后镇压实现全覆盖。提升农机社会化服务和公共服务水平，率先在全省实施“全国农机化生产信息管理服务平台”试点，为“农机通”机手免费提供天气预报、作业政策、机具维修、作业价格等信息380多条；新增农机合作社80家，数量达到224家；新增二级以上农机维修网点10个，总数达到17个。“三夏”期间，全市出动各类农机具18万台（套），投入小麦联合收获机1.8万台，完成小麦联合收获494万亩，占小麦种植面积97.8%；投入玉米免耕播种机1.7万台，完成玉米机播面积418.8万亩，占玉米播种面积88.2%；投入深松机980台，完成春夏季农机深松39万亩。“三秋”期间，投入各类农机21万台（套），完成玉米联合收获345万亩，机收率达75.2%，同比提高8.4个百分点。

【农机服务】 加强春耕、“三夏”、“三秋”等重要农时农机作业组织、管理、协调和服务，确保机具供需平衡和作业市场稳定。全年组织230多名技术人员分乡包片、深入一线，协调专业修理厂和维修专业户做好机具作业前检修，安排生产、经销企业调集220多辆维修服务车开展机具作业期间巡回服务。协调中石化公司、中石油公司采取专设农机绿色通道、每升柴油优惠0.1元、出动“田间流动加油车”等便民措施，做好柴油调配和供应。“三夏”期间，全市出动各类农机具18万台（套），投入小麦联合收获机1.8万台，完成小麦联合收获494万亩，占小麦种植面积97.8%；投入玉米免耕播种机1.7万台，完成玉米机播面积418.8万亩，占玉米播种面积88.2%；投入深松机980台，完成春夏季农机深松39万亩。“三秋”期间，全市投入农机总量21万台（套），其中大中拖3.1万台、玉米联合收获机6808台、旋耕机2.9万台、深松机1380台、小麦播种机2.5万台，完成玉米联合收获345万亩，机收水平达到75.2%，同比提高8.4个百分点；秋季农机深松69万亩；小麦机播面积497万亩，占小麦播种面积99.5%，小麦播后镇压实现全覆盖。开展农机跨区作业，全年组织6000台小麦联合收割机、1000余台玉米机实施跨区作业，作业面积400万亩，为农民增收2.2亿元以上。创新农机服务方式，利用“全国农机化生产信息管理服务平台”，全年为“农机通”机手免费提供天气预报、作业政策、机具维修、作业价格等信息380多条。加强农机维修网点管理，按照《农机维修管理规定》和《河北省农业机械管理条例》要求，深入全市主要农机生产厂家、经销企业、维修网点调研维修服务能力。2014年5月，全市召开农机维修培训会议，规范农机维修市场秩序；2014年8月底，市农机维修网点管理通过国家农业部及河北省农机推广站考察，其中赵县农机维修网点提升服务能力做法得到肯定。支持农机合作社发展，2014年全市农机合作社享受财政补贴农业机械3500台（套），106个农机合作社参与深松作业，69个农机合作社参与农业生产全程社会化服务试点作业。至2014年末，全市农机合作社数量发展到224家，总收入2.2亿元，资产总额8.5亿元。

【新机具新技术推广】 2014年全市争取并承担国家农机购置补贴、保护性耕作技术、青贮饲料收获机中试、农业生产全程社会化服务试点、农机深松等农机项目，累计争取资金 2.1 亿元。市财政安排预算资金 435 万元，推广节能、高效、复式作业等先进、适用农业机械，敞开补贴玉米收获机、深松机。2014 年全市新增带剥皮功能玉米联合收获机 1432 台，占新增玉米收获机械总数 97.4%，新增大型茎穗兼收型青贮收获机 173 台。开展农机实用技术培训和农机政策法规宣传，编印《农机实用技术培训教材》、《农机合作社培训资料》 9000 余册，为 500 多个维修点、合作社免费订阅《河北农机》 杂志。将农机培训、政策宣传与生产实际、发放农机购置补贴、办理农机牌证相结合，出动宣传车 120 台次，印发明白纸 4 万份，培训农机管理、推广、经营单位和农机大户、农机合作社、机手及农民 5 万人次，召开新机具展示会、演示会、新技术培训会 20 余次。3 月 19～20 日，国家农业部农机推广总站在石家庄市鹿泉区举办全国春耕生产农机化技术暨保护性耕作项目培训班，来自全国各省、市、县 200 余人参训，现场演示机具 50 余台，现场观摩人员 1500 余人。加强新机具新技术服务和指导，围绕玉米收获机械化薄弱环节，成立技术服务队 20 余个，深入田间地头，提供技术指导、机械调度、作业安排、机具检修等服务。开展订单作业和跨区作业，加快机收作业向组织化、规模化、产业化迈进。针对出现故障、维修难的机具，市、县农机部门督促企业售后人员及时维修，保证机具正常使用，帮助购机户解除后顾之忧；机具作业结束后，组织各农机购机户召开座谈会，总结和交流成功经验及做法。2014 年市农机推广站完成 4QZ-2000 型玉米青贮收获机维护和技术改进，并在平山县开展大面积作业试验；还完成 4QZ-2600 型青贮机械改进、试制生产及大面积作业考核，提高了 4QZ-2600 型青贮机型适用性。

【深松作业】 2014 年全市新增深松机具 188 台，保有量 3363 台；完成春季深松作业 3.3 万亩。2014 年全市共设深松作业项目县 15 个，承担并完成深松作业任务 108 亩。制定深松作业实施方案，落实作业合同和地块。印发深松作业宣传手册和宣传材料 2 万余份，发放培训光盘 1500 余张，培训深松作业项目机手 3687 人、质检员 1168 人。开展深松作业监督检查，采购发放深松作业面积测亩仪 50 台；成立 6 个督导组，重点检查深松作业项目县机具落实、作业合同签订、机手及质检员培训，现场查看深松作业项目县 30 个村。

【秸秆综合利用】 开展小麦联合收获与秸秆切抛一体作业，推进机具由单项作业向复式作业发展。夏季小麦秸秆综合利用以秸秆机械还田、机械打捆收集为主，参加作业小麦联合收获机全部安装秸秆切抛装置，实现小麦收获和秸秆粉碎直接还田一次完成。秋季玉米秸秆以机械还田、秸秆机械青贮、秸秆压块为主，养殖业发展快的县重点推广应用大型青饲料收获机青贮。至 2014 年末，全市秸秆利用机具达到 78863 台 (套)，其中装有切抛装置小麦联合收获机 13500 台、带还田装置玉米联合收获机 6181 台，大型自走式青贮饲料收获机 417 台，还田机 21314 台，打捆机 802 台，饲料加工机械 18836 台，完成秸秆机械化还田面积 800 万亩，主要农作物秸秆全部有效利用。

【农机安全管理】 全年核发拖拉机牌照 1690 套，年检拖拉机 2462 台，核发拖拉机驾驶证 724 个；核发联合收割机牌照 2509 套，年检联合收割机 3906 台，核发联合收割机驾驶证 1068 个；核发跨区作业证 4700 个。开展农机生产隐患排查，检查农业机械 9650 台，纠正违章 256 起，排查事故隐患 195 起，复训驾驶人员 2100 人。开展农机安全生产教育，制作宣传板 20 个，条幅 20 条，发放资料 5000 份。

石家庄市农业机械化管理处

处　长：康彦军

书　记：徐峰

副处长：李伯男　李新平

　　　　徐萍

纪委书记：马同刚

（马同刚）

农业综合开发

【概况】 2014 年，全市农业综合开发争取各类财政支持资金 2.73 亿元，自筹资金 1.35 亿元，新立土地治理和产业化经营项目 59 个，涉及县 (市) 15 个。其中，土地治理项目 26 个，共计 17.03 万亩，包括中低产田改造项目12.93万亩，含建设高标准示范农田0.59万亩，生态综合治理4.10万亩；产业化经营财政补助项目31个，包括产业化经营项目19个，有机肥试点项目1个，设施蔬菜项目11个；产业化经营中央财政贷款贴息项目2个。2014年全市农业县（市、区）全部进入国家农业综合开发县序列，争取国家农业开发项目资金位列全省第一。开发项目亮点有藁城高标准农田项目、晋州梨果产业果品基地改造升级及产业链项目、平山县葫芦峪开发项目等。至2014年4月底，全市2013年度开发项目全部完成并通过省级验收，其中，土地治理项目完成投资2.13亿元，治理土地15.83万亩，包括建设现代化农业综合开发示范区2个，面积3.76万亩，高标准农田示范工程6.26万亩，中低产田改造5.02万亩，生态综合治理0.79万亩；中型灌渠节水改造2千米。产业化经营项目完成投资21361.17万元，建成财政补助项目27个（设施蔬菜项目12个）、财政贷款贴息项目22个。

表21　　2014年石家庄市农业综合开发土地治理项目汇总表

序号	县(区)	任务量						投资(万元)								
		高标准农田建设项目				小流域治理		投资总额	财政资金						自筹资金	
		项目数量(个)	治理面积(万亩)	老项目区改造		项目数量(个)	治理面积(万亩)		合计	中央财政资金	地方财政资金				小计	投工投劳折资
				数量(个)	面积(万亩)						小计	省级	地级	县级		
1	井陉县2014年第二批威州镇高标准农田建设	1	0.5					743	650	464	186	149	37		93	93
2	正定县2014年南楼乡高标准农田建设	1	0.53					720	630	450	180	144	36		90	90
3	正定县2014年第二批南楼乡高标准农田建设	1	0.5					686	600	429	171	137	34		86	86
4	栾城县2014年柳林屯乡高标准农田建设	1	0.5					684	599	428	171	137	34		85	85
5	行唐县2014年独羊岗乡高标准农田建设	1	0.6					832	728	520	208	208			104	104
6	行唐县2014年第二批上阎庄乡生态综合治理					1	0.50	548	480	343	137	137			68	68
7	灵寿县2014年灵寿镇高标准农田建设	1	0.53					720	630	450	180	180			90	90
8	高邑县2014年大营镇高标准农田建设	1	0.53					720	630	450	180	144		36	90	90
9	深泽县2014年白庄乡高标准农田建设	1	0.53					720	630	450	180	180			90	90
10	深泽县2014年第二批留村乡高标准农田建设	1	0.92					1263	1105	789	316	316			158	158
11	赞皇县2014年张楞乡生态综合治理					1	0.75	761	666	476	190	190			95	54.8
12	赞皇县2014年第二批黄北坪乡生态综合治理					1	0.50	514	450	321	129	129			64	64
13	无极县2014年郭庄镇高标准农田建设	1	0.54					720	630	450	180	180			90	77.11
14	平山县2014年王坡乡生态综合治理					1	1	1029	900	643	257	257			129	129

（续表）

序号	县（区）	任务量						投资（万元）								
		高标准农田建设项目				小流域治理		投资总额	财政资金						自筹资金	
		项目数量（个）	治理面积（万亩）	老项目区改造		项目数量（个）	治理面积（万亩）		合计	中央财政资金	地方财政资金				小计	投工投劳折资
				数量（个）	面积（万亩）						小计	省级	地级	县级		
15	平山县2014年第二批平山镇北冶乡生态综合治理					1	0.50	412	360	257	103	103			52	52
16	元氏县2014年赵同片高标准农田建设	1	0.60					891	780	557	223	223			111	111
17	元氏县2014年第二批北褚乡高标准农田建设	1	1.20					1785	1562	1116	446	446			223	223
18	赵县2014年度高村乡高标准农田建设	1	0.60					832	728	520	208	208			104	104
19	赵县2014年第二批高村乡高标准农田建设	1	0.50					625	547	391	156	156			78	78
20	藁城市2014年梅花镇高标准农田建设	1	1.50					2232	1953	1395	558	446	112		279	279
21	藁城市2014年第二批梅花镇高标准农田建设	1	0.54					744	651	465	186	149	37		93	93
22	晋州市2014年小樵镇高标准农田建设	1	0.60					832	728	520	208	208			104	91.35
23	晋州市2014年东卓宿镇高标准农田建设	1	0.59					744	651	465	186	186			93	82.55
24	新乐市2014年东王镇高标准农田建设	1	0.59	1	0.59			720	630	450	180	180			90	90
25	鹿泉市2014年寺家庄片高标准农田建设	1	0.53					720	630	450	180	144	36		90	90
26	鹿泉市2014年第二批白鹿泉乡生态综合治理					1	0.85	1069	935	668	267	214	53		134	134
总　计		20	12.93	1	0.59	6	4.1	22266	19483	13917	5566	5151	379	36	2783	2706.81

表22　　2014年石家庄市农业综合开发财政补助项目汇总表

类别	序号	项目名称	项目单位名称	建设地点	项目总投资（万元）					
					合计	财政资金				自筹资金
						小计	中央财政	地方财政配套		
								小计	省级	
财政补助项目	1	藁城市4000头生猪养殖扩建项目	藁城市宏兴养猪服务专业合作社	梅花镇木连城村	339.904	140	100	40	32	199.904
	2	藁城市500万株育苗温室扩建项目	藁城市农昌种植服务专业合作社	贾市庄镇贾庄村	235.213	140	100	40	32	95.213
	3	藁城市年出栏4000只肉羊养殖基地新建项目	藁城市三利养殖专业合作社	岗上镇岗上村	416	140	100	40	32	276

（续表）

类别	序号	项目名称	项目单位名称	建设地点	项目总投资（万元）					
					合计	财政资金				自筹资金
						小计	中央财政	地方财政配套		
								小计	省级	
财政补助项目	4	正定县年产22.8亩香菇种植基地扩建项目	正定县祥瑞食用菌专业合作社	典阳桥乡高平村	201	101	72	29	23	100
	5	鹿泉市年产8万公斤葡萄种植基地扩建项目	石家庄紫藤农业技术开发有限公司	上寨乡梁庄村	668	315	225	90	72	353
	6	无极县年出栏5000头生猪养殖扩建项目	石家庄立德信农牧业发展有限公司	里城道乡东丈村	475	210	150	60	60	265
	7	无极县16000头种猪繁育生态养殖新建项目	石家庄双鸽食品有限责任公司	七汲镇大汉村	2134	280	200	80	80	1854
	8	无极县年存栏1900头仔猪养殖基地扩建项目	无极县新绿源养猪专业合作社	七汲镇杨村	237	140	100	40	40	97
	9	赵县200头标准化奶牛养殖基地扩建项目	河北澳鑫牧业有限公司	赵州镇封家铺村	596	280	200	80	80	316
	10	高邑县年新增出栏60万只肉鸡养殖基地扩建	石家庄市世隆牧业有限责任公司	中韩乡中韩村	458	210	150	60	48	248
	11	元氏县年出栏45万只肉鸡养殖基地扩建项目	河北合泰畜禽养殖有限公司	殷村镇南吴会村	543	210	150	60	60	333
	12	行唐县年产20万吨全价饲料和4万吨膨化饲料改扩建项目	石家庄凯兴牧业有限公司	翟营乡北翟营村	840	280	200	80	80	560
	13	行唐县100头标准化奶牛基地改扩建项目	行唐县旺源奶牛养殖专业合作社	只里乡北高里村	311	168	120	48	48	143
	14	晋州市1000万公斤果品深加工改建项目	河北喜多多农产品加工有限公司	晋州镇赵村	1053	371	265	106	106	682
	15	晋州市年出栏3966头商品猪养殖基地扩建项目	晋州市鑫来养殖专业合作社	马于镇吕家庄村	369	140	100	40	40	229
	16	赵县260头标准化肉牛养殖基地新建项目	赵县圣美养殖专业合作社	王西章乡东湘洋村	275	175	125	50	50	100
	17	赞皇县500亩樱桃种植基地扩建项目	赞皇县福源樱桃专业合作社	土门乡龙堂院村	330	140	100	40	40	190
	18	平山县年新增出栏2500头生猪养殖基地扩建	平山县永顺养殖专业合作社	古月镇甘秋村	386	168	120	48	48	218
	19	平山县年产45万公斤蔬菜种植基地扩建项目	平山县南庄寿康蔬菜专业合作社	平山县南庄村	298	140	100	40	40	158
	小计				10165.117	3748	2677	1071	1011	6417.117
有机肥项目	1	晋州市年产10000万公斤生物有机肥加工扩建	石家庄金太阳生物有机肥有限公司	槐树镇南张里村	910	420	300	120	120	490
	小计				910	420	300	120	120	490

（续表）

类别	序号	项目名称	项目单位名称	建设地点	项目总投资（万元）					
					合计	财政资金				自筹资金
						小计	中央财政	地方财政配套		
								小计	省级	
设施蔬菜项目	1	藁城市100亩设施蔬菜种植基地新建项目	藁城市冀鑫果蔬专业合作社	贾市庄镇耿家庄村	480	280	200	80	80	200
	2	鹿泉市150亩设施蔬菜种植基地新建项目	鹿泉市联民土地托管专业合作社	寺家庄镇东营东街	804	420	300	120	96	384
	3	无极县100亩设施蔬菜种植基地扩建项目	无极县红鑫牛蔬菜种植专业合作社	七汲镇王村	653	280	200	80	80	373
	4	无极县110亩设施蔬菜种植基地扩建项目	无极县广源蔬菜种植专业合作社	高头乡北虎村	587	308	220	88	88	279
	5	新乐市100亩设施蔬菜种植基地新建项目	新乐市众缘种植专业合作社	邯邰镇坚固村	520.97	280	200	80	80	240.97
	6	新乐市100亩设施蔬菜种植基地新建项目	新乐市珍绿瓜菜专业合作社	邯邰镇邯邰村	607	280	200	80	80	327
	7	赵县150亩设施蔬菜种植基地扩建项目	赵县绿生蔬菜种植专业合作社	韩村镇杨家庄村	851	420	300	120	120	431
	8	赵县150亩设施蔬菜种植基地新建项目	赵县永安蔬菜种植专业合作社	前大章乡史家庄村	792	420	300	120	120	372
	9	高邑县102亩设施蔬菜种植基地扩建项目	高邑县鄗丰蔬菜专业合作社	大营镇西邱村	560	280	200	80	64	280
	10	平山县100亩设施蔬菜种植基地新建项目	平山县华鑫蔬菜专业合作社	平山镇孟堡村	540	280	200	80	80	260
	11	平山县150亩设施蔬菜种植基地扩建项目	平山县滹沱河蔬菜专业合作社	大吾乡西大吾村	1035	420	300	120	120	615
	小计				7429.97	3668	2620	1048	1008	3761.97
总计31个项目					18505.087	7836	5597	2239	2139	10669.087

表23　2014年石家庄市农业综合开发中央财政贷款贴息项目汇总表

序号	项目单位名称	项目名称	中央财政贴息（万元）		备注
			贴息贷款额	贴息额	
1	石家庄洛杉奇食品有限公司	石家庄市鹿泉市禽肉类产品深加工5000万元固定资产贷款贴息项目	5000	291	与中国农业银行合作项目
2	河北省大河物流有限公司	石家庄市鹿泉市农产品市场建设3000万元固定资产贷款贴息项目	3000	177	
总计			8000	468	

【新立项目】 全年新立项目包括土地治理、产业化经营两大类，涉及县（市）15个。土地治理项目26个，投资额2.23亿元，其中，各级财政资金1.95亿元，群众自筹0.28亿元；开发规模17.03万亩，其中，改造中低产田12.93万亩（含建设高标准示范农田0.59万亩），生态综合治理4.10万亩。产业化经营项目33个，投资额2.65亿元，其中，各级财政资金0.83亿元，单位自筹1.07亿元；扶持财政补助项目19个，有机肥试点项目1个，设施蔬菜项目11个，中央财政贷款贴息项目2个。2014年全市农业综合开发项目总投资规模4.08亿元，其中，各级财政扶持资金2.73亿元，自筹资金1.35亿元。至年末，全市实际完成投资40771万元，投资完成率100%。

【续建项目】 至2014年4月底，全市2013年度农业开发项目全部完成并通过省级验收。土地治理项目完成投资2.13亿元，治理土地15.83万亩，包括建设现代化农业综合开发示范区2个，面积3.76万亩，高标准农田示范工程6.26万亩，中低产田改造5.02万亩，生态综合治理0.79万亩；中型灌渠节水改造2千米；铺设地下防渗管道1045.99千米，砌衬地上渠道71.31千米，建排灌站20座，新打及修复配套机井2177眼，架设输电线路12.5千米，建造农用桥11座，建设微灌田2000亩，实施小型蓄水工程61项；项目区新开和整修田间道路324.37千米，改良土壤面积13.76万亩，营造农田防护林1.94万亩；培训科技人员8260人次，购置仪器21台，科技示范推广11.32万亩。产业化经营项目完成投资21361.17万元，占计划投资总额86%，建成财政补助项目27个（设施蔬菜项目12个）、财政贷款贴息项目22个。其中，购置各种仪器设备2072台（套）；完成土建工程112034平方米，建成设施蔬菜基地2465亩、标准化果品种植基地3100亩；新增奶牛存栏1090头、商品猪出栏8000头、各类农产品加工能力10126万千克、果菜生产能力2017.4万千克。项目区建设起到良好示范带动效应，新增优质农产品种植面积12.88万亩；年增粮食2938.8万千克、油料18万千克；年增干鲜果品93万千克、蔬菜1755万千克、肉类85万千克、奶类537.02万千克；年增利税6251.37万元。项目区直接受益农户112880户，农民纯收入增加21312.05万元。新增和改善灌溉面积17.13万亩，新增节水灌溉面积17.13万亩，增加农田林网防护面积15.48万亩，扩大良种种植面积7.89万亩，控制水土流失面积28.1平方千米。

石家庄市农业综合开发办公室
主　任：彭占良
副主任：戚忠奎

（张喜娟　刘利波）

农业科技

【概况】 2014年，全市农业科技获得省以上指令计划项目50项，资金3207万元。其中，争取国家科技计划项目19项，经费2042万元；省级科技支撑计划项目31项，经费1165万元。市级安排经费1068万元，实施市本级“现代农业科技支撑专项”50项。“石薯1号”成为河北省第一个审定通过二季作区马玲薯品种，具有早熟、高产、优质特点，打破河北省二季作区春季没有马铃薯品种现状。2014年全市通过实施农业科技计划项目，建成试验示范基地6个，申请专利22项，制定标准和技术（操作）规程23项，审定农作物新品种（系）15个，开发新产品7项，实现农业增效9.7亿元。申报农业科技成果转化资金项目、国家科技富民强县专项和星火计划项目，主动融入国家农业科技发展战略。全年小麦良种覆盖率达到98%以上，市农林科学研究院（简称市农科院）国家特种经济作物遗传资源库建设与创新应用等4项成果获得省部级以上科技奖，石早2号棉花等4个新品种通过审（鉴）定，石麦18、石优17等麦种获得品种权。市林业技术推广站抗果实病害枣新品种“曙光四号”选育及应用获得市科技进步一等奖，市畜产品质量监测中心兽药残留快速检测技术获得市科技进步三等奖。“测土配方施肥、一喷综防等关键技术基本实现全覆盖，微喷水肥一体化”技术推广实施2万多亩。主要农作物耕种收综合机械化水平达到84%，保持全省领先水平。开展科技扶贫，对口支援行唐县翟营乡沟北村，对口帮扶革命老区重点村高邑县南焦村，完成全市革命老区重点村信息化培训；加强科技人才选派和培养，为贫困地区经济社会发展提供人才和智力支持。2014年按照国家科技部等5部委《关于印发〈边远贫困地区、边疆民族地区和革命老区人才支持计划科技人员专项计划实施方案〉的通知》要求，全市为赞皇县、灵寿县、行唐县、平山县4个国家扶贫开发重点县选派人才28人，其中27人通过国家审批，每人获得国家补助资金2万元。探索“三农”服务新模式，谋划开展科技特派员服务科技园区、基地等对接活动，50位农业科技特派员与19家农村经济合作组织签订科技服务协议；建设开通“省会农村科技12396综合服务系统”；组建市山区苹果产业和旱作杂粮2个产业技术创新联盟；举办农业技术培训，培训农民120万人次。推进农业科技特派员服务，第三批农业科技特派员选拔知名专家、专业技术人才及乡土人才143名，深入农业生产一线，开展科技创新创业服务；加强农业科技园区建设，新增市级农业特派员创新创业基地3家；新增省级农业科技特派员创新创业基地2家；新认定省级农业科技园区2家。至2014年底，全市共有市级山区优势特色产业科技示范基地31家，市级农业科技特派员创新创业基地14家；省级农业科技特派员创新创业基地9家，省级农业科技园区9家；国家级农业科技特派员创业基地1家。

【粮食丰产科技工程】 经实打实收测算，2014年藁城区攻关田平均亩产707.0千克，核心区平均亩产626.0千克；赵县攻关田平均亩产587.78千克，核心区平均亩产566.96千克；正定县攻关田平均亩产621.8千克，核心区平均亩产583.0千克。6月11日，国家科技部委托中国科学院、中国农科院、河北农科院等单位5位专家组成专家组，在藁城市刘家庄村万亩示范片开展“国家粮食丰产科技工程”河北项目区藁城小麦实收测产。经测定，石新633小麦品种亩产721.2千克，再次刷新河北省小麦单产历史记录，比2011年该市创造的小麦单产711.5千克高出9.7千克。

(孙乃瑞　王风楼　赵海龙)

【科技富民强县专项】 2014年全市3个项目列入国家科技富民强县专项行动计划，分别是元氏县“丘陵区甘薯产业关键技术集成与示范”项目、高邑县“设施蔬菜高效安全生产技术集成与示范”项目和赞皇县“核桃产业优化升级关键技术集成与产业化示范”项目，计划落实经费530万元，项目数量及经费数额均创历史新高。2013年全市实施“行唐县奶牛提质增效养殖综合技术示范与推广”项目、“平山县核桃省力化技术集成与示范推广”项目、“栾城县生猪健康养殖及冷鲜肉加工配套技术示范”项目3个国家科技富民强县专项行动计划，带动当地特色支柱产业快速发展。实施“行唐县奶牛提质增效养殖综合技术示范与推广”项目，至2014年底，行唐县拥有乳业龙头企业2个：君乐宝子公司太行乳业、明旺乳业；乳业品牌3个：“旺仔”、“旺旺”、“君乐宝”；奶牛存栏数达到9.4万头，年均单产奶品由4.9吨增至5.41吨，覆盖农户1万人；奶业及相关产业年产值达到33.5亿元，奶业纯收入2.29亿元，增加财政收入446万元。实施“平山县核桃省力化技术集成与示范推广”项目，至2014年底，平山县核桃产量达到11000吨，产值4.4亿元，占全县农业总产值13.4%，占县域经济总产值2.12%；项目区22.5万人农民人均核桃产业收入由1870元增至2643元，净增773元。实施“栾城县生猪健康养殖及冷鲜肉加工配套技术示范”项目，直接或间接为农民和加工企业增加收入8806.95万元，增加县财政收入600万元。

【农业科技成果转化资金项目】 全年争取国家农业科技成果转化资金项目3项，经费250万元；争取河北省农业科技成果转化资金项目7项，经费280万元。2014年全市实际启动并实施国家农业科技成果转化资金项目2项，省农业科技成果转化资金项目4项。项目执行期内，培养研究生14人，举办培训班82期次，培训各类人员3588人次；开发动植物新品种6个，建立实验示范区（基地）117个，示范推广面积243.3万亩；累计实现产品销售收入13439.1万元，净利润总额3457.9万元。

【国家星火计划项目】 2014年全市2个项目列入国家星火计划项目，分别是市牧工商开发总公司"规模猪场仔猪腹泻综合防控技术集成与示范"项目和河北沃德丰药业有限公司"农药甲维盐在果品与蔬菜清洁生产中的示范应用"项目，共获得项目经费200万元。2012年由河北科星药业有限公司牵头，河北省中兽药产业技术创新战略联盟单位协作承担的"新型中兽药技术集成与产业化应用示范"项目列入国家星火计划项目，争取资金315万元。2014年"新型中兽药技术集成与产业化应用示范"项目通过验收，该项目集成示范新型中兽药原料规范化种植、提取分离精制、安全高效制剂开发、质量控制等新技术和畜禽健康养殖技术，形成中兽药与健康养殖产业链技术体系。项目实施期间，申请国家发明专利8项，授权专利2项，制定地方标准1项，制定企业质量标准、规程5个，发表论文9篇；建立各类示范基地19个，新增就业岗位5917人，培训农户31104人次，就业培训6905人次。2014年河北远征、河北科星、河北康利等中兽药企业累计实现销售收入27379万元，净利润4387万元，利税478.1万元。

（孙乃瑞）

【新增2家省级农业科技园区】 2014年全市新认定省级农业科技园区(试点)2家：无极畜禽农业科技园区、赵县农业科技园区，建设期均为2年。无极畜禽农业科技园区规划建设面积5万亩，以"河北平原区农牧有机结合的生态友好型农业发展"为主题，以"科技支撑、种养加结合、产供销一体、生态循环"为特色，重点围绕畜禽业和设施果蔬两大产业，从循环生态角度延伸产业链条，发展畜禽种业、饲料、养殖、屠宰加工、设施果蔬、生物有机肥等产业，探索农牧有机结合的生态农业循环模式。赵县省级农业科技园区建设主体为石家庄市农科院，规划面积73.8万亩。园区以"农业科研、成果转化、生态休闲"为主题，以"科技创新、科技服务、示范带动、高产高效、休闲观光、绿色健康"为特色，以"农业科技创新，科技成果开发及展示和农业技术推广"为目标，采取产学研相结合途径，探索农业科技成果转化、资源有效利用、环境友好型生态循环农业发展新模式，提高农业生产力和综合竞争力，推进农业科技成果转化及推广。至2014年底，全市共有省级农业科技园区9家。

（李云萍）

【农业技术推广】 启动现代农业产业技术体系创新团队项目建设，建立综合试验推广站3个，分别承担"小麦超高产综合试验推广"、"夏玉米高产技术集成示范与推广"、"蔬菜综合设施、装备、新品种及配套栽培模式和集成技术的试验、示范和推广"。2014年全市农业引进新品种110个，推广新技术25项；拥有绿色食品认证企业75家，认证品种200余个。3项成果获得河北省农业技术推广奖。5月9日，石家庄市3项成果、7名个人获得2013年度河北省农业技术推广奖励。其中，强筋小麦高产高效标准化技术集成与推广、棉秆栽培双孢菇新技术及新品种冀168示范推广、应用奶牛PCR胚胎性别鉴定技术快速扩繁高产奶牛核心群获得农业技术推广项目奖；李月华、张向军、韩进录、马吉利、王新、赵永会、李玉平获得农业技术推广贡献奖；石家庄农村科技信息服务村村通工程获得农业技术推广合作奖。加强基层农业技术推广，新建55个基层农技推广区域站办公用房，改扩建平山县11个乡镇农技推广区域站。至2014年底，全市建成集专家咨询、网络信息、科技图书阅览、技术培训、检测化验、新品种展示等功能为一体"县办县管、三权归县"农技推广区域站115个。提升基层农技推广服务能力，实施工作流程化、工作文件化、工作改进化、服务规范化、管理亲情化"五化"管理，推广建立远程服务、"一线式"服务、大众传播服务、多元协作及"专家组＋试验示范基地＋技术指导员＋科技示范户＋辐射带动户"技术服务模式。2014年全市基层农业技术推广成立专家组114人，选聘技术指导员1356名，开展农技人员知识培训796人次，遴选科技示范户1.56万户，辐射带动农户29.4万户，发布主导品种30个、主推技术20项，建立试验示范基地42个，试验示范新品种32个、新技术27项。微喷水肥一体化技术应用。2014年微喷水肥一体化技术分别在藁城区廉州镇、赵县西湘洋村建立3000亩和2000亩集中连片示范区。4月3日，国家农业部部长韩长赋，河北省省长张庆伟等到赵县西湘洋村高产创建示范方考察微喷水肥一体化技术应用。4月22～23日，全国微喷水肥一体化技术培训班在石家庄市举行，培训班学员参观了赵县西湘洋村微喷水肥一体化示范方、赵县史家庄自动化控制微喷水肥一体化示范区及藁城市佳强农场微喷水肥一体化示范基地。测土配方施肥。全年以“配方肥”应用推广为重点，完成测土配方施肥土样检测8200多个，化验10000多项次，布置大田作物田间试验210个，安排果树微肥、蔬菜“2+X”试验和氮磷钾总量控制试验45个。2014年市级测土配方施肥标准化验室建成并通过农业部验收认证，完成测土配方施肥土样校验1000个。创新测土配方施肥服务模式，建立晋州、栾城智能配肥站2家，开展个性化测、配、供、施一条龙服务。

【农业科技服务】 以“传播新科技、服务新三农”为目标，探索科技服务新模式，建成开通“省会农村科技综合服务系统”。该系统集“省会农村科技12396”、“4C农资连锁”、“农业科技成果展示平台”、“省会农业科技人才资源库”等于一体，通过语音、视频、网络、触摸屏等方式架起“三农”与专家、政府、市场沟通直通桥，形成农村科技“零距离、多方位”服务形态。开通专家远程咨询系统和“12316”三农科技服务热线，组织技术人员开展科技下乡活动，为农民提供统一、规范、准确、快捷的农业科技信息服务，解决农业科技传播最后“一公里”问题。加强基层基础建设，建立科技进村服务站2630个，并为基层农技推广区域站和农业科技进村服务站配置计算机、电视、电话等设备。加强农业科技宣传，制作农业科技片500余部（集），播出《农技电波》栏目500余期（次）。提升“村村通”服务水平，全年播出节目1000多期，传播农业科技信息11000余条，推广实用技术25项；编印《农村科技信息服务村村通工程简报》16期。至2014年底，全市建立市级服务中心1个、县级服务中心4个、基层示范站24个、基层标准站36个。2014年全市农业科技服务群众满意度保持98%以上。落实农业科技特派员制度。表彰第二批农业科技特派员表现突出单位8家、个人特派员24名、法人特派员2名、管理人员12名；选派第三批农业科技特派员143名，其中个人特派员110名、法人特派员25名、特派员团队8名。立足“领着农民干、做给农民看、带着农民赚”要求，开展农业科技特派员推动农村科技创业活动。2014年全市农业科技特派员创业活动实施科技开发项目98项，引进推广新技术103项，引进推广新品种98个，组建经济合作组织32家，培训农民9.6万人次，发放技术资料11.2万份，服务目标农户1.03万户，其中8700户实现增收。2014年全市3家农业科技特派员创新创业基地认定为市级基地，2家市级农业科技特派员创新创业基地升级为省级基地。至2014年底，全市共有国家级农业科技特派员创业基地1家、省级农业科技特派员创新创业基地9家、市级农业科技特派员创新创业基地14家。

【农业科技培训】 全年培训基层农技人员760人。开展村级农业技术员培训和培养，1048名村级农业技术员接受学制一年学历教育。开展新型职业农民培育，认定新型职业农民培育基地40家。培养农村实用技术人才，举办小麦田间管理、生猪健康养殖、果树管理、特种动物养殖、设施蔬菜、食用菌、奶牛养殖等培训班。依托农业科技园区、农业科技型企业、农业科技特派员等平台资源，实施技术能手、经营能人和乡村科技带头人培训。结合科技富民强县专项、粮食丰产科技工程等各级各类农业科技项目，培训农民120万人次。

【农业科技创新】 以市农林科学研究院为核心，开展节水农业、作物育种、分子育种、种质资源创新、农业信息化技术等研究。推进科技创新平台建设，农业部农作物品种区域试验站、赵县农科所“国家农业科技创新与集成示范基地”项目获批；市农林科学研究院赵县试验站被省科技厅命名为“省级农业科技园区”；市农林科学研究院棉花研究所获评第二批“巨人计划”创新团队，林木花卉所获评市科技创新团队。与澳大利亚西澳大学、法国农业科学院等国外科研单位合作“基于小麦3BL染色体上茎基腐病克隆及遗传解析”项目，建成完善的精密DAC基因文库，发掘出高抗基腐病分子标记，并转化为15个中国优良小麦品种。2014年全市农业科技创新成果通过省级审定品种4个；14项课题通过验收，2项成果通过鉴定；获得科技奖励6项，其中省部级以上奖励4项；发表科技论文58篇，其中18篇在国家级核心期刊发表；申请新品种权保护2件，申请国家发明专利成果2项。

（孙乃瑞　王风楼　赵海龙）

工　业

工 业

概 述

2014年，全市工业生产面对产能过剩、压煤减排不利因素，积极落实稳增长、促改革、调结构、惠民生政策，全力推进工业转型升级、跨越赶超和绿色崛起。至2014年底，全市拥有规模以上工业企业2295家，同比增加148家。其中，大型企业52家、中型企业243家、小型企业1915家；按经济类型划分，国有企业35家、集体企业25家、股份合作企业3家、联营企业3家、有限责任公司340家、股份有限公司87家、私营企业1668家、港澳台资投资企业30家、外商投资企业53家。年从业人员平均人数61.4万人，总资产4756.5亿元，资产负债率为47.1%。其中，国有及国有控股企业91家，从业人员平均人数10.6万人，总资产为1600.2亿元，资产负债率59.7%。2014年全市规模以上工业企业实现增加值1851.3亿元，同比增长5.9%。其中，轻工业实现增加值840.9亿元，增长9.9%；重工业实现增加值1010.4亿元，增长6.7%；轻重工业比重为45:55。七大主导行业实现增加值1559.3亿元，同比增长8.5%。其中，钢铁行业实现增加值180.8亿元，增长6.3%；装备制造业实现增加值313.7亿元，增长15.2%；石化行业实现增加值299亿元，增长7.7%；医药制造业实现增加值116.8亿元，增长2.9%；建材行业实现增加值130.6亿元，下降3.3%；食品行业实现增加值239.3亿元，增长7.0%；纺织行业实现增加值279.1亿元，增长14.0%。六大高耗能行业实现增加值654亿元，同比增长3.1%。2014年全市规模以上工业企业主营业务收入8117.8亿元，同比增长6.8%；实现利润664.8亿元、利税942.8亿元。亏损企业118家，亏损面5.3%。单位电量创造增加值6.51元／千瓦时，高于全省平均水平37.9%，居全省设区市第2位。

2014年全市东、中、西部3个区域分别完成工业增加值634亿元、914.5亿元和302.8亿元，占全市比重34.2%、49.4%和16.4%，分别增长11.2%、8.1%和−1.3%；实现利润总额分别为235.8亿元、351.4亿元和73.1亿元，占全市比重35.7%、53.2%和11.1%，分别增长13.1%、10.1%和8.3%；实现利税总额分别为306.8亿元、534.1亿元和95.7亿元，分别增长12.2%、9.5%和8.8%。石家庄所辖县（市、区）中，工业增加值总量达到100亿元以上有6个县（市、区）：分别是藁城区348.5亿元、鹿泉区168.7亿元、晋州市136.8亿元、平山县122亿元、高新区109.9亿元、赵县104.7亿元。县域工业形成一批具有一定规模和竞争优势的块状产业集群。东部地区依托传统产业优势，重点发展皮革、纺织、洗涤、建陶等产业，有无极县的皮革、晋州市的纺织、深泽县的洗涤、高邑县的建陶、赵县的淀粉产业等；中部地区依托区位优势，重点发展医药、电子信息、板材家具等产业，有高新区和栾城区的医药、正定县的板材、藁城区的宫灯、鹿泉区的电子信息产业等；西部山区依靠丰富的矿产资源，大力发展石材、钙镁等产业，有井陉县的钙镁、灵寿县的石材、井陉矿区的煤炭深加工产业等。

2014年全市生产工业产品共有3600余种，按照2014年市统计局目录统计的全市119个工业产品（大品种）中，72种产品产量实现增长，占比60.5%，较2013年提高6.5个百分点，其中22种产品产量增长超过20%。2014年全市工业行业共有38个大类（41个国民经济工业行业，石家庄市无石油及天然气开采业、开采辅助活动、其他采矿业3个门类），占全市工业增加值超过 4%的工业行业有 10 个，依次是化学原料及化学制品制造业，占规模以上工业增加值 11.7%；黑色金属冶炼及压延加工业，占 8.5%；纺织业，占 8.4%；非金属矿物制品业，占 6.9%；农副食品加工业，占 6.5%；医药制造业，占 6.3%；电气机械和器材制造业，占 4.7%；电力、热力生产和供应业，占 4.4%；皮革毛皮羽毛绒及其制品业，占 4%；金属制品业，占 4%。2014 年全市 10 个主要工业行业实现增加值占全市 38 个国民经济行业 65.5%。

表 24　　2014 年全市规模以上工业主要指标分行业比重构成表

大行业	工业增加值			主营业务收入			利润		
	完成额（千元）	增速（±%）	占全市比重（%）	完成额（千元）	增速（±%）	占全市比重（%）	完成额（千元）	增速（±%）	占全市比重（%）
医药	11684149	2.9	6.3	66448152	4.1	8.3	4732185	20.7	7.2
纺织服装皮革	27909393	14.0	15.1	126551186	11.2	15.7	10217343	13.4	15.5
石油化工	29903781	7.8	16.2	138913574	3.6	17.3	8481589	-1.7	12.8
装备制造	31367081	15.2	16.9	134500532	12.5	16.7	12783429	11.8	19.4
电子	2881695	13.3	1.6	12107294	20.8	1.5	1939351	39.1	2.9
食品	23927299	7.1	12.9	94846440	6.4	11.8	8445734	15.5	12.8
小口径轻工	12066734	11.5	6.5	49635961	12.5	6.2	5233439	11.9	7.9
热力电力燃气水的生产和供应	9129433	1.4	4.9	41782952	2.4	5.2	4694509	23.5	7.1
冶金	19074895	6.3	10.3	74738194	-0.6	9.3	4448575	17.0	6.7
建材	13060606	-3.3	7.1	50022069	-5.5	6.2	4602083	-7.5	7.0
煤炭开采洗选	4128719	-1.5	2.2	15713228	-32.8	2.0	442770	-18.0	0.7
合计	185133784	8.1	100.0	805259582	5.0	100.0	66021007	11.0	100.0

（市工业和信息化局）

医药工业

【概况】 2014 年，全市医药工业在新版 GMP 改造、蒸汽价格上涨、环保治理力度增强等因素影响下，整体行业运行呈现工业增加值、主营业务收入增速放缓，利润、利税保持增长特点。全年医药行业拥有规模以上企业 86 家，完成工业增加值 116.84 亿元，同比增长 2.87%；主营业务收入 664.48 亿元，同比增长 4.13%；实现利润 47.32 亿元，同比增长 20.72%；实现利税 67.16 亿元，同比增长 18.77%。全年生产化学药品原药 19.96 万吨，同比增长 15%；生产中成药 1.75 万吨，同比增长 12%。实施“中国药都”战略，医药产业集中度稳步提升。2014 年华药集团建成全国最大的抗生素和半合抗生产基地，具有国家级和世界一流生物制药研发体系，华北制药抗癌常用药紫杉醇获得上市批件，华北制药研发的国内首个辅料级白蛋白产品启动临床应用，2014 年 7 月在第五届中国与世界医药企业家高峰会上，华北制药河北华民药业有限责任公司获评第三批“中国医药企业制剂国际化先导企业”称号；石药集团拥有世界最大的7-ACA生产基地，头孢系列抗生素生产能力全国第一；神威药业拥有中国最大的中药注射液、软胶囊生产基地，综合实力进入中国中成药工业前十强；以岭医药集团发展成为集科研、临床、教学、生产、销售为一体大型医药高新技术产业集团；兴柏药业建成国内唯一年产150吨B2产品工业化生产线并顺利投产；乐仁堂成为中国华北地区(除北京市)经营规模最大、市场覆盖面最广、最具竞争力的医药商品经营企业，药品销售额位居河北省同行业之首。重点医药企业带动作用增强，2014年华北制药、石药集团、神威药业、以岭药业、石家庄四药、兴柏药业6家重点企业主营业务收入532.12亿元，占医药行业规模以上企业总收入80%；实现利润33.95亿元，占72%；实现利税50.55亿元，占75%。

表25　　2014年石家庄市医药行业重点企业情况一览表

企业名称	主营业务（亿元）	增减（±%）	利润（亿元）	增减（±%）	利税（亿元）	增减（±%）
华药集团	197.78	-9.3%	1	0.9%	3.09	3.4%
石药集团	202.34	11.7%	13.11	44.4%	19.78	40.3%
神威药业	35.79	2.2%	8.84	0.5%	11.8	1.3%
以岭药业	25.2	21.8%	2.93	54.4%	5.49	34.2%
石家庄四药	29.44	7.1%	4.87	28.3%	5.97	21.9%
兴柏药业	41.57	-20.7%	3.2	23.8%	4.42	23.5%

（马海荣）

【高端生物医药产业集聚发展试点】 2014年10月，国家发展改革委、财政部批复石家庄市《高端生物医药战略性新兴产业区域集聚发展试点方案》，同意石家庄市开展高端生物医药（高端化学药品与原料药制造、现代中药与民族药）产业集聚发展试点，连续3年给予政策扶持。高端生物医药产业是国家战略性新兴产业重点发展方向，石家庄市作为首批认定的国家生物产业基地之一，在试点建设期间重点实施心脑血管疾病、肿瘤、糖尿病、精神性疾病、自身免疫性疾病、耐药性病原菌感染、病毒感染性疾病和常见病治疗药物的研发和产业化，以原料药生产中酶催化技术的研发与应用、抗生素菌渣和中药渣的无害化处理和利用等清洁生产技术实现原料药绿色化；以特色原料药、功能性辅料和制剂新技术的研发实现制剂高端化；按照WHO国际循证医学研究要求，推进中药成分及疗效达到国际标准，实现中药国际化；承接京津产业和技术转移，与国内知名院校和科研院所开展技术合作，搭建产业发展联盟，实现京津冀协同发展。

（吴温）

【新型肿瘤细胞检测器产业化项目启动】 11月25日，中德新型肿瘤细胞检测器产业化项目在石家庄高新区启动。该项目中德医疗器械联合开发实验室位于高新区市科技中心7楼，设置有工程检测室、综合实验室、灭菌室；采用新型循环肿瘤细胞探针，突破活体循环肿瘤细胞捕获技术难点，从人体获得活体循环肿瘤细胞，应用临床后，能替代穿刺活检，对肺癌等穿刺活检较困难的适应症具有无可替代作用。2014年中国国内还没有活体循环肿瘤细胞捕获技术。该项目计划分两步实施：第一步，河北德路通公司和石家庄市科技中心签署入园孵化协议，投资5000万元，建设3300平方米、国际一流的肿瘤诊疗技术研发和中试实验室，与国外技术对接，建成年产10万支循环肿瘤细胞检测器中试基地。第二步，建立规模化全球生产基地，占地200亩，投资11亿元，计划分三期建设。规划到2018年，该项目设计产能达到250万台套，年产值25亿元。河北德路通生物科技有限公司成立于2012年，是一家从事高端生物医疗制品研发和生产的高科技公司；德国GILUPI公司是一家全球领先、专注从循环血液和其他生物流体中捕获稀有细胞的公司，拥有30多项国际领先专利，该公司循环肿瘤细胞检测器属于世界首创、国际领先；河北德路通生物科技有限公司是德国GILUPI公司最大股东，拥有其所有技术和专利权。

（王丽强）

【5家制药企业入选中国医药工业百强】 4月2日，国家工信部发布《2013年医药工业经济运行分析》及《2013年医药行业工业企业快报排名》，按照医药工业企业资产总额、主营业务收入、利润总额3项主要指标对2146家企业进行排名，石家庄市的华北制药、石药集团、神威药业、石家庄四药、以岭药业5家制药企业再次入选中国医药工业百强。其中，以医药工业主营业务收入排序，华北制药集团有限责任公司、石药集团有限公司、神威药业集团有限公司、石家庄四药有限公司、石家庄以岭药业股份有限公司分列第4、第8、第59、第78、第86位；以利润总额排序，石药集团有限公司、神威药业集团有限公司、石家庄四药有限公司、石家庄以岭药业股份有限公司分列第25、第30、第73、第96位。

（马海荣）

【石药集团有限公司】 恩必普获得中国工业大奖。5月17日，中国工业大奖第三届表彰大会在北京人民大会堂举行，石药集团恩必普获得“中国工业大奖”，成为河北省唯一获此奖项的企业，也是历次评选中唯一获得“中国工业大奖”的制药企业。中国工业大奖是国务院批准设立的中国工业领域最高奖项，大奖包括“中国工业大奖”、“中国工业大奖表彰奖”、“中国工业大奖提名奖”三个奖项。中国工业大奖由中国工业经济联合会联合12家全国性行业协会共同组织实施，每3年评选、表彰一次。此届工业大奖共评选企业41家、项目24个。石药集团的恩必普药物从1986年开始研究，是中国第三个自主开发的国家一类新药，也是国际上首个作用于急性缺血性脑卒中多个病理环节的创新药物，曾获得国家科技进步二等奖及科技部1035工程重大项目、国家自然科学基金重大项目、科技部“十五”重大科技专项“创新药物与中药现代化”和国家发改委高技术产业化示范工程项目重点支持。恩必普（化学名：丁苯酞）是从芹菜籽中分离得到的单一有效成份，适应症为轻、中度急性缺血性脑卒中，具有改善缺血区脑血流、改善脑能量代谢、缩小梗死面积、减轻脑水肿、抗血栓和抗血小板聚集等药效作用，还能改善线粒体功能、抑制凋亡、抑制谷氨酸释放、降低细胞内钙、抗氧化损伤和抑制炎症反应等，是阻断脑缺血多个病理环节（多靶点）的创新药。提取丁苯酞收率低、成本高，石药集团科研人员经过技术攻关，成功实现丁苯酞从天然产物提取到合成制备，创造性地在国际上首次实现以邻苯二甲酸酐为起始原料的丁苯酞合成工艺。恩必普有软胶囊和注射液两个剂型，两种剂型配合给药成为治疗脑卒中的“黄金方案”。丁苯酞项目申请专利19项，其中10项授权；申请PCT（专利合作协定）专利8项，授权欧盟、俄罗斯、韩国、新加坡、澳大利亚等14个国家和地区。2012年、2013年连续两年销售收入突破10亿元，成为中国首个销售额突破10亿元的自主创新药物。7月12日，石药大药房天猫旗舰店开业试运行，标志石药集团正式进入医药零售电子商务领域。获评最具竞争力医药上市公司。2014年8月，由中国医药企业管理协会主办的“第六届中国最具竞争力医药上市公司20强评选”揭晓，石药集团位列榜首，获评为中国医药上市公司最具竞争力企业，这是河北省唯一一家入选企业。此次评选自2014年3月启动，共有222家中国医药企业参加。评选以各医药公司2013年销售收入、利润、总市值以及销售增长、利润增长、市值增长、净资产收益率、资产负债率和流动比率9项指标作为基础数据，构成产业维度、管理维度、资本维度、管理者维度和资源维度。石药集团在香港上市，2013年公司实现销售额77.62亿元，同比增长132.99%，其中，创新药销售额近15亿元，占总销售额19.32%，同比增长49%。2014年石药集团在研产品167个，拥有I类新药25个、III类新药37个。

（马海荣　范玉蕾）

【神威药业集团】 2014年神威药业拥有国家认定的企业技术中心、院士工作站、博士后科研工作站，还有通过CNAS认可的国家实验室，这也是国内唯一一个中药注射剂技术领域的国家地方联合工程实验室。主要药品有：独家产品降脂通络软胶囊，是国内首个降脂不伤肝的现代中药产品；独家产品滑膜炎颗粒，填补了滑膜炎“西医靠手术，中医无良方”的治疗领域空白；神威清开灵软胶囊被誉为“中药抗生素”；清开灵注射液、参麦注射液等中药注射剂。在研国家创新药品种20多个，新立项品种10多个，涵盖肿瘤、心脑血管、抗病毒、骨病等重大治疗领域。其中，与澳大利亚知名大学共同研究的治疗血管性老年痴呆新药SLT胶囊“是国内唯一一家与国际合作的植物药新药品。2014年神威药业新建中药提取车间投入使用，提取能力增加一倍多；注射液二车间升级改造项目通过新版GMP认证，生产效率和产品质量大幅提高。

（范玉蕾）

【以岭药业股份有限公司】 中药数字化项目通过省级验收。2014年初，石家庄以岭药业承担的国家现代中药高技术产业发展专项“中药制药过程数字化控制与全程质量监测技术产业化示范工程项目”通过河北省发改委、中医药管理局组织的专家验收。“中药制药过程数字化控制与全程质量监测技术产业化示范工程项目”由国家发改委、中医药管理局批复立项并组织实施，主要任务是建设连花清瘟胶囊和参松养心胶囊等中成药产品生产全过程质量监测示范生产线及配套设施，形成年产连花清瘟胶囊及参松养心胶囊7亿粒的产业化生产能力。项目总投资7372万元，其中国家补助资金500万元。该项目于2010年1月开始建设，2013年10月竣工，完成装修改造建筑面积1.4万平方米，新增仪器设备241台（套），建成了连花清瘟胶囊和参松养心胶囊等中成药产品生产过程数字化控制和全程质量监测示范生产线。经批量生产验证，达到了批复专项要求的生产能力，实现了中药提取、浓缩、干燥、制剂等中药产品生产过程的数字化控制和全程质量监测技术产业化，提升了药品的安全性和质量稳定性。以岭健康城网上线。8月28日，以岭药业在北京举行以岭健康城网上线启动仪式，宣布正式进入电商领域。2014年以岭药业初步形成中药制药、国际制药、健康产业3大业务板块布局，成为集国内国际、线上线下、药品、健康产品科研、生产、销售于一体现代企业。以岭健康城网整合以岭药业旗下医、药、健、养优势资源，围绕“养精—通络—动形—静神”八字养生文化及“健康需要管理、身体需要经营”理念，通过以岭健康城网、以岭实体药店、河北以岭医院对消费者健康需求实行线上线下全方位管理，打造健康产品供应链体系。2014年以岭药业新增发明专利35项、外观专利16项、国际专利6项。至2014年底，以岭药业拥有授权发明专利近190项。

（王丽强　范玉蕾）

【石家庄四药有限公司】 3月9日，石家庄四药有限公司与浙江大学药学院联合组建“中药先进制造工程技术研究中心”揭牌。这是石家庄四药有限公司2012年与天津大学、国家教育部组建联合研究中心及国家工程实践教育中心以来，建设的又一高水平科研创新平台。主要发挥浙江大学人才、技术和信息优势，结合企业战略和高校发展需求，提高中药生产工艺、全程质量控制技术的研究和应用水平，重点围绕现代中药制造、工艺创新、质量控制和新产品研发等关键技术领域开展前瞻性、实用性合作，形成优势互补，推进企业具有战略意义中药新产品新技术创制和转化，形成一批拥有自主知识产权的关键技术。2014年12月，经省科技厅、省发改委、省工业和信息化厅、省财政厅认定，石家庄四药有限公司成为河北省“十二五”制造业信息化科技工程第三批试点企业。2014年石家庄四药2条软包装输液生产线通过新版GMP认证，年新增输液产量10亿瓶（袋）。至2014年底，石家庄四药具备生产大容量注射剂、片剂、胶囊剂、冲剂、颗粒剂等多种剂型200多个品种。

（范玉蕾　李云萍）

【河北博海生物工程开发有限公司】 河北博海生物工程开发有限公司位于石家庄高新区，该公司创立于2002年，是集科研、服务、生产、销售于一体的现代化生物高科技企业，凭借高新技术、高附加值产品逐步建起多个跨学科研发平台和立体交叉式产品研发模式，成功研制小分子多肽、单克隆抗体、核酸原位杂交探针、抗体芯片及转基因干扰药物等高端医学分子生物学科研产品，获得多项医学分子生物学体外诊断试剂批准文号，拥有国内外

50多个技术服务研发团队、多项世界领先核心技术及庞大的多种疾病组织标本库。该公司建有“生物芯片国家工程技术研究中心河北生物医药分中心”、“石家庄市分子诊断工程技术研究中心”、“石家庄市抗体芯片工程技术研究中心”、“医学分子诊断公共技术服务平台”等，具有河北省食品和药品监督管理局颁发分子生物学体外诊断试剂生产和经营许可证。2014年河北博海生物工程开发有限公司承接技术服务和研发项目1000余项，完成国家和省市科研项目10余个；研发特异性细胞靶标治疗产品22个、抗体近1000种，16个体外诊断试剂获得中国药监部门注册文号并在美国FDA同步注册；申报发明专利13个，与欧美10余所大学开展合作，是欧盟纳米耳框架课题第五轮、第六轮研发合作伙伴。

（马海荣）

纺织工业

【概况】 2014年，全市纺织服装皮革业注重调整产业结构、优化产业链条和新产品研发，实现主营业务收入、工业增加值稳中有升，其中棉价回落和稳定是纺织业利润增长重要因素。重点纺织服装皮革企业石家庄常山纺织集团有限责任公司、际华3502职业装有限公司、河北新大东纺织有限公司、河北吉藁化纤有限责任公司稳步发展，龙头带动作用明显。至2014年底，全市纺织服装皮革业拥有规模以上企业422家。其中，纺织业257家，纺织服装服饰业63家，皮革、毛皮、羽毛及制品和制鞋业79家，化纤制造业23家；主营业务收入1265.51亿元，同比增长11.2%；工业增加值279.09亿元，同比增长14.05%；实现利润102.17亿元，同比增长13.4%；实现利税132.83亿元，同比增长13.76%。全年生产纱60.19万吨，同比增长12.8%；生产布36.8亿米，同比增长3.8%；生产服装1.85亿件，同比增长11.2%；生产皮鞋300万双，同比增长4.2%。

（田进辉）

【常山纺织股份有限公司】 常山股份获得河北省政府质量奖。2014年3月27日，石家庄常山纺织股份有限公司（简称常山股份）获得2013年河北省政府质量奖组织奖，成为获奖河北省首家棉纺织企业。河北省政府质量奖于2010年设立，是河北省质量领域最高荣誉奖项，以表彰在提高质量方面取得卓越成绩的优秀企业，引导和激励全省企业加强质量管理，提高产品、工程、服务和经营管理质量，增强自主创新能力和国际竞争力。石家庄常山纺织集团成立于1991年，是在石家庄市属纺织工业企业基础上联合组建，1996年改组为国有独资公司石家庄常山纺织集团有限责任公司，拥有11家独资（控股）公司，其中，上市公司1家，员工1.4万人，注册资金12.54亿元，年生产纱锭50万枚，拥有国际先进、国内领先的宽幅无梭织机2000余台。2014年常山股份围绕“强研发、精制造、创品牌、大贸易”发展构想，加快产品向中高端转化，年末公司拥有资产总额73.20亿元，实现营业收入79.42亿元，同比增长12.29%；生产经营企业实现利润2330万元，同比增长6.10%；利税4935万元，同比增长39.41%；出口创汇8791万美元，同比增长12.60%。2014年石家庄常山纺织股份有限公司被中国纺织企业联合会评为2013~2014年度中国纺织服装企业竞争力500强（列87位）；被中国棉纺织行业协会评为2013~2014年度中国棉纺织行业竞争力百强企业（列20位）；被河北省工业经济联合会评为2014年河北百强企业、2014年河北纺织业排头兵企业（列1位）；被河北省工商局延续认定为河北省著名商标企业。常山纺织园二期工程试车投产。2014年1月，石家庄常山纺织股份有限公司常山纺织园二期15万锭纺纱生产线成功试车投产。常山纺织围绕打造全国重要新型功能化面料研发生产基地目标，借助老企业整体搬迁机遇，淘汰落后产能，高起点、高标准建设常山纺织园区。一期工程——常山股份恒盛分公司开工投产4年多，引进喷气织机生产线600台。2013年常山股份恒盛分公司实现年销售收入增长15%；大提花织机接单量较2012年增长

600%，试织新品种226个；深度开发和推广色织大提花“繁花似锦”、“夏日迷情”2款产品分别获得中国棉纺织行业协会举办2013/2014年度色织布新产品“最佳设计奖”和“最佳创新奖”。杨普工作室命名为“国家级技能大师工作室”。2014年1月，常山纺织恒盛分公司职工创新工作室“杨普工作室”被国家人力资源和社会保障部命名为“国家级技能大师工作室”，这也是石家庄市首家国家级技能大师工作室。常山纺织公司专门给予资金支持10万元。常山股份院士工作站揭牌。2014年7月，河北省委组织部、省科学技术厅、省科学技术协会联合核准，授牌石家庄常山纺织股份有限公司成立公司院士工作站。2014年11月，常山股份院士工作站揭牌。至2014年底，常山股份与高等院校、科研院所和上下游高端企业合作，围绕新技术、新工艺、新材料、新产品研发，获得授权专利98项，参与制定国家标准和行业标准27项，自主知识产权实施率达到100%。

（张志良　范玉蕾　邵光毅　安东利）

【际华三五零二入选国家级工业设计中心】 2014年1月，际华三五零二职业装有限公司职业装研究院(设计中心)被国家工业和信息化部认定为2013年国家级工业设计中心，成为全国首批32家国家级工业设计中心之一，是河北省首家和唯一一家获此荣誉企业。2014年际华三五零二职业装有限公司职业装研究院（设计中心）拥有高级设计师、量体师等服装设计专业人才74名，具备材料研究、款式设计、人体特征研究、标准研究等全流程的设计、开发能力，职业装设计水平及制作技术国内领先，承担部队军服、行业制服及特种防护服装的设计开发及标准起草，设计研发的防静电、阻燃、防电磁辐射、抗油拒水等特种防护系列服装深受用户好评。至2014年底，际华三五零二职业装有限公司职业装研究院（设计中心）参与制定《劳动防护服号型》、《职业服装检验规则》国家标准2项；《非粘合衬西服》等行业产品标准11项；设计开发成果获得中国纺织工业协会科学技术进步奖二等奖、中国服装高新技术成果交流推广大会应用奖、市科学技术进步二等奖、市科学技术进步三等奖。2013～2014年，际华三五零二职业装有限公司职业装研究院（设计中心）取得授权专利107项，实现自主知识产权成果产业化项目51项，设计产品覆盖全国30多个省（市、自治区），行销五大洲30多个国家和地区。

（田进辉　戴丽丽）

石油化工业

【概况】 2014年，全市石油化工行业共有规模以上企业393家，主营业务收入1389亿元，实现利税139.7亿元、利润84.8亿元。全市石油化工行业主要分为石油化工、化学原料、农用化学物资和橡胶制品四大类。至2014年末，全市拥有石油加工、炼焦加工企业21家，化学和化学制品制造业企业297家，橡胶和塑料制品业企业20家。主要产品大类有原油加工、纯碱、精甲醇、合成氨、农用化学肥料、农药、涂料、化学试剂等。全年主要工业产品产量为烧碱10万吨，合成氨100万吨，化肥79万吨，农药原药17691吨，涂料24.3万吨，塑料制品59.6万吨。煤化工依托阳煤正元集团、晋煤金石集团等优势企业，围绕煤制合成氨和煤焦化两条主线，重点发展高浓度肥料、缓控施肥料。焦炭产业以井陉矿区为中心，发展焦炉煤气深加工和综合利用、煤焦油深加工、粗苯精制三大产业链，建设北部合成氨产业新区，主要企业有金万泰化肥、新化集团、金源化工等。精细化工结合国家生物产业基地建设，依托河北诚信、柏奇化工、油漆厂等精细化学品龙头企业，重点发展D-对羟基苯甘氨酸、甲氧胺盐酸盐、呋喃胺盐等附加值高、产业关联度强、替代进口的高端化工产品，重点建设医药用橡胶密封制品、乙醛深加工、聚天门冬氨酸环保水处理剂、硫氰酸钠、羟基乙酸、丙二酸等项目。农业化工按照加工、复配、分装等生产类型，重点发展杀虫剂、杀菌剂、杀螨剂、种衣剂、生长调节剂、除草剂等六大农药品种，主要企业有河北威远生化农药有限公司、石家庄市兴柏生物工程有限公司等原药生产企业。

（牛永智）

【中石化石家庄炼化分公司】 800万吨油品质量升级项目投产。9月4日，投资80多亿元的中石化石家庄炼化分公司（简称石家庄炼化）油品质量升级项目——新建渣油加氢装置顺利切渣，标志油品质量升级项目暨新老装置联动试车成功，步入正常生产。该项目2010年5月29日开始建设，投产后原油综合加工能力从原来420万吨／年提高到800万吨／年，主要经济技术指标达到国内同类装置先进水平，可直接产出国五汽柴油产品，实现二氧化硫年排放量同比减少500多吨，下降16.8%；化学需氧量年排放量同比综合减排34吨以上，下降19.4%。石家庄炼化油品质量升级项目包括新建11套主装置，淘汰落后较小的半再生重整装置3套，建成20万吨／年聚丙烯、60万吨／年航煤加氢、150万吨／年S-Zorb装置及配套设施、老区配套环保完善项目等，并与800万吨／年油品质量升级项目同期建成投产。800万吨／年油品质量升级项目采用全加氢工艺路线，将装置结构调整、产品质量升级、低碳环保三者有机结合，应用拥有自主知识产权的循环液相柴油加氢技术、自主开发的第三代环管聚丙烯技术、油品回收技术、中水回用技术、信息技术、克劳斯硫磺回收工艺等新技术，其中环保项目投资7.2亿元，同步配套实施污水处理场改造、城市中水回用等多项环保措施、辅助设施及配套公用工程，实现增产不增污目标；还采用热泵技术，将工业余热转变为冬季居民采暖来源，降低企业生产成本，减少空气污染。燃煤锅炉和催化烟气脱硫脱硝除尘项目投用。2014年12月，中石化石家庄炼化分公司燃煤锅炉和催化烟气脱硫脱硝除尘项目完成投用，催化烟气经除尘处理并入脱硫系统，实现正常生产全流程贯通。经测量，脱后二氧化硫浓度小于50毫克／立方米、氮氧化物小于100毫克／立方米、粉尘小于20毫克／立方米，达到国家新排放标准要求。中石化石炼化公司燃煤锅炉和催化烟气脱硫脱硝除尘项目投资2.3亿元，包括3台煤炉脱硝、除尘改造，1个催化烟气静电除尘改造，全部烟气脱硫改造及配套电气仪表等系统。该项目采用石灰石膏法湿法脱硫技术、低氮燃烧技术、SCR烟气脱硝技术和催化烟气专用电除尘技术，年可减排二氧化硫1750吨，减排氮氧化物1328吨，减排粉尘302吨。2014年中石化石家庄炼化分公司完成产值154.9亿元，位列全市工业企业产值第二名，实现销售收入152亿元、利税2.7亿元。

（牛永智　范玉蕾　叶敏　吴温）

【轻烃综合利用一期项目】 启动实施轻烃综合利用项目，主要利用中石化石家庄炼化分公司800万吨油品质量升级项目产出液化气（C4）资源，分级为饱和液化气与不饱和液化气，实施石油化工下游产品综合利用，实现由“油”向“化”转变，同时发展医药中间体、新材料等精细化工产品。轻烃综合利用一期工程主要包括11万吨／年饱和液化气分离、10万吨／年MTBE及5万吨／年MTBE裂解制异丁烯、3万吨／年异丁烯深加工、6万吨／年顺酐、20万吨／年硫酸烷基化、25万吨／年轻石脑油分离项目。一期工程总投资25亿元，规划建成后实现销售收入65亿元、利税12亿元。其中，石炼化20万吨／年硫酸烷基化项目和25万吨／年轻石脑油分离项目投资3.4亿元；华旭化工3万吨异丁烯深加工项目投资8亿元；河北浩瀚化工15万吨饱和液化气分离项目投资3亿元、6万吨顺酐项目投资2.5亿元；鼎盈化工10万吨MTBE、5万吨MTBE裂解制异丁烯项目投资3亿元。

【河北威远动物药业有限公司】 河北威远动物药业有限公司（简称威远药业）是新奥集团旗下能源化工板块重要成员企业，是中国兽药原料药及制剂产品重要生产企业，也是中国兽用原料药10强企业，在生物发酵、化工合成、制剂研发和生产方面居中国领先地位。2014年威远药业拥有石家庄、赞皇、鹿泉、鄂尔多斯4个基地，是全球最大的伊维菌素系列产品生产企业。威远药业研发中心位于石家庄高新区，是准国家级研发中心，下设生物工程、化学合成、药物制剂3个分支机构；建有国际水平微生物、生物合成、化学合成、药物制剂等30多个实验室；拥有色谱、气谱、红外、质谱、稳定性实验等国际水准仪器设备；现有高级工程技术人员56名，其中博士后4名、硕士18名。围绕技术创新和新产品研发，威远药业与中国农业大学合作承担多项国家科研项目，其中爱普利项目列入“十一五”国家科技支撑计划重点项目，还承担国家火炬计划项目、省科技攻关计划项目、市重大科技支撑等项目；与清华大学、华中农业大学及美国、韩国、新加坡等国内外科研机构开展合作交流，实施国家一、二类新兽药开发，实现技术研发项目、研发水平与国际接轨。

【石家庄白龙化工股份有限公司】 石家庄白龙化工股份有限公司是1997年12月由市化工二厂改制设立的股份制企业。主要产品苯酐、顺酐、增塑剂，广泛应用于增塑剂、油漆、塑料、染料、医药、糖精、玻璃钢制品等行业。注册商标为“白龙”牌。“白龙”商标为河北省著名商标，“白龙”牌苯酐为河北省名牌产品，顺酐为河北省优质产品。主导产品苯酐和顺酐产量在河北省占第1位、在国内占第5位；苯酐产品综合能耗在国内占第3位、综合技术水平为国内先进；顺酐综合能耗在国内占第1位、综合技术水平为国内先进。石家庄白龙化工股份有限公司获评中国化工企业500强企业、全国化工环境保护先进单位，河北省著名商标企业、河北省诚信企业、河北省明星企业等。2014年该公司由石家庄市谈固北大街搬迁至石家庄循环化工园区，原老厂区生产装置全部停产，搬迁改造优化升级项目一期新厂项目建设完工，进入试生产阶段。该项目总投资4.68亿元，征地200亩，建设年产10万吨苯酐、6万吨顺酐、8万吨增塑剂生产装置，新建发电能力6000千瓦时发电机组、15000立方米储存罐区等工程。通过实施搬迁改造优化升级项目，公司广泛采用国际先进技术，全面提升了企业生产装置整体技术水平，同时，依托循环化工园区原料资源，逐步形成经济合理的上下游一体化产品链。

（牛永智）

装备制造业

【概况】 2014年，全市装备制造业面对需求增长乏力严峻考验，在市场倒逼作用下，加快创新驱动和转型升级发展，实现工业增加值和增幅均居全市各行业之首。全年装备制造业共有规模以上入统企业477家，从业人员12万人，总资产705.6亿元；累计完成工业总产值1396.07亿元，同比增长14.01%；工业增加值313.67亿元，同比增长15.18%。实现主营业务收入1345.01亿元，同比增长12.52%；利税167.72亿元，同比增长12.67%；利润127.83亿元，同比增长11.79%。铁路、船舶、航空航天和其他运输设备制造业实现利润3.18亿元，同比增长57.10%；电气机械和器材制造业实现利润42.19亿元，同比增长25.93%；金属制品、机械和设备修理业实现利润1.23亿元，同比增长60.30%；金属制品业实现利润28.57亿元，同比增长9.72%；通用设备制造业实现利润23.40亿元，同比增长8.19%；仪器仪表制造业实现利润1.33亿元，同比增长8.1%；专用设备制造业实现利润19.79亿元，

2014年10月10日，中国通用航空运营应用飞行大会开幕

同比下降4.78%；汽车制造业实现利润8.16亿元，同比下降2.78%。累计亏损企业32家，同比增长33.33%。亏损面9.64%，累计亏损额2.98亿元，同比增加118.21%。主要产品38种，20种产品产量保持增长，占比52.63%，其中增速20%以上有8种，占比21.05%；增速10%以上有14种，占比36.84%；17种产品产量出现同比下滑现象。

（苏志炜）

【2项新能源汽车政策调整】 新能源汽车补贴标准调整。2014年初，国家财政部、科技部、工业和信息化部、发改委四部门联合发布《关于进一步做好新能源汽车推广应用工作的通知》，调整纯电动乘用车、插电式混合动力（含增程式）乘用车、纯电动专用车、燃料电池汽车的补贴标准。新的补贴标准为：2014年在2013年标准基础上下降5%，2015年在2013年标准基础上下降10%，从2014年1月1日起开始执行。补助资金实行按季预拨、年度清算。新能源汽车免征购置税。9月1日起至2017年12月31日，新购置新能源汽车免征车辆购置税。免征车辆购置税的新能源汽车按照国家工业和信息化部、税务总局发布《免征车辆购置税的新能源汽车车型目录》实施管理，即列入该目录的新能源汽车，享受免征购置税优惠，同时符合以下条件：获得许可在中国境内销售的纯电动汽车、插电式（含增程式）混合动力汽车、燃料电池汽车；使用动力电池不包括铅酸电池；通过新能源汽车专项检测，符合新能源汽车标准要求。纯电动续驶里程须符合：客车在150千米或以上，专用车、货车、乘用车在80千米或以上；插电式混合动力汽车至少在50千米或以上；使用燃料电池的客车、乘用车至少为150千米，货车、专用车至少为200千米。插电式混合动力乘用车综合燃料消耗量（不含电能转化的燃料消耗量）与现状常规燃料消耗量国家标准中对应目标值相比小于60%；插电式混合动力商用车综合燃料消耗量（不含电能转化的燃料消耗量）与现状常规燃料消耗量国家标准中对应限值相比小于60%。

（高立　韩洁　靳晓磊）

【中博新能源汽车项目投产】 2014年11月，位于正定县的石家庄中博新能源汽车项目2条生产线具备汽车组装生产条件。该项目总投资60亿元，规划用地3000亩，主要研发生产纯电动大中型客车、轻型客车、改装类SUV等，建成后规划年产新能源汽车12万辆，生产规模和设计规模均为全国第一。2014年底，中博新能源汽车项目总装车间建设完成，焊装车间、安检车间、试车跑道正在建设。

（吴温）

【小鹰500飞机】 5月7日，中航通飞华北公司生产的小鹰500飞机取得TC证（型号合格证）。2014年10月，小鹰500飞机完成系统改装和地面联试，并成功实现远距离转场，从石家庄市飞到珠海市参加珠海国际航空展，往返安全飞行20小时15分钟。小鹰500飞机是第一款严格按照中国民航CCAR—23部设计生产、拥有自主知识产权的4~5座轻型多用途飞机，综合性能达到或接近国外同类机型先进水平，填补了中国通用航空4~5座轻型多用途飞机的空白。2014年小鹰500飞机加装传感器平台系统项目（即在传感器平台加装光电转塔系统和尼康飞思iXU150相机系统）试飞验证完成，具有空中侦察、搜索和跟踪功能；改装后小鹰500飞机可完成测绘制图、石油和天然气管线监测、应急基础设施巡视、电力线巡检、海岸带监测、风力发电机叶片检视、灾害现场监测与制图、极地科考、冰川监测、数字城市三维建模、电子娱乐与游戏开发等项目飞行任务。

（范玉蕾）

【高端洗扫车下线】 2014年7月，冀中装备集团石家庄煤矿机械有限责任公司（也称石煤机公司）研制的集路面清洗、路面清扫、路缘清洗、路缘和路缘石立面洗刷、低压冲洗、喷雾降尘等多种功能的SMJ5160TXSD4型洗扫车成功下线。该洗扫车左、右各配装一个立式扫盘及高度可调的吸嘴装置，吸嘴内部设置有多个高压洗涤喷嘴的喷杆；清扫道路过程中，扫盘、吸嘴和高压喷嘴合力将路面沙石以及大块垃圾瞬间吸扫进车身垃圾箱内，扫盘侧边设置的喷雾装置能够迅速消除洗扫过程中的扬尘。采用PLC智能化控制和一键式作业起停操作，可方便快捷实现全洗扫、左洗扫、右洗扫，全扫、左扫、右扫等9种作业模式。具有高液位报警保护功能和自洁功能，作业中垃圾箱内污水液位达到规定高度时，保护系统会自动关停作业机构，经中途排水后再继续作业；自洁功能可在垃圾箱卸料时帮助卸料、清洗垃圾箱内部。吸力强劲、效率高，作业总宽度大于3.5米，主要适用于城市道路、高速公路、广场、机场、码头、隧道、桥梁、隔离墙壁的机械化清洁作业，是集清扫、清洗、喷雾降尘于一身的高端道路清洁设备，技术性能达到国内领先水平。

（李昕泉）

【中冶设备装备制造中试基地项目签约】 2014年10月，市供销社与北京中冶设备研究设计总院有限公司共同投资建设的中冶设备装备制造中试基地项目签约。该项目总投资27亿元，位于石家庄装备制造产业园区，占地1000亩，规划分两期建设。其中，一期占地600亩，投资15亿元，主要建设河北中冶设备制造公司产能扩展、无酸除锈设备生产线、办公及配套附属设施，计划2016年底建成；二期投资12亿元，主要建设废钢破碎生产线、SCS金属层状结构复合板生产线，计划2019年底完成。

（吴温）

【中国通用航空运营应用飞行大会】 10月10～11日，由中国国际贸易促进委员会河北省委员会、中航通用飞机有限责任公司、中国航空报社、石家庄市政府主办，中航通飞华北飞机工业有限公司、河北省世界贸易中心、《环球飞行》杂志社、栾城县政府承办的中国通用航空运营应用飞行大会举行。来自政府管理部门、行业主管部门、航空企业界、航空院校等机构200余名代表参加大会。会议期间，主办方向石家庄爱飞客航空俱乐部首批会员颁证，举行了爱飞客航空俱乐部战略合作协议签署仪式、通用航空产业政策及应用主题论坛、2014中国通用航空运营应用最佳案例评选决赛、通用飞机应用科目飞行演练等系列活动。邀请中国航空工业集团公司、美国赛斯纳飞机公司等中外航空领域专家到会演讲，各界代表与专家围绕通航运营应用话题，开展座谈交流，搭建通用航空产业交流平台。

（范玉蕾）

【中航通飞华北飞机工业有限公司】 2014年中航通飞华北公司初步完成产业布局，通用飞机研发制造、通航运营与通航服务产业快速发展，企业经济总量大幅度跃升，经济指标大幅度增长。其中，工业总产值完成53480万元，同比增长55.2%；营业收入完成52098万元，同比增长51.5%；实现利税4700万元，同比增长135%；实现利润2867万元，同比增长106.7%。5月29日，中国民航局向中航通飞华北公司颁发小鹰500飞机型号合格证。8月25日，美国NSF—ISR认证公司向中航通飞华北公司颁发AS9100C质量管理体系认证证书，标志中航通飞华北公司质量运行体系与国际航空航天质量管理标准成功对接，进入世界航空航天产业链供应商名录。9月28日，河北中航通航公司（中航通飞华北公司全资子公司）获得空军及中国民航华北地区管理局关于《开辟石家庄至承德（平泉）班机航线》正式批复，这也是华北地区批复第一条低空航线。11月11～16日，中航通飞华北公司参加第十届珠海航展，签订小鹰500飞机、运五B飞机、赛斯纳208B飞机销售合同118架。其中，辽宁通飞通用航空有限公司签约4架小鹰500飞机，沈阳兆 航空服务有限公司签约2架小鹰500飞机，河北地平线通用航空有限责任公司签约4架运五B飞机；南非AIFA南航艾维国际飞行学院签约10架小鹰500飞机，首次出口南非市场。小鹰500飞机、运五B飞机两种机型均在石

中航通飞华北公司厂貌

小鹰500飞机

运五B多用途飞机

家庄市生产。12月31日，中航通飞华北公司石家庄栾城机场使用许可暨石家庄爱飞客航空俱乐部运营合格证颁证仪式举行(中国民航华北地区管理局颁发)，标志拥有4块空域、面积1345平方千米、2B级栾城机场正式成为民用通航机场。

（苏志炜　吴温）

【南车石家庄车辆有限公司整体搬迁】 12月1日，南车石家庄车辆有限公司正式启动整体搬迁，原厂区300多亩土地依照程序实施收储。该公司新厂区位于栾城区装备制造基地南车石家庄产业园，铁路货车造修厂房和综合办公大楼占地800亩，新产业园是旧厂区面积的6倍。搬迁后，公司在原来货车修造基础上，谋划了铁路货车造修、城轨装备、新能源汽车、工程机械等产业板块，借助企业搬迁实现产业升级，规划实现年营业收入150亿元、利税30亿元。铁路货车板块引进大量的先进生产设备，年新造货车4000辆，检修货车15000辆。地铁车辆城轨装备项目建设占地300亩，总投资10亿元，其中一期投资3.11亿元，占地150亩，建成后形成车体、表面处理、组装、调试、静/动态试验的完整产业链，午产铝合金车体A型地铁车辆150辆；项目规划建成投产后，提供就业岗位2000个，配套产业间接拉动就业2万人，带动收入60亿元。新能源汽车板块规划投资10亿元，占地500亩，规划建成后，形成年产5000辆新能源客车生产能力。工程机械板块占地400亩，建筑面积130000平方米，主要生产履带式起重机、隧道施工装备、强夯机、底盘总成、四轮一带总成、工程机械结构部件等产品；项目2017年完成整体建设，建成后规划实现主营业务收入35亿元，利税8.5亿元。南车石家庄车辆有限公司始建于1905年，至12月1日搬迁止，累计修理铁路货车400721辆，新造铁路货车7308辆。

（吴温）

电子信息工业

【概况】 2014年，全市电子信息产业围绕结构优化升级、科技创新和提升核心竞争能力，推进通信、平板显示、半导体器件等优势产业发展，培育壮大卫星导航、电力电子、专用设备等新增长点。至2014年底，全市电子信息行业入统企业216家，其中制造业企业46家、软件及服务业企业170家；从业人员3万余人；主营业务收入完成226.3亿元，同比增长12.1%；实现利税34.2亿元，同比增长11.4%；实现利润28.1亿元，同比增长18.4%。2014年鹿泉区、高新区2个电子信息企业集中区域形成通信、电子元器件、电子材料、电子专用仪器和设备、电力电子，光电显示、软件与信息服务为主体的电子信息产业聚集区。河北中瓷电子科技有限公司投资建设“新型元器件封装外壳及封装产业化”项目备案、开工建设。2014年2月，河北省发改委组织专家对石家庄市“高密度集成电路封装技术国家地方联合工程实验室”和“恒温晶振河北省工程实验室”实施验收；2014年8月，河北四方通信设备有限公司17025国家认可实验室通过中国合格评定国家认可委员会认可，该公司年产6000万套陶瓷插芯产业化项目试生产。12月30日，市政府与北京中关村科技园管委会签订共建集成电路产业基地合作框架协议，双方商定在石家庄市合作建设集成电路封装测试产业基地。

【同辉电子科技公司增资扩股】 同辉电子科技股份有限公司成立于2007年，由中国电子科技集团公司第十三研究所和河北省信息产业投资有限公司共同出资组建，注册资本3亿元。该公司拥有从外延材料生长、芯片制造到封装外壳应用完整的LED产业链，是国内为数不多可完成LED全套产品开发、研制和生产企业，拥有一批博士、硕士及高级职称专业技术人才，具有十余年LED产品研发和生产经验，连续多年承担国家、省、市半导体照明课题研发任务，具有较强的研发生产能力。2014年该公司正在建设130Lm/W半导体照明产业化项目，规划5～8年引进100台MOCVD及配套工艺设备，建成国内最大、技术等级最优的LED产业基地，年产外延片60万片，芯片120亿粒，其中蓝光100亿粒、红黄光20亿粒；已经量产高档芯片封装成白光后光效达到130Lm/W，最高可达140Lm/W。2014年该公司实现增资扩股，注册资本由3亿元扩大到9亿元，股东单位增加至5个，分别是中国电子科技集团公司第十三研究所、中国电子科技集团公司、河北省信息产业投资集团有限公司、河北建设投资集团有限责任公司和石家庄国控投资集团有限责任公司。

【东旭集团获评电子信息百强企业】 2014年7月，由国家工业和信息化部运行监测协调局联合电子信息司主办的2014年全国电子信息行业座谈会暨第28届中国电子信息百强企业发布会在江西省吉安市举行，会议揭晓2014年中国电子信息百强企业名单，其中，在石家庄投资液晶玻璃基板生产企业东旭集团首次上榜，位列第64名。东旭集团成立于1997年，总部及研发中心位于北京市，是一家集光电显示、光伏、节能照明、绿色建材、装备制造、证券、地产等产业集群为一体的大型高科技企业集团，拥有2家上市公司（东旭光电、宝安地产）和20余家全资及控股子公司，员工1万多人。东旭集团在石家庄、郑州、成都、芜湖等地投资建设有20余条玻璃基板生产线，是全球重要的平板显示玻璃基板生产企业。2009年9月24日，东旭集团石家庄旭新光电产业园项目启动；2012年12月10日，东旭集团100%控股石家庄宝石集团。旗下上市公司东旭光电是国内液晶玻璃基板龙头企业，2014年东旭光电投资建设10条第6代玻璃基板生产线，加上托管东旭集团第5代玻璃基板生产线，年末玻璃基板生产线达到20余条，产能1400万片／年，成为国内首家实现玻璃基板规模化生产企业。10月10日，东旭光电与北京理工大学共同组建东旭光电石墨烯技术研究院；10月23日，东旭光电与京东方科技集团股份有限公司合作研发面板产线先关设备；12月26日，东旭集团承建首家平板显示玻璃技术和装备国家工程实验室在旭新光电成立。

（任晓冬）

【新增 1 家拆解废弃电子产品补贴企业】 7 月 16 日，石家庄市河北海晶再生资源开发有限公司被纳入国家第四批废弃电器电子产品处理基金补贴企业名单。废弃电器电子产品处理基金是国家为促进废弃电器电子产品回收处理设立的政府性基金。2012 年 5 月 21 日，国家财政部、环保部、发展改革委、工业和信息化部、海关总署和国家税务总局联合发布《废弃电器电子产品处理基金征收使用管理办法》，规定拆解处理废弃电器电子产品处理企业可按照核定拆解处理数量获得基金补贴。至 2014 年底，全市享受该补贴企业达到 2 家，另 1 家为石家庄格力绿色再生资源有限公司。

（靳晓磊）

【河北立德公司与韩国企业签署合作协议】 2014 年石家庄市半导体照明骨干企业河北立德电子有限公司与韩国东星制药株式会社签署战略合作协议，双方商定在开发 LED 产品、代加工产品、商务合作及科研等方面合作，由双方骨干人员组建产品研发团队共同推进 LED 在医疗保健及公共照明领域应用。2014 年半导体照明技术广泛应用到医疗保健领域，通过光动力原理辅助治疗癌症、祛除青春痘等。河北立德电子有限公司是中国电子科技集团公司第十三研究所及河北省建设集团公司共同组建的高新技术企业，是国内最早的半导体照明企业之一，成功完成 2008 年奥运会水立方、玲珑塔半导体照明设计与建设及人民大会堂万人大礼堂半导体照明改造，多次承担国家 863 计划及科技支撑计划。韩国东星制药株式会社成立 56 年，是韩国上市公司、韩国三大制药企业之一，具有丰富的市场营销经验，在世界范围拥有广泛的销售网点。

（李云萍）

【石家庄丰源仪表有限公司】 石家庄丰源仪表有限公司是中国北方较大的水表生产企业。该公司生产的光电直读水表采用光电直读技术读取字轮数据，与传统脉冲表相比，读数误差降低至零，是自动抄表系统电子远传水表，采用低功耗设计，平时无须供电，仅在抄表或阀门动作时需要供电，流量性能符合 GB/T778.1～3—2007 标准，准确度等级 2 级。光电直读水表采用旋翼式计量结构，具有计量精度高、始动流量小、抄表方便、外型美观、安全卫生、寿命长等特点，配合智能抄表系统设备，采用先进数据编码及校验技术，通讯可靠性高，可实时实现智能抄读居住小区水表计量数据。丰源仪表网络集抄水表系统特点：远程实时、定时抄表，彻底解决入户扰民问题——实现“0”打扰；数据抄读准确，杜绝人为抄表误差——实现“0”误差；远传抄读水表，减轻抄表工人劳动强度——实现“0”距离；远程用水监测，方便分析供水输差，及时发现小区管网漏泄——实现“0”损耗。运用丰源仪表网络集抄水表系统，管理者通过互联网计算机系统输入用户名及密码后，可对整个城市供水信息、用户用量、损耗、水费及收费实时管理，实现抄表员在互联网随时抄收用户用水量、监控用水情况。

（张凤银）

【石家庄诚志永华显示材料有限公司】 石家庄诚志永华显示材料有限公司成立于 1987 年，是清华大学控股上市公司诚志股份有限公司全资子公司，也是中国首家液晶材料生产企业。公司位于河北省石家庄市，现有员工 500 余人，在北京、深圳、上海、台湾等地设有分公司或办事处，服务营销网络遍布全国，并辐射日本、韩国等东亚、东南亚国家和地区。石家庄诚志永华显示材料有限公司是河北省与清华大学合作成立第一家高新技术企业，多次承担国家 863 计划、火炬计划等重大课题研究并获得“国家重点新产品奖”、“国家优秀发明奖”、“河北省科技进步奖”等荣誉，是河北省平板显示材料工程技术研究中心挂牌单位和石家庄市工业 50 强企业。2014 年 4 月，石家庄诚志永华显示材料有限公司与中国光学光电子协会液晶分会共同承办“液晶材料国产化研讨会”。2014 年该公司 TFT 新生产基地竣工投产；TFT 液晶材料月销售首次突破 1 吨，年 TFT 液晶销售量达到 15 吨，在中国大陆超越日本 JNC 公司，成为中国本土出货量第二大液晶材料供应商；该公司“高世代线用 TFT 液晶材料的研发与产业化”项目获国家发改委国家新型平板显示和宽带网络设备研发及产业化专项资金支持，“PSVA 液晶材料”获得 2014 年第二届中国电子信息博览会“创新产品与应用奖”。

（任晓冬）

食品工业

【概况】 2014年，全市食品工业拥有规模以上工业企业238家，其中农副食品加工业158家，食品制造业52家，酒、饮料和精制茶制造业27家，烟草制品业1家。全年规模以上食品工业企业完成增加值239.27亿元，累计增长7.05%，占比重12.92%；主营业务收入948.46亿元，同比增长6.35%；实现利润84.45亿元，同比增长15.52%；实现利税147.59亿元，同比增长11.24%。食品行业运行平稳，增速略有放缓。石家庄君乐宝乳业首创纯电商销售模式，全部采用网络销售和电话直营销售，打破国内奶粉价格畸高不正常现象，引发社会极大反响。2014年9月，石家庄君乐宝乳业有限公司生产的君乐宝奶粉正式取得欧盟“BRC食品安全全球标准”A级认证。这是国内首个通过BRC认可的奶粉品牌，标志君乐宝奶粉成功获得欧盟市场通行证，未来可在国际商品销售商联合会(CIES)全球200多个超市集团销售。河北三元公司整体经营状况呈良性发展趋势，三元乳粉收入同比增长100%。市制酒厂与O2O电子商务平台“搜搜酒”签署战略合作协议，确定“搜搜酒”为“冀窖”全国首家推广平台，开启网络营销。石家庄双鸽食品有限公司、石家庄洛杉奇食品有限公司保持良好发展势头。中粮可口可乐饮料（河北）有限公司、康师傅在石家庄项目竣工投产。

（魏俊杰）

【君乐宝婴幼儿奶粉项目开工】 3月8日，君乐宝乳业——恒正牛业(张家口察北)食品科技园一期婴幼儿配方奶粉一体化项目正式开工。该项目一期建设年产3万吨婴幼儿配方奶粉生产线，按照牧草种植、奶牛养殖、生产加工一体化理念设计，改变了传统先做市场、再建工厂、最后找奶源的发展模式，从源头上保证食品安全，符合国家“婴幼儿奶粉企业必须有自控奶源”要求；生产工厂与牧场相邻建设，奶牛挤奶后通过封闭管道直接与加工车间相连，全封闭运行，从挤奶到制为成品仅需2个小时，完全杜绝中间环节可能出现各类污染因素，有效确保产品质量；致力打造世界领先水平的婴幼儿配方奶粉工厂，主要工艺技术设备均选用世界领先水平，并在国内率先应用全自动基料标准化系统；率先应用自动化投料系统、低温连续在线混料系统，实现生产过程自动化控制。该项目规划达产后，年销售收入50亿元，年实现税收3.5亿元，带动就业岗位1000余个。

（范玉蕾）

【新“天庄”白酒入市】 2014年8月，新“天庄”酒在市制酒厂生产线上线灌装。这是“天庄”品牌停止9年后重新生产。1998年市制酒厂申请注册获得“天庄牌”商标，1999年正式上市。新一代“天庄”酒，是在原来“天庄”酒基础上，萃取传统酿酒精华、辅以现代新工艺，精心研发成功的一款白酒，具有窖香浓郁、入口绵柔醇厚、诸味协调、落口净爽及回味悠长的特点。2014年12月，天庄A8酒在市旅游局、市旅游协会主办的2014年石家庄首届旅游商品大赛上获得“石家庄特色旅游商品”称号。

【河北三元工业园项目开工】 9月28日，总投资16亿元的河北三元工业园项目在新乐市经济开发区正式开工建设。该项目由北京三元食品公司独资兴建，主要整合北京三元公司所辖石家庄乳品二厂、乳品三厂、乳品六厂等企业，建成日处理鲜奶1000吨，生产鲜奶、酸奶、奶粉、干酪以及饮料、冷食等百余种乳制品，形成年产奶粉4万吨、各类液奶25万吨的综合乳制品研发生产基地和物流中心。北京三元食品公司隶属首都农业集团，也是华北地区最大的专业化乳品加工销售企业，在内蒙古、河北、广西等地建有16家生产基地，拥有“三元”、“燕山”等著名商标和遍布全国的销售网络。

（吴温）

【河北沃尔旺食品饮料有限公司】 河北沃尔旺食品饮料有限公司始建于1996年，是一家大型专业饮料生产企业，拥有先进的易拉罐、果汁生产线，罐装车间达到千级、十万级无菌净化，生产碳酸饮料、果汁饮料茶饮料、瓶（桶）装纯净水、含乳饮料及植物蛋白饮料，产品销售国内10余个省市，已发展为集科研开发、生产销售和品牌建设于一体食品企业。重视质量和信誉，通过QS质量安全认证及ISO9001 2000质量管理体系认证，获评河北省工商行政管理局劳动者协会“光彩之星”企业、“中国质量万里行”质量无投诉先进单位、晋州市优秀民营企业、石家庄市工商行政管理局“守合同重信用”单位、河北省著名畅销品牌、河北省著名商标等荣誉。2014年河北沃尔旺食品饮料有限公司投资2.5亿元，引进国际先进的无菌灌装饮料生产技术，新建果汁和植物蛋白饮料生产线3条，年产能力达到5万吨。

（魏俊杰）

轻工业

【概况】 2014年，全市轻工行业拥有规模以上企业158家，其中，木材加工31家，家具制造24家，印刷业36家，造纸42家，工艺品20家，其他5家。全年规模以上轻工企业完成工业增加值120.67亿元，同比增长11.52%；主营业务销售收入496.39亿元，同比增长12.5%；实现利润52.33亿元，同比增长11.88%；实现利税67.26亿元，同比增长10.58%。家具制造业年产量72.96万件，同比增长6.5%；主营业务收入62.81亿元，同比增长11.8%；实现利润5.61亿元，同比增长12.44%。家具制造业采用绿色环保性材料和新技术，科技、文化含量提高，向精细化、规模化、品牌化发展，正定三河板式家具基地，东明家具基地发展势头良好。塑料制品生产59.56万吨，同比增长26.9%。塑料制品在农用、包装、建筑及医用、交通和电子等行业刚性需求增长。纸制品生产83.4万吨，同比增16.6%；主营业务收入119.4亿元。

（张凤银）

【藁城宫灯】 藁城宫灯研制开发中心有限公司成立于2004年。该公司将传统宫灯与蔚县剪纸相结合，独创出“工艺纸雕宫灯”，获得国家专利9项。2014年藁城宫灯发展成为工艺纸雕宫灯、传统宫灯、大型电动宫灯三大系列、300多个品种，产品远销美国、加拿大、澳大利亚等多个国家。藁城区将宫灯文化产业作为文化品牌建设重头戏，实施政策引导、资金扶持、税收减免等优惠政策，推动宫灯文化产业做大做强。藁城纸雕宫灯为河北省著名非物质文化遗产，曾被指定为“北京奥运会特许商品”、“2010年上海世博会特许商品”。2014年8月，2万只融民间纸雕工艺和南京青年奥林匹克运动会元素于一身藁城工艺纸雕宫灯，在南京青年奥林匹克运动会授权100多家特许商品专卖店销售。藁城纸雕宫灯入选“南京2014年夏季青年奥林匹克运动会特许商品”2款，分为“南京风光”《红》、《绿》两大系列。至2014年末，藁城区形成以藁城宫灯研制开发中心有限公司为龙头，以梅花镇宫灯生产专业村屯头村为中心，辐射周边木连城、崔家庄、卞家寨等十几个村的宫灯产业布局，年产量8000万对，年产值近10亿元。

（侯天仪）

【河北华泰纸业有限公司】 河北华泰纸业有限公司前身为诺斯克（河北）纸业有限公司。2003年8月，由国家商务部批准成立；2003年9月，在河北省工商局登记注册，注册地址为河北省石家庄市赵县石塔西路。主要产品为高档彩色胶印新闻纸，设计规模年产量30万吨。2004年3月18日，公司开始工程建设，2005年7月1日建成投产；建设投资总额4000万美元，其中注册资本2100美元；占地面积700亩，建筑面积96437平方米。该公司利用100%回收废纸生产高档胶印新闻纸技术属国内首创，处于国际领先水平。企业投产以来，受市场影响，生产经营一直处于不正常状态，2009年1～9月亏损1.7亿元，自2005年建成投产以来累计亏损达到6亿元。为扭转亏损局面，新加坡诺斯克泛亚私人有限公司调整亚洲投资战略，2009年9月24日诺斯克（河北）纸业公司与山东华泰纸业股份公司协商签订股权转让协议。2009年10月23日，河北省商务厅正式批复诺斯克（河北）纸业公司股权转让，山东华泰纸业股份有限公司正式进驻恢复生产。该公司造纸机由芬兰美卓公司制造，脱墨制浆设备由德国福伊特公司和奥地利安德里茨公司联合提供；以100%废纸为原料，采用全无氯漂白技术，单位产品耗水低于10立方米，蒸汽低于1.5吨，用电低于900千瓦时。投资9682万元，建设处理能力24000立方米／天废水处理场1座；投资8710万元，建设处理固体废物流化床焚烧炉1台。2014年河北华泰纸业公司资产总额18.83亿元，其中注册资本14.92亿元，平均日产新闻纸量900吨。

（张凤银）

电力工业

【概况】 2014年，全市共有发电企业41家，装机总容量9085.15兆瓦。其中，省调直调电厂11家，装机36台，机组容量8568.4兆瓦；地调直调地方电厂和企业自备电厂30家，装机69台，机组容量516.75兆瓦，包括公用热电联产电厂10座，自备综合利用电厂15座，垃圾电厂1座，秸秆电厂2座，水电厂2座。至2014年末，石家庄市域共有500千伏变电站4座，变压器8台，总容量7000兆伏安；220千伏变电站41座，变压器95台，总容量13613兆伏安，同比增长7.25%；110千伏变电站176座，变压器366台，总容量15664兆伏安，同比增长9.60%；35千伏变电站308座，变压器616台，总容量5125.6兆伏安，同比增长2.21%。220千伏输电线路110条，总长度2166.65千米，同比增长0.82%；110千伏输电线路267条（不包括T接线），总长度3457.41千米，同比增长4.27%；35千伏输电线路414条（不包括T接线），总长度3246.334千米，同比增长3.20%。2014年石家庄全社会用电量449.64亿千瓦时，同比增长0.25%。其中，第一产业、第三产业用电量分别为14.85亿千瓦时和69.3亿千瓦时，同比增长32.89%和9.49%；第二产业用电量309.99亿千瓦时，同比下降3.41%；城乡居民生活用电量55.5亿千瓦时，同比上升4.48%。

（汪永山）

【西柏坡500千伏输变电工程项目核准批复】 7月7日，河北省核准批复国家电网河北省电力公司关于建设西柏坡500千伏输变电工程项目。西柏坡500千伏变电站规划主变容量为4×750兆伏安，500千伏出线8回，220千伏出线12回；本期建设主变容量2×750兆伏安，500千伏出线6回，220千伏出线5回；新建阳泉—石北Ⅰ、Ⅱ回500千伏线路破口接入500千伏变电站线路工程，线路长度为7.6千米；西柏坡—石西双回500千伏线路工程，线路长度为71.7千米；同期建设变电站配套光缆通信及石西500千伏变电站扩建西柏坡出线间隔工程；同时，搭接改造西柏坡电厂—辛集双回、石北—廉州Ⅰ、Ⅱ回线路，形成西柏坡电厂—廉州Ⅰ、Ⅱ回，石北—辛集Ⅰ、Ⅱ回线路。

【2处110千伏变电站投入运行】 110千伏建华变电站投入运行。4月21日，110千伏建华输变电工程全部建成投入运行，比计划投运日期提前一个月。该变电站解决了万达项目用电问题，从根本上扭转了裕华区供电紧张状态。110千伏建华变电站位于市区世纪公园北侧，项目工程自2013年10月开始建设，本期建设110千伏进线2回，安装5万千伏安主变压器2台，10千伏出线26回。110千伏格力变电站投入运行。2014年5月，110千伏格力输变电工程建成投入运行，比原计划提前一个月完成。该变电站解决了格力家电园区一期、二期扩建用电和三期新建用电需求，缓解了周边高端医药产业园、装备园区用电紧张问题。110千伏格力变电站位于石家庄市东开发区格力电器厂区西南角，2013年8月开工，本期建设110千伏进线1回，安装6.3万千伏安主变压器2台，10千伏出线27回。

（吴温）

【电网建设】 以“十项重点工程”推进电网建设全面提速，首次建设和管理500千伏西柏坡变电站开工；受阻8年胜利变电站建设收尾；首座公园内建设建华变电站提前投入运行；至2014年底，“十项重点工程”年度投产计划全部完成，累计完成投资22.51亿元，投产110千伏及以上工程27项，新增容量234.2万千伏安，其中14项工程获评国家电网优质工程。组建成立配电站网规划和建设领导小组，首次制订配电站网网架远景规划，2014年全市配电站网建设累计完成投资13.62亿元，同比增长1.5倍。坚持智能化发展方向，安装智能电表91.96万只，实现专、公变和35千伏变电站自动采集全覆盖。实施电能替代工程，推广电采暖、热泵双蓄等替代项目43项。落实省会电动汽车推广计划，配合银隆新能源公司完成市区解放碑充电站送电及位同充电站投用，青银高速快充站在国家电网系统率先建成投运。加强农村电网建设，新建改造农村电网10千伏及以下线路3212.83千米、配变4398台、容量90.88万千伏安。实施农村面貌改造提升行动重点村电网改造建设，全面完成376个重点村电网建设改造任务。开展抗旱供电保春灌、保“三夏”活动，成立239个服务小分队，深入4000余个村解决用电问题，累计消除用电缺陷1639处，解决“卡脖子”线路156条。

【核心区配电自动化改造】 2013年11月中旬起，石家庄供电公司在逐一梳理、分析、总结石家庄供电线路及“迎峰度夏”期间暴露诸多问题和前期设计、评审、准备基础上，正式实施石家庄核心区配电自动化改造工程。配电自动化工程是国家电网公司智能电网建设重要工程。改造前，输电线路发生故障，整条线路停电；电力维修人员通过人工排查故障点，然后抢修，从停电到复电一般需要几个小时。配电自动化改造后，实现遥测、遥信、遥控“三遥”调度远程控制，故障报警信号经DTU（无线终端设备）可直接传输到配网调度中心，数分钟内即可锁定故障点；网络根据采集的信息快速隔离故障点，恢复非故障区域供电，减少用户等待时间，有效提高供电企业效率。至2014年底，石家庄核心区配电自动化改造工程完工，核心区116个环网柜与开闭所、203个柱上开关及市区所有架空线高低压刀闸等改造完成。

（汪永山　刘保安）

【位同电动汽车充电站改造】 7月4日，河北省首座新能源汽车充电站——位同电动汽车充电站改造完工，具备试运行条件。此次改造配置630千伏安专用变压器1台，直流快速充电桩5台，交流充电桩3台，可同时为8辆电动汽车开展充电服务，改造后充电站为1台新型纯电动公交车充满电仅需30分钟。中国电网石家庄供电公司位同电动汽车充电站始建于2010年8月，位于市区塔北路与东二环交口，占地2000平方米。

（岳金宏　吴温　焦莉莉）

【电力保障】 围绕开展“项目攻坚年”活动，加快电力配套设施建设，按期完成新城大道、京港澳高速、石炼化800万吨炼油升级项目线路迁改，累计迁改110千伏及以上线路26条、23千米。110千伏和平医院轨道交通配套建设加快；格力产业园区配套110千伏燕山输变电工程成功送电；协调解决高新区、藁城良村开发区配套医药、留村等工程路径规划、隧道建设难题。以保证安全和可靠供电为首选，超前启动迎峰度夏“6·20”工程，开展基建工程、小区配套等176项任务攻坚，确保电力供应。面对“8·28”暴雨考验，第一时间启动应急预案，累计出动电力人员670余人、抢修车辆83台，处理低压故障报修1945次，有效保障市民正常生活用电。至2014年底，石家庄供电公司完成重要保电任务30余项，实现连续安全生产3365天。

【光伏发电项目】 11个光伏项目入选河北省年度建设计划。2014年9月，河北省发改委下达分布式光伏和第二批光伏电站项目年度建设计划，石家庄市8个分布式光伏电站和3个光伏电站项目列入其中，总装机容量分别为10.51万千瓦和13万千瓦。8个分布式光伏电站项目分别是：藁城兴安6.6兆瓦农业光伏发电项目、河北华澳18兆瓦光伏设施农业示范园项目、中国光伏农业科技示范基地10兆瓦光伏薄膜发电项目、井陉南王庄乡20兆瓦光伏并网电站、元氏县王村20兆瓦分布式光伏电站项目，以及平山康庄20兆瓦分布式光伏电站项目、平山光伏电站温塘10兆瓦工程项目、岗南厂区500千瓦光伏发电项目。3个光伏电站项目分别是：平山县宏润太阳能发电有限公司宏润35兆瓦光伏电站项目、石家庄豪盛太阳能科技有限公司石家庄循环化工园区50兆瓦农业科技大棚项目、井陉润恒光电科技有限公司井陉县北正50兆瓦农业光伏发电项目。平山县太阳能并网发电项目。2014年3月，平山县与山东玉昊隆集团签订协议，双方商定在平山县投资20亿元，建设200兆瓦太阳能并网发电项目。河北华澳光伏现代农业园项目启动。10月11日，石家庄市首个集旅游、养老养生、光伏发电、农业种植为一体的河北华澳光伏现代农业园项目正式启动。项目一期占地1500亩，总投资3.6亿元。这是石家庄市引入的首家将光伏新能源应用于农业领域项目，利用农业产业园400余个菌类种植大棚棚顶，铺设多晶硅太阳能电池板实施光伏发电，电池板使用寿命25年，每年可向社会提供绿色电能1820万千瓦时。井陉县500兆瓦光伏发电项目。2014年7月底，上海航天汽车机电股份有限公司确定投资50亿元，在石家庄井陉县建设500兆瓦太阳能光伏并网发电项目。12月1日，石家庄市与上海航天汽车机电股份有限公司签约投资建设500兆瓦光伏发电项目，包括光伏并网发电、分布式光伏及农光互补项目。12月31日，全市首个大型地面光伏电站——位于井陉县的上海航天机电太阳能光伏发电项目正式并网发电。青岛昌盛光伏大棚项目。青岛昌盛光伏大棚项目位于石家庄循环化工园区周家庄村北、京港澳高速以西，曹家庄以南，204省道以东；由青岛昌盛日电太阳能科技有限公司从农户手中流转接手，采取统一建设和经营，给予耕地承包户每亩土地2000元流转收入；是将先进太阳能科技与现代农业技术相结合，利用大棚光热资源，在棚顶发电，在棚内种植农作物的农业科技大棚并网发电项目。青岛昌盛光伏大棚项目总投资43亿元，占地5000亩，建成后设计发电200兆瓦，安置就业600人。该项目一期50兆瓦光伏农业科技大棚和并网发电电站2个项目正在建设，总投资6亿元，占地2146亩，建成后年均发电量54695.3兆千瓦时，规划销售收入5665万元、利润2749万元，节约标准煤17869吨，年烟尘减排98.61吨、年二氧化硫减排356.24吨、年二氧化碳减排52564.9吨。

石家庄电业局（供电公司）

局长（总经理）、党委副书记：

李景中（12月任）

党委书记、副局长（副总经理）：

董庆陆（12月任）

纪委书记：马建辉

副局长（副总经理）：

赵立刚 刘建华

王勇 张会敏

工会主席：贺鹏

（汪永山 刘保安）

冶金工业

【概况】 2014年，全市冶金行业共有规模以上企业126家，同比减少4家；主营业务收入747亿元，同比下降0.4%；实现利润44.5亿元，同比增长17.5%；实现利税57.9亿元，同比增长18.6%。石家庄市冶金行业主要分为黑色金属冶炼和压延加工、有色金属冶炼和压延加工两大类。至2014年末，全市共有黑色金属冶炼和压延加工企业81家，有色金属冶炼和压延加工企业16家，钢铁联合企业3家。主要工业产品大类有生铁、粗钢、钢材、铝和黄金。2014年全市冶金行业主要工业产品产量为生铁1246万吨，粗钢1229万吨，钢材1208万吨。

【石钢公司搬迁至井陉矿区项目启动】 6月30日，国家发改委批复《河北省钢铁产业结构调整方案》，同意河北省作为国家钢铁产业结构调整重点省，其中石钢公司搬迁是《河北省钢铁产业结构调整方案》确定的5个重大布局调整项目之一。10月17日，河北钢铁集团石钢公司分别与石家庄市政府、井陉矿区政府签订石钢环保搬迁产品升级改造项目合作协议，标志石钢环保搬迁产品升级改造项目正式启动。10月17日，市土地储备中心与石钢公司签订《国有土地使用权收购（回）合同》。12月31日，中国民生银行43亿元资金按照协议转入市土地储备中心账户，2015年1月16日，市土地储备中心将10亿元土地补偿资金划入石钢公司。石钢公司原址位于石家庄市长安区和平东路与谈固北大街交口东北处（和平东路363号），始建于1957年，2014年具备年产

200 万吨铁、260 万吨钢和 260 万吨特钢棒材的生产能力，主导产品为轴承钢、齿轮钢、弹簧钢、优质碳素结构钢、合金结构钢等，是国内三大专业化特钢棒材生产企业之一，产品广泛应用于汽车、工程机械、铁路、石油天然气及矿藏开采等领域，其中，铁路弹条用钢、工程机械用钢产量居全国第一位。石钢公司搬迁新址位于石家庄市井陉矿区鑫跃焦化公司以南，占地约 2100 亩。石钢公司搬迁对于调整优化河北省钢铁产业结构和布局、改善石家庄市区环境质量、推动企业提质增效升级意义重大。2010 年石钢公司烧结工序搬迁至井陉矿区，已有焦化工序，此次主要是将主厂区各工序全部搬迁至井陉矿区，计划三年内搬迁项目全部完成。

【敬业集团】 2014 年敬业集团实施改革创新项目 309 项，实现效益 2.53 亿元；表彰技术改革创新奖 31 项、设备管理创新奖 42 项、管理改革创新奖 50 项、员工改革创新奖 62 项。成功开发船板、桥梁板、锅炉板、压力容器板、抗震螺纹钢等高附加值品种，获得欧盟 CE 认证、七国船级社认证，锅炉板系列、压力容器板系列认证，螺纹钢产品(HRB400)、低合金高强度中厚钢板(Q345B–E）获得中国钢铁工业协会冶金产品实物质量认定（金杯奖）。2014 年 9 月，敬业集团“敬业”图文商标获得“中国驰名商标”。至 2014 年底，敬业集团形成以钢铁为主业，兼营酒店、房地产、贸易跨行业的集团公司，拥有员工 22500 名，总资产 225 亿元，销售收入 567 亿元，实现税金 6.5 亿元（含敬业集团驻外企业），铁、钢材生产规模均达到 1200 万吨，是全球最大的螺纹钢生产企业，连续 9 年入围中国 500 强企业，连续 11 年入围河北百强企业，连续 6 年在石家庄市企业排名第一。

【河冶科技股份有限公司】 河冶科技股份有限公司（简称河冶科技）是中国新材料领域龙头企业——安泰科技股份有限公司（股票代码000969）控股的中外合资股份制企业，主要股东有安泰科技股份有限公司、日本住友商事、法国 Erasteel 公司等。河冶科技主要研发生产专业化高速工具钢，是中国特钢行业高速工具钢专业组组长单位、石家庄市工业 50 强企业；与先进钢铁材料技术国家工程研究中心合作，建有河冶工模具钢研究中心。河冶科技产品按钢种分为高速钢、粉末冶金高速钢、合金工具钢、不锈钢、其他特殊要求合金材料五大类；按品种分为锻材、锻坯、热轧圆钢、方钢、扁钢、盘条、冷拉材、剥皮材、磨光材、钢板、热轧钢带、冷轧钢带 12 个系列近 1000 个规格。可根据顾客需要提供锻制、挤压、焊接类近终成型刀具毛坯。河冶科技产品广泛用于工具、模具、汽车、航空、造船、军工、冶金、汽轮机等行业，销售遍及国内 26 个省（自治区、直辖市）及欧美、东南亚等 10 余个国家和地区。

（牛永智）

建材工业

【概况】 2014 年，全市建材行业共有规模以上工业企业 229 家，同比减少 7 家；完成营业收入 500 亿元，同比下降 4.2%；实现利润 46 亿元，同比下降 5.7%；利税 59.6 亿元，同比下降 7.2%。主要产品产量有水泥熟料 1355 万吨，水泥 2446 万吨，瓷砖 2.03 亿平方米，平板玻璃 742 万重量箱。2 月 17 日，石家庄市举行压减水泥过剩产能治理大气污染水泥企业集中拆除仪式，集中拆除西柏坡高速两侧水泥企业 17 家，压减水泥产能 910 万吨。至 2014 年底，全市压减水泥过剩产能 1850 万吨，超额完成 2017 年底前压减 1500 万吨水泥产能任务。

（牛永智）

【水泥熟料生产线脱硝改造】 水泥行业主要排放物是氮氧化物和烟尘，是大气污染重点治理行业。2014 年石家庄市集中开展水泥行业大气污染治理攻坚行动，各水泥企业主动实施生产线脱硝改造。鹿泉金隅鼎鑫水泥有限公司是石家庄市产能最大的水泥企业，产能占整个水泥行业近 40%；该公司脱硝改造完成后，脱硝效率达到 70%，氮氧化物排放值提前达到 2015 年 7 月 1 日执行国家特别限值排放标准，其中一条日产4000吨二档短窑水泥熟料生产线采用国内自主研发节能技术，建成国内唯一一条国家级节能减排示范生产线。鹿泉金隅鼎鑫水泥有限公司排放主要污染物通过厂区内设置在线监测系统，可实时将污染物数据传输至市环境监测中心，建成长期监控管理体系。至2014年末，全市共有水泥熟料生产企业6家，拥有日产2000吨及以上水泥熟料生产线14条，全部完成生产线脱硝设施改造。

（靳晓磊）

【鹿泉水泥粉磨企业整治】 2013年8月，鹿泉市西北部建材区经省政府批准，建设省级物流园区，规划控制面积48平方千米，占地面积25.2平方千米。2014年鹿泉区快速推进水泥粉磨企业整治，淘汰落后产能，为省会西北部建材区发展物流产业"腾挪空间"。2014年初，鹿泉金隅鼎鑫水泥有限公司三分公司及二分厂6座水泥料仓实施集中爆破拆除。至2014年底，鹿泉区境内24家水泥粉末企业全部拆除。主动引导和组织水泥企业到京津等地招商引资，培育物流产业，初步建起以农产品物流、商贸物流、大宗商品物流为主体发展格局。2014年鹿泉区节邦建材科技有限公司防火保温板项目总投资1300万元，厂房建设完工，进入投产阶段。

（徐立康 冯战平）

【压减水泥过剩产能】 依据《河北省水泥产业结构调整方案》（冀政函〔2014〕7号）、《河北省化解产能过剩矛盾实施方案》（冀政〔2014〕14号）和《石家庄大气污染攻坚行动方案（2013—2017）》(石发〔2013〕17号）文件要求，全市水泥和建筑陶瓷行业实行冬季停产（错峰生产）、三级重污染天气停产、节能减排和压减产能拆除等措施。2月17日，全市开展第二批压减水泥过剩产能、治理大气污染水泥企业集中拆除行动，拆除平山县、鹿泉市辖区西柏坡高速公路两侧17家企业的18套水泥粉磨系统、377个料仓，共压减水泥产能910万吨，减少粉尘排放3073吨，腾退土地858亩。省委常委、市委书记孙瑞彬，副省长张杰辉，市长王亮等出席集中拆除启动仪式。2013年12月17日石家庄市开展第一批压减水泥过剩产能、治理大气污染水泥企业集中拆除行动，通过2次集中拆除，全市共拆除鹿泉区、平山县境内水泥生产场点48处，减少水泥产能1850万吨，约占全市总产能的40%，比计划提前3年完成市政府确定2017年底前"淘汰水泥过剩产能1500万吨"目标任务。

【鹿泉金隅鼎鑫水泥有限公司绿色转型】 鹿泉金隅鼎鑫水泥有限公司累计投入5.5亿元，开展生产线节能技术改造，推进余热发电、风机变频、电收尘改造为袋收尘、生产系统优化等节能减排技术改造项目，成功研发水泥窑协同处置废弃物技术，即在水泥生产中，将城市生活垃圾、污水处理厂污泥等脱水、压缩预处理后，放入水泥窑高温煅烧，达到分解重金属、毒化物目的，实现废弃物无害化、资源化利用。采用水泥窑协同处置废弃物技术，鹿泉金隅鼎鑫水泥有限公司开始从废弃物中回收资源，部分替代传统燃料和原料。至2014年末，该公司能够处置市政垃圾、市政污泥及包括废弃农药、废弃有机溶剂等20多类危险工业废弃物。

【河北曲寨集团有限公司】 河北曲寨集团有限公司位于石家庄市区西北15千米鹿泉曲寨工业区，西依太行山，拥有丰富的矿山资源和地方铁路自备货站。1997年，经河北省经贸委、省乡镇企业局批准，该公司在省工商局登记注册，并被国家农业部批准为"全国乡镇企业集团"。至2014年末，集团公司下辖鹿泉区曲寨水泥有限公司、鹿泉区曲寨铝业有限公司、鹿泉区顺发工业公司、鹿泉区远大工业公司、河北省鹿泉区东方工业公司、鹿泉区东方热电有限公司、农业公司、服务公司；主要产业有水泥、电解铝、造纸、精密铸造、发电、建筑、服务等；年产各标号水泥350万吨、电解铝2.3万吨、造纸28万吨、精密铸钢件1.5万吨；拥有员工5000多人，年产值20多亿元。河北曲寨集团有限公司是河北省第一家引进纯低温余热发电技术并通过国家CDM项目审核建材企业及河北省第一批通过二级安全生产标准化认证企业，也是石家庄市首批通过清洁生产审核并引进环保脱硝项目水泥企业。主产"曲寨牌"水泥获得全国建材行业质量可信产品、国家免检产品、河北省优质产品、河北省名牌产品、河北省著名商标等荣誉，具有早期强度高、后期强度稳定、抗冻性能好和碱含量低等特点，适合各类道路、桥梁、涵洞及高层楼舍等大型建筑施工，主要销往北京市、天津市、山西省、保定市、沧州市、廊坊市、石家庄市及周边地区。2014年河北曲寨集团有限公司获评河北百强企业和河北利润50强企业，其中按照2013年营业收入630060万元，位列河北省第78名；按照2013年净利润38402万元，位列河北省第43名。2014年该集团公司启动整体搬迁，初步选址石家庄市井陉县境内。

（牛永智）

【高邑陶瓷产业】 高邑建陶业具有较长的传统历史和一定产业基础，2003年以前，高邑建陶业处于低端发展阶段，大部分陶瓷企业技术水平较低，生产产品以中、低档次为主，市场竞争力较弱。近年来，高邑建陶业实施名牌战略，形成全县关注名牌、企业争创名牌、部门培育名牌、政府激励名牌的良好局面。2014年高邑县质监部门定期组织标准化、计量、质量等技术人员深入企业调研，制定名牌培育计划，督促企业采用国内外先进标准，建立和完善质量保证体系；各建陶企业加大技术投入，增强技术研发能力；针对市场存在建陶业假冒名品、“贴牌”混乱、标识不规范等现象，开展陶瓷行业专项整治，关闭重组违法企业，陶瓷生产企业由原来30多家重组为21家，产品质量提高，陶瓷行业生产经营秩序得到规范，培养出圣泽瓷业等一批有市场影响力陶瓷企业。至2014年末，高邑县年产陶瓷砖产品3.2亿平方米，实现年销售收入50亿元，产品销往全国各地。

（焦莉莉）

【晶达公司获认河北省住宅产业现代化基地】 4月29日，河北省墙材革新和建筑节能管理办公室与市建设局组成专家组，考察晶达公司申报“河北省住宅产业现代化基地”认定。专家组经实地考察，同意晶达公司认定为“河北省住宅产业现代化基地”。专家组考察意见：晶达公司是河北省高新技术企业，经过20年来研究发展新型现代化的先进技术，具备雄厚的研发生产能力，取得多项技术专利和技术规程文件，广泛用于建筑业；公司研发的“CL建筑体系”广泛应用于建筑产业，技术成熟先进，符合产业政策和新技术发展方向，该体系技术先进、经济合理；晶达公司成立有产业化基地领导小组，编制有基地研究发展规划，具备一定的技术软件和生产能力，建有CL网架板基地、钢筋加工基地、模板加工基地、研发基地、驾驭培训基地，具备有效的管理体系和运行机制及设立住宅产业现代化基地的基础和条件。

【派丽德高建材项目投产】 2014年3月，位于行唐经济开发区石家庄派丽德高建材项目开工建设，主要生产建筑瓷砖胶、建筑防水材料、瓷砖填缝料、建筑保温砂浆，规划建成投产总产值达到2亿元，年实现税收1500万元。2014年10月，石家庄派丽德高建材厂竣工投产。派丽德高石家庄建材厂是该品牌在中国黄河以北设立的首家工厂，主要实现3个目标：生产环保、健康产品；协助华北区域市场拓展、产品宣传，接触更多的房地产商，进入集中采购系统；提升工厂和产品知名度，培养优秀产业技能工人。

（牛永智）

中小企业

【概况】 2014年，全市民营经济实现营业收入15611亿元，同比增长12.3%；完成增加值3140.7亿元，同比增8.7%，占全市GDP比重达到66.5%；上缴税金470亿元，同比增长8.2%，占财政收入71.1%；完成固定资产投资1604亿元，同比增长20%，占全社会总投资32.6%；民营经济单位达到28.9万个，同比增长3.51%，其中民营企业53212个，同比增长6.95%；从业人员266.7万个，同比增长3.98%；规模以上民营工业企业达到1949个，同比增长2.58%。全市民营经济项目用地958公顷，同比增加244.8公顷，占产业项目用地75.28%，同比下降5.22百分点。民营企业施工项目2451个，开工项目2034个，投产项目1884个，完成固定资产投资1603.8亿元，同比增长20%，新增固定资产717亿元。其中，投产1

亿元以上固定资产项目161个，总投资额525亿元。

（陈梅芹）

【出台金融支持小微企业发展实施意见】 6月30日，石家庄市政府印发《关于进一步加强金融支持小微企业发展的实施意见》（石政发〔2014〕21号）。主要内容：1.增加信贷，助推小微贷款“两个不低于”。信贷政策向小微企业倾斜：提高小微企业信贷在目标考核权重，新增信贷增加小微企业贷款份额；推动银行机构单列年度小微企业信贷计划、单独配置资源、单独信贷评审、单独会计核算，确保全年小微企业贷款增速不低于各项贷款平均水平、增量不低于上年同期水平。加大结构调整力度：发展贷款转让市场，盘活信贷资金，引导金融机构将盘活资金主要用于小微企业贷款；支持符合条件小贷公司、中介机构参与票据代理、承兑等业务，促进银行票据、商业票据流转。适当提高小微企业贷款不良容忍度：引导银行机构改进绩效考核机制，根据自身风险状况和内控水平，适度提高对小微企业不良贷款容忍度，制定相应小微企业金融服务人员尽职免责办法。2.促进创新，丰富小微企业金融服务方式。完善推广小微科技信贷服务模式：总结小微科技信贷服务模式工作经验，完善流程和服务功能；鼓励金融机构加强与地方政府、园区管委会、专业化市场、行业协会开展合作，加强对小微科技企业金融服务。创新小微企业信贷产品：培养高素质信贷专业团队，开发适应小微企业特点信贷产品和抵（质）押方式，提高小微企业信贷创新产品占比；开展知识产权质押、应收账款质押、动产质押、股权质押、订单质押、仓单质押、保单质押等抵质押贷款业务。发展特色金融服务：针对不同类型、不同成长阶段小微企业发展特点，为小微企业量身订制特色产品，发展产业链融资、商业圈融资和企业群融资；有序开办商业保理、金融租赁和定向信托等融资服务；扩大贸易保险项下融资规模。鼓励发展票据融资服务机构：每年安排不少于5亿元再贴现额度专项用于支持全市小额票据贴现业务发展；成立河北省小额票据贴现管理石家庄分中心，专项支持小微企业签发持有300万元以下商业汇票融资，拓宽小微企业融资渠道；市政府从中小企业专项资金安排部分资金用于发展全市小额票据业务。探索互联网金融创新：利用互联网等新技术、新工具，研究发展网络融资平台，创新网络金融服务模式；依托云计算、e消费推广各种网络金融业务。3.整合资源，强化小微企业增信和信息服务。提升担保服务能力：促进融资担保机构（主要是国有融资担保机构）整合，提升单个担保机构规模实力，拓展企业债、公司债、再担保等业务承接能力；吸引国内优秀担保机构在石家庄市落户，鼓励有条件地区成立非盈利性政策性担保机构，充实完善融资担保体系，为全市小微企业提供优质服务；鼓励担保机构研究推出适合小微企业、特别是新兴产业企业担保产品。开展小额贷款保证保险和信用保险：研究制定小额贷款保证保险业务试点办法，因地制宜加快推进贷款保证保险业务，鼓励取消反担保措施，逐步替代可能形成系统风险联保连带方式；稳步扩大出口信用保险对小微企业服务范围，提升小微企业统保平台功能，降低统保平台费率，提高单一客户最高赔付金额和单笔损失赔付比例；推动具备业务开展资质的保险公司，利用优势、错位竞争，创新国内贸易信用保险产品和服务模式，做大市场业务规模。搭建小微企业综合信息平台：借助互联网技术和现代物流管理，加强资金流、信息流、实物流有机整合，重点加大对小微企业金融支持；建设科技金融服务联盟，整合政府、金融机构、中介服务和实体企业信息资源，建立全市统一融资信息对接平台，促进企业和项目融资信息传递，缓解银企对接信息不对称问题。4.推进改革，加快小微企业金融服务网点和渠道建设。探索设立新型金融机构：鼓励和推动由民间资本发起设立自担风险民营银行、金融租赁公司和消费金融公司等非银行类金融机构；探索发展融资租赁公司、商业保理公司等；推进农村信用社改制，增加农村商业银行数量；支持小微企业集中地区设立村镇银行。丰富小微企业服务机构：引导金融机构增强“支小助微”服务理念，鼓励各银行业金融机构增设小微企业金融服务专营机构，增加县域分支机构信贷授权；动员更多营业网点参与小微企业金融服务，重点加大单户授信500万元以下小微企业信贷支持力度。创新发展小额贷款公司：探索发行私募债、开展资产转让、成立小额贷款再贷款公司等方式，稳妥拓宽小额贷款公司融资渠道；发挥科技小额贷款公司优势，重点支持科技型初创企业创新发展。5.拓宽渠道，推进小微企业直接融资。推动小微企业债券融资：在完善风险控制、信用增进基础上，推动符合条件小微企业发行集合债券、集合票据和集合信托计划；储备和培育一批适合发行私募债券小微企业，扩大私募债发行规模；推动小微企业通过银行间市场融资，提高银行间市场融资额在地区生产总值中的占比。推动小微企业股权融资：优先支持高科技、高成长中小微企业、小型金融机构进入市级上市后备企业资源库，享受上市后备企业优惠扶持政策；推动小微企业在全国中小企业股份转让系统挂牌和定向融资；完善创业投资引导专项资金管理，引导创业投资产业集聚发展，引导创业投资向科技型小微企业投资。推动小微企业利用场外市场多渠道融资：加强与天津股权交易所、石家庄股权交易所等区域性股权交易市场合作，支持小微企业通过各类场外市场实现定向私募融资、股权质押融资和股权流动；以“新三板”挂牌为契机，推动“保、投、贷”一体科技金融服务联盟建设，形成“券商保荐＋股权融资＋信贷融资”多渠道融资创新。6.规范收费，降低小微企业融资成本。规范银行收费：推动商业银行建立科学合理的小微企业信贷风险定价机制；探索实施贴现票据询价和价格引导制度，促进金融机构降低贴现利率，适度让利小微企业；严格执行《关于支持商业银行进一步改进小微企业金融服务的补充通知》（银监发〔2011〕94号）规定，除银团外，不得对小微企业贷款收取承诺费、资金管理费；严格限制银行对小微企业及其增信机构收取财务顾问费、咨询费等费用；严禁银行在发放贷款时附加不合理贷款条件。规范担保收费：强化融资性担保机构日常监管，通过行业协会自律和政策激励，规范、引导担保机构合理定价和合规收费；对低费率小微企业担保业务、科技担保业务、新兴产业担保项目分级给予补贴，对担保业务发生风险给予一定补助。7.强化引导，用好用足政策工具。发挥政策导向作用：实施小微企业升级扩面工程，引导金融机构加大小微信贷投入，逐年扩大小微企业首贷、首投、首保户数；发挥再贷款、再贴现和差额准备金动态调整机制导向作用，引导金融机构信贷支持符合产业政策的小微企业；完善小微企业贷款统计及考核，对金融机构支持小微企业的贷款增长情况、小微企业贷款覆盖率、小微企业综合金融服务覆盖率和小微企业申贷获得率等指标按月监测、按季考核和通报。设立风险补偿资金：整合设立市级科技信贷风险补偿资金池，对科技小微企业贷款造成损失给予一定补偿；支持各级政府建立小微企业信贷风险补偿资金池，对金融机构、小型金融机构、担保机构因小微企业信贷产生风险，依照规定予以补偿。用好税收优惠政策：对金融机构与小微企业签订借款合同免征印花税；对科技小贷公司取得主营业务收入减按3%税率缴纳营业税；允许中小企业信用担保机构和小贷公司，按照不超过当年年末担保责任余额1%比例计提担保赔偿准备，允许在企业所得税税前扣除，同时将上年度计提担保赔偿准备余额转为当期收入；按照不超过当年担保费收入50%比例计提未到期责任准备，符合条件的中小企业信用担保机构在企业所得税税前扣除，同时将上年度计提未到期责任准备余额转为当期收入。8.优化环境，提升小微企业发展水平。营造守信、用信环境：广泛开展诚信建设，普及信用知识，培育诚信文化；组织与金融机构、投资机构、信用评级机构等相互配合，开展小微企业信用评级，建立信用档案，树立守信企业典型；推广使用信用信息核查、信用基准评价、信用报告等信用产品。防范、化解金融风险：推动银行实施授信总额联合管理，防止盲目授信、过度授信；发挥金融法庭和资产管理公司作用，加大小微企业不良贷款诉讼、打包处置力度，加快案件审理速度；小微企业不良贷款核销，给予银行、小贷公司财税政策优惠，降低门槛，简化手续，减少税赋负担。

（市政府文件）

【民营及中小企业发展】 全年民营企业先进制造业增势强劲，民营医药企业总体保持平稳，年末全市获得河北省中小企业名牌产品80余个，全市拥有中国驰名商标、河北省著名商标、河北省名牌产品90%属民营企业所有。2014年全市6家民营企业被河北省工业和信息化厅授予“河北省产业集群龙头企业”；5个民营企业服务平台被河北省工业和信息化厅授予“河北省中小企业公共技术服务平台。工业园区、园中园成为民营企业发展重要载体。至2014年末，全市39个园区实现增加值占民营经济54.7%；47个产业集群营业收入占民营经济总量25%，其中年营业收入100亿元以上产业集群达到12个。2014年政府资金落实民营经济发展奖励720万元，落实中小企业专项资金2000万元。2014年全市为25万户（次）小微企业减免增值税5345万元，为18.6万户（次）小微企业减免所得税3220万元。2014年全市金融机构发放企业贷款2785亿元，中小微企业占比66.4%，其中新增中小微企业贷款112亿元，占增量74.2%。2014年全市担保机构为中小企业担保金额累计达到921亿元。

（陈梅芹）

【中小企业政银企对接会】 3月20日，石家庄市举行中小企业政银企对接会，推动政府、银行、企业3方良性互动，缓解中小企业和县域经济发展融资难题。邀请驻石家庄21家银行业金融机构、10家担保公司、200多家中小企业及有资金需求重点项目方参加，搭建银行与企业交流平台，为中小企业提供融资机会。各金融机构准备详实，热情解答与会企业负责人提出问题，双方形成互动局面。

（靳晓磊）

【宝德公司进入互联网金融行业】 6月5日，全市最大的担保公司——宝德中小企业担保服务有限公司(简称宝德公司)与河北信投集团资产管理有限公司签署战略合作协议，利用河北信投集团“O2O”模式“信投在线”金融服务平台，开拓新资金渠道，解决中小企业融资难题，标志宝德公司开始进入互联网金融行业。宝德公司于2002年2月成立，注册资本8亿元，以贷款担保为主营业务，至2014年底，该公司与19家银行机构签约，扶持帮助企业1000余家，担保总额超过170亿元，位居河北省第二名、石家庄第一名。

（吴温）

城乡建设与环境保护

城乡建设与环境保护

概　述

2014年，全市城乡建设和管理部门以建设生态宜居城市为主线，开展城乡基础设施建设，实施城乡容貌综合整治行动，推进县城扩容升级，增强城市承载能力。加大城市基础设施建设。2014年市区下达房屋征收计划4次，列入计划项目18个；拆除城中村66个，拆迁3680户，建设城中村回迁楼84个，新开工110栋，竣工73栋，竣工面积159万平方米。实施主路主街综合整治，打通主城区断头路8条，太行大街、红旗大街南延具备通车条件；改造提升小街巷50条、整饰楼宇427栋。新铺设供热主管网62千米，改造二次管网351千米，改善主城区供热面积3871万平方米；新增供热面积700万平方米，年末全市集中供热面积1.45亿平方米。提高垃圾收集处置能力，清理二环内生活垃圾积存点186处、1万余吨；市区二环外建成垃圾收集站20座。所辖县（市）推进县城建设，累计投资6.4亿元，高标准打造迎宾景观大道18条，标志性街道17条，出入口34个，整治道路长度147.4千米；实施县城容貌整治行动，集中拆违360万平方米，清理垃圾97万吨，清除小广告53万处，整治广告牌匾9190块，建设示范街道51条。正定古城保护启动建设项目38项，全国古城保护现场会在正定县召开，通过《古城保护正定宣言》。2014年北京市社科院发布《中国城市管理报告》，石家庄市位列全国44个重点城市第5名。启动9个新市镇建设，21个重点基础设施项目建成投用，年末全市城镇化率达到54.4%。9月30日，灵寿县灵寿镇、元氏县槐阳镇获评国家级生态乡镇。2014年鹿泉区、晋州市获得全省人居环境奖；高邑县、元氏县获评2013～2014年度河北省人居环境进步奖。

商品住房成交均价上涨1%。2014年河北省下达石家庄市保障性安居工程任务为新开工2.7万套，竣工2.15万套，分配入住2.03万套，新增发放廉租住房租赁补贴500户。至2014年底，全市开工保障性安居工程项目108个、31113套；竣工项目56个、24881套；分配保障房入住项目59个、20594套；新增发放廉租住房租赁补贴1414户，累计发放住房补贴款1510万元。2014年全市建成和在建保障性安居工程住房29.6万套，其中市区22.2万套。2014年全市享受住房保障家庭2.69万户。其中，享受实物配租家庭2.14万户；享受租金补贴家庭0.55万户。2014年市区享受住房保障家庭2.15万户。其中，享受实物配租家庭1.75万户，享受租金补贴家庭0.4万户，累计发放补贴资金2.4亿元。2014年市本级分配公共保障房2次、3008套；市本级管理保障房小区16个、1.95万套、91.2万平方米，租金收入4164万元。2014年全市发放商品房预售许可证152个，批准预售项目77个、806万平方米，开具购房查询证明4.7万份。商品住房上市面积566万平方米，同比增长58%；成交面积552万平方米，同比上涨52%；成交均价6410元／平方米，同比上涨1%。市区二手住房成交169.6万平方米，同比下降7.7%；成交均价5275元／平方米，同比下降0.93%。全年住房建设完成各类权属登记158384件，同比增长16.14%，发证132225个，同比增长12.54%；完成各类收费5697万元。至2014年末，全市累计登记房产11853.64万平方米，其中住宅面积7943.64万平方米；商品房交易金额371.36亿，同比增长24.07%；存量房交易金额92.16亿，同比减少14.6%。2014年全市归集住房公积金58.05亿元，完成计划126.2%，同比增长10.7%；提取住房公积金 26.64 亿元；发放住房公积金个人贷款 39.22 亿元，完成计划 130.73%，个贷率 84.22%，逾期率 0.01%；实现可供分配增值收益 4.09 亿元。

空气环境持续改善。全年城市环境空气质量优良天数 114 天。其中，I 级天数 12 天，II 级天数 102 天，占总天数 31.2%；III 级天数 101 天，占总天数 27.7%；IV 级天数 48 天，占总天数的 13.2%；V 级天数 60 天，占总天数 16.4%；VI级天数 42 天，占总天数 11.5%。城市空气污染指数为 10.88，其中可吸入颗粒物、细颗粒物、二氧化硫、二氧化氮、一氧化碳和臭氧污染指数分别为 3.260、4.427、1.673、1.600、1.050、1.000。城市总体环境空气质量状况较为严峻，颗粒物污染严重。开展大气污染防治攻坚行动，关停 3 家钢铁企业 6 座高炉，拆除市区分散燃煤锅炉 274 台；削减燃煤 310 万吨，城郊 3.4 万农户改烧型煤；取缔关停洗煤厂、储煤场 1244 家。水泥企业脱硝工程全部完成，7 台火电机组实现脱硝；市区及周边 14 台燃煤火电机组、17 台燃煤锅炉烟尘治理完成。592 个在建工地实施扬尘治理，主城区渣土车实行密闭运输。集中爆破拆除西北区域 18 家水泥企业，削减水泥产能 940 万吨。年末主城区细颗粒物（PM2.5）平均浓度较上半年下降 8.7%。

园林绿化水平提升。全年市区新建公园 7 个、广场 1 个，实施市属公园改造 14 个，铺装公园道路、广场 5.4 万平方米，安装道牙石 1460 延米；规范公园经营项目 103 项，拆除违规项目 9 处、1.1 万平方米。开展县城建设绿化攻坚行动，2014 年所辖各县（市）种植乔木 79.6 万棵、灌木 140.2 万株，建设绿道绿廊 94.8 千米，新增绿地 325.2 公顷；新建、升级改造公园游园 53 个，基本达到“300 米见绿、500 米见园”要求。至 2014 年末，全市新建提升绿地 710 万平方米，栽植乔灌木 770 万株；建成区绿地面积 8511.42 万平方米，绿地率达到 40.47%，绿化覆盖率达到 44.58%，人均公园绿地面积 15.19 平方米。2014 年栾城区获得“国家卫生县城”，平山县、元氏县、井陉矿区获评“省级园林县城”。

（肖海军）

城乡规划

【概况】 2014 年，市城乡规划部门以生态宜居为主线，以城镇建设上水平、出品位为主题，对标先进城市建设，完善法规体系，发挥规划引领作用。开展规划调查研究，依据城市建设现状，起草《关于严格规划管理加快城市面貌出品位实施意见》、《城市建设负面清单》。按照市政府严控容积率、清理旧有项目要求，基本梳理完成 2009 年以来容积率 3.0 及以上居住项目，为落实新版容积率管理规定打下基础。加强重点区域规划编制，实施《滹沱河北岸地区空间发展战略规划研究》、《正定新区城市设计深化》、《滹沱河两岸城市设计》、《老火车站、解放广场及周边区域修建性详细规划》、《中心城市周边绿色隔离空间专项规划》、《城市总体规划实施评估》、《保护传统村落、传承特色乡土文化研究》等专项规划编制。梳理总结城中村改造、危陋房建设、大项目匹配地、近五年工业项目审批、城市综合体、10+X 及 20+X 项目进展、城市绿地建设等情况，为规划决策提供参考。6 月 1 日，《石家庄市城乡规划条例》发布实施。7 月 18 日，市政府与中国城市规划设计研究院签署战略合作备忘录，双方商定围绕石家庄市发展重大课题开展政策前期研究、规划研究、技术咨询、学术交流等建立广泛、长久合作机制。提升县城辐射带动能力，督导各县（市）开展总体城市设计、综合交通规划等专项规划编制。2014 年全市 368 个重点村全部完成农村面貌改造提升规划，其中省级精品示范村下聂庄村规划通过河北省专家评审。深化行政审批制度改革，推进规划管理职能转变，提高规划管理效能。全年受理规划报建项目 1294 件次，办结 798 项，核发竣工验收函 89 个，报建项目按时办结率达到 100%。加大违法违规建设行为巡查力度，严格处理批后违法建设，形成遏制违法建设合力。2014 年主城区跟踪监管批后管理建设项目 483 个，楼栋

2610个，建设面积5020.97万平方米；规划验收项目118个，建筑面积792.71万平方米；发现并立案查处违法建设项目9件。2014年市城乡规划局获评河行省执法文明单位。推进民生项目、公益设施、开发银行贷款项目建设，奥特莱斯项目、北国商城大型卖场、博物园、银泰汇等项目选址完成，出具保障房、老年公寓、轨道交通、南水北调地表水厂项目征地红线图和规划条件，提出新胜利大街沿线建筑垃圾、滹沱河水源地垃圾弃置点选址意见。解决国际贸易城片区市政配套问题，多方协调排水、电力、供热等部门，调整规划污水处理站及管网建设。研究天山大街下穿307国道、拟建石济客专和现状石德铁路方案，协调处理307复线及其相关工程问题。以强化硬件建设、运营管理、展览质量为思路，实施规划馆改造提升。全年投资300万元完成多媒体会议室及北区公共空间建设；引入先进滑轨式展板，增强规划展示效果；搭建完成无线网络平台，与个人客户端实现灵活互动、实时传递展览信息、提供高效参观体验。2014年规划馆“正定古城整体格局风貌规划”及“石家庄大事记”展墙换展完毕；市规划局、环保局联合制作临时展厅“生态石家庄”大型主题展览布展完成。至2014年底，市规划馆接待参观人员6170人次，接待社会团体163个，并被市委宣传部、省会文明办、市教育局授予首批“石家庄市中小学生生命教育实践基地”。

【城乡规划会议】 3月17日，市长、市城乡规划委员会主任王亮主持召开城乡规划委员会第十三次会议。市委常委、常务副市长、市城乡规划委员会副主任刘晓军，副市长、市城乡规划委员会副主任李晋宇及市城乡规划委员会成员单位负责人参加会议。会议审议并原则通过石家庄国际会展中心项目、石家庄太空世纪动漫大厦项目、亚宇中心—喜来登酒店项目、旅投十号院住宅项目、高新区留村旧村改造住宅区项目、金世界三期项目、中交财富中心项目、地理研究所旧城改造项目、十里铺城中村改造项目、柳林铺城中村改造项目等规划设计。其中，石家庄国际会展中心位于正定新区中心湖南侧，项目包括展览中心、会议中心、配套设施及地下公共交通设施；总用地面积64.4公顷，建设用地面积49.45公顷。

4月18日，市长、市城乡规划委员会主任王亮主持召开城乡规划委员会第十四次会议。市委常委、常务副市长、市城乡规划委员会副主任刘晓军，副市长、市城乡规划委员会副主任李晋宇及市城乡规划委员会成员单位负责人参加会议。会议研究讨论了《石家庄市居住区公共服务设施配套标准》，决定在居住区规范基础上，吸取国内其他城市经验，结合石家庄各类设施运营需要和特点，确定教育、医疗、文化、体育、商业服务、养老、社区服务、市政公用8大类设施。会议还审议并原则通过博东园小区、河北文艺之家、中石油河北昆仑大厦、石家庄宝能中心、石家庄市第一医院正定新区医院、省二院正定新区医院6个规划入驻正定新区起步区单体项目。其中，河北文艺之家项目着眼建成艺术创意孵化器，分为创作中心、公共服务空间、服务中心3大板块，主要功能包括展览、办公、研究等；中石油河北昆仑大厦项目设立中石油总部办公区、附属办公区、特色办公区、文化商业区4个区域；市第一医院正定新区医院项目位于正定古城与正定新区的过渡带上，设计床位1500个；省二院正定新区医院项目位于正定新区园博园东侧，设计床位2800个，集医疗、教学、科研于一体。

5月26日，市长、市城乡规划委员会主任王亮主持召开城乡规划委员会第十五次会议。会议审议并原则通过省儿童医院整体改造项目、河北国际商务广场项目、省体育局职工危陋住宅改造项目、景和苑保障房项目、荣鼎天下项目、软件外包大厦项目、河北航空城项目，以及留村、桃园、石桥村、于底4个城中村改造项目；还审议了石家庄市建筑物停车配建标准修订报告。省儿童医院位于裕华路和建华大街交叉口东南角，始建于20世纪80年代，按日门诊量500人，床位300张设计；此次按照“一次规划、分期实施”理念，拟分三期完成医院整体翻新；一期新建综合住院楼医技楼，二期建设6层门诊楼，三期建设19层病房楼；三期完成后总体规划达到地上13.48万平方米，地下3.1万平方米，日门诊量5000人次，总床位1600张。景和苑保障房项目位于长安区，十小街以东、绵河道以南、滹沱大道以西、延沱路以北；规划总用地14.83公顷，总建筑面积425657.91平方米，规划小学24个班、幼儿园8个班、物业用房、社区综合服务中心、文化活动站、便民市场、警务室、垃圾转运站等配套设施。河北航空城项目位于新华区，紧邻友谊大街与石清路交口东南角；该项目为河北省重点建设项目，拟打造成为石家庄市西北区域大型城市综合体，总用地面积约89公顷。石家庄市建筑物停车配建标准修订报告，住宅类基准指标为1（即1户配建1个停车位），提高住宅类大户型停车配建标准，90～140平方米提高到每户1泊位，140～200平方米提高到每户1.5泊位，大于200平方米提高到每户2泊位，还适当提高商业、办公、市级影剧院、会议中心等建筑配建指标。

8月20日，市长、市城乡规划委员会主任王亮主持召开城乡规划委员会第十六次会议。市委常委、常务副市长、市城乡规划委员会副主任刘晓军，市政府党组成员、市城乡规划委员会副主任李雪荣及市城乡规划委员会成员单位负责人参加会议。会议审议并原则通过和平路高架桥西延伸工程、槐安路西段缓解交通拥堵工程方案、河北检验检疫局暨石家庄办事处技术业务用房项目、宝鼎世家项目、半岛国际项目、东五里庄城中村改造项目等。会议提出，现状和平路（中华北大街——青园街）约3.7千米范围内采用高架连续跨越，在中华北大街以西高架落地，已无法满足交通需要，产生常态拥堵。和平路高架桥实施西延伸工程，和平路主线（西二环——中华北大街）采用高架形式跨越西二环、石太铁路、友谊大街、泰华街及红军大街，路线全长3.6千米，双向6车道，地面辅路6车道，西二环和中华大街节点设置互通式立交，主要交叉口前设置匝道。现状槐安路与西二环节点分离交叉，槐安路高架出入口距离西二环较远，导致现状槐安路至时光街掉头问题严重，产生槐安路——西二环交叉口拥堵，衍生带来西二环辅道、师范街匝道等交通问题，规划在友谊大街东侧设置一对平行匝道落地，友谊大街相应渠化改造。

10月8日，市长、市城乡规划委员会主任王亮主持召开城乡规划委员会第十七次会议。市委常委、常务副市长、市城乡规划委员会副主任刘晓军，副市长、市城乡规划委员会副主任李雪荣及市城乡规划委员会成员单位负责人参加会议。会议研究并原则通过《环城水系通航标准调整》方案。环城水系规划全长107千米，建设标准为“五通”，即水通、路通、景通、林带通、船通，通航净空≥3米；受自然地势、水面高程、通航净空影响，跨水系桥梁高程抬高，引起相交并行道路局部出现连续高路基段，对两侧用地造成出入交通、排水、景观等不利影响，特别是东南环水系沿线自107国道至珠江大道，对相交道路及并行道路高程影响较大；会议提出，本着“减少影响、避免浪费、优化调整”原则，分段降低环城水系通航标准，除保留泊水公园至天山公园3米通航标准外，其他段通航净空降低为2米，与环城水系并行景观路不再考虑立交通行（或2.5米净空），降低跨水系桥梁高程0.5米。会议审议并原则通过河北省残疾人综合服务基地项目，该项目位于鹿泉区南端大李庄及下聂庄交叉处，山前大道以西；总占地面积约500亩，分三期建设，其中一期工程主要建设河北省残疾人医疗康复中心；一期工程医疗康复中心建设标准为三级康复医院，项目投资总额约3.9亿元，总建筑面积约5万平方米，床位数396张，设计日门诊量700人次，年门诊量25.55万人次；所有建筑均为多层建筑，建筑功能单体分别为儿童住院楼、康复楼、附属楼、门诊医技楼、住院楼、动力中心等。会议还审议并原则通过石家庄市中心城区部分地块控制性详细规划动态维护、太平庄城中村改造修建性详细规划、栗源农产品商务中心项目、坚果社区项目、华业商业广场项目、未来时间项目、河北体育学院新校区项目、千喜鹤饮食文化园项目等。

12月11日，市长、市城乡规划委员会主任王亮主持召开城乡规划委员会第十八次会议。市委常委、常务副市长、市城乡规划委员会副主任刘晓军，副市长、市城乡规划委员会副主任李雪荣及市城乡规划委员会成员单位负责人参加会议。会议听取《关于容积率3.0以上项目情况汇报》、《石济客专有关情况汇报》，审议并原则通过关于容积率3.0以上项目执行标准、原体育中心地块控制性规划动态维护、东环广场项目规划要点、棉三厂区规划要点、天山大街下穿铁路、307国道立交设计方案、石济客专方案、石济客专火车东站广场设计方案、石家庄银湖城项目规划方案、南焦村控制性规划动态维护方案、燕港富源国际项目以及行唐县、井陉县、赞皇县、深泽县、灵寿县、赵县总体规划等。石济高铁东站位于国道307与秦岭大街交叉口附近，方案以交通枢纽一体化、以人为本为设计理念，整合地铁、公交、出租等多种交通方式，形成换乘便捷、方式紧密、立体化交通枢纽。

12月31日，市长、市城乡规划委员会主任王亮主持召开城乡规划委员会第十九次会议。市委常委、常务副市长、市城乡规划委员会副主任刘晓军，副市长、市城乡规划委员会副主任李雪荣及市城乡规划委员会成员单位负责人参加会议。会议审议并原则通过石家庄市容积率指标管理规定、龙泉湖景区、太行大街北延道路工程、石家庄综合保税区综合服务中心项目、高新区天山银河广场项目、金角湾项目及元氏县、新乐市、平山县、无极县城乡总体规划（2013—2030年）等。市容积率指标管理规定明确商业服务业设施用地容积率最高控制为6.0，居住用地容积率最高控制为2.8。龙泉湖景区项目位于主城区西侧，以青银高速、南二环西延、山前大道、槐安路等道路为界，占地6.9平方千米，规划以生态为核心，景区分为郊野公园、观光型农业观光区、品尝型农业观光区、务农型农业观光区4个景观功能区及2个旅游服务村，与西山共同形成看得见山，望得见水的城市新亮点。太行大街规划为交通主干路，道路红线宽60米，2014年底正定新区正无路以南建成通车，会议研究确定太行大街北延道路工程项目，起点正无路，终点至空港工业园区内规划通港大道，设计速度每小时80千米，双向8车道，要求2015年北延工程建成通车。

【规划编制】 加强重点区域规划编制，开展《滹沱河北岸地区空间发展战略规划研究》、《正定新区城市设计深化》、《滹沱河两岸城市设计》、《新客站近期开发区域修建性详细规划》、《老火车站、解放广场及周边区域修建性详细规划》、《中心城市周边绿色隔离空间专项规划》、《城市总体规划实施评估》、《保护传统村落、传承特色乡土文化研究》等编制。按照省会休闲产业西移思路，结合各县（市）城乡总体规划编制，完成《都市区城乡总体规划》、《西部生态景观带概念规划》，并与县（市）城乡总体规划衔接。督查指导各县（市、区）完成城乡总体规划纲要编制，指导各县（市、区）开展总体城市设计、综合交通、公共服务设施布局以及近期建设规划、县城和小城镇周边绿色隔离空间等专项规划编制，提升县城综合承载能力和辐射带动能力。

【规划审批】 深化行政审批制度改革，推进规划管理职能转变。落实“向社会放权，实行行政审批与技术审查分离；向下级放权，逐步实现市局和分局职能转变；减少审批环节和前置条件，强化批后监管的简政放权”基本思路，重点解决规划服务“最后一公里”问题。至2014年底，市规划部门在市行政服务中心窗口受理报建项目1294件次，办结798项，其中核发选址意见书7个、用地规划许可证116个、建设工程规划许可证226个、市政工程规划许可证228个；核发竣工验收函89个，办理规划条件77项，核定建筑工程方案42项，报建项目按时办结率100%。

【城乡统筹】 落实新型城镇化和城乡发展一体化要求，以推进县城建设和农村面貌改造提升为重点，完善城乡规划体系，提高规划编制水平。推进县（市）及井陉矿区城乡总体规划编制，指导17个县（市、区）完成城乡总体规划纲要编制。督导开展总体城市设计、综合交通规划、公共服务设施布局规划、工程管线综合规划、地下空间开发利用规划等专项规划编制，提升县城综合承载能力和辐射带动能力。高水平编制农村面貌改造提升规划，2014年全市368个省级农村面貌改造提升重点村全部完成农村面貌改造提升规划，其中省级精品示范村下聂庄村规划通过河北省专家评审。指导协调村镇完成历史文化名镇、名村规划报批；指导推进大坪村、大庄村、吕家村、梁家村历史文化名镇名村保护规划上报省政府审批。2014年井陉县天长镇、于家、大梁江、小龙窝村历史文化名村控制性详细规划、修建性详细规划、历史建筑修缮方案、基础设施改造方案、环境综合整治方案上报市政府审批。按照国家住房和城乡建设部关于做好第三批中国传统村落上报工作要求，完成赞皇县黄北坪村、尖山村等7个村落上报工作。

【规划管理】 提升城市品质，合理设置居住区公共服务设施，高标准制定《石家庄市居住区公共服务设施配套标准》，并通过市规划委员会审议。规范建设项目容积率管理，逐步降低城市建筑密度和人口密度；打造宜居城市，邀请深圳蕾奥设计有限公司编制《容积率指标管理规定》，确定城市建设用地密度区分3个等级，并在基准容积率基础上，根据微观区位影响条件实施修正，达到城市管理规范，容积率指标科学合理。12月31日，市城乡规划委员会第十九次会议审议通过《容积率指标管理规定》，并于2015年1月1日起正式施行。推进规划系统标准化进程，修改完善《行政处罚自由裁量权实施办法》及《执行标准》，规范行政处罚自由裁量幅度，明确听证和责任过错追究机制等，并经备案定于6月1日起实施。编制《石家庄市建筑景观控制导则》，通过对中心城区各类建筑单体及建筑设施控制引导，实现以风貌建筑为精华、以现代建筑为主、整体多元融合、分区特色凸显的城市风格和品位特色。新建住宅项目严格执行《城市居住区规划规范》、城市控制性详细规划、教育设施专项规划，落实住宅项目配建中小学、托儿所、幼儿园等教育设施，做到代征代拆、同期建设、同期完工。

【法规修订】 6月1日，《石家庄市城乡规划条例》正式发布实施。广泛宣传《石家庄市城乡规划条例》，2014年《石家庄日报》、石家庄电视台、石家庄广播电台专题报道和解读《石家庄市城乡规划条例》内容；市规划部门在规划展馆广场发放宣传资料3000余份，并在主要道路两侧和路口电子屏布设宣传版。配合实施《石家庄市城乡规划条例》，市规划部门起草完成《程序规定》和《技术规定》2个配套规范性文件。2014年8月、11月，石家庄市分别将《程序规定》和《技术规定》草案呈报国家住房和城乡建设部、河北省住房和城乡建设厅征求意见及建议，并多次修改完善。依据《石家庄市城乡规划条例》，修订《行政处罚自由裁量权实施办法》及其《执行标准》，规范自由裁量标准空间过大问题，便于规划执法人员查询和使用；修订《城乡规划行政执法听证规定》，完善听证事项、利害关系人界定、重大利益及听证程序；修订《石家庄市城乡规划委员会章程》，实行分级审议制度，明确规划委员会全体会议和专题会审议事项，缩短规划委员会召开周期，提高审批效率。出台《关于加强监管提高组团分局执法规范化的意见》，明确监督主要内容和监督检查方式，提升监管效率及监管质量。延期《石家庄市城乡规划局城市土地使用和建筑管理技术规定》，实现新旧规定无缝衔接。

【批后管理】 加大各类违法违规建设行为巡查力度，履行九步验线等规定，细化核验标准，实行项目全程监督，杜绝规划管理遗漏。批后违法建设，严格依法处理到位；批前违法建设，及时通报综合执法部门，形成遏制违法建设合力。落实《石家庄市城乡规划条例》要求，开展项目设计单位监管。全年主城区跟踪监管批后管理建设项目483个、楼栋2610个、建设面积5020.97万平方米；规划验收项目118个、建筑面积792.71万平方米；发现并立案查处违法建设项目9件，均落实停工处理。采取有力措施，坚决制止批后管理发现违法建设行为，2014年市区处罚违法建设项目设计单位10个，处罚金额360万元，全部缴纳到位。将批前工程纳入巡查范围，及时掌握批前工程形象进度和手续办理情况，2014年市区查处批前工程违法建设项目234个。

【控制性规划动态维护】 全年启动88个单元、135个地块、2401公顷用地控制性规划动态维护程序。其中，履行实施深化程序地块10个；履行完整修改程序地块38个；按照房地产市场专项整治项目实施办法要求维护地块87个。2014年全市组织召开控制性规划动态维护专家论证会议4次，经市规划委员会审查通过并批准执行项目面积360.32公顷；履行简易程序调整地块面积62.13公顷，有效维护了控制性规划动态维护程序的严肃性、科学性。

（刘智国　张跃彬）

城乡建设

【概况】 2014年，市城市建设部门下达房屋征收计划4次，列入计划项目18个；拆除城中村66个，拆迁3680户，建设城中村回迁楼84个，新开工110栋，竣工73栋，竣工面积159万平方米。实施主路主街综合整治，打通主城区断头路8条，太行大街、红旗大街南延具备通车条件，新客站东广场及配套路网、南二环立交改造完工，新建或大修道路20条。至2014年末，市建设部门完成投资22.6亿元。所辖县（市）推进县城建设，累计投资6.4亿元，高标准打造迎宾景观大道18条，标志性街道17条，出入口34个，整治道路长度147.4千米。2014年正定古城保护启动建设项目38项，全国古城保护现场会在正定县召开，并通过《古城保护正定宣言》。实施新市镇建设，9个新市镇建设启动，21个重点基础设施项目建成投用，年末全市城镇化率达到54.4%。9月30日，灵寿县灵寿镇、元氏县槐阳镇获评国家级生态乡镇。2014年鹿泉区、晋州市获得全省人居环境奖；高邑县、元氏县获评2013~2014年度河北省人居环境进步奖。开展建筑工地扬尘治理，全年施工工地扬尘综合治理4990万平方米，备案工程100%安装摄像监控和冲洗设施，施工道路全部硬化，土方和建筑垃圾90%以上实施覆盖。加快热源建设，落实“调整供热能源结构，禁止原煤热源、控制燃气热源，充分利用废热资源，使用其他清洁能源作为补充”原则，推进废热利用和其他清洁能源开发。2014年市区新铺设供热主管网62千米，改造二次管网351千米，改善主城区供热面积3871万平方米；新增供热面积700万平方米，年末全市集中供热面积达到1.45亿平方米。2014年市区使用天然气居民91.95万户，拥有CNG公交车3400辆、双燃料出租车6700多辆，液化气常用户11.3万户。年末市区建有CNG母站6座、CNG加气站44座、LNG加气子站1个、点式天然气民用供应站17个。创新行政服务，出台《进一步优化建设项目审批流程简化审批手续若干意见》，将所有保留审批事项全部纳入行政服务中心办理。全年市建设部门办理许可和非许可行政事项7108项；审理行政处罚案件144件。2014年市建设局获评全国建筑工程质量监督机构先进单位和全国建设工程质量检测行业先进单位。

【城市道路设施建设】 实施主路主街综合整治，打通主城区断头路8条，太行大街、红旗大街南延具备通车条件，新客站东广场及配套路网、南二环立交改造完工，新建或大修道路20条。其中，新胜利大街、天山大街、兆通南路建成通车；贾商路、民生路、建通街南延、通园街4条断头路打通；青园街、金永街、外贸街、丰收路、土贤路、仓顺路、新石北路等8条民生保障路竣工；新客站区域土地收储238亩。南二环立交改造工程，2013年3月29日开始施工；2014年10月1日，南二环立交桥工程6条匝道全部通车；该立交桥采用三层式喇叭立交形式，分别互通南二环、新胜利大街及新客站东、西广场；南二环立交桥全长2572米，桥梁面积2.3万平方米；道路长度1697米，道路面积5.8万平方米；排水管道3700米；总投资2亿元；由市城市建设投资控股集团有限公司负责建设，设计单位为上海市政工程设计院，监理单位为深圳市中弘策工程顾问有限公司，施工单位为中铁十三局集团有限公司。民生路改扩建工程，由建设大街至平安大街，长900米，宽25米，总投资1431万元；由市城市建设投资控股集团有限公司负责建设，设计单位为中交远洲设计公司，监理单位为河北冀咨工程监理有限责任公司，施工单位为石家庄市政建设总公司；2014年7月开工，2014年12月底全线通车。通园街改扩建工程，由槐安路至塔南路，长1.8千米，宽20米，总投资2410万元；由市城市建设投资控股集团有限公司负责建设，设计单位为市新艺市政设计有限公司，监理单位为河北方正工程监理有限公司，施工单位为市排水总公司、河北建设集团有限公司；2014年7月开工，2014年12月底全线通车。建通街南延工程，由建华南路至南位公交停车场，长740米，宽40米，总投资2072万元；由市城市建设投资控股集团有限公司负责建设，设计单位为石家庄市政设计研究院有限责任公司，监理单位为河北石咨工程监理有限公司，施工单位为市排水总公司；2013年11月开工，2014年12月底全线通车。至2014年末，市建设部门完成投资22.6亿元。

（贾运良）

【县城乡镇建设】 3月20日，全市召开城镇建设上水平、出品位动员大会。省委常委、市委书记孙瑞彬参加会议并提出：以更高标准，对标天津，加快推进全市城镇建设上水平、出品位工作。围绕县城建设上水平目标任务，以打造迎宾景观大道、标志性街道、样板街和出入口为重点，推进县城基础设施建设。按照全市统一安排，各县（市）开展县城迎宾景观大道提升、打造标志性街道和提升县城管理水平3项重点工作，16个县（市）及井陉矿区累计投资6.4亿元，高标准打造18条迎宾景观大道、17条标志性街道和34个出入口，整治道路长度147.4千米，其中，迎宾景观大道101.3千米、标志性街道46.1千米。实施县城容貌环境整治，集中开展县城环境卫生专项整治，举办“环境卫生专项整治月”、“洗城洗脸”活动，彻底取缔路边敞开式垃圾池，规范管理广告牌匾，整治占道经营、乱停乱放。全年县城容貌环境整治集中拆违360万平方米，清理垃圾97万吨，清除小广告53万处，整治广告牌匾9190块，建设示范街道51条。提升城市管理水平，按照“无处不精细、无处不精美”标准，实行县城精细化管理。16个县（市）及井陉矿区投资1600万元，购买各类垃圾清扫车50余台，年末各县（市）主街主路机械化清扫率达到50%以上，部分县（市）达到70%，人均保洁面积控制在6000平方米以内。开展县（市）主城区园林绿化行动，制定《石家庄市县城绿化攻坚方案》，2014年各县（市）种植乔木79.6万棵、灌木140.2万株，建设绿道绿廊94.8千米，新增绿地325.2公顷；新建、升级改造公园游园53个，基本达到“300米见绿、500米见园”要求。实施农村面貌提升行动，全年改造农村危房5380户，4个镇污水处理厂建设竣工，其余12个正在建设；督导5个县（市）开展城乡垃圾一体化建设。围绕“城乡统筹、产城融合、协调发展、分类指导、生态宜居、彰显文化”新型城镇化发展思路，推进新市镇建设。2013年4月，石家庄市确定推进城镇化建设进程。2014年石家庄市启动9个新市镇建设，即“五大产业园区”和“四个新市镇”。“五大产业园区”分别是石家庄经济技术开发区（良村）、信息产业基地（鹿泉）、装备制造产业园区（栾城）、循环化工园区（藁城丘头）和空港工业园区（正定）；“四个新市镇”分别是鹿泉市上庄镇、铜冶镇，藁城市岗上镇，栾城县冶河镇。6月25日，市第十三届人大常委会第十次会议与会人员听取关于全市加快新市镇建设推进城镇化进程工作情况报告。至2014年末，9个新市镇总体规划编制完成；路网得到完善，交通便利，并启动新市镇连接主城区快速路建设；污水处理设施除栾城区冶河镇、空港工业园外，其他7个均实现配套；城乡一体化垃圾处理机制建立；水、电、讯、燃气、供热和公共服务设施正在完善。

（郝莹　张力鸿　王静）

【热源热网建设】 围绕“调整供热能源结构，禁止原煤热源、控制燃气热源，充分利用废热资源，使用其他清洁能源作为补充”原则，加快热源热网建设。推进西柏坡电厂、上安电厂废热项目实施，聘请清华同衡规划设计研究院完成废热利用集中供热规划方案编制。启动废热利用项目二环外调峰炉建设，西郊供热有限公司116兆瓦燃气调峰锅炉、河北融投清洁能源投资有限公司2台40吨煤粉调峰锅炉建设完工投入运行；富奥热力工程有限公司1台40吨煤粉调峰锅炉主体安装完毕；河北玉石高营热力有限公司1台75吨锅炉完成煤改气投入运行；华电裕华电厂机组高背压改造完工。18个分散天然气锅炉供热项目建设完成。华电裕华电厂与直属分公司供热主管网实现连通，供热稳定性提升。华电鹿华、中电投供热区域主管网实施智能化改造，用热效率提高，节约能源10%～15%。2014年全市新增供热面积700万平方米，年末全市集中供热面积达到1.45亿平方米。实施供热设施改造，所有热源热网设备按照“冬病夏治”原则落实检修措施。开展老旧小区供热设施改造，经调查摸底，确定改造100个老旧小区供热设施，其中25个小区实施二次管网及换热站更新改造（部分小区实施“串改并”），其余项目由各市区政府、各供热企业根据实际情况实施供热设施改造。2014年市区新铺设供热主管网62千米，改造二次管网351千米，改善主城区供热面积3871万平方米。推进分散燃煤锅炉置换，按照“以煤改气为主、集中供热和节能环保锅炉置换为辅”原则，总结推广2012～2013年锅炉拆改经验，全面完成小型区域燃煤锅炉拆改，共拆除剩余分散燃煤采暖锅炉21台，涉及7个单位137蒸吨，置换供热面积149.43万平方米。实施供热计量收费，全年既有居住建筑供热计量及节能改造完成87.5万平方米，改造完成后由能源服务公司采用合同能源管理，实行热计量收费，2014年采暖季节约标煤875吨。规范供热设施建设标准，编写《石家庄市集中供热热力站技术导则(自控部分)》、《石家庄市集中供热热力站技术导则(工艺设备部分)》、《石家庄市居住建筑供热计量技术导则》、《石家庄市供暖燃气锅炉房设计技术导则》，符合热计量收费条件新建建筑执行热计量收费。

（刘文栋）

【华电石家庄热电厂15和16号机组关停拆除】 2014年5月，石家庄市政府决定实施华电石家庄热电厂15、16号机组关停拆除任务。2014年10月，河北省发改委组织石家庄市发改委、省电力公司核查确认华电石家庄热电厂15、16号机组关停拆除。华电石家庄热电厂15、16号机组共计容量15万千瓦，关停拆除后，年可减少使用燃煤12万吨，减少二氧化硫排放3758吨，减少烟尘排放160吨。华电石家庄热电厂始建于1954年，分东西两厂，位于市区体育北大街、北二环路以内，是“一五”规划期间中央156项大型重点建设项目之一，主要为华北制药、石药集团工业企业供电和供热。华电石家庄热电厂15号机组为2.5万千瓦机组，配置1台220吨锅炉，1994年8月建成；16号机组为12.5万千瓦机组，配置2台220吨循环流化床锅炉，2005年9月建成。两台机组共同承担区域内400万平方米民用采暖供热和工商企事业用户的热力供应任务。

（吴温）

【燃气经营管理】 2014年市区使用天然气居民91.95万户；拥有CNG公交车3400辆、双燃料出租车6700多辆；液化气常用户11.3万户。年末市区建有CNG母站6座、CNG加气站44座、LNG加气子站1个、点式天然气民用供应站17个；设有液化气灌装站9家，液化气供应站18家。2014年新批县(市、区）CNG加气站12个，LNG加气站12个，液化气罐装站3个；年末市区外所辖县（市、区）建成CNG加气站并正规运营46个，LNG加气站14个，液化气罐装站76个。2014年全市天然气销售7.6亿立方米，同比增长2.5亿立方米，燃气普及率达99.89%。至2014年末，石家庄主城区共有城镇燃气管网3238.9千米，其中，次高压管线70千米、中压管线862.1千米M、庭院管线2306.8千米；区域调压站28座，调压柜1512台。加强燃气设施管理，年末全市街区燃气管线1000千米安全警示标识设置完毕，累计铺设便道砖、不锈钢扣碗等警示标示12000余块（个）；新敷设燃气管线安全警示标识开始同步设置。2014年配合分散式燃煤锅炉改造，清除老旧管网、超期服役表安全隐患，全市免费为居民更换超期服役燃气表1.5万余块，更换老旧管线20余千米，新建燃气管线60多条、67.1千米，有效解决跑、冒、滴、漏等安全隐患，保障了冬季平稳供暖。2014年全市注册燃气经营许可证207个，实际拥有燃气经营企业188家，燃气燃烧器具安装维修企业16家。其中，天然气气源单位16家，液化石油气气源单位5家，管道天然气企业28家，CNG加气站经营企业30家，LNG加气站经营企业9家，液化石油气灌装站经营企业86家。2014年河北省住房和城乡建设厅审批通过燃气经营许可申请企业9家，市建设局审核通过燃气经营许可申请企业27家；经过日常监管、检查，1家不符合经营条件燃气经营企业注销燃气经营许可证。2014年新奥燃气有限公司在市区新建营业厅4个，委托7家机构设置代收费终端网点608个，市区二环内形成平均每2千米有2～3个优质缴费网点；提升燃气经营企业服务质量，落实入户安全检查居民用户每年1次，公福用户每月不少于1次。按照《城镇燃气管理条例》、《河北省燃气管理办法》等法律法规和市政府工作安排，市建设部门组织编制《石家庄市城区加气站专项规划》，完成专家论证和意见征询。结合全市实际，开展

《石家庄市燃气管理办法》修订。启动市区6家民用CNG供气企业、17个民用CNG供气站点并网，2014年石家庄晖冉科技有限公司西三庄供气站与新奥燃气有限公司就并网事宜签订协议，石家庄众合燃气有限公司丰河苑供气站与新奥燃气有限公司正在商讨并网事宜。增强居民安全用气意识，总结市区推广《居民燃气安全使用手册》经验，逐步在市区外县（市、区）推广《居民燃气安全使用手册》，2014年全市制作发放《居民燃气安全使用手册》90多万册。

（郭静溢）

【桥东污水处理厂10万吨／日扩规工程投入运行】 2014年7月，桥东污水处理厂10万吨／日扩规工程投入运行，标志桥东污水处理厂日处理能力达到60万吨。桥东污水处理厂主要用于接纳华北制药厂及其他重点排污大户的污水，采用强化除磷脱氮＋深度处理工艺及全封闭生物除臭技术，设计规模50万吨／日，新建10万吨扩规工程是为提升污水处理能力，减轻原有厂区运行负荷实施的扩建工程，包括新建预处理区、二级处理区、深度处理区、污泥处理区、配套管网5部分。该工程由上海巴安水务股份有限公司采用BT模式投资建设，2012年10月开工，2014年3月16日进水开始工艺调试。正式运行后，出水稳定达到一级A排放标准，自动化、智能化水平在国内同类型污水处理厂处于领先水平，可实现无人值守全自动操作。

（岳金宏）

【建设工程质量治理】 12月11日起，全市集中利用两年时间开展建设工程质量治理。贯彻落实全省工程质量治理两年行动电视电话会议精神，制定《石家庄市工程质量专项治理两年行动实施方案》，在市建设局成立建设工程质量治理两年行动督导检查组。督导检查分三个阶段：从2014年12月11日起，一个月内督导检查全市在建工程项目一次；自2015年起，每月检查在建工程项目25%，4个月完成检查一次；每年6月和12月全市巡查、抽查。

（宋钧）

【建设工地扬尘治理】 贯彻落实《石家庄市大气污染防治攻坚行动2014年工作方案》和《石家庄市建设工程施工现场扬尘污染防治办法》，严格建筑工程扬尘污染治理，加强建设工程施工现场管理，推行建设工程施工现场扬尘管理标准。工地出入口设置自动化冲洗设施，全方位冲洗驶出工地机动车辆，新开工项目全部引入全方位冲洗设备。规范建筑工地监控系统，利用摄像设备，督导监理、施工单位动态监控施工现场各个部位扬尘污染。2014年市区整治建筑施工工地595个，均达到“六个100%”要求，即高标准围挡、施工路面硬化、车辆冲洗、安装远程监控、砂土物料覆盖、禁止现场搅拌混凝土和砂浆。推行绿色施工，所有建设工地不达绿色施工标准决不批准开工或复工，2014年市区施工工地绿色施工达标率97%。至2014年底，全市施工工地扬尘综合整治面积4990万平方米，备案工程100%安装摄像监控和冲洗设施，施工道路落实硬化，土方及建筑垃圾90%以上实施覆盖；市区三环内25家预拌混凝土搅拌站按照整改方案全部落实整改措施。

（付相龙）

城市管理

【概况】 2014年，市城市管理委员会（简称市城管委）贯彻落实省会城镇建设上水平、出品位和大气污染防治要求，围绕创建人民满意城管目标，开展市容市貌综合整治，实施排水工程建设，严抓城区防汛管理，高标准完成市政道桥设施维护。2014年市城管委承担主城区主街主路维护任务25条，巡视维护桥梁422座；市内各区维护次干道、小街巷1211条，面积140.67万平方米。严查违法违建行为，按照属地管理原则，核查处理国家住房和城乡建设部第13、14、15期210个疑似违法建设图斑，查封拆除“盛世家居”、和平路“民心河商业街项目”等违建项目，2014年市区拆除违法违章建设项目1800余处，面积近80万平方米。提升市容环境，重点整治新客站东广场、新省级行政中心等景观工程，新建楼宇夜景景

2014年7月7日，省委常委、市委书记孙瑞彬（前排中）考察胜利大街石黄高速路北雨污分流工程

观61栋。加强公厕管理，2014年市内主城区免费开放公厕729座，其中，公园广场61座；市内4区维护公厕389座；沿街单位、商户等免费开放279座。开展道路扬尘治理，实施道路洒水、冲洗作业，建立道路洒水、冲洗作业规范。雾霾天气增加洒水频次，4级以上大风天气，实施不间断喷雾降尘作业，降低路面以上2米内浮尘；“五一”劳动节、“十一”国庆节前，两次开展大规模“洗路降尘”集中行动，组织万名城管上街，集中冲洗和清理“四横八纵”主干道、高架桥、黄土裸露部位、积存垃圾等。2014年市内4个区完成二环路至三环路间277条（处）黄土裸露路段硬化任务，并将二环路至三环路间主要道路纳入城区管理，增加环卫工及保洁设备投入，全年主街主路、重点区域机械清扫率达到80%以上。完善环卫考核机制，重拳治理渣土运输、露天烧烤等城市管理“顽疾”。加强综合执法管理，严格规范渣土运输，违法车辆实施顶格处罚。2014年市执法支队查扣违章运输车辆480台，封堵违法开工工地360处。召开露天烧烤治理动员会，现场销毁无防护炉具500套。实施县城容貌整治行动，集中拆违360万平方米，清理垃圾97万吨，清除小广告53万处，整治广告牌匾9190块，建设示范街道51条。提升县城管理水平，2014年主城区外17个县（市、区）投资1600万元，购买各类垃圾清扫车50余台，实现主街主路机械化清扫率达到50%以上。结合区划调整，推进城市数字化管理全覆盖，全年受理上报各类城市管理问题106万件，结案率达到96%。2014年市城管委获评省级文明单位和平安建设先进集体。

（田雅宾）

【道桥设施整修维护】 落实道路桥梁维护措施，2014年市城管委维护主城区“四横八纵”（四横：和平路、中山路、裕华路、槐安路；八纵：友谊大街、维明大街、中华大街、平安大街、建设大街、青园街、体育大街、建华大街）、二环路、二环路至三环路间部分道路等25条主街主路维护任务，巡视维护桥梁422座；市内各区维护次干道、小街巷1211条，面积140.67万平方米。实施市区裕翔街、自强路、建华大街等道路整修及石铜路地道桥填平工程，提高道路通行能力；市内各区实施小街巷升级改造100条。集中修补二环路内主次干道网裂、坑槽等破损严重路段，整修“四横八纵”破损路面12万平米，跟进修复地铁施工造成破损道路。检修桥梁300多座，影响安全隐患部位得到排除。实施路口渠化和交通设施优化工程，主要利用二环路、槐安路等高架桥下空间，增加路口车道、掉头车道和机动车道，优化改造设施24处。加强照明设施维护，新建二环路外石铜路地道桥、柳城路、裕翔街等8条道路照明工程，恢复中华北大街11千米路灯照明。市区至机场高速路灯安装工程竣工。2013年11月17日，石家庄市决定实施市区通往机场2条高速公路路段路灯项目。2014年4月30日，全部完成并实现全线亮灯。该工程全长42千米，总投资1.5亿元。其中，北绕城高速全长12.1千米，816根灯杆；京港澳高速全长29.7千米，加装LED护栏灯5.9千米、路灯1335盏、高杆灯2盏，电缆126387米，全部采用节能环保灯盏。由市城市建设投资控股集团有限公司负责建设，设计单位为石家庄市政设计研究院有限责任公司和河南图景电力工程设计有限公司，监理单位为河北工程建设监理有限公司，施工单位为市市政建设总公司和石家庄施莱德电气安装工程有限公司。至2014年末，市城管委维护路灯90230盏，灯杆47381基，落地式配电箱368台，杆上配电箱44台，专用配电室5座，箱式变电站165台，装灯街道532条，功率13263千瓦，路灯主要光源为高压钠灯、无极灯、LED灯3种，其中LED灯11090盏，无极灯19914盏，高压钠灯57403盏，亮灯率保持98%以上。

（田雅宾　贾兵山）

【市容市貌综合整治】 2014年市区市容市貌综合整治重点抓“两片(新客站东广场、新省级行政中心)、五线（槐安路、体育大街、107国道、二环路、建设大街)”景观整治工程，打造城市亮点，提升省会品位。2014年107国道沿线两侧违法违规建筑全部拆除，共拆除57处、3万多平方米；整修墙体2200延米，粉刷墙体2.3万平方米；实施黄土裸露地段硬化88条；就地平整道路两侧积存垃圾5.4万立方米，节约经费近150万元，运来好土覆盖3.4万立方米；种植乔灌木5.4万株，种植草坪、小灌木色带2.9万平方米。编制城区夜景亮化提升方案，建设沿二环立交桥、裕华路东西民心河彩虹桥、新火车站东广场51栋楼宇夜景群，新建楼宇夜景景观61栋。印发新“门前三包”规定，扩充内容，细化标准，强化责任。10月17日，石家庄市在新华区召开城区市容环境综合整治观摩会。此次观摩会也是9月23日石家庄市部分行政区划调整后召开的首次市容市貌综合整治观摩会，参会的鹿泉区、藁城区、栾城区城管部门负责人与其他区与会者，一同观摩新华区精品小街巷管理、“门前三包”管理和拆除占道市场后的道路管理等，并督导各区制定方案，广泛发动，采取多种措施，推动落实沿街环境卫生、门前秩序、立面整洁三方面要求，打造干净整洁、有序舒适的城区环境。加大环卫基础设施投入，理顺环卫考核机制，开展定期督查考核。理顺环卫管理体制，将市区由交通、园林部门管理的国省干道和园林绿地卫生保洁，纳入城管部门统一管理，避免作业交叉污染，提高工作效率。修订环卫绩效考核资金管理办法，加大以查定考、以考定绩、以绩定酬占比，提高保洁质量。加快公厕改造步伐，在鹿泉区召开市区公厕建设推进会，推广鹿泉建设经验。推进环卫重点项目建设，完成峡石沟垃圾场封场工程，井陉县垃圾场一期续建工程达到填埋条件。提高垃圾收集处置能力，在二环路外建成垃圾收集站20座，清除二环路内主要道路两侧垃圾散点，共清理生活垃圾积存点186处、1万余吨。至2014年末，市内主城区建成免费开放公厕729座。其中，公园广场公厕61座；市内4区维护公厕389座；沿街单位、商户等免费开放公厕279座。关爱环卫工人，督导各区为全市6500名一线环卫工人落实免费早餐，标准不低于5元。10月24日，石家庄市从全市6500名环卫职工中，评选出10名“十佳城市美容师”和10个“十佳清扫班组”。其中，周旋、池风秀、王平、姚斌、王建敏、作金娥、王翠珍、侯风磊、檀志书、翟伟辰10名一线环卫工获评“十佳城市美容师”；新华区机扫科北荣街班组、清扫科电大街清扫班，裕华区槐安路清扫4班、107国道清扫班，长安区清扫53班、清扫12班，桥西区清扫四科17班、维明街清扫1班，鹿泉区海山大街清扫1组，高新区珠江道清扫10班获评“十佳清扫班组”。

【城区管理】 严格规范渣土运输，明确各区主体责任，定期登记造册市区拆迁、开槽工地，明确各区监管责任；实施监督考核，成立40人专项考核队伍，落实各区日检查、日通报制度，并将结果列入市容考评；市本级全年保持100人督导巡查队伍，配合各区开展夜查行动，顶格处罚违法车辆；推进渣土车淘汰更新，年末拥有新型渣土车473辆。2014年市执法支队查扣违章运输车辆480台，封堵违法开工工地360处。狠抓露天烧烤治理。2014年3月，全市在新华区召开露天烧烤治理动员会，现场销毁无防护炉具500套；结合大气污染防治，在报纸和网络等媒体刊发通告2万份，提高市民自觉抵制烧烤意识；成立5个督导组，每天督查各区治理情况，并将督查结果在报纸和网络媒体定期通报。2014年5月，印发《露天烧烤整治标准和问责办法》，对整治不力的单位和责任人实行问责，年末城区二环内烧烤问题得到遏制。清理占道经营。全年市区规范整顿占道市场89处，撤除迁移13处，取缔二环路桥下停车场24处，集中清理市民反映强烈四水厂路废品回收点100多处。开展小广告治理。各区建立专职队伍，实施集中清理行动，并在桥西区召开小广告治理现场会；配合公安部门，打击小广告散发人员，裕华区试行将清理任务承包保洁公司，治理效果明显。

【城管综合执法】 加强法制建设。制定印发《证前规划违法行为案件查处工作规程》，明确违法建设查处程序、时限、步骤及内容、措施；以执法职能、执法流程、执法权限、执法制度、执法裁量基础为重点，印发《自由裁量权执法手册》、《关于划分市区两级城管综合执法部门执法范围的通知》，起草《石家庄市查处和控制违法建设实施意见》等规范性执法文件。严格执法监督。将市城管执法支队划分为5个执法大队，分区分片督促违法建设查停工作，每周检查2次以上，每月通报2次；出台《石家庄市城市管理综合执法工作效能监督检查考评办法》，每月开展市区规划执法考评，并将评分结果纳入市容考评；借助卫星遥感监测手段，按照属地管理原则，核查处理国家住房和城乡建设部第13、14、15期210个疑似违法建设图斑；建立违法建设周报告制度，督导市内区采取断水、断电、遣散施工队伍、查扣运输车辆、查封施工现场等强制措施查处违法建设工地105处。开展重大执法活动。全年组织重点执法活动26次，协助各区查封拆除“盛世家居”、和平路“民心河商业街项目”等重大违建项目，2014年全市拆除违法违章建设项目1800余处，面积近80万平方米。

（田雅宾）

【城区防汛】 规划论证“海绵城市”建设（海绵城市是指城市能像海绵一样，在降雨时能吸收、存储、净化雨水，在需要时可将存储的雨水释放出来并加以利用）。11月2日，国家住房和城乡建设部印发《海绵城市建设技术指南》，明确未来中国城镇排水防涝系统建设不再以“修大管子”为主，推行以“慢排缓释”和“源头分散”控制为主要规划设计理念，建设自然留存、自然渗透、自然净化的“海绵城市”。12月9日，石家庄市召开城市排水防涝综合规划技术论证会，论证市区道路排水解决方案，推进“海绵城市”建设；围绕雨水蓄、滞、渗、净、用、排处理原则，邀请中国城市规划设计院编制完成《石家庄市排水（雨水）防涝综合规划》，将排水标准由1年一遇提高至3~5年一遇，并对排水管网重新分区。实施市区排水设施改造工程，结合城市轨道交通建设，完成中山路（部分）等4条路段雨污分流改造；改造提升市区积水点20处、二环路内泵站17座，新建大郭村泵站1处。推进石津干渠沿线雨污导排工程，有效解决市区北部70平方千米区域雨污水出路问题。加强排水执法，8月1日《石家庄市城市排水管理条例》正式实施，2014年市区查处排水违法案件196起。落实汛前排水管网疏通、清淤管理，全面检修所有泵站设施，全年主次干道安装“三防”井盖1000多套，主汛期组织城管系统1000多人开展城区防汛大演练，提升了应急抢险能力，提高了市民防汛避险意识。

2014年6月24日，市城管系统举行防汛演练，模拟封堵堤坝决口

【数字城管建设】 以石家庄市部分行政区划调整为契机，提升精细化管理水平，推进数字化城市管理全覆盖。修订完善城区数字化管理监督考评办法，制定《区划调整数字城管系统更新实施方案》，实现系统运行与区划调整顺得对接。扩大数字城管覆盖区域，加快各区数字城管平台建设，2014 年栾城区、藁城区数字化管理平台启动运行。召开数字城管“处置通”项目推广会，探索增强数字城管系统作用。2014 年6 月，市城管委承担的河北省科技计划项目——石家庄市数字化城市管理功能研究通过省科技厅专家组验收。该项目研究始于 2012 年 1 月，止于 2014 年 5 月，实现了监督中心和指挥中心集中运行，建成数字城管系统职能平台，可利用移动视频监控车实施执法管理和监督考评，形成智能化考核评价体系；还解决了城区井盖长期管理问题，并成功研发专业部门使用处置通系统。2014 年市区数字城管受理上报各类城市管理问题 106 万件，结案率达到 96%以上。

（田雅宾）

城市园林绿化

【概况】 2014 年，市园林系统以丰富色彩、增加绿量、提升品质为原则，实施裕华路、体育北大街园林绿化示范段工程，启动 5 条新改扩建道路绿化、70 余条小街巷绿化提升，完成槐安西路、107 国道南、308 国道、衡井线等出市口绿化提升及石黄、石太生态景观林地建设。加强园林绿地管理，制定《城市园林绿化管护考核办法》，明确奖惩措施，形成“奖优罚劣、以奖代补、以奖促管、末位淘汰”监督考核机制。命名园林式居住小区 22 个、园林式街道 5 条（段）、园林式单位 32 个。总结园林行业规律、研究成果及经验做法，编辑出版由毕凤鸣任编委主任《园林》系列丛书，字数 14 万字，收录《石家庄市城市道路绿地养护管理导则》、《石家庄园林植物名录》、《石家庄观花观叶植物名录》、《石家庄市园林绿化管理考核办法》。加强滹沱河生态绿廊和园博园管理，成立滹沱河生态绿廊管理处和园博园管理处，均为市园林局正科级事业单位，经费形式为财政性资金定项或定额补助，其中，滹沱河生态绿廊管理处设置事业编制 25 名，园博园管理处设置事业编制 20 名。2014 年市区新建公园 7 个、广场 1 个，市属公园提升改造 14 个；集中整治公园广场设施，铺装公园道路、广场 5.4 万平方米，安装道牙石 1460 延米；清理公园绿地经营项目，关停、规范管理经营项目 103 项，拆除违规项目 9 处、1.1 万平方米。提升县城园林绿化水平，开展县城建设绿化攻坚行动，2014 年所辖各县（市）种植乔木 79.6 万棵、灌木 140.2 万株，建设绿道绿廊 94.8 千米，新增绿地 325.2 公顷；新建、升级改造公园游园 53 个，基本达到“300 米见绿、500 米见园”要求。2014 年石家庄市创建省级园林城市 1 个（新乐市），申报国家园林城市 1 个（高邑县）。至 2014 年末，全市新建提升绿地 710 万平方米，栽植乔灌木 770 万株；建成区绿地面积 8511.42 万平方米，绿地率达到 40.47%，绿化覆盖率达到 44.58%，人均公园绿地面积 15.19 平方米。

【园林绿化建设】 以丰富色彩、增加绿量、提升品质为原则，提高城市绿化总量和整体水平，改善城市生态环境，推进形成以大环境绿化为基础、以道路绿化为网络、以庭院居住区绿化为依托、以水系绿化为屏障、以公园广场绿化为景点的城市绿化新格局。实施裕华路、体育北大街园林绿化示范段工程，完成红旗大街、维明大街、平安大街等城市重要道路绿化景观提升。二环路内主次干道、人行道实施树木和绿地补植增绿，“四横”、二环路等 12 条道路增植观花观叶植物。启动 5 条新改扩建道路绿化、70 余条小街巷绿化提升，新客站东广场绿化竣工，槐安西路、107 国道南、308 国道、衡井线等出市口绿化提升及石黄、石太生态景观林地建设完成，建成丰华园、众美凤凰城绿地等街旁游园 10 座。400 余座单位小区庭院及商业广场园林绿化达标任务及 2.8 万延米围栏立体绿化完成。至 2014 年底，市区新植各类时令花卉近 600 万株，其中，采取“摘心”、修剪、调节水肥等措施，裕华路地栽花卉花期首次延续至

2014 年 11 月中旬。

【园林行业管理】 制定《城市园林绿化管护考核办法》，明确奖惩措施，形成“奖优罚劣、以奖代补、以奖促管、末位淘汰”监督考核机制。9 月 23 日，石家庄市部分行政区划调整后，市园林部门按照新的行政区划，及时调整园林绿化建设管理任务，为藁城区、鹿泉区、栾城区融入主城区发展奠定基础。应对出现特大旱情，集中开展抗旱浇水行动，确保园林绿地景观没有出现植物大面积枯萎死亡现象。研究制定道路、公园、水系绿地建设及养护标准，编著《石家庄园林植物名录》、《石家庄观花观叶植物名录》。加强公园、广场群众文娱活动管理。7 月 15 日，市政府办公厅印发《关于加强公园内群众文化娱乐活动管理的通知》，规定市内所有 58 个公园、广场内严禁甩鞭子、打陀螺，防止因甩鞭子发生少数人占用大量绿地空间、甩鞭子发出巨响扰民及公园游人与甩鞭子人之间产生纠纷。2014 年 7 月起，市园林部门在全市公园、广场内集中开展“文明游园、规范行为”整治行动，倡导文明游园，在禁止甩鞭子、打陀螺等基础上，要求使用音响器材伴奏跳广场舞、练健身操、唱歌及操作乐器等产生噪声污染的活动时间，严格控制在 7：00 至 11：00、15：00 至 21：00，声音不得高于 60 分贝。通过采取多种措施，年末公园、广场噪声污染问题实现好转。研究制定园林绿化工程招投标管理意见，落实招投标过程监管、提高准入门槛、严控投标资格等措施。加强园林企业诚信和守法行为监管，全年办理外地进石家庄园林绿化企业资质登记备案 36 家，办理园林绿化建设相对人守法证明 400 余件，参与市园林局诚信备案企业 138 家。

（李晓玲）

【园林式居住小区、街道、单位】 2015 年 1 月 16 日，市政府办公厅印发《关于 2014 年石家庄市园林式单位（小区、街道）命名工作的通知》（石政办函〔2015〕8 号），命名园林式居住小区 22 个、园林式街道 5 条（段）、园林式单位 32 个。22 个市级园林式居住小区：和平时光家园小区、国粹苑小区、明日郡小区、柳林铺小区、恒大城小区、储秀小区、党家庄小区、文苑小区、岳泰明珠小区、西美·五洲天地小区、同祥城小区、晋州市朝阳南区、晋州市迎宾花园住宅小区、新乐市星河湾花园小区、鹿泉监狱社区、福康小区、鹿泉区园丁小区、朗润园小区、鹿泉区五十四所西区生活区、栾城区卓达太阳城小区、高邑县凤凰城住宅小区、赞皇县阳光水岸小区（一期）。5 条市级园林式街道：桥西区友谊大街（石铜路至南二环）、新乐市北环路（高架桥至南水北调桥）、井陉县陉山大道（建设路至 307 国道）、井陉县迎宾路（高速桥下至军昆桥）、井陉矿区南纬路（平涉路至贾凤路）。32 个市级园林式单位：长安区 2 个（石家庄市老年公寓、石家庄市农林科学研究院），新华区 1 个（国网河北省电力公司检修分公司），裕华区 1 个（河北省公安厅高速公路交通警察总队石家庄支队石家庄大队），新乐市 2 个（新乐市中医医院、新乐市公安局），鹿泉区 11 个（鹿泉市国土资源局、鹿泉市第二实验小学、中国人民解放军 66342 部队、石家庄鸿升塑料制品有限公司、河北敬业酒店有限公司、中国电子科技集团第五十四研究所西区、石家庄陆源机械制造有限公司、河北省西山迎宾馆有限公司、石家庄理工职业学院、帝华企业集团、鹿泉市交通运输局），正定县 4 个（正定县第一中学、石家庄康福外国语学校、石家庄市公路管理处直属站、石家庄市正定金石化工有限公司），无极县 1 个（无极县角头学校），深泽县 1 个（深泽县供水公司），灵寿县 1 个（灵寿县灵寿镇中心幼儿园），赵县 1 个（赵县人民政府），高邑县 7 个（河北省高邑县地方税务局、高邑县公安消防大队、高邑县凤城供水厂、高邑县大夫庄学校、高邑县龙凤中学初中部、高邑县高邑镇北关学校、高邑县人口和计划生育局）。

（市政府文件）

【太平河二期提升改造工程】 9 月 29 日，太平河二期提升改造工程完工，至此，太平河沿线从冀之光塔到秀水公园全长 30 千米绿道全部向市民开放。太平河二期提升改造工程于 2013 年 11 月 13 日开工，东起赵陵铺跌水，西至田庄桥，全长 4.1 千米，提升改造绿化面积 36.2 万平方米，栽植大乔木 1.5 万棵；绿道铺设宽 1.2 米、双向 6.4 千米。绿道建于绿地和花丛中间，与景区连为一体；采用彩色沥青铺设，填充泡沫塑料，增强了行人舒适感；绿道沿线服务设施完善，建有驿站

5座、公厕4处、健身广场6个，配置免费自行车30辆。太平河沿线设置提示警示牌180块，安装防护栏1.8万米，配备保安人员60名。

【滹沱河生态绿廊工程】 11月29日，滹沱河生态绿廊工程开工。滹沱河生态绿廊工程是全市重点绿化项目，西起中华大街，东至太行大街以东的朱河橡胶坝，全长16千米，项目规划区总面积3155.1公顷（不含水面）。主要在滹沱河市区段两岸各1000米范围，实施“大尺度、厚绿量”绿化，将两岸建成集防护、观赏、休闲、健身和科普“五大功能”于一体的绿色生态景观长廊。该工程自西向东横跨中华大街、京石客运专线、107国道、体育大街、京港澳高速、新城大道和太行大街7条道路，并以道路为界限，将工程划分为14个绿化区域，其中重点打造6个景观节点和8个植物专类园，种植乔、灌木700多种，1000万余棵，计划2015年5月底前完成。

（靳晓磊）

【公园广场改造提升】 2014年市区新建公园7个、广场1个，市属公园提升改造14个；新建公园有西营公园、东营公园、前杜北公园、后杜北公园、东营公园、民防公园、子龙大桥垃圾山绿化游园；新建广场为新客站东广场；动物园、植物园、世纪公园、柏林公园等14个市属公园提升改造完成。新客站东广场绿化竣工。2014年8月，石家庄新客站东广场景观绿化启动，绿化总面积5.6万平方米。整体定位：简约、大气、生态、亮丽。景观总体分为迎宾展示区（广场台阶两侧）、广场景观区（广场中央区）、林下活动区（南北两侧下沉广场）、生态休闲区（站房两侧）4个绿化分区，分别从形象、景观、活动、生态4个角度突出不同景观功能，并塑造不同景观形式，形成春花烂漫、夏荫浓郁、秋色绚丽、冬景苍翠四季景观。2014年末，新客站东广场景观绿化完工。集中整治公园广场设施，铺装公园道路、广场5.4万平方米，安装道牙石1460延米，新建垃圾转运站1座，完善绿地喷灌管网600余延米，安装庭院灯300余盏。举办“便民服务提质年”活动，各公园、广场均设立便民服务站或服务点，向游客免费提供热水、应急药品、针线包、导游图、打气筒等便民物品。困扰植物园、动物园长远发展的植物园门前道路、动物园南围墙和飞龙种鸡场外迁问题得到妥善解决。开展公园绿地经营项目清理整顿行动，制定方案，出台标准，全面清理整顿市、区两级公园绿地经营项目，累计清理或关停、规范管理经营项目103项，拆除违规项目9处、1.1万平方米。

【县城园林绿化】 2013年11月，石家庄市县城建设绿化攻坚行动全面启动。各县（市）以创建园林县城为载体，将县城建设上水平、出品位纳入县委、县政府攻坚工程之一，加速推进县城建设和园林绿化，构建绿色、生态、宜居县城环境。制定印发《石家庄市县城绿化攻坚方案》，开展县（市）主城区园林绿化行动。2014年所辖各县（市）种植乔木79.6万棵、灌木140.2万株，建设绿道绿廊94.8千米，新增绿地325.2公顷；新建、升级改造公园游园53个，基本达到“300米见绿、500米见园”要求。2014年石家庄市创建省级园林城市1个（新乐市），申报国家园林城市1个（高邑县）。其中，新乐市新增绿地49万平方米，入选省级园林城市；高邑县开展国家园林城市创建攻坚战，经河北省住房和城乡建设厅初评各项指标全面达标；井陉县对照新的省级园林县城标准，加大整改力度，县城绿量快速增长，通过省级园林城市复查。

（李晓玲）

环境保护

【概况】 2014年，石家庄城市环境空气质量优良天数达到114天。其中，Ⅰ级天数12天，Ⅱ级天数102天，占总天数31.2%；Ⅲ级天数101天，占总天数27.7%；Ⅳ级天数48天，占总天数13.2%；Ⅴ级天数60天，占总天数16.4%；Ⅵ级天数42天，占总天数11.5%。城市空气污染指数为10.88，其中可吸入颗粒物、细颗粒物、二氧化硫、二氧化氮、一氧化碳和臭氧污染指数分别为3.260、4.427、1.673、

1.600、1.050、1.000。城市总体环境空气质量状况较为严峻，颗粒物污染严重，空气质量综合指数较2013年下降26.6%。110天首要污染物为PM10，210天首要污染物为PM2.5，2天首要污染物为臭氧，3天首要污染物为NO_2。大气污染物浓度呈现“晨峰午谷”及“冬重夏轻”的污染变化规律。污染物小时浓度值最高值常出现于清晨，最低浓度多出现在午后；污染最严重月份为1月、2月和12月，污染最轻月份为7月和8月；全年四个季度中，一季度污染最重，三季度污染最轻。2014年石家庄各县（市、区）环境空气综合污染指数最大的为元氏县，颗粒物污染最重的是正定县，SO_2污染最重的是藁城区，NO_2、CO污染最重的是井陉矿区，臭氧污染最重的是无极县。2014年石家庄城市环境空气质量优良天数在全国74重点城市排在第72位，好于河北省邢台市、保定市，差于北京市、郑州市、天津市等周边城市。2014年市域内地表水总体呈现“有机污染型”，各地表河流受沿途工业污染源污染较重，城市下游河段水质多超过地表水功能区划标准。2014年市环境监测中心监测城市17眼地下水井中的14眼水井（化工厂、焦化厂、铁丝厂无水未监测）、25项指标，监测结果：总硬度（79.8%），总大肠菌群（46.4%），硝酸盐氮（26.2%），溶解性总固体（25.0%），氯化物（6.0%）5项指标超标，其余指标超标率为0%；没有水质优良、水质较好和水质极差的井，地下水质量良好井数3眼，占21.43%，地下水质量较差井数11眼，占78.57%。2014年城市声环境以交通噪声和生活噪声为主要噪声源，城市功能区噪声白天基本达到国家标准，夜间存在超标现象。2014年市环境监测中心在市区8条主干线、23条次干线、37条支路、其他道路129条，合计197个路段，总长363.331千米道路上布设道路交通噪声监测点位364个，监测结果：市区昼间道路交通噪声值为54.5～78.0分贝，平均等效声级为68.2分贝。2014年市区昼间等效声级值同比上升1.4分贝，夜间等效声级值上升0.4分贝，昼夜等效声级值上升0.8分贝，其中，年平均昼间等效声级值最大值为68.7分贝，夜间平均等效声级值最小值为42.2分贝。2014年石家庄市产生工业固体废物1500.9万吨，处置利用率99.8%。全年启动不同级别雾霾预警应急响应15次、47天。其中，Ⅳ级（蓝色）7次，Ⅲ级（黄色）5次，Ⅱ级（橙色）2次，Ⅰ级（红色）1次。2014年石家庄城市大气中污染物年均浓度均出现大幅下降，可吸入颗粒物（PM10）、细颗粒物（PM2.5）、二氧化硫（SO_2）、二氧化氮(NO_2)、一氧化碳（CO）和臭氧（O_3），分别同比下降32.5%、19.5%、41.0%、22.1%、24.7%、15.6%。2014年全市万元GDP能耗、化学需氧量、氨氮、二氧化硫、氮氧化物5项指标提前一年实现“十二五”减排任务目标，分别比2010年下降19%、10.3%、14.3%、14.3%、13.5%以上。

开展水环境综合治理，启动汪洋沟、滹沱河深泽县段、无极县磁河故道等多项综合整治工程。巩固洨河综合整治效果，沿线设置视频监控排污单位和企业。平山县实施中水回用工程，城区排水全部回用热电厂，基本实现污水不外排。与山西省阳泉市建立黄壁庄水库上游水源保护联动机制，在水库上游入境处建立2座水质生物预警监测站。实施饮用水水源保护区违规项目整改，13个保护区排查违规项目459个，关停227个，取缔85个，正在整改114家。

污染减排取得突破，2014年全市安排减排工程1176项，其中化学需氧量、氨氮、氮氧化物减排量列河北省第一。实施水泥、玻璃、钢铁、电力“四个行业”治理工程，监控传输有效率同比提升72%。率先在全省应用《排污许可证管理系统》，全年交易201笔，交易金额880多万元，其中化学需氧量交易量721吨、氨氮交易量71吨、二氧化硫交易量212吨、氮氧化物交易量626吨。狠抓机动车排放治理，2014年全市78.2万辆机动车参加环保年检，初检合格率91.5%。

严格落实减煤措施，2014年市环境部门审批涉煤项目106个，新增化学需氧量869吨，氨氮66吨，二氧化硫257吨，氮氧化物108吨。根据石家庄市大气污染源解析，燃煤排放是PM2.5主要污染来源。2014年全市压减燃煤700万吨，规模以上工业减煤任务超额完成；推广优质低硫煤824.5万吨，超出全年任务74.5万吨；集中供热煤改气完成全年任务95.7%，城市集中供热普及率达到86%。2014年全市1349个煤炭经营储煤场，取缔620个、关停571个；新建108个高标准储煤场全部通过环保验收。2014年石家庄市全部国省控重点企业厂区门口安装排污信息电子显示屏，向社会实时公开单位排污状况。至2014年底，全市完成环境审批项目1820个，其中市级审批项目65个，占全市审批项目3.5%；完成建设项目验收578个，其中市级验收项目70个，占全市验收项目12.1%。

加强危险品管理，开展危险化学品环境管理登记试点，启动市危险废物管理信息系统建设，首次开展废弃物焚烧行业二噁英监督性监测。27枚闲置放射源全部送贮；妥善处置3起较大突发环境案件；审查完成584家企业危险废物转移计划，核发危险废物转移联单5009份。2014年国家环保部、河北省考核石家庄市2013年度重金属规划实施情况及重金属减排工作完成，重点区域无极县重金属铬削减量480.8千克，与2007年相比削减率达到39.4%。

开展生态建设，重点推进368个村庄实施清垃圾、清杂物、清残垣断壁、清庭院"四清"及农村生活污水处理，其中，井陉矿区和高邑县垃圾处理模式、藁城区蔡家岗村人工快渗和正定县玻璃钢化槽生活污水处理模式被河北省环保厅、财政厅、农村面貌改造提升行动领导小组办公室确定为省级重点村庄生活污水和垃圾处理试点。9月30日，国家环保部发布《关于国家级生态乡镇的公告》(2014年第65号)，石家庄市灵寿县灵寿镇、元氏县槐阳镇获评"国家级生态乡镇"称号。2014年赞皇县6个乡镇通过省级环境优美城镇核查；全市10个镇、226个村获评"市级生态镇、生态村"称号。至2014年末，全市共有5个县命名为国家级生态示范区，6个镇命名为国家级生态乡镇，11个乡镇命名为省级环境优美城镇，487个村庄命名为市级生态村。

【城市环境质量】 2014年石家庄城市环境空气以"煤烟型"污染为主，呈现由"煤烟型"污染向"复合型"污染转化，主要污染物为可吸入颗粒物。2014年石家庄城市地下水受地质因素影响总硬度超标较普遍，总大肠菌群、硝酸盐氮、溶解性总固体、氯化物等指标有超标现象出现。地下水质量总体无显著变化。市域内地表水体总体呈"有机污染型"，各地表河流受沿途工业污染源污染较重，城市(镇)下游河段水质多超过地表水功能区划标准。2014年V类和劣V类水质河段占常年有水河段46.67%，主要污染物为氨氮、生化需氧量、总磷、化学需氧量等。岗南水库为I类水体，水质状况优；黄壁庄水库为Ⅲ类水体。2014年石家庄城市主要噪声源为交通噪声和生活噪声，功能区噪声昼间、夜间均达标。全年昼间区域环境噪声平均等效声级值为52.4分贝，市区昼间道路交通噪声平均等效声级值为68.2分贝。2014年全市工业固体废弃物主要为粉煤灰、炉渣等无机固体废物，处置利用率为99.8%，其他固体废弃物均实现妥善处理。

一、空气环境质量 2014年石家庄城市环境空气质量优良天数达到114天，同比增加71天。其中，I级天数12天，Ⅱ级天数102天，占总天数31.2%，同比提升19.5个百分点；III级天数101天，占总天数27.7%；IV级天数48天，占总天数13.2%；V级天数60天，占总天数16.4%；VI级天数42天，占总天数11.5%。2014年石家庄城市环境空气质量综合指数为10.88，主要污染物可吸入颗粒物、细颗粒物、二氧化硫、二氧化氮、一氧化碳和臭氧的年日均值为0.206毫克/标立方米、0.124毫克/标立方米、0.062毫克/标立方米、0.053毫克/标立方米、1.5毫克/标立方米、0.081毫克/标立方米。2014年石家庄城市空气污染指数为10.88，其中可吸入颗粒物、细颗粒物、二氧化硫、二氧化氮、一氧化碳和臭氧污染指数分别为3.260、4.427、1.673、1.600、1.050、1.000。

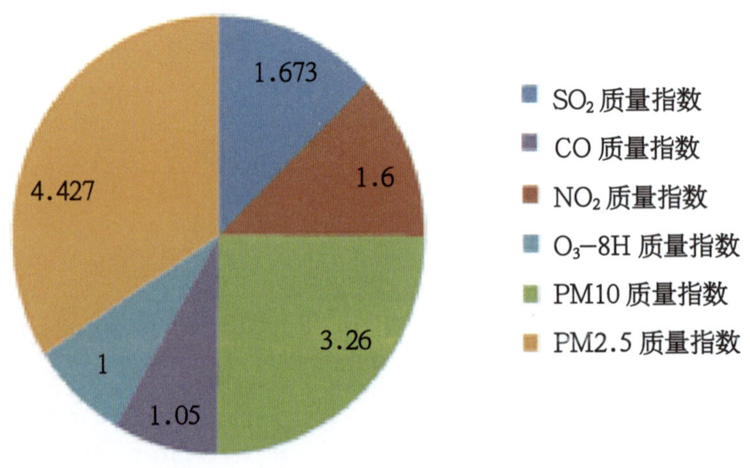

2014年石家庄城市空气110天首要污染物为PM10，210天首要污染物为PM2.5，2天首要污染物为臭氧，3天首要污染物为NO_2。按照污染物分担率评价，PM_{10}污染分担率为40.0%；PM2.5污染物分担率为24.1%；SO_2污染物分担率为14.0%；NO_2污染物分担率为18.1%；CO污染物分担率为14.3%；O_3—8H污染物分担率为13.6%。大气污染贡献最大为颗粒物(包括PM10和PM2.5)，其次为NO_2。2014石家庄城市大气污染物浓度呈现"晨峰午谷"及"冬重夏轻"污染变化规律，污染物小时浓度值最高值常出现于清晨，最低浓度多出现在午后；污染最严重的月份为1月、2月和12月，污染最轻的月份为7月和8月；全年四个季度中，一季度污染最重，三季度污染最轻。2014年石家庄城市总体环境空气质量状况较为严峻，颗粒物污染严重。

环境空气污染状况 2014年市环境监测中心例行监测城市空气中的可吸入颗粒物、细颗粒物、二氧化硫、二氧化氮、一氧化碳、臭氧、硫酸盐化速率、降尘和降水等指标。监测结果表明，2014年石家庄城市环境空气中可吸入颗粒物年平均浓度值为0.206毫克／标立方米，细颗粒物年均浓度值为0.124毫克／标立方米，二氧化硫年平均浓度值为0.062毫克／标立方米，二氧化氮年平均浓度值为0.053毫克／标立方米，一氧化碳平均浓度值为1.5毫克／标立方米，臭氧平均浓度值为0.081毫克／标立方米，除一氧化碳和臭氧外，其余4项污染物浓度均未达到国家二级标准。

可吸入颗粒物。2014年城市环境空气中可吸入颗粒物年平均浓度值为0.206毫克／标立方米，未达到国家二级标准，全年日均值超标率为87.4%。城区可吸入颗粒物污染程度由高到低排序为：一季度＞四季度＞二季度＞三季度。

二氧化硫。2014年石家庄城市环境空气中二氧化硫年平均值为0.62毫克／标立方米，未达到国家二级标准，全年日均值超标率为33.15%。城区二氧化硫污染程度由高到低的季节排序为：一季度＞四季度＞二季度＞三季度。

二氧化氮。2014年石家庄城市环境空气中二氧化氮年日均值为0.053毫克／标立方米，未达到国家二级标准，全年日均值超标率为53.97%。城区二氧化氮污染程度由高到低的季度排序为：一季度＞四季度＞二季度＞三季度。

降尘。2014年石家庄城市降尘年月均值为8.66吨／平方千米·30天，降尘最大值出现在6月，监测值为24.79吨／平方千米·30天；全年4个季度降尘量由高到低排序为：二季度＞一季度＞三季度＞四季度。

硫酸盐化速率。2014年石家庄城市硫酸盐化速率月均值为0.64毫克SO_3/100平方厘米碱片·日；硫酸盐化速率最大值出现在1月，监测值为1.841吨／平方千米·30天；全年4个季度污染程度排序为：一季度＞四季度＞三季度＞二季度。

一氧化碳。2014年石家庄市城市一氧化碳年均值为1.5毫克／标立方米，全年4个季度一氧化碳污染程度排序为：一季度＞四季度＞二季度＞三季度。

臭氧。2014年石家庄城市臭氧年均小时值为0.081毫克／标立方米，全年4个季度臭氧浓度由高到低排序为：二季度＞三季度＞一季度＞四季度。

细颗粒物。2014年石家庄城市细颗粒物年均小时值为0.124毫克/标立方米，全年4个季度细颗粒物浓度由高到低排序为：一季度＞四季度＞二季度＞三季度。

大气污染物时间变化 2014年石家庄城市主要大气污染物浓度变化具有明显季节特征，总体上呈现"采暖期重于非采暖期"和"冬重夏轻"污染特征。受采暖期燃煤量增大影响，采暖期空气中可吸入颗粒物、二氧化硫及二氧化氮、细颗粒物和一氧化碳浓度均大于非采暖期。可吸入颗粒物采暖期浓度（0.275毫克／标立方米）为非采暖期1.57倍，二氧化硫采暖期浓度（0.119毫克／标立方米）为非采暖期3.4倍，二氧化氮采暖期浓度（0.074毫克/标立方米）为非采暖期1.76倍，一氧化碳采暖期浓度（2.522毫克／标立方米）为非采暖期2.53倍，细颗粒物采暖期浓度（0.181毫克／标立方米)为非采暖期1.87倍。

受气候变化和气象因素影响，春、冬季尘污染严重，空气中可吸入颗粒物明显增高。冬春季（12～5月)与夏秋季（6～11月)相比，可吸入颗粒物、二氧化硫、二氧化氮、一氧化碳和细颗粒物5项污染物分别高0.52倍、2.09倍、0.52倍、0.67倍和0.49倍。夏季是一年中空气污染最轻的季节，污染物降低

表 26　　2014 年大气污染物监测数据统计表

浓度单位：毫克／标立方米

项目	浓度值范围	年均浓度	超标率（%）	二级标准
可吸入颗粒物	0.022–0.716	0.206	87.4	0.070
二氧化硫	0.005–0.306	0.062	33.15	0.06
二氧化氮	0.013–0.150	0.053	53.97	0.04
降尘	1.52–24.79	8.66	0.76	19.00
硫酸盐化速率	0.117–1.841	0.64	59.09	0.5
一氧化碳	0.2–6.900	1.5	5.48	4.00
臭氧	0.003–0.262	0.081	9.32	0.16
细颗粒物	0.010–0.522	0.124	86.30	0.035

幅度明显。臭氧情况相反，夏秋季比冬春季高 0.43 倍。石家庄城市大气污染物浓度日变化呈现“晨峰午谷”污染规律，一天中污染物小时浓度值最高值常出现于清晨，最低浓度多出现在午后。

大气污染物空间分布特征　2014 年石家庄城市大气污染物空间分布与污染源的分布情况、气象条件、建筑结构、城市布局及污染物的迁移扩散特征有密切关系。二氧化硫和二氧化氮空间分布，受工业污染源和生活污染源局部影响很大。

监测数据表明，可吸入颗粒物污染程度空间分布为：西北水源＞职工医院＞化工学校＞世纪公园＞高新区＞人民会堂＞西南高教；二氧化硫污染程度空间分布为：人民会堂＞西南高教＞高新区＞职工医院＞世纪公园＞西北水源＞化工学校；二氧化氮污染程度空间分布为：高新区＞化工学校＞人民会堂＞职工医院＞世纪公园＞西北水源＞西南高教；一氧化碳污染程度空间分布为：高新区＞化工学校>西南高教＞世纪公园＞职工医院＞西北水源＞人民会堂；臭氧污染程度空间分布为：西北水源＞职工医院＞人民会堂＞世纪公园＞西南高教＞化工学校＞高新区；细颗粒物污染程度空间分布为：西北水源>化工学校＞西南高教＞世纪公园＞职工医院＞高新区＞人民会堂。

2014 年石家庄所辖县（市、区）环境空气综合污染指数最大的是元氏县，颗粒物污染最重的是正定县，SO_2 污染最重的是藁城区，NO_2、CO 污染最重的是井陉矿区，臭氧污染最重的是无极县。2014 年石家庄市获取大气降水样品 80 个，酸雨样品 0 个，酸雨频率 0%，降水 pH 最小值 6.83。

大气环境质量排名　2014 年石家庄城市环境空气质量优良天数在全国 74 个重点城市中，排列第 72 位，好于河北省邢台市、保定市，差于北京市、郑州市、天津市等周边城市。2014 年石家庄城市环境空气质量在河北省 11 个设区市中，排列第 9 位，好于邢台市、保定市。

二、水环境质量　2014 年石家庄市域内地表水总体呈现“有机污染型”，各地表河流受沿途工业污染源污染较重，城市下游河段水质多超过地表水功能区划标准。

地下水环境质量　2014 年市环境监测中心例行监测城市 17 眼地下水井中的 14 眼水井、25 项指标（化工厂、焦化厂、铁丝厂无水未监测）。结果数据表明，受检 14 眼地下水井中，5 项指标出现超标，总硬度（79.8%），总大肠菌群（46.4%），硝酸盐氮（26.2%），溶解性总固体（25.0%），氯化物(6.0%)，其余指标超标率为 0%。

采用《地下水环境质量标准》（GB/T14848–93）中推荐的地下水质量综合评价，对石家庄市区地下水质进行评价及污染程度分级，监测数据显示，14 眼水井没有水质优良、水质较好和水质极差的井，地下水质量良好井数为 3 眼，占 21.43%，地下水质量较差井数为 11 眼，占 78.57%。

石家庄市地下水质超标为总硬度、总大肠菌群、硝酸盐氮、溶解性总固体、氯化物等，超标区域主要分布在市区西南部和中南部，超标井位分布呈“片状”和“点状”特征。2010~2014年期间，石家庄市地下水质量主要污染指标无显著变化趋势。

城市饮用水源地水环境质量 石家庄市地表饮用水源为岗南水库出口，按照《地表水环境质量评价办法（试行）》要求，2014年岗南水库出口水质类别为Ⅱ类，水质状况优，满足《地表水环境质量标准》(GB3838—2002) Ⅲ类标准要求。石家庄市地下饮用水源为市内5个水厂（第六水厂无水未检测，实测4个水厂），2014年地下饮用水源水质全部达标，满足《地下水质量标准》(GB/T14848—1993) Ⅲ类标准要求。

河流水环境质量 市域内河水水质属Ⅳ类或劣Ⅴ类，污染负担较重。

绵河—冶河。2014年绵河—冶河水体水质属Ⅳ类，水体综合污染指数为6.24，绵河—冶河各断面污染程度排序为岩峰 > 地都 > 平山桥。首要污染断面为岩峰，污染分担率占到46.57%，其次为地都断面，污染负荷为29.18%；平山桥断面污染较轻，污染负荷为24.26%。绵河—冶河水体主要污染指标及其污染分担率分别为石油类21.46%、氨氮16.47%、生化需氧量13.68%等。

石津渠。2014年石津渠水体水质属Ⅳ类，水体综合污染指数为1.75。黄壁庄桥、杜北断面水质类别为Ⅱ类，兆通、运河桥断面水质类别为Ⅳ类。杜北断面污染负荷为26.39%，兆通断面污染负荷为25.12%，运河桥断面污染负荷为24.77，黄壁庄桥断面污染负荷为23.72%。石津渠水体主要污染指标及其污染分担率分别为生化需氧量21.49%、氟化物19.09%、化学需氧量11.90%。

洨河。2014年洨河水体水质为劣Ⅴ类，水体综合污染指数为13.72。洨河各断面污染程度排序为大石桥 > 石板桥 > 总退水渠口。首要污染断面为大石桥，污染负荷为43.22%；其次为石板桥，污染负荷为29.06%；总退水渠断面污染负荷为27.71%。洨河水体主要污染指标依次为氨氮、总磷、生化需氧量，其污染分担率分别为31.39%、18.84%、16.00%。

滹沱河。2014年滹沱河水体水质为劣Ⅴ类，水体综合污染指数为23.95。滹沱河各断面污染程度排序为枣营 > 固营桥 > 张村桥 > 下槐镇。首要污染断面为枣营，污染负荷为49.95%；下槐镇断面污染程度最轻，污染负荷为4.59%。滹沱河水体主要污染指标为氨氮、生化需氧量、化学需氧量，其污染分担率分别为42.99%、18.19%、10.55%。

汪洋沟。2014年汪洋沟水体水质为劣Ⅴ类，水体综合污染指数为23.17。水体中主要污染指标为氨氮、生化需氧量、总磷，污染分担率分别占39.50%、20.01%、18.58%。

湖库水环境质量 2014年岗南水库水质监测自动站共报水质周报52期，测定结果（水温、pH值、溶解氧、高锰酸盐指数、TOC、氨氮、电导率、浊度）评价指标均符合《地表水环境质量标准》(GB3878—2002) Ⅱ类标准。按照《地表水环境质量评价办法（试行）》进行评价，2014年岗南水库水质类别为Ⅰ类，水质状况优；黄壁庄水库水质类别为Ⅲ类，水质状况良好。

三、声环境质量 2014年石家庄城市声源构成为日常生活、交通运输、工业生产、建筑施工及其他噪声，各种声源所占比例与2013年持平。2014年石家庄城市声环境以生活噪声和交通噪声为主要噪声源，城市功能区噪声白天基本达到国家标准，夜间存在超标现象。2014年市区昼间等效声级值同比上升1.4分贝，夜间等效声级值上升0.4分贝，昼夜等效声级值上升0.8分贝。按照石家庄市城市不同区域功能特点，噪声功能区划为四类。监测结果表明，1类区、2类区、3类区、4类区昼间、夜间噪声平均等效声级各季度均达标。各测点年平均昼间等效声级值最大值为68.7分贝，夜间平均等效声级值最小值为42.2分贝。

石家庄市声源构成比例

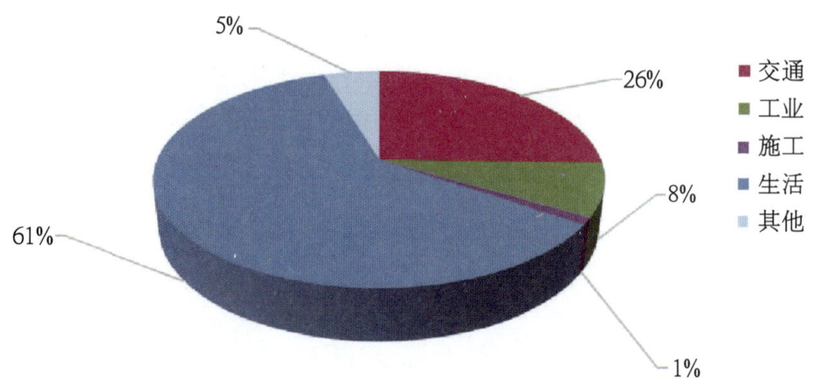

表 27　　2014 年石家庄城市功能区噪声监测数据统计表

单位：dB(A)

季度＼分区	1 类区			2 类区			3 类区			4 类区		
	Ld	Ln	Ldn	Ld	Ln	Ldn	Ld	Ln	Ldn	Ld	Ln	Ldn
一季度	51.2	42.6	51.7	56.4	47.1	56.7	62.1	52.4	62.2	67.9	51.5	66.6
二季度	53.3	44.3	53.6	59.0	49.2	59.1	61.0	52.4	61.5	66.6	54.7	66.0
三季度	54.0	44.7	54.3	57.8	48.7	58.1	62.1	54.8	63.2	65.8	54.5	65.4
四季度	54.1	43.9	54.0	57.8	48.7	58.1	62.5	54.1	63.1	66.1	54.4	65.6
全　年	53.2	43.9	53.4	57.8	48.4	58.0	61.9	53.4	62.5	66.6	53.8	65.9
标准值	55.0	45.0		60.0	50.0		65.0	55.0		70.0	55.0	
测点数	3			3			2			4		

道路交通噪声　2014 年市环境监测中心在市区 8 条主干线，23 条次干线，37 条支路，其他道路 129 条，合计 197 个路段，总长 363.33 千米道路布设道路交通噪声监测点位 364 个，测试结果显示，市区昼间道路交通噪声值为 54.5～78.0 分贝，平均等效声级为 68.2 分贝。统计显示，2014 年市区道路平均车流量 1735 辆／小时，道路交通流量较 2013 年有所下降。2014 年与 2013 年相比，噪声超过 70 分贝干线长度由 10.11%上升至 27.24%，昼间噪声声级值主要集中在 66～70 分贝，占道路总长度 54.04%。

区域环境噪声　2014 年石家庄城市昼间区域环境噪声值变化范围为 43.7～69.9 分贝，平均等效声级为 52.4 分贝。2014 年石家庄城市昼间区域环境噪声值集中分布于 46～55 分贝声级值段，未出现 71分贝以上声级覆盖区域，暴露在不同等效声级下面积比例较 2013 年变化不大，暴露在高分贝区域略有上升。

表 28　　2014 年石家庄市暴露在不同等效声级下面积和人口分布状况统计表

监测时间	声级范围 dB (A)	36~40	41~45	46~50	51~55	56~60	61~65	66~70	71~75
昼间	声级覆盖面积（平方千米）	—	1	66	293	33	5	2	—
	占总网格面积的%	—	0.25	16.50	73.25	8.25	1.25	0.5	—

四、固体废物　2014 年全市工业固体废物产生总量 1500.9 万吨，处置利用率 99.8%。

表 29　　2014 年石家庄市各类工业固体废弃物产生量

单位：万吨／年

类别	产生量	综合利用量	综合利用往年贮存量	处置量	处置往年贮存量	贮存量	倾倒丢弃量
一般工业固体废物	1500.9	1480.3	55.5	18.8	0	57.3	0
危险废物	11.8	3.6	0.1	8.1	0.1	0.2	0

【《大气污染防治攻坚行动 2014 年工作方案》】 5 月 29 日，市政府印发《大气污染防治攻坚行动 2014 年工作方案》(石政函〔2014〕51 号)，提出全力开展“压煤、降尘、控车、迁企、减排、增绿”等大气污染防治工作，确保全年优良天数稳步增加，主要污染物二氧化硫、氮氧化物排放总量分别比 2013 年削减 1.44 万吨、4.2 万吨，PM2.5 浓度比 2013 年下降 6%。**“压煤”**：各县（市）区停止审批新上涉煤项目，确需新上涉煤项目，实行减量等量替代。11 月 15 日前，完成中电投石家庄东方热电股份有限公司热电三厂和热电二厂南厂区供热替代工作。全年净削减煤炭 400 万吨。2014 年底前，提前完成国家、河北省下达的“十二五”水泥落后产能及有关行业落后产能淘汰任务。2014 年 6 月底前，平山县、鹿泉市全部拆毁西柏坡高速公路两侧水泥粉末企业。彻底完成第一批 18 家企业基础上，完成第二批 17 家水泥企业 18 台磨机的拆除，削减水泥年生产能力 910 万吨。2014 年 10 月底前，完成正定县、栾城县、藁城市、鹿泉市取暖燃煤锅炉改烧低硫型煤和燃煤炉灶改用液化气灶工作。三环以内所有城中村、城郊村推广节能环保炉具，推动改烧低硫型煤和燃煤炉灶改用液化气灶工作。2014 年全市推广使用含硫份 0.6%以下优质低硫煤炭 750 万吨以上。工业园区内禁止企业自建燃煤锅炉，无集中供热的工业园区，尽快配套建设集中供热站，鼓励秸秆等生物质热电厂建设。提高天然气保障能力，实现天然气“县县通”。**“降尘”**：全市 595 个建筑工地实行绿色施工。2014、2015 年分两批完成三环以内25 家搅拌站关停、搬迁、改造，2014 年完成第一批外迁工作。市区西北、东南两个上风口方向禁建搅拌站。市内五区、高新区、正定新区、循环化工园区和鹿泉市、藁城市、正定县、栾城县行政区域内，禁止新建储煤场煤炭经营企业，关停所有经营性储煤（配煤）场。紧邻国道、省道、旅游道路、学校、医院、村庄、生态保护区等敏感区域的储煤场全部取缔。停止审批办理新上露天矿山项目，原有露天矿山采矿证到期后原则不再延续；年内完成 21 家露天矿山关闭任务；建立气象预报与露天矿山开采协调机制，结合天气预报，选择在有利于污染物扩散的气象条件下实施无尘爆破。渣土车辆必须实现运输无尘化，不达标车辆一律不允许上路；对渣土运输车辆违法实施追溯执法，根据车辆逐车倒查施工源头，依法追溯建筑单位、施工单位责任。三环路大型货车限速 60 千米／小时，三环以内限制大型货车进入，槐安路、和平路等快速路禁止大型货车通行。市区道路做好清扫保洁，减少二次扬尘；三环以内区域市政道路全部按照市区清扫保洁作业标准管理。2014 年底前，二环、三环间 277 条黄土裸露路段和地块全部实施硬化。**“控车”**：推进黄标车淘汰，完成剩余 5.3 万辆黄标车淘汰任务；三环以内禁止黄标车、无环保标志车辆通行；环保检测不合格车辆，禁止上路行驶；新注册车辆达不到国家第四阶段机动车排放标准的，不予注册、登记，实行异地机动车转入国Ⅴ标准。加快推进“公交都市”试点城市建设，提升公共交通吸引力，提高公共交通出行分担率，根据充电桩建设数量，计划购置纯电动公交车 900 辆。2014 年底前，全部淘汰剩余 261 辆黄标公交车。提升燃油品质，供应符合国家第四阶段标准的车用汽、柴油。加油站不得销售和供应不符合标准的车用汽、

2014 年 1 月 8 日，平山县西柏坡建材有限公司拆除水泥熟料圆仓现场

柴油。优化城市交通，合理设置红绿灯，增加执勤警力，加强交通疏导，减少交通堵塞造成的污染；所有过境的县（市）线路公交车（含长途车）中的黄标车和无环保合格标志车辆，一律不得进入二环以内。**“减排”**：加快推进钢铁、水泥、电力、玻璃行业污染治理。到2014年底，4个行业主要污染物排放源，全部建成符合排放标准和总量控制要求的治污减排设施，投运率和脱除效率达到国家、省、市规定。2014年6月底前，完成河北华电石家庄热电有限公司等5家企业13台机组15台锅炉的除尘设施升级改造；2014年12月底前，完成华能国际电力股份有限公司上安电厂6台机组、6台燃煤锅炉除尘设施升级改造，通过环保监测验收，执行火电行业烟尘特别排放限值（20毫克／立方米）。其余火电企业2014年6月底前完成除尘设施升级改造，执行《火电厂大气污染物排放标准》烟尘排放浓度限值（30毫克／立方米）。全市中小型企业在2014年11月底前，完成7兆瓦以上燃煤锅炉和年燃煤量5000吨以上窑炉的除尘、脱硫治理，安装烟尘和二氧化硫自动监控仪，与驻地环境保护行政主管部门监控系统联网。重点排放企业的脱硫、脱硝、除尘设施运行实现在线监控，确保环保设施正常运行。建立企业污染物排放信息公开制度，接受公众监督。建立和完善规模以上工业企业清洁生产对标体系。采用先进适用清洁生产技术、工艺和装备，实施水泥、火电、钢铁、玻璃、铸造、焦化、陶瓷、化工等行业清洁生产技术改造。运用节能减排倒逼机制和“对标”手段，促进企业实施技改。**“迁企”**：2014年底前，启动三环内污染排放企业搬迁，重点启动和推进石家庄钢铁公司整体搬迁。完成河北新大东纺织印染有限公司、石家庄市桥东印染化工厂、河北华旭药业有限责任公司、南车石家庄车辆有限公司、石家庄三环阀门股份有限公司5家企业搬迁改造。**“增绿”**：市区新建提升绿地700万平方米，栽植乔灌木750万株，绿地率达到39.8%，绿化覆盖率达到43.9%，人均公园绿地面积达到14.8平方米。重点实施“2345”绿化工程，围绕省会再造经济林15万亩，全年完成植树造林50万亩，植树5000多万株，森林覆盖率达到35%以上。推进铁路、高速公路、国省干道、农田林网和村庄绿化工程，每个组团县（市）建设2～3个万亩以上的经济林示范区。**“监测”**：构建全市域空气自动监测网络，实时发布环境空气质量监测数据。完善优化重污染天气四级响应机制和重污染天气监测预警体系，及时发布预警信息，启动应急预案，采取果断措施，快速有序组织好应急工作，减轻污染程度。严格环保执法，开展“利剑斩污”行动、整治违法排污企业保障群众健康等专项行动，实行环保违法“零容忍”，严厉打击和查处偷排偷放、超标排放等恶意破坏生态环境的行为，涉及犯罪的依法追究刑事责任。实行大气污染有奖举报制度，调动广大群众监督举报的积极性，鼓励公众监督排污企业偷排偷放、车辆“冒黑烟”、渣土运输车辆遗撒、露天焚烧等环境违法行为，让违法排放无处藏身。

【《2014年水污染防治实施方案》】 5月30日，市政府印发《2014年水污染防治实施方案》（石政函〔2014〕52号）。主要内容包括3个方面，重点突出饮用水水源地保护和主要河流水污染防治，通过污染减排和源头治理，实现岗南水库、黄壁庄水库主要水质指标稳定保持在国家地表水Ⅱ类水质标准，集中式饮用水水源地水质稳定达标，地表饮用水水源地和地下饮用水水源地水质达标率达到100%。其中，洨河断面水质稳定达到省考核指标，力争达到地表水Ⅴ类标准；改善滹沱河、汪洋沟等主要河流水质，达到省考核指标；磁河水质出境断面达到省考核指标，非汛期确保无水。**主要河流污染治理工程**：2014年底前，沿途所有污水处理厂排水必须达到城镇污水处理厂一级A排放标准，取缔所有工业直排口，污水处理厂污泥按国家及省要求实施无害化处理。按照洨河综合整治模式，开展汪洋沟综合整治工作；重点治理滹沱河、磁河（木刀沟）、洨河、沙河、槐河、泲河、冶河等河道沿线垃圾，打击违法倾倒垃圾行为。严格执行生态补偿金扣缴标准，实行河流跨界断面水质目标考核制度。加强排水企业监管，排水单位污水必须全部进入污水处理厂处理。推进水质自动监测站建设，2014年底前，在新乐市、行唐县、灵寿县、高邑县、元氏县、赞皇县、井陉县、平山县、井陉矿区考核断面建设9座水质自动监测站。完善洨河沿线40个主要路口高倍视频监控及网络传输系统升级改造，推进滹沱河、汪洋沟等重点河流在线监控系统建设，构建全市主要河流在线视频监控网络。**水源地保护工程：**重点启动应急防范工程，2014年底前，建成岗南、黄壁庄水库上游入境水预警监测系统，实施岗南水库水质自动监测站提升改造工程、黄壁庄水库水质自动监测站建设工程；强化两库水源地水源保护交通管制，2014年完成岗南、黄壁庄水库交通道路绕行措施。2014年底前，完成平山县温塘镇污水处理厂4个小型污水厂建设。省会地下饮用水水源地保护区范围内各村的生活污水，全部纳入市政管网。地表水源二级保护区范围内和地下水源一级保护区范围内，建设无公害、绿色农产品生产基地，减少化肥、农药等农业投入品使用。开展乡镇集中式饮用水水源地水质监测工作，建立水源地保护区风险源名录及管理制度，全面排查饮用水水源地保护区、准保护区内及上游地区污染源，制定保护区风险源管理制度。**地下水污染防治工程**：2014年启动建立地下水监测站网，建设滹沱河、沙河、磁河地下水饮用水水源地一级保护区内水质监测井，建立地下水动态监测与分析预测服务系统。严厉打击通过渗坑渗井向地下水体排污，以及偷排偷放等恶意排污行为，禁止利用渗井、渗坑或无防渗漏措施的沟渠、坑塘排放、输送或存贮污水。开展企业污染治理、污水处理厂建设、农业污染源控制和污泥规范化管理工程。针对群众反映强烈的水污染问题，实施挂牌督办制度。

（市政府文件）

【今冬明春大气污染防治工作方案】

2014年10月，《石家庄市今冬明春大气污染防治工作方案》出台印发。主要内容：决定2014年10月29日至2015年3月31日，全市采取“压煤、抑尘、控车、减排、迁企、增绿”等重点治污措施，全力打好大气污染防治攻坚战，确保今冬明春环境空气质量好于2013年同期。**压煤：**全市通过拆除华电石家庄热电厂15号、16号小火电机组，河北石鹿特钢70吨电炉2座、河北丰达钢铁450立方米高炉1座和河北敬业集团有限公司450立方米高炉1座，确保2014年底前全市分别压减炼铁产能104万吨、炼钢产能60万吨，煤炭消费量比2012年净减700万吨，全社会煤炭消耗量控制在5307万吨。2014年10月底前，市内七区、高新区、正定新区、循环化工园区、正定县，除型煤加工厂和配送中心外，煤炭经营企业储煤场全部关停取缔，禁止储存、销售和使用硫份高于0.8%的煤炭；其他县（市）禁止储存、销售和使用硫份高于1%的煤炭，全部完成现有煤场的高标准环保设施建设工作；2014年底前完成750万吨硫份低于0.6%的优质低硫煤推广。全市165家年用煤量万吨以上工业企业分类确定用煤标准，今冬明春争取有85%左右的重点企业使用优质煤。2014年内在市内七区、高新区、正定新区、循环化工园区和正定县所辖区域推广使用洁净型煤38万吨；在市区二环路以外区域，高新区、栾城区、鹿泉区和循环化工园区三环路以内区域推广使用环保燃煤采暖炉1.6万台。压减耗煤总量同时，加大建成区10蒸吨/小时及以下燃煤锅炉拆改工作力度，对尚在使用的分散燃煤锅炉，制定分年度改造计划，确保到2017年完成省政府下达的淘汰任务。全市耗煤大户实行“限煤量、限煤质、限排放”三限管理，超标煤炭一律封存并实施顶格处罚。**抑尘：**各类施工工地实行防尘承诺备案制，由专人24小时看管，不达标工地一律关停。规范渣土运输秩序，渣土运输车辆必须证照齐全、符合标准，平槽装卸、苫盖严密，保证物料、渣土、垃圾等不露出不遗撒。所有运输车辆驶出工地必须冲洗干净，运输时间限定在每日20：00至次日凌晨1：00（地铁、供热工程如有特殊需要，可办特别通行证）。所有未实现全密闭的渣土车，一律不准进入三环以内运输。重污染天气应急状态下，渣土运输车一律停运。由市城管委牵头，市内七区政府，高新区、正定新区、循环化工园区管委会负责，推行吸尘、洒水、清扫一体化作业，在洒水条件允许的情况下，主街主路和火车站、汽车站及二环路各出市口等路段每天洒水3次以上，每3天冲洗1次；次干道每天洒水3次、每5天冲洗1次。恶劣天气和重大活动增加洒水、冲洗次数，减少扬尘污染。由市交通局负责，加强所属市管高速公路、三环路（含辅道）及107、307、石闫公路出入市口道路主干道扬尘治理，机械化清扫率达90%以上，各县（市）区辖区国省干道机械化清扫率达到40%。严查非法运输石灰、煤炭、矿渣、粉煤灰等易抛撒物品及覆盖不严的车辆，属无标车及“黄标车”的重型运营车辆不得进入三环内行驶。重点区域、重点路段实施分流、限速等措施，三环路大型货车限速60千米／小时，三环以内限制大型货车进入，槐安路、和平路等快速路禁止大型货车通行。市环保局牵头，各县（市）区政府（管委会）负责，新建餐饮服务经营场所，取得环评审批后方可开展经营，2014年底前建成区餐饮服务经营场所全部安装高效油烟净化设施，实现达标排放。2014年10月底前全部关停滹沱河、磁河、沙河流域内采砂场，2014年内完成21家露天矿山的关闭任务。**控车**：全市交通管理、交通运输部门负责非营运黄标车和营运黄标车淘汰工作，通过强化措施确保2014年底前完成剩余5.3万辆黄标车淘汰任务。新注册车辆达不到国家第四阶段机动车排放标准的不予注册、登记；三环内禁止黄标车、无环保标志车辆通行；环保检测不合格车辆一律不予核发车辆安全检测合格标志，禁止上路行驶。各县（市）区政府（管委会）负责划定本辖区黄标车、无标车限行范围，各县（市）区环保部门负责本辖区机动车环保检测机构的监管。市商务局、发改委负责，市工商局、质监局配合，提升燃油品质，2014年底前供应符合国家第四阶段标准的车用汽、柴油，加油站不得销售和供应不符合标准的车用汽、柴油。市质监局、市工商局负责，禁止销售国Ⅳ以下标准的机动车，严厉打击生产、销售环保不达标车辆的违法行为。加快推进“公交都市”试点城市建设，提高公共交通出行分担率，分批购置纯电动公交车。2014年10月底前全部淘汰剩余261辆黄标公交车。**减排**：全市强力推进钢铁、水泥、电力、玻璃“四个行业”污染治理，确保196个重点治污减排项目全部建设完毕，主要污染物排放源全部建成符合排放标准和总量控制要求的治污减排设施，投运率和脱除效率达标，形成稳定的减排能力。重点排放企业的脱硫、脱硝、除尘设施运行实现在线监控，确保环保设施正常运行。市环保局牵头，各相关县（市）区负责，2014年10月底前，完成东方热电二厂1#、2#机组脱硫增容改造工程；完成河北华电石热公司12#、13#、14#、22#机组烟气脱硝治理、拆除烟气旁路工程；完成裕华热电2#机组脱硫增容改造工程；完成藁城天意热电公司1#、2#、3#、4#机组拆除烟气旁路、脱硫增容改造工程；完成河北吉藁化纤有限公司1#、2#机组拆除烟气旁路、脱硫增容改造工程；完成栾城河北宏源热电4#机组、5#机组脱硫增容工程；完成鹿泉曲寨热电厂1#机组烟气脱硝治理、脱硫增容改造工程；完成鹿华热电2#机组拆除烟气旁路工程；完成敬业钢铁有限公司2台260平方米烧结机拆除旁路和2台128平方米烧结机建设脱硫设施及拆除旁路等工程。2014年11月底前，完成华能国际电力上安电厂1#机组烟气脱硝治理、脱硫增容改造工程。2014年12月底前，完成2#机组脱硝治理、脱硫增容改造工程；完成高新区热电煤气公司1#、2#、3#、4#机组脱硫增容改造及烟气脱硝治理工程。完成石家庄双联化工公司1#、2#机组脱硫增容改造工程或全厂关停。确保按期自2015年起所有火电企业全部执行特别排放限值。市环保局牵头，各县（市）区政府（管委会）负责，钢铁行业全部按期拆除14台90平方米以上钢铁烧结机烟气旁路。水泥行业完成全部14条水泥生产线脱硝工程，并提升脱硝设施的运营管理水平，综合脱硝效率达到70%以上。2014年底前玻璃行业完成石家庄玉晶玻璃有限公司等4条玻璃生产线煤改气、脱硝工程。市环保局、市工业和信息化局牵头，各县（市）区政府（管委会）负责，全市中小型企业在2014年11月底前，完成7兆瓦以上燃煤锅炉和年燃煤量5000吨以上窑炉的除尘、脱硫治理，安装烟尘和二氧化硫自动监控仪器，并与当地环境保护行政主管部门的监控系统联网。凡污染物排放不达标的，一律关停；环保手续不全的非法企业坚决予以取缔。**迁企**：2014年10月份完成石家庄市桥东印染化工厂整体搬迁工作。2014年12月份河北新大东纺织印染有限公司、南车石家庄车辆有限公司和石家庄三环阀门股份有限公司搬迁改造。按照既定工业企业搬迁改造计划，及早谋划做好石家庄润泰纺织印染有限公司、华营联合葡萄糖厂、石家庄华曙制药集团有限公司、石家庄白龙化工股份有限公司4家2015年拟搬迁企业的各项前期准备工作。到2014年底前，启动三环内污染排放企业搬迁，重点启动和推进石家庄钢铁公司整体搬迁。**增绿**：全市以林业部门牵头，重点实施“2345”绿化工程，2014年内完成植树造林50万亩，植树

5000多万株，森林覆盖率达到35%以上。全面推进滹沱河生态绿廊、太行大街绿化、“两线”绿化等园林绿化重点项目，2014年内实现新建提升绿地700万平方米，栽植乔灌木750万株，绿地率、绿化覆盖率、人均公园绿地面积分别达到39.8%、43.9%和14.8平方米。

（翟相哲）

【修订《重污染天气应急预案（暂行)》】 12月30日，市政府办公厅印发第二次新修订《石家庄市重污染天气应急预案(暂行)》(石政办发〔2014〕30号)。主要内容：依据国家环保部重污染天气应急预案修订意见和新修订的《河北省重污染天气应急预案》，修订《石家庄市重污染天气应急预案(暂行)》(石政发〔2014〕3号)。新应急预案根据重污染天气严重程度，预警分为四级，由低到高依次为：蓝色预警、黄色预警、橙色预警和红色预警。应急响应分为四个等级，由低到高顺序依次为：Ⅳ级应急响应、Ⅲ级应急响应、Ⅱ级应急响应、Ⅰ级应急响应。蓝色预警：出现或将出现200<AQI（空气质量指数）≤300，且连续2日气象条件不利于污染物扩散的重污染天气；或者300<AQI<500，且1日气象条件不利于污染物扩散的重污染天气。黄色预警：出现或将出现200<AQI<500，且连续3日及以上气象条件不利于污染物扩散，未达到橙色和红色预警级别的重污染天气；或者300<AQI<500，且连续2日气象条件不利于污染物扩散的重污染天气。橙色预警：出现或将出现300<AQI<500，且连续3日及以上气象条件不利于污染物扩散的重污染天气。红色预警：出现或将出现AQI达到500，且1日及以上气象条件不利于污染物扩散的重污染天气。预警信息发布：预警信息提前1～2天发布。提前1天预测到重污染天气，判断满足预警条件，立即按照程序发布相应级别预警信息；未能提前发布预警信息，出现重污染天气时，通过实时会商，判断满足预警条件，立即紧急发布预警信息；当全市空气质量指数在不同预警级别条件内频繁波动时，按高级别预警执行；根据事态发展，预警可升级、降级或解除。发布蓝色预警信息：由市重污染天气应急指挥部办公室，根据《环境气象预报及会商意见》，2小时内完成《重污染天气预警发布(解除)审批表》和指挥部办公室主任签发工作流程。市政府应急办公室在2小时内通过预警信息平台发布预警信息。发布黄色、橙色、红色预警信息：市重污染天气应急指挥部办公室技术组根据《环境气象预报及会商意见》，负责对重污染天气预警信息研判，必要时组织市重污染天气监测预警会商专家委员会会商，确定预警等级并制定应急措施，2小时内完成《重污染天气预警发布(解除)审批表》并报请领导签发。市政府应急办公室接到签发的审批表后，2小时内通过预警信息平台发布。应急响应措施：启动Ⅲ级应急响应及以上时，执行强制性污染减排措施；因沙尘暴导致的重污染天气，不执行强制性污染减排措施。启动Ⅱ级响应时，主城区、县(市)城区每日6：00至24：00，非营运客车限行2个尾号，周一至周五采取2个车牌尾号一组轮换限行，法定节假日和公休日不限行；启动Ⅰ级响应时，主城区、县(市)城区每日6：00至24：00，实行非营运客车单双号通行（单号单日通行，双号双日通行，尾号是字母的以最后一个数字为准)；紧急发布橙色和红色预警信息，当天不采取机动车限行和停课措施。

（市政府办公厅文件）

【环境保护监管】 贯彻落实《国家重点监控企业自行监测及信息公开办法（试行)》、《国家重点监控污染源监督性监测及信息公开办法(试行)》规定，3月4日，全市印发《关于加强石家庄市国家重点监控企业自行监测及信息公开工作的通知》(石环发〔2014〕33号)。2014年全市共有国家重点监控污染源115家，其中，废水污染源47家，废气污染源32家，重金属企业9家，污水处理厂25家，规模化养殖场2家。除个别污染源因关停、停产或零排放量等原因未监测外，其余均按照监测计划完成国家重点监控污染源监督性监测。市环保部门成立国家重点监控企业污染源自动监测数据有效性审核领导小组及办事机构，协调在线监测数据有效性审核。2014年全市审核废水自动监测设备503台、废气自动监测设备144台；现场监察企业3776家次，其中114家国、省重点监控企业现场监察1706家次；采集煤样301份，水样264份；查办国家、河北省及市领导批示重点信访案件461

2014年10月16日，全市部署打击环境污染违法犯罪“2014利剑斩污”专项行动

2014年12月5日，市环境综合执法支队夜间突击检查排污企业

件，承办国家、河北省重点督办环境问题184个；查处环境违法案件171件，处罚金额971.85万元，同比增长49%。加强环保机构、队伍建设，2014年县（市、区）组建乡镇（街道）、园区环保所289个，配备专兼职人员909名，县、乡、村三级网格管理体系基本建成。9家重点排污企业实行24小时驻厂监管，安装烟气连续自动监测设备161台（套）；增强实时监控能力，26家热电、钢铁、水泥行业重污染企业开展跟踪比对监测。严格环保执法检查，开展“春雷”、利剑斩污“零点”行动、大气专项检查等执法活动，查处违法企业4657家，取缔1616家、关停1864家、限期整改972家，罚款1200万元，个案最高处罚97万元，处罚案件数量、罚款总额、个案均值均位列全省第一。开展“利剑斩污”行动，全市出动执法人员2759人次，依法取缔企业192家，关停企业111家，停产整治企业78家，打击处理环境违法犯罪人员86名。3月3～7日，市环保部门会同市大气污染防治办公室、市公安部门开展“春雷”行动，出动环保、公安执法人员300余人次，采取暗查、突查相结合方式，检查企业、单位586家，查处环境违法问题184起，未发现重点企业环境违法问题，出现问题主要集中在非法小企业、个体加工（场）点、小作坊、施工单位和易产生扬尘污染的煤炭、沙石经营场所，较突出问题是焚烧垃圾、树叶、杂草等。2014年全市立案侦办各类污染环境刑事案件521起，破案391起，办理污染环境治安案件424起，打击处理环境违法犯罪人员1370名；打击非法采矿犯罪团伙124个，处理相关犯罪嫌疑人278名；查处“十五小”、“新六小”等污染环境违法企业、窝点5668家。开展渗坑和涉水企业专项检查，全市排查涉水企业1039家，限期整改10家，限期补办手续8家，关停、取缔违法企业78家，行政拘留5人，罚款29万元，排查出有合法手续沉淀池、蒸发池912个。受理环境保护信访举报，全年市环保部门承办和受理

各类有效环境污染举报8811件，其中，河北省环保厅交办816件，市委市政府交办4230件，其余为举报中心直接受理。2014年市环保部门受理有效电话举报3718件，来信13封，接待走访34批119余人次。按举报内容分，反映大气2391件，噪声污染608件，水污染670件，电磁辐射问题90件，危险废物问题3件，结案率86%。2014年市“12369”环保举报中心获评全国文明服务优质窗口。

【排污许可管理】 2014年全市废污水总排放量4.07亿吨。其中，工业废水排放量1.48亿吨，生活废污水排放量2.59亿吨，分别占总排放量36.0%、64.0%。处理废污水量4.02亿吨，占总排放量98.0%。首家在全省开发应用《排污许可证管理系统》，建成企业许可排污量、实际排污量、削减排污量管理台账和企业排污许可证信息共享数据库平台，实现排污许可证发放信息资源共享。2013年9月26日，市排污权交易中心挂牌成立，按照环境资源有偿使用原则，2014年全市交易201笔，交易金额879.48万元，化学需氧量交易量719.69吨、氨氮交易量71.11吨、二氧化硫交易量211.75吨、氮氧化物交易量626.1吨。2014年排污许可证实行省、设区市、县级环境保护行政主管部门三级发证，其中市环保局向企业发放排污许可证172家（市环保局审核，河北省环保厅核发企业40家）占全市发证企业4.34%，其余排污许可证发放权限均下放至企业所在辖区环保局。

【环保专项资金利用】 2014年市环保部门落实预算资金22585.24万元；清理环保历年结转结余资金2628.6万元，用于汪洋沟重点企业视频监控系统建设和县界水质自动站提升建设项目；落实节能减排财政政策综合示范城市项目资金1.27亿元；落实大气污染防治项目补助资金4.94亿元；实施省级以奖代补专项资金项目3个，分别为河北华电石家庄热点有限公司21号、22号机组脱硝改造，河北华电石家庄裕华热电2号机组脱硝，河北西柏坡第二发电有限公司5号机组脱硝改造，涉及资金4796万元；落实农村环境连片整治示范项目计划4443万元；落实大气污染防治专项资金中，城中村及城市周边散煤替代—洁净型煤生产配送中心建设项目第一批2200万元。

（严健　郝园）

【水环境保护】 完善水环境自动监测体系，鹿泉区金河湾、藁城区黄庄、正定新区和市内五区等8座水质自动站通过验收并投入运行。至2014年末，全市共有水质自动监测站25座，其中，国家级1座，省级2座，滹沱河、洨河、汪洋沟等重点污染河段水站22座。沙河、磁河、滹沱河3个集中式饮用水源地地下监测井建设及平山县杨家桥、井陉县地都、黄壁庄水库出口3座水质生物预警监测站站房建设和设备安装调试完成。坚持保护饮用水安全、改善流域水环境两个原则，力争更多污水得到有效处理和处置。开展污水管网和输油管网排查，突击检查污水处理厂30家；加大饮用水水源保护区违规项目整改，排查违规项目459个，其中关停227个，取缔85个，整改114个。督导无极县实施磁河故道综合整治。桥西污水处理厂改造项目通过环保验收。2010年3月，市发改委批准市桥西污水处理厂一期升级改造项目立项，2012年8月开工建设，总投资2.48亿元，占地面积15公顷，日处理规模16万吨。改造项目主要是将现状普通曝气工艺改为三段AO组合处理工艺，增加除臭系统等。2013年5月，桥西污水处理厂一期升级改造工程开始试运行，2013年8月申请延期，2013年11月申请环保验收监测；2013年11月14～15日，市环境监测中心实施监测，监测期间处理设施运转正常，废气、废水、噪声、污泥达到规定标准。2014年2月底，市环保局组织专家组现场检查和验收桥西污水处理厂一期升级改造项目，确认水质、水量、污染物排放及防治措施达到环评要求。汪洋沟综合整治。汪洋沟发源藁城市北席村西，是石家庄市东南部主要排沥河道，流经石家庄辖区内循环化工园区、藁城市和赵县，河长49.18千米，流域面积623.5平方千米。伴随城镇化、工业化发展，汪洋沟过流能力不足，水质超标，汛期沟内污水时常漫溢，变成排沥、排污相结合的混合河道，严重影响市民正常生产生活和省会形象。2014年5月，石家庄市启动汪洋沟综合整治。2014年6月，进入工程建设阶段；2014年10月底，完成汪洋沟流域内污水治理和河道治理工程；2014年11月底，完成河道两岸绿化、管理监测设施建设和所有雨污分流工程。汪洋沟综合整治借鉴 河治理模式，以环保治理、河道整治、两岸绿化、管网改造、沿河农村环境整治为重点，依法取缔所有入河直排口，对未进入污水处理厂的排水企业一律关停，严查偷排、偷放、破坏侵占河道等问题，汪洋沟流域32家产生高浓度废水和固体废物的企业，均安装高倍监控视频，实施企业重点部位监控。河道整治工程采取原沟拓宽整治，以明渠整治为主，暗涵为辅的方法，集中整治河道总长46.66千米。其中，藁城市南席村暗涵出口至外环路采用明渠，外环路至藁城市西辛庄村循环化工园区徐村交界和藁城市屯头村河段采用暗涵，循环化工园区徐村段采用明渠。改建农桥43座，其中赵县段18座、藁城市段20座、循环化工园区段5座，重建公路桥3座（果王线、回新线、大赵线）。河道两岸建设8～10米宽具有生态、防护、经济、景观等功能的绿化带和风景片，并结合农村面貌改造提升工程，采取集中连片治理模式，集中对汪洋沟两侧2千米范围内村庄实施环境整治，重点实施农村生活垃圾处理、雨污分流和畜禽养殖污染防治，将河道治理、两岸绿化工程同步推进。至2014年底，汪洋沟初步实现河畅、水清、岸绿、景美，水环境明显改善，生态环境有效恢复。

（严健　郝园　靳晓磊）

【农村环境保护】 按照市委市政府《关于农村面貌改造提升行动的实施意见》要求，推进368个重点村庄清垃圾、清杂物、清残垣断壁、清庭院“四清”与农村生活污水处理，落实10片区113个村庄农村环境连片整治示范。2014年井陉矿区“户分类、村收集、区转运处理”城乡一体化垃圾处理模式，高邑县“户分类、村收集、公司转运处理”垃圾处理模式，藁城区蔡家岗村采取人工快渗技术和正定县合家庄玻璃钢化槽一体化技术生活污水处理模式被河北省环保厅、省财政厅、省农村面貌改造提升行动领导小组办公室确定为重点村庄推广生活垃圾和污水处理试点模式，并参加河北省美丽乡村新技术新材料新装备博览会。全年石家庄市争取国家和河北省农村环境连片整治示范项目资金4443万元，用于推进10个片区231个村庄农村环境连片整治示范。2014年石家庄市开展农村环境整治试点示范工作得到《中国环境报》、《河北省日报》、《河北环境保护》、河北省电视台等媒体报道。

【清洁生产】 2014年全市89家重点企业列入清洁生产审核名单，由河北省环保厅公布；30家咨询服务机构通过河北省环保厅年检；169家企业清洁生产评估、验收材料初审完成，其中河北省环保厅实施现场检查及审查企业155家。印发《关于公布石家庄市2014年实施清洁生产审核重点企业和“四个行业”2014年—2015年污染防治对标企业名单的通知》（石环办〔2014〕26号），44家企业列入清洁生产污染防治对标企业，其中停产5家，其余企业正在开展清洁生产对标。2014年赞皇金隅水泥有限公司等6家企业申请创建全省第一批清洁生产标杆企业，5家企业通过河北省环保厅评估、验收，其中河北华电石家庄裕华热电有限公司、鹿泉区金隅鼎鑫水泥有限责任公司、赞皇金隅水泥有限责任公司3家企业获评河北省第一批“清洁生产标杆企业”；藁城良村热电、华电鹿华热电2家企业申请创建全省第二批清洁生产标杆企业。燃煤电厂除尘治理任务完成，市区及周边8家火电企业28台锅炉全部完成除尘升级改造，执行烟尘特别排放限值20毫克／立方米；主城区外县（区）7家热电企业18台燃煤锅炉全部完成燃煤锅炉除尘改造，执行《火电厂大气污染物排放标准》烟尘排放浓度限值30毫克／立方米。通过除尘设施升级改造，年末全市削减燃煤电厂烟尘排放量40%。

（严健　郝园）

【雾霾治理】 贯彻落实《河北省大气污染防治行动计划实施方案》、《大气污染防治目标责任》要求，围绕“压煤、仰尘、控车、迁企、减排、增绿”六大措施，实施48项重点任务目标。**压煤：**2014年净削减煤炭400万吨，完成比2012年净削减煤炭700万吨任务。压减水泥产能910万吨，减少粉尘排放3073吨。拆除河北丰达钢铁有限公司1座450立方米高炉，压减炼铁产能52万吨；拆除河北石鹿特钢有限公司70吨电炉2座，压减炼钢产能62万吨。2014年累计淘汰燃煤锅炉409台，推广使用优质低硫煤952万吨，超额完成全年750万吨任务。加强煤质检测，全市抽样检测煤炭2619批次，依法查处不符合要求煤炭129批次。控制农村燃煤源污染，10家洁净型煤生产配送中心全部建成投用，推广使用节能环保炉具16740台，推广使用洁净型煤18.41万吨，占全省总推广量40%；剩余县（市）12家洁净型煤生产配送中心项目列入《河北省2014年洁净型煤生产配送中心企业目录》。**抑尘**：595个建筑工地全部实施扬尘污染综合治理，治理达标率97%；施工工地扬尘综合整治面积4990.8万平方米，超额完成年度3000万平方米治理任务；鼓励22家渣土运输资质企业及社会力量购买720辆全密闭新车参与渣土运输。市区道路实现高标准保洁，二环路内全部实现机械化清扫，二环路至三环路间国道、省道机械化保洁率达80%以上，出入市口道路主干道机械化清扫率达90%以上；二环路、三环路间277条裸露路段和地块全部硬化。全市1349个经营性储煤场，取缔670个、关停571个，剩余108个储煤场建成高标准环保设施。关停露天矿山141家，彻底关闭28家；西柏坡高速（鹿泉段）两侧矿山地质环境治理任务全部完成。“三河一沟”区域31家采砂场全部关停，全市其余23家采砂场实行绿色生产。秸秆禁烧连续四年国家卫星监测火点像素为零。**控车**：2014年淘汰黄标车75411辆，超额完成河北省确定66683辆淘汰任务。发放机动车环保标志109万枚，环保标志发放率100%，机动车路检、路查合格率91.52%。新购置天然气公交车160辆、清洁能源环卫车217辆；新签约900辆纯电动公交车购置计划和新建38座充电站协议。**减排**：狠抓火电、钢铁、水泥、化工四大行业减排工程，全市完成脱硫、脱硝减排工程436项，占全省减排项目20.3%，减少二氧化硫排放量4.13万吨，氮氧化物排放量8.84万吨。按照国家批准创建国家节能减排综合财政政策示范城市实施方案要求，石家庄市二氧化硫、氮氧化物2项污染物排放总量分别比2010年下降14.7%、13.3%，分别控制在17.17万吨、23.11万吨以内，提前一年完成“十二五”规划主要污染物减排任务。全市火电企业46台燃煤锅炉提前完成执行新烟尘排放标准和特别排放限值除尘升级改造，削减燃煤电厂烟尘排放量40%。火电、钢铁、水泥、化工等重点行业61家企业开展清洁生产审核和污染防治对标，裕华热电等3家企业被河北省环保厅评为河北省第一批清洁生产标杆企业。**迁企**：加快污染企业搬迁改造，列入2014年搬迁计划河北华旭药业有限公司、石家庄市永通化工有限公司（原桥东印染化工厂）、河北新大东纺织印染有限公司、石家庄三环阀门股份有限公司、南车石家庄车辆有限公司5家企业完成搬迁，石家庄钢铁公司整体搬迁启动。**增绿**：2014年全市完成造林绿化60万亩，植树5000多万株，森林覆盖率达到36%，超额完成50万亩造林绿化任务，完成省下达造林绿化任务150%。建成区新建提升绿地达到710公顷，栽植乔灌木达到770万株，绿地率、绿化覆盖率和人均公园绿地面积分别达到40.47%、44.58%和15.19平方米。17县（市、区）空气自动监测站投入试运行。石家庄在市区建成8个国控自动监测站基础上，1月1日全市17个农村县（市、区）各建1个空气自动监测站全部建成，并投入试运行。新建自动监测站可监测PM2.5、PM10、二氧化硫、二氧化氮、一氧化碳和臭氧等数据，所有站位与市环保局联网，构建起全市域空气自动监测网络，实现了实时发布环境空气质量监测数据目标。对症施治，精准治理雾霾，公布环境空气颗粒物来源解析研究成果。8月29日，石家庄市委托南开大学国家环境保护城市空气颗粒物污染防治重点实验室开展石家庄市环境空气颗粒物来源解析研究成果向社会公布。研究时间：2013年2月至2014年4月。研究期间，综合运用受体模型、源模型和排放源清单等方法，解析了PM10和PM2.5主要来源。解析、研究表明，石家庄市环境空气颗粒物来源为燃煤排放和扬尘。PM10来源：区域污染传输10%～15%；其余85%～90%主要来自石家庄市本地污染。其中，本地各类污染源排放分担率为扬尘37.5%，燃煤25.0%，工业生产20.5%，机动车12.5%，其他生物质燃烧、餐饮、农业等占比4.5%。PM2.5来源：区域污染传输23%～30%；其余70%～77%来自石家庄市本地污染。其中，本地各类污染源排放分担率为燃煤28.5%，工业生产25.2%，扬尘22.5%，机动车15.0%，其他生物质燃烧、餐饮、农业等占比8.8%。从主要成分看，石家庄市环境空气颗粒物的主要成分为地壳元素、硫酸盐、有机物、硝酸盐、铵盐、元素碳，分别占PM10质量浓度的41%、13%、12%、10%、6%和3%；占PM2.5质量浓度的29%、16%、14%、10%、8%和3%。

（严健　郝园　靳晓磊）

【重污染天气应对】 全年2次修订《石家庄市重污染天气应急预案(暂行)》。启动不同级别雾霾预警应急响应15次、47天。其中，Ⅳ级（蓝色）7次，Ⅲ级(黄色)5次，Ⅱ级（橙色）2次，Ⅰ级（红色）1次。1月17日22时，启动重污染天气Ⅲ级（黄色）预警应急响应。2月12日20时，启动重污染天气IV级（蓝色）预警应急响应。2月21日0时，启动重污染天气Ⅳ级（蓝色）预警应急响应。2月22日0时，重污染天气预警级别由Ⅳ级（蓝色）预警应急响应升级为Ⅲ级（黄色）预警应急响应。2月23日0时，重污染天气预警级别由Ⅲ级（黄色）预警应急响应升级为重污染天气Ⅱ级（橙色）预警应急响应。Ⅱ级（橙色）预警应急响应期间，市区三环路内采取机动车限行20%的措施（军队、警务、急救、抢险等应急车辆、民生保障车辆、公交车、出租车除外)，第一天（2月23日）限行尾号1、6，第二天（2月24日）限行尾号2、7，第三天（2月25日）限行尾号3、8，第四天（2月26日）限行尾号4、9，第五天（2月27日）限行尾号5、0，以此类推，限行尾号按日推算，尾号为英文字母的以最后一位数字为准。2月27日0时起，解除重污染天气Ⅱ级（橙色)、Ⅲ级（黄色）预警应急响应。3月27日0时，启动重污染天气Ⅲ级（黄色）预警应急响应。10月9日0时，启动重污染天气Ⅲ级（黄色）预警应急响应。10月19日0时，启动重污染天气IV级（蓝色）预警应急响应。10月24日0时，启动重污染天气Ⅳ级（蓝色）预警应急响应。10月30日0时，启动重污染天气Ⅳ级（蓝色）预警应急响应。11月3日晚，启动重污染天气Ⅰ级（红色）预警应急响应。11月23日0时，全市重污染天气由IV级（蓝色）预警应急响应升级为Ⅱ级（橙色）预警应急响应。11月27日15时，全市解除重污染天气Ⅱ级（橙色）应急响应。12月27日16时，全市启动重污染天气IV级（蓝色）预警。

重污染天气应急预案增加Ⅳ级（蓝色）预警。2014年初，《石家庄市重污染天气应急预案(暂行)》第一次修订后开始实行，新的重污染天气应急预案将全市总预案由三级调整为四级，增加“Ⅳ级（蓝色）预警”，分别为Ⅳ级（蓝色)、Ⅲ级（黄色)、Ⅱ级（橙色)、Ⅰ级（红色）预警。具体规定：根据市气象、环保部门研判会商，预测未来一日200<AQI<500（数值为城市所有国控环境空气监测点AQI日均值)，即发布Ⅳ级（蓝色）预警；预测发生连续3天AQI>200，未达到Ⅱ级、Ⅰ级预警等级，空气质量为重度污染或以上级别，即发布Ⅲ级（黄色）预警；预测发生连续3天500>AQI>300，空气质量为严重污染级别，即发布Ⅱ级（橙色）预警；预测发生一天以上AQI≥500，空气质量为极严重污染，即发布Ⅰ级（红色）预警。

开展重污染天气比对。2月20～26日，石家庄市区日平均风速基本保持每秒1米左右，属于小风速。因风速过小，非常不利于大气中污染物的水平扩散，近地面存在的逆温又阻止了污染物的垂直输送。同时，受太行山阻挡，石家庄本地排放和外部输送的大气污染物，在山前堆积，出现较重雾霾天气。2月21日0时，启动重污染天气Ⅳ级（蓝色）预警应急响应。2月22日0时，重污染天气预警级别由Ⅳ级（蓝色）预警应急响应升级为Ⅲ级（黄色）预警应急响应。2月23日0时，重污染天气预警级别由Ⅲ级（黄色）预警应急响应升级为重污染天气Ⅱ级（橙色）预警应急响应。2月27日0时起，解除重污染天气Ⅱ级（橙色)、Ⅲ级（黄色）预警应急响应。此次预警应急响应期间，严格执行工业减排措施，全市551家重点企业限产减排50%，关停1278台20吨以下燃煤锅炉和196家建材企业；企业“关、停、限”减少用电量1316.6万千瓦时，发电企业减少发电4958.4万千瓦时，减少燃煤2.18万吨。严格执行防止扬尘措施，全市除重大民生抢险工程外全部工地停工；增加市区道路洒水、清扫作业频次，出动机扫车690余台次，机扫总里程3.5万千米；各建筑渣土清运企业及个人车辆全部停运；146座露天矿山和35座地下矿山全部关停；所有采砂场全部关停。严格执行机动车减排措施，市区三环路入市口设置6处限行卡点，对受限车辆实行远端分流；三环路内设岗195处，安排警力992人，严查限行车辆上路行驶。市政府组织市大气办公室、市监察局等部门人员抽查工业企业、建筑工地300余家；市环保系统出动人员10539

人（次），督导检查大气污染企业3517家（次）。此次启动重污染天气预警应急响应6天，全市共有2025家企业实施“关、停、限”和压减发电措施，减少燃煤14.13万吨，减少烟（粉）尘排放1030.1吨、二氧化硫排放2245吨、氮氧化物排放1392.2吨；通过工地、道路、矿山、砂场扬尘治理，减少扬尘7108吨；主城区车辆减少通行51.8万辆(次)，减少各类污染物排放35吨。因采取限停产措施，企业生产经营受到不同程度影响，不计停车和复产启动形成损失，6天直接经济损失总产值减少60.3亿元，利润减少6.2亿元，税金减少2.2亿元。此次全市持续重污染天气与2013年1月4～19日重污染天气过程相比，基本处于同期，气象条件相近但比2013年略差。2013年1月4～19日石家庄市出现重污染天气16天，日平均风速保持每秒1.2米以上，且有3次冷空气影响；此次2月19～26日出现重污染天气8天，日平均风速每秒1米左右，且无冷空气影响，气象条件比2013年差，但重污染天数少一半。2013年石家庄市同期持续重污染天气16天出现“爆表”11天，占总天数68.8%；此次持续重污染天气2天出现“爆表”，占总天数25%，污染物从开始累积，经过6天时间在最后阶段出现“爆表”，累积速度缓慢。通过对比数据发现，此次主要污染物浓度均值明显降低。其中，PM10均值下降28.74%，PM2.5下降19.67%，二氧化硫下降58.79%，二氧化氮下降11.01%，一氧化碳下降51.73%。

启动一级重污染天气应急减排措施。11月3日晚，石家庄市启动最高一级重污染天气应急减排措施。工业减排：全市各级各部门和单位按照重污染天气应急限产、停产企业名单，落实烟(粉)尘、二氧化硫、氮氧化物排放量削减50%以上；建材行业（包括水泥、钙镁、陶瓷等）停产，关停20吨以下燃煤工业锅炉。发电、热电企业按照全市减少用电负荷降低相应发电负荷，限制未上脱硝设施机组，使用应急备用优质煤。扬尘控制：增加工地洒水抑尘频次，至少每2小时洒水1次，每天至少洒水12次。除重大民生抢险工程外，所有在建施工工地一律停止土方、搅拌、拆除等施工作业，全天保持裸露地面湿润，不能因刮风、上料、运输等原因产生扬尘污染。主要街道机械化清扫每日4次以上，每日喷雾洒水5次以上。所有渣土车停运，缩短垃圾清运车运输时间至4：00～10：00。全市广场、空地、各单位门前区域等彻底清扫冲洗。所有非煤矿山、粉状物料贮存场等扬尘污染源停止一切产生扬尘的生产活动，所有露天矿山以及滹沱河、磁河（木刀沟)、沙河区域内所有采砂场关停。机动车减排：三环路内（含）机动车限行50%(军队、警务、急救、抢险等应急车辆、民生保障车、公交车、出租车除外)，限行尾号按日推算，单日单号行、双日双号行，第一天（4日）限行尾号为单数：1、3、5、7、9，第二天（5日）限行尾号为双数：2、4、6、8、0，以此类推，尾号为英文字母以最后一位数字为准。限行期间，城市公交车免费。载货汽车、危险品运输车辆每日6时至24时禁止驶入城市建成区，大货车、黄标车、无标车、三轮车以及摩托车禁止进入三环路内行驶（保障民生的货物运输除外)。2014年重污染天气启动预警应急响应期间，全市2025家企业、工地实施“关、停、限”和压减发电措施，减少燃煤55.5万吨、烟（粉）尘排放3358.6吨、二氧化硫排放5381吨、氮氧化物排放4643吨；严格落实工地、道路、矿山、砂场扬尘治理，减少扬尘23271吨；主城区车辆减少通行238.8万辆次，减少各类污染物（主要是氮氧化物）排放362吨左右。

（严健　郝园　翟相哲　靳晓磊）

建筑业

【概况】 2014年，石家庄市共有建筑施工企业1755家。其中，总承包企业460家，专业承包企业961家，劳务分包企业334家。2014年全市建筑业面对经济下行压力加大，固定资产投资及房地产开发投资增速放缓形势，实现建筑业总产值1135.1亿元，同比增长1.94%；实现利润29.4亿元，产值利润率2.6%；从业人数21.8万人，同比增长3.5%。房屋建筑施工面积8056万平方米，同比增长0.9%。

其中，新开房屋施工面积2601万平方米，同比下降26.6%；房屋建筑竣工面积1741万平方米，同比下降15.1%。省外市场取得较大突破，91家施工企业在省外完成施工总产值334.1亿元，占建筑业总产值29.4%，同比增长10.9%。10家企业开拓海外市场，完成国外总产值13.1亿元，同比增加4.1亿元，增长216%。2014年河北建工集团有限责任公司获得“鲁班奖”，23家企业获得“安济杯”(省优)工程，44家企业获得“兴石杯”(市优)工程。2月13日，国家住房和城乡建设部确定石家庄卓达房地产集团有限公司为全国第50家“国家住宅产业化基地”，这也是河北省第三家获此荣誉企业。

（市建设局）

【勘察设计咨询业】 以全省工程建设质量治理两年行动为契机，严抓建设工程勘察设计质量管理。2014年全市共有审图机构8家，完成建筑业审查项目469项，建筑面积885万平方米，审查纠正问题887条。加强审图机构监管，采取审图机构互查互检等方式，提高审图人员专业素质和审图质量。2014年全市共有勘察设计单位202家，其中，甲级97家、乙级91家、丙级14家。增强工程勘察设计质量意识，采取日常动态检查管理手段，督导专业技术人员就位；重点考核注册人员到岗情况，提升注册人员对工程质量终身制认识。开展优秀工程勘察设计项目评选，调动各单位专业技术人员热情，全年参评项目100多项，同比增加30%，其中90%项目达到报省参评选要求。2014年全市共有工程造价咨询单位102家，其中，甲家37家、乙级65家。严格最高限价和竣工结算备案，完成最高限价查验50项，最高限价总额822亿元。2014年全市轨道交通定额取费率测算完成。

【建筑市场招投标监管】 开展建设工程重点领域、重点项目监督检查和典型案件查处，完善招投标监督制度，解决招投标领域突出问题，营造公开、公平、公正招投标竞争环境。推进形成招投标监管信用评价体系，建立全市工程建设领域项目信息公开、诚信体系基本框架及运行机制，解决工程建设信息不公开、不规范、不透明，市场准入和退出机制不健全，工程建设领域信用缺失等问题。2014年全市建设工程完成招标1350项，中标价114.21亿元。其中，土建招标265项，中标价67.99亿元；市政工程招标572项，中标价31.85亿元；设备采购招标122项，中标价6.16亿元；装饰装修招标104项，中标价8.21亿元；勘察设计招标113项；监理招标174项。严格立案处罚违规招投标工程，全年巡查建设工程项目83个，处罚2个。

【质量安全管理】 实施为期两年建筑工程质量治理，召开全市建设工程质量管理动员部署会，成立5个督导组排查全部在建工程，对照标准整改建设、施工、监理企业。2014年全市监督建设工程3304项，面积5431万平方米，整改项目32项。开展建筑市场“打非治违”专项行动，检查建筑企业215家，监管各类房建市政工程项目303个，依法处罚项目127项。落实施工现场安装远程监控系统措施，实现建设项目全面监控。2014年全市建设施工现场未发生统计范围安全生产事故，其中40个工程申报省级文明工地。

【建筑市场管理】 全年发布建筑市场招标交易信息1573项，完成开评标保障1046场次，总中标价款213亿。加大建筑市场稽查力度，全年稽查在建工程2539个，查处违章工程63个。按照“石家庄市房地产专项整治”要求，处罚房地产项目44个，强制停工31个，处罚建设单位33家、施工企业36家，并在全市通报。2014年市建筑市场中心获得共青团河北省委、省住房和城乡建设厅颁发“青年文明号”称号。修订完善建筑劳务市场规章制度，制定出台“建筑预储金管理实施细则”，保障农民工权益。2014年全市劳务稽查建筑工地200余个，办理劳务分包合同备案180个，受理拖欠农民工工资投诉44起，协调返还被拖欠工资2286万元。

（付相龙）

【建筑科技与档案】 加大建筑节能科技运用，审核备案民用建筑节能工程598项，办理节能专项验收备案481项，下发整改通知书25份，建筑节能标准执行率达到100%。推广可再生能源在建筑行业规模化应用，应用建筑面积300万平方米。2014年迎宾苑小区等19个项目获得绿色建筑评价标识，数量名列河北省首位。加强建设项目档案管理，全年预验收工程97项，验收合格工程72项，接收审核工程档案7200余卷。2014年市建设局档案管理部门与江西省南昌市建设局档案管理部门开展建设档案异地备份，完成库存档案扫描12万张。

（王文）

【2013年度石家庄市建筑业先进企业】 2014年3月，经石家庄市建筑业先进企业评委会评审公示，59家建筑施工企业、11家预拌混凝土企业、8家建筑门窗企业、10家工程监理企业、15家招标代理企业获评为2013年度石家庄市建筑业先进企业。

表30　　2013年度石家庄市建筑业先进企业名单

一、建筑施工先进企业（59家）

序号	企业名称	序号	企业名称
1	河北建工集团有限责任公司	25	石家庄常宏建筑装饰工程有限公司
2	河北省第四建筑工程有限公司	26	石家庄炼化建筑安装工程有限公司
3	河北省第二建筑工程有限公司	27	石家庄一建建设集团有限公司
4	石家庄三建建业集团有限公司	28	石家庄建工集团有限公司
5	石家庄建设集团有限公司	29	河北华信建筑工程有限公司
6	京鑫建设集团有限公司	30	河北诚业建工集团有限责任公司
7	金秋建设集团有限公司	31	石家庄市博宏装饰工程有限公司
8	河北辛建建设集团有限公司	32	河北神兴建筑工程有限公司
9	河北恒山建设集团有限公司	33	河北万顺达建筑工程有限公司
10	河北天山实业集团建筑工程有限公司	34	石家庄冀铁装修装饰有限公司
11	河北中瑞建设集团有限公司	35	河北燕贺园林古建筑工程有限公司
12	鸿丰建设集团有限公司	36	河北宏远建筑安装有限公司
13	河北科工建筑工程集团有限公司	37	中石化工建设有限公司
14	河北省水利工程局	38	石家庄大鑫建筑装饰工程有限公司
15	河北天森建设工程有限公司	39	浙江城建建设集团有限公司
16	河北铁建工程有限公司	40	河北蓝天通信有限责任公司
17	江苏省苏中建设集团股份有限公司	41	河北燕峰路桥建设集团有限公司
18	浙江宝业建设集团有限公司	42	河北盛森安全技术工程有限公司
19	江苏南通二建集团有限公司	43	河北大吉装饰工程有限公司
20	江苏南通三建集团有限公司石家庄分公司	44	捷成建筑装饰工程有限公司
21	天俱时工程科技集团有限公司	45	河北百富勤智能工程有限公司
22	河北嘉恒建筑工程有限公司	46	河北瑞通公路配套设施有限公司
23	中建一局集团第六建筑有限公司	47	河南鸿宸建设有限公司石家庄分公司
24	石家庄市住宅开发建设总公司	48	石家庄市佳通通信工程有限责任公司

（续表）

序号	企业名称	序号	企业名称
49	河北金城水电工程技术有限公司	55	河北皇安建工集团有限公司
50	石家庄远景建筑劳务分包有限公司	56	石家庄市宝城建筑装饰工程有限公司
51	河北林诚建筑工程有限公司	57	河北中北建筑装饰工程有限公司
52	河北蓝天建筑科技有限公司	58	石家庄联建建筑工程有限公司
53	河北翔宇通信有限公司	59	河北金辉交通工程有限公司
54	河北双维集团有限公司		

二、预拌混凝土先进企业（11 家）

序号	企业名称
1	石家庄三楷预拌混凝土有限公司
2	河北益百预拌混凝土有限公司
3	河北众诚新型建材有限公司
4	石家庄冀铁混凝土制品中心
5	石家庄凯嘉预拌混凝土有限公司
6	河北筑鑫预拌混凝土有限公司
7	河北长泰预拌混凝土有限公司
8	石家庄建工商品混凝土股份有限公司
9	河北天山实业集团建筑工程有限公司搅拌站
10	河北福威建材科技有限公司
11	石家庄市金隅旭成混凝土有限公司

三、建筑门窗先进企业（8 家）

序号	企业名称
1	河北可利幕墙有限公司
2	石家庄盛和建筑装饰有限公司
3	石家庄四站铝合金装饰工程处
4	石家庄市嘉恒塑钢门窗有限公司
5	石家庄市华晶玻璃有限公司
6	石家庄市占魁门窗有限公司
7	石家庄华山门窗有限公司
8	石家庄市广通塑钢门窗有限公司

四、工程监理先进企业（10家）

序号	企业名称
1	河北工程建设监理有限公司
2	河北博大工程项目管理有限公司
3	河北远大工程咨询有限公司
4	河北冀科工程项目管理有限公司
5	河北方舟工程项目管理有限公司
6	河北冀通工程建设监理有限公司
7	河北省冀咨工程监理有限责任公司
8	石家庄东方工程监理有限公司
9	河北顺诚工程建设项目管理有限公司
10	河北中原工程项目管理有限公司

五、招标代理先进企业（15家）

序号	企业名称
1	瑞和安惠项目管理集团有限公司
2	河北恒基建设招标有限公司
3	河北光大招标有限公司
4	石家庄德盛招标有限公司
5	河北中原工程项目管理有限公司
6	河北金盛嘉世招标有限公司
7	河北泰达招标代理有限公司
8	河北汉丰造价师事务所有限公司
9	河北宏信招标有限公司
10	河北中机咨询有限公司
11	河北成套招标有限公司
12	河北方舟工程项目管理有限公司
13	河北华腾项目管理有限公司
14	河北安达投资咨询有限公司
15	河北筑城工程招标咨询有限公司

（市建筑协会）

住房保障和房地产业

【概况】 2014年，全市开工保障性安居工程项目108个、31113套，占年度责任目标115.2%；竣工项目56个、24881套，占年度责任目标115.7%；年内分配保障房入住项目59个、20594套，占年度责任目标101.4%；新增发放廉租住房租赁补贴1414户，占年度责任目标282.8%，累计发放住房补贴款1510万元。2014年全市建成和在建保障性安居工程住房29.6万套，其中市区22.2万套。2014年全市享受住房保障家庭2.69万户。其中，享受实物配租家庭2.14万户；享受租金补贴家庭0.55万户。2014年市区享受住房保障家庭2.15万户。其中，享受实物配租家庭1.75万户，享受租金补贴家庭0.4万户，累计发放补贴资金2.4亿元。2014年市本级分配公共保障房2次、3008套；市本级管理保障房小区16个、1.95万套、91.2万平方米，租金收入4164万元。2014年全市发放商品房预售许可证152个，批准预售项目77个、806万平方米，开具购房查询证明4.7万份。商品住房上市面积566万平方米，同比增长58%；成交面积552万平方米，同比上涨52%；成交均价6410元／平方米，同比上涨1%。市区二手住房成交169.6万平方米，同比下降7.7%；成交均价5275元／平方米，同比下降0.93%。全年完成各类权属登记158384件，同比增长16.14%，发证132225个，同比增长12.54%，其中办理初始登记372.57万平方米，同比减少38.8%；办理转移登记577.09万平方米，同比增长4.8%；办理抵押登记1321.72万平方米，同比减少10.8%。完成各类收费5697万元。至2014年末，全市累计登记房产11853.64万平方米，其中住宅面积7943.64万平方米；商品房交易金额371.36亿，同比增长24.07%；存量房交易金额92.16亿，同比减少14.6%。2014年全市受理房地产开发企业资质1447件，通过1395件，公告注销开发企业资质84家。至2014年底，全市共有房地产开发企业1723家。宣传住房保障和房产管理法规政策，定期发布房地产市场信息、解读房产知识、公示正规房源。12月4日，在市区西清公园举办房地产政策宣传活动，制作展板4块，发放宣传资料3000多份，接受群众咨询100余人次。2014年答复河北新闻网《阳光理政》栏目群众提问200余次；“966900”服务热线接听群众来电28442个，即时办结率92%。

（段楠）

【公共保障房政策】 3月1日起，市内五区和高新区住房保障资格申请实行常态化受理，城镇低收入住房困难家庭、城镇中等偏下收入住房困难家庭、外来务工人员和新就业职工申请公共保障房实行“随时申请、随时受理、定期审核”。申请受理程序：街道办事处（乡镇人民政府）设立受理窗口，即时受理申请人申请，对申请人提供材料审核，审核完成后，报区住房保障部门。区住房保障部门结合民政部门出具的收入认定提出审核意见，经区政府常务会把关后，报市住房保障部门备案，并公示7天。公示结束，城镇低收入住房困难家庭自下月起开始领取住房租赁补贴，其他家庭进入实物配租轮候序列。城镇中等偏下收入住房困难家庭申请住房条件：申请家庭人均住房建筑面积在15平方米以下且家庭住房总建筑面积在50平方米以下、1人户在30平方米以下；单身申请人年满法定结婚年龄。此前，这类人群必须满足无房，单身的满足年满35周岁，离异的须满2年条件才可申请。保障性住房统筹建设并轨运行后，不再符合原住房保障条件但符合其他类型住房保障条件的家庭，可随时申请保障转化；已配租新就业职工毕业满五年后仍符合住房保障条件的，可申请家庭类型转化；已配租家庭的申请人死亡，可变更与其一起享受住房保障的子女为申请人，子女不满18周岁的必须与法定监护人一起居住；已配租的新就业职工、外来务工人员变更工作单位的，新的工作单位提供《营业执照》（机关、事业单位提供单位证明文件）、《组织机构代码证》、重新签订《石家庄市公共租赁住房管理合同》后，可继续享受保障；已配租公共保障房的住房保障家庭，家庭收入超出保障标准但名下无房产的，在签订缴纳市场房租合同后可继续租住。公共保障房按照特殊家庭优先原则，轮候原则，公开、公平、公正原则，分类、分批次进行配租。城镇低收入住房困难家庭结合申请意向，按照打分排序、随机摇号的方法配租；城镇中等偏下收入住房困难家庭、外来务工人员和新就业职工按照申请意向随机摇号配租。分类配租是将具备配租资格的保障家庭分两类配租：第一类为城镇低收入住房困难家庭；第二类为城镇中等偏下收入住房困难家庭、外来务工人员和新就业职工。分批配租是指每类配租家庭再根据是否特殊家庭、是否参加过配租等情况，再将该类配租家庭分批配租。城镇低收入住房困难家庭，第一批次为"优先批"(烈士遗属、优抚对象、市级以上见义勇为、特困职工、一二三等残疾人、市级以上劳动模范或先进人物、65周岁以上老人、低保等无房户家庭)；第二批次为"轮候批"(即在上一次配租过程中进入配租环节，但未配租成功家庭)；第三批次为"普通批"(即正在享受住房租赁补贴又未参加上一次配租摇号的家庭)。城镇中等偏下收入住房困难家庭、外来务工人员和新就业职工，第一批次为"优先批"(特殊人才、省部级以上劳模、市级以上见义勇为、全国英模、二等功以上复转军人)；第二批次为"轮候批"(即在上一次配租中进入配租环节，但未配租成功的家庭)；第三批次为"普通批"(即第一、二批次以外的保障家庭)。

（宋钧　李红强　李亚兰）

【保障性安居工程】 2014年河北省下达石家庄市保障性安居工程任务为新开工2.7万套，竣工2.15万套，分配入住2.03万套，新增发放廉租住房租赁补贴500户。至2014年底，全市开工保障性安居工程项目108个、31113套，占年度责任目标115.2%；竣工项目56个、24881套，占年度责任目标115.7%；年内分配保障房入住项目59个、20594套，占年度责任目标101.4%；新增发放廉租住房租赁补贴1414户，占年度责任目标282.8%，累计发放住房补贴款1510万元。2014年全市建成和在建保障性安居工程住房29.6万套，其中市区22.2万套。2014年全市享受住房保障家庭2.69万户。其中，享受实物配租家庭2.14万户；享受租金补贴家庭0.55万户。2014年市区享受住房保障家庭2.15万户。其中，享受实物配租家庭1.75万户，享受租金补贴家庭0.4万户，累计发放补贴资金2.4亿元。2014年市本级分配公共保障房2次、3008套；市本级管理保障房小区16个、1.95万套、91.2万平方米，租金收入4164万元。2014年全市城镇居民住房保障覆盖率达到19%，其中市区城镇居民住房保障覆盖率达到27%。印发《关于推进保障性住房并轨运行工作的通知》，执行保障房申请随时受理政策，率先在全省建立保障房分配分类、分批轮候制度。实行保障房租补分离、租售并举政策，建立"公共保障房网络互换平台"，全年累计登记换房意向130条，完成换房64户。加强保障性住房巡查和举报处理，全年清退不符合配租条件家庭554户。扩大保障范围，2014年市区低收入家庭及中等偏下收入家庭认定标准调整完成，这是石家庄市区第五次低收入家庭收入标准调整。出台《关于加快推进棚户区改造工作的意见》，改革原有旧城改造模式，推行棚户区改造与房屋安全管理结合制度。贯彻落实国务院、河北省关于保障房配建政策，在商品房出让用地项目强制配建保障性租赁住房，无法配建要缴纳等面积商品房或易地建设资金。2014年市区完成配建保障房项目审批51个、7107套、42.4万平方米，收缴易地建设资金1.3亿元。自2010年执行配建政策以来，至2014年底，市区累计审批保障房配建项目129个，配建保障房18692套、102.6万平方米，收缴易地建设资金2.87亿元。

（段楠）

【市区两次分配公共保障房4327套】 2014年8月，市区分配首批公共保障房2246套，分布在9个小区，其中，新竣工房源1946套，清退腾空房源300套。房源分布：桥西区红河小区1946套，长安区谈安小区197套，民华家园4套，仁华家园17套，福华家园45套，安华家园9套，秀河家园15套，秀玉家园9套，全城绿洲4套。1119户居民经过申请、资格审核、摇号配租、公示环节获得新居。9月28日，市区分配2014年第二批公共保障房2081套，分布在2个小区。其中，桥西区红河小区1125套，单套建筑面积在41～47平方米，位于桥西区滨河街40号；恒大雅苑956套，单套建筑面积在47～51平方米，位于裕华区方郄路178号。分配对象主要为外来务工、新就业职工、城镇中等偏下收入住房困难家庭。通过公开摇号配租，成功分配房源1889套。10月28日，市区第二批公共保障房开始入住。

(宋钧殿　红娟　姜化礼)

【棚户区改造融资】 利用国家开发银行棚户区优惠信贷政策契机，组建市本级棚户区改造融资平台，率先在河北省完成棚户区改造授信。2014年全市审批通过棚户区改造项目54个，授信额度203.05亿元，在全国棚户区融资授信省会城市中授信额度位居首位。全年20个棚户区项目签订贷款合同，涉及合同金额101.72亿元，至2014年底，发放贷款60.44亿元。2014年第二批棚户区融资项目申报正在办理，具备审批手续或部分手续项目23个，总投资165.46亿元，拟融资127.83亿元。

【市区商品住房成交均价每平方米6410元】 2014年全市房地产市场出现下行预期，经房地产管理部门及专家分析研究论证并结合石家庄市实际，由市政府批准，9月26日起，全面取消商品房限购。2014年石家庄市房地产市场整体平稳、供需平衡、价格稳定。全年发放商品房预售许可证152个，批准预售项目77个、806万平方米，开具购房查询证明4.7万份。商品住房上市面积566万平方米，同比增长58%；成交面积552万平方米，同比上涨52%；成交均价6410元／平方米，同比上涨1%；市区二手商品住房成交169.6万平方米，同比下降7.7%；成交均价5275元／平方米，同比下降0.93%。全年完成各类房产权属登记158384件，同比增长16.14%；发证132225个，同比增长12.54%。其中，办理初始登记372.57万平方米，同比减少38.8%；办理转移登记577.09万平方米，同比增长4.8%；办理抵押登记1321.72万平方米，同比减少10.8%；完成房地产收费5697万元。2014年全市商品房交易金额371.36亿，同比增长24.07%；存量房交易金额92.16亿，同比减少14.6%。至2014年底，全市累计登记房产11853.64万平方米，其中住宅面积7943.64万平方米。

【房地产市场监管】 全年受理房地产开发企业资质1447件，通过1395件，公告注销开发企业资质84家。至2014年底，全市共有房地产开发企业1723家。开展房地产行业法律法规和业务技能培训12期，参加企业近1000家、3300余人；向605名考试合格符合条件人员核发《房地产经纪从业人员岗位证书》；向1690家开发企业邮寄公开信；利用新闻媒体和政务网站，解读房地产最新法律法规和信息158期(次)。2014年市区核发房地产经纪机构备案证明268家，注销不符合条件机构26家。开展“遏制违规销售百日会战”、城乡违法建设项目集中整治、中介机构专项检查、查处取缔无证无照经营和专项治理“回头看”活动，全年累计巡查市区在建在售住房建设项目377个、1.8万次，张贴购房警示通告233份，约谈住房建设企业128家，下达行政执法调查通知书112份，利用媒体发布违规开发项目购房风险提示63个，行政处罚住房建设开发企业79家，罚款721万元，向部门及辖区政府移交违法违规住房建设项目184个。

【老旧小区改造】 印发《2014年度老旧小区环境综合整治工作实施方案》，开展市区老旧小区摸底调查，建成2000年前建造，866个、2338万平方米老旧小区数据库。建立老旧小区整治长效管理机制，制定出台《关于完善全市老旧小区物业管理实施意见》。全年投资2.4亿元，重点整治老旧小区277个、1300万平方米，超额完成2014年市委、市政府为民办实事确定100个老旧小区综合整治目标任务。

【住房物业管理】 印发《关于进一步做好2014年度物业管理工作的通知》，督导市内区完成辖区5万平方米以下住宅小区物业标准化管理。修订《石家庄市物业管理专家规定》，重新认定物业管理专家库成员。起草上报《关于调整全市物业服务收费标准申请的报告》，启动十年未变物业服务费调整。落实物业管理招投标制度，87个住宅项目采取招投标方式成功选聘物业服务企业，累计服务面积1740万平方米。制定印发《关于申报2014年物业管理优秀项目的通知》，指导物业企业开展创优评优工作。2014年全市5个项目推荐为“国家物业管理示范小区(大厦)”，占全省推荐小区(大厦)

总数 50%；15 个项目获评“河北省物业管理优秀住宅小区（大厦）”，占全省 33%；35 个项目获得“石家庄市物业管理优秀住宅小区(大厦)”。

【石家庄住房开发建设有限责任公司】 制定《住建集团主要业务决策管理办法》，撤并物业管理分公司，成立房地产开发第二分公司及独立考核安居开发项目部，注册房地产销售公司。加快资本运作，实现经营融资 1.8 亿元。建筑施工企业一级资质升级完成；建立健全商业房产出租、出售台账，确权更名商业房产 378 处，邀请住房建设专家举办业务培训 60 余次。处理遗留问题 33 件，收回资金 772 万元、房产971 平方米。2014 年公司新开发开工项目 1 个、3.7 万平方米，储备开发项目 3 个、占地 760 亩；商品房项目销售回款 2.11 亿元，开发项目实现利润 6300 万元；实现经营性房租收入 1.14 亿元，完成年度任务目标 110%；实现建设安装产值 5.15 亿元，施工收入 5302 万元，利润 902 万元，完成任务目标 104.2%；试验检测收入 1342 万元，利润 957 万元；设计费收入 662 万元，利润 122 万元。

（段楠）

住房公积金管理

【概况】 2014 年，全市归集住房公积金 58.05 亿元，完成计划 126.2%，同比增长 10.7%；提取住房公积金 26.64 亿元；发放住房公积金个人贷款 39.22 亿元，完成计划 130.73%，个贷率 84.22%，逾期率 0.01%；实现可供分配增值收益 4.09 亿元。至 2014 年 12 月底，累计归集住房公积金 327.66 亿元，累计提取住房公积金 131.09 亿元，住房公积金归集余额 196.57 亿元，累计发放公积金个人贷款 95798 户、221.99 亿元，公积金个人贷款余额 165.55 亿元，保障性住房项目贷款余额 7.76 亿元。全年住房公积金实现业务收入 8.25 亿元。其中，存款利息收入 1.02 亿元，委托个人贷款利息收入 6.84 亿元，委托保障性住房项目贷款利息收入 0.39 亿元。全年住房公积金业务支出 4.16 亿元。其中，住房公积金利息支出 3.93 亿元，委托贷款手续费支出 0.23 亿元。2014 年全市实现可供分配的增值收益 4.09 亿元。按照国家财政部颁布《住房公积金会计核算办法》分配：贷款风险准备金 0.27 亿元、市公积金中心管理费用 0.33 亿元、廉租住房建设补充资金 3.49 亿元。2014 年石家庄住房公积金管理中心获评河北省文明单位、河北省住房公积金管理优秀单位。

（底宪民）

【住房公积金政策】 关注社情民意，科学制定惠民政策，帮助中低收入家庭改善居住条件。放宽提取范围。租住保障性住房缴存职工，可提取住房公积金支付房租；以自有资金全款购买 90 平方米以下首套自住住房，且从未使用过住房公积金贷款，可多次提取本人和配偶住房公积金账户余额。增加贷款方式。开展异地贷款业务、银行组合贷款业务和商业银行贷款转公积金贷款业务，满足各类职工贷款需求。落实住房公积金贷款新政策。11 月 1 日，石家庄住房公积金个人贷款新政策开始实行，主要调整政策包括：缴存 6 个月即可办理住房公积金个人住房贷款；异地缴存公积金也可贷款，曾经在异地缴存住房公积金、在石家庄市缴存不满 6 个月，缴存时间可合并计算；公积金贷款可与商业贷款组合使用。公积金存贷款利率下调 0.25%。11 月 22 日起，全市下调个人住房公积金存贷款利率。其中，当年归集的个人住房公积金存款利率维持 0.35%不变，2013 年结转的个人住房公积金存款利率由现行 2.6%下调至 2.35%；五年期以下（含五年）贷款利率由现行 4%下调至 3.75%，五年期以上贷款利率由现行 4.5%下调至 4.25%。惩戒套取骗取公积金行为。加大套取、骗取公积金打击力度，以报案处理方式，严惩伪造、编造证明材料获取公积金住房嫌疑人；开展专项行动，对公积金贷款后恶意停缴贷款人实施问责，维护住房公积金政策公平性和互助性。

（底宪民　宋钧）

【公积金归集监管】 多措并举促进住房公积金归集。拓宽渠道，推进缴存基数、缴存比例年审，职工人均月缴存额与工资收入实现同步增长。加大公积金管理执法力度，督促各单位按时足额为职工缴存住房公积金，部分未建单位施行行政处罚。2014年全市新增缴存职工40000余人，153家单位为职工补缴住房公积金3.76亿元。稳中求进做好公积金贷款。执行差别化信贷政策，科学制定贷款计划，按照权利和义务对等原则，以存定贷、以贷促缴，综合确定个人贷款额度，有效缓解资金流动性压力。严格贷款管理，健全完善自主核算模式，参与合作楼盘审查、动态跟踪，防范贷款风险。加强项目贷款贷后管理，对照项目进度，落实资金监管要求。科学运营提升收益。借鉴商业银行“资金池”管理模式，开展资金统一核算，定期研究分析，集中管理和运作，有效提高资金使用率。

【公积金机构改革与管理】 健全管运分离、统一核算管理模式，增加内设科室，调整部门工作职责和岗位标准。5月27日，市机构编制委员会办公室下发《关于调整石家庄住房公积金管理中心内设机构的批复》(石机编办〔2014〕53号)，同意住房公积金管理中心内设机构增设稽核审计科、个贷中心，并将检查科更名为政策法规科。以管理科学、服务高效、业务规范、资金安全为目标，以服务对象为关注点，开展ISO9001标准化建设，2014年11月，石家庄住房公积金管理中心通过ISO9001质量管理体系认证。制定出台《石家庄住房公积金归集、提取管理实施细则》、《石家庄住房公积金贷款保证金管理暂行办法》、《业务承办银行考核办法》、《IT资产管理制度》、《预算管理办法》、《经费使用管理规定》等规范性文件，做到工作有规可依、每笔业务有章可循，用制度化促进业务规范化发展。强化内部稽核，成立稽核审计科，出台稽核审计办法，公积金贷款业务、管理部会计核算落实专项稽核，规避资金风险，提升管理水平。

【住房公积金服务】 推行“零障碍”服务全程协办机制，倡导微笑式、沟通式、体谅式服务，并在公积金办事大厅配备自助查询终端、叫号机、休息椅、饮水机设施。升级改造门户网站，优化栏目，及时更新内容，开展网上政策咨询、个人查询和投诉举报业务。6月30日，住房公积金管理中心“12329”客服热线平台正式上线运行，派遣8名客服人员、建成32条客服线路，专门负责热线答复，8小时人工坐席接通率达到80%以上。研发住房公积金客服系统，实现计算机智能排队、智能分配坐席、自助语音服务等功能，2014年12月，石家庄住房公积金管理中心网上营业大厅试运行，办事群众可24小时查询住房公积金基本信息和政策。加大住房公积金联名卡发放力度，全年与合作银行沟通协调，发放住房公积金联名卡10万余张。加强公积金政策宣传，利用报纸杂志媒体宣传工具，刊登住房公积金理论文章、政策解答20余篇；及时报道住房公积金中心重点工作，每季度发行内刊《石家庄住房公积金》，全面解读全市住房公积金政策；开展“我与住房公积金”征文比赛，收到全国征文近1000篇。

石家庄住房公积金管理中心
主　任：王树欣
副主任：王根恒　王书刚
　　　　曹元华　耿占合
　　　　杜琳琳

（底宪民）

区划地名

【居住小区命名】 2014年，市民政部门审批命名居住区63个，分别是海棠家园、肯彤名邸、赵二街花苑、华基君程领寓、上河原著小区、都市阳光小区、乾园、红石原著小区、健达花苑、盛世春天小区（南区、北区）、谈安小区、光华里小区、文河小区、翰玉门庭、安联新青年小区、华宁春天花园、翰林雅筑小区、星河盛世城、永乐沁园、中基碧域尚城、东风小区、启程苑、长城公司职工宿舍、广汇家园、钟秀花园、天河新悦城、鑫界王府、傲湖小区、明郡、尚金苑、南石家庄新村、长九花园、启锐园、乐城苑、隆景华庭、荣鼎天下园、泰丰观湖小区、和华家园、芳泽园、东胜紫御府（馨苑）、东胜紫御府（清苑）、东胜紫御府（嘉苑）、东胜紫御府（弘苑）、义堂新村、义堂新村北院、中山金碧园、紫睿天和小区、秀河家园（二期）、百岛绿城、龙溪城、东古城新村、十里铺新村、天洲视界城、南翟营祈福悦城、古运码头小区、鼎明华庭、太行嘉苑、主语城、盛益华苑、珺合府、丽晶园、海德园、悦景园。

【大型建筑物命名（更名）】 全年市民政部门审核备案命名（更名）大型建筑物30个，分别是瀚科大厦、泓海商厦、恒泰商务中心、宏基花园、秀水大厦、新合作研发中心、豪威大厦、百盛商务综合楼、世纪佳泰大厦、石家庄国际贸易城、塔坛国际商贸城、汇隆大厦、华宁春天商业广场、桃园中景大厦、杰座大厦、启程大厦、华山商务中心、长九中心、东胜悦享天地中心、尚金商务楼、乐橙商务广场、荣鼎天下商务大厦、中仰陵商贸城、锦地商务大厦、安信科技大厦、滨江优谷大厦、鼎明大厦。“新合作研发中心”更名为“合作大厦”、东振大厦、新合作广场。

【街道命名与界线管理】 全年市民政部门命名街道名称32个，分别是赵陵北路、元瑞街、元德街、盛华路、荣华街、北华街、天山北大街、贤良街、瑞安路、金永街、河东街、丰泰路、丰雅路、民族北路、景悦街、华强街、钟久路、钟宏路、钟西街、青翠街、孙村街、岳泰街、岳村路、田家庄街、垣中路、宫南路、宫北路、京广东街、汇吉路、塔谈大街、太行北大街、上城路。2014年按照国家和河北省边界联检要求，市民政部门完成石家庄市与衡水市市界联合勘界，指导10个县（市、区）联查县界13条。2014年根据省市农村容貌提升行动要求，完成433个村名标志设置，超额完成当年设置362个村名标志任务。

（市地名办公室）

交通运输

交通运输

概　述

2014年，全市围绕大交通战略部署，积极构建智能、高效、无缝隙交通运营网络，倾力将石家庄打造成为全国有重要影响的交通枢纽城市。改善铁路客运环境，11月1日，石家庄火车站东广场试运行。2014年石家庄站日均接发高铁动车组列车99.5对（办理业务99对），日均接发普速旅客列车68对（办理业务125列），发送旅客3229.31万人，实现运输收入326110.75万元，其中客票收入314182.95万元；石家庄南站日办理列车业务23825辆，所辖正定、新乐2个快运作业站，全年营销货物1756单、135327件、3151吨，其中外站营销并发送快运货物483单、35071件、1006吨。推进公路交通建设。11月3日，新赵公路赵县段最后1.8千米路面铺油完毕，至此，石家庄最后一条省道断头路全部打通，2014年11月底全线通车。2014年全市公路建设完成投资120.43亿元，建设里程1477.5千米。其中，高速公路完成投资88.03亿元，建设里程228.5千米；干线公路完成投资22.9亿元，建成通车136千米；农村公路完成投资9.5亿元，建设里程1113千米。至2014年末，全市共有高速公路5条559.68千米，国道4条417.81千米，省道21条1432.39千米，县道43条1580.62千米，乡道5000.69千米，村道8728.56千米，专用公路254.58千米，桥梁4170座25928.81延米，全市公路通车总里程累计达到17974.34千米，同比增加492.46千米，路网密度113.4千米／百平方千米，同比增加2.8千米／百平方千米。全年公路养护管理完成投资4.2亿元，完成干线大中修17项301.5千米，桥梁维修加固15座2245延米。全年公路运输完成营业性客运量6179.18万人，客运周转量375277.88万人千米，同比分别减少49.2%和35.1%；完成营业性货运量24141.63万吨，同比减少30.15%，货运周转量10247049.6万吨千米，同比增长5.92%。航空运输服务能力提升。5月8日，安平、深州2座异地城市候机楼同日启用。12月18日，石家庄机场北京西站城市候机楼投入使用。年末石家庄机场异地城市候机楼达到11个，旅客直通车通达冀中南地区12个市县。2014年石家庄机场引进韩国济州航空、釜山航空、真航空、德威航空及泰国捷特亚洲航空、Skyview航空公司，开通石家庄飞往韩国首尔、济州、釜山、襄阳，泰国普吉岛、曼谷等地国际航线及台湾地区台北、台中客运航线。至2014年末，石家庄机场运营客货航线86条，通航城市达到62个；累计保障飞机起降5.62万架次，同比增长8.1%，其中保障航班运输起降5.12万架次，同比增长9.2%；年客流量突破560万人次，同比增长9.6%，其中运送国际和地区旅客19.3万人，同比增长21.1%；货邮吞吐量4.55万吨，同比增长5.8%。城市轨道交通建设提速。1月20日，轨道交通1号线一期工程初步设计及概算获得省发改委批复。2月25日，3号线一期工程初步设计获得省发改委批复。7月11日，1号线南村站至洨河大道站区间左线正式贯通，实现首个盾构区间单线贯通。至2014年底，1号线一期工程及3号线一期首开段主体工程55个工点全部开工在建，14个标准车站封顶，50%以上区间完成初衬，80%以上附属工程具备开工条件，其中30%开工在建。2014年全市轨道交通建设完成投资45亿元，累计完成投资67亿元。启动实施“10+1”工程建设，推进以常规公交为主体，轨道交通、快速公交为骨干，出租汽车为补充，慢行交通为延伸“三位一体＋一慢”城市综合交通服务网络建设，加快“公交都市”创建进程。至2014年末，全市启动“10+1”工程65项，完成37项，在建28项，完成投资65.11亿元，占总工程量30%。推进公交设施建设，2014年全市开辟公交线路10条、合并9条、优化调整41条；投资1.6亿元，建成栾城和藁城公交枢纽站、南位公交停保场、正定公交首末站、公路主枢纽信息指挥中心主体工程，建成港湾式公交站台30座，扩建公交站台49座，新建公交候车亭29座，迁移不良站位18个。至2014年底，全市拥有公交营运车辆4017辆，其中天然气公交3501辆，占总运营车辆85.12%；营运线路223条，线路总长3761千米，同比增加42千米；营运行驶里程1.81亿千米，运送乘客5.1亿人次，同比分别减少15.02%和20.31%；公交出行分担率达到29.23%。

（彭连忠）

铁　路

【概况】 2014年，石家庄市域共有铁路干线5条（京广、石太、石德、石太客运专线、京广高铁安阳至涿州段），分别起止京广铁路207.9千米（寨西店承安铺间）至321.3丁米（高邑鸭鸽营间），石太铁路石家庄至70.1千米（南峪娘子关间），石德铁路石家庄至85.25千米（束新王家井间），石太客运专线石家庄北站至59.97千米（井陉北阳泉北间）；支线2条（新井、凤山），总长18.1千米，合计营业里程328.7千米。全辖共设车站29个，其中高铁客运站3个。京广高铁57.04千米至452.40千米，北与杜家坎线路所衔接，南与安阳东站衔接。石家庄站管辖高铁沿线中间站8个：京广高铁涿州东、高碑店东、保定东、定州东、正定机场、高邑西、邢台东、邯郸东。至2014年末，北京铁路局在石家庄派出机构有石家庄铁路办事处；驻石家庄主要运输单位有石家庄站、石家庄南站、石家庄客运段、石家庄电力机务段、石家庄工务段、石家庄供电段、石家庄电务段、石家庄车辆段、石家庄货运中心；非生产单位有石家庄职工培训基地、石家庄工程项目管理部、石家庄建筑段、石家庄铁路疾病预防控制所。石家庄车辆段主要担负京广、京九、石德、石太、邯长、邯济等铁路干线及合资铁路朔黄线货物列车定期检修及日常维修任务，管辖区段1869.6千米，安全保证区段3587.4千米；设有检修台位28个，实行两班制作业，日检修任务50余辆。石家庄工务段主要担负京广线上、下行257.500千米至281.37千米，石太线上行3.265千米至117千米、石太线下行−2.219千米至117千米，石太三、四线3.357千米至34.8千米，石太客运专线（上12.432.8千米、下行9.764千米）至222.4千米，石德线（上行3.794千米、下行3千米）至5.8千米线路、桥梁、隧道等设备大、中、维修及保养任务。石家庄客运段担当61.5对旅客列车客运乘务任务。其中，高铁动车组列车有：北京西至广州南G69/G66次、G67/G70次，石家庄至深圳北G531/G532次，北京西至长沙南G501/G504次，北京西至南宁东G529/G530次，石家庄至南宁东G423/G424次，北京西至南昌西G491/G492次，北京西至汉口G509/G520次、G511/G522次，北京西至武汉G517/G528次，北京西至信阳东G571/G574次，郑州东至北京西G562次，北京西至宝鸡南G671/G674次，北京西至西安北G651/G88次、G657/G668次、G659/G670次，北京西至太原南G91/G610次、G603/G608次、G605 /G612次、G607/G614次、G615/G622次、G617/G626次、G619/G628次、G627/G602次，北京西至邯郸东G6731/G6732次、G6733/G6734次、G6735/G6736次、G6741/G6742次、G6743/G6744次，石家庄至邯郸东G6751/G6754次，北京西至石家庄G6701/G6702次、G6703/G6704次、G6705/G6706次、G6707/G6708次、G6709/G6710次、G6711/G6712次、G6713/G6714次、G6745次；动车组列车有：北京西至运城北D2001/D2006次，北京西至石家庄D6721次，石家庄至秦皇岛D6606/D6605次、D6602/D26601次；普通旅客列车有：跨局直达特别旅客列车石家庄至广州Z89/Z90

次，跨局快速旅客列车石家庄至上海K233/K234次、石家庄至杭州K1266/K1265次、北京西至重庆K589/K590次、邯郸至包头K220/K219次、石家庄北至上海K1012/K1011次、石家庄至烟台K1214/K1213次、邯郸至哈尔滨西K1526/K1525次，管内特快旅客列车石家庄至秦皇岛T5682/T5681次，管内快速旅客列车石家庄至秦皇岛K7714/K7713次、天津至秦皇岛K7721/K7722次、邯郸至天津K7746/K7745次、石家庄至张家口南K7732/K7731次、邯郸至张家口南K7738/K7737次、石家庄至承德K7742/K7741次，管内普通旅客列车石家庄北至衡水Y504/503次、衡水至北京西Y502/501次、邯郸至秦皇岛4426/4425次、石家庄至邯郸6421/6422次、临西至阳泉4462/4461次、石家庄北至阳泉4465/4466次。石家庄电力机务段配属机车348台，内燃机车5种88台，担当石太线石家庄至太原北，石德线石家庄至德州（长庄），京广线石家庄至北京，京九线衡水至阜阳、衡水至南仓，京沪线德州至徐州，石太客专线石家庄至太原7个区段客货列车机车值乘任务及石家庄、阳泉、衡水、保定4个区域调车机、调度机、小运转机车值乘任务。石家庄供电段担负京广高铁76.378千米至509.886千米、石太客专0.000千米至222.400千米、京广线64.500千米至485.800千米、石德线0.000千米至5.800千米、石太线0.000千米至117.000千米、邯长线0.000千米至215.500千米牵引供电和生产生活供水、供电任务；担负沙午线0.000千米至69.000千米、马磁线0.000千米至46.225千米供水、供电及设备更新、改造、维修养护任务。石家庄电务段担负京广线247.150—485.837千米、京九线206.225—372.777千米、石德线0.000—176.500千米、石太线0.000—117.000千米、邯长线0.000—215.491千米、石太客运专线、京广高速线和石家庄西环线、沙午、马磁等20条支（矿）线共计1708.823千米信号设备维修维护任务。石家庄站位于京广高铁、京广、石德、石太、石太客运专线交汇点，站中心里程（客站）为京广高铁277.08千米，车站等级为特等站，业务性质为客运站。石家庄站所辖石家庄北站为二等站，管辖京广高铁沿线涿州东站、高碑店东站、保定东站、定州东站、正定机场站、高邑西站、邢台东站、邯郸东站8个客运站及徐水东、北降壁、和平3个线路所。日均接发高铁动车组列车99.5对（办理业务99对），其中始发14列、终到15列；日均接发普速旅客列车68对（办理业务125列），其中始发、终到11对。2014年石家庄站完成旅客发送量3229.31万人，其中10月1日发送旅客15.53万人，创车站单日旅客发送量历史新高；完成运输收入326110.75万元，其中客票收入314182.95万元。石家庄南站位于京广、石德、石太3条干线交汇点，主要担负南北京广、石德、石太4个方向货物列车到发和运输组织工作，日办理列车业务23825辆；管辖正定、新乐2个快运作业站，全年营销货物1756单、135327件、3151吨，其中外站营销并发送快运货物483单、35071件、1006吨，货物快运业务呈良好发展态势。石家庄建筑段承担京广线、京九线、石太线、石德线、邯长线等5条干线及保满线、满神线、沙午线、马磁线、新井、凤山、白荫7条支线房建任务；承担京广高铁、石太客专2条高速铁路区间150个车站四电房屋维修与管理；承担管内439.7万平方米冬季供暖及172处/202台（锅炉150台，换热机组50台，水源热泵2台）设备运行管理；负责管内280个住宅小区（45453户）房屋出售及办证、31个住宅小区水电费收缴、4180户未售住宅收费及10个地区单身房屋管理。管内设备责任总量456901件/960.7万换算平方米。石家庄货运中心担负晋煤外运、电煤输送和军运、粮食、油料等重点物资和其他零散货物运输任务，在华北运输市场占据重要地位。业务管辖西起石太线赛鱼站，东至石德线八里庄站，京九线北自霸州站，南至清河城站，区域跨及723千米。货源吸引区覆盖晋、冀、鲁3省。管内建有封闭性货场10个，货物装卸线176条、专用线108条、装卸机械133台。

（王洁英）

【春节国庆铁路客运】 2014年春运期间（1月16日至2月24日），石家庄站（含石家庄新客站、石家庄北站及下辖8个高铁站）发送旅客304.54万人，较2013年同期增长14.33%。其中，发送量最高峰日2月16日发送旅客9.27万人。2014

年春节假日期间（1月31日至2月6日），石家庄站发送旅客44万人，同比增长28.7%，日均发送旅客6.3万人。石家庄站“十一”国庆黄金周假日运输10天（9月28日至10月7日），发送旅客112.45万人，较2013年同期增长16%，其中高峰日10月1日发送旅客15.53万人，较2013年同期增长17.7%，创下该站单日发送旅客新高。

【新客站东广场试运行】 2013年8月，石家庄新客站东广场拆迁工作完成，开始实施地下主体工程。2014年3月10日，地下主体工程全部封顶。2014年6月底，市轨道交通结构工程防水和回填全部完成。2014年9月底，新客站配套道路开通使用。11月1日零时，新客站东广场试运行。石家庄新客站东广场占地面积10.6万平方米，东西宽146米、南北长312米，地下建筑面积6.7万平方米，商业及步行通道面积24510.4平方米，商业与车库设备用房面积4551.8平方米，总投资129600万元；由市城市建设投资控股集团有限公司负责建设，设计单位为上海市政工程设计院，监理单位为深圳市中弘策工程顾问有限公司，施工单位为中铁十八局集团有限公司。新客站东广场地下四层结构。其中，地下空间利用工程为地下二层结构，共分6个区域，包括广场地面、出站通道、公交车载客区（位于地下一层北侧，可同时停靠18辆公交车）、商业区（位于地下一层南侧）、出租车载客区（位于地下二层北侧，蓄车位约180辆）、社会车辆停放区（位于地下二层南侧，可停放车辆277辆）；地下三、四层为轨道交通1、3号线结构工程。按照方便旅客换乘原则，新客站东广场设计采用上进下出模式，地上与地下步行人流通过30部电梯（26部电扶梯，4部直梯）交互联通，地下安置公交、出租、社会车辆等接客车辆及轨道交通，实现立体交通“零换乘”和无缝隙对接。

（宋钧）

【列车运行图调整】 12月10日零时起，铁路调整列车运行图，涉及石家庄客运段列车53对，其中，普速列车20对、高铁动车组列车33对。3对列车变更运行区段：北京西～太原G619/G628次延长至太原南；石家庄～哈尔滨1524/5、1526/3次改为邯郸～哈尔滨西，延长区段经由京广线运行，车次改为K1526/7、K1528/5次，石家庄～天津间改经由京广、京九、京沪线运行，经北京西站停车办理客运业务；石家庄北～阳泉4467/8次延长至临西，延长区段经由石德、京九线运行，车次改为4464/1、4462/3次。3对客运列车变更运行路径：石家庄～烟台K1214/5、K1216/3次石家庄至晏城间改经由京广、邯济、京九、邯济线运行，车次改为K1215/4/5、K1216/3/6次，聊城调向；石家庄～杭州K1266/3、K1264/5次石家庄至聊城间改经由京广、邯济、京九线运行，车次改为K1263/6/3、K1264/5/4次，聊城调向；邯郸～秦皇岛4426/3、4424/5次在工业站至平南站间改经由石家庄北、石家庄西环线、京广线运行，取消石家庄，增加石家庄北办理客运业务。3对列车变更始发、终到站：石家庄～南宁G423/4次改为南宁东终到始发（暂开行至桂林）；北京西～南宁G529/G530次改为南宁东终到始发（暂开行至柳州）；石家庄～上海K1014/1、K1012/3次改为石家庄北始发终到。1对列车停运：石家庄～磁县4483/4次列车。6对列车变更车次：石家庄～秦皇岛D4532/3变更为D6602/3，D4534/1变更为D6604/1，D4536/7变更为D6606/7，D4538/5变更为D6608/5；石家庄～广州T89/90变更为Z89/90；石家庄～哈尔滨1524/5变更为K1526/7，1526/3变更为K1528/5，延长至邯郸～哈尔滨西；石家庄～烟台K1214/5变更为K1215/4/5，K1216/3变更为K1216/3/6；石家庄～杭州K1266/3变更为K1263/6/3，K1264/5变更为K1264/5/4。

（宋钧　云广山）

【京广普速引入六线隧道】 12月21日，石家庄枢纽改造工程京广普速引入六线隧道Ⅰ级施工完成，京广普速两条正线正式引入石家庄六线隧道，标志六线隧道工程开通。至此，石家庄市区被铁路分割终至，实现铁路“穿城入地”，地面东西向连通。京广普速引入石家庄六线隧道施工是将既有京广上、下行线K261+500m–K268+800m间线路拨移到石家庄六线隧道内运行，工程主要内容包括新建线路路基、轨道、隧道、信号、供电、通信等多项工程。石家庄编组站和石家庄客运站位于城市中心，京广线6条铁路正线（包括太青客专、京广高铁、京广普速路线各2条）横穿主城区。

铁路分割城市对石家庄城市交通、环境、城市发展空间等造成很大影响。根据城市发展空间战略，确定建设石家庄市铁路枢纽工程方案，城区段采用地下方式敷设，修建6条地下铁路隧道。该工程北起石纺路，南至槐安东路，紧邻既有京广线东侧，全长6060米，其中洞体长4980米，是国内第一条六线并行隧道。

（宋钧　周力图）

公　路

【概况】 2014年，全市公路通车总里程累计达到17974.34千米，同比增加492.46千米，路网密度达到113.4千米／百平方千米，同比增加2.8千米／百平方千米。其中，高速公路5条（黄石高速公路、青银高速公路、京昆高速公路、京港澳高速公路、西柏坡高速公路）559.68千米，国道4条（107国道、207国道、307国道、308国道）417.81千米，省道21条1432.39千米，县道43条1580.62千米，乡道5000.69千米，村道8728.56千米，专用公路254.58千米。桥梁4170座25928.81延米。2014年全市公路建设完成投资120.43亿元，建设里程1477.5千米。其中，高速公路完成投资88.03亿元，建设里程228.5千米；干线公路完成投资22.9亿元，建成通车136千米；农村公路完成投资9.5亿元，建设里程1113千米。实施农村面貌改造提升行动完成主街道路硬化366.7千米、县乡公路改造442.8千米、年久失修路维修303.5千米。2014年河北省下达石家庄农村公路“田路分家”任务完成。

（黄金元）

【高速公路】 全年高速公路完成投资88.03亿元，建设里程228.5千米。12月21日，京港澳高速公路河北段改扩建工程完工通车。全长435千米，设计车速120千米／小时，双向八车道；石家庄部分建设里程105千米，新建段82.9千米。该工程于2013年10月8日断交封闭施工，分为京石改扩建段和石安改扩建段2个部分。其中，京石改扩建段全长224.678千米，是河北省境内里程最长的双向八车道高速公路，途经石家庄、保定等地，接京港澳高速公路北京段，设收费站17处、服务区7处；石安改扩建段全长209.81千米，途经邯郸、邢台、石家庄等地，接京石改扩建段，设收费站18处、服务区7处。京港澳高速公路河北段路面平整度标准达到0.7毫米，远高1.2毫米国家规范要求，领先国内其他高速公路；运营管理智能化、数字化、信息化水平提高，全线实现ETC车道和电子监控全覆盖；路面、中央分隔带和护栏安装轮廓标，限高处设置反光膜，采用双组份高亮标线，夜间行驶可发光；每2000米设置一对停车港湾，宽度3.5米，施画鱼腹线，方便紧急停车；中央分隔带全部采用景观护栏，防撞等级提高；大量增加门架式可变情报板，信息提示醒目；服务区间隔由60多千米变为30千米左右，司乘人员加油、休息更加方便。14个省（市）高速公路ETC联网。12月26日，包括石家庄所在河北省、全国14个省高速公路电子不停车收费（ETC）正式联网运行。此次次联网14省（市）为北京、天津、河北、山西、辽宁、上海、江苏、浙江、安徽、福建、江西、山东、湖南、陕西，覆盖5.2万千米高速公路，6659条ETC专用车道，用户总量909万个。2014年京昆高速与石太高速路基86%、桥梁81%、隧道70%建设完工；南绕城高速征地拆迁完成57%；津石高速、石衡高速项目获得施工许可；西阜高速、平赞高速项目融资正在推进。至2014年底，全市共有高速公路5条，累计全长559.68千米。

（黄金元　呼洋　赵建）

【干线公路】 全年干线公路完成投资22.9亿元，通车里程136千米。新城大道通车。12月24日，石家庄市区连接主城区和正定新区的新城大道正式通车。新城大道工程全长7.17千米，为全封闭双向八车道高架路，南起市区东北二环相交处，跨原京港澳高速、黄石高速以及滹沱河，终点与正定新区滨水路相交。2013年3月新城大道工程进场施工，建设标准为城市快速路和城市主干路，东北二环至店上村设计时速为80千米／小时，店上村至正定新区设计时速为60千米／小时。省道断头路新赵公路全线贯通。新赵公路全长34.399千米，起点为无繁公路，终点为308国道，沿线跨307国道、衡井线，途经新乐市、藁城区、栾城区和赵县。全线按照二级公路标准建设，双向行驶、无中央分隔带双车道公路，设计时速80千米／小时，路基宽12米、路面宽11.4米。2009年新赵公路新乐、藁城段率先开工完工通车，因资金等问题，栾城和赵县段工程一直没有启动，成为河北省仅存3条省级断头路之一，也是石家庄唯一一条省道断头路。2014年新赵公路列入省级重点工程，11月3日新赵公路赵县段最后1.8千米道路铺油完工。2014年11月底，新赵公路实现全线通车。2014年南二环东延（东三环至藁城段）、正定机场高铁站至航站楼道路、西三环辅道贯通、京港澳高速黄市连接线、定魏公路（正港公路至贾村桥段）等道路工程项目完成，国道107北（石保界至正定段）、三环公路辅道良村至西古城段等重点工程开工。至2014年底，全市共有国道4条417.81千米，省道21条1432.39千米，县道43条1580.62千米。

（黄金元　范玉蕾　宋钧）

【公路养护管理】 全年投资4.2亿元，完成干线大中修17项301.5千米，桥梁维修加固15座2245延米。其中，307国道西（西三环至山西界段）大中修工程完工通车，308国道大修改造完成60%建设任务。实施路面巡查、预防性养护管理，开展示范路、样板路创建活动，实现1290千米干线公路养护标准化。落实桥梁管理责任制，建立三、四、五类桥梁动态监控，2014年全市干线公路技术状况指数达到85.6。4月19～25日，市交通运输局围绕“着力提升路域环境和公路通行能力，着力提升行业管理服务水平”两提升，在全市国省干线公路集中开展公路环境综合整治周活动。出动人员2.1万余人次，动用清扫、清理机械设备420台班，累计完成道路清理里程1665千米，清理垃圾39099立方米，维修设施668处，拆除违章建筑28处，清理非交通标志及杂乱牌匾2210块，处置未经审批平交道口14处，为群众出行营造了畅、安、舒、美公路行车环境。

【重点物流项目】 全年共有重点物流项目30项，总投资577.6亿元，年度计划投资51.2亿元。至2014年底，全市重点物流项目累计完成投资54.6亿元，占年度计划投资额107%。其中，计划新开工项目9项，总投资160.7亿元，年度计划投资10亿元，项目累计完成投资10.2亿元，占年度计划投资额102%。2014年全市重点物流项目计划新开工项目全部开工在建，其中乐仁堂医药正定国际物流园二期项目竣工。续建项目15项，总投资307亿元，年度计划投资41.2亿元，项目累计完成投资44.4亿元，占年度计划投资额108%，其中灵寿飞达物流园区和行唐县九都商贸物流园项目竣工。2014年全市重点物流项目规划前期项目6项，总投资110亿元。

（黄金元）

运输市场管理

【概况】 2014年，全市共有经营性道路运输车辆25.8万辆，其中，班线客车和旅游客车2930辆，城市公交车4017辆，出租汽车9789辆，货运车辆24万辆。至2014年底，全市公路运输完成营业性客运量6179.18万人，客运周转量375277.88万人千米，同比分别减少49.2%和35.1%；完成营业性货运量24141.63万吨，同比减少30.15%，货运周转量10247049.6万吨千米，同比增长5.92%。2014年春运期间（1月16日至2月24日），全市投放长途客运车辆2600辆，安排客车16111辆次（其中加班车603辆，包车5辆），发班231658次，提供客位4126812个，完成客运量399.1万人次，较2013年同期下降16.86%。加强依法行政，制定出台《加强交通行政执法与刑事司法衔接工作规定》、《城市配送营运车辆管理办法》；下放出租汽车经营审批、从业资格证核发、涉路施工许可案件审查3项行政许可权限。

重视执法队伍建设，落实评议考核制度，开展公路执法专项整改，杜绝公路执法“三乱”行为（乱设站卡、乱罚款、乱收费）。2014 年市交通运输局获评全市依法行政先进单位。

【道路运输管理】 开展“打非治违”专项行动，查处违章经营车辆 4167 辆次、非法运营“三车”〔是指营运人力三轮车，电动、燃油三轮车，电动、燃油四轮车（不含国家公告目录内车型，包含非法改拼装三、四轮车及非法营运）〕4326 辆。规范运输市场，强化重点部位监管，取消机场出租汽车定点经营，改造新火车站出租汽车候车区，安装监控设备，设置隔离栏，公示投诉电话。出租汽车服务管理信息系统一期工程完成，安装车载终端 3000 台，实现出租汽车动态监管。保持高压治超态势，创建“无双超”信誉企业 89 家。加强超限检测站建设，通过河北省交通运输厅验收站点 21 个。加大道路运输执法力度，维护路产路权。至 2014 年末，全市查处超限超载车辆 10443 辆，卸载货物 44.12 万吨，罚款 3342.6 万元，超限超载率控制在 2%以下。

（黄金元）

【客运票价调整】 根据河北省物价局、省交通运输厅《关于实行道路客运价格与成品油价格联动机制的通知》（冀价经费〔2012〕11 号）规定及省物价局《关于调整成品油价格的通知》（〔2014〕3 号公告）要求，自 11 月 14 日 24 时起，全市道路客运燃油附加费标准调整为 0.012 元／人千米。市交通枢纽中心所属运河桥客运站、客运北站、白佛客运站、西王客运站、南焦客运站同步执行燃油附加费下调后新票价，涉及客运线路 201 条，占客运线路总数 52%，下调区间：1 元至 7 元。

（范玉蕾）

【概况】 2014 年，石家庄机场面对京津冀协同发展利好形势，以安全运营为核心，加强内部管理，推进“大众化、差异化、精细化”运营战略，拓展航班航线，开发商务、旅游客源，推出“空铁联运”快线，为旅客、商户提供了便捷、优质、高效航空服务。12 月 22 日，京津冀三地机场协同发展战略合作框架协议签订仪式在北京举行，协议确定河北机场管理集团公司纳入首都机场集团公司，实现京津冀三地主要机场统一管理、一体化运营。2014 年石家庄机场引进韩国济州航空、釜山航空、真航空、德威航空及泰国捷特亚洲航空、Skyview 航空公司，开通石家庄飞往韩国首尔、济州、釜山、襄阳，泰国普吉岛、曼谷等地国际航线及台湾地区台北、台中客运航线。其中，韩国济州航空、中国春秋航空开通石家庄—首尔正班国际客运航线，填补石家庄机场国际正班客运航线历史空白。2014 年石家庄机场新增张家口、北海、无锡、济南、银川、榆林、泉州、济宁、乌兰浩特、满洲里、海拉尔、西宁等 24 条国内航线；新开或加密秦皇岛、唐山、张家口省内支线航线，石家庄至张家口航线达到每周 17 班，石家庄至唐山航线达到每周 7 班，石家庄至秦皇岛航线高峰时期达到每周 21 班。至 2014 年底，石家庄机场运营客货航线 86 条，通航城市达到 62 个；累计保障飞机起降 5.62 万架次，同比增长 8.1%，其中保障航班运输起降 5.12 万架次，同比增长 9.2%；年运送旅客 560 万人次，同比增长 9.6%，其中运送国际和地区旅客 19.3 万人，同比增长 21.1%；年货邮吞吐量达到 4.55 万吨，同比增长 5.8%。2014 年石家庄机场 2 号航站楼及飞行区场道工程项目竣工通过验收，正式投入运行；还通过中国民用航空华北地区管理局对石家庄机场使用许可换证升级审定及民用机场服务质量评审，机场飞行区等级升至 4E，机场安全实现第 11 个安全年。

（张毓　杨兰军　张红昱　杜鹃　宁建　成珊珊）

【运输生产】 2014 年春节假日期间（1 月 31 日至 2 月 6 日），石家庄机场运送旅客 10.2 万人次，比 2012 年同期增长 26%，其中往返海口、三亚、上海、广州、成都、昆明、南京、深圳、大连、沈阳等城市航线平均客座率达到95%以上。春运期间（1月16日至2月24日共40天），石家庄机场保障航班起降5909架次，同比增长21.2%，累计运送旅客62.94万人次，同比增长20.6%。端午小长假期间（5月31日至6月2日），石家庄机场运送旅客4.55万人次，同比增长15%。暑假期间（7月1日至8月31日共62天），石家庄机场运送旅客108.44万人次，同比增长14.1%；京石空铁联运旅客客流量3.6万人次，同比增长10%，其中散客2.8万人次，占80%；前往韩国和中国台湾、香港地区航班客座率居高，3.42万名出境游旅客从石家庄机场出行。国庆长假期间（10月1～7日），石家庄国际机场运送旅客11.5万人次，较2013年“十一”国庆假期小幅增长；10月7日石家庄机场起降航班140个架次，运送旅客1.65万人次，航班平均客座率在95%以上，飞往深圳、大连、秦皇岛、厦门、杭州、昆明、西安、青岛、三亚等航班客座率达到100%；10月1～7日，京石空铁联运客流达到4390人次，同比增长50%，三分之一客流来自北京。11月17日，石家庄机场年客流量突破500万人次，较2013年同期增长13.4%。至2014年底，石家庄机场累计保障飞机起降5.62万架次，同比增长8.1%，其中保障航班运输起降5.12万架次，同比增长9.2%；年运送旅客560万人次，同比增长9.6%，其中运送国际和地区旅客19.3万人，同比增长21.1%；年货邮吞吐量达到4.55万吨，同比增长5.8%。

（石家庄机场）

【2号航站楼启用】 10月10日凌晨，石家庄国际机场2号航站楼正式启用，主要运营国内航班，国际和地区航班继续使用1号航站楼。2号航站楼建设规模15.4万平方米，采用大跨度钢架结构设计，空间开阔、明亮，可满足年旅客吞吐能力1500万人次需要；分为主楼、指廊、卫星厅三段，主体建筑为二层半，一层及夹层为旅客进港服务区域，二层为旅客出港服务区域。航站楼设置廊桥18部，值机柜台67个，自助值机柜台10个，大件行李柜台1个，登机口29个，中转柜台6个，安检通道23个，安检双通道X光机32台，比1号航站楼扩大近3倍。

（翟开矿）

【飞行区升至4E等级】 2010年石家庄机场改扩建工程暨机坪加油管线扩建工程开工建设。2014年8月29日，石家庄机场改扩建工程暨机坪加油管线扩建工程2号航站楼及改扩建工程项目通过中国民用航空华北地区管理局验收，10月10日凌晨正式投入运行。11月25～27日，中国民用航空华北地区管理局实施石家庄机场许可换证升级审定，分设飞行区组、目视助航组、应急救援组、航空油料组、运输管理组等8个专业组，采取现场检查、查阅文件资料、模拟演练、人员访谈等方式开展审定。审定组审定检查项目1885项，石家庄机场符合率达到97.71%，成功通过机场使用许可换证升级审定，飞行区升至4E等级。

【运营航线】 全年石家庄机场新增航线34条，新增通航点11个。至2014年底，石家庄机场运营航空公司达到26家，其中国内航空公司19家，国际航空公司7家；执飞航线86条，其中国内客运航线73条，国际地区客运航线10条，国内货运航线3条，国际货运航线1条；通航城市62个，其中国内通航点52个，国际地区通航点10个。新开国内航线。3月30日，石家庄机场开通沈阳—石家庄—丽江航线；5月20日，石家庄机场新开石家庄—济宁—深圳航线；8月12日，顺丰航空开通杭州至石家庄货运航线；12月1日，石家庄机场开通呼和浩特—石家庄—合肥航线。新开国际航线。4月7日，石家庄至韩国襄阳航班首航；4月14日，石家庄至韩国首尔航线开通；4月15日，石家庄至韩国济州航线开通；7月2日，韩国大邱至石家庄航线开通；7月14日，石家庄机场开通至俄罗斯伊尔库茨克航线；8月22日，石家庄至韩国首尔正班客运航线开通，这是石家庄机场开通的首条国际正班客运航线；9月23日，中国春秋航空开通石家庄至韩国首尔仁川机场航班。

（成姗姗）

【航空运输服务】 2014年5月，河北机场集团与河北省邮政速递物流公司签署石家庄航空邮件处理中心项目合作协议，由河北省邮政速递物流公司在石家庄机场南货运区投资建设航空邮件处理中心，占地55.5亩。5月21日，中国春秋航空与石家庄国际机场分公司联合推出

“京石低成本空铁联运”新模式，北京旅客网上购买春秋航空从石家庄出发或抵达的航班飞机票，均可享受0元高铁车票。8月4日，石家庄机场自助查询系统正式上线。9月19日，“河北民航微发布”平台在石家庄机场正式成立。该平台由石家庄机场联合河北航空公司、春秋航空公司、新浪河北、河北电视台、河北人民广播电台、《河北日报》、《燕赵都市报》、《河北青年报》、《燕赵晚报》、河北交通广播、河北音乐广播、石家庄交通广播、石家庄音乐广播、长城网14家媒体官方微博共同发起成立。“河北民航微发布”平台主要向社会及时传播省域民航航班航线信息、旅客服务举措、不正常天气航班服务信息及特价机票、地面班车时刻、空铁联运、空空中转、行李托运、乘机安检、无陪儿童、残疾旅客等信息和注意事项，普及航空知识、解答旅客航空出行疑问，搭建旅客、机场、航空公司间顺畅的信息沟通渠道，为旅客出行提供便捷、准确服务。至2014年末，“河北民航微发布平台”及联合媒体官方微博粉丝总数达到1400万。

（胡彦轩　范玉蕾　曲炜）

【集疏运体系建设】 全年石家庄机场新增城市候机楼3座：安平、深州、北京西站。5月8日，安平、深州2座异地城市候机楼同日启用，石家庄机场至安平、深州两地直通车同步运营。12月18日，石家庄机场北京西站城市候机楼投入使用。至2014年末，石家庄机场异地城市候机楼达到11个，旅客直通车通达冀中南地区12个市县。新增机场至火车站往返客车。8月13日，石家庄机场新增至火车站接送旅客往返路线，这是石家庄机场继桥东、桥西后在市区开通的第3条机场往返路线，机场至市区停车点依次为恒大名都、万达洲际酒店、南焦客运站、火车站西广场，全程运行50分钟。桥东旅客班车线路调整。8月25日起，石家庄机场调整桥东旅客班车（一号线）机场至市区行驶路线，新增省儿童医院、省军区（东大街口）、长途客运总站（省艺术中心）、中华大街槐安路口4站，取消省水务集团、南二环建设大街口2站。调整后旅客班车具体路线为：从石家庄机场候机楼一楼出发，沿京港澳高速至裕华路高速口为第一站，后续站点为民航大酒店、省儿童医院、省军区（东大街口）、河北大戏院、长途客运总站（省艺术中心）、中华大街槐安路口、新火车站。构建以石家庄机场为中心，覆盖冀中南，涵盖山西省阳泉市、河南省安阳市、北京等地区地面交通网络，将航空服务范围从省会城市拓宽到地市级城市及发达地区县、乡、镇，初步建立空地联运“立体化”运营、“一站式无缝隙”服务体系。2014年石家庄机场空铁联运辐射范围包括高铁沿线北京、保定、邯郸、邢台、太原、郑州等29个城市，旅客流向覆盖石家庄机场全部通航城市，日均运送旅客超过600人次，日高峰旅客超过1500人次。至2014年末，石家庄机场空铁联运客流量达到22.5万人次，同比增长45.2%，其中北京地区运送8.7万人次，同比增长26%。

（翟开矿　成珊珊　张毓）

城市轨道交通

【概况】 2014年，石家庄市轨道交通工程建设有序开展。1月20日，轨道交通1号线一期工程初步设计及概算获得省发改委批复。2月25日，3号线一期工程初步设计获得省发改委批复。3月7日，省住房和城乡建设厅核准颁发《石家庄市城市轨道交通2号线一期工程建设项目选址意见书》。2014年6月，市区划地名办公室按照从北向南顺序，确定省会轨道交通2号线15个站名，分别为西古城站、二六零站、义堂站、建和桥北站、长安公园站、人民广场站、河北剧场站、槐中路站、东岗头站、东三教站、火车站、塔谈站、仓丰路站、南位站、嘉华路站。6月11日，1号线解放广场站主体结构封顶，成为一期工程首座实现主体封顶车站。6月13日，市轨道交通建设办公室与国家开发银行为牵头银行各银团成员行签订轨道交通1、3号线150亿元银行承兑汇票协议。6月19日，国家住房和城乡建设部IC卡应用服务中心复函批准石家庄市轨道交通使用“建设事业IC卡城市密钥管理系统”，标志石家庄市拥有了自主IC卡城市密钥管理系统。7月11日，1号线南村站至洨河大道站区间左线正式贯通，实现首个盾构区间单线贯通。至2014年底，市轨道交通1号线一期工程及3号线一期首开段主体工程55个工点全部开工在建，14个标准车站封顶，50%以上区间完成初衬，80%以上附属工程具备开工条件，其中30%开工在建。3号线一期工程两边段开始征迁。2号线一期工程可行性研究通过专家组评审。新火车站预留工程、正定新区预留工程进展顺利，OCC及2座110千伏变电站初步设计通过专家组评审，准备全面开工建设。2014年市轨道交通建设完成投资45亿元，累计完成投资67亿元，整体工程进展在全国同期获批7个城市位居前列。

【1、3号线一期工程标段施工单位】 1号线一期工程共分13个标段，具体施工单位分别为：01标段，起点至时光街站（不含），中铁上海局；02标段，时光街站至和平医院站（不含），中铁四局；03标段，和平医院站至中山广场站（不含），中铁港航局；04标段，解放广场站至平安大街站及中解区间标准段，中铁航空港局；05标段，平安大街站（不含）至博物馆站（不含），中铁隧道局；06标段，博物馆站至北宋站（不含），中铁七局；07标段，北宋站至谈固站，中铁九局；08标段，谈固站（不含）至白佛站，中铁十局；09标段，白佛站（不含）至火炬广场站（不含），中铁三局；10标段，火炬广场站至石家庄东站，中铁五局；11标段，石家庄东站（不含）至终点，中铁一局；12标段，西兆通车辆基地，中铁六局；13标段，张营停车场、控制中心，中铁建工集团。3号线一期工程共分4个标段，具体施工单位分别为：01标段，小灰楼站、西三教站、石家庄站站后区间以及盾构区间，十七局上海轨道交通有限公司。02标段，中山广场站及中山广场站至解放广场站配线段暗挖区间，十七局第一工程公司。03标段，东里站、槐安桥站、中山广场站至东里站暗挖区间，十七局第三工程公司；新客站C标段，新客站下城市轨道交通预留工程C标段，中铁十八局。04标段，正定新区预留工程行政中心站、会展中心站，中铁十七局第五工程公司。

【规划设计】 有序开展规划设计和送审，以规划引领轨道交通建设。2014年1、3号线一期工程初步设计（含概算）获省发改委批复；《轨道交通线网规划》修编和第二轮《建设规划》编制启动；2号线一期工程获得多项批复，可行性研究报告评审顺利推进；1号线一期、3号线一期首开段主体结构施工图完成98%；正定新区预留工程初步设计通过审查，主体结构施工图及附属工程设计全面展开；主变电站选址和接入系统通过评审。1月20日，轨道交通1号线一期工程初步设计及概算正式获得省发改委批复意见，明确1号线一期工程线路全长23.9千米，沿中山西路、中山东路、长江大道和秦岭大街敷设，为全地下线路，新建车站20座，其中换乘站6座，设控制中心1座，设西兆通车辆段和张营停车场各1座。2月25日，3号线一期工程初步设计获得省发改委正式批复，明确3号线一期工程线路全长19.25千米，沿联盟路、中华大街、石家庄新火车站和塔北路敷设，为全地下线路，车站17座，均为岛式车站，其中换乘站5座，设位同车辆段和南王主变电所各1座。3月7日，《石家庄市城市轨道交通2号线一期工程建设项目选址意见书》（选字第130000201400003号）获得省住房和城乡建设厅核准颁发。

【项目建设】 按照市轨道交通工程建设提速年目标要求，在确保安全与质量前提下，统筹安排、合理调度，加快推进项目建设。首个地铁工程南村站至洨河大道站隧道双线贯通。3月5日，首台盾构机抵达地铁1号线一期工程南村站，4月11日始发施工，标志轨道交通建设地下施工全面提速；7月11日，地铁1号线南村站至洨河大道站左线隧道贯通，成为石家庄地铁首个盾构单线贯通区间；8月19日盾构机始发，10月21日右线隧道贯通；采用盾构施工方式，两站区间隧道比原计划提前一个月完成双线贯通（左线、右线各长821.4米），成为石家庄市地铁工程首个实现双线洞通区间。5月20日，1号线一期工程车站装修概念设计竞赛评审会举行，中外建工程设计与顾问有限公司获得第一，成为石家庄地铁1号线一期工程车站装修概念设计公司。

6月11日，地铁1号线解放广场站主体结构顺利封顶，比原计划提前一个多月，成为一期工程首座实现主体封顶车站。7月13日，地铁1号线体育场至北宋站区间左线隧道盾构贯通，是第二条盾构单线贯通区间，该区间单线长936米，下穿民心河，历时83天，比原计划提前一个月。7月31日，地铁1号线烈士陵园站至和平医院站区间左线隧道实现贯通，是第三条盾构单线贯通区间，该区间全长990米，埋深10米至17米，穿越II级危险源民心河。8月7日，地铁1号线长城桥站—和平医院站区间右线隧道盾构贯通，比计划工期提前53天。8月10日，地铁1号线石家庄东站—火炬广场站盾构机实现始发，至此，地铁1号线9台盾构机全部始发施工。8月12日，地铁1号线平安大街站至人民广场站区间左线贯通，该线全长约682米，为石家庄地铁首条暗挖隧道。9月12日，地铁3号线一期首开段小灰楼站至新客站段通过“抗震专项论证专家评审会”。9月22日，1号线西王站主体结构封顶。10月27日，地铁1号线火炬广场站主体结构封顶。10月29日，地铁1号线体育场至北宋站实现盾构区间双线贯通，单线长936米，下穿民心河。11月18日，平安大街站至人民广场站区间隧道右线贯通，该隧道为地铁首条人工开挖区间隧道。11月19日，地铁1号线白佛站主体工程封顶。11月28日，地铁1号线体育场站至省博物馆站区间盾构开挖，右线全长714米。12月5日，地铁1号线省博物馆站主体结构封顶。12月11日，地铁1号线白佛站至留村站实现盾构单线贯通，该区间以白佛站为起点，沿中山路向东，中间向南拐，转向长江大道留村站，是省会在建地铁中最长一个区间，长度达到2015.8米，也是地铁1号线中唯一一个需要转弯的盾构区间。至2014年底，地铁1号线一期及3号线一期首开段55个工点全部开工建设，14座标准站实现封顶；线网运营指挥中心（OCC）完成结构基础施工，可行性研究报告通过评审；正定新区预留工程“两站一区间”全面开建；1号线两座主变电站获得规划选址意见批复，正在初步设计。附属工程取得阶段性成果，1、3号线一期及一期首开段附属工程涉及地块113处，2014年稳定设计方案和用地条件84处，其中1号线23个出入口和11组风亭、3号线8个出入口和7组风亭开工建设；迁改、回填各类管线45千米；绿植迁移完成任务总量95%以上；25个站点交通疏解完成，临时改建道路15万平方米。征地拆迁顺利实施，2014年末1号线一期征地拆迁基本完成；3号线一期首开段除东里站、站后停车场外，其他站点征地拆迁全部落实到位，实现进场施工；3号线两边段11个站点征地拆迁稳步推进。2014年市轨道交通项目建设完成投资45亿元，累计完成投资67亿元。

【正定新区行政中心站开工】 7月11日，地铁1号线市政预留工程正定新区行政中心站开工建设。正定新区市政预留工程属于地铁1号线二期工程范围，共4站3区间。此次先期开工建设2站1区间，即会展中心站、行政中心站及其区间，线路全长1.321千米，起于规划滨水北路与新城大道交叉口，沿新城大道向北敷设，止于行政中心，均为地下线，由中铁十七局承建，规划2015年7月31日竣工。行政中心站是地铁1号线正定新区预留工程一个站点，为1号线二期与规划4号线远期线换乘站，位于正定新区北京南大街（南北向）与临济路（东西向）交叉口；该站为地下两层岛式车站，总长238.9米，标准段宽度23.1米，盾构端头井段宽度26.6米，底板平均埋深17.7米，结构型式为地下两层三跨箱型框架结构；车站附属结构设有4个出入口、1个疏散通道及2个风道。会展中心站位于新城大道西侧，为地下双层岛式车站，周边规划主要以文化娱乐用地、综合体用地、公共绿地为主；车站总长253米，标准段宽度21.1米，结构型式为两柱三跨矩形框架结构；车站两端区间隧道采用盾构法施工，两端均设盾构端头井；车站附属结构设有4个出入口及2个风道。

【招投标管理】 严格招投标程序，强化工程建设、设备采购等重点环节监管。提高招投标合同文件审改效率，将合同审改核准制修改为备案制。11月28日，《石家庄城市轨道交通1号线一期工程和3号线一期工程车辆牵引系统采购项目》招标公示完毕。此次招标牵引标段包含两个包，其中1包采购范围为1号线一期工程车辆配套牵引系统，中标单位为新誉集团有限公司；2包采购范围为3号线一期工程车辆配套牵引系统，中标单位为株洲南车时代电气股份有限公司。2014年市轨道交通建设办公室签订合同170个，完成招标项目25个，编制招标控制价35项，其中车辆、牵引、信号3个标段招标文件利用一周时间完成上报，成为全国首例。

【安全文明示范工地评选】 加强轨道交通建设施工现场管理，严格执行文明施工“十规范”、渣土运输“三联单”、“五处罚”等制度，实现围挡、苫盖、喷洒、冲洗、绿化、硬化等措施全部到位，做到施工现场洁净整齐，运输过程合规合法，不遗不撒。结合市安全生产监督管理委员会办公室开展安全生产主体责任示范单位创建和对标整改活动，围绕《石家庄市建设工程施工现场安全标准化手册》、《石家庄市轨道交通有限责任公司建设工程安全文明工地标准》，严格落实安全生产主体责任，采取典范引路、对标整改方式，推进安全文明工地创建活动。开展1、3号线各标段安全文明施工评比活动，10月22～29日市轨道交通建设公司实施地铁1号线谈固站、北宋站、石家庄东站及3号线槐安桥站、行政中心站等工地达标验收。至2014年底，石家庄轨道交通建设1号线一期、3号线首开段共计26个站点工地全部验收完成，均达到安全文明工地标准。其中，1号线解放广场站、体育场站、留村站、鹿泉管片厂及3号线小灰楼站、中山广场站6个站点获评“安全文明示范工地”。

【石家庄地铁运营分公司挂牌】 7月17日，市轨道交通有限责任公司运营咨询服务项目启动会召开，广州地铁公司正式加盟石家庄市轨道交通运营筹备。7月21日，市轨道交通有限责任公司运营分公司注册成立。8月27日，石家庄地铁运营分公司在高新区正式挂牌，标志省会地铁由建设阶段逐渐向建设运营并重阶段转移。制定石家庄地铁运营分公司工作目标，确立2014年为建队伍、定制度、公司成立年，2015年为强素质、提技能、培训提升年，2016年为人到岗、物备齐、进驻准备年，2017年为全接管、试运转、开通服务年。石家庄地铁运营分公司一期设置十部一中心，共11个部门，349个岗位，总人数2447人。12月28日，石家庄地铁运营分公司搬迁至石家庄开发区科技中心办公楼新址。至2014年末，石家庄地铁运营分公司到岗100人(含总公司驻派人员)，委托院校等订单班培养1159人。

（市轨道交通建设办公室）

城市公共交通

【概况】 2014年，石家庄城市公共交通开辟公交线路10条、合并9条、优化调整41条；投资1.6亿元，建成栾城和藁城公交枢纽站、南位公交停保场、正定公交首末站、公路主枢纽信息指挥中心主体工程，建成港湾式公交站台30座，扩建公交站台49座，新建公交候车亭29座，迁移不良站位18个。至2014年底，石家庄市拥有公交营运车辆4017辆，同比减少40辆，其中天然气公交3501辆，占总运营车辆85.12%；营运线路223条，同比减少2条；营运线路总长3761公里，同比增加42千米；营运行驶里程1.81亿千米，运送乘客5.1亿人次，同比分别减少15.02%和20.31%；公交出行分担率达到29.23%。

【线路调整优化】 研究制定《加快推进全市城乡道路客运一体化发展意见》，大力推进和发展“镇村公交”，2014年栾城区、藁城区2个试点区域基本实现公交全覆盖。加快“公交都市”建设，全年开辟公交线路10条，分别为窦妪至栾城汽车站208路，栾城汽车站至夏凉211路，九门公交枢纽站至正定小商品市场526路，西慈亭至正定物流园147路，正定国际物流园至大寨150路，藁城汽车站至梅花纪念馆523路，南焦客运站至贾庄520路，525九门公交枢纽站至谈固及鹿泉环1、环2路。合并公交线路9条，优化调整线路41条。

【硬件设施】 车辆更新。配合做好900辆纯电动公交车采购，规划选定充电站38座，正在建设施工。投资6500万元，新购160辆国Ⅴ天然气空调车，实际到位50辆，其余车辆厂家正在生产。落实大气环境治理规划，报废“黄标”公交车282辆。场站建设。全年投资1.6亿元，建成栾城和藁城公交枢纽站、南位公交停保场、正定公交首末站、公路主枢纽信息指挥中心主体工程，建成港湾式公交站台30座，扩建公交站台49座，新建公交候车亭29座，迁移不良站位18个。2014年中仰陵公交停保场公开招标，并确定勘察和设计单位；白佛公交停保场正在审办可行性研究批复及规划选址意见书。

【信息化服务】 编制完成《石家庄市城市公交交通智能化应用示范工程可行性研究报告》等文件及初步设计，报请省交通运输厅审核。实施藁城、正定等15条线路智能调度发车平台规范建设。公交车车载WiFi网络建成启动，各项指标技术测试完毕。建成“手机公交一卡通”系统，开通公交手机刷卡支付功能。搭建公交I码公共服务平台和手机“掌上公交”查询系统，开通公交车手机查询、预约提醒等功能。2014年“掌上公交”手机查询系统用户量达到35万人次，日查询量达到10万人次。

【重污染天气免费运送乘客2450万人次】 11月4～11日，市政府启动最高级别一级重污染天气应急响应措施，实施机动车限行、城市公交免费乘车政策，涉及223条公交线路，涵盖范围包括市区、鹿泉区、栾城区、藁城区和正定县，运营车辆安排由实施免费前日均3380辆调整为3733辆，日均出车趟次由2.2万趟增加到2.8万趟，日均单车发车由6.5趟次增至7.5趟次，整体运客能力增加27.3%，共免费运送乘客2450万人次。

（黄金元）

信息产业

信息产业

概　述

2014年，全市信息产业加快信息化工业化融合，开展国家智慧城市试点建设，稳步推进三网融合试点，实现电子政务、电子商务、社会领域信息化快速发展。10月30日，"无线石家庄"手机客户端正式上线运行。发挥信息化工作领导小组职能，推进信息技术在政府、企业、农村、社会领域广泛应用。11月28日，市委网络安全和信息化领导小组召开第一次会议，重点围绕《领导小组工作规则》和《领导小组办公室工作细则》作制定说明。实施电子信息产业结构调整，重点发展通信、半导体照明、卫星导航、汽车电子等优势产业，形成鹿泉区、高新区两大电子信息产业聚集区。推进企业在产品研发、生产、销售、服务等关键环节信息技术应用深度，加快向产品高端化、研发设计知识化、生产制造智能化、生命周期绿色化、制造服务化、企业数字化方向发展。激发政府、企业和公众个人信息消费市场活力，做大做强通信、平板显示、半导体器件等优势产业，实施智慧城市、信息消费、信息惠民、电子商务、宽带中国、三网融合建设，推动信息技术在社会领域广泛应用。2014年石家庄市获得国家"宽带中国"示范城市称号，这是河北省唯一申报和入选城市，也是国家工业和信息化部确定首批LTE FDD和TD-LTE混合组网试验全国16个城市之一。2014年全市电子信息产业完成主营业务收入226.3亿元，同比增长12.1%；实现利税34.2亿元，同比增长11.4%；实现利润28.1亿元，同比增长18.4%。至2014年底，全市固定宽带接入用户总数达到220.28万户，固定宽带家庭用户数达到202.7万户。其中，城市宽带接入用户121.8万户，城市家庭宽带接入用户107.9万户；农村宽带接入用户97.6万户，农村家庭宽带接入用户94.8万户。2014年全市移动电话用户数量达到1200.7万户。其中，3G移动电话用户366.4万户，3G/LTE移动电话用户457.1万户。2014年全市拥有IPTV用户11.7万户，双向互动电视用户数超过1万户，广电互联网用户数达到3000余户。

（常学岐）

【《石家庄市国家信息消费试点工作方案（2014—2015）》】 5月27日，市政府印发《石家庄市国家信息消费试点工作方案（2014—2015）》（石政函〔2014〕50号）。主要内容包括，发展目标：信息消费年均增长20%以上。到2014年、2015年，电子信息产业主营业务收入分别达到265亿元和400亿元。电子商务交易额分别达到2600亿元和3400亿元，网络零售交易额分别达到343亿元和470亿元。北斗卫星导航相关产业主营业务收入分别达到20亿元和50亿元，光纤产业主营业务收入达到30亿元和50亿元。到2014年、2015年，全市城市社区光纤网络覆盖分别达到95%和100%，行政村通宽带比例达到98.5%和100%。2014年城市和农村家庭互联网接入带宽平均达到20Mbps、4Mbps，市主城区达到100Mbps。2014年、2015年县级以上城市有线广播电视实现数字化率分别达到85%和90%。2014年、2015年全市互联网网民分别超过997.1万和1065.9万，固定宽带用户分别达到195.7万户和210.3万户，3G/4G用户分别达到483.5万户和674.5万户，数字电视用户数分别达到160万户和200万户。重点实施六大工程：北斗卫星导航重点工程。推动实施易华录智能交通等3个项目建设。推动企业建立"卫星遥感中心"，开展基于位置服务的地理信息数据开发应用，完善区域卫星导航应用产业链。推进企业智能交通信息服务中心建设、北斗卫星导航应用系统和终端的建设及研发、开发公众出行综合信息服务系统、城市交通管理远程监管系统、营运车辆远程监控系统、智能交通海量数据灾备系统、道路交通仿真与研判服务系统、交通卡信息交换和结算服务系统，逐步向电力、电信、教育、公共安全、交通、物流等12个行业延伸应用。两化融合重点工程。推动实施洛杉奇农产品冷链物流信息化等两化融合项目18项。年新培育10家省级两化融合重点（示范）企业。推动生产装备数字化和生产过程智能化，加快集散控制、制造执行等技术在原材料企业的集成应用；加快精益生产、敏捷制造、虚拟制造等在装备制造企业的普及推广。推广河北冀凯实业集团两化融合成果“全信息化精益智能管理系统”个性化定制应用，帮助定制企业快速实现人、财、物、事等全程精益管理，实现企业全业务的事前、事中、事后信息化闭环管控，实现数据“一次录入、全程共享”，大幅提升企业信息化条件下的综合竞争力。智慧社区数字家庭重点工程。推动河北汉佳电子科技公司智慧社区信息服务平台建设，研制智慧社区服务应用终端，探索建设运营服务配套体系，向社区提供健康社区、家庭安防、一键呼叫、社区信息等一站式获取服务，实现居民家庭视频、烟感、水浸等及时报警处置和健康管理服务，探索基于三网融合的智慧社区建设模式，改善社区居民生活质量，为居民提供实体运营服务。率先在新华区大郭村试点应用。智慧城市建设重点工程。推动市智慧城市云计算中心等政府信息化项目建设。2014年市本级财政投入约2亿元，用于抢险救灾、城市安全、民生保障、重要系统数据容灾、政务提效、智慧城市等约400项信息化项目建设，提升政务部门协同办公、智能决策、智能监管、智能管理等内部业务管理类信息消费和智慧环保等对外公共服务类业务的信息化水平。实施智慧正定新区项目建设。按照“低碳、生态、智慧”总体发展目标，重点推动运用物联网、云计算、大数据、移动互联网等新一代信息技术。在全省率先建成国家“公交都市”。完善电子站牌、车载LED屏信息发布、公交热线、无线城市掌上公交等服务系统。新建公交、出租行业管理系统、行业运行监测系统、统计分析决策系统和城市公共交通数据资源中心、城市公共交通综合运行监测与应急指挥中心。信息消费引领重点工程。支持广电、移动、联通、电信石家庄分公司等企业面向消费者建设和开放各类产品展示体验中心，提供各类新型信息服务和信息产品的体验服务，有效提高用户对IPTV、有线电视宽带上网、手机电视等信息服务的了解度和接受度，促进信息消费。2014年、2015年建设的大宗商品电子商务交易平台分别达到2个和3个，县域特色产业电子商务交易平台分别达到10个和12个，名优产品电子商务交易平台分别达到7个和10个。信息基础设施提升重点工程。引导通信运营商在全省率先完成构建基于2G、3G、4G移动通信技术和无线局域网（WLAN）的综合无线网络，3G网络覆盖全市所有发达乡（镇），加快4G在重点地区的部署和重点产业集群区无线局域网（WLAN）公共区域热点覆盖。推进城市光网和村通光网建设。县级以上城市有线广播电视实现数字化。

（市政府文件）

城市信息化建设

【概况】 2014年，石家庄城市信息化建设快速发展，信息化工业化深入融合，信息技术在政府、企业、农村、社区领域广泛应用，智慧城市、信息消费、信息惠民、电子商务和“宽带中国”等国家试点建设稳步推进，电子政务和社会领域信息化发展迅速，信息化综合应用水平位居河北省前列。4G网络建设迈上新台阶。2014年6月，国家工业和信息化部批准中国联通集团公司在石家庄等16个城市开展TD-LTE/LTE FDD混合组网试验，至2014年末，全市协调基站选址376个，审批传输路由57个，基站环境评价事项350个。市联通公司首次在省内启动“双4G双百兆”高速4G网络，推动全市4G网络建设步入新发展。宽带应用提速。2014年10月，石家庄市被国家工业和信息化部、发改委确定为2014年度“宽带中国”示范城市（城市群），这是河北省唯一入选城市。至2014年底，全市固定宽带接入用户总数达到220.28万户，固定宽带家庭用户数达到202.7万户；移动电话用户数达到1200.7万户，其中，3G移动电话用户366.4万户，3G/LTE移动电话用户总数457.1万户。信息化平台承载能力增强。市政府分别与中国联通公司、大唐电信等国内知名公司围绕智慧城市建设签订战略合作协议。市联通公司完成云平台扩容建设，形成“云＋网＋智能终端”信息化应用承载基础，建成鹿泉、金石工业园、二枢纽等3大专业IDC标准机房。公共基础数据库和行业数据库建设全面加强，年末全市成功建立参保人员信息基础数据库、居民健康档案基础人口信息数据库、主城区基础空间库和三维模型数据，为推进智慧城市建设提供了数据支撑。

（郭会珍）

【获批信息惠民国家试点城市】 2014年6月，国家发改委等12个部委联合印发《关于同意深圳市等80个城市建设信息惠民国家试点城市的通知》（发改高技〔2014〕1274号）批复，包括石家庄市在内80个城市列为信息惠民国家试点城市。试点城市要求：围绕解决民生领域管理服务存在的突出矛盾，有效整合孤立、分散的公共服务资源，促进公共服务多方协同合作、资源共享、制度对接；在已有资源基础上，集中构建统一的城市信息惠民公共服务平台，实现公共服务事项和社会信息服务全人群覆盖、全天侯受理和“一站式”办理；着力解决社保、医疗、教育、养老、就业、公共安全、食品药品安全、社区服务、家庭服务九大领域突出问题，实现信息化与民生领域应用深度融合。8月15日，市政府制定印发《石家庄市信息惠民国家试点城市建设工作方案》（石政函〔2014〕80号）。总体思路：以解决现行体制机制和传统环境下民生服务突出难题为核心，重点解决社保、医疗、教育、养老、就业、公共安全、食品药品安全、社区服务、家庭服务等民生领域突出问题，整合孤立、分散公共服务资源，构建市级政府公共服务平台，实现基础信息集中采集、多方利用，实现公共服务事项和社会信息服务全人群覆盖、全天侯受理和“一站式”办理，形成方便快捷、公平普惠、优质高效的公共服务信息体系，提升政府公共服务水平和社会管理能力。总体目标：通过民生领域信息化建设，提升政府公共服务水平，促进社会信息消费；通过连续3年试点建设，力争建成国家信息惠民示范城市。公共服务供给能力，到2016年，在公共服务信息平台上，实现汇聚各类服务事项1000项以上，服务覆盖能力超过1000万人以上；社保业务80%以上事项实现就近办理，社保缴费申报和查询服务90%以上事项实现网上办理；居民健康卡实现城乡居民100%覆盖，二级以上医院100%使用电子病历和实现预约诊疗，实现居民健康档案、电子病历和就诊信息协同共享，推动检查检验结果共享互认；智慧校园覆盖30%中小学，实现“宽带网络校校通”、“优质资源班班通”、“学习空间人人通”覆盖90%以上学校，实现100%的山区教育扶贫项目学校开通与资源优质校之间“远程视频互动专递课堂”，生命教育覆盖100%中小学。社会综合管理体系，到2016年，基本建成集成相关服务热线和业务后台系统的城市网格化管理信息系统，管理范围逐步实现从城市管理领域扩展至食药品监督、公共安全等其他管理领域，全力实现社会综合管理全行业覆盖；市公共信用信息服务平台实现50家以上政府部门和公共事业单位数据接入，为企事业单位、各级政府部门提供1000多个事项信用信息；完善食品药品安全生产、流通企业电子档案，逐步在重点品类和监管对象中建立全过程追溯系统；在一般商业金融聚集和人口密集地段建设200处报警求助惠民服务设施。政务基础共享资源，到2016年，建成统一的人口、法人、空间等基础数据库，实现人口信息共享交换市级部门达到15家，到2018年，力争实现市级部门和区县100%覆盖；实现市法人信息共享与应用系统覆盖30个政府部门；实现8家以上市级部门行业性空间地理信息共享和业务协同；完成政府共享信息资源目录编制；完成业务协同审批框架体系，行政审批网上申办率不低于90%。主要任务：提高公共服务水平，推进服务型政府建设。包括加快智慧城市云计算中心建设，围绕信息惠民建设公共信息分数据中心、公共服务集成及业务协同支撑平台；建设以人力资源和社会保障自助信息服务平台为核心，规范整合乡镇、街道、社区业务办理系统，以社会保障卡为应用载体，以人力资源和社会保障信息网络系统为支撑，融合社会保障服务管理系统，提供就近办理、方便快捷服务；开展智慧医疗工程建设，实现辖区内跨地区、跨机构就医“一卡通”；建立市级智慧医疗卫生信息平台；以“三通两平台”为基础，构建和完善服务城乡学校、教师、学生、家长、社会人员、社区居民等教育服务系统；建设网上协同办公平台，实施远程互动课堂专递山区扶贫项目；建设教育网络电视台，开通名师课堂、生命教育、社区教育等栏目，增加空巢老人、留守儿童教育服务模块等。建立和完善相关政策法规：研究制定《石家庄市促进信息惠民工程实施意见》、《石家庄市加快信息惠民工程建设扶持政策》、《石家庄市信息共享安全规范》、《石家庄市网上行政审批规范》、《石家庄市网上行政审批工作监督检查制度》。

（政府文件）

【《创建国家电子商务示范城市工作方案》】 8月15日，市政府印发《创建国家电子商务示范城市工作方案》（石政函〔2014〕81号）。主要内容包括，发展目标：到2018年，全市电子商务交易总额突破7000亿元以上，年均增长27%以上。规模以上企业利用电子商务的比例提升到90%以上，中小微企业电子商务应用率达70%以上。培育电子商务服务企业达到3000家以上，电子商务从业人员15万人以上。建设七大工程：电子商务交易平台完善工程、电子商务园区建设工程、空港工业园跨境电子商务培育工程、供应链管理物联网促进工程、物流基础设施提升工程、农产品电子商务通道工程、旅游电子商务应用扩展工程，实现石家庄市电子商务规模化、精品化、宽领域发展。

（市政府文件）

【四方通信大数据服务中心开建】

2014年9月，由河北四方通信设备有限公司投资建设的大数据服务中心项目，在石家庄经济技术开发区中国光纤产业园开建。该项目规划占地2000平方米，建筑面积3万平方米，建设装机4000台标准服务器的双独立单元数据中心，计划2016年12月投入运营。主要面向河北乃至整个华北地区，为各类客户提供标准化、个性化以及相关增值等IT专业服务，涵盖高端数据传输服务和高速接入服务，云计算、大数据分析与处理，网络机房、宽带端口、主机托管及虚拟空间租赁服务，多sp代理、网络、域名注册、企业邮箱服务以及域名解析、灾备等全方位服务。

（吴温）

【社会信用体系建设】 11月6日，市政府办公厅印发《关于加快我市社会信用体系建设的意见》（石政办发〔2014〕25号）。主要内容：确定由市41个部门联合行动，建立健全覆盖全社会征信系统，涵盖金融、工商、税务、物价、安全生产、产品质量、环境保护、食品药品监管、工业和信息化、住房城乡建设、商务、卫生计生、人力资源和社会保障、教育、公安、司法、城市管理、交通运输等。成立社会信用体系建设领导小组，综合推进政务诚信、商务诚信、社会诚信、司法公信建设，协调解决社会信用体系建设重大问题。政务诚信建设，主要包括坚持依法行政，推进政务公开，切实守信践诺，完善监督机制，加强公务员诚信管理和教育。商务诚信建设，主要包括生产、流通、金融、税务、价格、工程建设、政府采购、招投标、交通运输、电子商务、统计、中介服务、会展广告等领域信用建设和各行业企业诚信管理制度建设。社会诚信建设，主要包括医药卫生和计划生育、社会保障、劳动用工、教育科研、文化、体育、旅游、知识产权、环境保护、能源节约、社会组织、互联网应用服务等领域信用建设和自然人诚信建设。司法公信建设，主要包括法院、检察、公安、司法等系统公信建设，重点推进审务公开、检务公开、警务公开、狱务公开，保障司法公正公平，加强司法执法和从业人员信用建设，建立信用档案，促进诚信规范执业。编写《石家庄市社会信用体系建设规划（2014—2020）》。

（市政府办公厅文件）

【智慧城市建设】 组建成立智慧城市建设试点领导小组，印发《石家庄市智慧城市建设试点工作领导小组办公室组成人员的通知》，建立领导小组与成员单位日常联系机制。

加强智慧城市顶层设计，与大唐电信、神州数码、中油瑞飞等 8 家国内外知名公司交流智慧城市建设及顶层设计情况，提出建设市商务云数据中心意见及建议。按照河北省住房和城乡建设厅要求，推荐正定县、中电科卫星导航运营服务公司申报国家住房和城乡建设部 2014 年国家智慧（区、县、镇）试点和智慧城市专项试点；向省发改委推荐石家庄市、正定县、赵县为河北省重点推进市县。配合完成河北省委调研组到石家庄市开展网格化管理和智慧城市建设融合调研。

【北斗卫星导航示范应用】 市级财政出资 1000 万元，实施北斗卫星导航应用示范项目。以市区长征街小学和维明路小学为标杆，在全市 38 所中小学校开展“平安校园”应用示范，发放“艾信通”电子学生证 1.5 万套。探索完善居家养老服务体系应用，联合“12349”家政服务热线、《河北日报》“善行河北”栏目在市内 24 个社区和 11 个单位开展老人关爱示范行动，优先为有特殊贡献离退休老干部、三无和空巢独居老人发放关爱设备 1 万余套。

【公共服务领域信息化】 数字石家庄地理空间框架平台建成覆盖公安、规划、房管、气象、120 急救等应用示范系统，智慧国土“一张图”应用系统二期项目正在建设；数字城管实现主城区全覆盖，高新区、鹿泉区、栾城区和正定县数字城管系统与市数字城管监督指挥中心联网运行。市教育城域网建成覆盖 22 个县（市、区）及高新区教育城域网，初步实现优质信息教育资源共享，接入学校 2172 所，建设网络教室 5978 个、班班通多媒体 15462 个、教师电子备课室 1310 个。启动“教育云平台”工程建设，开通学校空间 853 个、教师空间 17930 个、学生空间 92328 个。推进居民健康卡建设，采集居民基本信息 177.8 万份，制发居民健康卡 60 万张，正在制作 110 多万张，并对原有“就诊一卡通”实施整合改造。人口健康信息平台覆盖全市 500 多个妇幼保健机构、230 个社区卫生服务机构、19 个新农合管理机构和 25 个疾病预防控制管理机构，7 家市级医院和 15 家县医院实现居民健康档案信息共享。市人力资源和社会保障部门建成贯通市—县（区）—乡镇（街道）—社区业务专网，开通网上服务大厅，成功研发“掌上人社”手机 APP 软件。养老机构、社区、家政、医疗护理机构实现协同信息服务，创新热线呼叫、网络平台和连锁经营三位一体新型社区服务企业运营模式，在居民养老、家政、医疗护理等方面有效发挥保障作用。市食品药品安全网络监管平台建立药械、餐饮、化保企业和品种电子档案 1.3 万个，监管能力提升。“公交二维码公共服务平台”和手机“掌上公交”信息查询系统提供居民出行信息查询功能。河北康辉国际旅行社等重点旅游企业初步实现信息咨询、网上预订和售票、景区监控、自动检票服务；平山西柏坡景区、白鹿温泉和鹿泉抱犊寨等重点景区试点建设 WIFI 或 WLAN 网络设施。

（郭会珍）

电子政务

【概况】 2014 年，市信息中心围绕门户网站建设和政务信息发布管理，及时更新维护网站信息内容，扎实推进网上办事服务。电子政务内网网络覆盖 22 个县（市、区）、80 个市直部门及单位，近 1500 个终端用户；外网接入互联网网络部门单位 51 个，终端用户 3500 个；市信息中心管理保障服务器设备 80 余台、网络路由交换设备近 100 台、网络安全设备 10 余台、存储设备 3 套，均处于良好状态。2014 年政府门户网站新建栏目 363 个，维护信息 23400 多条，上传图片 7947 张；各网站提供网上办事指南 985 项。防护网络突发故障及攻击事件，基本保障网络安全畅通。2014 年下半年，市政府网络及网站群系统遭受来自互联网攻击次数增加，日攻击次数最高达 10 万次以上，政府网站群平均每分钟抵御攻击 70 多次。至 2014 年底，市政府门户网站月访问量达到 210 万人次，政府网站群月访问量突破 2200 万人次。2014 年国务院“中国政府网”发布“2014 年中国优秀政务平台综合影响力评估”，市政府门户网站获得“2014

年度中国创新型政务平台”；“政民热线”栏目被中国电子政务理事会评为“2014年政府网站精品栏目”；人民网地方领导留言板回复突出，获评“2014年全国网民留言办理工作先进单位”；河北省政府开展政府网站绩效测评，石家庄市政府网站在11个设区市排名第一。

【网站群管理】 维护和更新网站信息。全年市政府门户网站新建栏目363个，维护信息23400多条，上传图片7947张。高标准完成河北省政府门户网站石家庄要闻栏目及招商引资、项目建设、就业再就业、社会保障、上学、就医、食品安全、新农村建设8个专题栏目信息更新，维护动态要闻信息6800条，提供专题供稿1900条，省政府网站“公众留言”互动栏目，基本做到及时回复。规范网站群管理维护。研究《2014年中国政府网站绩效评估指标体系》，调整完善市政府门户网站栏目。指导县（市、区）和部门网站改版，做好日常维护管理，新建市科学技术协会、市精神文明委员会办公室网站，全面改版市工商局、研究室、统计局、审计局、卫生计生委、财政局各部门网站，市社保局、医保中心及市委政法委网站正在改版谋划改版。指导政府部门做好网上办事服务。完善调整政府门户网站原网上办事服务频道，将市政府各部门行政管理审批业务事项的办事指南、办事表格全部上网发布。2014年市政府门户网站提供网上办事指南985项，办事表格844项，业务查询69项，结果查阅27项，在线申报43项。

【政民网络互动】 畅通民意表达渠道，推进政府、市民互动交流应用，开展以“政府信箱”为重点，包括“意见征集”、“在线访谈”、“网上调查”等形式政民互动交流活动。2014年1～12月，市政府门户网站“政府信箱”收到公共留言19598条，其中有效留言条15679，处理答复15365条，处理答复率98%。举办网上听政活动，通过市政府门户网站，市委党的群众路线教育实践活动领导小组、市政府办公厅及市食品药品监管局、就业局、物价局、水务局、供销社、公交公司等20多个单位，向社会各界征求关于开展党的群众路线教育实践活动、反“四风”教育的意见及建议。完善政策出台及决策过程，2014年市政府及其工作部门围绕城乡规划、冬季取暖等10余项涉及群众利益政策在政府网站公开收集群众建议和看法，接收社会公众意见及建议1400多条。

【网站升级改造】 对照外地先进城市网站设计，将政府门户网站所设“政务信息公开、网上办事、政民互动、民生服务、文化旅游”五大版块与外地城市网站对比，总结升级改进措施。开展调研活动，听取社会各界人士对政府网站整改的意见及建议，2014年市信息中心组织10多次，共150余人参加网站升级改造座谈会，涉及18个县（市、区）、24个政府部门，12个社区居委会及司法公证、律师事务、交通出行、房产中介、物业、商场、市场等行业34个社会单位，发放网站改版调查问卷500多份。至2014年底，市政府门户网站建成“市情综述”、“政策法规”、“办事指南”、“表格下载”、“在线办理”、“在线查询”、“结果公示”、“政策信箱”、“意见征集”、“文化博览”10个主要栏目，政府门户网站月访问量达到210万人次，政府网站群月访问量突破2200万人次。

【政务办公平台】 政务办公平台功能包括公文管理、通知管理、信息采编、专送传阅、建议提案管理、短信平台、信息管理等。2014年政务办公平台利用公文管理下发公文近500余件，常务会议纪要30期，上报请示报告430余件；利用通知管理下发通知5000余件；利用信息采编功能合成各县（市、区）政府、市政府各部门上报信息3000余条，制作期刊96多期；利用专送传阅功能传阅信息1万多条；建议提案管理完成网上交办接收承办事项381件；新增数据库资料数据2000余条。发挥政府信息公开第一平台作用，及时发布政府文件、工作动态等信息。至2014年末，全市通过市政府门户网站政府信息公开平台主动公开信息20746条。其中，县（市、区）政府公开10173条；市政府部门及有关单位公开10573条。2014年市信息中心负责维护更新政府办公厅信息公开专版“工作动态、政策法规、公示公告”等栏目，共发布信息6941条。

石家庄市信息中心

主　　任：范宪林

副 主 任：黄德伟　王梅林

总工程师：于惠

（姚喜中）

无线电管理

【概况】 2014年，石家庄无线电管理局以管好频率、管好台站和维护好空中电波秩序为核心，开展台站规范化管理专项活动，完善频率台站审批、电台执照核发、换发，台站数据录入、修改，台站日常监管等程序和流程。全年清理B库台站30个、450–470MHz频段台站30个；开展行政执法检查48次；受理项目行政许可事项16起，审批超短波台站359个，微波链路台站208个，公网基站6616座；年检台站1932个，核发电台执照3700个，换发执照1659个；收取频占费86.16万元，涉及用户124家。至2014年底，全市建成18个监测站，实现辖区全覆盖；各监测站点年累计监测5808小时，检测各类发射设备230部。

【无线电管理宣传】 2014年9月，以“合法使用无线电频率，依法设置无线电台站”为主题，开展无线电宣传月活动。加强媒体宣传，在石家庄机场等人流量大的公共场所，利用LED显示屏推出“打击非法设台 维护公共安全 依法设置使用无线电台站”等宣传标语；在市中心繁华地段，利用LED显示屏发布宣传月主题，设立咨询台，向百姓宣传无线电知识，发放宣传资料500余份，受理群众咨询80余人。全年在各类刊物、网站发布无线电管理宣传文章200余篇次，其中《河北日报》刊发题为“依法行政履职尽责 维护空中电波秩序”宣传文章。以举办活动形式，开展无线电管理宣传进社区、进学校、进千家万户活动，成功举办第四届“无线电管理杯”篮球友谊赛。结合无线电管理服务经济发展、保障重大项目建设及查处非法设台、打击考试作弊等实际工作，联合全市各广播电台、电视台及电信运营商，制作无线电管理宣传节目，以语言、图像、手机短信形式开展无线电管理宣传。

【无线电安全保障】 落实安全防范措施，按照“谁主管谁负责”原则，做好无线电管理安全生产及测向站、固定站等基础技术设施隐患排查。组织监测站技术人员全面拉网式排查辖区重要固定站、测向站1次，及时搬迁存在安全隐患小型站3个。利用固定无线电监测站监听、定位非法广播电台频率，查处非法无线电台（站），严厉打击和遏制非法设台行为。2014年8月，石家庄无线电管理局在市公安局及辖区派出所配合下，深入居民小区拆除非法占用广播频率电台设备3套。8月4～8日，石家庄无线电管理局与市公安部门联合行动，取缔非法广播电台2部、非法中继台2部。加强频率保护性监听监测，及时掌握通信情况，做好24小时应急出动准备。实施铁塔维护2次、监测网维护36次。开展行政执法检查48次，形成行政处罚案卷9卷，查处违章电台设备12台，行政罚款1.4万元。顺利完成全国人大和政协“两会”、十八届四中全会、高考、公务员考试等重大活动无线电安全保障任务，其中考试保障18次，出动人员190人次，监测车辆36台次，监测设备36台套，监测考点160个。

河北省石家庄无线电管理局

局　长：李卫东

副局长：姚彬（女） 李二根

（张冬易）

邮　政

【概况】 2014年，河北省邮政公司石家庄市分公司适应形势和市场变化，探索契合邮政优势和市场规律发展方式，调整收入结构，重点支持和发展金融、电子商务等高收益业务。创新金融发展，形成城市、农村两种新模式。探索“线上＋线下”O2O商业运作方式，组织大客户开展线上订货会、电商博览会等活动，累计发展会员7.39万人。加强内部管理，深化投递改革，市区撤销原有4个投递公司，将19个投递站合并为12个投递部。至2014年末，公司累计收入77230万元，完成省公司计划100.05%；代理金融业务完成收入46030万元，余额达到2533813万元；电子商务业务完成收入4450万元；保险业务以PTS营销活动为中心，实现保费27.58亿元，业务收入8956.83万元，业务收入规模、增幅和进度均列全省行业首位；开发小包客户2985家，收寄业务量254.50万件，实现收入2101.27万元。2014年公司获评全国通信行业用户满意企业、全国“安康杯”竞赛优胜单位，河北省先进集体、省级文明单位称号；元氏公司牛海利获得全国邮政系统先进个人称号，维明投递陈振峰获得河北省劳动模范称号。

【业务发展】 按照“有扶有控、有保有压”原则，发挥政策引导、资源倾斜的针对性和有效性，调整收入结构，重点支持和发展金融、电子商务等高收益业务，主动压缩分销、无名址等低效业务规模。代理金融业务以网点转型为核心，完成收入46030万元，余额达到2533813万元；电子商务业务以代收费、代理车险、邮储短信等为重点，完成收入4450万元；保险业务以PTS营销活动为抓手，实现保费27.58亿元，业务收入8956.83万元，业务收入规模、增幅和进度均列全省行业首位；国内小包业务以特色产业市场为重点，开发小包客户2985家，收寄业务量254.50万件，实现收入2101.27万元。代收电费狠抓渠道建设，新增有效便民服务站838处。年末公司高效业务占比稳步提高，低效业务占比逐渐降低，企业收入提高。

2014年8月30日，举办集邮文化高端客户品鉴会暨于文华家乡见面会活动

【经营创新】 适应形势和市场变化，围绕模式、渠道、项目创新及投递改革，探索契合邮政优势和市场规律发展方式。创新金融发展，形成城市、农村两种新模式。其中，城市突出网点功能，重点提升网点能力，优化片区划分及代发类项目开发；农村突出网络覆盖，以自有网点为中心，以助农点、三农站、村邮站为触角，搭建社会服务网络，实现网络化有效管理。构建“仓储＋寄递”模式，利用闲置场地招募仓储客户入驻，为国内小包客户提供“仓储＋寄递”服务，君乐宝、鹏恒电子2家企业客户入驻。开拓电销渠道，试水电销保险和集邮产品。加强项目创新，集邮文化季项目采用名人效应和传统节日文化相结合模式，举办集邮文化季高端客户品鉴会暨于文华家乡见面会活动；以名人“论国学、赏中秋”为切入

点，铺垫情感及文化，营造良好销售氛围，实现经济效益、社会效益双丰收。“惠民优选”项目探索“线上＋线下”O2O商业模式，举办大客户“冰点团购”、线上体验订货会活动及参加石家庄首届电商博览会，累计发展会员7.39万人。封片卡项目顺应市场发展形势，针对不同市场需求创新开发新产品，推出刮刮卡、电影卡、洗车卡等多种功能性贺卡。深化投递改革，整合资源，释放产能，市区撤销原有4个投递公司，将19个投递站合并为12个投递部，组建成立投递业务局。

【企业管理】 围绕务实高效原则，加强企业内部管控，重新规范流程，提升渠道能力、服务水平和企业文化氛围。严格财务成本管控，将有限成本用在增强能力、激励创新、支撑高效业务发展；提高资金运行质量，开展清欠减库，减少资金存货占用，促进资金回流；增强存货管理，加大欠费和往来账款清理，提升资金使用效率和效益；开展财经纪律和“小金库”专项治理，坚决纠正财经违法违纪行为。规范人力资源管理，以业务外包形式剥离后勤服务类及非核心岗位人员，规范用工管理，优化用工结构；严格按照上级标准转招符合条件B类合同用工为A类合同用工（代理金融网点支局长和优秀劳务用工为B类合同用工）；采取校园招聘方式，择优选拔全国院校优秀应届毕业生加入邮政队伍。优化企业薪酬分配制度，将绩效考核范围扩大到全体职工、支局所及县局专业部室，领导班子绩效考核直接与本单位职工收入挂钩，做到公司一体，上下联动。加强职业培训和职业技能鉴定，举办副科级以上及机关干部学习《心理资本与压力应对》、《创新思维与管理创新》、《互联网时代邮政企业的进化与商业模式重构》培训班3期；组织550名骨干参加5期“蜕变360——领袖精英特训营”培训；提高职工技能水平，全年公司投递员、储汇业务员、营业员、营销员4个职业2025人参加职业技能鉴定，924人获得职业资格证书。增强网络运行能力，为投递人员组建移动通信集团网，开展手机短信反馈小包信息业务，小包妥投信息及时反馈率提高。成功举办河北邮政渠道产品引进会暨农产品返城推进会。2014年公司在石家庄市空白乡镇局所补建竣工97处，开业运营72处。提升服务水平，参加石家庄市“行风热线”、网上评议活动，全年公司服务投诉量同比下降30.4%，社会满意度达到93分，位居全省行业首位。

（张海霞）

【首家农邮乐果品合作社成立】 2014年4月，石家庄市首家“农邮乐”果品种植合作社在赵县梨区揭牌成立。“农邮乐”是河北邮政公司依托遍布城乡邮政网络和终端优势，向农民提供“收订到户，配送到家，服务到田头”一站式服务，通过网络信息系统实现订单销售。该合作社由河北省邮政公司石家庄市分公司牵头，并与赵县签订“百万梨果返城协议”，按照农民自主、自愿参与原则，采取政府引导、邮政部门牵头及“示范田＋合作社＋农技服务”商业模式，建成服务农业生产综合服务平台。至2014年底，公司在石家庄建成直营店90个、加盟店1150个。

（郑亚丛）

【邮政局更名】 根据国务院办公厅《关于完善省级以下邮政监管体制的通知》（国办发〔2012〕6号）、中国邮政集团公司《关于做好市（地）邮政企业更名工作的通知》（中国邮政〔2014〕34号）和河北省邮政公司《关于各市邮政局变更名称的通知》（冀邮政〔2014〕46号）要求，2014年3月19日，石家庄市邮政局正式更名为河北省邮政公司石家庄市分公司。

石家庄市邮政局

局　长：李兴收（2月免）
　　　　胡树军（2月任）
副局长：张彦石　赵淑芳
　　　　惠志林

河北省邮政公司石家庄市分公司

总 经 理：胡树军（3月任）
副总经理：张彦石（3月任）
　　　　　赵淑芳（3月任）
　　　　　惠志林（3月任）

（张海霞）

电　信

【概况】 2014年，全市电信企业以存量、流量、集团客户为抓手，落实企业经营转型发展战略，推广实施4G网络建设。2014年6月，国家工业和信息化部批准中国联通集团公司在石家庄等16个城市开展TD-LTE/LTE FDD混合组网试验，至2014年末，全市协调基站选址376个，审批传输路由57个，办理基站环　评价事项350个。宽带发展提速，2014年10月，石家庄市被国家工业和信息化部、发改委确定为2014年度“宽带中国”示范城市（城市群），这也是河北省唯一入选城市。至2014年底，全市固定宽带接入用户总数达到220.28万户，固定宽带家庭用户达到202.7万户；全市移动电话用户数达到1200.7万户，其中3G移动电话用户达到366.4万户，3G/LTE移动电话用户总数达到457.1万户。2014年中国移动石家庄分公司抢抓机遇、聚焦份额、提升能力、加快转型，网上通话客户数达到800万户，终端营销完成3G向4G快速切换，4G套餐客户户均流量由220M上升至280M；推行分层分级规模换卡，全网累计换卡量239万户。2014年市联通公司首次在省内启动“双4G双百兆”高速4G网络，云平台扩容建设完成，形成“云＋网＋智能终端”信息化应用承载基础，建成鹿泉、金石工业园、二枢纽三大专业IDC标准机房。2014年中国电信集团公司将石家庄作为全国首批16个4G商用试点城市之一，7月22日4G产品正式发售；至2014年末，中国电信石家庄分公司营业网点达到2100余家，实现业务收入16.99亿、税收0.598亿元。

中国移动通信集团石家庄分公司

【概况】 2014年，中国移动石家庄分公司家庭网络、家庭账户业务稳定发展，家庭网络客户规模达到104.9万。家庭宽带建设步入正轨，将中国移动石家庄分公司与原铁通公司优势资源整合，实现机构对接，制定和完善宽带装机应急预案、工作流程及装备维护支撑体系，在农村市场、校园市场等取得突破。开展信息安全漏洞治理、物联网收入梳理夯实专项活动，达到安全漏洞100%防控、企业签名100%整改、物联网收入100%真实要求。以重点、大型项目为龙头业务，成功发展邮储专线、农信联社专线及IDC等业务典型案例；以“营销活动引导”和“上门服务提升”为基础，拓展统付业务，成为2014年通信及信息化收入提升主力。推进形象转型，全年改造自营厅40个、社会渠道门面978个，其中6个超大面积自营厅迁址重建完成。推进渠道经营模式转型，实现市区自营厅集中管理，192个托管厅实施社会化运营模式调整。拓展终端销售渠道规模，终端销售渠道数量由2013年997家拓展至1941家。推进渠道规范管理，全面落实手机实名制登记。至2014年底，中国移动石家庄分公司网上通话客户数达到800万户，终端营销完成3G向4G快速切换，4G套餐客户户均流量由220M上升至280M；全网累计换卡量239万户。

【基础设施建设】 以打造省会“精品网络”为目标，公司重点做好网络性能的持续提升、网络结构的综合调整、深度覆盖的建设优化3项工作，取得网络通信质量和运行效益双提升。全年建设开通基站3769个，传输线路新建管道370千米，新建光缆4310千米，新建杆路230千米；采用合作建站、租用第三方灯杆建站等方式，较好解决疑难站址获取问题。保质保量保速度实施TD-LTE网络建设，累计完成4200个站点配套施工及开通，有效保障LTE网络商业运用。以网络质量提升大会战为契机，全面提升“三高一校”（高关注度、高话务量、高层、高校）特殊场景的网络覆盖与质量，并结合多个专项优化(2/3/4G互操作、边界参数、CSFB与LTE数据等）合理实施，带动整体网络质量提升。建立职能部门监督管理、专业中心专业化管理、县公司属地化管理“三位一体”代理维护管理体系。启动集中故障管理，实现故障工单直接派发至维护单位和系统自动语音通知功能，节省人力，缩短了故障处理时间。配合市公安局、市无线电管理委员会在全市范围联合开展“伪基站”“扫街”行动，破获“伪基站”案件15起，收缴“伪基站”设备17套，发现上报“伪基站”案件22起。

【客户服务】 完善“大服务”管理体系，推动服务管理转型，提升服务保障支撑能力和服务落地执行能力。开展“满意服务主动行”系列活动，评选“最美微笑天使”，带动营业前台基础服务提升；开展服务模范挑战赛、“我的明星我的班”优秀营业厅评选，以正向激励形式，促进窗口服务满意度提升。2014年中国移动集团公司省市领导带头参加客户接待日，示范主动服务，开展接待日活动12期，收集客户问题195个，解决率达到92%。以营业厅看管支撑平台等经营分析系统为手段，实现目标客户数据提取、匹配效果评估等功能，有效提升流量客户在资费、终端、提醒3项关键过程满意度。建立VIP特色服务体系和关键时刻触点关怀系统，突出中高端客户服务价值。做好集团分级维护，提供差异化服务，提升重点客户服务感知。完善服务横纵考核体系，横向协同制定服务提升措施，纵向加强执行过程监控评估。建立四级例会沟通制度，制定发现问题——评估分析——制定方案——解决问题——跟踪反馈问题处理机制，搭建跨部门协同、快速解决焦点难点问题常态化工作平台，全年推进焦点问题98项，问题解决率88.78%。

【公司管理】 以管理为抓手，开展常态化管理提升活动。探索建立公司管理长效机制，落实查改结合、点面结合，促进全员参与常态化；落实管评结合，提高执行力，促进监督考评常态化；落实学用结合，完善制度依据，促进最佳实践推广应用常态化。严格制度规范化、标准化管理，编发《制度汇编》电子书，开展《市县公司管理规范化手册》执行情况检查，实施SOX矩阵测试常态化管理。落实税制改革要求，加强增值税精细化管理，完成“营改增”衔接。推行智能化管理方式，自主研发多个管理系统。推进公司专业化管理水平，调整组织机构及职责，强化市区营销中心职能，集中运行市区稽核职责，有效提高工作效率和业务风险防控水平。加强队伍建设，以轮岗形式培养干部综合管理素质；构建员工任职能力体系，完成营业、客户经理、渠道、投诉、基础网络维护等条线基层员工初始化认证考试，共参加认证1665人，通过率72%。完善薪酬激励机制，模拟运行网络量化管理，提升网络专业员工积极性；结合转型期生产发展需要和员工需求，全年举办各类培训197期次，培训学员6375人次。

中国移动通信集团
河北有限公司石家庄分公司
总经理、党委书记：贾东启
副总经理、党委副书记：
柴晓冰（7月免）
副总经理：吉雨顺　郭新
冯亮

（韩容）

中国联合网络通信有限公司石家庄市分公司

【概况】 2014年，中国联通石家庄市分公司适应市场变化和企业快速发展需求，推进公司企业文化、体制机制、运营模式向新市场环境靠拢，实施多层次改革，推行“小机关、强支撑、大市场”组织模式，新设存量中心、市场运营支撑中心及市场营销部、集团客户事业部、客户服务部、信息化服务中心四大部门体系，实施“结构优化”、“多元激励”、“卓越人才”三大工程，开展“固本强基——支援一线”活动，优化人力资源配置，提高人力资源核心竞争力及工作效能。加强内部管理，规范产品创新，建立需求分析、技术交流、产品规划、软硬件选择、产品验收等系列分项全过程管控措施。实施机构设置调整，组建成立互联网部，撤销原产品创新部、电子商务部、审计室；信息化事业部更名为信息化服务中心；中华大街通信枢纽楼建设办公室更名为中国联通河北省分公司石家庄702局通信综合楼工程处；校园营销中心更名为教育行业营销中心；中国联合网络通信有限公司藁城市分公司更名为中国联合网络通信有限公司藁城区分公司；中国联合网络通信有限公司鹿泉市分公司更名为中国联合网络通信有限公司鹿泉区分公司；中国联合网络通信有限公司栾城县分公司更名为中国联合网络通信有限公司栾城区分公司。

【业务营销】 借助通信市场4G网络发展，拓展集团客户市场，提升有效渠道占比，激活渠道活力。实施光纤化改造，提供IPTV等差异化优势产品和客户刚性需求，加速宽带及融合业务发展。关注入网用户质量，稳定业务收入，注重规模发展，增强客户在网质量，实现规模、质量双提升。开展“体验式”营销，采取互动方式培育客户，实现从传统“业务受理＋业务推销”模式向顾问式营销、体验式营销、咨询式服务“服务营销一体化”模式转变；在公司营业厅设立专人，指导客户下载安装热门应用程序，培养客户使用网络流量习惯；探索校园营销模式，实施高激励策略，整合资源，向高价值客户、高品质关键人、高业绩客户经理倾斜，建立高效率、高业绩、高满意度集团校园客户运营体系。开展“首季开门红”、“跟沃一起世界杯”、“5·17通G令，与沃狂欢”、“春天女人，沃爱运动”、“驻店365”、“畅享双4G，钜惠一百天”等系列专项业务营销，推行“亮品牌　树形象”、“480”等服务提升行动，建立联通产品在速度、价格、质量、服务差异化竞争优势，将市场竞争由被动防守转向主动进攻，实现业务量稳步提高。拓展业务市场，借助鹿泉机房投产契机，重点攻克“北上广深”（北京、上海、广州、深圳）互联网公司，其中腾讯、360、搜狐、爱奇艺、乐视、汽车之家、蓝汛等公司成功签约落地鹿泉机房。加强省内行业客户推广，2014年金石机房新增河北省社保局、石家庄网监分局、石家庄市教育局、新华区政府、北京铁路局通信段、华夏银行、兴业银行、银联商务、广发证券、美团网等高质量客户。

【客户服务】 围绕“全面提升客户感知”发展目标，构建和完善“大服务”体系，深化落实“首问负责、限时办结”一站式服务标准，建立服务问题追责制度。重视逆向流程管理，推行“服务攻坚”与“速降”工作相结合，实现“宽带、3G/4G客户满意度、投诉处理满意度提升，普通投诉率、申请升级诉率双降”目标。举办特色俱乐部会员活动，提高VIP客户俱乐部活动参与率、知晓率，增强客户满意率、口碑率及市场竞争力。打通客服系统、宽带专家微信平台和公客系统实时接口，实行透明宽带装移修工单，向客户提供过程查询、进程推送服务。落实营业排队机联网，提供自助预约查询等服务。

中国联合网络通信有限公司
石家庄市分公司
总经理、党委书记：许杰
副总经理、党委副书记、
纪委书记：武文柱（12月免）
　　　　　刘江峰（12月任）
副总经理：郝琳（1月免）
　　　　　张国栋（6月免）
　　　　　慈志勇（1月免）
　　　　　李霞
　　　　　王雁（1月任）
　　　　　何伟
　　　　　王力（1月任）

（梁彬）

中国电信石家庄分公司

【概况】 2014年，中国电信石家庄分公司秉承“用户至上　用心服务”经营理念，坚持以改革创新为主导，以产品服务体系完善为依托，以网络运营能力提升为保障，致力向客户提供可靠通信业务和优质服务。主动适应信息通信产业大变革、大融合发展趋势，打破传统思维禁锢，深化企业改革，推进战略转型。优化公司结构，提升集约统筹能力；变革营销组织，强化社区、乡村等销售末端发展触手，推动营销末梢划小核算；转变营销模式，推行走出去营销方式，提供上门服务。开拓思路，增强异业合作，延伸服务内容。实施网络维护精细化管理，落实分区包片制度，有效提升网络支撑响应能力。至2014年底，公司发展营业网点2100余家，实现业务收入16.99亿、税收0.598亿元。

【业务发展】 坚持移动网、固定网业务协同发展，拓展增值业务与信息化应用，充实服务内容。2014年中国电信集团公司将石家庄作为全国首批16个4G商用试点城市之一，7月22日4G产品正式发售。推行低门槛、大流量、可分享、可自选业务，打造不同消费群体配建不同套餐内容，允许用户自己组合套餐，将业务主动权交给市场和用户。配合4G网络上市，联合手机厂商推出多款4G智能手机供客户选择。推进宽带提速和光纤改造，出资数亿元实施光纤宽带二次覆盖工程，至2014年末，中国电信石家庄分公司宽带社区90.2%实现光纤覆盖，具备为用户提供50M/100M高带宽服务能力，其中光纤宽带用户占比达到70%。加大翼支付业务推广，坚持开放合作态度，主动寻求对外合作，线下合作网点持续增长，合作商家包括中石油石家庄公司、中石化石家庄公司、北人集团等，业务项目涵盖市民衣食住行，2014年中国电信石家庄分公司各项促销活动参与用户规模及交易额再创新高，其中“翼支付加油省三毛”深受欢迎。服务两地通信需求用户，推出国内一卡双号业务，方便外地打工者和高校学生等流动人群。致力向不同行业客户提供行业应用解决方案，将信息化应用嵌入客户生产、服务、业务处理等流程，量身定制满足用户多样化需求。

【网络运营】 加大农村、山区等地网络通信基础设施建设，增强网络覆盖广度深度及通信服务可靠性、稳定性。坚持建设与维护优化并重，优化网络通信质量，提升安全性与可靠性。重点加强3G/LTE网络建设及区域网络补盲，扩大3G/LTE覆盖范围和深度，提升4G用户服务感知。2014年公司网络在市区大型购物中心、超大写字楼及大型成熟社区实现全覆盖，市区、县城及主要交通干线达到连续覆盖，平原农村做到广覆盖。开展LTE实验网联合优化攻坚行动，平均下载速率提升10%。加强通信工程建设安全生产，工程质量管理系统上线运行，实施通信机房及线路安全隐患专项排查整改行动。开展应急通信保障，2014年公司义务向政府、社会团体、大客户等提供应急通信保障50余次，其中，2014年7月到河北省张家口市参与张北草原音乐节通信保障，2014年10月到河北省保定市参与军地演练通信保障。

【客户服务】 面向客户感知，推行多渠道并举措施，形成便捷、高效客户服务体系。改善服务质量，改进服务方式，提供差异化、精细化服务，全面推广10000号受理和网上营业厅、掌上营业厅、自助营业厅、“石家庄电信天翼俱乐部”微信公众号等电子化服务模式，落实线上线下渠道协同要求，增强用户业务方便性。围绕行业客户、重点客户，采取组建专属支撑保障团队方式，推行“一站式”服务。2014年公司VIP客户维护服务中心协助全市多家行业大客户，顺利完成31次机房搬迁，巡检700余次，排除安全隐患80余次，均达到零差错要求。加强故障维修管理，市区设置宽带故障预处理岗，部分故障可直接通过电话方式解决，缩短等待时长；市区二环内夜间上门维修故障时间延至22时，2014年公司24小时修障率达到99%，有理由越级投诉率实现零发生。

中国电信股份有限公司
石家庄分公司

总 经 理：陈永彬
党委书记：马巨福
副总经理：李秋莉　贾庆军
　　　　　刘进富　郭金萍

（曹兵兵）

石家庄年鉴 Domestic and Foreign Trade & Tourism

国内外贸易·旅游

国内外贸易·旅游

商贸流通

【概况】 2014年全市实现社会消费品零售总额2218.8亿元，同比增长12.5%，总量、增速分别位居全省第一和第三。总投资1505亿元、57个重点商贸项目计划完成投资248.3亿元，实际完成投资252.6亿元，同比增长17%。至2014年末，全市拥有面积超5000平方米大型商业网点224家，建筑面积1277万平方米。其中，大型城市商业综合体10个；大型购物中心16家；百货店23家、超市35家、专业店/专卖店19家、家居建材商店17家。商品交易市场650个，年交易额1658亿元，交易额亿元以上市场53个。建成“万村千乡”农家店3776个，覆盖100%的乡镇和87%的行政村。55家社区达到“河北省商业示范社区”标准，其中8家达到国家标准。早餐网点达到300多个，早餐车稳定在400辆左右。拥有金鼎百货店3家，达标百货店6家；国家级酒家12家；中华老字号企业4家。1月10～26日，为期17天2014年第四届全国（石家庄）年货精品展销会举行，观展市民达到100万人次，销售额达到1亿元。2014年“十一”国庆黄金周期间，根据市商务局监测统计，北国商城、东购、建华商场等14家百货店销售收入5.6亿元，同比增长16.4%；全市42家电器专业店销售收入3.77亿元，同比增长11.2%；45家大型综合超市销售收入1.71亿元，同比增长8.4%；国大36524连锁所属300余家便利店销售收入近818万元，同比增长11.4%；市饮食服务集团、保定会馆、辣婆婆、海星餐饮、国大酒店、世纪大饭店6家大型餐饮企业实现营业收入896.8万元，同比增长6.9%。2014年河北省最大的商贸企业北人集团实现销售收入321.46亿元，排名全国第八，北国商城单店销售45.8亿元，名列全国第五。4月26～28日，2014中国·石家庄（正定）国际小商品博览会在正定县华北门业博览中心举行，签约项目23个，总投资额523亿元。10月15日至11月4日，第116届中国进出口商品交易会（简称广交会）在广州市举行，石家庄市245家企业参展，设立展位513个，其中品牌展位80个，一般性展位433个，主要有新能源展区、宠物用品展区、铁石装饰品及户外水疗设施展区。2014年石家庄获批国家电子商务示范城市和国家电子商务与物流快递协同发展试点城市。至2014年末，全市电子商务交易额达到2400亿元，同比增长25%，网上零售306亿元，同比增长29%；新增电商企业50家，累计达到360家。2014年石家庄市肉菜流通追溯体系、城市共同配送体系、电子商务示范基地、中小商贸流通企业公共服务平台、农产品流通体系及农村市场体系5个国家试点项目投入财政资金1.8亿元，拉动社会投资25.6亿元。

表31　　2014年石家庄市主要商品交易市场基本情况一览表

序号	市场名称	市场位置	主营业务	经营品种	占地面积（亩）	经营面积（平方米）	年成交额（万元）	摊位数（个）	就业人数（人）
1	石家庄新华集贸中心	东临石家庄解放纪念碑，西至中华北大街，南临长途汽车站北至新华路	综合批发	服装、服饰、电子、数码、配件、布匹、五金等	420	800000	4590000	15000	30000

（续表）

序号	市场名称	市场位置	主营业务	经营品种	占地面积（亩）	经营面积（平方米）	年成交额（万元）	摊位数（个）	就业人数（人）
2	河北中储物流中心	石家庄市新华区中华北大街207号	水产、副食品	食品、饮料、烟酒、糖茶、水产品等	45	19000	44000	635	1820
3	石家庄市高柱综合市场	联盟路585号	家具、家电	新、旧家具家电、旧民用交通工具，厨具、灶具	70	30000	10000	300	1000
4	北二环铝型材市场	北二环与中华北大街交叉口西北	建材	铝合金门窗料及配件	38	20000	12000	150	600
5	怀特装饰城	体育南大街与槐安路交口西南角	建材	装饰材料、装饰装修	120	200000	18000	180	600
6	东明家具东二环店	东二环路东、槐北路与槐中路之间	家具	家具、饰品、建材	15	128000	46000	400	1000
7	红星美凯龙方北商场一号馆	裕华路与体育大街交口东行100米路北	家具	家具、饰品、建材	15	180000	10000	250	1300
8	润丰五金机电城	南二环与建设大街交口	建筑五金	建筑五金、机电产品、电线电缆、五金交电、管道阀门、PPR管件、仪器仪表、五金装潢、化工电料、耐火保温材料等	150	500000	32000	2000	3500
9	栗源商贸市场	仓兴街东、仓丰路南、建设大街西、河北科技大学北	蔬果、粮油	蔬菜、果品、调味品、冷冻食品、鲜活食品、粮油、茶叶	400	160000	500000	2300	6000
10	长安装饰材料和平路市场	长安区和平东路285号	装饰材料	板材、洁具、油漆	63	21000	165900	500	1600
11	长安装饰材料建华市场	和平东路407号	装饰材料	板材、洁具、油漆	25	11000	10000	80	2000
12	长安装饰材料跃进路市场	跃进路123号	装饰材料	板材、洁具、油漆	40	19168	33000	150	300
13	长安装饰材料北宋路市场	北宋路7号	装饰材料	板材、洁具、油漆	63	21500	76100	300	800
14	万联五金机电市场	和平东路	五金机电	五金工具	75	40000	32815	300	1500
15	和平建材家居广场	和平东路286号	装饰材料	板材、洁具、油漆	22	21000	39887	150	500
16	白佛果品蔬菜批发市场	和平东路407号	水果	蔬菜水果	100	12000	23340	400	500
17	东联汽配	北二环东路129号	汽车	汽车配件	170	150000	210880	560	2400
18	北二环汽车市场	北二环东路86号	汽车	汽车	150	60000	98670	50	2800

（续表）

序号	市场名称	市场位置	主营业务	经营品种	占地面积（亩）	经营面积（平方米）	年成交额（万元）	摊位数（个）	就业人数（人）
19	红星美凯龙	和平东路289号	家居	沙发、窗帘、洁具	86	80000	62730	500	2000
20	古城石材市场	古城东路68号	石材	大理石、玉石	49.5	25000	22364	300	1200
21	鑫顺石材	北环路88号	石材	大理石、玉石	130	26000	55093	600	2000
22	白佛钢材市场	和平东路419号	钢材	钢板、钢筋	20	100000	201716	110	300
23	海龙电子城	广安大街	电子	手机、电脑	54	36000	41279	300	650
24	石家庄居然之家家居有限公司	光华路321号	家居、建材	装饰材料	84	80000	17382	600	2400
25	跃进路手机市场	跃进路79号	手机	手机及配件	33	18000	10320	59	128
26	鼎坚五金机电市场	丰收路81号	五金机电	五金工具	300	190000	83200	800	3000
27	桥西蔬菜中心批发市场	东简良开泰街85号	蔬菜批发	蔬菜、水果	324	110000	700000	2500	23000
28	西环农副产品市场	开泰街61号	农副产品	粮油、海鲜、肉食、调料、酒店用品、果品	198	120000	180000	600	1024
29	华北食品城	石获北路6号	特产小食品	糖果、饼干、饮料、各种小食品土特产	100	30000	80000	226	758
30	河北北方汽车商城股份有限公司	北外环路88号	汽车（电动车）配件	汽车、汽车配件、摩托车、汽车维修、旧机动车交易、轮胎、橡胶	87	45000	50000	320	2000
31	石家庄市华北鞋城	石正路24号	鞋业	鞋类	286	90000	120000	1167	3172
32	石家庄市北二环钢材市场管理有限公司	北二环东路91号	工业品	钢材	267	160000	500000	280	115
33	佳农市场	金利街	副食品	水果、蔬菜、茶叶等	150	33625	93474	482	1068
34	润德五金机电城	胜利南大街353号	五金机电	五金、卫浴	270	60000	300000	1203	1130
35	南三条市场（25个商城）	正东路	综合	服装、针织、百货、食品、日化、五金、鞋类、玩具箱包、文体用品等八大行市20大类	800	417468	3652000	5707	30000
36	正定恒山板材市场	正定恒山西路上，夹107国道	批发各种板材及装修材料	胶合板、装饰板及与之配套的装饰材料	600	300000	448000	2000	4000

（续表）

序号	市场名称	市场位置	主营业务	经营品种	占地面积（亩）	经营面积（平方米）	年成交额（万元）	摊位数（个）	就业人数（人）
37	石家庄正定国际小商品市场一期	正定县城西	日用百货、汽车装饰用品、针织服装、小家电灯具、五金电动等	日用百货、汽车装饰用品、针织服装、小家电灯具、五金电动等	120	200000	149000	5415	7000
38	石家庄正定国际小商品市场二期	正定县城西	经营展示全国各大品牌红木家具	大品牌红木家具	184	350000	22000	650	2000
39	石家庄正定国际小商品市场三期	正定县城西	主要经营家具、家居用品及五金建材	家具、家居用品及五金建材	312	500000	74000	770	1500

（陈杰）

【《加快省会现代服务业发展实施意见（2014—2017年）》】 3月4日，市政府出台《加快省会现代服务业发展实施意见（2014-2017年）》（石政发〔2014〕8号）。主要内容：1.基本原则。增量调强、存量调优：集中要素引进先进龙头企业，带动区域资源优化配置，将新兴业态培育成为新的增长点；利用现代技术和手段，改造和提升传统优势产业，激发市场主体活力，增强产业发展内生动力；推进现代服务业重大项目向园区集聚，打造带动全市服务业发展战略增长极。项目带动、创新驱动：引进、培育一批业态高端、产业集聚、关联带动能力强的重大项目，壮大品牌项目集群，加大政策创新、机制创新和模式创新力度，推动形成新兴业态引领的现代服务业发展格局。集中布局、集约发展：推进现代服务业产业布局与城市总体规划和土地利用规划有效衔接，加强规划引导，健全项目落地、政策落地机制；加快园区、龙头项目、重大平台等各类服务业载体建设，培育壮大产业集聚、用地集约、功能集成的现代服务业聚集区。产业融合、统筹推进：推动现代服务业与农业、制造业互动融合，释放潜在服务需求，加快生产性服务业发展；整合资源，强化统筹推进力度，形成政策合力，促进各类政策向服务业领域倾斜。2.发展目标。总量加快扩张：力争到2017年，全市服务业增加值占地区生产总值比重达到51%，服务业对经济发展贡献更加突出；结构明显优化：生产性服务业和新兴服务业比重明显上升，生活性服务业网络更加完善，形成商贸、物流、金融服务、科技信息、文化旅游等现代服务业为主体的新型服务业结构；布局相对集中：依托老城区改造，新区建设和产业结构调整形成一批产业集聚能力强、特色鲜明、功能完善的现代服务业发展聚集区。3.建设提升华北重要商埠。推动现代都市商圈建设。制定专项方案，推进市区二环以内专业批发市场和大型物流仓储设施外迁、提升、改造。加快以塔坛国际商贸城、祥云国际等为支撑的新火车站周边商圈建设；推进以北人集团、华强广场等项目为主体的主城区中央展贸商圈建设；推进东胜商业广场、怀特商业广场等项目建设，完善壮大建华商圈和万达商圈；推动国际贸易城、新华世贸中心项目建设，加快形成新的都市现代商业增长极。做大会展经济品牌。加快石家庄国际会展中心、石家庄老火车站会展大楼等项目建设，提高药博会、正博会、石洽会等展会知名度和品牌影响力，招引全国性、区域性会展品牌落地石家庄，做大会展经济规模。壮大楼宇经济产业群。制定重点楼宇经济认定管理和奖励办法；利用勒泰、万达等核心商圈楼宇资源，加大产业链招商，培育一批纳税超千万元、超亿元商务楼宇；加快华润广场、中交财富中心等一批在建项目建设进度，壮大商业、商务楼宇群。推进特色街区建设。结合中心城区改造升级，培育壮大育新商业街、民生路历史文化街等若干条特色街区，促进特色商业与城市风貌功能融合。推动县域商业中心建设。制定完善县城商业中心规划，推动一批县域商贸综合体建设，做大做强县城商业中心，提高县域消费拉动力；加快县域特色产业物流配送中心建设，延伸县域特色产业链条；完善农村商业网络建设，继续实施“万村千乡”市场工程和“新农村现代流通网络”工程。4.打造滹沱河北岸新城区高端服务业增长极。推进北岸新城区现代服务业一体化开发；按照“一河两岸三组团”城市布局规划，统一滹沱河北岸基础设施建设，合理划分功能分区，统筹项目建设，加速形成以高端服务业为主的战略增长极。推动正定新区现代服务业聚集区建设。按照“三规合一、产城互动”要求，加快奥体中心、金融后台服务中心等项目建设，形成全市现代服务业新增长极。打造空港高端服务业开放新门户。着眼打造国际化高端服务业载体，加快推进综合保税区、电子商务跨境产业园等项目建设，带动全市现代服务业国际化发展。改造提升正定古城文化旅游水平。结合正定古城保护，推进古城风貌恢复工程，全面启动城墙修缮、角楼修复，推进周汉河整治、环城墙游园等工程进度，培育壮大古城文化旅游产业。加快正定商贸中心建设。发挥正定商贸产业集聚优势，加快正定电商谷和小商品四期项目建设，强化正定小商品博览会功能，提升商贸集聚发展水平。5.打造国家重要物流节点城市。加快省级物流产业聚集区发展。落实省政府批复的南部物流产业聚集区规划，加快基础设施建设，加速推进菜鸟电商物流、中储物流入驻落地，加快雨润农产品全球采购中心、润丰城市配送物流等项目进展；加快正定商贸省级物流产业聚集区基础设施建设，完善企业落地条件，推进深国际第三方物流等项目入驻；加快西北物流产业聚集区规划编制进度，加强重大项目招商，尽快形成物流运营能力。推进城际间物流港建设。依托“东出西联、承南接北”交通区位优势，按照国家交通场站布局规划，加快内陆港、聚合港等六大公路港建设，谋划铁路南货场和东货场外迁，提升公铁联运和货物集散能力，拓展城际物流配送网络。开展城市共同配送国家试点。制定城市配送试点实施方案，建立健全配送线路网络和标准体系，抓好石家庄城市商品配送中心等物流配送项目建设，建立健全以农副产品、家电、快递和快消品为重点的城市共同配送网络。推动物流业与制造业联动发展。整合石药集团、华北制药、以岭药业、石家庄四药、神威药业等自建医药物流资源，建设全国统一医药物流配送网络，打造“中国药都”竞争新优势；引进和培育普洛斯等一批物流供应链示范企业，壮大制造业供应链物流产业规模，提升制造业综合竞争力；鼓励工业企业剥离服务环节，组建服务业法人企业。6.建设区域性金融中心城市。建设金融总部基地。发挥省会城市功能，优化软硬件条件，吸引国内外金融机构到石家庄设立法人总部和省级分支机构；推动国内外金融机构总部的数据中心、研发中心、客服中心、培训中心等后台服务中心入驻，打造区域性金融中心城市。推动石家庄股权交易市场发展。完善石家庄股权交易所企业托管、股份转让、资本市场对接等功能，鼓励石家庄市企业参与交易，形成区域性非上市公司股权柜台交易市场。加快第三方支付平台建设。打破部门和行业垄断，支持河北一卡通、北国集团如意购在商业购物、公交地铁、水电燃气、有线电视、通信、物业管理、旅游景点、社区服务等领域广泛应用，实现跨部门、跨领域资源整合与共享，提高社会管理水平；通过风险补偿、政策扶持等途径，吸引支付宝、银联商务等全国性第三方支付企业，与菜鸟物流构建工业品第三方支付平台。完善地方金融服务体系。推动县级农村信用社向农村商业银行转变，支持具备条件的民间资本依法设立民营银行、金融租赁公司、消费金融公司等金融机构，投资入股村镇银行；推动股权基金、投资公司、担保公司加快发展，培育壮大一批小额贷款公司；扶持发展投资、建设投资、宝德担保等公司做大做强，鼓励中储河北公司、顺邦集团利用仓单质押等新型金融产品融资。拓展消费金融业务。优化驻石家庄金融机构网点布局，推进金融服务网点、自助服务设施向农村和社区延伸；加快发展新型消费金融业务，满足教育、汽车、文化、旅游等服务消费热点的信贷需求。7.建设国家电子商务示范城市。推动电子商务平台建设。以建设国家电子商务示范基地和国家电子商务示范城市为契机，扶持一批本地企业依托行业优势打造产业平台，重点建设医药、钢铁、家居、农副产品等大型电子商务产业平台和大宗商品电子商务交易平台；引进一批知名电商企业落户石家庄市，推进慧聪网电子商务产业园等项目建设，培育壮大电子商务产业集群；依托综合保税区建设，打造石家庄跨境电子商务交易平台；力争到2017年，全市电子商务交易额达到3800亿元。加快特色产业和重点企业电子商务发展。顺应商业模式创新趋势，推动重点商贸企业和批发市场发展电子商务；推动新华集贸市场网上交易中心等大型专业市场加快电子商务平台建设，促进线上交易与线下配送融合发展；推动北国、太和集团电子商务交易中心等零售龙头企业，开展线上线下电子商务业务；支持制造业企业与菜鸟物流建立合作联盟，利用阿里巴巴平台拓展电子商务业务，扩大市场营销网络；依托电子商务平台，整合旅游业务流程，推进“智慧旅游”体系建设；鼓励建设社区服务信息平台，设立社区自取点，增加水费、电费、煤气费、电话费等代收代缴服务，提高家政服务、医疗保健、家电维修、养老等多种业态的服务效率，大力构建智慧型社区服务体系。8.推进国家高技术服务业基地建设。加快国际服务外包开发区建设。推进东软河北分公司等10个项目尽快落地，促进软件开发、软件测试、系统租赁、系统托管等信息技术外包企业集聚，带动工业设计、研发服务、知识产权服务等知识流程外包产业发展，促进服务外包规模化、高端化。推动科技大市场建设。按照实体展示交易与网络交易相结合、有形技术资源与无形技术资源相配套原则，加快建设石家庄科技大市场，整合科技孵化、公共技术、中欧联合实验室等公共科技服务平台，加强一站式支撑体系建设，引导生产力促进中心、知识产权代办、技术合同交易、中介服务代理等集聚发展，形成具有较强增值服务能力的科技成果转化、转移、交易平台。培育面向市场的信息服务增长点。扩大3G、4G移动网覆盖范围，逐步实现无线互联网在车站、宾馆、商场等公共空间全覆盖，加快推进“千兆光纤进楼宇、百兆光纤上桌面”，完善信息服务基础设施体系，促进信息消费。提升高技术创新服务能力。推进中国电子科技集团卫星导航服务、科瀛高技术服务业基地、汉佳高技术服务基地等一批在建项目建设，提升6个高技术服务业园区水平，建设一批国家和省级重点实验室、工程实验室、工程研究中心和企业技术中心，壮大高技术服务产业规模；到2017年，高技术服务业企业主营业务收入达到500亿元，年均增速30%左右。9.提升文化旅游产业。推动数字新媒体文化创意产业发展。加快长城梦世界动漫城、东方文化创意产业园等项目建设，培育壮大3D数字影视、数字动漫、数字游戏、多媒体广告、数字成像等产业发展，形成基于数字技术的文化创意产业群。繁荣都市休闲旅游文化消费。推进影视、演艺、文化等项目向联邦祥云国际、金正海悦天地等城市综合体集聚，促进文化、旅游和都市休闲融合发展；推动霞光大戏院、伏羲文化旅游产业园等项目建设，提升石家庄国际杂技节文化品牌；加快滹沱河湿地项目群、西部山区休闲度假、乡村休闲旅游等项目开发，打造都市休闲旅游基地；丰富商务活动，促进商务旅游。推动旅游集散中心建设。创建驼梁·五岳寨·天桂山国家5A级景区，加快井陉矿区段家楼景区保护开发等项目建设，培育旅游精品线路；发挥区域中心城市作用，以正定国际机场集聚区域客源和新火车站旅客转运能力提升为契机，推动石家庄旅游咨询服务中心综合服务平台建设，建立信息咨询、景区旅游、旅游预订等一站式服务体系，推动旅客集散中心向游客集散中心转变；加大境内外媒体宣传推广力度，提升石家庄旅游知名度。10.培育壮大节能环保服务业。推动节能环保产业公共服务平台建设。重点扶持先河科技、嘉诚环保等一批有较强技术创新能力的节能环保服务企业搭建研发、检测、信息服务行业公共服务平台，发挥其技术优势和服务带动功能，为更多节能环保企业服务。发展环境能源交易。以建设全国低碳城市为契机，鼓励企业进行节能环保技术转让和企业排污权节能量交易，做大节能环保交易市场；支持河北环境能源交易所加强配套体系建设，增强市场化交易功能，做大石家庄环境能源交易市场规模。建设环保科技研发基地。推进高新区节能环保产业园建设，创立“政产学研用”紧密结合的产业环保技术创新联盟；以河北科技大学、省环科所及骨干企业为依托，创立环保技术创新战略联盟和产学研合作实体，构建国家级环保科技研发基地。培育专业化节能环保服务企业。支持玖翔等一批节能环保企业利用合同能源管理机制和特许经营机制，开展技术研发、资源循环利用等增值业务。11.加快发展健康养老产业。促进体育产业发展。推进全民健身（游跳）中心等大型体育场馆建设；鼓励民营资本兴办体育产业，推动投资主体多元化，加快天山海世界二期项目建设；开发和培育全市赛事市场，支持举办商业性比赛，着力引进国内一流赛事活动，把中甲、中乙足球联赛打造成精品赛事。推动医疗服务国家示范项目建设。积极申报国家社会资本办医试点，推动石家庄国家中医药发展综合改革试验市及全国电子病历、全国居民健康卡试点城市建设，优化社会办医环境，健全医疗服务市场化机制。整合共享省市医疗资源。实施优质卫生医疗资源倍增计划，推进省二院新院区、市四院新院区等项目建设，优化医疗机构布局。培育壮大健康养生产业。利用西部山前、滹沱河水系、温泉等优质生态资源，推进休闲、养生、健身等项目开发，扶持平安健康医疗集团、超越健身、白鹿温泉等民营机构做大做强健康养生产业。培育壮大社会化养老产业。允许境内外社会资本投资养老服务业，提高新建养老机构床位补助标准，推进社区养老服务中心建设，鼓励个人举办家庭化、小型化养老机构，支持石家庄星光居民服务等企业投资建设规模化、连锁化养老机构；开发老年用品市场，推进“老人关爱”卫星导航应用服务，推行养老机构综合责任险试点，拓展养老服务内容，壮大养老服务产业规模。

（市政府文件）

【夜经济建设】 5月22日，市夜经济建设工作领导小组办公室印发《石家庄市2014年夜经济建设工作方案》。主要内容包括，指导思想：围绕打造夜经济品牌，以推进现代服务业发展为主题，以打造品牌项目、完善夜间服务功能为重点，规范提升夜经济建设水平，优化发展环境，做亮城市名片，体现省会夜间活力。夜经济工作重点：组织50家商贸服务企业延时服务。以中山路沿线和部分商圈内大型商场、超市、商业综合体为重点，采取企业申报、区商务部门推荐方式，组织北国商城等50家企业门店，开展夜间延时服务。4月16日晚，石家庄市夜经济启动仪式在市区万达广场举行；4月15日至10月31日，市内50家商贸流通企业营业时间延长至夜间22时30分，推出夜间消费折上折、加倍积分等促销活动，各大型商业综合体、商场、超市在晚20时后利用室内共享空间举办各类文化促销活动，活跃夜间气氛，突出夜间魅力，丰富夜间生活，引导市民下楼上街、休闲消费。打造品牌商业街区。按照突出重点、体现特色、打造品牌原则，选择基础较好的商业街区，主要有桥西区：育新商业街、祥云国际吃遍中国，新华区：华强广场华e商街，桥东区：华夏服装街、勒泰庄里街，裕华区：联邦明珠国际商业街、万达金街，长安区：广安商业街、北城国际商业街，高新区：闽江道商业街，形成10条左右涵盖餐饮、购物、休闲、娱乐等不同功能、风格各异、配套完善、环境优美的特色街区，重点打造1～2条代表石家庄城市形象特色街区。发挥城市综合体综合服务功能。按照“功能复合、空间集约、设施先进”原则，规范提升城市综合体管理，发挥业态分布广泛、服务设施完善、营业时间长、消费人群集中优势，引导夜间举办各类文化演出活动，形成集购物、餐饮、休闲、娱乐、旅游、赏景等功能为一体，不受季节影响，引领城市消费的综合性夜间休闲消费场所；规范提升勒泰中心、万象天成、金正·海悦天地、天山海世界、北国东尚、乐汇城、万达广场、先天下、苏宁广场、华强广场等已经投入运营城市综合体，完善业态布局、夜景亮化升级，提升服务质量；重点推进祥云国际商业综合体建设，争取早日运营，建成市民夜间休闲消费又一个地标级载体。推进滹沱河亲水休闲区域建设。加强沿线重点区域亮化美化，完善交通、水、电等基础设施配套建设；发展面向大众消费休闲娱乐项目，形成省会亲水休闲夜经济品牌。完善重点商圈服务功能。以“布局合理、方便消费”为原则，完善联邦明珠、怀特、西美、华夏、益友、益元、建华、新城8个已经形成商圈夜间服务功能，推进新火车站商圈建设，打造布局合理的区域性夜间休闲娱乐中心；每个商圈确定1～2个主力企业，重点进行楼体亮化、延时营业，定期举办夜间文化演出、有奖购物等不同形式促消费活动；制定商圈夜景亮化、牌匾设计等标准，规范提升商圈内经营单位形象；完善公交配套、治安管理、停车服务功能，鼓励文化、娱乐、健身等业态入驻经营，增加休闲元素，改变以购物为主消费方式。加强城市夜景亮化美化。明确重点亮化区域，重点做好中山路主商业街、8个已经形成商圈和新火车站商圈亮化美化；做好滹沱河、太平河、环城水系、民心河等水系沿岸重点区域、节点亮化，形成点线结合，层次分明的夜景氛围；建立城市夜景亮化规范机制，督导检查城市综合体等大型建筑物亮化和设施完善情况；将新建大型建筑物亮化设计列入规划审批范围，做到美观大方、特色突出。开展夜间文化休闲活动。每区确定一个场地（公园或广场等），组织彩色周末等群众性夜间文化娱乐活动；鼓励文化演艺场所延长夜间演出时间，推动石演大舞台、洪顺曲艺社等文化载体建设；鼓励商贸服务企业利用共享空间等开展夜间文化娱乐活动；开放市属夜间休闲健身场所，为市民群众夜间休闲健身提供场地。推动县域夜经济发展。结合国家城镇化建设总体部署，推动县域夜经济发展，丰富县域居民精神文化生活，提升生活质量，促进城乡和谐发展；正定县、鹿泉市、栾城县、藁城市四组团县（市）及新乐市、晋州市2个县级市要在城区建设1个夜经济中心区域。规范建设西部山区山前大道大众化夜间休闲消费带，主要发展绿色环保、面向大众消费的农家乐、文化演艺等休闲方式。完善夜经济配套设施，优化消费环境。公交车从4月15日起，延长夜间营运时间，开通夜间观光线路4条，方便市民夜间出行；加强夜间治安巡防，增加夜经济重点区域警力，打造安全消费环境。

（市商务局）

【河北国际医疗器械展】 3月2～4日，由河北省贸易促进会、省药监局及多家医疗卫生部门联合举办的第20届河北（石家庄）国际医疗器械展览会在石家庄国际博览中心举行。展会设置标准展位332个，展出面积1万多平方米。世界500强企业美国通用、日本东芝，以及国内知名医疗器械厂商北京万东、深圳开立、深圳蓝韵等国内外300家医疗器械产品厂商参展。展品涵盖医用影像、体外诊断、电子、光学、急救、康复护理以及医疗信息技术等上千种产品，包括医疗器械行业从源头到终端整条医疗产业链。展会期间，启动“善行河北·爱心医院公益救助活动”，举办多场高端学术论坛，有河北省临床医学工程学会2014年春季学术研讨会、河北省口腔医学论坛、石家庄市卫生系统2014年度医疗安全专题讲座等。其中，“善行河北·爱心医院公益救助活动”，省会20多家医院作为盟员单位通过健康公益救助平台与困难特殊患者对接，减免患者部分治疗费用；还组织“爱心流动医院”进农村、进社区活动，举办健康公益讲座等。

【中国·石家庄（正定）国际小商品博览会】 4月26～28日，2014中国·石家庄（正定）国际小商品博览会（简称正博会）在正定县华北门业博览中心举行。本届正博会（第七届）由省政府和中国商业联合会主办，市政府和省商务厅共同承办；设立主展馆1个、分展馆5个，标准展位1500个；北京、天津、邢台等市行业协会和商会领导，美国、俄罗斯、以色列等30多个国家和地区的友好城市、商会、协会、侨联侨商代表应邀出席开幕式；法国迪卡侬、美国沃尔玛、美国乐友孕婴童、美国麦当劳等国内外知名企业代表参展。第七届正博会创新形式和内容，紧密结合正定县板材家具特色产业，设立5个家居类分展馆，同时开展以商招商、以商办会、以会养商有益探索，还融入电商元素，通过网上正博会、家具板材网等网络交易平台，实现线上交易与线下体验同步互动，传统办展模式和传统商业有机结合。本届正博会在正定小商品城一期、二期、三期市场，三才、兴业家具市场设立分展馆，主要展示展销小商品类、红木类以及家居建材类商品。台湾、越南及省内外的小商品参展丰富，45家台湾企业参展，展出产品包括台湾特色小吃、养生产品、茶叶、酒等多个种类。签约项目23个，涉及工业、农业、商贸、文化旅游及古城保护等领域，总投资额523亿元；综合经济效益528.7亿元，同比增长308.7%。投资超50亿元项目3个：华北润恒城项目，是签约金额最大的项目，由正定县政府与江苏恒润物流发展集团共同合作，建设冷藏中心、展示交易中心和商业街、信息和结算中心、加工配送中心，总投资100亿元，占地3000亩；真定府非遗古镇项目，由正定县政府与浙江中豪控股集团、石家庄江南文化旅游发展有限公司联合开发建设，总投资70亿元，占地1000亩；河北省国际文化创意产业及服务贸易基地项目，总投资30亿元，引进北京欢乐谷，建设国际培训会馆、空港博览中心、航空体育馆、闽台商品馆、动漫产业园等。达成合作意向2个：广东家具产业研究院拟与正定县政府、河北平安家具合作，投资60亿元建设家具产业创意科技园区；河北省九三科技开发服务中心投资45亿元，拟在正定现代服务产业园区内建设一个占地500亩左右的电子商务产业园，建设内容包括展览中心、仓储中心、配送中心及会议中心。

（焦莉莉）

【电子商务】 全年电子商务呈现带动性强、辐射面广产业优势特性和快速增长态势，培育出河北慧聪、汉佳商购第三方电商平台、聚合港电商孵化园、九三河北正定电子商务产业园等电子商务龙头企业和平台，引进阿里巴巴、美团网等电商巨头企业项目。出台《创建国家电子商务示范城市工作方案》等政策及服务配套体系，争取国家电子商务试点项目9项，投资8000万元建成商务云数据中心，至2014年末，石家庄市基本形成良性发展“电商生态圈”。2014年全市电子商务交易额达到2400亿元，同比增长25%，网上零售306亿元，同比增长29%；新增电商企业50家，累计达到360家。2014年正定县河北慧聪电子商务产业园区为河北省60多个行业、近3万家企业提供电商服务，电子商务交易额突破40亿元。2014年5月，国大36524与京东集团等合力打造O2O平台，采取线上线下全新消费模式，实现市民从京东商城下单，24小时内由附近国大36524门店送货上门。2014年5月，生活服务类电子商务公司美团网综合运营中心落户石家庄。10月11～13日，中国（石家庄）首届O2O电子商务博览会举行，共有265家电商企业参展，吸引16万人入场参观，签约项目36个，累计投资额达到50亿元。获批国家电子商务示范城市。3月25日，国家发改委、商务部、财政部等八部门批复包括石家庄在内30个城市为创建国家电子商务示范城市，石家庄市是河北省唯一入选城市。2014年石家庄市结合全市电子商务产业特点，重点实施电子商务交易平台完善工程、电子商务园区建设工程、空港工业园跨境电子商务培育工程、供应链管理物联网促进工程、物流基础设施提升工程、农产品电子商务通道工程、旅游电子商务应用扩展工程七大工程。电子商务协会和电子商务专家顾问委员会成立。8月1日，市电子商务协会正式成立，审议通过电子商务协会章程和协会制度。市电子商务协会主要职责：发挥行业协会自律作用，利用市场机制推进行业资源整合；搭建企业与用户，企业与企业、科研机构、政府之间沟通桥梁，开展电子商务经验交流和学术研讨，做好信息咨询服务和政策、技术、产业、市场导向等；根据会员单位委托开展培训和咨询，加快电子商务知识更新和人才培养。电子商务专家顾问委员会成立。12月18日，市电子商务协会举行第一届第二次会员代表大会，会议成立第一届电子商务专家顾问委员会，34位来自企业、高校及科研机构专家教授获得聘任。电子商务专家顾问委员会主要职责：配合有关部门开展电子商务发展重大问题研究，为石家庄市研究制定相关政策提供决策支持；促进国家电子商务示范城市创建工作的各项任务落实；推动商贸流通领域电子商务应用健康发展，为企业提供人才培育、业务咨询等服务；加强区域间交流、合作、考察等。至2014年底，市电子商务协会拥有会员单位86家。入选国家电子商务与物流快递协同发展试点。2014年10月，国家财政部、商务部、邮政局联合下发《关于开展电子商务与物流快递协同发展试点有关问题的通知》，决定在石家庄、天津、杭州、福州、贵阳5个城市开展电子商务与物流快递协同发展试点，石家庄市获得国家财政部划拨专项资金3000万元。试点城市要求：将电子商务与物流快递需求纳入城市总体规划，完善通道与节点布局，保障城市配送基础设施建设用地，合理布局大型物流中心、分拨中心、“仓配一体化”快件处理中心建设；统一城市配送车辆标准、标识管理，消除非标车辆运营，鼓励快递企业适用新能源和清洁能源车辆，加强民生保障车辆通行停靠、新能源汽车充电等配套基础设施建设，逐步规范改造末端配送车辆，鼓励运用轻、微型封闭式货车；支持邮政、快递企业按照《快递营业场所技术规范》建设标准化营业网点，引导连锁商业机构、社区服务组织参与建设快递末端投递综合服务站，推动“网订店取”、智能快递箱等电商物流配送经营模式创新。国家财政资金重点支持建设改造城市电子商务与物流快递公益性基础设施，支持建设城市电子商务与物流快递公益性信息服务系统，适当补助邮政等大型物流快递企业按规定更新改造末端配送车辆。商务云数据中心启用。10 月 11 日，石家庄商务云数据中心暨汉佳商购电子商务公共服务平台举行上线启动仪式。该平台总投资 8000 万元，由河北汉佳电子科技有限公司投资开发与运营，是具有公共服务性质的云数据中心和电商平台。平台融合云计算和超算平台于一体，除为电子商务示范基地相关业务提供服务外，还为战略性新兴产业和广大电商中小企业提供技术支撑。云平台可满足市内电子商务企业交易额 500 亿元，网络购物交易额 100 亿，三年内免费向企业开放。

（陈杰　焦莉莉　吴温）

【中国（石家庄）首届 O2O 电子商务博览会】 10 月 11～13 日，中国（石家庄）首届 O2O（英文为 online to offline，是指电子商务领域中线上、线下相结合，因同时具备线上的便利与线下的体验，已成为电商最为热门的营销方式）电子商务博览会在石家庄国际博览中心举行。包括阿里巴巴集团、慧聪电子等 265 家电商企业参展，吸引 16 万人入场参观。签约项目 36 个，累计投资额达到 50 亿元，新增电子商务交易额 800 亿元。签约项目覆盖多个领域，有平台类项目和服务外包项目，也有总部经济项目及推动外贸发展的跨境电子商务项目。电商平台项目主要有：河北东方凯誉与深圳华阳信通科技合作投资的“全流程物联追溯平台”，可向大中型企业开展产品溯源、信息安全管控、商业消费大数据等综合服务；大润发超市的 O2O 项目，一期投资 3 亿元，拟建 6 家 10 万平方米超市实体店，以及服务器约 1000 台的数据中心和华北区飞牛网电商平台。总部经济项目：中京集团与泸州老窖、五粮液、牛栏山等 12 家国内名酒企业共建电子商务总部中心项目，投资额 5 亿元，规划未来 B2C 平台实现销售总额 30 亿元以上，OTO 平台实现交易额 200 亿元以上。吸引一批重量级服务外包项目落地：中讯软件集团股份有限公司研发中心迁石（石家庄）项目，该项目计划三年内达到 500 人规模，离岸外包执行额达到 2000 万美元；在路上航空服务公司计划在石家庄市设立全球客户服务中心，开展全球客户服务和旅游产品批发业务，三年内在石家庄市招募员工 3000 名，服务外包执行额达到 1 亿元。跨境电子商务：美国合众公司与石家庄邮政物流公司合作建设“跨境电子商务平台项目”，在石家庄空港工业园区投资 4500 万元建设“美国合众石家庄跨境电商贸易综合服务中心”，提供境内外产品仓储、展示、销售等系列服务，同时开设美国合众跨境电子商务贸易平台网站，实现 B2B（英文为 Business To Business，是企业与企业之间通过互联网进行产品、服务及信息的交换）、B2C（英文为 Business to Consumer，是商家对客户的缩写，简称商对客，也就是通常说的商业零售，直接面向消费者销售产品和服务）、O2O 等多元化线上线下销售服务，规划 300 余家企业共同入园，实现年交易额 80 亿元以上；荷兰著名跨境电子商务平台运营公司数澜国际与石家庄商云科技公司合作成立河北数澜有限公司，总投资 800 万元，共同建设运营欧洲品牌产品进口与国内知名产品出口电商平台，规划进出口交易额 50 亿元。

【首家省内互联网化门店苏宁生活广场店开业】 3 月 14 日，苏宁 Expo 超级店石家庄苏宁生活广场店正式入驻石家庄老火车站商圈。这是首家在河北省落地互联网化门店，是苏宁电器布局华北地区首个城市综合体项目，也是石家庄老火车站商圈标杆项目；总建筑面积 13 万平方米，涵盖电器超级旗舰店、购物中心、甲级写字楼等功能；主要定位为“家庭式娱乐消费”。2014 年 7 月，苏宁生活广场竣工。苏宁 Expo

超级店石家庄苏宁生活广场店实现WiFi全覆盖，设有苏宁易购直销区、虚拟货架、云体验中心及互联网金融线下理财等多个线上线下融合专区，消费者走进店内用手机扫描二维码连接免费WiFi，可直接下载苏宁易购APP，开展网上购物；易购综合直销区配备数台互联终端，可供消费者直接进行线上购物体验，方便消费者一站式购齐多种商品。

【美团网设立全国运营示范中心】 2014年3月，美团网在石家庄市金石工业园区开设北京总部之外全国运营示范中心，主要承担数据处理、呼叫中心、售后管理、文案编辑、日常业务运营等职能。美团网是一家总部位于北京的团购网站，也是国内大型生活服务类电子商务公司，2010年3月4日正式上线；2010年12月22日开通石家庄站，单月交易额接近2000万元；2013年美团网实现交易额160亿元，2014年美团网在北京、上海、广州、深圳等1000多个城市开站，拥有超过10000名在职员工，交易额突破460亿元。美团网规划石家庄全国运营示范中心启用后，员工规模达到3000人，5年内为石家庄市提供5000人就业岗位，创造产值1000亿元。

【国大36524便利店连锁经营】 5月19日，国大36524便利店（简称国大36524）分别与京东集团、中国通用咨询投资有限公司、鹿泉市政府、中国光大银行石家庄分行签订《建设京津冀城乡一体化“O2O”电子商务综合服务平台》战略合作协议。该项目总投资120亿元，协议建设以京东集团、国大36524为主体，以石家庄、唐山两座“国大365物流科技创业园”为依托，以京东·365网上大卖场内的10000家网上专卖店和在京津冀新开1000家城市便利店，以及在河北省县级以下新开10000家农村便利店为渠道，以135个县级物流中转站为纽带的京津冀城乡一体化“O2O”电子商务综合服务平台。京东商城负责提供信息系统、物流系统、网上商城技术支持，为京东·365网上大卖场导入客户流量，以及为国大36524农村便利店推广提供一定的物质、设备支持。国大36524负责店铺网络、京东·365网上大卖场及网上销售所需仓储体系、物流配送系统、售后服务体系建设，实现信息系统、物流系统与京东无缝对接，还建设和整合绿色农产品基地与名优商品聚散交易系统，保证京东·365网上大卖场内专卖店的商品品质。6月19日，河北国大连锁商业有限公司（国大36524母公司）与富岗食品、佳沃果业、丛青果蔬、仁虹科技等企业签订战略合作协议，通过京东36524平台将果蔬从田间地头销往石家庄及全国各地。10月11日，在中国·石家庄首届O2O电子商务博览会上，国大36524与正定县商务局、张家口银行石家庄分行、河北省高校联盟签订战略合作协议，共同推进农村电商示范基地建设以及大学生返乡创业、就业帮扶工程。国大36524电子商务智慧谷项目选址鹿泉区。2014年10月，河北国大连锁商业有限公司“通用·365电子商务智慧谷”项目在鹿泉区南新城正式开工。该项目占地面积500亩，总投资20亿元，规划建设集多家连锁企业、电商企业、农业生产基地、工业制造业企业配送网络为一体，通过配送资源优化组合，降低物流成本，实现高质量物流配送多功能服务。一期重点建设城市共同配送体系和国大36524自营店铺物流中心。二期工程建设大学生创业示范基地，重点建设电子商务服务平台、大学生科技创业园及配套办公、科研、生活设施；电商商务平台建设包括商业街、零售批发、结算交易中心、数据处理中心、展览展示中心、电子商务客服中心、商品及物流检测中心等。

【正定县入选全国电子商务进农村示范县】 2014年12月，受国家商务部委托，河北省商务厅、财政厅对全省申报国家电子商务进农村综合示范县（市）实施评审，正定县顺利通过，成功入选全国电子商务进农村示范县。电子商务进农村示范县任务：完善农村电子商务物流服务体系，健全农村电子商务服务支撑体系，推广电子商务在农村应用范围，改善农村电子商务发展环境，培育一批电商企业和人才。此次全省7个县列入全国电子商务进农村示范县，另6个为清河、迁安、宽城、永年、阜平、康保。正定县发展电子商务进农村规划：利用中央财政资金扶持，投资建设县级电商配送中心，500人以上行政村建设电子商务网点；力争到2017年，全县农村电子商务实现全覆盖，电子商务交易额在2014年基础上年均增长30%以上。至2014年底，正定县供销系统所属“河北瑞天”拥有2个商品配送中心、10个直营店、210个村级加盟点；县邮政局下设7个支局网点、30条投递道段、89家“三农服务站”，综合开展函件、包件、特快专递、金融服务及农资产品供应服务；河北国大36524店在正定县农村建有便利店。

（焦莉莉）

【服务外包业】 抓住京津冀协同发展战略机遇，全力创造引进、消化京津辐射外溢资源环境。搭建服务外包企业人才对接、信息共享、合作交流平台，推进服务外包产业规模化发展。引导20所院校、100余家服务外包企业组建成立服务外包协会和校企联盟。引进北京在路上航空服务、中讯信息等服务外包企业20家。至2014年底，全市国际离岸服务外包合同总额达到1246.5万美元，同比增长38.7%；离岸执行额1050万美元，同比增长348.4%。

【重点商贸项目建设】 2014年全市在建重点商贸项目57个，总投资1505亿元；完成计划投资248.3亿元，累计完成252.6亿元，同比增长17%。西美五洲酒店、乐橙商务广场等10个项目竣工开业；国际贸易城、北国商城西扩等20个续建项目顺利推进；中山华府综合体、中交财富贸易中心等16个项目开工建设；中环广场、浙台世贸中心等11个项目开展前期准备。2014年以鹿泉国山宾馆、晋州国际建材家居五金城等为代表34个县域重点商贸项目总投资103.2亿元，年度计划投资34.4亿元，全年累计完成投资36.5亿元，其中14个项目建成竣工。2014年石家庄市区二环路内批发市场外迁正在推进。

【商超对接便民工程】 《石家庄市社区商业发展规划（2014—2020）》初稿编制完成。新建早餐网点200多个；建成固定早快餐店5家。2014年石家庄成功申请为河北省早餐工程建设试点城市。至2014年末，三和早餐公司网点达到350多个；国大36524连锁门店开设早餐数量达到300多家；河北大河农产品物流配送中心建设加快，新建社区惠民店30家，总数累计达到140家；市区6家大型连锁超市41家门店长期合作农合组织达到345家，生鲜经营量达到6.7万吨，销售额达到6.9亿元，同比分别增长8.2%和32.9%。

【商贸流通企业服务中心投用】 2014年7月，国家商务部批准建设的全国中小商贸流通企业公共服务平台试点城市之一——市商贸流通企业服务中心投入使用。2013年开始建设，位于市区中山东路133号外贸服务公司5楼。该中心遵循“边建设边服务”原则，主要向中小商贸流通企业提供平台信息咨询、融资对接、市场开拓、科技应用、管理提升、社会中介、商贸集群辅导、行业协会、电子商务、便民利民等全过程、全方位服务。行业协会、县（市、区）商务部门设立工作站，新华集贸和南三条批发市场、华北鞋城、润德五金市场等中小商贸流通企业聚集区设置10～20个联系点，形成“中心、站、点”三级服务网络。通过招标等形式优选50家加盟服务机构，筛选5～10家专业化、信誉好的行业组织和专业服务机构，建立与中小商贸流通企业公共服务平台的关联关系和工作链接，采取进驻中心和独立服务相结合方式，接受市商贸流通企业服务中心协调管理，形成平台外围服务商网络和重点服务平台。

【早餐示范工程项目开工】 全年石家庄市投资2200万元，建设河北省早餐示范工程，规划建成1个早餐加工配送中心和10个固定门店式标准化早餐网点。早餐示范工程主要目标是改善市民早餐质量，丰富早餐品种数量。规划蒸煮类有馒头、窝头、杂粮馒头、红豆包、绿豆包、水饺、馄饨、肉包子、菜包子等10余种；流质类有全豆高纤维豆浆、豆腐脑、豆腐及大米粥、小米粥、紫米粥、南瓜粥、瘦肉粥等；供应时令蔬菜为主凉拌菜加工及油条、炸糕等现场加工产品。早餐加工配送中心位于家家惠主食加工基地，地处鹿泉区铜冶镇莲花营村北侧，建筑面积5000余平方米。规划配送中心具备日产10万份早餐生产和配送能力；规划日产馒头、早餐包子60000千克，面条5000千克，面包3000千克，豆浆制品2000千克，水饺、馄饨5000千克，粥类制品2000千克，项目总日产能力7.7万千克。早餐加工配送中心由730平方米速冻食品车间、1000多平方米烘焙车间、200平方米主食车间组成，分别配备馒头生产线5条，豆包生产线1条、面条生产线1条，豆浆生产线1条，流质类生产线1

条。10家早餐门店初选址确定，分别是棉五附近（建设大街）、槐北路9号、育才街13号、富强大街27号、建明中路6号、工农路417号、工农路东段、誉宏路中段、宁安路14号、北合街9号。门店面积最小的30平方米，最大的棉五120平方米。

（陈杰）

【储备蔬菜生肉投放市场】 1月22～28日，市级储备蔬菜、生肉在市区投放点销售。市级储备蔬菜投放点包括北国超市、家乐福保龙仓、永辉超市、新世隆4家超市的31家分店，以及北人集团、国大集团、红满楼、天元、双鸽、厚朴、华牧牧业（食美乐）7家惠民店的53家分店。市级储备肉投放点主要在北国超市、家乐福保龙仓、永辉超市、新世隆4家超市的18家分店及奥开双鸽连锁店12家分店销售。此次全市投放冬储菜4500吨，主要有大白菜、洋白菜、洋葱、胡萝卜、土豆等品种，藁城区大利农产品销售有限公司等10家冬春菜储备企业以入库价格投放市场。市级储备生猪肉投放量600吨，双鸽食品以每千克低于市场价2元价格投放市场。

（焦莉莉）

【黄标车淘汰补贴政策】 5月23日，全市召开2014年淘汰黄标车工作动员部署电视电话会议，确定2014年底前全部淘汰剩余5.3万辆黄标车任务目标。2014年全市继续实行提前淘汰黄标车财政补贴政策，按照货车、客车、轿车三个大类11种车型，分别给予6000元至18000元财政补贴；2015年起，全市提前淘汰黄标车不再给予补贴。2014年全市淘汰黄标车补贴车型及标准，货车：重型18000元、中型13000元、轻型9000元、微型6000元；客车：大型18000元、中型11000元、小型（不含轿车）7000元、微型（不含轿车）6000元；轿车：1.35升及以上排量10000元、1升（不含）至1.35升排量8000元、1升及以下排量6000元。

（胡雁冰）

对外贸易

【概况】 2014年，全市对外贸易进出口总值130.77亿美元，同比增长2%。其中，出口69.84亿美元，增长10.4%；进口60.93亿美元，下降6.2%。2014年市政府下达外贸进出口增长目标5%未能完成，出口增长目标4%超额完成；省政府下达石家庄市外贸进出口目标134.6亿美元，实际完成97.2%，主要影响因素是铁矿石进口价格下降。2014年石家庄市外贸进、出口额均列河北省第二名，增幅低于全省平均值；出口增幅位列河北省第7位，低于全省平均值5个百分点，高于全国平均值4.3个百分点；进口增幅位列河北省第8位，低于全省平均值7.1个百分点。对外贸易顺差8.92亿美元。2014年全市一般贸易出口64.5亿美元，同比增长12.2%；进口58.7亿美元，同比下降6.2%。加工贸易出口5.14亿美元，同比增长0.7%；进口1.48亿美元，同比下降11.2%。2014年全市新备案境外投资企业33家，同比增长43.48%；投资总额4.5亿美元，同比增长89.96%。至2014年底，全市累计备案境外投资企业161家，投资总额9.4亿美元，分布世界30多个国家和地区。

（陈杰）

【外贸进出口总值130.77亿美元】 2014年全市对外贸易进出口总值130.77亿美元，同比增长2%。其中，出口69.84亿美元，增长10.4%；进口60.93亿美元，下降6.2%。2014年全市主要进口产品铁矿砂及其精矿进口46.4亿美元，占全市进口总量76.2%，同比下降10%；机电产品进口4.64亿美元，同比下降1.2%；高新技术产品进口1.94亿美元，同比增长0.2%；医药品进口2790万美元，同比下降46.7%；钢材进口422万美元，同比下降71.4%；纺织纱线、织物及制品进口1879万美元，同比下降54.7%；农产品进口3.35亿美元，同比增长9.1%。各大类产品出口中，除高新技术产品、塑胶手套出口下降外，其余大类产品出口普遍增长。其中，机电产品出口15.12亿美元，同比增长10%；服装及衣着附件出口12.56亿美元，同比增长16.5%；医药品出口7.69亿美元，同比增长6.8%；纺织纱线、织物及制品出口7.31亿美元，同比增长14.9%；钢材出口4.84亿美元，同比增长27.8%；高新技术产品出口3.42亿美元，同比下降0.2%；塑胶手套出口3.33亿美元，同比下降3.4%；农产品出口2.46亿美元，同比增长2.1%。

（陈杰　焦莉莉）

【新增境外投资企业33家】 2014年全市新备案境外投资企业33家，同比增长43.48%；投资总额4.5亿美元，同比增长89.96%；中方投资额3.9亿美元，同比增长84.42%；单体投资500万美元以上项目17个，占总项目51.5%；单体投资1000万美元以上项目10个，占总项目30.3%；投资额500万美元以上企业15家，占总数45.45%；800万美元以上企业13家，占总数39.39%；1000万美元以上9家，占总数27%；3000万美元以上5家，占总数15.15%；投资企业个数和投资总额均居全省首位。至2014年底，全市累计备案境外投资企业161家，中方累计投资总额9.4亿美元，分布世界30多个国家和地区。33家新增境外投资企业涉及医药研发、建筑材料、机械电子、通讯设备、农林开发、畜牧及水产养殖、房地产开发、矿产资源开发、股权投资、商品流通等多个行业。其中，从事纺织、服装、医药、建材石家庄市优势产业领域企业11家。投资亚洲国家和地区12家，占总数36.36%；美洲国家10家，占总数30.30%；非洲7家，占总数21.21%；大洋洲4家，占总数12.12%。2014年全市境外投资市场由传统亚洲国家和地区为主，逐步扩大到经济发达的西方国家，其中，在美国、加拿大、澳大利亚、新加坡等发达国家投资达到22家。

（陈杰　焦莉莉　刘振华）

【五大进出口市场】 2014年石家庄市出口市场前5位依次是欧盟、美国、东盟、俄罗斯、印度，出口额分别为144458万美元、97754万美元、79498万美元、42511万美元、36715万美元，同比分别增长12%、9.5%、11.1%、28.5%、8.2%。2014年石家庄市对日本出口25691万美元，同比增长6.6%；对韩国出口24700万美元，同比增长3.3%；对巴西出口17430万美元，同比增长13.1%。2014年石家庄市进口市场前5位依次是澳大利亚、巴西、美国、南非、欧盟，进口额分别为310597万美元、105334万美元、37570万美元、36870万美元、31819万美元，其中从澳大利亚、巴西、南非、欧盟进口同比分别下降2.7%、26.3%、19%、3.3%，主要原因是铁矿石进口下降，从美国进口同比增长19.6%。2014年石家庄市从东盟进口15316万美元，同比增长17.7%；从日本进口10389万美元，同比增长13.8%；从韩国进口7823万美元，同比增长75.3%。2014年全市累计出口超1000万美元企业达到125家，其中，石药集团、华药集团、石钢公司、河北诚信化工、鸿锐集团、河北明迈特6家企业出口超过1亿美元。2014年全市新增具有对外贸易经营资质企业976家，累计达到7790家，其中，有出口实绩企业达到2476家，同比增长269家。

（陈杰）

招商引资

【概况】 2014年，全市实际利用外资10.2亿美元，同比增长5%；引进市外资金1137.32亿元，完成全年任务118.22%。2014年全市24个省级以上经济开发区（不含高新区）主营业务收入5979.83亿元，同比增长20.60%。5·18廊坊经济贸易洽谈会签约项目41个，其中外资项目17个，总投资25.22亿美元，协议外资19.94亿美元；内资项目24个，总投资711.58亿元，拟引资585.48亿元。9·8第十八届中国（厦门）国际投资贸易洽谈会签约外资项目8项，总投资5.22亿美元，协议外资1.5亿美元。10·23中国·石家庄国际投资合作洽谈会签约重大内外资项目40个，总投资813.91亿元，拟引资784.23亿元。其中，外资项目5项，总投资3.5亿美元，协议外资5552.14万美元；内资项目35项，总投资792.9亿元，拟引资780.9亿元。

（董秀杰）

【中国·石家庄国际投资合作洽谈会】

10月23~24日，由河北省政府主办，石家庄市政府、河北省商务厅承办的2014年中国·石家庄国际投资合作洽谈会（简称石洽会）在石家庄市举行。主题为“创新驱动、协同发展”。省委常委、市委书记孙瑞彬，副省长秦博勇，新加坡原总理公署政务部部长、中新苏州工业园首任总裁曾士生，中国铁建股份有限公司副总裁庄尚标，中国国电集团公司副总经理高嵩，中国石油天然气公司总经理助理汪世宏，中国投资北京国际有限公司总顾问、北京市发改委原常务副主任柴晓钟，以及法国阿斯利康制药、韩国大宇、美国百盛、沃尔玛等40余家国际领军企业，北京金隅、北京三元、中华电、中国中铁等50余家国内知名企业，北京河北企业商会、台湾工商建设研究会、中华两岸企业发展联合总会、中华两岸经贸关系发展促进会等40余家机构代表，海内外1000多名客商参加会议。石洽会期间，举办京津冀协同发展石家庄合作推介会，研讨打造首都经济圈重要的副中心城市和南部区域经济中心、战略性新兴产业和先进制造业基地、现代服务业基地、科技创新及成果转化基地、国家重要的综合交通枢纽和物流中心；召开投融资项目专题洽谈会，加强石家庄市与国内外知名投融资机构的交流，重点宣传全市工业园区概况和产业政策，推介以民营经济为重点的招商引资项目，并组织有投资意向的境内外证券、基金、投资机构等洽谈对接。本届洽谈会石家庄市发布、推介对外合作项目132个，涉及生物医药、电子信息、现代服务业、现代农业、新能源等14个门类；签约包括中关村（高邑）新材料产业基地项目、国际化癌症诊疗技术平台和新型肿瘤细胞检测器产业化项目、迪森热能项目等内外资项目40个，总投资813.91亿元，拟引资784.23亿元。其中，外资项目5项，总投资35019.42万美元，拟引资5552.14万美元；内资项目35项，总投资792.9亿元，拟引资780.9亿元。签约项目中，10亿元以上项目21项，占总签约项目52.5%；20亿元以上项目11项，50亿元以上项目6项，100亿元以上项目1项。战略性新兴产业项目：主要有青岛森之蓝新能源科技有限公司在晋州市投资5亿元建设“功能性凝胶隔膜及动力锂离子电池项目”。京津项目：主要有中国动漫集团投资80亿元，在正定县建设城市文化乐园项目；北京明麒投资有限公司在元氏县投资25亿元，合作开发西部山区花卉种植基地项目；北京丽日办公有限责任公司投资5亿元，在行唐县建设办公用品家具项目。园区类整体运营项目：主要有总投资37亿元，在赵县省级工业园区建立易谷现代产业园（园中园），定位为现代制造业产业园区。临空经济（依托机场设施资源，通过航空运输行为或航空制造活动，利用机场的产业聚集效应，推进资本、信息、技术、人口等生产要素向机场周边地区集中，形成航空关联度不同的产业集群）成为亮点，石家庄天山集团与中国投资北京国际有限公司协商合作建设京冀产业协作示范园区项目，初步选址空港工业园，总投资约58亿元；天山集团还与灵寿县、正定新区、赵县分别达成通用航空产业、电子商务产业、汽车文化产业合作开发项目，签约项目4个，投资总额超200亿元。

（董秀杰　焦莉莉）

【第九届中国·石家庄国际医药博览会】 10月24~26日，由河北省政府主办，石家庄市政府、省卫生计生委、省贸易促进会共同承办的第九届中国·石家庄国际医药博览会（简称药博会）在石家庄国际博览中心举行。围绕“绿色、健康、合作、共赢”主题，216家医药生产企业集体展示了新产品、新技术。主要参展医药企业包括西安利君医药、吉林天强制药、山西国润等国内知名医药生产企业及石家庄本地的华北制药、石药集团、神威药业、以岭药业等。药博会期间，围绕业界前沿、热点问题开展探讨和交流，举办以安全合理用药为主要内容的科普公益活动，还举办了“2014年中国药学大会暨第十四届中国药师周”，并邀请国内医药卫生领域专家作医药学术报告。

（焦莉莉）

【中国·廊坊国际经济贸易洽谈会】

5月18~21日，由国家商务部、河北省政府共同主办的“2014中国·廊坊国际经济贸易洽谈会”举行，石家庄市25家企业参展，设立县域特色产业集群展、新兴产业基地（园区）展、环保产业展等多个展区和展位。其中，新兴产业基地（园区）展选取生物医药业、电子信息业等15家单位，包括高新区、电子信息产业基地、装备制造基地及石药集团、华药集团、中电科卫星导航等基地和企业；县域特色产业集群展有正定板材、赞皇原村土布；环保产业展有先河环保、益生环保、河北银发华鼎等 8 家企业，涉及在线监测、污水治理、环保产品等领域。石家庄市正定新区、石家庄东部和南部产业基地、石家庄物流产业基地、石家庄国际服务外包基地 4 个平台参加序展，采取图片展示、文字说明等方式，集中推介了河北省确定涉及石家庄市承接京津功能疏解、产业转移平台。廊坊国际经贸洽谈会期间，全市签约项目 41 个，总投资 868.7 亿元。其中，外资项目 17 项，总投资 25.22 亿美元，协议外资 19.94 亿美元；内资项目 24 项，总投资 711.58 亿元，拟引资 585.48 亿元。签约项目呈现出与京津地区合作项目增多，先进制造业项目增多，总部经济、楼宇经济项目开始显现的特点，涵盖工业、农业、新能源、商业综合体等，主要包括：北京卓越奥莱投资有限公司与藁城市岗上镇政府签约，在国大御温泉附近建设奥特莱斯、室内水上主题公园、欢乐儿童城、温泉主题酒店和公寓；森禾控股集团在高邑县投资 2 亿元建设花木基地项目；广州富力集团在平山县投资 200 亿元建设富力国际健康养生城项目。石家庄市还重点推介了总投资 30 亿元的栾城穆勒航空轻型飞机项目、总投资 4941 万美元的河北晓宇物流有限公司物流交易中心建设项目、总投资 18 亿元的赞皇嶂石岩景区旅游开发项目、总投资 67.5 亿元的行唐国际家具园区项目、总投资 10 亿元的高邑“建材—家居”产业园招商合作项目。

（董秀杰　翟相哲）

【第十八届中国（厦门）国际投资贸易洽谈会】 9 月 8～11 日，第十八届中国（厦门）国际投资贸易洽谈会在福建省厦门市举行。来自境外 126 个国家和地区 670 个团组、15685 名境外客商参会；参会企业 4000 多家，其中，跨国公司 120 多家，大型央企 50 多家，大型地方国企和知名民营企业 800 多家。本届洽谈会签订各类投资项目 1455 个，总投资金额 4639 亿元，双双创出历史新高。洽谈会期间，石家庄市代表团参加河北省代表团举办的综合展区展示活动，并在厦门市举办石家庄（厦门）投资合作项目对接会，邀请厦门市河北商会，台北、厦门、广州、深圳等地客商及石家庄市各县（市、区）主管副县长、招商局局长、招商项目负责人等 60 余人参会，宝晖集团董事长杨荣文、鸿星尔克集团总裁助理郑勇、台湾天富国际有限公司总裁吴金星、福建省冀商投资有限公司董事长魏连芬（女）等 40 余位企业家参加。石家庄市在第十八届中国（厦门）国际投资贸易洽谈会签约外资项目 8 项，总投资 5.22 亿美元，协议外资 1.5 亿美元。

（董秀杰）

供销合作商业

【概况】 2014 年，市供销合作系统谋划建设项目 44 个，完成投资 2.85 亿元。组建县级农村合作联合社（简称农合联）17 家，发展乡级农合联办事机构 205 个。带领办理各类专业社 2800 家，入社农户 23.5 万户，帮助农民销售农产品 30 亿元，实现助农增收 3.2 亿元。推进经营服务网络，培育农产品龙头企业 35 家，建设县城大中型超市 21 个，年末乡（镇）村供销社超市达到 1000 个，年销售额 9200 多万元。2014 年全市农村建设再生资源集散中心 18 家、标准化再生资源回收站 700 家，年回收各类废旧物资 100 多万吨，吸纳农村富余劳动力 3680 余人，有效改善农村生产生活环境。打造农业社会化服务体系，形成规模化服务。2014 年全市建成村级社区服务中心 265 家，其中，正定城关供销社被全国供销合作总社评为百佳基层社标杆社第一名，塔元庄社区综合服务中心获评全国供销社系统村级示范社。至 2014 年底，市供销合作系统商品总购进完成 89.43 亿元，同比增长 7.28%；商品总销售完成 101.11 亿元，同比增长 8.86%；农资销售额 16.34 亿元，同比增长 1.12%；农副产品购进 23.78 亿元，同比增长 2.60%；消费品零售额 36.47 亿元，同比增长 17.30%；碘盐购进 37316 吨，完成计划 103.7%；实现利润 1.29 亿

2014年3月11日，“农资大篷车下乡服务月”活动在无极县启动

元，同比增长32.3%；资产总额78.02亿元，同比增长9.61%；所有者权益21.27亿元，同比增长28.7%。

【项目建设】 全年市供销合作系统谋划建设项目44个，完成投资2.85亿元。市物资回收有限公司与中冶设备研究设计总院有限公司签约，合作建设中冶设备装备制造中试基地，项目一期钢材无害化除锈生产线列入河北省重点项目；市第一棉麻总公司与石家庄空港工业园管委会签约，合作建设石家庄综合保税区纺纱及棉花国际贸易项目；石家庄小商品加工制造产业园9家生产企业入驻，其中2家竣工投产；赵县商贸综合体项目主体工程封顶；赞皇农产品交易市场、新乐城市综合体、石家庄再生资源科技工业示范基地、石家庄北方农资物流配送中心等项目进展顺利。

（贡丽凯）

【北方农副产品交易市场落户赞皇县】 2014年6月，市供销社所属冀华众合投资集团公司与赞皇县政府签约，合作建设中国·北方农副产品交易市场。该项目位于赞皇县城郊，总投资3.5亿元，分两期完成。其中，一期投资1.5亿元，占地187亩。项目全部建成后，规划设立摊位2400个，实现农村剩余劳动力再就业5000个，年吞吐量300万吨以上，年成交额20亿元以上。

（吴温）

【平山县与省供销社签约建设商贸综合体】 7月7日，平山县与河北省供销社签约“百城购物（平山印象）·供销社超市”项目，主要建设“县有日用消费品购物中心、配送中心，乡有中心超市，村有连锁便民店”为核心内容的商贸综合体。该商贸综合体采用“1+X”模式，即“百城购物中心”+电子商务中心（百城购物日用消费品电商中心、河北省农产品电子交易分中心）、物流配送中心（农资、日用品）、综合服务中心及农民合作社绿色有机农产品展示展销交易中心（河北省核桃合作社联合社）、历史文化展示中心、行政服务中心等，计划总投资15亿元，建设周期2年。

（岳金宏　张绍娟　范会成）

【综合改革】 2014年市供销合作系

2014年10月20日，市供销社与北京中冶设备研究设计总院有限公司签约投资建设中冶设备装备制造中试基地项目

统在巩固发展主营业务基础上，拓展经营服务领域，优化经营结构，探索发展现代物流、农村金融、社区服务、科技服务等新兴服务业，初步实现从传统经营方式向现代流通业态转变，从单纯购销业务向综合经营服务转变，从单一供销合作向多领域全面合作转变。按照“改造自我，服务农民”要求，推进供销社综合改革。以组织体系科学化为重点，构建上下贯通、运行高效的新型合作经济组织体系。2014年市供销合作系统组建县级农合联17家，发展乡级农合联办事机构205个；注册县级专业社联合社5家，组建乡级专业社联合社195家，产业专业社联合社40家；新注册基层供销社30家，改造传统基层供销社20家，培育示范基层供销社50家，正定城关供销社被全国供销合作总社评为百佳基层社标杆社第一名；带领办理各类专业社2800家，入社农户23.5万户，帮助农民销售农产品30亿元，实现助农增收3.2亿元。涌现一批服务面广、带动力强的先进典型，2014年河北省委副书记赵勇，石家庄市长王亮就赵八供销社流转土地造福农民做法作出批示和肯定，栾城南高供销社改革经验在全省推广。以农村流通现代化为重点，推进经营服务网络再上新台阶。2014年市供销合作系统培育农产品龙头企业35家，建设县城大中型超市21个，年末乡（镇）村供销社超市达到1000个，农产品交易市场达到35个。推进农产品双向流通，组织210家农产品专业合作社与市内外300多家超市实现“农超对接”，实现年销售额9200多万元；与全国各地55个农产品市场对接，2014年市供销合作系统年销售额6.5亿元。2014年全市在农村建设再生资源集散中心9家，年末总数达到18家；建设标准化再生资源回收站350个，年末总数达到700家；年回收各类废旧物资100多万吨，吸纳农村富余劳动力3680余人，较好改善了农村生产生活环境，《2014年中国再生资源行业发展报告》重点推介“石家庄模式”。以农业服务规模化为重点，打造农业社会化服务体系。2014年市供销合作系统流转土地总面积3万亩，全托、半托农业大田10万亩；建成形象新、环境美、功能全、服务优村级社区服务中心30家，年末总数达到265家，其中正定县塔元庄社区综合服务中心获评全国供销社系统村级示范社。2014年市供销合作系统培训龙头企业、农民合作社负责人、新型基层社主任100名，农村社区服务中心及村级综合服务社负责人200名，合作社负责人300名、农民社员2万人。以合作金融业务为重点，建设符合农村实际新型金融服务体系。全年市供销合作系统农业保险覆盖17个县（市、区）73个（次）专业合作社，为农民提供风险保障5000万元，赔付农民468.6万元。2014年无极县供销社建设金融服务大厅，开展小额担保、资金互助、保险统筹、股金服务等金融服务，其他县（市、区）组建一批小型担保公司和资金互助专业合作社。

【中国合作经济年度成就奖】 6月21～22日，由中华合作时报社、中国合作经济杂志社、中国人民大学农业与农村发展学院、中国人民大学中国合作社研究院、中国贸易促进会供销合作行业分会共同主办的2013中国合作经济年度成就奖颁奖典礼暨全国农民合作社优质农产品展销会在北京举行。来自全国30名人物、20个合作社产品品牌、50家农民合作社分别荣获2013“中国合作经济年度人物”、“中国具有影响力合作社产品品牌”、“中国50佳合作社”称号。其中，石家庄市灵寿县冀乐食用菌专业合作社理事长李俊九、元氏县供销社合作社主任刘立刚，分别荣获年度人物“领军风采奖”和“奉献精神奖”；灵寿县邳彤中药材专业合作社“慈河”牌中药材、行唐县几丁质红枣专业合作社“壳素红”牌红枣荣获“中国具有影响力合作社产品品牌”奖；赵县精园梨果专业合作社、高新区佐益种植专业合作社荣获“中国50佳合作社”奖。

（肖海军　吴温）

【正定城关供销社获评全国供销系统先进集体】 2014年8月，正定城关供销社在纪念中华全国供销合作总社成立60周年大会上，获授“全国供销合作社系统先进集体”称号。此次全国共16个供销社集体获此荣誉，正定城关供销社为河北省唯一一家。2014年正定城关供销社拥有大中型商场7座，在全县174个村发展日用品连锁加盟店235家，网点覆盖率达到100%，建成物流配送中心2座，举办加盟店商品订货会60余次，配送总额累计1.2亿元，设立农超对接专柜62个。

（吴温）

【企业经营管理】 推进社属企业改革，东区供销有限公司改制完成；河北省茶叶公司、市农业生产资料总公司、城区供销社所属基层社等企业改制启动。加强企业管理，探索施行内涵式发展道路，开展增收节支专项行动，实施规范化管理、制度化管理、精细化管理，促进企业可持续发展。拓展经营业务，市第二棉麻有限公司开设投资管理、消防检测、物业管理等新产业；市社贸易中心建立好奇岛儿童乐园；市第一棉麻总公司克服不利市场形势，实现棉花期货交易2万吨，盈利90万元。转变企业经营方式，发展电子商务，2014年中山日化股份有限公司利用电商营销平台，与北人集团、京东商城、国大36524、21元超市联合开展网上营销，实现网上营销与实体配送有效对接；城区供销社发展“微商城”，成为石家庄市第一家利用微信营销商家，2014年发展会员1000多人，日访问量1万余人次。

石家庄市供销合作总社

党委书记、理事会主任：
毕凤鸣（4月免）

党委副书记、理事会副主任：
任素江

党委副书记、监事会主任：刘占海

理事会副主任：卢书清　李玉民
敦建伟

监事会副主任：丁根起　王彦生

纪委书记：岳四群

（贡丽凯）

粮油购销

【概况】 2014年，全市粮食系统收购粮食331万吨，销售和转化粮食390万吨。落实粮油安全监管制度及措施，全年检查粮食储存点39个、库存粮食38.3万吨。开展原粮卫生、面粉添加剂、储备粮轮换、夏秋粮收购政策落实、政策性粮食出库专项检查，共检查粮食企业509家（次）、粮食10.7万吨；查办涉粮案件69例，其中责令整改47例，警告10例，罚款12例。至2014年末，全市共有军粮特供店20家，全年向驻石家庄部队供应肉蛋奶菜2320吨，实现销售额1863万元。2014年石家庄市粮油科技进军营工作被国家粮食局评为优秀单位；鹿泉区获评全国粮食流通监督检查示范单位。

【购销储存】 执行国家粮食收购政策，采取联营、委托、经纪人走村入户等方式，敞开粮食购销企业收购农民余粮，落实不压级压价、即时结算售粮款政策。2014年全市粮食企业收购粮食331万吨，销售和转化粮食390万吨，其中赵县、藁城区收购粮食超过50万吨。2014年全市新增市级粮食储备5万吨，新增市级食用植物油储备4400吨。至2014年末，市级原粮储备达到15万吨，面粉储备达到7500吨，食用植物油储备达到10950吨。实施县级储备业务指导，全年14个县（市、区）落实县级储备指导性计划，至2014年底，全市累计完成县级粮食储备8.3万吨。加强储备粮管理，《石家庄市市级储备粮管理办法》修订完毕，获得市政府常务会议通过，年末全市储备粮数量真实、质量良好、储存安全。

【粮油监管】 创新粮油监管方式，探索开展联合执法。2014年元氏县、赞皇县、行唐县等粮食主管部门与工商、质监、卫生等部门建立合作关系，形成执法合力，开展多种形式执法活动。实施执法案卷评查，全市评查2013～2014年结案案卷67本。粮食管理部门检查粮食储存点39个、库存粮食38.3万吨。检查结果显示，全市粮食库存账实相符、储存安全。开展原粮卫生、面粉添加剂、储备粮轮换、夏秋粮收购政策落实、政策性粮食出库专项检查，共检查粮食企业509家（次）、粮食10.7万吨；查办涉粮案件69例，其中责令整改47例，警告10例，罚款12例。2014年市粮食管理部门在全市开展全国粮食监督检查示范单位创建活动，继平山县、元氏县后，2014年鹿泉区获得全国粮食流通监督检查示范单位称号。

【军粮供应】 执行军粮供应政策，超额完成2014年河北省下达军粮供应任务和调供计划。至2014年末，全市共有军粮特供店20家，全年向驻石家庄部队供应肉蛋奶菜2320

吨，实现销售额1863万元，毛利164万元。加强联系，每逢部队野营拉练、维稳处突、抢险救灾及重大节日，坚持到部队走访慰问制度。提供电话预约、送粮上门服务，全年为部队义务送粮率达到98%。2014年军粮供应完成武警河北总队调研和演习热食保障、武警总部在石家庄召开现场会应急保障、国防大学第25期军师职后勤领导干部现场教学保障等任务。

【企业改革】 县（市、区）粮食企业落实“一县一企、一企多点”改革模式运转良好，企业效益实现不同程度增长。整合市属企业，并于2014年9月注册成立石家庄粮食产业集团。加快市油脂公司与省油脂储备库整合重组，2014年经市政府和河北省国资委批准，正在有序推进。市油脂公司始建于1950年，是河北省较大的油脂油料经营企业之一，占地面积7.8万平方米，注册资本金2264万元。至2014年底，市油脂公司已发展成为设施配套，功能齐全，集生产、加工、仓储、销售、运输于一体的油脂、油料专业化批发零售企业，年经营量5万吨左右。2014年市油脂公司拥有年加工能力6万吨植物油厂1座，可按照国家标准生产浓香花生油、一至四级大豆油、菜籽油等各种食用油；拥有500～3000立方米储油罐25座，罐容达到3万余吨；建有铁路专用线630米，具有微机控制自动化装卸设施；建有气象色谱仪等先进仪器中心化验室，可按照国际、国内标准对粮油商品质量开展全面理化分析。河北省油脂储备库系集团全资子公司，成立于1998年，是河北省粮食局批准的油脂购销企业，具有独立法人资格。该库承担河北省部分省级储备油和中央储备油安全保管任务，是河北省硬件设备最好、容量最大的专业化油脂储备库，获授河北省应急粮食加工储运定点单位。

（翟入晴）

成品油供应

【概况】 2014年，是中国石油化工股份有限公司河北石家庄石油分公司（简称中国石化石家庄石油分公司）业务经营最为艰难一年。全年公司面对中国经济增速放缓、市场需求低迷、成品油价格14次下调不利局面，以质量和效益为中心，开拓市场，较好完成全年目标任务。至2014年底，公司销售成品油107万吨，完成下达计划100%，同比持平。其中，零售91.59万吨，完成下达计划97.4%，同比下降3.98%；直营批发15.41万吨，完成下达计划118.68%，同比增长25.27%；天然气销售147.61万方，完成下达计划119.33%，同比增长216.07%；非油品营业额1.6亿元，同比增长25%；报表利润6721万元，完成年度下达计划38%；报表吨油费用321元，较预算吨油节支4元。

（剧柏含）

【车用柴油升级置换】 10月13日零时，全市车用柴油质量升级，价格调整，车用柴油（标准品）质量标准升级至第四阶段（国四标准），加价标准为每吨370元，即0号车用柴油加价标准为每升0.32元。调整后，正5号柴油新的最高零售价为每升6.97元，负10号为7.54元，负20号为7.89元，负35号为8.18元，负50号为8.39元。至2014年12月底，全市车用柴油升级置换完成，各加油站全面供应符合国家第四阶段标准车用柴油。按照《石家庄市大气污染防治攻坚行动2014年工作方案》要求，2015年1月1日起，各大加油站不得再销售不符合标准车用柴油。

（焦莉莉）

【成品油调价】 2014年全市成品油价格共计调整18次，其中14次下调，4次上调。1月10日24时起，2014年石家庄市成品油价首次下调，汽、柴油最高零售价格每吨分别下调125元和120元。调整后，90号汽油和0号柴油（全国平均）零售价格每升分别降低0.09元和0.10元；90号汽油最高限价每升7.06元，93号汽油7.61元，97号汽油8.04元；0号柴油最高限价每升7.20元，5号柴油7.06元，10号柴油6.92元，负10号柴油7.64元，负20号柴油8.00元，负35号柴油8.28元，负50号柴油8.50元。1月24日24时起，石家庄市成品油价第二次下调，汽、柴油最高零售价格每吨分别下调130元和125元。调整后，90号汽油和0号柴油（全国平均）零售价格每升分别降低0.1元和0.11元；90号汽油最高限价每升6.96元，93号汽油7.51元，97号汽油7.93元；0号柴油最高限价每升7.10元，5号柴油6.95元，10号柴油6.81元，负10号柴油7.52元，负20号柴油7.88元，负35号柴油8.16元，负50号柴油8.37元。2月26日24时起，汽、柴油价每吨分别上调205元和200元，90号汽油和0号柴油（全国平均）零售价格每升分别提高0.15元和0.17元。3月26日24时起，汽、柴油价每吨分别下调135元和130元，90号汽油和0号柴油（全国平均）零售价格每升分别降低0.10元和0.11元。4月24日24时起，汽、柴油价每吨分别上调155元和145元，90号汽油和0号柴油（全国平均）零售价格每升分别提高0.11元和0.12元。调整后，90号汽油最高限价由每升7.01元上调至7.13元；93号汽油每升由7.56元涨至7.69元，涨幅为0.13元；97号汽油每升由7.99元涨到8.12元，同样上涨0.13元；0号柴油最高限价每升由7.16元上调至7.28元，涨幅为0.12元。5月9日24时起，汽、柴油价格每吨均下调50元，90号汽油和0号柴油（全国平均）零售价格每升均降低0.04元。5月23日24时起，汽、柴油价格每吨均上调70元，90号汽油和0号柴油（全国平均）零售价格每升分别提高0.05元和0.06元。6月23日24时起，汽、柴油价格每吨分别上调165元和160元，90号汽油和0号柴油（全国平均）零售价格每升分别提高0.12元和0.14元。7月21日24时起，汽、柴油价格每吨分别下调245和235元，90号汽油和0号柴油（全国平均）零售价格每升分别降低0.18元和0.20元。8月18日24时起，汽、柴油价格每吨分别下调190元和185元，90号汽油和0号柴油（全国平均）零售价格每升分别降低0.14元和0.16元。调整后，90号汽油最高限价每升6.94元，93号汽油7.49元，97号汽油7.91元；0号柴油最高限价每升7.07元，5号柴油6.93元，10号柴油6.79元，负10号柴油7.50元，负20号柴油7.85元，负35号柴油8.14元，负50号柴油8.35元。9月1日24时起，汽、柴油价格每吨分别下调105元和100元，调整后，90号汽油最高限价由每升6.94元下调到6.86元；93号汽油由每升7.49元降至7.40元，降幅为0.09元；97号汽油每升由7.91元降到7.82元，降幅为0.09元；0号柴油最高限价由每升7.07元降至6.99元，降幅为0.08元。9月16日24时起，汽、柴油价格每吨分别下调140元和135元，90号汽油和0号柴油（全国平均）零售价格每升分别降低0.10元和0.12元。调整后，90号汽油最高限价每升6.76元，93号汽油7.29元，97号汽油7.70元；0号柴油最高限价每升6.87元，5号柴油6.73元，10号柴油6.60元，负10号柴油7.28元，负20号柴油7.63元，负35号柴油7.90元，负50号柴油8.11元。9月29日24时起，汽柴油价格每吨分别下调100元和95元，折合90号汽油每升下调0.07元，93号汽油和0号柴油每升下调0.08元。10月17日24时起，汽、柴油价格每吨分别下调300元和290元，每升分别降低0.22元和0.25元。调整后，93号汽油最高限价由原来每升7.21元调至6.97元，下降0.24元；97号汽油由原来每升7.62元调至7.36元，下降0.26元；0号柴油（标准品）调至每升6.54元，车用IV0号柴油每升6.86元，均下降0.25元。10月31日24时起，汽、柴油价格每吨分别下调245元和235元，调整后汽、柴油供应价格分别为每吨7655和6580元，90号汽油和0号柴油（全国平均）零售价格每升分别降低0.18元和0.20元。11月14日24时起，汽、柴油价格每吨分别下调190元和180元，90号汽油和0号柴油（全国平均）零售价格每升分别降低0.14元和0.15元。其中，90号汽油最高限价每升6.14元，93号汽油6.62元，97号汽油6.99元；标准品0号柴油最高限价每升6.18元，5号柴油6.06元，10号柴油5.93元，负10号柴油6.55元，负20号柴油6.86元，负35号柴油7.11元，负50号柴油7.29元；国四标准0号车用柴油最高限价每升6.50元，5号柴油6.37元，负10号柴油6.89元，负20号柴油7.22元，负35号柴油7.48元，负50号柴油7.67元。12月12日24时起，汽、柴油价格每吨分别下调170元和400元。12月26日24时起，汽、柴油价格每吨分别下调520元和500元，90号汽油和0号柴油（全国平均）零售价格每升分别降低0.39元和0.43元。93号汽油下调幅度每升0.42元，这是2014年下调幅度最大一次，创下油价新机制运行以来最大跌幅。调整后，90号汽油每升5.62元，93号汽油6.06元，97号汽油6.41元；0号柴油每升5.40元，5号柴油5.30元，10号柴油5.19元，负10号柴油5.73元，负20号柴油6.00元，负35号柴油6.21元，负50号柴油6.38元；国四标准0号车用柴油每升5.72元，5号车用柴油5.61元，负10号车用柴油6.07元，负20号车用柴油6.35元；负35号车用柴油6.58元；负50号车用柴油6.75元。

表32　　2014年石家庄市成品油调价一览表

日　期	调价幅度（元/吨）		调价后价格（元/吨）	
	汽油	柴油	汽油	柴油
1月10日	↓125	↓120	8700	7585
1月24日	↓130	↓125	8570	7460
2月26日	↑205	↑200	8775	7660
3月26日	↓135	↓130	8640	7530
4月24日	↑155	↑145	8795	7675
5月9日	↓50	↓50	8745	7625
5月23日	↑70	↑70	8815	7695
6月23日	↑165	↑160	8980	7855
7月21日	↓245	↓235	8735	7620
8月18日	↓190	↓185	8545	7435
9月1日	↓105	↓100	8440	7335
9月16日	↓140	↓135	8300	7200
9月29日	↓100	↓95	8200	7105
10月17日	↓300	↓290	7900	6815
10月31日	↓245	↓235	7655	6580
11月14日	↓190	↓180	7465	6400
12月12日	↓170	↓400	7295	6000
12月26日	↓520	↓500	6775	5500

（肖海军　剧柏含）

商业集团

【北国人百集团有限责任公司】 石家庄北国人百集团有限责任公司(简称北人集团）是经石家庄市政府批准，于2000年3月21日由石家庄北国商城和石家庄人百集团有限责任公司合并注册成立的国有独资商贸企业。2008年3月北人集团完成国有企业股分改制，成为一家跨区域、多业态大型连锁商业企业集团。北人集团旗下有北国商城股份有限公司、石家庄饮食公司、石家庄国际博览中心、针纺织品公司、华远公司等8家下属企业，主要涉及百货连锁、超市连锁、家电连锁、珠宝连锁、餐饮娱乐、租赁会展、仓储配送等行业，经营网点遍布河北、山东、山西、河南、北京、天津和内蒙等7省（市、区）25座城市。北人集团是河北省商贸流通领域的龙头企业，连续5次人选“中国企业500强”，2014年排名列第386位，获得“全国商业服务业年度十佳企业”、“全国和谐商业企业”、“全国商业服务业顾客满意企业”、“全国五一劳动奖状”等称号。5月30日，总投资20亿元、占地600亩的北国奥特莱斯主题购物公园奠基仪式在鹿泉市绿岛火炬开发区举行。该项目集购物、休闲旅游、儿童游乐、餐饮娱乐功能于一体，采用开放式街区小镇形式，设有奢侈品、国际名品、运动户外以及时尚休闲9大主题购物街区，入驻知名品牌折扣店500家。这是河北省首家奥特莱斯世界一线名品直销购物中心。至2014年底，北人集团总经营面积130万平方米，员工总数4.6万余人，资产总额97.40亿元，同比增长9.21%；年销售收入321.36亿元，同比增长6.5%；实现利税总额12.32亿元，同比增长3%。

（彭艳荣）

【天元发展有限责任公司】 石家庄天元发展有限责任公司（简称天元公司）于2004年改制成立，2014年天元公司发展成为以超市（便利店）、时尚服饰商场、商务酒店经营为主业，兼营商业地产开发、物业管理、食品代理等多业态并举的集团公司。该公司坚持发展为要、员工为本、效益为重理念，主动适应市场变化，统筹做好稳增长、促改革、调结构、防风险工作。推进公司法人治理，规范子公司（二级子公司）治理程序，强化履行监督职责。实施天元名品二次改制，提升管理层控股权重，以股份激励促进良性发展。创新业态经营，改造店铺设计形象，合理调整商品，提升毛利率，全年公司完成自有门店整改7家。结合公司业态实际，有效整合资源，形成发展优势。2014年兴达物业由博隆房地产全资控股，重组后兴达物业接管天元商务大厦，扩大了物业服务范围；博隆地产、彤宇地产、名品投资乔迁入驻。天元酒店发挥全员营销功能，注重提升经营效益和完善连锁制度。圣达、天荟推进企业文化优势，提升员工积极性，经营收益稳中有增。至2014年底，天元公司实现经营业务收入59182万元，职工薪酬同比增长15%。

（天元公司）

【国大集团有限责任公司】 石家庄国大集团有限责任公司（简称国大集团）成立于1997年，经营范围包括酒店餐饮、便利店连锁经营、食品加工销售等，参控股子公司5家，曾获得全国五一劳动奖状、全国酒店业五十强、中国500家最大服务企业等荣誉称号，旗下国大酒店经营公司拥有“驿家365”连锁酒店品牌、“千里行”客栈品牌、“唐年”商务酒店品牌。至2014年底，“驿家365”连锁酒店发展到165家，成功入选全球连锁酒店300强，位列第210位，成为华北地区强势品牌，继续保持全省第一、全国前列发展态势；旗下洛杉奇食品公司以“金凤”、“洛杉奇”两大著名品牌为核心，依托花园式厂区硬件和“金凤”中华老字号传统，探索开展工业旅游项目，得到省市领导及有关部门的重视，多次到现场考察、指导；旗下河北国大连锁商业公司，创立“36524”便利店达到300余家，跻身全国连锁百强企业之列；旗下国大健康城开发建设公司，正在筹划建设“国大国际健康城”项目。

（胡振菊）

【物产集团有限公司】 石家庄物产集团有限公司（简称物产集团）是2005年经市委、市政府批准成立的国有独资企业，隶属市国资委，注册资本金19494万元。主要经营业务：房地产开发，房屋租赁，物业服务，酒店、住宿、餐饮服务；太阳能产品销售及出口业务；声波清灰项目的研发、销售及安装。下设石家庄宝晟房地产开发有限责任公司、河北德服物业服务有限公司、石家庄市燃料总公司（石家庄物产集团有限公司“4050”及内退人员管理中心）3个全资子公司。负责9家改制或破产重组企业党组织及1家挂靠企业党组织管理。2014年物产集团共有在职人员419名，退休人员569人，代管国资系统离休干部572人；实现利润126.40万元，净资产收益率3.46%，应收款项回收率42.17%，投资收益率19.08%，均超额完成市国资委下达计划指标。

（物产集团）

【饮食有限责任公司】 至2014年

底，石家庄饮食有限责任公司共有在册职工838人，其中，在岗职工526人，内退职工312人；离退休职工2815人，其中，离休23人，退休2792人。2014年末，公司经工商部门注册分公司达到18家，正常经营分公司10家，其中餐饮业6家，照相2家，其他业态2家。2014年公司按照市国资委、北人集团提出工作目标，落实稳中求进、整合和完善机制要求，主动寻找新的经济增长方式和新的经济增长点，较好保持了公司改制后持续向好发展势头。签订经营业绩责任书，增加经营班子风险机制，采取“三年一周期、一年一考核、一年一兑现、三年一总算”考核模式，推进企业可持续性发展；2014年公司与所属9家企业签订经营业绩责任书。层层分解公司经营目标，将经营收入、利润、职工收入、综合毛利率、固定资产投资等10个指标列入考核范围。加大原材料自采力度，北人集团烹调油等大宗物品落实配送，采购成本降低；针对天然气价格上调，借鉴燕风楼饭店煤气灶改燃油灶经验，中和轩饭店9台燃气灶成功改造为燃油灶，有效降低燃料成本支出；结合企业改制调整，推行大宗物品公司统一调配，运营车辆统一调整管理，并制订公司财务管理办法、招待费用管理办法、车辆使用管理办法等。围绕大众餐饮消费时令特点，调整经营结构，增添20元左右大众化热菜品种。2014年燕风楼饭店增加创新菜126种；中和轩饭店研发清真菜品100余道；釜洋斋树立“老店新菜”观念，推出创新菜98种。至2014年底，石家庄饮食有限责任公司实现营业收入10222万元，完成北人集团股东大会提出主要经济指标，取得企业效益和职工收入双增长。

（姚玉民）

【万达广场商业管理有限公司】 石家庄裕华万达广场于2011年9月23日开业，是河北省首座全业态生活广场，集休闲、娱乐、文化、餐饮、商业零售及服务等功能于一体，总建筑面积183万平方米。拥有万达百货、万达电影城、大歌星量贩KTV、大玩家超乐场、华润万家等主力店，步行街汇聚众多国际一流品牌及国内餐饮品牌。自开业起，裕华万达广场年销售额、客流量均以50%速度快速增长，迅速成为石家庄流行时尚新地标。2014年裕华万达广场落实安全管理工作责任，签订安全管理责任书；建立以总经理为核心安全管理小组，明确安全管理小组成员职责；按照安全生产法规定，开展安全生产标准化管理，制定安全生产操作规程、安全管理制度等；组建专业应急队伍，包括义务消防队编组、防恐防暴应急编组等，配备专业消防应急器材，定期开展培训与训练，时刻保持义务消防队处于战斗状态。至2014年底，裕华万达广场实现销售额26亿元，其中大商业销售18亿元，室外步行街销售8亿元；纳税3460万元，其中商业纳税3230万元，物业纳税230万元。

（万达广场管理公司）

【河北怀特集团股份有限公司】 河北怀特集团股份有限公司（简称河北怀特集团）成立于1996年，以资本运作、自主开发建设现代商业设施、发展高端服务业为主导产业，是石家庄市裕华区槐底社区集体经营管理组织。该公司依托地域优势，成功运作一大批城市商业项目，旗下拥有怀特装饰城、怀特家居城、怀特国际商城、怀特古文化茶城等产业，并与市43中学联合创办石家庄外国语学校。业务涵盖服装百货、商务住宿、餐饮服务、建筑材料、家居家饰、副食产品、教育等多个行业。凭借雄厚的资金实力和娴熟的资本运营技巧，河北怀特集团主动实施“走出去”发展战略，分别在海南省五指山市，石家庄市平山县、栾城县等地开发旅游酒店和观光农业等项目，实现资本跨地域扩张。自成立起至2014年底，该公司开发第三产业项目150万平方米，总投资120亿元，在石家庄市区东南部形成人气旺、投资活跃、回报率高的“怀特黄金商业区”。2001年起，河北怀特集团连年获评“河北百强企业”，4次入选“全国服务业企业500强”。2014年11月8日，河北怀特商业广场开业，总建筑面积22万平方米，从环境设计到业态布局突显时尚化、休闲化、家庭化主题概念，是一座集购物中心、高端智能写字楼、生态花园于一体全方位新生代城市综合体。

（河北怀特集团）

旅　游

【概况】 2014年，全市旅游业接待海内外游客5796.1万人次，实现总收入436.41亿元，同比分别增长18.50%和31.09%，旅游业接待规模和收入保持河北省首位。“十一”国庆黄金周期间，全市旅游市场接待中外游客326.9万人次，同比增长15.2%；实现旅游业总收入12.52亿元，同比增长24.6%。2014年全市编制完成旅游规划12个，新建、在建旅游项目81个，完成投资69.3亿元。驼梁·五岳寨·天桂山景区创建5A级旅游区顺利推进，华北军区烈士陵园获评国家4A级旅游景区，新乐伏羲台、正定高远红木古典家具文化博物馆获评国家3A级旅游景区。中航通飞华北飞机工业有限公司、中粮可口可乐饮料(河北)有限公司、石家庄洛杉奇食品有限公司获评石家庄市工业旅游示范点。至2014年底，全市共有国家A级景区33处，其中5A级景区1处、4A级景区26处、3A级景区4处、2A级景区2处；星级饭店67家，其中五星级4家、四星级27家、三星级29家、二星级7家；旅行社250家，其中出境组团社27家、一般组团社223家，旅行分社47家，服务网点573家。工农业旅游示范点32个，其中国家级农业旅游示范点1个、省级农业旅游示范点14个、省级工业旅游示范点8个、市级工业旅游示范点9个。省级星级农家乡村酒店2个，市级星级农家乡村酒店10个。旅游商品生产企业81家，拥有旅游纪念品、传统手工艺品、旅游用品、工艺美术品、文化艺术品、旅游食品等八大系列1200余种。旅游直接从业人员5万余人，间接就业人员37万人。新增导游员359人。

【旅游景区建设】 全年编制完成旅游规划12个，分别为《石家庄市旅游公共服务规划》、《石家庄市慢城慢镇旅游开发总体规划》、《石家庄市乡村旅游开发总体规划》，《井陉县西山翠谷旅游开发总体规划》、《行唐县神树湾生态旅游区总体规划》、《赞皇县燕赵风情园旅游开发规划》、《赞皇县云顶草原旅游开发规划》、《赞皇县黄北坪旅游开发规划》《赞皇县大枣园区规划》、《嶂石岩漂流旅游区开发总体规划》、《平山县红崖山生态旅游度假区总体规划》、《平山县北冶乡旅游发展总体规划》。2014年全市新建、在建旅游项目81个，完成投资69.3亿元。驼梁·五岳寨·天桂山景区创建5A级旅游区顺利推进，五岳寨门户区建设项目总投资8000万元，主体及内外部装修工程完成；灵寿县漫山生态休闲服务区项目投资2.1亿元，新建生态停车场、景区步游路、瀑布跌水水景、绿化美化、建筑小品等；天桂山景区投入400余万元，实施大型停车场项目建设，改造景区步游路和电瓶车路，升级核心景点青龙观大院。正定县隆兴寺景区实施安全防护设施、五星级旅游厕所、景观提升、智能景区项目建设。8月23日，投资6亿元高新区天山海世界二期升级改造工程竣工开业。赞皇县投资2亿元，拓宽、升级改造嶂石岩马嶂旅游公路全线通车，嶂石岩景区苏家台综合服务基地游客中心大楼正在装修，底层大型停车场基本完工。藁城区国御温泉投入4000万元，重点实施小镇康体娱乐楼内部装修和小镇三期庭院式国际会议中心、老年度假疗养中心、啤酒花园、悦餐厅、温泉区等升级改造及旅游公共服务设施、智慧化景区建设；景区内冰雕极地大世界项目总投资5000万元，2014年2月初建成开放；景区内水上乐园项目总投资1000万元，占地6600平方米，2014年6月底竣工投入使用。鹿泉区君乐宝乳业酸奶文化景区投资近1000万元，实施游客中心装修、标识标牌完善，二期参观走廊及一、二期联廊项目建设，搭建微信导览平台；抱犊寨景区实施停车场改扩建后续工程、旅游商品购物一条街建设及信息化服务平台系统搭建工程。井陉县加大于家石头村、大梁江等古村名镇保护开发力度，做好古建筑及古街道保护修缮，开展生态停车场、旅游厕所、标志石及标志牌等工程建设。赵县旭海庄园投资1000余万元，建设游客服务中心、啤酒广场、汽车影院、跑马场、水上乐园等配套设施。井陉矿区确立以段家楼开发为龙头，带动

2014 年 6 月 13 日，石家庄首届旅游交易会暨西柏坡红色旅游联盟成立大会开幕式

旅游业全面发展战略，并根据《以段家楼为核心的井陉矿区旅游发展规划》编制井陉矿区旅游项目招商名录。平山县天台山景区总投资 2 亿元，累计完成建设项目投资 1 亿余元，其中 2014 年完成投资 6000 余万元；瑜伽山景区投资 6000 万，建设停车场、游客中心、步游路基本完工。至 2014 年底，全市近 30% 4A 级以上景区实现无线上网 WiFi 覆盖。

（刘伟东）

【首届旅游交易会】 6 月 13～15 日，由市旅游局、平山县政府主办，市旅游协会、西柏坡纪念馆承办，各县（市）区旅游局协办的省会首届旅游交易会暨西柏坡红色旅游联盟成立大会在石家庄人民会堂举行。来自北京、上海、重庆、广东、山东等全国 18 个省（区、市）及俄罗斯、巴西、韩国，台湾、香港、澳门等 8 个国家和地区近 1 万名代表参会；参展单位 800 余个、展出面积 4550 平方米，其中标准展位 120 个，特装展位 16 组；累计接待量近 6 万人（次）。首届旅游交易会达成旅游投资、客源互换、智慧旅游、旅游包机等合作意向协议 360 余份，签约旅游投资项目 24 个、金额合计 32 亿元，其中现场签约 12 个项目、签约金额 26 亿元。其中，市旅游局与中国铁道旅行社签署“石家庄·西柏坡号”和“石家庄·正定号”旅游专列战略合作协议，俄罗斯伊尔航空公司与河北航空国旅签署俄罗斯旅游包机合作协议，中国国际旅行社总社与市旅游局签署资源共享战略合作协议，巴西戈亚斯州阿纳波利斯市 ACIA 公司与河北首创国际旅行社签约巴西及南美游览石家庄合作项目。

【旅游商品博览会】 10 月 24～25 日，由市政府主办、市旅游局和石家庄旅游协会承办的 2014 石家庄市旅游商品博览会暨首届旅游商品大赛在人民会堂举行。本次旅游商品博览会为“2014 中国石家庄国际投资合作洽谈会”专题活动之一，主题为“畅游多彩石家庄·乐享购物嘉年华”。共有近百家企业、300 余名客商参会，旅游纪念品、工艺美术品、文化艺术品、传统手工艺品、旅游食品、旅游服装、旅游时尚用品、户外装备用品八大系列 1200 多种旅游商品参展，展出面积 5500 平方米，其中设特装展位 8 个、标准展位 54 个。藁城宫灯、赞皇原村土布、井陉矿区昊源苹果、金凤扒鸡、西柏坡内画、赵州桥紫铜浮雕，名

2014 年 10 月 24 日，石家庄市旅游商品博览会暨首届旅游商品大赛开幕式

表、珠宝、露营帐篷、房车等一批高端时尚旅游用品和户外旅游装备，以及剪纸、十字绣、苏绣、木偶、吹糖人等传统民间文化参展亮相。接待参观市民和外国游客5.6万人次。旅游商品博览会期间，采取网民投票、现场问卷投票、专家评审相结合方式，评选产生六大系列“石家庄特色旅游商品”。达成旅游商品设计、开发、生产、销售等合作意向协议50多份，40个旅游商品投资项目签约，其中现场签约项目18个，金额达到72.5亿元。签约项目涉及艺术品（纪念品）研发、旅游商品销售、农业产业创业园建设、中草药种植与研发等多个领域。其中，来自美国旧金山的美国博宏有限公司与河北省河北坤展实业有限公司签订进口框架协议，年贸易额达1亿美元；北京坤展博宏实业有限公司与石家庄正定星希农业基地签订合作协议，年贸易额达1千万美元；北京圆明园管理处与藁城宫灯研制开发中心有限公司签署合作协议，共同开展北京圆明园旅游商品工艺纸雕宫灯制作。首届旅游商品大赛评选产生六大系列“石家庄特色旅游商品”60个，并从中评出藁城工艺纸雕宫灯、晋州紫铜浮雕、金凤扒鸡、沕沕水老粗布4个金奖，无极剪纸红梅报春系列等6个银奖，赞皇原村土布等9个铜奖。

（翟相哲）

【休闲旅游产业】 2014年市旅游局、农业局联合出台《关于推进休闲农业与乡村旅游发展的指导意见》，确立协调推进工作机制，合力推动休闲农业与乡村旅游发展。开展农家乐标准化、规范化建设，评定石家庄市首批星级农家乐10家。参加全国、省休闲农业与乡村旅游示范县、示范点创建活动，元氏县获得全国休闲农业与乡村旅游示范县称号，元氏县、栾城区获得河北省休闲农业与乡村旅游示范县称号，平山县沕沕水生态观光园获得河北省休闲农业与乡村旅游示范点称号。组织申报全国“美丽乡村旅游扶贫重点村”，平山县北冶乡燕尾沟村、赞皇县土门乡秦家庄村等36个村庄确定为全国“乡村旅游扶贫重点村”，赞皇县秦家庄等4个乡村旅游重点村村官参加国家旅游局举办的全国乡村旅游扶贫重点村村官培训班。2014年晋州市周家庄乡参加国务院政策研究室、国家旅游局、国家农业部等部委支持开展“牵手2014中国最美村镇”评选活动，获得“中国最美村镇循环发展奖”。

【红色旅游】 6月13日，在省会首届旅游交易会上，西柏坡红色旅游联盟成立。该联盟由市旅游局和西柏坡纪念馆共同倡导发起，经市政府批准成立，是以西柏坡景区为龙头，以全国红色革命圣地景区为骨干，以省内及周边省、市红色旅游景区为主体，包括上海中共一大会址纪念馆、瑞金中央革命根据地纪念馆、韶山毛泽东同志纪念馆、井冈山革命博物馆、遵义会议纪念馆、延安革命纪念馆等80余家会员单位和全国13个省、市146家其他类型景区（点）、酒店、旅行社单位，在自愿协作基础上组成，并首次推出“开国之旅”、“赶考之旅”、“圆梦之旅”、“祈福之旅”4条红色旅游精品线路。对标河北省旅游局出台《红色旅游景区（点）设施规范》和《红色旅游景区（点）服务规范》，完善旅游厕所、游客中心、停车场、购物场所、标识标牌等旅游基础和服务设施建设，提升管理服务水平。西柏坡纪念馆全力打造西柏坡智慧景区，通讯网络设施、LED屏显示系统、景区广播系统、景区手机APP及景区视频监控和引导系统建设正在建设。华北军区烈士陵园多功能影视教育中心、游客服务中心、铜像区整体迁移、大型音乐喷泉广场、武器陈列广场、白求恩纪念园、柯棣华纪念园设施升级改造完工，烈士纪念馆改陈布展、华北革命战争纪念馆建设及布展完成；7月5日，华北军区烈士陵园举行4A级红色旅游景区揭牌仪式暨“石家庄红色之旅大型采风”启动仪式。河北省英烈纪念园（双凤山旅游景区）启动无线WIFI上网服务建设。

【旅游宣传促销】 围绕“整体抓提升、重点求突破”发展思路，宣传“革命圣地、青翠太行、千年古郡、幸福新城”主题品牌。2014年市旅游局与河北省旅游局联合在中央电视台《朝闻天下》栏目播出时长5秒石家庄旅游宣传片；在《人民日报》（海外版）整版推介石家庄旅游，刊发专题报道《多彩石家庄游客“high”起来》、《正定铸就千年古城梦》等；在香港《大公报》整版刊发《两会2014新亮色之绿色崛起石家庄旅游篇》。抓住京津冀协同发展重大机遇，市旅游局、北京铁路局合作于 2014 年 4 月、5 月相继开通石家庄·西柏坡号、石家庄·正定号旅游专列，运行路线纵贯京津冀 3 省市，提升了石家庄市作为全省旅游集散中心城市的影响力。举办“石家庄旅游进北京社区”活动，在北京市近百个车流量、人流量较大公交候车亭，投放石家庄旅游宣传广告，吸引北京市民到石家庄旅游。推动旅游目的地城市建设，落实地接奖励政策，对符合条件 17 家旅行社给予奖励。开拓东北、西南及珠三角等地区旅游市场，市旅游系统组织团队到呼和浩特、沈阳、长春、南宁、北海、桂林、广州、珠海、肇庆、韶关等 10 余个城市举办“红色西柏坡 多彩石家庄”旅游宣传系列推介活动。2014 年石家庄市接待来自西北、西南、华南、东北等地区 8 趟旅游专列 5000 多名游客。加强与其他旅游城市间协作，加入晋东 5 市区域合作联盟、中原经济城市旅游合作联盟、“京冀晋陕”高铁旅游城市联盟，与联盟成员单位建立旅游信息沟通机制，相互开拓客源市场，增进旅游交流合作。

【旅游主题活动】 2014 年初，市旅游行业举办以“滑雪、泡温泉、健身养生、工农业旅游”为主题石家庄冬季旅游惠民活动，实行大幅度低价惠民政策，掀起冬季旅游小高潮。4 月 1 日，市旅游局、正定县政府联合在荣国府景区举办“石家庄市春季踏青赏花旅游系列活动启动仪式暨荣国府四月赏花节开幕式”，精心整合全市各景区赏花节、传统庙会等节庆，组织赵州桥、五岳寨、东方巨龟苑、抱犊寨等 10 余家相关景区向市民提供惠民优惠措施。5 月 16 日，市旅游局、藁城市政府联合举办 2014 石家庄市“中国旅游日惠民活动”启动仪式暨国御温泉“夏季快乐之旅”推介会，5 月 19 日全市 23 家景区落实半价或免门票惠民活动。7 月 8 日，市旅游局联合河北省邢台市旅游局、山西省阳泉市旅游局在五岳寨景区举办“消夏避暑、清凉渡夏”夏季旅游惠民活动，三地 39 家景区参与，游客凭有效证件享受免费或门票打折优惠。8 月 1 日，革命老区平山县召开“旅游扶贫助推绿色崛起——石家庄旅游扶贫工作经验交流会”，探讨和交流石家庄贫困山区旅游扶贫模式与经验，确立以项目建设助力西部太行山贫困带扶贫。9 月 4 日，市旅游局联合邢台、沧州、衡水、晋中、阳泉 5 市旅游部门在平山县东方巨龟苑景区举办金秋采摘旅游惠民活动，6 市 10 余家景区（点）参与免门票或打折惠民活动。12 月 28 日至 2015 年 2 月 28 日，市旅游局联合北京、天津、保定、邢台、邯郸、沧州、衡水、太原、晋中、阳泉、安阳、德州、聊城、蓬莱 6 省（市）14 市旅游局，在藁城国御温泉度假小镇举办以“养生温泉、激情冰雪”为主题的冬季旅游惠民活动，参加景区近 100 家，其中石家庄市 19 家景区参与，各景区分别推出门票免费、打折优惠和各种特色活动。

【旅游行业管理】 开展旅游市场综合整治，重点整治“零负团费”、“挂靠承包”、无资质经营、欺诈和强迫游客消费等违法违规行为。2014 年全市出动旅游执法人员 1500 人次，检查旅行社 221 次、旅行社服务网点 300 余次、导游人员 863 人次、景区（点）170 次、星级饭店 86 次，查处“黑导游”100 余人次。发挥人民调解与行政调解作用，维护旅行社权益和游客利益。2014 年全市接受旅游投诉、咨询电话 1050 起，其中投诉类 130 余起，绝大部分通过电话沟通现场及时解决。其

六省（市）15 市“冬季旅游惠民活动”启动仪式

中，市旅游纠纷调解处理中心人民调解委员会受理案件104起，全部结案；市旅游质量监督管理所受理咨询683起，旅游投诉84起，调解成功率100%。修订完善《石家庄市旅行社应急预案》、《石家庄市旅游突发事件应急预案》，与各县（市、区）旅游局签订《安全生产目标管理责任书》、《消防安全责任书》、《社会管理综合治理责任书》，与各旅游企业签订安全生产承诺书，签订率100%；组织全市250余家涉旅企业主要负责人参加省市安全生产监督管理部门举办"旅游企业主要负责人履职尽责警示教育"活动。2014年全市旅游饭店、景区（点）、旅行社、旅游车（船）公司等未发生重大旅游安全责任事故。严格按照《旅行社条例》加强旅行社管理，强力推进旅行社责任险统保示范项目，年末旅行社投保率99.58%。2014年全市新注册旅行社14家、旅行社分社5家、服务网点152家，旅行社业务变更40家，新增出境组团社7家。开展旅行社规范化、标准化建设，推进《旅行社等级划分与评定》试点，印发《全市〈旅行社等级划分与评定〉工作实施方案》，受理、暗访、审核7家旅行社申报等级评定。按照《星级饭店访查规范》和《旅游饭店星级的划分与评定》(GB/T14308-2010)国家标准，全年完成所有星级饭店2013年度星级复核复评，其中14家四星级饭店做出评定性复核：2家饭店因经营项目改变，给予取消三星级旅游饭店和四星级旅游饭店处理意见；3家酒店给予限期整改1年处理意见。全年新评四星级旅游饭店1家，新增国家金叶级绿色饭店1家。推行导游持证上岗和IC卡管理制度，2014年全市共为5600余人实施年度审核验证；新增导游359人。

（刘伟东）

石家庄年鉴 Finance

金　融

金　融

概　述

2014年，全市围绕打造区域性金融中心目标，深化投融资体制改革，优化金融发展环境，印发《关于进一步加快金融业发展的意见》、《关于进一步加快金融业发展的奖励办法》、《关于金融支持经济结构调整和转型升级的实施意见》、《关于进一步加强金融服务促进“三农”发展的实施意见》、《关于进一步加强金融支持小微企业发展的实施意见》等政策文件，引导资本，集聚金融人才，全力打造资本集聚洼地。

重视银行机构主渠道作用，加强与银行机构总部及省级分行沟通联系，争取信贷规模、授信管理等支持。围绕货币政策导向，举办多层次、多形式政银企对接活动，全年收集整理和提供银行融资项目743个、金额688亿元。至2014年末，全市共有银行金融机构35家，其中政策性银行2家，大型商业银行5家，股份制商业银行9家，邮政储蓄银行1家，城市商业银行5家，外资银行1家，市级农村信用社1家，农村合作银行1家，农村商业银行2家，村镇银行8家。2014年底，全市金融机构人民币各项存款余额9124.61亿元，同比增长6.0%，较年初增加516.83亿元；人民币各项贷款余额5098.92亿元，同比增长13.01%，较年初增加586.90亿元；存量存贷比为55.88%，增量存贷比为113.56%。

建立健全资本市场协调推进机制，2014年市政府与河北证监局签署《关于促进石家庄市资本市场发展的合作协议》，联合成立“促进石家庄市资本市场发展合作办公室”。召开企业上市培训会议，推动企业上市工作。加强点对点服务，联合上海、深圳证券交易所开展调研，多次会诊重点企业，有效解决企业上市遇到实际困难和问题。2014年全市30家企业在各类资本市场挂牌上市，创下历史新高。其中，深圳证券交易所1家，新三板2家，天津股权交易所11家，石家庄股权交易所16家。至2014年底，全市累计实现企业挂牌上市67家，实现融资490亿元。其中，境内公开市场上市14家，境外各类资本市场上市12家，新三板上市2家，天津股权交易所挂牌企业19家，石家庄股权交易所挂牌企业20家。2014年全市企业共发行中期票据、短期融资券、企业债券291.3亿元。其中，企业债64亿元，中期票据150亿元，短期融资券69.3亿元，PPN定向融资工具8亿元。

强化保险服务经济社会建设保障功能，2014年保险资金累计投入石家庄市236亿元。出口信用保险支持企业信用贷款6亿元。信用保证保险提供担保总额623亿元，支付赔款1.5亿元。农业保险参保农户204万户，承保种植业980万亩、养殖业200万头，提供农业灾害损失补偿资金额50亿元，支付赔款1.1亿元，受益农户153万户。环境污染、医疗、食品安全、安全生产、校园安全等领域责任保险支付赔款7000万元。机动车保险支付赔款30亿元。至2014年末，全市保险业实现保费收入202.28亿元，同比增长16.98%，提供风险保障金额7.7万亿元，同比增长65.1%，赔款与给付74.4亿元，同比增长31.4%。

鼓励民间资本进入金融业，2014年全市51家民营企业和91个自然人入股村镇银行，资金合计2.89亿元，其中民间资本占比最高达83.5%。2014年6月，由石药集团组建的中外合资小额贷款公司——石家庄市中弘和信小额贷款有限公司成立，注册资本10亿元。这是河北省第一家由当地本土企业与外资法人合资组建的小额贷款公司。开展防范非法集资宣传教育和非法集资专项排查活动，完成黑龙江圣瑞非法集资案登记，立案侦查环渤海湾公司、丰众农民专业合作社等非法集资案件，有效维护金融秩序稳定。

（彭秀文）

银　行

2014 年，石家庄银行业总体保持稳定、健康发展态势，存款增速自 2014 年 9 月起持续放缓，存款月增量延续季末冲高、季初回落趋势，波动幅度减弱。银行业存款增长放缓主要原因：资本市场、互联网金融、理财产品和第三方支付公司等分流存款；钢铁生产及贸易类企业、房地产企业等受产能压减、业务下滑、房地产限售等影响，企业销售收入和利润下降，支付工资、归还贷款等资金需求不减，导致企业存款用多进少；部分企业自主投资意愿下降，主要涉及民间借贷和民间金融组织投资。贷款增长超出预期，增速上扬，单位中长期贷款保持稳定增长。信贷投放主要特点：票据融资冲量明显，票据融资月增量自 2014 年 8 月起由负转正、持续走高；单位中长期贷款增速稳步上升；小微企业贷款增速波动回升；房地产开放贷款增长放缓；个人住房贷款增速缓中趋稳，利率回归基准点。

发展普惠金融，2014 年全市新成立农村商业银行 1 家、村镇银行 6 家、小额贷款公司 8 家，1 家农村商业银行、3 家村镇银行获准筹建，27 家拟设立小额贷款公司申请上报河北省备案。2014 年中国工商银行后台中心（石家庄）正式揭牌运营；北京银行石家庄分行试营业；平安银行、广发银行石家庄分行正在筹建。至 2014 年末，全市共有银行金融机构 35 家，其中政策性银行 2 家，大型商业银行 5 家，股份制商业银行 9 家，邮政储蓄银行 1 家，城市商业银行 5 家，外资银行 1 家，市级农村信用社 1 家，农村合作银行 1 家，农村商业银行 2 家，村镇银行 8 家。2014 年底，全市金融机构人民币各项存款余额 9124.61 亿元，同比增长 6.0%，较年初增加 516.83 亿元；人民币各项贷款余额 5098.92 亿元，同比增长 13.01%，较年初增加 586.90 亿元；存量存贷比为 55.88%，增量存贷比为 113.56%。

提升县域金融服务水平，2014 年各银行机构在县域新设支行、网点 30 个，年末县域（不含市区）银行业机构网点达到 992 个。2014 年全市县域 ATM 机较年初增加 175 台，POS 机较年初增加 273 台，便民服务点和自助服务终端较年初增加 112 个。2014 年全市县域贷款新增 120.39 亿元，同比增长 11.90%。开展小微企业金融服务，鼓励金融机构开发适合小微企业需要金融产品，创新以产业园区、协会商会、市场商圈为基础，推行集中授信模式。推进小额票据融资，2014 年河北省小额票据贴现中心石家庄分中心正式成立营业，重点支持 300 万元以下小额票据贴现业务，2014 年石家庄分中心累计为 45 家企业办理业务 5654 笔，贴现金额 20.44 亿元。2014 年全市小微企业贷款新增 159.97 亿元，占全部企业贷款 73.10%。

（樊秀华　彭秀文）

中国人民银行石家庄中心支行

【概况】 2014 年，中国人民银行石家庄中心支行坚持稳中求进总基调，主动适应经济发展新常态，履行人民银行分支机构职责，按季召开货币信贷政策执行委员会、房地产专业工作委员会、新农村建设工作委员会等货币政策例会、座谈会，加强货币管理政策宣传和沟通协调，强化引导和投向监测，指导金融机构保持合理信贷增速。严格内部管理，制定《内审咨询业务操作规程》，开展征信管理绩效审计，推进内审管理转型。完善制度，推进监督规范化建设。提升安全管理水平，开展保密、安全生产专项检查及防汛、网络系统应急演练。探索保卫业务安全风险评估和管理体系建设，加大辖内发行库监督检查力度，2014 年市中心支库、县（市）支库突击查库比例均达 100%。开展金融风险监测评估，完善监测指标体系和评估方法，督促金融机构合规经营。建立金融稳定分析小组、金融稳定联席会议等机制，落实信息交流和风险会商制度。关注政府融资平台、理财产品、民间融资等重点领域风险，加强金融再贷款管理和损失认定。做好存款保险制度出台准备和组织实施，实施金融机构同业业务、金融统计、支付结算、货币金银、反洗钱、征信、跨境人民币业务等专项检查，维护金融市场秩序。深化外汇管理改革，建立外汇管理监测分析月报制度，巩固货物贸易外汇改革成果，严格非现场监测、现场核查和分类管理。落实跨境担保外汇管理政策，支持企业获得境内人民币、境外美元贷款授信额度，缓解企业流动资金压力。至2014年底，全市金融机构人民币各项存款余额9124.61亿元，同比增长6.0%，较年初增加516.83亿元；人民币各项贷款余额5098.92亿元，同比增长13.01%，较年初增加586.90亿元。2014年中国人民银行石家庄中心支行获评全国节约型公共机构示范单位。

表33　　2014年石家庄地区全部金融机构（含外资）人民币信贷收支情况一览表

2014—12—31

来源项目名称	金额（万元）	运用项目名称	金额（万元）
一、各项存款	91246125	一、各项贷款	50989204
1.单位存款	42593562	（一）境内贷款	50988994
其中：活期存款	15932071	1.短期贷款	19668507
定期存款	11216453	（1）个人贷款及透支	4425622
通知存款	719767	其中：个人消费贷款	944842
保证金存款	8150342	（2）单位贷款及透支	14364590
2.个人存款	44951864	其中：经营贷款	14306201
储蓄存款	43891354	固定资产贷款	42800
保证金存款	123091	（3）普通并购贷款	
结构性存款	937420	（4）银团贷款	5000
3.财政性存款	1216859	（5）贸易融资	873295
4.临时性存款	81337	（6）境外投资转贷款	
5.委托存款	657568	2.长期贷款	28802627
6.其他存款	1744934	（1）个人贷款	9749457
二、金融债券		其中：个人消费贷款	7908272
三、中长期借款	869	（2）单位贷款	17362319
四、应付及暂收款	2056790	其中：经营贷款	2891466
其中：应付利息	1308007	固定资产贷款	14470853
五、同业往来（来源方）	1421640	（3）普通并购贷款	448150
六、系统内资金往来（来源方）		（4）银团贷款	1236300
七、外汇买卖（来源方）	2044446	（5）贸易融资	
其中：结售汇	2041352	（6）境外投资转贷款	6400
八、各项准备	1136742	3.融资租赁	
其中：贷款损失准备金	1111150	4.票据融资	2422389
九、所有者权益	2523354	其中：贴现	2422389
其中：实收资本	899153	5.各项垫款	95472

（续表）

来源项目名称	金额（万元）	运用项目名称	金额（万元）
十、其他	-8922384	（二）境外贷款	210
		二、有价证券	375935
		三、股权及其他投资	1571046
		四、应收及预付款	632279
		其中：应收利息	205980
		五、同业往来（运用方）	1500070
		六、系统内资金往来（运用方）	33189017
		七、金银占款	
		八、外汇买卖（运用方）	2043758
		其中：结售汇	2040510
		九、固定资产	717042
		十、库存现金	489231
		十一、投资性房地产	
资金来源总计	91507582	资金运用总计	91507582

表 34　2014 年石家庄地区全部金融机构（含外资）外汇信贷收支情况一览表

2014—12—31

来源项目名称	金额（万元）	运用项目名称	金额（万元）
一、各项存款	109458	一、各项贷款	36203
1.单位存款	74292	（一）境内贷款	36203
其中：活期存款	21223	1.短期贷款	33964
定期存款	24823	（1）个人贷款及透支	362
通知存款		其中：个人消费贷款	362
保证金存款	28246	（2）单位贷款及透支	6930
2.个人存款	33425	其中：经营贷款	6930
储蓄存款	31160	固定资产贷款	
保证金存款	51	（3）普通并购贷款	
结构性存款	2214	（4）银团贷款	
3.财政性存款		（5）贸易融资	26672
4.临时性存款	997	（6）境外投资转贷款	
5.委托存款	79	2.中长期贷款	1349
6.其他存款	664	（1）个人贷款	31
二、金融债券		其中：个人消费贷款	31
三、中长期借款	130	（2）单位贷款	500

（续表）

来源项目名称	金额（万元）	运用项目名称	金额（万元）
四、应付及暂收款	13524	其中：经营贷款	500
其中：应付利息	537	固定资产贷款	
五、同业往来（来源方）	4167	(3) 普通并购贷款	
六、系统内资金往来（来源方）		(4) 银团贷款	
七、外汇买卖（来源方）	332624	(5) 贸易融资	
其中：结售汇	331699	(6) 境外投资转贷款	818
八、各项准备	1070	3.融资租赁	
其中：贷款损失准备金	1070	4.票据融资	
九、所有者权益	-606	其中：贴现	
其中：实收资本		5.各项垫款	890
十、其他	-3663	（二）境外贷款	
		二、有价证券	
		三、股权及其他投资	
		四、应收及预付款	12226
		其中：应收利息	184
		五、同业往来（运用方）	126
		六、系统内资金往来（运用方）	71548
		七、金银占款	
		八、外汇买卖（运用方）	332201
		其中：结售汇	331293
		九、固定资产	
		十、库存现金	4399
		十一、投资性房地产	
资金来源总计	456703	资金运用总计	456703

【货币信贷】 坚持金融运行分析机制，按季召开货币信贷政策执行委员会、房地产专业工作委员会、新农村建设工作委员会等工作例会、座谈会，每季度定期研究金融运行态势，及时发现问题、分析原因，提出解决办法。加强货币管理政策宣传和沟通协调，强化引导和投向监测，指导金融机构保持合理信贷增速。支持银行机构综合运用信贷、票据、融资租赁、资产证券化等方式，围绕实体经济需求，增加资金投放，优化信贷结构，推进产业结构调整和经济转型。发展绿色信贷，严控“两高一资”行业信贷投放，促进过剩产能化解和大气污染治理。鼓励各类股权投资基金、风险投资基金等支持创新性、科技型企业发展，利用社会资本和金融手段推动产业结构调整和经济转型。注重金融政策、财政政策、产业政策协同配合，发挥金融推动科技创新、经济结构调整的作用。2014 年中国人民银行石家庄中心支行与河北省科技厅等 7 部门联合出台《关于河北省做好科技金融服务的实施意见》，与石家庄市政府相关部门联合召开重点项目发布会、银企对接会，引导金融机构加大重点项目、高新技术、战略性新兴产业等领域信贷支

持力度。出台《河北省排污权抵押贷款管理办法》，鼓励金融机构创新排污权抵押融资模式，发挥市场在资源配置中决定性作用。灵活运用再贴现、再贷款多种政策工具，加大对小微企业、“三农”发展和扶贫开发等薄弱环节支持，化解融资难、融资贵问题。围绕货币政策导向，举办多层次、多形式政银企对接活动，全年收集整理和提供银行融资项目743个、金额688亿元。

【金融服务】 健全金融消费咨询投诉受理和处理机制，开通“12363”金融消费权益保护咨询投诉电话，举办“金融知识普及月”活动。探索金融业综合统计路径，与金融监管部门和政府职能部门建立数据共享机制，拟定建立“京津冀数据共享平台”协议。银行二代支付系统推广完成；农村支付环境改善，更多金融机构进入农村金融市场，助农取款服务提升、功能增强。创新拓展金融IC卡应用政策环境，发布《河北省金融IC卡行业应用项目管理办法》。2014年河北省金融IC卡行业应用服务平台正式上线，年末金融IC卡在公交、出租、社保等领域广泛应用。加强金融机构反洗钱考核，提高反洗钱监管效能，增强反洗钱调查力度，突出反洗钱对反恐、反腐败等领域支持作用。提升现金管理水平，举办“净化货币流通 亮丽国家名片”联合集中宣传活动，确保在保安全、保供应基础上，优化流通券别结构，提升币面整洁度。推进现代化、服务型国库建设，实施河北省国库集中支付电子化管理改革，实现“库款零在途、业务零差错、资金零风险、设备零故障”目标。

中国人民银行石家庄中心支行
行　长：陈建华（兼国家外汇管理局河北省分局局长）
副行长：李小秋（兼国家外汇管理局河北省分局副局长）
贾广军　李伟　王彦青
文洪武（3月任）
工会主任：李双锁
纪委书记：高兰根（3月任）
副巡视员：李晶玲（12月任）

（樊秀华）

中国农业发展银行

【概况】 2014年，中国农业发展银行河北省分行营业部按照稳中求进总要求，丰富业务品种，加强项目对接，支持国家粮食安全和城乡发展一体化。严格落实信贷监管办法，开展行业分析和研究，实施风险排查，及时化解各种风险。开展项目督导监测，中长期到期贷款本息收回率达到100%。采取现金清收、减免表外欠息等措施，清收不良贷款实现自建行以来首次清零，成功经验在全国农业发展银行系统风险管理业务培训会上推广学习。调整支行领导班子，夯实基层管理基础；开展业务岗位竞聘，优化人员结构组成。推进企业文化建设，践行“正廉忠孝康”五字行为。制定《切实加强“四有”工作作风建设的意见》及具体方案，促进作风建设和效能建设。国际业务以外汇结算和贸易融资业务为重点，丰富业务品种，扩大收入来源。至2014年末，全辖办理国际结算业务4437万美元，同比增长35.7%；办理贸易融资923万美元，同比下降29.2%。2014年营业部被总行国际业务部确定为华北地区唯一一家“四梁八柱”样板行，获得河北省农业发展银行系统经营绩效考核一等奖。至2014年底，营业部各项存款余额32.44亿元，同比减少1.63亿元；各项贷款余额137.38亿元，同比减少2.4亿元。

【存款业务】 实施考核激励措施，修订《业务经营专项量化指标考核办法》，提高存款业务考核分值；制定《财务费用挂钩奖励办法》，将400万元业务管理费与县支行业务经营挂钩，发挥财务资源分配导向和激励作用。开展存款营销能手评选活动，激发全体人员工作热情。狠抓存款组织，举办“首季开门红”、存款组织“红五月”和财政支农资金存款竞赛专项活动，落实专户营销和按月监测，力争发展成为财政存款“主存行”。加强与省行、省联社沟通联系，全年营销同业存款8.8亿元，日均余额0.84亿元。2014年营业部受总、分行委托，向中国光大银行等6家银行拆出资金375亿元，实现收益4667万元。至2014年末，营业部各项存款日均余额43.83亿元，同比增加0.15亿元。其中，日均财政存款余额24.42亿元，同比增加0.44亿元。

【信贷业务】 粮棉油收储业务。完善银政、银企定期沟通协调机制，加强与大型优质客户对接。推动地方储备粮油集中统一管理，实现县级储备粮“一县一企”。发挥粮保基金作用，完善“一站式”办贷流程，实行前、后台联合办贷制度，超前做好夏秋粮收购企业评级授信、贷款资格认定、贷款额度核定、收购网点确定工作，做到“钱等粮”要求。2014年营业部累计发放夏粮收购贷款11.4亿元，收购小麦4.33亿千克；累计发放玉米收购贷款6.76亿元，收购玉米2.955亿千克；累计发放中央储备粮贷款3.03亿元、粮食调控贷款4.76亿元。中长期贷款业务。加强项目库储备，多次走访河北水务集团、正定新区管委会、市财政局和高邑县、平山县等县（市、区）政府及部门，积极营销南水北调干渠及输水管道、引黄入冀补淀、正定新区地下综合管廊、高邑县南水北调地表水厂、平山县冶河综合治理等项目。2014年营业部向正定新区发放存量贷款9.28亿元，支持新农村安居工程项目建设，年末正定新区项目贷款投放总额达到60.91亿元；向无极县、深泽县发放贷款1.02亿元，支持南水北调地表水厂项目建设。至2014年底，营业部各项贷款余额137.38亿元，同比减少2.4亿元。

中国农业发展银行
河北省分行营业部
总 经 理：苗全强（10月免）
赵自现（10月任）
副总经理：王建民（10月免）
周敬军 张锁
李志勇（11月任）

（王伟光）

中国工商银行

【概况】 2014年，中国工商银行河北省分行营业部以转型发展为主线，支持节能环保产业及从事农业生态、园林绿化等惠及民生、服务“三农”中小企业发展，推进电子银行、电话银行、手机银行推广应用，扩速“大零售”和“互联网金融”业务建设。开展创建绿色银行活动，落实贷前调查执行“环保一票否决”制度，强化贷后监测和分析，及时发现影响环境发展因素，适时做好贷款整改、压缩和退出。举办“普及金融知识万里行”和“金融知识普及月”活动，提高公众金融素养。开展防范和打击非法集资宣传活动，发放宣传折页6000余份、宣传扑克1000余副，组织讲解500余人次。参与社会公益事业，为新乐市大流村新世纪幼儿园捐赠学习用品300多套，为灵寿县大南地小学捐助教学电脑和文体用具60余套。提升服务水平，全年改造物理网点13家，新建离行式自助银行50家、附行式自助银行13家、助农服务站2家。至2014年末，分行营业部累计投放各类贷款377.68亿元，同比多投放21.68亿元。各项贷款余额611.1亿元，同比增加54.02亿元。其中，公司贷款437.18亿元，增加16.8亿元（小企业贷款50.58亿元，增加8.75亿元）；个人贷款155.79亿元，增加28.46亿元；票据融资18.13亿元，增加8.56亿元。各项存款余额916.45亿元，同比增加21.54亿元。其中，对公存款411.52亿元，增加28.52亿元；储蓄存款504.93亿元，下降6.99亿元。实现中间业务收入8.1亿元，实现拨备后利润22.08亿元。不良贷款率下降为0.88%，取得历史性突破，较年初下降0.34个百分点。缴纳各项税款2.61亿元，同比多缴2600万元。2014年分行内控评价结果达到一级，综合得分居全国一级分行营业部第三位，获评全省党风廉政建设和案件防范工作先进单位；中华支行获评全国服务行业“千佳文明示范单位”。

【业务发展】 以支持实体经济发展为导向，积极开拓基础产业、重点项目、实体经济和个人综合消费等业务。支持基础产业和重点项目建设，全年投放基础产业项目贷款32.67亿元，为市重点企业项目发放贷款44.99亿元。支持中小企业发展，2014年末营业部全部公司贷款余额437.18亿元，较年初增加16.8亿元。其中，流动资金贷款73.94亿元，小企业贷款64.18亿元。加大住房、环保、消费等民生领域信贷支持，推动信用消费，拉动内需增长。全年累计发放房地产贷款10.13亿元；累计发放个人贷款54.2亿元，余额155.79亿元，同比分别增加5.05亿元、28.46亿元；办理消费分期付款16.49亿元，同比增加7.68亿元，余额15.28亿元，较年初增长136.89%。强化本外币一体化金融服务，全年办理国际贸易融资7.59亿美元，同比增长64.81%；国际结算33.67亿美元，同比增长18%；跨境人民币结算20.97亿元，同比增长227%。加快金融服务业务创新及应用，全年办理融资设备租赁7亿元，黄金租赁1100千克2.8亿元。2014年营业部成功办理全省系统首笔远期信用证项下风险参贷贸易融资业务，金额9.5亿元。至2014年末，营业部累计投放各类贷款377.68亿元，较2013年多投放21.68亿元。

【网点渠道建设】 提升服务质量水平，开展“人民满意建设年”活动，客户排队平均等候时间降至12.68分钟，较年初减少2.03分钟，中华支行获评全国服务行业“千佳文明示范单位”。改善服务环境，全辖各网点全部布放手机银行客户端下载器、WIFI无线网络。创新渠道模式，2014年营业部优化改造物理网点13家，其中市区10家、县域3家；新建离行式自助银行50家，其中市区30家、县域20家；新建附行式自助银行13家，其中市区9家，县域4家；新建助农服务站2家，分别为井陉矿区贾庄村、辛集吴家庄村，并在市区设立自助便民银亭1家；新装柜员机、多媒体自助终端、自助发卡机等设备980台，新装POS设备3299台，新增个人转账终端设备1640台。

中国工商银行河北省分行营业部
总 经 理：沈学勤（兼省行行长助理）
副总经理：杜建国　韩晓坤
　　　　　侯惠鹏　李宏伟
　　　　　王国强
纪委书记：程春明
工委主任：冯建中

（李聪磊）

中国农业银行

【概况】 2014年，中国农业银行股份有限公司河北省分行营业部以持续发展为主线，以队伍建设为支撑，以风险控制为保障，实施精细化管理，推进经营业务快速转型。重视基层管理，开展“提素质、防风险、做标兵”学习活动，增强柜员素质。加强日常监管，实施专项治理，减少结算差错和违规问题；严格贷前调查和执行标准，严把贷款准入关；落实贷后管理制度，强化风险预警和处置，及时化解风险苗头。推进合规文化建设，以“从我做起，远离违规”为主题，开展警示宣讲活动，33个支行3018人接受教育，有效提升员工合规意识。2014年营业部开展县域、涉农和小微企业贷款增速分别达到20.9%、20.3%和25.2%，均高于全行贷款平均增速。至2014年末，分行营业部各项存款达到1063亿元，较年初增加48亿元；各项贷款余额达到457亿元，较年初增加72亿元；中间业务收入6.77亿元，同比多收6500万元；拨备前和拨备后利润均超过20亿元。

【信贷业务】 落实调结构、控风险、强基础要求，提高信贷管理水平。2014年营业部法人优质客户贷款占比提高至95.6%，较年初增加2.46个百分点；“两高一剩”贷款余额56亿元，较年初减少0.9亿元。担保结构优化，抵质押贷款占比58.51%，较年初增加14.47个百分点；固定资产贷款占比58.65%，较年初增加5.95个百分点；法人中长期贷款占比72.46%，较年初增加13.8个百分点。坚守风险底线，加快信贷结构调整。至2014年末，全辖不良贷款占比低于全省农业银行平均水平，其中个人贷款不良余额较年初下降993万，不良率较年初下降0.18个百分点。支持基础设施建设，跟进棚户区改造工程，助力省市重点企业发展。2014年营业部贷款余额达到457亿元，净增72亿元，同比增长18.6%，创下历史新高。

【惠农业务】 拓展县域法人客户，加大贷款投放力度。落实监管要求，调整农户贷款结构。2014年营业部生产经营性贷款占比提高到53%，较2013年增长19%；当年到期农户贷款综合收回率99.8%，保持较高质量水平。持续推进“惠农通”工程，2014年末惠农服务点达到5268个，比年初增加2195个，其中助农取款服务点3105个，比年初增加1576个。电子机具行政村覆盖率达到73%，较年初增长16%。促进普惠金融发展，新增代理项目33个，新发放惠农卡15200张。至2014年末，全辖县域存款492亿元；贷款101亿元，同比增长0.74%；中间业务收入1.92亿元；拨备后利润8.44亿元。县域存款总量及增量、中间业务、利润市场份额均居四大银行之首。

【小微企业服务】 加大小微企业扶持力度，落实除贷款利息外不收取任何附加融资费用制度，实现小微企业贷款利率低于企业贷款利率平均水平。丰富小微企业金融服务方式，推出“小企业简式快速贷”专属产品。2014年营业部新增小微企业贷款2.4亿元，其中简式快速贷款7.8亿元，同比增加31户4.2亿元。创新小微企业担保方式，2014年利用专利权质押、林权质押等方式，为3家小企业投放流动资金贷款1.65亿元；签署《石家庄市科技成果转化风险补偿专项资金合作协议》，推出“专利权抵押贷款”，为2家企业办理贷款350万元。

【网点建设】 推进服务转型，开展“文明标准服务年”、“营销技能提升年”、“服务品质提升年”活动；制定标准服务流程，推行标准服务礼仪；健全管理和考核体系，理顺管理架构，强化岗位职责，提升服务水平。加强服务监督，实施网点服务“神秘人”检查，聘请第三方调查公司开展暗访活动，按季通报检查结果；建立服务明查制度，实施服务质量在线监测，每月重点检查柜员服务规范执行情况，发现违规问题现场指出并予纠正通报；开展服务环境标杆网点、微笑服务柜员评选活动，奖励获奖单位和个人。加强物理网点建设，2014年全辖装修改造人工网点7个，新VI装修改造总数达到151个，占全部网点数量97.4%；装修改造自助网点26个，新VI装修改造总数达到34个，其中银行监管部门批复开业29个。至2014年末，营业部28个新VI装修网点（含自助网点）通过验收，11个新迁址人工网点获得开业批复，26个自助银行递交开业报批申请，购置排队机42台，上线网点数量达到132个。

中国农业银行股份有限公司
河北省分行营业部

总 经 理：宋雷
副总经理：唐国辉（5月免）
刘卫民 张万钧
刘炳午 孟贵武
吕海慧（11月任）
纪委书记：刘斌 （11月免）
刘卫民（11月兼）

（李强）

中国银行

【概况】 2014年，中国银行石家庄管理部坚持存款立行、信贷兴行、科技强行经营策略，适应经济调结构转方式发展要求，提高经营效益和资产质量。落实风险管理措施，运用G-MAP平台技术，定期排查违规行为，推进“平安中行”建设。参加银政战略合作恳谈会、银企对接会、新产品推介会等活动，加强与政府、企业沟通交流，找准国家信贷政策与政府、企业实际需求对接点，支持重点地区、重点行业、重点项目和中小企业发展，压缩产能过剩行业信贷规模。至2014年末，石家庄管理部人民币各项存款余额（不含表内理财）623.05亿元，较年初增加41.23亿元。人民币各项贷款突破300亿元大关，达到302.28亿元，创下历史最好成绩。其中，中小企业授信户数305户，较年初增长94户，贷款余额16.9亿元，较年初增长5.4亿元。累计发行债券8支61亿元，实现承销费收入3430万元，占中国银行河北省系统过半份额，承销量和承销收入居河北省系统首位。

【业务发展】 至2014年末，石家庄管理部人民币各项存款余额（不含表内理财）623.05亿元，较年初增加41.23亿元。其中，人民币公司存款余额329.13亿元，较年初增加22.83亿元，新增额居四大银行

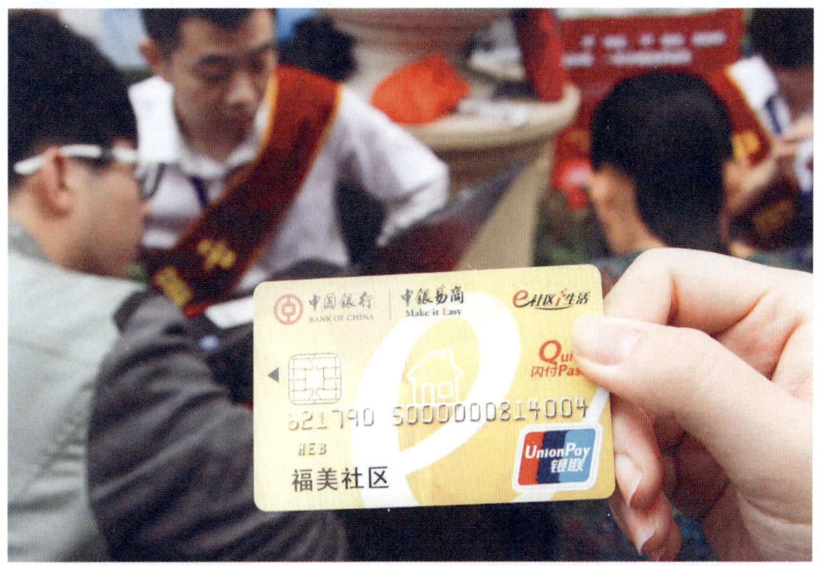

2014年9月21日，栾城福美小区办理中银易商e社区卡

排名第二位；人民币储蓄存款余额293.92亿元，较年初增加18.4亿元。各项存款余额市场份额为16.32%，较年初提高0.81个百分点。人民币各项贷款余额302.28亿元，较年初增加38.13亿元。其中，公司贷款余额167.41亿元，较年初增加21.14亿元，新增额系统内排名第二；零售贷款（含卡透支）余额131.82亿元，较年初增加15.74亿元，新增额系统内排名第三。不良资产余额2.11亿元，较年初下降3093万元，不良率0.71%，较年初下降0.2%。2014年全行计费收入同比增长14.8%，完成年计划104.45%。

【网络金融】 推动中银易商E社区项目，栾城支行“福美国际智慧社区”建成全省首家样板小区。中行电商平台（B2C）在君乐宝乳业上线，君乐宝乳业不通过第三方平台实现与消费者无缝对接。推广校园缴费宝服务，石家庄上达职业中专学校通过中行“校园缴费宝”实现第一笔交易，成功缴纳学费700元，这也是全省“校园缴费宝”首笔交易。至2014年末，石家庄管理部与河北青年管理干部学院、河北行政学院、河北广播电视大学等6所院校签订缴费宝业务合作协议。加强电子渠道建设，提高经营服务效率。2014年石家庄管理部共有21家网点开展智能化建设，智能自助设备、网银服务设备、移动电子设备全部按时摆放封装到位并投入运营，累计新投放各类智能设备99台；自助渠道实现收益同比增长52.94%，在全省贡献度为23.15%，收益额、贡献度均列中国银行河北省系统第一位；电子渠道金融交易迁移率为69.64%，同比提高14.27%，较2014年8月智能网点改造前提高3.2个百分点。

中国银行石家庄管理部

总　经　理：张立波

副总经理：边向利　于大为

　　　　　赵永军　王电生

　　　　　韩蔚　（9月任）

纪委书记：包乃玉（9月任）

（刘志辉　马召勇）

中国建设银行

【概况】 2014年，中国建设银行河北省分行营业部以客户为中心，加强基础管理，整合渠道资源，推进转型升级。提升客户经理素质，选拔大学本科人员56名，举办培训600余场次。严格贷款审核，逐步平稳退出钢材贸易及煤炭行业，审慎调控新型城镇化及房地产行业资产存量。开展客户优质服务评比活动，客户等候时间超30分钟比例下降，有效投诉减少，建议和表扬类工单占比达到55%。2014年营业部在建设银行总行和建设银行河北省分行神秘人检查中，获得总行服务竞赛三等奖和河北省分行个人客户服务岗位竞赛奖。至2014年末，营业部全口径存款时点余额988.3亿元，日均余额954.3亿元；各项贷款余额548.8亿元，新增72.2亿元，同比增长15%，贷款新增额居建设银行河北省系统第一；中间业务实现净收入6.82亿元；账面利润21.35亿元，同比新增3.58亿元；不良贷款额4769万元，不良率0.087%，较年初下降0.013个百分点。2014年中国建设银行河北省分行营业部获评河北省文明单位称号。

【业务发展】 对公存款，采取维护存款大户、加强大额存款管控、以贷引存、推广对公产品组合运用及注重维护拓展中小客户等措施，对公存款4项指标实现建设银行河北省系统第一，营业部超过90%机构对公存款实现正增长，创下历史最好水平。个人存款，通过抓特色产品销售、抓重点产品带动、抓重点市场及公私联动抓存款方式，全年累计发放结算通卡5.21万张，沉淀资金11.8亿元；新增约定转存客户11.24万户（金管家签约2.56万户），归集资金9.18亿元，均位居建设银行河北省系统第一。至2014年12月末，分行营业部一般性存款日均新增同业占比53.5%，超过工商银行、农业银行、中国银行3行河北省分行营业部新增额总和。巩固铁路、交通、电力等行业传统优势，培养发展新型城镇化新业务增长点，2014年营业部批准城镇化项目5个，累计投放贷款27.23亿元。调整优化信贷结构，加大个人和小企业贷款投放力度。全年大中型企业非贴贷款占比下降1.72%；个贷余额173.94亿元，占比持续提升，达到33.4%；个人及小企业贷款增幅均超过10%，是大中型对公非贴贷款增幅的2倍。加强信贷客户储备，对公大中型贷款签约待投放9户，审批通过12户，处于评估评价阶段16户；小企业贷款储备客户100余个，金额5亿元；个人贷款，营销楼盘92个，待放款3亿多元。客户营销。全年营业部拥有公司机构有效客户数量折算后新增6217户，位居建设银行河北省系统第一；个人全量客户新增47.99万户，有效客户新增11.31万户，均居建设银行河北省系统第一。推进产品创新及应用，全年累计办理票据买入业务177.58亿元，贴现余额28.26亿元，利息收入（ERP系统口径）2.48亿元。贴现业务总量及收入均居建设银行河北省系统第一，直贴业务量位列石家庄同业4行（工商银行、农业银行、中国银行、建设银行）第二。实现全口径造价咨询业务入账收入4127.88万元，其中传统造价咨询业务收入414.42万元。投行业务实现对公中间业务收入取得突破，牵头收入9117万元，当年理财业务入池与理财产品销售收入均居建设银行河北省系统第一。国际业务成功办理全省第一笔网银售汇业务和营业部首笔外币保证金理财业务，新拓展授信客户9户，年末全辖有效客户达到272户。电子银行新签约客户激活率提高，交易占比提升。信用卡分期业务：汽车分期业务采取驻店营销、机构推荐及直销客户多渠道营销方式；一般分期业务采取账单分期集中营销、现金分期渠道营销、商户分期重点机构营销组合模式。2014年营业部中间业务收入12040万元，完成全年任务115%，同比增长50%；首个单产品中间业务收入超过亿元，其中分期业务占信用卡中间业务总收入60%。

【网点渠道建设】 制定《网点建设工作推进方案》，提高网点建设效率，改善网点布局和功能，15个网点迁改营业地址，19个网点原址装修改造，向重点县域迁建网点4个。以县域和农村为重点，加大离行式自助设备布放力度，新建38个离行式自助银行开业，新投入自助设备136台，更新自助设备68台，发展助农取款点1058个。以转账电话和结算通卡为载体，加强市场、园区、学校及社区等场所辐射和带动，布放转账电话3673台，发放结算通卡10.23万张。

中国建设银行河北省分行营业部
总 经 理：尹全振
副总经理：彭文英（女）
商凤群 张蓉
闫大广
纪委书记：商凤群（兼）

（吕彦华）

中信银行

【概况】 2014年，中信银行石家庄分行以“调结构，打基础，快发展，达千亿”为目标，践行总行发展战略，实施营销促动和挖潜增效举措，落实风险防控管理，推进业务健康快速发展。重视人才引进和培养，全年引进人才290余名，年末分行拥有从业人员1359人，其中石家庄地域从业人员992人。制定《干部挂职交流管理办法》，鼓励年轻骨干到基层挂职锻炼；建立干部后备人才库，选拔工作态度端正、有激情、具备1～2年工作经验年轻干部100名。至2014年末，分行表内外总资产达到822.19亿元，比年初增加15.07亿元，增长1.87%。其中，表内资产540.43亿元，比年初增加68.45亿元，增长14.50%；表外资产281.76亿元，比年初减少53.38亿元，下降15.93%。自营存款规模457.08亿元，比年初增加27.64亿元；各项贷款余额408.45亿元，较年初增加51.61亿元。

【业务发展】 对公存款结构优化，保证金存款占比由年初49%下降到

2014年1月4日，中信银行石家庄分行召开2014年“开门红”动员大会

年末34.07%，核心存款占比由42.55%提升到53.63%；机构业务进步明显，年末存款余额较年初增长94%，接近百亿元。承兑比指标改善，由年初54.95%下降到年末45.62%，资本节约成效显现。个人贷款快速增长，占比由17%提升到21.7%。盈利能力提升，中间业务占比22.9%，同比提升6.79个百分点，零售业务净收入占比16%，同比提升1.4个百分点。至2014年12月末，分行同业存款时点余额在河北省系统排第15名，同比提升15个位次；与年初相比，增量排名位列第7位，同比提升13个位次；规模最高时超过300亿元，同业日均存款比年初增加108亿元。践行“轻资本”策略，开展银票贴现、商票贴现、再贴现、非结算性同业存放、购买理财产品、买入返售、定向资产管理计划、买入信托受益权等业务，全年实现同业净收入7000余万元，同比增长3倍。中间业务快速发展，实现业务收入4.59亿元，在河北省系统分行排第15名，同比提升2个位次，增量排名位列第16位，同比增长51.42%，超过全行平均水平1.73个百分点。其中，投行业务实现中间收入1.82亿元，同比增加0.64亿元，增长54%；国际业务实现中间收入1.01亿元，同比增加0.40亿元，增长65.57%。2014年分行新增对公、个人贷款定价均取得较大提升，各项产品定价均超过全行平均水平，在河北省系统42家分行位列第一梯队(前10名)，其中新增对公贷款定价水平排第2名；与当地股份制银行相比，分行贷款定价水平名列前3名，其中个人经营贷款(不含商品用房)、个人消费贷款(不含住房贷款)利率上浮幅度排名第一。

2014年4月28日，中信银行石家庄分行与君乐宝乳业有限公司签署战略合作协议

【网点建设】 优化网点布局和功能，科学制定网点筹建计划，合理安排建设进度，严格按时间节点推进。抓住京津冀协同发展及“京张联合申奥”时机，加快在河北省廊坊、张家口两地筹建二级分行。至2014年末，分行机构网点数达到38家。其中，一级分行1家，为石家庄分行；异地二级分行3家，分别是保定分行、邯郸分行和沧州分行；县域支行5家，分别是涿州支行、正定支行、辛集支行、藁城支行、定州支行。同城支行33家，其中石家庄同城支行25家，分别是石家庄分行营业部、裕华东路支行、和平西路支行、体育北大街支行、裕华西路支行、建设北大街支行、中华南大街支行、体育南大街支行、槐安东路支行、高新技术开发区支行、休门街支行、翟营大街支行、中山西路支行、广安大街支行、丰收路支行、中山东路支行、平安北大街支行、红旗大街支行、谈固南大街支行、友谊北大街支行、新华东路支行、东岗路支行、盛典支行、中华北大街支行、泰华街支行。保定同城支行3家，分别是保定分行营业部、保定裕华路支行、保定东风路支行。邯郸同城支行4家，分别是邯郸分行营业部、邯郸高开区支行、邯郸丛台路支行、邯郸联纺路支行。沧州同城支行为沧州分行营业部。新增离行式自助银行3家，年末离行式自助银行总数达到53家，分布在石家庄市、保定市、邯郸市主要经济区域、主要商贸区和主要社区。

中信银行石家庄分行
行　　长：谢宏儒

副 行 长：马劲松　张建明
行长助理：杨桂玲　高珊
（曹越　田亮）

中国华夏银行

【概况】 2014 年，中国华夏银行石家庄分行落实预算管理，统筹运用资源，推进信贷业务调整，降低企业经营成本，实现资产规模持续增长。坚持效益优先、安全至上原则，调控产能过剩行业贷款占比，增加高收益贷款投放；加大国际业务等低资本消耗业务及中小企业、个人贷款投放，提高中小企业、个人贷款占比，改善贷款结构。推进储蓄存款、机构存款发展，提高纯存款数量和占比；加强过路资金管理，重视做好结算存款和低成本同业存款业务。严格信用风险管理，制定《华夏银行石家庄分行 2014 年信贷政策》，明确信贷支持重点区域及重点行业，设定钢铁等产能过剩和风险积聚行业退出目标和标准；严把授信准入关，避免过度授信和贷款期限不合理问题；按月监测贷款定价水平、制造业、批零及房地产等行业，加大钢铁、平板玻璃、水泥、煤炭、钢材贸易、煤炭贸易等重点行业风险管控；综合运用诉讼、重组、抵债、核销、资产转让等手段，消除和化解资产风险。2014 年分行钢铁、平板玻璃、水泥 3 个行业贷款余额较年初减少 6.5 亿元，占比下降 3.5 个百分点。执行客户倍增计划，全年新增个人客户 6.9 万户，新增国际结算客户 255 户，新增贸易融资授信客户 121 户。至 2014 年底，分行对公客户数达到 10060 户，小微企业用信客户达到 1572 户。加强重点产品推广，年末各种非贷款类信贷投放额达到 251 亿元，城镇化建设贷款和“非税收入代缴”取得重要进展，成功办理转贷业务 3200 万元；供应链金融业务量实现 601 亿元，其中新产品业务量 232 亿元；个人理财产品销售 437 亿元，新增代发工资企业 440 户，沉淀储蓄存款 2.21 亿元；中小部年审制贷款 66 户 7.58 亿元，个人经营性乐业贷 591 户 11.8 亿元，平台贷款客户数增加 23 户，用信余额增加 1.7 亿元；国际业务结售汇 17.8 亿美元，成功办理首笔远证即付业务、应收账款池融资业务、跨境汇兑宝业务和 NRA 账户福费廷业务。

2014 年 4 月 16 日，华夏银行邯郸分行开业仪式

【业务发展】 全年分行净增对公客户 1558 户，完成年计划 120%；净增对公有效客户 200 户，完成年计划 111%；净增个人贵宾客户 4408 户，完成年计划 119%；净增信用卡 VIP 客户 32730 户，完成年计划 109%；移动银行客户 73600 户，完成年计划 140%；净增小企业用信客户 297 户，完成年计划 129%。至 2014 年底，分行利润总额达到 12.38 亿元，同比增加 2.29 亿元，完成计划 103.2%；中间业务收入实现 3.73 亿元，完成计划 127.7%；运营及销售费用成本收入比为 29.9%。对公存款日均 439.2 亿元，完成计划 106.6%；储蓄存款日均 103.7 亿元，完成计划 103.2%；个人金融资产总量 204.6 亿元，完成计划 112.4%；国际结算量 25.5 亿美元，完成计划 115.9%；新增易达金放款 2900 万元，完成计划 116%。

【网点渠道建设】 2014 年分行 8 家支行获准开业，3 家机构获批筹建，年末二级分行机构数量首次超过分行本部。推进电子银行建设，组建专属队伍，整合业务资源，设立电子银行部，打造华夏“第二银行”。2014 年分行新增自助银行 16 家，自助设备45台，POS机具500台，TPOS机具192台，电子银行客户活跃度和交易综合替代率提升。加强服务品牌建设，举办“华夏服务质量提升年”活动，落实联动机制，改善服务设施，提升客户体验。开展服务明星、服务标兵评选，修订完善《文明优质服务工作考核实施细则》，将服务考核与绩效考核挂钩，提高服务规范化水平。以投诉为重点，查找潜在问题和不足，及时整改，推进专业化服务质量。2014年分行2家支行获评“中国银行业文明优质服务五星级营业网点”和“千佳示范单位”。

中国华夏银行石家庄分行

行　长：王宏杰（5月免）

赵劼　（10月任）

副行长：赵巍　（10月免）

苏彦民　王庆华

侯江涛

首席信用风险官：甄为书

（崔梦琳）

中国民生银行

【概况】 2014年，中国民生银行石家庄分行以打造“特色银行、效益银行”为目标，重视特色品牌建设，优化整合网点资源，提高金融服务能力。统一服务标准和流程，开展“点滴成就卓越”活动，提升公众认可度。举办“金融知识进万家”、“普及金融万里行”活动，累计受众人数达到5万余人。至2014年末，石家庄分行拥有二级分行6家，同城支行36家，县域支行14家，小微专营支行5家，社区支行11家；各项贷款余额575.63亿元，较年初增加81.09亿元；各项存款余额779.96亿元，较年初减少55.24亿元；资产总额1266.17亿元，较年初增加119.93亿元。2014年分行参加石家庄市工会组织业务操作技能竞赛夺得团体第一名，获评“河北网友最信赖金融品牌”、“全国模范职工之家”、“河北省AAA级劳动关系和谐企业”等荣誉；分行营业部被中华全国总工会授予“全国工人先锋号”；分行西二环北路支行被中国银行业协会评为“中国银行业文明规范服务五星级营业网点”和“2014年度中国银行业文明规范服务千佳示范单位”。

【重点领域业务】 制定《2014年公司业务发展规划》，将信贷投放向政府平台、省内央企、大型国企、关系社会民生的水、电、燃气、公共交通、医药、节能环保等行业倾斜。2014年分行向河北水务集团、石家庄市交通运输局、石家庄市土地储备中心、邯郸市国土资源储备办公室、石家庄市国控集团、河北交通投资集团等投放资金130亿元。审核通过重大项目52个，其中获得总行批复项目18个，金额105亿元；已放款项目11个，金额52亿元。围绕区域特色、产业集群、核心客户产业链、交易平台、集团客户、产业园区开展批量业务，累计调研特色园区和集群20个，批复批量授信项目7个，授信额度35亿元。组建成立京津冀一体化业务开发领导小组，与总行沟通协调相关政策，与民生银行北京管理部、天津分行联系对接，积极探讨新形势下跨区域合作模式。至2014年末，分行批复“京津冀”协同项目25户，金额65亿元；进入审查阶段27户，金额62亿元；营销客户66户，金额256亿元。

【小微企业业务】 加强专业队伍建设，组建小微直销团队4支；优化小微信贷售后流程，落实售后前置、客户回访、持续提升、贷后服务、客户信息管理5个二级流程和14个三级流程，与客户建立售后服务关系，为小微企业提供细致金融服务。坚持科学营销，商圈类客户集群，细分小微客户类型，下移目标客户层级，融资规模50万元以下客户群体，重点推销微贷业务；产业链客户集群，优化“总对总”合作模式，提高批量化开拓效率。优化作业流程，完成小微金融2.0流程系统上线，对接前、中、后台服务，作业效率与管理水平大幅提高。广泛应用移动销售工具，开展“小微宝”（移动销售IPAD）现场数据采集、办理开卡、提交授信申请等业务，并依托后台数据和评审模型支持，最快2小时可完成贷款发放。整合工商、征信、结算等内外部9大数据来源，为快速评估小微企业资信提供强大支持，有效降低单笔审批成本。成功推出“网乐贷”互联网微贷产品，7×24小时提供服务，3分钟放款，随借随还。创新小微企业产品，推出法人按揭、联保、商铺承租权质押、市场管理公司担保、互保、品牌经销商信用、超市供应商信用、小微无担保信用、法人授信等几十种面向小微企业融资产品。加强小微金融与小区金融融合发展，搭建共享平台，整合产品和服务，实现小微、小区客户互通。创新担保方式，设立小微企业互助合作基金，较好解决小微企业融资担保难题。至2014年末，分行互助基金规模达到117.79亿，客户总数6900户；小微客户数量突破10万户，小微贷款余额289.92亿元，较年初增加40.9亿元，增长16.42%，高于全行各项贷款平均增速0.03个百分点。

【县域金融服务】 支持县域支行与当地对接，探索与县域政府合作最优模式，创新县域互助基金担保方式，积极解决县域小微企业融资问题。2014年分行组织县域银企对接会50余次，与藁城区、正定县、新乐市、晋州市、赞皇县、行唐县、栾城区等7个县域政府签订战略合作协议。拓宽县域企业融资渠道，发起成立中小微企业成长保障基金、河北泡塑行业小微企业互助基金等40个县域互助基金。针对县域经济发展特点，按照区域、行业、产业链等特征，整合社会资源、搭建沟通平台、创新融资渠道，组建小微商业合作社，将松散小微企业客户整合成为一个有组织的经济体，帮助小微企业抱团发展和抵御风险。利用小微城市商业合作社、合作基金等组织，打造客户开发、业务推进和客户关系管理平台，将单纯小微贷款逐步向小微金融转变，实现银行与小微企业共同发展。

中国民生银行石家庄分行

行　长：徐明勋

副行长：胡国荣　宋立新

侯成仁　（4月任）

行长助理：武颖　（4月免）

李超　张振国

（雷长征）

中国光大银行

【概况】 2014年，中国光大银行石家庄分行以模式化经营为抓手，贯彻落实调结构、稳增长、防风险、增效益策略，全力打造国内最具创新能力银行。从操作风险、信用风险和合规风险3个方面入手，加强风险管理，健全业务管理服务体系。增强员工合规理念与案件防范意识，开展案件防范教育，签订案件防范责任书，实施异常资金往来专项排查，逐月下发合规案件防范案例资料。强化信用风险管理，重点排查煤炭贸易、煤化工、铁矿石贸易、钢铁冶炼及压延企业、建筑建材行业、化工行业、风电、化工等产能严重过剩或存在环保压力行业，及时提示风险预警；排查发现问题，采取额度管控、压缩、退出等处置措施，严防资产质量损伤。加强合规风险管理，落实“四位一体”工作机制，完成12家网点稽核检查及控制环境、反洗钱、同业资产转让、中介机构重检“四项”专项检查。至2014年末，分行一般存款时点余额423.48亿元，同比增长11.01%；各项贷款（含贴现）时点余额350.05亿元，同比增长24.09%。中间业务实现净收入5.36亿元，同比增长33.39%。2014年分行首次被河北省外汇管理局评为综合A级，并获得中国光大银行总行2014年出国金融业务进步奖。

【业务发展】 对公业务，针对河北省资源消耗型企业多、节能减排任务重、经济转型升级压力状况，成立绿色存款营销小组，积极拓展绿色业务，改善对公存款结构。围绕河北省重点建设项目，采取政策倾斜、调动资源、强化考核、加大产

2014年3月5日，石家庄市政府与中国光大银行石家庄分行签订银企对接战略合作协议

品创新等措施，支持政府融资平台项目和城镇化项目。开展银企合作。3月5日，分行与石家庄市政府签署银企对接战略合作协议，扶持“三农”和小微企业发展；6月17日，分行支持长城汽车现金管理项目电汇及电票系统成功上线；10月30日，分行与河北省保定市北市区政府举办“金融成就梦想”专场银企对接会，帮助企业拓宽融资渠道。零售业务，瞄准交通、医疗、教育等民生领域，以服务客户需求为中心，以科技创新为引擎，以产品创新为纽带，以渠道搭建和服务创新为着力点，按照市场化运作规律，大力发展理财业务、批量代发业务、出国金融业务、三方存管业务、代理保险业务、ETC业务、金阳光俱乐部、电子银行业务、信用卡、支付易业务，其中出国金融业务取得较快发展。2014年分行向石家庄国控投资集团有限责任公司、石家庄滹沱新区投资开发有限公司、沧州建投房地产开发有限公司投放资金29亿元。至2014年底，分行一般存款时点余额423.48亿元，较年初增加42亿元，增长11.01%；一般存款日均余额401.45亿元，较年初增加62.74亿元，增长18.52%。各项贷款（含贴现）时点余额350.05亿元，较年初增加67.96亿元，增长24.09%；各项贷款（含贴现）日均余额317.45亿元，较年初增加52.35亿元，增长19.75%。中间业务实现净收入5.36亿元，同比增长33.39%；中间业务净收入在全部营业收入中占比29.98%，较2013年提高1.51个百分点。

【网点建设】 全年分行新开支行9家。其中，1月18日，廊坊燕郊支行开业；2月17日，红旗大街支行开业；6月19日，谈固东街支行开业；7月24日，邯郸赵都支行开业；12月9日，香晴苑社区支行开业；12月12日，东岗怡园社区支行开业；12月18日，凤凰城社区支行开业；12月27日，万达社区支行开业；12月30日，国际城社区支行开业。至2014年末，分行拥有同城支行15家、异地二级分行3家、异地支行11家。各网点名称分别为石家庄分行营业部、建华北大街支行、富强大街支行、友谊北大街支行、槐安东路支行、康乐街支行、中山路支行、中华大街支行、广安大街支行、西王支行、友谊大街支行、谈固南大街支行、体育大街支行、红旗大街支行、谈固东街支行、唐山分行营业部、唐山新华道支行、唐山丰润支行、唐山丰南支行、邯郸分行营业部、邯郸铁西支行、邯郸滏河大街支行、邯郸赵都支行、廊坊分行营业部、廊坊金光道支行、廊坊燕郊支行。

中国光大银行股份有限公司
石家庄分行

行　长：高名安（8月免）
副行长：邵泉　（8月任，主持工作）
　　　　武贯群　朱军
　　　　魏昭
风险总监：蔡雪峰
行长助理：习清南（1月免）
纪委书记：武贯群（兼）

（邱水）

中国邮政储蓄银行

【概况】 2014年，中国邮政储蓄银行石家庄市分行以“创建全国领先的省会大行”为目标，围绕“转观念、调结构、促转型”思路，践行普惠金融经营理念，实施“创新推进、科技引领、项目带动”三大成长战略，统筹处理规模、速度、结构、效益关系，加快自身转型升级，主动融入石家庄经济发展。创新推进乳业产业链贷款、家庭农场（专业大户）贷款、现代农业示范区金融服务，推进与市财政局、就业局贴息信贷业务合作。以特色支行建设和综合金融服务为抓手，加快业务产品创新，有效解决中小微企业融资难题，成功发放全国首笔E捷贷，全省首笔增信贷、法人房产按揭贷款和互惠贷。支持重点项目建设，向河北钢铁集团、大广高速、沿海高速等项目提供资金15亿元。至2014年末，分行总资产规模达到539.7亿元，较年初增加28.3亿元，增长5.53%，位列全省系统第一、全国省会行第三位；各项存款余额260.5亿元，较年初增长26亿元；各类贷款余额111.5亿元，较年初增长34亿元；累计实现收入超8亿元，同比增长25%，完成省行预算目标101.6%，位列全省系统第一、全国省会行第四位；累计实现净利润3.9亿元，同比增长33%，完成省行预算目标101.6%，位列全省系统第一、全国省会行第四位；不良贷款率0.16%，不良贷款金额和不良贷款率实现“双降”。

【业务发展】 个人业务，全年发放信用卡3.35万张，居全国省会行第一位；发放金融IC卡10.88万张；代理贵金属3.75亿元，位列全省系统第一、全国省会行第二名；销售理财10.4亿元、基金1.85亿元；外汇卡累计发卡2518张，发卡量、国际汇款交易量、外币储蓄余额均居全省系统第一位。至2014年末，分行个人储蓄存款余额达到135亿元，净增2.97亿元，位列全省系统第一、全国省会行第二位；零售信贷余额94.2亿元，较年初净增29亿元，位列全省系统第一。其中，小额贷款结余11.2亿元，较年初净增4.4亿元；小企业贷款结余44亿元，较年初净增10.22亿元；消费贷款结余39亿元，较年初净增14.4亿元。公司业务，全年办理外汇结算4423万美元，各项指标均居全省系统首位；办理福费廷业务13笔，金额10.85亿元；办理同业业务18.73亿元；票据贴现107亿元；发放公司信贷5.5亿元。至2014年末，对公存款时点余额125.5亿元，同比增加23亿元，增长22.5%，日均余额108亿元，净增13亿元，时点及日均余额均列全省系统第一。

【网点建设】 市区支行实施扁平化改革，组建特色支行5家，改造升级网点5个。加大硬件设施投入，全年分行新增ATM机120台，建设离行自助银行14处，配备补登折机、自助缴费终端等自助设备37台。加快软件升级，开发微信公众服务平台、信贷管理、网络业务预约等系统8个。推动电子银行业务快速发展，新增客户15.5万户，实现交易替代率73.89%，同比提升20.74个百分点。

中国邮政储蓄银行石家庄市分行

行　　长：张国平

书　　记：马健环（12月免）

　　　　　印惠荣（12月任）

副 行 长：赵蒙林（9月免）

　　　　　米荣杰（9月免）

　　　　　于会龙（9月任）

　　　　　薛彦军（9月任）

　　　　　周卫华（9月任）

行长助理：于会龙（9月免）

　　　　　江云菲（8月任）

（王硕）

河北银行

【概况】 2014年，河北银行股份有限公司石家庄营业管理部围绕总行提出“三驾马车、两个渠道、三项能力”总体要求，以为客户创造价值为导向，以深化转型为主线，精心谋划，齐心协力，推动各项金融业务快速发展。加强风险管控，提高员工安全防范意识。严格信贷审核，严把钢铁、水泥等环境污染行业贷款，确保金融资产质量。提升支行层级配置，优化机构管理体制，推行集约化经营，降低企业运营成本。至2014年末，营业管理部各项存款余额达到863.19亿元，同比增长13.8%；各项贷款余额328.45亿元，同比增长10.2%；资产总额906.12亿元，同比增长14.2%；不良贷款余额减少1.97亿元，不良率0.48%，较年初下降0.68个百分点，超额完成控制指标。

【业务发展】 对公存款积极争揽大型事业单位存款，开展现金管理业务。储蓄存款采取典型引导、宣传推动策略，提升市场竞争力。资产业务推广新产品、新业务，实现经营性物业抵押贷款初具规模，小微商圈贷款快速增长。零售业务狠抓队伍建设，加快转型升级。个贷业务重点发展风险低、收益率高的房

2014年10月23日，河北银行石家庄营业管理部举行零售业务先进事迹交流会

地产按揭贷款、个人工资保证贷款和个人综合消费贷款，形成一批个贷特色支行。国际业务重点发展投行业务。至2014年底，营业管理部各项存款余额达到863.19亿元，同比增长13.8%；各项贷款余额达到328.45亿元，同比增长10.2%。

【网点建设】 加强网点建设，优化网点布局，新建营业网点8家，新设离行式自助银行3家。3家支行原址装修，3家支行迁址装修，10家支行坡道改造，22家支行门楣改造。裕华路、健康路、东岗路等7家支行迁址更名。至2014年末，营业管理部共有营业网点81家，自助银行113家，自助设备ATM142台、CRS83台。

河北银行股份有限公司

石家庄营业管理部

总 经 理：杨书林（7月免）

杨应群（7月任）

副总经理：王子彬（7月免）

靳松 （11月任）

陈海英 狄艳军

黄冀川（11月任）

总经理助理：黄冀川（11月免）

风信总监：王建伟

（郭尧）

农村信用合作社联合社

【概况】 2014年，市农村信用合作社联合社（简称市联社）围绕“夯实基础、合规经营、风险可控、稳固发展”主线，狠抓存款营销，严控经营风险，开展阳光工程，适时公开支付结算收费标准、柜台服务标准和社会承诺，全面接受客户监督。公开贷款发放、存贷款利率、服务承诺等事项，践行服务承诺，完善公示栏1104块，其中，对内公示栏683块，对外公示栏421块；电子显示屏298块，展示电视291台，查询机21台。开通咨询服务热线，公布网上举报电话，畅通意见建议收集和反馈渠道。强化惠民便民功能，推进居民健康卡业务，至2014年底，全市7家县级行社与市卫生部门签订居民健康卡项目合作协议，发放居民健康卡31万张。实施体制机制改革，正定农商行挂牌开业，晋州农商行及平山、灵寿、赞皇股份制信用社启动筹建。组织市联社换届选举，召开第三届社员大会，选举产生新一届理事会和监事会，审议通过《市联社第三届社员大会议事规则》等文件。制定下发《石家庄市2014年度县级行社工资分配指导意见》和《县级行社2014年度客户经理绩效考核指导意见》等规范性文件，推进薪酬制度改革，健全激励约束机制。加强教育培训，全年市联社组织中、高层管理人员培训11期，参训人员1080人次，培训基层员工26323人次。履行社会责任，开展“金融知识在您身边服务月”活动，宣传银行卡、小额贷款、网上支付等金融知识及防范金融诈骗和非法集资实用技巧。至2014年末，市联社下辖县级联社10家、农村商业银行2家、农村合作银行1家、股份有限公司6家。拥有营业网点573个，其中营业部18家、信用社（支行）360家、分社（分行）152家、储蓄所43家，员工6105名；资产总额1237.3亿元，较年初增加74.5亿元；负债总额1235.9亿元，较年初增加65亿元；所有者权益75.96亿元，较年初增加9.57亿元；考核利润20.04亿元。各项存款余额1112亿元，较年初增加87亿元；各项贷款余额669亿元，较年初增加28亿元；实现中间业务收入1.4亿元，实现考核利润23.15亿元，其中市联社本部实现利润10766万元，同比增长449.3%。2014年正定农商行营业部、栾城联社营业部被中国银行业协会评为全国银行业文明规范服务五星级营业网点和全国千佳示范单位；汇融农合行营业部、赞皇联社营业部、元氏联社营业部、高邑联社营业部、新乐联社营业部晋升河北省联社“五星级营业网点”。

【业务发展】 完善卡业务品种，开发元氏龙源煤炭卡、正定物流卡、汇融中国青年卡、金管家卡等特色卡业务。推动跨业合作，与市人力资源和社会保障局合作，取得10个县社保卡发放资格，计划发放社保卡240万张，占全市社保卡总量三分之一，成为石家庄市最大社保卡发卡合作银行。加强与非税部门合作，推广代缴交通罚没款业务。至2014年末，全辖17个县级行社开通代缴交通罚没款业务，完成交易12.7万笔，金额1550万元。高邑县、晋州市、赵县联社入选财政零余额业务试点单位，全力开拓企事业单位和行政单位存款业务。至2014年末，全市共有4家县级行社开通财政零余额业务，完成交易1665笔，金额2亿元。推进中小微金融产品创新，开发推出“门票收费权质押”、“奶牛养殖小区担保贷款”和“青贮饲料贷款”产品。促进信贷支农业务发展，举办典型推介会，推广应用“农贷宝”、“商贷宝”业务。加快小贷专营机构建设，完善经营网点布局，扩大辐射带动效应。深挖重点客户资源，拓展重点项目业务，全年储备省市重点项目 66 个、技改项目 34 个、县（区）融资项目 636 个。出台票据业务承诺书制度和市场准入制度，加强异地票据贴现管理，稳妥开展同业业务。助力惠民事业，加大下岗职工、农村个体工商户、贫困大学毕业生就业等群体扶持，创新推出新民居贷款、住房按揭贷款、农村青年创业小额贷款、下岗失业小额贷款、助学贷款等业务。2014 年市联社发放新民居贷款 6670 万元，助学贷款 7454 户、金额 5746 万元，农村青年创业贷款 429 户、金额 4290 万元。2014 年市联社本部实现利润 10766 万元，同比增长 449.3%，非信贷资金收益创下历史新高。至 2014 年底，市联社各项存款余额达到 1112 亿元，较年初增加 87 亿元；各项贷款余额 669 亿元，较年初增加 28 亿元；实现中间业务收入 1.4 亿元；实现考核利润 23.15 亿元。

【网点渠道建设】 推进小额贷款专营中心机构建设，全年建立专营小贷中心 18 家，小贷分中心 117 家，新增网点 1 个，完成以县城为中心、辐射乡村小贷经营布局。至 2014 年末，全辖共有营业网点 573 个，包括 18 家营业部、360 家信用社（支行）、152 家分社（分行）、43 家储蓄所。完善自助银行服务，以域内大型商场超市、社区、医院、学校及城乡结合部等部位为重点，加快布设 ATM、POS 机、EPOS 等自助终端，为客户提供轻松便捷的结算和支付通道。全年布放 ATM 机 528 台（离行式 70 台），布放 POS 机 2850 台，布放 EPOS 机 3146 台，完成各类交易 1024 万笔，交易金额 17 亿元。推进电子银行创新发展，拓宽电子银行服务渠道，利用居民健康卡、学子卡等业务推广，提升客户服务体验。至 2014 年末，全辖线上客户数量达到 14.16 万户。

石家庄市农村信用合作社联合社

理事长：陈树松（5 月免）

郭满平（6 月任）

主　任：王文娟（女）

监事长：刘宏峰

副主任：刘合芳（5 月免）

刘俊荣（6 月任）

（杨智皓）

证　券

【概况】 2014 年，市政府与河北证监局签署《关于促进石家庄市资本市场发展的合作协议》，联合成立“促进石家庄市资本市场发展合作办公室”。市金融工作办公室按照“储备一批、改制一批、辅导一批、上市一批”思路，加强企业“点对点”服务，会诊调度重点企业，解决企业上市过程实际困难与问题，形成公开市场、场外市场同步发展的良好局面。2014 年全市 30 家企业在各类资本市场挂牌上市，创下历史新高。其中，深圳证券交易所 1 家，新三板 2 家，天津股权交易所 11 家，石家庄股权交易所 16 家。至 2014 年底，全市累计实现企业挂牌上市 67 家，实现融资 490 亿元。其中，境内公开市场上市 14 家，境外各类资本市场上市 12 家，新三板上市 2 家，天津股权交易所挂牌企业 19 家，石家庄股权交易所挂牌企业 20 家。2014 年全市企业发行中期票据、短期融资券、企业债券 291.3 亿元。其中，企业债 64 亿元，中期票据 150 亿元，短期融资券 69.3 亿元，PPN 定向融资工具 8 亿元。

（彭秀文）

【汇金股份】 1 月 23 日，位于石家庄市高新区的河北汇金机电股份有限公司（简称汇金机电）在深圳证券交易所创业板块 A 股市场挂牌上市。汇金机电证券简称“汇金股份”，股票代码“300368”，总股数 6190 万股，公司以 18.77 元／股价格首次公开发行 1547.5 万股，融资 2.9 亿元。汇金机电为金融机具行业龙头企业，主营业务是金融机具的研发、生产、销售及服务，是中国银行业金融机具相关产品的主要供应商与服务商。该公司捆扎系列产品年销量位居行业第一，装订设备年销量位居行业前三。

（王丽强）

【上市公司】 2014 年全市共有 30 家企业在各类资本市场挂牌上市。其中，深圳证券交易所 1 家：河北汇金机电股份有限公司；新三板 2 家：石家庄五龙制动器股份有限公司、河北新华能源环保科技股份有限公司；天津股权交易所 11 家，分别是龙权电器、田园农业、万盛美纸业、合劲股份、新世纪、谢雷包装、果莺电子、清凉湾、中兴恒通、葫芦峪、曲寨矿峰；石家庄股权交易所 16 家，分别是循证医药、汇景传媒、厚德汉方、利旺纺织、亿安工程、诺亚能源、方大科技、世轩文化、天恩装饰、华威凯德、新世纪燃气、三友能源、恒信股份、筑盛科技、迪泰尔、波尔美。至 2014 年底，全市累计实现企业挂牌上市 67 家，实现融资 490 亿元。其中，境内公开市场（上海证券交易所、深圳证券交易所）上市 14 家，境外各类资本市场上市 12 家，新三板上市 2 家，天津股权交易所挂牌企业 19 家，石家庄股权交易所挂牌企业 20 家。

表 35　　2014 年石家庄市境内上市公司基本情况一览表

2014-12-31

公司简称	企业主营业务	注册地址	股票简称	股票代码	上市交易所	上市时间	首发融资（亿元）	总股本（万股）	总资产（亿元）	净资产（亿元）	总收入（亿元）	净利润（亿元）
新奥股份	生物制药	和平东路 393 号	新奥股份	600803	上交所	1994.1	1	98600	94.62	44.98	48.7	8.09
华北制药	制药	和平东路 388 号	华北制药	600812	上交所	1994.1	2.75	163100	155.64	52.04	94.01	0.42
常山股份	棉纺制品	和平东路 183 号	常山股份	000158	深交所	2000.7	6.18	71900	55.53	24.73	65.69	0.24
东旭光电	电子玻璃制品	黄河大道 9 号	宝石 A/B	000413/200413	深交所	1996.7	3.54	266200	124.68	6.44	21.43	8.81
建投能源	能源发电	裕华西路 9 号	建投能源	000600	深交所	1996.6	0.74	179200	252.66	89.87	108.91	20.43
河北钢铁	钢铁制造	裕华西路 40 号	河北钢铁	000709	深交所	1997.4	11.10	1061900	1703.68	432.20	982.57	6.97
东方能源	热电联产	建华南大街 161 号	东方热电	000958	深交所	1999.12	2.56	48300	21.90	8.52	7.78	1.94
博深工具	金刚石合金工具	海河道 10 号	博深工具	002282	深交所	2009.8	4.99	33800	10.87	8.96	5.61	0.68
恒信移动	移动通讯	天山大街副 69 号	恒信移动	300081	深交所	2010.5	6.59	13400	8.87	7.82	6.67	0.11
先河环保	环保设备	湘江道 251 号	先河环保	300137	深交所	2010.11	6.60	34400	12.15	10.20	4.38	0.73
以岭药业	医药制造	天山大街 238 号	以岭药业	002603	深交所	2011.7	22.46	112700	50.96	45.52	29.21	3.53
常山生化	医药制造	正定县富强路 9 号	常山生化	300255	深交所	2011.8	7.56	47100	20.44	13.69	8.11	1.33
石中装备	装备制造	黄河大道 89 号	石中装备	002691	深交所	2012.7	3.7	20000	9.26	7.76	3.07	0.42
汇金机电	机械制造	湘江道 209 号	汇金股份	300368	深交所	2014.1	2.23	24800	8.27	6.87	3.05	0.45

（彭秀文）

保　险

2014 年，全市保险业共有省级分公司 60 家，其中，财险公司 26 家，寿险公司 34 家。拥有保险公司分支机构 600 余家，保险专业中介机构 200 余家，保险密度 1905 元/人。2014 年保险资金累计投入石家庄市 236 亿元，较好支持了全市经济社会发展。出口信用保险支持外贸出口 30 亿美元，占全市一般贸易出口额 42%，近 500 家出口企业受益，累计获得人民币信用贷款 6 亿元。信用保证保险快速推进，全年信用保证保险保费收入 5.5 亿元，提供信用担保总额 623 亿元，支付赔款 1.5 亿元。服务“三农”发展，印发《关于加快农村地区保险发展的意见》。2014 年全市农业保险保费收入 2.4 亿元，参保农户 204 万户，承保种植业 980 万亩、养殖业 200 万头，提供农业灾害损失补偿资金额 50 亿元，支付赔款 1.1 亿元，受益农户 153 万户。2014 年全市城乡居民大病保险参保人数 700 万人，8.6 万人得到医疗费用报销补偿，总额 1.8 亿元。2014 年环境污染、医疗、食品安全、安全生产、校园安全等领域责任保险提供补偿资金额 3047 亿元，支付赔款 7000 万元。2014 保险业向石家庄市 284 万辆机动车提供车辆损失、人员伤亡等保险保障 7800 多亿元，实际支付赔款 30 亿元。至 2014 年底，全市保险业实现保费收入 202.28 亿元，同比增长 16.98%；提供风险保障金额 7.7 万亿元，同比增长 65.1%；赔款与给付 74.4 亿元，同比增长 31.4%。2014 年保险行业缴纳及代收代缴税费近 20 亿元，占全市公共财政预算收入 5.7%。

（彭秀文）

中国人寿保险

【概况】 2014 年，中国人寿保险股份有限公司石家庄分公司以提升效益为统领，以精细化管理为抓手，以争创 AAA 级公司为目标，贯彻创新驱动、改革推动、文化引动、标杆带动、政策撬动和技术助动发展策略，全力推进任务目标建设。2014 年是中国人寿保险公司满期给付第二个高峰年，为提高服务质量，公司增加柜面销售，探索建立“综合柜员制”。开源节流，提升效益，非人员经营管理费用和员工薪酬预算实现结余。2014 年中国人寿保险县支公司员工薪酬较2013 年增长 7%，增幅高于公司平均水平。建立市场化人才机制，推进后备干部和青年英才队伍建设。增强风险管控，开展远离非法集资教育，严查保险销售误导和洗钱行为。2014 年公司业务稳定发展，市场份额占比达到 32.37%，位居石家庄同业之首，高出第二名 23.2 个百分点。其中，个险渠道及新单、首年期缴市场份额分别为 38.4%、27.7%、32%；银保渠道及新单、首年期缴市场份额分别为 28.6%、31.7%、45.6%；团险渠道短期险、意外险市场份额分别为 61.4%、44.7%，位列石家庄同业第一。至 2014 年末，公司销售队伍达到 6417 人，较年初增加 3770 人。

2014 年 5 月 14 日，中国人寿集团公司总裁缪建民（前排右三）到石家庄公司视察指导

2014 年中国人寿石家庄分公司第四次跻身 AAA 级公司。

【业务发展】 与农业银行、中国银行、建设银行、工商银行、邮政储蓄银行等代理机构合作，实现全年总保费收入 35.68 亿元。其中，长险 32.75 亿元（新单 14.05 亿元、续期 18.69 亿元），同比下降 6.9%；短险 2.93 亿元，同比增长 35.9%。个险渠道实现保费收入 19.99 亿元，同比增长 1.9%；团险渠道实现保费收入 8.84 亿元，同比增长 378%；银邮渠道实现保费收入 6.84 亿元，同比下降 56.7%。

表 36　2014 年中国人寿保险石家庄分公司保费收入情况一览表

项目			保费收入（万元）	同比（%）
险种	长险	总额	327473	-
		首年保费	140534	-
		续期保费	186939	-
	短险		29324	39.5
渠道	个险渠道		199913	1.9
	团险渠道		88425	378
	代理	总额	68460	-
		银邮	68441	-
		其他	18.8	6.96
总保费			356797	-

注：表内数据源于中国人寿保险股份有限公司统计信息系统，保监局口径。

【客户服务与赔付】 开展各种增值服务，为钻卡、金卡客户提供免费体检，组织 VIP 客户参加“旅游休闲”活动。扩大居民社区保险宣传，举办“牵手国寿，绿动中国”少年儿童绘画大赛等大型客户服务活动 10 余次。部分柜面业务实行免填单服务，有效提高客户满意度。落实新农合大病保险政策，成功中标河北省辛集市新农合大病保险。2014 年石家庄市和辛集市新农合大病保险参保人数达到 621.5 万人，共为 55223 人次提供大病保险补偿报销服务，补偿金额 1.62 亿元。承保石家庄市城镇职工、城镇居民意外伤害及城镇职工大额医疗保险等政府保障业务，全年支付城镇职工意外伤害保险 4494 万元、城镇居民意外伤害保险 1915 万元、城镇职工大额医疗保险 1224 万元。推进“三农”保险业务发展，全年为石家庄市 317 万农村居民提供小额系列保险服务，理赔金额 824 万元。严格履行保险责任，全年赔给付保险金

2014 年 1 月 9 日，中国人寿石家庄分公司举办“三下乡”惠民服务活动

16.16亿元。其中，赔款支出、年金给付和死伤给付3.67亿元，满期给付金额12.49亿元。

中国人寿保险股份有限公司
石家庄分公司
总 经 理：刘彦军（1月免）
张国杰（7月任）
副总经理：何献敏
贾美荣（3月免）
邱军　罗朝晖
任少川（7月任）
甄金波（7月任）

（阎媛敏）

开展助学公益行活动

中国人民财产保险

【概况】 2014年，中国人民财产保险股份有限公司石家庄市分公司以"建设一流省会分公司"为目标，围绕"加大改革创新力度、继续保持稳健增长、更加注重价值创造"主基调，坚持以客户为中心，以市场为导向，重视销售能力、盈利水平、运营管理、客户服务和队伍建设，强化内控管理，实现效益快速提升。开展业务技能培训，全年举办非车险大讲堂系列培训6期、卓越管理者系列培训班3期。热心公益事业，9月21日，公司在河北省赞皇县黄北坪乡中心小学举办"大山的问候"人保爱心公益助学活动，捐赠乒乓球设备、书籍、衣物及钱款3000元。至2014年末，公司设立分支营业机构34个，县域农村营销服务部56个，各类营业网点200余个；拥有员工1200人，保险营销从业人员2000余人；实现保费收入23.5亿元，同比增长15.3%，净增保费31174万元。2014年公司获评石家庄市"民主评议行风先进单位和优秀单位"，连续3年获授"模范职工之家"称号，被石家庄市委、市政府授予"窗口先进单位"、"便民利民先进单位"，被河北省委、省政府授予"文明单位"称号。

2014年5月18日，举办中国人保客户节（石家庄）启动仪式

【业务发展】 对标市场，加强战略规划和系统设计，以重点工作框架清晰展现行动路线。重视过程管理和上下协同，强化考核监督与阶段性落实，实现业务量快速提升。2014年公司承保石家庄市地铁项目、石济高铁、南绕城高速重点工程建设项目及华药集团、北人集团、神威药业等龙头企业和市属医院医疗责任险统保（市属9家、县医院15家）、5个区县"一元民生"保险（覆盖居民212万人）、全市养老

机构责任保险统保（160家、22000个床位）等业务。至2014年末，公司业务范围涵盖全市2800家企业、20多万户家庭和43万辆机动车，实现保费收入234885万元，同比增长15.3%，净增保费31174万元；整体业务市场份额为31.9%，增量份额为38.2%。其中，车险保费收入196596万元，同比增长16.4%，规模首次跃居河北省系统首位；商业非车险保费收入20925万元，同比增长13%，并签约侵犯专利责任保险全国第一单；农险保费收入17363万元，同比增长6.9%，成功签约河北省粮食作物产值保险第一单，为当地34位农户340亩玉米提供保险保障27万余元。

表37　　2014年中国人民财产保险石家庄市分公司保费收入情况一览表

类　别	保费收入（万元）		增加额（万元）	同比（%）
	2013年	2014年		
车　险	168954	196596	27642	16.4
商业非车险	18520	20925	2405	13
农　险	16236	17363	1127	6.9
总保费	203711	234885	31174	15.3

【客户服务与赔付】 提升员工服务意识和服务水平，构建“全员为客户服务”格局。加强理赔软硬件建设和人员投入，优化内部业务流程，简化索赔手续，实现理赔办理方便快捷。加快理赔速度，缩短赔付周期，实行车险理赔“万元以下1小时通知赔付”、“5000元以下现场通知赔付”、“全国通赔”、“免费救援”等服务举措。扩展“95518”专线服务功能，做到随拨随通、有问必答、迅速处理、及时反馈。创新“代检车”、“代检本”、“酒后代驾”等增值服务，提升客户满意度。开展进社区、进企业、“三下乡”等宣传服务活动，落实“零距离”送保险、送服务措施。携手市公安交通管理局，联合举办“守法出行、安全出行、文明出行、绿色出行”为主题“人保客户节”活动，号召社会各界和广大市民守法、安全、文明、绿色出行。主动参与重大灾害事故救援处理，及时履行保险经济补偿功能，发挥经济“助推器”和社会“稳定器”作用。2014年公司承担各类风险责任保险5600亿元，同比增长22.6%；累计支付赔款10.28亿元，其中，赔偿玉米旱灾28万亩4300万元，赔付养殖险3100万元；计提各类赔款准备金10.3亿元。

表38　　2014年中国人民财产保险石家庄市分公司赔付情况一览表

类　别	决　赔		赔　款	
	笔数（笔）	同比（%）	金额（万元）	同比（%）
车　险	175806	5.4	85632	4.4
商业非车险	7609	-12.7	9531	-6.7
农　险	24151	47.1	7682	-4.2
合　计	207566	8.2	102845	2.6

中国人民财产保险股份有限公司
石家庄市分公司
总 经 理：丁萍 （女）
副总经理：张彦春（4月免）
王大为 张立军
李文钢
侯志勇（4月任）
总经理助理：周永喜（4月任）
（刘京宗）

太平洋人寿保险

【概况】 2014年，中国太平洋人寿保险股份有限公司石家庄中心支公司以客户需求为导向，以团队建设为核心，聚焦业务发展，优化四级机构，夯实基础，理顺架构，积极突破，全力实现企业转型。重视基础管理，排查风险漏洞，增强销售能力。采取增加人员促进业务增长及开展交叉营销方式，推进业务发展。加强直销队伍和柜面标准化建设，提高渠道盈利能力及综合效益。至2014年底，公司累计实现规模保费收入62936万元，同比下降5.95%。其中，个险渠道实现新单保费收入11867万元，同比增长22.86%；直销渠道实现新单保费收入2003万元，同比增长51.74%。2014年公司个险期缴市场份额位列河北省系统第三名。

【业务发展】 营销渠道采取常态增员与运动式增员相结合方式，以人员增加促进业务增长。宣传业务政策，及时做好落实、追踪和反馈，确保业务指标按时完成。直销渠道围绕“保增长、调结构、增效益、防风险”要求，开展交叉营销活动，积极开拓新意外险渠道业务，快速积累优质中小企业法人客户，实现渠道盈利能力和综合效益提升。银邮渠道注重搞好沟通维护，创新推出应用特训营、产说会等新销售模式，重视弱势渠道挖掘新机遇。至年2014末，全辖实现规模保费收入62936万元，同比下降5.95%。其中，个险渠道实现新单保费收入11867万元，同比增长22.86%；直销渠道实现新单保费收入2003万元，同比增长51.74%；银邮渠道实现新单保费收入2624万元，同比下降81.21%。

表39 2014年太平洋人寿石家庄中心支公司保费收入情况一览表

类别		金额（万元）			增加额（万元）	同比（%）
		2012年	2013年	2014年		
个险渠道	全额	28789	35012	43600	8588	24.53
	新单	8060	9659	11867	2208	22.86
团险（直销）	全额	1917	1740	2367	627	36.03
	新单	1487	1320	2003	683	51.74
银邮渠道	全额	25944	30165	16969	-13196	-43.75
	新单	9684	13964	2624	-11340	-81.21
总保费		58348	66918	62936	-3982	-5.95

【赔款与给付】 落实赔款与给付日常管理制度，严格会计核算，优化执行手段，提升后援服务水平。开展柜面标准化建设，增强员工责任意识、服务意识，推进理赔快速办理，展现为客户服务良好形象。打造公司品牌，参与和举办“3·15消费者权益日”、“第六届希望之星比赛”、“援助孤儿院”等活动，热心解决群众问题，关爱弱势群体。2014年公司累计处理理赔案件1906件，赔款金额1773万元，同比增长26.82%；满期给付金额668万元，同比减少53.2%。

中国太平洋人寿保险股份有限公司
石家庄中心支公司
总 经 理：董仕海（9月免）
张进武（9月任）
副总经理：康永忠
骆宝忠（9月免）

杨海峰（10 月任）
张皓

（王平军）

太平洋财产保险

【概况】 2014 年，中国太平洋财产保险股份有限公司石家庄中心支公司以改革创新为统领，坚持稳中求进、加快发展总基调，落实内控管理和成本核算，加强员工队伍建设，提升业务服务质量。车险业务挖掘车商、专代、重客、交叉等重点渠道业务，提升优质车险业务规模，提高盈利性车险业务比重。非车险业务建立业务达成情况与分支机构及条线管理薪酬挂钩考核激励机制，调动业务骨干积极性。理赔服务启动标准化门店建设，规范客户服务流程，推进服务提质工程。至 2014 年 12 月底，公司实现保费收入 46410 万元，同比增长 11.7%；综合赔付率 54.5%，同比下降 9.6 个百分点。2014 年公司通过全国质量协会评审专家审核，获得星级示范门店称号。

【业务发展】 车险业务，根据市场变化，深度挖掘车商、专代、重客、交叉等重点渠道业务。车商业务，加大重点项目支持，做好总对总、省对省业务维护，完善承保、费用等倾斜政策；以业务品质为抓手，按照各个车商业务发展规模、速度、效益等情况，区分不同使用性质车险业务，调整承保理赔政策和送返修管理条件，结合满期赔付率高低，有针对性加大费用投入，提升优质车险业务规模，提高盈利性车险业务比重。专代业务，加强与集团型专代公司业务合作，以分公司专代费用政策为导向，区分业务盈利能力与规模，实行重点业务重点投放，将有限费用发挥出最大业务推动作用。重点客户，建立专门业务团队，以原有业务为基础，强化客户服务。合作稳定、效益良好的团队业务，保持日常联络，增加客户与公司黏度。参与政府机关和各企事业单位车险招标活动，拓展车险市场份额。非车险业务，建立业务达成情况与分支机构及条线管理薪酬挂钩考核激励机制，调动中层骨干积极性；建立续保监控体系，按照业务规模设立团队、支公司、销售管理部、总经理室 4 个监控等级，最大限度保证业务不流失；建立新项目信息采集互动体系，及时搜集各类项目信息，方便公关业务提前介入；排查和梳理原有客户资源，建立团体客户档案，以企业财险客户为基础，提高团意险比重；参与招投标活动，争揽重大客户，扩大业务涉及领域；成立“重点项目公关服务小组”，重点跟进大项目、大客户，拓展重点渠道业务。至 2014 年底，公司完成总保费收入 46410 万元，同比增长 11.7%。其中，车险保费收入 40757 万元，同比增长 11.8%；非车险保费收入 5653 万元，同比增长 10.6%。

【理赔服务】 启动标准化门店建设，完善客户服务机制，规范客户服务流程，推进服务提质工程。完善理赔量化绩效考核机制，提高理赔服务效率。坚持上门收单制度，采取传真、微信、QQ 等现代通讯手段接收证件材料，缩短结案周期，提升理赔服务质量。车险理赔落实零配件价格管理，及时做好车辆送修。加强诉讼案件管理，重大、疑难、有诉讼倾向案件，积极与保户和分公司沟通，做实做细诉前调解，尽全力降低发生率和减损率。加大非车险案件过程管控和未决案件清理力度，2014 年公司综合赔付率达到 54.5%，同比下降 9.6 个百分点。

中国太平洋财产保险股份有限公司
石家庄中心支公司
总 经 理：刘云超
副总经理：张峰　　张海洋

（李世彤）

平安人寿保险

【概况】 2014 年，中国平安人寿河北分公司贯彻落实总公司战略部署，严格落实监管措施，加强内部管理，调整保险产品结构，提升保障型产品占比。树立品牌形象，加强企业宣传和文化建设，深化 P-STAR 服务理念，提供人性化服务。2014 年公司协助总公司开展“大病医保”项目，向河北省怀来县 5 万余名孩子免费赠送每人一份为期 1 年、最高赔付额 20 万元大病补充医疗保险。2014 年公司保费收入呈现主要特点：长险新单显著提升，完成保费收入 25203 万元，同比增长 31.6%；长险续期保费收入稳定，实现保费收入 75001 万元，同比增长 7.4%，占总保费 72.9%，成为拉动保费增长主要力量；市区银邮代理业务开展良好，完成保费收入 9901 万元，同比增长 20.9%；意外险、健康险销售增幅明显，分别增长 72.8%和 19.7%。至 2014 年底，公司在石家庄辖区累计完成保费收入 102863 万元，同比增长 13.2%；累计赔款支出 619 万元，同比增长 13.6%；给付合计支出 21631 万元，同比增长 5.2%。

【业务发展】 2014 年公司在石家庄辖区完成总保费收入 102863 万元，较 2013 年增加 11966 万元，同比增长 13.2%。按险种分类，人寿险 81326 万元，较 2013 年增加 7979 万元，同比增长 10.9%；意外险 1702 万元，较 2013 年增加 717 万元，同比增长 72.8%；健康险 19835 万元，较 2013 年增加 3270 万元，同比增长 19.7%。按渠道分类，个人代理 92962 万元，较 2013 年增加 10257 万元，同比增长 12.4%，占总保费收入 90.4%。其中，主力险完成保费收入 65238 万元（分红险 58576 万元、投连险 523 万元、万能险 6139 万元），同比下降 5.1%。银邮渠道完成保费收入 9901 万元，同比增长 20.9%，占总保费收入 9.6%。按期限长短分类，长险完成保费收入 100204 万元，较 2013 年增加 11235 万元，同比增长 12.6%。其中，长险新单 25203 万元，同比增长 31.6%；长险续期 75001 万元，同比增长 7.4%。短险完成保费收入 2659 万元，较 2013 年增加 731 万元，同比增长 37.9%。

表 40 2014 年平安人寿河北分公司保费收入情况一览表

类别			金额（万元）				增加额（万元）	同比（%）
			2011 年	2012 年	2013 年	2014 年		
险种	人寿保险		65157	66677	73347	81326	7979	10.9
	意外保险		542	685	985	1702	717	72.8
	健康保险		14218	15076	16565	19835	3270	19.7
渠道	个人代理		76797	76387	82705	92962	10257	12.4
	银邮代理		3119	6051	8192	9901	1709	20.9
期限	长险	总额	78375	80780	88969	100204	11235	12.6
		新单	20222	15914	19144	25203	6059	31.6
		续期	58153	64866	69825	75001	5176	7.4
	短险		1541	1658	1928	2659	731	37.9
总保费			79917	82438	90897	102863	11966	13.2

备注：2011～2014 年数据使用标准为河北保监局“二号统计口径”。

【赔款与给付】 打造理赔服务品牌，提高理赔服务时效，推行专业创造价值服务理念，开展“特案预赔”、“重疾先赔”、“高额保障推广”等服务活动，为广大客户提供全面呵护。搭建投诉案件解决平台，疑难案件主动与上级监管部门协调沟通，遇到误导、滞挪等事件，业务部门、监管单位及时会商，防止事态恶化，减少客户损失。2014 年公司除满期金外，其他赔退付业务全部实现增长。至 2014 年底，公司累计赔款支出 619 万元，同比增长 13.6%；给付合计 21631 万元，同比增长 5.2%。其中，满期给付 11110 万元，同比下降 4.1%；年金给付 4492 万元，同比增长 2.3%；死伤医疗给付 6028 万元，同比增长 31.2%。

表 41　　2014 年平安人寿河北分公司赔退付情况一览表

名称		金额（万元）				增加额（万元）	同比（%）
		2011 年	2012 年	2013 年	2014 年		
赔款		568	557	545	619	74	13.6
给付	满期	10181	13839	11582	11110	-472	-4.1
	年金	4277	4899	4389	4492	103	2.3
	死伤医疗	3305	4235	4593	6028	1435	31.2
给付合计		17763	22974	20563	21631	1068	5.2

中国平安人寿河北分公司
总 经 理：徐敏彬
副总经理：张树新　耿剑
王泽根　苏海超
田卫东（9 月任）

（范一扬）

平安财产保险

【概况】 2014 年，中国平安财产保险股份有限公司河北分公司围绕“专业经营、服务领先”经营理念，加快机构网点建设，重视人员队伍培养，创新业务产品种类，提高服务质量和水平。参与食品安全责任险、环境污染责任险等政府统保型业务，发挥责任险事前风险预防、事中风险控制、事后理赔服务等作用，用经济杠杆和多样化责任保险产品化解民事责任纠纷。其中，食品安全责任险成功中标，成为石家庄食品安全责任险 3 家指定保险公司之一。参与重大项目承保，全年公司向石家庄地铁项目、二秦高速等大型建设工程及天威英利、轧一钢铁等大客户提供一揽子保险风险保障，承保保费规模百万元以上客户 11 家，累计提供风险保障金近 600 亿元。2014 年公司累计提供保险保障金额 23659.2 亿元，同比增长 14.2%。其中，车险 7600.5 亿元，同比增长 33.8%；财产险 4154.2 亿元，同比下降 21.2%，财产险受保费收入下降影响，保险金额较 2013 年同期减少；意健险 11904.5 亿元，同比增长 21.8%。参与社会保障体系建设，2014 年公司保险业务覆盖河北省秦皇岛、廊坊、石家庄、邯郸、沧州等地区，全辖大病及其他住院医疗保险保费达到 696 万元，赔款 667 万元。2014 年公司新增四级机构 2 家，新入职正式员工 199 人，外包员工入职 189 人，合计新增 388 人。至 2014 年底，公司员工总人数达到 2395 人，实现保费收入 602582.3 万元，同比增长 27.1%，剔除信用保证保险同比增长 24.6%；上缴税款 89314.5 万元，同比增长 44.28%，其中上缴地税 85715.58 万元，同比增长 43.65%，上缴国税 3598.92 万元，同比增长 61.11%。

表 42　　2014 年中国平安财产保险河北分公司提供保险保障资金情况一览表

险种		金额（亿元）		同比（%）
		2013 年	2014 年	
车险		5679.3	7600.5	33.8
财产险		5271.1	4154.2	-21.2
意健险	意外险	8782.9	10461.9	19.1
	健康险	990.3	1442.6	45.7
	小计	9773.3	11904.5	21.8
合计		20723.7	23659.2	14.2

【业务发展】 全年创新保险产品2个，分别为个资险、安骑天下，实现保费收入470余万元。其中，个资险400余万元；安骑天下70余万元。至2014年底，公司累计实现保费收入602582.3万元，同比增长27.1%，剔除信用保证保险同比增长24.6%，位列中国平安财险系统第七名。其中，车险保费收入498472万元，同比增长27.4%；财产险保费收入92347万元，同比增长26.0%，剔除信用保证保险同比下降12.3%；意健险保费收入11763万元，同比增长23.1%。与2013年相比，车险业务占比上升0.2个百分点，财产险业务占比稍有下降，意健险业务占比基本持平。

表43　　2014年中国平安财产保险公司河北分公司保费收入情况一览表

险　种	金额（万元）		同比（%）	占比（%）
	2013年	2014年		
车　险	391193	498472	27.4	82.7
财产险	73301	92347	26.0	15.3
意健险	9555	11763	23.1	2.0
合　计	474049	602582	27.1	100

【理赔与给付】 以“客户首选品牌、最佳用户体验”为目标，建立“心服务体系”，严格销售、承保、查勘、理赔、提供增值服务等每个环节、每个接触点践行“及时、告知、亲和、契约、简便”5项行动准则，落实“全员服务、用心服务”要求。推进“快、易、免”服务再升级，突出特色理赔服务。推广远程定损项目，减少客户等待时长，提高案件结案时效。2014年7月开始，公司运用E理赔手持终端，与计算机同步实现案件定损、支付等功能，兑现小额案件现场赔付到账服务承诺。2014年12月，以电话直赔和快赔为主公司新一代客户服务系统成功上线，开始向客户提供多通道差异化理赔服务。至2014年底，公司全辖采用远程定损方式处理案件2万余笔，E理赔处理案件19万笔。2014年公司重大理赔案例主要有：2013年1月26日16时左右，被保险人邯钢集团邯宝钢铁有限公司2号6外汽机厂房1、2、3层发生火灾，事故导致厂房及内部大量阀门、泵、电缆、仪表、汽轮机等设备直接过火受损；此案经实地查勘、复勘、定损，2014年赔付690万元。2013年3月25日16时左右，河北钢铁股份有限公司邯郸分公司能源中心60000千瓦1号机组汽轮机突然转速飞升并报警，值班人员采取紧急停车处理，因自动调节阀门失控未完全关闭，造成汽轮机失速，转速达4000多转，发电机和汽轮机解裂，汽轮机组受损，汽轮机末级动叶片与转子脱离后甩出，动叶片击穿汽轮机汽缸，击中厂房天车横梁，叶片碎片打坏厂房顶、侧墙彩钢板及玻璃窗；此案经现场查勘、定损，2014年赔付657.4万元。2013年7月17日3时30分左右，石家庄市裕华区祥顺配货站运输车冀A57571行驶至河南省周口市境内大广高速2127千米时从高速翻车至边沟，适逢天正在下雨，边沟内存有积水，事故导致2名司机重伤入院，货物全部碰撞、水湿受损；此案经多次查勘、定损，2014年赔付199万元。至2014年末，公司综合成本率88.7%，已决赔款224116.5万元，同比增长12.6%。其中，车险累计已决赔款198362.2万元，同比增长13.7%，综合赔付率51.5%，属正常范围；财产险累计已决赔款22393.0万元，同比增长4.6%，综合赔付率31.6%，赔付良好；意健险累计已决赔款3361.3万元，同比增长9.9%，综合赔付率31.0%。2014年新创保险产品个资险、安骑天下发生理赔案115笔，赔案金额近22万元。

（金教）

新华人寿保险

【概况】 2014年，新华人寿保险河北分公司围绕“以客户为中心”经营理念，重视人才队伍建设，落实干部管理、绩效考核、薪酬激励、梯队建设、选拔培训等员工成长发展规划要求，打造系统化人力资源体系，助力提升公司整体经营管理水平。推进机构建设，以弱体机构建设、本部建设、标准营业区建设为重点，提升机构经营能力和价值平台。深化客户服务，举办客户服务节活动及健康、养生、理财为主题健康讲座，全年举办活动156场，参加听讲客户1.7万名。加强风险管控，以合规管理、风险管理、法务管理为重点，落实合规宣导教育、常规及专项合规检查、内部问责管理、突发事件防范与处置、重点流程梳理与管控制度，严防经营风险。推行干部评价标准（态度、技能、绩效）、干部行为准则（倡导公司文化、落实公司制度、维护公司价值）、工作四个步骤（布置宣导、落实执行、评估纠偏、总结升华）、管理干部四会（学文件、懂政策、看报表、会管理）等为主要内容经营理念，凝聚人心，促进业务发展。提高工作效率，依照公司各专业序列编印《标准化管理手册》12分册，涵盖各层级岗位47大项261个工作模块，实现业务操作流程标准化运作。至2014年末，公司共有中心支公司10家、四级机构54家，保险业务覆盖河北省石家庄、秦皇岛、唐山、廊坊、保定、衡水、沧州、邯郸、邢台、承德等10个地市，形成个人、银代、团体、续收四大营销体系；累计实现保费收入33.35亿元，保费规模位列新华人寿系统第13位；累计赔付支出60871万元，同比增长149%。

【业务发展】 创新营销模式，严格内部管理，加强绩效考核，发挥典型示范带动作用，推动个人、代理、法人、续期四大核心保险业务稳步发展。2014年公司实现新契约保费收入10.5亿元。其中，个人业务新契约保费4.32亿元，包括期缴保费3.55亿元，趸交保费0.77亿元；银代业务新契约保费5.42亿元，市场份额3.37%，包括期缴保费2919万元，市场份额2.10%，趸交保费5.13亿元；法人业务新契约保费7536万元。至2014年底，公司全辖累计实现保费收入33.35亿元。其中，个人业务保费收入21.66亿元，占总保费64.96%；银代业务保费收入10.93亿元，占总保费32.78%；续收业务保费收入22.85亿元，占总保费68.51%，包括个险续期年度完成17.34亿元，计划达成率104.74%，银代续期年度完成5.51亿元，计划达成率103.42%。

表44　2014年新华人寿保险河北分公司保费收入情况一览表

类别		金额（亿元）	占比（%）
渠道	个险	21.66	64.96
	法人	0.75	2.26
	银代	10.93	32.78
时间	新单	10.5	31.49
	续收	22.85	68.51
总保费		33.35	100

【赔款与给付】 开辟理赔绿色通道，完善理赔流程，落实快捷调查、及时给付保险责任案件要求。采取上门或集中现场理赔方式，向边远山区等特殊客户提供出险理赔便利。加快理赔时效，搭建移动理赔服务平台，提供一站式“无缝隙”理赔服务和“零距离”现场理赔服务。履行理赔服务承诺，重大社会灾难事件，第一时间赶到现场寻找和慰问出险客户。2014年公司理赔服务满意度达到98.01%。至2014年底，公司累计赔付支出60871万元，同比增长149%。其中，赔款支出5400万元，同比增长16%；给付支出55471万元，同比增长180%，包括满期给付26362万元，同比增长377%，年金给付21853万元，同比增长189%，死伤医疗给付7256万元，同比增长8%。

表 45　2014 年新华人寿保险河北分公司赔付情况一览表

类别		金额（万元）		增加额（万元）	同比（%）
		2013 年	2014 年		
赔款		4648	5400	752	16
给付	总额	19806	55471	35665	180
	满期	5528	26362	20834	377
	年金	7550	21853	14303	189
	死伤医疗	6728	7256	528	8
合计		24454	60871	36417	149

新华人寿保险河北分公司
总 经 理：黄启永
副总经理：宋国盛　张战
　　　　　郑晓涛（7 月任）
总经理助理：张欣
　　　　　郑晓涛（7 月免）
　　　　　徐认文（7 月免）

（王占义）

富德生命人寿保险

【概况】 2014 年，富德生命人寿河北分公司以制度建设为中心，以机制创新为驱动，重视基础管理和人才队伍建设，落实新《保险法》规定，开展个人营销渠道资金案件、保险专业中介业务、中心支公司机构现场检查、中介市场清理整顿等风险排查，有效化解满期给付与退保、投诉诉讼、资金案件等风险事故。2014 年公司新增制度 80 个、修订 9 个，年末规章制度总数达到 153 个；接受检查 4 次，解决处理诉讼案件 20 起。以“生命服务，乐享品质”为主题，开展客服节活动，举办养生讲座 10 场、零接触体验活动 7 场，参加客户 3000 余人。12 月 2 日，原生命人寿保险股份有限公司河北分公司更名为富德生命人寿保险股份有限公司河北分公司。至 2014 年底，公司共有内勤人员 617 人，较 2013 年新增 22 人，营销人员 4699 人，较 2013 年新增 7 人；累计实现总保费收入 18.66 亿元，同比增长 30.6%，保险市场份额由 3.65%上升到 4.7%，位列河北省 34 家寿险公司第 5 名。其中，新单保费收入 12.43 亿元，同比增长 36.1%；续期保费收入 6.23 亿元，同比增长 20.7%。赔付支出 36925 万元，同比增长 393.5%。2014 年富德生命人寿河北分公司获得河北省金融系统技能竞赛优秀组织奖、河北省诚信示范单位、河北省服务质量优秀单位等称号。

【业务发展】 2014 年公司渠道业务发展平稳，累计实现总保费收入 18.66 亿元，同比增长 30.6%。按险种划分，人寿保险实现保费收入 18.02 亿元，同比增长 30.5%；健康保险保费收入 4368 万元，同比增长 33%；意外保险保费收入 2069 万元，同比增长 29.2%。按渠道划分，个险代理渠道实现保费收入 4.86 亿元，同比增长 18.7%，占全省保险市场份额 1.4%，市场排名第 9 位。银行代理保费收入 12.57 亿元，同比增长 37.6%，其中，传统趸缴 11.15 亿元，占全省市场份额 7.2%，市场排名第 3 位；期缴保费 1.42 亿元，新单保费占市场份额 4.9%，市场排名第 5 位。团险标准保费收入 2287 万元，占全省市场份额 1%，排名第 10 位。经代渠道保费收入 8511 万元，新单保费占全省市场份额 6%，排名第 7 位。电销及其他渠道保费收入 1481 万元，同比增长 268.4%。新单保费收入 12.43 亿元，同比增长 36.1%；续期保险收入 6.23 亿元，同比增长 20.7%。

表 46　　2014 年富德生命人寿河北分公司保费收入情况一览表

类　别	名　称	保费收入（万元）		增加额（万元）	同比（%）
		2013 年	2014 年		
险　种	人寿保险	138039	180162	42123	30.5
	健康保险	3285	4368	1083	33
	意外保险	1602	2069	467	29.2
渠　道	个人代理	40971	48621	7650	18.7
	银行代理	91337	125700	34363	37.6
	团险渠道（标保）	1708	2287	579	33.9
	经代渠道	8508	8511	3	0.04
	电销及其他	402	1481	1079	268.4
时　间	新　单	91326	124307	32981	36.1
	续　期	51600	62294	10694	20.7
总　保　费		142926	186600	43674	30.6

【赔款与给付】 以客户服务为中心，重视客户服务质量，全力提升客户满意度，最大程度保障客户权益。推进客户权益保障室建设，每个中心支公司最少建设 1 间保障室，统一设置门牌标识和实时监控设备，合理分流客户，提高客户服务效率。开通理赔服务电话，受理理赔报案、理赔咨询和定点医院查询。加强理赔服务创新和品牌建设，开展特色理赔和带息理赔等服务，其中住院探视制度受到客户好评。开辟“绿色通道”，对行动不便、年长者等特殊人群，安排专人上门，提供一对一服务。提升理赔时效，理赔案件能够现场处理完毕，可当场为客户解决理赔问题；需要公司系统操作，由保险服务人员协助客户收齐资料后当日转递客服人员处理。落实全流程理赔服务，及时向理赔报案客户提供协助和指导，并在财务支付赔款后 3 天内开展客户满意度回访，2014 年公司理赔回访满意度达 94%。贯彻落实新《保险法》和总公司《核赔专业人员内部审核管理规定》、《快速理赔管理规定》、《理赔审核操作细则》、《理赔规则》及分公司《团险理赔管理办法》等法规，保障客户权利，严控骗保行为。至 2014 年底，公司累计赔付支出 36925 万元，同比增长 393.5%。其中，赔款支出 588 万元，同比下降 8.0%；给付支出 36338 万元，包括满期及年金给付 34741 万元，同比增长 502.2%，死伤医疗给付 1597 万元，同比增长 48.6%。

表 47　　2014 年富德生命人寿河北分公司赔付情况一览表

类　别		金额（万元）		增加额（万元）	同比（%）
		2013 年	2014 年		
赔　款		639	588	-51	-8.0
给　付	满期及年金	5769	34741	28972	502.2
	死伤医疗	1075	1597	522	48.6
赔付合计		7483	36925	29442	393.5

富德生命人寿保险有限公司
河北分公司

总　经　理：邓明远

总经理助理：张峰松　张玉然　崔会利　陆明维

（冯丹）

综合经济管理

综合经济管理

发展和改革

【概况】 2014年，全市围绕“稳增长、调结构、促改革、惠民生”总体目标，贯彻落实国家和河北省各项政策措施，推进“工业强市、项目建设、县域经济、深化改革”四项发展战略，加快转型升级和绿色崛起。1月16日，市政府印发《石家庄市战略性新兴产业发展规划(2014—2018)》。全年确定实施国民经济和社会发展计划指标38项，其中，12项民生指标完成或超额完成计划目标；9项生态指标（约束性指标）按照国家节能减排财政政策示范市要求，提前一年完成“十二五”规划目标；17项经济指标（预期性指标）有14项好于全省平均水平，地区生产总值、服务业增加值、规模以上工业增加值和利润、高新技术产业增加值、社会消费品零售总额、城镇居民人均可支配收入、研发经费支出占地区生产总值比重8项指标未能完成。2014年全市生产总值完成4794.4亿元。其中，第一产业增加值439.7亿元；第二产业增加值2185.0亿元；第三产业增加值2169.5亿元。三次产业结构比例为9.4：46.8：43.8。2014年全市农作物播种面积90.34万公顷；粮食播种面积68.0万公顷，同比减少0.2万公顷；粮食总产量449.3万吨。2014年石家庄市被农业部授予“全国粮食生产先进市”称号，藁城区、赵县获评“全国粮食生产先进县（市）”称号。2014年全市拥有规模以上工业企业2295家，总资产4756.5亿元，资产负债率47.1%。规模以上工业企业实现增加值1851.3亿元，同比增长5.9%。其中轻工业实现增加值840.9亿元，增长9.9%；重工业实现增加值1010.4亿元，增长6.7%；轻重工业比重为45：55。七大主导行业实现增加值1559.3亿元，同比增长8.5%。其中，钢铁行业实现增加值180.8亿元，增长6.3%；装备制造业实现增加值313.7亿元，增长15.2%；石化行业实现增加值299亿元，增长7.7%；医药制造业实现增加值116.8亿元，增长2.9%；建材行业实现增加值130.6亿元，下降3.3%；食品行业实现增加值239.3亿元，增长7.0%；纺织行业实现增加值279.1亿元，增长14.0%。六大高耗能行业实现增加值654亿元，同比增长3.1%。全年规模以上工业企业主营业务收入8117.8亿元，同比增长6.8%；实现利润664.8亿元、利税942.8亿元。2014年全市财政收入660.76亿元，同比增长4.97%；一般公共预算收入331.91亿元，同比增长8.71%。全部财政收入位列河北省第一，一般公共预算收入10年再返河北省首位。一般公共预算支出563.41亿元，同比增长11.46%。全年全社会固定资产投资完成4916.0亿元，同比增长16.6%。其中，固定资产投资（不含农户）4779.0亿元，同比增长14.16%。2014年全市实现社会消费品零售总额2218.8亿元，同比增长12.5%，总量、增速分别位居全省第一和第三。总投资1505亿元、57个重点商贸项目计划完成投资248.3亿元，实际完成投资252.6亿元，同比增长17%。2014年全市对外贸易进出口总值130.77亿美元，同比增长2%。其中，出口69.84亿美元，增长10.4%；进口60.93亿美元，下降6.2%。新备案境外投资企业33家，同比增长43.48%；投资总额4.5亿美元，同比增长89.96%。至2014年底，全市累计备案境外投资企业161家，中方累计投资总额9.4亿美元，分布世界30多个国家和地区。实际利用外资10.2亿美元，同比增长5%；引进市外资金1137.32亿元，完成全年任务118.22%。2014年争取国家科技部、省科技厅各类科技项目276项，资金21795.268万元；市本级科学技术支出3.2亿元，同比增长4.8%；登记科技成果375项，其中260项科技成果达国内领先以上水平；评选科学技术特别奖3项，科技进步奖86项；获得河北省自然科学二等奖1项，省技术发明三等奖1项，省科技进步奖10项；专利申请量6373件，授权量4433件，专利申请量、授权量均居全省第一。2014年末全市共有常住人口998.72万人，同比增长4.9%，人口出生率13.35‰、死亡率6.21‰、自然增长率7.14‰（市统计部门数据）；居民人均可支配收入19084元，同比增长8.8%；城镇居民人均可支配收入26071元，增长8.3%；农村居民人均可支配收入10542元，增长10.4%。2014年全市居民人均消费支出12501元，同比增长9.8%；城镇居民人均消费支出16796元，增长9.8%；农村居民人均消费支出7258元，增长9.9%。年末全市城镇职工参加基本养老保险人数199.5万人，同比增加12.9万人；城乡居民参加养老保险人数385.6万人，同比增加5.2万人；全市城镇居民参加医疗保险人数286.3万人，同比增加9.8万人；享受居民最低生活保障人数18.35万人。2014年全市城镇新增就业10.2万人，城镇登记失业率3.64%。2014年全市单位生产总值能耗和二氧化碳排放量均下降7.5%，化学需氧量、二氧化硫、氨氮、氮氧化物排放量和细颗粒物浓度同比分别下降3.57%、3.22%、5.32%、11.67%和19.5%。完成造林绿化62万亩，植树5000多万株。新增市级储备粮食50000吨、食用油4400吨，储备冬春蔬菜7500吨、食盐3000吨，7家企业争取进口棉花配额13600吨，2家企业争取粮食配额15000吨。

（梁素敏）

【《石家庄市基本公共服务行动计划(2014—2015年)》】 5月23日，市政府印发《石家庄市基本公共服务行动计划（2014–2015年）》（石政函〔2014〕47号）。主要内容包括9个方面，**公共教育**：九年义务教育阶段，保留必要的村小学和教学点，公共教育资源重点向农村、贫困地区倾斜，建立健全校长、教师轮岗交流制度。农村义务教育阶段寄宿生提供免费住宿，家庭经济困难寄宿生提供生活补助；山区6县56所项目学校家庭经济困难学生，提供生活补助和交通补助。高中阶段，调整和优化普通高中布局，适度控制学校规模，控制班额；加强县域普通高中建设，提升县域“一中”办学水平和教育教学质量。落实中等职业教育免学费、国家助学金政策。学前教育阶段，扶持民办幼儿园，特别是面向大众、收费较低的普惠性民办幼儿园发展，采取政府购买、减免租金、以奖代补、派驻公办教师等方式，引导和支持民办幼儿园提供普惠性服务；完善县、乡、村学前教育网络，农村每个乡镇至少设置1所公办幼儿园，每个行政村至少设置1所公办或普惠性幼儿园，乡（镇）和大村独立建园，小村设分园或联合办园。**劳动就业**：企业吸纳高校毕业生给予一次性新增就业补助和社会保险补贴，到中小微企业就业的毕业生给予一次性就业补助，社会中介组织吸纳高校毕业生给予社保补贴；扶持高校毕业生自主创业，提高小额担保贴息贷款额度和一次性创业补助标准，到农村基层创业毕业生给予生活补贴。为1.6万人次提供创业培训；帮助2.68万就业困难人员就业和再就业，动态消除零就业家庭；为20万人次城乡劳动者提供各类职业技能培训，培训后就业率达到80%以上；为8万人次提供职业技能鉴定。企业劳动合同签订率达98%，企业集体合同签订率达92%。**社会保险**：职工基本养老保险保障水平根据个人累计缴费年限（含视同缴费年限）、缴费工资、全省职工平均工资、个人账户储存额、城镇人口平均预期寿命等因素确定基本养老金；城乡居民社会养老保险参保人员基础养老金，每人每月不低于55元，并逐步提高标准。职工基本医疗保险、新型农村合作医疗、城镇居民医保3项医疗保险，政策范围内住院费用支付比例均达到75%左右，参保率均稳定在95%以上。到2015年，职工、领取失业保险金期间的失业人员失业保险参保人数要达到91万人以上，职工工伤保险参保人数达到125万人以上，职工生育保险参保人数要达到130万人以上。**社会服务**：专项救助延伸至低保边缘家庭，重点解决其医疗、教育、住房等困难；低保户保障标准按照能维持当地居民基本生活所必需的吃饭、穿衣、用水用电等费用确定；保证自然灾害后12小时内基本生活得到初步救助；政策范围内住院自付费用救助比例原则不低于50%。推进儿童福利机构建设，散居孤儿每人每月补助700元，机构养育孤儿每人每月1150元；加强贫困和重度精神疾病患者收养和治疗服务；推动婚姻登记标准化和全国信息联网，推行婚姻免费登记；推行惠民殡葬，提供遗体运送、冷藏、火化免费服务。市、县（市）区逐步推行建立高龄老人生活补贴制度，有条件的县（市）区可向家庭经济困难的老年人发放养老服务补贴；加快专业化老年养护机构和社区日间照料中心建设，每千名老年人拥有养老床位数达到30张。“农村互助幸福院”基本覆盖全市农村，城市社区居家养老服务中心基本实现全覆盖。**医疗卫生**：到2015年，实现每万名城市居民拥有2名及以上合格的全科医生，每个乡（镇）卫生院都有合格的全科医生；鼓励社会资本举办医疗机构，推动形成多元化办医格局。到2015年，居民健康档案建档率达到75%以上，城乡居民具备健康素养的人数达到总人数的10%，免疫规划疫苗接种率达到95%以上。儿童和孕产妇健康管理率达到85%以上，老年居民健康管理率达到60%，高血压和糖尿病患者规范化管理率达到85%以上，可免费享有登记管理、健康指导、定期随访和体格检查。城乡居民享有零差率销售的基本药物，全部纳入基本医疗保障药物报销目录，逐步提高实际报销水平。石家庄市户籍居民和来石家庄经商、务工人员提供免费婚前医学检查服务、免费孕前优生健康检查服务、免费产前筛查服务、免费新生儿疾病筛查服务。**计划生育**：为育龄人群免费提供避孕药具和避孕、节育技术服务，为符合条件的育龄夫妇免费提供再生育技术服务；全市符合生育政策、计划怀孕的农村夫妇（含流动人口），可免费享受19项孕前优生健康检查项目；推动出生缺陷一级预防，实现免费孕前优生健康检查制度全覆盖。年满60周岁，只生育一个子女或两个女孩的农村计划生育家庭服务，可获得每人每年不低于960元的扶助金；独生子女死亡家庭女方满49周岁或男方单亲满55周岁每人每月生活补贴150元；女方满55周岁、男方满60周岁每人每月生活补贴500元。参加城乡居民社会养老保险的，达到领取养老金之日起每人每月不低于100元养老金补贴。**住房保障**：到2015年，规划保障性安居工程累计达到36.98万套，全市城镇居民住房保障覆盖面基本达到20%，逐步建立以公共租赁住房为主的多层次的城镇住房保障体系；增加保障性住房和棚户区改造住房5.2万套，新增发放租赁补贴不低于1000户。城镇低收入住房困难家庭提供廉租房，享有实物配租的，家庭人均住房建筑面积15平方米，家庭总住房建筑面积50平方米以下；享有租赁补贴的，补贴标准由市、县政府确定。城镇中等偏下收入住房困难家庭、新就业无房职工、城镇稳定就业的外来务工人员，提供公共租赁住房；套型建筑面积以60平方米以下为主。符合条件的棚户区居民，以实物安置和货币补偿相结合的方式实施棚户区改造；改造农村危房不低于1万户，每户建筑面积原则上控制在40～60平方米。**文化体育**：2014～2015年，全市继续向全民免费开放基层公共文化体育设施，除文物建筑及遗址类博物馆外，各级文化文物部门归口管理的文化场馆向社会开放。组织“石演大舞台”“一月一名剧”和送戏下乡演出活动，全年送戏下乡演出不少于800场，其中城市演出不少于100场，农村演出不少于700场；每学期中小学生观看两部爱国主义教育影片；城市社区放映1000场电影，行政村一村一月放映一场电影；农村行政村建立农家书屋，图书不少于1500册，每年更新补充每个书屋图书150册。可供使用的公共体育场地（含学校体育设施）占全市体育场地总数的比例达到53%左右，到2015年，经常参加体育锻炼人数比例达到40%。**残疾人服务**：符合条件的残疾人全部纳入低保，贫困重度残疾人每人每月提供50元生活补贴；就业年龄段贫困重度残疾人每人每月提供不低于50元护理补贴。0～6岁残疾儿童，免费提供抢救性康复。2014～2015年，为2604人（次）左右残疾人提供辅助器具适配、康复训练等服务；学龄残疾儿童少年接受义务教育比率达到93%以上；义务教育、学前教育和高中阶段教育寄宿生，享受生活费和特殊学习用品、教育训练补助；高中阶段教育学费、杂费、课本费免费；考入高等院校的残疾学生及贫困残疾人家庭子女实施资助。城镇新增残疾人就业每年1000人；农村残疾人稳定就业每年1万人；建立50个残疾人体育健身示范点，经常参加体育健身的残疾人比率达到25%以上。

（市政府文件）

【经济运行调节】 煤炭管理，严格执行河北省《工业和民用燃煤》标准，推广使用优质低硫煤炭952万吨；加强煤炭经营性储煤场的综合整治，1349个煤炭经营性储煤场取缔手续不全、环保设施不达标670个，关停571个；加快洁净型煤生产配送体系建设，列入《河北省2013年洁净型煤生产配送中心企业目录》10家洁净型煤生产配送中心全部建成投产，2014年推广使用洁净型煤19万吨。电力管理，落实《2014年石家庄市有序用电方案》，确保电力供需平衡；规范重要电力用户供电电源管理，批准134家电力用户为全市重要电力用户；修订印发《石家庄市重污染天气电力应急预案（暂行）》，实施电力应急响应措施，减少大气污染；推进电力需求侧管理示范项目建设，8个示范项目获得专项资金支持。运输协调，2014年石家庄境内铁路发送旅客3229.31万人，实现运输收入326110.75万元，其中客票收入314182.95万元；道路运输完成营业性客运量6179.18万人，同比减少49.2%，完成营业性货运量24141.63万吨，同比减少30.15%；石家庄机场年客流量突破560万人次，同比增长9.6%，货邮吞吐量4.55万吨，同比增长5.8%。2014年全市春运发送旅客7843.5万人次，其中铁路客运同比增长14.3%，石家庄机场进出港旅客同比增长20.6%，道路客运同比减少16.9%，实现了交通运输“安全、快捷、有序、优质”目标。

【经济体制改革】 按照市委全面深化改革领导小组部署，成立由常务副市长刘晓军任组长，市发改委、金融办等21个部门组成经济体制改革专项小组，推进经济体制改革。2014年石家庄市衔接落实国务院、省政府取消下放行政审批项目105项，向县（市、区）下放经济社会管理审批权限23项。印发《关于建立“负面清单”制度实施方案》，编制行政权力清单、政府责任清单、政府监管清单，公布市级市场准入负面清单。研究发布首批鼓励社会资本投资项目目录，实行注册资本“零限制”和注册资本认缴登记制。制定印发政策性文件，引导金融机构支持经济结构调整和转型升级及小微企业发展。实行政府性债务动态统计和分析报告制度，制定政府性债务风险管控方案，编制2015年全口径财政预算。推进无极县张段固镇、井陉县天长镇省级经济发达镇行政管理体制改革试点建设，赋予试点镇更多经济社会管理权限。成立石家庄市推进京津冀协同发展工作领导小组，出台《石家庄市加快推进京津冀协同发展的实施意见》，组建石家庄京津冀产学研联盟，建成省会“科技大市场”。成立市社会信用体系建设领导小组，编制《石家庄市社会信用体系建设规划》。推进企业单位改革，驼梁宾馆等8家国有企业改制和国有产权无偿划转及东区供销社集体企业改制完毕。

【重点项目】 2014年石家庄各县（市、区）党政主要领导均完成5亿元或10亿元以上项目引进任务，共引进5亿元以上项目49个，年末重点项目储备库入库项目达到2350个，总投资20650.3亿元。其中，工业类项目1405个，占项目总数59.8%；服务业类项目588个，占项目总数25%；农业产业化项目185个，占项目总数7.9%；城市基础设施172个，占项目总数7.3%。2014年石家庄市列入省重点建设项目计划19项，总投资703.7亿元。其中，新开工项目11个，分别是格力电器高端白色家电、中博新能源汽车、东旭光电显示玻璃基板、生命原点生物科技研发中心、石药抗肿瘤新药等，争取到河北省预留用地指标2360亩，总投资239.4亿元，年度计划投资73.5亿元，实际完成投资102.4亿元（总量居全省第一位），占年度计划139.3%；前期项目8项，总投资464.3亿元，其中大唐电信北斗导航系统和定向声波系统产业基地、石家庄综合保税区、河北铠朗纳米节能薄膜3个项目提前开工建设，完成投资15.2亿元。2014年全市186个市级重点项目进展顺利，完成投资815.2亿元，占年度计划139.1%。其中，51个计划开工项目全部开工建设，完成投资400.7亿元，占年度投资计划113.7%；48个计划竣工项目完成投资309亿元，占年度投资计划147.4%，石家庄四药总部搬迁升级改造、君乐宝永盛乳业二期等47个项目竣工或部分竣工；37个园区重大基础设施项目全部开工建设，完成投资24.6亿元，占年度投资计划103.8%，无极经济开发区皮革产业园区大道工程、新乐工业新区第二污水处理厂等7个项目竣工投用；50个前期项目中，东旭光电显示玻璃基板、中智动力电池设等 17 个项目提前开工，完成投资 80.9 亿元。

（梁素敏）

【节能降耗】 推进重点节能项目建设，坚决淘汰落后产能，促进产业结构调整和转型升级。2014 年全市 151 个重点节能项目竣工运行，年节约能量 111 万吨标煤，淘汰落后产能减少能源消耗 76 万吨标煤。严把项目准入关口，实行固定资产投资项目节能评估和审查，2014 年全市所有审批、核准、备案项目均落实节能评估和审查制度。加强重点单位管理，省百家重点用能企业、省“千家”企业均完成年度节能目标任务。争取国家、省节能专项资金，2014 年全市 49 个项目获得国家、省资源节约专项支持资金 2.22 亿元。建立节能目标完成情况晴雨表及定期发布制度。开展节能宣传活动。6 月 10 日，市发改委会同建设、教育等 14 个部门联合印发《关于 2014 年石家庄市节能宣传周活动安排意见的通知》，市区西清公园设立主会场，各县（市、区）同步参加，在企业、机关、社区、学校、军营等场所开展“携手节能低碳，共建碧水蓝天”主题宣传活动，培育市民节能减排生活理念。单位 GDP 能耗同比下降 8.74%。2014 年石家庄市在河北省节能降耗考核中位列全省第一，连续三年被省政府评为节能先进市。其中，2014 年全市单位 GDP 能耗同比下降 8.74%，超额完成省下达下降 5.37%目标任务。2011～2014 年，全市单位 GDP 能耗累计完成下降 21.88%，提前一年超额完成省下达“十二五”规划期下降 18%的目标任务。节能灯推广使用。2014 年 5 月，全市召开 2014 年度财政补贴高效照明产品（节能灯）推广工作对接会，各县（市、区）节能主管部门和节能灯推广企业参会。其中，大宗用户和居民用户按政府财政补贴后的价格购买，大宗用户实际购买价格为中标协议供货价格的 70%，城乡居民实际购买价格为中标协议价格的 50%；紧凑型节能灯推广全部面向县级及以下地区；推广工作于 7 月 31 日结束。此次推广企业产品为浙江长兴昌盛新光源有限公司生产的“太极”牌 7W、13W、23W 三个型号的小功率紧凑型节能灯，中山市欧普照明有限公司生产的“欧普”牌 32W、45W、55W 三个型号的大功率紧凑型节能灯，浙江晨辉照明有限公司生产的“晨辉”牌 14W、28W 二个型号的 T5 双端直管荧光灯。2014 年石家庄市列入国家节能减排财政政策示范市，至 2014 底，全市万元 GDP 能耗、化学需氧量、氨氮、二氧化硫、氮氧化物 5 项指标提前一年实现“十二五”减排任务目标，分别比 2010 年下降 19%、10.3%、14.3%、14.3%、13.5%以上。

（梁素敏　吴温）

【农业农村经济项目】 全年农业农村工作项目争取中央预算内资金 4.06 亿元、省预算内资金 0.63 亿元。农业生产基础建设争取中央资金 1.21 亿元，主要用于新增千亿斤粮食田间工程、生猪和奶牛标准化养殖、水土流失治理等项目建设。生态环境改善项目争取中央资金 0.19 亿元，支持农村大中型沼气和户用沼气建设；争取中央资金 1.51 亿元，用于解决 50 万农村人口饮水安全问题；争取中央资金 0.29 亿元，支持 3 个农村污水治理项目建设；争取中央资金 0.51 亿元，巩固退耕还林成果、荒山荒地造林及太行山绿化。争取中央资金 0.18 亿元，以工代赈，帮助全市 4 个国家扶贫开发工作重点县脱贫致富。争取中央财政转移支付资金 1.79 亿元，用于井陉矿区资源枯竭城市产业转型改造和民生工程建设。

【服务业项目】 3 月 4 日，市政府出台《加快省会现代服务业发展实施意见（2014—2017 年）》（石政发〔2014〕8 号），明确 2014～2017 年石家庄市现代服务业发展方向、重点和重大支撑项目，消除因经济结构调整，造成产业真空带来经济增速下滑预期。围绕石家庄市“首都经济圈重要的副中心城市和南部区域经济中心、现代服务业基地、国家重要的综合交通枢纽和物流中心”功能定位，推进 3 个省级物流产业聚集区建设，打造承接京津冀产业重点平台。加快石家庄国际贸易城、深国际物流等重点商贸、物流项目建设，壮大服务业规模，提升发展档次。争取国家政策和资金支持，促进产业结构调整。2014 年石家庄市争列国家和省扶持资金项目 5 个，分别是石家庄半导体照明产业研发公共服务平台项目、河北灵寿县食用菌冷链物流中心扩建项目、绿岛物流园、神威医药物流园和亿博物流园项目，获得支持资金 1220 万元。实施服务业发展考核，通报表彰先进县（市、区）10个、先进个人100名。至2014年底，全市服务业实现增加值2081.2亿元，同比增长10%，是2007年以来服务业总量首次超过唐山市（2070.9亿元），位列全省第一，占全市生产总值43.4%，创下历年最高；服务业完成固定资产投资2772.2亿元，同比增长10.8%，占全市固定资产投资58.0%。

【社会民生基础设施项目】 全年134个社会事业项目纳入国家专项建设规划，争取中央预算内资金28451.6万元，省级资金890万元，改善和提高了全市教育、医疗、养老、就业等民生领域基础设施服务能力。教育类项目争取资金15056万元，涉及初中校舍改造、学前教育、教师周转宿舍、中等职业教育、特殊教育五个方面39个项目；卫生和计生类争取资金10880.6万元，涉及县级医院、乡镇卫生院、乡镇卫生院周转宿舍、重大疾病防控体系建设、食品安全风险监测能力建设、儿童医疗体系、计生设备购置七个方面84个项目；民政类争取资金2270万元，涉及养老服务体系、儿童福利院两个方面6个项目；文化类争取资金800万元，涉及文化和自然遗产地保护设施建设4个项目；就业基础设施建设争取资金335万元。重大社会基础设施建设工程进展顺利，50所新改、扩建公办幼儿园工程全部开工建设；市第24中学整体改造一期工程、市职教中心教学培训楼项目竣工投用；市二中整体改造二期工程、职教园区特教学校、霞光大剧院、市第五医院门诊医技楼、市第一医院儿科项目主体工程完工；全民健身中心、市第四医院新院区、职教园区信息技术学校项目正在主体施工；市第15中学整体迁建工程用地获得突破，前期工作和手续全部完成；市第一医院新建赵卜口院区和正定新区分院项目规划引入社会资本投入，正在寻求投资合作方。

【商贸流通项目】 全年谋划备案商贸流通项目31个，总投资194亿元。其中，投资超亿元项目21个，包括中储城市广场、中环商业广场等；投资1000万元以上项目10个，包括华南商业服务楼、中拓商务大厦等。推进57个重点商贸项目建设，总投资1505亿元，年度完成投资236亿元，计划完成率100%。其中，新开工项目16个，包括中交财富中心、华宁春天商业广场等；续建项目41个，包括塔谈国际商贸城、祥云国际等，其中苏宁广场、金指数广场等9个项目竣工。

【外资利用】 全年签约外资项目30项，总投资34.6亿美元，拟利用外资22.2亿美元。赴法国、德国参加“河北周”活动，推介发布河北省（石家庄）高端节能环保产业园、正定中博汽车产业园等招商项目9个，总投资141.7亿美元，拟引进外资98.2亿美元；组织企业参加河北省与德国勃兰登堡州企业对接会，全市20家园区和企业30多位代表参加活动，石家庄市德路通、以岭药业、科瑞达仪器、爱能生物等企业与德国格鲁平、UGT环保仪器、P·G制药有限公司等企业在制药、医疗器械、水资源利用、生态环保等达成合作意愿。参与“一带一路”国家战略布局。梳理石家庄市“一带一路”项目，筛选马来西亚客商拟在晋州市与英达纺织建设面料与服装、河北矿业全球贸易公司在吉尔吉斯斯坦建设矿产资源勘探开发等21个利用外资和境外投资项目，总投资15.19亿美元。至2014年末，全市实际利用外资10.2亿美元，同比增长5%，其中资金到位1000万美元以上项目29个。

【内资引进】 参加5·18廊坊经济贸易洽谈会签约内资项目24个，总投资711.58亿元，拟引资585.48亿元。6月3～5日，冀滇合作项目对接活动举行，石家庄市际华三五〇二、神威药业集团、河北欣意电缆、新宇宙电动车、煤矿机械、河北智同医药控股集团6家企业与云南省企业洽谈对接，其中河北欣意电缆与楚雄彝族自治州政府签订合作框架协议；神威药业集团与中国科学院昆明植物研究所、云南绿A生物工程有限公司就灯盏细辛规范化种植基地、深加工产品研发、灯盏细辛新药生产销售全产业链建设项目签订合作框架协议；河北智同医药控股集团成功整合和重组云药股份集团，与云南省昆明市政府就建设云药产业园签订合作协议。举办10·23中国·石家庄国际投资合作洽谈会签约内资项目35项，总投资792.9亿元，拟引资780.9亿元。开展校企合作，推进新技术、新工艺等科技成果转化。全年帮助企业谋划校企合作项目12个，其中7个项目获得河北省科技合作开发资金支持。至2014年末，全市引进市外资金1137.32亿元，同比减少3.3%；引进省外技术948项，同比增长23.8%；引进省外人才13176人，同比增长18.3%。

（梁素敏）

财 政

【概况】 2014年，全市完成全部财政收入660.76亿元，同比增长4.97%；一般公共预算收入331.91亿元，同比增长8.71%。全部财政收入位列河北省第一，一般公共预算收入10年后再返河北省首位。一般公共预算支出563.41亿元，占调整预算94.91%，同比增长11.46%。其中，市本级支出190.8亿元，占调整预算92.52%，增长15.82%；县（市、区）支出372.61亿元，增长9.35%。市本级一般公共预算主要支出项目：一般公共服务支出15.2亿元，占调整预算98.2%，同比增长8.2%；公共安全支出16.7亿元，占预算99.9%，增长3.9%；教育支出23.9亿元，占预算95.4%，增长11.6%；科学技术支出3.2亿元，占预算93.2%，增长4.8%；文化体育与传媒支出4亿元，占预算91.6%，下降1.8%；社会保障和就业支出11亿元，占预算99%，增长2%；医疗卫生支出12.6亿元，占预算98.7%，增长14.6%；节能环保支出16.6亿元，占预算97.7%，增长0.9%；城乡社区事务支出26.7亿元，占预算89.4%，下降1.2%；农林水事务支出4.9亿元，占预算98.5%，增长11.3%；交通运输支出25.5亿元，占预算82.7%，增长45.9%；资源勘探信息等事务支出12.5亿元，占预算92.5%，增长123.6%；住房保障支出6.3亿元，占预算95.9%，增长167.4%；净增债务付息支出8亿元，占预算100%。2014年石家庄市内所辖8区中，3个区财政收入超过50亿元。其中，桥西区财政收入120.27亿元，同比增长9.23%；长安区财政收入90.49亿元，同比增长10.22%；藁城区财政收入89.71亿元，同比增长5.37%。2014年石家庄市所辖13个县（市）财政收入超5亿元9个，超10亿元3个。其中，正定县财政收入19.03亿元，同比增长16.23%；平山县财政收入17.48亿元，同比增长9.05%；井陉县财政收入13.53亿元，同比增长2.48%。

表48　　2014年度石家庄市公共财政收支决算总表一

单位：万元

预算科目	调整预算数	决算数	预算科目	调整预算数	决算数
一、税收收入	2485572	2680325	一、一般公共服务支出	476969	472329
增值税	288765	364032	二、外交支出		
其中：改征增值税	81268	164017	三、国防支出	9611	3624
营业税	984210	949298	四、公共安全支出	340143	325523
企业所得税	199272	244774	五、教育支出	1229720	1200899
企业所得税退税			六、科学技术支出	79318	72908
个人所得税	92098	99364	七、文化体育与传媒支出	84360	77258
资源税	5104	7942	八、社会保障和就业支出	505721	484278
城市维护建设税	187267	197333	九、医疗卫生与计划生育支出	580259	563599
房产税	90578	98837	十、节能环保支出	400650	353332
印花税	53198	52321	十一、城乡社区支出	657835	644237

（续表）

预算科目	调整预算数	决算数	预算科目	调整预算数	决算数
城镇土地使用税	124857	162136	十二、农林水支出	566437	527442
土地增值税	156683	180688	十三、交通运输支出	361697	352930
车船税	50935	55541	十四、资源勘探信息等支出	224147	207797
耕地占用税	52074	60530	十五、商业服务业等支出	40973	28426
契税	197455	207153	十六、金融支出	383	383
烟叶税	376	376	十七、援助其他地区支出		
其他税收收入	2700		十八、国土海洋气象等支出	81806	71228
二、非税收入	529572	754420	十九、住房保障支出	138391	137779
专项收入	115810	120470	二十、粮油物资储备支出	16017	14957
行政事业性收费收入	192615	240417	二十一、预备费		
罚没收入	132733	146762	二十二、国债还本付息支出	55846	55846
国有资本经营收入	12515	64238	二十三、其他支出	207814	70103
国有资源（资产）有偿使用收入	50591	134190			
其他收入	25308	48343			
本年收入合计	3015144	3434745	本年支出合计	6058097	5664878

表 49　　2014 年度石家庄市公共财政收支决算总表二

单位：万元

预算科目	决算数	预算科目	决算数
本年收入合计	3434745	本年支出合计	5664878
上级补助收入	2488464	上解上级支出	129741
返还性收入	238604	一般性转移支付	62042
增值税和消费税税收返还收入	130633	体制上解支出	52187
所得税基数返还收入	57103	出口退税专项上解支出	9855
成品油价格和税费改革税收返还收入	30523	成品油价格和税费改革专项上解支出	
其他税收返还收入	20345	专项转移支付	67699
一般性转移支付收入	1146786	专项上解支出	67699
体制补助收入	20835	计划单列市上解省支出	
均衡性转移支付收入	294356		
革命老区及民族和边境地区转移支付收入	4033		
县级基本财力保障机制奖补资金收入	94377		
结算补助收入	26789		
化解债务补助收入			
资源枯竭型城市转移支付补助收入	17895		
企业事业单位划转补助收入			

（续表）

预算科目	决算数	预算科目	决算数
成品油价格和税费改革转移支付补助收入	32945		
基层公检法司转移支付收入	21266		
义务教育等转移支付收入	78717		
基本养老保险和低保等转移支付收入	109808		
新型农村合作医疗等转移支付收入	142019		
农村综合改革转移支付收入	19329		
产粮（油）大县奖励资金收入	24903		
重点生态功能区转移支付收入	8184		
固定数额补助收入	251330		
其他一般性转移支付收入			
专项转移支付收入	1103074		
省补助计划单列市收入			
接受其他地区援助收入		援助其他地区支出	
债务收入		债券还本支出	40000
债券转贷收入	122900	债券转贷支出	
		增设预算周转金	
国债转贷收入		拨付国债转贷资金数	
国债转贷资金上年结余	1558	国债转贷资金结余	1558
国债转贷转补助			
上年结余	280473		
调入预算稳定调节基金		安排预算稳定调节基金	109430
调入资金	34636	调出资金	
1.政府性基金预算调入	9659	年终结余	417169
2.国有资本经营预算调入		其中：本级	152384
3.财政专户管理资金调入	2637	减：结转下年的支出	369176
4.其他调入	22340	其中：本级	145677
		净结余	47993
		其中：本级	6707
收入总计	6362776	支出总计	6362776

【社会民生支出】 全年用于民生支出447.4亿元，占一般公共财政支出比重79.4%，同比提高2个百分点。教育支出116.3亿元，落实城乡义务教育保障资金，全部免除义务教育阶段学生学杂费，提高贫困寄宿生补助生活费水平，优先改善最急需、最薄弱学校教学条件和生活设施；推进教育资助体系建设，下拨教育资助经费1.95亿元；常态化实施山区教育扶贫工程，为1.2万名山区贫困学生发放生活和交通补助。医疗卫生支出54.4亿元，支持构建全民医保体系，新型农村合作医疗和城镇居民医保补助标准提

高到 320 元，基本公共卫生服务人均补助标准达到 35 元，31 家县级公立医院全部实现药品零差率销售。文化体育传媒支出 7.6 亿元，逐步完善基本公共文化服务体系，落实博物馆、图书馆、美术馆、文化馆（站）免费开放政策，支持 51 个社区文化中心提档升级，推进霞光大剧院、丝弦剧场建设。社会保障支出 48.5 亿元，支持养老服务体系建设，市内区 60 周岁以上困难老人和 90 岁以上高龄老人享受政府购买居家养老服务，实行政府托底，城乡低保对象、农村五保户等应保尽保；提高城乡低保、农村五保标准，将城市低保补助标准提高至每人每月 500 元，农村低保补助标准提高至每人每年 2700 元，农村五保分散供养补助标准提高至每人每年 5000 元，集中供养补助标准提高至每人每年 6000 元。解决低收入家庭住房问题，为 1.6 万户低收入家庭发放廉租住房租赁补贴，多渠道筹资确保 2.7 万套保障性住房开工建设。农林水支出 51.6 亿元，落实各项强农惠农富农政策，发放粮食直补、良种补贴、农机购置补贴等资金 15.3 亿元；投入农业综合开发和农田水利建设资金 4.8 亿元；拨付农村饮水安全项目资金 3 亿元；368 个重点村面貌改造提升，落实资金 4.3 亿元；下拨村级一事一议奖补资金 2.4 亿元，用于 1223 个村 1804 个公益项目建设。公共安全支出 32.4 亿元，支持平安省会建设。

【城市建设支出】 全年拨付城市建设资金 73.1 亿元，支持轨道交通、新客站区域、新城大道、新胜利大街、南二环东拓西延、太行大街、洨河综合整治、城区绿化、环城水系、裕翔街等重点项目建设。起草《加强政府投资项目管理的意见》，完善政府投资项目管理机制，有效解决盲目决策、重复投资、规模过大、标准过高、监理弱化问题。参与研究制定城建计划，结合新预算法要求，科学合理安排项目支出，提升城建项目精细化管理水平。拨付资金 14.7 亿元，采取奖补方式调动各县（市、区）开展市容市貌整治行动和城市管理上水平建设积极性。

【生态环境治理】 2014 年是石家庄市创建节能减排财政政策综合示范城市三年示范期第一年。全年各级财政投入生态环境治理资金 35.4 亿元，主要用于压煤、降尘、控车、减排、增绿和环保能力建设。拨付专项资金支持分散燃煤锅炉置换、老旧小区供热管网改造及扬尘治理，在全市范围推广使用洁净型煤和环保燃煤采暖炉。补助鹿泉区、平山县资金 2.6 亿元，实施 43 家水泥企业集中拆除任务完成，直接化解水泥产能 1850 万吨，年减少粉尘排放 7000 万吨。对接 PPP 模式扩大新能源公交试点，发放淘汰黄标车补贴 1.2 亿元。拨付资金 1.6 亿元，建成环省会经济林面积 15.9 万亩。落实绿色通道建设资金，建成绿色通道 467 千米、5.1 万亩。拨付资金购置真空洗扫、洒水、喷雾降尘等专业车辆，全部更新环卫、园林等部门黄标作业车辆，有效降低粉尘污染和尾气排放。投入水污染治理资金 15.2 亿元，用于汪洋沟、滹沱河、洨河、老磁河等综合整治工程。

【促进经济结构调整】 围绕经济发展方式转变和经济结构调整关键环节，加强资金整合使用，提高资金配置效率。市级财政统筹整合产业发展资金 12 亿元，支持传统产业升级改造、重点项目引进、战略性新兴产业、现代服务业和重点产业聚集区基础设施建设。落实资金 1 亿元，参股循环化工园区融资平台，支持 800 万吨石炼化项目前期拆迁。投入 1.5 亿元，支持综合保税区基础设施建设。拨付机场改扩建专项资金 3.7 亿元。鼓励企业创名牌、增效益，筹资 3800 万元，奖励省市新认定 31 个企业技术中心和 5 个工程实验室。拨付资金 1.8 亿元，用于主城区工业企业搬迁改造和转型升级，化工化纤、动力厂等企业职工安置。落实营改增等结构性减税政策，为企业减负超 20 亿元。支持工商部门零成本注册，安排专项资金为 2.6 万户企业和工商户免费办理注册或变更登记。

【财政管理改革】 推进财政管理制度、体制、机制改革，坚持用改革办法解决财政管理不完善、不到位问题。编制 2015 年度全口径预算，将一般公共预算、政府性基金预算、国有资本经营预算和社保基金预算全部纳入政府预算体系。细化预算编制，市级部门预算实施项目库管理，支出细化至项级科目。建立结余结转资金定期清理机制，盘活资金 15 亿元。实施专项资金市级统筹机制，出台意见措施，规范办公用房租赁、各类规划编制、信息化建设等资金管理，严控财政供养人员增长。强化绩效预算管理，重点对涉及民生的新生儿出生缺陷预防、扶贫、农业保险等专项资金开展绩效评价。研究起草绩效评价委托第三方机构管理办法，明确第三方评价范围和评价程序。改革财政投入方式，推进政府购买服务，在污水处理、园林绿地维护、空气质量监测、居家养老服务等领域开展试点，较传统模式节约资金9000多万元。严控行政经费支出，出台会议费、培训费等管理办法，开展专项整治，2014年全市"三公"经费支出4.9亿元，同比下降28%。加强政府债务管理，出台债务举债审批办法，落实融资计划管理和债务归口管理制度；印发《政府性债务管理暂行办法》和《政府债务风险管控方案》，提升债务管理水平和风险预警能力。坚持采购项目、信息、程序、竞价"四公开"，2014年全市政府采购完成77.8亿元，节支率6.9%；评审政府投资项目2690个，审核资金313.6亿元，审减资金57.3亿元，审减率18%。

（刘铭严）

税　务

国家税务

【概况】 2014年，按照河北省国税局口径统计，全市国税系统实现税收收入334.73亿元，同比增收30.44亿元，增长10%。其中，国内增值税完成146.28亿元，同比增收5.8亿元，增长4.2%；国内消费税完成49.64亿元，同比增收0.36亿元，增长0.7%；企业所得税完成103.52亿元，同比增收18.08亿元，增长21.2%。2014年全市国税收入特点：经济增长不足，增收压力加重，主要是受国际、国内经济形势影响，主要经济指标持续回落，经济增长对税收拉动作用较弱；大气污染防治力度增强，影响税收收入显著；税收基数变大，随着经济下行、缺少后续税源强有力支撑，增长幅度受到制约。传统行业增收乏力，金融业和电力行业成为增收亮点。全年第二产业税收（不含车购税）占比52.6%，占据税收主导地位，增幅仅为0.6%。传统主导行业，除电力增长45.3%、烟草制品业增长9.8%、医药制造业增长0.6%外，成品油、化工、黑色金属冶炼及压延加工业、纺织业和煤炭分别下降20.4%、21.4%、37.7%、34.9%和40.4%。2014年金融业增收9.44亿元，电力行业增收7.3亿元，两个行业增收额占总增收额（不含车购税）69%，成为增收主要行业。"营改增"政策减税效应显现。2014年全市"营改增"企业入库增值税18.77亿元，认证抵扣进项税额20亿元，两者相抵，增值税收入减少1亿余元。开展税收调研，撰写报送河北省国税局"绩效管理实践探讨与应用分析"、"办税服务厅问题探析"等调研文章32篇；编发《石家庄国税信息》47期，在政务信息简报刊稿194篇，在媒体发稿294篇，在《河北国税》发稿309篇。强化财务管理，各县（市、区）国税局成立财务科。2014年市国税系统完成项目采购资金3020.74万元，其中，货物371.7万元、服务927.11万元、工程1721.93万元，节约资金274.21万元，资金节约率8.3%。开展在岗学习培训，举办各类培训413期，参训人员42664人次。推进干部人事制度改

2014年6月27日，召开税务绩效管理工作现场促进会

革，选拔任用科级领导干部 31 人，交流调整领导干部 54 人。加强人才选拔，制定《石家庄市国家税务局专业人才库 2014 年入库人员选拔实施方案》，建立 17 类专业人才库，向河北省国税局推荐各类人才 193 名。妥善安置机构撤并分流人员，2014 年原桥东区国税局撤消合并，安置人员 326 人。2014 年市国税局出口退税电子化平台、自助办税服务等 7 项业务在全省推广；市国税局获评河北省国税系统绩效管理先进单位，被石家庄市政府记集体二等功 1 次；市国税局、无极县国税局及所辖 8 个办税服务厅获评省级文明单位；高新区国税局被国家人力资源和社会保障部、国家税务总局授予全国税务系统先进集体。

表 50　2014 年石家庄市国税收入累计完成情况表

单位名称	金　额（万元）		同比（±%）
	2013 年	2014 年	
全　市	3137382	3347288	10.0
长安区国税局	263057	445375	69.3
桥西区国税局	408577	628055	53.7
新华区国税局	113430	139316	22.8
裕华区国税局	150531	167475	11.3
井陉矿区国税局	34301	28378	-17.3
高新区国税局	172604	212417	23.1
藁城区国税局	460947	520567	12.9
鹿泉区国税局	95995	122530	27.6
栾城区国税局	89149	96861	8.7
循环化工园区国税局	229267	185291	-19.2
正定新区国税局	-	557	-
晋州市国税局	48623	26136	-46.2
新乐市国税局	26756	29310	9.5
深泽县国税局	13600	18094	33.0
无极县国税局	40293	46785	16.1
赵县国税局	32814	33221	1.2
正定县国税局	65322	74872	14.6
高邑县国税局	16621	18619	12.0
元氏县国税局	69966	56432	-19.3
赞皇县国税局	27351	22732	-16.9
井陉县国税局	87461	84666	-3.2
平山县国税局	92890	108169	16.4
灵寿县国税局	20319	17674	-13.0
行唐县国税局	28643	26432	-7.7
车购办	168649	237324	40.7

备注：本表为河北省国税局口径，税收收入包括国内增值税、国内消费税、内外资企业所得税、储蓄利息个人所得税、车辆购置税。

【税收征管】 依托信息化技术手段，提高税收征管质效。优化 CA 证书制作流程，减少中间环节，提高工作效率；开发“小规模票表比对不符自动扣税系统”，实现“自动比对、短信提醒、自动扣税”功能，结束人工审核、税户补充申报、人工缴税历史；网上申报客户端，将登记信息库相关信息提示纳税人核对、修改和确认，有效提高登记信息准确率。2014 年金税三期工程试点启动。结合税源实际，实施规范化管理。按照科学、便捷、有效原则，修订和规范涉税业务流程 54 项；制定《纳税人跨区迁移操作规范》，明确工作流程，并建立长效机制，加强交叉户管理；及时调整更新纳税人资料，原桥东区撤销后，调整纳税人信息 4.6 万户。开展行业性管理问题分析，搜集整理风险评估案例，加强大企业税收管理。2014 年市国税系统通过开展风险管理，对纳税 2000 万元以上企业实施分类风险应对、对部分重点行业和重点企业开展风险评估，共查补税款 2.26 亿元。开展非居民税收专项检查，入库税额全省第一，入库总额占全省半数以上。加强税种管理，开展政策调研，推进“营改增”试点。落实小微企业税收优惠政策，全年减税 4088.59 万元，惠及小微企业 74610 户，落实率 100%。增值税征收率调整，7 月 1 日起，按照国家税收政策要求，部分行业增值税征收率由 6%和 4%统一调整为 3%。石家庄市 7 个行业受益，其中，增值税按 6%征收率项目包括自来水、小水电、建筑产品和生物制品；增值税按 4%征收率项目包括寄售、典当和拍卖商品。做好农产品核定扣除，2014 年全市共有籽棉加工、生物质发电、羽绒生产等 5 个行业 793 户企业纳入试点。加强货运企业管理，颁布《关于规范货物运输业增值税一般纳税人管理的公告》，推进增值税进销数据分析监控系统，实现增值税一般纳税人税控企业和增值税专用发票“两个全覆盖”。研发推行小型微利企业所得税预缴申报优惠提示管理操作系统，2014 年全市小型微利企业所得税优惠政策受惠面由 71.5%上升至 100%。严格企业所得税管理，完善企业所得税各项预警指标，通过提数、测算、分析、发布及反馈等 6 个环节，查找所得税管理薄弱环节和重大疑点，有效防范税收风险；开展 2009～2013 年度企业所得税专项检查，检查企业 1360 户次，调增应纳税所得额 2.44 亿元，弥补亏损 3073.9 万元，查补税款 3.95 亿元。

【依法治税】 严格案件审理，强化事中监督。全年市国税系统召开 6 次重大税务案件预审会议和 5 次案件审理委员会会议，审理重大税务案件 48 起。其中，要求稽查部门重新调查补证案件 15 起，占重大税务案件审理总数 31.2%；最终变更稽查部门提请意见案件 18 件，占重大税务案件审理总数 37.5%，纠正和处理了涉案企业未按规定弥补合并 2014 年以前亏损问题。畅通税务救济渠道，落实行政复议和行政应诉职能。全年市国税系统受理行政复议案件 1 件，经市国税局行政复议委员会集体审理，予以维持；办理行政应诉案件 1 件，经法院裁决胜诉。加强执法督察与内部审计，全年落实税收执法重点督察 6 件、内部审计项目 15 件；发现问题 214 个，涉及金额 349.5 万元，其中督查问题 59 个 32.9 万元，财务收支问题 88 个 126.9 万元，固定资产问题 8 个 12.9 万元，政府采购问题 12 个 135.7 万元，项目经费问题 37 个 41.9 万元，基本建设问题 1 个，

2014 年 9 月 25 日，举办县级税务机关纳税服务规范培训

税收管理问题9个。开展纪检监察，强化税收权力运行监督。重新修订市国税局职权目录、权力运行流程图、廉政风险等级目录，排查重点岗位72个、风险点172个，提出风险防控措施178条；设置使用内控计算机2751台，监控点操作189万余次，阻断19983次，预警7393次，推送平台任务5537条；制作监管报告289份，监察报告248份；开展税务执法监察，专项执法监察基层国税局5个；延伸检查企业100余户，提出执法监察建议88条。做好信访案件办理，全年受理信访举报18件，立案8起，行政处分9人。

【纳税服务】 落实“便民办税春风行动”措施，推进《全国县级税务机关纳税服务规范》运行，并在全市办税服务厅推行自助办税服务，减少纳税人等候时间和办税成本，有效缓解办税服务厅工作压力。制定出台《办税服务厅绩效考评办法》，实现“考评指标数字化、考评过程自动化、考评分析智能化、考评结果科学化”，较好解决了平均主义大锅饭、制度落实不到位难题。以大企业服务为切入点，提升纳税服务质量。全年市国税系统结合纳税直评业务活动，帮助19家企业建立和完善企业税务风险内控制度，走访大企业46户，协调解决上安电厂、新兴药房、安瑞科气械等企业提出涉税诉求。2014年国家税务总局开展纳税人满意度调查，石家庄市国税系统位列全国省会城市第一名。

【税务稽查】 开展税收专项检查和区域整治，涉及纺织、煤炭铁精粉、地方商业银行、房地产及建筑安装、医药经销、出口退税等10类，查补收入7667.5万元，入库税款5682.06万元。加大督办案件处置力度，抽调稽查干部300余人次，查处闪电4号、吉林408、福建822、辽宁917、衡水715等国家税务总局和河北省国税局交办5个督办专案163件，均按要求限时办结。打击发票违法犯罪，联合公安部门端掉制售假发票窝点1个，查处违法案件340件，查获违法发票4.23万份，涉及金额20.25亿元，查补税款2.8亿元，移送司法机关22起。采取曝光方式，净化税收环境。2014年市国税系统利用报纸、门户网站、广播电视等媒体，公开曝光重大税收违法案件5起。至2014年底，全市国税稽查系统立案检查纳税人459户，组织企业自查1349户，查补税款9.26亿元，入库税款6.3亿元。

石家庄市国家税务局

局　长：孙玉山（1月免）
　　　　李军　（6月任）
副局长：袁西军（12月免）
　　　　张博
　　　　王建中（4月免）
　　　　杨丽芬（6月免）
　　　　刘国进（5月任）
　　　　赵建平（10月任）
　　　　高昆
纪检组长：赵建平（10月免）
　　　　　李剑峰（11月任）
总会计师：高国利
总经济师：郭绪明（10月任）

（魏胜凯）

地方税务

【概况】 2014年，市地税系统完成各项税费收入376.68亿元，同比增收17.77亿元，增长4.95%。其中，税收收入266.15亿元，同比增收9.74亿元，增长3.8%。2014年石家庄市地税收入位列全省第一。做好房产税税额、土地使用税地段等级和城建税适用税率调整，实现房产税9.6亿元，同比增收1.05亿元，增长12.3%；土地使用税15.39亿元，同比增收7.58亿元，增长96.9%。完善税户管理制度，新增税务登记40358户，同比增长25%。强化个人所得税征管，2014年年收入12万元以上自行纳税申报人数同比增加4717人，增长19%。严厉打击假发票买卖行为，查处发票违法466户，涉及发票1603份，罚款83万元。提高税收干部队伍素质，举办业务培训班14期，培训人员1206人次。制定《绩效管理特别加扣分规定》，推进绩效管理和标准化建设。开展党风廉政建设，组织人员到河北省女子监狱接受警示教育1次，明察暗访基层局25个、基层分局32个，受理信访件9件，处分2人，问责1人。开展文明创建活动，2014年市地税系统19个单位获评省级文明单位，3个基层地税局获得省级青年文明号称号。

表 51　2014 年石家庄市地税收入累计完成情况表

单位名称		金额（万元）	同比增加额（万元）	同比（±%）
区地税局	长安区地税局	437714	93488	27.16
	桥西区地税局	558819	206493	58.61
	新华区地税局	362216	38170	11.78
	裕华区地税局	269454	–51730	–16.11
	高新区地税局	173825	27329	18.66
	井陉矿区地税局	13937	–2769	–16.58
	藁城区地税局	113946	–16441	–12.61
	鹿泉区地税局	168389	26386	18.58
	栾城区地税局	60440	12782	26.82
	循环化工园区地税局	29378	29378	
	正定新区地税局	26316	9330	54.92
	小计	2214434	66777	3.11
县（市）地税局	正定县地税局	77709	1552	2.04
	行唐县地税局	21185	2427	12.94
	高邑县地税局	27004	5731	26.95
	深泽县地税局	20625	–1376	–6.25
	无极县地税局	25003	2041	8.88
	元氏县地税局	42121	4716	12.61
	赵县地税局	25503	2602	11.36
	井陉县地税局	40011	4009	11.13
	灵寿县地税局	16718	714	4.46
	赞皇县地税局	17435	2986	20.67
	平山县地税局	50144	–1968	–3.78
	晋州市地税局	49975	5473	12.30
	新乐市地税局	33603	1729	5.42
	小计	447036	30636	7.36
合计		2661470	97413	3.80

【税收征管】 梳理税收政策，从政策中寻找新税源。2014年石家庄市部分区划调整后，及时做好房产税税额、土地使用税地段等级和城建税适用税率调整，实现房产税9.6亿元，同比增收1.05亿元，增长12.3%；土地使用税15.39亿元，同比增收7.58亿元，增长96.9%。增强税收管理。完善税户管理制度，新增税务登记40358户，同比增长25%。强化个人所得税征管，2014年年收入12万元以上自行纳税申报人数同比增加4717人，增长19%。开展拉网式清查，重点清查区块结合部、交叉管理户、综合写字楼、综合性商业广场，共清理漏征漏管户6208户，查补税款1954万元。实施建安房地产项目税收清查，清理房地产项目145个，查补税款1.21亿元；完成土地增值税清算项目151个，清算税款5.02亿元，土地增值税同比增长23.3%。严抓税收稽查。开展小额贷款公司、担保公司、三年未查重点税源、地区特色产业等专项检查，查结497户，查补收入5107万元；集中办案力量查办大案要案，查处30万元以上大案要案84件，同比增长127%，查补收入1.53亿元，同比增长117%。实施综合治税。2014年市地税部门与市国税部门联合开展城建税信息比对，查补入库城建及附加税2149.7万元。市地税部门与市土地、房产等部门定期交换信息，实现耕地占用税5.71亿元，同比增收1.4亿元，增长32.6%；完成契税20亿元，同比增收1.85亿元，增长10.22%。与交管等部门合作，实现车船税5.39亿元，同比增收1.15亿元，增长27.24%。市地税部门与市社保等部门协作，首次在全省出台《社保费及规费业务规程》，实现社保费及规费收入110.48亿元，首次突破百亿元大关。开展发票打假行动。加大网络发票推广，新增网络发票纳税人4318户，同比增长173%。严厉打击假发票买方市场，查处发票违法用户466户，涉及发票1603份，罚款83万元。加强税收清欠收缴。逐户制定清欠计划，重点欠税欠费单位开展约谈和纳税评估，对欠缴税款200万元以上25户纳税人实施社会公告。至2014年底，市地税系统清理各项欠税欠费8021万元。

【税务执法】 加强税法宣传，利用微信、办税服务厅、各类媒体等途径，及时将税收信息传递纳税人。开展法律知识学习，组织法律知识考试，印发《行政执法手册》2000多册。邀请市地税局主要领导作“依法治国基本方略下如何做好地税工作”专题讲座。开展税收执法监察，综合检查税收执法单位8家，专项检查税收执法单位2家。2014年市地税系统立案查处涉税案1498件，涉税企业1498家，查补入库各类税款、滞纳金及罚款6.25亿元。立案查处1498家企业中，1491家企业不同程度存在涉税问题，主要涉及企业所得税、土地增值税、个人所得税、营业税和契税等税种。其中，100万元至500万元大要案19件，500万元至1000万元大要案2件。2014年市地税局获评石家庄市普法先进单位。

【纳税服务】 加快自助办税服务厅建设，2014市地税系统自助办税终端增至50余台。推广应用网上办税服务厅，全年受理网上办税业务申请204704笔，同比增长2倍，实现税务征缴“双减负”。集中采购显示器240台，实现办税服务厅每个业务窗口“一机双屏”。开展服务品牌创建活动，创立服务品牌25个，基本形成“一局一特色”格局。严格办理纳税服务投诉，全年受理服务投诉41件，投诉按期办结率和投诉人满意率均达100%。开展纳税人满意度调查，采取明察暗访及引入第三方机构方式，增强调查真实性。2014年市地税系统在第四次全国纳税人满意度调查中获得全国省会城市第2名，名次较上次前移8位。

石家庄市地方税务局

局　　长：马提福（10月免）
　　　　　李渊　（10月任）
副 局 长：徐国民（3月免）
　　　　　叶晓菊（10月免）
　　　　　陈震　（10月任）
　　　　　宋泽军　李亚
纪检组长：葛旭鸿
总经济师：钱建伦

（贾鸿　陈旭光）

海　关

【概况】 2014年，石家庄海关以“三控一化一重”（即风险防控、职能监控、现场自控，业务量化指标管理，对重点商品、重点地域、重点行业实施重点治理）为抓手，加强海关业务运行科学化、精细化管理，实现主要业务较快发展，执法评估连续8年处于深绿区域。综合治税取得成效，采取依法征管、拓源挖潜、应收尽收措施，在主要税源商品价格大幅下降情况下，超额完成国家海关总署下达税收任务。监管质量提高，成功切换新舱单和运输工具管理系统，各类监管指标均实现2位数增长。强化加工贸易手册和保税仓库监控，完善单耗管理，手册报核及时率、结案及时率均达100%。2014年石家庄海关（含辛集市）监管进出口货运量3.2亿吨，同比增长23.7%；监管进出口货值510.9亿美元，同比增长13.4%；进出口报关单9.9万份，同比增长26.5%；监管运输工具1.1万辆（艘），同比增长10.5%；监管集装箱15.6万箱次，同比增长28.2%；监管进出境人员42.4万人次，同比增长20.2%。备案电子化手册2262份；手册备案金额23.72亿美元，同比增长25.85%。侦办走私犯罪嫌疑案件12起，同比增长20%，案值1717.5万元；结案刑事案件12起，同比增长300%；立案调查行政案件155起，案值12065.5万元；结案行政案件172起，同比增长11.7%，案值18426.3万元；罚没收入412.95万元。全年实现税收入库419.15亿元，超出目标任务11.15亿元。2014年河北省累计完成进出口59882880千美元，同比增长9.1%。其中，出口35713420千美元，增长15.3%；进口24169462千美元，增长1%。2014年石家庄市累计完成进出口14302559千美元，同比增长2.2%，进出口总值位居全省第二位，次于唐山市。其中，出口7789968美元，增长9.4%；进口6512592美元，下降5.3%。8月19日，恩妮电子商务有限公司在石家庄海关获得注册登记证书。这是8月1日国家海关总署对跨境贸易电子商务进出境货物、物品实施监管后，河北省在海关办理注册登记的首家电子商务类企业。2014年石家庄海关获评第四届国家级文明单位，连续两年获评省级文明单位。

表52　2014年1—12月石家庄市进出口总值统计表

时间	累计总值（千美元）			比2013年同期（±%）		
	进出口	出口	进口	进出口	出口	进口
1月	1414229	725233	688996	38	27.7	50.9
2月	2280153	1047138	1233015	18.7	1.7	38.3
3月	3421211	1604324	1816888	12.2	5.7	18.5
4月	4668465	2258241	2410225	11.5	9.6	13.5
5月	5803062	2899504	2903558	4.7	7.4	2
6月	6936122	3521582	3414540	4.9	8.2	1.6
7月	8142686	4252336	3890351	4.2	9	-0.6
8月	9340843	4985340	4355503	3.5	8.7	-1.8
9月	10776942	5778255	4998687	4.6	11.2	-2.1
10月	12037265	6518794	5518472	4.3	11	-2.8
11月	12983740	7128973	5854768	1.2	9	-6.9
12月	14302559	7789968	6512592	2.2	9.4	-5.3

表 53　　2014 年河北省各市进出口总值统计表

区域	累计总值（千美元）			比 2013 年同期（±%）		
	进出口	出口	进口	进出口	出口	进口
河北省合计	59882880	35713420	24169462	9.1	15.3	1
石家庄市	14302559	7789968	6512592	2.2	9.4	-5.3
唐山市	16762141	8774931	7987210	3.2	56.4	13.2
秦皇岛市	4312759	2853790	1458969	-1.4	18	-25.4
邯郸市	3574212	1656487	1917725	-0.9	21.2	-14.4
邢台市	2075617	1560005	515612	13.3	29	-17.3
保定市	5622097	4265870	1356226	2.3	-2.2	19.7
张家口市	521451	349790	171662	34.4	8.8	158.9
承德市	645394	521647	123746	152.3	126.7	381.3
沧州市	3103849	2342035	761814	20.8	12.7	55.1
廊坊市	5294644	2465543	2829101	-10.3	-18.8	-1.4
衡水市	3668064	3133354	534710	-3.1	-2.4	-7.4

【海关服务】 创新海关服务举措，落实《支持河北外贸稳定增长的 20 项措施》。推进国家进出口税收优惠政策落地，支持科学研究和技术开发、重大技术装备、关键零部件、工艺优化、节能环保等紧缺技术、资源、产品进口和经济社会发展重点项目及地方特色项目建设。做好预归类、预审价和原产地预确定工作，优化海关审批手续，加快减免税项目备案及审批办理速度，确保企业及时享受国家税收优惠政策。2014 年石家庄海关办理《进出口货物征免税证明》1757 份，同比增长 26.13%；审批货值 7.42 亿美元，同比增长 6.61%；减免税款 6.52 亿元，同比增长 17.06%。贯彻落实《国务院关于海关特殊监管区域科学发展的指导意见》，按照“布局合理、规范建设、科学发展”目标，支持省内海关特殊监管区域设立和运营。2014 年 5 月，曹妃甸综合保税区正式运行；9 月 15 日石家庄综合保税区、10 月 13 日武安保税物流中心分别获得国务院批复设立；2014 年黄骅港综合保税区、京唐港保税物流中心正在申报。调整完善河北省保税仓库布局规划，新审批保税仓库 5 家，出口监管仓库 2 家。加强外贸统计分析和监测预警，开展全省外经贸运行基本状况、主要特点和发展趋势的前瞻性、预警性研究，专题调研分析区域性外贸情况、传统优势产品及特色商品。定期向河北省委省政府提供详实准确的外贸统计分析报告，及时反映进出口动态变化情况和国家政策措施实施效果。2014 年石家庄海关报送各类统计分析文章 120 余篇，其中《2013 年河北省外贸质量与效益分析》、《在京津冀一体化中实现河北省加工贸易转型升级》得到省长张庆伟等领导肯定批示。加强“12360”海关服务热线建设，全年受理咨询电话 5500 余个，服务质量满意度、答复满意度均达 100%。

【通关环境建设】 服务京津冀协同发展战略，推进京津冀海关区域通关一体化改革，实现京津冀三地海关按照商品和行业分工审单作业模式。9 月 22 日，京津冀通关一体化作业模式正式启用，业务运行平稳，监管货运量增加，报关单数量增长 27.9%；通关效率提升，河北省企业通过天津海运口岸进出口货物平均通关时间缩短 3 个工作日，节省国际物流费用近 20%。推广复制上海自贸区监管创新制度，研究创新制度 14 项；按照“引进、吸收、消化、再创新”要求，2014 年 9 月，将“货物流转自行运输”、“统一进出境备案清单”、“批次进出、集中申报”、“简化无纸通关随附单证”、“集中汇总征税”5项制度在关区复制推广，初步形成简政集约、智能驱动、风险可控、便利高效的新型监管服务模式。2014年超过50家企业在石家庄海关享受到新型监管制度带来便利，减少运营成本近10万元。提高贸易便利化水平，将通关无纸化改革拓展至关区所有业务现场，“属地申报、口岸验放”模式适用范围扩大至所有B类生产型企业，“属地申报、属地放行”适用企业扩大至A类以上经营单位和B类以上申报单位，受惠企业达到9000余家。将关检合作“三个一”工作列为一把手工程，加强与河北出入境检验检疫局沟通协调和落实。10月24日，“三个一”作业模式正式启动；12月25日，关区所有业务现场推广完成。加强企业信用管理，上调符合条件企业管理类别，新评定AA类企业40家，AA类企业增至85家，A类企业增至542家。落实分类分流查验作业要求，经营单位为AA类且申报单位为B类以上企业进出口货物，实施较低随机抽查率，履行7×24小时预约通关承诺，确保进出口货物全天候、无障碍通关。

（尹志永　侯振辉）

【企业信用认证管理】 2014年12日，石家庄海关召开《中华人民共和国海关企业信用管理暂行办法》推介会，向15家新评定高级认证企业授牌，并确定原70家AA类企业自动过渡为高级认证企业。至2014年末，河北高级认证企业达到85家，其中，驻石家庄企业38家。新办法与原来管理办法相比，取消上一年度进出口值、报关单票数等企业规模限制；取消注册登记满一年方能申请上调时间限制；取消逐级上调过程限制，企业可根据自身实际情况越级上调。根据新分类办法，原AA类企业自动过渡为高级认证企业，A类企业过渡为一般认证企业，B类企业过渡为一般信用企业，C类、D类企业需按照新办法重新认定企业信用等级。新办法率先建立信用信息采集和公示制度，在企业信用信息公示平台，实时向社会公众公示企业除涉及个人隐私和商业秘密的信息。

【石家庄出入境检验检疫局成立】 2014年12月，经中央机构编制委员会办公室批准，石家庄出入境检验检疫局正式成立。主要任务：依法实施石家庄地区22个县（区）出入境卫生检疫、动植物检疫、商品检验、鉴定、认证认可和监督管理等工作。该局前身河北检验检疫局石家庄办事处于2012年7月6日由国家质检总局批复设立，隶属河北出入境检验检疫局管理，2013年7月1日正式挂牌成立，自成立起，检验检疫出入境货物14454批、货值13.2亿美元；签发各类证单20929份，产地证52828份，涉及金额236802.37万美元，为石家庄地区出口产品减免进口国关税6.12亿元；免收检验检疫费607.79万元。

（焦莉莉）

【反走私综合治理】 加强反走私综合治理组织领导，召开打击走私工作会议，严密部署反走私行动。落实风险防范措施，发挥三级风险防控体系作用，取得风险布控效果水平好于全国海关平均水平。优化稽查差别化作业模式，强化后续监管。2014年石家庄海关稽查企业367家，稽查补税3011万元，稽查有效率18%。严厉查处走私案件，成功侦破“4·17武器弹药走私案”，抓获犯罪嫌疑人9名，缴获非军用枪支30支、仿真枪33支。加强毒品走私堵源截流，抓获外籍犯罪嫌疑人3名，查获海洛因、可卡因等近300克。巩固“绿篱”行动成果，立案侦办2起冒用他人许可证走私进口固体废物案件，查获涉案废塑料800余吨。开展“守卫者”行动，查获象牙及其制品24.6千克。

石家庄海关

关　　长：连文生
副 关 长：杨春杰（4月免）
　　　　　吴长有（6月免）
　　　　　刘勇军（9月任）
　　　　　张衡
　　　　　吕大良（9月任）
纪检组长：武书明

（尹志永　侯振辉）

统 计

【概况】 2014年，全市统计系统围绕“调结构、转方式、促发展、惠民生”目标任务，以“搞好运行调度、强化重点监测、开展地方统计、拓展普查调查、构建大数据平台”为重点，以机关工作标准化建设为抓手，全面构建开放型、服务型、创新型统计管理体系建设。统计工作实现五个重要转变：从单纯抓数字数据到抓宏观经济运行统筹调度转变，各市直部门共同对全市经济和社会发展指标、进度开展平衡、分析，及时预测预警预报，为市委市政府准确研判和推动工作提供重要依据；从单纯抓统计汇总到强化重点监测转变，建立新型城镇化建设、小康社会建设、农业产业化、战略性新兴产业统计等监测体系和评估制度，开展实证分析，推动重点领域发展；从单纯按国家制度统计到强化地方和部门统计转变，及时、全面摸清全市各类经济主体运行情况和特点，为培育新的增长点服务；从惯例性普查向专业化社会调查转变，以石家庄市在全国第三次经济普查海量数据为基础，编研五年间全市经济和社会发展报告，启动健康调查和农村调查，建立创新发展“石家庄样本”；从传统型统计向大数据统计转变，树立大数据思维，启动“石家庄大数据平台”建设，建立权威性、专业性、广覆盖“数据超市”，为决策者、管理者、经营者和公众服务。加强统计执法，制定《石家庄市“统计执法年”活动实施方案》，建立部门联动、重点单位管控、联合办案和案件移送、监督举报、约谈、通报曝光、督导整改、办案回访8项工作制度，推进全员执法、网上执法、联合执法行动。开展投资专业和服务业统计专项检查，规范和提升数据质量。2014年全市统计执法检查单位8842家，警告16起，通报批评10起。推进基层基础建设，2014年全市将未达到省标99个乡（镇、街道）全部列入整改升级范围，从制度、资金、培训等给予帮扶。深化统计体制改革，2014年石家庄市所辖3个县（市）纳入统计单位垂直管理。2014年市统计局被国务院第三次全国经济普查领导小组表彰为“第三次全国经济普查先进集体”，被石家庄市政府记集体二等功1次；被河北省统计局授予“河北省统计系统文明单位”；被市法制宣传教育领导小组评为“普法先进集体”。

【第三次全国经济普查】 第三次全国经济普查主要目的是调查了解第二产业和第三产业发展规模及布局，了解产业组织、产业结构、产业技术的现状及各生产要素构成，查实服务业、战略性新兴产业和小微企业发展状况，摸清各类单位基本情况，更新覆盖国民经济各行业基本单位名录库、基础信息数据库和统计电子地理信息系统。普查标准时间为2013年12月31日。2014年12月16日，第三次全国经济普查结果公布。石家庄市开展第三次全国经济普查，全市统计登记单位9.98万个，比第二次全国经济普查增加108.8%，其中，第二产业单位增加4661个，增长30.4%；第三产业单位增加42221个，增长130.1%；登记个体经营户46.1万户，增长28%。普查登记单位总量和增量位列全省第一。以第三次全国经济普查数据为依据，结合2014年度统计数据，市统计部门与中国人民大学合作编撰《2009年—2013年石家庄市国民经济和社会发展的报告》。12月25日，石家庄市政府通报给予市统计局记集体二等功1次。12月26日，在第三次全国经济普查总结表彰会上，石家庄市被授予第三次全国经济普查先进集体。

【宏观经济运行统计】 印发《进一步加强统计监测工作的意见》（石政发〔2014〕6号），发挥运行监测、统计分析、预警预测、发展导向、信息服务五大功能。建立市直各职能部门共同参与运行监测联席会制度，市统计部门会同市发展改革、工业和信息化、税务、交通运输、农业等35个部门，开展每月数据前期预测、中期预警、确定前预报，出具统计监测报告，全面反映指标完成情况、横向对比情况，及时开展行业分析、区域分析、重点专题分析，引起市领导和各部门关注，为准确研判经济社会形势、促进各项工作发挥作用。

【经济社会发展监测】 拓展统计新领域，谋划实施制造业战略性新兴产业、高新技术产业、现代服务业、现代农业、粮食抽样和城乡居民收入、新型城镇化、重点投资项目等领域监测。2014 年市统计部门重点监测制造业战略性新兴产业中的生物医药、高端装备制造、新一代电子信息、新能源、新材料等行业，现代服务业中的电子商务、物流、会展、服务外包、文化服务等行业，现代农业中的都市休闲观光农业、土地流转、农村人口转化等，新型城镇化中的经济发展、社会发展、居民生活、城镇聚集、城镇建设、生态环境等，重点投资项目的投资规模、投资结构、投资进度、经济效益、财税贡献、创新能力、就业拉动力等指标体系，以科学监测数据全面衡量经济社会发展质量和水平。开展全面建设小康社会监测，承担河北省唯一重大统计科研课题——《河北省市县全面建成小康社会监测体系设计应用研究》，组织全市县级小康统计监测现场核查，探索市区小康实现程度测算。

【智慧城市大数据平台建设】 根据《关于进一步加强统计监测工作的意见》(石政发(2014)6 号) 要求，按照“统一标准、统筹规划、面向社会、信息共享”原则和“面向党委和政府决策、面向部门和行业管理、面向企业和市场经营、面向公众和公共服务”功能定位，应用大数据技术，自主设计、开发、建设融数据查询、应用、分析、咨询为一体数据体系，整合全市各部门经济、社会、人口、资源、环境等数据信息，实现统计、发展改革、工商、税务、质监、建设、商务、工业和信息化等经济监督管理部门数据信息互联互通、信息共享。邀请西安、杭州、成都等国内 14 个省会城市交流介绍大数据平台开发经验，到北京、天津、杭州、南京等城市借鉴学习宏观库、数据库建设成果，形成“以强化数据采集分析为核心优势”建设思路。开展需求调查，确定指标群，明确非结构性数据抓取交易方式，完成数据字典库制定；优选大数据平台开发方案，举办项目建设咨询论证，完成以数据直报为主要功能一期开发，成为首个全国建成政府大数据采集分析平台并直接面向企业单位城市。2014 年 12 月，由市政府主导，首次应用全市大数据平台开始服务业企业基本数据直报，开展全市服务业总量、结构、行业增长和企业发展情况摸底。

【统计服务】 以服务型统计为抓手，扩大统计数据公开范围，细化公开内容。2014 年市统计部门在政府信息公开平台发布统计公报、统计公告、月季年度主要经济指标、工作信息等政府信息 33 篇；在《石家庄日报》2 次开辟专版，解读统计重点工作，发布重要统计信息。制作发布《石家庄统计海报》，开通“统计移动秘书”，定期发布电子月报，提升信息公开内容时效性和广泛性。开展社会安全感调查、居民社区服务调查、组织工作满意度调查、井陉矿区资源枯竭型城市转型调查等社情民意调查，了解各阶层群众呼声、诉求、意见和看法，撰写社情民意专项调查分析报告。2014 年市统计部门调研工业企业 100 家、服务业企业 50 家，在调研基础上，提出提高企业市场竞争力和市场占有率具体对策及政府支持企业具体措施；还牵头市直部门组成第一产业、第二产业、第三产业 3 个综合调研组，共同谋划经济发展“挖潜账”。设计改版市统计局对外网站，规范政务微博等信息公开平台。推进财政资金信息公开，2014 年市统计局依据《石家庄市财政局关于深入推进预决算公开工作的通知》(石财预〔2014〕11 号) 要求，在政府门户网站公开《石家庄市统计局 2014 年度部门预算及“三公”经费预算安排表》和《2013 年度部门收入支出决算表》，详细公示行政运行、一般行政管理事务、统计信息、专项统计业务、统计管理、专项普查活动、统计抽样调查、其他统计信息事务支出等。

（赵进军）

审　计

【概况】 2014年，全市审计系统完成审计单位244个，经济责任审计56人，查出违规金额35.85亿元，管理不规范金额381.45亿元，应上缴财政10.82亿元，实际上缴财政3.45亿元，应归还原渠道7.3亿元，应调账处理197.23亿元，移送纪检、司法机关或其他部门处理事项26件，涉及4人。2014年市级审计部门完成审计单位57个，经济责任审计17人，查出违规金额18.11亿元，管理不规范金额288.23亿元，应上缴财政4.62亿元，实际上缴财政2.72亿元，应归还原渠道6.6亿元，应调账处理154.25亿元，移送纪检、司法机关或其他部门违纪事项26件，涉及4人。2014年市审计局对河北省保定市涞源县财政决算审计、对石家庄市新华区科技专项资金审计获评河北省优秀审计项目。2014年市审计局、正定县审计局、元氏县审计局获评河北省审计先进单位，3人获评河北省审计先进工作者；市审计局获评市级文明单位、依法行政先进单位和普法先进单位。

【国家审计项目】 2014年市审计部门参加国家审计署组织审计项目主要有2项。2014年8～11月，国家审计署在全国范围内组织开展土地出让收支和耕地保护情况审计。根据统一安排部署，市审计部门集中市县两级审计力量157人，对唐山市、邢台市及相关县（市、区）区土地出让收支和耕地保护情况开展审计，并协调做好上级审计部门对石家庄市审计。配合国家审计署对市本级稳增长促改革调结构惠民生等政策措施落实情况跟踪审计，组织21个县（市、区）审计部门开展所在辖区跟踪审计，经校验、汇总上报河北省审计厅和国家审计署。2014年市审计局编写“跟踪审计报告撰写指导意见”在河北省推广。

2014年2月28日，市长王亮（主席台左二）出席全市审计工作会议

【财政审计】 创新审计思路，侧重政策热点，将政府关心、人大机关关注问题作为审计重点，将“三公经费”作为审计重要内容，将财政审计与税收征管审计、绩效审计和政府投资审计等审计形式相结合，丰富财政审计广度和深度。2014年全市审计系统完成103个单位预算执行审计、29个单位财政决算审计，查出主要问题资金277.36亿元。其中，市级审计部门完成13个单位预算执行审计、2个单位财政决算审计，查出主要问题资金169.19亿元，移交审计问题事项9件，移交问题人员4人。重点审计7类专项资金管理使用情况、9个政府投资项目建设情况。2014年底，市审计局代表市政府向市人民代表大会所作预算执行审计专题报告和审计整改专题报告，通过审议并得到市人大委员高度评价。

【经济责任审计】 适应新形势需要，调整经济责任审计领导小组、联席会议和联席会议办公室，增加市委廉洁自律办公室主任为经济责任审计领导小组成员，增加市委机构编制委员会办公室为联席会议成员单位。加强经济责任审计工作指导，健全充实各县（市、区）区经济责任审计领导小组和联席会议协调机构，新华区、深泽县成立专门经济责任审计机构。2014 年全市审计部门共对 56 名领导干部进行经济责任审计，查出问题资金 17.34 亿元。其中，市级审计部门对 17 名领导干部进行经济责任审计，查出问题资金 16.83 亿元，移送审计问题事项 3 件；市审计部门撰写对市商务局、环保局、房管局、公交总公司、住建集团、住房公积金中心等 28 位领导干部经济责任审计结果报告引起省委常委、市委书记孙瑞彬，市委副书记司存喜，市纪委书记刘明轩等市领导重视。

【投资审计】 探索建立委托社会中介机构参与投资审计业务核查机制，落实“五步管控法”，顺利完成轨道交通建设资金、裕华路拓宽改造项目、滹沱河整治、石环公路等 10 个重点工程投资审计。行唐县、新华区政府出台加强投资建设项目审计办法和意见，鹿泉区审计局在投资审计中采用多部门联合办公审计新模式被河北省审计厅在全省推广。2014 年全市审计部门完成政府投资建设工程审计 16 个，审计总投资额 184 亿元，核减工程款 6723 万元，移送问题事项 12 件。发挥审计职能作用，完成河北省审计厅交办 5 个亚洲开发银行贷款审计项目和省巡视组交办“两区一局”（循环化工园区、高新技术开发区、西柏坡管理局）审计任务，移送审计问题事项 2 件。市委交办格力空调专项资金审计和市政府交办垃圾处理厂、碳素企业审计调查完成。协助市发改委、财政局、国资委做好中央巡视组整改落实检查。

【民生审计】 2014 年市审计部门完成专项资金审计项目 12 个，延伸审计 35 个单位，审计专项资金总额 184.44 亿，查出问题资金 99.02 亿元。市级审计部门对廉租住房项目、老年公寓、校安工程、流浪乞讨人员救助经费、市红十字会 2013 年度捐赠款物 5 个项目开展专项审计，延伸审计 35 个单位，查出问题资金 98.08 亿。配合市纪委开展“三公经费”审计，审计检查医保基金和新型农村合作医疗基金。

【审计质量管理】 落实审计项目工作进度考核通报制度，开展审计业务质量检查，严格一对一点评抽查案卷和网上通报检查结果要求。规范审计程序，明确审计重点，召开审理工作会和审计项目业务会。2014 年市审计部门推行标准化管理，形成标准化体系文件 7 本，其中具体流程 64 项、规章制度 74 项，涵盖所有审计业务和行政管理工作，总计字数 28 万字，并通过中国质量中心河北评审中心外部审核。推进审计信息化建设，对接上级审计部门“金审三期工程”，改版市审计部门对外网站，开辟重点领域政府信息公开专栏，公开预算执行审计情况和“三公经费”内容。提升审计工作透明度和公众监督参与度，向社会发布征求审计项目意见或建议公告。2014 年市审计系统 89 个审计项目 238 套账务实施 AO 数据采集、转换或整理、分析，多次利用统一项目管理平台开展大项目审计，审计质量和效率大幅提高。

（周雨秀）

质量技术监督

【概况】 2014 年，市质量技术监督部门（简称质监部门）将电梯安全管理法规纳入立法计划，组织起草《石家庄市电梯安全监督管理办法》，明确电梯生产经营、采购、维修保养、使用管理、检验检测、监督管理等责任和义务，完成 5 次修改及意见征求工作。9 月 3 日，市政府印发《关于贯彻落实计量发展规划(2013—2020 年)的实施意见》，提出 2013～2020 年石家庄市计量发展总体要求、发展目标、主要任务和政策措施，确定计量科技创新、计量服务能力、计量监管体系 3 个方面 14 项发展目标。开展特种设备安全专项治理，梳理制定 10 条整治措施，检查企业 3690 家、设备 13827 台，消除设备隐患 1170 个，未发生因安全监察检验职责履行不到位引发重大以上特种设备安全事故。加强质量监督检查，全年完成工业产品质量监督抽查 656 批次，督促整改食品生产企业 12 家，年度自查工业产品获证企业 463 家。贯彻落实河北省《工业和民用燃料》(DB13/2081—2014) 地方标准，筹建煤炭质量检测站8个，检测煤炭2619批次；验收型煤生产企业10个；省级监督抽查市内车用燃料生产企业1家和油料配送中心7个，市级监督抽查民用采暖炉35批次。推进实施机动车安检机构分类监管，与公安交通管理部门联合发布30家安检机构信息，存在问题3家安检机构作出停业整顿处理。加强实验室日常监管，率先在全省组织实验室飞行检查，帮扶实验室15家，其中2家获得河北省服务名牌称号。至2014年底，全市质监系统查处违法案件1863起，涉及违法产品货值金额1974万元，检查区域性产品生产企业667家，责令整改不符合生产条件企业90家。拓展检验检测范围，市纤维检验所首次独立承担入库棉公证检验，实现从辖区走向跨区域参加棉花公证检验历史性突破，创造单日取样76个批次5600吨工作纪录。2014年市质监系统申报科技项目5项，其中，市纤维检验所承担的“丝瓜络纤维物理性能的研究”项目结题；井陉县“钙镁化工产品检验”列为2014年度国家质检总局技改技装项目；新乐市“热能表检定装置”列为2015年国家质检总局储备项目。高邑县与石家庄学院合作攻关《陶瓷砖复合纳米抗菌粉体应用及检测》项目、晋州市纤维素检验项目获得批准立项。实施质量兴市战略，72家名牌产品生产企业实行“首席质量官制度”；83家企业推广卓越绩效管理模式；12项产品列入新增省名牌评价目录，61项产品获得河北省名牌产品称号，涵盖水表、柴油机、智能电能表、机动车检测线设备、潜水泵等行业；2家企业和3名个人获授2014年河北省政府质量奖。推进地理标志产品保护，晋州市、新乐市、赞皇县完成《中国地理标志大典》资料修改编撰，3个产品载入河北卷。2014年市质监系统26项标准办理《采用国际标准认可证书》，26项产品办理《采用国际标准产品标志证书》，企业产品标准备案681项；11项地方标准立项入选省级地方标准制修订项目；完成省级地方标准审定10项、市级农业地方标准审定5项；8家企业入选省级标准化良好行为企业试点，6家单位入选省级服务业标准化试点单位。2014年全市质监系统在河北省质监系统目标考核中，获得目标任务综合考核第一名，13项分项考核全部进入前5名，其中，7项位列第一名，3项位列第二名，1项位列第3名。

【质量兴市战略】 制定《石家庄市质量兴市和名牌战略工作绩效考核评价办法(试行)》，举办“石家庄市推进质量兴市工作会议暨质量月启动仪式”，开展各县(市、区)政府质量兴市和名牌战略工作绩效考核评价，鹿泉区、桥西区、井陉县、晋州市、平山县质量兴市和名牌战略工作绩效考核评价位列前5名。2014年全市72家名牌产品生产企业实行“首席质量官制度”；83家企业采用卓越绩效管理模式；12项产品列入新增省名牌评价目录，新增省名牌产品61项、省优质产品33项，培育省服务名牌12家、省质量效益型企业13家。至2014年末，全市共有名牌产品197项，数量位居河北省第一。2014年石家庄市君乐宝乳业有限公司、神威药业集团有限公司2家企业获授河北省政府质量奖组织奖；河北农哈哈机械集团有限公司董事长张焕民、东旭集团有限公司董事长李兆廷、藁城宫灯研制开发中心有限公司董事长张凤军3人获授河北省政府质量奖个人奖。

表54　2014石家庄市新增名牌产品情况一览表

序号	注册商标	产品名称	生产企业
1	冀腾	水表	石家庄丰源仪表有限公司
2	农哈哈	播种机	河北农哈哈机械集团有限公司
3	华柴	柴油机	河北华北柴油机有限责任公司
4	KE	智能电能表	石家庄科林电气股份有限公司
5	石工泵	渣浆泵	石家庄工业泵厂有限公司

（续表）

序号	注册商标	产品名称	生产企业
6	华燕	机动车检测线设备	石家庄华燕交通科技有限公司
7	BNDNY	地（水）源热泵机组	河北博纳德能源科技有限公司
8	华潜	潜水泵	晋州市水泵厂
9	东方久乐 EASTJOYLONG	汽车零部件	东方久乐汽车安全气囊有限公司
10	石煤	随车起重运输车及随车起重机	石家庄煤矿机械有限责任公司
11	晓进机械	灌装封口设备	河北晓进机械制造股份有限公司
12	HZ	滚动轴承	河北华和轴承制造有限公司
13	富强	泡塑机械	新乐华宝塑料机械有限公司
14	众诺	自走式玉米收获机	河北华昌机械设备有限公司
15	石域	工业锅炉	河北石域锅炉制造有限公司
16	HS	铸造生铁	藁城市宏森熔炼铸造有限公司
17	石钢	圆钢	石家庄钢铁有限责任公司
18	河冶	高速工具钢	河冶科技股份有限公司
19	新星	炭黑	石家庄市新星化炭有限公司
20	德赛利	碳酸钙	石家庄市三兴钙业有限公司
21	立信	碳酸钙	河北立信化工有限公司
22	华博	碳酸钙	河北华博精细化工有限公司
23	晨虹	碳酸钙	石家庄市苍山钙业有限公司
24	HAORI	碳酸钙	石家庄市红日钙业有限公司
25	燕古峰	碳酸钙	石家庄市红星钙业有限公司
26	诚信	三聚氯氰、丙二酸二甲酯	河北诚信有限责任公司
27	神威	藿香正气软胶囊	神威药业集团有限公司
28	石药	阿莫西林胶囊	石药集团中诺药业（石家庄）有限公司
29	华北	阿莫西林胶囊	华北制药股份有限公司
30	以岭	通心络胶囊	石家庄以岭药业股份有限公司
31	华北	阿莫西林	华北制药集团先泰药业有限公司
32	3554	运动休闲鞋	河北三五五四鞋业有限公司
33	名世锦簇	阻燃染色布	河北名世锦簇纺织有限公司
34	吉丽达	装饰用织物	深泽县吉丽达布艺绣品厂
35	唯帅	西裤	河北唯帅服饰有限公司
36	松鼠	高支高密纯棉胚布	石家庄常山纺织股份有限公司
37	米莎贝尔	烘烤食品	石家庄市米莎贝尔饮食食品有限公司
38	建刚	烘烤食品	河北马家麦坊食品有限公司
39	梦洁	电热毯	石家庄梦洁实业有限公司

（续表）

序号	注册商标	产品名称	生产企业
40	望峰	电热毯	石家庄市望峰电器有限公司
41	长城	电热毯	河北东方长城电器股份有限公司
42	TOSOT	电风扇	石家庄格力电器小家电有限公司
43	宝石克拉	聚乙烯缠绕B型结构壁管	石家庄宝石克拉大径塑管有限公司
44	FENGHUI	塑料型材	河北丰辉型材有限公司
45	图形	建筑陶瓷	高邑县力马建陶有限公司
46	文生	门窗（铝合金、塑料）	石家庄市文生门业装饰有限公司
47	图形	门窗（铝合金、塑料）	石家庄盛和建筑装饰有限公司
48	肯特	纸面石膏板	晋州市红日板业有限公司
49	GK	聚羧酸高性能减水剂	石家庄市长安育才建材有限公司
50	谷家	蔬菜	鹿泉市谷家香椿专业合作社
51	潴龍河	蔬菜	元氏县丰兆养殖种植专业合作社
52	冀金农龙	蔬菜	晋州金农龙农业种植服务专业合作社
53	冀金农龙	无公害甜玉米	晋州金农龙农业种植服务专业合作社
54	康态	中华鳖	河北康态中华鳖良种有限公司
55	寿元	中华鳖	深泽县天成甲鱼养殖专业合作社
56	新征	饲料（配合饲料、浓缩饲料）	河北新征饲料有限公司
57	鑫实	饲料（浓缩饲料）	石家庄博瑞正诚饲料有限公司
58	极峰	饲料（配合饲料）	石家庄曙光农牧业发展有限公司
59	广威	饲料（配合饲料）	石家庄广威农牧有限公司
60	紫藤	葡萄	石家庄紫藤农业技术开发有限公司
61	裕龙、思农	梨	河北鲜鲜农产有限公司

【计量发展规划】 9月3日，市政府印发《关于贯彻落实计量发展规划（2013—2020年）的实施意见》（石政发〔2014〕38号）。主要内容包括：提出2013～2020年石家庄市计量发展总体要求、发展目标、主要任务和政策措施，确定计量科技创新、计量服务能力、计量监管体系3个方面14项发展目标。计量科技创新，到2020年，全市完成满足产业发展需要计量标准、计量测试技术等计量科技成果10项；建立、更新县级社会公用计量标准50项以上；县级法定计量检定机构专业技术人员比例达到50%以上。计量服务能力，到2020年，逐步实行免费检定集贸市场用衡器、社区和乡（镇）公益性医疗卫生机构医用计量器具及城乡居民送检家用水表、电能表、血压计等民生计量器具；帮扶计量器具制造企业创建省名牌产品3项以上，争创省市政府质量奖1～2项；推进重点用能单位能源资源计量数据实时、在线采集；乡（镇）一级设置计量公益岗位。计量监管体系，到2020年，国家重点管理计量器具受检率达到95%以上；定量包装商品净含量抽样合格率达到95%以上；社区和乡（镇）公益性医疗卫生机构医用计量器具受检率达到95%以上；引导培育诚信计量示范单位600家以上，诚信计量体系基本形成；健全菜市场计量器具统配统管制度；重点用能单位能源计量器具配备率全部达到国家强制性标准要求。

【特种设备监管】 实施特种设备安全专项治理，梳理制定10条整治措施。开展特种设备安全大检查活动，检查企业3690家、设备13827台，消除设备隐患1170个。2014年检验赵县、藁城区、晋州市1395个冷库4888台压力容器、31千米压力管道，无极县203台皮革用锅炉设施。将电梯安全管理法规纳入政府立法计划，起草《石家庄市电梯安全监督管理办法》，征集电梯安全管理部门、使用单位、生产单位、维护保养单位、法律专家意见，完成5次修改及意见征求工作。完善特种设备综合业务管理系统，提高安全监察效率。2014年全市特种设备注册办证率、重点监控单位现场检查率、重点监控设备现场检查率及检验率达到100%，特种设备使用单位现场检查率达到92%，未发生因安全监察检验职责履行不到位引发重大以上特种设备安全事故。

【质量安全管理】 2014年市质监系统查处质量违法案件1863起，涉及违法产品货值金额1974万元，检查区域性产品生产企业667家，责令整改不符合生产条件企业90家。做好强制性认证和自愿性认证工作，重点检查100家强制性产品认证企业、70家质量管理体系认证企业、110家环境管理体系认证企业、12家有机产品生产企业，督促和帮助企业提升产品质量、工程质量及服务质量。加强生产流通领域认证有效性监管，协助企业建立强制性产品认证风险信息预警制度，及时分析处理风险预警信息；严厉打击未经认证实施生产、销售或在经营活动中使用行为及伪造、冒用认证证书和认证标志，查处2家存在强制性认证生产企业违法行为，维护消费者和获证企业合法权益。建立诚信经营公示制度，367家重点产品生产企业悬挂诚信经营公示牌。推进地理标志产品保护，指导晋州市、新乐市、赞皇县完成《中国地理标志大典》资料修改编撰，3个产品载入河北卷。加强产品质量监管，全年完成工业产品监督抽查656批次，质量抽查不合格企业全部得到有效处理。2014年全市工业产品质量总体水平保持一等品之上，产品质量等级品率为80.41%，同比小幅上升0.02个百分点。整改食品生产问题企业12家，年度自查工业产品获证企业463家。推进实施机动车安检机构分类监管，与公安交通管理部门联合发布30家安检机构信息，存在问题3家安检机构作出停业整顿处理。加强实验室日常监管，率先在全省组织实验室飞行检查，帮扶实验室15家，其中2家获得河北省服务名牌称号。严格计量监督检查，全年检查集贸市场89家、商场超市52家、餐饮企业216家、加油站（加气站）176家，检查各类计量器具7680余台，强制检查计量器具周检合格率达到95%以上；查处计量违法案件26起，没收违法计量器具27台（件）；检查61家居民小区水表、电表、燃气表、热量表检定情况，首检率达到100%。提升实验室检测能力和水平，开展实验室自查、巡查管理活动，及时约谈存在问题实验室负责人。至2014年底，全市建有检测实验室224家，覆盖建设工程、环境和空气质量、机动车检测、卫生防疫、质量检验、消防等国民经济建设多个领域。其中，建筑工程71家、卫生防疫22家、环境和空气质量24家、质量检验机构17家、机动车检测58家、消防工程检测9家、其他检测机构23家。贯彻落实河北省《工业和民用燃料（DB13/2081—2014）》地方标准，筹建煤炭质量检测站8个，检测煤炭2619批次；验收型煤生产企业10个；省级监督抽查市内车用燃料生产企业1家和油料配送中心7个，市级监督抽查民用采暖炉35批次。拓展检验检测范围，市纤维检验所首次独立承担入库棉公证检验，实现从辖区走向跨区域参加棉花公证检验历史性突破，顺利完成河北省望都棉库7500吨和新疆入库棉11.37万吨及河北省高阳、曲周棉库41600吨出库棉取样和检验任务，创造单日取样76个批次5600吨工作纪录。

【标准化建设】 围绕工业、农业、旅游、服务等行业，开展标准制修订、标准化试点建设等。至2014年底，全市拥有批量生产企业5425家，产品品种6292种，其中，新增产品30种，执行产品标准总数6201项，标准覆盖率达98.6%。2014年全市质监系统办理企业产品标准备案681项，市本级备案企业产品标准394项，备案产品主要涉及化工、农业、建材、机械、轻工等行业，有效期内备案标准累计达到2414项。22家企业26项标准办理《采用国际标准认可证书》，26项产品办理《采用国际标准产品标志证书》。拓展地方标准修订新领域，

11 项标准立项入选省级地方标准制修订项目，分别为《电热毯、电热垫及类似柔性发热器具用硅胶发热线》、《地理标志产品新乐西瓜》、《城市园林植物配置技术规范》、《养老机构—日护理标准化服务流程》、《医院辅医导医导诊服务规范》、《锚固剂双组分自动定量灌装生产线》、《无公害大果水晶梨生产技术规程》、《基于 OID 设施农业二维码表示规范》、《设施农业多媒体数据统一语义表示规范》、《火车（客运）站保洁服务规范》、《太行鸡生态养殖鸡舍建造技术规程》。太行柴鸡生态养殖国家标准化示范区完成年度建设任务。审定完成省级地方标准 10 项，审定发布市级农业地方标准 5 项。5 家单位入选河北省质量技术监督局第四批省级服务业标准化示范单位，分别是河北嘉福物业服务有限公司、石家庄润华国际物流股份有限公司、国网河北省电力公司井陉县供电分公司、晋州市政务服务中心和石家庄桥东天赐良缘婚纱影楼。8 家企业入选河北省质量技术监督局第五批省级标准化良好行为企业试点，分别是格力电器（石家庄）有限公司、石家庄威纳邦日化有限公司、河北诚信有限责任公司、河北金德伦生化科技有限公司、河北华博精细化工有限公司、河北利泽汽车零部件有限公司、石家庄建安电器设备制造有限公司、石家庄格力电器小家电有限公司。6 家单位入选河北省质量技术监督局第六批省级服务业标准化试点单位，分别是长安区祥和老年公寓、国网石家庄市井陉矿区供电公司、藁城市政务服务中心、中国农业银行股份有限公司高邑县支行、中国银行股份有限公司深泽支行、河北慈佑医院有限公司。至 2014 年底，全市累计创建标准化试点单位 24 家，标准化试点单位总量位列全省第一，其中创建国家级服务业标准化示范单位 1 家、省级服务业标准化示范单位 13 家，建立企业标准体系 14 个。

石家庄市质量技术监督局

局　　长：侯洪彬

副 局 长：曹长随　夏玉颖

吴保成　刘占

韩秀娟（女）

焦书建（9 月免）

柯旭　（1 月任）

纪检组长：柯旭　（1 月免）

李卫国（1 月任）

（陈玉）

物价监督管理

【概况】 2014 年，市物价监督管理部门发挥价格调控联席会议制度作用，制定防范措施，提高流通效率，降低流通费用，保证重要农副产品供给及时、总量富裕。加强价格监测和分析，密切监测居民生活必需品价格变动情况，落实重要节日价格监测日报制度。建立市物价、民政、财政等部门完善社会救助和保障标准与物价上涨挂钩联动机制，增强低收入群体保障能力。开展价格认证服务，拓宽价格认证服务领域，提高服务质量和争议调解能力。关注价格热点问题，定期分析价格举报形势，化解价费矛盾，维护群众权益。根据统计，2014 年 1～12 月，石家庄市区居民消费价格同比上涨 2.0%，回落 0.9 个百分点。其中，食品价格上涨 3.0%，非食品价格上涨 1.5%；消费品价格上涨 2.3%，服务项目价格上涨 1.3%。物价总水平继续回落，创下 5 年新低。2014 年全市受理价格认证事项 5252 件，标的价值 3.77 亿元；办理成本监审项目 23 项，标的总额 17 亿元，核减不合理成本 3.5 亿元；查处价格违法案件 325 件，涉案金额 775 万元，上缴财政 461.6 万元。2014 年市物价局获评全国价格认证工作先进单位、全省物价系统依法行政先进单位和市级依法行政先进单位、普法工作先进集体。

【居民消费价格指数上涨 2.0%】 2014 年市区居民消费价格总水平稳中有落，同比上涨 2.0%，涨幅同比回落 0.9 个百分点，创下近 5 年新低。其中，食品价格上涨 3.0%，非食品价格上涨 1.5%，涨幅分别回落 2.3 和 0.3 个百分点；消费品价格上涨 2.3%，服务项目价格上涨 1.3%，涨幅分别回落 1.0 和 0.9 个百分点。烟酒类价格、娱乐教育文化用品及服务类价格下行幅度较大。烟酒类价格由涨转降，由 2013 年上涨 0.9%变为 2014 年下降 0.6%；娱乐教育文化用品及服务类价格上涨 0.9%，涨幅较 2013 年回落 1.7 个百分点。从构成居民消费价格八大类商品及服务看，2014 年由 2013 年的“全部上涨”转变为“七升一降”。八大类商品除烟酒类价格下降 0.6%外，其余七类均呈上涨趋势，其中，食品类价格上涨 3.0%，衣着类上涨 3.1%，家庭设备用品及维修服务类上涨 0.5%，医疗保健和个人用品类上涨 3.0%，交通和通信类、娱乐教育文化用品及服务类价格微涨，分别上涨 0.6%、0.9%，居住类上涨 1.0%。从全年各月份看，居民消费价格基本呈现“先涨后落”走势。2014 年 1 月居民消费价格同比上涨 0.9%，2~6 月涨幅逐步回升，分别为 1.0%、1.8%、1.2%、2.9% 和 3.0%，7 月受鲜菜、鲜果季节性下降影响，涨幅回落至 2.6%，8 月涨幅出现小幅反弹，9 月继续下行，涨幅收窄至 2.3%，10 月涨幅继续回落至 1.7%。11、12 月变化较小，涨幅分别为 1.8%和 1.9%。综合分析：食品价格上涨仍是上涨主动力。2014 年食品类价格同比上涨 3.0%，带动价格总水平上涨 1.0 个百分点，其中，鲜果、乳制品、蛋类影响最大。2014 年鲜瓜果价格同比上涨 28.1%，拉动价格总水平上涨 0.65 个百分点；液体乳及乳制品价格同比上涨 14.4%，影响价格总水平上涨 0.33 个百分点；蛋类价格同比上涨 16.2%，影响价格总水平上涨 0.19 个百分点。3 项拉动价格总水平上涨 1.17 个百分点，贡献率达 58.5%，是带动居民消费价格上涨主要因素。2014 年鲜菜同比下降 4.9%，改变 2013 年鲜菜价格上涨趋势，带动价格总水平下降 0.2 个百分点，向上拉动影响较 2013 年减弱 0.62 个百分点。衣着类、医疗保健和个人用品类价格是影响居民消费价格上涨次要因素。2014 年衣着类、医疗保健和个人用品类价格分别上涨 3.1%和 3.0%，均影响价格总水平上涨 0.33 个百分点，二者对价格总水平贡献率为 33.0%。

【价格监管】 加强价格诚信建设，创建“价格诚信单位”，提升价格诚信意识。开展明码标价活动，突出大型商场、超市、商业区及家具、家电等专业市场，规范明码标价行为，扩大明码标价覆盖面。2014 年市物价监督管理部门采取与商家签订承诺书、举办特色标价签活动等形式，重点做好南三条、新华集贸市场零售行业明码标价管理，有效提升明码标价率。发挥“明码标价示范街”辐射作用，巩固创建示范街 78 条。推进住房物业、教育、医疗、交通运输等民生热点领域及行政事业单位明码标价收费公示，2014 年市物价监督管理部门、市交通部门严格市区客运出租汽车明码标价管理，统一要求在车厢内醒目位置张贴明码标价签做法得到社会肯定。至 2014 年底，全市价费公示面达到 90%以上，价格环境持续好转。根据国家和省物价部门统一部署，开展商业银行收费、涉企收费等专项检查。围绕民生价费热点问题，开展教育收费、天然气价格、机场服务收费、社区和乡镇卫生院医疗服务收费、一般工商业电价、新建住宅电力建设费等专项检查，纠正违规收费行为，有效减轻企业负担，提升居民幸福指数。依托“12358”举报电话，构筑全民价格监管网络。2014 年市县两级受理价格举报咨询 11516 件，立案 334 件；接收市长公开电话办公室转办事项 414 件，处置及回复率均达 100%；查处价格违法案件 325 件，涉案金额 775 万元，罚款 461.6 万元。

【价费改革】 落实国家和省天然气价格改革政策措施，9 月 1 日 0 时，市区非居民用管道天然气销售价格调整；9 月 2 日 0 时，车用天然气销售价格调整。居民用气（包括居民生活用气，学校教学和学生生活用气，养老福利机构用气）价格不作调整。其中，非居民用管道天然气上调 0.35 元／立方米，由 3.45 元／立方米调整为 3.8 元／立方米，采暖用管道天然气销售价格继续执行 3.91 元／立方米；车用天然气上调 0.45 元／立方米，由 3.75 元／立方米调整为 4.2 元／立方米。天然气经营企业与用气大户可协商适当优惠，具体幅度报市物价部门备案。调整完善市区停车收费标准，经市政府常务会研究同意，确定在市区道路停车管理“六统一”完成后实施。选取 5 个县（市）10 家医院开展第三批医药价格试点改革，将医药价格改革推向全部县级公立医院。

【价格服务】 开展价格成本监审，全年完成价格监审 23 项，标的总额 17 亿元，核减不合理成本 3.5 亿元。开展农业成本调查和涉法涉纪价格认证，为市委市政府及司法案件审理提供报务。探索涉税财物价格认证，2014年全市完成价格认证5252件，标的价值3.77亿元。创新思路，服务民生。2014年4月，举办超市、药店晒价活动，市区10家超市38种商品和5家大型药企46种药品落实晒价行支，增强了价格透明度。2014年11月，“石家庄微物价”开通运行，向市民提供价格“微信”服务。

（张煜寒　李剑利）

工商行政管理

【概况】 2014年，市工商行政管理系统以商事制度改革为主线，建立深化改革领导小组，实施注册资本登记制度改革和机构体制管理改革，向各县（市、区）政府移交县（市、区）工商行政管理局21个、工商行政管理分局126个。2014年全市新登记各类市场主体102728户，同比增长51.91%；新登记各类市场主体注册资本1658.38亿元，同比增长126.79%；年末全市市场主体总量达到463200户，实有企业数量、新增企业数量和注册资本均居河北省设区市首位。2014年全市登记各类内资非私营企业1824户（企业法人880人），注册资本1558202.58万元，年末全市共有各类内资非私营企业14921户（企业法人6660人），注册资本16691145.91万元。2014年全市登记各类内资私营企业35977户，投资人62636人，雇工40537人，注册资本13827417.99万元，年末全市共有各类内资私营企业127159户，投资人250714人，雇工114840人，注册资本49453785.64万元。2014年全市9件商标认定为驰名商标，总数达到46件；70件商标认定为省著名商标，总数达到609件，驰名商标、著名商标数量居全省首位；99件商标获认首批石家庄市知名商标；鹿泉香椿、灵寿丹参2件商标申请地理标志商标，年末地理标志商标数量达到6件。新增国家级“守合同重信用”企业10家，总数达到29家。采取动产抵押、股权质押、商标专用权质押等措施，搭建银企对接平台，帮助1248家市场主体融资309.88亿元。推进工商法治建设，采取“法律顾问团”送法下基层、举办法律法规专题讲座、利用“3·15”国际消费者权益日和“12·4”普法宣传日等方式，提升执法人员依法行政能力。加强执法标准化管理，重新修订《自由裁量权实施办法及执行标准》。2014年市工商部门受理群众投诉举报34件，下发函询通知书31份，查办违纪案件3起，给予党政纪处分5人次，离岗培训3人，诫勉谈话19人次，书面告诫2人，通报批评9人。推进行政审批制度改革，取消非行政许可事项6项。开展工商人员教育培训，举行业务技能培训11期，培训业务骨干1268人次，指导基层培训人员19700余人次。2014年市工商行政管理局在全市民主评议和优化发展环境评议中获得问卷测评第一名、综合评议第二名，被河北省委、省政府评为“文明单位”，被市政府评为“依法行政先进单位”和“创建全国文明城市先进单位”。

【机构体制商事改革】 按照河北省及石家庄市政府关于调整省以下工商行政管理体制改革要求，审核完成机构、编制、人员档案和固定资产等信息，向各县（市、区）政府移交县（市、区）工商行政管理局21个、工商行政管理分局126个，编制3150个、人员4337名，固定资产2.74亿元。向市食品药品监督管理部门移交食品安全监管职能，划转人员和职责。成立市工商行政管理部门全面深化改革领导小组，制定《实施方案》、《宣传方案》和《应急预案》，落实国务院《注册资本登记制度改革方案》，起草印发《关于放宽市场主体住所（经营场所）登记条件的规定》等配套文件，实施注册资本登记制度改革和113项“先照后证”改革制度措施。开展营业执照、组织机构代码证、税务登记证“三证合一”登记制度改革和企业准入单一窗口试点。推进注册登记便利化，将企业年检制度改为年报公示制度。3月1日，首张河北省新版营业执照在石家庄市发放。

（李志英）

【10家企业获评国家级守合同重信用企业】 6月13日，国家工商局公布2012～2013年度国家级“守合

同重信用”企业名单，石家庄市10家企业入选，数量占全省入选企业总数20%。10家企业分别是：河北众诚新型建材有限公司、石家庄市油漆厂、石家庄四药有限公司、中铁物资集团华北有限公司、河北汇金机电股份有限公司、壹名服装服饰科技有限公司、石家庄市镇州电器有限公司、河北威远生物化工股份有限公司、石家庄科林电气股份有限公司、石家庄天人化工设备集团有限公司。

（翟相哲　郭建）

【市场主体登记】 2014年全市新登记各类市场主体102728户，同比增加35103户，增长51.91%。其中，新登记企业37801户，增长87.83%；新登记各类市场主体注册资本1658.38亿元，同比增加927.15亿元，增长126.79%。至2014年末，全市市场主体总量达到463200户，其中企业142080户、个体工商户310819户、农民专业合作社10301户。2014年全市实有企业数量、新增企业数量和注册资本均居河北省设区市首位，实有企业数量占河北省企业总量近25%。

内资非私营企业登记。2014年全市登记各类内资非私营企业1824户（企业法人880人），注册资本1558202.58万元。其中，国有企业122户，注册资本1130万元；集体企业37户，注册资本128万元；公司1665户，注册资本15569944.58万元，实收资本99449.51万元。按行业分类，农林牧渔业25户（企业法人13人），注册资本16050万元；采矿业1户，注册资本0万元；制造业69户（企业法人58人），注册资本223583.63万元；电力、热力、燃气及水生产和供应业25户（企业法人20人），注册资本81790万元；建筑业133户（企业法人51人），注册资本70280万元；批发和零售业426户（企业法人154人），注册资本122758万元；交通运输、仓储和邮政业135户（企业法人33人），注册资本44461万元；住宿和餐饮业33户（企业法人11人），注册资本3230万元；信息传输、软件和信息技术服务业110户（企业法人31人），注册资本30778.9万元；金融业167户（企业法人54人），注册资本237965万元；房地产业124户（企业法人101人），注册资本137525万元；租赁和商务服务业283户（企业法人157人），注册资本339249.58万元；科学研究和技术服务业200户（企业法人147人），注册资本203775万元；水利、环境和公共设施管理业13户（企业法人12人），注册资本11735万元；居民服务、修理和其他服务业35户（企业法人15人），注册资本6371万元；卫生和社会工作9户（企业法人4人），注册资本2710万元；文化、体育和娱乐业36户（企业法人19人），注册资本25940万元。2014年全市登记内资非私营企业集团16户；吊销企业217户，吊销后注销5户；国有企业改制为公司57户。至2014年末，全市共有各类内资非私营企业14921户（企业法人6660人），注册资本16691145.91万元。其中，农林牧渔业251户，注册资本88539.2万元；采矿业37户，注册资本33216.00万元；制造业1183户，注册资本3591441.17万元；电力、热力、燃气及水生产和供应业185户，注册资本737870.82万元；批发和零售业4850户，注册资本1503871.46万元；交通运输、仓储和邮政业739户，注册资本437757.48万元；住宿和餐饮业229户，注册资本69347.3万元；信息传输、软件和信息技术服务业938户，注册资本102027.66万元；金融业2367户，注册资本3986451.31万元；房地产业751户，注册资本1910583.98万元；租赁和商务服务业1336户，注册资本2218508.49万元；科学研究和技术服务业703户，注册资本1029025.38万元；水利、环境和公共设施管理业118户，注册资本99833.85万元；居民服务、修理和其他服务业280户，注册资本50558.4万元；教育16户，注册资本4654万元；卫生和社会工作41户，注册资本7368.47万元；文化、体育和娱乐业147户，注册资本78353.82万元。从注册资本规模看，年末全市实有企业注册资本（金）100万以下企业2104户，100万元~1000万元企业2599户，1000万~1亿元企业1662户，1亿元以上企业295户；实有企业集团96户。

表 55　　2014 年石家庄市内资（非私营）企业基本情况一览表

行业分类	户数（户）		注册资本（万元）
	小计	企业法人	
农、林、牧、渔业	251	145	88539.20
采矿业	37	29	33216.00
制造业	1183	1005	3591441.17
电力、热力、燃气及水生产和供应业	185	134	737870.82
建筑业	750	385	741737.12
批发和零售业	4850	1836	1503871.46
交通运输、仓储和邮政业	739	225	437757.48
住宿和餐饮业	229	118	69347.30
信息传输、软件和信息技术服务业	938	133	102027.66
金融业	2367	315	3986451.31
房地产业	751	627	1910583.98
租赁和商务服务业	1336	765	2218508.49
科学研究和技术服务业	703	539	1029025.38
水利、环境和公共设施管理业	118	108	99833.85
居民服务、修理和其他服务业	280	167	50558.40
教　　育	16	12	4654.00
卫生和社会工作	41	12	7368.47
文化、体育和娱乐业	147	105	78353.82
合　　计	14921	6660	16691145.91

内资私营企业登记。2014 年全市登记各类内资私营企业 35977 户，投资人 62636 人，雇工 40537 人，注册资本 13827417.99 万元。其中，农林牧渔业 1014 户，投资者 1494 人，雇工 3388 人，注册资本 436358.5 万元；采矿业 19 户，投资者 32，雇工 137 人，注册资本 18070 万元；制造业 4185 户，投资者 6794，雇工 8129 人，注册资本 1435281 万元；电力、热力、燃气及水生产和供应业 38 户，投资者 61，雇工 34 人，注册资本 43696 万元；建筑业 3119 户，投资者5073，雇工 2170 人，注册资本 1472306.5 万元；批发和零售业 12928 户，投资者 22606，雇工 11098 人，注册资本 2644235.17 万元；交通运输、仓储和邮政业 1112 户，投资者 1598，雇工 1037 人，注册资本 226134.5 万元；住宿和餐饮业 219 户，投资者 336，雇工 250 人，注册资本 29747 万元；信息传输、软件和信息技术服务业 856 户，投资者 1602，雇工 8219 人，注册资本 215897.96 万元；金融业 556 户，投资者 1328，雇工 214 人，注册资本 1480032 万元；房地产业 1613 户，投资者 2633，雇工 433 人，注册资本 942451.35 万元；租赁和商务服务业 5219 户，投资者 9545，雇工 2911 人，注册资本 2691270.72 万元；科学研究和技术服务业 3876 户，投资者 7450，雇工 1760 人，注册资本 1863132.29 万元；水利、环境和公共设施管理业 97 户，投资者 158，雇工 45 人，注册资本 79248 万元；居民服务、修理和其他服务业 570 户，投资者 884，雇工 323 人，注册资本 66752 万元；教育 18 户，投资者 33，雇工 62 人，注册资本 5575 万元；卫生和社会工作 27 户，投资者 44，雇工 91 人，注册资本 15921 万元；文化、体育和娱乐业 511 户，投资者 965，

雇工236人，注册资本161309万元。年内，共吊销内资私营企业1999户，其中城镇1742户，吊销后注销225户，其中城镇185户；注销内资私营企业2126户，其中城镇1774户，注册资本397309.26万元。至2014年末，全市共有各类内资私营企业127159户，投资人250714人，雇工114840人，注册资本49453785.64万元。其中，城镇内资私营企业102675户，投资人206923人，雇工54832人，注册资本41951661.11万元。实有私营企业集团67户。注册资本100万元～500万元42374户，500万元～1000万元13110户，1000万元～1亿元11905户，1亿元以上648户。

表56　　2014年石家庄市内资私营企业情况一览表

行业分类	合计		独资企业		合伙企业		有限责任公司		股份有限公司	
	户数（户）	注册资本（万元）	户数（户）	出资额（万元）	户数（户）	实缴出资金额（万元）	户数（户）	实收资本（万元）	户数（户）	实收资本（万元）
农、林、牧、渔业	2794	1010830	784	149955	79	4763	1920	399869	11	8800
采矿业	283	129508	87	13980	12	560	182	83468	2	1600
制造业	18532	6617467	2346	207222	549	13696	15588	3959731	49	97475
电力、热力、燃气及水生产和供应业	162	155291	12	663	2	0	146	91520	2	300
建筑业	10128	5158104	305	18107	24	150	9787	3145011	12	12300
批发和零售业	49224	11134116	2684	95099	2417	20237	44075	6923949	48	63384
交通运输、仓储和邮政业	3232	724911	395	24850	17	450	2817	397324	3	2500
住宿和餐饮业	821	154994	100	4203	21	183	698	113821	2	300
信息传输、软件和信息技术服务业	4148	960971	756	21216	72	312	3313	556587	7	10560
金融业	1798	6623239	1	3	169	344263	1523	4005957	105	170000
房地产业	7320	5547031	41	1562	5	10	7268	4174029	6	3580
租赁和商务服务业	15167	6399998	451	9352	350	216751	14332	2774291	34	59881
科学研究和技术服务业	9749	3942896	110	4209	37	535	9568	1580872	34	20770
水利、环境和公共设施管理业	430	310861	12	885	2	0	415	211388	1	1000
居民服务、修理和其他服务业	2044	225934	283	5773	77	859	1683	127322	1	0
教　育	72	16241	25	4780	15	2042	32	5129	0	0
卫生和社会工作	147	52936	72	7475	27	20800	47	4890	1	1850
文化、体育和娱乐业	1102	287255	102	4713	50	426	950	115882	0	0
其　他	6	1203	1	5	0	0	5	1198	0	0
总　计	127159	49453785	8567	574053	3925	626037	114349	28672238	318	454300

【商品市场监管】 探索商品市场监管新途径，市工商行政管理部门、市政府研究室开展联合调研，研究分析“宽进”、“严管”方式，并就部门协同监管、企业自律、社会监督等5个方面制定出台新举措。起草印发《关于落实先照后证改革决定加强市场监管工作的实施意见》、《建立监管清单制度的实施方案》和《推进社会力量参与市场监督的意见》，构建权界清晰、分工合理、权责一致、运转高效的部门职责体系和社会共治体系。强化信用市场监管基础作用，落实企业信息公示、企业年报公示、经营异常名录等制度，构建以信息公示、信用监管为核心新型监管体系。至2014年底，全市共有10159户企业、31166户个体工商户上报2013年度报告。加大重点领域和市场监管执法力度，查处各类经济违法违章案件6701件。将反垄断和反不正当竞争由医药、医疗器械购销向文化传播、汽车4S店等行业拓展，查处不正当竞争案件648件，首次实现查处商业贿赂案件无空白县（市）目标；打击侵权和假冒伪劣商品，以商标权保护、流通领域不合格商品、车用汽柴油等6个方面为重点，查处侵权假冒案件197件；开展红盾护农行动，查处农资案件431件，为农民避免损失700余万元，其中行唐县87户农民购买13.2吨不合格复合肥一案，为农民追回赔偿款27万元。加强合同格式条款规范监管，整治重点领域“霸王条款”。严肃查处传统媒体广告违法违规宣传，开展整顿互联网重点领域广告专项行动，查处广告违法案件243件。打击传销行为，规范直销经营，取缔传销窝点56个，教育遣返300余人次，2014年石家庄市查处徐书军网络传销案获评全国十大典型传销案件之一。

石家庄市工商行政管理局

局　　长：曹新华

副 局 长：孙桂莲（女）

　　　　　尹兵辉　路栓增

　　　　　王大林

纪检组长：刘杏然

（李志英）

食品药品监督管理

【概况】 2014年，新组建市食品药品监督管理部门接收完成市质量技术监督局生产环节食品行政许可和监督管理职责，市工商行政管理局流通环节食品行政许可和监督管理职责，市商务局酒类食品、调味品安全监督管理职责移交，注重发挥市政府食品安全委员会办公室牵头抓总和综合协调作用，督促做好“从田间到餐桌”全过程食品安全监管。开展食品药品安全县创建活动，正定县、无极县、赞皇县、赵县、行唐县、新乐市、鹿泉区、栾城区8个县（市、区）确定为首批创建县。加强药品质量监管，以“提高药品生产质量风险管理水平，有效排查药品生产质量风险”为主题，开展药品生产质量风险防控年活动，约谈企业95家，警示性约谈企业法人、负责人、质量负责人285人，回收过期失效药品2.8万余盒，货

2014年4月29日，国家食品药品监督管理总局原局长张勇（前排右二）到石家庄华民药业视察指导

值 18.3 万元。2014 年市食品药品监管部门检查各类食品药品生产经营单位 6.78 万户，责令整改 1.61 万家，立案 3544 起，查扣或收缴不合格食品药品 7.81 万千克，未发生 1 起食品药品安全事故。

【机构体制改革】 按照河北省食品药品监管体制改革总体部署和石家庄市委市政府对食品药品监管体制改革时间要求，2014 年初，市食品药品监督管理局完成原市食品药品监督管理局机关、井陉矿区分局、市食品安全办公室共计 113 名人员划转交接；2014 年 9 月底，市食品药品监督管理局市又完成市质量技术监督局、市工商行政管理局 17 名人员划转。至此，新组建市食品药品监督管理局工作人员和档案全部到位。2014 年 2 月，依据《石家庄市食品药品监督管理局主要职责内设机构和人员编制规定的通知》（石政办发〔2013〕39 号），向石家庄所辖县（市、区）政府印发《关于移交、下放食品药品监督管理工作相关职责、监管企业的函》，将市食品药品监督管理局承担食品药品监督管理相关职责和监管企业移交相应县（市、区）。2014 年 6 月，根据市机构编制委员会印发《关于食品药品监管体制改革涉及事业单位机构编制调整事宜的批复》（石编〔2013〕52 号），市食品药品监督管理局在原市餐饮化保执法大队基础上新组建直属事业单位市食品药品综合执法支队，除支队领导班子成员外，75 名工作人员（原市餐饮化保执法大队 56 名，市商务综合执法局 12 名，市粮食行业服务中心 7 名）划转到位，按照职能开展业务。

【食品药品安全监管】 制定实施《医疗器械行业自查整改作业书》、《医疗机构制剂室质量受权人制度》、《药品生产问题企业约谈制度》、《药品生产企业质量管理责任体系实施意见》、《抽验不合格药品调查处置工作制度》，试行《食品药品安全“红名单、黑名单”管理办法》，落实企业主体责任。依据标准实施审批许可，办结各类食品药品行政审批类事项 2738 件。强化食品药品生产经营单位全过程监管及重点品种、重点企业飞行检查，组织实施抽验核查。2014 年全市食品药品生产、流通、使用各环节抽检总规模达到 3.5 万批次（组），所有抽检不合格产品均得到处理。加大违法广告监测，监测违法药品广告 592 条次，发布“消费警示”11 期；监测违法保健食品广告 78 条次，发布“消费警示”4 期，并及时将违法广告移交工商管理部门处理。开展不良反应（事件）监测，全年上报药品不良反应监测报告 6614 例，医疗器械不良事件监测报告 1408 例。举办生产经营主体培训，全市组织培训 1048 场次，培训经营者 10.27 万余人次。保障重大活动餐饮服务食品安全 25 起，未出现 1 起安全责任事故。开展食品药品专项整治行动，以重点品种为主，开展肉及肉制品、夏季饮品、食用油、婴幼儿配方乳粉、保健食品、餐饮食品、药品、医疗器械等专项整治行动；以重点区域为主，开展农村市场、校园及周边食品等专项整治；以重点时段为主，开展元旦、春节、五一、暑期、中秋节、国庆节、APEC 会议期间食品药品安全等专项整治。2014 年下半年，省市政府食品安全委员会办公室、市食品药品监督管理局、市工商局联合行动，集中销毁问题食品 51 吨，主要包括侵权仿冒食品，过期变质食品，无生产厂家、无生产日期、无保质期、无食品生产许可、无食品标签“五无”食品等，品种有乳制品、肉制品、调味品等 12 大类，货值 160 余万元。

2014 年 3 月 15 日，举行假劣药械、保健食品、化妆品集中销毁活动

2014年农村食品市场专项整治活动检查食品生产经营者11.5万户次，取缔无证经营户227户，规范食品经营户6131户次，捣毁售假窝点3个，有效遏制农村食品市场违法违规现象屡打不止势头。实施隐患排查治理，出台《关于加强食品安全隐患排查治理工作的指导意见》，防范区域性、系统性食品安全风险，防止食品安全事故发生。2014年全市排查出食品安全隐患4804项，完成整改4799项，整改完成率99.9%。发挥食品药品“12331”投诉举报电话监督作用，2014年6月，河北省食品药品监督管理局调整全省投诉举报电话工作机制，建立省、市、县一体化系统管理平台，即“省局集中接听、各市局分散受理”工作模式。2014年全市食品药品监督管理部门接受投诉举报咨询2001件，承接1016件，督办63件，回访80件，办结率100%。

【食品药品安全县创建】 按照《河北省食品药品安全县创建活动方案》部署要求，自2014年起，全市开展食品药品安全县创建活动，其中，正定县、无极县、赞皇县、赵县、行唐县、新乐市、鹿泉区、栾城区8个县（市、区）确定为首批创建县。2014年市政府食品安全委员会办公室、市食品药品监督管理局联合印发《石家庄市食品药品安全县创建活动指导意见》和《关于实行食品药品安全县创建活动定期督导检查制度的通知》，组织首批创建县业务管理人员到河北省邢台县考察学习食品药品安全县创建；选择食品药品工作基础较好栾城区作为创建试点，发挥以点带面作用，引领其余7个创建县（市、区）主动推进食品药品安全县创建工作。

【食品质量提升工程】 召开全市食品集中生产加工区域治理提升工作会议，全面清查辖区内所有区域性产品生产加工企业并建立档案。以省食品药品监督管理局确定藁城区东桥寨肉制品、赞皇县阳泽乡蜜饯产品集中生产区域为重点，规范生产加工秩序。鼓励餐饮单位开展“明厨亮灶”提升活动，在平山县、赵县、栾城区、鹿泉区、赞皇县5个县（市、区）试点基础上，采用“透明厨房”、“视频厨房”、“隔断厨房”、“网络厨房”4种模式，根据饭店布局和房屋结构，分别实施红滨路好味来饭馆、兰州拉面饭馆、华润麻辣自助火锅、裕华路大胖涮锅4家饭店“明厨亮灶”样板改造，打造食品安全主题餐厅。9月28日，市食品药品监督管理部门在红滨路举办“明厨亮灶”提升活动现场会，推广4家样板单位经验，引导餐饮单位通过互联网“药安食美”手机客户端实时显示操作加工全过程。至2014年底，全市共有850家餐饮服务单位完成“明厨亮灶”改造任务。

【药品质量风险防控】 建立药品生产安全质量风险评估长效机制，划分企业监管等级，调整生产监管措施。以“提高药品生产质量风险管理水平，有效排查药品生产质量风险”为主题，在全市范围开展药品生产质量风险防控年活动，采取企业自查、监督排查、汇总分类和专家评估方式，分析企业产品生产和管理关键环节的风险类别和等级，寻查不符合行业规范、技术要求和可能影响药品质量安全问题。落实企业约谈制度，2014年市食品药品监督管理部门约谈全市药品生产企业95家，警示性约谈企业法人、负责人、质量负责人285人；重点约谈企业产品结构调整、人员频繁变动、设施设备发生重大变更、企业长期停产后恢复生产等可能影响药品质量企业6家。增设过期失效药品回收定点单位，降低过期失效药品流入非法渠道威胁群众用药安全。2014年全市新增过期失效药品回收定点单位100家，市区总数增至200家，回收过期失效药品2.8万余盒，货值18.3万元。

（牛学建　曹亚宁）

【首批药品对标达标示范店授牌】 1月8日，市食品药品监督管理局举行仪式，向首批9家药品零售企业“对标达标”活动示范店授牌。分别是：国药河北乐仁堂医药连锁有限公司总店、健康店，河北神威大药房连锁有限公司时光店、槐北店，石家庄新兴药房连锁有限公司长瑞康店，西环大药房有限公司，北京同仁堂石家庄桥东大药房有限公司，石家庄明泰源医药商场有限公司，石家庄百姓康大药房连锁有限公司南长街店。

（范玉蕾）

【食品药品社会监督】 12月9日，石家庄市第二届食品安全专家委员会成立，聘请60名专家学者为食品安全专家委员会委员。创新食品药

6月23日，2014石家庄市“文明餐桌行动”启动仪式在中国大酒店举行

品社会监督方式，在全市食品药品监管系统及大型食品药品生产企业、大型餐饮单位、药品经营企业、医疗器械生产企业推广应用“药安食美”社会共治平台。举办首届石家庄市食品行业“尚德守法大讲堂”，探索建立食品药品行业“尚德守法”观察员制度，2014年首批1000名人大代表、政协委员及市民代表确定为“食品药品行业尚德守法观察员”。发挥食品药品安全监督员、宣传员、信息员、侦查员作用，调动社会各界参与食品药品安全监管，构建食品药品安全辅助监管新平台。政企联合建立“食品药品安全观察员培训基地”，借助企业技术及资源优势，搭建食品药品科普宣传新平台。2014年石家庄新兴药房连锁有限公司、市中医院、石家庄以岭药业股份有限公司命名为“食品药品安全观察员培训基地”。

【食品安全宣传】 6月10～22日，全市举行“食品安全宣传周”活动。主题为“尚德守法，提升食品安全治理能力”。此次“食品安全宣传周”期间，全市组织各类活动134次，举办食品安全培训、讲座26场，制作、张贴横幅标语1300条，制作食品安全宣传展板674块，发放、张贴各类宣传材料及宣传海报16万份，市、县、乡组织群众参与活动并接受群众咨询1.1万人次。开展食品药品法律及安全知识“六进”活动，发放宣传材料3.49万份。完善5家医疗机构饮食用药安全科普宣传站，在市区主要街道及医院屏幕播放宣传短片1000余次。以“文明用餐、不剩菜、不剩饭”为主题，开展文明餐桌行动，将文明餐桌宣传画、“文明用餐、节俭惜福”提示牌免费发放到市区餐饮单位及食堂。6月23日，市食品药品监督管理局、省会精神文明办公室联合在市区中国大酒店举办石家庄市“2014年文明餐桌行动”活动启动仪式。主题为“节俭养德、全民节约”，并在《石家庄日报》、长城网发布文明用餐内容和文明用餐公益广告，在《燕赵晚报》开辟专栏，开展文明点餐提示语征集活动，推广具有石家庄本土特色点餐提示语。

（牛学建　曹亚宁）

国有资产监督管理

【概况】 2014年，市国有资产监督管理部门以做大做强国有企业、提高发展质量效益为目标，以全面深化国资国企改革为动力，引导企业深入研究市场，完善经营策略和市场布局，强化经济运行动态监测和调度，实现国有企业主要经济指标平稳增长。推进机关标准化建设，初步建起科学化、规范化、制度化标准管理体系。建立网络交互平台，实现国资管理部门与监管企业间资源共享和互联互通。探讨国企改革、党的建设、企业文化等，全年在市级以上报刊、电视台、广播电台刊播新闻宣传报道120余篇（条），《石家庄日报》5次在头版显要位置刊发市国企改革发展做法。加强企业安全生产管理，按照“以人为本、预防为主、安全发展”总方针，深化“党政同责、一岗双责”和安全生产承诺制，2014年市国资委与19家企业签订《安全生产目标管理责任书》和《消防责任状》，督促落实安全设施资金2662万元，举办安全生产培训332场次，开展安全生产大检查5次，下达隐患整改通知323个，落实整改310个。重视企业队伍建设，综合考核监管企业领导班子及领导人员，调整北人集团、宝德集团等11家监管单位董事会和经理层人员36名，举办高级管理人员培训班16期270余人次。严格法纪约束，全年查办各类违纪违法案件3件，挽回经济损失10余万元。做好职工信访维稳，全年接待群众信访28批2120人次，深入企业下访86人次，约访25人次，解决信访积案5批，消除企业改制等8批集体访隐患，排查群体性隐患13件，化解重大隐患4件。2014年市国有资产监督管理委员会（简称市国资委）21户监管企业呈现持续增长态势，经济效益整体保持平稳增长，达到国有资产保值增值目标。至2014年末，市国资委监管企业实现营业收入294.68亿元，同比增长4.4%，完成年度指标105.24%；资产总额317.15亿元，同比增长2.3%，完成年度指标104.67%；实现利税13.12亿元，同比增长10.1%；实现利润6.22亿元，同比增长13.5%，完成年度指标113.1%。2014年市国资委获评石家庄市文明单位、工会工作先进单位、安全生产目标管理优秀单位和普法先进单位。

【国有资产监管】 制定出台《石家庄市国有企业财务预算等重大信息公开暂行办法》和《石家庄市国有企业负责人经营投资责任追究暂行办法》，完善国资监管法规体系，提高国资监管规范性和有效性。规范国有产权变动程序，提升产权管理水平。2014年建投集团转让所持宝石电真空玻璃有限公司51%股权、常山股份定向增发收购资产及配套融资等20多个涉及国有股权变动经济行为，均严格履行评估审核备案，公开挂牌转让程序；驼梁宾馆、市机械供销公司等国有产权实施无偿划转和有效整合；采取产权重组方式，组建宝德投资集团，实现集团各子公司间相互支撑，集团多业态扩张发展。加强经济责任审计，配合市审计局对建投集团、公交公司、燃气集团3家企业开展经济责任审计，限期整改存在问题。落实国有资本经营预算制度，审核催缴国有资本收益，并利用收益资金，支持企业转型升级、改制重组和科学发展。督促企业构建内控管理体系，建立“以流程为纽带，以控制为手段，以制度为保障”企业内部管理控制机制，夯实基础管理，提升运营水平。借鉴先进城市国有企业成功做法，摸底调查市本级经营性国有资产，起草《加快推进市级经营性国有资产集中统一监管工作的报告》，推动经营性国有资产统一监管。发挥监事会职能作用，加强日常监管和集中检查，探索监管新模式、新方法。2014年市国资委披露涉及企业资产流失、负债增加、投融资变化、会计报表项目异常变动等问题25个，提出建议和整改措施26条，对4家企业下达限期整改意见。牵头落实中央巡视组反馈意见，组建专项整改小组24个、督导检查小组13个，采取查阅档案资料、会议记录、财务账表及开展走访座谈、搜集群众检举意见等方式，检查整改全市18个政府部门、58户国有企业，督导企业完善内部管理制度180多项，制定整改措施900多条，移交涉嫌违法违纪问题4个。

（刘明涛）

【国有企业改革】 制定适合各企业特点改革方案，优化国有资产布局，提高国有资产整体竞争实力。2014年市国资委管理8家企业完成改制，其中，方元纺织机械厂、羊毛衫厂2家企业完成集体企业改制；驼梁宾馆、市机械供销公司等4家企业完成国有产权无偿划转和有效整合；北国惠民食品销售有限公司、宝石电真空玻璃公司2家企业完成国有产权有偿退出。科学制定宝德集团所属石家庄市制酒厂混合所有制改革方案，推进焦化集团、动力机械厂等6家企业改革进程。2014年6月，石家庄宝德投资集团有限公司成立。该公司是经市政府批准，由市国资委重组监管企业石家庄宝德中小企业担保服务有限公司及其下属子公司产权而成。石家庄宝德投资集团有限公司前身为石家庄宝德担保公司，于2002年注册，是市国资委管理的国有独资企业。新组建的石家庄宝德投资集团有限公司，旗下拥有石家庄宝德中小企业担保服务有限公司、石家庄宝德设备租赁公司、石家庄骥德酒业有限公司3家子公司，2014年总资产超过18

亿元，主营核心业务为融资担保、设备租赁和白酒产销。

（刘明涛　吴温）

【重点项目建设】 全年市国资委监管企业在建重点项目 11 项，其中，续建项目 8 项，新开工项目 3 项，计划总投资 153 亿元，实际完成投资 23.5 亿元。4 个项目实现竣工投产或投入使用：白龙化工搬迁优化升级项目一期工程竣工投产；宝德投资集团完成对担保公司等子公司增资；旭新液晶玻璃基板项目二期工程 3# 生产线产品下线；公交公司新增 128 台天然气公交车投入运行。7 个项目有序推进：北国商城西扩项目完成主体结构和二次结构砌体施工；白龙化工公司启动 3 万吨苯酐装置搬迁建设；北人集团奥特莱斯项目、农产品物流中心项目完善手续，正在准备开工；市建投集团以阶段持股方式完成农产品加工项目增资；公交总公司 21 项停保场和公交首末站等项目逐一推进。

【国有资本运作】 加速推进国有资产证券化。北人股份调整股权结构和规模，完善法人治理结构，达到上市基本要求，择机申请上市；宝德集团、建投集团、白龙化工等优势企业有效运作国有资源和资本，做好进入资本市场前期准备。采取有效增信实现低成本融资。以优势企业为依托，通过担保和反担保联合捆绑相关企业，提高银行信用资本，实现低成本融资。2014 年北人集团、常山集团、白龙化工等企业获得各类贷款 11 亿元。探索市场化投融资模式。推进国有资本经营公司出资设立全资子公司“国有资本经营商业管理有限公司”，运营管理国有破产企业非经营性资产，盘活资本；国有资本经营公司采用市场化融资方式，非公开发行私募债融集资金。2014 年国有资本经营公司私募债通过石家庄股权交易所审核，开始分期非公开发行，还配合市发改委完成城联建设投资公司发行园区债前期准备。

（刘明涛）

安全生产监督管理

【概况】 2014 年，全市探索安全生产监管执法新机制，推动落实“党政同责、一岗双责”制度，开展安全隐患排查治理活动，有效减少各类生产安全事故发生。推进危险化学品、非煤矿山、冶金、机械、轻工、纺织等行业安全生产标准化创建活动，新完成标准化企业创建 279 家。至 2014 年底，全市共有 954 家企业达到标准化等级，其中，一级标准化企业 2 家，二级企业 110 家，三级企业 831 家，四五级 11 家。加强职业病危害监管，拓展职业病危害项目申报，将存在职业危害因素用人单位纳入申报系统和监管范围。2014 年全市新增职业危害因素用人单位 391 家，累计申报 6073 家。推进职业病危害现状评价和检测，全年 1152 家用人单位完成职业病危害现状评价和检测，完成率 72%。推进建设项目职业卫生“三同时”监管，2014 年全市 118 个新、改、扩建设项目，104 个完成或正在建设项目履行手续，其中冶金、电力、水泥、危险化学品、非煤矿山等重点行业“三同时”履行率达到 90%以上。宣传贯彻新《安全生产法》，8 月 31 日第十二届全国人民代表大会常务委员会通过新修改《中华人民共和国安全生产法》，决定 12 月 1 日起施行。为搞好新《安全生产法》落实，全市采取借助会议、报纸、电视台、集中宣传日、国家宪法日形式，广泛开展新《安全生产法》宣传。开展安全生产执法检查，2014 年全市安监系统检查企业 10984 家，整改隐患 25604 处，罚款 943.4 万元；31 家企业主要负责人实施经济处罚；关闭取缔企业 3 家，责令停产停业 12 家。其中，市级安监部门执法检查 705 家，完成年计划 128%，督促企业投入整改资金 1466.6 万元，整改隐患 3479 条。开展安全生产技能培训，举办企业主要负责人、安全管理人员、特种作业人员等培训班 343 期，培训各类人员 32690 人。2014 年石家庄东方城市广场有限公司、河北第二机械工业有限公司、赞皇金隅水泥有限公司 3 家企业被河北省安监局命名为“省级安全文化建设示范企业”。至 2014 年底，全市共发生生产经营类事故 739 起，同比减少 3 起，下降 0.4%；死亡

121 人，同比减少 23 人，下降 15.9%。发生较大事故 3 起，同比减少 3 起，下降 50.0%；死亡 13 人，同比减少 10 人，下降 43.5%。未发生重大以上事故。煤矿、非煤矿山、危险化学品、烟花爆竹、冶金等高危行业及农机行业实现“零事故、零死亡”。生产安全事故起数、死亡人数同比实现“双下降”。2014 年市政府被省政府考核为“安全生产目标管理优秀单位”，位列全省 11 个设区市首位；市安全生产监督管理局（简称市安监局）被国务院安全生产委会办公室评为 2014 年度全国“安全生产月”优秀活动单位，被中国安全生产报社评为安全生产新闻宣传先进单位，被中共河北省委、省政府评为 2012～2013 年度河北省文明单位。

【安全生产责任落实】 构建“党政同责、一岗双责、齐抓共管”安全生产责任体系。2013 年 12 月 30 日，市委市政府出台《关于实行安全生产党政同责一岗双责的意见》（石字〔2013〕58 号），建立“党政同责、一岗双责、齐抓共管”安全生产责任体系。2014 年全市落实“党政同责、一岗双责、齐抓共管”责任体系，印发《关于开展安全生产党政同责一岗双责贯彻落实情况督查工作的通知》（石传〔2014〕3 号），成立 9 个督查组督导检查县（市、区）及市直部门，组织新闻媒体跟随督查组采访报道。各级各部门按照“党政同责、一岗双责”要求，根据职责权限对分管行业领域层层责任分解，逐级签订责任书。严格目标责任考核，落实重点工作与整体工作相结合、动态考核与绩效考核相结合原则，采取千分制和季度考核、半年考评与年终考核相结合方式，考核各级各部门安全生产党政齐抓共管和“一岗双责”落实情况，严格奖惩制度。落实安全生产承诺制。将承诺制建设列入“党政同责、一岗双责”督查、检查及日常执法重要内容，定期督查各单位承诺制建设推进情况。各级监管部门将承诺落实列入执法计划，做到逢到必查。落实自查自评、述职点评制度，2014 年各县（市、区）及 19 个主要成员单位组织企业开展安全承诺自查自评、法人代表述职、承诺点评等活动，规定完成时限、完成标准及组织形式。2014 年 8 月和 12 月，783 家规模以上企业向行业主管部门提交自查报告，408 家重点、高危企业和部门直属企业主要负责人向职工大会当面述职。坚持诚信与标杆企业创建并行，印发《关于进一步深化安全承诺活动的通知》、《关于认真落实安全生产承诺制有关工作的通知》、《关于落实法人代表定期述职制度的通知》，开展“三项制度”标杆企业创建、承诺建设“回头看”、行业主管部门对承诺单位点评打分等考核考评工作。按照本级企业 100%、下级企业 10%覆盖率，专项检查或抽查各签订责任状企业，2014 年全市以 100 家示范对标企业为基础开展安全生产标杆企业创建任务完成。

【安全生产宣传】 利用“五个借力”，多角度、深层次、大范围开展安全生产宣传。借力平面媒体宣传，主动邀请《中国安全生产报》、《石家庄日报》、《河北安全生产杂志》等媒体及记者，采访宣传安全生产活动。2014 年市级以上平面媒体采用安全生产宣传稿件 280 篇，其中报纸 123 篇、杂志 55 篇、简报 102 篇。10 月 11 日、14 日、16 日、18 日，《中国安全生产报》以“加、减、乘、除”四法形式连续报道市安监局探索实施安全生产常态化机制做法；《中国安全生产杂志》第 3、6、9 期详细报道石家庄市安全生产工作。借力电视宣传，定期策划、采编、摄制《安全聚焦》节目，并在石家庄电视台生活频道播出，2014 年《安全聚集》节目播出 36 期。借力网站宣传，在市安监局外网增设“安全影音”、“安全文摘”栏目，在内网建立短信发送平台，开设安全生产信息员 QQ 群和媒体记者 QQ 群，网站公开安全生产信息 1568 条。借力简报宣传，增编《群众路线教育活动专刊》5 期，编印《简报》24 期。借力专项活动宣传，2014 年 6 月是第十三个全国“安全生产月”，按照国家和河北省关于做好“安全生产月”活动总体要求，围绕“强化红线意识、促进安全发展”主题，坚持贴近群众、贴近生活、贴近实际，面向社会、面向企业、面向职工方针，全市举办系列内容丰富、形式多样“安全生产月”宣传教育活动。6 月 3 日，市政府召开全市 2014 年安全生产月暨企业主要负责人履职尽责警示教育活动启动仪式，安排部署全市“安全生产月”和警示教育活动。2014 年全市投入安全生产月宣传专项资金 300 余万元，直接受教育人数 70 余万人。举办主题宣传活动，1 月 16 日以“安全带回家、祥和过大年”为主题，省、市、区三级安监部门联合在石家庄新火车站广场、新百广场举行安全生产志愿者宣传活动，发放安全生产系列宣传册 1000 余册，送出平安“福”字 1 万余幅，赠送《居民安全》、《消防安全》、《用电安全》“小人书”1000 余本。举办安全生产题材优秀宣传作品征集评选活动，14 件作品在省级以上获奖，其中获得国家级三等奖 1 件、省级二等奖 1 件、省级三等奖 5 件、省级优秀奖 7 件。开展企业主要负责人履职尽责警示教育活动，举办警示教育活动 1419 场次，制作光盘 1662 套，受教育人员 70 万余人。组建石家庄市代表队参加河北省安全知识竞赛，石家庄市代表队获得亚军，5 家单位获得优秀组织奖。

【创新安全监管模式】 创新开展安全生产主体责任示范企业创建及对标整改活动。4 月 29 日，市安监局印发《安全生产主体责任示范企业创建及对标整改工作实施方案》，启动安全生产主体责任示范企业创建及对标整改活动。总体思路：市政府购买技术服务，市安监局聘请专家帮扶，在全市有关行业领域选择具有代表性企业，开展安全生产主体责任示范单位创建。力争利用 3 年左右时间，实现全市重点行业安全生产管理水平取得较大改观和提升。2014 年 5～12 月，市县两级安监局在非煤矿山、危险化学品、烟花爆竹、纺织、机械、军工等行业选取具有代表性 100 家企业开展首轮“示范创建、对标整改”活动，分批次组织 450 家企业到同行业示范企业开展对标学习，发挥样板引领作用和以点带面效果，逐行业逐区域强化企业落实安全生产主体责任能力。创新观摩执法活动。分四步落实：市县两级执法人员先行对示范企业所在行业开展日常执法，帮助和督促同类企业消除整改一批事故隐患，为对标整改打下基础；梳理示范企业隐患整改及采取防范措施，做好开展观摩执法前期准备；分行业和区域开展观摩执法，制定具体方案，举办交流和探讨、分析和讲评，总结收获和启发，增强观摩执法实效；观摩执法结束后，逐企业提出整改时限要求，列入下次执法重点，到期跟进执法。对依然存在同类安全生产问题企业，依法予以严厉处罚。2014 年全市在非煤矿山、危险化学品、涉氨涉氯、制鞋等 13 个行业开展观摩执法 22 次，直接查处隐患 334 条，参与观摩企业 245 家，参与观摩企业自查自改隐患 2187 条，事后跟进执法企业 126 家，发现隐患 472 条，与观摩企业雷同隐患 21 条。

【重点行业安全监管】 煤矿监管。成立市政府煤矿关闭整合专项领导小组，制定关闭整合方案，拨付支持资金 150 万元，关闭小煤矿 5 家。开展煤矿安全生产大检查，做好春节、“两会”期间安全检查，实施井下防爆柴油机和雨季“三防”专项治理，查出安全隐患 223 项，全部落实整改措施。推进安全质量标准化建设，按照《河北省煤矿安全质量标准化建设推进意见》要求，强制煤矿企业实施隐蔽致灾因素普查治理，2 家生产煤矿全部达到二级安全质量标准化水平。非煤矿山监管。关闭金属非金属矿山 11 家，关闭销号尾矿库 17 座，超额完成省下达任务指标。开展非煤矿山隐患排查治理，排查露天矿山企业 103 家，5 座重点尾矿库在线监测系统建成投用；2 次组织 24 家地下、26 家露天重点矿山隐患排查，整改隐患 274 项，下达限期整改指令 24 份，全部在规定期限整改到位。推进安全标准化达标升级，取证矿山 106 家，其中 86 家达标；取证尾矿库 90 座，全部达标；建材 124 家达标；石油天然气开采 1 家达到标准二级。危险化学品监管。实施生产、经营、使用分类管理，41 家危险化

2014 年 5 月 10 日，石家庄市举办高危企业应急救援技能比赛

工工艺、69家重大危险源、81家重点生产企业完成自动化控制改造。推进危险化学品企业在役装置安全设计诊断整改，按期整改完成59家未经正规设计在役装置。加强安全生产许可管理，11家涉及溶剂回收医药化工企业完成申请。加快企业搬迁改造，列入省政府搬迁名单2家化肥企业搬迁完成。6月18日，由市政府主办，市安监局、正定县政府承办的2014年石家庄市危险化学品事故应急救援演习在正定金石化工有限公司院内举行。烟花爆竹监管。开展专项治理和打非治违行动，全面排查26座烟花爆竹储存库；组织各县（市、区）重新布设固定零售点，压缩固定销售点671个。出动执法人员6689人次，检查经营（批发）企业128家次、零售网点1858家次，排查重点部位2360处，发现整改隐患152项，案件17起，行政处罚14人、拘留9人，收缴非法烟花爆竹380余万头。涉尘企业专项治理。吸取江苏省昆山市“8·2”爆炸事故教训，开展铝镁制品机加工等涉尘企业调查摸底及隐患排查，检查企业1352家，发现隐患8281项，整改隐患6234项，责令75家企业停产整顿。地下管道安全监管。摸清全市25条油气、危险化学品输送管线和15家管道运营企业基本情况，逐企业、逐管道建立安全监管档案。督促各管道企业落实管道检测检验和安全评价备案。协助管道运营企业补办建设项目安全审查手续，举办油气管线建设项目审查或试生产论证会6次。联合发展改革、公安、规划、建设等部门，开展油气和危险化学品输送管线专项整治行动，排查管线229.5千米，发现各类隐患631项，督促相关单位投入整改资金1210万元，完成整改380项，正在整改251项。

【应急救援演练】 加强安全生产应急预案修订和备案。2014年各县（市、区）和部门安全生产应急预案修订、备案全部完成，煤矿、非煤矿山、危险化学品、冶金等高危重点企业和其他规模以上企业应急预案编制备案率100%，实现全覆盖。开展应急预案演练，举办非煤矿山事故应急救援演习、危险化学品事故应急救援演习，124家非煤矿山企业负责人、400余位危险化学品企业主要负责人到场观摩学习。安全生产月期间，全市累计投入资金850余万元，动用主要装备器材600余台（件、套），举办政府演练30场次，部门演练34场次，企业综合演练238场次，企业专项演练793场次，现场处置方案演练8000余场次，直接参加演练人数15万余人。管道泄漏爆炸应急救援演习。2014年9月，由省安全生产委员会、省政府应急办公室和石家庄市政府主办，藁城区政府承办的河北省长输管道泄漏爆炸事故应急救援演习在藁城区举行。演习模拟河北省河间市至石家庄炼化分公司的原油长输管道在位于藁城区境内沧德阀室管段被违法施工挖掘机破坏，原油大量泄漏并流入附近城市公共雨水排泄系统，遇明火发生爆炸，造成城市道路破坏，引发石津灌渠局部水体污染。演习逐级启动事故企业、藁城区、石家庄市、河北省的长输管道突发事件应急预案开展应急处置，并成立指挥部，安监、发改、民政、交通、城建、环保、气象、卫生、工信等部门参与救援。开展应急技能大练兵大比武活动。2014年全市组织举办为期5个月高危重点企业应急救援技能大练兵大比武，共有384家高危重点企业、13.2万名企业职工参加应急技能大练兵活动。5月10日，全市高危重点企业应急救援技能比武大赛在河北人民武装学院举行，35支队伍参加，800多人现场观摩。强化重大危险源监管，2014年全市144家重大危险源企业全部备案完成；开展重大危险源应急管理督导执法检查活动，检查企业72家，发现隐患320项，均按时整改完毕。

（张东林　寇军波）

2014年6月18日，市政府在正定县举行危险化学品泄露事故应急救援演习

国土资源管理

【概况】 2014年，市国土资源管理系统科学编制土地利用计划分解实施方案，依法及时保障项目用地，严格落实耕地保护措施，严厉查处各种土地违法行为。至2014年底，石家庄市行政区土地总面积140.5万公顷（2107.58万亩）。其中，农用地89.46万公顷（1341.9万亩），占土地总面积63.67%；建设用地19.03万公顷（285.5万亩），占土地总面积13.53%；未利用地32.04万公顷（480.59万亩），占土地总面积22.80%。至2014年末，全市拥有耕地58.14万公顷（872.1万亩），占农用地64.99%，占全市土地总面积41.37%，人均耕地面积0.88亩（全省人均耕地1.40亩，低于全省人均耕地面积37.14%）。做好项目用地保障，新增建设用地计划指标24347亩，其中包括2013年底河北省追加用地指标；组卷报批建设用地1.27万亩；落实保障性安居项目用地1673亩。实施耕地补充补偿，提升土地资源保护能力。2014年全市补充耕地项目立项168个，新增耕地5.9万亩。其中，验收项目31个，新增耕地1.1万亩；正在实施项目137个，计划新增耕地4.8万亩。加强土地收储与供应，2014年全市土地收储2208.59亩，其中企事业单位收储1140亩，城中村改造收储788.1亩，协助收储新征土地280.49亩；向地产交易市场移交土地27宗，面积1444.34亩。2014年全市供应土地674宗58270.35亩，其中公开出让土地409宗13839.3亩，出让价款167.85亿元。制定《关于深入推进节约集约用地的若干意见》，加强监督和管理，促进土地节约集约利用。2014年3月，全省11个地级市节约集约用地情况考核中，石家庄市连续第二年取得第一名，并获得1300亩用地奖励指标。实施土地市场动态监测监管，盘活低效利用土地，提高土地供地率。2014年全市完成14个砖瓦窑城乡建设用地增减挂钩试点项目组卷报批，计划置换城镇建设用地1238亩。根据2014年末统计，2009～2013年石家庄市供地率达到57.11%。开展土地矿产卫星图片执法检查，与市纪检监察、公安、法院等部门联合，立案查处违法用地案件889宗，违法采矿案件30宗。改善矿山地质生态环境，开展西柏坡高速公路两侧矿山地质环境治理，年末鹿泉段治理工程全部完成，平山段12个矿山治理总体方案通过专家审查；修订《石家庄市重污染天气矿山关停应急预案》，关闭露天矿山企业2家；制定印发《地质灾害防治方案》，加强监测预警及应急值守、响应和处置，实现全市安全度汛。扩大数字城市应用范围，井陉县、鹿泉区、藁城区、元氏县、井陉矿区数字城市应用项目启动，与省地理信息局、县（市、区）政府签署三方共建共享合作协议；修测补测市区地形图130平方千米；市内五区（含高新区）及井陉矿区所有乡政府、镇政府所在地农村集体建设用地、宅基地使用权确权登记发证取得阶段性成果，完成工作总量82%。2014年市本级办理国有土地使用权登记457宗次，个人住宅1.5万宗次。

【建设用地供应计划】 依据《国有建设用地供应计划编制规范（试行）》和《土地利用年度计划管理办法》，结合《石家庄市城市总体规划》、《石家庄市土地利用总体规划》和土地利用年度计划，按照“十分珍惜、合理利用土地、切实保护耕地”基本国策和“控制总量、优化增量、盘活存量、提高质量”总体要求，结合全市国民经济和社会发展“十二五”规划发展目标及2014年市区建设思路和实施重点，统筹协调、合理安排各区域、各业、各类用地，促进经济和社会快速发展。2014年全市国有建设用地供应计划范围为市内五区，高新技术产业开发区和井陉矿区，计划期限为2014年1月1日至12月31日。国有建设用地供应总量：2014年全市国有建设用地供应总量控制在979.24公顷以内，其中新增建设用地755.0公顷，占供地总量77.10%；存量建设用地224.24公顷，占供地总量22.90%。计划通过出让方式供应国有建设用地584.06公顷，占供应总量59.64%；计划通过划拨方式供应国有建设用地395.18公顷，占供应总量40.36%。

国有建设用地供应结构：2014年全市国有建设用地供应总量中，商业服务用地138.31公顷，占供应总量14.12%；住宅用地325.65公顷，占33.25%；工矿仓储用地105.16公顷，占10.74%；公共管理与公共服务用地116.06公顷，占11.85%；交通运输用地169.68公顷，占17.33%；水域与水利设施用地112.08公顷，占11.45%；特殊用地12.30公顷，占供应总量1.26%。住宅用地中，各类保障性安居工程用地（含保障性住房用地、各类棚户区改造用地、限价商品房用地）82.71公顷，占住宅用地总量25.40%；保障性安居工程用地和中小套型商品房用地（145.83公顷）之和为228.54公顷，占住宅用地总量70.18%。国有建设用地供应布局：长安区供地266.69公顷，桥东区供地68.98公顷，桥西区供地86.76公顷，裕华区供地185.04公顷，新华区供地183.76公顷，高新技术产业开发区（东区）供地128.78公顷，井陉矿区供地59.23公顷。

【建设用地服务】 全年保障性安居工程上报总面积387亩（全部为耕地），5月15日获得批复；城市批次上报总面积10117亩，其中农用地9817亩，建设用地300亩，9月12日获得批复；完成2012年、2013年实施征地二次组卷上报42个批次，总面积6829亩（农用地6443亩，建设用地381亩，未利用地5亩），其中36个批次获得批复，总面积5798亩（农用地5513亩，建设用地285亩）。全年完成征地安置补偿和供地22宗2342亩，其中划拨用地项目7宗859亩；移交储备中心12宗677亩；公开出让地块3宗806亩。按用途划分，公共设施用地1宗10亩，机关团体用地2宗259亩，科教用地1宗256亩，商业用地4宗359亩，居住用地14宗1458亩。2014年全市完成土地新征并收取管理费491.2万元，其中划拨用地收取征地管理费205.3万元，出让用地收取征地管理费285.9万元。

【农村集体土地确权登记】 按照河北省国土资源厅2014年底完成建制镇镇区与乡政府所在地地籍调查及其农村集体建设用地、宅基地确权登记发证工作部署要求，成立市农村集体土地确权登记发证工作领导小组，制定《关于农村集体建设用地、宅基地使用权调查确权工作中有关典型问题的说明》，指导所辖国土资源分局有序开展确权发证工作。2014年3月，市国土资源局组成2个工作组，督导检查各地乡镇政府所在地农村集体建设用地、宅基地使用权确权登记发证工作；2014年5月，市国土资源局重点抽查长安区和高新区确权发证工作，进点查看作业单位现场工作状况。至2014年末，市本级办理国有土地使用权登记457宗次，个人住宅1.5万宗次。

【地质灾害防治】 转发《河北省国土资源厅关于做好2014年地质灾害防治工作的通知》（石国土资〔2014〕41号），周密部署2014年全市地质灾害防治工作。排查地质灾害，确定地质灾害隐患点453处，其中省级重点22处、市级重点56处。2014年4月，由市、县国土资源部门和省环境勘察院石家庄分院专家组成排查小组，利用一个多月时间，逐一排查核查所有地质灾害隐患点。落实防治单位、责任人和群测群防员，建立地质灾害三级群测群防网络，树立警示牌453块。开展地质灾害知识宣传，提高灾害易发区群众避害常识和自救互救能力，发放宣传资料1万余册、明白卡987张、避险卡1万多张。加强灾害预警，全年发布三级预警4次，提供信息200多条。

【矿山环境污染管理】 按照《河北省大气污染防治矿山环境治理攻坚行动方案》（冀政函〔2014〕46号）、《石家庄市大气污染防治攻坚行动2014年工作方案》、《石家庄市重污染天气应急预案（暂行）》等文件要求，制定《石家庄市大气污染防治矿山环境治理工作方案》，修订《石家庄市重污染天气矿山关停应急预案》，起草《石家庄市露天生产矿山环境治理实施方案》。协助石家庄所辖当地政府做好矿山关闭和关停，督促涉矿企业落实重污染天气应急响应措施，加强矿山环境大气污染防治和管理。2014年全市关闭矿山21家，其中，行唐县4家，平山县2家，赞皇县4家，井陉矿区1家，井陉县10家；供暖季，除鹿泉市曲寨水泥矿山，鹿泉市金隅鼎鑫一分公司矿山、二分公司矿山，井陉矿区矿峰水泥矿山，赞皇县金隅水泥矿山5家矿山企业按照当地大气污染防治行动实施方案要求，在开采过程洒水作业，压缩石灰石产量，与水泥生产线匹配生产外，其余 122 家露天矿山全部关停；重污染天气三级预警，全市 127 家露天矿山停止生产，重污染天气二级及二级以上预警，全市 161 家非煤矿山企业停止生产。

表 57　　2014 年石家庄市采矿权年检结果情况一览表

序号	许可证号	矿山名称	年检结论
1	C1301002009057130015185	行唐县柏山石料有限公司陈家庄石灰岩矿	合格
2	C1301002010127130096708	行唐县龙耀蛭石厂	合格
3	C1301002010127130096757	行唐县南陀采石厂北岭村石灰岩矿	合格
4	C1300002009052120017532	行唐县鑫地矿业有限公司上南庄铁矿	合格
5	C1301002011067130113519	行唐县鑫华矿业有限公司碾子沟片麻岩矿	合格
6	C1301002011067130114393	河北宝山矿业有限公司石棋峪石灰岩矿	合格
7	C1301002011047130113828	河北鼎星水泥有限公司东白花石灰矿	合格
8	C1300002011012120105551	河北聚和源矿业有限公司山神庙超贫磁铁矿	合格
9	C1300002012082120126825	河北锴天铼矿业有限公司南寺超贫磁铁矿	合格
10	C1301002010126120096711	河北乾昊佳德建材有限公司狼窝石灰岩矿	合格
11	C1301002010127120096719	河北晟坤矿业开发有限责任公司猫石花岗岩矿	合格
12	C1301002010086120072501	河北天润化工有限公司梁家村石灰岩矿	合格
13	C1300002011014120105562	河北土岭矿业有限公司土岭东沟金矿	合格
14	C1300002011122110123868	河北亿隆矿业有限公司赞皇县东沟铁矿	合格
15	C1301002012057120124932	河北卓石建材有限公司上安石灰岩矿	合格
16	C1301002011036130110075	井陉富安矿业有限公司樊家石灰岩矿	合格
17	C1301002010127130098002	井陉国腾建材厂洛阳砂岩矿	合格
18	C1301002012087120126848	井陉盛泉矿业有限公司头泉石灰岩矿	合格
19	C1301002012017120122424	井陉为达建材有限公司三合庄石灰岩矿	合格
20	C1301002011057130113301	井陉县城成建材有限公司前亭石灰岩矿	合格
21	C1301002010126120098511	井陉县单家石碴厂单家石灰岩矿	合格
22	C1301002011067130114415	井陉县鼎源石灰石开采有限公司孙庄石灰岩矿	合格
23	C1301002012047120123602	井陉县富山建材有限公司上安石灰岩矿	合格
24	C1301002010127120096724	井陉县黑水坪大理石厂黑水坪饰面用石料（大理石）矿	合格
25	C1301002011066130114144	井陉县恒峪钙业有限公司小峪石灰岩矿	合格
26	C1301002013097120131393	井陉县宏泰建材有限公司西方岭石灰岩矿	合格
27	C1301002010096120076265	井陉县华龙钙业有限公司武家庄石灰岩矿	合格
28	C1301002011047130113324	井陉县会林石灰加工厂北固底灰岩矿	合格
29	C1301002011087120117367	井陉县金拓矿业有限公司马村石灰岩矿	合格
30	C1301002012087120126698	井陉县蓝箭建材有限责任公司上安石灰岩矿	合格

（续表）

序号	许可证号	矿山名称	年检结论
31	C1301002011047120113278	井陉县立东矿业有限公司尹西河石灰岩矿	合格
32	C1301002010127120096714	井陉县南固底幸福石灰厂	合格
33	C1301002011067130113283	井陉县南芦庄联合采石厂南芦庄灰岩矿	合格
34	C1301002011117130119897	井陉县南张井建筑石料用灰岩矿南张井石灰岩矿	合格
35	C1301002012067120125850	井陉县强瑞建材有限公司下安石灰岩矿	合格
36	C1301002010127120096702	井陉县晟运矿业有限公司高家峪石灰岩矿	合格
37	C1301002011087130116534	井陉县石佛化工建材总厂石佛蛇纹岩矿	合格
38	C1301002011097120118125	井陉县石强矿业有限公司杨家沟石灰岩矿	合格
39	C1301002011087130117961	井陉县泰华建材有限公司良河东石灰岩矿	合格
40	C1301002010086120072500	井陉县特兴矿业有限公司梅家庄白云岩矿	合格
41	C1301002011077130115174	井陉县通益矿业有限公司鲁家峪石灰岩矿	合格
42	C1301002011047130110780	井陉县万峰矿业有限公司庄子头灰岩矿	合格
43	C1301002010127120096712	井陉县新建矿业有限公司微水石灰岩矿	合格
44	C1301002012046120123710	井陉县鑫冠胜建材有限公司上安东石灰岩矿	合格
45	C1301002011056130112343	井陉县秀林镇翟家庄采石厂翟家庄石灰岩矿	合格
46	C1300002013042110129412	井陉县薛家庄铁矿	合格
47	C1301002011067120114829	井陉县岩峰天源白灰厂岩峰石灰岩矿	合格
48	C1301002010077120071417	井陉县永晨石灰石开采有限公司白王庄石灰岩矿	合格
49	C1301002010126130096718	井陉县宇峰建材有限公司焦家堖白云岩矿	合格
50	C1301002010127120098597	井陉县玉峰钙业有限公司台头石灰岩矿	合格
51	C1301002010076120069215	井陉县玉源矿业有限公司王家石灰岩矿	合格
52	C1301002012036130123067	井陉县泽鑫建材厂微新庄石灰岩矿	合格
53	C1301002011067130114799	井陉县增峰建材有限公司良河东石灰岩矿	合格
54	C1301002010126120098596	井陉县正宇矿业有限公司梁家石灰岩矿	合格
55	C1301002011047130110074	井陉正千德建材有限公司西柏山灰岩矿	合格
56	C1300002011064140114996	灵寿县范家沟金矿范家沟金矿	合格
57	C1300002012082120126857	灵寿县金谷伟业矿产资源开发有限公司玉皇庙超贫磁铁矿	合格
58	C1300002010064120067631	灵寿县金山矿业有限公司李家寨金矿	合格
59	C1301002010126130096707	灵寿县玖鼎云母有限公司鲁柏山碎云母矿	合格
60	C1300002011012120105571	灵寿县明烨铁矿有限公司南枪杆超贫磁铁矿	合格
61	C1301002010127120096705	灵寿县牌房花岗岩矿牌房花岗岩矿	合格
62	C1300002010054120065697	灵寿县石牛沟金矿	合格
63	C1300002012082120127367	灵寿县天瑞矿产品有限公司瓦房台超贫磁铁矿	合格
64	C1301002010126120096717	灵寿县文蒙特云母开采有限公司山门口云母矿	合格

（续表）

序号	许可证号	矿山名称	年检结论
65	C1300002009052120028827	灵寿县鑫地矿业有限公司杜家沟铁矿	合格
66	C1301002011097130118495	灵寿县旭鑫矿产品有限公司瓦房台饰面用辉绿岩矿	合格
67	C1300002009037120008216	鹿泉金隅鼎鑫水泥有限公司二分公司石灰石矿	合格
68	C1300002011087120118338	鹿泉金隅鼎鑫水泥有限公司一分公司石灰石矿	合格
69	C1301002010017120052367	鹿泉市曲寨水泥有限公司五岔口水泥灰岩矿	合格
70	C1301002009057120015182	平山无影山建材有限公司部家庄石灰岩矿	合格
71	C1301002010047120062012	平山县宝石草白玉采矿厂	合格
72	C1300002011052130113056	平山县北马冢选矿厂北马冢铁矿	合格
73	C1300002012052120125267	平山县德盛矿业有限公司五龙山铁矿	合格
74	C1301002011067130113280	平山县凤山矿业有限公司南冶石灰岩矿	合格
75	C1301002010017130055256	平山县海发矿业开发有限公司	合格
76	C1301002010017130053851	平山县恒信硅石厂	合格
77	C1301002010127120096722	平山县红兴矿业有限公司李台花岗岩矿	合格
78	C1301002012047120123721	平山县健全大理石矿场水渣饰面用石料（大理石）矿	合格
79	C1301002009026120007115	平山县凯丰辉矿业有限公司碾子库矽线石矿	合格
80	C1300002011012130105647	平山县康明选矿厂南段峪铁矿	合格
81	C1300002011052130113547	平山县平山镇矿业开发总厂南西焦铁矿	合格
82	C1300002010042120062100	平山县天石矿业有限公司南马冢铁矿	合格
83	C1301002012047130124179	平山县下槐镇寺沟采矿场寺沟饰面用石料（大理石）矿西段	合格
84	C1301002010046130061348	平山县祥瑞达矿业有限公司	合格
85	C1301002010127120096709	平山县享光实业有限公司西坡花岗岩矿	合格
86	C1300002013042110129554	平山县鑫岛矿业有限公司不开—南罗圈铁矿	合格
87	C1300002010092120077890	平山县鑫拓矿业有限公司下口铁矿	合格
88	C1301002010127130096704	平山县兴东农业开发有限公司大柳树花岗岩矿	合格
89	C1301002010047130061350	平山县兴汇建材有限公司马头山石灰岩矿	合格
90	C1300002010052120065698	平山县元坊福利选矿厂采矿队	合格
91	C1300002012012120122433	平山县宅北选矿厂王家湾铁矿	合格
92	C1300002009032120009310	平山县长清矿业有限公司三家清铁矿	合格
93	C1301002010086120072499	石家庄大正镁业有限公司达柯冶金用白云岩矿	合格
94	C1301002010046130061349	石家庄东方矿业有限公司天长镇石灰岩矿	合格
95	C1300002012012120122432	石家庄鸿联矿业有限公司花木铁矿	合格
96	C1301002010127130096713	石家庄鸣宇实业有限公司瓦瓮石灰岩矿	合格
97	C1301002011057130113281	石家庄市宏业建筑安装有限公司庄子头灰岩矿	合格
98	C1300002011012130105552	石家庄市会口矿业有限公司会口铁矿	合格

（续表）

序号	许可证号	矿山名称	年检结论
99	C1301002012057120125252	石家庄市井陉县太行化工建材有限公司上安东石灰岩矿	合格
100	C1301002011077130115334	石家庄市井陉县兴华实业有限公司南径石灰岩矿	合格
101	C1300002010054120065699	石家庄市三成投资有限公司	合格
102	C1301002011066130114390	石家庄市鑫岭钙业有限公司南要子石灰岩矿	合格
103	C1301002010127130096703	石家庄市岩京商贸有限公司岩峰石灰岩矿	合格
104	C1300002012082110127368	石家庄文宝投资有限责任公司南店超贫磁铁矿	合格
105	C1301002011097130118346	石家庄运峰矿业有限公司鲁家峪石灰岩矿	合格
106	C1301002011017130105657	石家庄中屹采石有限公司小南佐砂岩矿	合格
107	C1301002011067130113282	元氏县永恒石子厂北佐石英砂岩矿	合格
108	C1300002009127130048475	赞皇金隅水泥有限责任公司石灰石矿	合格
109	C1301002010047120062011	赞皇县扶残石料加工基地	合格
110	C1300002011012110105557	赞皇县胡家庄选矿厂胡家庄铁矿	合格
111	C1301002013077120130459	赞皇县建特建材有限责任公司馒头山石灰岩矿	合格
112	C1301002013077120130458	赞皇县鹏达石料有限公司孤山石灰岩矿	合格
113	C1301002010107130078163	赞皇县润德路桥建材有限责任公司孤山东石灰岩矿	合格
114	C1301002010067120067463	赞皇县王家洞北山建筑石料厂	合格
115	C1301002011047120111240	赞皇县五马山采石有限公司清河石英砂岩矿	合格
116	C1300002011012120105646	赞皇县小石门采选有限公司小石门铁矿	合格
117	C1300002010034120061720	中国黄金集团石湖矿业有限公司	合格
118	C1300002009124120048463	中国黄金集团石湖矿业有限公司石门金矿	合格

表 58 2014 年石家庄市探矿权年检结果情况一览表

	项目名称	终检机关	勘查单位	年检结论
1	井陉县东方岭砖瓦用页岩、水泥灰岩普查	石家庄市	河北省地矿局石家庄综合地质大队	合格
2	河北省灵寿县杨家沟金、银矿区地质详查	石家庄市	河北省地矿局石家庄综合地质大队	整改
3	河北省灵寿县小功德金矿详查	石家庄市	中国冶金地质总局第一地质勘查院	合格
4	河北省灵寿县丑泥口金矿区地质详查	石家庄市	河北省地矿局石家庄综合地质大队	整改
5	河北省灵寿县西石门—李家庄金矿地质详查	石家庄市	河北省地矿局石家庄综合地质大队	整改
6	河北省灵寿县谷家沟铁矿详查	石家庄市	河北冀宇工程建设服务有限公司	合格
7	河北省灵寿县北营西沟银矿区银矿详查	石家庄市	河北省地矿局石家庄综合地质大队	整改
8	河北省灵寿县秋山—万寺院碎云母详查	石家庄市	河北冀宇工程建设服务有限公司	合格
9	河北省赞皇县行乐一带铁矿详查	石家庄市	河北省地矿局第十一地质大队	不合格
10	河北省赞皇县北水峪钒钛磁铁矿详查	石家庄市	秦皇岛董鸿翔地质勘查有限公司	合格

（续表）

	项目名称	终检机关	勘查单位	年检结论
11	河北省赞皇县申峪村西铁矿普查	石家庄市	河北冀宇工程建设服务有限公司	不合格
12	河北省灵寿申家庄铁矿详查	石家庄市	河北紫石矿业技术开发有限公司	不合格
13	河北省平山县东枣园铁矿详查	平山县	河北冀宇工程建设服务有限公司	合格
14	河北省平山县南桃杏铁矿详查	平山县	中化地质矿山总局河北地质勘查院	合格
15	河北省平山县南段峪老虎窝铁矿详查	平山县	河北省地矿局国土资源勘查中心	合格
16	河北省平山县新庄铁矿区地质详查	平山县	河北冀宇工程建设服务有限公司	合格

【地理信息测绘】 2月21日，市政府第十七次常务会议讨论通过《石家庄市测绘地理信息管理办法》，决定自5月1日起实施。4月22～23日，全市组织举行测绘地理信息培训班2期，邀请河北省测绘局专家授课辅导，市国土资源系统各（县、区）分局主管领导和测绘单位负责人参加培训。加强测绘地理信息综合执法监察。4月16日，印发《石家庄市国土资源局关于开展测绘信息综合执法监察工作的通知》，采用“资质管理、备案登记、质量监督、成果保密、成果汇交”五位一体检查模式，检查单位40家。加强数字石家庄地理空间框架平台运行维护。按照国家测绘地理信息局要求，经国家审查测试，石家庄市完成“天地图·石家庄”与国家“天地图”主节点对接。扩充更新基础地理信息数据，完成市二环路外围1：1000比例尺260平方千米数字化地形图修补测数据入库；还完成市区西二环路和北二环路外130平方千米1：1000比例尺地形图修补测项目。

【国土执法监察】 全年公开曝光挂牌督办矿产违法案件2起：井陉县天长镇高家庄村贾墨宏在于家乡狼窝村南无证开采钙石案、平山县兴汇建材有限公司在平山县回舍镇白塔坡村违法采矿案；公开曝光土地违法案件3起：裕华区河北跨世之星汽车贸易有限公司违法占地建汽车4S店案、栾城县赵建辉违法占地建库房案、桥西区玉村村委会违法占地建住宅楼案。12月15日，5起典型案例公布处罚结果。开展土地矿产卫星图片执法检查，与市纪检监察、公安、法院等部门联合，立案查处违法用地案件889宗，违法采矿案件30宗。

【机构调整】 根据石家庄市部分区划调整方案要求，2014年10月，市国土资源局桥东分局撤销。至此，市国土资源局共有内设机构16个，管理直属事业单位6个、直属分局6个。6个直属事业单位分别为市土地利用规划院、市国土资源执法监察支队、市地产交易市场、市土地储备中心、市建设用地服务中心、市国土资源信息中心。6个直属分局分别为市国土资源局桥西分局、市国土资源局新华分局、市国土资源局裕华分局、市国土资源局长安分局、市国土资源局井陉矿区分局、市国土资源局正定新区分局。6个直属分局下设建设用地服务中心6个、国土资源中心所11个。

（刘清振　张凤兰）

烟草专卖管理

【概况】 2014年，市烟草专卖系统面对销售困境形势，采取调研座谈、专题分析、正确研判、找准原因、对症下药方法，实施出货源组织、科学投放、市场整治、考核激励等措施，扭转一季度销售落后局面，较好完成全年各项任务指标。2014年全市种植烟叶4570亩，收购1.52万担，收购均价每千克20.25元。累计销售卷烟38.94万箱，同比增加1.26万箱，增长3.34%，低于全省平均增幅0.79个百分点；年人均卷烟销量9.27条，高于全省平均水平0.5条，同比增加0.3条，低于全省平均水平0.05条；单箱销售额2.19万元，高于全省平均水平1610元，同比提高10.59%，高于全省平均水平5.25个百分点。累计实现税利17.89亿元，同比增加2.32亿元，增长14.88%，高于全省平均水平0.54个百分点。其中，实现利润10.71亿元，同比增长19.66%。2014年市烟草专卖局（公司）捐款49.96万元。其中，扶贫济困，向困难卷烟零售客户捐赠2.52万元；开展员工博爱“一日捐”活动，捐款3.95万元，转交地方工会、红十字会；资助教育事业，捐款2万元帮助友谊大街小学购置学习物品；参加“助残日”爱心公益活动，向残疾儿童捐款5060元；资助乡村建设，捐款38.38万元；为赵县稻香街捐赠树木价值2.6万元。

表59　　2014年石家庄市烟草专卖局（公司）主要情况统计表

	地市级局（公司）名称	石家庄市局（公司）
总体情况	主要负责人/法人代表	罗明海（4月前）、王春怀（4月始）/罗明海（4月前）、田茂军（4月始）
	所属县级单位（个）	17
	总资产（万元）	274422
	资产负债率（%）	10.88
	从业人员（人）	939
业务机构	营销中心（个）	1
	卷烟配送中心（个）	1
	稽查大队（个）	18
烟叶生产	烟叶生产基础设施建设资金投入（万元）	126.3
	烟叶生产基础设施新增受益面积（万亩）	0.06
	烟叶种植（万亩）	0.46
	烟叶收购（万担）	1.52
	烟农户数（户）	122
	烟农总收入（万元）	1700
卷烟销售	销售数量（亿支）	194.7
	2014年比2013年（%）	3.34
	卷烟销售收入（万元）	853669
	零售户数量（户）	31673
	零售户销售毛利率（%）	11.65
实现税利	税利总额（万元）	178926
	2014年比2013年（%）	14.88
实现利润	利润总额（万元）	107066
	2014年比2013年（%）	19.66
案件查处	涉烟违法案件（起）	1656
	涉烟违法案件案值（万元）	815.29

【品牌培育】 坚持消费需求导向，科学规范品牌（规格）引入退出机制，采取卷烟结构上柜、“万元千户”工程、重点规格定点定量投放、预约销售等形式加大品牌培育。2014年全市卷烟重点品牌累计销售32.8万箱，占总销量比重84.24%，比全省平均水平低1.12个百分点；重点品牌单箱销售额2.46万元，同比增长10.98%，比全省平均水平高4.98个百分点。高端卷烟（零售价300元／条以上）销售1.4万箱，同比增长53.25%，占一类烟比重28.95%，比全省平均水平高5.35个百分点，比重同比提升2.11个百分点。省产烟销售22.06万箱，同比增长1.72%，比全省平均水平高5.07个百分点，占总销量比重56.65%。

【专卖管理】 以“端窝点、断源头、打网络、抓主犯、追实刑”为重点，以侦破大要案为突破口，建立健全联合执法机制。加强卷烟经营各环节事前、事中、事后监督，及时调查处理预警数据。严格奖惩措施，落实责任追究，遏制真烟非法流通。2014年全市烟草专卖系统通报批评3个单位，责成8个县烟草专卖局班子作书面检查，经济处罚13人。开展市场专项整治行动，全年查处各类涉烟案件1656起，查获卷烟实物1061.06万支，实物案值815.29万元。其中，破获涉烟网络案件12起（符合国家烟草专卖局标准7起，省烟草专卖局标准5起），涉案卷烟7312.62万支，涉案值3497.68万元，判刑33人(实刑25人)，批捕50人，刑拘60人，行政处罚64人。“12·25”特大跨国走私卷烟网络案件查获侦破，涉及5省7市，抓获犯罪嫌疑人28名，刑拘13人、批捕11人，查获涉案实物389万支，涉案卷烟3000万支，涉案金额1650万元。

【营销改革】 以消费需求为导向，以机制建立、平台搭建、规则制定为依托，开展“品牌管理与消费者营销”课题研究，推动卷烟营销模式由“推销”向“拉销”转型。组织卷烟营销调研论证、分析整理，形成包括品牌管理、终端服务、消费者营销3个方面9项规范性文件。改革工商、批零交易方式，推进营销模式、营销队伍转型升级，正式启用全省集中订货平台，形成按订单组织货源、按需求衔接计划、按状态调整策略的基本业务工作流程。加强营销网络终端建设和服务，至2014年底，全市建成卷烟现代营销网络终端900户，统一配备终端管理信息软件和扫码枪，其中捐款资助困难零售客户91名、38980元。

【基础建设】 灵活运用货币存量资金，深挖保值增值潜力，实现利息收入5718.2万元，同比增长50.9%。加强费用支出管控，预算执行率达99.39%，其中，会议费、业务招待费、市场营销费分别降低9.28%、27%、100%。14个重点税收风险点自查完成，通过国家税务总局检查。开展跟踪审计、同级审计、经济责任审计，落实前置性审计和后续整改审计措施。加强法律风险防控体系建设，妥善处理涉法涉诉案件7起。以打造精益物流为出发点，推进工业周转箱循环利用、“T+1”配送模式、工艺测试等试点工作，初步建立非法人实体运作模式。落实招标采购办法，公开招标23次，占比92%，涉及金额1096.1万元，占比94%。加强资产管理和基础设施建设维护，投资5100万元，完成修缮、改造类项目15项，处置“黄标车”91辆。推进信息化建设，完成机房改造、多系统共享平台搭建、管控平台优化、互联网地址绑定。开展课题研究，收集课题36个，上报省烟草专卖局27个。科技创新项目获得省级一等奖1个，专利授权1个，发表论文1篇。2014年市烟草专卖局参加全省14项对标活动，其中人均劳动效率、卷烟人均销售收入、成本费用利润率、卷烟三项费用率、人工费用占销售收入比重、单箱人工费用、单箱卷烟经营费用、单箱卷烟管理费用等8项指标位居全省第一，单箱经营管理费用指标位居全国第一。

石家庄市烟草专卖局（公司）

局　　长：王春怀（4月任）
经　　理：罗明海（4月免）
　　　　　田茂军（4月任）
副 局 长：田茂军（4月免）
　　　　　陈冉　（4月任）
副 经 理：白云峰（7月免）
　　　　　李鲁平（7月任）
工会主席：王义录
总会计师：付立民（2月免）

（王瑜红）

科学技术

科学技术

概　述

2014年，全市科技工作立足推进京津冀协同发展，实施创新驱动发展战略，深化科技体制改革，注重科技创新体系建设，巩固和提高企业技术创新主体地位，加快推进国家创新型城市建设。全年新增国家国际科技合作基地1家、省级国际科技合作基地2家、院士工作站8家、省级创新型企业7家、省级农业科技园区2家；新认定国家火炬计划重点高新技术企业3家、高新技术企业82家、省级产业技术研究院1家，年末全市共有国家火炬计划重点高新技术企业14家、高新技术企业396家。2家工程技术研究中心纳入省级工程技术研究中心管理序列，分别是石家庄天泉良种奶牛有限公司建设的河北省奶牛良种繁育工程技术研究中心、河北美邦工程科技有限公司和天津大学共建的河北省膜过程工程技术研究中心；6家工程技术研究中心纳入河北省工程技术研究中心建设计划；新认定市级工程技术研究中心20家。栾城、正定开发区获批省级高新技术产业开发区。2014年全市规模以上高新技术产业增加值完成310亿元，同比增长13%。至2014年末，全市拥有国家级国际科技合作基地9家，占河北省40%；省级国际科技合作基地11家；市级国际科技合作基地14家。认定各类科技成果310项，其中260项达国内领先以上水平。评选石家庄市科学技术特别奖3项，科技进步奖86项，其中一等奖12项、二等奖28项、三等奖46项，组织奖7项。登记技术合同1177项，技术合同成交额11.67亿元，占全省39.07%，位居全省首位。

全年争取国家科技部、省科技厅各类科技项目276项，资金21795.268万元。其中，国家级科技项目65项，资金13058.268万元；省级计划项目211项，资金8737万元。2014年全市235个科技项目列入市科学技术研究与发展计划课题，石药集团恩必普药业"丁苯酞注射液研究开发"等10个项目列入全市科技重大研发课题，申报"卫星移动通信射频终端芯片产业化"等15个项目列入2015年河北省重大科技成果转化项目。加快高新技术发展，实施制造业信息化科技示范工程，推进卫星导航与位置服务、光电子、高端装备制造等创新产业集群建设。推荐申报河北省2015年科技支撑项目73项，其中"工业过程控制硅流量传感器及系统"等9个项目申报2015年国家级计划项目。25个项目列入省级科技支撑计划项目，获得经费支持1455万元。提升农村科技水平，高标准完成农业科技成果转化资金项目、国家科技富民强县专项、星火计划项目申报，主动对接并融入国家农业科技发展战略。农业科技全年争取国家计划项目19项，经费2042万元；争取省支撑计划项目31项，经费1165万元。发展民生科技，以新药研发和新制剂技术为主，加强科技计划支持生物医药项目前期培育，推进重点行业节能减排技术创新。民生科技全年争取国家项目12项，其中"973项目"1项、"863项目"1项、国家重大新药创制专项10项，到位资金4216万元；争取省科技计划项目16项，到位资金679万元。推动科技合作，在深入企业调研基础上，结合石家庄市优势特色产业重大科技需求，挖掘和谋划一批重大国际科技合作项目，其中，5个项目列入国家国际科技合作计划项目，争取资金1206万元；3个项目列入省国际科技合作计划项目，争取资金110万元。支持中小企业发展，采取政策引导、集中培训、重点帮扶、资金支持等措施，做好科技型中小企业培育和认定。2014年全市94家科技型中小企业及服务机构获得国家、省创新基金（资金）4662万元。其中，国家创新基金项目立项22项，经费2742万元；省创新资金项目立项72项，经费1920万元。

搭建科技创新平台，发挥科技企业孵化器作用，推进创新人才建设，提升企业自主创新能力。“河北省特种分离膜工程技术研究中心”等2家工程技术研究中心纳入省级工程技术研究中心管理序列；“河北省环境监测装备工程技术研究中心”等6家工程技术研究中心纳入河北省工程技术研究中心建设计划。经省科技厅批准，河北科技大学建设“河北省增材制造产业技术研究院”，这是石家庄市首次建设省级产业技术研究院。新认定“石家庄市中等功率发动机工程技术研究中心”等市级工程技术研究中心20家。至2014年底，全市拥有市级以上工程技术研究中心（重点实验室）224家，其中，国家级工程技术研究中心1家、省级58家、市级121家；国家级重点实验室2家、省部共建2家，省级40家。2014年石家庄市奖励36家创新平台资金1800万元，其中，奖励国祥运输等13家省级企业技术中心、玻璃基板成套设备关键技术等3家省级工程实验室各100万元资金；奖励博伦特药业等18家市级企业技术中心、中兽药研究等2家市级工程实验室各10万元资金。科技孵化器管理水平和孵化能力提升。34人列入河北省首批火炬创业导师名单。新增石家庄天山科技工业园运营服务中心、石家庄日中天科技企业孵化器有限公司2家省级科技企业孵化器。2014年末，全市经认定国家级科技企业孵化器4家、省级5家，孵化场地面积近100万平方米，在孵企业660家，涉及软件、电子信息、生物医药等产业领域。石家庄科技中心建设成绩突出，成为全国540家国家级孵化器中考核为A类（优秀）72家孵化器之一，也是河北省唯一一家A类孵化器，获得河北省优秀院士专家服务中心称号，并被认定河北省中小企业公共服务示范平台。公共技术服务平台实现新突破。石家庄国际生物医药技术服务平台（中欧联合实验室）通过“美国FDA”、加拿大卫生部、“中国CNAS”认证，成为国内首家同时具备以上3项实验室资质生物医药公共技术服务平台，实验室水平和能力达到国际标准，出具证书或报告在56个签署互认协议的国家、地区均被认可，有效消除非关税技术性贸易壁垒，减少重复检测。科技创业投融资服务平台成功推动3家孵化企业在资本市场上市。石家庄市大型仪器设备共享平台开展对外合作交流，平台网站访问量达到20多万次，累计向4000多家企业、单位技术创新提供检验检测服务6万余次。加大高层次人才引进和培育力度，组织开展第三届科技领军人物、科技创新团队认定，新认定科技领军人物、科技创新团队各15个；新增院士工作站8家，年末全市院士工作站达到23家，联络合作院士达到80余名。2014年石药集团有限公司、石家庄金刚凯源动力有限公司获得河北省院士智力引进工作先进单位称号。

推进高新技术企业认定，加强知识产权管理，增强科技服务能力。全年新增高新技术企业82家、国家火炬计划重点高新技术企业3家；新增省级创新型企业7家，年末全市共有国家级创新型（试点）企业5家，省级创新型企业及省级创新型试点企业38家，其中创新型企业24家；市级创新型（试点）57家。扶持科技型中小企业发展，起草《石家庄市科技型中小企业成长计划（2014年—2017年）》，出台《石家庄市科技型中小企业技术创新资金管理办法（试行）》，新设立创新资金1000万元；新认定科技型中小企业727家。吸引高校和科研院所优秀科技人才服务科技型中小企业发展，率先在全省建立工业企业科技特派员制度；筛选2批76名工业企业科技特派员派驻企业，帮助企业制定技术发展战略，开展技术攻关，促进科技成果转化，建立创新平台和基地。加大科技政策宣传力度，采取举办培训班、与税务部门沟通协调等形式，宣传落实企业研发费用加计扣除政策。在全市17家省级以上开发区开展专利提升行动，消除“零专利”企业157家。实施企业知识产权贯标行动，新培育贯彻《企业知识产权管理规范》标准试点企业6家，年末全市培育企业知识产权贯标试点企业43家，其中14家通过国家标准认证，占全国近10%。帮助8家企业成功获得商业银行专利权质押贷款1.22亿元。专利申请授权量快速增长，2014年全市专利申请6373件，授权4433件，其中发明专利申请2089件，授权677件。开展无假冒专利示范单位创建活动，累计打造

"无假冒专利示范单位"达到70家；开展打击侵犯知识产权和制售假冒伪劣商品专项行动，假冒专利商品上柜率控制在1%以下，侵权纠纷案件调处法定期限结案率达到90%以上。

扩大民生领域技术研发和应用推广，大力实施科技民生工程。2014年全市安排生物医药项目26项，占社会发展领域课题立项数52%，均为新药研发和新制剂技术项目。推进重点行业节能减排技术创新，重点加强大气污染治理和医药、化工、建材、冶金等重点行业节能减排，共安排节能减排项目17项。鼓励和支持医疗卫生领域技术创新，针对发病率高、严重危害人民健康的常见、多发及重大疾病预防、诊断、治疗，安排"骨折愈合疗效评价抗体芯片的研制"等指令性课题，向全市医疗机构筛选推荐2015年省级医疗卫生项目11项。实施农业、农村科技服务行动，选拔知名专家、专业技术人才及乡土人才等143人组成第三批农业科技特派员，深入农业生产一线，其中，个人特派员110名、法人特派员25名、特派员团队8名。推进农业科技园区建设，新增省级农业科技特派员创新创业基地2家，累计达到9家；新认定省级农业科技园区2家，累计达到9家；建成市级山区优势特色产业科技示范基地31家。探索和谋划科技特派员服务科技园区、基地对接活动，新组建山区苹果产业、旱作杂粮2个产业技术创新联盟；"省会农村科技12396综合服务系统"开通，年培训农民120万人次。实施选育农业新品种（系）工程，15个品种通过省级审定，实现常规育种技术与生物育种技术结合。落实国家粮食丰产科技工程，2014年经农业专家在藁城区小麦攻关田实打实收，小麦石新633品种亩产达到721.2千克，再次刷新河北省小麦单产纪录。推进国家级药用辅料与制剂产业集群建设，成立药用辅料与制剂全国产业技术创新战略联盟；"重大新药创制"科技专项课题"高端医药园创新药物孵化基地"项目通过国家验收。开展科普宣传活动，2014年全国文化科技卫生"三下乡"活动首次在石家庄市行唐县启动，支持行唐县科技资金200多万元；发挥"石家庄市科普巡回宣讲服务团"作用，全年深入农村、社区、学校开展科普宣讲380余场次，参加培训人数5万余人。

推进科技大市场建设，加快提升技术转移和成果转化服务能力。7月18日，由市政府投资，市科技局负责建设管理运营石家庄科技大市场落成并启动运营，建筑面积6500平方米。2014年石家庄科技大市场与国家知识产权局、京津及国内其他地区15家技术转移部门和科研机构建立合作关系，在科技大市场设立工作机构；引进建设银行、华夏银行、河北银行及天津股权交易所、石家庄股权交易所等42家金融、证券、会计、律师、工商、税务、资产评估及创业服务机构，向企业提供全方位一站式服务。与京津高校、科研院所开展产学研合作，实施关键技术攻关，吸纳京津科技成果转化，重点支持36项科技成果转化和平台建设项目与京津合作，其中6项重点转化项目列为石家庄市对接京津产业项目。推动科技合作，38家单位与美国、德国等27个国家和地区建立科技合作与交流关系。石家庄亿生堂医用品有限公司被国家科技部认定为"多糖类生物医学材料国际科技合作基地"，石家庄天泉良种奶牛有限公司等2家单位被省科技厅认定为省级国际科技合作基地。

（市科技局）

科学技术研究与发展计划

【概况】 2014年，市科学技术研究与发展计划（简称市科技计划）围绕优势产业领域，依托骨干企业、高等院校和科研院所，紧跟科技发展需求，突出产业技术优势，加大项目筛选力度，全力争取国家、省科技计划项目和资金支持。实施科技重大专项和基本科技计划。科技重大专项，包括促进产业结构调整，推进经济发展方式转变和社会发展，培育壮大新的经济增长点和产业集群有重大影响作用，能够突破产业发展关键技术，形成高附加值、高技术含量为主产品体系，显著提升相关产业核心竞争力，能够形成自主知识产权，有望列入国家和省重大科技计划项目。基本科技计划包括科技支撑计划、政策引导类计划和科技创新平台建设计划。科技支撑计划，面向国民经济和社会发展需求，重点解决经济社会发展中的重大科技问题，是全市实施的主体计划，包括科技专项和重点技术创新项目。政策引导类计划，包括技术转移与科技成果推广计划、软科学研究计划和国际科技合作计划。科技创新平台建设计划，包括石家庄科技创业中试基地、市级工程技术研究中心和技术创新平台建设。2014 年全市争取国家、省各类科技项目 276 项，资金 21795.268 万元，其中，国家级计划项目 65 项，资金 13058.268 万元；省级计划项目 211 项，资金 8737 万元。235 个项目列入市科学技术研究与发展计划课题，其中 10 个项目列入市科技重大研发课题。25 个项目列入省级科技支撑计划项目，获得经费支持 1455 万元。

【经费安排】 全年市本级财政安排应用技术研究与开发专项资金（简称研发资金）14410 万元，其中，安排计划资金 12410 万元，科技型中小企业技术创新资金 1000 万元，科技成果转化风险补偿专项资金 1000 万元。编制下发科学技术研究与发展计划 1 批，课题 266 项，经费 13410 万元；科学技术研究与发展指导计划 2 批，课题 167 项。全部科技计划课题中，科技支撑 205 项，经费 5539 万元；成果推广 7 项，经费 97 万元；软科学 11 项，经费 77 万元；国际科技合作 5 项，经费 92 万元；条件平台建设 27 项，经费 5385 万元；其他计划 11 项，经费 2210 万元。重大科技研发课题 10 项，经费 1000 万元。八大科技专项 193 项，经费 4524 万元。企业承担课题 196 项，经费 5226 万元；科研院所 20 项，经费 379 万元；高等院校 11 项，经费 89 万元。产学研课题 122 项，经费 2764 万元。

【实施效果】 通过实施科技计划，引进、吸纳和培育一大批优秀人才。参加课题人员中，享受政府津贴专家 12 人，省、市管专家 65 人；吸引市外人才 142 人，其中省外人才 85 人，省外人才中京津人才 19 人；培养研究生 165 人。获得一批创新性成果，取得新产品、新材料 77 个，新工艺、新装置 92 个，计算机软件 27 个，发表论文 108 篇，形成标准 164 项。获得一批自主知识产权成果，专利申请 176 件，其中发明专利申请 76 件；专利授权 103 件，其中发明专利授权 23 件。在关键技术取得重大突破，开发和形成一批具有应用价值的技术成果，新增销售收入 3.53 亿元，新增利税 6793 万元，出口创汇 310.5 万美元；培育农作物新品种 13 个，新品种推广面积 45.76 万亩，畜禽推广数量 3299.6 万头（只），年总收入 3.06 亿元。节能减排成效显著，节煤 17.6 万吨，节电 665.07 万度，节水 404.99 万吨，减排废气 1515 立方米，减排废水 892.9 吨，减排废物 5.04 万吨。

（市科技局）

工业科技与发展高新技术产业

【概况】 2014 年，全市精心谋划国家、省、市工业科技项目，推进高新技术产业发展和生产力促进中心建设，综合监测网络关键技术研究与应用验证、高精度低成本 GNSS/INS 深耦合测绘车定位系统等 4 个项目列入国家重大科技专项和“863 计划”；通用飞机低成本复合材料设计制造技术、基于 3D 打印技术复杂零件快速制造等 25 个项目列入河北省科技支撑计划项目，获得经费 1455 万元。物联网用 MEMS 传感器及其批量制造技术、金刚石制品高压烧结新技术、智能全自动助力机械手系统、TD—LTE 双极化室内分布天线、类自然光谱的 LED 封装技术研究等 72 个项目列入市级科技计划项目。加快生产力促进中心建设。栾城区、正定县、赵县 3 家生产力促进中心通过 ISO9001：2008 质量体系认证。开展“河北省省会生产力促进联盟信息资源共享应用研究”，整合聚集 15 家成员单位信息化科技服务资源。快速制造工程技术平台、生物产业基地技术服务平台及栾城县生产力促进中心科技型中小企业服务平台、高邑县建陶生产力促进中心建陶产业集群技术创新服务平台项目分别获得河北省科技资金支持 20

万元。率先在全省建立工业企业科技特派员制度。印发《石家庄市工业企业科技特派员选派工作实施方案》，明确工业企业科技特派员任务、选派程序及政策。2014年全市筛选2批76名工业企业科技特派员派驻企业，涉及先进装备制造、新材料、生物医药、资源与环境、新能源与节能等高新技术领域。推进文化科技创新。以技术创新项目为引领，将文化科技创新列入市科技计划项目指南，8个项目列入市科学技术研究与发展计划课题；推荐7个文化科技项目申报2015年省级科技项目。以示范企业为带动，市科技局、市委宣传部联合推荐3家文化创新企业被认定为首批河北省文化科技融合示范企业，分别是石家庄九龙文化传播有限公司、河北精英影视文化传播有限责任公司、河北玛雅影视有限公司。推动创新型产业集群试点。制定试点管理机构建设方案，落实政策，促进高新技术产业向集群化、协同化、创新化发展。依据《河北省科学技术厅关于开展首批河北省创新型产业集群试点工作的通知》（冀科高函〔2014〕29号）要求，申报卫星导航与位置服务创新型产业集群、光电子创新型产业集群获批河北省首批试点。药用辅料与制剂产业集群获批国家第二批创新型产业集群试点。实施制造业信息化科技示范工程。发挥华药集团、冀凯集团等8家省级制造业信息化示范企业带动辐射作用，开展基于CAE阀门产品快速设计系统、期刊数字出版SaaS服务支撑平台等项目研究与开发信息化项目，培育高端制造业等战略性新兴产业，推进制造业结构调整和转型升级。向省科技厅推荐上报石家庄四药股份有限公司、石特阀门股份有限公司2家企业获批省级制造业信息化科技工程示范企业，年末全市省级制造业信息化科技工程示范企业达到10家。

【高新技术企业】 做好高新技术企业培育和认定；联合河北省高新技术企业协会举办石家庄市高新技术企业培训会。栾城、正定开发区获批省级高新技术产业开发区。2014年河北华北柴油机有限责任公司、博广热能股份有限公司、石家庄安瑞科气体机械有限公司3家企业入选2014年国家火炬计划重点高新技术企业。实施2批184家高新技术企业认定和复审，其中，认定153家，复审31家。至2014年底，全市共有国家火炬计划重点高新技术企业14家、高新技术企业396家；规模以上高新技术产业增加值完成310亿元，同比增长13%。

【创新型企业】 全年新增省级创新型企业7家，分别是：石家庄四药有限公司、河北省电力勘测设计研究院、石家庄亿生堂医用品有限公司、石家庄开发区明达电子技术有限公司、河北华北柴油机有限责任公司、河北东安精工股份有限公司和石家庄煤矿机械有限责任公司。2014年2月，河北省科技厅认定石家庄市5家企业为2013年度省级创新型企业，分别是：河北常山生化药业股份有限公司、河北极峰农业开发有限公司、石家庄新泰特种油有限公司、河北科星药业有限公司、河北省电力建设调整试验所。至2014年底，全市共有国家级创新型（试点）企业5家；省级创新型企业及省级创新型试点企业38家，其中创新型企业24家；市级创新型（试点）57家。

【科技企业孵化器】 按照科技企业孵化器建设优惠政策，分别奖励4家国家级、省级科技企业孵化器资金500万元、100万元。提升孵化器管理水平和孵化能力，组织各孵化器申报河北省首批火炬创业导师，经省科技厅审核，34人列入河北省首批火炬创业导师名单。获得省级孵化器能力建设项目2项，支持资金60万元。2014年10月，石家庄天山科技工业园运营服务中心、石家庄日中天科技企业孵化器有限公司2家科技企业孵化器获认省级科技企业孵化器。至2014年底，全市认定国家级孵化器达到4家，省级孵化器达到5家；孵化场地面积近100万平方米；在孵企业660家，涉及软件、电子信息、生物医药等产业领域。2014年石家庄科技中心考核为A类（优秀）国家级孵化器，全国共72家，这是河北省唯一一家A类孵化器，并被国家科技部火炬中心认定为“创业苗圃—孵化器—加速器”科技创业孵化链条建设示范单位。

【科技型中小企业】 全年94家科技型中小企业及服务机构获得国家、省创新基金（资金）支持4662万元。其中，国家创新基金项目立项22项，经费2742万元；省创新资金项目立项72项，经费1920万元。组织申报2015年度国家、省技术创新资金项目257项。出台《石家庄市科技型中小企业技术创新资金管理办法（试行）》，印发《2014年度石家庄市科技型中小企业技术创新资金项目申报指南》，安排市级科技型中小企业技术创新资金项目55项，支持经费1000万元。起草《石家庄科技型中小企业成长计划(2014—2017年)》，采取政策引导、集中培训、重点帮扶、资金支持等措施，做好科技型中小企业培育和认定。至2014年底，全市累计认定科技型中小企业1730家。

（市科技局）

【技术创新示范企业认定】 2014年11月，国家工业和信息化部、财政部认定石家庄市华北制药集团有限责任公司、东旭集团有限公司2家企业为2014年国家技术创新示范企业。至2014年底，全市共有包括以岭药业、神威药业、华北制药、东旭光电4家工业企业获得国家技术创新示范企业称号。2014年11月，石药集团有限责任公司、东旭集团有限公司、石家庄四药有限公司、石家庄中煤装备制造股份有限公司、河北农哈哈机械集团有限公司、河北兴柏药业集团有限公司、石家庄新华能源环保科技股份有限公司7家企业通过河北省省级技术创新示范企业认定，获得2014年“河北省技术创新示范企业”称号。至此，全市共有16家企业获得省级技术创新示范企业认定，总数居全省首位。

（范玉蕾）

【新增6家省级企业技术中心】

2014年11月，河北省发改委、省科技厅、省工业和信息化厅、省财政厅、省国税局、省地税局和石家庄海关联合发文公布2014年省认定企业技术中心名单，石家庄市的河北汇金机电股份有限公司技术中心、石家庄工业泵厂有限公司技术中心、河北圣雪大成制药有限责任公司技术中心、同辉电子科技股份有限公司技术中心、河北奥星集团药业有限公司技术中心、河北苹乐面粉机械集团有限公司技术中心6家企业技术中心入选。至此，全市省级以上认定企业技术中心达到91家，数量位居全省首位。

（吴温）

社会发展领域科技进步

【概况】 2014年，全市安排生物医药项目26项，占社会发展领域课题立项数52%，均为新药研发和新制剂技术项目。鼓励和支持医疗卫生领域技术创新，针对发病率高、严重危害人民健康的常见、多发及重大疾病预防、诊断、治疗，安排“骨折愈合疗效评价抗体芯片的研制”等指令性课题，向全市医疗机构筛选推荐2015年省级医疗卫生项目11项。推进重点行业节能减排技术创新，重点加强大气污染治理和医药、化工、建材、冶金等重点行业节能减排，安排节能减排项目17项。围绕食品安全、公共安全、气象灾害预测预警等民生问题，安排一批指令性课题，主要有：“海洋多糖与益生菌协同保健作用及在发酵乳中应用研究”“基于物联网的公路路况自动监测与信息发布系统开发”等。围绕大气污染治理，开展脱硫脱硝和高效除尘、挥发性有机物控制、机动车排放净化、环境监测及“石家庄雾霾天气监测预警技术研究”“省会大气环境现状分析及治理对策研究”。8月5日，全市7家大气污染治理科技企业到河北省秦皇岛市参加河北省科技厅举办大气污染防治技术成果对接会，10位专家发布大气污染防治重点技术。

【生物医药技术创新】 围绕生物医药产业特色，谋划打造生物医药技术创新高地，加强市级科技计划支持生物医药项目培育。2014年全市安排生物医药项目26项，占社会发展领域课题立项数52%，均为新药研发和新制剂技术项目。主要项目有：河北鲲翔济世医药科技有限公司承担的“抗丙肝病毒Ⅰ类新药－亲环素抑制剂STG-175临床前研究”、石家庄四药公司承担的“对乙酰氨基酚氯化钠注射液”、以岭药业承担的“连花急支片治疗急性气管－支气管炎的新药临床研究”、亿生堂承担的“新型壳聚糖止血海绵的技术研发”、神威药业“中药一类新药丹酚酸A冻干粉针的临床前研究”、常山生化“磺达肝癸钠生产工艺研究”等。

【节能减排技术创新】 重点加强大气污染治理和医药、化工、建材、冶金等重点行业节能减排，安排节能减排项目 17 项。主要项目有：“改性微米水雾控制城市 PM2.5 排放系统装备的研发”“均匀受限富氧曝气工艺处理生活污水特性及技术研究”“利用废塑料使用环保着色技术生产有色涤纶短纤维”“小区热交换站热负荷预测及控制优化研究”“基于原料协同优化的加气混凝土砌块生产工艺技术研究”“钢渣—矿渣—粉煤灰复合胶凝剂的开发及应用”等。

（市科技局）

科技合作与交流

【概况】 2014 年，全市科技系统深入企业和科研院所调研，挖掘筛选一批国际科技合作项目，多次组织企业参加国家科技部、省科技厅举办国际科技计划项目培训会，主动帮助和指导企业完善评审答辩材料，有效提高了企业项目入选国家和河北省国际科技合作计划项目成功率。至 2014 年底，全市共有国家级国际科技合作基地 9 家、省级国际科技合作基地 11 家、市级国际科技合作基地 14 家；列入国家国际科技合作计划项目 5 项，争取资金 1206 万元；列入河北省国际科技合作计划项目 3 项，争取资金 110 万元；新增院士工作站 8 家，院士工作站累计达到 23 家，联络合作院士 80 余名。2014 年石药集团有限公司、石家庄金刚凯源动力有限公司获得河北省院士智力引进工作先进单位称号。

【科技合作交往】 采取走出去、请进来方式，扩大国际科技合作与交往。2014 年全市派出科技代表团 2 批 13 人次。其中，市科技平台代表团赴意大利、德国访问，促成市科技创新服务中心（中意企业创新孵化器河北分中心）与意大利热那亚科技园达成初步合作意向；市电子信息科技代表团赴加拿大、美国访问，促成中国电子科技集团公司第 13 研究所与卡尔顿大学、美国 ICDS 公司合作项目。2014 年石家庄市 38 家单位与美国、德国等 27 个国家和地区开展国际科技合作与交流，接待来自瑞典、澳大利亚、意大利等国家外国专家 20 余人次到市科研院所、企业开展科技考察和项目洽谈。由海外留学团队创建科技型企业——河北博伦特药业有限公司 2014 年内聘请美国、英国、意大利、日本、韩国、印度等国家专家学者 15 人次来访，举办技术讲座、开展学术交流和技术服务，推进该公司与日本东京工业大学联合承担的国家国际科技合作项目顺利进行。5 月 14～30 日，市科技局支持市神州花卉研究所与重庆、贵州、云南等省市单位联合举办“首届中国杜鹃花资源与产业发展国际系列研讨会”，来自英国爱丁堡皇家植物园、比利时根特大学、荷兰范登柏克公司、国际植物园保护联盟(BGCI) 等国内外从事高山杜鹃科研、生产、教学、行业管理专家参会，研究探讨高山杜鹃资源保护、开发应用及现代化产业体系发展。

【科技展览洽谈】 全年组织企业参加 5 月 14～18 日第十七届中国（北京）国际科技产业博览会（简称北京科博会）、5 月 18～19 日 2014 中国·廊坊国际经济贸易洽谈会（简称廊坊经洽会）等科技展览和洽谈会。参加第十七届中国（北京）国际科技产业博览会，石家庄市筛选 15 个项目开展科技招商，组织河北四方通信设备有限公司“光纤产业集群项目”、河北华威凯德照明科技股份有限公司“LED 照明产品功能模块产业化项目”、河北广联信息技术有限公司“二维码注册解析云服务平台”、河北奕康生物科技有限公司“细胞生物技术研发与转化项目”4 个高新技术项目参加河北展区展览；展会期间，石家庄市企业发放宣传资料 500 余份，接待洽谈 420 人次，签订合作意向书 3 项，达成合作意向 14 项。参加 2014 中国·廊坊国际经济贸易洽谈会，石家庄市 5 家企业参加由河北省科技厅、省教育厅共同举办“科研院所、高等院校成果项目对接会”，参会企业与科研院所、高等院校达成合作意向 5 项。其中，河北科星药业有限公司与中国科学院过程研究所就“紫锥菊免疫增强产品”和“免疫球蛋白分离纯化”2项成果引进达成初步意向。12月5日，石家庄市组织4家高新技术企业参加在河北省廊坊市举行“中国·河北军民融合国防工业协同创新成果展示洽谈会”，奥星制药设备（石家庄）有限公司、河北四方通信设备有限公司等企业分别与北京航空航天大学、北京理工大学、哈尔滨工业大学、解放军信息工程大学等高校对接洽谈，达成合作意向7项。

【科技大市场】 5月29日，省会高校、科研院所联席会议召开，20家高校、科研院所科技部门领导参加，会议介绍了科技大市场功能、业务范围、发展方向，安排部署科技大市场启用前筹备事项。联系与石家庄签订科技合作协议省内外高等院校、科研院所，收集科技成果，开展科技资源对接与共享。2014年科技大市场收集22家高校院所科技成果1500余项；邀请国内知名院校、科研院所在科技大市场设立技术转移分支机构或工作站，挂牌单位8家。协助企业和科研机构牵线搭桥，成功撮合多个产学研合作项目。7月18日，市科技局举办“京津冀协同发展与石家庄科技创新高峰论坛暨科技合作项目签约仪式”“新型高效长寿命金刚石锯切工具技术开发”等10个项目签约，企业投入研发资金755万元。

（市科技局）

【中韩6D动漫技术合作项目落户石家庄科技中心】 2014年初，中国文化团队和韩国4D领域株式会社共同研发的“中韩6D动漫技术合作项目”落户石家庄科技中心。“中韩6D动漫技术合作项目”是由中韩共同组建的果莺动漫科技有限公司研发，以果莺科普题材为动漫原型，利用世界领先的4D动感技术，研发设计6D影院全套设备，编辑制作集东方文化色彩与科普性、趣味性、大众文娱性为一体的科普动漫影片。6D影院具备立体放映系统、震动座椅与特殊效果设备、计算机控制系统3个特点，可再现影片主题所涉及的环境、环境内的各种细节以及观众在特定环境内的遭遇等，较好地营造出人身临其境的整体效果。

【亿生堂医用品有限公司获认国家级国际科技合作基地】 2014年11月，国家科技部认定石家庄亿生堂医用品有限公司为“多糖类生物医学材料国际科技合作基地”。至此，全市国家级国际科技合作基地达到9家，占河北省拥有量40%。石家庄亿生堂医用品有限公司是以研究开发、生产销售生物医用材料为主的科技型企业，也是石家庄市多糖类工程技术研究中心。该公司坚持自主研发为主、同时加强技术引进和对外合作交流，与日本东北大学、俄罗斯医学科学院西北分院、日本新山手医院、加拿大西安大略大学中国技术转移中心等机构开展国际科技合作与交流，并承担国家、省国际科技合作计划项目。

【新增2家省级国际科技合作基地】 2014年12月，省科技厅新认定石家庄天泉良种奶牛有限公司、河北博伦特药业有限公司为省级国际科技合作基地。至此，全市省级国际科技合作基地达到11家。石家庄天泉良种奶牛有限公司近年与加拿大太平洋遗传中心和美国Trans Ova Genetics公司在奶牛全基因组育种技术、胚胎生物技术、健康养殖、粪污无害化处理技术等方面开展国际合作，建立集奶牛营养、繁育和疾病检测为一体的联合实验室，并承担多项科技合作项目。河北博伦特药业有限公司与英国、意大利、日本、印度、瑞士等国家开展科技合作，涉及医药中间体、生物酶等领域，还派员工到国外参观、学习、参展，邀请国外专家学者到公司举办技术讲座。2013年2家企业均获评“石家庄市国际科技合作示范基地”。

（李云萍）

科学技术普及

【概况】 2014年，全市广泛开展科普宣传活动。1月9日，2014年全国文化科技卫生“三下乡”活动首次在石家庄市行唐县启动，支持行唐县科技资金200多万元。5月16日，2014年石家庄市暨新华区科技活动周集中宣传活动在新华区水上公园广场举行，50余家单位参与活动。做好科普统计，起草《关于开展2013年度全市科普统计工作的通知》，印发《2013年度石家庄市科普统计调查方案》。依据科普统计，初步掌握2013年全市科普工作现状，涉及科普人员、科普场地、科普经费、科普传媒、科普活动5个方面86项指标。开展科普宣讲活动，针对大众科普知识需求，制定农村、城市两套宣讲方案，举办专题讲座170场次，做到群众需要什么讲什么。发挥“石家庄市科普巡回宣讲服务团”作用，全年深入农村、社区、学校开展科普宣讲380余场次，参加培训人数5万余人。市科普宣讲团自2009年成立，至2014年底，在册专家270人，累计举办讲座1000余场，受益群众10万余人。

【科技活动周】 5月16～22日，2014年石家庄市暨新华区科技活动周集中宣传活动在新华区水上公园广场举行。科技、气象、环保、卫生等25家市科普联席会成员单位、正定科技馆及新华区科普工作联席会成员单位、乡（镇）街道办事处等50余家单位参与。科技周主题为“科学生活·创新圆梦”。科技周活动现场摆放科普宣传展板，宣传展示科技创新重大成果；围绕食品安全、空气质量、应急避险、低碳节能、健康生活等与老百姓生活密切相关热点问题举办宣传、咨询、义诊活动，普及科学知识和技术方法，提高公众科学素质；正定科技馆运用自然科学原理，展示了天文观察、“穿墙而过”、“双曲狭缝”、“空气炮”等20多个科学知识，有效激发群众互动、参与创新热情和科学探索好奇心。

（市科技局）

【西柏坡中学光伏发电站并网投用】

2014年7月，西柏坡中学分布式光伏发电站并网发电。这是一个集教学、科研、发电等多功能为一体的低碳科普基地，也是河北省首座“校园光伏发电站”。该发电站使用光伏行业最常用的单晶硅、多晶硅组件，采用不同运动形式，其中两组需要手动调节方向，一组是自动跟踪太阳转动，另一组是东西方向自动调节，南北方向需要手动调节；设计目的主要是让学生尽可能了解光伏行业发展的新技术；年发电量1万千瓦时，其中学校可直接利用5000千瓦时左右，上网电量近5000千瓦时，按国家能源政策，学校年可获得直接收入6000元左右，同时节省电费近3000元，综合经济效益近1万元。

（岳金宏　曹永刚）

【文化科技卫生“三下乡”活动】 1月9日，由中共中央宣传部、国家科技部、农业部、文化部等8部委和河北省委、省政府联合主办的全国文化科技卫生“三下乡”活动在行唐县文化广场举行，这是该项活动自1996年开展起，首次在石家庄市举办。全国文化科技卫生“三下乡”活动期间，集中发放各类科技图书、资料和宣传画，接待群众3000人次；各级科技系统支持行唐县科技资金200多万元。

（市科技局）

山区经济技术开发

【概况】 2014年，全市山区各县(市、区)争取省级科技计划项目11项，经费118万元；列入市级指令性科技计划项目13项，经费185万元；列入市级指导性科技计划项目21项。按照2014年初制定重点任务，结合山区特色产业科技示范基地建设，选择山区县（市、区）推广优质核桃标准化栽培技术、优质甜樱桃省力化栽培技术、散养柴鸡标准化养殖技术、山区设施蔬菜绿色高效栽培技术、石榴防冻害技术、肉牛混合日粮饲养技术、钙镁产业节能减排新技术等10多项技术成熟先进、量大面广、见效较快的技术成果，加大科技推广力度，提高山区农民种养效益。推进山区新农村科技示范村建设，按照市委办公厅、市政府办公厅印发《关于加强石家庄市山区资源综合开发、加快山区经济发展的意见》要求，围绕山区新农村科技示范村建设，争取市级山区科技示范村建设专项资金10万元，帮助10余个示范村建立科技书屋、科技橱窗、聘请专家和开展技术培训。扶持山区特色产业龙头企业开发新产品、新技术，提高技术创新能力和产业辐射带动作用，主要新产品、新技术项目有：井陉矿区昊源林果场承担的“苹果大树高光效树体改造及优质高效关键技术研究与示范”、鹿泉区谷家香椿专业合作社承担的“山区设施香椿高效生产技术集成与示范”、井陉华茂钙业有限公司承担的“轻质碳酸钙干燥余热利用及粉尘回收技术研究”等项目。

【新增3家省级山区特色产业科技示范基地】 2014年12月，省科技厅公布第四批河北省山区特色产业科技示范基地名单，石家庄市井陉县旱作小杂粮产业科技示范基地、井陉矿区优质苹果生产科技示范基地、元氏县设施蔬菜产业科技示范基地入选。截至2014年底，全市拥有省级特色产业科技示范基地10家，认定市级山区优势特色产业科技示范基地31家。根据《石家庄市山区特色产业科技示范基地认定办法》，市山区开发办公室指导协调基地所在县（市、区），加大科技创新和科技投入力度，重点支持科技立项，并向市级财政争取基地建设活动经费10万元，用于举办培训班、印发技术资料、推广新技术等。2014年河北省科技厅组织专家对石家庄市平山县大西柏坡红色旅游与生态休闲产业、鹿泉区奶业2个省级科技示范基地开展绩效评估，成绩均为优秀。

（市科技局）

【4个项目获得河北省山区创业奖励】 2014年石家庄市4个项目获得河北省山区创业奖励。其中，“水貂改良及仔貂保育技术的研究与应用”获得二等奖；“知母仿野生栽培技术研究与示范”“太行山区优质高效花生新品种筛选及配套栽培技术集成与示范”“白僵菌防控美国白蛾无公害集成技术研究”“太行山区优质黄羽肉鸡引进及高效放养技术研究与应用”3个项目获得三等奖。2014年全市33个项目获得山区创业奖。其中，赞皇县天然农产品开发有限公司和河北农业大学共同承担的“太行山生态放养鸡林草平衡技术研究开发”；市果树站完成的“核桃优质无公害标准化生产技术示范推广”；元氏县民兴农业专业合作社完成的“甘薯保鲜及产业化技术研究示范”获得一等奖。

（李云萍）

【农民技术培训】 2014年初，市山区开发办公室印发《关于开展2014年全市山区农民科技大培训活动的通知》及《实施方案》，向山区县(市、区）下达培训任务，制定奖惩措施。向市财政争取农民培训专项经费12万元，用于农民培训活动补贴。各山区县（市、区）聘请院校和科研单位专家教授，采取举办培训班、技术讲座、科技下乡、现场咨询等方式，全年培训农民10余万人（次）。

【山区特色产业技术创新联盟】 2014年市山区开发办公室多次调研山区设施蔬菜产业，召开院校、科研单位、企业、基地和管理人员座谈会。11月7日，市山区设施蔬菜产业技术创新联盟成立大会在元氏县召开，来自科研单位专家教授和蔬菜种植加工企业60多人参加会议。至2014年底，全市成功组建市山区苹果产业、旱作杂粮产业、蔬菜产业3个技术创新联盟。

（市科技局）

专利与知识产权保护

【概况】 2014年，全市围绕“实施知识产权战略，建设创新型石家庄”主线，制定《石家庄市4·26知识产权宣传周活动方案》《石家庄市专利周活动方案》，开展知识产权宣传培训，举办各类知识产权培训班30余期，受训近5000人次。市知识产权局、市教育局、市科学技术协会联合制定印发《中小学知识产权教育示范学校工作方案》，在全市开展中小学知识产权教育示范学校培育。举办“中国公众知识产权知识有奖竞赛”活动，回收试卷答题卡1000余份。实施专利行政执法，全年组织专利保护专项行动检查48次，检查商贸单位及生产企业90余家，立案处理专利侵权纠纷117件，查处假冒专利案件119件。开展贯彻知识产权管理标准试点，2014年12月国家知识产权局公布全国首批145家知识产权管理体系认证合格企业，其中包括石家庄市14家企业。至2014年底，全市有43家企业列入省贯标试点单位，22家企业通过验收，14家企业通过认证。推进知识产权质押融资，采取政策引导、搭建平台、资金扶持、目标管理、强化跟踪服务等措施，促进专利技术与金融资本强力融合，2014年全市企业获得商业银行专利权质押贷款总额1.32亿元。提升专利服务能力，修订完善《石家庄市专利专项资金管理办法》，将知识产权专项经费增至500万元；资助专利实施项目20个，资助金额150万元；奖励为经济和社会发展做出突出贡献获奖项目28项，发放专利奖50万元。2014年全市专利申请量6373件，授权量4433件，专利申请量、授权量均居全省第一。其中，4项专利获得中国专利优秀奖；11个项目获得河北省知识产权优势培育工程专利奖，2项发明专利项目获得一等奖。2014年市知识产权局获得河北省知识产权局无假冒专利示范单位先进集体称号，被省科技厅、省知识产权局等10部门联合授予省知识产权优势培育工程专利奖优秀组织奖称号。

【专利服务】 修订完善《石家庄市专利专项资金管理办法》，将知识产权专项经费增至500万元。增加专利实施项目资助经费，资助专利实施项目20个，资助金额150万元。增设专利奖，奖励为经济和社会发展做出突出贡献获奖项目28项，发放专利奖50万元。实施开展专利提升行动和知识产权优势企(事)业培育工程，选派知识产权特派员为试点企业提供一站式服务，普及专利知识、培养专利人才、建立专利制度、制定专利战略、完善专利服务，提升知识产权创造产出能力。2014年度河北省知识产权优势培育工程专利奖获奖项目38个，石家庄市11个项目获奖，其中，石家庄以岭药业股份有限公司的“一种治疗慢性心衰的药物组合物及制备方法”和石家庄五龙制动器股份有限公司的“电梯制动器PWM控制电路”2项发明专利项目获得一等奖。推进专利保险试点，降低企业维权成本。2014年全市5家企业为36项专利投保专利执行险，投保金额29600元，河北科星药业有限公司为1项核心专利投保专利侵权责任险，成为全国投保侵犯专利权责任保险首个客户。培养和引进知识产权人才，多次举办代理人实务技能培训，提升中介机构服务水平，提高专利申请质量。2014年全市专利申请中，发明专利占比增至32.8%，PCT（参见《石家庄年鉴2014》第565页）申请116项。

（市科技局）

【4项目获得中国专利优秀奖】 10月14日，第十六届中国专利奖评选结果揭晓，石家庄市4个专利项目获奖。其中，石药集团中奇制药技术（石家庄）有限公司的“一种盐酸多柔比星脂质体注射剂及其制备工艺”，石家庄以岭药业股份有限公司的“一种治疗慢性心衰的药物组合物及制备方法”，神威药业集团有限公司的“一种抗病毒的药物组合物及其制备方法”发明专利项目分别获得医药生物领域优秀专利奖；

河北省建筑科学研究院的“一种碳纤维电热板及其加工工艺”获得电学领域优秀专利奖。中国专利奖由国家知识产权局和世界知识产权组织共同组织开展，设有中国专利金奖、中国专利优秀奖、中国外观设计金奖、中国外观设计优秀奖，每年举办一次。第十五届中国专利奖评奖，石家庄市获奖2个。2014年全国医药生物领域授奖45项，石家庄市获得3项。

（李云萍）

【知识产权质押融资】 推进企业知识产权产业化发展，引导创新型企业利用专利权质押实现知识产权市场价值。制定出台《石家庄市专利权质押贷款工作安排意见》，市知识产权局、市金融工作办公室多次举办全市专利权质押融资银企对接会，向各县（市、区）企业宣讲专利权质押贷款政策。创新担保方式，拓宽知识产权质押融资渠道，促进专利技术与金融资本强力融合。采取政策引导、搭建平台、资金扶持、目标管理、强化跟踪服务等措施，2014年企业获得商业银行专利权质押贷款总额1.32亿元。河北金环包装有限公司是一家专业生产药用包装瓶盖高新技术企业，主要产品有抗生素瓶用铝塑组合盖、输液瓶用铝塑组合盖等各种药用铝塑组合盖和药用铝盖，是上海罗氏制药有限公司、华北制药、无限极（中国）有限公司等多家大型药企供应商。2014年该企业以“一种生产药用塑料盖的热流道模具”“瓶盖计数包装机”“桥式铝塑供料装置”等5项专利及部分土地作抵押，通过中国农业银行获得专利质押贷款2200万元。

【贯标试点】 组织企业贯彻知识产权管理标准（简称贯标），协助企业建立规范化、标准化知识产权管理体系。在全市范围筛选43家企业，开展知识产权贯标试点，多次召开企业知识产权管理规范试点培训会、座谈会，邀请专家就贯标及认证工作的具体方法、步骤、要求和流程进行详细解读。协调4家咨询机构与贯标试点企业建立对口帮扶关系，发挥知识产权服务机构人才资源，在石药集团、华北制药、博深工具等试点企业现场审核体系文件，对照评审指标逐条查找企业体系文件存在问题及规章制度存在缺项与漏项，查看企业内审与管理评价，帮助企业解决贯标工作中遇到的难题。加快推进贯标试点，帮助企业和服务机构储备贯标人才，培训贯标内审员56人，并建立QQ群快速推进贯标沟通、交流。2014年12月，国家知识产权局公布全国首批145家知识产权管理体系认证合格企业，其中包括石家庄市14家企业，占全省54%，占全国近10%。至2014年底，全市有43家企业列入省贯标试点单位，22家企业通过省级验收，14家企业通过国家认证。

【专利行政执法】 制定出台《石家庄市专业市场保护方案》，开展专业市场知识产权保护试点培育，在怀特装饰城、东明家具城等专业市场辅导企业建立完善商品准入制度、内部检查制度、受理投诉制度、核查制度、档案管理制度、诚信奖惩制度等，规范企业经营行为。开展展会专利执法维权，安排执法人员进驻正博会、药博会等重大展会，建立快速、便捷办案机制。实施知识产权执法维权护航专项行动、打击侵犯知识产权和制售假冒伪劣商品专项行动等，严厉打击侵犯专利权违法行为，营造良好的知识产权保护环境。创新工作方法，在部分商贸流通企业组织集中培训，编印发放《专利政策法规汇编》，受到企业和群众好评。2014年全市专利保护专项行动出动检查48次，检查商贸单位及生产企业90余家，立案处理专利侵权纠纷117件，调处专利纠纷7件，查处假冒专利案件119件。

（市科技局）

科学技术奖励

【概况】 2014年，全市收到科学技术奖励申请项目140项，其中，市科学技术特别奖3项，科技进步奖137项。经评委会审查，138项符合评审要求，其中，市科学技术特别奖3项，科技进步奖135项。2014年全市最终评选市科学技术奖项目89项。其中，科学技术特别奖3项；科学技术进步奖86项，科技进步一等奖12项，科技进步二等奖28项，科技进步三等奖46项。评选市科学技术进步组织奖7项。2014年石家庄市获得河北省自然科学二等奖1项；省技术发明三等奖1项；省科技进步奖10项，其中，一等奖2项，二等奖6项，三等奖2项；神威药业集团有限公司董事长李振江获得省突出贡献奖。2014年石家庄市获得国家科技进步二等奖1项，项目由神威药业集团有限公司与清华大学共同完成，项目名称为“中药注射剂全面质量控制及在清开灵、舒血宁、参麦注射液中的应用”。2014年全市科技获奖成果中，53项为国家、省、市等各级政府资金支持形成科技成果，占获奖项目总数60%；59项非社会公益类获奖项目，生物医药、装备制造、新材料、节能环保等传统优势产业和新兴产业领域获奖项目42项，占获奖项目总数47%；民生科技成果获奖项目27项，占获奖项目总数30%。企业科技创新主体作用突显。2014年全市企业参与完成科技成果53项，占比60%，其中企业作为第一完成单位成果50项，占比56%；59项非社会公益类获奖项目，产学研项目12项，占比20%。2014年全市科技进步奖奖励项目87 %的项目成果达到国内领先以上水平，23%的项目成果水平达到国际先进水平以上。科技奖励项目总体经济效益较好，根据统计，2011～2013年科技进步奖奖励项目累计新增销售收入89.8亿元，新增利税37.8亿元。

（市科技局）

表60　　2014年度石家庄市科学技术特别奖

序号	项目名称	完成单位	主要完成人
1	45MPa储氢气瓶的研制	石家庄安瑞科气体机械有限公司	赵京茂　王五开　张洪　刘玉红　王会赏
2	KE-9400智能变电站系统	石家庄科林电气股份有限公司	陈贺　屈国旺　陈洪雨　吕燕石　孔江涛
3	阿维菌素高产菌种选育及其产业化	石家庄市兴柏生物工程有限公司	王琳慧　范令涛　宋立斌　刘现伟　赵锁军

表61　　2014年度石家庄市科学技术进步奖一等奖

序号	项目名称	完成单位	主要完成人
1	抗果实病害枣新品种‘曙光4号’选育及应用	石家庄市林业技术推广站	李玉平　王振亮　曹花平　张桂然　鄚翀　潘凤龙　赵慧芬　李开森　牛玉堂　白江平
2	高产高油大豆新品种石豆4号选育与应用	石家庄市农林科学研究院 中国科学院遗传与发育生物学研究所农业资源研究中心	王玉岭　李占军　金素娟　杜郁　赵璇　丁月芬　牛宁　徐秋良　张丽玲　张金辉

（续表）

序号	项目名称	完成单位	主要完成人
3	禽源大肠杆菌耐药基因检测及中药防治技术研究	河北大山动物药业有限公司 河北农业大学	张铁　王春光　吕建存　刘廷玉 李瑞中　杨鹤云　何欣　张广群 翟向和
4	上市中药注射剂过敏反应的发生机制及其预防的基础研究	石家庄市中医院 石家庄学院 石家庄市第三医院 中国中医科学院中医临床基础医学研究所	赵玉斌　肖颖　刘鸣义　刘金里 郝哲　赵凤琴　郭新娥　谢雁鸣 李延峰　田峰
5	维生素C生产新工艺的开发及产业化	河北维尔康制药有限公司	周晓冰　秦志勇　刘荣亮　刘海妹 杨朝晖　李宏　宋晓伟　王秋生 孙君伟　吴玉雪
6	益气通络颗粒	神威药业集团有限公司	陈钟　姜国志　杨宝翠　孙胜斌 张岩岩　张霞　姜海　甄兰敏 刘铁军　张华健
7	头孢噻肟生产新技术开发及应用	华北制药河北华民药业有限责任公司	张军立　胡卫国　庞春虎　刘倩 王玉红　姚宝林　高俊艳　张致一 崔克娇　刘明儒
8	盐酸多柔比星脂质体注射液	石药集团中奇制药技术（石家庄）有限公司	李春雷　李彦辉　梁敏　王彩霞 赵曦　张兰　杨汉煜　郭文敏 高玉清
9	硫酸寡糖新型抗肿瘤药物的研究开发	河北常山生化药业股份有限公司	姬胜利　崔洁　白文举　刘红莉 杜旭召　姬忠国　王英辉　马志华 宋金凤
10	STR系列节油、环保、高效内燃机组件开发	石家庄金刚内燃机零部件集团有限公司	王季明　张彩霞　刘献丰　魏情 李树林　贾政丽　樊耀文　张靖华
11	功能性发酵乳技术集成及应用	石家庄君乐宝乳业有限公司	魏立华　朱宏　王世杰　康志远 陆淳　何方　任发政　王红叶 贾军燕　王慧
12	KZ75-1520型石砟漏斗车研制	南车石家庄车辆有限公司	许秀峰　孙瑞林　武进雄　李裕飞 张宝山　赵维宗　马连会　吴慧娟 何宝财　刘岩

表62　2014年度石家庄市科学技术进步奖二等奖

序号	项目名称	完成单位	主要完成人
1	多用途萱草优良品种引选及栽培技术研究	河北新星林业科技开发有限责任公司	储博彦　尹新彦　张全锋　赵玉芬 李金霞　马金贵　陈利
2	石家庄市动物卫生监督与生鲜乳质量安全监控信息平台开发及配套技术研究	石家庄市动物卫生监督所等	贺小云　赵洪明等
3	农作物秸秆快速腐熟处理和资源化利用技术	石家庄金太阳生物有机肥有限公司	刘志军　王占武　张清敏　李明 刘占辉　李永　李伟

（续表）

序号	项目名称	完成单位	主要完成人
4	高产、优质、抗病虫棉花新品种石杂101和石早98的选育及应用	石家庄市农林科学研究院	李增书 赵丽芬 眭书祥 朱青竹 李爱国 冯恒文 赵媛
5	超声心动图对正常胎儿心肌厚度及心功能的研究	石家庄市第四医院	张燕宏 李伟娟 陈桂红 刘咏 李红萍 梁丽华 孙聪欣
6	胸腺五肽治疗实验性自身免疫性脑脊髓炎的实验研究	中国人民解放军白求恩国际和平医院	徐玉 郭力 李彬 袁玉洁 王颖 王秀丽
7	齐拉西酮和坎地沙坦酯药物安全性研究	石家庄市第八医院等	石吉民 孙志刚等
8	科技数字图书馆基础条件建设及资源开发	石家庄市科技信息研究所	刘晓峰 李国强 马学东 孙倩 徐周 刘晓静 封明彦
9	以学生为主体的质疑式护理技能强化训练对学生职业能力影响的研究	河北医科大学第四医院石家庄市第二医院	李蓉 李宏斌 张瑞丽 李志红 李慧娟
10	酵母菌引起腹泻的实验室诊断与治疗	石家庄市第三医院	付素兰 任天红 刘景武 张荣 王国文 孙文泽
11	康复新蒙脱石散糊剂对放疗所致口腔炎的治疗	石家庄市第一医院	何洋 赵兰花 张凤华 张辉伟
12	氧化苦参碱改善非酒精性脂肪肝大鼠肝脂沉积的机制探讨	石家庄市第三医院 河北化工医药职业技术学院 河北省人民医院	史丽娟 石磊 王超 宋光耀
13	富马酸伊布利特原料和制剂	石药集团中奇制药技术（石家庄）有限公司	梁敏 郑利刚 高玉清 杨占坤 吴文芳 汪玉梅 刘立云
14	脂肪细胞分化标志物抗体芯片的研制与应用	河北博海生物工程开发有限公司	李彬 李素娟 张锐 贾晓彦 李宏伟 彭兵 纪翠平
15	恒流高压直流电场除硝酸酸雾转化工艺	石家庄凤山化工有限公司	康延寿 张立新 左吉元 张伟 李晓 葛文省 张瑜
16	噻二唑类化合物的开发	河北博伦特药业有限公司	张敬栓 庞海东 王春田 王运波 宋洁洁
17	PLC智能控制湿干法联合脱硫除尘技术	平山县西柏坡宇清环保设备有限公司	封彦彦 封晓飞 付志涛 赵博 靳秀英 宋文波 耿浩轩
18	无磷助剂4A沸石及分子筛原粉生产新技术	石家庄健达高科化工有限公司	高俊伟 张新功 华建村 石月涛
19	零热耗服装室温生物酶洗整理技术	石家庄美施达生物化工有限公司 河北科技大学	姚继明 张玲 魏赛男 麻丽坤 郭召月
20	高速钢大盘重盘条开发	河冶科技股份有限公司	梁敬斌 韩志彬 王海航 樊巧彩 赵辉建 吴立志 王春燕
21	PLFXMS105高效环保节水洗麦机	河北苹乐面粉机械集团有限公司	胡凤赞 胡志文 王凤成 熊梦飞 刘洪治 兰文斌 王利丰
22	易燃易爆品自动装配生产线	河北科技大学 河北省石家庄市高级技工学校 石家庄华新源电器有限公司 上海交通大学附属仁济医院	朱维璐 孙会琴 安国庆 闫彩红 刘玉章 朱胤慈 刘建业
23	山前平原主要农作物遥感监测与农业地理信息系统的研建	石家庄铁道大学 石家庄市万丰种业有限公司	张文胜 宋宁 王永强 高桂凤 张泽照 张天伟 郭倩倩

（续表）

序号	项目名称	完成单位	主要完成人
24	脱硫石膏节能保温防水砌块	河北绿洲机械制造有限公司 河北科技大学	张庆长 赵风清 张志国 赵立柱 张新年 耿培 丛显虎
25	XHSVG 有源动态无功补偿装置	河北旭辉电气股份有限公司	韩劲松 李瑞桂 董锁英 郑金枝 高志辉 吴洪伟 董会然
26	大型社区消防联动综合控制系统	河北正光报警设备有限公司	黄锦波 朱华卫 张效玮 孙会桥 廉志龙
27	健康宣教对脑中风患者康复参与及功能恢复影响的研究	石家庄市第一医院	侯永辉 刘瑛 马凤华 白玉 李晓彦 杨军静 陈秀明
28	2 型糖尿病无症状性脑梗死相关危险因素探讨	石家庄市第一医院	闫淑静 张秋伏 李进景 朱书惠 张兵 张秀明

表 63　　2014 年度石家庄市科学技术进步奖三等奖

序号	项目名称	完成单位	主要完成人
1	小麦旋耕撒播联合播种机	河北省农业机械化研究所有限公司	刘焕新 吴海岩 高清海 王进朝 陈志英
2	中药免疫增强剂及替代畜禽养殖抗生素的研究	河北安然动物药业有限公司等	胡英杰 梁银聚等
3	小麦精细化栽培技术与济麦 22 引进推广	石家庄市种子管理站等	孟小芬 冯立辉等
4	草莓臭氧去感染及雪花梨优质安全技术研究	栾城县圣泰农林科学研究所等	李梦钗 张江红等
5	玉米新品种三北 21 的适应性示范和推广	石家庄美农种业有限公司 藁城市鑫农种业有限公司	宋聚红 岳存奇 许刚 齐连芬 张丽玲
6	极峰 17 玉米新品种的选育	河北极峰农业开发有限公司	贾锋利 张建丰 张战奇 梁兰 张玲
7	轻型缓释育苗基质研究与应用	石家庄市永生园林绿化有限公司 河北省林业科学研究院	王春荣 王艳芝 高红真 毕丽娟 王超
8	太行山区优质黄羽肉鸡引进及高效放养技术研究与应用	河北苍山农业科技开发有限公司	魏忠华 王学静 张兆琴 栾费明 刘亚娟
9	TFT-LCD 液晶玻璃基板生产新工艺	石家庄旭新光电科技有限公司	李青 齐彦民 张冰 李炜 张守文
10	育龄女性泌乳素瘤诊疗干预与生育能力评价	新乐市医院	潘秀平 支晓平 王清江 王凯 周雷贵
11	健脾化浊方治疗中心性浆液性脉络膜视网膜病变临床研究	河北省正定县人民医院	韦保朝 代云燕 李力
12	心理干预对农村产妇分娩结局的影响	赞皇县医院	李位雪 牛玉华 王志芹 王俊霞 谷聚爱
13	胎盘 Hofbauer 细胞、新生儿胃液 HBV 在垂直传播中的作用	石家庄市第五医院	孙淑媛 杨丽萍 逯旭红 聂敏翠 张瑞芬 张占学
14	微创技术在膝、掌骨关节治疗中的应用	石家庄市第三医院	周颖 关健 郑伟等

（续表）

序号	项目名称	完成单位	主要完成人
15	经尿道前列腺等离子电切术、附睾和睾丸穿刺术的临床观察	石家庄市第四医院等	刘俊山　杜晓光等
16	应用激素、抗生素及微量元素分析对多种新生儿病患者的临床意义	行唐县人民医院等	宇文阁　史军然　齐卫斌等
17	俯卧吸氧及家庭督导对 COPD 及肺结核患者治疗疗效的研究	石家庄市疾病预防控制中心等	张青剑　张帆等
18	下肢中小动脉闭塞症腔内治疗的临床观察	石家庄市第一医院等	罗玉贤　任密果等
19	二级甲等医院剖宫产率趋势及活跃期临床资料分析	河北省晋州市人民医院等	秦玉平　戎惠娟等
20	太阳能光伏与建筑绿色照明系统研究示范工程	石家庄科技创业投资有限公司 河北立德电子有限公司 河北建筑设计研究院有限责任公司	王文辉　朱晓东　夏明颖　曹红志 任志刚
21	滋养细胞浸润深度与 β-HCG 及 CA125 相关性研究	石家庄市第一医院	铧丽霞　吕英璞　刘祎　张少静 王素改
22	石家庄市妇女乳腺疾病流行病学调查分析	石家庄市第一医院	孟庆春　田云霞　苑欣然　马爱芬 高兰芳
23	心肌梗死 、冠心病患者救治及 OX40/OX40L 水平预后作用临床研究	石家庄市第一医院等	何雪辉　张荷等
24	骨质疏松性椎体骨折诊治中围手术期影像学资料的应用价值研究	石家庄市第一医院	张立兴　梁云川　张斌　郭尔斐 宋亮亮
25	呋布西林同分异构体的研究	石家庄市华新药业有限责任公司	张菁　姜建国　冯丽　常俊山 杜增辉
26	青霉素、四环素、氟喹诺酮类兽药残留快速检测技术	石家庄市畜产品质量监测中心 河北农业大学 保定市畜牧水产局	赵国先　王新　王建平　左晓磊 孙莉
27	GK-YJ 新型孔道压浆剂	石家庄市长安育才建材有限公司	王龙飞　籍凤秋　董树强　刘江涛 刘杰
28	新型头孢菌素中间体 3 位活化体应用研究	河北化工医药职业技术学院	张静　杨静　范继业　郝艳霞 陈慧
29	一种用于预拌砂浆的复合型稳定剂	河北金舵建材科技开发有限公司	王文彬　李红双　安玉红　和卫彦 郝建江
30	石家庄市重点行业 VOCs 及恶臭污染物识别研究	石家庄市环境监测中心	孙彦敏　冯媛　杨丽丽　姜建彪 齐堃
31	高透明、高阻隔环保性复合膜袋	河北永新包装有限公司	姜志绘　陈宝生　郭群良　王红卫 杨茹
32	石家庄创新型城市建设县（市）区指标体系与考核评价研究	石家庄市软科学研究会 石家庄市科技信息研究所	谭鑫　薛合庸　肖培　张宝其 田祖光
33	邮政代理金融业务现状及发展研究	河北省邮政公司石家庄市分公司 石家庄生产力促进中心 石家庄信息工程职业学院	谢春茹　李孟伟　李鑫　左鲁平 王素娟

（续表）

序号	项目名称	完成单位	主要完成人
34	面向企业技术创新的科技信息服务模式与平台建设研究	石家庄市科技信息研究所等	尚岩　李华等
35	隧道通风竖井快速施工技术	中铁十七局集团第三工程有限公司	邓华军　曹会芹　王华　杨金成　李宁
36	丝瓜络复合纺织品	河北益康针棉织有限公司	苏亿位　赵二军　许震震　冯振秀　栗文清
37	新型整体烧结磨盘	博深工具股份有限公司	吴建　江斌　苏士伟　李春月　张文娜
38	一种高结合强度金刚石工程薄壁钻头及制造方法	石家庄环球新世纪工具有限公司	苗健　金礼国　冯振联　张爱兵
39	供热采暖系统系列分户温度控制器	石家庄市自动化研究所新技术试验厂	张全悦　邵立平　郝培　杨向文　边静
40	高速实时路况服务便民系统研究开发	石家庄川石科技有限公司	李文军　董十弓　张立杰　张永博　白红林
41	900DT-F110 大型脱硫循环泵研制与开发	石家庄工业泵厂有限公司	高纪平　路春谦　席兆峰　吴胜华　贡海亭
42	石家庄市科技计划网络管理服务平台	河北省电子信息技术研究院	许文耀　刘洁　张文涛　许永亮　胡立娜　张宏燕
43	流动式汽油车简易瞬态尾气排放检测新技术研究及应用	石家庄华燕交通科技有限公司	康杰　邸建辉　范国彦　贾晓磊　陈南峰
44	基于模糊自适应算法的污水处理控制装置的研制	石家庄泰达科技有限公司 河北科技大学	赵哲　黄丽敏　王慧　王玉恒　赵英宝
45	环保型铝板带轧制液	石家庄新泰特种油有限公司	丁峰　丁浩　李学兵　张慧财　孙彦松
46	基于界面设计的纳米二氧化硅/PVC 复合材料	石家庄学院 河北吉美工贸开发公司	崔文广　高岩磊　曹红志　张雪红　王凤贞

表 64　　2014 年度石家庄市科学技术进步组织奖

序号	获奖单位
1	石家庄安瑞科气体机械有限公司
2	石家庄科林电气股份有限公司
3	石家庄市兴柏生物工程有限公司
4	石药集团欧意药业有限公司
5	神威药业集团有限公司
6	石家庄金刚内燃机零部件集团有限公司
7	华北制药河北华民药业有限责任公司

【《高新技术成果落地石家庄奖励办法》】 2月7日，石家庄市出台《高新技术成果落地石家庄奖励办法》。共设立4个不同奖励等级。其中，特等奖奖金500万元，要求技术水平达到国际先进及以上、项目投资规模5亿元以上；一、二、三等奖奖金分别为300万元、100万元和50万元。申报成果奖必须符合以下条件：知识产权清晰，技术成熟先进，创新点突出；符合国家产业政策，列入国家和省、市优先发展的高技术产业化重点领域；符合石家庄市产业发展方向，对促进全市产业产品结构调整、优化、升级具有明显推进作用；产业化程度高，成果转化迅速，示范、带动作用强，推广价值大，经济效益和社会效益显著；项目已竣工验收。2月10日，市政府办公厅印发《石家庄市2013年度高新技术成果落地奖奖励名单》。授予二等奖2个，分别为石家庄四药有限公司软包装输液安全性控制技术产业化示范项目，高新技术成果为大输液安全性控制技术平台；石家庄健达高科化工有限公司年产2万吨无磷助剂4A沸石及1万吨分子筛原粉生产线项目，高新技术成果为无磷助剂4A沸石及分子筛原粉生产新技术。授予三等奖3个，分别为石家庄市华新药业有限责任公司银杏叶软胶囊产业化项目，高新技术成果为银杏叶软件囊；河北山姆士药业有限公司盐酸二甲双胍口服固体缓控释制剂生产基地项目，高新技术成果国家五类新药盐酸二甲双胍缓释片；河北博宇节能设备有限公司通信机房用一体化空调机项目，高新技术成果为通信机房用一体化空调机。

（市政府文件）

【国家科学技术奖】 2015年1月10日，中共中央、国务院在北京举行2014年度国家科学技术奖励大会，石家庄市获得国家科技进步二等奖1项。项目由神威药业集团有限公司与清华大学共同完成，项目名称为“中药注射剂全面质量控制及在清开灵、舒血宁、参麦注射液中的应用”。该项目主要针对中药注射剂原料药材来源复杂、工艺粗放、有效成分不明确、质量难以控制等制约行业发展技术难题，依靠神威药业在中药注射剂科研、生产、销售等方面领先优势，历经近20年，构建了中药注射剂从源头到生产各个环节直至最终产品的全程跟踪式质量控制体系。该项目成果首次构建科学、合理的中药注射剂原料药材质量保障体系；首次成功构建中药注射剂制药全过程近红外在线监控系统；构建包括多维多息指纹图谱与多指标成分定量的中药注射剂全面质量评价体系，搭建了首个专属用于中药注射剂安全性评价的技术平台；首次以现代医学研究的模式阐明中药注射剂药效物质基础、作用机制及复方配伍的科学性。

表65　2014年石家庄市获得国家科技进步二等奖一览表

序号	项目名称	完成单位	主要完成人
1	中药注射剂全面质量控制及在清开灵、舒血宁、参麦注射液中的应用	神威药业集团有限公司 清华大学	李振江　陈钟　罗国安　刘军锋 杨辉华　李军山　姜海　梁琼麟 霍会斌　谢媛媛

（国家文件）

【河北省科学技术奖】 12月25日，河北省政府印发《关于2014年度河北省科学技术奖励的决定》，石家庄市获得河北省自然科学二等奖1项；省技术发明三等奖1项；省科技进步奖10项，其中，一等奖2项，二等奖6项，三等奖2项；神威药业集团有限公司董事长李振江获得省突出贡献奖，奖金50万元，享受省级劳模待遇（参见“人物”）。

表66

2014年石家庄市获得河北省自然科学二等奖一览表

序号	项目名称	主要完成人及单位
1	适应气候变化的作物高效用水调控机制	张喜英（中国科学院遗传与发育生物学研究所农业资源研究中心） 陈素英（中国科学院遗传与发育生物学研究所农业资源研究中心） 孙宏勇（中国科学院遗传与发育生物学研究所农业资源研究中心） 邵立威（中国科学院遗传与发育生物学研究所农业资源研究中心） 王彦梅（中国科学院遗传与发育生物学研究所农业资源研究中心）

表67

2014年石家庄市获得河北省技术发明三等奖一览表

序号	项目名称	主要完成人及单位
1	长大隧道施工作业环境治理技术研究	王新民（中铁十七局集团第三工程有限公司） 邓华军（中铁十七局集团第三工程有限公司） 姚亮（中铁十七局集团第三工程有限公司） 刘五一（中铁十七局集团第三工程有限公司） 袁俊青（中铁十七局集团第三工程有限公司） 唐海军（中铁十七局集团第三工程有限公司）

表68

2014年石家庄市获得河北省科技进步一等奖一览表

序号	项目名称	完成单位	主要完成人
1	哌拉西林钠原料药及其与他唑巴坦钠复方制剂的研制和产业化	华北制药股份有限公司	高任龙 郝瑞霞 吴金波 左丽华 胡卫国 王利杰 严正人 张彩霞 王景欣 王欣明
2	高活性益生菌发酵乳关键技术研发及产业化	石家庄君乐宝乳业有限公司 中国农业大学 河北科技大学	魏立华 任发政 朱宏 王世杰 康志远 张明 陆淳 赵亮 王红

表69

2014年石家庄市获得河北省科技进步二等奖一览表

序号	项目名称	完成单位	主要完成人
1	易制毒化学品监督管理服务平台建设与应用	河北斯博思创新科技有限公司	黄玉金 王德宝 郭瑞强 贺海宏 宋伟 赵书良 胡欣光 高志国 董栋 张钊
2	高速宽幅铝板带轧制添加剂的研究与开发	石家庄新泰特种油有限公司	丁峰 丁浩 甄国芬 李学兵 周志刚 周增强 丁贞君 杨秉陆 马玉岩
3	高产、优质、抗病虫棉花新品种石杂101和石早98的选育及应用	石家庄市农林科学研究院	李增书 赵丽芬 眭书祥 朱青竹 李爱国 冯恒文 赵媛 张艳丽 王虎 董章辉
4	微生物创新药物筛选平台的建立和应用	华北制药集团新药研究开发有限责任公司	路新华 郑智慧 任晓 可爱兵 丁彦博 林洁 李业英 郑海洲 朱京童 石英
5	高度近视眼后巩膜葡萄肿与加固术后的力学特性变化及相关研究	中国人民解放军白求恩国际和平医院 太原理工大学 河北医科大学第二医院	王超英 陈维毅 陈博宇 马景学 郝岚 刘迎庆 李涛 靳韬 仝春梅
6	中药新药降脂通络软胶囊研制及产业化	神威药业集团有限公司	陈钟 信蕴霞 姜国志 李振江 刘育强 王钦礼 周明霞 高会芹 张华健 刘铁军

表 70　　2014 年石家庄市获得河北省科技进步三等奖一览表

序号	项目名称	完成单位	主要完成人
1	头孢呋辛酸、头孢呋辛酯生产新技术开发	华北制药河北华民药业有限责任公司	魏青杰　刘东　甘平娟　周平凡　冀豫　张锁庆　张军立　卢远峰　陈秀红　刘树林
2	上市中药注射剂过敏反应的发生机制及其预防的基础及临床研究	石家庄市中医院 石家庄学院 石家庄市第三医院 中国中医科学院中医临床基础医学研究所	赵玉斌　肖颖　刘鸣义　刘金里　郝哲　赵凤琴　郭新娥　谢雁鸣　李延峰　田峰

（河北省政府文件）

【科学技术特别奖】 2014 年全市评选科学技术特别奖 3 项。石家庄安瑞科气体机械有限公司完成“45MPa 储氢气瓶的研制”项目，成功研制容积大于 500 升、工作压力高达 45MPa 储氢气瓶，实现储氢气瓶用大口径无缝钢管国产化，是世界上首次完成 4130X 材料在 45MPa、90℃环境下抗氢致开裂试验，掌握了大口径、厚壁无缝钢管端部成型及热处理等关键制造技术，获得国家技术发明专利，整体技术达到国际领先水平。该产品在 2010 年上海世博会、2011 年深圳大学生运动会固定、移动加氢站中应用。2012～2014 年新增销售收入 2.6 亿元，新增利税 7569.62 万元，创汇 642 万美元。

石家庄科林电气股份有限公司完成“KE-9400 智能变电站系统”项目，实现变电设备自诊断、一次设备智能化、二次设备网络化、站域及广域保护控制，支撑电网实时控制和智能调节，提升了电网运行的稳定性和可靠性。该成果获得 4 项发明专利、5 项软件著作权证书，2013～2014 年在全国近 200 个智能变电站投入运行，效果良好，新增销售收入 2.4 亿元，新增利税 8243 万元。

石家庄市兴柏生物工程有限公司完成“阿维菌素高产菌种选育及其产业化”项目，采用紫外线复合诱变技术选育出阿维菌素菌株，发酵产物中阿维菌素活性组分的水平从 4000g/ml 提高到 7000g/ml 以上，推动了阿维菌素行业技术进步，减少了化学农兽药的使用，经济效益和社会效益显著。该成果获得国家发明专利 2 项，申报国际专利 2 项，2013～2014 年新增销售收入 7024 万元，新增利税 5483 万元，创汇 552 万美元。

（市科技局）

科技成果转化推广与管理

【概况】 2014 年，全市大力实施科技成果推广计划项目，加速科技成果转化和技术转移与应用。全年安排科技成果推广计划项目 11 项，支持资金 152 万元。2014 年全市技术合同认定登记额稳步提升，实现技术合同总成交额（技术输出额与技术吸纳额之和）47.80 亿元，同比增长 24.84%。其中，技术输出额 12.31 亿元，占全省技术输出总额 41.21%，继续保持全省第一；技术吸纳成交额 35.49 亿元，同比增长 39.58%，占全省技术吸纳额 23.18%，位居全省第一。企业购买外省市先进技术项数和交易金额提高，企业引进节能环保、电子信息、生物医疗、新能源、先进制造等高新技术积极性增强。11 月 6～8 日，由中国技术市场协会主办的“第三届中国科技服务业论坛暨第七届中国技术市场协会金桥奖”颁奖大会在四川省成都市举行，石家庄市科技局在此会议上获评“先进集体奖”，这是市科技局连续 7 次获得该奖项。石家庄生产力促进中心（第二合同登记站）王静逸、石家庄高新区科技创业园区管理处（第三合同登记站）李彦玲获得“第七届金桥奖先进个人奖”；石家庄君乐宝乳业有限公司的“功能性发酵乳技术集成及应用”项目获得“第七届金桥奖优秀项目奖”。

【玉米新品种三北21适应性示范与推广】 根据石家庄市气候条件和生产条件，开展玉米新品种三北21的种植密度、播期、肥料等最佳试验，组装配套单项技术成果，明确关键栽培技术，形成完整的栽培技术体系。该项目采取“引种—小面积试种—大面积试验—技术推广”工作思路，经过两年推广，累计种植面积65万亩，平均亩增产68.7千克，总增收9800余万元，取得较好经济效益和社会效益。

【多行业数字城市三维地理信息系统应用研究推广】 该项目成果可高效管理城市规划、建筑、管网、地铁施工等行业，将行业空间信息形成三维可视化，为城市工程项目规划、设计、管理提供辅助决策和方便，较好提高了城市资源综合利用效益，节省大量的人力、物力、财力，具有良好的推广应用前景。

【基于3G移动通信技术农业科技信息服务平台建设与示范推广】 该项目建成集多功能为一体石家庄农业信息服务中心，开发组建石家庄农业科技信息服务网，同步运行3G移动终端版网站，实现计算机、3G手机、上网本、平板电脑同步运行。至2014年底，该项目建成40余位专家服务工作组，形成农业科技信息综合服务平台，服务覆盖332个行政村，发布信息15000余条，编印和发放实用材料30000余份。

【科技大市场】 7月18日，由市政府投资建设石家庄科技大市场正式启动运营，共3层，一楼设有产权交易厅、项目发布厅、科技金融服务平台，二楼设有项目对接厅、行政服务区、中介服务区、商务区和大市场管理办公室，三楼为科技展厅，总建筑面积6500平方米。2014年石家庄科技大市场围绕服务技术转移和成果转化，确立“立足省会、面向河北、协同京津、引领创新”总体思路，开展业务包括搜集、整理、筛选适合石家庄市产业发展规划的技术成果或专利技术向企业推介，搭建产学研合作桥梁，推进科技成果产业化；组织科技机构和专家学者为企业解决技术问题；为企业提供投融资服务，包括资产评估、风险投资、小额贷款、专利质押及担保服务；为企业提供政策性配套服务，包括技术合同认定登记、科技成果鉴定登记、大型仪器设备共享、中小企业创新基金、高新技术企业认定、科研经费加计扣除、科技成果转化风险基金、企业入孵等；举办多种形式的展示、推介、交流、培训活动，邀请国内外行业专家及投资机构举办项目发布会，向科技型中小企业提供技术与融资服务，推动企业与科研机构交流合作；组织驻场中介机构和行政部门为企业免费开展科技咨询、培训等，营造创新创业氛围；根据产业发展需求，组织科技成果展示交易活动。

（市科技局）

【国际生物医药技术服务平台通过CNAS评审】 2014年11月，由石家庄科技中心和石家庄润柏医药科技有限公司共建的石家庄国际生物医药技术服务平台（中欧联合实验室）通过中国合格评定国家认可委员会（简称中国CNAS）现场评审。至2014年底，“中欧联合实验室”完成“美国FDA”、“加拿大卫生部”和“中国CNAS”认证，成为国内首家具备以上3项实验室资质的生物医药公共技术服务平台。中国合格评定国家认可委员会是中国现阶段唯一、也是最具权威的实验室评审认证机构，获得中国CNAS认可，证明平台实验室水平和能力达到国际标准，产品检测结果安全可靠，出具的证书或报告在56个签署互认协议的国家或地区内被承认，可消除非关税技术性贸易壁垒，减少重复检测。

【北京地区12项高新技术项目转移对接】 12月18日，由市科技局与中国技术交易所联合举办的技术转移论坛暨北京地区高新技术项目发布会在石家庄科技大市场举行。6位来自北京地区国内外知名专家带来12项高新技术成果与石家庄市企业对接交流，涉及生物医药、化工及环保等多个领域。其中，中国科学院过程工程研究所科技开发处博士赵光明，发布项目“缓释药物及靶向药物载体开发”；北京化工大学生命科学与技术学院教授乔仁忠，发布项目包括“氨基糖类抗生素的合成工艺”、“替尼类抗肿瘤药物的合成工艺”、“内酰胺酶拟制剂的工艺优化”、“列净类药物的小试工艺”和“抗 HBV 药物的合作开发”；清华大学国际技术转移中心生化技术部实验室主任张文龙博士，带来“二十二碳六烯酸（DHA）”项目；北京林业大学材料科学与技术学院教授雷建都，发布项目“几种天然抗癌药物的产业化开发”；中国科学院生物物理研究所研究员董先智博士，带来“越橘花青素产业化”和“低温干燥设备产业化”项目；中国科学院城市环境研究所信息中心博士刘海宁，带来“回收利用废水中氨磷制备鸟粪石技术”和“高效生物聚合铁水处理剂的制备技术”两个项目。

（李云萍）

教 育

教　育

概　述

2014年，全市共有各级各类学校（含幼儿园）3255所，同比增加26所。其中，幼儿园1302所，同比增加75所；小学1378所，同比减少40所；中学415所（含初级中学218所、普通高中66所、九年一贯制学校79所、完全中学46所、十二年一贯制学校6所），同比减少6所；特教学校24所，与2013年持平；中等职业学校136所，同比增加2所；市属高校5所，与2013年持平。在校生1622591人，其中，在园幼儿284682人，小学生720565人，初中生306998人，普通高中生167183人，特教学生1302人，中等职业教育生141861人，高校学生47781人。教职工116868人，专任教师99708人。2014年全市共有民办教育机构（不含幼儿园）635所。其中，全日制学校160所，在校生147977人；民办教育培训机构475所，现有培训学生130269人。制定出台《石家庄市“百千万”名师培养工程实施意见(2014—2020年)》，计划到2020年，全市第一层次名师（人民教育家）达到50～100人，第二层次名师（河北省特级教师、学科名师、骨干教师）达到1000人，第三层次名师（市级学科名师、骨干教师）达到10000人。开展骨干教师、学科名师评选，2014年全市评选市级骨干教师980名、学科名师321名。至2014年底，全市共有特级教师292人，其中，在职156人，退休135人，离休1人；省级骨干教师447人，市级骨干教师4050人；省级名师83人，市级名师1227人。扩大优质教育资源，围绕市委九届五次全会提出“努力让孩子们都能上一个好学校”目标，市教育局将2014年确定为“优质教育资源提升扩充攻坚年”，采取基层调研、座谈研讨、专家指导等方式，多次专题研究扩充推进优质教育资源，并派人到苏州市、杭州市、郑州市等地学习借鉴优质教育资源提升扩充路径和经验。加强顶层设计，计划利用5年时间，全面推进普通中小学现代化学校建设，逐步实现优质教育资源全覆盖。启动改造义务教育薄弱学校基本办学条件，安排资金4.68亿元，实施项目学校1420所，开工土建项目312个。实施项目推动策略，2014年全市新建中、小学校24所，增加学位17058个。市24中整体改造一期工程、市职教中心教学培训楼项目竣工投入使用；市二中整体改造二期工程学生公寓和食堂项目、职教园区一期工程特教学校项目、示范性综合实践基地新建项目主体完工；职教园区一期工程信息技术学校、实验中学体育馆等项目正在主体施工，市15中整体迁建工程开工建设。县域行唐一中、井陉一中竣工投用，无极中学一期工程开工建设。推进集团化办学，主城区采取不同形式组建教育集团19个，县（市）组建教育集团或联合体40个，建成市二中教育集团、市28中教育集团、长安区艺术教育集团、省中小学书法实验学校教育集团、桥西区1+N模式等一批有影响力教育集团。2014年5月，平山县第二中学和温塘学校分别举行挂牌仪式，正式加入石家庄外国语教育集团。结合石家庄市部分行政区划调整，加快3个新城区由农村教育向城市教育转型，制定《关于促进新老城区及正定县教育一体化发展实施方案》，推动区域教育均衡发展。妥善解决民办代课教师教龄补助认定问题。2012年全市启动农村原民办代课教师教龄补助工作，分三批认定71033名农村原民办代课教师教龄补助。实施过程中，部分未纳入认定范围、参加企业职工养老保险人员对认定条件存有异议。6月9日，河北省教育厅、省财政厅、省人力资源和社会保障厅联合下发《关于进一步做好为农村原民办代课教师发放教龄补助工作的补充通知》（冀教人〔2014〕36号），同意将“符合教龄补助发放条件但已参加企业职工养老保险的原民办代课教师”纳入教龄补助范围。推进智慧课堂建设，长安区、裕华区、桥西区、新华区、高新区、藁城区、鹿泉区、赞皇县35所中小学校310个班级开展智慧课堂试点，利用信息化手段，提升课堂效率。举办首届“智慧课堂创新教学模式”研讨会，探索启动智慧教室试点、普及智慧教室工程、开展智慧课堂教学、提炼智慧教室成果等模式。2014年金柳林外国语学校、鹿泉区南铜冶小学率先引进智慧教室课堂教学辅助系统。2014年11月，石家庄市承办第十四届全国中小学图书馆工作者研修班暨中小学图书馆建设现场观摩会在市24中举行，来自全国各地代表1000多人参会，市18中、东风西路小学代表石家庄市较好展示了书香校园、图书馆现代化建设、图书馆开放式管理等建设成就。推进教育平台建设，市教育局、《石家庄日报》合作创办“教育时空”栏目，解读教育政策和回应社会关切，刊发信息22期。《石家庄教育》编纂出版18期，连续3年获评市级优秀期刊。《石家庄教育年鉴》编纂出版2卷。石家庄教育城域网改版运行，全年访问量达到650余万人次。至2014年底，全市建有县级成人教育学校17所（县级职教中心），乡镇成人教育学校220所；参加短期培训教育60万人次。

教育立法。《教育设施规划建设管理条例》出台。11月28日，河北省十二届人大常委会第十一次会议通过《石家庄市教育设施规划建设管理条例》，决定2015年1月1日起实施。主要内容：城市新建中小学、幼儿园设置规模和占地面积应当符合下列规定：每10万人设置不少于一所普通高级中学，总用地面积不少于100亩；每千人按39名初中生计算配建相应规模初级中学，每2.3万人至3.8万人设置不少于一所18班至30班初级中学，生均占地面积不低于18平方米；每千人按78名小学生计算配建相应规模小学，每7000人至2万人设置不少于一所12班至36班小学，生均占地面积不低于16平方米；每千人按39名学龄前儿童计算配建相应规模幼儿园，每4600人至9200人设置不少于一所6班至12班幼儿园，生均占地面积不低于14平方米。寄宿制学校每名寄宿生生均占地面积应当增加10平方米。《石家庄市教育设施规划建设管理条例》是河北省首部地方教育设施管理法规，填补了石家庄市教育设施规划建设管理法律空白，为科学合理确定教育设施布局，推进标准化学校建设，建立健全居民住宅小区教育设施配建、移交机制，扩充教育资源，解决区域“入园难”、“入学难”和“大班额”问题，满足群众优质教育需求提供了法律依据和保障。

教育改革。国家级改革创新项目。启动国家中小学教育质量综合评价改革实验区项目，制定《石家庄市中小学教育质量综合评价改革实施方案》，成立石家庄市中小学教育质量监测中心，建立推进和保障机制；编制《2014年石家庄市义务教育质量综合评价监测实验手册》，组织1.65万名中小学生开展学业质量抽样监测。推进区域教育发展协同创新项目，2014年在中国教育科学研究院专家组指导下，市教育部门形成《年度区域教育发展水平分析报告》，并在全国区域教育发展协同创新项目年终总结会上作经验介绍。开展国家特殊教育改革实验区项目，市教育局会同市发展改革、财政、残联等6部门制定出台《石家庄市特殊教育提升计划(2014—2016年）实施方案》，明确生均经费、购买服务等政策保障措施。国家数字教育资源公共服务平台试点项目，一期人人通学习空间、远程协作教研、专递课堂、资源公共服务平台等项目验收及培训完成，转入全面应用阶段，学校、教师、学生通过空间应用实现信息发布、备课授课、师生交流等功能。开展跨区域、跨校际网上互动教研，2014年平台注册学校1470所、教师39739人、学生和家长169732人，汇聚共享资源3.4万多个。投资1500万元，实施二期项目智慧教室建设、资源平台扩充、远程视频互动课堂搭建、IDC机房虚拟基础构架扩容等5项工作启动。12月22～23日，国务院教育督导委员会专项督导石家庄市教育信息化建设，查看正定县、晋州市12所学校，对教育信息化建设理念超前、建设与应用并重给予肯定。到2014年底，石家庄市实现国家级综合改革项目4项。率先在全省推行高中多样化发展改革。制定出台《石家庄市普通高中多样化发展三年行动计划(2014—2016年）》，在学科建设、职普融通、中外合作办学、拔尖创新人才早期培养4个方面引导高中实现优质化、特色化、多元化发展。首批打造20所特色高中，采取多批次、滚动式发展，整体推进普通高中多样化建设，满足学生个性发展要求和社会多样化教育需求，促进全市普通高中教育现代化水平整体提升。普通高中与中等职业教育融合贯通试点。2014年11月，石家庄市《普通高中教育与中等职业教育融合贯通试点工作方案》正式出台。计划利用3年时间，在全市首批15所8组普通高中和中等职业学校开展普职教育融合贯通试点工作。重点从课程建设、学生互转互通、学校资源共享、探索高中阶段普职融合贯通办学模式四方面开展；鼓励有条件的中等职业学校实行学分制，通过共享课程资源、教师资源、教育设施等形式开展普职融通；试点普通高中开设技术类课程，试点中等职业学校加强通用知识课程研究，鼓励符合标准的学生申请转入普通高中对应年级就读。首批15所8组普通高中和中等职业学校分别为：市第二十一中学和市职业财会学校；市鹿泉区实验高级中学和鹿泉职教中心；市第十九中学和市第一职业中专；市二中（西校区）和市第二职业中专；市第十中学和市职教中心；赵县实验中学和赵县职教中心；市第十一中学（该校有职业教育）；市第十五中学和市第三职业中专。招生制度改革。义务教育阶段学校严格执行免试、相对就近入学招生政策，明确规定就近入学学生比例不得低于90%；初中择校生参加中考不再享受公办省级示范性高中公助生指标分配到校政策。公办省级示范性高中分配生比例提高至90%，普通高中择校生比例降低到10%，有效缓解“择校热”问题，遏制了超计划招生现象。中考招生实行远程网上报名，更好保证了学生报名自主权，并率先在全省实现报名、阅卷、填报志愿、录取全程网络信息管理；中考体育全面实行电子化测试，保障了公平、公正、公开。依托石家庄学院成立石家庄市基础教育改革与发展研究中心，遴选一批基础教育领域专家和一线优秀教师，组建石家庄市基础教育专家库，为全市基础教育改革与发展提供强有力智力支持。

教育督导。开展县级政府教育经费投入、教师编制补充、农村义务教育阶段学校基本办学条件、学校项目工程建设等专项督导检查，督促县级政府履行教育责任，为教育改革发展提供保障。制定出台《石家庄市兼职督学聘任与管理办法》、《石家庄市督学考核办法》，建立健全督学管理制度和考核制度。开展督学队伍培训，提高督学专业水平。适应现代教育发展，在第一轮学校评估基础上，修订完善学前教育、义务教育、普通高中、中等职业学校4套评估方案，重新建立科学评估指标。2014年中等职业学校评估体系填补河北省空白，获得省级教学成果奖一等奖、国家级教学成果奖二等奖。启动第二轮学校评估工作，2014年共评估学校874所。

义务教育。新华区、裕华区、高新区、井陉矿区、新乐市、无极县6个县（市、区）通过国家义务教育基本均衡发展评估认定；正定县、晋州市、赵县、高新区、灵寿县、深泽县6个县（市、区）通过河北省义务教育基本均衡督导评估。到2014年底，全市通过国家义务教育基本均衡评估认定县（市、区）累计达到11个，通过省政府义务教育基本均衡督导评估累计达到19个，均占全省1/3。加大义务教育投入，2014年全市落实各级资金4.68亿元，开工土建项目312个，开工面积11.9万平方米，竣工项目147个，竣工面积6万平方米；购置教学仪器和生活设施设备75.8万台（件），课桌凳8.8万套，学生用床2.9万张，图书122万册。

教育考试。全年组织各级各类考试21次，参加考生人数776697人，考生总人数占全省考生近1/4。中考参加考生71446名，高考参加考生69979名。市教育考试院网站改版运行，设置在线咨询板块，为考生提供便捷在线咨询服务；开通研究生照片信息核对系统，方便考生核对本人信息。2014年高考成绩文理科本科一批上线人数9587人，上线率20.35%，同比增加5.28个百分点；本一上线率实现历史性突破，超出河北省本一上线率5.68个百分点，位次上升至河北省第二名。市保送生数保持全省第一，650名学生享受到全国985、211重点院校自主招生优惠政策。正定中学张腾飞以总分717分获得全省理科总成绩第一名。市二中、正定中学本一上线率达到90%；石家庄实验学校教学质量连年攀升，本一上线率达到77%。石家庄外国语学校175名毕业生保送升入全国名牌大学。市6中、12中为代表艺术高中，市35

中、45 中为代表美术职业高中均在高考中取得优异成绩。市二中李嘉宇、王大元分别获得物理、生物国际奥林匹克竞赛金奖。

民办教育。开展为期 2 个月教育培训机构集中清理整治，组织教育培训机构开展互查、联查，累计检查各类教育培训机构 400 余所。建立民办培训机构公示制度，公示市区审批和年检合格培训机构。完善民办教育协会工作机制，确定民办教育协会秘书处办公地点，召开民办教育协会副会长会议。组织近 350 名民办学校、幼儿园及教育培训机构负责人，开展 3 天民办教育规范管理培训，引导民办教育机构依法办学、规范办学、诚信办学，促进全市民办教育事业健康、和谐、规范发展。

队伍建设。创新教师培训模式，实施培训项目管理，按需设置“菜单式”培训，避免培训内容重复、针对性不强和时效性差等问题，提高培训效果。以师德教育、农村教师队伍素质提升、中青年教师队伍培养、骨干教师队伍建设为重点，采取大范围、多渠道、多形式培训中小学教师、校长和教育行政干部三支队伍，开展 6 大项、28 个小项、108 个培训项目，培训教师 107362 人次、校长 2840 人次、教育行政干部 1189 人次，投入财政资金 1600 余万元。重点开展校长素质提升培训，选派 12 名骨干校长到美国参加中美教育管理者互学项目高层次培训；在江苏省南京市举办骨干校长高级研修班，培训中小学校长 91 名；全员培训 850 余名新任职校长、1400 余名中小学教学校长；组织 104 名农村中小学校长到市区影子校长基地校挂职学习。全员组织幼儿园园长素质提升培训，培训幼儿园园长 1130 人。建立教师补充良性机制，采取向社会公开招聘、代课教师入编、免费师范生录用等形式，全年引进、补充教师 1597 人。其中，指导直属 4 所高校选聘硕士以上高层次人才 44 人（含博士 6 人），市直属学校补充教师 131 人；指导各县（市、区）教育行政部门履行中小学教师招聘录用职能，多渠道补充教师 1466 人。开展校长、教师交流轮岗活动，出台《关于进一步做好 2014—2015 学年度校长教师交流轮岗工作的通知》，按照 5%比例下达各县（市、区）新增指标 2002 名，实际完成 2217 名，其中校长交流 316 人。培养尊师重教氛围，以庆祝第 30 个教师节为契机，开展优秀教师评选和表彰活动，其中，3 个单位获得全国教育系统先进集体称号，15 名教师和教育工作者获得全国教育系统先进个人称号，12 个单位、136 名个人获得省级先进单位、个人称号。

教育科研。以科研为引领，深化课程改革。2014 年全市教育系统立项河北省规划课题 218 项，占全省总数 30.6%。首次开展小课题研究，立项 383 项，结题 295 项。市教科所及 4 所学校、60 名教师获得河北省基础教育课程改革先进单位、教师称号，获奖学校及教师数均列全省第一。35 项教学成果获得河北省第六届基础教育教学成果奖，占全省获奖成果总数近 1/5，位列全省第一。加强中小学校本课程开发与管理，制定《义务教育阶段校本课程开发和实施的指导意见》，累计开发校本课程 1000 本；开展义务教育课程改革样板校创建和优秀校本课程评选活动，评选样板校 30 所、优秀校本课程 80 个。

中小学思想教育。以德育为核心，开展社会主义核心价值观教育，出台《石家庄市中小学培育和践行社会主义核心价值观实施意见》，推进社会主义核心价值观进校园、进课堂、进头脑，年末社会主义核心价值观师生知晓率 100%。以创建全国文明城市和未成年人思想道德建设先进城市为契机，发挥课堂主渠道作用，将社会主义核心价值体系融入中小学教育全过程，在师生中形成日常行为准则，自觉做一个社会主义核心价值观的践行者、示范者。开展五好小公民“美丽中国·我的中国梦”主题教育活动，全市推荐 8000 多篇优秀征文参赛，500 余篇获奖，其中 2 篇获特等奖；5 幅摄影作品获奖，其中 1 幅获一等奖。市教育局、桥西区教育局、赵县教育局获评“全国青少年五好小公民‘美丽中国·我的中国梦’主题教育活动先进集体”。参加第二届全国“关爱明天·普法先行”青少年普法教育活动先进评选活动，市第二职业中专学校、桥西区教育局获得“全国青少年普法教育先进集体”；4 所学校获得“零犯罪学校”称号。

生命教育。出台《石家庄市学校生命教育指导纲要》和《中小学校生命教育实施方案》，组建生命教育专家指导团队，在 50 所生命教育试点学校探索以优秀传统文化、心理健康教育和社会实践活动为特色的生命教育新模式。编写生命教育实践《教师指导手册》、《学生手册》和《心理健康教育教师指导用书》，推行生命教育体系化、课程化、特色化。与市委宣传部、省会文明办联合命名26个市级生命教育实践基地，市区187所学校12余万名学生到实践基地接受体验式教育。举办市“5·10中小学生心理健康日（月）”活动，开展心理健康教育系列巡讲40余场次，获益教师1.2万名。举办生命教育管理干部高级研修班，培训130余人；开展小学、初中、高中生命教育研讨课，全员培训50所试点学校6055名教师。至2014年底，全市教育系统培训心理咨询师547名，市区学校心理咨询师与学生比达到1∶300、县(市)达到1∶500，提前一年完成市心理健康教育规划目标。2014年石家庄市在全国首届中小学人生科学教育高峰论坛和全国第三届生命教育创新高峰论坛上作典型发言。

体育艺术。2014年市政府办公厅印发《石家庄市加强学校体育工作三年行动计划(2014—2016年)》，明确体育场地建设、课程设置、设施设备和师资配备等规定。开展学校阳光体育活动，在市内区新建4个学生体质健康监测点，实施学生体质监测。举办校园足球活动，组织校园足球四级联赛。2014年在全国第十二届学生运动会上，代表河北省参赛9支队伍中，6支是石家庄市组队；市代表队包揽河北省获得全部5枚奖牌。参加全国青少年校园青春健身操大赛全国总决赛，获得3个项目一等奖和1个团体一等奖。参加全省第十七届中学生运动会，石家庄市获得7个团体第一名。11月12日，由市教育局、民进石家庄市委员会、河北省硬笔书法协会、河北青年报社、市语言文字工作委员会共同主办的石家庄市第五届规范汉字书写艺术节举行评选表彰活动。本届规范汉字书写艺术节于2014年5～10月举办，艺术节期间，收到作品41176幅，其中教师作品4246幅，学生作品36930幅，评出学生获奖作品1000幅，教师获奖作品300幅。还开展了书法教学优质课评选和书法课研讨及多种形式的教师培训、书法教育论文评选等，并在全市205所规范汉字书写教育实验学校中评出21所规范汉字书写示范校，在108名志愿者中评选出20名优秀志愿者。11月26日，中央电视台戏曲频道《一鸣惊人》栏目年度总决赛在北京闭幕，市传统文化教育协会代表队从参加决赛全国12支月赛冠军团队胜出，夺得年度总冠军。

教育志编纂。2013年12月，市教育局筹备启动《石家庄教育志(1989—2014)》编纂。5月20日，《石家庄市教育志》举行续修启动会议，市教育局副局长、市教育史志鉴编纂委员会副主任、《石家庄市教育志》续修主编马力要求各县(市、区)教育局、直属单位、学校及机关处室将编纂《石家庄市教育志》续修工作作为一把手工程。《赞皇县教育志》、《行唐县教育志》印刷出版。《赞皇县教育志》于2007年10月成立编纂机构，2011年5月初稿完成，2014年8月由河北科学技术出版社出版，主编李印芳。该志书上限起于隋朝仁寿年间(公元601～604年)，下限至于2013年底，记述时长1300多年。《行唐县教育志》于2009年成立编纂机构，2012年9月初稿完成，2014年8月由河北科技出版社出版，主编赵新勇。该志书上限起于元朝泰定二年（公元1325年），下限至于2008年。2部教育志，均采取横排门类，纵写始末，以翔实史料、质朴文笔，客观记述当地古代、近现代教育发展历程，反映了不同历史时期教育思想、教育内容、教育方法和教育成绩。

对外交流。全年9所学校获得聘请外教资质，至2014年末，全市累计达到80所，聘请外教132名。选派12名骨干校长到美国参加中美教育管理者互学项目高层次培训；推荐对外汉语交流教师17人。接待来访瑞典法尔肯贝里教育代表团、瑞典库姆拉市政府代表团、南卡罗来纳州教育厅代表团、澳大利亚国际商会首席与新洲巴瑟斯特市议员。在石家庄外国语学校举办“石家庄创新教育中外专家报告会”，来自11个国家41位中小学校长和大学教授，以及43位全国著名高校教授、外国语学校校长交流研讨21世纪创新人才培养。在正定中学举办中英中学校长（代表）国际教育报告会，来自英国6所寄宿制学校校长和学校代表交流研讨“学生多元发展背景下的教育策略”。2014年5月，市第九中学与英国伦敦大卫歌姆学院签订初步合作办学协议，联合举办国际合作高中班。

【山区教育扶贫工程】 2011年初，石家庄市开始在深山区实施山区教育扶贫工程，规划利用2～3年时间，在赞皇县、灵寿县、元氏县、行唐县、井陉县、平山县6个山区县，新建6所城区寄宿制初中，新、改扩建50所中心乡镇（学区）寄宿制小学，将深山区4万余名中小学生全部免费安置到新、改扩建的寄宿制学校就读，通过孩子带家长，一人带全家，逐步引领山区贫困人口走出深山，在城镇置业安家，从根本上实现脱贫致富。至2014年底，石家庄市实施山区教育扶贫工程累计投入资金8.14亿元，其中市本级投入3.3亿元，56所新、改扩建项目学校全部投用；2014年新转移安置深山区学生6140名，年末累计安置学生41132名。提升山区教育扶贫工程项目学校保障条件和内涵建设。2014年市本级投入资金5000万元，用于学校实验室、图书室、操场等教育教学施设配备和浴室等生活服务设施建设。举办项目学校专任教师和生活教师全员培训，为5所专任教师不足学校调剂教学经验丰富、综合素质优良专任教师21名；通过专任教师转岗、购买服务、公开招聘等方式，为56所学校配备生活教师282名。开展城乡结对帮扶活动，筛选市区优质学校与56所项目学校一对一结对，由优质学校特级教师、省市级名师、省市级骨干培训教师、教研员等组成名师团队，深入山区学校培训各科中小学教师，帮助山区学校提升教育教学质量和管理水平。建立深山区学生成长发展档案，追踪和关注山区孩子成长与发展，确保每一名山区孩子都能接受良好的教育。2014年山区教育扶贫工程项目学校共有深山区初中毕业生397名，其中213名升入普通高中，占到54%，其余毕业生全部升入职业高中。实行深山区家庭经济困难学生免费就读政策，将该项工作列入市政府2014年“利民惠民十件实事”；出台《石家庄市教育扶贫工程实施意见》《石家庄市山区教育扶贫工程家庭经济困难学生专项补助资金管理办法》《深山区学生免费接受高中阶段教育的实施意见》，设立家庭经济困难学生生活补贴专项经费1788万元，至2014年末，累计发放2061.34万元，资助学生29446人次，其中，春季学期10718人次、秋季学期18728人次。2014年市、县两级财政设立高中阶段免费教育专项资金，率先在全省实现山区学生高中免费教育。

【《学校生命教育指导纲要（2014—2018年）》】 2月25日，市教育局印发《石家庄市学校生命教育指导纲要（2014—2018年）》。主要内容：2014～2018年，全市采用生命教育专题课、选修课等形式，在幼儿园、中小学校开设生命教育校本课程，促进学生对生命知识全面系统的学习、了解和掌握。学前阶段以认识常见安全警示标志、认识保护身体隐私部位、掌握基本生活自理等基本知识为主；小学阶段以认识常见自然灾害、了解各种常识、掌握基本紧急求助和自救方法等为主；初中阶段以了解常见安全事故和隐患的应急方法，掌握逃生和救护他人的措施、拒绝陋习等为主；高中阶段侧重提高学生发现、辨别、预防生活中安全隐患的能力，提高应对突发事件的求救、自救、互救技能，树立用法律保护自己和他人合法权益的意识等。

【首批特级教师工作室导师】 9月10日，石家庄市向首批20名特级教师工作室授牌，并举行拜师仪式。20名特级教师工作室导师分别为：姚红，河北省生物特级教师，石家庄市第一中学；崔金晴，河北省语文特级教师，石家庄市第一中学；白瑜，河北省政治特级教师，石家庄市第一中学；王大芬，河北省数学特级教师，石家庄市第二中学；刘宗顺，河北省物理特级教师，石家庄市第二中学；周庆，河北省地理特级教师，河北正定中学；马增书，河北省历史特级教师，河北正定中学；张彦军，河北省英语特级教师，河北辛集中学；杨永洪，河北省体育特级教师，河北师范大学附属中学；柴速航，河北省英语特级教师，河北师范大学附属中学；柳军法，河北省化学特级教师，石家庄市第十五中学；张惠英，河北省数学特级教师，石家庄市教育科学研究所；邓保利，河北省物理特级教师，石家庄市外国语学校；刘贵，河北省数学特级教师，石家庄市外国语学校；孙成林，河北省化学特级教师，石家庄市第九中学；樊丽美，河北省语文特级教师，石家庄市第十七中学；王万青，河北省语文特级教师，北京师范大学石家庄附属学校；李冬，河北省英语特级教师，石家庄市第四十一中学；高俊霞，河北省体育特级教师，石家庄市翟营大街小学；张双全，河北省科学特级教师，晋州市实验小学。

【新老城区及正定县教育一体化发展实施方案】 12月28日，市教育局下发《石家庄市促进新老城区及正定县教育一体化发展实施方案》。主要内容：计划到2019年实现新城区（藁城区、鹿泉区、栾城区简称新城区）义务教育阶段现代化学校覆盖率达60%以上。建立“一对一”教育结对关系。老城区（桥西区、新华区、长安区、裕华区简称老城区）和新城区、正定县教育局建立“一对一”教育结对关系；结对双方制定教育一体化发展方案，统筹谋划教育改革和发展的重点突破、特色发展和整体提升内容，建立联席会议制度和工作例会制度，交流共享机制建设，定期组织教育行政管理人员、学校干部教师交流；双方依托特级教师工作室、名校长名教师培养等工程，开展送教下乡、师资培训、结对互助、专题研究、远程教学互动、技术支持等教育一体化发展措施，着力为新城区培育一批具有现代教育理念、教育家成长意识和管理能力的中小学校长和幼儿园园长，培养一批师德高尚、具有先进教育理念和丰富理论知识、高超教育教学能力和发挥示范作用的名教师，促进教育资源合理配置，推动基础教育事业协调、优质、多元发展，提高区域教育现代化水平，打造与新城区地位相匹配的教育发展格局。结对互助缩小校际差距。新老城区教育局根据各区县、各学校教育资源配置情况、教师队伍分布状况分批确定互助学校名单（新城区原一中与市直属高中结对），结对互助时间一般为3年。互助名单安排：裕华区对栾城区（义务教育），长安区对藁城区（义务教育），桥西区对鹿泉区（义务教育），新华区对正定县（义务教育），市二中南校区对栾城中学，市一中对藁城一中，市二中对鹿泉一中，正定中学对正定一中。结对学校签订互助协议，鼓励老城区学校向新城区学校提供教育教学设施支援；老城区学校协助新城区学校规划办学愿景，新城区每学期至少派1名副校长或中层干部到老城区学校进行为期一个月的参与式管理学习；老城区学校为新城区学校有计划地培养学科骨干教师，安排优秀教师担任指导教师，指导教师每月到新城区学校开展指导活动，力争3年内为新城区学校至少培养2名学科骨干。新城区学校合理调配教师工作，每学期选派不少于专任教师总数1/3的教师轮流到老城区学校听课、观摩、参加教研活动。鼓励新老城区之间、结对学校之间探索建立学校联盟、实施集团化办学、开展教育对口支援、学区化管理改革，扩大优质教育资源覆盖面，整体提升新城区办学品质。

（王素军 田士兴 冯炜）

表71 2014年石家庄市公共财政教育支出占公共财政预算支出比例情况统计表

县（市、区）	公共财政教育支出占公共财政预算支出比例			公共财政教育支出		
	2013年（%）	2014年（%）	增减（百分点）	2013年（千元）	2014年（千元）	增减（%）
石家庄市	19.51	18.71	–0.80	9904059	10599718	7.02
长安区	52.65	50.42	–2.23	582786	984038	68.85
桥东区	51.09	—	—	627021	—	—
桥西区	40.04	35.77	–4.27	650573	808039	24.20
新华区	38.22	36.38	–1.84	458924	472671	3.00
裕华区	43.60	43.63	0.03	603885	612520	1.43
井陉矿区	17.35	17.46	0.11	105841	99948	–5.57
高新区	15.55	13.02	–2.53	179357	164131	–8.49
藁城区	26.20	22.91	–3.29	691600	671181	–2.95
鹿泉区	20.36	19.18	–1.18	450859	436927	–3.09
栾城县	24.26	25.16	0.90	325862	347495	6.64

（续表）

县（市、区）	公共财政教育支出占公共财政预算支出比例			公共财政教育支出		
	2013 年（%）	2014 年（%）	增减（百分点）	2013 年（千元）	2014 年（千元）	增减（%）
井陉县	26.66	24.92	-1.74	293044	310652	6.01
正定县	21.18	25.15	3.97	427799	487063	13.85
行唐县	20.16	17.97	-2.19	271521	310923	14.51
灵寿县	21.40	19.21	-2.19	247029	249040	0.81
高邑县	27.38	26.30	-1.08	230590	267426	15.97
深泽县	17.60	18.39	0.79	161952	178082	9.96
赞皇县	14.17	17.35	3.18	154094	211333	37.15
无极县	21.07	22.02	0.95	264654	318887	20.49
平山县	23.56	21.15	-2.41	437102	482426	10.37
元氏县	22.46	22.59	0.13	298598	341941	14.52
赵　县	23.25	24.88	1.63	365648	404482	10.62
晋州市	22.13	26.22	4.09	350714	409393	16.73
新乐市	23.54	22.70	-0.84	335342	367186	9.50

表 72　2014 年石家庄市财政经常性收入增长与公共财政教育支出增长情况统计表

县（市、区）	财政经常性收入			公共财政教育支出增长高于财政经常性收入增长（百分点）
	2013 年（千元）	2014 年（千元）	增减（%）	
石家庄市	22775180	25239710	10.82	-3.80
长安区	709010	1091180	53.90	14.95
桥东区	754680	—	—	—
桥西区	938760	1197750	27.59	-3.38
新华区	694640	718260	3.40	-0.40
裕华区	841190	730790	-13.12	14.55
井陉矿区	185060	173820	-6.07	0.51
高新区	605900	661300	9.14	-17.63
藁城区	879120	848110	-3.53	0.57
鹿泉区	1119570	1375980	22.90	-25.99
栾城区	498970	604320	21.11	-14.47
井陉县	390440	393540	0.79	5.21
正定县	649400	735040	13.19	0.67
行唐县	218640	249180	13.97	0.54
灵寿县	163850	186680	13.93	-13.12
高邑县	187420	263990	40.85	-24.88

（续表）

县（市、区）	财政经常性收入			公共财政教育支出增长高于财政经常性收入增长（百分点）
	2013 年（千元）	2014 年（千元）	增减（%）	
深泽县	171080	241250	41.02	-31.06
赞皇县	176810	194500	10.01	27.14
无极县	271770	323860	19.17	1.33
平山县	549980	588560	7.01	3.35
元氏县	332360	421390	26.79	-12.27
赵　县	249170	261900	5.11	5.51
晋州市	476210	512130	7.54	9.19
新乐市	344860	402230	16.64	-7.14

表 73　　2014 年石家庄市生均公共财政预算公用经费支出增长情况统计表

县（市、区）	普通小学			普通初中			普通高中		
	2013 年（元）	2014 年（元）	增减（%）	2013 年（元）	2014 年（元）	增减（%）	2013 年（元）	2014 年（元）	增减（%）
石家庄市	1356.52	1358.64	0.16	1935.32	1896.94	-1.98	1498.93	2337.92	55.97
长安区	694.88	701.01	0.88	1150.03	1152.00	0.17	827.56	830.37	0.34
桥东区	1263.13	—	—	1548.17	—	—	1902.65	—	—
桥西区	803.98	925.30	15.09	1038.97	1243.83	19.72	722.02	725.97	0.55
新华区	703.95	769.10	9.26	1765.96	985.88	-44.17	1953.72	1239.05	-36.58
裕华区	1141.24	1143.48	0.20	1334.81	1336.87	0.15	725.05	726.60	0.21
井陉矿区	867.73	900.66	3.79	1069.26	1117.22	4.49	161.48	189.89	17.60
高新区	1923.72	1937.92	0.74	2418.11	2438.79	0.86	2865.33	2867.02	0.06
藁城区	1335.74	1351.88	1.21	1922.15	1937.69	0.81	355.89	360.72	1.36
鹿泉区	1853.48	1560.87	-15.79	2933.92	1449.73	-50.59	2109.30	1695.80	-19.60
栾城区	983.90	1037.05	5.40	2126.39	1708.55	-19.65	990.06	766.13	-22.62
井陉县	1494.60	1521.87	1.82	1985.88	2106.37	6.07	104.19	135.01	29.58
正定县	2025.82	2035.59	0.48	2477.26	2484.68	0.30	1612.98	1614.04	0.07
行唐县	1482.29	1486.50	0.28	2082.50	2756.55	32.37	7019.24	8916.26	27.03
灵寿县	1894.45	1550.84	-18.14	1857.79	1946.06	4.75	379.55	565.67	49.04
高邑县	2730.92	2735.33	0.16	2887.03	2901.84	0.51	224.13	229.48	2.39
深泽县	1927.79	1953.27	1.32	3145.61	3216.43	2.25	885.46	955.31	7.89
赞皇县	1019.21	1388.62	36.24	2396.36	2605.33	8.72	3381.65	3785.05	11.93
无极县	870.31	1034.18	18.83	1655.59	1903.99	15.00	1690.86	5701.89	237.22
平山县	943.87	949.63	0.61	1803.01	1815.18	0.68	2145.71	2156.77	0.52

（续表）

县（市、区）	普通小学			普通初中			普通高中		
	2013 年（元）	2014 年（元）	增减（%）	2013 年（元）	2014 年（元）	增减（%）	2013 年（元）	2014 年（元）	增减（%）
元氏县	1020.74	1192.67	16.84	1569.21	1630.64	3.91	1383.24	1386.57	0.24
赵　县	1275.72	1320.04	3.47	2359.49	2395.61	1.53	703.52	1388.17	97.32
晋州市	1709.67	1761.95	3.06	1485.49	1552.93	4.54	248.84	283.73	14.02
新乐市	2293.47	2295.48	0.09	2755.89	2774.25	0.67	472.17	474.46	0.49

（市教育局）

学前教育

【概况】 2014 年，全市共有幼儿园 1302 所，同比增加 75 所；在园幼儿 284682 人，同比增加 3224 人；公办幼儿园、民办幼儿园分别占幼儿园总数 57.3%和 42.7%；公办在园幼儿、民办在园幼儿比例为 60.1%和 39.9%。拥有教职工 2.4 万人，专任教师 1.7 万人，专任教师学历合格率 99%。开展幼儿师资培训，确定 2014 年为“学前教育素质提升年”。2014 年 4 月，石家庄市学前教育能力提升培训计划启动；2014 年 10 月，市学前教育能力提升培训结束。主要实施幼儿教师专业素质及技能提升培训和园长专业素质及技能提升培训，共计培训幼儿教师、园长近 7000 人。加强幼儿园安全管理。2014 年 3 月，市教育局按照市政府关于抓好幼儿园安全会议要求，组织各县（市、区）教育部门拉网式排查，辖区幼儿园是否存在违规群体服药和安全隐患，未发现违规群体服药问题。2014 年裕华区、新乐市获得河北省学前教育工作先进县（市、区）；桥西区教育局、长安区教育局、桥东区第四幼儿园获得河北省学前教育工作先进单位称号。

【幼儿园质量建设】 2014 年 3 月，市教育部门印发《关于进行 2014 年省级示范园和城市一类园申报及一类园评估复检工作的通知》，2014 年 6 月转发《河北省教育厅关于开展 2014 年省级示范性幼儿园创建及复验评估工作的通知》，督导井陉矿区、灵寿县、高邑县、元氏县、平山县、行唐县、赞皇县争创省级示范园，其中灵寿县、高邑县、赞皇县提交河北省示范园申请表并实施过程督导。采取以评促建方式，提升办园水准，分阶段推进市级幼儿园升级和复检。2014 年 4 月，市教育部门印发《关于建立生命教育试点幼儿园的通知》，在市内区幼儿园遴选 5 所幼儿园建立生命教育试点。

【幼儿师资培训】 2014 年 5 月，市教育局印发《关于举办石家庄市第四届幼儿园教学能手比赛的通知》（石教函〔2014〕69 号）；2014 年 6 月，全市举行幼儿园教学能手选拔比赛，最终选拔优秀选手 10 名，于 2014 年 10 月底代表石家庄市参加河北省幼儿园教学能手比赛。2014 年 5 月，市教育局印发《关于开展 2014 年学前教育宣传月活动的通知》（石教函〔2014〕74 号）；2014 年 5 月底，石家庄市新华区华北幼儿园承办 2014 年河北省学前教育宣传月活动举行，100 所公办幼儿园获赠幼儿图书。发现和培养幼教学科带头人，打造幼教专家队伍。2014 年 7 月，市学前教育专家培养计划启动，成功组建市学前教育专家库、幼儿园园长沙龙平台；7 月 1 日，市幼儿园园长沙龙第一期活动在长安一幼举行。

（袁建　刘宇岚）

基础教育

【概况】 2014年，全市共有中小学校1793所，同比减少46所。其中，小学1378所，减少40所；中学415所（含初级中学218所、普通高中66所、九年一贯制学校79所、完全中学46所、十二年一贯制学校6所），减少6所。在校学生1194746人，同比增加49906人。其中，小学生720565人，增加35347人；初中生306998人，增加18699人；普通高中生167183人，减少4140人。教职工86997人，同比增加2465人。其中，小学41707人，增加1355人；中学45290人，增加1110人。专任教师79740人，同比增加2876人。其中，小学43521人，增加1953人；初中23311人，增加786人；高中12908人，增加137人。严格中小学校管理。以学籍管理为核心环节，多次召开学籍管理专题调度会，专项培训学籍管理员，开展学籍专项检查，清查学籍违规注册和异动，落实学籍管理规定。重视日常管理，逐项检查45所普通高中学校作业评定、听课记录、教研记录、学生课堂笔记、作业练习等日常教学工作，针对存在问题及时通报。扩充优质教育资源，推进配建教育设施移交。2014年市区接收配套建设小学9所，新建初中1所，新增小学学位1700余个、初中学位600个。推行基础教育集团化办学，市区采取不同形式，成功组建长安区艺术教育集团、神兴小学集团等16个教育集团，有效提高了区域教育核心竞争力。制定出台《关于推进普通中小学现代化学校建设的实施意见》，计划从2015年起，利用5年时间，推进普通中小学现代化学校建设和优质教育资源全覆盖。开展中小学校文化建设市级实验校认定，征集学校文化建设优秀案例456份，评选首批学校文化建设市级实验校30所。建立基础教育智库，依托石家庄学院成立全国首个市级基础教育改革与发展研究中心，开展基础教育理论和政策研究；组建市基础教育专家库，为提升基础教育管理和内涵建设提供智力支持。开展中小学教师、校长和教育行政干部培训，“三支队伍”培训内容11项，涉及中小学教育质量综合评价、山区教育扶贫项目学校、学籍管理、科技创新辅导员、高中课程改革、校本课程开发与管理培训、人民教育出版社部分学科义务教育课程标准（2011年版）教材培训，参加人员5551人，投入费用42.1万元。制定出台《关于深入推进义务教育阶段农村留守儿童关爱工作的意见》，其中“建立农村留守儿童家校定期交流制度”获得《中国教育报》宣传报道。开展捐资助教活动，2014年石家庄警备区、新联合公益基金会、新奥燃气、乐仁堂、河北出版传媒集团等单位资助山区学生、春蕾女童、务工子女等370多人，捐款捐物价值85万元。2014年5月，市一中团委获得2013年“全国五四红旗团委”称号，该校2011级英才班获得“全国五四红旗团支部”称号。6月5日，市教育局中小学生视力健康干预中心正式入驻校园，在柳林铺小学建立首个“视力健康基地”。

（李玉金）

【中小学教育质量综合评价】 制定中小学教育质量综合评价改革实施方案和工作制度，成立领导小组和专家委员会，建立责任体系，明确目标任务、时间节点等。建立研究团队，依托市教科所成立市中小学教育质量监测中心，组建4个研究小组，将生命教育、万名教师访万家等教育亮点纳入指标体系。加强专业培训学习，邀请中国教育科学研究院、北京师范大学、上海教育科学研究院、成都教育科学研究院专家开展专题培训；组织县（市、区）教育部门人员到潍坊市、青岛市、泸州市、重庆市、成都市、郑州市学习中小学教育质量综合评价改革。与北京师范大学中国基础教育质量监测协同创新中心签署2014～2015年度项目合作协议，在桥西区、长安区、新华区、裕华区、藁城区、鹿泉区、平山县、新乐市8个县（市、区）抽测67所学校，1.65万名学生，67名校长、教师，1.65万名家长参与调查问卷。稳步推进区域教育发展协同创新项目，形成《2013年度区域教育发展水平分析报告》，并在全国年鉴总结会议上作经验交流。

【课程改革】 实施中小学校本课程改革，制定出台《义务教育阶段校本课程开发和实施的指导意见》，推进中小学校本课程开发与管理；开展义务教育阶段优秀校本课程评选活动，征集校本课程308份。开展义务教育课程改革样板校创建活动，复评中小学申报义务教育课程改革样板校146所。2014年石家庄市参加河北省基础教育教学成果奖评选，35项教学成果获得河北省第六届基础教育教学成果奖，占全省获奖总数18%，位列全省第一；参加河北省基础教育课程改革先进学校和优秀教师评选活动，全市4所学校、60名教师获得课程改革先进学校和教师称号，获奖学校及教师数均列全省第一。

【中小学招生制度】 继续推行免试、相对就近入学义务教育阶段学校招生政策，明确就近入学学生比例不得低于90%；指导各县（市、区）教育局合理编制招生计划，划定招生范围，与县（市、区）教育局、直属学校签订《义务教育阶段招生工作责任书》；顺利完成市区义务教育阶段6.2名新生（3.7万名小学生、2.5万名初中生）、1.9万名随迁子女入学。高中择校生比例下降至10%，公办省级示范性高中分配生比例提高至90%，初中择校生中考不再享受公办省级示范性高中公助生指标分配到校政策，42所省级示范性普通高中签订招生责任状。2014年石家庄市中考实行网上报名，率先在全省实现全程网络化管理。

【特色高中建设】 出台《石家庄市普通高中多样化发展三年行动计划(2014—2016年)》，尝试在学科建设、职普融通、中外合作办学、拔尖创新人才早期培养4个项目开展特色高中建设，评审认定申报体育、艺术、书法、人文、拔尖创新人才培养等项目普通高中43所。制定《石家庄市普通高中教育与中等职业教育融合贯通试点工作方案》，确定首批8组15所普通高中和中等职业学校开展学分互认、学籍互转等普职融通试点。

（李玉金）

【第二实验中学批准成为河北省示范性普通高中】 2014年6月，河北省教育厅下发《关于认定石家庄第二实验中学为省级示范性高中的通知》（冀教基〔2014〕29号），正式批准该校为“河北省示范性普通高中”。石家庄第二实验中学位于元氏县古城，1948年建校，历经河北元氏师范学校、石家庄学院元氏分院。2011年1月，正式改建为普通高级中学，更名为石家庄第二实验中学。

（刘丽娟）

【李茵获得第七届全国小学英语教师评优课一等奖】 2014年5月，第七届全国小学英语课堂教学观摩研讨会（评优课）在陕西省西安市西安交通大学举行。石家庄市草场街小学教师李茵代表河北省参加比赛。李茵凭《Baby Becky》一课，从参赛29名选手中胜出，获得一等奖。这是河北省参加历届全国小学英语评优课获得的最好成绩。

（张红英）

【首届少儿经典诵读大赛海选】 7月22日至12月28日，由市教育局、市语言文字工作委员会、石家庄电视台主办的“博雅盛世石家庄首届少儿经典诵读大赛”海选举行，最终7支代表队胜出，分别为长安区谈南路小学、桥西区维明路小学、裕华区青园街小学、高新区第二小学、新华区宁源小学、藁城区通安小学，以及社会海选出的博雅盛世代表队。首届少儿经典诵读大赛主题为“诵读国学经典，传承优秀文化”，分初赛、复赛、半决赛、决赛4个阶段，采用个人朗诵、个人讲故事、集体诵读3个环节，数千名中小学生参加。

【中考录取分数线】 7月3日，全市公布各类学校中考招生录取最低控制分数线。录取最低控制分数线：市区普通高中425分；市区普通高中音乐、美术、书法特长生最低文化控制分数线340分，文化成绩不能低于招生学校公助生录取线的80%，按专业成绩从高分到低分录取；报考普通高中音乐、美术、书法专业班的考生（含各县考生），专业分数线以上的考生录取按文化成绩从高分到低分录取。普通高中体育特长生文化成绩最低控制分数线213分，文化成绩不得低于招生学校公助生实际录取线的50%，按专业项目测试成绩从高分到低分录取。各县（市）、井陉矿区报考驻县市属省级示范性普通高中（含42中招各县部分考生）的最低控制线530分（含公助生和择校生）；报考石家庄第二实验中学最低控制分数线425分。“3+4”本科最低控制分数线472分（不含理化试验和信息技术成绩）；五年制（含3+2）大专录取控制分数线180分（不含理化试验和信息技术成绩）。

（李云萍）

【高考6项加分项目取消】 12月17日，国家教育部等5部门联合下发《关于进一步减少和规范高考加分项目和分值的意见》。主要内容：规定自2015年1月1日起，取消重大体育比赛获奖者、二级运动员统测合格者、省级优秀学生、思想政治品德突出事迹者、奥林匹克竞赛获奖者、科技类竞赛获奖者6项全国性加分项目。2015年1月1日前在高级中等教育阶段取得有关奖项、名次、称号的考生，是否具有加分资格由生源所在地省级高校招生委员会研究决定，确有必要保留的按本省（区、市）原有规定执行，加分分值不超过5分，体育部门要重新复核复测二级运动员资质。“烈士子女”“边疆、山区、牧区、少数民族聚居地区少数民族考生”“归侨、华侨子女、归侨子女和台湾省籍考生”“自主就业退役士兵”“在服役期间荣立二等功（含）以上或被大军区（含）以上单位授予荣誉称号的退役军人”等全国性加分项目予以保留。地方性加分项目，如地方性体育、艺术、科技、三好学生、优秀学生干部等，加分项目予以取消；确有必要保留的地方性加分项目，要求合理设置加分分值，由省级人民政府确定并报教育部备案，原则上只适用本省（区、市）所属高校在本省（区、市）招生。取消加分项目后，考生的一些特长和取得的荣誉在高招过程中并非毫无作用。考生的体育、艺术、学科等特长将如实记入学生综合素质档案或考生档案，供高校录取时参考；考生相关学科特长和创新潜质，可作为自主招生试点高校优先初审通过的条件。对学科特长或创新潜质特别突出的个别优秀考生，经向社会公示后，由试点高校向生源所在省级招生考试机构提出破格录取申请，经生源所在省级高校招生委员会核准后录取。

（施雨岑　吴晶）

【高考政策7项变化】 2014年河北省普通高校招生考试7项政策出现变化。1.河北省户籍考生可在学籍地参加高考报名。2014年河北省普通高校招生报名，应届生可在学籍地报名，不再要求户籍地市级学籍管理部门出具证明。2.规范“贫困地区专项生”报名办法。2014年报考贫困地区专项计划考生，户籍和高中三年学籍必须在国家划定的河北省贫困地区内，且必须在户籍地招生考试机构指定的报名点报名。3.严格限定艺术类招生专业。2014年河北省严格限定艺术类招生专业，对授予艺术学学士学位的艺术教育、服装设计与工程、风景园林、文化产业管理4个非艺术学门类专业，招生院校若有专业要求，须在招生简章明确告知考生应参加的专业考试科类。河北省不统一组织专业联考，由招生院校单独组织校考，录取时高考文化成绩不得低于该校非艺术类专业所在批次最低控制分数线。其他非艺术类专业不得按照艺术类专业招生考试办法招生。4.民族类院校招收少数民族考生计划单列且放在本科提前批录取。5.少数民族预科班放在院校相应批次之后录取。6.取消对口招生烹饪类和采矿及安全工程类。报考这两类专业考生按普通高考报名，可参加相应专业的高职专科单独招生考试，又可参加普通高考。7.优惠加分政策执行新的规定。按照《教育部、国家民委、公安部、国家体育总局、中国科学技术协会关于调整部分高考加分项目和进一步加强管理工作的通知》要求，2014年执行新的规定：高级中等教育阶段参加重大国际体育比赛集体或个人项目取得前六名、全国性体育比赛个人项目取得前六名的应届高级中等教育学校毕业考生，由原来的在考生统考成绩总分基础上增加20分投档改为增加10分投档，由学校审查决定是否录取；高级中等教育阶段获得国家二级运动员（含）以上称号且在报考当年经省专项测试认定合格的应届高级中等教育学校毕业考生，由原来在考生统考成绩总分基础上增加20分投档改为增加10分投档，并由学校审查决定是否录取。河北省对获得国家二级运动员（含）以上称号的考生组织省专项认定测试项目，限定为田径、篮球、足球、排球、乒乓球、武术、游泳、羽毛球和健美操。不再具备高考加分资格的有：在高级中等教育阶段全国中学生学科奥林匹克竞赛省赛区获得一等奖的学生；高级中等教育阶段参加全国性体育比赛集体项目取得前六名的学生、省级体育竞赛获单项前六名或集体项目前三名的主力队员的学生、获得省青少年科技创新大赛一等奖的学生；省授予“教育世家”称号的教师直系子女报考师范院校的考生、飞行学员早期培训基地初检合格的考生；获省教育厅等五单位共同表彰的“创业明星”称号的对口考生、全省职业学校技能比赛获一等奖的对口考生。

（李云萍）

【高考人数减少 13223 人】 2014 年全市高考考生总数减少 13223 人。全市文理本科一批上线人数 9587 人（含保送生），比 2013 年增加 447 人；上线率 20.35%，比 2013 年提高 5.28 个百分点，超出全省文理一批上线率 5.68 个百分点。文理本科二批上线人数 19757 人，上线率 42.76%，比 2013 年提高 8.05 个百分点，超出全省文理二批上线率 7.92 个百分点。文理本科三批上线人数 37365 人，上线率 80.87%，比 2013 年提高 5.89 个百分点，超出全省文理三批上线率 11.52 个百分点。2014 年高考全市保送生 183 人，占全省比例 93.85%，比 2013 年增加 23.85%。正定中学学生张腾飞以总分 717 分摘得河北省理科总分第一，石家庄二中学生杨博璠以 712 分获得河北省理科第 4 名。

（郭学东）

【第二届中小学生机器人大赛】 6 月 15 日，由市教育局主办的 2014 年“i 奇杯”全市第二届中小学生机器人大赛在市第四十四中学举行。来自全市各中小学校 89 支参赛队伍、100 余名参赛选手参加了创新开拓竞赛、“拯救玉兔”工程赛、竞技竞速赛 3 个项目比赛。创新开拓竞赛：展示了自主创造的机器人自动污水处理系统、环境监测、空气治理控制、绿色能源应用、自动城市清扫、垃圾处理等。“拯救玉兔”工程赛：机器人沿着“玉兔”号行走轨迹寻找“玉兔”机器人的位置，要求能识别出哪个路口为“玉兔”号留下的轨迹，找到“玉兔”机器人将“能量块”交给“玉兔”，并撞击“玉兔”机器人的重启动系统开关。竞技竞速赛：机器人在长 2.4 米、宽 1.2 米的场地内，沿着跑道比赛，时间短者胜。

（李云萍）

【一中 8 名学生参加全国学科奥林匹克竞赛获一等奖】 2014 年市第一中学 8 名学生参加全国高中数学、物理、化学、生物、信息学奥林匹克竞赛获国家级（省级赛区）一等奖。其中，王雨程获信息学学科奥林匹克竞赛国家级二等奖，刘天怡、刘沛良、高文浩获国家级（省级赛区）一等奖；代天骄、黄嘉伟获物理学科奥林匹克竞赛国家级（省级赛区）一等奖；赵文泽、赵路阳获生物学科奥林匹克竞赛国家级（省级赛区）一等奖。另有 66 位学生分获各学科国家级（省级赛区）二等奖。

（马瑞华）

【二中 4 名学生参加第 31 届全国青少年信息学奥林匹克竞赛获得 3 金 1 铜】 7 月 25～31 日，第 31 届全国青少年信息学奥林匹克竞赛决赛在广东省深圳市外国语学校举行。石家庄二中学生秦岳、马皓然、封禹各夺得 1 枚金牌，全部进入国家集训队；吴圣辉获得 1 枚铜牌。其中，秦岳、马皓然被保送至清华大学，封禹被保送至北京大学。

（张青峰）

【二中学生姚钧夫获全国高中数学联赛河北赛区第一名】 9 月 14 日，第 31 届全国高中数学联赛（河北赛区）举行，全省 51 人获得河北省一等奖，其中，市二中 22 人，正定中学 1 人；市二中学生姚钧夫获得河北省第一名。获得河北省一等奖 22 名市二中学生中，7 人入选河北省代表队，一等奖人数、进入省队人数均列全省第一。全国高中数学联合竞赛是中国高中数学学科较高等级的数学竞赛，取得优异成绩全国约 200 名学生有资格参加由中国数学会主办的中国数学奥林匹克（CMO）；CMO 成绩优异约 60 名学生进入国家集训队；经过集训队选拔，6 名表现最顶尖的选手进入中国国家代表队，参加国际数学奥林匹克（IMO）。

（梁健）

【赞皇一中 2 名学生参加全国征文获奖】 2014 年 7 月，由中央人民广播电台主办的中国乡村之声“乡村少年秀（第二季）——梦想秀”征文比赛评选揭晓，赞皇一中学生时彰骏、赵蓝作品获奖。其中，赞皇一中八年级学生时彰骏的《麦收有人收》获得一等奖，八年级赵蓝的《有梦，才有远方》获得三等奖。“乡村少年秀”系列活动每年举办一次，此次活动以“梦想”为主题，分初中、小学两个组，聘请知名作家、语文名师、知名学者等组成评委会，分别评出一、二、三等奖和优秀奖。

（岳金宏　安献锋）

【学生体质健康检测】 按照国家教育部开展第七次学生体质与健康调研工作安排，10月13～27日，石家庄市组织校医、体育教师、市疾控中心牙防所、视力干预中心和市生命教育中心人员组成50余人检测队伍，现场检测全市5个调研点校7～18岁年龄段学生5000余人，其中城市2400余人，乡村2600余人，均为汉族。调研项目包括检测项目和问卷调查，检测项目包括身高、体重、血红蛋白等近30个必测项目和腰围、臀围等选测项目；问卷调查主要调查学生参加体育锻炼情况，包括每天平均睡眠时间，每天是否吃早餐，平均每天看电视、玩电子游戏和电脑的时间等23个问题。12月20日，全市学生体质与健康检测工作完成。

（李云萍）

【中小学生田径运动会】 4月25～27日，石家庄市2014年中小学生田径运动会在市职教中心举行。来自全市各县（市）区33支代表队、1500余名中小学生运动员参加了铅球、跳远、短跑等228项体育比赛。此次运动会共分甲组高中组、初中组，乙组高中组、初中组，丙组，小学组4个组别，其中谢泽浩以16.22米的成绩打破市田径运动会男子中学组铅球纪录，赵萧剑等3名同学在比赛中达到国家一级运动员水平，近100余人次运动成绩达到国家二级运动员水平。

（王晓玲）

【第12届全国学生运动会】 7月28日至8月2日，第12届全国学生运动会在上海举行。河北省9支代表团参赛，石家庄市6支队伍67名运动员参加了田径、篮球、排球、武术、乒乓球5个项目比赛。此届运动会是首次大学生运动会和中学生运动会合并后举办的第一次全国学生运动会。石家庄一中田径代表队在男子跳远夺得1金、1银、1铜。首次代表河北队参赛的乒乓球队、女子篮球队、武术队实现历史性突破。其中，正定女子乒乓球夺得团体比赛银牌，男子乒乓球获得团体第4名；市17中武术代表队获得女子自选南拳铜牌，女子自选长拳第5名，男子自选枪术第6名；石家庄二中女篮代表队获得第5名，男篮获得第6名；市15中女排代表队获得第7名。

（义来）

【全球基础教育研究联盟】 10月12日，全球基础教育研究联盟在石家庄市成立。来自美国、加拿大、澳大利亚、新西兰、英国、俄罗斯、瑞典、丹麦、意大利、新加坡、日本和中国12个国家的22所学校、学区、教育局负责人参加成立大会。经与会代表一致同意，大会通过全球基础教育研究联盟章程和32所会员学校名单，推举石家庄外国语教育集团董事长强新志为全球教育研究联盟理事会会长；美国西得梅因学区学监丽萨·雷米、美国威斯康辛州迪弗莱斯特学区学监苏珊·博登、丹麦乐音高中校长爱丽丝波斯·奥斯丁、瑞典法尔肯贝里高中校长玛丽亚·沃尔夫根4人当选为理事会副会长；石家庄外国语学校校长裴红霞当选为秘书长。全球基础教育研究联盟目标：共同研究探讨世界各国中小学教育的改革与发展。

【首个河北省书法教育专业团体】 根据国家教育部《中小学书法教育指导纲要》要求，2013年2月春季开学开始，全国将书法教育纳入中小学教学体系，学生开始分年龄、分阶段修习硬笔和毛笔书法。2013年9月石家庄市秋季新学期开始，所有中小学校均开设书法课程。2014年12月，河北省中小学书法教育实验学校教育集团在市第38中学挂牌成立，这是石家庄市建立的全省首个书法教育专业团体。河北省中小学书法教育实验学校教育集团以全省首家“河北省中小学书法教育实验学校”市第38中学为龙头，市112中学、自强小学、联盟路小学、兴华小学、市庄路小学、国泰小学、大郭学校、红鹰小学、大马小学9所中小学参加，推行以书法特色为核心，突出现代书法教育理念，普及书法教育活动，开展从小学到高中实行统一特色管理、统一书法教学课程、统一文化理念、统一教学要求与标准的模式，发挥各校书法教育资源，传承中国优秀传统文化。

（李云萍）

中等职业教育

【概况】 2014年，全市共有中等职业学校136所，同比增加2所。其中，公办56所，民办53所，省属学校27所。招生50330人，同比增加5678人；在校生141861人，同比减少16941人；教职工11399人，同比增加289人，专任教师8265人，同比增加145人；专业设置82个，其中省级骨干特色专业15个。12月5日，市政府印发《关于加快发展现代职业教育的实施意见》，明确现代职业教育指导思想、基本原则、发展目标，提出建立区域特色现代职业教育体系框架和质量保障体系。探索打通中等职业、高等职业、本科层次人才贯通培养通道，8所中等职业学校 18个专业与河北省7所高校实现对接。其中，市职教中心数控专业列为中等职业与本科“3+4”分段培养试点，其余7所学校成为“3+2”中高等职业教育衔接试点单位；市第三职业中专学校汽修等15个专业认定为省级骨干、特色专业。市职教中心、藁城职教中心、平山职教中心3所中职学校通过国家改革发展示范校验收。全年职业中学招收新生3.8万人，招生人数明显好于2013年。完善中职学生技能大赛制度，投入大赛专项资金90万元，同比增加40万元。2014年5月，由河北省教育厅、河北省财政厅、河北省人才资源和社会保障厅、河北省工业和信息化厅联合主办，石家庄市教育局、石家庄市第一职业中专学校承办的“2014年河北省中职服装设计与制作技能大赛”在市第一职业中专学校举行。市第一职业中专学校服装设计与制作两个代表队获得个人2个一等奖，5个二等奖，2个三等奖及团体一等奖。7月17～18日，由河北省教育厅主办，承德工业学校承办的2014年河北省中等职业学校信息化教学大赛在承德市举行，市第一职业中专学校教师张艳、王芳、邢秀娥团队获得语文学科信息化教学设计比赛一等奖。9月27～28日，2014年全国职业院校“用友新道杯”沙盘模拟经营大赛（中职组）全国总决赛在浙江省嘉兴市举行，市职业财会学校代表队从15个省（市）59支代表队、近200名参赛选手中胜出获得二等奖。2014年全市职业教育学校参加全国职业技能大赛获得二等奖7个、三等奖16个。推进国家级示范校建设，市职教中心、平山县职教中心、藁城区职教中心3所学校通过国家示范校验收，鹿泉职教中心等6所中职学校纳入全国示范学校建设。推进民办职业教育发展。2014年全市共有民办职业培训机构121所，涉及计算机、美容美发、保健按摩、摄影化妆、家政服务、烹饪服务、服装加工、家电维修、空调制冷、维修电工、建筑装饰、电气焊、机加工、汽车修理、移动通讯等工种（专业），在职教职工1237人，其中教师1000人（兼职教师385人），年培训总人数50000人，结业48000人，就业43200人，就业率90%。2014年全市共有国家职业技能鉴定所44家，年开展职业技能鉴定8万人以上。

【资源整合】 在正定新区征地1830亩，建设职教园区。遵循政府统筹、分类指导、适度超前原则，推进职教园区市场化、网络化、规模化建设，重点打造服装动漫、信息技术、交通旅游、商贸物流、城乡建设、艺术、机电化工、特殊教育等8所具有较大规模、专业各具特色、有效服务主导产业发展的中等职业校际群、专业群，集学历教育、科研、短期培训、资格认证于一体，建成面向京津冀协同发展培养基地。至2014年底，职教园区2所学校主体封顶。紧扣产业结构调整，确立整体规划、理顺体制、分步实施思路，打破行业部门界限；以园区建设为龙头，统筹整合公办中等职业学校，合并、重组、改造主城区中等职业学校，保留、做大、做强藁城区、鹿泉区、栾城区3个新区职教中心。整合农村县（市）行业教育资源，确定每个农村县（市）集中力量，办好1所起骨干作用中等职业学校（职教中心）。建立中高职衔接体系，扩大中高职衔接试点校范围和专业数量，完善中职与高职、高职与本科、中职与本科衔接贯通人才培养模式，19所职业学校和京津冀多所高职院校建立“3+2”等多种形式衔接。2014年市职教中心被河北省教育厅确定为“3+4”中职与本科衔接试点学校。推进中考制度改革，解决中职学校招生难问题。确立中等职业学校、普通高中招生规模大体相当原则，采取加强职业教育宣传、在初中开设学生职业生涯规划课、中职学校对接普通中小学全方位开放实训资源等措施，引导家长和学生共同选择适合学生个人教育形式；科学合理制定中考招生计划，完善中考网上报名、网上阅卷、网上录取等制度。2014 年全市中等职业招生完成 2.5 万人招生计划，在初中毕业生减少 6000 余人情况下，招生达到 50330 人（不包括石家庄省属中专生），扭转了中等职业招生连年下滑趋势。

【经费使用】 2014 年全市投入职业教育经费 153388 万元。其中，高等职业学校 42901 万元、中等职业学校 110487 万元；职业教育经费投入中，国家财政性教育经费投入 123457 万元，其中，高等职业学校 26148 万元、中等职业学校 97309 万元；国家财政性教育经费投入中，公共财政预算投入 122615 万元，其中，高等职业学校 26148 万元、中等职业学校 96467 万元。2014 年全市地方教育费附加 35717 万元，用于职业教育 224.5 万元，占 0.18%；城市教育费附加 61719 万元，用于职业教育 15256 万元，占 24.72%。根据国家和河北省要求，全市各类企业承担实施职工教育培训和高技能人才培养相应费用，一般企业按照职工工资总额 1.5%足额提取职工教育培训经费，从业人员技术要求高、培训任务重、经济效益好的企业可按 2.5%提取，列入成本开支，其中 60%用于技术工人教育和培训。2014 年石家庄市受企业现行体制、机制所限，绝大部分企业未按规定提取经费用于职工教育培训。落实中职学校学生国家资助政策。根据国家政策，就读中职学校学生可按规定享受免学费政策，家庭困难学生可享受助学金（每年 1500 元）。2014 年全市中职学校所有农村生源均享受到免学费政策；家庭困难学生（占全体学生 15%）享受到助学金政策。资金来源：中央资金占 60%、学校同级财政资金占 40%。年资助总金额 2 亿元。

【师资培训】 2014 年全市职业教育完成国家级培训 91 人次，省级培训 165 人次，青年教师企业实践 41 人次，包括骨干教师培训、专业带头人培训、出国培训、多项专题短期培训等内容；2014 年全市完成市级职教师资培训 11 项，主要包括中职学校基础课骨干教师培训（语文、数学、外语、体育、思政）、中职学校专业课骨干教师培训（会计、学前）、中职学校校长培训、中职学校教学管理干部培训（两期）、资助政策培训。共培训 29 天、116 个学时，培训中职学校教师、管理干部 1092 人。鼓励从事中等职业教育教师参加相应工种职业技能鉴定，获得职业资格证书，年末全市培养“双师型”教师比例达到 48%。

【技能培训】 2014 年全市拥有定点职业技能培训机构 121 家。其中，市本级培训机构 70 家，县（市、区）培训机构 51 家；开展职业技能培训机构 108 家，开展创业培训机构 17 家，承担两种培训任务培训机构 17 家。培训对象：主要为持有《河北省就业失业登记证》，年龄在 16 周岁至 58 周岁（女 48 周岁）的城镇登记失业人员、农村转移就业劳动者、毕业年度高校毕业生、城乡未继续升学的应届初高中毕业生。年培训量 20 万人，其中，职业技能培训 10.5 万人，企业在岗提升培训（财政不予补贴类）9.5 万人。拓展服务职能，发挥职业院校、成人学校人才培养培训基地作用，在抓好学历教育同时，注重开展多种形式短期培训。职业院校依托专业及资源优势，自主或与有关部门合作开展面向在职职工、退役士兵、社会青年、进城务工等群体技术技能培训，年培训量 20000 人；部分职业院校引进授权培训认证中心（机构），开展相关行业培训与认证。发挥以县级职教中心为龙头，以乡镇成人学校为骨干，以村成人学校为基础农村三级培训网络作用，广泛开展农村实用技术培训、农村劳动力转移培训、新型农民培养培训等，年培训规模 60 万人次，培养出一大批农村科技致富带头人和农村改革发展带头人。采取政府购买培训方式，举办贫困地区、贫困家庭持有就业失业登记证人员免费培训，参加培训人员占培训人数总量 5.7%。其中，年免费培训失地农民 5000 人；年接纳贫困山区学员占招生总量 10%。开设内地西藏职业教育班。2011 年 9 月起，市职教中心开始承担内地西藏中等职业班培养任务。2014 年在校就读学前教育专业的西藏、青海籍学生有 3 个年级 144 人

(含 2014 年招收青海籍学生 22 人)，其中，有藏族、回族、蒙古族、哈萨克族、撒拉族、汉族 6 个民族学生。2014 年 6 月，76 名学生学成毕业，其中，30 名学生以优异成绩考入西藏当地大学深造。内地西藏中职班全部学生实行免费教育，学校不收取学生任何费用；中央财政按照每年生均 5000 元标准补助学生学习生活费。

【学生就业】 以高端装备、电子信息、现代物流、生物医药等产业为重点，引导职业院校开设与全市区域经济结构和主导产业相适应的专业，初步建立“引企入校、引校入企、教学工厂”等人才培养模式。2014 年全市中等职业学校与博深工具、新龙科技、北人集团、石药集团等百余家企业建立稳定合作关系，向社会提供合格毕业生 40000 余名，毕业生就业率达到 95%以上，对口就业率到达 80%。2014 年全市中等职业学校毕业生去向为：第一产业占比 18%、第二产业占比 14%、第三产业占比 44%、升学占比 24%，近 50%毕业生实现本地就业，其中学前教育、旅游服务、加工制造、建筑等专业毕业生供不应求。

（刘伟　丁志强　吴俊海）

【韩二刚获得全国第四届黄炎培杰出校长奖】 5 月 6 日，由中华职业教育社和中国职业技术教育学会共同举办的第四届黄炎培职业教育奖颁奖大会在北京举行，石家庄市职教中心校长韩二刚在此次会议上获得全国第四届黄炎培杰出校长奖。以黄炎培命名的职业教育奖评选表彰活动创始于 2007 年，2009 年黄炎培职业教育奖正式通过国务院组织的专项审核。第四届黄炎培职业教育奖评选活动共评选“黄炎培优秀学校奖”59 所，“黄炎培杰出校长奖”80 名，“黄炎培杰出教师奖”110 名，“黄炎培优秀理论研究奖”8 名，“黄炎培杰出贡献奖”1 名。2011 年 9 月，市职业技术教育中心被确定为“国家中等职业教育改革发展示范学校项目建设学校”，2013 年获得全国职业教育先进单位。

（市职教中心）

【石家庄信息技术学校开建】 6 月 17 日，石家庄信息技术学校（即石家庄市第二职业中专学校）在市职教园区开工兴建。新校区西邻市特教学校，规划用地 116 亩，建筑面积 7.2 万平方米，计划投资 2.6 亿元。石家庄市职教园区始建于 2013 年，项目规划总投资 25.6 亿元，占地约 1830 亩，建筑面积 80.5 万平方米，规划容纳在校生 2.8 万人，包括石家庄市服装动漫学校、石家庄市信息技术学校、石家庄市现代职业技术学校、石家庄市商贸物流学校、石家庄市城乡建设学校、石家庄市艺术学校、石家庄市机电化工学校和石家庄市特殊教育学校 8 所学校整体搬迁进入园区。

（李云萍）

【中等职业学校学生技能大赛】 12 月 4～26 日，市教育局、市财政局、市人力资源和社会保障局、市工业和信息化局、市总工会、共青团石家庄市委联合举办“2014 年石家庄市中等职业学校学生技能大赛”。来自全市 40 余所中等职业学校 113 支代表队、509 名选手参加 18 个项目比赛，80 支代表队分别获得团体一、二、三等奖；328 名选手分别获得个人一、二、三等奖；164 人获得优秀辅导教师奖；9 所学校获得优秀承办单位奖。

表 74　2014 年石家庄市中等职业学校学生技能大赛团体奖一览表

序号	比赛项目	奖项	获奖单位
1	学前教育	一等奖	石家庄市学前教育中等专业学校 1 队 石家庄市艺术职业学校
		二等奖	石家庄市职教中心 石家庄市学前教育中等专业学校 2 队
		三等奖	石家庄市第一职业中专学校 石家庄职业技术学院附属中专 石家庄法商中等专业学校

（续表）

序号	比赛项目	奖项	获奖单位
2	动画片制作	一等奖	石家庄市第一职业中专学校 1 队
		二等奖	石家庄市职教中心
		三等奖	石家庄美术职业学校
3	数控车	一等奖	石家庄市法商中等专业学校
		二等奖	石家庄市职教中心
		三等奖	石家庄机电职业中专
4	车工	一等奖	石家庄市法商中等专业学校
		二等奖	石家庄市职教中心
		三等奖	鹿泉区职教中心 1 队
5	电子装调	一等奖	鹿泉区职教中心 1 队 石家庄市职教中心 2 队
		二等奖	鹿泉区职教中心 2 队 石家庄第二职业中专学校 1 队 石家庄市职教中心 3 队
		三等奖	石家庄第二职业中专学校 2 队 石家庄机电职业中专 1 队 石家庄机电职业中专 3 队 石家庄市职教中心 1 队 石家庄机电职业中专 2 队
6	装配钳工	一等奖	石家庄机电职业中专 1 队
		二等奖	石家庄机电职业中专 2 队 鹿泉区职教中心 1 队
		三等奖	井陉县职教中心 藁城区职教中心 1 队
7	焊工	一等奖	石家庄市机械技工学校
		二等奖	高邑县职教中心 1 队
		三等奖	石家庄机电职业中专 高邑县职教中心 2 队
8	动物外科手术	一等奖	石家庄农业学校 1 队
		二等奖	赵县职教中心
		三等奖	石家庄农业学校 2 队
9	种子质量检验	一等奖	石家庄农业学校
		二等奖	元氏县职教中心
		三等奖	平山县职教中心
10	汽修	一等奖	石家庄市第三职业中专学校 2 队
		二等奖	石家庄市第三职业中专学校 1 队 赵县综合职教中心
		三等奖	平山县职业中心 1 队 无极县职教中心

（续表）

序号	比赛项目	奖项	获奖单位
11	职业英语	一等奖	石家庄市第三职业中专学校
		二等奖	石家庄市旅游学校 石家庄市学前教育中等专业学校2队
		三等奖	石家庄市学前教育中等专业学校1队 井陉县职教中心 石家庄铁路职业中专
12	餐厅服务	一等奖	石家庄市旅游学校
		二等奖	石家庄市第三职业中专学校
		三等奖	平山县职教中心
13	客房服务	一等奖	石家庄市旅游学校
		二等奖	石家庄法商中等专业学校
		三等奖	晋州市职业技术中学 赵县职教中心
14	信息化办公	一等奖	鹿泉区职教中心
		二等奖	井陉县职教中心 藁城区职教中心
		三等奖	平山县职教中心 石家庄市职教中心1队 石家庄市职教中心2队
15	网页设计	一等奖	石家庄市第三职业中专2队
		二等奖	石家庄市第二职业中专1队
		三等奖	石家庄市第三职业中专1队
16	平面设计	一等奖	石家庄市第二职业中专学校
		二等奖	石家庄市第三职业中专1队 石家庄市第三职业中专2队
		三等奖	石家庄法商中等专业学校 石家庄市职教中心 石家庄市第一职业中专1队
17	会计综合技能	一等奖	石家庄市职业财会学校1队
		二等奖	石家庄市职业财会学校2队 藁城区职教中心1队
		三等奖	藁城区职教中心2队 石家庄铁路职业中等专业学校 赵县职业技术教育中心
18	电子商务	一等奖	石家庄市第二职业中专学校1队
		二等奖	石家庄市第二职业中专学校2队 石家庄市第一职业中专学校2队
		三等奖	石家庄市职教中心1队 石家庄市第三职业中专学校 石家庄市第一职业中专学校1队

表 75　　2014 年石家庄市中等职业学校学生技能大赛个人一等奖一览表

序号	比赛项目		获奖人及所在单位
1	学前教育		蔡瑶佳　石家庄市艺术职业学校 尹苗苗　石家庄市艺术职业学校 周美超　石家庄市学前教育中等专业学校 1 队 张书歌　石家庄职业技术学院附属中专 韩静怡　石家庄市职业教育中心
2	动画片制作		王晨浩　石家庄市第一职业中专学校 2 队 吴慧明　石家庄市职教中心 侯淑玲　石家庄市第一职业中专学校 1 队
3	数控车		黎漳　石家庄法商中等专业学校
4	车　工		张函松　石家庄市法商中等专业学校
5	电子装调		常佳倩　鹿泉区职教中心 刘子豪　鹿泉区职教中心 耿明明　石家庄市职教中心 侯钰杰　鹿泉区职教中心 李广涛　石家庄市职教中心
6	装配钳工		程海龙　鹿泉区职教中心 1 队 韩利民　石家庄机电职业中专 1 队
7	焊　工		张凯峰　石家庄市机械技工学校 王好运　石家庄市机械技工学校
8	动物外科手术		陈朝阳　石家庄农业学校 田鹏冲　石家庄农业学校
9	种子质量检验		杜丽芳　石家庄农业学校 刘云磊　石家庄农业学校
10	汽修	汽车维修基本技能	罗浩仁　石家庄第三职业中专学校 1 队 匡运尧　石家庄第三职业中专学校 2 队
		汽车二级维护	史旭凯　武闯通　石家庄第三职业中专学校 1 队 杨磊　张忠辉　石家庄第三职业中专学校 2 队
11	职业英语		李晨瑶　石家庄第三职业中专学校 朱聪敏　石家庄第三职业中专学校 安心玉　石家庄市旅游学校
12	餐厅服务		韩竟飞　石家庄市旅游学校 刘志涛　石家庄市第三职业中专学校
13	客房服务		刘茜　石家庄市旅游学校 杜丽娜　石家庄市旅游学校
14	信息化办公		张富鑫　石家庄市井陉职教中心 刘晓宇　鹿泉区职教中心 李艳君　石家庄市职教中心 1 队
15	网页设计		李皓　石家庄市第二职业中专学校 1 队 冯涛　石家庄市第三职业中专学校 1 队

（续表）

序号	比赛项目	获奖人及所在单位
16	平面设计	郭祎霏　石家庄市第二职业中专学校 解婷婷　石家庄市第二职业中专学校 李世华　石家庄市第三职业中专学校2队 樊琦聃　石家庄市第三职业中专学校1队 冯欢　石家庄市第二职业中专学校 苏世云　石家庄市第二职业中专学校 武小曼　石家庄市第二职业中专学校
17	会计综合技能	郭志真　石家庄市职业财会学校1队 刘雪飞　石家庄市职业财会学校1队 陶晓玲　石家庄市职业财会学校2队 郭皓月　石家庄市职业财会学校1队
18	电子商务	王亚婵　石家庄市第二职业中专学校1队 李悦　石家庄市第二职业中专学校1队 杨文银　石家庄市第二职业中专学校1队

（刘伟　丁志强　吴俊海）

高等教育

【概况】 2014年，全市共有市属高校5所，其中本科高校1所（石家庄学院），高职高专院校4所（石家庄职业技术学院、石家庄信息工程职业学院、石家庄科技工程职业学院、石家庄幼儿师范高等专科学校）。高校在校生47781人，教职工3684人，专任教师2307人。开设专业219个。拥有国家级精品课程3门，省级精品课程22门，市级精品课程20门，市级教学科研创新团队15支。加强市属高校专业内涵建设，提升教育质量和办学水平，成立市属高校教育教学指导委员会和市属高校学科（专业）建设指导委员会，指导学科专业建设、师资队伍建设、校企合作等。面向全市主导产业和社会发展需求，调整优化市属高校专业结构，新增本科专业4个，专科专业16个，专业数量由2013年199个增加到219个。实施市属高校教学质量提升工程，首批评选市级重点专业15个，重点专业带头人15名。结合应用型人才和行业社会需求，实施课程改革，成立由企业、行业专家、学校骨干教师组成的专业建设指导委员会；以职业能力培养为核心，构建集理论教学、实践教学、技术技能训练为一体应用型课程体系；鼓励高校以教学过程与生产过程对接为目标，强化实践教学环节，落实实习实训课时比例达到30%，学生参加实习实训时间达到1年。举办高校教师教学能力提升培训班和青年教师职业素养培训班，采取专家集中授课、现场观摩教学、讨论互动和拓展训练形式，培训教师515名。提升服务区域产业发展能力，围绕“专业人才需求状况”、“本校专业设置与地方主导产业发展需求的契合度”等5个问题开展调研。举办“京津冀协同发展与开放的高职教育”专家报告会，从京津冀合作机制、京津冀规划、北京功能疏解、石家庄定位与布局等提出建设性意见。加强成人高等教育管理，组织专家督导检查驻石家庄函授站（教学点）及学习中心，严格教学、学籍管理；印发《关于开展成人高等教育函授站（点）现代远程教育校外学习中心年检工作的通知》，全年年检函授站（教学点）44个、校外学习中心56个，新审核报批校外学习中心2个。开展“石家庄的中国梦”“幸福石家庄 美丽校园”“感恩·诚信·节约”“善行河北、立德树人”等专题教育，将开学作为加强大学生思想教育重要节点，精心安排开学典礼、新生军训、形势政策教育、理想信念教育、校情校史教育等活动，将社会主义核心价值观教育融入各项活动中。2014年中央电视台就石家庄市高校“节约，石家庄们在行动”主题活动举办专访，并以《“光盘行动”打造真时尚》为题作专题报道。引领大学生弘扬优秀民族文化，在高校开展博雅讲堂、道德讲堂活动。全年博雅讲堂举办讲座20期，参加学生6000余人；道德讲堂举办10期，参加学生2000余人。开展“体验省情、服务群众”大学生主题实践活动，组织56支队伍、1万余名学生参加社会调查、科技支农、法律援助、环境保护等志愿服务，形成《基层调研日志》1万余份，撰写综合调研报告280份、案例分析88份、专题调研79份、心得感受259篇。2014年石家庄学院平山古月教育关爱服务团获得共青团中央表彰。开展大学生思想政治教育自测自评活动，对照6个一级指标、20个二级指标、88项测评标准逐项逐条分解自查，2014年市属5所高校全部通过河北省教育厅思想政治教育工作专家组评估。

（王霞　范瑞君）

【石家庄学院】 石家庄学院是经国家教育部批准建立的国有全日制普通本科院校。地处河北省石家庄高新技术产业开发区，由南北两个校区组成，占地1221亩，建筑面积35.4万平方米。建有13类实验中心（室），其中物理基础、文学与传媒实验教学中心是省级示范中心，教学科研仪器设备总值1.2亿元。图书馆藏书111万余册，电子图书43.2万种，中文期刊902种。拥有中国知网学术期刊库、博士硕士学位论文文库、超星移动图书馆等23个数据库资源，2个标准田径场、1个天然草坪足球场及篮、排、网球场和多功能体育馆、游泳池等，体育设施齐备。学院下设15个学院、83个本专科专业（本科专业50个），涵盖法学、教育学、文学、史学、理学、工学、医学、管理学、艺术学9个学科门类，拥有化学工艺、马克思主义中国化研究、中国现当代文学、人文地理学4个省级重点发展学科，生物制药、政治法律2个省级本科教育创新高地，生物工程、制药工程、法学、社会工作4个省级特色专业，其中制药工程、生物工程被评为国家级特色专业建设点。2014年学院共有全日制在校生17000余人、教职工1106人。其中，专业技术职务教师820人，教授102人、副教授265人，占专任教师总数44.8%；博士学位、硕士学位教师666人，占专任教师总数81.2%。加强制度建设，制定出台《石家庄学院医疗卫生工作管理制度》《石家庄学院突发公共安全事件应急预案》《石家庄学院公务出差、公务接待、公务用车、公务出国（境）管理规定》《石家庄学院教材管理办法》《石家庄学院学生转专业管理办法（修订）》《关于落实党风廉政建设党委主体责任纪委监督责任的实施办法》《石家庄学院教师教学质量评价办法》《石家庄学院引进高层次人才暂行办法》等制度，分类汇编制度108项。开展党员志愿服务活动，做好党员发展及组织关系转接，新发展学生党员16名、教职工党员7名。改善办学条件，2014年3月学院南校区校医院竣工投入使用；2014年6月学院大学生活动中心开工建设；启动数字化校园建设，无线网络覆盖全校；图书馆外装工程收尾；新建多媒体教室14间，改造42间，新增监控设备12套，年末多媒体教室达到149间。2月11～12日，“2014年河北省毕业生就业市场”在学院南校区举行，河北省副省长杨汭、石家庄市常务副市长刘晓军等参加调研考察活动，与用人单位、求职学生现场交流，并召开高校毕业生就业工作座谈会，听取高校毕业生、用人单位和省内高校代表意见及建议。12月8日，市基础教育改革与发展研究中心在学院揭牌成立。重视国际交流。2014年来自亚洲、美洲、欧洲5个国家7所高校代表团及瑞典库姆拉市政府教育代表团到校访问。学院选派22名骨干教师组成应用型高等教育代表团赴德国奥斯纳布吕克应用科学大学接受暑期海外培训；与韩国又石大学、意大利库内奥音乐学院、俄罗斯肖洛霍夫人文大学等高校签署合作协议；35名学生完成在国外高校交流学习。8至9月，石家庄学院所属音乐学院大四学生杨宽在意大利拉斯佩齐亚、韦扎诺、比萨成功举办4场个人音乐会。2014年学院获得河北省文明单位（连续四届）、河北省教育系统先进集体、河北省社会科学基金项目管理工作先进单位、河北省宣传文化系统先进集体、民进河北省先进基层组织，全国暑期“三下乡”社会实践优秀团队、暑期河北省高校辅导员“大家访”活动先进单位，石家庄市“普法先进集体等荣誉。

教学管理。应用型人才培养模式改革。开展本科专业应用型人才培养调研活动，召开全国高校物业管理专业教学研讨会、河北省高校社会体育指导与管理专业校企合作研讨会，新建校级示范性校外实践教学基地6个，组建成立全国首个市级基础教育改革研究中心和河北省校外教育注意力训练中心，与宝力健身、君乐宝乳业等43家企业签订校企合作协议，在元氏县、裕华区和藁城区30余所中小学开展顶岗实习。调整优化专业结构。申报本科高校转型发展试点，完成本科专业转型发展调研；加强新建本科专业建设，年给予每个专业建设资金支持2万元；新增商务英语、特殊教育、电子信息工程3个专业；日语、广播电视学、社会体育指导与管理3个专业通过学士学位授予权评审。推进课程建设。召开课程教学汇报会、双语教学研讨会等专题会议；制订和实施思想政治理论课、大学英语、大学体育等课程教学改革方案；完善通识教育体系，修订《石家庄学院公共选修课程开设目录》，引入尔雅网络通识课程资源；加强网络课程建设，新增网络课程8门，累计达到128门；评选《地质学基础》《数字媒体技术导论》《民事诉讼法学》3门精品课程，审定教改项目36项，验收通过精品课程7门、教改项目29项。开展青年教师教学比赛、教学优秀奖和教学标兵评选活动，依托国家教育部网络培训中心建立石家庄学院教师在线学习中心平台，全年在线注册教师350余人，报名选课学习620余人次。规范教学管理秩序，修订《石家庄学院教师教学质量评价办法》《石家庄学院教材管理办法》，开展期初教学秩序检查、期中教学检查、课堂教学秩序管理促进月等活动。

教育科研。全年组织申报各级各类科研项目417项，获准立项208项，其中国家级项目2项（均为国家社会科学基金），省部级项目91项（中国残联项目1项，河北省自然科学基金3项，河北省社科基金22项，河北省人才工程项目2项，河北省青年拔尖人才项目2项，河北省教育科学规划项目61项）；承担横向协作与委托项目23项，同比增加72.93%；引进经费414.12万元，其中纵向项目引进经费114.53万元，横向项目引进经费299.59万元。教授吴宝瑞课题《我国特殊教育改革与发展研究——以河北省石家庄市为例》在中国残联立项；教师苑丰《农村社区金融合作与乡村治理创新研究》、赵九州《古代华北的能源危机与社会生态变迁研究》获国家社科基金项目立项；周冉项目《注射用泮托拉唑钠的杂质研究》、陆相林项目《城市群旅游集散中心网络空间整合与治理研究——以京津冀区域为例》获河北省高等学校青年拔尖人才计划项目立项；苑丰撰写调研报告《关于科学整顿规范农民资金互助合作的建议》，获得河北省委副书记赵勇，省委常委、常务副省长杨崇勇肯定批示。开展科技创新，市食品工程技术研究中心建成集开发、分析检测、中试孵化、成果推广及人才培养为一体技术创新平台，2014年2月通过市科技局专家验收；焦化清洁生产工程技术中心、新媒体创意工程中心、县域产业集群与小城镇发展软科学基地、知识产权软科学基地确定为校级科研平台；软件工程、专门史确定为校级重点学科。组建创新团队，新增智能分析研究团队、河北省新型城镇化与农村治理协同创新研究团队、教师教育科研团队、中国文化与中国精神研究团队4个校级科研团队。取得一批教学科研，副教授张振平《河北省农村学前教育的现状及对策研究》获河北省第六届基础教育省级教学成果一等奖；教授及化娟著作《社会学视角下青少年体质动态变迁的实证研究》和教授贾丽英论文《秦汉出嫁女与父母本家关系探析》分获第十四届河北省社会科学优秀成果二等奖和三等奖；副教授邵文英论文《德育场域论——基于场域理论视角的德育研究》获第八届河北省社科基金项目三等奖；副教授张兵著作《公平之路——当你感到不公平》、教师朱祥海著作《利维坦法哲学》、教师陆静论文《提高区域文化竞争力的文化生态学探析》等23项成果获石家庄市第十三届社科优秀成果奖；教授吉朝珑著作《西柏坡精神法治内涵研究》由光明日报出版社出版发行。

师资队伍。选聘教师14人，公开招聘工作人员30人，引进高层次人才5人，外聘教师60人次。选派教师外出进修14人，攻读博士学位7人，参加河北省教师信息化技术培训19人，参加市教育局高校骨干教师教育教学能力提升培训班77人，获批河北省优秀专家出国培训人选3人，获河北省人才工程培养经费资助2人。10人初聘专业技术职务任职资格完成申报，3名调入人员职称获得认定，600余人分级聘任；推荐正高级职称8人、副高级职称22人、中级职称4人。

招生就业。全年录取新生4698人，其中，本科生2898人、专科生1800人。本科文史类录取最低分532分，超过河北省最低录取控制分数线19分；理工类录取最低分528分，超过河北省最低录取控制分数线25分。开展北森高校职业规划课程TTT—2培训，组织举办大学生招聘会百余场，招聘岗位涵盖毕业生全部专业；新增就业实训基地7个，累计达到241个；帮扶困难毕业生149名，落实帮扶补助每人500元。2014年2014届毕业生初次就业率达到89.02%。

思想文化建设。加强思想政治教育，推行《石家庄学院大学生思想政治教育工作大纲（试行）》，完成并通过河北省大学生思想政治教育工作测评检查。举办博雅讲堂主题讲座10期，受众覆盖14个学院5000余人。《微博开辟高校思想政治教育新途径》入选河北省运用新兴媒体做好思想政治工作先进典型案例，《口述历史：平山——追寻即将逝去的记忆》《论西柏坡精神内涵及时代意义》获河北省思想政治工作优秀研究成果三等奖，《西柏坡红色资源融入高校思想政治理论课实践教学的创新与实践》项目，获河北省思想政治工作优秀创新案例一等奖。推进校园文化建设，《发挥剪纸艺术魅力，弘扬中华优秀文化传统》获2014年河北省高校校园文化建设优秀成果三等奖；学生杨广瑞编写《大学生读〈老子〉》由线装书局出版发行。4月8日，团市委召开学习石家庄学院家电维修青年志愿者协会先进事迹暨“奉献的青春最美丽”分享会；2014年10月“义务家电维修”活动被授予河北省青年志愿服务行动“金牌项目奖”。6月18日，开展“节约，我们在行动”主题宣传活动，6月24日中央电视台在《第一时间》以《传统美德牵手“微”平台 “光盘行动”打造真时尚》为题作专题报道。11月10日，举行“奋斗的青春最美丽”——大学生志愿服务西部计划新疆巴州项目优秀志愿者事迹报告会。还举办了“科技梦 创新梦 中国梦”第十届大学生学术科技节、“中华经典诵读大赛”、“走下网络、走出宿舍、走向操场”三人制篮球赛、“传递‘筝’能量 绚丽‘中国梦’”石家庄学院第六届风筝节、“缤纷秋韵 青春梦扬”2014年迎新生文艺晚会等。12月26日，石家庄学院召开校志编纂启动暨专题培训大会，特邀中国人民大学教授安清福作专题讲座。《石家庄学院志》总体结构分为卷首、专志、附录，上限起于1956年建校，下限至2014年底。

师生获奖。2014年历史文化学院教师贾丽英获评河北省“三三三人才工程”第二层次人选；数学与信息科学学院教师张东凯、历史文化学院教师陆静、政治与法律学院教师苑丰、化工学院教师韩爱云获评河北省“三三三人才工程”第三层次人选；苑丰获评河北省宣传文化系统“四个一批”人才；化工学院教师张绍岩获得河北省模范教师称号；物理与电气信息工程学院教师刘继宏获得河北省优秀教师称号；学院党委常委杨凤勇，化工学院教师张绍岩、国资处行政干部翟烨获得石家庄市有突出贡献中青年专家称号；体育学院教师赵喆获得2014年国际学生运动舞蹈大赛优秀裁判员称号；政治与法律学院教师吉朝珑获得民进河北省先进个人称号；政治与法律学院教师赵艳芳、文学与传媒学院教师张文卿、计算机学院教师李瑗制作《法定继承》获得第十四届全国多媒体课件大赛（高教组）一等奖；数学与信息科学学院教师陈兰新、张俊显制作《好学的“高等数学”——谈Maple软件在自主学习中的应用》获得第十四届全国多媒体课件大赛（微课组）优秀奖；赵艳芳获得河北省高校青年教师教学竞赛（人文社会科学组）三等奖，物理与电气信息工程学院田粒卜获得河北省高校青年教师教学竞赛（自然科学应用学科组）三等奖，数学与信息科学学院肖楠获得河北省高校青年教师教学竞赛（自然科学基础学科组）优秀奖；外语学院贾宁获得河北省高校第十五届“世纪之星”英语演讲大赛教师组二等奖。2014年学生赵华获第九届中国大学生年度人物入围奖；随金明等人作品《关于嫦娥三号软着陆轨道设计与控制策略》获全国大学生数学建模竞赛二等奖；管纪委等人作品《清新物语读书导航》获第七届中国大学生计算机设计大赛决赛三等奖；邢智等人作品《极品学习网》获第二届中国大学生软件服务外包大赛决赛三等奖；李曜杞等人作品《同校恋——同校大学生交友恋爱社交平台》获“创青春”全国大学生创业大赛专项赛铜奖；

段玉龙等4人代表队获全国高等院校项目管理沙盘模拟大赛二等奖；张栋、李浦分别获第五届“蓝桥杯”全国软件和信息技术专业人才大赛一等奖、三等奖；程丹凤、韩蒙蒙获河北省第十五届“世纪之星”英语演讲大赛高职高专学生组二等奖；白彩伟等10人代表队获河北省2014届“依丽兰”杯大学生营销知识大赛第二名；贺阳、盛雅琦、桂林获河北省高校师范生教学技能竞赛三等奖；参加第九届全国大学生“飞思卡尔”杯智能车竞赛获一等奖1项、二等奖2项、三等奖1项、优秀奖2项；参加“创青春”河北省大学生创业大赛获一等奖3项、二等奖7项、三等奖9项；参加第三届POCIB全国大学生外贸从业能力大赛获团体一等奖，个人一等奖2人、二等奖2人，三等奖14人；参加河北省第十八届大学生运动会获金牌12枚、银牌4枚、铜牌10枚；参加2014年度国际学生运动舞蹈大赛获第一名2项，第四名1项；参加2014年国际导引养生功比赛获金奖3项，第一名5项、第二名3项、第三名3项。

（李艺潇　庞俊丽　冯宝强　王俊华）

【石家庄职业技术学院】 石家庄职业技术学院（原石家庄大学）创建于1984年，是经国家教育部批准、石家庄市政府主办的全日制普通高等院校；是国家教育部、工业和信息化部、住房城乡建设部确定的计算机应用与软件技术、工业与民用建筑专业领域技能型紧缺人才培养基地。设有管理系、经济贸易系、信息工程系、建筑工程系、化学工程系、机电工程系、电气与电子工程系、艺术设计系、公共外语部、公共体育部、社科部、动画学院、继续教育学院、软件学院等8系3部3学院，共有6大类 54个专业，其中，6个专业为河北省高职高专教育示范专业，1个专业为省级教学改革试点专业。开设国家级精品资源共享课程2门，省级精品课程11门，市级精品课程6门。影视动画实训基地、机电一体化实训基地为中央财政支持职业教育实训基地，建筑技术实训基地为省职业教育实训基地。至2014年底，学院共有教授50人、副教授200人，硕士、博士及以上学位教师占近70%；拥有省级教学团队2个，国家级教学名师1人、省级教学名师1人，省市专业技术拔尖人才、专家7人，省市优秀教师5人；外籍教师1人。学院招生面向河北省、河南省等15个省，共有全日制在校生13800余人，成人教育本专科在籍生10000人；2014年招生计划4100人，实际录取4024人；单独招生报考1700多人；普通高考文史类、理工类录取分数线分别高于省专科录取分数线176分和131分；电大成人单招736人报名，实际录取601人；专接本录取333人，通过率62.80%。2014年末，学院拥有固定资产总值近3亿元，教学仪器设备总值8600余万元；建有2个共6万平方米多功能教学楼和2个技能实训楼，94个校内实训基地，170个稳定校外实习基地，4102个独立IP、3500多个接点网络、366个无线接入点、5500多用户无线网络。开展党员进社区活动，举办入党积极分子培训，发展党员159人。重视对外交流，召开国际交流与合作专题推进会，与台湾青少年国际交流协会、澳大利亚艾迪斯科文大学、北京大学留学中心等境内外院校、机构商议交流合作。全年在国家、省、市级新闻媒体刊登稿件120多篇，其中，《石家庄职业技术学院：在服务地方产业转型升级中赢得声誉》在《光明日报》刊登；《石家庄职业技术学院——高层次人才引领打造职业教育新高地》《服务给力源自内涵深》在《河北日报》刊登。校志编纂4稿修改完毕，交付河北教育出版社印刷。2014年学院获授河北省教育考试先进单位、中国农业大学优秀校外学习中心、中南大学优秀校外学习中心及河北省职业教育先进单位、河北省大中专毕业生就业工作先进集体、河北省普通高校示范性就业指导中心等荣誉称号。

教学管理。3月10日，省委常委、市委书记孙瑞彬到学院调研职业教育发展，考察建筑工程系建设。编制五年《主要任务实施进度表》，出台《教学系（部、院）经费管理与改革实施办法（试行）》，设立院长特别奖，表彰18项成果及个人。建立科学研究指导、教学指导2个专门委员会；制定《学术委员会章程》，选举产生第一届学术委员会。改善办学条件，实施大学生服务中心、博士工作站、教授工作间、教师工作台、教工文体中心、第二学术报告厅、校史馆等建设项目工程，学生公寓粉刷、消防管道更换、蓄水池扩建、餐厅维修改造、学生宿舍改造等工程完工。完善《系部经费管理办法》，开通网上自主收缴费业务；招标采购设备及家具850余万元；争取2014年第四批现代职业教育质量提升计划中央专项资金1259万元。修订完善《大学生门诊统筹基金管理办法》，提高学生门诊报销比例；修订《大学生资助管理办法》，资助学生3000多名，发放助学资金746.2万元；安排勤工助学5465人次，发放勤工助学资金66.9万元。全年发布用人单位信息232个、招聘岗位8846个，举办院级专场招聘会25场，年末毕业生就业率99.21%；跟踪调查2012~2014届4777名毕业生就业情况，涉及企业200余家。完成技能鉴定20批次、2900余人次，鉴定合格率95%以上。举办市中职学校教学管理干部培训班、教育系统通讯员培训班等培训活动5项，培训人员1430人次。依托再就业培训平台，培训各类社会人员4176人次。搭建大学生思想政治教育平台，制定《大学生思想政治教育专项研究课题和课改课题评审办法》。举办人文素质讲座12场，听讲学生4000多人次。开展志愿者服务、“三下乡”社会实践等活动近200次，参与学生30000余人次，覆盖率达100%。新建留营老年公寓、公交车站等志愿者服务基地12个。2014年学院获评河北省暑期社会实践优秀团队、市社会实践活动先进集体，学院团委志愿者协会获评河北省青年志愿服务先进集体。

教育科研。出台《关于校企合作优质核心课程建设的实施意见及评审标准》，修订《教学事故认定和处理办法》、《教学成果评奖办法（试行）》等管理制度。针对订单班、单招班、普高班、对口班学生特点，制定2014级人才培养方案。中央财政支持建筑工程技术专业、网络技术专业建设项目验收完成，机电一体化专业实训基地建设顺利推进。学院教师主编《国际金融》、《物理化学》、《Photoshop项目实践教程》、《建筑力学（上、下册）》、《建筑工程质量事故分析》入选“十二五”职业教育国家规划教材书目，《有机化学》入选第三批国家级精品资源共享课立项项目。召开“开放式教育教学理论与实践”探索研讨会，探索开放式教学理论与实践。《学训合一强本领，校企对接共育人》、《高职化工类专业“厂中校”人才培养模式》、《构建技能大赛牵引的“两加强两巩固一提高”人才培养模式》被确定为河北省高职高专人才培养创新（特色）专业建设典型案例。公共外语部教授欧阳霞主持《高职公共英语与行业英语相结合的实践与研究》课题获批为河北省重点教育改革项目。参加第十四届全国多媒体课件大赛，获得微课全国二等奖1项，河北赛区一、二、三等奖10项。电气自动化技术专业教学团队获评河北省教育系统先进集体；建筑工程系获评2013年全国职业教育先进单位称号。开展《技艺中国：老行当》《痞子英雄2》《呼叫服务业务技术咨询》《金属网自动剪切机电气控制系统》《邢台仙界山景区旅游总体规划》5项课题和技术咨询服务。学院与晶石公司承担课题《不发火试验机》《不发火混凝土技术研究》分获河北省建设行业科学技术进步奖一、二等奖。围绕现代职业教育体系、京津冀协同发展主题，成立研究课题组，举办京津冀协同发展专家报告会、项目谋划研讨会。2014年学院获省级科研成果奖1项、市级科研成果奖28项，完成省市级科研课题立项75项，申报成功国家实用新型专利24项、软件著作权4项，在核心期刊发表论文59篇，其中出版著作5部。

师资队伍。出台《高层次人才引进和管理办法》，从企业引进、聘用高层次领军人物7人，公开招聘18人，自主选聘16人。出台《学院外推专家遴选培育办法》，举办精品资源共享课建设培训、教师教学能力校本培训、新入职教师培训，实施青年教师导师制。建立文化与传播创意研发中心、机电技术研发中心、建筑防水研发中心，成立李志刚工作室、安卓系统工作室、智能电器控制工作室。重视教育管理队伍建设，举办新入职辅导员和专职辅导员国家心理咨询师培训，9名辅导员获得国家三级心理咨询师职业资格证书。2014年教授吴英绵获聘为全国石油和化工教育指导委员会委员，教授魏烨被推荐为全国普通高校体育教育指导委员会委员，图书馆馆长梁瑞敏当选第一届高职高专图书馆专家组成员，教授刘焕平获评河北省优秀教师，教授邵英秀获评河北省“三育人”先进个人。

校企合作。走访晋煤金石集团、国和汽车投资有限公司、上海大众汽车公司等30余家企业，出版校企合作成果《知行至远》，撰写形成专业材料《产业发展报告》。与格力电器、北京云端智慧等企业新签订单 8 个；与天鹰企业管理咨询有限公司签订联合出品大型“非遗”文化纪录片《技艺中国：老行当》框架协议；与上海大众汽车集团合作 scep 项目，新增汽车实训室设备 110 余万元；与北京互象动画公司签署系列都市情感剧《泡芙小姐》合作协议。食品检测中心项目、动漫技术研发与外包制作基地项目、虚拟商业社会（VBSE）实训基地项目顺利推进。

师生获奖。2014 年石家庄职业技术学院大学生创业协会参加河北省首届“邮储杯”创业大赛获得一等奖；参加全国高等职业院校土建施工类专业学生第二届“鲁班杯”建筑工程识图技能竞赛，获得团体赛特等奖，3 位参赛选手全部获得大赛个人特等奖，教师康会宾、梁媛、王丽辉获得优秀指导教师奖；参加第五届“蓝桥杯”全国软件和信息技术专业人才大赛个人赛省赛（软件类），获得 JAVA 软件开发高职高专组一等奖；参加第四届全国大学生会展创意大赛，获得会展创意策划组比赛二等奖；参加第五届“蓝桥杯”全国软件和信息技术专业人才大赛全国总决赛，获得电子类三等奖。艺术设计系作品《麦田舞者》在“第六届全国大学生广告艺术大赛”中，获得全国三等奖，作品《王老吉》获得全国优秀奖。参加第 18 届河北省大学生运动会乙组比赛，乒乓球队获得男子团体总分第八名；参加河北省第五届大中学生武术（丙组专科组）比赛，武术代表队获得男子团体第五名。

（高霞　庞荣申　王升）

【石家庄信息工程职业学院】 石家庄信息工程职业学院是经河北省政府批准，国家教育部备案、面向全国招生的国办全日制高等职业院校；是中国青年政治学院高职教育研究基地、清华大学教育基金会理事单位、清华大学教学科研培训实践项目基地、全国女大学生创业实践基地、全国物流教学十大创新品牌院校，河北省高校首家绿色学校、河北省首家创业孵化园、河北现代物流专业人才培养基地，省会石家庄职业教育培训基地和企业人才培养基地；获评全国巾帼文明岗，河北省职业与成人教育先进单位、河北省精神文明单位、河北省先进基层党组织、河北省思想政治工作先进单位。学院分南、北校区，总占地面积 1457 亩，建筑面积 28 万余平方米；是全国同时设立雅思、托福、GRE 和托业考点院校；建有石家庄国家动漫产业发展基地创业孵化园，工业和信息化部微软嵌入式技术联合实验室。2014 年学院共有专任教师 576 人，教授 44 人、副教授 152 人；录取大专层次新生 3669 人，新生报到率 94.2%；在校生 12500 余人。设有软件与传媒艺术、电子信息、商贸、管理、印刷五大专业群和一个直属学院（酒店管理学院）；拥有招生专业 47 个、教学用计算机 4000 余台；校内生产性实训企业 36 家，校外实践基地 198 个。创业帮扶 150 人，成功创业 50 人；毕业生一次性就业率保持 95%以上。

教学管理。修订教学管理制度 16 项、学生管理制度 9 项、行政管理制度 7 项。举办“践行核心价值观，争当优秀辅导员”主题培训班、第三届辅导员职业技能大赛、“第二父母”教育实践活动、“美丽青春·梦想未来·成就人生”第十一届大学生艺术节活动，落实专业群、系（部）学生工作考核和安全教育管理。2014 年学院获评市暑期社会实践活动优秀组织奖、石家庄五四红旗团委、优秀志愿者服务组织及河北省大学生征兵工作先进单位、慈善公益爱心单位等称号。参加第二届全国高校数字艺术作品大赛，获得一等奖 1 项、二等奖 5 项、三等奖 11 项；参加全国航空航天模型锦标赛，获得二、三等奖，其中河北站比赛获得第一名；参加“大唐杯”全国移动通信技术大赛，获得河北区二等奖；参加河北省电子信息职业技能大赛，获得电子设备装接项目赛团体二等奖；参加河北省第十八届大学生运动会，获得乙组团体第二名和体育道德风尚奖。

教育科研。制定《关于制订 2014 级专业人才培养方案的指导性意见》和《2014 级专业人才培养方案》。《广告设计与制作》《软件技术》《市场营销》获评首批市级重点建设专业。开展优质教学资源共享课程教学试点，遴选建设 22 门院级精品课程，省级精品资源共享课程申报准备完成。提高校企合作教材开发力度，实现年校企合作开发教材增长 10%目标。新版数据采集与管理平台培训、填报、分析完成。参加第十四届全国多媒体课件大赛，获得一等奖、二等奖、优秀奖各 1 项，其中 3 个作品获河北赛区一等奖，4 个作品获河北赛区二等奖，7 个作品获河北赛区三等奖。参加第四届全国大学生计算机应用能力与信息素养大赛暨海峡两岸赛（北京）全国总决赛，获得团体一等奖第一名和教师组一等奖，2名教师获一等奖指导教师称号。参加“用友新道杯”全国职业院校会计信息化技能大赛，获得河北省团体一等奖第一名和全国二等奖，1名教师获河北省教师组一等奖。全年完成职业技能鉴定2335人次，新拓展“高新技术网页制作模块”、“印刷专业印前制作员”等3个鉴定工种。发表论文614篇，其中核心期刊112篇；公开出版教材、著作47部。课题研究完成98项，为企业提供技术支持、解决技术难题27项；获得河北省社科优秀成果奖三等奖1个，市社科优秀成果奖三等奖3个，河北省第二届教育科学研究优秀成果奖三等奖2个，河北省高等教育协会第十四届优秀教育科研成果奖三等奖2个和河北省第二届创新创业大赛团体组二等奖。与市科协对接，成立学院科学技术协会，《科普一家人》《大气雾霾》及省财政厅《国库支付系统》《基本公共卫生服务》动漫项目制作完成。申报市科技局工业企业科技特派员，成为唯一入选高职院校，并与市科技局、企业签订合同及委托书，实现教师、企业相互对接。研制“旋流制浆机”、“球磨机运行状态记录与检测装置”获得国家发明实用新型专利。建设科技创新资源基础平台，入选科易网技术转移平台会员、石家庄京津冀产学研联盟会员单位，向京津冀产学研联盟提供科研成果及合作项目12项。

（李翠　吕向敏　杨建立）

【石家庄科技工程职业学院】 石家庄科技工程职业学院是经河北省政府批准、国家教育部备案公办全日制高等职业院校，是河北省高校在校生自学考试考点、市级文明单位、省级安全稳定先进单位，设有经济贸易系、管理工程系、艺术与建筑工程系、机电工程系、信息工程系、应用外语系及公共体育教学部、思想政治教学部、继续教育中心、现代教育技术中心等教学机构，面向全国招生。学院创建于1924年，始称“直隶第八师范学校”；1933年以地名命名，改称“河北正定师范学校”；2001年开始培养大专生；2007年经省政府批准，改建为“石家庄科技工程职业学院”，实施专科层次高等职业技术教育。学院占地300亩，建筑面积15万平方米；在校生3200人；教职工223人，专任教师195人，其中，研究生学历教师58人，硕士学位教师68人，教授11人，副教授51人；图书馆藏书25万册，电子图书15万册4000GB，报刊1000多种；拥有双通道立体环幕导游模拟等校内实训基地52个，建有“教、学、做”一体化实训场地15700平方米，生均教学仪器设备6000元。2014年学院投入280余万元，建设学前教育实训室、艺术与建筑工程系展馆、培训楼、学生宿舍楼及餐厅等改造工程完成；新建篮球场投入使用。2014年学院获得河北省电子信息职业技能大赛“国泰安杯”计算机调试比赛团体一等奖。

专业设置。2014年学院开设有数控技术、应用电子技术、材料成型与控制技术、会计电算化、物流管理、计算机应用技术、软件技术、航空服务等22个专业，新增学前教育、工程造价、汽车检测与维修、计算机网络技术、会计与审计、导游、酒店管理7个专业，停办停招动漫设计与制作、电脑艺术设计、社会体育、应用英语、商务英语等9个专业。其中，物流管理、材料成型与控制技术是中央财政支持项目专业；旅游管理是中央财政实训基地建设项目专业；计算机应用技术、数控技术是市级重点专业；市场营销、室内设计技术、学前教育、移动通信技术、汽车检测与维修技术、计算机网络技术、计算机应用技术、航空服务是院级重点专业；工程造价、酒店管理是学院特色专业。

教育科研。组建成立学术委员会，出台《学术委员会章程》。申报省市级课题55项，立项27项；省级课题结题16项，市级课题结题18项；院级课题立项36项。2014年学院申报省市级研究课题主要有《职业教育助力古城正定县域经济发展的研究》《新型城镇化背景下正定古城文化保护对策的研究》《整合物流资源助力正定经济新发展》《贾大山小说中农民形象的研究》。开展校企合作，与11个企业签订校企合作项目，移动通信技术、安卓手机开发等9个专业实现校企共建。60家企业到校园举办招聘双选会，10家合作企业代表参加校企合作专业共建座谈会。推进实训基地建设，投资150余万元，新建电子商务专业实训室、安卓手机应用开发实训室、卓越工程师项目实训室等6个校内实训室和长城汽车股份有限公司天津哈佛分公司、河北天宇通信有限公司等校外实训基地14个。

师资队伍。出台《外聘教师聘用与管理办法》。邀请5名专家到学院作学术报告。选派14名青年教师到企业挂职锻炼，组织10名教师参加国家级骨干教师项目培训，48名教师参加市教育局教学能力提升和职业素养培训，10名骨干教师到石家庄职业技术学院参加微课课程开发培训，20名专业教师到石家庄信息工程职业学院参加海峡两岸专业学术交流。举办首届教师技能大赛，内容涉及单元教学设计说课、演示竞赛等，142名任课教师参赛，28人进入决赛，3人获得第一名。发挥市教育局“三支队伍”培训基地作用，举办石家庄市县（市、区）幼儿教师和幼儿园园长培训、全国中小学学籍信息管理系统应用培训、市教育系统心理咨询师培训、市中小学班主任培训等，参加培训4900多人。

（刘敬　苏海锋）

【石家庄幼儿师范高等专科学校】石家庄幼儿师范高等专科学校是经国家教育部批准设置的国办普通高等学校，也是河北省第一所幼儿师范高等专科学校。河北省学前儿童心理教育学会、河北省学前教育研究所、河北省幼儿教师培训中心、石家庄市教师进修学校、石家庄市幼儿教师培训基地均设在该校。学校位于石家庄市区西部高教区，占地500亩，建筑面积12万平方米；拥有教学仪器设备总价值近3000万元；图书馆藏书57.5万册，报刊杂志1498种；教职工388人，副高级以上职称78人，硕士114人，博士1人，特级教师3人；全日制在校生4910人。设有学前教育、音乐、美术、语言文学4个系及学前教育、音乐、美术、英语、语文、舞蹈6个专业。2014年学校主要面向河北、北京、天津、吉林、山东、河南、湖南、内蒙古8个省（市、自治区）招生，高考招生录取1530人，同比增加300人。与国家级重点中职学校石家庄工程技术学校联合，招收学前教育专业“3+2”学生，实现优势互补、互利双赢。12月13日，学校举办毕业生“双选会”，406家用人单位共向748名应届毕业生提供岗位8985个，毕业生人均岗位12个，签约率达99.3%，其中签约北京、天津占比36.5%。

教学管理。加强制度建设，建立健全规章制度37项，其中，修订19项、新定18项，并编辑形成《石家庄幼儿师范高等专科学校规章制度汇编（讨论稿）》。改善办学条件，提升校园景观，音乐楼前安装太阳能路灯，教学区安装节能LED日光灯管2200根。实施校园绿化靓化，栽植树木500棵，绿化校园面积1.2万平方米。一、三、五号教学楼安装舞蹈镜，配置宣传橱窗、师生阅报专栏和乒乓球台设施。重视生命教育、生活教育、生存教育，完善就业服务体系、困难学生资助体系、心理健康教育体系。加强校园文化建设，主要开展新生教育、文明毕业教育、思想道德教育、安全法纪教育、心理健康教育及“诚信、感恩、励志”教育、“祭扫英烈墓，汇聚青年志，共筑中国梦”活动、“中国梦·学子行”专项教育、“星级班级”、“星级宿舍”创建等教育活动，将思想教育融入活动中，实现进教材、进课堂、进学生头脑目标。推行文化育人，举办体育文化节、文化艺术节、宿舍文化节，组建学生社团42个，年末学生入社率达到50%。严格学生管理，制定《校系两级学生管理实施意见》，构建宏观上管好、微观上放开、责权利相结合校系两级学生管理模式。

教育科研。全年立项省级课题22项，其中21项省级课题结题。出台《进一步推进重点专业建设实施意见》、《精品资源共享课建设与评审管理办法》。国家精品资源共享课程《幼儿游戏与指导》印刷出版。投资432万元，采购重点专业实训设备；投资200多万元，与高等教育出版社合作建设课程及数字化教学平台项目。《幼教研究》、《石家庄幼儿师范高等专科学校》印刷出版。其中，《幼教研究》3篇文章获得石家庄市书报刊出版协会、河北省省会报刊出版物评审委员会“好文章”一、二、三等奖；“班园管理”“教学平台”2个栏目获得“好栏目”三等奖。至2014年底，学前、音乐2个重点专业通过河北省教育厅验收；1门课程立项为国家级精品资源共享课；3门课程立项为省级精品资源共享课。

师资队伍。贯彻落实《高等学校教师职业道德规范》，开展职业理想和职业道德教育，宣传师德楷模先进事迹。制定实施《骨干教师选拔与管理暂行办法》《专业带头人评选及管理办法》。招聘博士1名，选派17名骨干教师到国内重点院校进修学习。重视幼儿教育交流。11月13日，与美国马斯卡廷社区学院缔结国际友好学校，签署合作备忘录；2014年12月底，与韩国白石大学、白石文化大学2所院校签署国际友好学校合作协议。全年组织教师到国内知名院校考察学习20余次。2014年5月，经市教育局批准，以学校为龙头成立幼教集团。至2014年末，与幼教集团合作幼儿园达到6所，分别是长安区第一幼儿园、长安区第四幼儿园、长安区惠民幼儿园、市第一实验幼儿园、裕华区第二幼儿园、世纪星亲亲小镇幼儿园。

师生获奖。参加全国初等与学前音乐教育专业技能交流与展示活动，获得一等奖5个，占一等奖总数1/3。参加全国首届高中专学前教师优秀教育案例评选，5篇案例获奖。参加第七届华北五省（区、市）舞蹈大赛，音乐系原创舞蹈作品《山娃梦》获得一等奖。教务处主任李立新主持《石家庄幼儿园教育“小学化”倾向的现状分析》获得市优秀调研成果一等奖。教师耿会贤获得河北省第三届高校职业指导课程教学基本功大赛二等奖。参加全省大学生运动会，健身六人操获得第一名，女子竞技单人操获得第二名。

（常凡　李静　苑彦刚）

特殊教育

【概况】 2014年，全市共有特教学校24所，各县（市）均有特教学校。入学人数3763人，其中，在特教学校就读1302人，随班就读学生2461人。拥有特教学校教职工458人，专任教师383人。培养特教学校教师98人。年末适龄视力、听力、智力残疾、自闭症少年儿童义务教育阶段入学率达到93%。2014年5月，全市特教学校文化建设座谈会在井陉县特殊教育学校举行，探讨开展特殊教育学校文化建设。2014年市特教学校教师张晓萌获得“感动省城”十大人物称号，教师张勇获得全国优秀教师称号；鹿泉特教学校教师张亚男获得“交通银行特教园丁奖”；市特教学校学生肖铮获得“善行河北·校园中的追梦人”称号。

【争创全国特殊教育改革实验区】 2014年1月，市教育局向市政府提交《关于申请创建全国特殊教育改革发展试点市的请示》（石教〔2014〕4号）。2014年4月，全市召开特殊教育工作改革发展座谈会，探寻市特殊教育存在问题，破解特教发展难题，为创建全国特殊教育改革发展试点市提供理论和实践基础。2014年7月，全市特教学校校长暑期研讨会在市特教资源中心召开，围绕落实市特教提升计划开展建言献策活动。10月10日，经河北省教育厅推荐，石家庄市正式向教育部申请创建国家特殊教育改革实验区。

【助残活动】 2014年1月，全国《特殊教育提升计划（2014—2016年）》启动实施；2014年2月，市教育局联合多部门制定出台《石家庄市特殊教育提升计划（2014—2016）实施方案》（石政办〔2014〕6号），明确生均经费、购买民办特教服务等要求。2014年市残联、市教育局等部门联合印发《关于开展石家庄市第二十四次助残日的活动通知》（石政残工委字〔2014〕5号），组织全市特教学校围绕“关心帮助残疾人，实现美好中国梦”主题，开展丰富多彩的助残活动。2014年6月，石家庄市自强模范暨助残先进事迹报告会在河北会堂举行，各县（市、区）特教学校校长及学生150人参加报告会。6月4日，市教育局、市残疾人联合会在市特教学校举办2014年“石家庄市藏诺特教奖学金”发放仪式，奖励各特教学校选拔20名品学兼优学生每人2500元。

【师资培训】 2014年4月，市特殊教育感觉统合训练培训在正定县特教学校举行。2014年6月，组织特教学校校长20余人到河北省张家口市参加全省特殊教育学校校长培训。2014年7月，选派54名特教学校骨干教师到河北省秦皇岛市参加河北省《全日制培智学校义务教育实验教科书》教材跟进培训。10月21～27日，选派69名特教教师及特教专业干部到上海市参加市特教专业能力培训班，学习医教结合及特教康复专业知识和操作技能。11月6～8日，由市教育局主办，鹿泉区特殊教育学校承办的2014年全市特教教师素质赛举行。石家庄各县（市）区30多名参赛选手参加了基础理论考试、信息技术应用、课堂教学活动设计、专业技能、特长展示5个板块比赛，石家庄市特教学校、正定县特教学校、新乐市特教学校、藁城区特教学校的参赛教师获得视障组、听障组、智障组前3名。

（袁建　刘宇岚）

文 化

文　化

文化新闻出版

【概况】 2014年，市文化广电新闻出版局（简称文广新局）坚持公益性、基本性、均等性、便利性原则，推进和构建现代公共文化服务体系和现代文化市场体系，大力实施文化惠民工程，促进文化事业和文化产业繁荣发展。电影《夏天的拉花》、动画电影《西柏坡2英雄王二小》，动画片《精灵梦叶罗丽》，纪录片《正定》，戏剧：河北梆子《白毛女》、晋剧《背水之战》，歌曲《太行谣》，图书《天天都有大太阳》《牵牛花》9件文化艺术作品获得河北省“五个一工程”奖。举办“彩色周末”文化工程演出1156场，其中，慰问农民工专场演出100场。“千场电影进社区，万场电影进农村”活动在社区、农村放映电影49097场。“唱响核心价值观、共跳百姓健康舞”活动在全市城乡举办集中展示演出500余场。2014年全市共有艺术表演团体21个，艺术表演场馆15个，文化馆25个，公共图书馆25个。4家文化产业园区命名为首批省级文化产业示范园区，河北传媒学院文化创意产业基地入围省十大文化产业聚集区；5家企业入选省第四批文化产业示范基地，年末全市拥有省级以上文化产业示范基地17家。加大文物和非物质文化遗产保护力度，正定古城保护工程全面铺开，毗卢寺、灵寿石牌坊、新乐伏羲台遗址等重点文物保护单位安防改造完成。加强文化市场监管，全年出动检查人员21000余人（次），检查各类文化场所9600余家（次），受理举报160件，取缔违法摊档200家，查处文化行政案件30起。12月18日，国家文化部、人力资源和社会保障部在北京举行全国文化先进单位，全国文化系统先进集体、先进工作者和劳动模范表彰（简称“三先”表彰）活动。“三先”表彰是文化系统最高政府表彰，每五年一届。此次表彰全国文化先进单位98个、全国文化系统先进集体150个、全国文化系统先进工作者252名、全国文化系统劳动模范6名。其中，市文广新局获得全国文化系统先进集体称号，这也是河北省文化系统唯一一家地市级单位获此荣誉；井陉县获得全国文化先进县称号，并被评为2014～2016年度中国民间文化艺术之乡。12月26日，第11届中国会展业年度大奖颁奖典礼在浙江省杭州市举行，中国吴桥国际杂技艺术节在此次典礼上获得“2014年度中国十佳品牌节庆活动”奖。

2014年5月23日，市长王亮（前排右三）考察调研文化设施建设

【公共文化服务体系建设】 坚持公益性、基本性、均等性、便利性原则，完善文化基础设施功能，加强公共文化服务供给，实现基本公共文化服务全覆盖目标。推进重点文化设施建设，市政府重点文化项目霞光大剧院（演艺中心）项目主体工程完工，顺利通过验收。结合旧城改造实施丝弦剧院项目，内装和设备调试完毕。推进裴艳玲大戏院项目建设，正在完善初步设计。扩大基层服务网络，将市区51个街道办事处社区文化中心提档升级为重要惠民工程，协调市内区、井陉矿区及正定新区配备各类演出器材和文化娱乐设备，落实资金744万元。投资100万元，新建宣传文化示范村58个，年末建成市级“宣传文化示范村（镇）”448个。市图书馆加强数字化硬件平台、资源平台和服务平台建设，率先在全省引进电子书借阅机，开通手机图书馆，试点推进图书馆总分馆制建设，2014年新华区、井陉矿区、晋州市等8个县（市、区）建立分馆，实现通借通还、资源共享。协调推进国家第二批公共文化服务体系示范项目(井陉县文化广场)、河北省公共文化服务示范县（正定县、井陉县）创建工作，井陉县获得全国文化系统先进单位和中国民间艺术之乡称号。桥西区投资1900余万元，建设建筑面积4000平方米文体活动中心建成投用。正定县完成图书馆搬迁，投资170余万元升级改造常山影剧院。无极县图书馆改扩建工程完工。赵县图图电影城建设项目完工并营业。新建群众文艺辅导基地12个，年末全市群众文艺辅导基地达到161个。支持重点帮扶村新建和改扩建文化活动中心、文化广场、农村戏台等设施，帮扶村368个农家书屋提档升级，实现每个书屋拥有图书1500册目标。公共文化服务水平大幅提升，公益文化场馆免费开放，市博物馆、群艺馆、美术馆、民间工艺博物馆等举办展览60余场，吸引观众逾百万人（次）。市博物馆策划推出焦裕禄事迹史料文献陈列展，是河南省兰考县之外举办的唯一一个焦裕禄事迹大型展览，成为河北省、石家庄市党的群众路线教育实践活动鲜活教材，全年160家单位万余名党员干部参观展览。市图书馆举办石图讲堂196场，获评为河北省全民阅读活动先进单位；策划推出公益相声演出获得河北省首届图书馆服务创新案例二等奖。市群艺馆开门办馆，举办各类培训班80余期，百姓展厅、票友之家、百姓课堂常年有活动，被誉为“百姓之家”；赴新疆巴州举办“春雨工程”群众书画作品展，促进两地文化交流。市美术馆举办对“画”大师·2014中国近现代书画名家作品展，被誉为河北美术史上最火爆的书画展，15天吸引10万余人(次)观展。市民间工艺博物馆常设华北人民政府纪念馆受到社会各界关注，系列讲座“人民讲堂”成为弘扬红色文化重要阵地。

（市文广新局）

【图书馆】 至2014年底，市图书馆拥有古籍15.7万册、善本34种。640册收入《中国古籍善本书目》，600余种近万册收入《河北省古籍善本书目》。《周易传义大全》二十四卷，明弘治四年(1491)罗氏竹坪书堂刻本，《中国古籍善本书目》等著录为全国独家收藏；《易经讲意纲目集注》《四书大文》《学林就正》等4种全国仅2家收藏。10种珍贵古籍入选《国家珍贵古籍名录》，28种入选《河北省珍贵古籍名录》。2010年5月，市图书馆被国务院公布为“全国古籍重点保护单位”。2014年市图书馆在河北省图书馆学会年会上获得河北省全民阅读活动先进单位称号，所报送的《石图讲堂“开启快乐阅读”公益相声演出》获得河北省首届图书馆服务创新案例二等奖。2014年底，市图书馆被国家文化部授予“全国古籍保护工作先进单位”称号。

（张晓娟）

【文化惠民工程】 坚持民生导向，将“送文化”和“种文化”结合起来，让更多文化资源向基层倾斜，更多文化服务延伸到基层末梢，推进人民共享文化发展成果。将文艺院团下基层演出、“彩色周末”文化工程、公益电影放映列入为民办实事内容，组织市直专业艺术院团下基层演出996场，井陉县、平山县、赞皇县、正定县等县剧团坚守基层文化阵地演出1700余场。举办“彩色周末”文化工程演出1156场，其中，慰问农民工专场演出100场。在社区和农村放映公益电影49097场，超额完成每村每月放映一场免费电影任务。推进文化、法制宣传融合，与司法部门合作开展影前10分钟播放普法宣传片活动。群众文化活动覆盖城乡，全年组织举办省会第十一届庆新春欢乐大广场、盛

2014 年 2 月 17 日，艺术剧团送戏下乡到大郭村演出

世欢歌文化游园、文化下基层万福楹联送百姓等春节文化活动，营造了欢乐祥和的节日文化氛围。开展“欢乐城乡、文化惠民”“欢乐大舞台”等活动，举办省会第七届戏曲票友、歌手大赛及第四届曲艺小品故事大赛，市民广泛参与，深受欢迎。县（市、区）文化活动各具特色，桥西区、长安区重视文化为民办实事活动，裕华区百姓剧场，新华区、高新区、栾城区群众文艺展演，晋州民间花会艺术表演，赵县鸣鼓节，井陉民间艺术节，元氏广场舞大赛，高邑欢乐新农村，井陉矿区影视精品展映等活动多姿多彩，成为城乡居民文化大餐。开展全民阅读活动，举办第八届青少年读书节，围绕“万人共读一本书”、中小学生听说读写大赛、世界读书日主题活动，营造书香省会氛围。9 月 21～22 日，市文化广电新闻出版局、市教育局、市全民阅读活动办公室联合举行中小学生听说读写大赛，全市 6000 多个家庭近 1 万人参加比赛活动。举办科普宣传周暨惠民售书活动，吸引读者 15 万人，销售码洋 450 万元。2014 年在首次全国 100 个城市全民数字阅读排行中，石家庄市名列第 15 名。7 月 22 日，石家庄启动文化惠民卡发卡仪式，落实省委常委、市委书记孙瑞彬就《社情民意》“关于推行市民文化消费卡的建议”批示。市文广新局与中国建设银行石家庄营业部合作发行文化惠民卡，影院、卡拉 OK、书店、剧场、古玩字画等重点行业 20 余家文化企业加盟，消费者持文化惠民卡在加盟签约文化消费场所享受折扣优惠；举办为期一个月“文化惠民电影月活动”，5 家影院加盟，每日黄金档上映一场免费电影。扩大基层文化队伍，组织文艺骨干深入基层开展培训，全年培训基层文艺人员 21000 人（次）。

【全民阅读活动暨第八届青少年读书节】 4 月 23 日（世界图书与版权日），由市委宣传部、市文广新局、市教育局、市全民阅读活动组委会办公室主办，市书刊发行业协会、金马小学承办 2014 年石家庄市全民阅读活动暨第八届青少年读书节启动仪式在金马小学举行。全市 14 所中小学共同开展“万人共读一本书”大型公益品牌活动，以万人诵读《论语》阅读行为艺术展现形式，重在引起全社会关注阅读行为；

2014 年 4 月 23 日，全市举办“万人共读一本书”大型公益品牌活动

启动“共读一本经典，博览500万字”年度阅读计划，号召精读国学经典《论语》，广泛阅读课外优秀书籍，推进人均年阅读总量达到500万字及以中小学生阅读带动亲子阅读、家庭阅读、校园阅读、城市阅读等全民阅读活动。启动仪式后，举行石家庄第八届青少年读书节系列活动，采取举办中小学生听说读写大赛、开展名师名家文化交流活动、“读万卷书行万里路”文化研学活动等内容和形式，推进和谐校园、书香家庭建设，实现阅读“从娃娃抓起”，让阅读成为一种生活常态目标。

（市文广新局）

【第二十一届彩色周末文化活动】 4月26日至10月18日，由市委宣传部、市文广新局、市园林局主办，市群艺馆、省会文化广场管理处、市公安局、市城管委承办的“欢乐大舞台 唱响中国梦”省会第二十一届“彩色周末”文化活动举行。本届“彩色周末”文化活动以培育和践行社会主义核心价值观为主题，以宣传中华民族伟大复兴中国梦为重点，以丰富活跃人民群众文化生活、提升城市文化品位、构建和谐社会为宗旨，动员城乡群众广泛参与，实现了广场、公园、社区、农村“动起来、活起来、靓起来”的要求，推动了“欢乐大舞台 唱响中国梦”和“彩色周末”文化活动向更高层次发展，营造了欢乐祥和、昂扬向上的社会氛围。首场演出中，市群艺馆围绕“中国梦”主题，精心策划、组织了大型文艺演出，汇集器乐合奏《北京喜讯到边寨》、女声小合唱《十送红军》、歌曲《红旗飘飘》、杂技《中国力量》、爵士舞蹈《魅力无限》、舞蹈《心声》、河北梆子清唱《大登殿》、互动《魔术》等12个文艺节目。闭幕式演出有传统舞蹈《中国喜洋洋》、现代歌曲《走进新农村》、经典河北梆子《龙江颂》、踢踏舞《我们都是向阳花》等。“彩色周末”文化活动期间，市群艺馆和全市各级文化部门走进社区、学校、建筑工地等，共举办大、中型演出（展览）1560余场（次）。

2014年4月26日，省会第21届彩色周末文化活动启动仪式举行

【第二届惠民阅读周】 10月1～5日，由省委宣传部、中共石家庄市委、河北出版传媒集团、河北省全民阅读活动组委会办公室等共同主办的河北省第二届惠民阅读周暨2014年金秋惠民书市在石家庄解放广场（老火车站）举行。活动主题为“善行河北 书香燕赵”。除解放广场主会场，全省各市、县新华书店也开设分会场。书市期间，全国500余家出版单位的20万种、200万册、5000万元的图书、电子音像制品、文化产品及数码产品优惠价直销，总体让利500万元。

（张晓娟）

【文艺创作】 精品生产成果丰硕，新创作戏剧《黎明前的星光》《安娥》，广播剧《贾大山和他的朋友》，影视作品《夏天的拉花》《桃子的爱情》等文艺精品。电影《夏天的拉花》、动画电影《西柏坡2英雄王二小》，动画片《精灵梦叶罗丽》，纪录片《正定》，戏剧：河北梆子《白毛女》（平山县河北梆子剧团）、晋剧《背水之战》（井陉县晋剧团），歌曲《太行谣》（市群艺馆），图书《天天都有大太阳》（康志刚）、《牵牛花》（唐慧琴）9部作品获得第十一届河北省精神文明建设“五个一工程”（2011～2014年）奖。1月22日，第十二届河北省文艺振兴奖评选结果公布，石家庄市9件作品获评文艺振兴奖，分别为：周喜俊创作的长篇小说《当家的男人》、唐慧琴创作的中篇小说《拴马草》、白国庆创作的诗歌《干净的村庄》及河北梆子《白毛女》、数来宝《河北好人数不清》、舞蹈《那是一朵美丽的花》、歌曲《难忘太行那首歌》、动漫作品《家有豆丁》、赵玉芝美术作品《嫦娥喜迎神九》。河北梆子《百合岭》获得国家舞台艺术基金。评剧《安娥》完成剧本创作。河北梆子《子弟兵的母亲》赴京演出引起轰动。9月5～15日，第九届中国评剧艺术节在唐山市举行，石家庄市参演3台剧目，其中市青年评剧团的《灯魂》获优秀剧目奖，市青年评剧团的《新卖妙郎》、市评剧院一团的《哑女传奇》获参演剧目奖，徐金仙、靳玲展、赵继兰获优秀演员奖。开展“中国梦”主题文艺创作评比活动，全市创作各类群众文艺作品800余件，其中，丝弦小戏《一根筋》、群舞《中国红》等32件作品获第11届燕赵“群星奖”。参加第18届中国少儿戏曲小梅花河北省选拔赛，石家庄市选手成功摘取“小梅花”16朵。原创舞蹈《美落子》获得第七届华北五省市舞蹈大赛编舞创作一等奖。文艺舞台演出坚持低票价惠民原则，以多样化演出形式，举办“一月一名剧”、“石演大舞台”演出48场。2014年戏曲名家联袂演绎经典剧目《红鬃烈马》、河南方言话剧《老汤》《梨园春》名家擂主演唱会等受到市民欢迎。推进京津冀文化交流，2014年京津冀文化部门联合举办“三地同唱盛世曲、携手共筑中国梦”——2014年京津冀河北梆子优秀剧目巡演活动，其中河北梆子《女人九香》《牧羊卷》亮相首都舞台，较好展示了石家庄市艺术实力。市京剧团是全国唯一一家地市级院团，携荀派代表剧目《桃花村》参加第七届中国京剧艺术节。与天津演艺集团联合举办“津味相声全国行——石家庄专场”，给省会观众带来轻松和笑声。5月29日，由市委宣传部、市文广新局主办，市京剧团以“反腐倡廉、反奢倡俭”为主题传统京剧折子戏专场演出在市青少年宫会堂举行，演出《罢宴》《明末遗恨》《赤桑镇》，以戏曲表演形式推行廉政教育，向社会传递正能量。

（市文广新局）

【小学生王未央创作童谣《金斧头》获一等奖】 9月10日，由省委宣传部、省文明办、省教育厅联合主办的“社会主义核心价值观童谣征集传唱活动”启动，共征集原创童谣3万余首。最终评选获奖作品60篇，其中石家庄市13篇优秀作品获奖，获奖数量居全省第一。12月21日，河北省“社会主义核心价值观童谣征集传唱活动”举行颁奖仪式，石家庄市河北师大附属实验小学六年级学生王未央创作的《金斧头》获得一等奖。

（王更）

【第九届中国评剧艺术节】 9月5～15日，国家文化部艺术司、河北省文化厅和唐山市政府共同主办的第九届中国评剧艺术节在河北省唐山市举行。来自北京、天津、河北、黑龙江、辽宁、内蒙古、广东等7个省、市、自治区19个评剧团上演优秀剧目21台、43场演出。石家庄市参演剧目和演员获得6项大奖。其中，石家庄市青年评剧团现代戏《灯魂》获得优秀剧目奖；市青年评剧团的《新卖妙郎》、市评剧院一团的《哑女传奇》获参演剧目奖；市青年评剧团青年演员徐金仙、靳玲展、赵继兰分别获得优秀演员奖。

（王惠恩）

【首届大学生戏剧节】 11月7日，由河北省戏剧家协会、市委宣传部主办，河北精英剧场承办的“精英剧场杯”首届大学生戏剧节在市人民会堂启动。本次大学生戏剧节为期3个月，主题为“传承民族文脉，共建文化城市”，这是石家庄市近年来首次主办的大规模、高规格大学生戏剧节。戏剧节期间，举办了国内精品助演剧目、大学生戏剧展演、戏剧讲座等多项主题活动，演出包括话剧《水仙》、京剧《龙凤呈祥》、话剧《哥本哈根》等精品戏剧。

（王欣）

【文化产业】 以产业融合为动力，扶持发展具有示范性、导向性重点文化产业项目，提高文化产业规模化、集约化、专业化水平。2014年河北长城影视动漫旅游创意园项目获批土地400亩，投入2亿元完成影视长廊、唐宋街等场地建设，拍摄影视剧4部。石家庄东方文化创意产业基地投资近6亿元，建设建筑面积6.8万平方米影视动漫城一期工程完工并启用。正定新区文化产业园项目批准立项，获批用地224亩，一期工程东方远见杂技城正在设计。推进园区基地建设，河北美院东方文化创意产业基地、石家庄国家动漫产业发展基地创业孵化园等4家园区命名首批省级文化产业示范园区，河北传媒学院文化创意产业基地入选省十大文化产业聚集区。河北焦氏商贸有限公司、百年巧匠木制品有限公司等5家企业入选省第四批文化产业示范基地，年末全市拥有省级以上文化产业示范基地达到17家。2014年市重点文化企业百年巧匠手工艺品有限公司成功上市，举办第九届动漫博览交易会签约项目总额1.25亿元。

（市文广新局）

【第十届中国深圳国际文化产业博览交易会】 5月15～19日，第十届中国（深圳）国际文化产业博览交易会在深圳市举行。石家庄市组织石家庄网络广播电视台（为河北馆提供网络直播）、精英教育传媒集团（夜萝莉动漫娃娃）、河北美术学院（剪刻制品和陶制品）、石家庄焦氏商贸有限公司（木石结合工艺茶盘）、河北野风文化传播有限公司（真皮原创绘画）、河北智行文化产业投资有限公司（陶竹金属等艺术衍生品）、井陉矿区恒艺崖柏贸易公司（崖柏根雕工艺品）等企业参加河北展区，重点宣传推介了正定新区文化产业园、长城影视动漫创意园、百年巧匠木绘地板、祥云国际梦幻乐园等文化产业项目，其中，“平山县果然版权产业园区”和“正定县文化科技创意产业园”两个大型文化产业项目成功签约，总额25.3亿元。“果然版权产业园”由“全球影视版权运营商”山西果然传媒有限公司与平山县政府共同设立，是一个集国际版权交易、国内版权贸易、版权置换、版权确权、版权金融、版权代理服务为一体化的O2O（互联网线上到线下）模式的国际版权交易平台，一期占地面积650亩，一期投资20亿元，由“果然传媒”以私募基金“西柏坡文化产业投资基金”募集。正定县文化科技创意产业园位于正定县铁西工业区内，占地面积281.7亩，规划建设艺术家园区、培训园区、手工艺坊园区、“剧”园区、影视园区、书画园区、戏曲园区、展示园区8个园区，总体规划和前期立项完成。

（王欣）

【2014河北茶文化博览会】 6月13～16日，2014第二届河北茶文化博览交易会在石家庄国际博览中心举行，海内外300余家茶企、30余家文化企业、70余名紫砂艺术大师以及省内外书画名家和书画爱好者参会。此届茶文化博览交易会会场分为3层，总面积8400平方米，共设展位253个，由茶叶专区、紫砂艺术专区、特色文化产品专区、书画作品专区和休闲鉴赏专区组成。茶叶专区汇聚了中国六大茶类各种名茶，包括黑茶、红茶、绿茶、白茶、花茶以及各种养生茶。参展茶企精心设计展位，在凸显传统茶元素的同时，融入个性化外观，展现了产品文化内涵。茶文化博览交易会期间，还举办了传统刻绘、雕塑、烧制、茶具、书籍图册及非遗传承人、工艺美术大师现场制作展演和健康讲座、名茶评奖、紫砂茗壶评比大赛等活动。

（焦莉莉）

【2014中国·石家庄第九届国际动漫博览交易会】 9月30日至10月4日，2014中国·石家庄第九届国际动漫博览交易会（简称动博会）在石家庄举行。共有来自俄罗斯、朝鲜、澳大利亚、加拿大、韩国等国家及海内外240余家企业、1000余人参展参会，其中内地30多个知名动漫企业、院校参展。主展区设在石家庄国际博览中心门前；主会场设在人民会堂，主会场观展人数累计达11万余人次；新华区及动漫大厦设有分会场。本届动博会以“文化融入生活，动漫传递快乐”为主题，目标是突出展会产业化、规模化、国际化和时效性，以会展为引领，搭建合作、交流、发展的平台，服务动漫企业，壮大动漫产业，打造北方动漫之城。动博会期间，举行大型赛事活动7项，其中5项为全国性活动，主要有第四届动漫真人秀大赛、全国动漫作文·书画·塑泥大赛、全国动漫原创大赛、全国大学生微动画短片大赛、移动游戏大奖赛和数码动漫嘉年华活动。主会场人民会堂阳光大厅，百度、搜狐、腾讯、新浪等10余家知名品牌运营商举办了电子竞技、动漫游戏等大型互动活动；新华区分会场的太和电子城、新华漫街、华强广场吸引参展动漫企业、商家和教育培训机构近200家，展区面积超过3000平方米；动漫大厦分会场推出动漫衍生品展销、真人儿童动漫影片制作等活动，吸引“动漫迷”参

观游玩。专门设立由瑞奇集团作为俄罗斯动漫协会代表参加的俄罗斯动漫专区，国内知名动漫企业、机构有深圳尚多、杭州阿U、北京熊小米、山西伯乐马、土豆动漫、慈文传媒、移创信息等首次携新品、精品参展。各参展单位带来当家产品和技术，北京熊小米带来获得“中国政府文化艺术奖最佳动画电视片奖”的《我们的朋友熊小米》动画片和周边产品；杭州阿U带来获得“2014中国十大卡通形象”称号的《阿U》最新动画片和周边产品；石家庄果莺动漫科技展示了6D动感影院系统，4D视频图书和果莺3D绘画；河北数字光元展示了最新制作的动画片《墨生的地心世界》样片和墨生品牌潮流公仔玩具；深度动画带来《赵云与咔哒盒子》和在此基础上开发的网络游戏《咔哒三国》；还有石家庄本土企业燕娃动漫与河北省邮政公司联合创意打造的动漫邮局等。举办国际动漫论坛，组织业界专家围绕动漫产业发展现状和趋势、互联网时代新媒体动漫产业、新媒体时代的创意和创新、动漫角色的意象表达等课题作研讨演讲，为石家庄动漫产业发展壮大建言献策。本届动博会签约项目5个，签约总金额1.25亿元；发布项目1个，招商金额900万元。其中，河北果莺电子科技股份有限公司与韩国4D领域株式会社签约“合作研发、制作果莺6D动感影院设备及影片”，签约金额5000万元；河北筑旗房地产开发有限公司与河北燕娃动漫设计有限公司签约“万城新界动漫产业基地”，签约金额4500万元，这也是首次地产商业项目与动漫合作打造的省内首家动漫产业基地。104集动画片《墨生的地心世界》现场发布，寻求投资单位或个人，招商总投资金额900万元。动漫衍生产品展售专区展售动漫衍生产品上万个品种，交易总额160多万元。

（王欣　刘真）

【文化遗产保护】 按照重点突出、同步推进原则，加大文物和非物质文化遗产保护力度。正定古城保护工程。贯彻落实习近平总书记对正定古城保护重要批示精神，将正定古城保护工作作为一号工程，在国家文物保护专项资金支持下，实施南城门、古城墙、隆兴寺文物保护等重点项目。隆兴寺方丈院保护维修展示工程竣工通过验收，古城墙南门系统修缮工程开工，正定文庙大成殿维修工程开工准备就绪，隆兴寺壁画保护工程完成立项。文物保护利用。推动中山古城国家考古遗址公园和东垣故城项目建设，《中山古城遗址保护规划》获得国家文物局批复并经省政府公布。新乐市伏羲台遗址考古工作方案获得国家文物局批复。铁行会馆主殿、琉璃殿、封崇寺保护修缮工程完工。赵州桥名桥博览中心落成试运营。开展全国第一次可移动文物普查，完成国有文物收藏单位及藏品调查摸底，整理文物11万件，新认定文物近4000件，文物数据信息采集登录有序开展。加大文物安全督查力度，完善文物安防设施，完成毗卢寺、灵寿石牌坊、新乐伏羲台遗址等重点文物保护单位安防改造。开展文物安全隐患排查整治专项行动，定期巡查重点县（市、区）文物安全和文物执法工作。非物质文化遗产（简称非遗）保护成绩突出。争取国家专项资金350万元，用于井陉拉花、坠子戏、评剧、石家庄丝弦项目保护与传承。高邑南岩乱弹入选第四批国家级非遗代表性项目名录，年末全市国家级非遗项目增至12项。藁城宫灯、无极剪纸等8个项目参加河北省第七届民俗文化节“燕赵百工”展览。市图书馆被国家文化部授予“全国古籍保护工作先进单位”称号。石家庄丝弦传承人边树森获得第三届中华非物质文化遗产传承人“薪传奖”。

（市文广新局）

【入选第四批国家级非遗项目名录】 11月11日，国务院公布第四批国家级非物质文化遗产代表性项目名录（共153项）和国家级非物质文化遗产代表性项目名录扩展项目名录（共153项），石家庄市高邑县南岩乱弹入选扩展项目名录，序号183，项目编号Ⅳ−39。至此，石家庄市国家级“非遗”项目达到12项（石家庄市入选前三批国家级非物质文化遗产代表性项目11项，第一批耿村民间故事、井陉拉花、石家庄丝弦；第二批正定高照、南张井老虎火、桃林坪花脸社火、常山战鼓、坠子戏；第三批晋剧、评剧、新乐伏羲祭奠）。南岩乱弹是流传在高邑县东、西南岩村一带的传统地方剧种，是河北省特有的古老地方剧种之一。高邑县南岩乱弹是乱弹的一个流派、属西路乱弹。代表传统剧目有《潘杨讼》《两狼山》《幽州会》等，新戏剧目有《智取威虎山》《红灯记》《奇袭白虎团》等。南岩乱弹是一个多声腔剧种，行当分生旦净末丑五大行，乐队体制，内行称三文四武。曲牌流传至2014年底有100多支。其中“混牌子”主要来源昆腔，一般有唱词和锣经，“清牌子”分大唢呐曲牌、笛子曲牌、海笛曲牌3部分。

（张晓娟）

【文化市场管理】 坚持集中治理与日常监管相结合，强化执法监督，提高管理和服务水平。开展文化市场综合执法整治行动，健全现代文化市场体系。开展寒暑期网吧、中小学周边环境、“打假”等专项整治行动10余次，重点加大网吧、歌舞娱乐、印刷复制企业和发行单位、图书批发市场、音像及演出市场的排查整治力度，全年组织出动检查人员21000余人（次），检查各类文化场所9600余家（次），受理举报160件，取缔违法摊档200家，查处文化行政案件30起，其中，“4·10”“5·12”非法经营侵权盗版图书案、高新区利国印刷有限公司违法经营案移送公安机关处理。开展“净网2014”“清源2014”“秋风2014”“整治非法医疗广告”等“扫黄打非”专项行动，集中整治出版物印刷发行场所、繁华街区、旅游景点、集贸市场、校园内外等区域。严肃新闻纪律，督导各类媒体机构规范新闻采编秩序和行为。采用技术手段监控各类网站、网络平台、网络载体，规范互联网出版及广告经营活动。开展侵权盗版及非法出版物集中销毁行动，4月24日河北省11个设区市同时举行侵权盗版及非法出版物集中销毁活动，此次活动全省销毁各类非法出版物52万册（张），其中石家庄市销毁图书、杂志、报刊及光盘类非法出版物20余万册（盘、张），有效净化出版物市场环境。提高文化市场规范化建设，开展以“12318”文化市场举报监督体系为重点文化市场法制宣传教育活动，强化依法行政和守法经营意识。加大文化市场指导监督力度，提高文化市场综合执法专业化、规范化水平。建立文化市场监管与服务平台，完成数据录入，实现文化市场管理规范透明。2014年市文化市场行政执法大队获评“全省文化文物系统先进集体”称号。加强新闻出版监管，创新管理手段和方式，发挥行业引导作用，落实治理措施，营造良好的媒体生态环境。举办新闻出版业管理岗位业务培训，提升新闻采编人员从业素质。严格审读把关，实施公开报刊及内资出版物三级审读制。成功举办河北（石家庄）第十一届印刷包装机械器材展，共有来自全国各地近200家厂商参展，合同订货额达到4000余万元。推进绿色印刷，促进印装产业升级，年末全市新闻出版业总产值达到近120亿元。2014年河北新华联合印务有限公司、新华印刷二厂等4家企业取得绿色印刷资质。加强广电行业监管，自办节目管理落实“三级审查”和重播重审制度，17个县级台纳入全省统一供片渠道。整治违规广告播出，下发《违规整改通知书》33份，清理虚假违法广告153条（次）。严格广播电视频率频道管理，关闭、停播（传）违规节目47套，有效遏制乱播滥放现象。开展互联网传播视听节目监管，实施打击互联网、手机媒体淫秽色情及低俗信息专项行动，依法查处违规网站，规范视听秩序。加大技术监管力度，保障播出安全，全年检查和整顿辖区所有广播电视发射台，查处部分县（市）未经批准擅自开办地面数字电视业务违规行为。启动安全播出应急预案，重大节日及敏感日开展安全播出保障巡查，严格零报告制度，2014年全市广电行业实现安全播出无事故目标。

（市文广新局）

【石门书库开业仪式暨《石话实说——石家庄100个村庄印记》新书首发式】 11月30日，石门书库开业仪式暨《石话实说——石家庄100个村庄印记》新书首发式在省会图书大厦举行。石门书库是新华书店旗下新品牌，是华北首家O2O线上线下互动融合的微书城。石门书库线下体验馆位于市新华书店图书大厦二楼，线上设置有精品图书、古旧收藏、作家亲笔签名图书、学生课前教辅板块。微书城图书可包裹邮寄，市区二环内提供24小时免费送书上门服务。《石话实说——石家庄100个村庄印记》是百集电视纪录片同名图书，由市委宣传部、市广播电视台联合制作，河北教育出版社出版发行。全书分上下两册，主要挖掘表现石家庄市具有代表性的名村古镇的独特文化和乡土魅力，含历史名村、古邑根脉、雄关漫道、先民寻根等。

（张晓娟）

【版权保护】 以建设版权强市为目标，深入开展版权示范创建活动，提高版权管理和保护水平，推进软件正版化。健全软件资产管理制度，加强市直各部门及各县（市、区）政府正版软件工作督导与检查，巩固软件正版化成果。推进企业软件正版化，超额完成河北省新闻出版局下达企业软件正版化目标。2014年市政府机关软件正版化工作顺利通过国家和河北省督导组考核验收。完善版权保护和服务体系，深化版权宣传与培训，启动全国版权保护示范城市创建活动，提高版权创造、运用、保护和管理能力。开展“4·23”世界图书与版权日宣传活动，向全市小学生发放《尊重版权 从我做起》公开信。强化版权执法，督导各县（市、区）版权执法部门做好各类版权产品经营交易场所日常检查，加大侵权盗版大案要案查处力度，全年办结侵权盗版案件7起，移交公安部门3起，涉案金额292万元。2014年市文广新局连续十年被国家版权局评为打击侵权盗版有功单位。

（市文广新局）

报 纸

【概况】 2014年，石家庄日报社(传媒集团)贯彻落实市委主要领导提出“不断增强报纸方向性、可读性、可看性”要求，以创大报、名报、强报为目标，按照发音准确、声音洪亮、感染力强的好喉舌“三个标准”，提升采编人员大局意识、民本意识、群众意识，唱响“转型升级、跨越赶超、建设幸福石家庄”主旋律，做大做强报纸品牌，为全市经济社会发展提供强有力的舆论支持。深化体制机制改革，完善激励机制，加强新闻策划，推动新闻创新，选聘一批首席记者和拔尖人才。实施“人才再造工程”，多层次、全方位举办教育培训，定期邀请资深媒体人开展理论政策教育、新闻业务传授。建立新闻策划机制，做好主旋律报道，彰显党报影响力，推出典型报道、彰显党报影响力的重磅报道、传递正能量的民生报道宣传主题。完善激励机制，营造比业务钻业务的浓厚氛围，建立完善好稿、好版评选办法和“星编星记评选”机制，激发采编人员工作热情。《石家庄日报》编辑部设立“佳作榜”，每月评出最佳主旋律报道、最佳消息、最佳图片等十个奖项；《燕赵晚报》编辑部结合编辑记者积分和当月稿件影响力，每月确定一名明星记者或明星编辑。全年52件新闻作品获得省级以上奖项，稳居河北省各地市报首位。7月17日，石家庄日报社（传媒集团）微博发布厅在腾讯微博正式上线，《石家庄日报》微信公众账号同时上线。2014年5月，中国报业协会第四届五次理事会暨中国报业融合发展高峰论坛在北京举行，石家庄日报社（传媒集团）在此次会上获得“中国报业融合发展奖”。12月6日，由中国地市报研究会主办的第三届中国地市报系列“十强”、“十佳”表彰会在上海市举行，石家庄日报社（传媒集团）获授中国地市报新闻创新十强称号。12月23日，由中国报业协会报纸印刷质量委员会主办的2014年度全国报纸印刷质量检测审议会在北京召开，统计检测、级别评定包括《人民日

2014年1月30日，省委常委、市委书记孙瑞彬（前排中）等市领导到石家庄日报社（传媒集团）看望慰问新闻工作者

2014年1月3日，市长王亮（前排左一）到石家庄日报社（传媒集团）传媒大厦项目工地考察调研

报》、《解放军报》在内全国89种报纸印刷质量，其中《石家庄日报》获得2014年度全国报纸印刷质量最高级“精品级报纸”称号。此次评定全国16家地市级党报入选，《石家庄日报》是河北省地市级党报唯一一家。2014年石家庄日报社（传媒集团）获评省级文明单位称号。

【宣传报道】 以党的群众路线教育实践活动、改善两个环境、工业强市、项目建设、创建全国文明城、城镇建设上水平等全市中心工作为重点，采取专题、专栏、评论、综述、访谈等方式增强报纸宣传和舆论引导。推出“转型升级探访录”、“项目成长记”等18个专题，“反对‘四风’、服务群众、深入开展教育实践活动”、“全城行动——争创全国文明城市”等30余个专栏及《灵魂深处搞教育结合实际搞活动》等60多篇社论、评论员文章，撰写《大省省会呼之欲出》《在京津冀协同发展中实现更大作为》等400余篇重头报道，全方位多角度展示市委、市政府推动各项工作的新思路、新举措、新进展、新成效。加强对外宣传，在《人民日报》等中央媒体发稿680篇，受到人民网、新华网、新浪网、光明网等全国10家重点新闻网站转载新闻2.2万余条，提升了石家庄市在全国的影响力、知名度、美誉度。

【转型发展】 围绕发展难题，推进战略转型。出台《石家庄日报社（传媒集团）关于加快推进转型升级的若干意见（试行）》等制度，成立《燕赵晚报》品牌营销中心。实施项目带动战略，将《石家庄日报》“我最喜爱的班主任评选”、《燕赵晚报》“小记者训练营”、数字传媒信息服务公司“燕赵壹购”项目升级为传媒集团重点经营项目。将传媒大厦项目建设作为工作重点，强化工程管理、全程监督，严把工程质量关。至2014年末，总面积51000多平方米传媒大厦项目工程完成60%。加强对外合作，与河北增达投资有限公司合作成立报闻电子商务有限公司，打造线上同城购物和线下物流2个平台。加快传统媒体与新兴媒体融合发展，打造融合互补的主流舆论阵地，形成传播主体多样、内容多元、方式快捷、信息即时的舆论引导新格局。至2014年底，石家庄日报社（传媒集团）各媒体官方微博粉丝累计达到近120万人，微信公众账号粉丝达到近2.5万人，二维码云报纸扫码量累计达到20余万次。

（段慧泉）

广播电影电视

【概况】 2014年，石家庄广播电视台创收2.64亿元，同比增长16.27%。其中，广告创收2.46亿元，增长16.9%；其他经营创收1756万元，增长9.5%。广播频率全天市场份额保持41.31%，电视频道全天市场份额8.8%，晚间时段收视率达到3.27%。年末广播综合覆盖率达到99.43%，电视综合覆盖率达到99.42%。省会“千场电影进社区、万场电影进农村”大型公益文化活动放映电影49097场，市电影公司分九批订购影片32部71295场。2014年石家庄广播电视台在中央电视台发稿量位居全国城市台第一名，在中央广播电台发稿量位列前十强。制作推出《幸福石家庄》系列城市形象宣传片，提升了石家庄市影响力、美誉度；在全省巡讲宣传齐庆三先进事迹报告会10场，引起社会良好反响。开展“公益社区行”系列媒体活动，全台各媒体走进社区113个，开展各类报道活动147场。12月31日6时，石家庄广播电视台首个高清频道——新闻综合频道上线播出，成为河北省第二家高清播出媒体。无线石家庄一期建成运行，实现广电媒体和新媒体初步融合。广播调频机房改造升级，“TV摇摇乐”、石家庄IPTV、省会录播频道等项目上线，形成广播、电视、报纸、网络台、手机客户端、IPTV、录播频道等全媒体格局。

2014年9月26日，市委常委、宣传部部长高天（女）到石家庄广播电视台参加“无线石家庄”上线仪式

【节目播放】 贯彻落实党的十八届三中、四中全会及省委八届九次全会、市委九届六次全会精神，坚持新闻立台、精耕本土、苦干实干、稳中有升总基调，增强新闻宣传引导作用。及时报道市委市政府中心工作、重点工作，提升舆论导向速度和精度。围绕产业转型升级、东中西发展战略、大省省会建设、社会主义核心价值观、改善“两个环境”重点工作，落实周策划和重大新闻事件报道策划机制。加大舆论监督力度，严格新闻纪律，有效确保全媒体播出安全。落实三级审片、监听监看等安全播出制度和操作规程，完善节目播出应急预案，构建技术先进、管理规范、布局合理的播出保障体系。设计推出《宝贝好榜样》《急速大挑战》《乡村服务社》等节目，填补了自办娱乐、少儿和对农节目空白。石家庄电视台新闻综合频道确立以新闻、电视剧为主要播出方向；娱乐频道电视剧《第一剧场》引进长沙5集连播模式，加大播出时长，采取精细化编排方式，收视率从0.3%上升到1.5%；都市频道《天天说交通》明确板块定位，增强可视性与实用性。石家庄广播电台新闻频率重点打造早、午、晚三大时段，市场份额环比逐月递增；经济频率《一听可乐》、《笑一笑十年少》改版后市场份额提升。举办“1067爱心小木屋”圆梦行动、第二届敬老节、民生关注世界杯主题街、美德故事人人讲、第六届石家庄青年公益集体婚礼等公益活动，提升广播电视台影响力、美誉度。5月31日，石家庄电视台娱乐频道《急速大挑战》开播。该节目是娱乐频道携手勒泰

中心共同打造一档本地市民参与、游戏闯关类真人秀节目，以简单快乐为娱乐特色，突出低门槛、全民互动、全民娱乐主题及参与性、可视性、贴近性、公益励志色彩等特点。该节目突显幽默、轻松、快乐、刺激、悬念等娱乐元素，重在给观众提供“参与娱乐”享受；助力公益事业，冠军选手向民生关注公益基金捐出部分奖金，用于帮扶困难群体，至2014年末，该节目冠军选手累计捐助公益金15000元。6月1日，石家庄电视台首档大型亲子互动综艺节目——《宝贝好榜样》播出。该节目以3～15岁拥有才艺少年儿童为主要参与对象，通过才艺表演、脱口秀、服装走秀等环节，给孩子们一个展示舞台。节目带领孩子们一起来感受：“谁是榜样？我是榜样”的行动体验。每期节目安排5～6位选手到舞台展现才艺，通过评委点评，每期评出一位“榜样之星”，由专业导师全方位打造，帮助孩子们实现舞台梦想。2014年石家庄广播电视台在中央电视台《新闻联播》、中央广播电台《新闻和报纸摘要》等重点栏目播发稿件619条，发稿量均居河北省城市台第一名。主动化解负面报道，为经济社会发展营造良好的舆论氛围，受到市委、市政府主要领导批示表彰15次。撰写《石家庄：山区教育扶贫3万多学生告别深山》、《升级版警务站 保平安惠民生》、《石家庄正定 拓宽渠道听民生》等系列重大报道，在全国重点新闻平台展现了石家庄快速发展态势，提升了城市知名度和美誉度。

【管理体制改革】 2014年1月初，广播电视台实行机构、人员微调，将广播广告部划归经营管理办公室管理；合并电视广告经营公司、优视传媒文化有限公司为石家庄优视传媒文化有限公司，统一负责电视广告经营创收。优化领导班子结构，1月14日，调整充实广播经济频率管理层；3月11日，调整电视台娱乐频道管理层。推行公司化运营，3月14日，广播交通频率率先推行公司化运作；4月14日，广播音乐频率实行公司化运营。2014年石家庄广播电视台集团公司运营启动，注册集团公司有序推进。9月19日，出台《关于引进人才的意见》；11月4日，出台《党委会议事规则》等制度。

【频道设施建设】 投资782万元，实施广播调频机房一期改造工程完成，5个频率调频广播信号强度增大，稳定性增强，覆盖面更广。投资4200万元，建设高清演播室、高清新闻非编网和高清播出系统，12月31日石家庄电视台新闻综合频道实现高标清同播，成为河北省第二家实现高清节目播出电视媒体。投资388万元，实施市统一公共服务平台一期项目建设完成。借鉴先进台经验，在新闻综合频道、都市频道运行“TV摇摇乐”项目，年末下载用户超过40万次，注册用户15万人，有效拉升收视率。扩大电视节目传输渠道和覆盖面，推行石家庄IPTV项目正式上线。2014年省会录播频道改版顺利播出，为市民搭建起优质新平台。

【宣传活动】 群众文化活动风采展演暨颁奖晚会。1月19日，石家庄广播电视台举行“欢乐大舞台 唱响中国梦”及“彩色周末”2013石家庄市群众文化活动风采展演暨颁奖晚会，表彰突出贡献单位和个人，石家庄电视台获得省会第20届“彩色周末”文化工程特别贡献奖。2014城市联盟小年夜春晚15小时直播活动。1月23日9时至24时，石家庄广播电视台全程直播“幸福大拜年”暨“2014城市联盟小年夜春晚”。该活动以“幸福城市梦、家家快乐年”为主题，由太原台主办，23家城市台参与，主要突出浓郁的城市特色。石家庄电视台以卫星方式接收和播出，组织了树洞女孩、宫灯等专题片送播，并获评第五届(2014)全国春节电视文艺节目“春晚奖”。“首善省会，美德故事人人讲”活动。1月26日，由市委宣传部、省会文明办、石家庄广播电视台联合主办的首届“首善省会，美德故事人人讲”活动在全市各县(市、区)及23个机关、企事业单位举行，评选出十佳故事原型和十佳故事创作者。齐庆三先进事迹报告会巡讲。3月28日，由市委宣传部主办，石家庄广播电视台承办“齐庆三同志先进事迹报告会”在河北会堂首场宣讲，全省宣传系统干部400余人聆听报告会。4月2日，第二场报告会在石家庄人民会堂举行，市委、市政府、市人大常委会、市政协四大班子领导，各县(市、区)领导及市直单位领导班子成员等1000余人参加和收听报告会。截至4月15日结束，共举办宣讲活动10场，较好宣扬了齐庆三为民务实清廉的高尚作风，弘扬了主旋律，传播了正能量。

（石家庄广播电视台）

【公益电影放映】 2014年省会“千场电影进社区、万场电影进农村”大型公益文化活动放映电影49097场，其中社区放映1013场，农村放映48084场。2014年市电影公司分九批订购影片32部71295场，其中科教片7部26348场，故事片16部27516场，戏曲片9部17431场。2014年4月底，全市启动千场电影进社区活动，组织放映了《周恩来的四个昼夜》、《焦裕禄》等影片，并在艺术广场连续4个月每周五、六两天放映“百花奖”入围影片。开展万场电影进农村活动暨农村电影放映工程，市电影公司建立监管平台，7月1日开通使用国家广电总局节目中心数据回传系统，每个月数据回传每台设备工作数据，同时为所有设备安装定位监控模块，适时监控每台放映设备的放映地点、影片名称、放映时间（开、关机时间）等信息；更新播放器130台，放影队均配备车载音响。

（王欣）

【网络广播电视台】 石家庄网络广播电视台（燕赵名城网）坚持正确舆论导向和每日编前会议制度，第一时间发布重要时政、民生消息及大型活动，较好完成优化环境发展大会、开学第一课、正博会、敬老节、消防知识大赛等8场网络直播任务。至2014年底，燕赵名城网发布音视图文新闻3万余条。承建市政府公共服务平台——“无线石家庄”手机客户端，是河北省首个由政府牵头、媒体运营管理，集权威信息发布和综合公众服务为一体的移动客户端。该项目为石家庄智慧城市组成部分，采用全方位、多角度方式为手机用户提供新鲜的生活资讯和全新的使用体验，将分散各职能部门政策信息、审批信息、服务信息整合一起，服务企业和群众。设有资讯、城市聚焦、直播、爆料社区、天气、违章查询、实时公交、路况、旅游、自来水、居民用电、长途客票、医疗卫生、有线电视等17个模块。2014年4月，“无线石家庄”手机客户端项目建设开始运作；9月26日，作为市委“党的群众路线教育实践活动成果”项目一期上线试运行。至2014年12月底，“无线石家庄”关注数达到8.5万人，用户5万人，日活跃用户近3000人次，日客户端启动次数6201次，日信息更新150余条。

2014年12月31日，石家庄首个高清频道——新闻综合频道正式开播

【应急广播】 12月26日，石家庄

2014年12月26日，石家庄广播电视台交通广播被市政府授予石家庄应急广播并举行授牌仪式

广播电视台交通广播（简称交通946）被市政府确定为“石家庄应急广播”，并在石家庄广电中心授牌，标志“石家庄应急广播信息发布系统建设”正式启动。至此，省会一旦遇有自然灾害等重大应急突发事件，交通946作为市政府应急广播成为空中应急指挥平台，担负传达政令、发布权威信息、引导社会舆论等重要社会责任，是突发事件最重要的消息发布厅和民众求助台，做到第一时间将灾害信息传递给民众，为市民撤离、避险和降低财产损失提供服务。

【《声屏之友》】 1992年11月4日，《声屏之友》正式创刊，由石家庄声屏之友报社有限公司编辑出版。创刊之初为4开4版，2014年发展为4开36版，采取铜版封面+新闻纸全彩内页+装订方式出版。内容设置有反映本地社会生活、文化资讯《生活情报站》，石家庄广播电视台各频道（率）节目推介、受众互动《全媒体时空》，以文摘内容为主《博闻看天下》，一周广播电视节目预告《导视》四大板块。主要栏目有《新闻是怎样炼成的》、《城市热线》《DJ有话说》《买房新主张》等。

（石家庄广播电视台）

档案工作

【概况】 2014年，市档案系统建立涉及民生档案数量近13万卷，接待档案利用者3100余人次；提供利用档案16827余卷、报刊资料285册。推进县级档案馆建设，晋州市、深泽县档案馆新馆建成；行唐县、灵寿县档案馆新馆完成主体建设；平山县、新乐市、赞皇县档案馆新馆获得国家发改委立项审批，共争取中央财政资金支持564万元。指导市直单位和县（市、区）50家单位完成机关档案工作目标管理认定，市直单位认定9家，其中4A级3个、3A级6个。培训机关档案管理人员120人。加强县（市、区）档案数字化录入和扫描工作指导，全年县（市、区）录入文件级机读目录近38万条，扫描档案原文400多万幅。推进档案法制建设，《石家庄市各级国家档案馆收集档案范围规定》调研起草、征求意见等立法程序完成；与市人大常委会沟通联系，申报地方性法规《石家庄市档案工作条例》列入《石家庄市人大常委会第五个五年（2013—2017）立法规划新增预备项目》。2014年全市接收档案48684卷、13654件；政府信息公开文件1920件；声像档案47卷1万余张照片。至2014年底，市档案馆累计馆藏文书档案261615卷、112074件；图书资料17822册，报刊资料6741份。

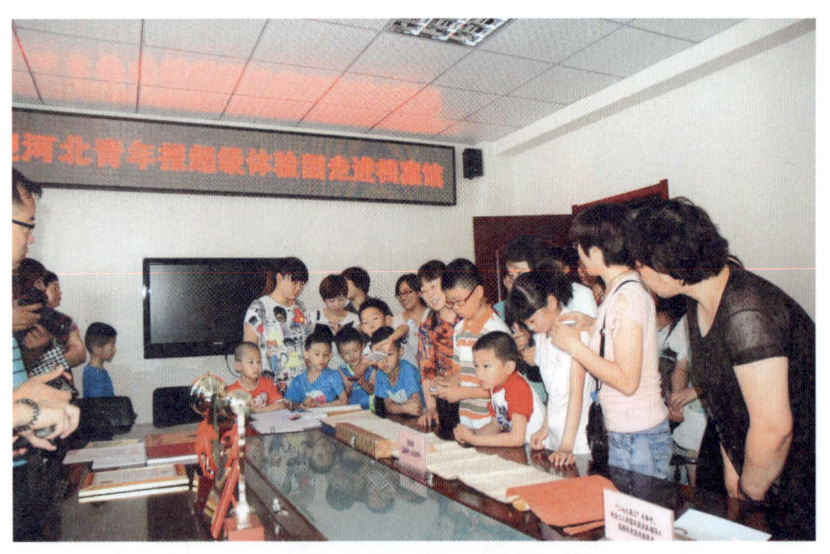

2014年6月7日，《河北青年报》超级体验团参观市档案馆

【档案接收】 根据《档案法》、《档案法实施办法》和《各级国家档案馆收集档案范围的规定》要求，及时、完整接收对国家和社会具有保存价值档案，逐步建立内容丰富、结构合理、具有石家庄地方特色馆藏体系。市属28家国有企业破产档案整理入馆完成，接收档案31966余卷，486件。接收市委组织部、市人力资源和社会保障局等39个市直单位档案入馆。与石家庄电视台、

市政协、市地方志办公室等单位联合制作大型系列电视片《石话实说——石家庄100个村庄印记》，将电视片光盘及同名图书收藏入馆。2014年全市接收档案48684卷、13654件；政府信息公开文件1920件；声像档案47卷1万余张照片。至2014年底，市档案馆累计馆藏文书档案261615卷、112074件；图书资料17822册，报刊资料6741份。

【档案组建】 加强档案业务指导，2014年检查考核115个市直机关、团体、事业单位档案整理归档，其中109个机关、团体、事业单位按时完成档案归档任务，形成文书档案1346卷78594件，档案整理合格率98.5%。指导市直单位和县（市、区）50家单位完成机关档案工作目标管理认定，市直单位认定9家，其中4A级3个、3A级6个。做好重点建设项目、农业农村工作档案管理，指导、培训市轨道交通有限公司地铁一号线项目、市西北水源地建设项目、华新心脑血管药物建设项目开展档案业务；市档案局、市农业局共同印发《关于加强农村土地承包经营权确权登记档案管理工作的通知》，对开展农村土地承包经营权确权登记试点形成入馆档案提出具体意见；市档案局、市农业局联合在鹿泉区举行开展农村土地承包经营权登记档案整理入馆试点，并在河北省档案局、省农业厅涿州现场会作经验介绍。

【档案信息化建设】 加强馆藏文书、照片、现行文件等档案资料数据库管理，增强机读目录和数字化原文数据安全，维护档案管理软件正常使用。2014年3月，市档案局申报《区域性数字档案数据中心》《档案馆库房综合自动控制系统》2个项目列入河北省档案局科技项目计划，其中《区域性数字档案数据中心》项目被推荐列入国家档案局科技项目计划，项目建成后，可实现跨馆查档和全市区域性档案信息资源集中共享。开展归档电子文件和数字档案保管情况调查，据统计，全市128个市属单位室藏文书、业务档案353万卷、505万件、3.8亿页，照片档案32万张，声像档案3.6万小时。保存各类载体档案和应归档电子文件总数据量200T。结合实际，调查探讨，申请建设市电子文件（档案）登记备份中心，提升电子文件（档案）容灾保管能力。加强县（市、区）档案数字化录入和扫描工作指导、督促、统计。2014年县（市、区）录入文件级机读目录近38万条，扫描档案原文400多万幅。至2014年底，全市累计录入文件级机读目录828余万条，扫描档案原文2222余万幅。

【档案征集】 开展档案征集，在《河北青年报》《燕赵晚报》《燕赵都市报》刊发征集信息。重视反映本地历史文化、地域特色较为珍贵档案资料及名人档案征集，全年征集各类载体档案资料3560件。其中，包括石家庄市原市委常委、副市长程凯在石家庄市2012～2013年挂职期间工作笔记、调研考察照片、光盘等载体档案资料；原北京城乡建设集团党委常委、组织部长曹德绪捐赠珍贵纸币、硬币、书籍及票证；北京城乡建设集团闫瑞泉捐赠解放战争时期课本、文革期间书籍及报刊等资料，弥补了馆藏文革时期档案资料匮乏现状；还征集到明清时期地契、房产、古籍、字画、老照片等珍贵资料。查找馆藏档案资料2万余件，规划编辑《石家庄珍贵馆藏档案汇集》，所需经费落实到位。

【档案利用】 整合民生档案资源，树立“大服务”观念，全力为机关团体、企事业单位及个人提供档案服务和咨询。适应社会发展形势，延伸档案资料利用，推出政府公开信息查询。严格档案安全监督，防止档案信息泄露事故，确保档案实体免遭损坏。探索和控制档案利用科学化方式，创新提出先经过立档单位审查批准后，再利用档案程序。优先接收民生档案入馆，建立涉及民生档案数量近13万卷。至2014年底，全市接待档案利用者3100余人次；提供利用档案16827余卷、报刊资料285册；复印8000余张，打印5000余张，照片300余张，越来越多的市民走进档案馆，利用档案资料维护合法权益。

（马彦春）

文物工作

【概况】 2014年，全市文物部门坚持“保护为主，抢救第一，合理利用，加强管理”指导方针，围绕巩固文物大市、建设文物强市目标，推进文物保护和文化遗产利用。做好文物规划编制，井陉窑遗址梅庄区环境整治工程方案，新乐市伏羲台遗址考古工作方案、保护规划编制、《中山古城遗址保护规划》、王礐墓遗址博物馆及研究中心（含考古工作站），中山古城遗址张家庙台夯土建筑保护及周围环境整治项目规划编制完成并通过论证。推进文物档案整理，整理2013年新公布14处全国重点文物保护单位档案，主要包括保护工作情况、科学记录档案、保护规划等。全国第三次不可移动文物普查后续工作完成，指导县（市、区）以政府名义公布第三次全国文物普查工作不可移动文物名录。开展第一次全国可移动文物普查，认定新增文物379件（套）。9月1日，国家公布第一批抗战纪念设施、遗址80处，其中包括石家庄市华北军区烈士陵园。至2014年底，石家庄市拥有省级以上文物保护单位142处，其中全国重点文物保护单位39处，市、县文物保护单位300余处，各类不可移动文物5000多处，各类馆藏文物3.9万余件，其中三级以上精品文物1万余件。

【文物保护宣传】 参与选题策划及组稿，在《燕赵晚报》周四专刊“探秘滹沱文化瑰宝”发表专刊55篇、30余万字，主要介绍石家庄市90余处国家文物保护单位、重点省级文物保护单位历史文化沿革、典故及现状。市文物部门协助石家庄电视台拍摄“正太铁路”电视专题片，展示和宣传正太铁路沿线市区各级文物保护单位20余处。利用中国国际广播电台采访形式，宣传介绍石家庄市近年文物保护研究、考古发掘、公众考古等情况。市文物局联合长安区、正定县、赵县、井陉县、新乐市等重点文物县（市、区），利用文化遗产日举办文物法律法规咨询，发放文物宣传资料及井陉苍岩山、于家石头村、秦皇古驿道，赵县赵州桥、正定隆兴寺、新乐伏羲台等文化遗产地参观优惠券，开展文化惠民活动，推进文化遗产保护成果全民共享。

【正定古城保护】 贯彻落实习近平总书记关于正定古城保护重要批示，按照国家、河北省文物部门要求，将正定古城保护作为一号工程，全面推进保护工作实施。遵照正定文物本体保护重点项目及文物保护规划，推进正定南城门、瓮城、月城、隆兴寺文物保护工程、壁画保护工程、石质文物保护工程、古城墙保护工程、梁思成文物保护史迹陈列展、县文庙大成殿保护维修。正定隆兴寺方丈院保护维修展示工程竣工通过验收；正定城墙修缮工程南门系统修缮、正定文庙大成殿维修、正定隆兴寺壁画保护工程项目进展顺利。正定古城区历史建筑认定、评审完成，最终认定历史建筑81处，传统风貌建筑79处，填补了河北省历史建筑认定研究空白。

【考古发掘】 市文物保护研究所配合河北省文物研究所完成正定南城门月城考古勘探发掘、正定新区郭庄墓群考古发掘和新乐岸城石质文物抢救性发掘。新乐东王庄台地、行唐封崇寺塔基及灵寿县狗台村台地项目勘探完毕。其中，灵寿县狗台村台地考古勘探项目，解开河北省考古界多年未解谜团。该台地原定名狗台汉墓，存有高大的封土，多年来河北省文物专家对内涵、性质有两种不同说法：一是汉墓，二是战国中山国烽火台。2014年2月，市文物局委托市文物保护研究所，组织专业技术人员科学钻探台地区域，最终确定是一处夯土烽火台，排除了汉代墓葬可能性。

【文物保护】 开展文物执法督察，向相关单位下发《执法督察通知》2份。发现并查处行唐县封崇寺建控地带内、新乐市东王村、灵寿县狗台汉墓、赞皇县李氏墓群4起文物盗窃案件及长安区南高营村东垣古城遗址保护范围内违法施工案件，其中4起文物盗窃案由公安部门立案调查，1起违法施工案件依法责令停止施工。提升田野文物安全，2014年市田野文物安全技术防范系统建设项目正式运行，主要由野外监控报警设备和室内监控中心组成；举办田野文物安全技术防范系统业务培训2次，讲解和演练设备运行原理、操作规程及方法、简单故障处理等，实现所有技术人员熟练操作各种设备，处置各种情况。增强文物保护单位安全，重视安全技术防范、消防及古建筑防雷。2014年石家庄市15个国家级重点文物保护单位工程项目获得批复，其中正定隆兴寺为首正定古建筑群及毗卢寺、赵县安济桥安全技术防范、消防及防雷工程获得资金1976万元。2014年4月，正定隆兴寺安全技术防范工程通过验收；2014年7月，毗卢寺博物院防雷工程完工，进入试运行。

（夏素颖）

【华北军区司令部旧址修复启动】 2014年6月，位于平山县南山坡村光禄山景区内的华北军区司令部旧址修复暨红色军旅文化教育基地建设工程启动。华北军区司令部旧址是解放战争时期华北军区（后为北京军区）的诞生地。1948年5月20日，华北军区由晋察冀军区和晋冀鲁豫军区合并组建成立，聂荣臻任司令员，军区司令部设在光禄山的窑洞内，1948年11月华北军区司令部转移离开。华北军区司令部旧址修复工程以恢复原貌、修旧如旧为原则，主要修复华北军区司令部旧址，建设纪念碑、纪念广场和纪念雕像，呈现战争年代的城楼城墙，山城一条街，军区司令部院落、窑洞，战时的炮楼碉堡，陈列火炮军车等军事装备，规划建成集红色教育、旅游观光、餐饮住宿、影视制作于一体的红色军旅教育影视文化基地。

（翟相哲）

【第一次全国可移动文物普查】 根据国家统一安排，2014年石家庄市第一次全国可移动文物普查启动。选调全市文物、博物馆系统相关业务单位专业人员组建“石家庄市可移动文物普查专家库”，为文物收藏单位提供文物认定和核查保障。市文物系统选调40余名业务人员组成普查队伍。至2014年底，全市开展可移动文物普查认定新增文物379件（套），各县（市、区）国有文物收藏单位可移动文物收藏调查情况总结完成。

石家庄市文物局

局　长：张跃新

副局长：陈浩志　王兰君

张献中

（夏素颖）

西柏坡纪念馆

【概况】 西柏坡位于石家庄市平山县中部，距离石家庄市区80千米，是中国解放战争时期中央工委、中共中央和解放军总部所在地。1947年5月，刘少奇、朱德率中央工委进驻西柏坡。1948年5月，毛泽东、周恩来、任弼时率中央前委和解放军总部到达西柏坡与中央工委汇合。在西柏坡，毛泽东等中国老一辈领导人组织召开了中国共产党全国土地会议，通过《中国土地法大纲》，实现耕者有其田；指挥辽沈、淮海、平津三大战役，决定中国命运；召开中国共产党七届二中全会，描绘出新中国宏伟蓝图。1949年3月23日，中共中央和解放军总部离开西柏坡，前往北京建国。后人称“新中国从这里走来”，即由此而起。

2014年3月20日，河北陆军预备役步兵师无线电连调整组建大会在西柏坡举行

1955年，河北省博物馆联合建屏县政府（1958年建屏县改为平山县）建立西柏坡纪念馆筹备处。1982年3月11日，国务院公布西柏坡中共中央旧址为全国重点文物保护单位。1987年5月1日，建立文物保护区碑1座，划定文物保护区39.18万平方米，自然保护区133.32万平方米。1976年10月，西柏坡陈列展览馆开工。1978年5月26日，在纪念中共中央和解放军总部移驻西柏坡30周年时，西柏坡陈列展览馆与中共中央旧址同时对外开放。主题陈列《新中国从这里走来》曾于1993年、1996年、1998年、2003年、2009年修改完善，获评过“1998年度全国十大精品陈列”、“第六届全国十大陈列展览特别奖”(2003～2004年）。1992年起，西柏坡纪念馆先后修建西柏坡石刻园（2011年扩建改名西柏坡丰碑林）、西柏坡雕塑园、五大书记铜铸像、西柏坡纪念碑、周恩来评语碑、西柏坡国家安全教育馆、西柏坡文物保护碑、西柏坡青少年文明园、西柏坡廉政教育馆等革命传统教育系列工程，丰富了西柏坡纪念馆教育内容。

西柏坡纪念馆建馆以来，党和国家领导人江泽民、胡锦涛、习近平等先后到西柏坡参观学习。江泽民题词：“牢记两个务必，建设有中国特色的社会主义”。胡锦涛发表重要讲话：要求全党同志继承和发扬西柏坡时期毛泽东提出的“两个务必”精神。习近平指出：毛泽东同志当年提出的“两个务必”，包含着对我国几千年历史治乱规律的深刻借鉴，包含着对我们党艰苦卓绝奋斗历程的深刻总结，包含着对胜利了的政党永葆先进性和纯洁性、对即将诞生的人民政权实现长治久安的深刻忧思，思想意义和历史意义十分深远。

1995年，西柏坡纪念馆被国家文物局评为“全国优秀社会教育基地”；1996年，被国家教委、民政部、文化部、文物局、共青团中央和解放军总政治部联合公布为“百个全国中小学爱国主义教育基地”；1997年，被中共中央宣传部命名为“全国百个爱国主义教育示范基地”；2002年10月，被全国精神文明建设指导委员会评为“全国精神文明建设工作先进单位”；2002年11月，被国家旅游局评为“AAAA级旅游景区”；2008年5月，被国家文物局命名为首批“国家一级博物馆”；2009年12月，被解放军总部命名为“国防教育示范基地”；2010年5月，被中央纪委监察部命名为首批“全国廉政教育基地”；2011年，被国家旅游局评为“AAAAA级旅游景区”；2012年9月，被中共中央宣传部、国家文化部、国家广电总局、国家新闻出版总署评为“全国文化体制改革先进单位”。

2014年，西柏坡纪念馆以“党的群众路线教育实践活动、培育践行社会主义核心价值观、新中国成立65周年为契机，确立“对内抓提质，对外抓拓延”工作思路，围绕接管旧址群、基础设施建设、提升品牌带动力、综合提升景区质量、探索市场运营模式等做好各项工作。到2014年底，西柏坡纪念馆全年接待观众508万人次，获得省级文明单位和市级普法先进单位称号。实施西柏坡智慧景区建设工程，第一阶段通讯网络设施、LED屏显示系统、景区广播系统、景区手机APP及景区视频监控和引导系统项目基本完成；展览馆空调改造项目工程、维修更换馆内老旧消防设施完工。创新红色主题宣传教育形式，与市纪委、共青团市委、市教育局联合举行“伟人风范——社会主义核心价值观进校园”活动；精心打造“六个一”红色主题教育品牌，推出“献一束鲜花，重温一次入党誓词，看一场红色电影，听一次红色讲座，开一次主题党日座谈会，看一次红色展览”为内容品牌主题教育活动；整合西柏坡红色主题宣传教育成功经验，汇总编辑《圣地百灵——西柏坡讲解员服务标准》规范文本。开展西柏坡研究，联合社会力量采取委托、共同攻坚等方式完成国家级课题1项、省级课题18项，结集出版《西柏坡研究》；实施历史文物抢救工程，走访北京、武汉、石家庄等地老人100多位，征集文物资料30多件，口述历史40万字；与河北广播电视台联合推出65集大型节目《中央人民政府从这里走来——华北人民政府全景实录》，并印刷出版。2014年国家旅游局将西柏坡纪念馆十年发展成功经验确定为国家级课题，在全国研究推广。发挥西柏坡龙头带动作用，联合全国红色革命景区成立西柏坡红色旅游联盟，重点推出以“两个务必”为主题“赶考之旅”、“圆梦之旅”、“开国之旅”等精品红色旅游线路；建立河北省讲解员培训基地，2014年西柏坡纪念馆被河北省委宣传部命名为河北省爱国主义教育基地讲解员培训中心。3 月 20 日，河北陆军预备役步兵师无线电连调整组建大会在西柏坡国家安全教育馆影视厅举行，调整组建河北陆军预备役步兵师无线电连由 93 名西柏坡纪念馆干部职工组成，平均年龄 26 岁；河北陆军预备役步兵师向该连委派指导员，常年负责预备役官兵军事化管理训练。3 月 23 日，西柏坡纪念馆与河北省委宣传部、省文联、省书法家协会共同举办“‘中国梦·赶考行’河北省书法名家作品展”在西柏坡举行，以书法艺术形式宣传弘扬“中国梦”和“赶考精神”，展出书法作品 189 件。

【《新中国从这里走来》改版放映】 2013 年 9 月，西柏坡纪念馆配合党的群众路线教育实践活动，启动拍摄历史资料电影片《新中国从这里走来》。2014 年 3 月中旬，时长 20 分钟历史资料电影片《新中国从这里走来》改版放映。影片由西柏坡纪念馆、中央新闻电影记录制片厂联合编制；中央新闻电影制片厂导演朱勤效担任总导演，全国一级播音师张克俭配音解说。新影片围绕“两个务必”和“赶考”主题，突出时代性、真实性、教育性，重点展示中共中央和中央工委在西柏坡的重大历史活动，召开土地会议、九月会议，指挥三大战役，召开党的七届二中全会，进京赶考等内容，全部采用解放战争时期新闻摄影记者拍摄的珍贵历史资料和缴获国民党的电影资料片编辑，真实再现了领袖们为新中国成立创下的丰功伟绩，其中土地会议部分镜头属首次向社会披露。该影片较好反映了老一辈革命家在西柏坡忘我的工作情景和艰苦的生活画面，内容震撼人心，是一部革命传统和爱国主义教育的生动教材。

【《党的十八大以来群众路线教育实践活动图片展》】 3 月 20 日，由市党的群众路线教育实践活动领导小组办公室、中共石家庄市纪律检查委员会、西柏坡纪念馆共同主办《党的十八大以来群众路线教育实践活动图片展》在西柏坡纪念馆举行。展览分为 4 个部分，展出图片 60 余张，主要介绍党的十八大以来，以习近平总书记为核心新一届中央领导集体将人民对美好生活向往确定为奋斗目标，开展以“为民、务实、清廉”为主要内容党的群众路线教育实践活动，以高压态势开展反腐败工作，以优良作风凝聚民心，以壮士断腕勇气推进深化改革。

【“伟人风范——社会主义核心价值观”主题演出】 贯彻落实中共中央办公厅《关于培育和践行社会主义核心价值观的意见》及市委宣传部《2014 年宣传思想文化工作的要点》精神，以 1940 年代毛泽东等五位书记在西柏坡风范故事为基础，采用演讲、快板、演唱、小品、情景表演等形式，打造弘扬社会主义核心价值观专场演出。该演出由市委宣传部主办，西柏坡纪念馆承办；节目主要有：演讲《一只暖水袋》《人民的骆驼》《两只野鸭》，快板《周副主席的茶缸盖》，独唱《天下百姓》、小品《进京之前》和合唱《在灿烂阳光下》；专场演出根据青少年心理、年龄特点策划，以喜闻乐见、易于接受形式传承以爱国主义为核心民族精神，培养和践行社会主义核心价值观。4 月 3 日、4 日，西柏坡纪念馆分别在市 42 中、市一中演出，引起师生极大反响。2014 年 4～12 月，“伟人风范——社会主义核心价值观”主题演出共在石家庄市及周边县（市）100 多所学校、社区演出 100 余场次。

【西柏坡红色旅游联盟】 2014 年 2

2014 年 6 月 13 日，西柏坡红色旅游联盟成立大会在石家庄人民会堂举行

月，西柏坡红色旅游联盟开始筹办。6月12日，西柏坡红色旅游联盟成立预备会召开，审议通过《西柏坡红色旅游联盟章程》、《西柏坡红色旅游联盟诚信服务公约》。6月13日，西柏坡红色旅游联盟宣告成立。该联盟由市旅游局和西柏坡纪念馆共同倡导发起，经市政府批准成立，是以西柏坡景区为龙头，以全国红色革命圣地景区为骨干，以省内及周边省、市红色旅游景区为主体，包括其他类型景区（点）、酒店、旅行社单位，在自愿协作基础上组成，并首次推出“开国之旅”、“赶考之旅”“圆梦之旅”“祈福之旅”4条红色旅游精品线路。至2014年底，西柏坡红色旅游联盟共有来自13个省、市，30个地市146家会员单位。

【红色历史抢救工程】 中共中央在西柏坡时期，数以万计革命者留下极为宝贵的精神财富，包括革命文物、口述历史、珍贵资料等，随着时间流逝，一些老前辈相继离世，部分珍贵资料不能很好挖掘和整理，濒临永远遗失危险。2013年西柏坡纪念馆启动抢救历史工程，走访北京、武汉、重庆、石家庄等地健在革命前辈60多位，征集革命文物百余件，口述历史30多万字。9月28日，西柏坡红色历史抢救工程合作暨国际在线河北频道西柏坡共建揭牌仪式在西柏坡纪念馆举行。延安儿女联谊会会长、胡乔木之女胡木英，董必武之子董良羽，陈毅之子陈昊苏，陆定一之女陆瑞君，郭沫若之女郭庶英，王耀南之子王太和，朱德外孙刘敏，李大钊之孙李建生等22位老一辈革命家后代应邀参加活动。延安儿女代表分别向西柏坡纪念馆捐赠父辈回忆录、书法、诗词、照片等珍贵历史资料，胡木英与参会人员分享了她儿时在西柏坡的记忆及她的父母和毛泽东间的点滴故事。

【学习考察活动】 国家部委领导学习考察。3月6日，中共中央宣传部副部长黄坤明到西柏坡纪念馆学习考察，观看影视资料片《新中国从这里走来》，参观陈列展览馆、中共中央旧址和中央宣传部旧址。8月11日，共青团中央书记处书记傅振邦到西柏坡纪念馆学习考察，参观西柏坡陈列展览馆、中共中央旧址和中央青年工作委员会旧址，观看《新中国从这里走来》历史资料片。12月25日，最高人民检察院副检察长姜建初到西柏坡纪念馆学习考察，参观中共中央旧址和陈列展览馆。省市领导学习活动。3月23日，“中国梦·赶考行”河北省级领导干部集体学习教育座谈会在西柏坡举行。会议传达习近平总书记在河南省兰考县调研指导党的群众路线教育实践活动时重要讲话精神；塞罕坝机械林场总场场长田军、保定学院西部支教优秀毕业生群体代表司会平讲述了他们艰苦创业、无私奉献的感人事迹；中央文献研究室副主任陈晋、光明日报社总编辑何东平讲述了弘扬“赶考”精神的见解和体会。3月21日，石家庄市委常委集体赴西柏坡开展“重温‘两个务必’，坚持执政为民”主题活动。省委常委、市委书记孙瑞彬率领市委常委会成员向西柏坡纪念馆五大书记铜像敬献花篮；重温“进京赶考”警示，接受“两个务必”教育；召开市委常委学习交流会，围绕牢记“两个务必”，坚持执政为民，推动党的事业发展，每位常委谈感想、表态度。

【讲解员培训】 7月25日，河北省

2014年7月25日，河北省爱国主义教育第一期讲解员培训班开班仪式在西柏坡举行

爱国主义教育基地讲解员培训中心在西柏坡纪念馆挂牌成立，并举行第一期讲解员培训班开班仪式。培训班采用军事化、标准化管理模式，课程主要开设《讲解员职业道德》《讲解员的职业信仰与担当》《政务讲解接待技巧》《服务接待程序和讲解突发事件应对》《讲解员接待礼仪》《讲解员礼仪形体操》《讲解员声音的塑造》《讲解形式创新》《讲解员职业形象的塑造》等专题，来自全省爱国主义教育基地53名讲解员参加培训。7月29日，第一期讲解员培训结束。10月25～29日，西柏坡纪念馆举办河北省爱国主义教育基地第二期讲解员培训班，来自全省爱国主义教育基地41名讲解员参加培训。

【课题研究】 2012年4月，河北省哲学社会科学规划办公室批准18项社会科学基金项目课题立项，内容涵盖西柏坡精神、西柏坡历史、社会主义核心价值观、党的建设、西柏坡品牌建设、爱国主义教育基地、红色产业文化、团队管理、红色旅游等。自课题立项起，西柏坡纪念馆组织河北省社会科学院、河北师范大学、河北经贸大学、市社会科学院50余位专家学者联合攻关，课题负责人和参与人员以严谨、科学态度，从不同角度、不同学科，解读西柏坡历史及精神内涵，属西柏坡历史考据研究、西柏坡精神研究、多学科融合及体系研究大规划下第一次尝试，重在利用外部资源，探索创造研究精品。2014年9月，西柏坡纪念馆承担18项省级社会科学课题完成，由中央文献出版社正式出版发行。

西柏坡纪念馆

党委书记：陈宗良(兼任西柏坡管理局副局长)

馆　　长：王红

副 馆 长：段彦峰　张振国

纪委书记：杨宏伟

（王彦红）

卫生·体育

卫生·体育

卫　生

【概况】 2014年，全市共有医疗卫生机构（含诊所）6571个（市区2320个，所辖县市4251个）。其中，医院166个（省级医疗机构11个，部队医院3个，市直医疗机构9个，县级综合医院16个，县级中医院16个），疾病预防控制中心(防疫站) 24个，妇幼保健院（所、站）40个（其中县级22个），社区卫生服务中心（站）206个（市区200个、所辖县市6个），乡镇卫生院220个，村卫生室3985个，民营医疗机构1555个。卫生机构共有床位49496张，其中医院拥有床位38337张。卫生技术人员共有61040人，其中，执业医师28209人，注册护士22773人。加强医疗设施建设，市第一医院中心院区综合病房楼项目主体封顶，赵卜口院区建设项目手续办理完毕，正定新区分院项目建设手续正在办理；市第四医院谈固院区项目正在建设；市第五医院门诊医技及应急救援综合楼项目主体封顶。开展基层医疗卫生技术人员技能培训，全年培训社区卫生技术人员848名、乡镇卫生院骨干技术和管理人员412名、乡村医生3699名。2014年8月，市妇产医院院长曹琴英在北京国家会议中心召开的“2014中国医院论坛”上，获授中国医院协会颁发“全国优秀医院院长”奖牌。

【基本公共卫生服务】 2014年全市人均基本公共卫生服务经费补助标准由30元提高至35元，城乡居民可免费享受11大类基本公共卫生服务。主要包括：建立居民健康档案，健康教育，预防接种，儿童、孕产妇、老年人、慢性病、重性精神疾病健康管理，传染病和突发公共卫生事件报告和处理，中医药健康管理，卫生监督协管。按照河北省卫生计生委、省财政厅统一要求，2014年城乡居民健康档案规范化电子建档率达到70%以上；65岁以上老人健康管理率达到65%以上；重症精神病（严重精神障碍）患者在知情同意的基础上全部纳入管理；适龄儿童国家免疫规划疫苗接种率保持在95%以上。至2014年底，全市电子健康档案规范化管理率达到85.93%，65岁以上老年人健康管理率达到88.06%，0～6岁儿童健康及孕产妇系统管理率分别达到99.4%和88.9%，预防接种率在95%以上。2014年石家庄市落实国家和河北省白内障复明工程，对3052例贫困白内障患者实施免费复明手术。开展居民健康素养提升工程，组建千人健康教育讲师团，举办健康教育讲座1.15万场。实施出生缺陷干预工程，免费婚前检查7.77万人，孕前优生检查8.34万人，产前筛查9.25万人，新生儿代谢性疾病筛查12.30万人，听力筛查11.92万人。深化院前急救免费搬抬服务，建立院前急救担架员财政专项经费保障机制，形成规范化、标准化管理模式。组建反恐生物应急处置队伍，开展反恐卫生应急实战拉练。举办省会首届高校大学生艾滋病防治系列宣传活动，2014年石家庄市被确定为国家艾滋病综合防治示范区。推广启用新型结核病防治服务体系，创建2个国家级、3个省级卫生应急示范县（市）和3个国家级、1个省级慢性病综合防控示范区。2014年8月，石家庄市被中国疾控中心确定为全国结核病患者综合服务试点。改建农村厕所47万座，其中改造“连茅圈”厕所41.27万座，彻底消除“连茅圈”厕所问题。2014年全国农村改厕工作现场推进会在石家庄市正定县召开。建立疾病应急救助制度，11月7日市政府办公厅印发《石家庄市建立疾病应急救助制度的实施办法》，决定自11月1日起，全市辖区发生急重危伤病、需要急救但身份不明确或无力支付相应费用的患者，列入应急救助对象，医治费用由政府设立的疾病应急救助基金给予补助。

（市卫生计生委）

【首次初中生吸烟调查】 6月11日，市疾控中心公布全市首次初中生烟草流行情况调查结果。此次调查采用分层随机抽样方式，共向石家庄市桥东区、栾城县6所初中学校1059名在校生实施问卷调查。结果显示：被调查学生中尝试吸烟比例为16.9%，其中男生25.8%，女生6.3%；正在吸烟比例为4.8%，其中男生7.8%，女生1.3%；正在吸烟者中，12个月内尝试过戒烟比例为70.0%，表示想戒烟比例为79.2%，曾经接受过戒烟咨询或帮助的比例为10%，认为自己想戒烟能戒掉的比例为80.6%；尝试吸烟率和正在吸烟率均表现为男生高于女生。

【糖尿病患者调查】 2014年全市糖尿病抽样调查显示：15岁以上人群糖尿病患病率为11.4%，糖尿病前期患病率为13.3%，糖尿病知晓率为44.6%，知晓糖尿病患者治疗率为85.4%，糖尿病患者血糖控制率为26.1%。调查表明：高患病率、低知晓率、低控制率成为糖尿病防控特点。

（王丽强）

【中医药服务体系建设】 2012年石家庄市被国家中医药管理局确定为全国首个国家中医药发展综合改革试验市。至2014年底，全市城镇52所社区卫生服务中心建成“国医堂”，113所社区卫生服务站建成“国医馆”，形成社区卫生服务机构“一堂一馆”工作格局；全市农村126所乡镇卫生院建成“国医堂”，74所乡镇卫生院建成标准化中医科。实施中医“治未病”工程，市中医院成立“治未病”中心，全部县级中医院设立“治未病”科，城镇社区卫生服务中心和126个乡镇卫生院设置“治未病”门诊。16个县（市）建立中医适宜技术推广基地，培训基层中医药人员1020名、“治未病”专业人员336名、中医预防保健调理师237名。以市中医院为龙头，组建包括7个县级中医院、4个民营中医院和20个社区卫生服务中心为成员单位的中医联合体，成立非独立法人组织，发挥市中医院人才、技术、管理优势，带动基层医疗卫生机构中医药工作，实现优质中医药资源重心下移。2014年全国中医药工作会和河北省基层医疗机构“国医堂”建设现场经验交流会在石家庄市召开。

【新型农村合作医疗】 2014年全市新型农村合作医疗（简称新农合）共有64.11万人次参合农民享受到住院补偿，补偿总金额16.68亿元；1653.51万人次享受到门诊补偿，补偿总金额1.17亿元；51608人次享受大病患者补偿，补偿总金额1.56亿元。至2014年末，全市共有1734.57万人次参合农民获得医疗费用补偿，累计补偿总额21.05亿元。2014年全市新农合累计参合人数571.38万人，同比增加5.7万人；参合率达到98.4%，为历年最高。继续提高新农合筹资标准，各级政府补助资金由2013年280元提高到320元，个人缴费由2013年60元提高到70元，每人每年筹资额达到390元。新农合统筹补偿新标准：1月1日起，全市新农合统筹补偿开始按照新标准执行。新农合统筹补偿方案新标准分为住院补偿和门诊补偿两部分。全市农村县（市）区（包括鹿泉市、藁城市、栾城县）参合农民在省级以上医疗机构住院起付线确定为4000元，补偿比为40%。省级定点医疗机构起付线为2300元，补偿比为50%。市级新农合定点医疗机构住院补偿起付线为1200元～1800元不等，补偿比为60%～65%之间。县级定点医疗机构：井陉县、赵县、鹿泉市住院补偿起付线为300元，补偿比为80%，其余县（市）区起付线为400元，补偿比为75%。乡级定点医疗机构：井陉县、无极县2县住院补偿起付线为100元，补偿比为95%，其余县（市）区起付线为150元，补偿比为85%（赵县为90%）。乡村两级门诊统筹补偿：除平山县乡级门诊统筹补偿比为40%外，其余县（市）区均为45%；日封顶线栾城县、无极县、鹿泉市为25元，其余县（市）区均为20元。灵寿县、平山县村级门诊补偿比为45%，其余县（市）区为50%；村级门诊补偿日封顶线栾城县、鹿泉市为20元，其余县（市）区为15元。门诊补偿年封顶线：井陉县、高邑县、赞皇县、元氏县、赵县、晋州市为200元，无极县为120元，其余县（市）区为100元。全市农村县（市）区（包括鹿泉市、藁城市、栾城县）均对新农合患者转诊备案做出具体要求，其中井陉县、高邑县、赵县确定未转诊备案不予补偿，其余县（市）区分别降低补偿比5%～20%。新农合大病保险政策：2014年全市新农合大病保险补偿比例不低于50%，参合农民个人筹资标准由20元提高到25元，补偿起付线从8500元提高到1万元。参合农民自付合规医疗费用超过1万元以上部分，按照1万元～5万元补偿50%，5万元～7万元补偿60%，7万元～9万元补偿70%，9万元以上补偿80%的政策执行。新农合大病补偿封顶线由2013年度每人每年16万元提高到20万元。加上基本医疗最高封顶线10万元，2014年全市新农合最高补偿额达到30万元。

【公立医院改革】 2014年5月，石家庄市栾城县、新乐市、正定县、灵寿县、藁城市、高邑县、元氏县、晋州市、鹿泉市、井陉县10个县（市）列入国家县级公立医院综合改革第二批试点县。12月1日，石家庄市赞皇县、无极县、深泽县、行唐县、平山县5个县级公立医院综合改革启动。至2014年底，全市31家县级公立医院全部取消药品加成，实行药品零差率销售，全面落实“631”补偿政策，即医院实行药品零差率销售后，减收部分通过调整医疗服务价格补偿60%左右，财政补偿30%左右，医院加强核算、节约运行成本自身消化控制10%左右；所有政府办基层医疗机构和村卫生室全部实行基本药物制度。2014年全市基本药物销售额累计达到20096万元，为群众减轻药品费用负担3933.01万元。

（市卫生计生委）

【规划建设妇产科专科医院1所】 2014年石家庄市区西南部规划建设河北生殖妇产医院，级别类别为三级妇产科专科医院；设置单位为北京乐仁堂医疗投资管理有限公司，投资总额6.5亿元；医院位置：石家庄市桥西区石风路27号；设置床位500张；设置临床科室：预防保健科、妇产科、妇女保健科、新生儿科、儿童保健科、肿瘤科、急诊科、中医科等。至2014年底，该医疗机构已通过河北省卫生计生委专家论证，正在根据医疗机构管理规定和石家庄市医疗机构设置发展规划向社会公示。

（王丽强）

【肝癌载药微球介入治疗首开河北省先例】 2014年12月，市第五医院介入医学科成功为一名原发性肝癌患者开展“载药微球”介入治疗，这是河北省首例“载药微球”治疗。载药微球是一种全新的肝脏恶性肿瘤介入材料，将化疗药物包埋于一定的基质中制成小球状物，通过微导管将“载药微球”注入患者肿瘤靶血管，精确打击肿瘤，可堵死为肿瘤提供“养料”血管，还可在瘤内缓慢释放化疗药物，起到持续“化疗＋栓塞”双重作用，达到微动脉水平栓塞，阻断肿瘤血供彻底的效果，实现化疗药物局限在微球内，全身化疗药物浓度降低，减轻化疗药物对患者的恶心、呕吐、脱发等毒副作用，显著降低了化疗药物对肝脏功能及全身其他器官功能的损害。

（苗同国　温云岭）

体　育

【概况】 2014年，全市选手在省级以上比赛获得金牌261枚、银牌198枚、铜牌148枚。举办市级比赛20项32次，协助基层举办比赛70次。参加河北省第十四届运动会，石家庄市代表团青少年组获得金牌223枚、奖牌549枚、团体总分9304分，取得金牌数、奖牌数、团体总分“三个第一”。开展全民健身活动，元旦、春节举办自行车、拔河、健身秧歌、趣味运动会等20多项150余场次，参与人数10万余人次。举办社会体育指导员培训4期，培训二级指导员5000余人，基本实现社区、行政村社会体育指导站全覆盖。命名石家庄市青少年体育俱乐部12所，市体育局、教育局联合命名石家庄市体育传统项目学校90所。2014年石家庄永昌足球俱乐部以17胜6平7负积57分的成绩，获得中国足球甲级联赛第二名。全年体育彩票销售额14.41亿元，其中电视彩票销售12.76亿元，即开型彩票销售1.65亿元。7月2

日，全民健身中心项目开始施工。至2014年末，全市完成农民健身工程184个，安装健身器材1104件，更新和安装市区健身路径150条。

【竞技体育】 制定《石家庄市高水平竞技体育“精品项目”发展战略规划》、《石家庄竞技体育精品实施办法》、《竞技体育人才输送奖励规定》措施。落实石家庄市《运动员文化教育和保障工作的实施意见》，与石家庄信息工程职业学院、河北交通职业技术学院签订运动员升学合作培养协议，解决了运动员发展后顾之忧。围绕竞技体育发展新思路和“做大做强”目标，确立“三个转变”方针，即发展目标从“以成绩为本”向“以人为本”转变，发展手段由竞技体育孤军突进向群众体育、学校体育、竞技体育和谐发展转变，发展质量由“重标重量”向“重本重质”转变。提高业余训练科学性，建立科研生化试验室，投资50万元配置功能齐全生化检测车1部。8月24～29日，河北省第八届残疾人运动会在邢台市举行。13个市14个代表团1300多名运动员参赛，比赛项目共设19个大项、239个小项。石家庄市102名残疾人运动员参加了11个大项、104个小项比赛，获得金牌49枚、银牌27枚、铜牌7枚，总分低于邯郸市，位列全省第二。8月26日，石家庄市残疾人运动员侯占彪、乔小林在男子F46级铅球比赛项目中，分别获得金牌和铜牌，这是河北省第八届残疾人运动会开赛后产生的首枚金牌。8月27日，石家庄市正定县残疾人运动员李翠卿在男子F36级铁饼比赛中，以42.46米的成绩夺得冠军，超过该级别2013年世界残疾人田径锦标赛上的世界纪录42.18米；石家庄市残疾人运动员米娜在女子F37级铁饼比赛中，以35.43米的成绩夺得冠军，超过米娜在2012年伦敦残疾人奥运会上创造的35.35米世界纪录。8月28日，米娜在女子F37级铅球比赛中，以12.54米的成绩再次获得冠军，超过12.20米世界纪录，这是米娜继女子F37级铁饼比赛后，第二次超过世界纪录，其中两项比赛世界纪录均为米娜在2012年伦敦残疾人奥运会创造。9月12～23日，河北省第十四届运动会在沧州市举行。本届运动会创新办赛模式，首次将河北省体育大会与河北省运动会合并举办，设置青少年组22个大项、635个小项，群众体育组40个大项、268个小项比赛，共有13000多名运动员参赛，年龄最大的70岁，最小的6岁，是历届河北省运动会参赛人数最多、规模最大、设项范围最广的一届，23人2队创出超23项河北省青少年记录。石家庄代表团以总分14757.9分、419.7枚金牌、853.2枚奖牌，列总分榜、金牌榜和奖牌榜三项第一。其中，石家庄代表团青少年组以223枚金牌、549枚奖牌、总分9304分列金牌榜、奖牌榜和总分榜三项第一。9月27日，石家庄市运动员巩立姣参加2014韩国仁川亚运会女子铅球决赛，以19.06米的成绩获得冠军。

【群众体育】 元旦、春节期间，开展以“健康迎新年，欢乐度双节”为主题“双节”全民健身月活动，举办自行车、拔河、健身秧歌、趣味运动会等全民健身活动20多项150余场次，参与人数10万人次。其中，1月1日“无限极2014世界行走日”活动，参加市民1万多人。5月8日，河北省第十四届运动会石家庄赛区比赛启动仪式暨“豪丹杯”社会组广播体操比赛在省体育馆举行。石家庄市内5区近1600名社会体育指导员出席启动仪式并观看比赛，全省13支代表队208名广播体操（第九套）运动员举行汇报表演，石家庄市基层社会体育指导员编排的井陉拉花和体育舞蹈2个健身项目进行了交流展示。河北省第十四届运动会群众组共设40个比赛项目，石家庄承办35项，共有超过5000名运动员参加河北省第十四届运动会群众组比赛，其中石家庄市参赛运动员630余名，均为社会各界全民健身爱好者。7月11～13日，由国家体育总局社会体育指导中心、中国体育舞蹈联合会、河北省体育总会主办，石家庄市体育局、石家庄体育总会、石家庄旺鼎文化传播有限公司承办的“旺鼎杯”第12届全国青少年体育舞蹈锦标赛在石家庄市河北体育馆举行。这是石家庄市自2009年承办全国第7届青少年体育舞蹈锦标赛后，再次承办该项赛事。参赛选手年龄最大21岁，最小8岁。比赛设134个组别，其中，名次赛118个组别；等级赛16个组别，设立一、二、三等奖。8月10日，2014年“全民健身日”系列活动暨“瑜伽山杯”武术展演活动在正定县子龙广场举行，来自全市1000多名武术爱好者，汇集演练太极拳24式。8月30日至9月

28日，“以分享运动快乐，共建和谐社区”为主题，组织石家庄市内各区及正定县举行第七届社区运动会，借助社区健身器材和健身路径设施，以小型趣味为形式，突出地域特色，举办比赛活动41场。9月1日，2014中国石家庄第十一届国际自行车环城赛举行。来自各地近500名骑行爱好者参加，并首次邀请到英国、美国、瑞士、葡萄牙、澳大利亚等15个国家73名国际知名职业赛车手参与领骑。比赛从石家庄市高新区火炬广场出发，一路向东，进入三环路后，一路向西经山前大道进入山地赛道，最后抵达窦王岭风景区终点，全程60千米。

（市体育局）

【体育设施建设】 7月2日，石家庄全民健身中心项目开工建设。该项目位于市区体育北大街与跃进路交口东北角，是在市游泳馆旧址扩大用地面积后立项建设。规划总用地面积15647平方米，总建筑面积30816平方米（地上建筑面积19950平方米，地下建筑面积10866平方米），建筑高度23.95米，地上5层，地下2层。主要功能有游泳馆、跳水馆、健身中心及配套服务设施。11月22日，石家庄市桥西区最大的综合健身中心——石家庄恒大华府健身中心被河北省体育局命名为省级全民健身基地并举行揭牌仪式。该中心是首个挂牌的室内全民健身基地，整体面积1.5万平方米，健身区域4层，设有游泳馆、羽毛球馆等健身场馆，可接纳600人同时参与健身活动。至2014年末，河北省共有全民健身户外活动基地59个，其中石家庄3个，分别是蟠龙湖、嶂石岩、龙凤湖。

（张晓娟　刘真）

社会生活

社会生活

人口和计划生育

【概况】 2014年，全市卫生计生系统统计出生人口150051人，人口出生率14.77‰，符合政策生育率85.93%，出生人口性别比106.38：100。单独二孩政策稳步实施，至12月31日，全市批准单独两孩再生育4842对，其中城镇人数远多于农村，两者数量之比为2.5：1。开展走访慰问计生特困家庭暖心行动、项目帮扶行动和亲情关爱行动，做到面对面了解情况，面对面征求意见，面对面解决困难；各县（市）区计生部门成立计生服务回访中心，全年有效回访6.91万人次，收集群众建议1206条。设立计生特殊困难家庭“医疗应急保障专项资金”，开通医疗救治、养老保障、扶助落实3条绿色通道，2014年石家庄市人口计生做法得到中国新华社《国内动态清样》《中国人口报》头版头条刊载报道。

（市卫生计生委）

【出生人口性别比降至正常范围】 2014年全市出生人口中男性和女性比例为106.38：100，出生人口性别比下降至正常范围（出生人口性别比是指活产男婴数与活产女婴数的比值，通常用女婴数量为100时所对应的男婴数表示，正常情况出生性别比保持在103～107之间）。加大整治非医学需要的胎儿性别鉴定和选择性别的人工终止妊娠（简称“两非”）工作，建立卫生计生、公安、食药监等部门定期沟通和协作机制。市、县两级设立有奖举报专项资金，通过举报电话、电子信箱等形式，受理群众举报，做到每条举报线索有报必查。至2014年末，全市查处“两非”案件68起，处理涉案机构43个，涉案人员56人，暂扣B超机20台。

（王丽强）

【中国石家庄——国际助产士联盟助产发展工作会】 3月26～29日，由石家庄市妇幼保健院和国际助产士联盟共同主办的中国石家庄——国际助产士联盟助产发展工作会暨围产医学新进展学术研讨会在石家庄市举行。国家卫生计生委、省市卫生行政管理机构、中华医学会、围产医学会、中国妇幼保健协会、高等教育机构、国际组织和中国的非政府组织等与孕产妇和婴儿保健部门300余人参加会议。在中国石家庄——国际助产联盟助产发展工作会上，包括国际助产联盟亚太地区主席Sue Bree教授、国际助产联盟成员Nester T Moyo教授、中国妇幼保健协会副会长庞汝彦、助产社会学博士张毅芬教授、北京大学第一医院妇产科主任杨慧霞教授、浙江大学医学院附属妇产科医院护理部主任徐鑫芬、福建省莆田学院护理学院院长魏碧蓉教授等17位专家学者作了主题发言，发言主题为助产差距分析，主要围绕国际助产士联盟认定的教育、规章制度和协会3个方面展开。在围产医学新进展学术研讨会上，邀请国际助产联盟、北京大学第三医院、北京协和医院、复旦大学、广东省妇幼保健院、河北医科大学附属第二医院等国内外知名专家讲学，主题主要围绕围产医学专业领域各个方面的新观点、应用及存在问题和发展方向开展讨论，包括妊娠期高血压疾病的诊治、复杂性双胎在围生期的管理、瘢痕子宫再妊娠经阴道分娩、助产技术交流等30多个专题。

（周永梅）

【居民健康素养监测】 11月24日至12月底，石家庄市组织实施2014年度全市居民健康素养监测（居民健康素养是指公民个体具有获取、理解和处理基本的健康信息和服务，并运用这些信息和服务做出正确判断和决定，维持和促进健康的能力）。设置长安区、裕华区、藁城区3个区各6个居委会（村）18个监测点，入户调查样本家庭900户，监测点每个家庭户抽取1名符合条件的家庭成员作为被调查对象。调查内容包括居民的安全与急救素养、科学健康观素养、传染病防治素养、慢性病防治素养、基本医疗素养和信息获取能力等。

【长安区义东社区确定为全国首批家庭发展能力建设试点】 2014年国家卫生计生委确定长安区胜北街道义东社区为全国首批“新家庭计划——家庭发展能力建设”项目试点单位，这是河北省唯一城市试点单位。实施期2014年至2020年。该项目试点要求根据社区居民特点和具体需求，有针对性地组织开展系列宣传、培训和服务活动，主要内容包括家庭保健、科学育儿、养老护老、家庭文化建设4方面，最终实现增强家庭成员保健意识，改善自我保健能力，提升居民健康素养的目标。

（王丽强）

城乡居民生活

【概况】 2014年，根据国家统计局石家庄调查队调查显示，全市居民消费价格总水平涨幅继续回落，全年同比上涨2.0%，较2013年涨幅回落0.9个百分点，创近5年新低。从构成居民消费价格八大类商品及服务看，2014年由2013年的“全部上涨”转变为“七升一降”。八大类商品除烟酒类价格下降0.6%外，其余七类均呈上涨趋势，其中，食品类价格上涨3.0%，衣着类上涨3.1%，家庭设备用品及维修服务类上涨0.5%，医疗保健和个人用品类上涨3.0%，交通和通信类、娱乐教育文化用品及服务类价格微涨，分别上涨0.6%、0.9%，居住类上涨1.0%。2014年全市居民人均可支配收入19084元，同比增长8.8%；城镇居民人均可支配收入26071元，增长8.3%；农村居民人均可支配收入10542元，增长10.4%。2014年全市居民人均消费支出12501元，同比增长9.8%；城镇居民人均消费支出16796元，增长9.8%；农村居民人均消费支出7258元，增长9.9%。

【城镇居民收入】 2014年全市城镇居民人均可支配收入26071元，同比增长8.3%，扣除价格指数实际增长6.2%，人均增加1997.24元。从可支配收入构成看，4项收入呈增长态势。人均工资性收入：2014年全市城镇居民人均工资性收入15615.88元，同比增长6.1%，人均增加899.07元，拉动可支配收入增长3.7个百分点。工资性收入增长主要原因是行政事业单位工资正常晋升、级别调整及劳动力人数增加引起。人均经营净收入：2014年全市城镇居民人均经营净收入2675.98元，同比增长17.2%，人均增加392.31元，拉动可支配收入增长1.6个百分点。人均经营净收入增长主要原因是国家实施减免小微企业税收政策，减轻企业负担，增加了经营净收入。人均财产净收入：2014年全市城镇居民人均财产净收入2907.72元，同比增长8.1%，人均增加216.78元，拉动可支配收入增长1.0个百分点。人均财产净收入增长主要原因是个人投资渠道拓宽和居民收入持续增长，一些高收入家庭或投资股市，或投资房产市场等获得收益。人均转移净收入：2014年全市城镇居民人均转移净收入4871.52元，同比增长11.2%，人均增加489.07元，拉动可支配收入增长2.0个百分点。人均转移净收入增长主要原因是1月1日起，企业退休人员养老金上涨10%左右。2014年影响居民收入不利因素主要为：城镇机关事业单位上调津贴幅度较小，影响居民收入；中央“八项规定”出台后，全市各单位针对职工奖励及各种福利发放逐渐规范，从调查结果看，不按月发放奖金、津贴、过节费等收入呈现减少趋势；统计方法制度调整，新老口径居民收入统计数据出现差别，老口径城镇居民收入数据仅包括主城区，新口径城镇居民收入数据汇总范围由主城区扩大到全部县（市）区城镇居民，县城镇居民可支配收入普遍低于石家庄市区，从一定程度拉低了全市城镇居民人均可支配收入水平。

【城镇居民消费特征】 从消费增长

速度看，2014年全市城镇居民交通通信消费领跑居民消费；生活用品及服务、医疗保健消费呈现两位数增长；食品烟酒、教育文化娱乐和居住类消费稳步增长；衣着类和其他用品及服务消费与2013年基本持平。总体看，城镇居民刚性消费需求增速放缓，个性消费增速加快，消费结构日趋合理。交通通信类支出强劲增长。2014年全市城镇居民人均交通通信消费支出2173.35元，同比增长43.8%。居民消费观念升级，私家车进入寻常百姓家，越来越多的居民选择驾车出行，促进城镇居民交通类消费支出迅猛增长。2014年全市城镇居民人均交通支出1473.06元，同比增长63.9%。电子信息技术快速发展，互联网得到普及。2014年全市城镇居民人均通讯消费支出700.29元，同比增长14.2%。生活用品及服务向享受型转变。2014年全市城镇居民人均生活用品及服务消费支出1269.60元，同比增长19.6%。家庭配套设施日趋舒适，更新换代加速和促进了家具及室内装饰品、家用器具支出快速增长。2014年全市城镇居民人均家具及室内装饰品消费支出同比增长18.1%，人均家用器具消费支出同比增长44.0%。家庭服务社会化水平提高，居民产生了生活服务消费意愿。2014年全市城镇居民人均家庭服务消费支出同比增长71.2%。饮食结构日趋合理，生存消费向品质型消费转变。2014年全市城镇居民人均食品烟酒消费支出4341.09元，同比增长1.1%。其中，烟酒和饮料类消费支出同比分别下降13.7%和16.6%，下降趋势明显。高蛋白、高纤维以及高钙奶类消费支出上涨较快，奶类、蛋类消费支出同比分别增长38.0%和25.5%；禽类消费支出同比增长17.7%；谷类、豆类和薯类消费支出同比分别增长20.7%、15.3%和12.8%。2014年全市城镇居民食品消费向多样化、营养化方向发展，饮食结构注重粗细搭配和营养均衡，食品消费更加注重科学健康。精神生活需求增加，文教娱乐消费走高。2014年全市城镇居民人均教育文化娱乐消费支出1513.52元，同比增长5.7%。居民生活节奏日益加快，如何减压、如何在紧张工作之余放松自己，让生活变得丰富多彩成为关注话题。2014年全市城镇居民人均文化娱乐消费支出723.53元，同比增长15.5%。其中，文娱耐用消费品和文化娱乐服务消费支出分别增长9.3%和32.0%。健康意识增强，医疗保健支出快速增长。随着社会保障不断完善和生活品质的提高，人们对身体健康重视程度日渐提升，防病治病意识增强。2014年全市城镇居民人均医疗保健消费支出1157.40元，同比增长18.1%。其中，医疗器具及药品消费支出543.52元，同比增长30.3%；医疗服务消费支出613.88元，同比增长9.1%。2014年全市城镇部分居民医疗保健支出由“治病型”向“保健型”转变，购买滋补保健品家庭越来越多。

（国家统计局石家庄调查队）

【《关于促进居民收入增长的实施意见》】 7月19日，市政府印发《关于促进居民收入增长的实施意见》(石政发〔2014〕22号)。主要内容：提出实施扩大就业工程、全民创业工程、工资收入助增工程、财富增值工程、社会保障提升工程、公共服务惠民工程六大工程，以及28条具体措施，着力增加全市居民经营性收入、工资性收入，财产性收入，转移性收入，降低居民支出成本。力争到2017年，全市居民人均可支配收入比2010年翻一番，城镇居民人均可支配收入达到36600元以上，农民人均纯收入达到13200元以上，年均增幅在9%以上。

（市政府文件）

扶　贫

【概况】 2014年，全市围绕创新扶贫开发机制，加大扶贫开发攻坚力度，确保5.5万名扶贫对象稳定脱贫重点目标，以国家扶贫开发重点县为主战场，以贫困村和贫困户为主要对象，以改善贫困地区生产生活条件为基础，以增加农民收入为核心，落实国家资金、产业、土地、人才等政策，扶持贫困地区发展特色产业。2014年国家确定石家庄市贫困县4个，分别是赞皇县、平山县、灵寿县、行唐县，涉及58个乡镇584个贫困村，识别扶贫对象30.5万人。争取国家、河北省财政扶贫专项资金8562.7万元，用于国家确定4个贫困县220个贫困村实施整村推进。开展定点扶贫，每个贫困村建立领导联系、单位帮扶、干部驻村制度。2014年全市各级帮扶单位和驻军落实帮扶资金（含物资折款）共计2627.42万元。

（市民政局）

【国家贫困县扶贫项目】 2014年7月，国家发改委下达2014年以工代赈示范项目和易地扶贫搬迁项目中央预算内投资支持计划，石家庄4个国家贫困县平山县、赞皇县、灵寿县、行唐县各获得1个以工代赈示范项目，灵寿县还获得1个易地扶贫搬迁项目。以工代赈示范项目，重点实施乡村道路、小流域治理和片区综合开发等工程，共新建公路17.7千米，修建250立方米蓄水池4座，铺设防渗管道6000米，治理水土流失面积20平方千米；易地扶贫搬迁项目，主要补助灵寿县偏远山区新建住房29套，用于安置农村贫困人口29户、100人。

（吴温）

【扶贫措施】 实施精准扶贫，落实建档立卡。按照国家统一制定的贫困户和贫困村识别办法，遵循“县为单位、规模控制、分级负责、精准识别、动态管理”原则，针对每个贫困村、贫困户建档立卡，找准重点扶贫问题、重点帮扶对象；建立贫困户、贫困村电子信息档案，实行动态管理，及时掌握变化情况，构建扶贫信息网络系统。实行扶贫考核管理，突出县级主体责任，推行奖优罚劣制度；鼓励扶贫项目资金和政策向贫困地区倾斜，制定脱贫出列“时间表”、“路线图”。其中，平山县计划2015年率先脱贫出列；赞皇县、行唐县、灵寿县计划2017年脱贫出列。2014年鹿泉区20个贫困村扶贫开发任务完成，率先实现“十二五”规划脱贫出列目标。编制农民股份合作制经济、现代农业园区、山区农业综合开发、家庭手工业4个专项发展规划，发展扶贫特色产业，推动扶贫产业由传统分散式种养业向股份合作产业、手工业、现代农业园区转变。2014年石家庄市投入资金800万元用于专项扶贫。开展农村实用技术培训，完善“订单—培训—就业”劳动力转移培训机制。2014年全市举办核桃树管理、柴鸡养殖、养蜂技术等实用技术培训班102期，培训贫困群众13556人次。加强扶贫项目监管，按照“标本兼治、惩防并举、注重预防”方针，落实定期督导检查，及时发现扶贫项目建设不足和问题。探索全社会扶贫，构建多层次、全方位、综合性大扶贫格局。增强行业扶贫单位责任意识和沟通、协调、衔接主动性，围绕群众最亟需、反映最强烈的行路难、饮水难、用电难等问题，统筹实施农村路网建设、电网改造、水土流失治理、饮水安全等项目，全面改善贫困群众生产生活条件。

（市民政局）

社会福利和社会事务

【概况】 2014年全市福利彩票总销量12.28亿元。其中，电脑票销量9.48亿元；即开票销量9150.46万元；开乐彩销量：162.2万元；冀彩宝销量1001.7万元；中福在线销量1.77亿元。2014年石家庄市结婚登记104226对，离婚登记20740对；石家庄市国内公民收养子女56例；救助流浪乞讨人员14933人次，其中未成年人1028人。2014年石家庄市火化遗体41661具；市殡仪馆免除城乡居民基本丧葬费630万元。开展第六届全国敬老爱老助老主题教育活动，市民政部门获评全国敬老模范单位，薛庆文、郝天顺、刘俊英、杨静、罗江涛、姜凤刚、武淑娟、靳国芳、赵国平、王桂芬、吴科学、黄瑞芹、张佳荣、贺艳普、吴英乔、周中联、张书花等17人获评全国孝亲敬老之星。

【社会救助】 实施《石家庄市社会救助申请家庭经济状况核对和评估办法》，推广栾城县“阳光低保”工作经验，逐一复核全市4585个村（社区、居委会）、9037户享受低保家庭，取消8046人，新增4118人，形成“三审核、两公示、一联动”（乡镇审核、县区民政审核、部门联审；评议后审批前公示、审批后公示；民主评议、信访与动态管理相联动）“阳光低保”新模式。至2014年底，全市享受居民最低生活保障18.35万人。其中，城镇低保对象3.48万人，累计发放保障金1.2亿元；农村低保对象14.87万人，累计发放保障金2.6亿元。发挥医疗救助“一站式”结算网络服务效能，2014年全市医疗救助17.1万人次，其中，直接救助3.1万人次，资助参加医保14万人；支出5200万元，其中，直接救助4100万元，资助参加医保1100万元。临时救助8771户，发放救助金485万元。“福彩助困”行动。2014年2月，石家庄市举办“福彩助困过好年”活动，资助石家庄市区低保家庭、因重大疾病或遭遇车祸、火灾等意外事故造成巨大经济损失的困难人群967人，发放福彩公益金235.2万元。2014年7月，石家庄市开展第十四届“福彩献真情，爱心助学子”活动，资助学生192名，发放福彩资金58万元。在市第42中学创办高中“福彩助学班”，帮助家庭贫困和学习成绩优异的初中毕业生进入该校学习，发放福彩公益金45万元。希望工程及助学金发放。2014年石家庄市希望工程圆梦行动得到爱心企业、爱心人士和社会各界广泛支持，实施了“贵州茅台”“芙蓉学子”“新世纪教育基金”“加多宝”等助学项目，以每人5000元标准，资助大学生150人；联合新闻媒体开展“新闻助学”爱心奉献家园QQ群爱心义卖、“助学有爱、助力有岗”等助学活动，以每人5000元标准，资助大学生168名；还为30名大学生筹集路费1.5万元。8月15日，省会文明办、市教育局、市志愿服务基金会在市第27中学举行2014年乐仁堂“善行圆梦”助学金发放仪式，全市推荐25名品学兼优、家庭贫困的应届高中毕业生每人得到乐仁堂投资集团股份有限公司资助1.2万元。8月26日，共青团市委、市希望工程办公室联合举行“春雨行动·圆梦大学”石家庄市希望工程助学金发放仪式，以每人5000元标准，资助大学新生348人，发放助学金174万元。在此次发放仪式上，《石家庄日报》、河北阳光慈善基金会、天洲集团、河北中加房地产开发有限公司、河北剑桥冶金建设有限公司获授“希望工程圆梦行动特殊贡献奖”。

【慈善募捐】 2014年石家庄市慈善总会累计募集款物1196.7万元，支出款物772.26万元，惠及困难群众7.8万人次。首家市级慈善爱心超市成立。“四季大救助”慈善项目成为慈善救助品牌。冠名慈善基金198.51万元。8月18日，市民政局、市慈善总会联合石家庄广播电视台、《燕赵都市报》《燕赵晚报》共同发起“一元善行、爱心无限”为主题的“8·18帮一帮”全民公益慈善捐助活动，并确定每年8月18日为石家庄市“全民慈善日”。至2014年底，全市接收社会“一元捐”善款150多万元，“一元爱在行动”受益5000余人。

（市民政局）

【未成年人社会保护】 2月12日，市政府办公厅印发《石家庄市未成年人社会保护工作实施方案》（石政办发〔2014〕3号）。主要内容：明确全市未成年人社会保护指导思想、工作目标和工作原则。确定在全市范围开展未成年人社会保护试点，明确保护对象类别为：流浪乞讨未成年人；家庭贫困、重病、监护缺失、遭受家庭暴力的未成年人和服刑在教人员未成年子女、孤残儿童、困难留守儿童；失学、辍学未成年人。确定未成年人社会保护工作内容：对困境未成年人实施救助保护、教育保护、司法保护、医疗保护、就业保护、基层网络保护及建立有需求的未成年人响应机制，明确相关保护举措。详细分解未成年人社会保护工作所涉21个部门职责和分工。

（市政府办公厅文件）

【7种情形撤销监护人资格】 12月18日，最高人民法院、最高人民检察院、公安部、民政部联合印发《关于依法处理监护人侵害未成年人权益行为若干问题的意见》（法发〔2014〕24号），自2015年1月1日起实施。该意见确定7种情形可判决撤销监护人资格。分别为：1.性侵害、出卖、遗弃、虐待、暴力伤害未成年人，严重损害未成年人身心健康的；2.将未成年人置于无人监管和照看的状态，导致未成年人面临死亡或者严重伤害危险，经教育不改的；3.拒不履行监护职责长达六个月以上，导致未成年人流离失所或者生活无着的；4.有吸毒、赌博、长期酗酒等恶习无法正确履行监护职责或者因服刑等原因无法履行监护职责，且拒绝将监护职责部分或者全部委托给他人，致

使未成年人处于困境或者危险状态的；5.胁迫、诱骗、利用未成年人乞讨，经公安机关和未成年人救助保护机构等部门三次以上批评教育拒不改正，严重影响未成年人正常生活和学习的；6.教唆、利用未成年人实施违法犯罪行为，情节恶劣的；7.有其他严重侵害未成年人合法权益行为的。

（国家文件）

【防灾减灾】 2014年石家庄16个县（市）区174个乡（镇）不同程度遭受干旱、风雹、洪涝等自然灾害，受灾人口209.66万人。其中，因灾死亡3人；因灾造成农作物受灾面积350.23万亩，绝收面积58.73万亩；因灾造成直接经济损失16.05亿元。6月22日16时11分，藁城市、平山县、行唐县、新乐市、正定县、无极县、深泽县、元氏县、晋州市9个县（市）遭受不同程度的冰雹和暴风雨灾害，瞬时风力达7～8级，冰雹直径最大3厘米多，密度每平方米180粒。风雹灾害涉及全市28个乡（镇）、258个村，受灾人口21.94万人，农作物受灾面积28.44万亩，因灾造成直接经济损失1.79亿元。新乐市长寿街道办事处西长寿村一村民在外遮盖晾晒的粮食时被大风刮断的电线击中触电身亡，其他县（市）无因灾死亡人员报告。经灾情会商和评估分析，综合认为：2014年石家庄市旱灾较重，属灾害偏重年份。2014年石家庄市下拨国家和河北省自然灾害生活补助资金4145万元，其中，省财政直管县3573万元，市财政直管县572万元，全部用于受灾困难群众口粮、衣被、取暖等基本生活救助。结合所辖各县（市）区灾害情况和冬春需要救助情况，适时下拨河北省民政部门拨付物资及社会各界捐赠物资，累计2.24万件，物资价值40余万元。开展防灾减灾演练。5月12日，省市减灾委员会及元氏县政府共同在元氏县东张乡安世祥社区举行以“城镇化与减灾”为主题的防灾减灾宣传活动启动仪式暨城镇应急避险综合演练。创建综合减灾示范社区。2014年全市43个基层社区被国家和河北省授予综合减灾示范社区称号，至2014年末，石家庄市共有全国综合减灾示范社区42个，省级综合减灾示范社区8个。

（市民政局）

【双拥优抚】 利用重大节日，采取不同形式开展走访慰问驻军和优抚对象活动。4月4日，全市30名烈士家属参加中央宣传部、国家民政部、解放军总政治部联合在华北烈士陵园举办的清明烈士公祭活动。2014年9月，石家庄市领导专程到青岛市慰问海军石家庄舰官兵，赠送慰问金和慰问品价值各50万元。伤残军人证和烈士证换发完毕。2014年全市8所光荣院通过省级先进达标验收。10月1日起，残疾军人（含伤残人民警察、伤残国家机关工作人员、伤残民兵民工）、“三属”（烈属、因公牺牲军人遗属、病故军人遗属）、“三红”（在乡退伍红军老战士、在乡西路军红军老战士、红军失散人员）、在乡老复员军人、带病回乡退伍军人、参战参试人员（含参与铀矿开采军队退役人员）、老烈士子女（含错杀后被平反人员子女）、农村老退伍义务兵以及老党员（建国前入党的农村老党员和未享受离退休待遇的城镇老党员）抚恤和生活补助标准提高。其中，残疾军人、城镇“三属”、“三红”抚恤补助标准，在现行基础上分别提高20%；农村“三属”抚恤标准在现行基础上提高40%；在乡老复员军人定期定量补助标准在现行基础上每人每年提高1200元（月人均提高100元）；带病回乡退伍军人、参战参试人员和未享受抚恤补助的老党员生活补助标准，在现行基础上每人每年提高480元（月人均提高40元）；老烈士子女补助标准在现行基础上每人每年提高840元（月人均提高70元）；农村老退伍义务兵生活补助标准在现行基础上每服一年义务兵役每人每月提高5元。

（韩洁　高立）

【养老服务】 全年新建、改扩建敬老院3所，增加床位3100张；16个涉农县（市）均建成1所“多院合一”（敬老院、光荣院、福利院）形式民政事业服务中心。至2014年底，全市共有五保供养对象16601人，发放供养金7025万元。建成敬老院57个，床位12180张，集中供养能力73.4%。集中供养6661人，集中供养率40.1%。4月1日，全市百岁老人高龄补贴由220元／月提高至每月400元／月。6月20日，市政府印发《关于加快养老服务业发展的实施意见》（石政发〔2014〕24号），明确提出：到2020年，全市建成以居家为基础、社区为依托、机构为支撑、信息为辅助，功能完善、服务优良、覆盖城乡的养老服务体系；养老床位总数达到每千名老年人35张，护理型床位占养老床位总数40%以上，养老护理员岗前培训率达到100%、持证上岗率达到95%以上，形成政策健全、机制完善、标准规范、平等参与、发展有序的养老服务市场。明确发展养老服务业6个主要任务，即发展居家养老服务、加快养老设施建设、培养专业人才队伍、推进医养融合发展、培育养老社会组织、建立责任保险制度。明确7个项扶持政策，即养老工作规划、融投资政策、土地供应政策、社区居家养老服务用房政策、税费优惠政策、财政支持政策、人才培养管理政策。8月21日，《石家庄市政府购买社区居家养老服务实施方案》（石民政〔2014〕83号）印发，决定从10月1日起，具有石家庄市内区户籍且在市内区居住60周岁及以上“三无”老人、低保老人、社会孤老、重度失能老人和90周岁及以上高龄老人，政府分别按照300元／月、100元／月、200元／月、500元／月和200元／月给予服务补助。11月19日，祥和养老产业集团获认国家级爱心护理工程示范基地。至2014年末，石家庄市拥有国家级爱心护理工程示范基地2家（另1家为石家庄市长安社区老年公寓，于2010年认定为首批国家级爱心护理工程示范基地）。

（市民政局）

防震减灾

【概况】 2014年，市地震部门严格做好预报中心网络日常维护，确保与河北省地震局通信、应急联络畅通。召开2015年度石家庄市地震趋势会商会、全市2013年度地震观测资料评比会。参加河北省地震局2013年度地震观测资料评比，晋2井水位模拟观测、CK电井水氡模拟观测、新乐台地磁、马村站信息节点获评优秀奖。加强县（市）区地震局地震监测指导和协调联动，形成专群结合、群测群防合力。创建地震安全示范社区，元氏县、裕华区、灵寿县、鹿泉区新建高标准地震安全示范社区4个；中苑社区被中国地震局命名为国家级地震安全示范社区。2014年市地震局获评市级文明单位和普法先进单位；裕华区、元氏县在中国地震局组织的全国县级防震减灾工作考核中获评先进单位。

【地震监测预报】 印发《石家庄市2014年度震情跟踪工作方案》，开通24小时便民震情服务热线电话。节假日、人大和政协“两会”等重大活动期间，做好震情短期临时跟踪和地震监测安全保障。按照地震监测新的标准化要求，修改地震预报业务流程规定。加强10个数字化强震台、11个数字化测震台、3个数字化前兆台、11个模拟地震观测站台网管理，确保正常运转和及时向河北省地震局、中国地震局传送观测数据。2014年全市落实地震监测异常3起，分别为藁城梅花井水位异常，辛集地裂缝，平山温塘水氡异常；出震情速报2期，分别为新疆于田7.3级地震，张家口涿鹿4.3级地震；召开周、月、临时、半年会商会59次，全部会商意见与实际震情相符。

【地震应急】 修订《石家庄市地震局地震应急预案》，加强地震应急值班，举办桌面演练，提高地震应急反应和处置能力。指导中小学校开展地震应急预案演练活动，督导检查各县（市）区做好防震减灾工作和贯彻落实《河北省防震减灾条例》。组织辖区单位落实地震应急自查，2014年市地震主管部门抽查了井陉县、灵寿县、裕华区地震应急管理，并按照要求向河北省政府抗震救灾指挥部办公室作了汇报。举办防震减灾“三网一员”培训，派遣地震业务专业人员分县包点，与防震减灾人员结对子，利用电子邮件、电话开展经常性交流指导，还利用落实异常诊断、检查、调研等活动举行针对性辅导；创新完善市县乡三级防震减灾“三网一员”培训方式及机制，全年“三网一员”培训率达到100%。

【防震减灾宣传】 组建防震减灾科普知识宣传队，深入社区、农村、学校等公共场所，举办防震减灾科普知识讲座11次，累计听众8000

余人次。举行中小学生安全教育日地震、消防应急演练，促进学校提高地震应急演练能力，营造学校、家庭、社会共同关注学生安全氛围。“5·12”全国防灾减灾日，举办全市中小学生“传播防震减灾正能量，共圆中国梦”演讲比赛活动；同日，还在石家庄市区大马庄园社区举办“向灾害 SAY NO! ——5·12 公益活动”，河北电视台、河北人民广播电台、《燕赵都市报》、《河北青年报》、《燕赵晚报》、新华社驻河北记者站等新闻媒体给予报道。举办“平安中国”防灾宣传系列公益活动，在全市防震减灾科普示范学校、示范社区和幼儿园放映防震减灾科普知识光盘，发放防震减灾科普知识宣传资料 10 万余份，解答市民咨询 2000 余人次，促进全社会关注防震减灾、增强公共安全意识、提高应对地震突发事件综合能力。举办防震减灾科普知识宣传故事片《飞跃地心》放映活动，在石家庄陆军指挥学院、石家庄经济学院、石家庄城建学校、小马村社区、建华家园社区、党家庄社区、市第六中学、鹿泉市第一中学、元氏县礼堂、灵寿县职教中心等单位放映影片 10 场次，观看观众 1 万余人次。

（王秀辰）

县（市）区概况

县（市）区概况

长 安 区

【概况】 长安区位于石家庄市区东北部，总面积138.31平方千米，同比增加28.07平方千米；农作物播种面积8582公顷。辖4个镇、12个街道办事处，120个居委会、8个村委会，常住人口78.31万人。2014年长安区完成地区生产总值361.1亿元，同比增长7.0%。其中，第一产业增加值2.3亿元，下降2.1%；第二产业增加值65.6亿元，增长1.0%；第三产业增加值293.2亿元，增长8.8%。全社会固定资产投资550.35亿元，同比增长11.0%。全部财政收入90.49亿元，同比增长10.22%，其中公共财政预算收入43.46亿元，增长16.78%。农林牧渔业总产值4.04亿元，同比下降1.0%。拥有规模以上工业企业22个；工业主营业务收入165.5亿元；工业增加值29.5亿元，同比下降5.3%；实现规模以上工业增加值21.7亿元、利润6.5亿元、利税9.3亿元。社会消费品零售总额251.14亿元，同比增长13.3%；服务业增加值272.6亿元，同比增长8.6%。居民人均可支配收入29262元，同比增长7.7%。

中共长安区委书记：安树国

区人大常委会主任：刘卓雄

区　　长：马文刚

区政协主席：袁捷才

【项目建设】 将总部经济作为经济发展重要抓手，重点推进新兴服务业发展。全年实施重点建设项目78个，总投资2131亿元，其中20个项目竣工投用，新增商业面积260万平方米。按照构建现代产业体系要求，改造提升传统产业，主攻发展现代服务业，三次产业结构比重调整为0.7：20.2：79.1。在建商务楼22座264万平方米，年末商务楼总数达到70座610万平方米。实际利用外资1.01亿美元，超额完成目标任务。棉三、棉四旧厂区搬迁完成，石钢公司、白龙化工2家企业搬迁启动；华电石热、中诺药业2家企业投入资金1.73亿元，完成节能技改项目2项。开展并完成第三次经济普查，获授全国第三次经济普查先进集体称号。

【城区建设】 全年累计拆除各类建筑27.4万平方米，开工建设回迁楼129栋、建筑面积271.9万平方米。2014全区列入征收计划旧城改建项目30个，获得市政府批准城中村改造项目28个。其中，花园、义堂、北高营等7个城中村实现全部或部分回迁；谈固小区二期征收项目回迁入住；西兆通、北宋、陈章等11个城中村和胜利北街172号、丰收路118号院等6个征收项目回迁楼正在建设。承建谈安小区2024套保障房在全市率先竣工并安排入住。投入5130万元，改善沿西小区、广电宿舍、义堂小区等64个老旧小区居住环境，完成河纺南区、谈固新村等17个老旧小区供热管网升级改造，受益居民17.7万人。2014年都市新城社区获评全省优秀科普示范社区称号，书香尊园社区获评全国科普示范社区，育才、青园、中山东路街道办事处获得全国安全社区称号。投入资金2430万元，完成二环路、三环路间裸露道路硬化22处4.2万平方米，整修破损道路20条，新建垃圾转运站4座。推进东北地表水厂、新城大道、轨道交通、石济客专等市政工程项目征地拆迁，完成征地2500亩。

【环境治理】 推进环境生态建设，加强大气和水环境治理，建立环境网格化管理新机制，实施区、镇（街）、村（居）、楼组四级网格化管理；发动基层组织和居民参与大气污染防治工作，治理网格单位3076个，其中人民会堂、化工学校

2个国控点监测指数明显下降。2014年长安区环保网格化管理经验在全市推广。加强城市精细化管理，严格落实抑尘措施，提升道路清扫保洁水平。坚决取缔污染严重的污染源，关停取缔“十五小”、“新六小”违法企业8家，淘汰黄标车8172辆。夏季、秋季秸秆禁烧任务完成，长安区获评秸秆禁烧工作先进单位。开展造林绿化，新建林荫停车场12座，新植补植道路40条，绿化提升藤园、月季、阳光公园3座，栽植乔灌木96.5万株，新增绿化面积6.6万平方米，种植经济林2930亩。

【社会民生】 44家用人单位办理用工招聘，提供就业岗位4200个，达成就业意向1300人，实现大学生登记失业率为零、零就业家庭动态为零目标。医疗、养老、工伤、失业保险参保人数42.7万人次；“三无”、低保、社会孤老、重度失能和90周岁以上高龄老人购买养老服务2196名，发放养老补贴470万元；保障低保对象4.8万人次，发放保障金1962万元；落实优抚政策，发放优抚金、安置费3380万元。审核新增廉租住房租赁补贴452户，新增公租住房保障家庭704户，发放廉租住房补贴资金319万元，分配公共保障房1049套。申报国家专利115项，列入市级以上科技发展计划27项，转化科技成果8项；认定科技型中小企业38家，年末长安区科技型中小企业达到86家。组建教育集团6个，设立“名校长工作室”2个，成立“名师工作室”12个；充实教师队伍，面向社会公开招聘教师70名；保利启新小学、13中、铁路职业专科学校、长安区六幼、12中高中部和谈固小学新校区等6所学校建设完成。为238户特殊家庭提供健康指导服务。成立“家庭医生”推广团队101个，签约服务协议2万户，提供服务4万人次；建成儿童友好家园60个，成功举办“国学大讲堂”4场，吸引参与群众2000人次。

（牛亚男）

桥　西　区

【概况】 桥西区位于石家庄市区西南部，总面积69.46平方千米，同比增加15平方千米；农作物播种面积1147公顷。辖17个街道办事处，121个居委会、15个村委会，常住人口81.27万人。2014年桥西区完成地区生产总值400.4亿元，同比增长7.4%。其中，第一产业增加值1.8亿元，增长11.7%；第二产业增加值50.7亿元，增长2.8%；第三产业增加值156.3亿元，增长8.6%。全社会固定资产投资570.06亿元，同比增长12.0%。全部财政收入120.27亿元，同比增长9.23%，其中公共财政预算收入56.74亿元，增长16.41%。农林牧渔业总产值1.94亿元，同比下降0.4%。拥有规模以上工业企业13个；工业主营业务收入18.7亿元；工业增加值12.3亿元，同比下降4.2%；实现规模以工业增加值6.4亿元、利润0.4亿元、利税1.1亿元。社会消费品零售总额387.03亿元，同比增长13.0%；服务业增加值322.7亿元，同比增长8.6%。实际利用外资3亿美元，同比增长377.9%；引进市外资金94.5亿元。三次产业结构为0.3：13.5：86.2。城镇居民人均可支配收入29832元，同比增长7.8 %。

中共桥西区委书记：赵宏魁
区人大常委会主任：赵新惠
区　　　长：张晋
区政协主席：张书凯

【经济结构】 以稳增长、转方式为目标，调整优化经济结构，自我加压，扶控并举，推进发展转型和产业升级。楼宇总部经济带动力增强，成功吸引渤海信托、铁通河北分公司、华润置地有限公司、河北省高速公路禄发实业总公司等18家优质企业入驻。年末桥西区总部型企业达到80家，年纳税75.7亿元，占全部财政收入62.29%。以金融保险、租赁商务服务等为主体现代服务业快速发展，增加值占到全区服务业比重81.9%。2014年石家庄荣信科技有限公司等4家企业获评省级高新技术企业，河北恒华信息科技有限公司等10家企业认定为石家庄市创新型企业。

【重点项目】 依据“有核心、有龙头、有纵深”原则，推行落实以项目促转型，以项目稳增长，以项目增后劲思路。全年以43个区控重点项目为抓手，发挥区位整合优势，突出主街主路沿线，依托新建楼宇，打造“一带、一圈、多片区”经济发展新格局。落实“谋划项目抓落地、拟建项目抓开工、在建项目抓进度”要求，推进重大项目引进、谋划和储备。2014年桥西区安排建设项目155个，其中区控重点项目43个，完成年度投资172.8亿元；列入市重点项目9个，完成年度投资97.5亿元，占重点项目投资56.4%。振西商贸广场、塔坛国际商贸城等4个项目主体封顶；华润中心、尚峰汇、燕赵财富中心3个项目开工建设。

【城区管理】 围绕建成大省省会主城区目标，推进旧城旧村改造，实施城区环境综合整治，突出抓好城建管理。推进轨道交通东里站、冀铁馨苑等8个项目房屋征收；探索和谐征收方式，首次以意向征收模式启动保晋南街项目征收。稳妥推进留营、振二街、瓮村、石桥、东五里5个城中村改造，完成拆迁888户，拆除建筑面积21.3万平方米，腾地26.8万平方米。南水北调总干渠正式通水，配套设施建设进展顺利。加大建设项目监管力度，规范房地产市场秩序，制定《桥西区关于查处和控制违法建设行为办法（暂行）》，治理在建违规项目37个，强制回填云溪湾项目坑槽，拆除五星金钻、盛世家居等227处19万平方米违法建筑。实施城区容貌综合整治，按照“提升品位、彰显特色”思路，投资1.15亿元，开展时光街、自强路等7条次干道和靶场街、石滨巷等20条小街巷景观提升工程。整修城角街、育新路等20条小街巷，硬化二环路至三环路间113条黄土裸露道路，补修道路路面3.44万平方米。槐安西路出市口及红旗大街等9条道路实施绿化景观提升工程，工农路、师范街等36条街道开展绿化补植，石刻园、友谊公园、时光公园提升改造，37个庭院、小区、广场开展绿化达标活动。全年新建、提升绿地19万平方米，种植乔灌木39万株、草坪3.7万平方米。2014年桥西区街道绿地管护考核位列全市第一名。购置新型环卫设备48部，年末全区拥有各类环卫设备206部，机械化清扫率达到92.3%。整修改造公厕及垃圾收集站15座。规范露天烧烤703处，取缔78处。规范整治门头牌匾416块，拆除违章楼顶大字32处3251平方米；集中整治工地围挡广告4595平方米。首创建成石家庄市环卫路面保洁可视化管理平台，实现城区所有道路市容市貌全天候监控。2014年桥西区环境卫生管理在石家庄市总分第一。

【环境治理】 以“管理无死角、监察无盲区、监测无空白”为目标，落实环境治理铁腕执法，刚性降耗措施，实现城区环境质量好转，空气质量优良天数达到114天，同比增加71天，重度以上污染天数同比减少51天。拆除分散燃煤锅炉80台，完成石家庄市下达任务；推广洁净型煤4900吨、环保炉具1445台。严抓扬尘治理，全区132处建筑工地推行绿色施工。西郊供热公司棚化治理和锅炉炉体升级改造完成。石家庄三环阀门厂、桥东印染化工厂2家重污染企业实施外迁。淘汰黄标车10376辆，位列石家庄市首位。西南高等教育和职工医院2个空气质量监测点位PM2.5数值较2013年分别下降19.3%和23.2%，下降率高于石家庄市下达6%指标，在市内7个国控监测点位排第二位和第四位。2014年桥西区在市区空气质量综合指数排名第二。开展水污染专项排查整治，强化桥西污水处理厂、欧意药业等重点污染源监控力度，排查南水北调沿线企业47家，实现水环境质量稳定达标。2014年桥西区中山路水质考核点在线监测数值优于石家庄市考核指标。

【社会民生】 全年桥西区用于民生类支出16亿元，占全部财政支出70.7%。2014年全区安置城镇登记失业人员964人，城镇登记失业率为2.65%，低于石家庄市下达4.5%以内指标。2014年全区累计保障低保对象33216人次，发放低保金1438万元；医疗救助困难群众2976名，支出救助金100余万元；发放各类抚恤补助金4531.6万元，减免医疗费35万元。建成6000余平方米桥西区市民中心。为9042名劳动者追回工资7675万余元。推进养老服务体系建设，出台《桥西区关于加快养老服务体系建设的意见》，区级老年公寓选址完成，新建18家街道综合养老服务中心和社区居家养老服务中心。落实老年福利政策，向13541名老人发放高龄津贴680

余万元，2034名老人享受政府购买服务。推进标准化社区建设，84个社区完成达标升级任务，创建省市级示范社区8个。保障性安居工程红河小区一期1946套保障房达到入住条件；棚户区改造项目涉及1408套房屋全部开工建设；新增住房保障家庭372户，向1587户居民发放廉租住房补贴439万余元。投资7300万元，完成33个老旧小区环境综合整治。维修改造22个小区二次管网和换热站，涉及面积241万平方米。投资2.8亿元，购置17中新校区，结束南二环外无中学局面；面向社会公开招聘教师82名，招录备案代课教师102名。2014年桥西区获评"全国义务教育发展基本均衡区"，成为全省首个通过义务教育基本均衡发展验收的县区。新建新石、长兴2所社区卫生服务中心投入运行；新建国医馆10家；年末政府管理社区卫生医疗机构全部实施基本药物制度和药品零差率销售，为居民节约药费60余万元；率先在全省建成计划生育服务回访中心。2014年桥西区被国家卫生计生委授予"全国计划生育优质服务先进区"称号；孕产妇儿童健康管理工作被中国疾病预防控制中心评为"中国妇幼保健三网监测先进单位"。

（翟红卫）

新 华 区

【概况】 新华区位于石家庄市区西北部，总面积92.11平方千米；农作物播种面积4729公顷。辖2个镇2个乡、11个街道办事处，90个居委会、17个行政村。常住总人口67.15万人。辖区拥有少数民族34个，人口13094人。其中，回族5934人，满族5567人，蒙古族827人，其他少数民族人口766人。2014年新华区实现地区生产总值208.8亿元，同比增长7.1%。其中，第一产业增加值0.5亿元，与2013年持平；第二产业增加值41.3亿元，增长4.6%；第三产业增加值137.6亿元，增长8.4%。全社会固定资产投资369.8亿元，同比增长16.8%。全部财政收入42.83亿元，同比增长14.17%，其中公共财政预算收入24.67亿元，增长14.71%。农林牧渔业总产值2.91亿元，同比增长10.2%。拥有规模以上工业企业16个；工业主营业务收入19.6亿元；工业增加值19.1亿元，同比增长1.5%；实现规模以工业增加值7.7亿元、利润3.1亿元、利税3.8亿元。推进科技型、创新型工业企业发展，年末科技型中小企业达到74家，高新技术企业达到20家，7项课题列入省科学技术研究与发展计划，争得省级科技专项资金225万元。淘汰工业落后产能，单位工业增加值能耗同比下降2%。社会消费品零售总额182.47亿元，同比增长13.1%。落实工商登记改革制度，新增企业2522家，同比增长73.4%；新增个体工商户6054家，同比增长42%；新增注册资本41亿元，同比增长95%；实现民营经济增加值74.81亿元，同比增长10%。新申报设立小额贷款公司2家，河北龙权电器、中海石油2家企业分别在天津、石家庄股权交易所挂牌。年末城市居民人均可支配收入29337元，同比增长7.9%。

中共新华区委书记：
李晋宇（8月免）
韩学军（11月任）
区人大常委会主任：陈小平
区　　　长：韩学军（11月免）
刘建芳（11月代）
区政协主席：李明霞

【重点项目】 开展"项目攻坚年"活动，重点推进城市综合体、城中村改造和片区改造项目。全年安排在建、续建项目62个，总投资758亿元。新合作广场、国源和天下等17个项目顺利开工；投资16亿元、建筑面积12万平方米的苏宁广场，投资33亿元、建筑面积30万平方米的华强广场，投资13亿元、建筑面积20万平方米的金指数国际广场等14个项目整体竣工，新增商业、商务面积70万平方米。商贸批发零售业稳步发展，服务业增加值占全区地区生产总值比重72.2%。2014年新华集贸中心市场交易额达到430亿元，网上交易平台上线商户4000家，网上交易额25亿元。中储红星美凯龙、华宁春天、豪威大厦、雍和慢城等20个重点商业项目顺利推进，高端服务业格局初步显现。精心培育现代都市农业，大自然园艺、龙诚花卉、上京生态园等都市农业项目规模扩大，温室种植面积达到6万余平方米，年产值3000多万元。

【楼宇经济】 将发展楼宇经济作为招商引资重点，采取专场推介、中介招商、以商招商等形式，提升楼宇经济规模和档次，实现楼宇经济快速发展。2014年新华区吸引新疆广汇能源、平安银行、河北省公共资源交易中心、泰山保险等知名企业落户，年末总部企业达到66家。石房大厦、圣仑大厦、东方大厦等3栋亿元楼宇，军创大厦、金圆大厦、华海广场、尚德国际等10栋千万元以上楼宇税收稳步增长。至2014年末，全区实现楼宇税收13.13亿元，同比增长18.7%，占全部税收贡献32%。

【城区建设】 围绕抓细节、抓精品、抓亮点及小街巷景观提升、牌匾整治、早市管理、渣土管理、道路清扫保洁等城管基础工作，提升城区精细化管理水平。养护维修新华路、石清路等55条道路，完成62处"田路分家"，整修二环路、三环路间乡村道路40条。开展农村面貌改造提升行动，建设村级公园6个，新建农村生活垃圾转运站4座、标准化公厕5座，前杜北、后杜北、西营3个省级重点村旱厕改造完成。实施绿化景观提升，创建绿化精品街道10条，植树1.05万棵，新增草坪2.6万平方米，种植环省会经济林4000余亩。开展城乡违法建设和违章建筑专项整治，查处违规违法项目66个，拆除违章建筑941处15万平方米。推进城区管理服务覆盖老旧小区。投入2800万元，改造37个老旧小区供热管网；投入2632万元，改善49个老旧小区环境容貌；为20个老旧小区建设社区游园，为106个老旧小区安装公共安全视频监控设备，为部分老旧小区安装消防设施，主动承担115个无物业老旧小区日常清扫保洁。

【环境治理】 加强生态环境治理，拆除分散燃煤锅炉16台，关停集中供暖企业燃煤锅炉12台；完成1205台农村环保燃煤采暖炉置换，推广型煤6500吨。全面取缔清理三环路以内建材企业，关停搅拌站3家，限期停产搬迁非法生产小企业82家。淘汰黄标车7011辆。西北水源监测点位空气质量达标天数达到73天，较2013增加42天。开展渗井渗坑专项治理行动，关停涉水违法企业64家。

【社会民生】 多渠道搭建就业服务平台，新增城镇就业1.1万人，大学生"楼宇就业"工作经验在石家庄市推广。完善社会保险和救助体系，累计发放各类低保、医疗救助、抚恤资金3385万元。建成保障房2064套，秀河小区二期、清森天逸保障房项目主体封顶。实施文化惠民工程，为社区文化中心配备价值100万元文娱器材，建成市图书馆新华分馆，京剧、相声等群众演出社团形成品牌。通过国家、省义务教育基本均衡评估验收，承办全国校园图书馆建设现场会，中考高考成绩走在全市前列。成立28中教育集团和38中书法特色教育集团，新建改建2所公办幼儿园，回收2所配建小学。投入3300万元，更新教学设备，改造教育基础设施。中医药特色服务快速发展，新建乡镇国医堂2所、社区国医馆15所。顺利通过省慢性非传染性疾病综合防控示范区验收。北苑街道钟南路社区"儿童友好家园"项目接待全国10余个省市参观，受到国务院妇女儿童工作委员会、联合国儿童基金会的肯定。加强社区基础工作，提升社区综合服务能力，新设立社区居委会3个，收回社区办公场所8处，招聘社区工作者99人，改善29个社区居委会办公条件。完善"十分钟"养老服务圈，新建社区级居家养老服务中心8家，农村互助幸福院3家，全面落实老龄人群政府购买服务。

（蔡旺）

裕 华 区

【概况】 裕华区位于石家庄市区东南部，总面积60.8平方千米；农作物播种面积1603公顷。辖2个镇、11个街道办事处，89个居委会、25个村委会。常住总人口53.34万人，人口自然增长率3.39‰。2014年全区实现地区生产总值179.4亿元，同比增长7.5%。其中，第一产业增加值1.1亿元，下降7.5%；第二产业增加值45.1亿元，增长6.0%；第三产业增加值354.3亿元，增长7.7%。全社会固定资产投资401.31亿元，同比增长15.5%。全部财政收入45.47亿元，同比下降5.88%，其中公共财政预算收入26.94亿元，下降4.71%。农林牧渔业总产值1.07亿元，同比增长0.1%。拥有规模以上工业企业15个；工业主营业务收入46.9亿元；实现规模以工业增加值12.3亿元、利润5.7亿元、利税7.8亿元。社会消费品零售总额142.85亿元，同比增长13.1%。建成各类市场主体41427户。居民人均可支配收入30065元，同比增长8%。

中共裕华区委书记：王丽君
区人大常委会主任：韩志芳
区　　　长：常志卷
区政协主席：于凤玲

【重点项目】 实施“项目建设攻坚年”活动，全年安排投资千万元以上项目94个，总投资1300亿元。河北国际商务广场等20个项目开工建设，霞光大戏院等60个续建项目顺利推进，众美凤凰台等30个项目竣工投用。西美五洲酒店等6个项目列入石家庄市项目攻坚年项目，累计投资30亿元，完成年度投资任务135%。110千伏建华变电站竣工投用，万达广场周边区域商业和居民用电紧张局面得到解决。

【服务业】 世界500强企业河北钢铁集团及京津冀协同发展首批进驻河北省金融机构北京银行和搜狐焦点等知名企业总部签约入驻。楼宇经济快速发展，方北大厦等55栋商务楼宇竣工投用，新增商务面积60万平方米；中茂海悦等3座楼宇税收超过亿元，新增金源商务广场等8座税收超千万元楼宇。文化产业增加值达到29.8亿元，占全区经济总量16.6%。三友能源、波尔美酒店、恒信机械3家驻区企业在石家庄交易所挂牌上市。现代服务业占经济总量比重和贡献率稳步提升，三次产业比重调整为0.3：24.5：75.2。

【城区建设】 稳步推进城中村改造，南焦社区剩余拆迁任务完成，塔冢社区拆迁进入收尾阶段，贾村拆迁改造启动；槐底、孙村等社区顺利回迁。至2014年末，全区累计完成城中村拆迁48.4万平方米，腾清土地2180亩，竣工回迁楼面积79.6万平方米，安置村民2577户。提升市政基础设施建设，修建方村工业园道路，建设大街南延、绿洲路等市政道路建成通车，轨道交通3号线土地征收启动。投入2400余万元，改造15个小区供热设施，妥善解决现代城、孙村供暖遗留问题及槐底二期回迁楼供暖。率先在全市完成二环路外56处黄土裸露地面整治任务。南水北调配套工程输水管线征迁交地顺利完成，东南水厂征迁有序推进。投入4000余万元，实施裕东小区等112个老旧小区改造；投入3800余万元，开展城区容貌综合整治和园林绿化，整治提升107国道及17条小街巷，打造东岗路等精品街道5条，补植增绿街道22条。开展拆除违规违法建设专项整治行动，依法拆除临建设施400余处，清理违法占地290亩，违法建筑11.6万平方米。率先在全省推广应用“数字化城市管理处置通”，全年处理数字化案件12万多件，超期处置案件由原来月平均16件降为0件，处置1个案件平均用时由原来90分钟降至40分钟，案件处置精准率100%。推进城乡环卫一体化，创新解决城中村垃圾散点多、垃圾清运难等问题。2014年裕华区环卫管理工作率先在全省通过ISO9001国际质量管理体系认证，街道容貌综合考评夺得“十二连冠”。

【环境治理】 围绕“压煤、抑尘、控车、增绿”四个方面，实施铁腕治污措施。全年压减燃煤25.1万吨，拆除分散燃煤锅炉16台，推广环保炉具2628台，淘汰黄标车5000余辆，新增绿地25.6万平方米，种植经济林4000余亩，较好完成市政府下达任务指标。率先在全省安装大中专院校食堂油烟在线监控系统。严禁秸秆、垃圾、落叶禁烧。PM2.5下降20%以上。节能、减排2项指标提前一年完成“十二五”规划目标。2014年裕华区获授河北省环境保护目标管理先进区称号。

【社会民生】 全年民生类支出10.4亿元，占一般公共预算支出74%，同比增长7.4%。新增就业10075人，城镇登记失业率保持在2.8%以内，零就业家庭动态和交换毕业生登记失业率保持为零。分配廉租房132套，公租住房397套，文河小区保障房建设基本完成。特困户临时救助标准提高至5000元，建立残疾人社区康复示范站4个，重点帮扶计生特殊关怀对象244名。公开招聘教师200名；新组建现代城、绿洲、兴国3所小学；投入2200余万元，实施37所中小学校园环境提升工程；投入1400余万元，推进教育信息化建设；顺利通过国家义务教育基本均衡区验收。裕翔、建华南2个社区卫生服务中心建成投用；裕华区计划生育服务站搬迁新址投用；辖区居民基本医疗卫生服务实现全覆盖。稳步推进社区改扩建和居家养老服务建设项目，率先在全市启动政府购买社区居家养老服务。新增海德园、美苑、万达3个社区居委会，调整东方绿洲等3个社区居委会管辖范围；新一届村（居）委会换届选举工作顺利推进。投资1000万余元，为136个老旧小区安装视频监控系统640套，为18所中小学校园安装监控系统，为所有公办学校统一配备安全防护及消防器材。投入100余万元，提升公共文化设施建设，新增社区健身路径25条。

（赵春常）

井陉矿区

【概况】 井陉矿区位于石家庄市西部，周边被井陉县环绕，属石家庄市辖区，距离石家庄市区50千米。井陉矿区总面积69.98平方千米；农作物播种面积2958公顷。辖2个镇1个乡、2个街道办事处，47个居委会。常住总人口9.83万人。2014年井陉矿区实现地区生产总值63.8亿元，同比下降9.5%。其中，第一产业增加值0.9亿元，增长0.4%；第二产业增加值45.9亿元，下降15.0%；第三产业增加值17.1亿元，增长6.2%。三次产业比重为1.4∶71.8∶26.8。全社会固定资产投资63.52亿元，同比增长22.0%。全部财政收入4.31亿元，同比下降21.72%，其中公共财政预算收入1.90亿元，下降20.84%。农林牧渔业总产值1.65亿元，同比下降0.1%。拥有规模以上工业企业50个；工业主营业务收入161.9亿元；工业增加值46.7亿元，同比下降15.0%；实现规模以工业增加值45.4亿元、利润2.6亿元、利税6.6亿元。社会消费品零售总额12.0亿元，同比增长11.4%。城镇居民人均可支配收入23125元，同比增长8.6%。二级以上天气88天，PM2.5、PM10浓度分别下降10.8%、11.6%。

中共井陉矿区区委书记：张旭
区人大常委会主任：刘连一
区　　　长：栾建英
区政协主席：李进朝

【产业转型】 出台《关于支持大棚蔬菜发展的奖励办法》、《进一步鼓励发展经济林的扶持奖励办法》，掀起发展蔬菜大棚和经济林种植热情。天户峪村获评全国第四批“一村一品”示范村，2家林业企业获得“石家庄市山区创业奖”。涧底村完成农村产权制度改革试点，成立股份经济合作社，试点做法得到省市领导批示肯定，在全省推广。实施工业技改项目42个，总投资32.8亿元，同比增长29.5%。2014年井陉矿区3家企业8个项目获得国内同行业“第一、唯一”称号；1家企业列入省级对标示范企业；2家企业产品获得省级名牌产品称号；27家企业被认定为省级科技型中小企业；工业泵厂成为井陉矿区首家市级创新型企业，获得市政府科技进步奖和质量奖。旅游业纳入省市旅游发展规划，段家楼修缮项目保护规划和修缮设计方案上报河北省文物局，获得国家文物局立项。

【重点项目】 全年实施区级重点项目 16 个（含市级重点项目 9 个），总投资 128.5 亿元。其中，民海重芳烃、协诚氨基酸、开泰粗苯萃取精馏等 10 个项目竣工投产；凯德尼斯蒽油加氢、民海环己酮等 6 个项目按照计划顺利推进。实施石钢环保升级改造项目建设，细化分解前期办理、群众工作、村庄搬迁等五大方面 51 项工作任务，落实日分析、周调度、全程督导考核措施，升级改造进展顺利。出台《关于进一步加强招商引资工作的实施意见》及优惠政策，瞄准循环化工、装备制造、商贸物流、生物医药、文化旅游产业链条，实施“一条龙”、“保姆式”服务。成立专题招商小队，走入区外、市外、省外地域招商。2014 年井陉矿区签约项目 7 个，总投资 173.15 亿元。编制工业园区总体规划、产业规划和规划环评，北区一号路开工建设。加大项目建设和企业发展资金支持力度，区财政出资 1200 万元帮助洗煤企业转型升级改造和科研开发。利用资本市场破解资金难题，企业上市融资实现“零突破”。2014 年曲寨矿峰水泥公司等 3 家企业在天津股权交易所挂牌，新世纪燃气公司在石家庄股权交易所挂牌；建设银行在井陉矿区设立支行。

【城乡建设】 完善城乡规划，修编燃气、供热、给水、排水等 10 个专项规划。发挥规划引领作用，落实发展定位要求，增强城市载体功能。全年实施城建项目 48 个，完成投资 23.6 亿元。凤中路东延、文兴路西延和北清线、新岗路大修工程竣工通车。康盛街东侧棚户区改造和金川路、贾凤路、平涉路 3 条干道亮化工程完工，其中道路亮化工程完成里程 13.2 千米，安装路灯 655 盏，总投资 763 万元。天户峪生态旅游度假村、汽车客运站、绿能供热扩能、自来水厂搬迁、农贸市场等项目加紧推进。2014 年 6 月，总投资 2200 万元、占地 30 亩的汽车客运站（金川路与矿市南街交汇处）主体工程完成。天护新城项目开工建设。京昆高速石太北线井陉矿区段拆迁占地全面完成。建立城市管理联合执法队伍，打造平涉路城区段迎宾大道、红房街样板街道、南纬路标志性街道，集中开展“洗楼美城”、城区立体绿化行动，创建政府主导“户分类、村收集、区集中转运处理”的生活垃圾清运机制，并在全市推广。

【环境治理】 推广型煤 8457.68 吨；削减煤炭 102 万吨，完成省市下达压煤任务。62 家储煤场全部取缔，42 家洗煤企业高标准完成棚化仓化改造。投资 2870 万元，实施脱硫、脱硝和烟尘改造等 14 个减排工程，实现重点企业环保设施达标运行。利用环保专项资金支持，精心实施环保治理项目 63 个。加强“控尘、控车、控烟”综合治理，累计投资 1200 万元，配备大型清扫车 20 台、小型车辆 43 台，主城区道路 80%以上实现机械化清扫；主城区建筑工地全部安装在线监控，裸露地面和料堆达到全覆盖；淘汰黄标车 618 辆；城区餐饮单位全部完成高效油烟净化设施安装，主城区 75 家餐饮单位实施“明厨亮灶”工程。组建环保公安大队，立案查处环保违法案件 29 起。率先建立覆盖全区网格化环境监管体系，重点企业与监控指挥中心同步联网，实现在线监控。开展造林绿化行动，占地 1500 余亩杏花沟生态公园开园，成为城市“绿肺”和“客厅”。至 2014 年末，全区新增绿地 5 万平方米，栽种各类苗木 20 万株，植树造林 4200 亩，森林覆盖率达到 46.7%。推进农村面貌改造提升，6 个省级重点村完成村庄四清、户厕改造、墙体粉刷等 12 项工作，街道风貌整齐划一，房前屋后整洁有序，其中西岗头、赵村店村分别入围省级和市级美丽乡村评选。

【社会民生】 新增就业 2608 人，下岗失业人员再就业 552 人，年末城镇登记失业率控制在 3.46%。鼓励就业创业，发放补贴和贷款 200 余万元。落实工商制度改革，简化登记注册手续，新增企业 98 户、个体工商户 395 户。全部完成养老、医疗、失业、工伤、生育五大保险扩面和征缴任务。建立村、乡、区三级联动救助机制，发放各类低保救助资金 720 万元；免除城乡居民基本殡葬服务费；横涧乡、凤山镇建立散葬烈士墓碑 43 个。教育质量提升三年规划完成，实施学校新改扩建工程累计投入资金 8000 余万元，新建省级标准化幼儿园竣工投用；顺利通过国家义务教育均衡发展督导评估验收；中考成绩和高考本科上线率取得历史性突破。妇幼保健站、计生服务站业务整合优化；

成功创建国家级慢性病防控示范区，成为石家庄市唯一县（区）。2014年河北省在井陉矿区召开慢性病防控工作现场观摩会。太行根艺（奇石、盆景）协会成立；5月15～16日，“井陉矿区扬子空竹分会”参加中国·保定2014国际空竹艺术节，获得空竹技艺集体展示金奖，4名队员获得“空竹达人秀”称号；东王舍、赵村店获评省级文艺辅导基地；区图书馆被国家文化部授予“三级图书馆”。

（孙晓峰）

藁 城 区

【概况】 藁城区位于石家庄市区东侧，与晋州市、正定县、栾城区、赵县、新乐市、无极县相邻，距离石家庄市区中心31千米，属太行山洪积山前倾斜平原。全区总面积836平方千米，农作物播种面积11.01万公顷。全区辖12个镇、1个乡，1个国家级经济技术开发区，即石家庄经济技术开发区（2012年10月国务院批准升级为国家级开发区，曾称藁城经济开发区），6个居委会、239个行政村。10月1日，原县级藁城市更名藁城区正式挂牌。常住总人口75.42万人，人口自然增长率11‰。2014年藁城区完成地区生产总值530.4亿元，同比增长9.1%。其中，第一产业增加值64.0亿元，增长3.3%；第二产业增加值357.6亿元，增长10.3%；第三产业增加值108.8亿元，增长8.9%。全社会固定资产投资229.44亿元，同比增长18.0%。全部财政收入89.71亿元，同比增长5.37%，其中公共财政预算收入18.34亿元，增长18.52%；财政支出27.4亿元，同比增长9%。农林牧渔业总产值125.63亿元，同比增长4.3%。拥有规模以上工业企业394个；工业主营业务收入1435.9亿元；规模以工业增加值348.5亿元，同比增长11.2%，实现利润152.8亿元、利税233.9亿元。社会消费品零售总额144.02亿元，同比增长13.85%。实际利用外资额10339万美元，同比增长21%。在岗职工年平均工资48099元，同比增长9.4%；城镇居民人均可支配收入25985元，同比增长7.4%；农民年人均纯收入13951元，同比增长8.6%。年末城乡居民储蓄余额187亿元，同比增长11.3%。国家、省、石家庄市取消下放审批事项全部衔接到位，保留事项全部向社会公开。食品药品监督管理体制改革与职能交接完成。财税体制改革获评全国财政支出管理绩效综合评价先进单位。

中共藁城市委书记：
　　王普增（4月免）
　　高玉柱（8月任，10月免）
市人大常委会主任：
　　高国才（10月免）
市　　长：高玉柱（10月免）
市政协主席：王永生（10月免）
中共藁城区委书记：
　　高玉柱（10月任）
区人大常委会主任：
　　高国才（10月任）
区　　长：高玉柱（10月任）
区政协主席：王永生（10月任）

【农业生产】 全年农林牧渔业总产值125.63亿元，同比增长4.3%。其中，农业产值80.72亿元，林业产值1.08亿元，牧业产值41.05亿元，渔业产值9万元，农林牧渔服务业产值2.78亿元。粮食播种面积7.16万公顷，总产量54.48万吨。其中，小麦播种面积3.56万公顷，总产量26.88万吨，亩产503.4千克；玉米播种面积3.33万公顷，总产量26.57万吨，亩产531.7千克。豆类播种面积1686公顷，总产量3571吨。薯类播种面积964公顷，总产量3.35万吨。油料播种面积2073公顷，总产量9442吨。棉花播种面积205公顷，总产量378吨。蔬菜、瓜果类播种面积3.62万公顷，总产量305.28万吨；蔬菜（含菜用瓜）播种面积3.59万公顷，总产量303.34万吨。种植果园7773公顷，其中苹果园1614公顷、梨园5664公顷。水果总产量（不含果用瓜）23.95万吨，其中苹果产量4.36万吨、梨产量17.8万吨（雪花梨产量4.6万吨、鸭梨产量6.0万吨）、桃产量6932吨、葡萄产量5327吨、红枣产量4825吨。干果产量638吨。当年造林面积3000公顷，零星（四旁）植树136万株。木材采伐量996立方米。至2014年底，奶牛、猪、羊、鸡存栏数分别达到3.6万头、33.3万头、10.8万只、1738.4万只。肉、蛋、奶产量分别达到8.85万吨、15.5万吨、9.62万吨，其中，牛肉、猪肉、羊肉、家禽肉产量分别达到8400吨、4.8万吨、2250吨、2.8万吨。实施农业农村改革，兴安镇冯村土地承包经营权确权登记试点全部完成；年末藁城区土地流转面积达到15.9万亩。开展粮食“百、千、万”高产创建竞赛活动，调动农技人员和农民参与高产创建的积极性。投资400万元，建立粮食高产创建万亩示范片25个，其中小麦示范片13个、玉米示范片12个。推进创建国家级、省级农技推广示范县建设，建立3G云平台；扩大科技推广覆盖面，制作科教及新技术试验示范基地宣传片，建立快捷高效的推广转化体系。发展现代农业，新建蔬菜标准园3个，新建标准化规模养殖场3家，新增市级农业产业化龙头企业3家。2014年藁城区获评全国产粮大县（区）称号。

【重点项目】 全年在建千万元以上项目103个、亿元以上项目35个，其中山岭海河置业等13个超亿元项目顺利开工，智康陶瓷插芯等6个超亿元项目竣工投产。工业完成技改投资130亿元，同比增长25%；工业企业税收超千万元企业达到20家，其中超亿元企业5家。推进重点服务业项目建设，北国广场开工准备就绪，卓越奥莱、铜锣湾广场项目正式签约。推进商事制度改革，新增各类市场主体5728户，同比增长17%。新引进商业银行4家。保障重点项目用地，组卷报批建设用地2913.2亩。新建2座110千伏变电站完工；实施扩建增容110千伏变电站1座、35千伏变电站2座。

【城乡建设】 全年投资城乡建设资金5亿元以上。实施3条主干道延伸、7条次干道整修、13条小街巷整治及1条标志性街道、4条样板路、2座集中供热站、2个高速出入口、2条绿道绿廊等重点工程项目。金域华府、盛泽园住宅小区项目正在推进；定魏线改造、金五线二期工程启动；数字城管建设基本完成。规范城乡建设秩序，开展动态巡查和联合执法，有效遏制违法占地、违规建设行为。改善城乡环境卫生，实施全区域整治、高标准推进、常态化管理措施，严格督导问效，下大力消除脏乱差现象，加快融入省会主城区。开展农村面貌改造提升行动，31个省级重点村累计投入资金2.3亿元，其中杜村、清流获评省级美丽乡村，藁城区获评河北省农村面貌改造提升行动先进区。

【生态环境】 全年削减煤炭53万吨，推广低硫煤23万吨、洁净型煤4.5万吨，拆改燃煤锅炉93台，淘汰落后产能5项、黄标车6903辆。总投资1.75亿元的18个节能项目和天意热电、吉藁化纤等企业减排工程按期完成。实施水环境治理，汪洋沟综合整治完工，2个污水处理厂改造升级和西关镇污水处理厂新建工程正在建设，重点流域出境断面水质稳定达标。开展农业污染防治，49家规模养殖场粪污治理工程完成。重拳出击、依法治污，关停取缔违法企业96家。推进绿化建设，全年植树348.6万株、造林4.5万亩，25天完成全长33千米京港澳高速藁城段沿线绿化工程，年末藁城区森林覆盖率提高3.7个百分点。

【文化艺术】 开展文化惠民活动，举办彩色周末演出16场，送电影下乡2868场次。藁城区文化馆樊红霞参加中央电视台戏曲频道《过把瘾》栏目“评韵绽放”全国票友大赛，获评“十强”票友。解亚静主编《藁城金钹战鼓》，负责藁城金钹战鼓的挖掘、整理、翻译和著述，被石家庄市委、市政府批准为2014年度石家庄市管拔尖人才，获得河北省“三八红旗手”称号。樊更喜获评2014年度石家庄市管拔尖人才，被河北省民俗文化协会评为十年民间文艺搜集整理三杰之一。刘少川获聘河北省书画艺术研究院研究员，2014年3月参加由河北省书法家协会、河北博物院共同主办的“翰墨金石缘—杜锡瑞师生”作品展。聂建辉担任电影《斗地主》美术指导。于永和特聘为中国民族艺术家联合会华北分会理事，参加石家庄市剪纸大型巡回展。樊秋红根据藁城区残疾人运动员黄丽莎的成长、拼搏和奋斗经历，创作《黄丽莎之歌》，在2014年元旦晚会演出。李倩创作散文作品《白桦林的忧伤》获得河北省清明怀念先辈先烈诗歌征文一等奖。2014年4月初，在河北省文明办、省民俗文化协会主办的2014年河北省清明诗歌征文活动中，陈娜的《永恒的旗帜》、徐东坡的《英魂——记河北抗日英雄马本斋》、王景的《清明祭思》分别获得二等奖。2014年5月，樊更喜、陈娜担任主编的《耿村民间故事精选》，由河北美术出版社出版。2014年12月，刘少雄、马军锋、王瑞学、李增雪、路永兵、石头创作30余幅作品入选"名城杯"第四届全国老年书画展，其中路永兵的行书《中庸·摘句》获得书法类金牡丹奖（一等奖）。2014年2月，田江水的中篇小说集《躁春》由作家出版社出版发行，作者潜心5年精心打造，是一部反映农村现实矛盾和斗争，特别在"三农"问题上有独特的思考。

【社会民生】 全年财政支出用于民生类比例达到85.6%。城乡居民养老保险基础养老金标准提高至每人每月90元，新农合、城镇居民医保参保率分别达到97%和96.8%。新增就业岗位5062个。首批藁城区保障性住房分配顺利完成。推进科技创新，实施科技项目43个，转化重点科技成果19项，以藁城区为核心的石家庄国家农业科技园区通过科技部认定，年末藁城区拥有省级工程技术研究中心2家、省级工程实验室6家、省级企业技术中心10家、高新技术企业35家、科技型中小企业113家。新认定省级著名商标11件。实施校安工程22个、校舍维修项目5个；职教中心实训楼、残疾人康复中心、南董等3所卫生院改造工程建成投用。公立医院改革确定为全国县级公立医院综合改革第二批试点。为民办实事完成32个村饮水安全工程，解决140个村低电压问题，改造连茅圈4.17万座、旱厕4933座，新改建农村公路104千米，新建农村污水处理站4座。

【石家庄经济技术开发区】 1992年7月经河北省批准设立，2012年10月经国务院批准升级为国家级开发区，由藁城区管辖，曾称藁城经济开发区。石家庄经济技术开发区位于藁城区西部，西邻石家庄国家高新技术产业开发区，东面、北面与岗上镇接壤，南与丘头镇和石家庄炼油厂相连。总规划面积26.3平方千米。下辖良村、北邑、北席、西马村北街、西马村南街、南席、塔元庄、内族8个行政村。农村人口2.6万人。2014年石家庄经济技术开发区企业主营业务收入1030亿元，同比增长18%，跻身千亿级园区行列；引进域外资金72.5亿元，同比增长19%；实现税收52.9亿元，同比增长12%；入驻企业413家；工业总投资近500亿元；建成较大规模项目160多个。投资93.9亿元的威远药业、中农博远、一品医药、石药制剂国际化、四方通信公司系列产业化项目等8个项目顺利投产；总投资85.5亿元的山岭海河置业、威纳邦产业园、中粮可口可乐二期等项目进场施工，年末部分主体完工。与华北制药生物药、北京国械堂、石家庄市三丰纸制品、河北鑫耀矿山机械等签约项目19个，其中超亿元项目16个。加强基础配套设施建设，实施总投资13.6亿元道路、供电、供热、交通等七大类配套工程，世纪大道、塔东大街全线贯通，投资8亿元南水北调地表水厂项目启动，220千伏医药站加紧建设。至2014年底，石家庄经济技术开发区形成以华北制药、石药集团、石家庄四药等知名医药企业为代表的生物医药产业集群，以新宏昌天马、中农博远、太行机械为代表的装备制造产业集群，以青岛啤酒、可口可乐、益海粮油为代表的轻工食品产业集群，以四方通信、河冶科技为代表的战略新兴产业集群。

（米志科　高红霞）

鹿泉区

【概况】 鹿泉区位于石家庄市区西侧，与栾城区、元氏县、井陉县、平山县、灵寿县、正定县相邻，距离石家庄市中心15千米。鹿泉区西倚太行山，东环省会主城区，地域内山区、丘陵、平原各占三分之一。总面积603平方千米，农作物播种面积4.79万公顷。辖9个镇、3个乡，3个省级开发区，11个居委会、208个村委会。10月1日，原县级鹿泉市更名鹿泉区正式挂牌。常住总人口44.86万人，人口自然增长率15.82‰。2014年鹿泉区完成地区生产总值341.4亿元，同比增长8.6%。其中，第一产业增加值22.2

亿元，增长2.1%；第二产业增加值193.2亿元，增长7.2%；第三产业增加值126.0亿元，增长11.9%。民营经济增加值275.36亿元，同比增长8.7%。全社会固定资产投资298.72亿元，同比增长17.6%。全部财政收入30.0亿元，同比增长22.75%，其中公共财政预算收入17.17亿元，增长28.03%；财政支出22.78亿元，同比增长2.7%。农林牧渔业总产值39.31亿元，同比增长3.4%。拥有规模以上工业企业194个；工业主营业务收入696.2亿元；工业增加值184.0亿元，同比增长7.8%；规模以工业增加值168.7亿元，实现利润77.3亿元、利税98.6亿元。社会消费品零售总额109.73亿元，同比增长12.4%。城镇居民人均可支配收入24950元，同比增长8.4%；农民人均纯收入13933元，同比增长10%。2014年省委、省政府授予鹿泉区河北省发展民营经济先进县（市）称号。

中共鹿泉市委书记：
周永会（10月免）
市人大常委会主任：
安明法（10月免）
市　　长：郑巍　（10月免）
市政协主席：尤拴庆（10月免）
中共鹿泉区委书记：
周永会（10月任）
区人大常委会主任：
安明法（10月任）
区　　长：郑巍　（10月任）
区政协主席：尤拴庆（10月任）

【农业生产】 全年农林牧渔业总产值39.31亿元，同比增长3.4%。其中，农业产值22.24亿元，林业产值6494万元，牧业产值13.73亿元，渔业产值1.02元，农林牧渔服务业产值1.68亿元。粮食播种面积3.49万公顷，总产量20.15万吨。其中，小麦播种面积1.68万公顷，总产量10.5万吨，亩产416.8千克；玉米播种面积1.65万公顷，总产量9.27万吨，亩产375.5千克。豆类播种面积886公顷，总产量982吨。薯类播种面积563公顷，总产量1.20万吨。油料播种面积1149公顷，总产量3742吨。棉花播种面积171公顷，总产量138吨。蔬菜、瓜果类播种面积1.16万公顷，总产量95.88万吨；蔬菜（含菜用瓜）播种面积1.14万公顷，总产量94.79万吨。种植果园3723公顷，其中苹果园606公顷；葡萄园502公顷。水果总产量（不含果用瓜）4.3万吨，其中苹果产量1.68万吨、葡萄产量1.39万吨。干果产量1220吨。当年造林面积2810公顷，封山育林面积1.14万公顷，零星（四旁）植树75万株。木材采伐量1229立方米。至2014年底，奶牛、猪、羊、鸡存栏数分别达到2.33万头、12.6万头、3.76万只、415.29万只。肉、蛋、奶产量分别达到2.93万吨、3.76万吨、7.96万吨，其中，牛肉、猪肉、家禽肉、鸡蛋产量分别达到1200吨、2.11万吨、6483吨、3.66万吨。水产品养殖面积1951公顷，总产量6321吨。实施农田水利工程22项，创建万亩高产示范方2个，新建高标准农田1.5万亩，农业综合机械化水平达到84%。君乐宝乳业生态牧场初具规模，建成市级标准化奶牛养殖示范场7个。发展以休闲观光采摘为主的城郊型都市农业，北部休闲观光农业区新增7个，滹沱河湿地林区核心起步区进展顺利，谷家峪香椿等10个采摘基地初具规模，白鹿山庄等一批特色农家乐运营。年末都市农业园发展到12个，家庭农场达到23个，市级以上农业产业化龙头企业达到28家，产业化经营率提高到68.5%。农民收入稳定增长。以小毕村为示范，黄壁庄镇、石井乡19个村率先在石家庄市完成土地承包经营权确权登记试点，土地流转率达到25%。发放支农资金1.1亿元，涉农贷款4.4亿元。

【项目建设】 全年投资规模超千万元以上项目108个，总投资额1300亿元，其中，亿元以上项目75个，列入省市重点项目11个。总投资65亿元的科林电气二期等19个项目投产，总投资101亿元的鹿岛V谷等20个项目主体竣工，总投资615亿元的绿岛物流园等74个项目正在建设。雨润农产品一期开始营业，河北融投总部主体竣工，泸州老窖项目进展顺利。引进建设福建中小企业园等9个“中小企业创业产业园”，投资强度高达500万元／亩，聚集效应显现。2014年石家庄市项目观摩现场会在鹿泉区召开。

【企业发展】 全年工业技改投资完成82亿元，同比增长21.7%。创建省级工业化、信息化融合示范企业7家。招才引智，支持企业聘用高技能人才226名。市场主体增加到1.6万个，其中企业3837家，同比分别增长25.7%和24.7%。至2014年末，民营经济上缴税金23亿元，同比增长26.6%。建成市级以上工程技术研究中心、实验室21个，其中省级以上6个。河北永新环保型复合膜袋等8项技术达到国内领先水平，君乐宝发酵乳技术获得省科技进步一等奖。年末拥有省级科技型中小企业97家、高新技术企业40家。科林电气获评河北省"巨人计划"创新创业团队称号，亿生堂获评国家级国际科技合作基地。省级以上品牌达到75个，其中国家级2个。鼎鑫水泥获评中国驰名商标。专利申请189件，同比增长20.4%。破解企业发展融资难问题，争得各类专项资金2.9亿元。推进企业上市，五龙制动在新三板挂牌交易，亿安工程技术公司、阀门一厂在石家庄股权交易所挂牌。引导企业升级发展，推进实施"个转企、小升规"策略，新增规模以上企业13家，年末纳税超千万元企业突破30家，超亿元企业达到6家。2014年君乐宝乳业入选全省百强民营企业。

【产业结构】 将水泥"一业独大"产业结构调整为休闲服务业引领，电子信息、轻工食品、装备制造、新型建材"四轮驱动""1+4"格局。淘汰落后和过剩产能，拆除24家水泥企业43台磨机、696座料仓，压减过剩产能1400万吨。双联化工等医药化工企业停产，启动搬迁。以西北物流产业聚集区为载体，加快传统建材业转型步伐，华洋饮品等8家转型企业投产。以农产品和现代物流产业为抓手，启动大河农产品物流园一期项目，筹办华北现代家居物流园具备开工条件。休闲服务、电子信息、轻工食品、装备制造业崛起，恒大金碧天下、西部长青等36个休闲项目进展顺利，君乐宝、洛杉奇等工业旅游点形成规模，全年旅游业总收入32亿元，休闲服务业完成增加值123亿元；光谷科技园一期、13所管壳封装等38个电子信息项目正在建设，电子信息业产值、利税同比分别增长26%和27%；君乐宝永盛二期、康师傅百事可乐等6个轻工食品项目竣工投产，轻工食品业产值、利税同比分别增长45%和22%；科林电气、中友机电等17个装备制造项目快速推进，装备制造业产值、利税同比分别增长13%和20%。2014年鹿泉区四大新兴产业税收同比增长19%，占全区税收比重70%。

【城乡建设】 编制城乡总体规划和6个专项规划。按照"全域都市化"理念，启动十大城建精品和十大容貌整治提升工程，年末城镇化率达到50.5%。实施房地产项目网格化监管，开展建筑领域专项整治，拆违拆陋4.5万平方米。会馆路东延、307国道大修竣工，东外环、山前大道石井段通车；青银高速铜冶互通、南绕城高速启动，石太二通道正在建设；107国道、槐安路整治完成，石柏南大街、三环北斗路连接线绿化工程竣工。改造城区游园25处，年末建成区绿地率达到35.2%，绿化覆盖率提高到41.9%，人均公园绿地面积10.9平方米，初步达到国家园林城标准。投入3.7亿元，实施150个村农村面貌改造提升工作完成，被河北省委、省政府授予"推进社会主义新农村建设先进县（市）"。高压电走廊入地主体工程、河北省盐业供电线路等15项电力工程竣工，新建220千伏方台变电站进展顺利。石柏公园达到开园条件，太平河整治取得成效。南水北调3个地表水厂动工，新建供水管网7千米。新建供热管网12.9千米，入网面积399万平方米，燃气普及率达到98.3%，污水处理率达到97%。新市镇建设稳步推进，铜冶镇编制镇内旧、弃、闲地块改造规划，人口、房屋"两个固化"任务完成；上庄镇区改造启动。整修农村道路44.6千米，修复危桥7座；开设公交线路48条；有线电视入村率81%；解决2.43万人饮水安全问题。城区新改建标准化公厕15座，2014年石家庄市公厕建设观摩会在鹿泉区召开。取消城区露天生活垃圾点33个，生活垃圾处理范围扩大到白鹿泉乡、石井乡，李村、大河、上庄、铜冶、经济开发区5个垃圾压缩站建设启动。数字城管实现城区全覆盖，机械化清扫率达到64.2%。

【环境治理】 开展"利剑斩污"专项行动，查处"小非违"企业94家。监管在建工地97个。关停城区分散燃煤锅炉23台，清理储煤场186家，削减燃煤56万吨。开展饮用水源保护区违规项目综合整治，关停企业45家。投资4.2亿元，实施50个节能减排项目全部竣工，鹿华热电、曲寨和鼎鑫脱硫脱硝工程达到国家大气污染物排放限值标准。加快生物质燃料、煤改电等清洁能源开发利用，建成大型沼气联户工程2个。推广优质低硫煤43.5万吨、环保炉具4214台，淘汰黄标车

3161辆，超额完成石家庄市下达目标任务。实施绿岛开发区、西部山前生态新区雨污管网建设，出境断面水质稳定达标。提前一年完成“十二五”节能减排控制目标，获评河北省“环境保护目标管理先进县(市)”。实施环省会经济林等8大绿化工程，完成造林4.2万亩，植树273万株，年末森林覆盖率达到44%，同比提高4.8个百分点。

【社会民生】 全年投入民生资金9亿元，占公共财政预算收入53%。开展就业技能培训62次，转移农村劳动力6705人。城乡居民养老保险参保率达到95.6%。做好压减产能涉及职工安置分流和再就业工作，举办用工洽谈会3场，年末城镇登记失业率控制在1.43%。城镇居民低保标准每人每月500元，同比提高25%；农村贫困人口全部脱贫。五保集中每人每年6000元，同比提高50%；分散供养每人每年5000元，同比提高85%。殡仪馆综合改造启动。成功举办“鹿泉杯”全国楹联大赛和“祭侄文稿杯”全国书法展。鼓励支持中小学开展特色文化教育，城区、铜冶、李村3所中心幼儿园投用；新改建标准化农村幼儿园30所；职教中心获批国家中职改革发展示范校。妇幼保健院、寺家庄镇卫生院主体竣工，市级优质服务示范卫生院达到10所。试行医疗“先住院、后结算”模式；实施残疾人康复工程，计生服务信息化工作在全省推广。新型农村合作医疗参合人数33.88万人，参合率99.9%；发放新农合补偿1.2亿元，同比增长19%。率先为农民投保意外伤害险，国家居民健康卡实现全覆盖。实施食品药品、森林防火等重点领域专项整治，健全安全生产网格化监管体系。建立司法行政法律服务中心，打造“一站式”法律便民服务平台。推进“天网覆盖”工程，全年刑事案件发案率下降6.3%，群众安全感指数达到75.8%，同比提高3个百分点。

（李晓伟）

栾城区

【概况】 栾城区位于石家庄市区东南部，距离石家庄市中心12千米，与藁城区、赵县、元氏县、鹿泉区相邻。总面积345平方千米，农作物播种面积4.63万公顷。辖5个镇、3个乡，6个居委会、182个村委会。10月1日，原栾城县更名栾城区正式挂牌。常住总人口34.67万人，人口自然增长率11.33‰。2014年栾城区完成地区生产总值193.9亿元，同比增长9.0%。其中，第一产业增加值28.4亿元，下降6.4%；第二产业增加值113.1亿元，增长10.5%；第三产业增加值52.4亿元，增长13.7%。全社会固定资产投资174.41亿元，同比增长17.7%。全部财政收入16.66亿元，同比增长13.18%，其中公共财政预算收入8.0亿元，增长17.42%。农林牧渔业总产值55.06亿元，同比下降3.2%。拥有规模以上工业企业157个；工业主营业务收入383.1亿元；工业增加值105.4亿元，同比增长11.2%；规模以工业增加值89.9亿元，实现利润43.3亿元、利税58.9亿元。社会消费品零售总额69.48亿元，同比增长12.5%。城镇居民人均可支配收入23123元，同比增长9.4%；农村居民人均可支配收入12723元，同比增长11.2%。年末居民存款余额95.4亿元。

中共栾城县委书记：
吕素维（10月免）
县人大常委会主任：
李雪辉（10月免）
县长：
刘玉渭（10月免）
县政协主席：
曹金亮（10月免）
中共栾城区委书记：
吕素维（10月任）
区人大常委会主任：
李雪辉（10月任）
区长：
刘玉渭（10月任）
区政协主席：
曹金亮（10月任）

【重点项目】 全年工业实施技改项目60项，完成投资106亿元。南车货车修造、石煤机二期、之春印务、奥祥医药等12个项目竣工。浙商产业园、安瑞科二期、宝临电气等20余个项目开工建设。南车、石煤机公司整体搬迁。21 个项目属地纳税。中航石飞公司全产业链快速发展，“中国通用航空运营应用飞行大会”成功举办。红星美凯龙、中国食安智能化仓储、河北融投中小科技企业基地、新地电子商务物流中心等项目达成投资意向。位于栾城区装备制造产业园区规划面积 44 平方千米，控制区面积 70 平方千米，重点发展通用飞机、轨道交通、汽车制造、基础装备、专用机械、机电设备、新兴能源七大产业；实施裕翔街提升改造、雨污管网旧网改造、许太线迁改等 14 项设施建设工程，至 2014 年末，装备制造产业园区建成发电厂 2 座，污水处理厂 2 座，35 千伏变电站 1 座、110 千伏变电站 2 座，生活用水供水厂、工业用水供水厂各 1 座，铁路专用线 1 条，长 1200 米 2B 级飞机跑道 1 条。12 月 27 日，栾城区政府与中国技术交易所有限公司签约，双方协议在装备制造产业园区合作共建“军民融合技术产业化基地”。

【农业生产】 全年农林牧渔业总产值 55.06 亿元，同比下降 2.3%。其中，农业产值 23.13 亿元，林业产值 5036 万元，牧业产值 28.19 亿元，农林牧渔服务业产值 3.23 亿元。粮食播种面积 3.37 万公顷，总产量 25.16 万吨。其中，小麦播种面积 1.76 万公顷，总产量 13.28 万吨，亩产 503.1 千克；玉米播种面积 1.47 万公顷，总产量 11.58 万吨，亩产 525.1 千克。豆类播种面积 1359 公顷，总产量 2682 吨。油料播种面积 80 公顷，总产量 289 吨。棉花播种面积 16 公顷，总产量 9 吨。蔬菜、瓜果类播种面积 1.08 万公顷，总产量 103.44 万吨；蔬菜（含菜用瓜）播种面积 1.05 万公顷，总产量 102.03 万吨。种植果园 335 公顷，其中苹果园 29 公顷；桃园 30 公顷；葡萄园 29 公顷。水果总产量（不含果用瓜）815 吨，其中苹果产量 150 吨、葡萄产量 655 吨。当年造林面积 1488 公顷，零星（四旁）植树 65 万株。木材采伐量 2242 立方米。至 2014 年底，奶牛、猪、羊、鸡存栏数分别达到 4.48 万头、16.05 万头、3.85 万只、1279.4 万只。肉、蛋、奶产量分别达到 5.44 万吨、10.58 万吨、11.3 万吨，其中，牛肉、猪肉、羊肉、家禽肉、鸡蛋产量分别达到 4660 吨、2.66 万吨、685 吨、2.2 万吨、10.58 万吨。全年发放粮食直补和农资综合直补资金 4179 万元。新增设施蔬菜面积 2360 亩，温室大棚 536 个，4 个园区列入河北省百个现代农业园区。“栾城草莓节”影响扩大，实现市场化运作。实施农业产业化项目 10 个，新增市级以上龙头企业 3 家，农业产业化经营率达到 71.8%。农业规模经营主体达到 232 家，注册成立家庭农场 22 家。新增省级林业重点龙头企业、重点合作社 5 家，建成万亩经济林示范区 2 个。乡乡香、润源 2 个农村专业合作社获评国家级示范社，马家麦坊科普基地获评河北省科普惠农兴村先进单位。孟家园农村土地分类确权登记试点完成，至 2014 年末，栾城区新增土地流转面积 15500 亩，土地流转率达到 28%。

【城乡建设】 城区北部控制性规划，城区道路、排水、供热、燃气、公共服务设施等 14 项专项规划及冶河新市镇总体规划、控制性详细规划编制完成。实施城区建设重点工程 18 项，新赵线竣工通车；裕翔街、太行大街城区段、308 国道（一期）升级改造完工；宏远路东延、宏达路东延等道路工程正在建设；朝阳大街、裕泰路东延施工准备就绪。朝阳供热站竣工运行，供热三、四站换热站建设完工，实现热源替换；更新改造老旧供热管网 5000 余米。107 国道容貌整治完工；柴武公园建设启动；创建景观样板街道 6 条。加快棚户区改造工程建设，与国家开发银行签订 6.85 亿元棚户区改造贷款合同。率先在全省完成数字栾城地理空间框架项目建设及“数字化城管”建设，垃圾中转站和 10 座公厕升级改造完工。城区部分区域实现全时段供水。加强房地产市场监管和建筑市场管理，拆除违规违法占地 72 处 180 余亩。制定《冶河新市镇补偿安置方案》，与新地物流签订华北区配货中心入驻协议。开展农村面貌改造提升行动，按照整体推进、连片发展思路，重点打造精品示范片，规划每个乡镇建设不少于 5 个村的新片区，成功打造乏马、夏凉、八里庄、南屯、邵家庄等精品村，年末栾城区 60% 的村改造提升任务完成。

【环境治理】 全年削减煤炭 40 多万吨，推广优质低硫煤 17.8 万吨，推广环保采暖锅炉 4702 台，关停取缔储煤场 119 家，淘汰黄标车 2020 辆。裕华热电实施环保治理升级改造，污染物达到“近零排放”。2 个污水处理厂排放稳定达标，困扰多年的异味污染得到治理。创新造林模式，吸引社会资金投入，高标准完成京港澳高速植树绿化任务。至2014年底，栾城区造林绿化2.23万亩，植树357.2万株，森林覆盖率达到25.15%。

【社会民生】 推进行政审批制度改革，承接落实省市取消下放行政审批事项31项，保留审批项目全部向社会公开，减少办事环节75个，平均办结时限压缩至7.5个工作日。市场主体登记实行“零门槛”，新登记企业1176家，新增个体工商户2392户。城乡低保、农村五保、医疗救助等发放资金2432万元，离退休人员养老金社会化发放率、足额发放率保持100%。农村互助幸福院实现全覆盖。新增城乡就业5161人，下岗失业人员实现再就业600人，城镇零就业家庭保持动态为零。52个村有线电视网络建成投用，电视塔主体完工通过验收；城区新建提升健身场所12处；农村新增健身路径21处。石家庄首个故事基地在栾城区揭牌。推进实施教育城、健康城、文化城“三城”建设。投入近1亿元，改善学校条件，其中，新建栾城区第一小学投入使用，旧第一小学规划重建，区第三小学正在建设，福美国际幼儿园和8所农村幼儿园主体竣工。河北省第一个国家级农村中学科技馆落户栾城区西营乡中学。公立医院综合改革列为全国试点；创建中医药特色村卫生室80所；栾城区精神卫生中心建成搬迁入驻。创建省级工业化、信息化两化融合示范企业1家，重点企业4家。新增入统企业18家。新华能源在“新三板”上市。年末科技型中小企业达到86家，省级高新技术企业达到14家。

（赵云丽）

井 陉 县

【概况】 井陉县位于石家庄市西部，地处太行山东麓，境内多山岭，与平山县、鹿泉区、元氏县、赞皇县和山西省相邻，距离石家庄市区40千米。总面积1381平方千米，农作物播种面积3.17万公顷。辖10个镇、7个乡，4个居委会、318个行政村。常住总人口31.72万人，人口自然增长率5.1‰。2014年井陉县完成地区生产总值143.6亿元，同比增长4.8%。其中，第一产业增加值13.2亿元，增长2.3%；第二产业增加值66.8亿元，增长2.6%；第三产业增加值63.6亿元，增长8.1%。单位生产总值能源消耗2.68吨／标准煤，同比下降5.96%。民营经济增加值110.2亿元，同比增长8.9%。全社会固定资产投资231.94亿元，同比增长18.5%。全部财政收入13.53亿元，同比增长2.48%，其中公共财政预算收入5.50亿元，增长14.27%；财政支出12.5亿元，同比增长13.4%。农林牧渔业总产值24.45亿元，同比增长4.8%。拥有规模以上工业企业64个；工业主营业务收入183.5亿元；工业增加值60.6亿元，同比增长1.6%；规模以工业增加值47.7亿元，实现利润14.7亿元、利税20.8亿元。社会消费品零售总额40.48亿元，同比增长12.3%。在岗职工年平均工资38623元，同比增长7.6%；城镇居民人均可支配收入21661元，同比增长7.5%；农村居民人均可支配收入9595元，同比增长10.4%。年末城乡居民储蓄存款余额97.3亿元，同比增长8%。

中共井陉县委书记：田耀筠
县人大常委会主任：王星海
县　　长：苏志超
县政协主席：王新民

【项目建设】 全年谋划实施项目248个，其中亿元以上项目76个，总投资579亿元。常青成品油、风电定转子等项目竣工投产；上海光伏发电、中智蓄能电池等新兴产业项目顺利推进，实现当年开工当年投产；鼎邦耐磨件、陉山工程装备等超10亿元大项目提前开工，完成投资26亿元；爆炸复合板等谋划项目签约，估算投资37亿元。2014年井陉县新上项目中，新兴产业项目投资额占60%以上。建立县乡村三级便民服务平台，形成为民服务和重点项目全程代办机制。探索国有资产保值增值办法，成立河北财硕投资集团有限公司，获得银行贷款和社会资本7.8亿元，实现增值2000多万元。

【农业生产】 全年农林牧渔业总产值24.45亿元，同比增长4.8%。其中，农业产值7.91亿元，林业产值1.84亿元，牧业产值13.04亿元，渔业产值2450万元，农林牧渔服务业产值1.42亿元。粮食播种面积2.48万公顷，总产量9.98万吨。其中，小麦播种面积7855公顷，总产量3.60万吨，亩产305.5千克；玉米播种面积1.23万公顷，总产量5.45万吨，亩产295.8千克。谷子播种面积1294公顷，总产量1385吨。豆类播种面积1884公顷，总产量1790吨。薯类播种面积1400公顷，总产量3.0万吨。油料播种面积2701公顷，总产量5564吨。棉花播种面积148公顷，总产量120吨。蔬菜、瓜果类播种面积3942公顷，总产量23.12万吨。种植果园1639公顷，其中苹果园1116公顷；桃园26公顷。水果总产量（不含果用瓜）4.25万吨，其中苹果产量3.79万吨、桃产量139吨、红枣产量3790吨。干果产量1700吨。当年造林面积2734公顷，封山育林面积5849公顷，零星（四旁）植树320万株。木材采伐量1700立方米。至2014年底，奶牛、猪、羊、鸡存栏数分别达到3200头、10.32万头、12.80万只、380.08万只。肉、蛋、奶、蜂蜜产量分别达到2.76万吨、3.36万吨、1.11万吨、84吨，其中，牛肉、猪肉、羊肉、家禽肉、鸡蛋产量分别达到7633吨、1.21万吨、2137吨、5151吨、3.22万吨。水产品养殖面积169公顷，总产量700吨。农村土地确权登记完成3万亩，流转土地4.9万亩，流转比例17.2%。创建国家级玉米高产示范片1万亩，新增家庭农场4个，改扩建标准化养殖场10家，建成市级中药材种植示范基地2家，农业产业化率达到32%；成功申报国家级农业综合开发县；圆景苹果获得河北省农产品展销会金奖。

【工业和服务业】 工业实施技改项目98项，新增规模以上企业6家，建成市级创新技术中心3家，省市级科技型企业42家。钙镁企业严格执行环保18条治理标准，建成花园式工厂8家，进入全国同行业20强11家。2014年威州镇获评河北省工业碳酸钙名镇。翼凌机械厂建成全国首条森林装甲消防车改造生产线；际华3502公司成为国家级职业装设计中心；天宁化工等3家企业获评石家庄市民营企业50强。公共资源公开交易189宗。年末全县共有物流企业117家，实现增加值18亿元。建成农家超市113家。日用消费品销售收入2.7亿元。旅游业接待游客120万人次，旅游业综合收入超过1亿元。

【城乡建设】 城市设计和乡镇规划编制完成，省会西部次中心城市建设新蓝图确定，城乡总体规划获得石家庄市政府批准。建设十大标准化居民小区，3514厂、3502厂、冀都碳素等综合改造项目开工建设，新增住宅面积30万平方米。整理土地430亩，开发旱作农田5000亩；实施水利工程70项，完成水库除险加固5座、渠道防渗22千米；解决37个村4万人饮水安全问题。京昆高速公路石太北线建设超过50%，南绕城高速公路征地拆迁顺利推进，井石快速路正式立项，307国道大中修完工，总投资4600万元的衡井线和吴苗线竣工通车；改造农村公路13条58千米。污水处理厂二期建成运行，微矿路整修改造完工，长岗道口拓宽。新建通讯基站50座，改造输电线路85千米。新增绿地2.6万平方米，省级园林县城复查顺利通过，连续10年获评省级文明县城。

【环境治理】 实施工业脱硫脱硝工程15项，推广低硫煤21万吨，万元GDP能耗同比下降4.6%，提前一年完成“十二五”节能减排任务，获评石家庄市节能工作先进县。投资3.1亿元，综合整治钙镁、煤炭和矿山企业，累计关停取缔各类污染企业340家，削减煤炭127万吨，淘汰黄标车4212辆，年末空气质量优良天数达到83天。开展绿化美化工程，完成小流域综合治理20平方千米，绿化造林4.1万亩，年末森林覆盖率达到43.6%。高标准完成于家历史遗留铬渣土壤修复，62个村开展洁净乡村创建，19个村完成农村面貌改造提升，上安西等3个村获评市级美丽乡村，苍岩山镇获评市级生态镇。

【社会民生】 精简合并行政审批事项19项，取消行政事业性收费8项。食品药品监管体制改革完成；工商、质量技术监督部门由河北省垂直管理划归井陉县管理；天长镇成为河北省行政管理体制改革试点镇。7件商标入选河北省著名商标，至2014年末，井陉县拥有中国驰名商标2件、省著名商标26件，有效商标注册量累计 273 件。投资 2.5 亿元的井陉一中新校区完成土建工程；投资 650 万元的西山北路小学建成启用；改造提升农村幼儿园 11 所。2014 年井陉一中成为省级示范高中，井陉县获评全国义务教育发展基本均衡县。县级医院推行全员聘用制，县乡村三级医疗机构全部实现药品零差率销售。投资 1.9 亿元的井陉县医院迁建工程基本完工；创建市级优质服务示范性卫生院 2 家；189 个村建成中医特色卫生室。"单独两孩" 政策启动实施，人口出生率控制在 13.3‰。挂云山革命烈士陵园和南张井老虎火展览馆建成；成功举办首届春节民俗文化游和农民艺术节；戏剧《背水之战》获得全省"五个一"工程奖；电影《血色挂云山》在中央电视台播出；新增省级民俗文化名村 9 个。12 月 18 日，国家文化部、人力资源和社会保障部在北京举行全国文化先进单位，全国文化系统先进集体、先进工作者和劳动模范表彰活动，井陉县获得全国文化先进县称号，并被评为 2014～2016 年度中国民间文化艺术之乡。这是井陉县第三次获得中国民间文化艺术之乡称号。

（朱凯荣）

正　定　县

【概况】 正定县位于石家庄市北侧，与石家庄市区相接，距离石家庄市区 13 千米，与藁城区、鹿泉区、灵寿县、新乐市相邻。历史上曾与保定、北京并称"北方三雄镇"，素有"三山不见，九桥不流"、"九楼四塔八大寺，二十四座金牌坊"及"古建筑宝库"美誉。总面积 468 平方千米，农作物播种面积 5.53 万公顷。辖 3 个镇、5 个乡、2 个街道办事处，34 个居委会，154 个行政村。常住总人口 48.51 万人，人口自然增长率 10.67‰。2014 年正定县完成地区生产总值 252.7 亿元，同比增长 8.9%。其中，第一产业增加值 31.2 亿元，增长 0.8%；第二产业增加值 105.0 亿元，增长 8.7%；第三产业增加值 116.4 亿元，增长 11.0%。三次产业比例为 12.3∶41.6∶46.1，其中第三产业比重较 2013 年提高 2.7 个百分点。全社会固定资产投资 218.31 亿元，同比增长 17.5%。全部财政收入 19.03 亿元，同比增长 16.23%，其中公共财政预算收入 12.24 亿元，增长 17.60%；财政支出 19.3 亿元，同比增长 3.58%。农林牧渔业总产值 67.61 亿元，同比增长 2.7%。拥有规模以上工业企业 136 个；工业主营业务收入 427.6 亿元；工业增加值 93.8 亿元，同比增长 9.2%；规模以工业增加值 89.7 亿元，实现利润 33.5 亿元、利税 41.6 亿元。社会消费品零售总额 106.47 亿元，同比增长 12.5%。城镇居民人均可支配收入 23120 元，同比增长 10.2%；农村居民人均可支配收入 13372 元，同比增长 11.4%。年末城乡居民储蓄存款余额 219.81 亿元，较年初增加 49.42 亿元，增长 9.69%。"农民办事不出村" 作法在石家庄市推广；全国农村改厕工作现场推进会在正定县召开。2014 年正定县被命名为全国电子商务进农村综合示范县；获得中国最具投资潜力中小城市百强县（第九次）和河北省民营经济发展先进县称号。

石家庄市副市长、
中共正定县委书记、
正定新区党工委书记：王韶华
县人大常委会主任：王秋生
县　　　　长：杨立中
县政协主席：张俊立

【重点项目】 聘请国家发改委宏观经济研究院编制完成 70 平方千米京津冀产业合作区发展规划。园区基础设施建设完成投资 8200 余万元。2014 年正定县工业园区获批省级高新技术产业开发区。全年实施重点项目 51 个，完成投资 86.58 亿元。其中，正定县攻坚年项目 41 个，完成投资 45.39 亿元；石家庄市攻坚年项目 8 个，完成投资 30.49 亿元，占年度计划 115.5%；新能源汽车、深国际综合物流港 2 个省重点项目完成投资 10.7 亿元，占年度计划 107%。常山生化二期、小蜜蜂搬迁和曾氏门业一期、新泰特种油升级改造项目竣工；总投资 20 亿元的中博新能源汽车一期工程实现当年开工、当年建设、当年具备投产条件。工业实施技改项目 112 项，总投资 128.71 亿元，同比增长 21.10%。中关村国家集成电路产业基地项目签订框架协议；城市文化乐园、西子电梯、汽车产业园等10个重大项目签约，投资总额259.9亿元。

【农业生产】 全年农林牧渔业总产值67.61亿元，同比增长2.7%。其中，农业产值25.66亿元，林业产值4121万元，牧业产值39.57亿元，渔业产值2582万元，农林牧渔服务业产值1.71亿元。粮食播种面积4.13万公顷，总产量31.30万吨。其中，小麦播种面积2.1万公顷，总产量15.84万吨，亩产502.7千克；玉米播种面积1.91万公顷，总产量14.99万吨，亩产524.2千克。油料播种面积4592公顷，总产量2.02万吨，其中花生播种面积4501公顷，总产量1.99万吨。棉花播种面积254公顷，总产量213吨。蔬菜、瓜果类播种面积9107公顷，总产量89.78万吨。种植果园636公顷，其中苹果园130公顷、桃园423公顷。水果总产量(不含果用瓜) 1.58万吨，其中苹果产量2782吨、桃产量1.11万吨。当年造林面积1613公顷，零星（四旁）植树19万株。木材采伐量735立方米。至2014年底，奶牛、猪、羊、鸡存栏数分别达到4.94万头、43.80万头、3.76万只、1386.19万只。肉、蛋、奶产量分别达到8.63万吨、13.25万吨、12.13万吨，其中，牛肉、猪肉、羊肉、家禽肉、鸡蛋产量分别达到1.16万吨、4.97万吨、691吨、2.43万吨、13.25万吨。水产品养殖面积233公顷，总产量1610吨。实施河北省县级农村土地承包经营权登记试点，新安镇农村土地确权登记完成。建成2个万亩瓜菜基地和10个千亩设施蔬菜示范园。投资近5000万元，实施高标准农田建设、万亩田间工程和农村安全饮水工程，解决农村4.66万人饮水安全问题，实现农村饮水安全全覆盖，获评河北省农田水利基本建设“海河杯”竞赛先进县。都市农业快速发展，“一村一品”专业村达到34个；塔元庄现代农业科技园和农耕时代农业观光园建设初具规模；投资5亿元的台湾农林产业园和投资22亿元的谷养道健康农业产业园顺利推进；新增省级农业产业化龙头企业1家，市级以上农业产业化龙头企业达15家，农业产业化经营率达到74.48%。农民专业合作社达到700家，村级合作社覆盖率100%。2014年正定县城关供销社获评“全国供销社系统先进集体”。

【商贸和旅游业】 全年进出口贸易总额1.5亿美元。实际利用外资3021万美元。商谈招商项目78个，总投资1062亿元。新增市场主体3287个，同比增长19.1%；新增注册资本金53.78亿元，同比增长85.62%。各类市场交易额180亿元，同比增长16.13%。慧聪电子商务产业园设立河北商品交易中心，与全省100多个县组成电子商务联盟。中国家具板材网等16个电商平台建成投用，小蜜蜂工具等68个企业加入阿里巴巴等电商平台，北贾村命名为“中国淘宝村”。华北门业博览中心、商博灯饰城建成投用，新增市场面积31万平方米。第七届正定小商品博览会实现综合经济效益528.7亿元，同比增长308.7%，获得“中国十佳优秀特色展会”称号。旅游业收入5859万元，同比增长15.1%。发挥正定国家历史文化名城优势，叫响“三国子龙故里、佛教临济祖庭、京外名刹之首、元曲创生中心”4张历史文化品牌和“红楼文化经典、世界冠军摇篮”2张现代地标性文化品牌，成功举办“春节大庙会”、“千年古韵”历史文化旅游节和消夏旅游美食节。

【城乡建设】 编制完成《正定县城乡总体规划》，顺利通过专家论证。实施新型城镇化建设，年末城镇化率达到51.2%。投资3087.67万元，完成4条城区道路和6项市政设施改造；投资226万元，建成子龙大桥北侧滨水公园。子龙广场二期、天宁苑广场扩建、环古城墙游园等园林绿化工程正在建设，年末正定县建成区绿化覆盖面积达到742.44公顷，绿化覆盖率43.67%。开展城乡建设和房地产市场专项整治，县城集中拆违7.4万平方米，清理违法占地1400余亩。新建高标准公厕11处；数字城管指挥中心建成投用；申报创建“国家智慧城市试点”。电网建设完成投资2.6亿元，售电量突破20亿千瓦时。交通建设投资1.15亿元，完成公路建设项目55个，新改建公路89.27千米，是历年投资最多、力度最大一年。开工建设保障性住房176套、棚户区改造193套，完成农村危房改造110户。投资9100万元，完成23个村农村面貌改造提升项目，改造农村“连茅圈”23528个、旱厕7676座。9月17日，全国农村改厕工作现场推进会在正定县召开。

【古城保护】 将正定古城保护作为"一号工程"，集中人力、物力、财力实施保护工程项目。编制完成《隆兴寺历史文化街区修建性详细规划》等19项规划。"十大古城保护工程"完成投资1.43亿元。南关村改造项目正在建设。周汉河综合整治项目4.3千米污水管道铺设完毕，河道浆砌石2100立方米，蓄水、游园绿化完成。古城墙保护一期南门及两侧城墙修缮工程完成月城、瓮城的考古发掘、前期调研和地质勘探，月城、瓮城修复正式启动。中山路正式通车，两侧风貌整治及路网改造项目雨污分流、强弱电入地等地下设施建设完工。阳和楼复建、隆兴寺周边环境整治、开元寺历史格局恢复、临济寺及广惠寺周边环境整治4个项目规划和施工设计完成，启动拆迁。城区历史建筑修缮工程完成普查、筛选和评定，正在制定43处历史建筑、58处传统风貌建筑修缮方案。博物馆、规划馆建设完成前期梳理，进入选址和规划设计阶段。

【环境治理】 全年空气质量二级以上天数57天，单位GDP能耗和主要污染物削减目标提前一年完成"十二五"规划目标，空气质量PM10、PM2.5等主要污染物浓度呈下降趋势。削减煤炭12.81万吨，推广低硫煤23.9万吨、洁净型煤2.67万吨，取缔非法储煤场41个，关停不达标工地22个，淘汰黄标车4405辆。查处非法采砂场和车辆运输超载超限；取缔非法排污企业35家；实施重污染天气应急三级预警6次、二级预警2次、最高级别预警1次。投资8000多万元，绿化植树218.4万株，绿化面积2.42万亩，年末森林覆盖率达到23.86%，同比提高3.44个百分点。

【社会民生】 全年财政用于民生类支出14.2亿元，占公共预算支出比重74%。投资3.1亿元，实施10个方面20件利民实事完成。投资300余万元，建成"农民办事不出村"工程，实现154个村全覆盖，累计办理各类事项8000余件，经验做法在石家庄市推广。清理"吃空饷"人员365人，清理超编、超标车辆52辆，"三公"经费支出同比下降45.92%。创新社会管理、深化"平安正定"建设，按照"企业投资、政府租赁、公安使用、政法监督"思路，投入资金3000万元，依托8个智能平台，新安装1544个高清摄像头与社会监控资源优化整合，实现各村街视频联网监控全覆盖。2014年正定县通过"天网工程"预防制止违法犯罪22起，服务群众85次，破获刑事案件132起，认定交通事故35起。年末城镇职工参加基本医疗保险32132人，参加居民基本医疗保险15768人；城镇职工基本养老保险人数累计达到47848人，其中参保职工35884人，参保离退人员11964人。连续十年上调企业退休人员基本养老金，年末人均每月1884元。企业养老保险和失业保险社会化发放率和足额发放率保持100%。全年3829户7527人享受居民最低生活保障，其中城镇居民252户439人、农村居民3577户7088人；发放最低生活保障金1280.8万元、五保供养金459.3万元，救灾、救济和优抚资金947万元。全年争取国家、省、市科技计划项目24项，资金1292万元。实施重点技术创新项目13项、高新技术产业化项目10项。认定高新技术企业14家，年末拥有省级工程技术研究中心2家、市级工程技术研究中心12家；新增小蜜蜂工具院士工作站1家，累计达到2家。2014年正定县5个项目获得省市科技进步奖。投入9900万元，实施学校建设项目40个，新建校舍4万平方米，改造提升校园20个，省政府教育督导评估通过验收。医疗卫生体制改革基本完成，乡镇卫生院、村卫生室药品价格较2013年下降30%，标准化乡镇卫生院达标率100%。年末参加新型农村合作医疗农民达到98.5%。县医院新病房楼和新城铺、西平乐、南楼3个乡镇卫生院扩建完工。投入2058.79万元，实施待孕夫妇免费孕前优检1948名、育龄妇女免费生殖健康检查7.5万名，向计生特困家庭发放救助金35户14万元。举办"彩色周末"35场，获评石家庄市"彩色周末"文化活动先进县；完成图书馆、文化馆"两馆"分设和改造升级，7个乡镇建成标准化综合文化站，再次获得全国文化先进县、中国民间文化艺术之乡称号。

（戴世丽）

行 唐 县

【概况】 行唐县位于石家庄市北部，属太行山东麓浅山丘陵区与华北平原交接地带，距离石家庄市区50千米，与新乐市、正定县、灵寿县和河北省保定市曲阳县、阜平县相邻。总面积1025平方千米，农作物播种面积5.87万公顷。辖4个镇、11个乡，1个省级经济开发区，8个居委会，322个行政村。常住总人口41.86万人，人口自然增长率2.34‰。2014年行唐县完成地区生产总值121.9亿元，同比增长9.5%。其中，第一产业增加值25.7亿元，增长4.5%；第二产业增加值62.7亿元，增长11.4%；第三产业增加值33.5亿元，增长9.4%。三次产业比例为21.1∶51.4∶27.5。全社会固定资产投资142.54亿元，同比增长19.7%。全部财政收入5.17亿元，同比增长13.40%，其中公共财政预算收入3.27亿元，增长31.06%；财政支出17.3亿元，同比增长28.4%。农林牧渔业总产值50.35亿元，同比增长6.2%。拥有规模以上工业企业83个；工业主营业务收入223.1亿元；工业增加值60.1亿元，同比增长11.6%；规模以工业增加值58.1亿元，实现利润23.5亿元、利税34.5亿元。社会消费品零售总额53.67亿元，同比增长11.6%。在岗职工年平均工资33853元，同比增长7.4%；城镇居民人均可支配收入21937元，同比增长9.5%；农村居民人均可支配收入5420元，同比增长14.8%。年末城乡居民储蓄存款余额93.53亿元，同比增长15.7%。

中共行唐县委书记：姜阳
县人大常委会主任：赵士平
县　　长：王彦芳
县政协主席：盖义江

【重点项目】 全年在建项目97个，总投资192.57亿元，完成投资89.6亿元，占年度计划119.5%。其中，铃鹿（石家庄）复合建材、法国派丽德高建材项目竣工投产；河北木源泵业、河北万果红酒业等16个亿元以上项目部分竣工；续建项目23个，总投资123.4亿元，完成投资55.54亿元，占年度计划129.16%；新开工项目74个，总投资69.17亿元，完成投资34.07亿元，占年度计划106.54%；河北融投高效煤粉、河北方月农牧机械等13个亿元以上项目开工建设。6个项目列入石家庄市“项目攻坚年活动”重点项目，完成投资25.7亿元，占年度计划155.76%。其中，总投资6.01亿元的河北木源泵业两联跨铸造车间竣工；总投资5.18亿元的河北万果红酒业2条生产线建成投产；总投资21.27亿元的石家庄迎新节能科技有限公司离线Low—E镀膜玻璃生产线项目（一期）竣工投产；总投资26.99亿元的行唐国际家具园区项目正在建设（7个现代化生产车间和3座综合商务楼竣工）；投资0.74亿元的开发区污水处理厂和投资0.5亿元的开发区110千伏变电站竣工投入使用。新城区九都商贸城部分竣工投用，格瑞易购物中心开业运营。

【农业生产】 全年农林牧渔业总产值50.35亿元，同比增长6.2%。其中，农业产值19.69亿元，林业产值1.07亿元，牧业产值27.23亿元，渔业产值2823万元，农林牧渔服务业产值2.09亿元。粮食播种面积4.41万公顷，总产量28.12万吨。其中，小麦播种面积2.0万公顷，总产量13.17万吨，亩产439.0千克；玉米播种面积1.95万公顷，总产量13.68万吨，亩产466.5千克。谷子播种面积667公顷，总产量1325吨。薯类播种面积3400公顷，总产量5.33万吨。油料播种面积7080公顷，总产量2.30万吨，其中花生播种面积6670公顷，总产量2.18万吨。棉花播种面积620公顷，总产量402吨。蔬菜、瓜果类播种面积5601公顷，总产量38.97万吨。种植果园4.08万公顷，其中苹果园640公顷。水果总产量（不含果用瓜）12.66万吨，其中苹果产量8000吨、红枣产量11.5万吨。当年造林面积3601公顷，封山育林面积2733公顷，零星（四旁）植树240万株。核桃产量600吨。木材采伐量392立方米。至2014年底，奶牛、猪、羊、鸡存栏数分别达到9.4万头、17.6万头、6.0万只、390.0万只。肉、蛋、奶产量分别达到3.93万吨、

3.47 万吨、32.63 万吨，其中，牛肉、猪肉、羊肉、家禽肉、鸡蛋产量分别达到 1.01 万吨、2.21 万吨、866 吨、6022 吨、3.42 万吨。水产品养殖面积 839 公顷，总产量 1880 吨。

【城乡建设】 按照“打造颍水两岸，建设一城三区，实现产城融合”思路，编制完成《行唐县城乡总体规划（2013～2030 年）》，县城面积由 8.4 平方千米规划扩大到 27.7 平方千米。总投资 1.4 亿元的颍水河县城段综合整治初见成效，“一城三区”跨河发展框架拉开。投资 2.62 亿元，实施香港路标志性街道建设、玉城大街西延、永昌北路（朔黄铁路北侧）改造提升工程，综合整治永兴路及升仙桥路（朔黄铁路北侧）北延、新区颍水大街、启新大街、升仙桥南路等 11 项道路建设。投资 3822.61 万元，完成唐尧大道绿廊工程及京昆高速南口、西南出城口、玉城大街西延、永昌北路三角地 4 个节点绿地项目，新增公共绿地 33.84 万平方米。玉府新城、启天悦城、幸福家园、龙泉花园、南城小镇等 14 个城中村改造项目通过县规划委员会审批，拟占地 1065 亩，规划建筑面积 243.6 万平方米。投资 8540 万元，启动城区集中供热项目建设，一期颍水河南三号、五号热源站两台 25 蒸吨锅炉和新一中热源站 20 蒸吨锅炉投入使用，城区玉城大街以南“两纵六横”26 家党政机关、事业单位和 31 家住宅小区的供热主支管网铺设完工，总铺设长度 27 千米，供热面积 43.61 万平方米。投入资金 1100 多万元，开展城乡环境卫生“大洗脸”行动，拆除违陋建筑 17 万平方米。更换安装 LED 路灯 600 盏。实施管道天然气进城工程，城区实现 24 小时供水。围绕打造“一环两沿”区域，两个示范区块和精品线路目标，制定出台《行唐县农村面貌改造提升行动实施方案》，投入资金 7763 万元，集中开展“清洁城乡，维护健康”环境卫生整治活动，完成五大工程 15 个方面 19 项工作目标，重点打造西杨庄、侯阳关、封家佐、西市庄、东杨庄和东伏流、北张吾、东留营、西留营 2 个示范片区；完成 20 个省级重点村改造提升，主要打造西市庄、李七里峰、上碑镇东街 3 个精品示范村，其中上碑镇东街获评市级美丽乡村。落实 109 个村环境卫生保洁长效机制，配备保洁员 327 人、垃圾清运车 95 辆，新建垃圾收集池 150 个，购置垃圾桶 150 个，清理垃圾杂物 12.59 万立方米、残垣断壁 446 处，粉刷墙壁 13.7 万平方米，墙体改造 10.25 万平方米，打机井 10 眼，铺设供水管道 55.36 万米，安装水表 6920 块，新增、改造变压器 18 台，改造电力线路 125.9 千米，改造危房 187 户，5 所幼儿园和 3 所小学添置教育设备 3525 套，栽植各类苗木 13.3 万棵，安装路灯 555 盏，绘制文化墙 2074 平方米，硬化道路 8.8 万平方米，改造连茅圈 51514 座，新建互助幸福院 20 个。

【环境治理】 全年削减燃煤 3.1 万吨，关停分散燃煤锅炉 53 台。投入资金 50 万元，购买燃煤节净剂 160 吨，逐个发放给未纳入集中供热分散燃煤锅炉用户。淘汰黄标车 2126 辆。推行绿色生产，玉晶玻璃 4 条生产线脱硫、3 条生产线脱硝设施建成投用。开展规模化养殖小区粪污无害化处理，纳入石家庄市财政补贴 46 家奶牛养殖场（小区）粪污治理工程全部竣工。投资 840 万元，实施煤炭物流基地污染治理，清理取缔分散储煤场 28 家。实行县、乡、村三级环保网格化管理，查处违法排污企业 65 家。打击矿山、河道私挖滥采行为，率先在全省实施河道采砂经营权竞标出让。取缔黏土砖瓦窑 33 座，治理上阎庄、团山 2 个片区水土流失 20 平方千米。绿化植树 570 万株，造林 5.4 万亩，年末森林覆盖率达到 36.95%。

【医养扶一体化】 围绕计生特殊困难家庭成员“老有所养、病有所医、难有所助”目标，推行计生特殊困难家庭医疗、养老、亲情关爱活动，实施 3 个方面 20 项关怀扶助优惠政策。与 54 户 68 名家庭人员签订医疗救治授权书，提供享受医疗绿色通道。44 户与爱心契约赡养人、村委会 3 方签订赡养协议。3 户居住危房计生家庭修缮或改造。每个计生家庭成员投保 400 元住院护工保险补贴。每户计生家庭配发手机 1 部，落实每月 100 分钟话费补贴。66 名老人每人投保 200 元意外伤害保险 1 份。农村 60 岁以上老人每人每月发放 55 元养老金基础上再增发 50 元，其中 60～79 周岁给予每人每月 200 元养老补贴，80 周岁以上给予每人每月 400 元养老补贴，已故家庭成员落实 3000 元丧葬补贴。1 月 9 日，全国“文化、卫生、科技”三下乡活动在行唐县举行集中启动仪式，国家卫生计生委副主任崔丽到行唐县慰问计生特殊困难家庭，指导“医养扶一体化”机制创建工作。3月18日、7月3日、7月9日、8月6日，河北省计划生育会、河北省计划生育利益导向暨特殊困难家庭扶助工作培训会、全国计划生育特殊困难家庭扶助关怀工作座谈会、河北省计划生育协会亲情关爱行动暨重点工作推进会召开，行唐县分别作了“医养扶一体化”工作经验介绍，得到中央电视台《新闻联播》、新华社《国内动态清样》、《新华每日电讯》、《人民日报内参》、《中国人口报》等新闻媒体宣传报道。

【社会民生】 全年发放救灾款258.2万元、棉被1600床，救助灾民3万人次。保障城镇低保对象616户1457人，发放城镇低保资金375.3万元；保障农村困难群众5980户10769人，发放农村低保资金1637.42万元。五保供养对象1177户1187人，发放五保供养资金454.09万元。发放孤儿基本生活补助资金176万元。推行“爱心责任代养制”，有效解决农村散居五保对象衣、食、住、医、葬等问题。开展医疗救助“一站式”服务，发放医疗救助资金256万元，救助1969人次。《中华人民共和国政区大典石家庄卷·行唐篇》编纂完成。年满60周岁部分农村籍退役老兵，年满60周岁部分烈士子女统计摸底、档案审核、信息采集、录入及烈士证换补摸底、审核、录入信息工作完成；接收退役士兵168人，全部实行货币安置；退役士兵技能培训率达87%以上。全年免费办理老年优待证400个；登记社会民办养老机构6家，床位320张，入住233人；行政村“农村互助幸福院”建设实现全覆盖。办理收养登记3例，救助流浪乞讨人员157人次。登记民办非企业4个、社会团体6个。设立“民生联络站”900多个。安排残疾职工就业226名。依法办理结婚登记3636对，离婚登记483对，登记合格率保持100%，2014年行唐县婚姻登记处被国家民政部授予全国规范化婚姻登记处。

（赵翠玉　杨雪玲　王欣　顾津考）

灵寿县

【概况】 灵寿县位于石家庄市西北部，距离石家庄市区30千米，与行唐县、正定县、鹿泉区、平山县和河北省保定市阜平县相邻。总面积1069平方千米，农作物播种面积3.60万公顷。辖6个镇、9个乡，1个省级经济开发区，3个居委会，279个行政村。常住总人口34.22万人。2014年灵寿县完成地区生产总值88.5亿元，同比增长4.5%。其中，第一产业增加值16.6亿元，增长5.4%；第二产业增加值43.7亿元，增长0.8%；第三产业增加值28.1亿元，增长11.1%。三次产业比例为18.8∶49.4∶31.8。实施技改项目34项，完成投资39.1亿元，同比增长36.9%。全社会固定资产投资97.38亿元，同比增长18.7%。全部财政收入3.88亿元，同比下降3.20%，其中公共财政预算收入2.51亿元，增长13.42%。农林牧渔业总产值31.41亿元，同比增长8.1%。拥有规模以上工业企业69个，其中新增加7个；工业主营业务收入140.6亿元；工业增加值40.9亿元，同比增长0.1%；规模以工业增加值36.4亿元，实现利润15.2亿元、利税17.5亿元。社会消费品零售总额36.7亿元，同比增长11.5%。城镇居民人均可支配收入21577元，同比增长9.4%；农村居民人均可支配收入5049元，同比增长14.3%。售电量13.80亿千瓦时，同比增长3.9%。9月30日，国家环保部命名灵寿县灵寿镇为国家级生态乡镇。

中共灵寿县委书记：宋存汉
县人大常委会主任：马国云
县　　　长：周雪军
县政协主席：傅连英

【重点项目】 全年实施重点建设项目45个，总投资254.5亿元。铠朗科技一期等10个项目竣工投产，天宇泵业等14个项目开工，玻璃纤维及环保复合新材料等21个项目顺利推进。康泰塑胶、食用菌产业园项目实现当年签约、当年开工。2月20日，灵寿县举行重点项目集中签约仪式，占地2360亩的松阳河景观整治改造、占地500亩的年产10万辆残疾人专用电动车、年产24万吨PVC/PPR/PE管材管件、食用菌产业园、占地1000亩的新西兰现代农牧观光博览园、食品加工厂新建等17个重大项目集中签约，总投资169.15亿元，合同引进资金155.95亿元。其中，四川攀星绿色食品集团有限公司的食用菌产业综合体项目总投资45亿元，占地面积1100亩。争取中央预算内投资项目31个，资金5429万元。引进市外资金23.32亿元、技术29项、人才490人次。经济开发区新进项目5个，年末入区企业总数34家，主营业务收入92亿元。

【农业生产】 全年农林牧渔业总产值31.41亿元，同比增长8.1%。其中，农业产值15.86亿元，林业产值1.22亿元，牧业产值12.25亿元，渔业产值9319万元，农林牧渔服务业产值1.15亿元。粮食播种面积2.96万公顷，总产量13.81万吨。其中，小麦播种面积1.4万公顷，总产量6.70万吨，亩产335.8千克；玉米播种面积1.95万公顷，总产量13.68万吨，亩产320.0千克。薯类播种面积3115公顷，总产量4.56万吨。油料播种面积2513公顷，总产量4951吨，其中花生播种面积2419公顷，总产量4901吨。棉花播种面积230公顷，总产量140吨。蔬菜、瓜果类播种面积3266公顷，总产量22.40万吨。种植果园2269公顷，其中苹果园180公顷、葡萄园170公顷。水果总产量（不含果用瓜）2.18万吨，其中苹果产量4950吨、葡萄产量3225吨、红枣产量1125吨。当年造林面积3153公顷，封山育林面积3867公顷，零星（四旁）植树230万株。干果产量9731吨。木材采伐量1.76万立方米。至2014年底，奶牛、猪、羊、鸡存栏数分别达到2.2万头、16.98万头、5.02万只、228.3万只。肉、蛋、奶、蜂蜜产量分别达到3.15万吨、1.94万吨、6.45万吨、110吨，其中，牛肉、猪肉、羊肉、家禽肉、鸡蛋产量分别达到3304吨、2.31万吨、828吨、3720吨、1.93万吨。水产品养殖面积2767公顷，总产量8330吨。食用菌种植面积4924亩，分布在10个乡镇、95个行政村、8000余户，年产量11.61万吨，年产值6.5亿元，纯收入3.5亿元。核桃种植面积13342公顷，年产量6500吨，年产值1.6亿元，涉及8个乡镇、151个村，建成万亩以上核桃片区5个，千亩以上核桃基地52个。栽植茶叶730余亩，年产量200千克，年产值200万元。中草药种植面积5.28万亩，年产量4800吨，年产值1.1亿元。年末建成无公害蔬菜（食用菌）标准化示范园4个，省级中药材示范园3个，小麦、玉米万亩高产创建示范片2个，千亩红薯基地2个，发展茶叶种植园500亩。冀乐食用菌专业合作社获授国家农民合作社示范社。土地流转面积5.14万亩，占家庭承包耕地总面积18%，同比增长4%。投资3.97亿元，实施4个太行山前农村土地整治示范项目，新增耕地1.35万亩；投资6093万元，实施土地占补平衡项目17个，新增耕地5000亩；投资480万元，完成中低产田改造4420亩。农机购置发放补贴资金950万元。投资2170万元，除险加固小型水库4座，治理水土流失面积30平方千米。实施精准化扶贫，建档立卡贫困人口8.38万；发放小额信用贷款2798万元。实施“雨露计划”、30个贫困村产业项目、11个贫困革命老区整村推进项目，稳定脱贫1.5万人。

【服务业和旅游业】 全年服务业实现增加值24.2亿元，同比增长10.2%。推行商事登记改革，放宽注册登记审批，注册各类市场主体1.18万户，同比增长23.3%。投资1.1亿元的恒丰煤炭等2家物流园区具备运营条件。汽车贸易城、岔头农贸市场2个商贸项目竣工。投资3.5亿元的陈庄商贸街项目开工。五岳寨、水泉溪、秋山3个4A级旅游景区实施提升改造。同下蔬菜、马家庄葡萄、大湾苹果等20个乡村旅游示范点和100家精品农家乐建设工程启动。连续两届承办五岳寨国际越野赛。至2014年末，灵寿县接待游客69万人次，同比增长17.3%；旅游业综合收入2亿元，同比增长21.5%。

【城乡建设】 灵寿县城乡总体规划经石家庄市政府审批通过。投入资金1.13亿元，建设标志性街区1条、景观大道1条、特色风貌街区1个、高标准出入口2个、样板路4条、迎宾大道7.5千米。投资3231万元，实施科纺大街开通、开发区二区至主城区污水管网铺设工程。正南公路岔头至陈庄段改造和灵黑公路改建工程完工，穿行县域2条主动脉贯通，解决了五岳寨旅游难、山区群众出行难问题。总投资 82 亿元的 5 个城中村改造项目和总投资 48 亿元的松阳河综合整治工程（一期工程投资 3.6 亿元）启动。开展农村面貌改造提升和“畅通主动脉、美化旅游路、满意灵寿游”活动，整合资金 3004 万元，实施农村厕所改造、村庄绿化、垃圾清理等 15 项工程，完成 4 个省级生态乡镇、18 个省级生态村、80 个市级生态村创建。关停取缔粉尘企业 715 家、水污染企业 227 家，淘汰回收黄标车 2866 辆。环境治理 5 项节能减排指标提前一年完成“十二五”规划目标。实施城区植绿、廊道补绿、项目增绿工程，县城新增绿化面积 15 万平方米，年末人均公园绿地面积 12.9 平方米，绿化覆盖率达到 41.77%，森林覆盖率达到 48.93%。

【社会民生】 全年城镇新增就业 3124 人，下岗失业人员再就业 695 人，分别完成年度任务 124% 和 115%。城镇职工医疗保险实现市级统筹，发放低保金、五保供养款、医疗救助等政策性资金 3940 余万元。细化预算编制，率先在石家庄市实现县级所有预算单位和乡镇国库集中支付全覆盖。投资 1600 万元的陈庄歼灭战陈列馆落成，成为河北省唯一在战争遗址建设的红色教育基地。县标准化档案馆主体工程竣工。义务教育基本均衡发展通过省政府评估验收；新招录幼儿教师 40 名；灵寿镇中心幼儿园、县直幼儿园达到市级一类园、省级示范园标准。县乡村公立医疗机构实现基本药物零差率销售；15 所乡镇卫生院、100 所村卫生室中医药服务能力建设完成；4 个乡镇卫生院新扩建项目启动。新农合参合率达到 99.96%，位列全市第一名。探索建立计划生育服务回访中心，创建经验在石家庄市推广；人口出生率 16.14‰，婴儿出生性别比 103.65。新增省名牌产品 1 件；新增省著名商标 8 件，总量达到 17 件。投资 100 万元，实施农村“大喇叭”工程；开展科技培训和农民实用技术培训 15 期 1000 人次。新建乡镇综合养老服务中心 5 个、农村互助幸福院 69 个，农村互助幸福院实现村级全覆盖。

（灵寿县地方志办公室）

高 邑 县

【概况】 高邑县位于石家庄市南部，属华北平原西部边缘，太行山脉东麓，距离石家庄市区 51 千米。总面积 211 平方千米，农作物播种面积 3.23 万公顷。辖 3 个镇、2 个乡，5 个居委会、107 个行政村。常住总人口 19.16 万人。2014 年高邑县完成地区生产总值 77.3 亿元，同比增长 9.1%。其中，第一产业增加值 11.3 亿元，增长 6.4%；第二产业增加值 45.4 亿元，增长 9.9%；第三产业增加值 20.6 亿元，增长9.0%。三次产业比例为 14.62：58.73：26.65。全社会固定资产投资 65.15 亿元，同比增长 21.7%。全部财政收入 4.87 亿元，同比增长 11.16%，其中公共财政预算收入 3.53 亿元，增长 15.87%。农林牧渔业总产值 21.06 亿元，同比增长 7.3%。拥有规模以上工业企业 66 个，其中新增规模以上工业企业 6 个；工业主营业务收入 137.0 亿元；工业增加值 40.3 亿元，同比增长 11.4%；规模以工业增加值 33.0 亿元，实现利润 12.2 亿元、利税 14.3 亿元。社会消费品零售总额 29.5 亿元，同比增长 11.7%。城镇居民人均可支配收入 21359 元，同比增长 11.0%；农村居民人均可支配收入 10281 元，同比增长 9.0%。2014 年高邑县获授 2013～2014 年度河北省人居环境进步奖。

中共高邑县委书记：杨国芳

县人大常委会主任：徐将威

县　　长：彭敬捷

县政协主席：何兴旺

【重点项目】 全年在建重点项目 48 个，总投资 227 亿元。鑫祥陶瓷、昱泰门窗、兆鹏钢构等 11 个项目竣工投产；广骏建材、晶鑫达装备制造等 37 个项目正在建设；8 个项目列入石家庄市“项目攻坚年”重点项目，完成投资 22.8 亿元，超过年度计划 1.2 亿元；博广窑炉当年开工、当年投产、当年纳税，获评石家庄市优秀项目；盛益饮品提前竣工，获评石家庄市先进项目。全年参加和举办招商活动 308 批次，洽谈项目 82 个，其中，石焦搬迁、陕煤热能等 36 个项目达成合作意向；

建陶之都、迪森热能、远鹏物流等15个项目签约落户，总投资156亿元。乐嘉商厦开业运营。新注册各类市场主体428户，同比增长54.5%。拓宽融资渠道，引进域外资金4亿元。争取土地指标676亩，保障了重点项目用地需求。

【农业生产】 全年农林牧渔业总产值21.06亿元，同比增长7.3%。其中，农业产值15.09亿元，林业产值1412万元，牧业产值4.85亿元，农林牧渔服务业产值9671万元。粮食播种面积2.23万公顷，总产量16.17万吨。其中，小麦播种面积1.11万公顷，总产量7.97万吨，亩产475.3千克；玉米播种面积1.05万公顷，总产量7.96万吨，亩产505.0千克。油料播种面积1257公顷，总产量4847吨。棉花播种面积93公顷，总产量106吨。蔬菜、瓜果类播种面积8648公顷，总产量62.5万吨。种植果园119公顷；水果总产量（不含果用瓜）3525吨。当年造林面积501公顷，零星（四旁）植树30万株。干果产量500吨。木材采伐量365立方米。至2014年底，奶牛、猪、羊、鸡存栏数分别达到2600头、6.32万头、1.84万只、184.35万只。肉、蛋、奶产量分别达到1.36万吨、1.59万吨、7800吨，其中，牛肉、猪肉、羊肉、家禽肉、鸡蛋产量分别达到361吨、7849吨、348吨、3990吨、1.59万吨。新引进绿苑达、万宝园等苗木公司4家，年末苗木种植面积达到1.6万亩。引进浙江森禾花卉公司，启动一期占地1200亩花卉基地和交易市场建设。华辰淀粉获评河北省农业产业化重点龙头企业称号，实现省级农业产业化龙头企业“零”突破。新建金世纪等设施蔬菜园区2个，新增设施蔬菜4000亩，新增“国青”番茄等绿色食品认证4个。蔬菜市场交易量40亿千克，同比增长11%，获评“全国农产品冷链50强”、“全国保障城乡供应先进市场”。改造高标准农田2万亩，新增节水灌溉2万亩；王同庄街道办事处、大营镇西大一村土地确权登记试点启动；新增土地流转面积1.5万亩，土地流转率达到26.8%。

【工业经济】 园区实施基础设施建设13项，南星路东延、工业路立交桥、陶瓷电力专线等6项工程竣工投用；恒泰路拓宽、第二污水处理厂等7项工程正在建设；新入驻企业9家，实现销售收入112亿元，同比增长53.5%。兴龙包装、永利纺织实现股权挂牌；13家域外银行与38家骨干企业集中对接。全年实施技改项目20项，完成投资46亿元，同比增长27%。景德镇陶瓷学院高邑工作站成立；与意大利斯瑞公司达成设立陶瓷研究开发中心意向；鑫祥、昊龙等5家企业在环保、工艺方面实现新提升；力马、圣泽获评石家庄民营企业50强；高邑建材城销售收入达到5亿元。与中国科学院、山东科技大学合作建立氧化锌研究院，龙力化工获评中国氧化锌十强企业；王同庄镇获评河北省锌业循环化工名镇。

【城乡建设】 实施太行路东延、东城大街北延等17项重点工程；启动刘秀路迎宾大道建设，完成凤中路标志性街道、花南路特色街道改造。新建节点游园15处，完成亿博大街等12条道路绿化，新增绿地面积52万平米。实施垃圾清运、广告牌匾、交通秩序等六大专项整治，新增清扫、洒水车5辆，机械化清扫率达到51.6%；规范整治广告牌匾1.8万平米。数字化城管指挥中心建成投用。县城容貌通过国家级园林县城初评，获得河北省人居环境范例奖、进步奖和“全市生态宜居最美县城”称号。成功列入河北省农村环境连片整治整县域推进试点县，东塔影、王家村等17个重点村面貌全面改善，东邱村获评省级美丽乡村。按照“政府购买服务”理念和“市场化、全域化、长效化”思路，探索推行“户分类、村收集、公司转运处理”城乡垃圾处理新模式，城区及33%的乡村实现垃圾统一清运、无害化处理，并在全省农业农村工作会议作经验介绍。

【环境治理】 实施压煤、抑尘、减排、控车、增绿综合措施，关停小铸造、小化工企业52家；城区大型燃煤锅炉全部拆除改造，推广环保采暖炉具7200台；削减燃煤8.7万吨，推广优质低硫煤3.8万吨，关停储煤场10家；城区12家建筑工地全部实现绿色施工；淘汰黄标车1576辆。开展陶瓷行业专项治理，实施料场棚化、酚水治理、造粒塔脱硫措施，20家建陶企业全部安装在线监测，关停高耗能、高污染3家。以清洁空气、清洁土壤、清洁水源行动为内容，开展生态村镇创建活动，评选市级生态村16个、生态乡镇1个。开展八大绿化工程，绿化植树300万株。

【社会民生】 全年财政用于民生类支出8.3亿元。城镇居民、职工医保实现市级统筹；4600余名离退休人员提高养老待遇；党政及事业单位人员调整工资津补贴标准。启动示范性老年公寓建设，90%村建成农村互助幸福院。查处损害发展环境典型案件37起。全部乡镇建成便民服务中心；70%村便民服务站开展标准化建设，进驻办理便民服务42项。卫生、计生机构合并；2所私立学校改制；食品药品监管职能整合；工商和质量监管部门划入县域管理。探索推行天然气阶梯气价，居民取暖供气基本平稳。建设保障性住房260套，改造农村危房290套。加强社会治安综合治理，群众安全感、满意度测评连续两年居石家庄市第二名。

（高邑县地方志办公室）

深 泽 县

【概况】 深泽县位于石家庄市东北部，地处石家庄市、衡水市、保定市交界处，距离石家庄市区75千米。总面积286平方千米，农作物播种面积3.59万公顷。辖3个镇、3个乡，3个居委会、125个行政村。常住总人口25.70万人，人口自然增长率为4.2‰。2014年深泽县完成地区生产总值94.4亿元，同比增长9.5%。其中，第一产业增加值14.9亿元，增长2.8%；第二产业增加值56.7亿元，增长10.3%；第三产业增加值22.8亿元，增长11.8%。三次产业比例为15.8∶60.1∶24.1。全社会固定资产投资67.58亿元，同比增长21.4%。全部财政收入4.80亿元，同比增长11.92%，其中公共财政预算收入3.49亿元，增长15.03%。农林牧渔业总产值28.67亿元，同比增长4.9%。拥有规模以上工业企业77个，其中新增规模以上工业企业8个；工业主营业务收入188.5亿元；工业增加值49.9亿元，同比增长11.3%；规模以工业增加值48.4亿元，实现利润5.4亿元、利税10.5亿元。社会消费品零售总额37.47亿元，同比增长11.6%。城镇居民人均可支配收入20781元，同比增长8.5%；农村居民人均可支配收入9758元，同比增长12.6%。

中共深泽县委书记：王德庆

县人大主任：杨秋

县　　长：张少华

县政协主席：张庆民

【重点项目】 全年谋划建设千万元以上项目215个，总投资485亿元。其中，亿元以上项目91个；5亿元以上项目17个；10亿元以上项目8个；列入石家庄市攻坚年项目8个。工业投资完成51.1亿元，同比增长37.1%；工业技改投资完成34亿元，同比增长24.5%。深科公司保温板、华运公司钻井助剂二期、龙泽公司口服制剂等66个项目竣工投产；康润安废旧轮胎再利用、中小企业创业辅导基地、科仁医药、万翔制药等80个项目正在建设。深泽经济开发区纳入省级开发区管理序列。生物产业园热电联产项目开工，天然气入园工程主管道完工。实施“小巨人”企业培育计划，龙泽制药、同成煤矿安全器材、华运鸿业、农哈哈、鹏辉纺织、鸿泽塑胶、柏奇化工、盛达纺织、宏泰纺织、万顺洗涤、飞龙日化、新玉化工、顺天纺织、深玉纸业、健达高科等25家企业成为首批“小巨人”企业。新建口服固体制剂、年产1.3万吨铁钉丝网生产线扩建、自动化设备制造、年产2亿罐植物蛋白饮料、纳米抗菌自洁釉卫生瓷、年产6000万支中高档气门生产线等14个项目列入河北省技改计划。生物、节能环保、新材料、新能源、电子、装备制造领域34个战略性新兴产业项目列入石家庄市项目库。新增各类企业538家。其中，新增金昊化工、惠泽化工、尚和盛家具、洛克康医疗器械、中泽纸制品、润泽油脂等规模以上企业8家；新增农哈哈、鸿泽塑胶、柏奇化工、龙泽制药、健达高科、纳利鑫洗化、海丽特种石墨、凯恩利生物技术、盛弛汽车零部件等科技型中小企业31家。创建“农哈哈”、“寿元中华鳖”、“吉丽达布艺”等省名牌产品和著名商标6个。2014年农哈哈公司被确定为国家知识产权运用能力试点企业和河北省技术创新示范企业。

【农业生产】 全年农林牧渔业总产值28.67亿元，同比增长4.9%。其中，农业产值17.45亿元，林业产值2792万元，牧业产值9.80亿元，渔业产值667万元，农林牧渔服务业产值1.08亿元。粮食播种面积2.78万公顷，总产量19.86万吨。其中，小麦播种面积1.25万公顷，总产量9.07万吨，亩产482.3千克；玉米播种面积1.36万公顷，总产量10.21万吨，亩产498.7千克。豆类播种面积950公顷，总产量1600吨。油料播种面积1703公顷，总产量6514吨。棉花播种面积536公顷，总产量486吨。蔬菜、瓜果类播种面积5859公顷，总产量47.04万吨。种植果园3843公顷，其中苹果园2117公顷、梨园837公顷、桃园66公顷、葡萄园774公顷。水果总产量（不含果用瓜）11.08万吨，其中苹果产量7.05万吨、梨产量2.56万吨、桃产量1154吨、葡萄产量1.30万吨。当年造林面积873公顷，零星（四旁）植树104万株。干果产量695吨。木材采伐量1956立方米。至2014年底，奶牛、猪、羊、鸡存栏数分别达到1.4万头、12.05万头、7.57万只、220.86万只。肉、蛋、奶产量分别达到2.43万吨、1.95万吨、4.55万吨，其中，牛肉、猪肉、羊肉、家禽肉、鸡蛋产量分别达到1488吨、1.75万吨、1553吨、3532吨、1.94万吨。投资4900万元，实施现代农业产业、田间工程、高标准农田建设、土地深松等农田水利项目10余个。白山药种植突破1万亩，新增薄皮核桃种植面积1300亩。探索推行土地托管模式，托管面积1.58万亩。新增市级农业产业化龙头企业6家、“一村一品”专业村5个；投资5亿元的佳上食品项目建设完工；“爱民家庭农场”成为石家庄市首批7个家庭农场之一；2个养殖场通过省级无公害产品产地认证。农业产业化经营率达到46%。

【商贸服务业】 落实市场监管改革，食品药品监管部门与工商部门合并，成立市场监管局；质量监管与商务部门职能划转县域管理。隆基泰和广场竣工，天脉综合建材城一期营业，益佳悦城市广场主体完工。推进注册登记改革，新增个体工商户1423户。自营出口企业达到35家，进出口总额完成1.2亿美元，同比增长9.38%。首家村镇银行利丰银行正式运营；河北省新合作投资担保公司在深泽县设立办事处，年末金融机构贷款余额达到26.6亿元。

【城乡建设】 城乡总体规划通过石家庄市政府批复；西焦庄、北刘家庄、南旺、南翟头、宋家庄等20个重点村环境整治规划编制完成。晋深公路、深泽湖、滨河公园（简称一路一湖一园）后续建设完工。晋深公路桥头段拆迁改造，建成“梦之帆”群雕；晋深线、安新线绿化和亮化工程完工，建成高标准迎宾大道；深泽湖、滨河公园配套设施基本健全。县城外环路、向阳街商贸文化街、万人精品示范小区、滹沱河湿地公园（简称一环一街一区一河）工程启动，北外环路和西环路北延通车。安新公路县城段占地、拆迁完成。南水北调配套工程开工建设，白庄水厂二期通水运行，解决了2.14万人的饮水安全问题。投资1.09亿元，建成磁河110千伏变电站等供电设施。改建向阳街中段等城区道路6条，完成府前路（西苑街—向阳街）改造，建设通村公路6条，铁杆至马里公路（即佳上大道）主体工程完工。新增供热面积20万平方米；集中供气覆盖30多个小区和部分企业；投资1500万元，新建通讯基站23个、互联网光纤化改造28个村。绿化提升迎宾三角、西苑街南口、北外环等10个重点部位，改建净化亮化联通游园和北极台公园。嘉悦尚城等精品社区初具规模。开展农村面貌改造提升行动，20个省级重点村和13个革命老区重点村建设取得明显成效。建设保障性住房400套，完成农村危房改造295户。

【环境治理】 主要污染物减排任务完成，单位GDP能耗下降5.07%，连续三年获评石家庄节能工作先进县。实施水、大气污染防治，查处违法案件38起，取缔污染企业15家，消减工业用煤4910吨，淘汰“黄标车”1861辆。投资3658万元，完成磁河、滹沱河治理工程。洁美生活垃圾处理厂正常运转，城区垃圾实现随产随清、无害化处理。栽植各类树木187.2万株，森林覆盖率位列石家庄平原县第三位。全年空气质量二级以上优良天数达到62天。

【社会民生】 城镇新增就业2547人，转移农村劳动力1590人，城镇登记失业率3.4%。发放公益岗位补贴256万元、就业小额担保贷款500万元。城镇职工医疗保险实现市级统筹，参保人数达到13.67万人次；社保基金支出1.15亿元；发放社会救助金、义务兵优待金、高龄补贴2923万元，惠及保障群体1.6万人。社会治安防控体系得到健全，刑事发案率同比下降17.4%。125个农村书屋配置图书，37个村安装健身路径等文体器材；北极台实施油饰维修；开展“彩色周末”、全民健身、公益电影放映等文化惠民活动，小戏《跑驴》等文艺作品获评省市大奖。投资4500万元，实施薄弱学校硬件建设，新建公办幼儿园2所；省政府义务教育发展基本均衡县通过评估，获评河北省教育成绩突出县和石家庄市高中教学进步奖，县幼儿园命名为河北省示范性幼儿园。实施县级公立医院改革，新中医院正式营业；新农合筹资标准提高到390元，补偿资金7806万元；落实计生惠民政策，发放奖励扶持资金285万元；婚检率、产前筛查率、新生儿疾病和听力筛查率分别达到97%、76.8%、98.3%和98.9%；

（袁剑军）

赞皇县

【概况】 赞皇县位于石家庄市西南部，与高邑县、元氏县、井陉县和河北省邢台市毗邻，距离石家庄市区44千米。总面积1210平方千米，农作物播种面积3.54万公顷。辖2个镇、9个乡，1个省级经济开发区，8个居委会、212个行政村。常住总人口25.19万人，人口自然增长率9.29‰。2014年赞皇县完成地区生产总值96.3亿元，同比增长5.1%。其中，第一产业增加值16.2亿元，增长2.9%；第二产业增加值56.9亿元，增长4.6%；第三产业增加值23.2亿元，增长7.5%。三次产业比例为16.8：59.1：24.1。全社会固定资产投资123.91亿元，同比增长18.2%。全部财政收入4.34亿元，同比增长0.15%，其中公共财政预算收入2.52亿元，增长14.43%；财政支出12.4亿元，同比增长10.7%。农林牧渔业总产值28.25亿元，同比增长4.2%。拥有规模以上工业企业73个；工业主营业务收入185.7亿元；工业增加值53.0亿元，同比增长5.1%；规模以工业增加值51.4亿元，实现利润22.2亿元、利税25.2亿元。社会消费品零售总额35.50亿元，同比增长11.7%。城镇居民人均可支配收入19741元，增长8.2%；农村居民人均可支配收入4509元，同比增长0.5%。年末金融机构各项存款余额70.4亿元，同比增长20.5%；各项贷款余额30.2亿元，同比增长17.2%。连续11年获评石家庄市安全生产目标管理先进单位。

中共赞皇县委书记：
张小国（4月免）
冯立业（11月任）
县人大常委会主任：陈印增
县　　长：冯立业
县政协主席：张万银

【农业生产】 全年农林牧渔业总产值28.25亿元，同比增长4.2%。其中，农业产值12.97亿元，林业产值1.28亿元，牧业产值11.97亿元，渔业产值1050万元，农林牧渔服务业产值1.93亿元。粮食播种面积2.56万公顷，总产量10.47万吨。其中，小麦播种面积1.13万公顷，总产量5.44万吨，亩产319.7千克；玉米播种面积1.17万公顷，总产量4.56万吨，亩产260.0千克。薯类播种面积1370公顷，总产量1.44万吨。油料播种面积6904公顷，总产量9855吨，其中花生播种面积5257公顷，总产量7585吨。棉花播种面积108公顷，总产量67吨。蔬菜、瓜果类播种面积2705公顷，总产量16.22万吨。种植果园3.2万公顷，其中苹果园600公顷、梨园400公顷。水果总产量（不含果用瓜）13.39万吨，其中苹果产量4000吨、梨产量2100吨、红枣产量11.91万吨。当年造林面积2740公顷，封山育林面积1.88万公顷，零星（四旁）植树320万株。干果产量1.41万吨。木材采伐量1870立方米。至2014年底，牛、猪、羊、鸡存栏数分别达到6.05万头、8.5万头、6.3万只、237.1万只。肉、蛋、蜂蜜产量分别达到2.57万吨、2.0万吨、1600吨，其中，牛肉、猪肉、羊肉、家禽肉、鸡蛋产量分别达到1.07万吨、1.02万吨、729吨、3782吨、1.97万吨。水产品养殖面积300公顷，总产量1000吨。新增家庭农场25家，年末农民专业合作社达到355家。原村土布、汇川优质核桃专业合作社再次获评国家级示范社；天源蜂业、福源樱桃等7家合作社获评省级示范社。全年解决农村2.3万人安全饮水问题；除险加固小型水库8座，完成小流域综合治理20平方千米。2014年12月，赞皇县的石家庄丸京干果有限公司、河北枣能元食品有限公司、河北绿康枣业有限公司、石家庄皇品农产品加工有限公司、河北皇农生态枣业有限公司、河北开朗家居用品有限公司6家企业获评2014～2015年度河北省林业重点龙头企业。岭根底千亩苹果标准化生产示范园、北水峪千亩中药材种植示范园通过省市验收。洛杉奇太行柴鸡生态养殖幸福庄基地申报国家第八批农业标准化示范区；赞皇大枣获得第三届中国国际森林博览会金奖。林权制度改革获评河北省唯一全国林改工作示范县。

【工业项目】 全年安排重点项目38个，完成总投资45亿元，完成计划任务117.6%。赞皇经济开发区入驻企业34家，实现税收1.2亿元。总投资2.3亿元的古河金砾项目实现石子环保生产。县城区、旅游景区和乡镇邮政所4G网络实现全覆盖。核桃产业优化升级示范项目获得国家科技部立项，这是赞皇县首次获得国家级科技项目。丸京干果获评全国食品安全示范单位。鸿业塑胶获评石家庄市民营企业50强。天山工业园获评市级中小企业创业辅导基地。艾科中意等24家企业认定为科技型中小企业。枣能元红枣果肉饮料及提取技术获评河北省工业新产品新技术，填补国内空白。

【旅游业】 《嶂石岩槐河漂流》、《黄北坪红色旅游》等4个旅游规划通过专家评审。嶂石岩游客服务中心主体完工；棋盘山游客服务中心场地平整完成；嶂石岩、棋盘山景区顺利通过河北省4A级景区复核验收；嶂石岩获评国家级体育旅游精品景区和环京津体育休闲健身圈基地。年末全县农家乐达到150多家，年收入2000多万元。“赞皇原村土布”、“太行原村赞皇大枣、核桃”入选河北必购旅游商品。全年旅游接待游客70万人次，旅游业总收入4.2亿元。2014年赞皇县出租车公司投入运营，这也是赞皇县第一家出租车公司，较好改善了旅游出行环境。

【城乡建设】 县城重新规划，《赞皇县城乡总体规划》通过石家庄市政府审批，形成一城一区（县城区和五马山工业区）总体布局。实施万坡顶街南伸北延、太行路西延、通府街升级改造、集中供热等12项重点建设工程。石臼山公园续建工程完工，结束了赞皇县没有综合性公园的历史。投资5100多万元的迎宾大道竣工通车，投资3800多万元的通府街升级改造工程完工；投资1600多万元的县城地表水厂竣工；实施南城区5.5千米排水管网建设工程；新增供热面积60万平方米，年末集中供热面积达到150万平方米，集中供热率达到80%以上。危房改造完成1200户、棚户区改造400套，分配98户，公租房竣工600套。开展房地产市场清理整顿，规范县城在建楼盘33个，追缴土地出让金和税费1.2亿元。新建农村公路8条12千米。

【环境治理】 采取市场化运作，引进北京慧丰清轩环境服务有限公司，形成“打捆承包、企业经营、单位抽检”立体化环卫模式。投资6840多万元，完成北清河等15个重点村农村面貌改造提升项目。11个再生资源回收网点和1个再生资源分拣中心全部建成投用。国家级生态保护与建设示范区方案通过省市审核；土门乡、张楞乡等6个乡镇争创省级环境优美乡镇通过河北省专家组验收。开展大气污染防治，全年压减煤炭8万吨，推广使用优质低硫煤3.8万吨，淘汰“黄标车”1300多辆。启动重污染天气应急响应7次，空气质量综合污染指数同比下降19.3%。年末绿化造林面积4.11万亩，森林覆盖率达到60%。

【社会民生】 全年财政用于民生类支出9.7亿元，占公共财政预算支出78%，同比增长15.5%。发放各类社保基金1.2亿元，按时足额发放率100%。全年城乡居民参保79667人，为29356名参保老人发放养老金1963.7万元，发放率100%。年满80、90周岁以上老人每人每月分别发放生活或高龄补贴30元、50元；2014年4月起，全县100岁以上老人高龄补贴由每人每月220元提高到440元；2014年全县保障80岁以上老人3140名，发放养老补助金140.81万元。争取各类扶贫资金2400万元，1.5万贫困人口稳定脱贫。投入51万元，为112户优抚、五保、低保对象修缮房屋8090平方米；城镇低保保障标准由月人均140元提高到350元，农村低保保障标准由年人均800元提高到1850元，五保对象分散供养标准由年人均720元提高到2300元，集中供养标准由年人均1200元提高到3600元；全年发放城乡低保金286.17万元、五保金124.32万元。2014年资助低保、五保、优抚对象参加新型农村合作医疗，支付参合费53.2余万元；发放门诊补助、价格补贴、取暖费补助等837.17万元；发放救灾款437.6万元，救济受灾群众3.9万余人次；发放民政救助抚恤资金4320万元。总投资4070余万元、占地54亩的民政事业服务中心建设主体工程完成。馨苑小区获评全国综合减灾示范社区。新增就业人员2430人，下岗失业人员再就业570人，城镇登记失业率3.13%，为失业人员发放失业保险金、物价补贴、取暖补贴及缴纳医疗保险、生育保险137.02万元。打造“赞皇月嫂”全省知名家庭服务品牌，完成技能培训824人，输出家政服务人员603人。农村劳动力转移就业5.65万人次。发放小额担保贴息贷款800多万元。高校毕业生完成创业培训437人，赞皇籍高校毕业生实现就业295名。 创新思想道德建设载体，推广展出《善行功德榜》、《功德录》和《好人档案》。投资1500万元、占地40亩的全民健身活动中心正在建设；40余村硬化文化场地，配备健身器材；投资49.4万元为全县212个行政村增配价值2000元书籍，为20个农村书屋示范村配备8个书柜4套桌椅；投资40万元，为乡镇、农村、各文艺协会发放40套音响100套锣鼓；投资16.5万元，为11个乡镇各购置摄像机1台；投资12万元修缮、装修尖山村戏楼。丝弦剧团获评河北省服务农民、服务基层文化建设先进集体。投资1179万元，建成包括行乐联办小学、李峤小学、西高中心小学等在内5所标准化学校，完成建设面积9737平方米；投资800万元完善中小学微机室、实验室等设备配置；投资1239万元建设小学幼儿园一体化学校开工，新改、增设公办幼儿园13所，学前三年入园率达到93.65%以上；投资1000万元建成张楞中学、许亭中学、赞皇二中、院头中心小学、龙门中学、苏家台小学6所教师周转宿舍，总建筑面积7630平方米，住房218套，解决了436位教师住宿问题。投资300万元推进县医院数字化建设，中医院顺利通过二级甲等医院复审验收；投资332万元的西阳泽乡、张楞乡两所卫生院改扩建及绿化、硬化工程交付使用；总投资545万元的院头镇、西龙门乡、黄北坪乡3所卫生院改扩建和绿化硬化及11所乡镇卫生院31套职工周转宿舍建设项目正在建设；全县500口人以上203个村庄均建立标准化村卫生室。参加新型农村合作医疗21.7万人，参合率97.66%。2014年8月，赞皇县被河北省卫生计生委、河北省计划生育协会确定为第一批计划生育基层群众自治示范县，这也是石家庄市唯一一个获此荣誉的省级示范县。

（时素丽）

无 极 县

【概况】 无极县位于石家庄市西北部，地处滹沱河北岸，与深泽县、藁城区、晋州市和河北省定州市相邻，距离石家庄市区52千米。总面积524平方千米，农作物播种面积6.56万公顷。辖6个镇、5个乡，4个居委会、213个行政村。常住总人口51.73万人，人口出生率17.3‰。2014年无极县完成地区生产总值168.4亿元，同比增长9.7%。其中，第一产业增加值25.4亿元，增长2.1%；第二产业增加值91.1亿元，增长10.6%；第三产业增加值51.9亿元，增长11.0%。三次产业比例为15.1∶54.1∶30.8。全社会固定资产投资114.27亿元，同比增长18.2%。全部财政收入7.50亿元，同比增长14.16%，其中公共财政预算收入4.29亿元，增长21.59%，连续4年保持20%以上增速。农林牧渔业总产值50.84亿元，同比增长3.7%。拥有规模以上工业企业116个，其中新增规模以上工业企业1个；工业主营业务收入 341.9 亿元；工业增加值 86.3 亿元，同比增长 10.9%；规模以工业增加值 85.6 亿元，实现利润 29.0 亿元、利税 36.4 亿元。社会消费品零售总额 103.35 亿元，同比增长 11.9%。服务业实现增加值 50.8 亿元，同比增长 11%。城镇居民人均可支配收入 21256 元，增长 8.3%；农村居民人均可支配收入 11079 元，同比增长 11.3%。年末金融机构各项贷款余额 37.0 亿元，同比增长 28.4%。

中共无极县委书记：韩清榕
县人大常委会主任：袁建国
县　　长：陈宝京
县政协主席：杨成岱

【项目建设】 全年建设项目 274 个，总投资 421 亿元。其中，亿元以上项目 56 个，总投资 373.4 亿元；10 亿元以上项目 6 项；列入石家庄市攻坚年项目 8 个。争得市级以上支持资金 3.49 亿元。金达特种涂料、圣佳电子科技、联合盛鑫泵业等高新技术项目竣工投产，填补无极县无高新技术企业空白。卡森绿色家居商城、佳优美高档防火门板等项目开工。飞天标识文化产业园、卡森现代物流园等“园中园”项目落户无极县。世纪城商贸综合体投入运营，石家庄市第一家保税仓库——润城仓储物流园项目主体完工。

【农业生产】 全年农林牧渔业总产值 50.84 亿元，同比增长 3.7%。其中，农业产值 22.98 亿元，林业产值 1649 万元，牧业产值 25.78 亿元，农林牧渔服务业产值 1.91 亿元。粮食播种面积 4.87 万公顷，总产量 34.01 万吨。其中，小麦播种面积 2.53 万公顷，总产量 18.38 万吨，亩产 483.7 千克；玉米播种面积 2.03 万公顷，总产量 14.91 万吨，亩产 490.3 千克。谷子播种面积 917 公顷，总产量 1411 吨。豆类播种面积 1020 公顷，总产量 976 吨。薯类播种面积 1091 公顷，总产量 2.07 万吨。油料播种面积 4645 公顷，总产量 1.7 万吨。棉花播种面积 360 公顷，总产量 234 吨。蔬菜、瓜果类播种面积 1.19 万公顷，总产量 90.01 万吨，其中设施蔬菜面积 6.1 万亩。种植果园 1226 公顷，其中苹果园 213 公顷、梨园 1013 公顷。水果总产量（不含果用瓜）2.22 万吨，其中苹果产量 3700 吨、梨产量 1.85 万吨（雪花梨 1.23 万吨、鸭梨 6200 吨）。当年造林面积 333 公顷，零星（四旁）植树 66 万株。木材采伐量 69 立方米。至 2014 年底，奶牛、驴、猪、羊、鸡存栏数分别达到 2.09 万头、5700 头、23.01 万头、11.70 万只、899.37 万只。肉、蛋、奶、蜂蜜产量分别达到 5.62 万吨、7.47 万吨、5.99 万吨、80 吨，其中，牛肉、驴肉、猪肉、羊肉、家禽肉、鸡蛋产量分别达到 1.03 万吨、168 吨、2.78 万吨、2110 吨、1.48 万吨、7.47 万吨。发展节水灌溉 6670 亩。新创建市级示范养殖场 7 个；投资 1.1 亿元的双鸽生态养殖园项目竣；年末市级以上示范养殖场达到 26 个。

【工业产业】 全年工业完成技改投资 74.1 亿元，同比增长 28%。争创省级科技型中小型企业 47 家，培育省级名牌和优质产品 5 个、省级著名商标 5 个。皮革业：涉水鞣制企业整合升级基本完成，3 家新建皮革企业竣工试运行；中国皮革院无极院达到运营准备阶段；上海国际皮革城商贸中心、波奥斯高档体育器材等项目主体完工；香港景森、嘉泰和艾利特等高端皮革制品项目开工，基本形成初期生产、精深加工、高档制品、技术研发和商贸物流为一体的完整产业链条。装饰家居业：欧瑞立、普瑞森等企业转型，开始开发整体家居、原木实木高档门等系列产品，产业链条延伸；卡森绿色家居项目带动作用明显，一批园中园项目签约，产业优势逐步呈现。装备制造业：潘成机械制造园一期 8 家企业全部投产，二期引进企业 12 家，其中 4 家开工建设；厢体制造业通过整合、规范，呈现规模化、集群化发展势头。年末拥有纳税超百万元工业企业 90 家，其中，中冀正元纳税超两千万元，和合化工超千万元。

【城乡建设】 无极县城乡总体规划编制完成，获得石家庄市政府审核批准。投资 1.2 亿元的滹沱河大桥扩建工程完工通车；投资 4180 万元无繁线大修、柴城桥扩建和 68 条农村道路工程完工。投资 2 亿多元，新建、改建、扩建城区道路 13 条，北环路全线翻修改造启动。投资近 1 亿元，实施新修道路、闲置地块等重要节点绿化美化，打造迎宾大道、标志性街道等绿化景观带，建设滹沱河桥头公园等公园绿地；千亩木刀沟苗圃公园开工，新增绿地面积42.4公顷。开展拆迁改造，拆除千山路与贸易街交叉口等重点部位危陋建筑40余万平方米。新开工建设保障房502套，分配入住476套。新建联村水厂1座，解决了3万多人饮水安全问题；木刀沟综合治理工程完成。铺设南水北调工程输水管网32.6千米，2个地表水厂开工。实施农村面貌改造提升行动，25个省级重点村通过石家庄市核查验收；至2015年末，创建省级美丽乡村1个、市级3个，164个村基本实现卫生保洁常态化。

【环境治理】 城区综合污水处理厂和制革废水处理中心扩能改造完工投入运行，出境水质稳定达标排放。投资3000多万元，实施磁河故道上游13千米雨污分流工程，沿途工业废水实现封闭收集和集中处理；投资2000万元建设城北污水处理厂退水管网工程开工。开展大气污染防治攻坚战行动，取缔分散燃煤锅炉22个，淘汰黄标车2800辆，取缔非法煤炭经营场所50余家，启动空气质量应急响应14次。完善环境网格化监管机制，查处取缔非法排污企业、场点76家，拘捕48人。开展造林绿化，栽植树木170万株，年末森林覆盖率达到16.2%。

【社会民生】 县图书馆扩建改造完工，新建高标准农村文化活动广场30个，新建文化小院76个；创作文艺作品600余件。推进实施天网覆盖工程，全年破获刑事案件642起，清除犯罪团伙31个。城镇新增就业2451人，城镇登记失业率0.89%。顺利通过国家义务教育基本均衡评估验收；投资2157万元，改扩建农村小学10所，实验初级中学新校区、青少年活动中心投入使用，无极中学新校区、县直第二幼儿园开工建设。启动县级公立医院综合改革，县乡村三级医疗机构实现基本药物网上采购和零差率销售；张段固、七汲等卫生院改扩建完成，全年创建市级优质服务示范卫生院3所、优质服务示范卫生室10个。

（无极县地方志办公室）

平 山 县

【概况】 平山县位于石家庄市西北部，地处太行山中段东麓，地势自东向西北逐渐增高，海拔最低点东水碾村120米，最高点驼梁2281米，与鹿泉区、井陉县、灵寿县和山西省相邻，距离石家庄市区30千米。总面积2648平方千米，农作物播种面积4.82万公顷。辖12个镇、11个乡，7个居委会、717个行政村。常住总人口44.74万人，人口自然增长率7.44‰。2014年平山县完成地区生产总值212.3亿元，同比增长4.9%。其中，第一产业增加值20.3亿元，增长3.1%；第二产业增加值136.0亿元，增长3.3%；第三产业增加值55.9亿元，增长9.7%。三次产业比例为9.6∶64.1∶26.3。全社会固定资产投资182.8亿元，同比增长18.4%。全部财政收入17.48亿元，同比增长9.05%，其中公共财政预算收入8.51亿元，增长8.52%。农林牧渔业总产值35.06亿元，同比增长4.4%。拥有规模以上工业企业24个；工业主营业务收入436.9亿元；工业增加值129.5亿元，同比增长3.4%；规模以工业增加值122.0亿元，实现利润19.3亿元、利税27.3亿元。社会消费品零售总额49.52亿元，同比增长11.6%。服务业实现增加值54.9亿元，同比增长9.6%。新增各类市场主体3648户，同比增长54.6%；新登记注册资金89亿元，同比增长240%。城镇居民人均可支配收入21256元，增长8.3%；农村居民人均可支配收入11079元，同比增长11.3%。城镇居民人均可支配收入22390元，同比增长10%；农民人均可支配收入5885元，同比增长14.6%。旅游业接待游客1000万人次，实现总收入70亿元。2014年平山县获颁首批“全国林业专业合作组织示范县”奖牌，这也是河北省唯一获此荣誉县。

中共平山县委书记：李旭阳
县人大常委会主任：张大平
县　　　长：董晓航
县政协主席：封明明

【项目建设】 全年实施500万元以上续建、新开工项目253项。其中，亿元以上项目40项；10亿元以上项目22项；列入石家庄市攻坚项目8项，完成投资32.6亿元，占年度计划185%。炳岩特钢高速工具钢、博欧金属机械零件、圣源纺织扩建、雨润纺织5万锭生产线等7个项目竣工投产。14个单体过亿元新开工项目进展顺利，其中，大吾生态旅游项目列入河北省重点项目，宏润太阳能发电一期工程正式并网发电。新签约落地重点项目7个，其中，总投资200亿元的富力国际健康养生城具备开工条件；总投资10亿元的朔黄铁路大型环保煤炭储运基地选址平山县；嫦娥奔月航天科技城、济世环保雾霾治理示范区、野河国际假日、菱镁板材等新兴产业项目引入签约。工业实施重点技改项目16项，总投资26.5亿元，其中5个项目列入河北省重点技改项目。旅游业实施重点项目26个，总投资60多亿元。11家4A级景区改造提升工程通过省级验收；新建沕沕水空中画廊、白鹿红崖山、敬业黄金寨等5个旅游项目进展顺利。

【农业生产】 全年农林牧渔业总产值35.06亿元，同比增长4.4%。其中，农业产值18.48亿元，林业产值3.12亿元，牧业产值9.11亿元，渔业产值2.47亿元，农林牧渔服务业产值1.88亿元。粮食播种面积3.67万公顷，总产量19.72万吨。其中，小麦播种面积1.61万公顷，总产量10.41万吨，亩产430.3千克；玉米播种面积1.62万公顷，总产量8.56万吨，亩产353.3千克。谷子播种面积930公顷，总产量381吨。豆类播种面积673公顷，总产量976吨。薯类播种面积2335公顷，总产量2.44万吨。油料播种面积4095公顷，总产量9214吨。棉花播种面积658公顷，总产量576吨。蔬菜、瓜果类播种面积6531公顷，总产量30.13万吨。种植果园9529公顷，其中苹果园2125公顷、梨园218公顷、桃园486公顷。水果总产量（不含果用瓜）6.0万吨，其中苹果产量1.97万吨、梨产量4310吨、桃产量6306吨、红枣产量6745吨。当年造林面积5467公顷，封山育林面积1.62万公顷，零星（四旁）植树530万株。干果产量1.41万吨，其中核桃产量1.24万吨。木材采伐量4618立方米。至2014年底，牛、猪、羊、鸡存栏数分别达到2.46万头、14.04万头、7.08万只、160.72万只，其中奶牛4700头。肉、蛋、奶、蜂蜜产量分别达到2.30万吨、1.38万吨、1.48万吨、821吨，其中，牛肉、猪肉、羊肉、家禽肉、鸡蛋产量分别达到2016吨、1.6万吨、1098吨、2371吨、1.35万吨。水产品养殖面积8850公顷，总产量1.38万吨。土地流转面积4.5万亩，土地开发整理面积7000多亩。特色作物种植面积21.5万亩；食用菌种植面积140万平方米；新增省市重点龙头企业7家。2014年葫芦峪农业科技开发公司在天津股权交易所挂牌，开发模式在河北省推广，并争得国家现代农业综合示范区项目。

【城乡建设】 编制完成平山县城乡总体规划，经石家庄市政府审核通过，县城规划面积由13平方千米扩大到106平方千米，城区人口由12万人扩大到30万人。钢城路南延、中山路西延、富民北街接外环等路网项目主体工程完工，康乐街南延接高速连接线工程规划设计和工程招投标完成。新建、扩建换热站8座，3个老旧小区供热管网改造和工业新村、胜佛污水管网升级改造完工。河北省供销社百城购物中心项目签约，新区路网建设、土地收储、棚户区改造项目前期完成。开展县城环境、房地产市场、城乡土地市场3项综合整治行动，重点整治岗南水库周边违规违法设施建筑，全部拆除十余年形成违规建筑22家。总投资3.15亿元，实施国道207线26.8千米大中修和180千米农村公路改建工程完成；总投资1.27亿元，实施电网扩容改造工程。整合资金9000多万元，完成29个省级重点村、62个县级重点村农村面貌改造提升行动项目工程，西柏坡片区列入河北重点打造精品示范片区，北冶村、南焦坡村获评省级美丽乡村。

【环境治理】 面对压减过剩产能新形势，平山县传统工业企业遭受重创，水泥、钢铁、电力等产业关停、压产，直接减少税收近4亿元，2014年平山县工业进入艰难调整期。拆除全部19家水泥企业，支撑经济多年水泥产业彻底退出；拆除西柏坡钢铁320立方米高炉、150立方米高炉各1座，关停敬业集团3座450立方米高炉，压减柏坡正元化肥50%产能。2014平山县压减钢铁产能110万吨、水泥产能955万吨，减少烟粉尘排放3455吨；关停整治大吾、回舍2个煤炭小区62家煤场，取缔园区外违法经营储煤场43家；停产整治建筑工地74个，

80家石材企业全部规范整顿，16家白灰企业、24家露天矿山全部关停，取缔“十五小”、“新六小”企业30家。推进清洁能源利用，建设生物质燃料压块厂6个；推广生物质炉具3600余台、节能减排炉具6000台；推广低硫煤21.5万吨、型煤1.2万吨。绿化造林8.2万亩，年末森林覆盖率达到52.42%。

【社会民生】 全年投入民生类资金16.6亿元，占公共财政支出73.4%。城镇新增就业3842人，转移农村劳动力5300人。58个重点村实施精准扶贫，15000名贫困群众实现脱贫。开工建设保障房966套，建成农村互助幸福院243个。河北梆子现代戏《白毛女》获得第十一届河北省精神文明建设“五个一工程”奖，《子弟兵的母亲》在北京市和黑龙江省汇报演出。举办“走进中科院、直面科学家”科研与企业对接活动；建成农村科技传播站5所。顺利通过河北省政府教育督导评估验收；山区教育扶贫工程项目建设任务完成，12所山区教育扶贫学校设施配套项目、30所学校改扩建项目、6所中心幼儿园新建工程及投资3300万元的中国铁建援建北冶中学、卫生院项目完工，平山二中建成投用；山区孩子全部实现免费集中入学；率先在石家庄市免除高中学生学费，惠及学生1万多人。县医院加入北京大学人民医院医疗服务共同体，3所县级公立医院和23所乡镇卫生院全部实行国家基本药物制度，新农合参合率达到98.79%，补偿参合农民1.4亿元。

（韩晓敏　曹军军　卢艳丽　李江会）

元　氏　县

【概况】 元氏县位于石家庄市南部，境内山区、丘陵、平原梯次分布，与鹿泉区、栾城区、赵县、高邑县、赞皇县、井陉县相邻，距离石家庄市区30千米。总面积676平方千米，农作物播种面积6.33万公顷。辖7个镇、8个乡，4个居委会、208个行政村。常住总人口43.27万人。2014年元氏县完成地区生产总值171.1亿元，同比增长7.4%。其中，第一产业增加值23.2亿元，增长7.0%；第二产业增加值93.4亿元，增长7.0%；第三产业增加值54.4亿元，增长8.2%。三次产业比例为13.6∶54.6∶31.8。全社会固定资产投资172.7亿元，同比增长17.7%。全部财政收入9.80亿元，同比下降2.70%，其中公共财政预算收入5.32亿元，增长16.87%。农林牧渔业总产值45.08亿元，同比增长7.5%。拥有规模以上工业企业71个，其中新增规模以上工业企业8家；工业主营业务收入299.9亿元；工业增加值87.6亿元，同比增长7.5%；规模以工业增加值82.0亿元，实现利润31.7亿元、利税38.5亿元。社会消费品零售总额46.76亿元，同比增长12.0%。服务业增加值54.2亿元，同比增长10.0%。城镇居民人均可支配收入2.04万元，同比增长7.1%；农村居民人均可支配收入1.05万元，同比增长9.7%。年末存款余额119亿元，比年初增加20.68亿元；贷款余额48亿元，比年初增加12.35亿元。9月30日，国家环保部命名元氏县槐阳镇为国家级生态乡镇。2014年元氏县被农业部、国家旅游局授予全国休闲农业与乡村旅游示范县称号；被河北省委、省政府授予省级文明县城称号，获授2013～2014年度河北省人居环境进步奖。

中共元氏县委书记：陈联记
县人大常委会主任：柳国芹
县　　　长：赵路新
县政协主席：吴晓云

【重点项目】 全年实施重点建设项目70个，总投资545.14亿元。开展以商招商、园区招商、项目招商活动，引进超10亿元项目15个、超20亿元项目10个，储备项目126个。8个石家庄市重点攻坚项目完成投资15.88亿元，海源特种防护服、捷美包装等6个项目竣工投产。中兴光伏发电、斯玛特LNG车载气瓶、华佑顺驰汽车改装等8个项目签约；中国新型房屋集团投资50亿元建设新型住宅产业化基地项目落户元氏县。制定《清查处置工业园区闲置和低效用地的实施意见》，整治企业用地9家，清理园区闲置土地520亩。装备制造基地实施雨水管网、35千伏电力迁改、沙河大道东延工程完工，泉村站至装备制造基地供电专线、槐西110千伏变电站、滨河大道与石邢公路贯通工程进展顺利。工业园区基础建设投资1.2亿元，累计完成投资170亿元；新增入园企业35家，累计达到107家；实现销售收入207亿元。北国商城、山田国际家居装饰城开业；北方农机物流配送中心、嘉华物流园、佳播农产品交易中心进展顺利；投资25亿元的西部山区花卉种植基地项目落户元氏县。

【农业生产】 全年农林牧渔业总产值45.08亿元，同比增长7.5%。其中，农业产值19.86亿元，林业产值8286万元，牧业产值22.11亿元，渔业产值1361万元，农林牧渔服务业产值2.15亿元。粮食播种面积5.26万公顷，总产量32.66万吨。其中，小麦播种面积2.63万公顷，总产量17.09万吨，亩产432.7千克；玉米播种面积2.24万公顷，总产量14.22万吨，亩产424.1千克。谷子播种面积1000公顷，总产量1826吨。豆类播种面积1000公顷，总产量1622吨。薯类播种面积1800公顷，总产量4.78万吨。油料播种面积2833公顷，总产量7622吨。棉花播种面积538公顷，总产量516吨。蔬菜、瓜果类播种面积7308公顷，总产量51.39万吨。种植果园7740公顷，其中苹果园203公顷、梨园180公顷。水果总产量（不含果用瓜）1.58万吨，其中苹果产量1976万吨、梨产量1454吨、红枣产量4860吨。当年造林面积1500公顷，封山育林面积2066公顷，零星（四旁）植树65万株。核桃产量5054吨。木材采伐量1260立方米。至2014年底，奶牛、驴、猪、羊、鸡存栏数分别达到2.63万头、400头、19.85万头、14.53万只、624.11万只。肉、蛋、奶、蜂蜜产量分别达到4.60万吨、5.50万吨、8.0万吨、175吨，其中，牛肉、驴肉、猪肉、羊肉、家禽肉、鸡蛋产量分别达到8640吨、270吨、2.34万吨、2360吨、1.07万吨、5.47万吨。水产品养殖面积243公顷，总产量1060吨。全年发放粮食直补、农资综合直补资金7698万元，发放农机具购置补贴1200万元。推动石邢公路两侧重点区域现代设施农业发展，新建始生堂、星期九等一批规模大、科技水平高、辐射能力强的生态农业园，年末生态农业园达到40余个。新增市级农业产业龙头企业10家，省市级农业产业化龙头企业达到13家。推进土地经营体制改革，第一批城乡建设用地增减挂钩试点项目置换建设用地762亩，7个占补平衡项目新增耕地771亩；建设高标准农田1.8万亩；土地流转2.6万亩。1186个小型水利工程确权登记完成。2014年元氏县获评全国农业标准化实施（农产品质量安全）示范县、全国甘薯产业技术体系建设示范县、全国新型职业农民培育工程示范县，连续3年被确定为全国农产品产地初加工补助项目实施县；河北元氏农业科技园区获评省级设施蔬菜产业科技示范基地。

【工业产业】 工业企业完成技改投资80.1亿元，同比增长24.0%。天工化工机械、建勘钻探设备、恒洁管业3个5亿元以上技改项目竣工。开展工业企业对标行动，野田农化、方大包装、远征药业入选石家庄市第二批对标示范企业；工业对标创建省级以上标杆指标32个。化肥厂改制进入资产转让阶段；元隆化工搬迁项目投入资金3983万元。耐力股份、九天医药等6家企业获评河北省高新技术企业；29家企业获认市级科技型中小企业；争创河北省名牌产品9个、优质产品7个。龙源煤炭物流园区开园运行，入驻煤炭经营企业102家，年配送原煤能力4000万吨以上，实现煤炭市场园区化规范管理。

【旅游业】 制定《元氏县休闲农业与乡村旅游总体规划》，整合景点、庄园、农家乐资源，成功举办首届葡萄、甜杏采摘节。加大旅游观光业招商引资力度，白果树景区湘山普济寺主体竣工，投资75亿元的中国新型房屋集团蟠龙湖旅游开发区、投资20亿元的九龙口生态湿地公园项目正在办理。开展文化产业项目培育年活动，实施文化产业带动战略。封龙书院二期工程被中国教育数字图书馆收录，封龙山文化研究传承中心正式挂牌；赵同手工艺品加工、北正根雕、宋曹玻璃艺术品加工、石榴、樱桃、核桃采摘等特色产业和节庆品牌快速壮大。2014年元氏县旅游业综合收入3850万元，同比增长16.7%。

【城乡建设】 按照县城“北扩西拓、沿河发展”战略，启动“美韵元氏”建设。开展规划编制、样板街道、数字化城管平台、住房保障专项攻坚活动，实现城乡规划、建设、管理“三位一体”共管机制。元氏县城乡规划编制完成，经石家庄市政府审核通过。北褚、马村实现“乡改镇”。昌盛街污水管网一期、生活垃圾填埋场一期工程、石邢公路西半幅、赵赞线大修工程完成。投资2亿元，建设县城北外环路及穿铁路地道桥工程、石西500千伏配套线路、元北220千伏输变电站及配套线路、农网改造工程进展顺利；投资3753万元的苏阳110千伏变电站工程完工。规划建设蔬菜干鲜果品、畜禽交易便民市场。实施公园绿地提档升级、县城出入口亮化美化、高速引线和107国道综合整治、东环路绿化工程。石邢公路沿线建成大规格白蜡种植基地；槐阳公园、元氏公园、蟠龙游园等16处公园提档升级，累计补植树木30余万株，年末城区绿地面积达到424万平方米。实施县城精细化管理，制定《门头牌匾管理办法》等制度；数字元氏地理空间框架城市管理信息系统建设专项技术设计书通过专家评审。张掖新市镇建设规划纳入石家庄新型城镇化试点，投资60亿元的张掖碧桂园项目开工。22个省级农村面貌改造提升行动重点村实施“村庄绿化、垃圾清理、厕所改造、街巷四化、墙壁美化”五大工程建设任务及5个老区村扶贫开发项目、8个农村公路建设补助项目完成。新建改建农村公路40千米。推进田路分家工作，县道完成100%，乡村道路完成50%以上。

【环境治理】 开展生态环境异味污染整治，煤炭市场综合治理、水环境治理专项行动，关停环保违法企业29家，削减煤炭1.89万吨。槐阳污水处理厂实现第三方委托运营；槐东污水处理厂项目竣工；因村镇污水处理站建设完工。蟠龙湖533个养鱼网箱全部清理，实施跨境调水1500多万立方米。绿化植树259万株，建成全国最大的白蜡种植基地。至2014年底，元氏县削减化学需氧量、氨氮、二氧化硫、氮氧化物分别达到230.58吨、12.6吨、1651.8吨、60.12吨，实现主要污染物稳定达标排放。

【社会民生】 全年新型城乡养老保险参保17.9万人，发放养老金2600万元。新农合补偿131万人次、1.33亿元。新增低保对象354人，清理不合格低保对象1368人。优抚安置4707人，发放优待金1819万元。建设保障性住房702套，超额完成石家庄市下达任务。实施饮水安全工程，解决1.36万人饮水安全问题。举办就业创业培训班32期，培训550余人；举办就业招聘会18场，提供就业岗位1.6万个；转移农村劳动力1900余人。河北省首家县级专利执法大队和县级院士专家服务中心在元氏县成立；《丘陵区甘薯产业关键技术集成与示范》列入国家科技富民行动专项计划；冀绿10号良种繁育栽培技术示范项目获得国家科技部立项，实现零的突破。教育扶贫工程完成投资4451万元；新招聘教师88名。举办文化活动77场，农村放映电影2500余场。实施县级公立医院改革，市级优质服务示范卫生院创建验收通过。2014年元氏县获授全国计划生育优质服务先进县和全国便民（惠民）示范县称号。

（齐星利　杨夕群）

赵　县

【概况】 赵县位于石家庄市东南部，与栾城区、藁城区、晋州市、高邑县、元氏县和河北省邢台市相邻，距离石家庄市区40千米，境内拥有柏林禅寺、陀罗尼经幢、大观圣作之碑、赵州桥等众多历史遗迹。总面积675平方千米，农作物播种面积8.44万公顷。辖7个镇、4个乡，9个居委会、281个行政村。常住总人口58.99万人。2014年赵县完成地区生产总值196.3亿元，同比增长7.3%。其中，第一产业增加值33.9亿元，增长2.4%；第二产业增加值117.3亿元，增长8.2%；第三产业增加值45.1亿元，增长7.7%。三次产业比例为17.3∶59.7∶23.0。全社会固定资产投资130.8亿元，同比增长17.9%。全部财政收入6.80亿元，同比下降7.22%，其中公共财政预算收入4.25亿元，增长17.86%。农林牧渔业总产值60.06亿元，同比增长1.5%。拥有规模以上工业企业114个；工业主营业务收入

558.0亿元；工业增加值112.3亿元，同比增长8.5%；规模以工业增加值104.7亿元，实现利润35.2亿元、利税51.1亿元。社会消费品零售总额100.87亿元，同比增长12.3%。服务业增加值41.0亿元，同比增长8.5%。城镇居民人均可支配收入24145元，同比增长10.0%；农村居民人均可支配收入11285元，同比增长10.5%。

中共赵县县委书记：王建海
县人大常委会主任：黄云锁
县　　　长：张敏周
县政协主席：陈炜兴

【项目建设】 全年实施规模以上工业项目87个，总投资128.7亿元。8个项目列入石家庄市项目攻坚年计划，完成投资16亿元，占年度任务122%。润达生物、水工机械、萌邦水溶肥料、朗润家纺、环山饲料等33个项目竣工投产；迈迪森药业、昆泰生物、嘉一药业、正兴玻璃等40个项目车间主体建设完工；投资13亿元的鑫达润滑油项目建设启动；投资10.5亿元的易谷现代产业园、投资10亿元的飞尔汽车改装项目正在土地征收；投资10亿元的中节能天然气母站、投资80亿元的华药生物健康产业园、投资40亿元的天山汽车文化产业园项目正在对接办理。培育国家、省级行业标杆指标19项，争创河北省“第一”、“唯一”工艺或产品17项。兴柏药业集团获评河北省技术创新示范企业；兴柏药业、巨力科技2家企业技术中心获认省级企业技术中心；巨力科技建成河北省工程实验室。

【农业生产】 全年农林牧渔业总产值60.06亿元，同比增长1.5%。其中，农业产值38.77亿元，林业产值5121万元，牧业产值18.41亿元。粮食播种面积7.13万公顷，总产量54.95万吨，单产、总产位居石家庄市首位。其中，小麦播种面积3.95万公顷，总产量29.88万吨，亩产503.9千克，单产位居河北省第一；玉米播种面积3.15万公顷，总产量24.94万吨，亩产527.8千克。谷物播种面积7.10万公顷，总产量54.82万吨。油料播种面积883公顷，总产量3972吨。2014年赵县再次被国家农业部命名为全国产粮大县。蔬菜、瓜果类播种面积1.22万公顷，总产量93.57万吨。种植果园1.67万公顷，其中梨园1.67万公顷。水果总产量（不含果用瓜）50.0万吨，其中梨产量50.0万吨（雪花梨27.4万吨、鸭梨7.2万吨）。当年造林面积482公顷，零星（四旁）植树52万株。至2014年底，奶牛、驴、猪、羊、鸡存栏数分别达到9900头、3000头、22.03万头、5.04万只、524.79万只。肉、蛋、奶、蜂蜜产量分别达到4.52万吨、6.07万吨、3.83万吨、150吨，其中，牛肉、驴肉、猪肉、羊肉、家禽肉、鸡蛋产量分别达到2283吨、270吨、3.15万吨、1024吨、9825吨、5.97万吨。建成农业生态园17个，旭海庄园获评国家级休闲农业与乡村旅游四星级园区，佳利蔬菜园获评省级现代蔬菜产业园。建成市级规模养殖示范场5家。新建标准化鲜梨出口基地2000亩，累计达到8000亩。争取专项资金2570万元，实施总投资4000万元高标准农田、设施蔬菜种植基地等6个农业综合开发项目；2015～2017年6万亩省级现代农业示范园区项目获得批准。投资1777万元，推进82个村实施村级一事一议项目完成；南柏舍镇农村土地承包经营权确权登记试点启动；发展家庭农场、专业大户等新型农业生产经营主体233家；向龙头企业、农民专业合作社流转土地15.47万亩。

【城乡建设】 《赵县城乡总体规划（2011—2030年）》通过石家庄市政府审核批准，规划城区面积扩展至35平方千米。实施总投资60多亿元25个城镇建设重点项目，完成海尔大道、梨香东街、稻香路东段、石桥大街绿化建设及海尔大道段有碍观瞻建筑物拆除、包装美化；赵州商贸城选址新赵线苏村段、国柏路南侧。垃圾处理厂二期、污水处理厂升级改造前期准备基本就绪；海尔大道南段排水管网正在建设。柏林禅寺周边改造列入第一批次棚户区贷款项目，资金到位9900万元，房屋征收程序启动并召开听证会；赵州城市综合体原化工集团104亩厂房拆迁完成，回迁楼建设启动；锦绣华城、名门华府、育才学校周边整合等棚户区改造项目初具规模。新建李春公园、森林公园、塔西公园、自强公园、梨香苑等7处公园绿地；森林公园建设完成，历史文化公园绿化面积15亩，安济大道迎宾公园进入招标阶段，新城公园规划设计完成，年末县城公园、绿地达到18处。投资3.8亿元，实施308国道大修、京港澳高速赵县连接线、新赵线、澄波街、广源路

5条主要交通干道和农村道路建设，其中5条主要交通干道全长35千米，农村道路全长36千米；投资1300万元的生物产业园至宁晋高速口道路清表完成。实施海尔大道、石塔路、自强路、国柏路、青银高速出入口等迎宾大道和标志性街道改造提升，重点打造海尔大道、石塔路、自强路等道路建设，海尔大道（迎宾大道）自强以北段管网施工、道路建设、绿化隔离带绿化、部分林带栽植、路灯安装、两侧建筑物包装美化完成，自强路以南段正在管网施工。石塔路是2014年赵县重点打造的标志性街道，全长1900米，总投资540万元，房檐改造、外立面清洗、门前破旧台阶更换铺装、青石便道修整基本完成，砌筑大型花池5个，休闲座椅、灯杆花篮、木质组合花箱安置到位，工程进入收尾。2014年8月，经市县两级政府批准，赵县打造标志性街道调整为自强路，并制定改造提升方案，启动道路施工，完成东延段南侧绿地绿化。开展绿城行动，实施道路、公园、绿地3大类近20个绿化项目建设，完成海尔大道、梨香东街、稻香路东段各50米宽防护林带建设，县城外围绿色屏障基本建成。补栽补种街道缺损树木，高标准修剪整形绿篱、绿化带和草坪。2014年秋冬季绿化期间，完成青银高速入城森林公园全部绿化任务；结合万株乔木进赵州工程，实施石桥大街南门口至安济大道段、海尔大道自强路以北段树木栽（补）植工程，完成自强路东延南侧绿地建设；结合冠名林建设，建成“交通林”、“民政园”等冠名林，新增绿化面积85.1万平方米。发挥城市建设投资公司融资平台作用，探索施行政府回购、BT、BOT和TOT等融资新模式，争取城市建设资金近2亿元。投资1380万元的海兴路西延、工业四街南段天然气管网，投资5780万元的110千伏城关站增容、沙河店至王西章35千伏线路改造工程竣工投用。投资5900多万元的生物产业园污水处理厂试运行。推进保障性住房建设。2014年石家庄市下达赵县保障房建设任务556套，竣工107套，均全部落实。其中，东城花园、翡翠城2个棚户区改造项目主体竣工；福美公馆、中央逸家、宏宇明珠、御景新城项目正在建设。2014年石家庄市下达赵县农村危房改造任务121户，其中，修缮加固37户、新建84户，全部竣工验收。18个省级农村面貌改造提升重点村实施街道硬化、植树绿化、垃圾处理等15项任务完成，有效改善3.1万农村居民生产生活条件。2014年赵县水利工程完成建设投资1.6亿元，建成联村、单村集中供水工程46个，解决了145个村22.3万农村居民饮水安全问题。

【环境治理】 落实“压煤、减排、抑尘、控车、增绿”措施，开展储煤场、黄标车、农作物秸秆、“利剑斩污”、涉水企业等专项整治行动，严肃查处企业偷排偷放行为，实现洨河、汪洋沟水质持续稳定达标。投资1.6亿元，实施以环保治理、两岸绿化、河道整治、桥涵建设为重点汪洋沟综合整治工程，困扰东部梨区多年污染河道彻底整治。开展县城容貌综合整治，清理各类垃圾13075吨。实施京港澳高速、青银高速等“绿美廊道”绿化及乡镇驻地、重点村植树绿化工程，栽植树木112万株，其中栽植乔灌木17.1万株；新增绿化面积460万平方米，其中城区新建提升绿地面积115.2万平方米；年末绿地率达到32.06%，绿化覆盖率达到36.69%，人均公园绿地9.01平方米。

【社会民生】 全年用于民生类支出14.0亿元，同比增长5.6%。10件利民惠民工程全部完成。投资1800万元，建设就业和社会保障服务中心完工；就业创业发放个人小额担保贷款1692万元。农村互助幸福院全部建成投用，鸿福老年公寓、祥乐老年公寓2所民办养老院建成开放。开展“正风肃纪”、“还利于民”等专项行动，查处违反“八项规定”等案件82起，给予党政纪处分129人。承办人大代表建议40件、政协提案62件，办结率100%。承接国务院、省市取消下放行政审批事项3批23项；县政务服务中心受理审批事项5680件，办结率99.6%；全部乡镇建立便民服务中心，257个村建立便民服务站。规范土地出让、工程建设招投标程序，2014年赵县公共资源交易中心进场交易242项，节约资金2300多万元。教育支出4.0亿元，同比增长21.2%。整合城区周边学校，发展集团化办学模式，有效解决城区学校班容量过大问题；建立健全教育质量考评体系，制定校长公开选聘、学校干部轮岗交流制度；省政府教育督导、义务教育基本均衡、义务教育阶段教学3项省级督导评估验收通过。文化“三馆一院一站一室一中心”免费开放，《赵州扇鼓》在中央电视台播出。医药卫生体制改革通过省政府督导考核；省级慢性非传染性疾病综合防控示范区创建完成；投资7522万元建设新中医院、投资1900万元建设新妇幼保健院投入使用。2014年赵县被国家卫生计生委命名为全国计划生育优质服务先进单位。

（屈海平）

晋州市

【概况】 晋州市位于石家庄市正东部，与藁城区、无极县、深泽县、赵县和河北省辛集市相邻，距离石家庄市区45千米，是古代唐朝丞相魏征的故乡。晋州市周家庄乡是中国唯一实行乡级集体核算管理体制乡镇。总面积619平方千米，农作物播种面积6.17万公顷。辖9个镇、1个乡，3个工业园区，10个居委会、224个行政村。常住总人口55.14万人。2014年晋州市完成地区生产总值254.6亿元，同比增长9.6%。其中，第一产业增加值31.4亿元，增长2.2%；第二产业增加值143.1亿元，增长10.8%；第三产业增加值80.1亿元，增长10.2%。三次产业比例为12.3∶56.2∶31.5。全社会固定资产投资226.3亿元，同比增长21.3%。全部财政收入8.82亿元，同比下降15.46%，其中公共财政预算收入7.03亿元，增长14.05%。农林牧渔业总产值60.38亿元，同比增长4.3%。拥有规模以上工业企业254个；工业主营业务收入560.4亿元；工业增加值137.4亿元，同比增长11.3%；规模以工业增加值136.8亿元，实现利润61.2亿元、利税73.2亿元。社会消费品零售总额102.33亿元，同比增长12.1%。拥有外贸进出口实绩企业99家，实现进出口总额3.94亿美元。城镇居民人均可支配收入24520元，同比增长8.8%；农村居民人均可支配收入13881元，同比增长9.5%。年末金融机构存款余额192.0亿元，同比增长10.6%；金融机构贷款余额78.0亿元，同比增长12.4%；城乡居民储蓄存款余额153.2亿元，同比增长10.2%。

中共晋州市委书记：陈慧明
市人大常委会主任：马玉社
市　　　长：张佐英
市政协主席：崔贞军

【农业生产】 全年农林牧渔业总产值60.38亿元，同比增长4.3%。其中，农业产值36.81亿元，林业产值5607万元，牧业产值20.79亿元。粮食播种面积5.17万公顷，总产量35.05万吨。其中，小麦播种面积2.52万公顷，总产量18.22万吨，亩产482.1千克；玉米播种面积2.15万公顷，总产量15.56万吨，亩产482.2千克。谷子播种面积1860公顷，总产量5543吨。豆类播种面积2395公顷，总产量3784吨。油料播种面积2995公顷，总产量9464吨。蔬菜、瓜果类播种面积7090公顷，总产量54.03万吨，其中丛青有机果蔬种植基地种植蔬菜面积4733.3公顷。种植果园1.61万公顷，其中苹果园545公顷、梨园1.21万公顷、桃园589公顷、葡萄园2873公顷。水果总产量（不含果用瓜）72.73万吨，其中苹果产量1.17万吨、梨产量60.39万吨（雪花梨1.43万吨、鸭梨31.33万吨）、桃产量2.4万吨、葡萄产量8.75万吨。当年造林面积261公顷，零星（四旁）植树75万株。木材采伐量314立方米。至2014年底，奶牛、猪、羊、鸡存栏数分别达到6500头、27.43万头、9.07万只、798.27万只。肉、蛋、奶产量分别达到5.32万吨、7.46万吨、2.13万吨，其中，牛肉、猪肉、羊肉、家禽肉、鸡蛋产量分别达到2508吨、3.37万吨、1857吨、1.44万吨、7.46万吨。发展以果、菜、畜牧养殖为主特色农业，建成国家级农业产业化龙头企业2家、省级6家、石家庄市级17家，年末特色农业占农业总产值比重达到50%。2014年国家3A级景区周家庄农业特色观光园接待游客30万人，旅游收入2000余万元。

【工业产业】 立足做好工业企业提档升级，加快培育工业产业新的增长点。全年工业实施重点技改项目117个。与王老吉饮品对接合作，建设汉荣包装易拉罐项目竣工投产，成为华北最大灌装厂。沃尔旺饮品二期项目完工，年生产果汁饮料能力10万吨；新大东纺织有限公司建立产品研发中心和国际标准检测中心，世奥纺织项目竣工投产；鹰特化工有限公司拓展页岩气开发新领域；光雅金属制品有限公司独创国内首家燃气井式炉退火技术，圣诞树专用工艺丝出口欧美地区和国家。雷蒙得国际汽车城4S店、卓创五金建材城投入运营；万豪名家国际建材城竣工收尾；志诚化工物流项目主体完工，建成仓储营业面积3万平方米。翰宁电气有限公司建设消防器材项目竣工投产。金太阳生物有机肥公司获认国家级高新技术企业。探索推行“人才带动企业、企业带动园区”发展模式，李玮创办的博伦特医药产业园加快打造国际一流生物转换平台及新药研发生产基地，获评河北省百名科技型民营企业家；以清华大学创业团队为主导的清华诚志科技园开工。

【城乡建设】 以新民居建设为重点，推进城镇新型社区和农村新型社区建设。全年实施城乡建设项目61项，总投资67亿元。槐东路新建、晋藁线翻建、石黄高速口改扩建竣工；朝阳路西延通车；10座铁路立交桥、跨石津渠桥新建改建完工；新客运站投入使用。东环路、世纪街、迎宾大道综合整治完成，城区东部形成3条生态景观带。滨河路、富强路等9条道路开展绿、亮、美、洁整体升级，城市形象提升。第二城市污水处理厂土建工程和东宿蓄水池完工，城区双回路电网、4条雨污管网、5.6千米天然气管网投入使用。投资1.2亿元，实施农村面貌改造提升行动，完成环境整治、民居改造等项目340个。2014年周家庄获评“牵手·2014中国最美村镇”；总十庄镇获批全国重点城镇；营里镇获评省级文明乡镇和河北省电线电缆名镇。

【环境保护】 河北建投声波吹灰器项目、鑫海化工新型材料项目、鑫锐塑胶炉改项目、国融安能余热利用4项节能技改项目完成，年实现节能能力1.7万吨标准煤。落实减煤任务，严格涉煤项目审批，压缩重点企业产量，限定工业企业煤炭消费量，关停取缔非法工业企业。推广优质低硫煤，制定《晋州市2014年16.7万吨优质低硫煤推广使用工作方案》，分解任务到煤炭经营资格经营企业9家、乡镇（园区）12个、用煤大户5个。开展环保风暴专项行动，停产整改水、大气污染企业290家，取缔企业184家；淘汰黄标车1322辆。2014年晋州市化学需氧量、二氧化硫、氨氮排放量同比分别削减3%、5.3%、3%，单位GDP能耗同比下降5.25%。开展城乡主干道两侧和滹沱河沿岸等绿化改造，新增绿化面积2.5万亩，栽植树木233.3万株。

【社会民生】 全年用于民生类支出14.0亿元，同比增长11.7%。实施保障性安居工程，建设保障性住房384套。城区重点路段新增综合警务服务站10个。城镇新增就业2871人，农村劳动力转移4921人。城镇基本医疗保险纳入石家庄市级统筹，实现省市定点医院出院即报；年末城镇参加基本养老保险人数3.05万人，城镇职工和居民参加基本医疗保险人数5.6万人；新农合参合率达到99%。残疾人托养中心等3项养老卫生服务工程完工。计生特殊家庭“医养扶一体化”服务保障机制建立。河北省义务教育基本均衡评估通过验收；22所小学及幼儿园改造工程竣工投用。

（安锁然　韩彦欣）

新乐市

【概况】 新乐市位于石家庄市东北部，与藁城区、正定县、行唐县及河北省定州市、河北省曲阳县相邻，属太行山山前倾斜平原，京广铁路、107国道、京港澳高速公路纵贯南北，南距石家庄市区38千米、石家庄国际机场7千米。总面积525平方千米，农作物播种面积6.51万公顷。辖8个镇、3个乡，1个街道办事处，10个居委会、160个行政村。常住总人口51.11万人。2014年新乐市完成地区生产总值182.2亿元，同比增长7.9%。其中，第一产业增加值28.1亿元，增长3.1%；第二产业增加值102.4亿元，增长

7.8%；第三产业增加值51.8亿元，增长10.5%。三次产业比例为15.4：56.2：28.4。万元GDP能耗同比下降7.7%。全社会固定资产投资192.6亿元，同比增长18.3%。全部财政收入7.35亿元，同比增长7.21%，其中公共财政预算收入5.50亿元，增长14.15%；一般预算支出16.18亿元，同比增长12.7 %。农林牧渔业总产值53.6亿元，同比增长4.8%。拥有规模以上工业企业154个；年销售收入2000万元以上工业企业总产值413.03亿元，同比增长10.3%；工业主营业务收入412.3亿元；工业增加值94.7亿元，同比增长8.3%；规模以工业增加值85.5亿元，实现利润37.8亿元、利税49.4亿元。社会消费品零售总额92.93亿元，同比增长11.6%。民营经济增加值140.81亿元，同比增长8.5%。在岗职工年平均工资35925元，同比增长7.4 %；单位从业人员年平均报酬35277元，同比增长8.6%。城镇居民人均可支配收入20545元，同比增长6.0%；农村居民人均可支配收入12285元，同比增长6.1%。年末城乡居民储蓄存款余额101.85亿元，同比增长11.5%。

中共新乐市委书记：凌青利
市人大常委会主任：张鹏
市　　　长：李志勇
市政协主席：杨运良

【重点项目】 全年实施千万元以上项目64个，总投资203亿元。其中，超亿元项目37个，占57.8 %；战略性新兴产业和高新技术产业项目10个，占15.6%；15个项目竣工投产，23个项目正在建设，26个项目洽谈取得成果。主动融入京津冀协同发展，对接中国通用集团、中国燃气集团、华润电力、汇源果汁、盼盼食品等国内500强和台湾爱之味、台湾瑞展科技等知名企业，引进一批投资超亿元物流、新能源和食品加工项目。总投资18亿元，纳税3亿余元的三元工业园项目签约选址快、征地报批快、审批办理快、开工建设快，创下新乐项目建设规模、效益、速度历史最好水平。推进经济开发区建设，修编总体规划和道路、雨水、污水专项规划，编制食品产业园及包装印刷产业园规划；涉及园区的三元路、建新街、第二污水处理厂建设完成，第四供水厂、金光大道建设开工，LNG加气站建设启动并铺设管网10千米，110千伏变电站迁建电力线路7条。

【农业生产】 全年农林牧渔业总产值53.58亿元，同比增长4.8%。其中，农业产值25.82亿元，林业产值2699万元，牧业产值24.98亿元。粮食播种面积4.44万公顷，总产量31.71万吨。其中，小麦播种面积2.45万公顷，总产量17.44万吨，亩产475.2千克；玉米播种面积1.87万公顷，总产量13.77万吨，亩产491.8千克。薯类播种面积717公顷，总产量2.16万吨。花生播种面积8000公顷，总产量3.72万吨。蔬菜、瓜果类播种面积1.25万公顷，总产量106.23万吨；瓜果类播种面积4020公顷，总产量24.14万吨，其中西瓜播种面积2740公顷，总产量15.98万吨。种植果园1160公顷，其中苹果园200公顷、梨园600公顷、桃园213公顷、葡萄园80公顷。水果总产量（不含果用瓜）3.02万吨，其中苹果产量3700吨、梨产量2.1万吨（雪花梨5000吨、鸭梨7000吨）、桃产量3800吨、葡萄产量1200吨。当年造林面积533公顷，零星（四旁）植树70万株。木材采伐量990立方米。至2014年底，奶牛、驴、猪、羊、鸡存栏数分别达到2.97万头、1.21万头、36.60万头、2.10万只、858.0万只。肉、蛋、奶产量分别达到5.84万吨、8.25万吨、9.31万吨，其中，牛肉、驴肉、猪肉、羊肉、家禽肉、鸡蛋产量分别达到3200吨、497吨、5.48万吨、2235吨、2.58万吨、8.15万吨。投资4600万元，完成10万亩基本农田道路整修任务；投资2490万元，建设节水灌溉农田2.9万亩；投资1.4亿元，实施农村电网升级改造，完成110千伏常新、田新等6条线路迁改迁建；投资2755万元，启动木刀沟堤防治理工程。土地流转面积8.5万亩，500亩以上流转大户8个。建设1000亩以上瓜菜示范园2个；投资5000万元，建设规模养殖场4个；扩建提升生态农业示范园4个。认定无公害农产品、畜产品产地11个，认证无公害农产品、绿色食品15个。制定“新乐西瓜”河北省地方标准，入选《中国地理标志产品大典》。建成“一村一品”专业村13个、专业乡镇1个。投资1.9亿元，支持农业产业化重点企业扩大规模、提升档次，年末共有石家庄市级龙头企业7家。农产品质量检验检测站改造完成，病死猪无害化处理中心建成运行。2014年新乐市农业机械总动力达到237.6万千瓦。

【工业产业】 推进产业园区建设，规划建立雕塑、防水卷材、胶合板、塑料、电热毯、灯具6个特色产业园，建成2个创业辅导基地和公共服务平台。雕塑产业园28家企业标准化改造完成，有效解决粉尘和噪音污染；防水卷材产业园8家企业升级改造，5家企业转产；胶合板产业园5家企业实现集中供热，17家企业燃煤锅炉升级改造，新建生态板和家具板生产线；电热毯产业园入驻企业37家，新上水暖电热毯、电热坐垫等产品，22家企业获得生产许可；灯具产业园入驻企业7家，研制开发新产品5个；塑料加工产业园进入征地阶段。开展企业对标行动，35家重点企业实施技改项目29项，新培育省级著名商标和名牌产品9个。新化公司挖潜增效，上缴税金同比增长16.3%；锦泰达公司采用回收尾气代替煤、天然气技术，实现节能减排；久乐、华宝公司采用国际标准，推行首席质量官制度和卓越绩效管理模式；奥星药业、高明线缆公司获评省级对标示范企业。推进科技成果转化，20多家企业与科研院所开展产业化成果对接，望峰电器、华宝公司等6家企业与河北科技大学、中国电子科技集团54所等5家大学及科研院所建立产学研合作关系。久乐公司、奥星药业研发中心分别列入国家和省级中心实验室，电热毯产业技术中心获评省级公共服务平台。鑫乐科技、卫星民爆、富格药业等20家企业申报专利35项，久乐公司承担国家“863计划”课题。梦洁公司、久乐公司等3家企业参与制定9项国家标准。

【商贸服务业】 利用临空港优势，加快仓储、物流、电子商务发展。投资25亿元，实施金地国际广场升级改造、富达冷链、盛世清洁物流园等6个项目。谋划洽谈百城购物·供销超市、商贸综合体等项目，总投资12.8亿元。投资9.7亿元，建设坤豪汽贸城、邯郜农副产品交易中心一期工程和19家农村放心店竣工投用。河北银行新乐支行挂牌运营。推动电子商务平台建设，支持企业建立电子商务网站，望峰电器、鑫乐科技等开通电商业务，年末电商企业发展到180多家，年交易额6亿多元。文化产业增加值占到生产总值22%，成为新的经济增长点。伏羲台通过国家3A级旅游景区验收；新增雕塑、动漫、包装印刷等文化企业73家；河北美院东方文化创意产业基地获评河北省首批文化产业示范区。华宝公司在境外注册商标（欧盟），获得纺织品认证；望峰公司ETL电热垫产品通过质量认证。至2014年末，外贸出口首次突破1亿美元，同比增长30%；引进资金38.2亿元；新增市场主体1900多家；服务业实现增加值51.6亿元，同比增长10%。

【城乡建设】 围绕“羲皇圣里、空港城市、创意之城”目标，编制完成《新乐市城乡总体规划(2013—2030)》。实施城乡基础设施建设工程65项。其中，新建、改建东环路、三元路、建新街南延等9条街路；邮电街、育才街等14条街路便道砖铺装更换完工；新华路、何新街等8条街路雨水、污水、供热汽改水地下管网工程完成，铺设地下管网93千米；107国道南环至正定段拓宽。开展“清脏治乱”、“拆违治违”、“洗城行动”等专项整治和房地产市场整治行动，拆除违规违法建筑46万平方米，规划停车场6个、停车位1400多个，更换新装分类式果皮箱300多个。建设总占地1575亩伏羲、虹桥、动漫等7个城市公园、广场和5千米北环路绿道绿廊，形成“七园两场一廊”城市园林景观；占地800亩的动漫公园，元素众多、气势恢宏、水岸相映、乔灌增辉；获评省市级园林式单位、居住小区32个；建设百亩以上苗圃12个。年末城区绿地面积达到427.3万平方米。省级园林城市评审通过验收；承安镇获评全国重点镇。投资8664.5万元，完成22个重点村和7个革命老区农村面貌改造提升。投资3235万元，完成11个村、10所学校4.7万人安全饮水工程。投资6400万元，完成总里程近80千米、47条乡村公路建设。年末新乐市城镇化率达到44.4%。

【环境治理】 落实“压煤、抑尘、控车、迁企、减排、增绿”6项措施，实施大气污染、水污染减排项目24个，提前一年完成“十二五”规划减排任务。加强排水企业运行监管，污水出境断面水质达到省市考核标准。金万泰、新化、东方热电等5个节能重点技改项目完成；拆除、改造燃煤锅炉115台；治理烟粉尘企业23家；压减煤炭9万吨，推广优质低硫煤13.7万吨；淘汰黄标车3813辆；73家大中型餐饮单位安装油烟净化设施；城区建筑工地全部实现绿色施工。环境违法行政追责和刑事处罚58人。加快绿色廊道和乡村建设，实施高铁高速、县乡公路两侧、大沙河木刀沟两河绿化等10大绿化工程，造林绿化面积1.8万亩、植树207.2万株，年末森林覆盖率达到20.3%。

【社会民生】 全年用于民生类支出13.7亿元，占全部财政支出84.7%。争取国家和河北省就业资金1132万元，职业技能培训1037人；城镇新增就业3000多人，城镇登记失业率控制在2.4%以下。推进养老服务体系建设，年末建成养老机构11家，养老床位达到2030张。开展“春雨行动”，发放救助资金2467.6万元，救助困难群众5.8万人次。落实优抚安置政策，发放抚恤补助金、义务兵家庭及退役士兵补助金2352万元。开工建设保障性住房992套，分配入住276套。新建、改扩建标准化幼儿园和中小学校27所；顺利通过国家义务教育基本均衡发展评估认定，获评河北省学前教育先进县。推进公立医院改革，基本药物制度实现全覆盖；新乐市医院综合病房楼和4所乡镇卫生院改建开工；160个村标准化卫生室建设完成，获评河北省标准化规范化乡镇卫生院建设示范县和全国中医药工作先进单位。新农合筹资标准由340元提高到390元，参合率98.96%。妇幼保健新增化验及辅助检查设备，填补无临床业务空白；实施新生儿出生缺陷干预工程，新生儿筛查率达到98%。

（吴静）

石家庄年鉴 Figures

人　物

人　　物

中国共产党石家庄市委常委

孙瑞彬　河北省昌黎县人，1959年9月出生，1985年5月加入中国共产党。1975年7月参加工作。中央党校在职研究生班政治学专业毕业，河北工业大学高级管理人员工商管理专业硕士学位。1975年7月在河北省魏县当知青；1978年2月至1980年3月在河北医学院邯郸分院学习；1980年3月至1985年1月任河北彭城耐火材料厂团委副书记；1985年1月至1999年3月历任河北省邯郸钢铁总厂团委常委兼机关团委书记，厂团委副书记、团委书记，第三炼钢厂党委书记（1985年9月至1988年7月在河北省委党校党政干部函授学院学习，1991年9至1994年6月在北京科技大学成人教育学院管理工程专业函授学习，1996年12月至1998年11月在中国社会科学院研究生院研究生课程进修班工业经济系企业管理专业在职学习）；1999年3月至2000年11月任重庆市重庆特殊钢（集团）有限责任公司总经理助理、副总经理；2000年11月至2002年12月任重庆市万盛区政府副区长、党组成员，2002年12月至2003年3月任重庆市万盛区区委副书记、区政府代区长，2003年3月至2004年5月任重庆市万盛区区委副书记、区政府区长，2004年5月至2005年1月任重庆市万盛区区委书记；2005年1月至2005年3月任河北省沧州市委副书记、市政府代市长，2005年3月至2006年11月任河北省沧州市委副书记、市政府市长（2004年3月至2006年1月在中央党校在职研究生班政治学专业学习）；2006年11月至2008年1月任河北省邯郸市委书记；2008年1月至2010年8月任河北省政府副省长、党组成员；2010年8月任河北省委常委、石家庄市委书记（2010年3月至2012年6月在河北工业大学高级管理人员工商管理硕士专业学习）。中国共产党十七大、十八大代表。

王亮　河北省承德县人，1958年10月出生，1985年3月加入中国共产党。1976年2月参加工作。中央党校函授学院经济专业毕业，中央党校在职大学学历。1976年2月任承德县常裕沟中学民办教师；1978年4月至1979年11月在承德市师范学校学习；1979年11月至1981年11月任承德市师范学校教师（1980年9月至1981年7月在承德师范专科学校学习）；1981年11月至1983年9月任承德市第二中学团委副书记；1983年9月至1985年9月在河北省委党校共青团干部培训班学习；1985年9月至1986年5月任承德市委整党办公室干事；1986年5至1994年3月历任共青团承德市双桥区委负责人、区委书记，共青团承德市委副书记、党组成员，共青团承德市委书记、党组书记（1991年8月至1993年12月在中央党校函授学院经济专业学习）；1994年3月至1997年6月任河北省兴隆县委副书记；1997年6月至2001年7月任河北省丰宁满族自治县委书记；2001年7月至2006年9月任河北省张家口市委常委、宣传部长，2006年9月至2008年5月任张家口市委常委、组织部长；2008年5月至2012年4月任河北省委组织部副部长，2012年4月至2013年2月任河北省委组织部

副部长、省机构编制委员会办公室主任；2013年2月至2013年4月任石家庄市委副书记，市政府代市长、党组书记；2013年4月任石家庄市委副书记，市政府市长、党组书记。

司存喜 河北省巨鹿县人，1957年9月出生，1983年7月加入中国共产党。1975年10月参加工作。河北农业大学园艺系果树专业毕业，大学学历，河北大学经济学院政治经济学专业经济学硕士学位。1975年10月任巨鹿县城关公社技术员；1979年10月至1983年7月在河北农业大学园艺系果树专业学习；1983年7月至1986年12月历任河北省邢台市农业局科员、林业科副科长，1986年12月至1992年5月历任邢台市委组织部组织员、市政府办公室秘书，1992年5月至1998年1月任邢台市政府副秘书长；1998年1月至2001年6月任河北省隆尧县委副书记、县长（1998年9月至2000年6月在河北大学经济学院政治经济学专业研究生课程进修班学习），2001年6月至2003年4月任隆尧县委书记；2003年4月至2006年1月任河北省保定市副市长，2006年1月任保定市委常委、宣传部部长，2008年5月任保定市委常委、纪委书记；2011年4月任石家庄市委常委、纪委书记，2013年7月任石家庄市委副书记，2013年8月任石家庄市委副书记兼市委党校校长。

鲍际国 河北省卢龙县人，1962年3月出生，1984年6月加入中国共产党。在职研究生学历。1980年10月入伍，1984年7月毕业于南京炮兵学院炮兵指挥专业；1984年至1987年历任解放军38集团军113师炮兵团3营8连排长、炮兵团政治处干事、师司令部炮兵指挥部参谋（1984年9月至1987年7月在中国人民大学中文专业大专班学习）；1987年11月至1991年1月历任解放军38集团军113师炮兵团一五二加榴炮1营2连和1连连长及师司令部炮兵指挥部参谋；1991年1月至2007年7月历任秦皇岛军分区司令部参谋、动员科科长、军务动员科科长、秦皇岛市山海关区人民武装部部长、秦皇岛军分区后勤部部长（1997年9月至1999年7在中央党校函授学院政法专业学习，2002年1月至2003年12月在国防大学战役指挥专业研究生班学习）；2007年7月任邯郸陆军预备役炮兵旅旅长；2008年12月任秦皇岛陆军预备役炮兵旅旅长；2012年4月任石家庄警备区司令员。2013年1月任石家庄市委常委。

张小国 浙江省乐清市人，1962年3月出生，1997年7月加入中国共产党。1984年8月参加工作。中央党校科学社会主义专业毕业，中央党校在职研究生学历，复旦大学新闻系新闻学专业文学学士学位，高级编辑。1980年9月至1984年8月在复旦大学新闻系新闻学专业学习；1984年8月至1992年5月历任经济日报社总编室编辑、经济工程部编辑、总编室编辑、特刊部主编；1992年5月至1993年5月任金融时报社每日证券副主编；1993年5月至2010年11月历任经济日报社总编室编辑、家庭版主编、总编室副主任、新闻编辑中心常务副主任、新闻编辑中心总编室副主任兼新闻策划部主任、总编室（新闻编辑中心）主任、总编辑助理兼总编室主任、编辑委员会委员（2008年3月至2008年7月在中央党校中青年干部培训班第24期学习）；2010年11月任石家庄市政府副市长，2011年1月任石家庄市政府副市长、党组成员兼赞皇县委书记，2011年12任石家庄市委常委兼赞皇县委书记（2011年3月至2013年1月在中央党校科学社会主义专业学习）；2014年9月离任石家庄市委常委兼赞皇县委书记。

刘晓军 河北省顺平县人，1962年4月出生，1983年7月加入中国共产党。1984年7月参加工作。日本国立信州大学人文学部地域文化专业毕业，在职研究生学历，

文学硕士学位，讲师。1980年8月至1984年7月在河北师范学院中文系中国语言文学专业学习；1984年7月至1987年8月历任河北师范学院团委宣传部部长、团委副书记；1987年8月至1991年11月历任中央劳改劳教管理干部学院干部、团委书记；1991年11月至1999年12月历任共青团河北省委学校部部长、干事、团省委统战部部长（1995年3月至1998年3月在日本国立信州大学人文学部地域文化专业攻读硕士研究生学位）；1999年12月至2001年9月任河北省永年县委副书记；2001年9月任河北省馆陶县委副书记、县长，2003年4月任馆陶县委书记；2004年6月至2009年6月任河北省政府外事办公室（省政府侨务办公室）副主任、党组成员，河北省委外事工作领导小组办公室副主任；2009年6月任石家庄高新技术产业开发区党工委书记；2009年7月任石家庄市政府党组成员，石家庄高新技术产业开发区党工委书记；2009年8月任石家庄市政府副市长、党组成员，石家庄高新技术产业开发区党工委书记；2011年8月任石家庄市政府副市长、党组成员；2011年9月任石家庄市委常委，市政府副市长、党组成员；2013年3月任石家庄市委常委，市政府副市长、党组副书记。

刘明轩 河北省怀安县人，

1960年1月出生，1991年1月加入中国共产党。1982年8月参加工作。美国伊利诺依大学芝加哥校区工商管理专业毕业，在职研究生学历，工商管理硕士学位，讲师。1978年10月至1982年8月在北京钢铁学院机械系冶金及矿山机械制造专业学习；1982年8月至1985年2月任河北省有色金属公司机械厂技术员、生产技术室副主任；1985年2月至1994年11月任河北省冶金工业学校讲师；1994年11月至2003年8月历任河北省经贸委对外经济贸易处主任科员、副处长、处长，外资处处长（1997年9月至1999年7月在南开大学国际经济研究所世界经济专业研究生课程进修班学习，2000年11月至2001年11月在美国伊利诺依大学芝加哥校区工商管理专业学习）；2003年8至2003年11月机构改革，原职务自然免除；2003年11月至2004年10月任河北省重点建设领导小组办公室副主任；2004年10月至2008年12月历任河北省发展和改革委员会交通运输处处长、助理巡视员、副巡视员（2005年8月至2008年6月支援新疆工作，历任新疆巴州党委常委、副州长兼库尔勒城市信用社党委书记）；2008年12月任石家庄市政府副市长、党组成员；2013年3月任石家庄市委常委，市政府副市长、党组成员；2013年7月任石家庄市委常委、纪委书记。

刘志鹏 河北省行唐县人，

1958年7月出生，1985年6月加入中国共产党。1975年12月参加工作。中央广播电视大学法学专业毕业，在职大学学历。1975年12月至1978年2月为河北省新城县（1993年4月撤消，改为河北省高碑店市）闫家务村下乡插队知青；1978年2月至1981年1月在解放军51092部队服役；1981年1月至1984年12月在新城县卫生局工作；1984年12月至1989年10月历任新城县政府办公室秘书、副主任（1988年3月转为干部，1985年9月至1988年7月在河北广播电视大学汉语言文学专业学习）；1989年10月任高碑店市杨漫撒乡党委副书记、乡长，1990年8月任高碑店市乔刘凡乡党委书记；1994年5月至1996年8月历任高碑店市政府秘书长，市公安局局长、党委书记，市委常委；1996年8月至2003年4月历任河北省保定市委政法委副书记、常务副书记，市社会治安综合治理办公室主任（2002年9月至2003年1月在河北省委党校中青年干部培训班学习）；2003年4月至2008年5月任河北省衡水市公安局局长、党委书记（2002年8月至2004年1月在中央广播电视大学法学专业学习）；2008年5月

至2009年2月任河北省唐山市公安局局长、党委书记；2011年4月任石家庄市委常委、政法委书记。

张树志 河北省东光县人，1956年1月出生，1975年8月加入中国共产党。1979年8月参加工作。河北农业大学农学系土壤农化专业毕业，大学普通班学历。1976年9月至1979年8月在河北农业大学农学系土壤农化专业学习；1979年8月至1985年4月历任东光县农业局技术员，土肥站站长，农业局局长；1985年4月至1989年7月任东光县灯明寺镇党委书记；1989年7月至1992年11月任东光县法院代理院长、院长；1992年11月至1998年2月任东光县副县长，县委常委、副县长；1998年2月至1999年12月任河北省黄骅市委副书记、市长；1999年12月至2002年9月任石家庄晋州市委副书记、市长；2002年9月至2008年6月任石家庄藁城市委书记；2008年5月任石家庄市委常委、统战部部长；2008年12月任石家庄市政府副市长、党组成员，市委农工委书记、政法委副书记；2012年9月至2013年4月任石家庄市委常委，市政府副市长、党组成员，市委农工委书记、政法委副书记；2013年4月任石家庄市委常委，市政府党组成员，市委农工委书记。

王俊钟 河北省威县人，1957年10月出生，1982年12月加入中国共产党。1975年10月参加工作。河北省委党校在职研究生班经济管理专业毕业，省委党校在职研究生学历。1975年10月至1979年9月任河北省邢台地区广宗县旧店公社兽医站兽医；1979年9月至1981年7月在邢台地区财贸学校学习；1981年7月至1981年12月任广宗县土畜产品公司干部；1981年12月至1985年9月任广宗县委办公室干部；1985年9月至1987年7月在河北省委党校理论班学习；1987年7月至1990年11月任《探索与求是》杂志社编辑；1990年11月至2008年6月历任河北省委组织部研究室干事、主任科员、副主任、主任，干部二处处长（1996年8月至1998年12月在中央党校函授学院经济管理专业学习，1997年9月至1999年7月在天津财经学院国际贸易专业研究生课程班学习，2000年9月至2003年7月在河北省委党校在职研究生班经济管理专业学习）；2008年6月任石家庄市委常委、组织部部长；2012年1月任石家庄市委常委、组织部部长，市总工会主席；2013年12月任石家庄市委常委、组织部部长。

胡儒钗 河北省任丘市人，1959年10月出生，1978年12月加入中国共产党。1974年12月参加工作。中央党校研究生院在职研究生班法学理论专业毕业，中央党校在职大学学历。1974年12月至1976年12月任任丘县北辛庄公社海河指挥部专职测量员；1976年12月至1979年12月为河北省军区独立2团1连战士；1979年12月至1981年3月任石家庄军分区警通排排长；1981年3月至1983年1月在石家庄陆军学校政治系学习；1983年1月至2000年8月历任石家庄军分区警通排排长，政治部干事、老干部办公室主任、干部科科长、副主任（1984年12月至1987年12月在河北师大政教系大专班学习，1994年8月至1996年12月在中央党校函授学院经济管理专业学习）；2000年8月至2009年1月历任石家庄市委政法委副书记兼政治部主任，市委组织部常务副部长兼市干部考核委员会办公室主任；2009年1月至2011年8月任石家庄市委常委、统战部部长（2008年9月至2011年7月在中央党校研究生院在职研究生班法学理论专业学习）；2011年8月任石家庄市委常委、秘书长。

高天 女，满族，河北省易县人，1967年4月出生，1987年10月加入中国共产党。1989年7月参加工作。河北大学中文系汉语言文学专业毕业，大学学历，文学学士

学位，燕山大学研究生培训班公共管理专业公共管理硕士学位。1985年9月至1989年7月在河北大学中文系汉语言文学专业学习；1989年7月至2011年8月历任河北省妇女联合会宣传部干事、协调员、副部长，办公室副主任、主任，权益部部长，副主席、党组成员（1989年12月至1991年1月在石家庄正定县正定镇下乡锻炼，1991年2月至1991年12月在石家庄井陉县化工机械厂扶贫，1994年1月至1994年12月在河北省妇女干部学校挂职任校团委书记，2005年6月至2006年5月在燕山大学研究生培训班公共管理专业脱产学习，2008年1月获得公共管理专业硕士学位）；2011年8月任石家庄市委统战部部长，2011年9月任石家庄市委常委、统战部部长；2013年7月任石家庄市委常委、宣传部部长。

毛全球 河北省行唐县人，1960年1月出生，1983年5月加入中国共产党。1981年9月参加工作。中央党校函授学院政法专业毕业，中央党校在职大学学历。1979年9月至1981年9月在石家庄地区财贸学校商业专业学习；1981年9月至1990年2月历任行唐县商业局和财贸办公室干部、政府办公室资料员，多种经营委员会副主任、玉亭乡乡长、县税务局副局长，县委办公室副主任（1985年8月至1988年7月在河北省委党校函授学院党政干部专业学习）；1990年2月至2003年3月历任行唐县财政局局长、党组书记，政法委专职副书记，副县长兼县政府办公室主任、政法委副书记，县委常委、副县长（1995年7月至1997年12月在中央党校函授学院政法业学习）；2003年3月至2007年9月历任河北省栾城县委副书记、代县长，县长；2007年9月至2010年4月任栾城县委书记；2010年4月至2013年7月任正定县委书记（2010年9月至2011年1月兼正定新区党工委书记、管委会主任，2012年7月兼正定新区党工委书记）；2013年7月任石家庄市委常委、统战部部长。中国共产党十八大代表。

李震国 1966年1月出生，河北省赵县人，1987年10月加入中国共产党。1984年7月参加工作。河北省委党校在职研究生班法学专业毕业，省委党校在职研究生学历。1984年7月至1993年6月历任石家庄地区教育局会计，地委办公室科员、党史研究室秘书；1993年6月至1998年1月历任石家庄市委党史研究室综合处处长、党史办公室副主任兼石家庄市清房办公室副主任；1998年1月至2003年3月历任河北省晋州市委常委、纪委书记、市委副书记；2003年3月至2008年6月任河北省行唐县委副书记、县长，2008年6月至2011年11月任行唐县委书记（2008年6月至2009年7月兼任县长），2011年11月至2011年12月任石家庄市委常委、行唐县委书记；2011年12月至2012年12月任石家庄市委常委、行唐县委书记（新疆巴音郭楞蒙古自治州副州长），2012年4月至2013年12月任石家庄市委常委（新疆巴音郭楞蒙古自治州副州长），2013年12月任石家庄市委常委（新疆巴音郭楞蒙古自治州党委常委、副州长）。

崔大平 河北省藁城市人，1965年8月出生，1985年12月加入中国共产党。1984年7月参加工作。中国青年政治学院青年思想教育专业毕业，在职大学学历，法学学士学位。1981年9月至1984年7月在河北省正定师范学校学习；1984年7月至1991年8月历任藁城县教育局和县团委干部，县（市）团委宣传部长（1987年8月至1989年8月在河北省青年管理干部学院学习，1989年7月至1991年8月在中国青年政治学院青年思想教育专业学习）；1991年8月至1992年3月在石家庄团地委帮助工

作；1992年3月至2007年3月历任藁城市团委宣传部长，张村乡副乡长、乡党委副书记，兴安镇党委副书记、计生办主任、经联社常务副主任，增村镇党委书记；2007年3月至2010年6月任藁城市委常委（政法委书记）；2010年6月至2013年6月任石家庄市委副秘书长(不占职数，西藏日土县委书记)，2013年6月至2013年7月任石家庄市委常委、副秘书长（不占职数，西藏日土县委书记），2013年7月至2013年9月任石家庄市委常委、副秘书长（不占职数，阿里地委副书记），2013年9月任石家庄市委常委（不占职数，阿里地委副书记）。

程凯 山东省邹平县人，1964年11月出生，1985年5月加入中国共产党。1985年9月参加工作。山东大学文学与新闻传媒学院语言学及应用语言学专业毕业，在职研

究生学历，文学博士学位。1981年9月至1985年9月在青海民族学院中文系汉语言文学专业学习（旁听生）；1985年9月至1986年9月任青海民族学院直属附校代课教师；1986年9月至1989年7月在青海民族学院汉语言文学系攻读现代汉语专业研究生（1986年9月至1988年5月在青海省教育厅出国人员日语培训班学习，1988年7月至1989年1月在北京大学中文系汉语专业进修）；1989年7月至1990年4月任青海教育学院中文系教师；1990年4月至1999年3月任山东大学威海分校中文系助教、讲师、副教授；1999年3月至2011年12月历任中国残疾人联合会教育就业部副主任，执行理事会理事、办公厅副主任、组织联络部副主任，执行理事会副理事长、党组成员（1997年9月至2007年6月在山东大学文学与新闻传媒学院语言学及应用语言学专业学习，2001年6月至2002年4月挂任河南省残疾人联合会副理事长、党组成员，2005年9月至2006年1月在中央党校省部级干部进修班学习）；2011年12月至2012年1月任中国残疾人联合会执行理事会副理事长、党组成员，石家庄市委常委（挂职）；2012年1月至2012年3月任中国残疾人联合会执行理事会副理事长、党组成员，石家庄市委常委，市政府副市长(挂职)；2012年3月任中国残疾人联合会执行理事会副理事长、党组成员，石家庄市委常委，市政府副市长、党组成员（挂职）；2014年3月离任石家庄市委常委，市政府副市长、党组成员（挂职）。

中国好人

梁庆梅 56岁，赞皇县凯星小学校长。20世纪80年代，梁庆梅经营花生出口生意，是南壕村有名的“富人”。当生意越做越大时，梁庆梅发现因农村劳动力外出打工，有的孩子只好跟着爷爷奶奶或者外公外婆生活，一些七八十岁的老人连照顾自己都困难，让他们照看小孩更是力不从心。梁庆梅决定在南壕村建一所民营学校，解决这个问题。1998年，占地8亩的凯星学校在南壕村建成。当时许多人说他：不好好做生意，做这出力不一定讨好的事，脑子真是进水了。可梁庆梅心如明镜，他要用实际行动实现自己“为穷人办点好事”的诺言。16年来，他资助61名孤困孩子圆了求学梦，帮助160多人找到工作。2011年4月，凯星小学创办石家庄市首家“留守儿童家园”，设立亲情电话，聘请心理专家，从心理抚慰留守儿童，同时为留守儿童找到“代理母亲”。2014年凯星小学接纳留守儿童近 400名。2014年2月，中央文明办授予梁庆梅助人为乐“中国好人”称号。2014年3月，河北省文明委授予梁庆梅“学习雷锋善行河北先进人物”称号。

齐庆三 44岁，河北省平山县委宣传部原副部长。1969年12月出生，1991年河北师范大学中文系毕业。1996年3月从平山镇办公室调入平山县委宣传部，历任宣传干事、科员、外宣局副局长、宣传部副部长。2013年11月11日，齐庆

三因连续昼夜加班，过度疲劳，突发心脏病，倒在奋斗22年的工作岗位上。2014年1月27日，中共石家庄市委决定，追授齐庆三“优秀共产党员”称号。2014年4月，中央文明办授予齐庆三敬业奉献“中国好人”称号。2014年5月，中共河北省委追授齐庆三“全省优秀共产党员”称号。参见《石家庄年鉴2014》“英模人物”。

胡玉兰 女，51岁，桥西区梦溪园小区保洁员。2014年9月，中央文明办授予胡玉兰诚实守信“中国好人”称号。参见“石家庄市妇女联合会”。

全国五一劳动奖章获得者

2014年4月28日，中华全国总工会在北京举行庆祝“五一”国际劳动节暨全国五一劳动奖状奖章表彰大会，石家庄市5名个人获授全国五一劳动奖章。

卢建新 55岁，石家庄市藁城区人，石家庄市城市管理委员会主任。思路清晰，把握全局能力强。提出创建“人民满意城管”目标，明确“发展是第一要务、群众是第一目标、和谐是第一追求、干部是第一因素、落实是第一关键”总体工作思路；制订12条禁令、48条行为规范，推行城管执法过程视频监控，创出石家庄特色文明执法；推行“开门办城管”模式，构建全民参与“大城管”格局。作风过硬，破解难题能力强。2012年市城管委承担市容市貌综合整治十大工程中5项，卢建新雷厉风行，4次带队到外地对标学习，并通过150天奋战，率先完成各项任务。树立“严查重管”意识，经常带队夜查渣土至凌晨，第二天接着工作，重拳出击群众反映强烈的渣土、烧烤等城市“顽疾”。推行“阳光考评”，加强数字城管建设，提升精细化管理水平。卢建新每周至少用一天时间，亲自带队，集中乘车，不打招呼，不定路线，深入各区大街小巷，发现问题现场记录、现场点评、现场交办，常年坚持、雷打不动。卢建新到市城管委工作三年来，节假日从不休息，把单位当作自己的家，以身作则，带出五支过硬队伍。执法队伍：2013年顶住各方压力，强制查封违法建设工地30余处，回填坑槽3处，未发生1起大的矛盾冲突；市政建设队伍：不讲困难、不讲条件，攻坚克难，全部按时间节点和质量要求完成任务；市容环卫队伍：一线环卫工人扩展到6000多人，人员数量、装备水平、管理水平达到历史最多最好；应急抢险队伍：不论白天与深夜，都有一支拉得出、打得赢的抢险队伍随时待命，多次参与处置重大突发行动；精细化管理队伍：招聘市容监督员500多名，分布市区大街小巷，每天巡查问题。2013年石家庄市城市管理水平位列全国第五名。2013～2014年市城管委连续两年获评市级“好班子”、“省级文明单位”称号。

苏士伟 39岁，河北省辛集市人，石家庄博深工具股份有限公司研发部技术员。参加工作13年，苏士伟一直在产品设计开发及工艺设计一线工作，在新产品研发、工艺设计改进及解决公司重大科研项目上做出了突出贡献。主研《焊接型切割陶瓷专业金刚石锯片的研发》，完成产品设计及工艺路线制定，产品切割速度快、陶瓷崩边小，切割精度高，获得石家庄市科技进步奖一等奖。开发《扇形齿金刚石磨头》，完成产品设计及性能试验，制定产品工艺路线。开发F2095系列5种不同性能配方，实现年产值160万元、销售利润28万元。开发《系列双护齿涡轮加强金刚石圆锯片》，完成产品设计及工艺编制，实现年销售利润30万元以上。主研《瓷砖抛光产品金刚石类的研发》，完成产品设计、制造工艺流程及工艺，成为公司新兴产品类别，实现年产值2000万元、利润200万元。主持金刚石绳锯研制，在绳锯制作关键工序取得突破，增强了产品质量稳定性，获得河北省科技成果奖。13年来，苏士伟申报国家发明专利5项、授权4项，取得实用新型专利31项，发表学术论文4篇，承担公司重点项目5项，研发课题12项，所开发产品为公司年创造产值2000万元以上。2009年、2010年，苏士伟连续两年获得公司先进工作者称号；2013 年获评市级劳动模范，2013 年 10 月获评石家庄市市管拔尖人才。

李振雨 女，51 岁，石家庄市裕华区人，神威药业集团有限公司销售主管。中央党校经济管理专业毕业，曾就读清华大学 MBA 研究生管理课程和北京大学群英 EMBA 硕士课程，2000 年李振雨进入神威药业集团有限公司工作。以企业发展为目标，创新销售模式。2003 年，李振雨与 23 名同事在河北省做深度分销试点，主动与商务代表联络，引导上下游客户对接，梳通产品渠道，成功举办推广会、订货会、终端学术会等营销活动。其中，李振雨组织的第一场邯郸市肥乡产品推广会，精心策划组织，操作方法、渠道规范，取得非常好的销售业绩，摸索出一套适合神威品牌发展的销售模式。2004 年神威药业集团在全国范围复制推广河北省深度分销模式，组建分销队伍，筛选适合二级市场销售客户，实施分层管理，建立两级分销体系。肯牺牲、无怨言。2006 年，李振雨调往 OTC 事业部出任南区销售代表。入职后，她深入市场一线了解情况、分析产品份额、掌握最新状态；根据神威产品在南方市场销售份额小、品牌基础弱等情况，协助部门制定办事处日常管理制度，鼓舞员工士气，提高工作效率；研究竞争药品，从同质化产品中寻找差异，以差异为契机，采取精细化运作，寻求突破。经过不懈努力，在较短时间内，李振雨将南方市场从单品种销售盘活至近 50 个品种销售，从终端树立了神威品牌形象，提高了人均产出及收入，稳定了南方市场营销队伍。无私奉献。2008 年 5 月 12 日，李振雨出差到四川省成都市，恰遇汶川地震。在通讯中断情况下，她想尽办法，确认四川省同事都安全后才放心，随即又与神威药业集团公司联系，申请价值 300 万元的应急药品发往四川省 3 家医药公司，还与同事一起将药品发给受灾民众。汶川地震期间，李振雨与同事住在自己动手搭建的帐篷里，没有床褥、没有食品，喝水都很困难，就是凭着吃苦精神和坚强意志，将神威药业集团的应急药品送到群众手中。

田运隆 57 岁，河北省无极县人，中共党员，石家庄市第一中学名誉校长、东校区校长，享受国务院特殊津贴专家，河北省特级教师、河北省劳动模范、河北省人大代表，石家庄市管优秀专家、石家庄市管拔尖人才，河北省教育学会副会长、全国中学科研联合体副理事长、全国校园文化研究会副会长。田运隆长期从事学校管理和教学研究，对新时期学校教育变革和发展具有独特的观点和视野。在新课程改革研究与实践中，田运隆带领一中教师创造出“学生中心，学习指导”教学策略，形成“七环节教学模式”。他主持的国家级课题《提高课堂教学有效性研究》之子课题《学生中心，学习指导教学策略研究（X—Z）模式》获得全国一等奖；他主持的国家级课题《初中—高中学段衔接的教育策略研究》和《高中与大学有机衔接的教育策略研究》填补国家空白，一中因此获评“全国素质教育实验研究先进单位”、“全国教育科学重点课题研究优秀学校”、“全国中学课堂教学管理先进学校”、“教育部课题研究先进单位”、“全国百强特色学校”和“全国教育科研百强学校”称号。田运隆首次提出“教育的生命即生命的教育”理念，坚持“一切为了学生明天的生涯与幸福”教育宗旨，获得全国学术界高度关注和广泛认可；注重“校园文化建设”，构建包括“教育文化、教学文化、管理文化、教师文化、学生文化”五大文化领域，形成具有一中特质的校园文化体系；主编《校长与学校德育》、《教育，点燃生命的光辉》受到教育界高度评价，其中论文《论校园文化建设》、《论课堂教学的价值取向》、《教育，应该点燃生命的光辉》、《论学校的制度建设》在省级及国家级刊物发表。田运隆曾获评“全国教育科研先进个人”、“教育部课题研究先进个人”、“河北省优秀科技工作者”、“河北省中小学骨干校长”、首届“石家庄市十大知名校长”称号。

张惠英 女，53 岁，石家庄市教育科学研究所副所长，河北省数学特级教师、石家庄市有突出贡献的中青年专家，河北师范大学硕士生导师、国家课标教材编写组核心成员、中学数学四环节教学法创始人。脚踏实地、无私奉献。多年来，张惠英经常深入教学一线听课调研，发现问题及时指导。2010～2012 年张惠英参加学校听课 600 多节，无偿举办专题讲座 70 多场，受益师生 3 万多人次。2012～2014 年张惠英指导12名教师获得全国或河北省青年教师评优课一等奖；培养两名研究生获得国家教育部优秀教育硕士；经手命制教师考试试题和学生质量监测试题30多套、30余万字。2012年腊月，张惠英顶着大雪天，带头到赞皇县、灵寿县贫困县支教，感动在场所有教师。善于研究、成果骄人。张惠英公开发表论文40多篇，论著50多部。其中，《中学数学课堂教学设计》成为部分师范院校本科生教材；参与编写的国标教材北京师范大学版初中数学，被全国近1000万学生使用；主研中学数学问题情境—自主探究—辨析研讨—反思评价“四环节”教学法在20多所实验学校推广应用，获得国家教育部课改成果二等奖。

全国三八红旗手

2015年2月，中华全国妇女联合会授予杨葆英2014年全国三八红旗手称号。

杨葆英 女，47岁，河北省石家庄安瑞科气体机械有限公司总经理。参见《石家庄年鉴2014》“河北省三八红旗手”。

全国最美拥军人物

2014年7月30日，中共中央宣传部、国家民政部联合在北京中国网络电视台举行颁奖仪式，授予石家庄市赵县“最美军嫂”张秀桃全国十大“最美拥军人物”称号。

张秀桃 女，河北省石家庄市赵县人，1982年7月出生，中共党员，江西省鄱阳县鄱阳镇卫生院医师。2002年，20岁的张秀桃在驻石家庄部队医院实习时，负责护理高位截瘫一级残疾军人朱光进，在长时间的护理和交流过程中，两人产生深厚的感情。2004年张秀桃不顾家人反对，放弃在大城市工作生活的机会，远嫁江西省鄱阳县。至2014年，张秀桃精心护理丈夫10年，用点滴之爱谱写出一曲感人至深的大爱之歌。张秀桃曾于2012年获授“全国爱国拥军模范”称号，2013年获授“全国三八红旗手”称号。

全国最美志愿者

2014年6月，中国志愿服务联合会公布首批十位“优秀党员志愿者”，石家庄市裕华区青园小区志愿者郭德江入选。12月5日，中共中央宣传部、中央文明办、中国志愿服务联合会联合发布11个全国“最美志愿者”个人和集体先进事迹，郭德江再次入选全国最美志愿者。

郭德江 79岁，石家庄市裕华区青园小区志愿者，1952年加入中国共产党。2000年开始，郭德江与小区几位居民一起自发开展治安巡逻。2002年，社区组织成立“治安志愿服务队”，郭德江自告奋勇担任队长。从此，郭德江每晚带领队员分批次巡逻小区各处。居民的自行车、电动车没锁好，服务队发现后帮忙锁好并将钥匙送还主人；小区井盖坏了，电线断了，枯树杆要掉落，郭德江马上报告居委会并在必要时做好看守提醒……；他还带领服务队队员参加社区其他志愿服务：楼道、楼院或院前小马路脏了，他与居民一同打扫；外来走亲访友的人不识路，他热心带路引导；凡遇小区举办大型活动，他都会带领队员或顶着烈日或冒着严寒执勤安保。2014年青园小区治安志愿服务队从最初10多人发展到70多人。

全国种粮售粮大户

冯俊杰 52岁，河北省石家庄市高邑县东良庄村农民。中等个头，皮肤偏黑，腰板结实，为人憨厚、朴实，做事睿智、坚强。2014年冯俊杰获评全国种粮售粮大户，成为石家庄市获此荣誉唯一一人。冯俊杰以前种自己家几亩地，农闲时候，跑跑运输、搞点加工，日子过得还可以。近两年，冯俊杰开始大面积承包土地，并成立农业种植专业合作社。2014年他通过土地流转租到300多亩耕地，农田种植扩大到1000多亩，毛利润达到400多万元，净收入约50万元。规模种植，让冯俊杰尝到甜头。他对流转过来的土地都进行平整，相邻耕地整合成一大片，便于机械化操作。2014年冯俊杰投资70多万元，新购进1辆大型联合收割机、1辆大型拖拉机、3辆小型拖拉机、1辆大型播种机、3辆小型播种机、10喷灌机设备，合作社基本实现机械化作业，1000多亩耕地，各种作业依靠20多名工人就能完成。冯俊杰希望自己成为一名知识型农民，让每块田都能丰产高产。农闲时候，他就跑农业部门找专家，问农业专家有没有新品种、新技术，并研究、推广、使用“玉米晚收、小麦晚播”和增施底肥、测土配方施肥、等行距种植等技术，实现了良种良法配套、农机农艺有机结合，提高了种粮科技含量和单产水平，粮食产量较高邑县平均水平高出10%。2014年冯俊杰与两家种子公司签订合作协议，负责小麦良种培育。

全国乡村好青年

2015年1月，由共青团中央组织的2014年度全国“寻找乡村好青年”活动揭晓，石家庄市两名优秀青年当选全国“乡村好青年”。

贾拴成 河北省石家庄新乐市人，新乐市新农红薯种植专业合作社理事长。1976年5月出生，高中文化，1996年开始红薯种植研究推广，培育出红薯新品新农1号、新农2号、食用型新农3号、新农4号多个新品红薯。其中，淀粉型红薯新农1号、食用型新农4号在中国大面积推广。在贾拴成带动下，新乐市红薯种植面积达到5万多亩。

王永波 河北省石家庄市正定县南楼村人，正定县鑫农粮蔬种植专业合作社理事长。1979年5月出生，2003年从西南农业大学毕业回乡创业，开始创办农民专业合作社，发展绿色农业，带领周边农民共同致富。2012年成为村“两委”班子成员。王永波在搞好自家生产经营同时，主动带领周边群众致富。他和爱人王小英依托专业知识和农业专家支持，办起农民夜校，邀请省植保站的老师和农业行业技术能手免费为村民举办科技培训。王永波还抽时间去外村做农技培训，手把手教村民种植养殖技术。2007年王永波带领22户村民成立正定县鑫农粮蔬种植专业合作社，采取农资统购统销、共同经营经济项目等方式带领村民共同致富，带动农户近千户。2012年王永波联合18家农机手成立第二个农民专业合作社——永波农机专业合作社，开始将农机和农艺结合起来，开展规模化生产。2011年王永波获评“正定县农村好青年”；2013年1月，被共青团中央、农业部授予第八届“全国农村青年致富带头人”。2013年7月11日，习近平主席在正定县塔元庄村调研时接见王永波，对他扎根农村，带领群众共同致富的事迹给予肯定。

全国教育工作者先进模范

2014年9月，国家人力资源和社会保障部、教育部联合表彰一批模范教师、先进教育工作者，石家庄市15名个人受到表彰。

全国模范教师（5人）

付士仙　石家庄市四十一中

郜桃生　石家庄市井陉矿区实验中学

侯喜君　河北正定中学

李玉梅　石家庄市机场路小学

邢路国　石家庄市第二中学

全国教育系统先进工作者（1人）

娄延果　石家庄市第一中学

全国优秀教师（8人）

白茹　石家庄市东风西路小学

褚立新　藁城市通安小学

付世亮　河北灵寿中学

刘军海　石家庄市元氏县姬村学区

张勇　石家庄市特殊教育学校

陈雪涛　深泽中学

赵耀杰　无极县实验学校

高立　晋州市朝阳小学

全国优秀教育工作者（1人）

夏强　石家庄市第四十四中学

河北省劳动模范

2014年4月16日，石家庄市公告2014年河北省劳动模范名单，共91人。

一线职工和专业技术人员（49人）

肖占国　鹿泉市集中供热管理二处焊工

杨红丽　女，河北茂源化工有限公司生产科长

刘志强　河北中农博远农业装备有限公司销售部副部长

牛海波　新乐市供水有限责任公司管道维修工

李书芳　女，河北华宝塑机股份有限公司操作工

赵建国　河北小蜜蜂工具集团有限公司开刃工

彭勇　石家庄宝丰化工有限公司技术员

梁磊　国网河北省电力公司高邑县供电分公司副所长

范彦民　国网河北省电力公司赞皇县供电分公司发展建设部主任

杜彦波　赞皇县高砂陶瓷材料有限公司车间主任

杨建波　赵县殡葬管理所所长

刘增强　国网无极县供电公司办公室主任

杨志强　石家庄柏坡正元化肥有限公司车间主任

马彦军　石家庄三环锰硅科技有限公司维修车间主任

李顺争　石家庄明旺乳业有限公司机械维修工

付书建　中国黄金集团石湖矿业有限公司车间主任

甄江海　南三条个体售货员

李国红　女，石家庄市桥东区城管环卫大队清扫工

宋兵江　河北金鹏建筑劳务分包有限公司钢筋工

赵燕晨　石家庄桥西区环境卫生监察大队清扫工

王海涛　石家庄市顺心家私有限公司技术部主任

李庆维　石家庄市康恒商贸有限责任公司农场场长

刘海涛　石家庄市华晨清洁服务有限公司机扫科班长

张金环　女，河北方北集团股份有限公司财务经理

马国华　女，石家庄市筑鑫混凝土有限公司操作工

申吉明　女，石家庄饮食有限责任公司部门经理

曹云霞　女，石家庄市天荟商贸有限公司售货员

魏倍倍　石家庄常山恒新纺织有限公司技术员

冯丽朝　女，石家庄常山纺织股份有限公司布机挡车工

唐明利　中国人民解放军第六四一一工厂基建助理

薛喜贵　中航通飞华北飞机工业有限公司工段长

李娜　女，中国民生银行股份有限公司石家庄分行营业经理

高淑平　女，石家庄四药有限公司处长

郭艳彬　女，石家庄市公共交通总公司一公司 1 路车队驾驶员

陈振峰　石家庄市邮政局维明投递公司投递员

安建平　石家庄钢铁有限责任公司作业长

魏敬双　女，华北制药集团新药研究开发有限责任公司主任工程师

王润生　晋煤金石化工投资集团有限公司主任工程师

郗艳龙　中国石油化工股份有限公司石家庄炼化分公司操作工

王立强　冀中装备石家庄煤矿机械有限责任公司车工

罗继勇　石家庄宝石电子集团有限责任公司钳工

杜国营　石家庄强大泵业集团有限责任公司模型工

田军旗　石药集团恩必普药业有限公司部门经理

马三平　石家庄印钞有限公司凹印工

李志刚　石家庄高新技术产业开发区热电煤气公司班长

郎文义　石家庄新奥燃气有限公司抢修所所长

朱惠红　女，石家庄巨力科技有限公司副总工程师

李铁翔　石家庄市公共交通总公司三公司 10 路车队驾驶员

敦书美　女，石家庄常山纺织股份有限公司第五分公司挡车工

企业负责人（16 人）

魏立华　石家庄君乐宝乳业有限公司总经理

曹国华　河北恒山建设集团有限公司董事长、总经理

王少波　河北东明国际家具博览有限公司党委书记、董事长

刘秀忠　天俱时工程科技集团有限公司董事长

白珊　女，石家庄北国人百集团有限责任公司董事长、党委书记

杨文义　河冶科技股份有限公司总经理

尚建民　中国人民解放军第三三零二工厂厂长

焦亚平　石家庄市油漆厂董事长、总经理

刘功成　石家庄市盐业专营公司总经理、党总支副书记

韩杏军　河北众诚企业集团党委书记、董事长

曹新杰　石家庄市城市建设投资控股集团有限公司董事长、党委书记

刘军　石家庄市建设投资集团有限责任公司董事长、党委书记

丁付起　河北白沙烟草有限责任公司党委书记、副总经理

赵维宗　南车石家庄车辆有限公司董事长、总经理

其他（16 人）

刘铁军　神威药业集团有限公司副总裁

郝志刚　河北华博精细化工有限公司总工程师

顾小勇　石家庄龙泽制药有限公司副经理

徐献国　石家庄市和合化工化肥有限公司副经理

李龙江　石家庄玉晶玻璃有限公司副总经理

许震震　女，河北益康针棉织有限公司副总经理

梅海芳　石家庄新世纪煤化实业集团有限公司常务副总经理

吴振岭　河北天山实业集团有限公司工程质量检测分公司经理

王卫国　石家庄常山纺织集团有限责任公司工会主席

冯建中　中国工商银行股份有限公司河北省分行营业部副总经理

顾玉恩　河北西柏坡发电有限公司纪委书记

郭太林　冀中能源井陉矿业集团有限公司正明煤业经理

郑国昱　石家庄钢铁有限责任公司总经理助理、销售中心主任

魏青杰　华北制药集团有限责任公司集团董事

王凤岭　中国石油化工股份有限公司石家庄炼化分公司副总经理

张国辉　河北威远生化农药有限公司安全环保总监

农民（10 人）

刘俊林　新乐市邯邰镇南苏村农民

谷成铜　鹿泉市谷家香椿专业合作社理事长

魏云辉　无极县无极镇里家庄村农民

温亚朋　深泽县白庄乡南张庄村农民

盖彦文　平山县大吾乡东沿兴村农民

周红伟　女，高新区佐益种植专业合作社理事长

王树强　元氏县锦田种植专业

合作社理事

尹小平　正定县正定镇塔元庄村党支部书记

高素娥　女，藁城市岗上镇杜村村民委员会党支部书记、村主任

马梅梅　女，井陉县秀林镇马峪村村民委员会党支部书记

河北省三八红旗手

2015年2月，石家庄市10人获评2014年河北省三八红旗手。其中，杨普、王雅从获评2014年河北省三八红旗手标兵。

杨普　女，31岁，石家庄常山纺织恒盛分公司技术员

王雅从　女，40岁，市妇产医院办公室主任

张惠　女，40岁，石家庄市委互联网信息办公室副主任

郭冬冬　女，47岁，市妇女联合会宣传部长

韩建妙　女，45岁，市第三医院干部保健科主任

张莉　女，33岁，市西柏坡高速公路管理处副主任

姜银娥　女，35岁，行唐县地方税务局税源监控分局局长

范瑞君　女，48岁，市教育局高教处处长

王俊霞　女，40岁，赞皇县手术室护士长

何玉茹　女，48岁，井陉县住房和城乡建设局妇委会主任

河北省优秀民营企业家

2014年5月1日，中共河北省委、河北省人民政府公布“2013年度河北省优秀民营企业家”名单，石家庄市6人入选。

褚现英　河北诚信有限责任公司董事长

吴相君　石家庄以岭药业股份有限公司总经理

魏立华　石家庄君乐宝乳业有限公司总经理

张海军　河北翼辰实业集团有限公司董事长总经理

高树华　河北常山生化药业股份有限公司董事长

李青　东旭集团有限公司总裁

河北省创业功臣

2014年5月1日，中共河北省委、河北省人民政府公布“2013年度河北省创业功臣”名单，石家庄市12人入选。

王庆华　河北阳天通信科技有限公司董事长

张国彬　河北中农博远农业装备有限公司总经理

裴艳丽　石家庄百年巧匠木制品有限公司董事长

李彬　河北博海生物工程开发有限公司总经理

郭春利　河北慧聪电子商务有限公司总经理

刘翠芬　石家庄市长安育才建材有限公司董事长

肖飞　人天通信设备股份有限公司董事长

姚银娟　河北野田农用化学有限公司总经理

张克强　博信通信股份有限公司董事长

曹平　河北立翔慧科电子设备有限公司总经理

何建立　石家庄中石鑫达润滑油有限公司董事长

梁连忠　石家庄市京华电子实业有限公司董事长

河北省教育工作者先进模范

2014年9月，石家庄市教育系统136人获评河北省先进个人。其中，18名教师获评河北省模范教师18人；2人获评河北省教育系统先进工作者。

河北省模范教师（18名）

赵晓彦　石家庄市职业技术教育中心

王小　石家庄市桥西区教育局小学教研室

孟素峰　河北栾城中学

王文联　平山杨家桥学校

徐士立　石家庄市第四十二中学

米运芳　河北赞皇中学

张绍岩　石家庄学院

潘会青　新乐市西长寿幼儿园

李秋芳　石家庄市高邑县第一中学

周相林　晋州市第一中学

赵志勇　石家庄实验中学

杜保平　石家庄市井陉县第一中学

安子云　鹿泉市大河镇第一中学

郑力宏　正定县第三中学

訾玉玲　石家庄市第二十七中学

刘梦云　石家庄市第二十一中学

吴格肖　石家庄市第六中学

李凌起　石家庄市第一中学

河北省教育系统先进工作者（2人）

边东书　石家庄市第十七中学

冯藏璞　石家庄市第四十中学

河北省科学技术突出贡献奖获得者

李振江　河北省石家庄市栾城县人，1956年7月出生，中共党员。长江商学院工商管理专业毕业，硕士学位，神威药业集团有限公司董事长兼总裁；神威药业博士后科研工作站主任、国家认定企业技术中心主任、河北省中药注射液工程技术研究中心副主任；中华全国工商联医药业商会常务副会长、中国医药企业管理协会副会长、中国中药协会副会长。20114年12月25日，河北省政府授予李振江2014年度河北省科学技术突出贡献奖。李振江从事现代中药重大新药创制、产业技术开发以及高技术成果产业化研究30多年，恪守“创新推动发展”医药工业理念，专注医药创新思维顶层设计，开展中药新产品、新工艺、新技术开发及产业化研究，建立了国内具有优势、特色的中药创新体系与新模式，打造出“神威”、“五福”、“神苗”三大中国驰名商标系列药品。李振江专注重大疾病治疗领域，发挥传统中药治疗疑难病症优势，建立以现代中药制剂技术为依托的特色中药新药创新制造新模式，带领团队研制出“降脂通络软胶囊”、“舒筋通络颗粒”、“益气通络颗粒”等拥有自主知识产权的中药创新药物，开发出国内首个以“虚秘”为主要症候的专属治疗药物——芪黄通秘软胶囊、国内首个用于治疗不明原因呕吐中药新药——连苏胶囊、国内首个专属用于治疗非淋菌性尿道炎中药新药——连参通淋片，填补了中医药在治疗特殊、复杂类疾病用药空白。李振江在国内首次提出“中药注射剂全面质量控制”顶层理论设计思路，建立中药注射剂从源头到生产各个环节全程跟踪式质量控制体系，构建了中药注射剂现代基础研究体系、原料药材质量保障体系、多维多息指纹图谱与多指标成分定量的中药注射剂全面质量评价体系、中药注射剂制药全过程近红外在线监控系统以及国内首个中药注射剂安全性评价技术平台。李振江针对国内中药行业产业技术薄弱现状以及中药产业升级需求，树立行业产业技术创新体系及平台标杆，建立中药材最优化软件调配、中药先进制剂工艺单元集成、中药工艺过程自动控制、光谱－色谱软件关联性等成套技术体系及国家中药先进制剂技术产业化示范平台，实现了现代中药产业信息集成化、高度自控化、产业技术前沿化及质量标准化。李振江全力推广中药现代化过程中的研究成果，成为影响国内医药行业的代表性人物，是中国第十、十一、十二届全国人大代表，获得全国劳动模范、“中国医药60年60人”、“2014中国医药经济年度人物”称号。李振江主持完成国家、省级科研课题9项，主持开发9个国家级中药新药并推动产业化，获得河北省医药行业科技进步一等奖2项，河北省知识产权优势培育工程专利奖1项，中华全国工商业联合会科技进步一等奖1项，河北省科学技术进步一等奖1项、三等奖2项，国家科学技术进步二等奖1项，并被评为河北省省管优秀专家、河北省高端人才，享受中国国务院特殊津贴。

感动河北人物

2014年12月30日，由河北省互联网信息办公室与新华网共同主办，新华网河北频道承办的“中国网事·感动河北”2014年度人物颁奖礼在石家庄市河北科技大学举行。该活动以“好人就在身边”为主题，采取网络评选方式产生，包括石家庄市“雷锋奶奶”靳国芳、“爱心无限网”卢英洪、河北爱心救援队共10人（组）获评“中国网事·感动河北”2014年度人物。

靳国芳　女，1937年5月出生，中共党员，石家庄市裕华区建南社区学雷锋志愿者工作站站长，3302厂退休职工，被人们亲切地称为“雷锋奶奶”。1992年退休后，靳国芳一直在3302社区做公益活动，带领志愿者常年结对关怀空巢老人20多户，将一个破旧小区转变成省市先进小区。参见《石家庄年鉴2014》“第四届全国道德模范提名奖获得者”

卢英洪　41岁，无极县中医院办公室主任。2000年10月，卢英洪在《燕赵晚报》看到一则刊登贫困学生的消息，引起很大兴趣，一口气读完，才知道自己身边还有吃不上饭、上学缴费都很困难的学生和家庭，便立即拨打报纸刊登的联系电话，决定去看看那些孩子。平山县之行让卢英洪无法忘记，孩子们的生活、学习时刻展现在他的脑中。让贫困孩子都有学上，成为他最大的心愿。可自己的力量太薄弱，怎么办？卢英洪就想利用自己的计算机知识建立一个网站，将贫困学生和孤寡老人的资料发到网上，让全社会的爱心人士关心和帮助他们。2000年10月20日，卢英洪创办建立“河北爱心无限网”，取名“爱心无限”寓意生命有限、爱心无限。制定资助标准，采取一对一、多对一、一对多等资助方式，资助贫困学生原则是“宁缺毋滥，做雪中送炭，不做锦上添花，帮助学习优秀和值得帮助的贫困学生”。2014年卢英洪通过网站、QQ群、百度贴吧招募志愿者和爱心人士，开展“奉献一份爱心、延续一个梦想”圆梦助学活动及冬季关注孤寡老人、失独老人暖冬行动。其中，一对一结对资助贫困学生300余人次，发放助学金20余万元；资助孤寡老人105名。14年来，卢英洪通过网络聚拢爱心，奉献社会，汇聚爱心志愿者1200多人，举办环保公益、爱心助学、慈善公益活动1000余次，资助贫困学生7000余人次，帮助孤寡老人1000余人次，帮助200多名辍学贫困学生重返学校。卢英洪的爱心和付出得到社会各界的支持肯定，“爱心无限网”获评河北省优秀志愿服务组织；卢英洪获评“中国青年志愿者优秀个人”、“河北省优秀志愿者”、“石家庄市文明公民标兵”、“石家庄市优秀青年”称号。

河北爱心救援队　发起人严爱国，38岁，石家庄市行唐县人，河北省电力公司检修分公司司机。不管是大雨连绵的深夜，还是骄阳似火的盛夏，只要有人汽车抛锚，需要对火、换轮胎，河北爱心救援队便赶过去帮忙，还向市民承诺“三环内快速救援，不收任何费用”。他们好事天天做，感人事迹在网上流传。严爱国经常在车上听广播，每当听到汽车亏电或者需要换轮胎的事，非常热心，乐于助人。2013年秋天，严爱国自费购买汽车搭火线，用于亏电汽车对火；购买套头、拖车绳、千斤顶等工具，用于汽车换胎。从此，只要有空，他听说谁需要帮助，就赶过去帮忙。严爱国的行为感染很多私家车主，2013年11

月严爱国联合“城市铁马”、“蛋糕”等网友，发起成立河北爱心救援队，2014年1月建立QQ群。他们自备工具，利用业余时间做公益，不计报酬、不求回报，将爱心奉献给社会。至2014年底，河北爱心救援队发展成为拥有近2000名志愿者的大群体，其中编号经常参加救援队员450余人，累计救援3000多人次，被网友赞为“城市暖心人”、“城市游侠”、“燕赵名片”。

石家庄市文明公民标兵

2014年2月28日，省会文明委授予30名市民“石家庄市文明公民标兵”称号。

助人为乐（12人）

宁宝顺尹雪妮夫妇　尹宝顺，35岁，石家庄高新区格力电器格力小家电有限公司员工；尹雪妮，女，30岁

尹艳玲　女，36岁，灵寿县北纪城村人

谢松　40岁，新华区赵三街居民

孟凡果　女，60岁，赵县南柏舍镇李家疃二村村民

贾彩芬　女，33岁，正定县人民医院护士

耿田锁　64岁，井陉矿区贾庄社区居民

李武卫　47岁，石家庄华电供热集团有限公司员工

崔更辰　81岁，栾城县苏邱村退休干部

薛萍　女，32岁，桥西区工商局高教分局综合室主任

沈丽娟　女，40岁，桥东区彭后街道元村社区居民

于增友　1969年生，45岁，裕华区青一社区居民

见义勇为（1人）

吴春光　40岁，桥西区振头二街小区保安

诚实守信（2人）

高傻海　68岁，藁城市廉州镇系井村村民

袁书英　61岁，深泽县深泽镇南关村村民

敬业奉献（13人）

齐庆三　45岁，平山县委宣传部原副部长

刘省棉　女，56岁，无极县医院内二科主管护师

张冰梅　女，46岁，市广播电视台都市频道职工

焦文更　48岁，市出租汽车助残车队队长

陆海林　57岁，市宇宙出租汽车公司司机

贾立丰　42岁，市昌联出租汽车公司司机

曹立军　45岁，市蓝鹰出租汽车公司党员车队队长

王立彬　38岁，市华威出租汽车公司司机

魏俊玲　女，49岁，石家庄蓝鹰出租汽车服务中心司机

范顺利　45岁，石家庄蓝鹰出租汽车服务中心司机

王青松　42岁，市出租车爱心车队队长

焦邵磊　32岁，市宏源出租汽车公司司机

王震　42岁，市尹泰出租汽车公司司机

孝老爱亲（2人）

尹义波　女，48岁，晋州市小樵镇大樵村村民

赵建朋　女，36岁，正定县文明办办公室主任

2014年6月24日，省会文明委授予30名市民“石家庄市文明公民标兵”称号。

助人为乐（9人）

郭德江　79岁，裕华区青园小区党员志愿者

赵鹏飞　28岁，藁城翰鑫广告公司员工

刘凤仪　72岁，鹿泉市获鹿镇张庄村人

田小平　女，69岁，正定县解放街社区平安志愿者

贾文其　53岁；贾海霞，53岁，均为井陉县孙庄乡冶里村村民

刘彦龙　42岁，国网深泽县供电公司西河供电所所长

刘孝福　71岁，长安区跃进街道翟东社区居民

仇佰康　17岁，石家庄外国语学校高二(4)班团支部书记

沈丽娟　女，40岁，石家庄市桥东区彭后街道元村社区居民

诚实守信（2人）

郭英学　49岁，高邑县天龙家

具经理

陈志军　33岁，赞皇县国泰电器总经理

敬业奉献（10人）

邱红玲　女，38岁，鹿泉市获鹿镇五六街小学教师

韩香羡　女，35岁，栾城县特殊教育学校教师

张志刚　39岁，长安区建北社区卫生服务中心病房主任

刘兆勇　41岁，裕华公安分局裕兴派出所民警

杨发顺　66岁，晋州市小樵镇田村人

王印杰　50岁，元氏县殷村镇南吴会村原党支部书记

张宗钦　87岁，赞皇县院头镇曹家庄村人

郝敏龙　26岁，石家庄公交公司2路车车长

杨军　　35岁，平山县邮政局投递员

张亚薇　女，54岁，桥西区南长街道槐安西路社区党组织书记

孝老爱亲（9人）

王剑利　女，41岁，正定县三里屯中学教师

高志琴　女，1966年生，井陉孙庄乡北白花村村民

王铁秋　41岁，深泽县故城村村民

谷翠莉　女，42岁，新乐市彭家庄乡大赵村村民

赵彦彦　女，57岁，晋州市晋州镇雷陈村村民

孟想　　女，59岁，桥东区义堂小区居民

李六保　60岁，行唐县只里乡南州村支书

郑景雪　女，50岁，高邑县北陈庄村村民

王建设　55岁，灵寿县岔头镇岸沟村村民

2014年11月5日，省会文明委授予31名市民“石家庄市文明公民标兵”称号。

助人为乐（10人）

米龙刚　33岁，石家庄邮政速递物流公司邮政员

郭六妮　女，56岁，井陉矿区矿市街道南纬路社区居民

张俊秀　女，67岁，6411工厂退休工人，新华区联盟路729号安居园小区居民

赵宏莉　女，43岁，新乐市医院妇科护士长

陈立强　37岁，元氏县交警大队车管所指导员

李树涛　60岁，元氏县赵同乡池村村民

高松　　33岁，中国电信石家庄分公司新华区主任

李凯　　37岁，中国电信石家庄分公司西环区主任

高晓强　21岁，裕华区南王社区租户

徐帅　　27岁，高邑县富村镇镇政府工作人员

拾金不昧（2人）

胡玉兰　女，51岁，桥西区梦溪园小区保洁员

梁俊霞　女，36岁，平山县平安出租车有限公司司机

敬业奉献（6人）

任仙军　34岁，长安区广电社区卫生服务站医生

安菊香　女，51岁，正定县子龙小学教师

郑志鹏　39岁，正定县人民医院副院长

王月　　37岁，新乐市化皮学校教师

张新征　52岁，行唐县南桥镇西市庄村村支书

杨正月　46岁，行唐县上碑镇杨村党支部书记

孝老爱亲（9人）

吴科学　64岁，井陉矿区横涧乡赵村店社区居民

李会娟　女，47岁，长安区桃园镇庄窠社区居民

赵素革　女，47岁，栾城区孟董庄供电所计量员

杜英田　63岁，晋州市小樵镇田村农民

石丽娟　女，32岁，赞皇县供电局配网抢修指挥中心座席员

鹿跃贞　56岁，新乐市工商局长寿分局职工

王建民　62岁，深泽县马里办事处西北马村农民

赵国平　65岁，裕华区方村镇第二社区居民

任书元　61岁，高邑县中韩乡马村村民

热心公益（4人）

徐忠民　66岁，赵县豆腐庄村村民

师彦文　72岁，桥西区东风路南社区居民

肖玉华　女，85岁，长安区棉三社区居民

秦立华　43岁，长安区南村镇侯帐村居委会副主任

2014年12月31日，省会文明

委授予100人“石家庄市文明公民标兵”称号。

地税系统（10人）

耿立亚　44岁，高邑县地税局科员

李彦龙　40岁，井陉矿区地税局征收分局分局长

温占梅　女，40岁，平山县地税局人事政工科科长

董景来　49岁，桥西区地方税务局第四分局分局长

吕丽卫　女，34岁，市稽查局稽查一队小组长

王涛　40岁，新华区地税征收分局副局长

韩海生　43岁，井陉县地税局稽查局副局长

段颖哲　女，39岁，鹿泉区地方税务局征收分局副分局长

曹良存　39岁，晋州市地税局东卓宿分局副分局长

田野　女，44岁，裕华区地税局科员

工商系统（10人）

迟美彦　女，39岁，市工商局12315指挥中心科员

马惠平　女，50岁，市工商局财务处科员

高丽霞　女，43岁，藁城区工商局市场维权科副科长

王辉　48岁，市工商局网络交通分局副局长

张晓玲　女，34岁，鹿泉区工商局寺家庄分局副分局长

王栾彬　47岁，市工商局企业注册分局科员

李洋　39岁，市工商局消费者权益保护处科员

任爱兵　48岁，正定新区太行工商分局副局长

王旭军　44岁，市工商局经检支队副支队长

袁海英　女，44岁，桥西区工商局注册科科长

商务系统（10人）

段玉凤　女，41岁，建华百货家电日饰部曼都珊专柜长

郭欣锐　女，31岁，建华百货针纺部售货员

孙彩分　女，35岁，建华百货皮鞋部售货员

孙跃红　女，44岁，建华百货女装部卡蒙迪专柜长

张春花　女，35岁，建华百货男装部雅戈尔专柜售货员

卜威红　女，33岁，天元名品市场部业务员

何鹏　24岁，天元商务酒店南简良店店长

韩永杰　33岁，天元圣达销售公司业务员

王晓蕾　女，48岁，天元博隆房地产前期部经理

封燕梅　女，46岁，天元超市谈南店店长

供销系统（10人）

方凌　52岁，市土产日杂有限公司党委副书记兼冀华集团公司副总经理

杜苒　女，42岁，市供销社贸易中心佳农物业部办公室科员

高宇　女，41岁，河北中山日化股份有限公司食品部经理

张国范　40岁，市合宏商贸中心总经理

李建星　36岁，市盐业专营公司　丰公司车间副主任

丁林　30岁，市第一棉麻总公司值班员

潘立中　51岁，市第二棉麻有限公司物业部副经理

檀志刚　37岁，市物资回收有限责任公司副总经理

姚会敏　女，41岁，市供销社赵陵铺供销合作社红满楼连锁超市李村店店长

赵伟　42岁，市农业生产资料总公司副总经理兼复混肥厂厂长

联通系统（10人）

吴建辉　57岁，中国联通石家庄市分公司网络维护中心技术管理室技术专家

蒋源峰　35岁，中国联通石家庄市分公司机动通信中心主管

韩宁宁　女，32岁，中国联通石家庄市分公司营业中心营业员

梁恩金　37岁，中国联通石家庄市分公司网络优化中心技术组主管

童像　女，36岁，中国联通石家庄市分公司运维部副经理

梁淑卜　女，46岁，中国联通石家庄市分公司辛集王口营业部主任

王利强　41岁，中国联通石家庄市分公司集客事业部商企客户营销服务中心党支部书记、经理

任晓萱　女，36岁，中国联通石家庄市分公司信息导航业务中心话务班长

吴威卿　36岁，中国联通石家庄市分公司网络经理，助理工程师

薛红霞　女，32岁，中国联通石家庄市分公司客户服务部维系班客户经理

电信系统（8人）

王柱涛　37岁，中国电信赵县

分公司乡镇支局长

郝保军 40岁，中国电信石家庄分公司计费中心主管

李广阔 46岁，中国电信新乐分公司建设装维主管

何芊 女，32岁，中国电信石家庄分公司财务部管理会计

张志强 39岁，中国电信正定分公司副经理

王瑛 女，35岁，中国电信石家庄分公司客服部中高端用户维系主管

姚云桥 女，39岁，中国电信石家庄分公司政企部直销渠道主管

张军 29岁，中国电信石家庄分公司桥东区渠道经理

建行系统（10人）

郝文山 53岁，建设银行河北省分行和平东路支行行长

乔皓 44岁，建设银行河北省分行营业部公司经营三中心主任

娄云芳 女，45岁，建设银行河北省分行辛集支行营业主管

孙疆丽 女，41岁，建设银行河北省分行石家庄国际城支行行长

白茹 女，28岁，建设银行河北省分行石家庄上安电厂支行个人客户经理

王洪洪 41岁，建设银行河北省分行平山支行个人客户经理

赵彩君 女，41岁，建设银行河北省分行石家庄神兴支行柜员主管

赵倩倩 女，30岁，建设银行河北省分行石家庄建华南大街支行营业室柜员

曹子辉 42岁，建设银行河北省分行深泽支行营业主管

温益尊 女，50岁，建设银行河北省分行正定支行常山西路所柜员主管

供电系统（10人）

陶成志 36岁，国家电网石家庄供电公司计量室装表接电二班班长

张全胜 50岁，国家电网石家庄供电公司带电作业室配电带电作业二班班长

满宏超 44岁，国家电网石家庄供电公司综合服务中心物业二班班长

赵媚霞 女，35岁，国家电网辛集市供电公司王口供电所所长

路磊 女，37岁，国家电网石家庄供电公司营业及电费室营业一班班长

朱冀 37岁，国家电网石家庄供电公司变电检修室变电二次检修主管

王晓军 38岁，国家电网正定县供电公司财务资产部代理主任

赵伟 女，49岁，国家电网石家庄供电公司市场及大客户服务室大客户经理二班班长

曹志军 43岁，思凯集团变电分公司变电安装二次主管

成洪刚 44岁，国家电网石家庄供电公司电缆运检室电缆运检一班班长

教育系统（11人）

吴海岩 39岁，正定县南楼乡中学政教副校长

耿巧娟 女，35岁，无极县张段固中学教师

王国平 50岁，灵寿县寨头学区总校长

韩争争 43岁，平山县下槐中学教师

李建伟 52岁，赵县职教中心常务副校长

李丽萍 女，40岁，赞皇县北方小学教师

谷彦军 46岁，井陉矿区实验中学校长

刘梦云 女，44岁，石家庄市第二十一中学师

冯秀雅 女，38岁，石家庄市第五十中学教师

贾君霞 女，36岁，石家庄市第三幼儿园教师

杨爱香 女，46岁，正定县第八中学教师

卫生计生系统（11人）

莫中福 女，51岁，市妇幼保健院副院长、妇产科教授

张江 40岁，新乐市中医院中风病二科主任，中医院内科党支部书记，中西医结合副主任医师

曹翠娟 女，41岁，正定县人民医院妇产科副主任

耿耀伟 37岁，无极县中医院业务副院长

于莉 女，40岁，深泽县医院党支部委员、政工科副主任

聂振平 女，37岁，灵寿县寨头乡计生办主任

刘树明 50岁，平山县人民医院内二科主任兼重症医学科（ICU）主任

李永芳 女，41岁，赵县计生局妇女委员会主任兼计生协会办公室主任

胡荣清 女，40岁，高邑县富村镇仓房村卫生室医生

杨丽静 女，39岁，赞皇县中医院儿科护士长

辛玲 女，43岁，井陉矿区疾病预防控制中心结核病、慢性病防治科科长

石家庄市创业功臣

2014年9月，石家庄市公布2013年度石家庄市创业功臣名单，共20人。

李明谦　石家庄通合电子科技股份有限公司（高新区）

刘胜军　石家庄亿生堂医用品有限公司（鹿泉市）

张成锁　石家庄科林电气股份有限公司（鹿泉市）

龚九春　河北华旭化工有限公司（藁城市）

刘树旗　河北博纳德能源科技有限公司（晋州市）

刘军强　河北旭隆化工有限公司（循环化工园区）

刘玉文　河北金环包装有限公司（裕华区）

岳振江　河北奥星集团药业有限公司（新乐市）

曾爱民　河北民海化工有限公司（井陉矿区）

李华青　河北嘉诚环境工程有限公司（裕华区）

吴又奎　石家庄恒运网络科技有限公司（高新区）

顾小勇　石家庄龙泽制药有限公司（深泽县）

聂续民　石家庄鑫源饮品有限公司（栾城县）

赵国庆　石家庄鹏海制药有限公司（行唐县）

刘中杰　沈兴线缆集团有限公司（晋州市）

李淑萍　赵县万隆纺织有限公司（赵县）

何春梅　石家庄亚视创业科技有限公司（正定县）

王志发　河北鑫顺石材石雕艺术交易市场有限公司（长安区）

王智森　石家庄藏诺生物股份有限公司（高新区）

康世灿　河北星火灯饰股份有限公司（鹿泉市）

感动省城十大人物

2014年12月15日，由市委宣传部、石家庄广播电视台、石家庄日报社联合主办的2014年度“感动省城”十大人物评选活动启动。2015年2月6日，2014年度“感动省城”十大人物评选结果揭晓。分别是：

孤儿园丁——马路军　女，23岁，赵县孤儿院老师。从赵县孤儿院走出来的“90后”女大学生马路军，主动放弃留在大都市的工作机会，回到孤儿院当了一名老师。她“要将温暖与感恩传递下去”。马路军8岁，父亲去世、母亲失踪，她和妹妹被送到赵县孤儿院。在那里，她得到“家”的温暖，快乐、健康长大。马路军18岁，考上河北师范大学，成为赵县孤儿院走出的第一位大学生，成为“爸爸妈妈”的骄傲。2013年7月，她有望签约上海一家合资企业，可当听说孤儿院缺人手时，她主动放弃留在上海的机会，回到养育她的孤儿院，成为一名老师。一些朋友不解地问：“你干吗放弃这么好的机会？”马路军说：“孤儿院就是我的‘家’。‘家’里有困难，我怎么能袖手旁观？况且，‘家’里还有可爱的‘弟弟’、‘妹妹’们。”她既是孩子们的老师，也是孩子们的姐姐，她说自己不后悔当初的决定，孤儿院永远是她的家。

拾金不昧的保洁员——胡玉兰　参见“石家庄市妇女联合会”。

宣传战线上的好战士——齐庆三　参见“中国好人”。

城市游侠——河北爱心救援队（群体）　参见“感动河北人物”。

编外家长——梁庆梅　参见“中国好人”。

爱民片警——李志辉　43岁。1995年从石家庄市警校毕业后分配到石家庄市公安局特警支队工作，2010年4月调入新华区公安分局合作路派出所担任社区民警。一心为老百姓着想，群众满意是工作永恒的主题。2012年10月9日，李志辉到北合街走访时了解到，2号楼60户居民因为20年前单位改制原因，房产本一直没办下来，有的老人带着遗憾离开人世，居民们找过房产部门多少趟也没办成。李志辉硬着头皮接下这块本不属于他管的"烫山芋"，开始替老人们四处"讨说法"。2013年6月，60户居民终于拿到盼望20多年的房产本。对群众极端热忱，对犯罪分子无比痛恨。李志辉一直坚持老百姓最痛恨什么犯罪就严厉打击什么犯罪，老百姓最关注什么治安问题就重点整治什么问题。小案连全局、小案连民心，小事不小看、小案不小办。多年来，李志辉把群众安危放在心上，落实到行动中，他凛然正气，春风化雨的柔情深深触动和感染着辖区每一个人。2014年10月28日，李志辉被授予全国公安机关爱民模范称号，受到习近平主席的亲切接见。

下乡好干部——陈建明 52岁，2005年任市纪委副县级纪检监察员。2014年3月，陈建明作为驻村工作组组长进驻元氏县赵同乡方里村开展帮扶改造提升工作，担任村党支部第一书记。一年来，陈建明不辞辛苦、多方争取，引进项目资金800万元用于改造提升农村面貌。根据村"两委"班子弱的实际，陈建明创立"早七晚八"工作法（早上7点到工地跟班施工，晚上8点碰头研究解决问题），每月驻村工作25天以上，出色完成农村面貌改造提升任务。2014年底，该村面貌焕然一新，成为元氏县最好的村子，被石家庄市推荐为河北省美丽乡村。

为子寻音的好妈妈——赵红 女，50岁。1988年，赵红的儿子牛文聪因错用药物，造成听力永久性损伤，不可恢复。赵红坚持为儿子配戴助听器，帮他开展语言康复训练。为让牛文聪明白什么是说话，赵红每天拉着儿子让他摸自己的喉咙，感受声带的颤动；为让儿子建立声音、文字与物体之间的联系，赵红将家中每一件物品都贴上字卡；为让儿子掌握正确的呼吸方法，赵红找来吸管、水盆和儿子一起吹泡泡；为纠正儿子发音，赵红不厌其烦、一遍遍张大嘴重复每一个音节。3岁时，牛文聪终于喊出一声"妈妈"。助听器没有让牛文聪完全走进有声世界，但帮助牛文聪听到50%～60%的声音。如今牛文聪可以和身边人进行正常的言语交流，并作为专业羽毛球选手，多次代表河北省参加全国残疾人运动会、全国聋人奥林匹克运动会，还曾代表国家参加世界性大赛，屡创佳绩。赵红也将自己的经验和办法传授给更多的人，很多家有残疾孩子的家长从她身上汲取了力量。

红色文化传播者——王律 43岁，石家庄日报社文艺部副主任。多年来，王律一直致力石家庄红色革命文化的收集、整理和研究，义务宣传石家庄红色历史，提升石家庄的知名度。作为"开国文化之旅"的积极倡导者，王律利用业余时间搜集研究多种红色文献，达到痴迷的程度。十几年来，王律搜集西柏坡时期的报刊、书籍、文件、宣传画、票证等红色文献多达3000多种。长期资料积累，多年用心耕耘，王律的研究成果越来越受到社会认可和赞誉。王律生活简朴，但每当听说哪里有革命历史文献，一定想方设法搜集，所有的收入都奉献给了自己珍爱的红色文化。整理挖掘革命历史，倡导传播红色文化，王律不遗余力，并将自己的珍贵藏品，多次无偿捐献给文史单位作为爱国主义教育展品，对教育后人和宣传石家庄起到积极作用。

扶危助困老职工——苏福林 84岁，1990年从煤矿机械厂退休。苏福林每月除给自己留下基本生活费外，剩下的退休金全都捐给了有困难的陌生人。24年中，捐款数额从最开始每月180元退休金中的10元、20元，再到现在一个月2406元的退休金自己只留500元。2008年汶川地震时，苏福林捐赠1000元钱和42床新棉被。因为常常感觉自己财力微薄，为了尽自己所能，老人从不抽烟喝酒，也不吃肉，甚至连自己儿女送的保健品，他都舍不得享用，全部捐给了陌生人。24年来，捐款多少，都捐给了谁，苏福林老人从不做记录。苏福林只上过4年小学，但是懂得人要帮助别人，要做好事。他说：这些帮助"都是应该的"；"中国文明在哪里呢？在行动中。"

逝世人物

边冀民（1915～2014），中共石家庄市委统战部离休干部，享受副厅级待遇。2014年1月31日因病逝世，享年99岁。

戎学增（1916～2014），1938年2月参加革命工作，1981年12月离职休养。曾任中共石家庄市委宣传部副部长。2014年11月27日因病逝世，享年98岁。

刘东源（1919～2014），山西省离石区人，石家庄市国有资产监督管理委员会离休干部（原石家庄市经济贸易委员会副主任），1919年1月24日出生，1937年10月参加革命工作，1938年12月加入中国共产党，1983年12月离休，享受正厅级待遇。2014年6月19日因病逝世，享年95岁。

韩荣吉（1922～2014），河北省平山县上马串村人，1922年9月出生，1939年6月加入中国共产党并参加革命工作。曾任平山县县委宣传部长、书记，灵寿县、正定县委书记，石家庄地委常委、组织部部长、石家庄市委书记。文化大革命期间受到迫害，平反后曾任栾城县委书记，承德地委书记、市委第一书记、市革委会主任，承德地委第一书记、地革委会主任、军分区第一政委，石家庄地委顾问、河北省顾问委员会委员。1993年12月离职休养。2014年12月21日因病逝世，享年92岁。

刘振纲（1923～2014），河北省行唐县人，1923年2月出生，1949年参加中国人民解放军，在华东野战军文工团历任演员、编剧、导演职务。曾在装甲兵石家庄铁道学院、市文团、市歌舞团工作至离休，享受副处级待遇。2014年2月28日因病逝世，享年91岁。

赵风山（1923～2014），原石家庄汽车制造厂副厂长、党委委员。1937年4月参加红军，曾任68军204师610团司令部参谋长。1983年5月离休，享受省（部）长级待遇。2014年9月27日因病逝世，享年91岁。

王亮（1923～2014），河北省灵寿县女庄村人，1923年5月出生，1942年3月参加革命工作，1942年加入中国共产党。曾任石家庄市新华区合作路办事处主任。1982年12月离休，享受处级待遇。2014年12月8日因病逝世，享年91岁。

仇汉章（1924～2014），河北省井陉县人，原石家庄市动力机械厂副厂长、顾问。1924年8月出生，1944年7月参加革命工作，1948年11月加入中国共产党，1984年1月离休，享受副厅级待遇。2014年8月21日因病去世，享年90岁。

程华（1925～2014），原石家庄第一轻工局离休干部。2014年4月20日因病逝世，享年89岁。

张景珠（1925～2014），河北省元氏县人，石家庄市第24中学原副校长。1925年7月出生，1943年4月加入中国共产党，1947年9月参加中国人民解放军，1986年6月离休，享受厅级待遇。2014年5月1日因病逝世，享年89岁。

孙其文（1925～2014），石家庄市建设局离休干部，享受副司局级医疗待遇。2014年9月28日因病逝世，享年89岁。

叶佩欣（1926～2014），河北省正定县城关镇人，石家庄市农业局原正县级离休干部。1926年11月出生，1949年2月参加革命工作，1979年3月加入中国共产党。2014年1月22日因病逝世，享年88岁。

王子安（1927～2014），河北省高阳县人，原石家庄地区行署交通局纪检组副组长。1927年12月出生，1945年8月参加革命工作，1945年8月加入中国共产党，1988年5月离休，享受副处级待遇。2014年8月12日因病逝世，享年87岁。

徐宝林（1927～2014），河北省邢台市人，原石家庄化工化纤有限公司副厂长，1938年9月参加革命工作，1948年9月加入中国共产党，1986年12月离休，享受副厅级待遇。2014年12月9日因病逝世，享年87岁。

耿洪恩（1928～2014），原石家庄市房产管理局离休干部，享受副厅级待遇。2014年1月1日因病逝世，享年86岁。

汤天学（1928～2014），山东省荣成市人，1928年11月出生，1946年6月参加革命工作，1947年3月加入中国共产党，1979年10月转业到原石家庄市水利局任副局长、顾问职务，1990年12月离休，享受医疗、交通副厅级待遇。2014年3月19日因病逝世，享年86岁。

高生才（1928～2014），石家庄市公安局原离休干部。2014年11月11日因病逝世，享年86岁。

崔如意（1929～2014），中国人民解放军第三三零二工厂原副厂长、顾问。1929年出生，1945年参加革命工作，1947年加入中国共产党，1989年离休。2014年5月24日因病逝世，享年85岁。

田野（1930～2014），又名田东维，石家庄市档案局原正县级调研员。2014年1月12日因病逝世，享年84岁。

赵长根（1931～2014），原获鹿县政府巡视员。1931年生，1948年参加革命工作，1949年加入中国共产党，1991年12月离休。2014年2月13日因病逝世，享年83岁。

王盖茂（1931～2014），河北省栾城县人，石家庄市民政局原巡视员。1948年3月参加革命工作，1949年8月加入中国共产党，1985年5月任石家庄市民政局巡视员，1991年7月离休，享受县处级待遇。2014年5月4日因病逝世，享年83岁。

刘聚吉（1932～2014），原石家庄市土产公司党委书记、离休干部。2014年2月6日因病逝世，享年82岁。

王保章（1933～2014），河北省石家庄市人，中共石家庄市纪律检查委员会原副书记、市监察局原局长。1933年10月出生，1952年4月参加工作，1956年6月加入中国共产党。1979年3月任石家庄市委组织部副部长，1983年9月任市纪委副书记，1988年3月任市监察局局长、党组书记，1993年3月任市纪委副书记，1994年6月退休。2014年7月22日因病逝世，享年81岁。

杨瑞堂（1933～2014），河北省深县人，石家庄市政府原副市长、公安局局长。1933年11月出生，1951年8月参加工作，1954年10月加入中国共产党，1991年8月任石家庄市政府副市长，1993年2月任市委政法委副书记、市公安局长，1995年6月退休。2014年9月10日因病逝世，享年81岁。

崔志才（1934～2014），石家庄市东简良村人，原石家庄第二印染厂厂长。中共党员，著名全国劳动模范。1953年9月参加工作，1996年退休。2014年4月16日因病逝世，享年80岁。

刘志敏（1934～2014），原市政协石家庄地区工委党组顾问（副地级）。1934年10月出生，1952年6月参加工作，1957年2月加入中国共产党，2000年4月从石家庄市政府办公厅退休。2014年4月21日因病逝世，享年80岁。

尚嘉询（1934～2014），山东省平度县人，石家庄市人大常委会原秘书长。1934年8月出生，1952年6月参加工作，1953年3月加入中国共产党，1993年3月任石家庄市第八届人民代表大会常务委员会秘书长，1994年12月退休。2014年11月21日因病逝世，享年80岁。

杜继参（1938～2014），河北省正定县人，原石家庄市技术监督局（石家庄市质量技术监督局前身）副局长。1938年2月出生，1963年8月参加工作，1966年1月加入中国共产党，1998年4月退休。2014年12月19日因病逝世，享年76岁。

张进堂（1956～2014），河北省赵县人，石家庄市中级人民法院原副处级审判员。1956年4月出生，1974年12月入伍，1978年3月加入中国共产党，1993年12月转业到石家庄市中级人民法院。2014年4月16日因病逝世，享年58岁。

王永华（1965～2013），河北省井陉县上安镇白王庄村人，中共党员，大专文化。1965年10月出生，1984年8月参加工作，生前系井陉县测鱼镇党委书记。因长期忘我工作，积劳成疾，于2013年9月27日去逝，时年48岁。2014年5月21日，中共石家庄市委追授王永华“优秀共产党员”称号。

张笋（1972～2014），女，河北省辛集市人。白求恩国际和平医院神经内一科原副主任，医学博士、副主任医师。1996年西安医科大学硕士研究生毕业参军，1997年12月加入中国共产党，2012年6月张笋被确诊为脑部胶质瘤。2013年2月张笋手术后，始终坚持在临床一线，用生命模范践行白求恩精神。张笋去世后，按照本人意愿，肝脏和双肾捐赠社会。入伍18年，张笋曾获得联合国和平荣誉一级勋章，被河北省授予“白求恩式医药卫生工作者”称号，曾当选“河北十大新闻人物”和“感动省城十大人物”。2014年6月4日因病逝世，时年42岁。

文献法规

文献法规

河北省人民代表大会常务委员会
关于批准《石家庄市城乡规划条例》的决定

（2014年3月21日河北省第十二届人民代表大会常务委员会第七次会议通过）

河北省第十二届人民代表大会常务委员会第七次会议决定，批准《石家庄市城乡规划条例》，由石家庄市人民代表大会常务委员会公布实行。

石家庄市人民代表大会常务委员会公告

《石家庄市城乡规划条例》已经2014年3月21日河北省第十二届人民代表大会常务委员会第七次会议审议批准，现予以公布，自2014年6月1日起施行。

石家庄市人大常委会

2014年4月9日

石家庄市城乡规划条例

第一章　总则

第一条　为科学制定城乡规划，加强城乡规划管理，协调城乡空间布局，统筹城乡建设，改善人居环境，促进城乡经济和社会全面协调可持续发展，根据《中华人民共和国城乡规划法》、《河北省城乡规划条例》等有关法律、法规，结合本市实际，制定本条例。

第二条　本市行政区域内制定和实施城乡规划，在规划区内进行建设活动，必须遵守本条例。

第三条　制定和实施城乡规划，应当坚持以人为本，遵循城乡统筹、合理布局、因地制宜、适度超前的原则，先规划后建设，注重近期建设和长远发展、经济社会发展和生态环境保护的关系，促进资源、能源节约和综合利用，保护历史文化遗产，突出地方特色，提升城市品位，防止污染和其他公害，并符合公共卫生、公共安全、防灾减灾的需要。

市区发展应将人口疏解、功能提升和环境改善相结合，增加公共绿地和公共空间，控制建筑容量和高层建筑，科学开发利用地下空间；都市区发展应促进城乡融合，推动市区与组团县（市）一体化发展，控制城镇空间形态，保证基础设施、公共设施共建、共享；都市区以外县（市）发展应促进城乡协调，重点发展县城（市区）和重点镇，引导产业、人口、土地适当集中，提高城镇化质量和城镇、乡村建设水平。

第四条　市人民政府城乡规划主管部门负责本市城乡规划管理工作。

市人民政府城乡规划主管部门在都市区各县（市）设立的派出机构，以其名义负责本行政区域内的规划管理工作。

其他县（市）人民政府城乡规划主管部门负责本行政区域内的城乡规划管理工作，并接受市人民政府城乡规划主管部门指导、监督。

县（市）、区人民政府、管理委员会按照规定权限和职责做好城乡规划相关工作。

乡、镇人民政府负责本辖区内镇、乡、村庄规划的组织编制、实施和监督工作，并应当确定相应机构或者专人进行管理。乡、镇人民政府改设街道办事处的，前述职责由上一级人民政府负责。

市、县（市）、区人民政府有关部门按照各自职责协同城乡规划主管部门做好城乡规划的相关工作。

第五条　本市实行城乡规划委员会审议制度。市、县（市）人民政府城乡规划委员会对本行政区域内城乡规划制定、实施中的重大事项提出审议意见，并作为本级政府规划决策的参考依据。

城乡规划委员会由政府及相关职能部门代表、专家和公众代表组成，其中专家和公众代表比例不低于四分之一。

第六条　市、县（市）、区人民政府应当将城乡规划的编制和管理经费纳入本级财政预算。乡镇、村庄规划的编制、管理经费原则上由乡镇财政负担，县级财政补贴。

第七条　经依法批准并公布的城乡规划，任何单位和个人都应严格遵守，未经法定程序不得修改。

任何单位和个人都有权对城乡规划的制定、实施、修改和监督检查提出意见和建议，就涉及其利害关系的建设活动是否符合城乡规划要求，向县级以上人民政府城乡规划主管部门查询。

县级以上人民政府城乡规划主管部门应当健全相关制度，畅通信息渠道，按照规定提供相关信息，认真研究和吸纳公众意见、建议。

第二章　城乡规划的制定和修改

第八条　本市行政区域编制城市规划、镇规划、乡规划、村庄规划。城市规划、镇规划分为总体规划和详细规划。详细规划分为控制性详细规划和修建性详细规划。

在总体规划的基础上，编制公共服务设施、绿地、地下空间、市政、交通设施等涉及城乡空间布局和土地利用的专项规划。

自然保护区、风景名胜区、水源保护区，历史文化名城、名镇、名村、历史风貌街（片）区，以及本市及其以上各级人民政府确定的重点发展区域和重点控制区域等编制特定区域规划。

城市规划确定的重要地区、重点地段编制城市设计。

根据城乡发展需要，鼓励开展城市发展战略规划、县（市）域城乡总体规划、项目概念咨询规划以及行动规划等规划研究工作。

第九条　石家庄市城市总体规划由市人民政府组织编制，经省人民政府审查同意后，报国务院审批。

县级市城市总体规划由县级市人民政府组织编制，经市人民政府审查同意后，报省人民政府审批。

县人民政府所在地镇的总体规划由县人民政府组织编制，报市人民政府审批。市区范围内镇的总体规划由镇人民政府组织编制，经区人民政府审查后，报市人民政府审批。其他镇的总体规划由镇人民政府组织编制，报县（市）人民政府审批。

按照总体规划程序报批的县域城乡总体规划，可以替代县人民政府所在地镇的总体规划。

市、县（市）人民政府组织编制的总体规划，在报送审批前，应先经本级人民代表大会常务委员会审议，常务委员会组成人员的审议意见交由本级人民政府研究处理，市、县（市）人民政府应当在规定时间内向人民代表大会常务委员会反馈研究处理情况。

镇人民政府组织编制的镇总体规划，在报送审批前，应当先经镇人民代表大会审议，代表的审议意见交由本级人民政府研究处理，镇人民政府应当在规定时间内向镇人民代表大会反馈研究处理情况。

第十条　县（市）所辖乡、村庄的规划由乡、镇人民政府组织编制，报县（市）人民政府审批。市区范围内乡、村庄的规划由乡、镇人民政府组织编制，经区人民政府审查后，报市人民政府审批。

乡规划在报送审批前，应当经乡人民代表大会审议，乡人民政府应当对代表的审议意见进行研究处理并反馈处理情况；村庄规划在报送审批前，应当经村民会议或村民代表会议讨论同意。

编制乡规划、村庄规划应当从农村实际出发，尊重村民意愿，优先安排必需的基础设施和公共服务设施建设，体现民族、地方、农村特色，促进新农村建设。

纳入城市、镇规划建设用地范围内的乡、村庄不再单独编制乡规划、村庄规划。

第十一条　市、县（市）人民政府有关部门应当组织编制市、县级市、县人民政府所在地镇的专项规划，经本级城乡规划主管部门审查后，报本级人民政府批准。由相关专业部门编制的专项规划经市政府批准后应当向市城乡规划主管部门备案。其他镇的各专项规划，由镇人民政府组织编制，报市或者县（市）人民政府审批。法律、法规对专项规划的编制和审批另有规定的，从其规定。

经批准的专项规划纳入相应的控制性详细规划。

第十二条　特定区域规划按照法律、法规的规定组织编制和报批。法律、法规未作规定的，由所在地人民政府或管理委员会组织编制，经市城乡规划主管部门会同相关部门审查后，报市人民政府批准。

特定区域规划应当划定特定区域的范围以及规划控制线，明确功能结构、空间布局、资源保护措施等内容。

经批准的特定区域规划纳入相应的总体规划、控制性详细规划、乡规划和村庄规划。

第十三条　市、县级市和县人民政府所在地镇的控制性详细规划，由负责本行政区域城乡规划工作的主管部门组织编制，经市、县（市）人民政府批准后，报同级人民代表大会常务委员会和上一级人民政府备案。

其他镇的控制性详细规划，由镇人民政府组织编制，经上一级人民政府审批后，报上一级人民代表大会常务委员会备案。

第十四条　城市设计应当贯穿城市规划的各个层次。城市中心区、历史风貌控制区、城市河流两岸以及规划区内对建筑和公共空间的形态、布局、景观有特殊控制要求的区域，城乡规划主管部门应当单独编制城市设计，经城乡规划委员会审议通过后，将有关内容纳入相应的总体规划、控制性详细规划编制内容。

第十五条　市、县（市）人民政府城乡规划主管部门和镇人民政府可以组织编制重要地块的修建性详细规划。市、县级市和县人民政府所在地镇的修建性详细规划报市、县级市和县人民政府批准；其他镇的修建性详细规划报市、县（市）人民政府城乡规划主管部门审批。

第十六条　编制规划必须遵守国家、省、市有关标准和规定，依法确定规划的强制性内容。编制下一层次规划，不得违背和变更上一层次规划确定的强制性内容，并应当对上一层次规划确定的强制性内容作出具体安排。

总体规划的强制性内容应当包括规划区范围、规划区内建设用地规模、基础设施和公共服务设施用地、水源地和水系、基本农田和绿化用地、环境保护、自然与历史文化遗产保护以及防灾减灾等内容。

控制性详细规划的强制性内容应当包括规划控制单元的主导属性、用地功能、建筑总量、公共服务设施、公共安全设施和基础设施用地配套规定以及规划控制地块的用地性质、容积率、绿地率、基础设施和公共服务设施配套规定等内容。

第十七条　城乡规划编制草案完成后，组织编制机关应当依法将城乡规划草案予以公示，并采取论证会、听证会或者其他方式征求专家和公众意见。公示期限不少于三十日。

组织编制机关应当认真研究吸纳专家和公众的意见，并在报送审批的材料中附具意见采纳情况及理由。

第十八条　城乡规划经依法批准后，组织编制机关应当在三十日内通过展示馆或网站、报刊等媒体予以公布。法律、法规规定不得公开的内容除外。

第十九条　总体规划、控制性详细规划的组织编制机关应当组织有关部门和专家对规划的实施情况定期进行评估。规划评估应采取论证会、听证会或者其他方式征求公众意见，评估报告及征求意见情况应当提交本级人民代表大会常务委员会、镇人民代表大会和原审批机关。

第二十条　城市总体规划、镇总体规划、乡规划、村庄规划的修改，应当符合《中华人民共和国城乡规划法》和《河北省城乡规划条例》的有关规定，并按照规定的审批程序报批。

第二十一条　控制性详细规划的动态维护，应当按照更正、深化和修改三种情形实施。

控制性详细规划存在明显错误或缺陷，需要更正的，组织编制机关应当对错误内容进行核实，更正后按年度向原审批机关报告。

控制性详细规划根据实施需要，进行局部深化调整的，组织编制机关应当就深化方案征求相关部门和利害关系人意见，经专家论证和向社会公示后，报原审批机关或其授权机关批准。

除上述情形外修改控制性详细规划的，应当符合《中华人民共和国城乡规划法》和《河北省城乡规划条例》的有关规定，并按照规定的审批程序报批。

第三章　城乡规划的实施

第一节　一般规定

第二十二条　市、县（市）、镇人民政府应当制定近期建设规划，有计划、分步骤地组织实施城乡规划。

近期建设规划应当以重要基础设施、公共服务设施和中低收入居民住房建设以及生态环境保护为重点内容，优先安排基础设施、公共服务设施建设，并根据当地经济社会发展水平合理确定建设规模和时序。

市、县（市）人民政府相关部门制定旧城改造、土地收储供应、保障性住房建设、生态环境建设、城建投资等年度实施计划，应当依据近期建设规划。城乡规划主管部门应当参与年度实施计划的制定。

第二十三条　地下空间的开发和利用应当符合城乡规划，优先满足防灾减灾、人民防空等基础设施的需要。

非公益性地下空间开发利用项目建设，应当严格控制对现状道路、广场、绿地等公共空间的挖掘。

开发利用地下空间，应当办理规划许可手续。与地面建设工程一并开发利用地下空间的，应与地面建设工程一并办理规划许可手续；独立开发利用地下空间的，应当单独办理规划许可手续。

县级以上城乡规划主管部门应当会同城管、建设、人防等行政管理部门加强对城市地下建筑物、构筑物以及管线资料的普查，建立动态信息管理系统。

第二十四条　市、县（市）人民政府应当在城乡接合部划定生态协调区并加强规划管理。生态协调区应当以生态建设和农业发展为主，严格控制建设用地规模，除村庄改造和必要设施建设外，严格控制其它建设活动。

第二十五条　市、县（市）人民政府应当有计划地组织实施旧城更新、改造。城市、镇建成区内的城中村和危房集中、基础设施落后的旧区应当优先更新、改造。

旧区改造应当以街区为单元实施整体改造，并与区域内基础设施和公共服务设施承载力相适应，综合考虑建筑年代、建筑质量、小区环境、配套设施、规划实施等因素，科学划定改造范围。能够通过环境整治和完善配套改善居住条件的，不再拆除重建。

在列入改造计划的城中村和旧城范围内，不再新建、扩建各类建设项目。确需改建的，不得增加建筑面积，不得改变原有建筑的基底、形体、高度等。

第二十六条　沿规划城市道路、河渠、绿化带等公共用地安排的建设工程，建设单位须同时按照规划要求代征相邻的公共设施用地，并拆除该土地上与规划不符的建筑物和构筑物。

第二十七条　建设工程竣工验收后，任何单位和个人不得违反建设工程规划许可规定，擅自改变建筑物、构筑物以及其他设施的用途、形式、色彩、材质等。确需改变的，应重新申请办理规划许可手续。公共配套设施不得改变为非公共配套设施。

第二十八条　沿城市道路铺设、架设的市政管线、杆线设施，建设时序应当与城市道路发展规划和年度建设计划相协调。依附道路建设的地下管线，应当与道路同步建设，同类管线应当同槽同井。已经建成地下公共管沟的道路，不得另行擅自开挖铺设管线。

已有的地上管线应当按照规划确定的时序改造入地。

第二十九条　本市建设实行规划许可制度。各类规划建设用地范围内的建设活动应依法取得规划许可。规划区内的现状建设用地应当纳入规划建设用地范围，服从规划管理。

第三十条　建设单位及其委托的中介服务机构对所报送技术图件的真实性负责。市城乡规划主管部门可以推行规划行政审批与技术审查分离，提高城乡规划管理工作效能。

第三十一条　建设单位和有关部门应自核发选址意见书（函）、建设用地规划许可证、建设工程规划许可证、乡村建设规划许可证一年内，自核定规划条件和审定建设工程设计方案二年内办理其他相关建设审批手续。逾期未办理或者未经原审批部门同意延期的，期满后原批准、核定、审定文件失效。

上述文件需要延期的，建设单位和个人应当在有效期届满三十日前向城乡规划主管部门提出申请，经批准可以延期一次，延期不超过一年。

第三十二条　城乡规划主管部门应当自作出规划许可决定之日起十个工作日内，向项目所在地人民政府通报，并通过网站等方式公布许可证件的内容、建设工程设计方案的总平面图。网站公布期限不少于二年。

建设单位应在工程开工前按城乡规划主管部门要求制做公示牌，将规划许可证件在工程施工现场全程公布；属于商品房项目的，还应在房屋预（销）售时，在房屋预（销）售场所公示。公示牌在工程建设期间应当保持完好。

第二节　建设项目选址管理

第三十三条　需要有关部门批准或核准的建设项目，建设单位在报送有关部门批准或者核准前，应当向城乡规划主管部门申请选址，并提交以下材料：

（一）建设项目选址申请；

（二）批准类建设项目的项目建议书批准文件或者核准类建设项目的拟报批的项目申请报告；

（三）标明拟选位置的地形图和规划设计示意图；

（四）证明建设项目需要有关部门批准或者核准和以划拨方式取得国有土地使用权的相关材料；

（五）法律、法规规定的其他材料。

区域性重大建设项目，对城乡空间布局有重大影响、环境功能发生重大变化或需要修改城乡规划的建设项目，还应提供有相应资质机构出具的选址论证报告。对交通或市政基础设施有重大影响的，还应提供交通影响评价报告或市政基础设施承载能力评价报告。

城乡规划主管部门受理选址申请后，应依据城乡规划和有关技术规定进行审核，根据需要踏勘现场。符合规划要求的，应当自受理申请之日起十个工作日内对以划拨方式供地的项目核发选址意见书，对其他项目核发选址意见函。

第三十四条　严格控制在基础设施不能满足需要，且无有效完善措施的地区安排建设项目选址。

因安全、保密、环保、卫生等原因需要与其他建设工程保持一定距离的建设项目，可以独立选址。

因节约土地和功能需要等原因，经市、县（市）人民政府批准，可以结合规划道路、河道、绿地等用地，安排小型市政和公共配套设施建设。

第三节　建设用地规划管理

第三十五条　在规划建设用地上进行建设、实施国有土地上房屋征收以及依法划拨、出让国有土地使用权或变更土地使用性质，有关单位或个人应向城乡规划主管部门申请核定规划条件。

有关机关依法处置房屋、土地权益，无需申请核定规划条件，但处置前应当向城乡规划主管部门征询规划情况。

在非公开出让方式取得的土地上进行改建、扩建，不改变土地使用性质的，土地权属单位在取得有关部门批准、核准或备案文件后，可以持自有土地的使用证明文件向城乡规划主管部门申请核定规划条件。

旧城改造和城中村改造项目申请规划条件前，实施改造的主导部门应当持房屋征收计划或城中村改造计划向城乡规划主管部门申请规划要点，并依据规划要点组织编制改造单元规划，报城乡规划主管部门批准。

第三十六条　城乡规划主管部门应当依据控制性详细规划、乡规划和村庄规划以及国家、省、市有关规定出具规划条件。

申请人应当按照规划要求对项目用地进行测量并绘制用地范围界线图，经城乡规划主管部门审核后，作为规划条件的附件。

规划条件应当分为强制性内容、限制性内容和指导性内容，并明确同步建设的基础设施、公共服务设施、节能减排设施及其具体建设时序。

规划条件应作为国有土地使用权出让合同的组成部分和划拨用地决定书的土地使用条件。国有土地使用权依法转让时，应当附具原有规划条件。

第三十七条　任何单位和个人不得擅自变更规划条件的强制性内容和限制性内容。因公共利益等需要确需变更的，应依法提出变更申请。

以划拨方式取得国有土地使用权的，变更内容涉及强制性内容的，城乡规划主管部门应组织专家对变更的必要性和变更方案进行论证，在当地主要媒体公示，征求利害关系人意见，必要时组织听证，并报本级人民政府批准；不涉及强制性内容的，城乡规划主管部门组织论证后可予以批准。

通过公开出让方式取得国有土地使用权的，不得变更规划条件强制性内容规定的用地性质、容积率、配套设施。变更其他内容的，在当地主要媒体公示和征求利害关系人意见后，报城乡规划主管部门按照前款相关规定程序办理。

在规划条件有效期内、国有土地使用权划拨或出让之前，控制性详细规划依法修改的，城乡规划主管部门应当重新确定规划条件。

城乡规划主管部门应当将依法变更后的规划条件通报同级土地行政主管部门并公示。

第三十八条　在市、县（市）、镇规划区内进行建设，涉及划拨、出让土地或涉及用地使用性质、范围、开发强度调整的，除下列情形以外的应办理建设用地规划许可证：

（一）在以划拨方式取得的现状土地上不改变原有使用性质进行改建、扩建的；

（二）在以出让方式取得的土地上不改变原规划条件进行改建的；

（三）以转让方式取得土地，建设内容未发生变更的。

第三十九条　以出让方式取得国有土地使用权的建设项目，申领建设用地规划许可证时应提交下列材料：

（一）建设用地规划许可证申请；

（二）建设项目的核准文件、备案文件；

（三）国有土地使用权出让合同；

（四）标示拟用地范围的一比一千或者一比五百现状地形图，即用地红线图；

（五）法律、法规规定的其他材料。

经审查，规划条件已纳入国有土地使用权出让合同的，城乡规划主管部门应当自受理申请之日起五个工作日内核发建设用地规划许可证。

第四十条　以划拨方式提供国有土地使用权的建设项目，申请核发建设用地规划许可证时应当提交下列材料：

（一）建设用地规划许可证申请；

（二）项目可行性研究报告批准文件或核准文件；

（三）标示拟用地范围的一比一千或者一比五百现状地形图，即用地红线图；

（四）法律、法规规定的其他材料。

城乡规划主管部门受理申请后，应当现场踏勘规划用地，核定建设用地位置和界限。经审查符合要求的，应当自受理申请之日起十个工作日内核发建设用地规划许可证。

土地行政主管部门应每年将划拨土地的情况向本级人民政府城乡规划主管部门通报。

第四节 建设工程规划管理

第四十一条 在市、县（市）、镇规划区内进行建筑物、构筑物、市政工程和其他工程建设的，建设单位或者个人应向城乡规划主管部门申请办理建设工程规划许可证。

第四十二条 建设单位或个人在办理建设工程规划许可证前，应委托具有相应资质的设计单位编制建设工程设计方案，报城乡规划主管部门审定。大型公共建筑设计方案编制前，可以由城乡规划主管部门会同建设单位征集建筑设计方案。涉及建筑节能的，建筑单体设计方案审批前，城乡规划主管部门应当就设计方案是否符合民用建筑节能强制性标准征求同级建设主管部门的意见。

城乡规划主管部门依据规划条件和城乡规划管理有关规定对建设工程设计方案进行审查，符合要求的，应当自受理申请之日起二十个工作日内予以批复。

建设工程设计方案直接涉及他人利害关系的，城乡规划主管部门在批复前，应组织公示并征求利害关系人意见，公示期不少于十日。市政地下管线工程和其它涉密工程除外。

第四十三条 涉及重要国家机关、涉密单位、军事禁区等周边环境安全的建设项目，除满足规划条件和城乡规划管理有关规定外，还应当符合国家和省关于限制距离的特殊规定。

第四十四条 申请办理建筑类建设工程规划许可证，建设单位或者个人应当提交下列材料：

（一）建设工程规划许可书面申请；

（二）使用土地的有关证明文件；

（三）建设工程设计方案，包括总平面图、平面图、立面图、剖面图及外立面效果图；

（四）建设项目初步设计批准文件或用地许可阶段未提供的核准、备案文件；

（五）法律、法规规定的其他材料。

除提交前款规定的材料外，属于原有建筑物改建、扩建的建设项目，还应当提交建筑物的权属证明；对城市安全、周边环境等可能产生不利影响的建设项目，还应当提交说明材料和技术依据；属于居住建设项目的，还应当提交物业管理区域划分及物业用房核定证明文件。

经审查，符合规划要求的，城乡规划主管部门应当自受理申请之日起十个工作日内核发建设工程规划许可证。

第四十五条 申请办理市政类的建设工程规划许可证，建设单位或者个人应当提交以下材料：

（一）建设工程规划许可申请；

（二）土地使用证明文件或土地权属人意见（现状为市政设施用地或已完成代征手续的市政设施用地除外）；

（三）建设工程技术设计图；

（四）市政建设工程项目核准、批准文件（城市市政管网更新、改建及老旧小区完善市政配套项目除外）；

（五）法律、法规规定的其他材料。

除提交前款规定的材料外，道路建设工程还应提交各专业管线单位配合道路同步实施管线的意见；管线接口和道路开口的建设项目还应提交项目合法的证明材料；对城市安全、环境保护、文物保护等可能产生影响的建设项目，还应提交说明材料和技术依据。

属应急抢险工程的，建设单位可以先行施工，同时向城乡规划主管部门书面报告，并在其确定的期限内补办各项手续。

经审查，符合规划要求的，城乡规划主管部门应当自受理申请之日起十个工作日内核发建设工程规划许可证。

第四十六条 建筑规模在一千平方米以下的建设项目和工业园区内的产业建设项目，不妨碍他人权益、不违背城乡规划强制性内容的，可以不再单独批复建设工程设计方案，直接办理建设工程规划许可证；建筑物外立面装修，项目内部综合管网建设，可以只批复建设工程设计方案，不再核发建设工程规划许可证。

第四十七条　建设单位或者个人应当在建设周期内，按规划要求同步完成相关配套设施建设。分期建设的，应当分期申请建设工程规划许可证，配套设施先期建设比例不得低于整体项目中配套设施建设比例。

第四十八条　经审定的修建性详细规划、建设工程设计方案总平面图不得随意修改。符合下列情形之一的，方可按规定的程序修改：

（一）因控制性详细规划的修改导致无法按照修建性详细规划、建设工程设计方案建设的；

（二）因文物保护、地质灾害和其他涉及公共利益原因致使无法按照修建性详细规划、建设工程设计方案建设的；

（三）整体建设项目、位于独立地块内的分期建设项目，在尚未实施建设、不违背规划条件、不涉及他人利害关系或利害关系人已经同意的前提下，建设单位申请修改的；

（四）法律、法规规定的其他情形。

修改修建性详细规划和建设工程设计方案总平面图，城乡规划主管部门应将修改原因、修改草案予以公示，并采取听证会、座谈会等形式，听取利害关系人的意见，公示时间不得少于十日。因修改给利害关系人合法权益造成损失的，应依法给予补偿。

第四十九条　严格控制临时建设工程，确需进行临时建设的，应经市、县（市）人民政府同意后，到城乡规划主管部门办理审批手续。

第五节　乡村建设规划管理

第五十条　在乡、村庄规划区内集体土地上兴办企业、公益事业，建设乡村公共设施、集中村民住宅建设，应当向乡镇人民政府提出申请，由乡镇人民政府同意后，向城乡规划主管部门申请规划条件，并提交以下材料：

（一）规划条件申请书；

（二）项目批准或者核准、备案文件；

（三）占用土地权属证件或相关证明文件；

（四）土地预审意见；

（五）占用土地所在村庄村民代表大会同意建设的意见书。

申请人应当委托具有相应资质的设计单位根据规划条件编制建设工程设计方案，由乡镇政府初审后，报城乡规划主管部门审查。经审查，符合规划要求的，城乡规划主管部门应当自受理申请之日起十个工作日内核发乡村建设规划许可证。

集中建设的村民住宅，在核发乡村建设规划许可证前，还应由乡镇政府组织公示并告知利害关系人享有听证的权利，公示期不少于十日。

第五十一条　村民在乡、村庄规划区内集体土地上申请新宅基地建设住宅，或在自己原有宅基地上建设住宅的，按照《河北省城乡规划条例》有关规定办理。

新申请的宅基地用地红线图作为乡村建设许可证附件。

第六节　建设工程批后管理

第五十二条　建设项目未取得建设工程规划许可证、临时建设工程许可证或乡村建设规划许可证的，供水、供电单位不得为其提供水电服务。

第五十三条　城乡规划主管部门应当对批准后的建设工程进行监管。

建设单位在开工前应委托具有相应资质的测绘单位对建设工程进行定线和槽底定位，并在建筑工程的基槽开挖、基础施工、地面首层、顶层封顶、外立面装修、室外工程及景观环境设施建设环节，以及市政工程的基槽开挖、地下工程覆土前和覆土后接受规划核验。经核验不合格的，责令建设单位立即停止施工并改正。

第五十四条　建设工程竣工验收前，建设单位或个人应当及时向城乡规划主管部门申请规划核实，并提交下列材料：

（一）建设工程规划核实申请；

（二）具有相应测绘资质的勘测单位出具的测量成果图等资料；

（三）法律、法规规定的其他材料。

经核实，符合规划审批的，城乡规划主管部门应当自受理申请之日起十个工作日内出具规划核实证明。未经规划核实或未通过规划核实的，有关部门不得办理竣工验收备案、房屋登记等手续。

乡村建设工程申请规划核实前应当先经乡镇人民政府初步核实。

村民在宅基地上建设个人住宅的，无需申请规划核实。

第四章　监督检查

第五十五条　市、县（市）人民政府应当向本级人民代表大会常务委员会报告城乡规划的实施情况，并接受监督；乡、镇人民政府应当向本级人民代表大会报告城乡规划的实施情况，并接受监督。

各级人民代表大会常务委员会或者乡、镇人民代表大会根据需要，可以对城乡规划工作做出相应的决议、决定。

第五十六条　市人民政府应当建立城乡规划督察制度。

市、县（市）人民政府城乡规划主管部门应当建立城乡规划信息监测系统。

各级人民政府及城乡规划主管部门应按各自职责依法加强对城乡规划的监督检查，对违法、违规编制、修改、审批、实施城乡规划的行为，责令改正或直接纠正。

第五十七条　任何单位和个人都有权向城乡规划主管部门或者其他有关部门举报或者控告违反城乡规划的行为。城乡规划主管部门或者其他有关部门对举报或者控告，应当及时受理并组织核查、处理，并为举报人、控告人保密。

第五十八条　市、县（市）、区人民政府应当建立健全包括考评、问责、信息共享等在内的违法建设查处工作机制，明确责任分工，加强违法建设查处工作。

有关执法部门和县（市）、区、乡、镇人民政府及街道办事处应当按照以下职责负责建设活动的监督和管理工作：

（一）市、县（市）、区人民政府城乡规划执法部门负责违反城乡规划的城镇违法建设的查处工作；

（二）乡、镇人民政府负责乡村建设工程的批后监管和乡村违法建设的查处工作；

（三）国土、建设、城管、住房等行政主管部门分别负责涉及违法占地、违法施工、影响市容、物业管理区内部违反物业使用和维护规定的违法建设行为的查处工作；

（四）县（市）、区政府负责辖区内违法建设的控制工作，对违法建设组织实施行政强制措施和行政强制执行；

（五）街道办事处协助有关部门对建设项目征求意见、批前公示，对发现的违法建设进行劝阻并及时上报，配合对违法建设实施行政强制。

第五十九条　市、县（市）人民政府应建立工程建设领域诚信管理体系，加强对建设工程设计、开发、施工、监理单位的诚信管理。有关部门应当对不守诚信的单位依法进行查处并公布。

第五章　法律责任

第六十条　各级人民政府及有关部门或行政管理机构有下列行为之一的，由监察机关或者上级部门责令改正，通报批评；对有关负责人和直接责任人给予行政处分；构成犯罪的，依法追究刑事责任：

（一）依法应当编制城乡规划而未组织编制的或者未按法定程序编制、审批、修改城乡规划的；

（二）超越职权或者违法做出许可以及应当许可而不予许可的；

（三）未依法在国有土地使用权出让合同中确定规划条件的，或者擅自改变国有土地使用权出让合同中依法确定的规划条件的；

（四）对违法建设行为不依法查处以及不履行配合查处职责的；

（五）未及时依法实施行政强制，致使违法建设扩大的；

（六）对未取得规划条件核实证明或擅自改变规划核定用途的建设工程办理竣工验收备案手续，进行房屋登记，或核发有关执照、许可证的；

（七）国家机关及有关单位、组织违反有关规定，为违法建设行为提供土地及其他便利条件的。

第六十一条　未取得建设工程规划许可证进行建设，或违反城乡规划擅自在建筑物楼顶、退层平台、住宅底层院内以及配建的停车场地进行建设的，由城乡规划执法部门责令停止建设，限期拆除、恢复原状。按期拆除的，可以并处违法建设工程造价百分之十以下的罚款；逾期未自行拆除的，应当依法强制拆除、恢复原状，并处违法建设工程造价百分之十的罚款。

未取得建设工程规划许可证，但已取得建设工程设计方案审查文件且建设内容符合审查文件要求的，责令停止建设，限期办理建设工程规划许可证，并处违法建设工程造价百分之五的罚款。

土地使用权人或管理人拒不提供违法建设单位或参与违法建设的，对土地使用权人或管理人一并进行处罚。

对发生在公共用地上无法确定责任人的违法建筑，应当通过在该建设工程显著位置张贴公告并在城乡规划执法部门网站发布公告等形式督促责任人依法接受处理，公告期不得少于二十日。公告期届满，仍无法确定责任人或者责任人拒不接受处理的，依法强制拆除。

第六十二条　未按照建设工程许可内容进行建设，尚可采取改正措施消除对规划实施影响的，由城乡规划执法部门责令停止建设、限期改正。按期改正的，处违法建设工程造价百分之五罚款；逾期不改正的，应当依法强制拆除，并处违法建设工程造价百分之十的罚款。

对无法采取改正措施消除对规划实施影响的违法建设，由城乡规划执法部门责令停止建设，限期自行拆除、恢复原状。按期拆除的，可以并处违法建设工程造价百分之十以下的罚款；逾期未自行拆除、恢复原状的，应当依法强制拆除，并处违法建设工程造价百分之十的罚款。

前款所称无法采取改正措施消除对规划实施影响的情形包括：

（一）擅自移位，占用城市道路、广场、绿地、河湖水域、轨道交通设施、文物保护范围用地或者压占城市管线、永久性测量标志的；

（二）擅自移位、加高、加宽、加长等侵犯他人合法权益，未取得利害关系人同意的；

（三）违反建设工程规划许可证重要性内容的。

第六十三条　因拆除违法建筑可能影响相邻建筑安全、损害无过错利害关系人合法权益，或对公共利益造成重大损害确实不能拆除的，没收实物或违法收入，可以并处违法建设工程造价百分之十以下的罚款。

第六十四条　市、县（市）、区城乡规划执法部门作出责令停止违法建设的决定后，可以同时通知供水、供电、供气等管理部门，以上单位应当依据城乡规划执法部门的停工通知停止对违法建设的水电气服务。建设单位和个人仍不停止建设的，城乡规划执法部门应当在停止违法建设决定期满后报告本级人民政府，由县（市）、区人民政府组织采取查封施工现场、扣押财物等行政强制措施。

市、县（市）、区城乡规划执法部门作出限期拆除违法建设的决定后，建设单位和个人在规定期限内拒不拆除的，城乡规划执法部门应当及时报告本级人民政府，由县（市）、区人民政府依法组织实施强制拆除。

实施强制停工和强制拆除，公安部门应当依照法定职责及时制止以暴力、威胁或其他方法阻碍执行公务的违法行为，必要时依法实行交通管制、现场管制，对严重破坏治安秩序的违法行为人依法带离现场，依照相关法律规定予以处罚。供水、供电、供气等单位应当停止对违法建设工程的相应服务。

第六十五条　在乡、村庄规划区内未依法取得乡村建设规划许可证或未按乡村建设规划许可证规定进行建设的，由乡、镇人民政府责令停止建设，限期改正；拒不停止建设的，查封施工现场、扣押财物；逾期不改正的，予以拆除。

第六十六条　违法建设的开发经营单位拒不执行城乡规划执法部门作出的责令其停工、限期自行拆除决定的，城乡规划执法部门可报请市、县（市）人民政府同意，由土地行政主管部门取消其三年内在本市参与土地出让受让的资格。

对拒不停工的施工单位，由建设主管部门取消其二年内在本市参与施工投标的资格。

情节严重的，由资质管理机关或提请原发证机关降低开发单位和施工单位的资质等级、吊销其资质证书。

第六十七条　违反本条例第二

十七条规定，擅自改变房屋用途的，房屋管理部门责令限期改正，逾期不改正的，对个人处二千元以上一万元以下的罚款，对单位处一万元以上十万元以下罚款，并可以采取查封现场、扣押财物等强制措施。

第六十八条　违反本条例第二十七条规定，擅自改变原有建筑物、构筑物以及其他设施外观、形式、色彩、材质的，由城市管理执法部门责令限期改正；逾期不改正的，对产权人或管理人处一万元以上三万元以下的罚款，并可以采取查封现场、扣押财物等强制措施。

第六十九条　建设单位违反本条例第三十二条有关公示规定的，城乡规划主管部门责令限期改正；逾期不改正的，处五千元以上一万元以下的罚款，并将公示内容予以公告。

第七十条　在规划审批、违法建设查处过程中发现以下情形，由城乡规划主管部门处十万元以上三十万元以下的罚款，并停止受理相应勘察设计单位设计图件二年；情节特别严重的，由资质管理机关或提请原发证机关降低其资质等级或吊销其资质证书。

（一）设计单位为未取得规划条件的建设项目提供设计方案，或违反规划条件、有关技术规定出具设计方案的；

（二）不依据城乡规划主管部门审定的建设工程设计方案，或违反城乡规划标准和技术规范进行施工图设计的；

（三）勘察、设计单位提供虚假勘测、设计成果的。

第七十一条　建设单位或个人未经批准进行临时建设，或未按照批准内容进行临时建设，以及临时建筑物、构筑物超过批准期限不拆除的，由城乡规划执法部门责令限期拆除。逾期不拆除，由县（市）、区人民政府组织强制拆除，并处建设工程造价一倍的罚款。

第六章　附则

第七十二条　井陉矿区的城乡规划管理适用本条例对市辖县的规定。

第七十三条　本条例所称规划区，是指城市、镇和村庄的建成区以及因城乡建设和发展需要，必须实行规划控制的区域。

本条例所称都市区，是指石家庄市区和鹿泉市、藁城市、正定县、栾城县的全部行政区域范围，不包括井陉矿区。

本条例所称违法建设工程，是指新建、扩建、改建的存在违反城乡规划事实的建（构）筑物的单体。

第七十四条　本条例自 2014 年 6 月 1 日起施行。《石家庄市城市规划管理条例》同时废止。

河北省人民代表大会常务委员会
关于批准《石家庄市教育设施规划建设管理条例》的决定

（2014 年 11 月 28 日河北省第十二届人民代表大会常务委员会第十一次会议通过）

河北省第十二届人民代表大会常务委员会第十一次会议决定，批准《石家庄市教育设施规划建设管理条例》，由石家庄市人民代表大会常务委员会公布施行。

石家庄市人民代表大会常务委员会公告

《石家庄市教育设施规划建设管理条例》已经 2014 年 11 月 28 日河北省第十二届人民代表大会常务委员会第十一次会议审议批准，现予以公布，自 2015 年 1 月 1 日起施行。

石家庄市人大常委会

2014 年 12 月 15 日

石家庄市教育设施规划建设管理条例

第一章　总则

第一条　为加强教育设施规划建设管理，保证教育设施规划建设与社会发展、人口增长相适应，促进全市教育事业优先、均衡发展，根据《中华人民共和国教育法》、《中华人民共和国城乡规划法》等有关法律、法规，结合本市实际，制定本条例。

第二条　本市行政区域内教育设施的规划、建设及其管理适用本条例。

本条例所称教育设施，是指幼儿园、小学、初级中学、普通高级中学、中等职业学校、特殊教育学校、中小学生校外综合实践活动基地和青少年学生校外活动中心的场地、建筑物、构筑物及附属配套设施。

第三条　教育设施的规划建设管理应当遵循政府主导、统一规划、优先安排、合理布局、配套建设的原则。

第四条　市、县两级人民政府应当将教育设施规划建设纳入国民经济和社会发展规划，统筹安排教育设施的基本建设用地和建设资金，协调解决规划建设管理中的重大事项。

第五条　市、县两级人民政府负责组织实施本条例。

市、县两级教育、发展改革、规划、国土、建设、财政、房管、城市管理等有关行政主管部门按照各自职责做好教育设施规划建设管理工作。

第二章　教育设施规划管理

第六条　本市教育设施规划包括市区教育设施专项规划和县域教育设施专项规划。

第七条　教育设施规划应当根据国民经济和社会发展规划、城乡规划和土地利用总体规划编制。并依据行政区划、人口居住分布状况、现有教育资源和中小学、幼儿园服务半径以及有关标准，确定教育设施的布局、用地范围、用地面积等内容。

第八条　市、县（市）教育行政主管部门应当会同本级规划行政主管部门，组织编制市区和县域教育设施专项规划。

第九条　教育设施规划报送审批前，教育行政主管部门应当将规划草案予以公告，并采取论证会、听证会或者其他方式征求专家和公众的意见。

第十条　教育设施规划应当报市、县（市）人民政府批准后公布实施，非经法定程序不得变更。

经批准的市区和县（市）城区教育设施规划应当纳入当地城市控制性详细规划，作为强制性内容管理。农村教育设施规划应当纳入乡（镇）规划或村庄规划。

第十一条　市、县（市）教育行政主管部门应当会同同级规划行政主管部门定期对教育设施规划实施情况进行评估，并根据城乡规划、教育改革发展需要、教育设施规划实施评估情况等，及时对有缺陷或不适应发展需要的教育设施规划进行修改。

第十二条　规划行政主管部门应当按照教育设施规划预留教育设施建设用地，并核定其区位和界线。

第十三条　预留的教育设施建设用地不得擅自变更，因重大基础设施建设等确需变更的，规划行政主管部门应当在相同或者相近区域规划不少于原面积的教育设施建设用地。并征得教育行政主管部门同意后，报本级人民政府批准。

第十四条　城市新建中小学、幼儿园设置规模和占地面积，应当符合下列规定：

（一）每十万人设置不少于一所普通高级中学，生均占地面积不低于二十五平方米，总用地面积不少于一百亩。

（二）每千人按三十九名初中生计算配建相应规模初级中学。每二万三千人至三万八千人设置不少于一所十八班至三十班初级中学，生均占地面积不低于十八平方米。

（三）每千人按七十八名小学生计算配建相应规模小学。每七千人至二万人设置不少于一所十二班至三十六班小学，生均占地面积不低于十六平方米。

（四）每千人按三十九名学龄前儿童计算配建相应规模幼儿园。每四千六百人至九千二百人设置不少于一所六班至十二班幼儿园，生均占地面积不低于十四平方米。

寄宿制学校每名寄宿生生均占地面积应当增加十平方米。九年一贯制学校规划占地面积不小于相应小学和初级中学分别占地面积之和。因用地形状不规则而无法满足总平面布局要求的学校，应当适当增加占地面积。

第十五条　现有城市中小学、幼儿园生均占地面积未达到本条例第十四条规定标准的，市、县两级人民政府应当按照教育设施规划，在城镇建设改造时优先解决。

第十六条　县（市）人民政府应当合理确定农村地区初级中学、小学（含教学点）和幼儿园布局。

农村地区每个乡（镇）应至少设置一所初级中学，人口相对集中的行政村应至少设置一所小学或教学点，每个乡（镇）政府所在地应至少设置一所公办幼儿园。

山区县应在县城所在地规划建设寄宿制初级中学，在乡（镇）政府所在地或者基础设施完备、交通便利的行政村规划建设寄宿制小学，统筹解决深山区农村适龄学生入学问题。

农村中小学、幼儿园的建设按照国家有关标准和规范执行。

第三章　教育设施用地保障

第十七条　公办学校、幼儿园的建设用地按照国家规定实行划拨。民办学校、幼儿园的建设用地按照公益事业用地的有关规定执行。

学校、幼儿园终止办学的，按照划拨方式取得的土地，由政府依法收回土地使用权。

第十八条　国土行政主管部门应当依据学校申请对现有教育设施用地进行地界勘验测绘、土地登记、核发证书。

第十九条　任何单位和个人不得侵占、破坏教育设施用地。

现有或者预留教育设施用地范围内不得兴建住宅、商业用房和其他与教育无关的建筑物、构筑物以及其他设施。

第二十条　任何单位和个人不得擅自转让、出租、出借、抵押教育设施及用地或者以其他方式改变其用途。

第二十一条　对有权属争议的教育设施用地，在争议解决前，任何单位或个人不得改变土地使用现状。

第二十二条　严格控制征收学校、幼儿园的校舍和场地。因公共利益确需征收的，应当征得教育行政主管部门同意，并按照规划重新建设。重新建设的学校、幼儿园的校舍和场地不得少于原占地面积和建筑面积。原学校、幼儿园的占地面积低于本条例规定标准的，重建时应当达到规定标准。

第二十三条　现有公办学校、幼儿园停办、合并、分立、搬迁，需要对用地进行调整的，由市、县级教育行政主管部门会同规划、国土、财政等有关行政主管部门，根据优化教育资源配置的原则，提出意见，报有审批权限的人民政府批准。

第四章　教育设施建设管理

第二十四条　政府投资建设的学校、幼儿园建设资金应当纳入本级政府财政预算，予以保证，专款专用。任何单位和个人不得侵占、截留、挪用。

第二十五条　教育设施建设需要缴纳的行政事业性收费和服务性收费，应当按有关规定减免。

第二十六条　教育设施建设应当符合规定的设计、建设标准和规范，达到建筑工程质量、抗震、消防、防雷、环保、节能、隔声、疏散、卫生等规范和标准的要求。推广应用技术工艺先进、有利于保护环境、减少建筑能耗、提高教育设施品质的新技术、新材料和新设备。

本市普通中小学、幼儿园建设标准由市教育行政主管部门会同发展改革、规划、建设等部门制定。

第二十七条　教育设施建设应当功能分区合理，满足教育教学需要。按国家规范配置无障碍设施，保障残疾适龄儿童、少年的使用和安全。

第二十八条　学校、幼儿园周边应有良好的交通条件，与学校、幼儿园毗邻的主干道应设置适当的安全设施，保障学生安全通行。学校、幼儿园门前及周围道路应当设置规范的警告、限速、禁鸣、让行等交通标志、标线。

因建设需要临时开挖或截断学校、幼儿园门前道路的，建设单位办理审批手续前应通报有关学校、幼儿园，并采取相应措施，保证师生能够安全通行和教育教学活动的正常开展。

第二十九条　毗邻现有教育设施或教育设施预留用地新建、改建、扩建建筑物、构筑物和其他设施的，应当符合国家规定的间距、消防、安全和环保等要求，不得影响教育设施规划建设的实施，不得妨碍教育设施的采光、通风，不得危害学校环境和学生身心健康。

第五章　配建教育设施的建设与移交

第三十条　新建、改建、扩建居民住宅区或住宅小区（以下简称居民住宅项目），由开发建设单位按照规划和本条例第十四条规定的相应标准，分别配套建设幼儿园、小学和初级中学（以下简称配建教育设施）。

配建教育设施的建设用地为划拨用地，建成验收达标后应当无偿移交辖区政府，由教育部门管理使用。

第三十一条　新建、改建、扩建居民住宅项目因规划布局限制不能配建教育设施或达不到配建教育设施相应标准的，开发建设单位应当按照市、县（市）人民政府规定的标准分别缴纳相应配建教育设施建设资金。

第三十二条　配建教育设施建设资金由市、县两级人民政府用于就近统筹安排建设中小学、幼儿园，或者在附近的中小学、幼儿园扩建校舍和场地。

市、县两级财政部门应对配建教育设施建设资金实行专户存储、专款专用。

配建教育设施建设资金缴纳标准和管理使用办法由市、县（市）人民政府另行制定。

第三十三条　配建教育设施应当与建设项目同步设计、同步建设、同步验收、同步交付。分期建设的居民住宅项目，配建教育设施应当优先安排。

第三十四条　居民住宅项目配建教育设施的，规划行政主管部门在出具建设项目规划条件时，应当明确配建教育设施的区位、红线、占地面积、建筑面积等。涉及配建教育设施规划调整的，需经市、县（市）教育行政主管部门同意。

第三十五条　国土行政主管部门应当在居民住宅项目的土地出让合同或划拨决定中明确配建教育设施的规划条件、产权国有、建成后无偿移交辖区政府等内容。

第三十六条　需配建教育设施的居民住宅项目，规划行政主管部门在核发建设工程规划许可证前，应当会同教育行政主管部门，按照规划条件确定的内容、国家和本市中小学、幼儿园建设标准，审查配建教育设施设计方案。

第三十七条　开发建设单位应当在房屋销售现场和施工现场公示配建教育设施的规划条件、开工及竣工期限、无偿移交等内容。

第三十八条　规划、建设、房管等行政主管部门应当加强建设项目审批后的监督检查，对配建教育设施建设负责实行重点监管。

开发建设单位未按审批的建设时序配建教育设施的，规划、建设、房管等行政主管部门应当暂停办理该项目其余规划、施工和商品房预售等审批手续。

第三十九条　配建教育设施的居民住宅项目联合竣工验收时，验收组织单位应当通知教育行政主管部门参加。对配建教育设施不符合规划条件、设计方案、相关标准和规范要求的，建设行政主管部门不予办理竣工验收备案手续。

第四十条　居民住宅项目竣工验收备案手续完结后九十日内，开发建设单位应当将配建教育设施和报建材料复印件、设计施工图纸复印件及有关证件移交辖区政府，并协助办理土地使用权和房屋产权登记。

开发建设单位申请自有项目房屋所有权初始登记时，应当和移交的配建教育设施一并申请。未一并申请的，房管行政主管部门对其自有项目不予办理房屋产权初始登记。

第四十一条　开发建设单位移交的配建教育设施，辖区政府应当及时接收，并组织开办中小学、幼儿园。

第四十二条　配建教育设施移交前由开发建设单位负责管理维护，承担相应费用；移交后由辖区政府负责管理维护，承担相应费用。

配建教育设施的建设、设计、施工、监理等单位应当按法律法规规定承担质量安全责任。

第六章　法律责任

第四十三条　公民、法人和其他社会组织有权举报或者控告违反教育设施规划建设的行为，规划、建设、房管、教育等行政主管部门应当及时受理并组织查处。

第四十四条　公办学校、幼儿园违反本条例规定擅自转让、出租、出借、抵押教育设施及用地的，由教育行政主管部门责令限期改正，收缴违法收入，并对主要负责人和直接责任人员依法给予行政处分。

第四十五条　违反本条例规定，在教育用地范围内擅自兴建与教育无关的建筑物、构筑物及其他设施的，由相关执法部门根据管理权限，责令限期改正，依照有关法律法规的规定予以处理。

第四十六条　开发建设单位违反本条例规定，将规划审批确定的配建教育设施用地实施违法建设的，由规划行政主管部门责令其自行拆除，限期按规划审批要求配建，并处违法建设工程造价百分之五的罚款；逾期不拆除的，应当依法强制拆除，处违法建设工程造价百分之十的罚款，限期按规划审批要求配建。

第四十七条　开发建设单位违反本条例规定，配建的教育设施与规划审批确定的内容不相符的，由规划行政主管部门责令其限期改正，并处违法建设工程造价百分之五的罚款。

第四十八条　开发建设单位违反本条例规定，未按时移交配建教育设施的，由房管行政主管部门做出限期移交决定；逾期不移交的，由房管行政主管部门申请人民法院强制移交，并处五十万元以上一百万元以下的罚款。

第四十九条　开发建设单位未按本条例规定配建、移交教育设施的，由房管行政主管部门将其不良行为记入企业信用档案，向社会公布。并由国土行政主管部门取消其三年内在本市参与土地出让受让的资格。

第五十条　教育、规划、国土、建设、房管、财政、城管等有关行政主管部门有下列行为之一的，由监察机关或者上级部门责令改正，通报批评；对有关负责人和直接责任人给予行政处分；构成犯罪的，依法追究刑事责任：

(一) 未按法定程序编制、修改教育设施规划的或者未将教育设施规划纳入城市控制性详细规划的；

(二) 未按规定预留教育设施建设用地的；

(三) 擅自同意他人改变教育设施及用地用途的；

(四) 对未按规定配建和移交教育设施的居民住宅项目办理用地、规划、建设、房屋预售、产权登记手续的；

(五) 未按规定及时接收配建教育设施并组织开办中小学、幼儿园的；

(六) 其他不履行法定职责的行为。

第七章　附则

第五十一条　本条例所称山区县是指赞皇县、灵寿县、元氏县、行唐县、井陉县和平山县。

第五十二条　井陉矿区的教育设施规划管理适用本条例对县域教育设施规划的规定。

第五十三条　本条例自2015年1月1日起施行。

石家庄市城市排水管理条例 （试行）

2013年12月31日石家庄市第十三届人民代表大会常务委员会第六次会议通过

2014年5月30日河北省第十二届人民代表大会常务委员会第八次会议批准

2014年6月10日石家庄市人民代表大会常务委员会公告

第一章 总则

第一条 为加强城市排水管理，规范排水行为，保障城市排水设施安全正常运行，防治城市水污染和内涝灾害，保障公民生命、财产安全和公共安全，根据有关法律、法规，结合本市实际，制定本条例。

第二条 本条例适用于本市建成区和县（市、井陉矿区）人民政府所在地城区以及市级以上开发区范围内排水的规划、建设、维护和监督管理。

前款规定以外的建制镇的城区，经上一级人民政府决定，可以参照本条例执行。

第三条 本条例所称城市排水，是指向城市排水设施排放污水、雨水以及对排入城市排水设施的污水和雨水的排放、收集、输送、处理的行为。

第四条 本市城市排水实行统筹规划、配套建设、保障安全、综合利用的原则。

第五条 市城市管理委员会是本市城市排水管理的行政主管部门，对本市城市排水实施统一监督管理。

县（市、井陉矿区）人民政府确定的城市排水行政主管部门，负责本行政区域内城市排水的监督管理，业务上接受市排水行政主管部门指导。

市城市管理委员会所属市排水管理部门、县（市、井陉矿区）人民政府城市排水行政主管部门所属排水管理机构（以下统称排水管理部门）具体负责本行政区域内的城市排水管理工作。

城乡规划、环境保护、水务、建设、房管等部门应当按照各自职责，做好城市排水管理相关工作。

第六条 市、县（市、井陉矿区）人民政府应当保障城市公共排水设施建设、管理、运行和维护等项资金的投入。

鼓励城市排水的科学研究，引进和推广应用先进技术，采用新工艺、新材料，提高城市排水的现代化水平。

第七条 任何单位和个人都有依法使用和保护城市公共排水设施的权利与义务，有权对违反本条例的行为进行制止和举报。

第二章 规划与建设

第八条 城市排水行政主管部门应当会同发展和改革、城乡规划、建设、环境保护、水务、园林、气象等部门依据城市总体规划，结合城区防汛，编制城市排水专业规划，报本级人民政府批准后实施。

城市排水专业规划一经批准，不得擅自变更；确需变更的，应当按原程序报批。

第九条 城市排水专业规划的编制，应当根据城市人口与规模、降雨规律、暴雨内涝风险等因素，合理确定内涝防治目标和要求，充分利用自然生态系统，提高雨水滞渗、调蓄和排放能力。

编制城市排水专业规划和建设城市公共排水设施，应当遵守国家和本市规定的技术标准，遵循雨污分流、压力管线避让重力自流管线的原则。

第十条 编制城市排水专业规划，应当预留泵站、养护班点、污泥转运站、污泥最终处置设施等城市公共排水设施的建设用地；建设用地一经确定，不得侵占或擅自改变用途。

第十一条 城市排水行政主管部门应当依据排水专业规划，制定城市公共排水设施年度建设计划并组织实施。

新建、改建、扩建市政基础设施工程应当配套建设雨水收集利用设施，增加绿地、砂石地面、可渗透路面和自然地面对雨水的滞渗能力，利用建筑物、停车场、广场、道路等建设雨水收集利用设施，削减雨水径流，提高城市内涝防治能力。

依附于城市道路建设城市公共排水设施的，应当与城市道路综合交通规划和年度建设计划相协调，与城市道路同步建设。

第十二条　在城市公共排水设施覆盖范围内的单位和个人，应当将污水排入城市公共排水设施，并按有关规定，缴纳污水处理费。

新建、改建、扩建的建设项目，不得将雨水管网、污水管网相互混接。

对原有雨水、污水合流的区域，应当按照城市排水专业规划要求，进行雨水、污水分流改造。

第十三条　城市排水专业规划范围内的城市排水设施建设项目以及需要与城市排水设施相连接的新建、改建、扩建建设工程，城乡规划主管部门在依法核发建设用地规划许可证时，应当征求排水管理部门的意见。排水管理部门应当就排水设计方案是否符合排水专业规划和相关标准提出意见。

建设单位应当按照排水设计方案建设连接管网等设施；未建设连接管网等设施的，不得投入使用。排水管理部门应当加强指导和监督。

第十四条　承担城市排水工程设计、施工和监理的单位，应当具有国家规定的相应资质，严格执行国家和本市的有关规定、规范及标准。

第十五条　排水管理部门应当对排水施工企业施工质量进行监管，建立相应的管理制度。

第十六条　城市排水设施建设竣工后，建设单位应当依法组织竣工验收，并通知排水管理部门参加。

建设单位应当自竣工验收合格之日起 15 日内，将竣工验收报告及相关资料报排水管理部门备案。

第十七条　经验收合格的城市公共排水设施，应当由建设单位向养护维修责任单位办理移交手续。

移交后的城市公共排水设施，由养护维修责任单位负责维护管理，并承担相应的法律责任。未移交的，由建设单位负责维护管理，并承担相应的法律责任。

第十八条　从事餐饮、洗浴、洗染、美容美发、洗车、汽车修理和加油等经营活动的单位和个人，应当按照国家技术规范建设自用排水设施，配置相应的隔油池、毛发收集池、沉砂池、化粪池等污水预处理设施，并定期清疏，保障正常运行，保证外排水质达标。

医疗卫生机构应当建设污水预处理设施，对产生的污水、传染病病人或者疑似传染病病人的排泄物，按照国家规定严格消毒，达到排放标准后，方可排入城市排水管网。

第三章　排水许可管理

第十九条　从事工业、建筑、餐饮、医疗、科研、洗浴、宾馆酒店、洗车、汽车修理、加油等活动的企业事业单位、个体经营者（以下称排水户）向城市公共排水设施直接或间接排放污水的，应当向排水管理部门申请领取污水排入排水管网许可证。

未取得污水排入排水管网许可证，排水户不得向城市公共排水设施排放污水。

第二十条　排水管理部门具体负责污水排入排水管网许可证的核发和监管。

第二十一条　排水户应当在与城市公共排水设施连接处设置排水专用检测井。

第二十二条　申请办理污水排入排水管网许可证，应当提交下列材料：

（一）污水排入排水管网许可申请表；

（二）有关专用检测井、污水排放口位置和口径的图纸及说明材料；

（三）按规定建设污水预处理设施的有关材料；

（四）由具有国家计量认证资格的排水监测机构出具的排水水质、水量检测报告；

（五）因排放污水易对城市排水管网及其附属设施正常运行造成危害的重点排污工业企业，应当提供已在排放口安装能够对水量、酸碱度、化学需氧量或总有机碳进行检测的在线检测装置的有关材料；其他重点排污工业企业和重点排水户，应当提供具备检测水量、酸碱度、化学需氧量、悬浮物和氨氮能力及检测制度的材料。

第二十三条　排水管理部门应当在接到申请之日起5个工作日内，对符合下列条件的，予以核发污水排入排水管网许可证：

(一) 污水排放口的设置符合城市排水规划的要求；

(二) 排放的污水符合国家和地方相关标准；

(三) 已按规定建设相应的污水预处理设施；

(四) 已在排放口设置专用检测井；

(五) 因排放污水易对城市排水管网及其附属设施正常运行造成危害的重点排污工业企业，已在排放口安装能够对水量、酸碱度、化学需氧量或总有机碳进行检测的在线检测装置；其他重点排污工业企业和重点排水户，具备对水量、酸碱度、化学需氧量、悬浮物和氨氮等进行检测的能力和相应的水量、水质检测制度。

第二十四条　因各类施工作业或其他活动需要向城市公共排水设施临时排放污水的，建设单位应当到排水管理部门申领临时污水排入排水管网许可证。

符合第二十三条(二)、(三)、(五)项规定的，给予核发临时污水排入排水管网许可证。

第二十五条　污水排入排水管网许可证的有效期为5年。临时污水排入排水管网许可证的有效期一般不超过一年，最长不得超过施工期限。

第二十六条　污水排入排水管网许可证有效期满需要继续排放污水的，排水户应当在有效期届满30日前，向排水管理部门提出书面申请，符合本条例第二十三条规定条件的，可延续5年。

在污水排入排水管网许可证的有效期内，需要变更许可内容的，应当重新申请办理污水排入排水管网许可证。

第二十七条　排水户应当按照许可的排水种类、总量、时限、排放口位置和数量、排放的污染物种类和浓度等排放污水。

第二十八条　排水管理部门应当对排放污水的情况实施监督检查，对重点排水户每季度不少于一次，其他排水户每年不少于一次。

对检查合格的排水户，由排水管理部门予以确认；对检查不合格的排水户，由排水管理部门责令限期整改。

排水户应当提供具备国家计量认证资格的排水监测机构出具的排水量、水质监测等数据。

第二十九条　排水户不得有下列行为：

(一) 未取得污水排入排水管网许可证，向城市公共排水设施排放污水；

(二) 超过污水排入排水管网许可证有效期限向城市公共排水设施排放污水；

(三) 违反污水排入排水管网许可证规定内容、不符合本条例第二十三条第二款规定的标准向城市公共排水设施排放污水；

(四) 其他违反城市排水管理规定的行为。

第三十条　排水管理部门应当委托具有国家计量认证资格的排水监测机构定期对排水户排放污水的水质、水量进行监测，建立排水监测档案，并根据排水的水质、水量情况，确定重点排水户，定期向社会公布监测结果。

排水监测机构接受排水管理部门委托从事有关监测活动，不得向排水户收取任何费用。

排水户应当接受监测，如实提供有关资料。

环境保护主管部门应当将列入重点排水户的监测数据与排水管理部门共享。

第四章　排水设施养护与维修

第三十一条　城市排水设施的养护与维修及其相关法律责任，按下列规定划分：

(一) 纳入城市排水管理部门管理的城市公共排水设施，由城市排水管理部门负责；

(二) 自建排水设施，由产权单位负责；

(三) 接入城市公共排水设施连接点前的排水设施，由产权单位负责；

(四) 集贸市场的城市公共排水设施，由市场管理部门负责；

(五) 实行物业管理的住宅区，由物业服务企业负责；未实行物业管理的住宅区，由房屋管理单位负责；产权不明或者难以确定责任主体的排水设施，由排水行政主管部门确定养护单位；

（六）工程施工范围内城市公共排水设施，自进场开工之日起即由建设单位负责，工程竣工后，移交排水管理部门负责。

在工程质保期内，因工程质量或使用材料不合格发生责任事故，由建设单位负责。

第三十二条　排水设施养护与维修单位应当按照行业养护维修技术标准，对城市排水设施定期进行养护维修，保障设施的完好和正常运行。

第三十三条　城市公共排水设施损坏、堵塞的，排水管理部门应当在发现或接到报告后及时进行维修、疏通或采取其他抢修措施，尽快恢复设施正常运行。公安、道路、园林、电力、通讯等有关部门和产权单位应当积极配合。

第三十四条　因抢修城市公共排水设施需要占用、处置道路或绿地的，可以先行占用、处置，抢修完工后恢复原状，并按照规定补办相关手续。

第三十五条　城市公共排水设施养护维修和抢修作业时，应当在现场设置明显标志，并采取安全防护措施。养护维修作业完成后，应当及时清理现场。

城市排水设施养护维修专用车辆和机具，应当设置明显标志。

第五章　排水设施保护

第三十六条　城市公共排水设施水平安全防护区，按照下列规定划分：

（一）排水重力流管网外缘两侧各三米、压力流管网外缘两侧各五米；

（二）排水泵站泵房边缘以外三十米；

（三）出水口、泄水口和起调蓄功能的人工或天然水塘边缘以外十米；

（四）排水检查井、雨水井边缘以外三米；

（五）排水河（渠）两岸各十米以内（有河堤的以河堤外坡脚为准，无河堤的以护岸上坡脚为准，既无河堤又无护岸的以天然河岸线为准）。

垂直安全防护距离，应当符合《城市工程管线综合规划规范》及国家有关强制性标准。

第三十七条　在防护范围内，有关单位从事爆破、钻探、打桩、顶进、挖掘、取土、运输等可能影响城市公共排水设施安全活动的，应当与养护维修责任单位共同制定设施保护方案，并采取相应的安全防护措施。

第三十八条　因工程建设确需拆除、改动城市公共排水设施的，建设单位应当制定拆除、改动方案，报城市排水管理部门审核，由排水专业队伍实施，建设单位承担重建、改造和采取临时措施的费用。

改动城市公共排水设施的行为包括：

（一）自建排水设施接入城市公共排水设施的；

（二）临时封堵城市公共排水设施的；

（三）穿凿城市公共排水设施的；

（四）移动、导改城市公共排水设施的；

（五）其他改动城市公共排水设施的。

第三十九条　禁止下列损害城市公共排水设施的行为：

（一）堵塞、损毁、盗窃城市公共排水设施；

（二）向城市公共排水设施倾倒垃圾、渣土、粪便、施工泥浆等废弃物；

（三）向城市公共排水设施倾倒有毒有害、易燃易爆物品和抛入明火；

（四）擅自向城市公共排水管网加压排水或占压、穿越城市公共排水设施的；

（五）擅自拆卸城市公共排水设施或截流、改变排水流向；

（六）其他损害城市公共排水设施的行为。

第四十条　城市排水行政主管部门应当会同有关部门，加强对城市排水设施运行维护和保护情况的监督检查，并将检查情况及结果向社会公开。实施监督检查时，有权采取下列措施：

（一）进入现场进行检查、监测；

（二）查阅、复制有关文件和资料；

（三）要求被监督检查的单位和个人就有关问题作出说明。

被监督检查的单位和个人应当予以配合，不得妨碍和阻挠依法进行的监督检查活动。

第六章　法律责任

第四十一条　城市排水行政主管部门和排水管理部门及其工作人员有不履行职责或者玩忽职守、滥用职权、徇私舞弊等行为的，对直接负责的主管人员和其他责任人员依法给予处分；构成犯罪的，依法追究刑事责任。

第四十二条　违反本条例第十二条第一款规定，未将污水排入城市公共排水设施的，由城市排水行政主管部门责令改正，给予警告；逾期不改正或者造成严重后果的，对单位处十万元以上二十万元以下罚款，对个人处二万元以上十万元以下罚款；造成损失的，依法承担赔偿责任；未按规定缴纳污水处理费的，由城市排水行政主管部门责令限期缴纳，逾期拒不缴纳的，处应缴纳污水处理费数额一倍以上三倍以下罚款。

违反本条例第十二条第二款规定的，建设单位、施工单位将雨水管网、污水管网相互混接的，由城市排水行政主管部门责令改正，处五万元以上十万元以下罚款；造成损失的，依法承担赔偿责任。

第四十三条　违反本条例第二十九条第一、二、四项规定之一的，由城市排水行政主管部门责令停止违法行为、限期改正，处五万元以上十万元以下罚款。

违反本条例第二十九条第三项规定的，由城市排水行政主管部门责令停止违法行为、限期改正，处一万元以上三万元以下罚款；造成严重后果的，处五万元以上十万元以下罚款，并可吊销污水排入排水管网许可证。

第四十四条　养护维修责任单位违反本条例第三十二条规定，不按照养护维修技术标准进行养护维修，造成排水管道污水外溢或者设施损坏，责令限期治理；逾期不治理的，由城市排水行政主管部门处五千元以上三万元以下罚款；造成损失的，依法承担赔偿责任。

第四十五条　违反本条例第三十七条规定，有关单位未与施工单位、养护维修责任单位共同制定设施保护方案，并采取相应的安全防护措施的，由城市排水行政主管部门责令改正，处二万元以上五万元以下罚款。

第四十六条　违反本条例第三十八条规定的，由城市排水行政主管部门责令改正，处五万元以上十万元以下罚款；造成严重后果的，处十万元以上三十万元以下罚款；造成损失的，依法承担赔偿责任。

第四十七条　违反本条例第三十九条规定，从事危及城市公共排水设施安全活动的，由城市排水行政主管部门责令停止违法行为，限期恢复原状或者采取其他补救措施，给予警告；逾期不采取补救措施或者造成严重后果的，对单位处十万元以上三十万元以下罚款，对个人处二万元以上十万元以下罚款；造成损失的，依法承担赔偿责任。

第七章　附则

第四十八条　本条例所称城市排水设施包括城市公共排水设施和自建排水设施。

城市公共排水设施，是指已经验收合格并移交给城市排水管理部门负责管理的排水管道、沟渠和泵站及其附属设施，污水处理设施，污泥转运和最终处置设施。

自建排水设施，是指产权单位自行投资建设和管理的排水设施。

第四十九条　本条例自 2014 年 8 月 1 日起施行。

石家庄市人民政府令第186号

《石家庄市节约用水办法》已经二〇一三年十二月三日市第十三届人民政府第十三次常务会议讨论通过，现予发布。自二〇一四年三月一日起施行。

市长：王亮

2014年1月2日

石家庄市节约用水办法

第一章　总则

第一条　为加强节约用水管理，科学合理利用水资源，建设节水型社会，根据《中华人民共和国水法》、《河北省实施〈中华人民共和国水法〉办法》、《石家庄市水资源管理条例》、《石家庄市城市供水节约用水管理条例》，结合本市实际，制定本办法。

第二条　本市行政区域内的节约用水和节约用水管理工作，适用本办法。

第三条　本市实行最严格水资源管理制度，坚持经济社会发展与水资源承载能力相适应的用水方针，以提高用水效率为目标，统一调配地表水，严格控采地下水，鼓励使用再生水、雨水，实行计划用水、节约用水，强力推进节水型社会建设。

第四条　市水行政主管部门是全市节水管理部门，负责全市节约用水的统一监督管理工作。

县（市）、区水行政主管部门是该行政区域内的节水管理部门，负责节约用水监督管理等工作。

发改、规划、建设、园林、城管、质监、农业、林业、环保、卫生、工商、商务等相关部门按照各自职责分工，配合水行政主管部门做好用水节水的管理工作，并在制定行业发展规划时充分考虑和采用先进、科学的用水节水技术和措施。

供水企业应当协助水行政主管部门做好供水范围内用水节水管理工作。

第五条　乡、镇人民政府和街道办事处应当做好本辖区内的节约用水工作，组织开展节约用水宣传，推进节水型村镇、节水型社区建设；发现违反本办法的行为，应当予以制止，并向有关部门报告。

村民委员会、居民委员会协助乡、镇人民政府和街道办事处开展节约用水相关工作；发现违反本办法的行为，应当进行劝阻，并向有关部门报告。

第六条　单位和个人都有节约用水的义务。

对在节约用水和节约用水管理工作中做出突出贡献的单位和个人，以及举报重大浪费用水行为经查证属实的举报人，给予表彰奖励。

第二章　用水管理

第七条　本市实行行政区域用水总量控制。市节水管理部门应当会同有关部门，根据区域功能定位和行业可持续发展的要求，分解用水总量控制指标。

市和县（市）、区节水管理部门应当依据用水总量控制指标，制定年度用水计划并组织实施。

第八条　节水管理部门应当根据年度用水计划、相关行业用水定额和用水单位的生活、生产经营需要，核定用水单位的用水计划。

公共供水单位依据节水管理部门核定的用水计划向其用水户下达用水计划，并定期将用水户用水计划的考核、调整情况上报节水管理部门备案。

第九条　公共供水单位应当与其用水户签订供水合同，明确双方权利义务。用水户违反节水规定的，经节水管理部门通知后，供水单位停止供水。

第十条　用水单位在本市行政

区域内迁移的，应当及时到市或者相关区、县节水管理部门申请重新核定用水计划。

第十一条 用水应当计量、缴费。

供、用水单位应当安装符合国家技术标准的计量设施，并加强对计量设施的检查与日常维护，保证计量准确。供、用水单位应当按规定对计量设施定期进行校验，发现计量设施损坏的，应当及时修理或者更换。

用水单位无取水计量设施的，由节水管理部门责令限期安装，并自取水之日起，按照工程设计取水能力或者取水设备额定流量全时程运行计算取水量，直至安装水计量设施为止。

第十二条 城市居民生活用水逐步推行阶梯水价制度。

新建住宅的供水设施应当按照一户一表、水表出户设置的要求进行设计和施工。

原有住宅尚未实行一户一表改造的，除因影响建筑安全等原因无法改造的外，由供水企业进行改造，用户应当予以配合。所需费用按照有关规定执行。

第十三条 用水单位（户）有两类及以上用水性质类别，需要执行不同用水价格的，应当分别安装计量设施。

用水单位未分类安装计量设施的，按照该单位用水类别中水价最高的标准缴费。

住宅小区内的制售水机、洗车服务、景观环境用水应当单独安装计量设施，并按相关用水价格标准缴费。

第十四条 节水管理部门应当加强对直接从地表、地下取用水资源的单位水计量设施的查验，按时收取水资源费。

供水单位应当完善用水计量和查表制度，准确记录用水量，按时收取水费。

用水单位和个人应当配合节水管理部门和供水单位工作人员的查表、收费工作。

第十五条 用水单位应当按照节水管理部门下达的取水指标用水，节水管理部门对用水单位进行定期考核。

公共管网供水的用水单位超出用水指标用水的，除据实缴纳水费外，并按下列标准缴纳加价水费：超计划用水百分之十以下（含百分之十）的，超用部分加价一倍；超计划用水百分之十以上、百分之二十以下（含百分之二十）的，超用部分加价二倍；超计划用水百分之二十以上的，超用部分加价三倍。

自备水源供水的用水单位超出取水指标用水的，除据实缴纳水资源费外，按照《河北省水资源费征收使用管理办法》规定执行。

第三章 再生水及雨水利用

第十六条 再生水是指城市污水和废水经处理净化后，水质达到国家城市污水再生利用分类标准，可以在一定范围内使用的非饮用水。

污水再生利用设施是指污水的收集、净化处理、供水、计量、检测设施及其他附属设施。

再生水主要用于生活杂用、园林绿化、道路清洁、车辆冲洗、基建施工、景观环境、工业生产等可以接受其水质标准的用水。

第十七条 新建大型文化、教育、宾馆、饭店、商场、办公设施以及建筑面积在3万平方米以上的住宅小区，应当配套建设中水回用设施。

鼓励在用大型公建工程、住宅小区等的产权单位或者物业管理单位自建相应规模的污水再生利用设施。

鼓励连片居民小区集中建设污水再生利用设施。

第十八条 应当建设但可以使用其他污水再生利用设施供水的，经节水管理部门核实后，可以不单独建设污水再生利用设施，但须配套污水再生利用管道及其附属设施，并使用再生水。

第十九条 污水再生利用设施的设计、施工由建设单位委托具有相应资质的单位承担。

第二十条 鼓励单位和个人以独资、合资、合作等方式建设污水再生利用设施和从事再生水经营活动。

第二十一条 再生水的价格应当按低于自来水价格的一定比例确定，具体价格标准由价格主管部门制定。

第二十二条　再生水运营管理单位在经营过程中，应当做到装表计量，按量收费，不得擅自间断供水或者停止供水。因设施检修等原因需要停止供水的，应当提前二十四小时通知用水户。

第二十三条　污水再生利用设施的产权单位或运营管理单位应当建立健全再生水管理制度和工作规程，保证污水再生利用设施正常运行，同时按规定对出水水质进行日常化验。

节水管理部门委托具有水质检测资质的单位定期检测，确保再生水水质符合国家城市污水再生利用分类标准。

第二十四条　生活杂用、园林绿化、道路清洁、车辆冲洗、基建施工、景观环境、工业生产等用水，应当首先使用符合国家相关标准的再生水。

提供洗车服务的用水单位应当安装用水计量设施，建设水循环利用设施；暂不具备建设污水再生利用设施条件的，实行再生水配送制。

住宅小区、单位内部的景观环境用水，具备使用再生水条件的，应当使用再生水，不得使用自来水或地下水；不具备使用再生水条件的，应当单独安装计量设施，并按相关用水价格标准缴费。

第二十五条　雨水收集利用是指针对因建筑屋顶、路面硬化导致区域内径流量增加，而采取的对雨水进行就地收集、入渗、储存、处理、利用等措施。

雨水收集利用设施是指雨水的收集设施、入渗设施、储存回用设施、处理设施、调蓄排放设施及相关附属设施等的总称。

第二十六条　符合下列条件之一的新建、改建、扩建工程项目，建设单位应当配套建设雨水收集利用设施：

（一）民用建筑、工业建筑的建（构）筑物占地与路面硬化面积之和在1500平方米以上的建设工程项目；

（二）总用地面积在2000平方米以上的公园、广场、绿地等市政工程项目；

（三）城市道路及高架桥等市政工程项目。

第二十七条　已建成企业、单位、住宅小区和公园、广场、绿地、城市道路、高架桥等市政基础设施，具备建设场地条件的，产权单位、管理单位或者物业管理企业应当按照要求逐步补建雨水收集利用设施。

第二十八条　雨水收集利用工程的设计、施工，应结合再生水利用设施的建设，遵循建设工程地面硬化后不增加建设区域内雨水径流量和外排水总量的原则，严格按照国家及地方现行相关规定，建设雨水收集利用设施。

（一）地面硬化利用类型为建筑物屋顶，其雨水应当集中引入储水设施处理后利用，或者引入地面透水区域，如绿地、透水路面等进行蓄渗回补；

（二）地面硬化利用类型为庭院、广场、停车场、公园、人行道、步行街等建设工程，应当首先按照建设标准选用透水材料铺装，或者建设汇流设施将雨水引入透水区域入渗回补，或者引入储水设施处理利用；

（三）地面硬化利用类型为城市道路及高架桥等市政基础设施，其路面雨水应当结合沿线的绿化灌溉，设计建设雨水收集利用设施。

第二十九条　收集处理后的雨水主要用于绿化、道路清洁、冲厕、景观环境用水和回补地下水等。回用的雨水水质应当符合国家现行相关标准的规定。

第三十条　再生水与雨水的输配水管道、水箱等外部设施表面应涂成浅绿色，并严禁与自来水、地下水供水管道直接连接，出水口必须标有“非饮用水”字样和其他明显标志。

第四章　保障措施

第三十一条　新建、改建、扩建建设项目，直接从地表、地下取水的，建设单位应当依法进行水资源论证。未提交经审定的水资源论证报告书的，政府投资主管部门不得审批、核准，对擅自开工建设或投产的一律责令停止。

新建、改建、扩建建设项目的节水设施应当与主体工程同时设计、同时施工、同时投入使用。规划设计单位应当按照国家、省节水标准和规范，进行节水设施设计，并单独成册。

节水设施竣工后，建设单位应当向节水管理部门申报验收。

节水设施包括节水器具、工艺、设备、计量设施、水循环及重复利用系统、再生水回用系统和雨水收集利用系统。

第三十二条　各级政府应当设立专项资金，用于再生水、雨水利用等节水项目的资金补助以及城镇供水水质督查、检测等。具体办法由水务部门会同财政部门制定。

第三十三条　工业用水单位应当采用先进技术、工艺和设备，增加循环用水次数，提高水的重复利用率。水的重复利用率应当达到国家规定的行业标准。未达到规定标准的，由节水管理部门责令其限期进行技术改造。

间接冷却水应当循环使用，循环使用率不得低于98%。

第三十四条　以水为原料的生产企业应当采用节水型生产工艺和技术，减少水资源的损耗。

以地下水、自来水为原料制售饮用水的单位或者个人，应当单独安装计量设施，按相关用水价格标准缴费，产水率不得低于原料水的70%；同时安装尾水回收设施，对尾水进行回收利用，不得直接排放；对未安装尾水回收设施的，任何单位和个人不得提供水源。

对本办法实施前已经安装的现场制、售饮用水设备，有关单位或者个人应当自本办法实施之日起6个月内安装尾水回收设施。

第三十五条　各级人民政府应当根据本行政区域内的水资源状况，指导农业生产经营单位和个人合理调整作物种植结构，发展高效益节水型农业，限制并压缩耗水量大、效益低的农作物种植面积。积极推广应用微滴灌、管灌、膜下沟灌、渠道防渗等节水灌溉技术，减少大水漫灌，提高灌溉水的有效利用率。

第三十六条　新建、扩建、改建的农业灌溉建设项目和新建农业灌溉水井，在申请取水许可时，应当附有农业节水灌溉工程项目建议书或者其他节水措施。已建成的农业灌溉工程应当有计划地完成节水改造。

第三十七条　节水管理部门应当会同有关部门开展农业节水灌溉试验，推行灌溉计量用水，安装计量设备，逐步完善计量措施。利用供水工程供水的用水必须安装计量设备。

加强农业灌溉管理制度和农田节水灌溉智能监测控制系统建设，提高农业灌溉用水管理水平。

第三十八条　农业用井改为非农业用途的，用水单位应当到节水管理部门办理变更手续，重新核定用水指标，并按照新的用水性质类别计价缴费。

第三十九条　推进农民用水者协会建设，实行用水的自主管理、自我服务。支持农民用水者协会等基层管水组织依据章程开展节约用水工作；基层管水组织可以接受委托承办有关节约用水管理事项。

第四十条　城镇地区的绿地、树木、花卉等应当采用喷灌、微灌、滴灌等节水灌溉方式，提高绿化用水效率。

第四十一条　本市建立健全高耗水项目和单位用水重点监控机制，强化用水监控管理；严格控制以水为原料的生产企业、高尔夫球场、高档洗浴场所等高耗水项目发展。

本办法所称高档洗浴场所，是指商务主管部门公布的大众便民浴池以外的洗浴场所。

第四十二条　供水单位或者节水管理部门应当逐步为以水为原料的生产企业、高尔夫球场、游泳池、高档洗浴场所等高耗水单位安装用水数据远传设备。

按照前款规定安装用水数据远传设备的高耗水单位和用水户，不得擅自停止使用、损坏或者拆除。

第四十三条　禁止生产、销售、使用国家明令淘汰的耗水量高的设备、产品以及不符合节水标准的用水器具。

市节水管理部门应当会同市质量技术监督部门，及时向社会推荐国家公布的“节水器具名录”和“明令淘汰用水器具名录”。

第四十四条　供水单位应当加强供水设施、管网和消防栓、消防水鹤的日常巡查、维护管理，如实记录巡查和维护管理情况，提高监测和维护管理水平。及时改造更新老、旧管网和设施，降低供水管网的漏失率。

公共供水单位应当向社会公布

抢修电话，出现故障应当及时抢修。

第四十五条　节水管理部门和相关单位应当建立水资源实时监控、资源优化配置和节水信息管理系统，完善用水信息统计、报告制度。

第四十六条　用水单位应当采取措施加强节约用水管理，做好下列工作：

(一) 建立健全节约用水责任制，建设节水型单位。

(二) 设立节水专门机构或者指定专人具体负责节约用水工作，建立用水台账，开展用水统计分析，明确用水计划、节水目标、节水措施，每4年进行一次合理用水分析或者水平衡测试。

(三) 加强用水设施的日常维护管理。

(四) 开展节约用水宣传。

公共机构应当厉行节约，加强节约用水的内部管理，杜绝浪费，带头使用节水产品、设备、工艺，提高节约用水水平。

第四十七条　新闻媒体应当加强节约用水宣传，播放和刊登节约用水公益广告。

教育行政主管部门应当将节约用水知识列入学校教育内容。

饭店、影剧院、体育场馆、医院、学校、展览馆、博物馆、图书馆、候车室、候机厅、旅行社等公共场所和单位应当积极宣传节约用水知识。

第四十八条　政府有关部门应当组织开展节水科学技术研究，整合节水科技资源，鼓励单位和个人开发研制节水型生活用水器具以及节水技术、工艺、设备和产品。

第五章　监督检查

第四十九条　节水管理部门以及其他有关部门应当依法履行职责，切实加强对供水单位、用水单位节约用水情况的监督检查。

第五十条　节约用水监督检查人员履行监督检查职责时，有权采取下列措施：

(一) 进入现场开展检查，调查了解节水管理、内部管网及设施运行等有关情况；

(二) 要求被检查单位或者个人就节约用水有关问题作出说明；

(三) 要求被检查单位或者个人提供有关文件、证照、资料；

(四) 责令被检查单位或者个人停止违法行为，履行法定义务。

监督检查人员在履行监督检查职责时，应当出示行政执法证件。有关单位或者个人对监督检查工作应当给予配合，不得拒绝或者阻挠。

第五十一条　节水管理部门应当加强对取水量较大单位用水的日常监督管理，增加对高耗水单位的检查频次，对发现的浪费用水行为及时处理；需要有关部门配合的，应当实行联合检查。

第六章　法律责任

第五十二条　违反本办法规定，有下列行为之一的，责令限期改正，逾期不改，由节水管理部门按下列规定予以处罚：

(一) 违反第二十二条规定，擅自间断或者停止供水的，处2000元以上5000元以下罚款。

(二) 违反第二十三条规定，擅自停止运行污水再生利用设施的，处2000元以上1万元以下罚款。

(三) 违反第三十八条规定，擅自改变农业用井用途的，处2万元罚款。

(四) 违反第四十二条第二款规定的，处1万元罚款。

第七章　附则

第五十三条　本办法自2014年3月1日起施行。

石家庄市人民政府令第 187 号

《石家庄市暴雪大风寒潮大雾高温灾害防御办法》已经二○一三年十月十四日市第十三届人民政府第十次常务会议讨论通过，现予发布。自二○一四年四月一日起施行。

市长：王亮

2014 年 2 月 25 日

石家庄市暴雪大风寒潮大雾高温灾害防御办法

第一章 总则

第一条 为避免和减轻气象灾害造成的损失，保护人民生命财产安全，促进经济和社会科学发展，根据《河北省暴雪大风寒潮大雾高温灾害防御办法》、《河北省气象灾害防御条例》等法律、法规，结合本市实际，制定本办法。

第二条 本市行政区域内暴雪、大风、寒潮、大雾、高温灾害（以下统称气象灾害）的防御，应当遵守本办法。

因气象因素引起的衍生、次生地质灾害、水旱灾害、森林火灾等灾害的防御工作，法律、行政法规有规定的，从其规定。

第三条 气象灾害防御应坚持以人为本、科学防御、政府主导、部门联动、社会参与的原则。

第四条 县级以上人民政府应当加强对气象灾害防御工作的领导，成立气象灾害防御指挥机构，完善气象灾害防御体系，建立健全气象灾害防御工作协调机制和责任制，将气象灾害防御工作所需经费纳入本级财政预算。

第五条 县级以上人民政府气象主管机构负责本行政区域内气象灾害的监测、预警和防御工作。县级以上人民政府有关部门应当按照职责分工，共同做好气象灾害防御工作。

第六条 县级以上人民政府应当组织气象主管机构和有关部门向社会宣传气象灾害防御法律、法规，普及气象灾害防御知识，提高公众的防灾减灾意识和能力。

学校应把气象灾害防御知识纳入有关课程和课外教育内容，培养和提高学生的气象灾害防范意识和自救互救能力。

第二章 预警信息发布和传播

第七条 县级以上人民政府应当建立和完善气象灾害预警信息发布、传播、接收体系，提高预警信息发布的时效性和覆盖面。

县级以上人民政府气象主管机构所属的气象台站应按职责统一发布气象灾害预警信息，其他组织和个人不得向社会发布气象灾害预警信息。

第八条 县级以上人民政府气象主管机构所属的气象台站应当及时向本级人民政府报告气象灾害预警信息，并向有关气象灾害防御、救助部门和单位通报。

第九条 县级以上人民政府气象主管机构所属的气象台站应当严密监视天气变化，适时变更或者解除气象灾害预警，提高灾害性天气预报、预警的准确率和时效性。

第十条 乡（镇）政府、街道办事处、村（居）民委员会和学校、医院、体育场（馆）、机场、车站等人员密集场所的管理单位确定的气象灾害防御协理员、信息员或者联络员，收到气象主管机构所属的气象台站提供的气象灾害预警信息后，应当及时向可能受影响的单位和个人传播。

第十一条 广播、电视、报纸、电信、网络等信息传播单位，应当通过应急广播直播、电视相关栏目、新闻网站、滚动字幕和手机短信群发等多种方式，及时、准确、无偿向社会播发或者刊登当地气象主管机构所属的气象台站提供的气象灾害预警信息，不得拒绝、延误传播或者擅自更改气象灾害预警信息。

第十二条　学校、医院、商场、体育场（馆）、交通枢纽、机场、高速公路、旅游景区（点）、社区等人员密集场所，应做好气象灾害预警信息接收与传播工作。

第十三条　乡、镇人民政府，街道办事处、村（居）民委员会应当因地制宜的利用有线广播、高音喇叭、电子显示屏及鸣锣吹哨等方式传播气象灾害预警信息。

第三章　灾害防御和应急响应

第十四条　县级以上人民政府应当组织气象主管机构和有关部门对本行政区域内发生的气象灾害种类、频次、强度和造成的损失等情况进行普查，建立气象灾害数据库，按照气象灾害种类、发展态势和可能造成的危害程度，实行分级预警。

第十五条　县级以上人民政府气象灾害防御指挥部应当根据气象灾害预警信息，组织有关部门和单位进行会商，决定启动相应级别的应急响应，并报告上一级人民政府。

第十六条　应急响应启动后，县级以上人民政府气象主管机构应当组织所属的气象台站对气象灾害进行跟踪监测，开展现场服务。有关部门和单位应采取相应的应急处置措施。

第十七条　气象灾害发生地的乡、镇人民政府，街道办事处、村（居）民委员会和有关单位应当按照当地人民政府的决定、命令，进行宣传动员，组织群众开展自救互救，协助维护好社会秩序。

气象灾害发生地的单位和个人应当服从当地人民政府的决定、命令，配合人民政府和有关部门采取应急处置措施，做好应急避险工作。

第十八条　根据降雪总量和持续时间，暴雪预警分为四级：

（一）蓝色预警（Ⅳ级）：预计未来24小时降雪总量达到十毫米以上；

（二）黄色预警（Ⅲ级）：预计未来24小时降雪总量达到十五毫米以上；

（三）橙色预警（Ⅱ级）：预计未来24小时降雪总量达到二十毫米以上；

（四）红色预警（Ⅰ级）：预计未来24小时降雪总量达到三十毫米以上。

第十九条　暴雪蓝色预警响应：

县级人民政府分管负责人负责本行政区域应急响应的组织落实。

气象灾害发生地的乡（镇）政府、街道办事处组织对危旧住房、厂房、工棚和临时建（构）筑物进行安全隐患排查。

教育部门及时向幼儿园和学校通报预警信息。

公安部门加强对城市道路的实时监控，对坡道路段进行交通疏导。

城市管理部门组织做好城区道路除雪工作。

交通运输部门组织做好主要公路除雪工作，指导道路运输企业、汽车客运站调整运输计划和客运班次，及时疏导滞留旅客。

农业部门指导设施农业种植户和畜牧、水产养殖户做好各类农业设施和养殖设施的除雪及技术管理工作。

卫生部门做好医疗卫生应急工作。

安全生产监督管理部门及时向露天矿山、油气井场、危险化学品生产储存等企业通报预警信息。

旅游部门组织做好旅游景区（点）内游览路线除雪工作。

文物主管部门对古建筑、古遗址和古墓葬进行实时监控、巡查。

工信部门协调市通信企业做好通信设施维护，保障通信畅通。

铁路部门及时向旅客通报预警信息，加强对铁路沿线巡视。

机场及时向旅客通报预警信息，做好飞机跑道的除雪工作。

供电、供水、供气和供热等单位做好管线设备巡查维护和故障抢修工作。

各级机关、企事业单位、社会团体、沿街商铺应做好本单位卫生责任区的积雪清扫工作。

第二十条　暴雪黄色预警响应：

县级人民政府分管负责人负责本行政区域应急响应的组织落实，各部门和单位在蓝色预警响应的基础上，做好抢险救灾各项工作。

公安部门做好积雪路段交通疏导工作，对坡道等重点路段采取交通管制措施。

民政部门做好贫困户及流浪乞

讨人员的防寒防冻救助工作。

安全生产监督管理部门组织露天矿山、油气井场、危险化学品生产储存等企业开展隐患排查治理。

文物主管部门组织对存在隐患的古建筑、古遗址和古墓葬进行重点巡查。

第二十一条　暴雪橙色预警响应：

市政府分管负责人负责本行政区域应急响应的组织落实，各部门和单位在黄色预警响应的基础上，做好抢险救灾各项工作。

气象灾害发生地的县级政府按市政府的要求，进入相应应急响应状态。

教育部门通知幼儿园和中小学校做好停课准备，采取有效措施保护在校学生安全。

公安部门对积雪路段采取限行、限速等交通管制措施。

民政部门转移可能受灾的人员，做好应急救灾物资的准备工作。

商务和价格主管部门加强对生活必需品的市场监测，及时掌握市场动态和供求信息。

安全生产监督管理部门通知露天矿山、油气井场、危险化学品生产储存等企业专（兼）职救援队做好应急救援准备。

旅游部门通知旅游景区（点）关闭危险游览路线，安全转移或者妥善安置滞留游客。

文物主管部门对发生轻度险情、局部损坏的古建筑、古遗址和古墓葬采取抢险保护紧急措施，防止险情扩大。

铁路部门适时调整列车运行调度计划，监护列车运行，妥善安置滞留旅客。

机场及时向旅客通报航班计划变更信息，妥善安置滞留旅客。

第二十二条　暴雪红色预警响应：

市政府主要负责人负责本行政区域应急响应的组织落实，各部门和单位在橙色预警响应的基础上，做好抢险救灾各项工作。

气象灾害发生地的县级政府按上级政府的要求，进入相应应急响应状态。

教育部门视情况通知幼儿园和中小学校停课，采取有效措施保护在校学生安全。

民政部门根据灾情和受灾群众需要救助情况做好应急救灾资金、物资的调拨和发放工作。

建设部门通知房屋建筑和市政工程施工现场暂停室外施工作业。

商务和价格主管部门启动生活必需品日监测、日报告制度，指导大型商贸流通企业备足货源。

安全生产监督管理部门通知露天矿山、油气井场、危险化学品生产储存等企业视情况减产或者停产。

旅游部门通知关闭室外旅游景区（点），安全转移或者妥善安置滞留游客。

文物主管部门对发生严重损坏的古建筑、古遗址和古墓葬采取抢险保护措施。

机场及时发布航班计划变更信息和机场关闭信息，妥善安置滞留旅客。

武警部队做好抢险救灾的相应准备工作。

第二十三条　根据风力等级，大风预警分为四级：

（一）蓝色预警（Ⅳ级）：预计未来 24 小时出现平均风力达六级；

（二）黄色预警（Ⅲ级）：预计未来 24 小时出现平均风力达七至八级；

（三）橙色预警（Ⅱ级）：预计未来 24 小时出现平均风力达九至十级；

（四）红色预警（Ⅰ级）：预计未来 24 小时出现平均风力达十一级以上。

第二十四条　大风蓝色预警响应：

县级人民政府分管负责人负责本行政区域应急响应的组织落实。

气象灾害发生地的乡（镇）政府、街道办事处组织对危旧住房、厂房、工棚和临时建（构）筑物进行安全隐患排查。

教育部门及时向幼儿园和学校通报预警信息。

建设部门组织有关单位做好房屋建筑和市政工程施工现场临时建（构）筑物、室外宣传牌、棚架和施工围板等巡查工作。

农业部门做好农田、草原防火工作，指导设施农业种植户和畜牧、水产养殖户采取防风措施。

林业部门做好森林防火工作。

安全生产监督管理部门及时向

露天矿山、油气井场、危险化学品生产储存、烟花爆竹生产经营等企业通报预警信息。

旅游部门通知旅游景区（点）暂停水上和高空游乐项目。

工信部门协调市通信企业做好通信设施维护，保障通信畅通。

供电单位做好线路设备巡查维护和故障抢修工作。

第二十五条　大风黄色预警响应：

县级人民政府分管负责人负责本行政区域应急响应的组织落实，各部门和单位在蓝色预警响应的基础上，做好抢险救灾各项工作。

教育部门通知幼儿园和学校暂停室外教学活动。

公安部门加强对城市道路的实时监控。

安全生产监督管理部门组织露天矿山、油气井场、危险化学品生产储存、烟花爆竹生产经营等企业开展隐患排查治理。

建设部门通知房屋建筑和市政工程施工企业暂停室外高空作业。

机场及时向旅客通报预警信息和航班计划变更信息，妥善安置滞留旅客。

第二十六条　大风橙色预警响应：

市政府分管负责人负责本行政区域应急响应的组织落实，各部门和单位在黄色预警响应的基础上，做好抢险救灾各项工作。

气象灾害发生地的县级政府按市政府的要求，进入相应应急响应状态。

教育部门视情况通知幼儿园和中小学校调整上下学时间或者停课，避开大风时段，采取有效措施保护在校学生安全。

公安部门对国道、省道通行车辆采取限速通行措施。

建设部门通知房屋建筑和市政工程施工企业暂停高空和室外施工作业。

园林部门做好城区绿化树木的防风加固工作。

交通运输部门指导道路运输企业、汽车客运站调整运输计划和客运班次，及时疏导滞留旅客。

安全生产监督管理部门通知露天矿山、油气井场、危险化学品生产储存、烟花爆竹生产经营等企业专（兼）职救援队做好应急救援准备。

旅游部门通知关闭室外旅游景区（点），安全转移或者妥善安置滞留游客。

铁路部门组织调度列车减速通过大风影响区域路段。

第二十七条　大风红色预警响应：

市政府主要负责人负责本行政区域应急响应的组织落实，各部门和单位在橙色预警响应的基础上，做好抢险救灾各项工作。

气象灾害发生地的县级政府按上级政府的要求，进入相应应急响应状态。

交通运输部门指导道路运输企业、汽车客运站采取停运措施，及时疏导滞留旅客。

安全生产监督管理部门通知露天矿山、油气井场、危险化学品生产储存、烟花爆竹生产经营等企业视情况减产或者停产。

铁路部门组织调度列车暂停通过大风影响区域路段，保障旅客安全。

第二十八条　根据降温幅度和最低气温，寒潮预警分为四级：

（一）蓝色预警（Ⅳ级）：预计未来48小时平均气温或者最低气温下降10℃以上，最低气温小于等于4℃；

（二）黄色预警（Ⅲ级）：预计未来48小时平均气温或者最低气温下降12℃以上，最低气温小于等于0℃；

（三）橙色预警（Ⅱ级）：预计未来48小时平均气温或者最低气温下降16℃以上，最低气温小于等于−4℃；

（四）红色预警（Ⅰ级）：预计未来48小时平均气温或者最低气温下降18℃以上，最低气温小于等于−4℃。

第二十九条　寒潮蓝色预警响应：

县级人民政府分管负责人负责本行政区域应急响应的组织落实。

公安部门做好道路结冰路段交通疏导工作。

农业和畜牧部门指导农户和畜牧水产养殖户采取防寒措施。

供电、供水、供气和供热等单位做好管线设备巡查维护和故障抢修工作。

第三十条　寒潮黄色预警响应：

县级人民政府分管负责人负责本行政区域应急响应的组织落实，各部门和单位在蓝色预警响应的基础上，做好抢险救灾各项工作。

民政部门做好贫困户及流浪乞讨人员的防寒防冻救助工作。

卫生部门做好医疗卫生应急工作。

供热单位适时做好供暖工作。

第三十一条　寒潮橙色预警响应：

市政府分管负责人负责本行政区域应急响应的组织落实，各部门和单位在黄色预警响应的基础上，做好抢险救灾各项工作。

气象灾害发生地的县级政府按市政府的要求，进入相应应急响应状态。

民政部门做好救灾物资储备、调运准备工作。

商务和价格主管部门加强对生活必需品的市场监测，及时掌握市场动态和供求信息。

林业部门做好指导果农采取果园生烟等防寒措施工作。

第三十二条　寒潮红色预警响应：

市政府分管负责人负责本行政区域应急响应的组织落实，各部门和单位在橙色预警响应的基础上，做好抢险救灾各项工作。

气象灾害发生地的县级政府按市政府的要求，进入相应应急响应状态。

民政部门根据灾情和受灾群众需要救助情况做好应急救灾资金、物资的调拨和发放工作。

商务和价格主管部门启动生活必需品日监测、日报告制度，指导大型商贸流通企业备足货源。

林业部门做好指导果农采取果园生烟等防寒措施工作。

第三十三条　根据能见度大小，大雾预警分为二级：

（一）橙色预警（Ⅱ级）：预计未来24小时出现能见度小于二百米的雾；

（二）红色预警（Ⅰ级）：预计未来24小时出现能见度小于五十米的雾。

第三十四条　大雾橙色预警响应：

市政府分管负责人负责本行政区域应急响应的组织落实。

气象灾害发生地的县级政府按市政府的要求，进入相应应急响应状态。

公安部门做好交通管制和疏导工作。

环境保护部门加强对空气污染程度的监测。

交通运输部门指导道路运输企业、汽车客运站调整运输计划和客运班次，及时疏导滞留旅客。

农业部门指导设施蔬菜种植户采取增温等措施。

卫生部门做好医疗卫生应急工作。

机场及时向旅客通报预警信息和航班计划变更信息，妥善安置滞留旅客。

供电单位加强电网运营监控，做好应对污闪损坏线路的抢修工作。

第三十五条　大雾红色预警响应：

市政府分管负责人负责本行政区域应急响应的组织落实，各部门和单位在橙色预警响应的基础上，做好抢险救灾各项工作。

气象灾害发生地的县级政府按市政府的要求，进入相应应急响应状态。

暂停或者取消大型活动和群众集会。

环境保护部门加强对易造成空气污染企业的监管，做好空气污染物排放的控制工作。

建设部门通知房屋建筑和市政工程施工现场暂停室外施工作业。

第三十六条　根据日最高气温，高温预警分为二级：

（一）橙色预警（Ⅱ级）：预计未来24小时出现37℃以上高温；

（二）红色预警（Ⅰ级）：预计未来24小时出现40℃以上高温。

第三十七条　高温橙色预警响应：

县级人民政府分管负责人负责本行政区域应急响应的组织落实。

暂停或者取消高温时段室外大型活动和群众集会。

城市管理部门组织对城市主要道路增加洒水频次。

农业部门指导设施蔬菜种植户采取遮阳、通风、降温等措施。

卫生部门做好医疗卫生应急工作。

安全生产监督管理部门及时向露天矿山、油气井场、危险化学品生产储存等企业通报预警信息，烟花爆竹生产企业按国家标准规定停产。

供电、供水单位做好居民用电、用水高峰期保障及设备故障抢修工作。

用人单位安排劳动者室外作业时间不得超过5小时，并在12时至15时不得安排室外作业。

第三十八条　高温红色预警响应：

县级人民政府分管负责人负责本行政区域应急响应的组织落实。

教育部门视情况通知幼儿园和中小学校调整上下学时间或者停课，采取有效措施保护在校学生安全。

安全生产监督管理部门组织油气井场、危险化学品生产储存等企业开展隐患排查治理。

用人单位暂停室外作业。

第四章　法律责任

第三十九条　对违反本办法的行为，有关法律、法规、规章已明确法律责任的，从其规定。

第四十条　各级人民政府、气象主管机构和有关部门及其工作人员，有下列行为之一的，由其上级行政机关或监察机关责令改正；情节严重的，对直接负责的主管人员和其他直接责任人员依法给予处分；构成犯罪的，依法追究刑事责任：

（一）隐瞒、谎报或者由于玩忽职守导致重大漏报、错报气象灾害预警信息的；

（二）未及时采取气象灾害应急措施的；

（三）不依法履行职责的其他行为。

第四十一条　违反本办法规定，有下列行为之一的，由县级以上人民政府或者有关部门责令改正；构成违反治安管理行为的，由公安机关依法给予处罚；构成犯罪的，依法追究刑事责任：

（一）未按规定采取气象灾害预防措施的；

（二）不服从所在地人民政府及其有关部门气象灾害应急处置决定、命令，或者不配合实施其依法采取的气象灾害应急措施的。

第四十二条　违反本办法规定，有下列行为之一的，由县级以上人民政府气象主管机构责令改正，给予警告，可以处五万元以下罚款；构成违反治安管理行为的，由公安机关依法给予处罚：

（一）擅自向社会发布灾害性天气警报、气象灾害预警信息的；

（二）广播、电视、报纸、电信、网络等媒体单位未按照要求播发或者刊登灾害性天气警报和气象灾害预警信息的；

（三）编造、传播虚假的或者通过非法渠道获取的灾害性天气信息和气象灾害情况的。

第五章　附则

第四十三条　本办法自二〇一四年四月一日起施行。

石家庄市人民政府令第188号

《石家庄市测绘地理信息管理办法》已经二〇一四年二月二十一日市第十三届人民政府第十七次常务会议讨论通过，现予发布。自二〇一四年五月一日起施行。

市长：王亮

2014年3月1日

石家庄市测绘地理信息管理办法

第一章　总则

第一条　为加强测绘地理信息管理，促进测绘事业发展，保障测绘事业为国民经济和社会发展服务，根据《中华人民共和国测绘法》、《河北省实施〈中华人民共和国测绘法〉办法》等有关法律、法规，结合本市实际，制定本办法。

第二条　本市行政区域内从事测绘地理信息活动，应当遵守本办法。

第三条　市测绘地理信息行政主管部门负责本市行政区域内测绘地理信息工作的统一监督管理。

各县（市）测绘地理信息行政主管部门负责本行政区域内测绘地理信息工作的监督管理，并接受市测绘地理信息行政主管部门的业务指导和监督。

市、县（市）人民政府其他有关部门按照职责分工，负责与本部门有关的测绘地理信息工作。

第四条　市、县（市）人民政府应当将测绘地理信息工作纳入本级经济和社会发展规划及年度计划，并将测绘地理信息工作经费和测绘基础设施维护的费用纳入本级财政预算。

第五条　从事测绘活动，应当采用国家规定的测绘基准和测绘系统，或者采用经依法批准的本市相对独立平面坐标系统和高程系统，并执行国家规定的测绘技术规范和标准。

第六条　市、县（市）人民政府应当加强对测绘地理信息工作的领导，鼓励有关单位和个人进行测绘科学技术研究，采用先进技术和设备，提高测绘技术水平，对在测绘工作和测绘科学技术研究中做出显著成绩的单位和个人给予表彰和奖励。

第二章　基础测绘和其他测绘

第七条　基础测绘是公益性事业，其内容包括：

（一）平面控制网、高程控制网、空间定位系统的建立、更新与维护；

（二）基础地理信息的航空摄影和航天遥感测绘资料的获取；

（三）相应比例尺地形图、影像图的测制、更新以及相应深化产品的测制与更新；

（四）市基础地理信息系统及基础地理信息数据库的建立、更新和维护；

（五）基础测绘设施建设、维护和管理；

（六）法律、法规规定的其他基础测绘事项。

第八条　市、县（市）测绘地理信息行政主管部门会同本级人民政府其他有关部门根据上一级人民政府的基础测绘规划和本行政区域的实际情况，组织编制本行政区域的基础测绘规划，报本级人民政府批准，并报上一级测绘地理信息行政主管部门备案后组织实施。

第九条　市、县（市）人民政府测绘地理信息行政主管部门根据本行政区域的基础测绘规划，编制本行政区域的基础测绘年度计划，并报上一级主管部门备案。

第十条　市、县（市）测绘地理信息行政主管部门应当根据应对自然灾害等突发事件的需要，制定相应的基础测绘应急保障预案。

第十一条　下列基础测绘项目，由市、县（市）测绘地理信息行政主管部门负责组织实施：

（一）建立和更新本行政区域的平面控制网、高程控制网和空间定位网；

（二）测制本行政区域 1：500、1：1000、1：2000 基本比例尺地形图、影像图及其数字化产品；

（三）建立和更新基础地理信息系统；

（四）建立与维护地理信息公共平台；

（五）获取基础地理信息遥感资料；

（六）本级人民政府规定的其他基础测绘项目。

第十二条　基础测绘成果应当定期更新。

本行政区域的平面控制网、高程控制网和空间定位网的更新复测周期为5年；本行政区域内1：500、1：1000比例尺地形图更新改造周期不超过2年；1：2000比例尺地形图更新改造周期不超过3年。

市、县（市）建成区内的1：500、1：1000、1：2000比例尺地形图，应当每年进行修补测。

第十三条　市、县（市）测绘地理信息行政主管部门应当建立和完善基础地理信息数据，并定期组织开展基础地理信息变化监测和综合分析，为经济社会发展和科学决策提供地理国情数据。

第十四条　市、县（市）测绘地理信息行政主管部门应当加强地理信息公共平台建设，积极协助其他有关部门利用地理信息公共平台开发建设专题应用系统，推广应用数字城市建设成果。

第十五条　市、县（市）人民政府其他有关部门和单位应当在测绘地理信息形成之日起30日内，向本级测绘地理信息行政主管部门提供用于基础测绘成果更新的地名、界线、交通、电力、水系等信息，用于及时更新基础地理信息系统。

第十六条　市政府有关部门会同市测绘地理信息行政主管部门，按职能分工编制地籍测绘、房产测绘、地下空间测绘、地下管线测绘等专业测绘规划，并按照国家有关规定和技术规范组织实施。

行政区域界线的测绘，按照国务院有关规定执行。

第十七条　建立本行政区域的地理信息系统或者建立与地理信息有关的其他信息系统，必须采用符合国家和本市标准的基础地理信息数据。

第三章　测绘地理信息市场

第十八条　在本行政区域内从事测绘地理信息活动的测绘单位，应当依法取得相应等级的《测绘资质证书》。

市测绘地理信息行政主管部门根据省测绘地理信息主管部门的委托，负责乙、丙级测绘资质的申请受理以及丁级测绘资质的受理和审核工作。

第十九条　从事测绘地理信息活动的专业技术人员应具备相应的执业资格条件。进行外业测绘活动时应当持有测绘作业证件。

第二十条　测绘单位和其他任何单位、个人不得从事下列活动：

（一）伪造、涂改、转借、转让和出租《测绘资质证书》；

（二）超越测绘资质等级许可的范围从事测绘地理信息活动；

（三）以其他测绘单位的名义从事测绘地理信息活动；

（四）允许其他单位以本单位的名义从事测绘地理信息活动；

（五）转包或者违法分包测绘地理信息项目。

第二十一条　除涉及国家安全和秘密等不适宜招标的测绘地理信息项目外，国家法律、法规规定应当招标的测绘地理信息项目，必须依法实施招标投标，并接受测绘地理信息行政主管部门和有关部门的监督管理。

第二十二条　测绘单位承担测绘项目，应当使用检验合格的测绘仪器设备。使用未经检定或者检定不合格的测绘仪器设备生产的测绘地理信息成果不得提供使用。

第二十三条　基础测绘成果和使用财政资金完成的其他测绘成果，应当经测绘质量监督检验机构检测，未经检验或者检验不合格的，其成果不得交付使用。

第二十四条　测绘单位在本行政区域内实施测绘地理信息项目前，应当提交以下材料到项目所在地的测绘地理信息行政主管部门进行备案：

（一）单位介绍信或委托书；

（二）测绘资质证书、收费许可证和营业执照副本；

（三）测绘地理信息合同书或任务书；

（四）测绘地理信息技术设计书；

（五）测绘人员名单及其作业证件。

第二十五条　市测绘地理信息行政主管部门负责下列测绘地理信息项目的备案：

（一）四等（含本数）以上的平面控制网和高程控制网；

（二）10平方公里以上的1：500、1：1000、1：2000比例尺地形图（包括地籍图、房产图等）；

（三）跨县（市、区）行政区域

的线路测量和其他测绘项目；

（四）县（市）级的行政区域界线测绘；

（五）基于1：500、1：1000、1：2000比例尺基础地理信息数据的地理信息系统的建设工作；

（六）省测绘地理信息行政主管部门规定的其他测绘地理信息项目。

第二十六条 县（市）测绘地理信息行政主管部门负责下列测绘地理信息项目的备案：

（一）四等以下的平面控制测量及高程控制测量；

（二）小于10平方公里的1：500、1：1000、1：2000比例尺地形图（包括地籍图、房产图等）；

（三）本行政区域内的线路测量和其他测绘项目；

（四）县（市）级以下的行政区域界线测绘。

第二十七条 测绘地理信息行政主管部门应当建立测绘单位信用档案，及时向社会公布在本行政区域内承揽测绘项目单位的资质、业绩、测绘成果质量以及遵纪守法等情况。

第四章 测绘地理信息成果

第二十八条 测绘地理信息主管部门应当建立测绘成果质量监督检查制度，通过抽检或者重点测绘项目检查等方式加强对测绘成果质量的监督管理。

测绘单位应当建立测绘成果的质量保证体系，对其完成的测绘成果质量负责。

第二十九条 测绘地理信息项目成果依法实行汇交制度。财政投资完成的测绘地理信息项目，由测绘单位在测绘项目验收完成之日起3个月内，依照规定向市、县（市）测绘地理信息行政主管部门汇交测绘地理信息成果资料。财政部门在对使用财政资金的测绘地理信息项目和建设工程测绘项目进行结算审查时，应当查验测绘地理信息成果汇交凭证；未按规定汇交测绘地理信息成果资料的，不予办理财政资金结算手续。

其他资金投资完成的测绘地理信息项目，由项目出资人在测绘项目验收完成之日起3个月内，向项目所在地测绘地理信息行政主管部门汇交测绘地理信息成果资料。

第三十条 县（市）测绘地理信息行政主管部门应当在每年三月底前向市测绘地理信息行政主管部门汇交上一年度的测绘地理信息成果资料。市测绘地理信息行政主管部门应当在每年六月底前向社会公布测绘地理信息成果目录。

第三十一条 测绘成果保管单位应当建立健全测绘成果资料的保管制度，配备必要的设施，确保测绘成果资料的安全，并对基础测绘成果资料实行异地备份存放制度。

测绘成果资料的存放设施与条件，应当符合国家保密、消防及档案管理的有关规定和要求。

第三十二条 财政投资的测绘地理信息项目和建设工程测绘项目，有关部门在批准立项前，应当以书面形式征求本级测绘地理信息行政主管部门的意见，有适宜测绘地理信息成果的，应当充分利用已有的测绘地理信息成果，避免重复测绘。

第三十三条 法人或者其他组织、个人需要利用涉及国家秘密的基础测绘成果的，应当提出明确的利用目的和范围，报测绘成果所在地的测绘地理信息行政主管部门审批。

对外提供属于国家秘密的测绘地理信息成果，应当按照法定程序报批。

第三十四条 基础测绘成果由市、县（市）人民政府测绘地理信息行政主管部门向社会提供；其他测绘成果由测绘成果所有权人向社会提供。

未经测绘成果所有权人同意，任何单位或者个人不得擅自复制、转让或者转借测绘成果。确需复制保密测绘成果的，应当按照原密级管理。

第三十五条 市、县级基础测绘成果与财政投资完成的其他测绘成果用于下列事项的，应当无偿提供：

（一）国家机关决策和社会公益性事业的；

（二）政府及有关部门和军队因防灾、减灾、国防建设等公共利益的；

（三）政府重大民生工程的；

（四）政府及其有关部门专业地理信息系统建设的；

（五）法律、法规、规章规定无偿提供的其他事项。

除前款规定外，测绘成果依法实行有偿使用制度，收费标准依照国家有关规定执行。基础测绘成果有偿使用的收入纳入政府非税收入资金管理，用于补充基础测绘经费。

第三十六条　使用基础测绘成果，应当遵守下列规定：

（一）根据基础测绘成果的秘密等级按国家有关保密法律法规的规定使用，并采取有效的保密措施；

（二）仅限于在本单位的范围内，按照其申请并经批准的使用目的使用，不得扩展到所属系统或者其他单位；

（三）委托第三方开发利用基础测绘成果，项目完成后，使用基础测绘成果申请人应当按照有关规定销毁相应的测绘成果；

（四）在使用基础测绘成果所形成的成果的显著位置注明基础测绘成果版权的所有者；

（五）不得擅自复制基础测绘成果或者将基础测绘成果转让、转借给其他单位、个人使用。

第三十七条　市、县（市）测绘地理信息行政主管部门应当定期组织开展国家版图意识的宣传教育，加强地图市场的监督管理。

第三十八条　市、县（市）人民政府应当加强对编制、印刷、出版、展示、登载地图的管理，保证地图质量，维护国家主权、安全和利益。

从事互联网地图服务的单位，应当依法取得相应等级的测绘资质证书，并在法律法规规定的范围内从事地图服务，不得上传、存储、标注危害国家主权、安全以及涉及国家秘密的信息内容。

第三十九条　出版或者展示未出版的本市地图的，编制单位应当将试制样图报省测绘地理信息行政主管部门审核，并将审核情况报市测绘地理信息行政主管部门备案。未经审核批准的地图，任何单位或个人不得发行、销售。

第五章　测量标志

第四十条　任何单位和个人不得损毁或者擅自移动永久性测量标志和正在使用中的临时性测量标志，不得侵占永久性测量标志用地，不得在永久性测量标志安全控制范围内从事危害测量标志安全和使用效能的活动。

第四十一条　市、县（市）测绘地理信息行政主管部门应当定期对永久性测量标志进行普查和维修，并委托所在地的国土资源所负责保管，与其签订测量标志委托保管书。永久性测量标志的普查、维修和保管经费，列入同级财政年度预算。

第四十二条　永久性测量标志建设前，测绘单位应当将测量标志设计图、埋设位置、保护范围、占用土地或设施的权属单位等材料报测量标志所在地测绘地理信息行政主管部门备案。

第四十三条　建设永久性测量标志，可按照用地性质和实际情况，办理土地使用相关登记手续。

第四十四条　城乡规划、建设等部门应当将测量标志有关信息纳入本部门信息管理系统，在审批有可能对测量标志用地和使用效能造成影响的项目前，应当征求同级测绘地理信息行政主管部门的意见。

第四十五条　建设单位进行工程建设，应当避开永久性测量标志。确实无法避开，需要迁建永久性测量标志或者使其失去使用效能的，应当经市测绘地理信息行政主管部门或者省测绘地理信息行政主管部门审核同意，并按照国家规定支付迁建费用。

第四十六条　申请迁建永久性测量标志，应当提供以下材料：

（一）迁建申请；

（二）建设工程立项及规划批准文件；

（三）建设工程总平面图。

第四十七条　测绘人员使用永久性测量标志，必须持有测绘作业证件，并按照操作规程使用，保证测量标志完好无损。

第六章　法律责任

第四十八条　违反本办法规定，有下列行为之一的，由县以上测绘地理信息行政主管部门责令改正，并处一千元以上一万元以下罚款：

（一）伪造、涂改、转借、转让和出租《测绘资质证书》的；

（二）将承接的测绘项目违法分包的；

（三）未按批准的利用目的和范围利用基础测绘成果的；

（四）委托第三方开发利用基础测绘成果，在项目完成后未及时销毁测绘成果的。

第四十九条　违反本办法第二十四条、第三十九条、第四十二条规定，未履行备案手续的，由县以上测绘地理信息行政主管部门责令限期改正，逾期不改正的，处二百元以上一千元以下罚款。

第五十条　违反本办法规定的行为，有关法律、法规已有处罚规定的，从其规定。

第五十一条　测绘地理信息行政主管部门及其工作人员玩忽职守、滥用职权、徇私舞弊的，对负有直接责任的主管人员和直接责任人员，由其所在单位或者上级主管机关依法给予行政处分；构成犯罪的，依法追究刑事责任。

第七章　附则

第五十二条　本办法自 2014 年 5 月 1 日起施行。1994 年 9 月 22 日石家庄市人民政府令第 53 号发布的《石家庄市测绘管理办法》同时废止。

统计资料

统计资料

表 76

人口情况

行政单位	年末总户数（户）	2014年比2013年（±%）	年末总人口（人）	2014年比2013年（±%）
全市总计	2725675	1.27	9612479	0.99
市区合计	1124101	65.72	4079702	64.44
长安区	130077	1.29	444195	0.57
桥东区	98404	0.85	331251	-10.69
桥西区	136114	2.98	549150	6.82
新华区	144316	1.79	495539	0.65
裕华区	156915	4.68	579099	2.25
井陉矿区	28347	-0.37	94992	-0.62
藁城区	221725	1.16	829859	1.61
鹿泉区	117765	0.62	412826	2.20
栾城区	90438	0.94	342791	1.84
高新区	-	-	-	-
井陉县	109655	-0.26	333449	0.25
正定县	127238	0.16	495927	1.47
行唐县	147285	1.06	459139	0.08
灵寿县	103836	0.71	345924	1.12
高邑县	54782	1.52	199986	1.71
深泽县	90842	3.20	261308	0.19
赞皇县	91406	1.38	273760	0.91
无极县	145673	0.77	533218	1.00
平山县	165126	0.94	500208	0.60
元氏县	100020	0.80	440162	0.99
赵　县	172627	0.95	613274	1.47
晋州市	156447	0.57	562042	1.59
新乐市	136637	0.83	514380	0.86

表 77

全社会固定资产投资

行政单位	全社会固定资产投资（万元）	2014年比2013年（±%）	固定资产投资（万元）	2014年比2013年（±%）
全市总计	49160436	16.6	47790483	14.16
市区合计	21626920	10.5	20703761	-1.19
长安区	5503548	11.0	5503548	11.00
桥西区	5700609	12.0	5700609	12.05
新华区	3698049	16.8	3698049	16.80
裕华区	4013056	15.5	4013056	15.46
井陉矿区	635178	22.0	635178	22.03
藁城区	2294375	18.0	2265302	18.12
鹿泉区	2987226	17.6	1904545	18.49
栾城区	1744077	17.7	1397550	19.99
高新区	2123321	19.3	2123321	19.29
井陉县	2319397	18.5	2145411	17.71
正定县	2183105	17.5	1731115	17.78
行唐县	1425431	19.7	961675	18.85
灵寿县	973754	18.7	647239	21.84
高邑县	651534	21.7	667170	21.65
深泽县	675774	21.4	1232450	18.31
赞皇县	1239051	18.2	1105756	18.67
无极县	1142749	18.2	1802263	18.58
平山县	1827955	18.4	1688230	17.99
元氏县	1727209	17.7	1294163	18.01
赵　县	1307830	17.9	1924776	5.20
晋州市	2262548	21.3	766824	18.50
新乐市	1925789	18.3	2238581	21.48

表 78

财政收入情况

行政单位	全部财政收入（万元）	2014 年比 2013 年（±%）	公共财政预算收入（万元）	2014 年比 2013 年（±%）
全市总计	6607574	4.97	3319087	8.71
市区合计	5473871	37.63	2639516	25.16
长安区	904913	10.22	434567	16.78
桥西区	1202713	9.23	567350	16.41
新华区	428346	14.17	246718	14.71
裕华区	454699	-5.88	269352	-4.71
井陉矿区	43056	-21.72	183353	18.52
藁城区	897071	5.37	171661	28.03
鹿泉区	300099	22.75	80097	17.42
栾城区	166567	13.18	19036	-20.84
高新区	408098	23.25	205738	31.64
井陉县	135277	2.48	55045	14.27
正定县	190342	16.23	122388	17.60
行唐县	51720	13.40	32662	31.06
灵寿县	38758	-3.20	25126	13.42
高邑县	48691	11.16	35312	15.87
深泽县	48046	11.92	34883	15.03
赞皇县	43393	0.15	25173	14.43
无极县	75001	14.16	42921	21.59
平山县	174764	9.05	85070	8.52
元氏县	98031	-2.70	53226	16.87
赵　县	68006	7.22	42469	17.86
晋州市	88182	-15.46	70321	14.05
新乐市	73492	7.21	54975	14.15

表 79

农产品总产量

行政单位	粮食总产量（吨）	2014年比2013年（±%）	小麦总产量（吨）	2014年比2013年（±%）	玉米总产量（吨）	2014年比2013年（±%）	油料总产量（吨）	2014年比2013年（±%）	棉花总产量（吨）	2014年比2013年（±%）
全市总计	4493027	-4.44	2292478	1.17	2086718	-9.67	173049	-3.75	3679	-4.37
长安区	44482	0.95	23292	2.54	21190	-0.75	–	–	128	-6.57
桥西区	1035	35.65	525	43.44	510	28.46	–	–	–	–
新华区	18793	-3.09	9337	0.06	9456	-5.85	85	-22.02	13	0.00
裕华区	7194	-17.80	3807	-10.76	3387	-24.50	–	–	–	–
井陉矿区	13057	-2.60	5181	2.45	7720	-5.66	110	-2.65	–	–
藁城区	544762	-2.33	268808	0.40	265692	-4.96	9442	-0.04	378	–
鹿泉区	201529	-2.91	105034	2.38	92681	-7.13	3742	-5.29	138	–
栾城区	251551	-6.81	132832	0.44	115797	-15.46	289	-32.32	9	0.00
高新区	32839	0.49	17605	1.34	15234	-0.48	–	–	–	–
井陉县	99796	-11.34	36001	2.03	54470	-18.19	5564	-10.07	120	-0.82
正定县	312983	-5.22	158367	0.55	149882	-10.64	20184	0.52	213	-10.13
行唐县	281221	-9.50	131700	2.57	136780	-18.00	22952	0.15	402	-0.99
灵寿县	138074	-7.41	60999	2.15	67037	-14.80	4951	-4.81	140	-12.50
高邑县	161656	-2.66	79665	1.76	79575	-6.22	4847	2.56	106	-1.85
深泽县	198552	-3.15	90672	0.80	102100	-5.90	6514	0.00	486	-0.21
赞皇县	104666	-16.40	54380	3.25	45630	-29.80	9855	-38.97	67	-2.90
无极县	340084	-4.35	183787	0.12	149117	-9.23	17010	1.72	234	-2.50
平山县	197163	-3.17	104133	1.06	85601	-7.39	9214	-0.50	576	-3.03
元氏县	326589	-2.95	170916	0.85	142183	-7.00	7622	0.00	516	-0.58
赵 县	549484	-1.87	298805	0.89	249377	-5.00	3972	0.56	–	–
晋州市	350459	-4.20	182234	0.53	155585	-9.00	9464	-1.25	–	–
新乐市	317058	-2.56	174398	3.73	137714	-7.42	37232	1.06	153	-3.16

（续表）

行政单位	蔬菜总产量（含瓜果类·吨）	2014年比2013年（±%）	水果总产量（吨）	2014年比2013年（±%）	肉类总产量（吨）	2014年比2013年（±%）	禽蛋总产量（吨）	2014年比2013年（±%）	水产品总产量（吨）	2014年比2013年（±%）
全市总计	12694391	6.72	2109077	10.61	709341	2.77	940362	3.28	34962	-0.88
长安区	83303	17.19	5770	93.62	2247	0.54	1234	-3.59	-	-
桥西区	68183	12.94	38	8.57	369	-3.15	336	-1.75	-	-
新华区	113506	13.74	3585	190.28	96	-49.21	478	-49.20	50	-16.677
裕华区	19465	-41.37	-	-	521	-5.44	400	-8.47	-	-
井陉矿区	33865	74.02	4761	3.14	2516	-1.80	1800	-9.09	20	-20.00
藁城区	3052846	3.72	239509	7.04	88520	2.12	154965	3.56	17	-57.50
鹿泉区	958841	3.13	42995	0.05	29301	2.22	37626	0.11	6321	0.30
栾城区	1034392	-6.17	815	115.04	54415	-4.21	105830	0.00	5	-54.55
高新区	76160	-0.52	1250	-	1032	7.84	886	43.83	-	-
井陉县	231237	3.00	42533	18.50	27648	7.11	33593	5.73	700	7.69
正定县	897770	3.86	15819	9.01	86261	2.68	132523	3.91	1610	0.31
行唐县	389693	15.42	126465	-10.60	39313	2.35	34685	4.48	1880	-12.80
灵寿县	223956	9.21	21801	24.33	31491	3.29	19367	4.91	8330	0.36
高邑县	624971	13.46	3525	-17.66	13569	1.88	15884	5.32	-	-
深泽县	470402	7.03	110789	0.23	24310	4.62	19487	5.71	116	4.50
赞皇县	162206	3.47	133909	38.79	25671	1.50	20013	2.52	1000	-9.1
无极县	900120	10.27	22200	11.84	56221	5.49	74680	1.16	11	8.33
平山县	301310	9.97	59957	8.45	23034	4.18	13828	4.47	13820	0.22
元氏县	513912	20.72	15846	1.93	45993	3.72	54969	4.44	1060	-1.85
赵　县	935722	-0.19	500000	38.89	45171	1.38	60656	0.00	-	-
晋州市	540271	3.44	727300	0.12	53229	4.29	74622	4.40	-	-
新乐市	1062260	32.27	30210	0.37	58413	5.89	82500	8.48	22	0.00

表 80　农林牧渔业总产值

行政单位	农林牧渔业总产值（万元）	2014 年比 2013 年（±%）
石家庄市	7945523	4.2
长安区	40427	-1.0
桥西区	19396	-0.4
新华区	29108	10.2
裕华区	10747	0.1
井陉矿区	16517	-0.1
藁城区	1256272	4.3
鹿泉区	393099	3.4
栾城区	550579	-3.2
高新区	29622	-0.4
井陉县	244537	4.8
正定县	676134	2.7
行唐县	503546	6.2
灵寿县	314082	8.1
高邑县	210556	7.3
深泽县	286717	4.9
赞皇县	282493	4.2
无极县	508388	3.7
平山县	350559	4.4
元氏县	450765	7.5
赵　县	600615	1.5
晋州市	603806	4.3
新乐市	535801	4.8

表 81

规模以上工业企业情况

行政单位	企业单位数（个）	主营业务收入（亿元）	规模以上工业企业增加值（亿元）	利润总额（亿元）	利税总额（亿元）
全市总计	2295	8117.8	1851.3	664.8	942.8
市区合计	994	4022.5	870.1	324.0	502.5
长安区	22	165.5	21.7	6.5	9.3
桥西区	13	18.7	6.4	0.4	1.1
新华区	16	19.6	7.7	3.1	3.8
裕华区	15	46.9	12.3	5.7	7.8
井陉矿区	50	161.9	45.4	2.6	6.6
藁城区	394	1435.9	348.5	152.8	233.9
鹿泉区	194	696.2	168.7	77.3	98.6
栾城区	157	383.1	89.9	43.3	58.9
高新区	107	461.4	109.9	47.2	64.3
井陉县	64	183.5	47.7	14.7	20.8
正定县	136	427.6	89.7	33.5	41.6
行唐县	83	223.1	58.1	23.5	34.5
灵寿县	69	140.6	36.4	15.2	17.5
高邑县	66	137.0	33.0	12.2	14.3
深泽县	77	188.5	48.4	5.4	10.5
赞皇县	73	185.7	51.4	22.2	25.2
无极县	116	341.9	85.6	29.0	36.4
平山县	24	436.9	122.0	19.3	27.3
元氏县	71	299.9	82.0	31.7	38.5
赵　县	114	558.0	104.7	35.2	51.1
晋州市	254	560.4	136.8	61.2	73.2
新乐市	154	412.3	85.5	37.8	49.4

表82 社会消费品零售额

行政单位	社会消费品零售额（万元）	2014年比2013年（±%）
全市总计	22188330	12.5
市区合计	13812941	49.2
长安区	2511356	13.3
桥西区	3870251	13.0
新华区	1824736	13.1
裕华区	1428499	13.1
井陉矿区	120053	11.4
藁城区	1440176	33.4
鹿泉区	1097336	12.4
栾城区	694845	12.5
高新区	698433	11.0
井陉县	404781	12.3
正定县	1064705	12.5
行唐县	536743	11.6
灵寿县	367020	11.5
高邑县	294796	11.7
深泽县	374673	11.6
赞皇县	375044	11.7
无极县	1033463	11.9
平山县	495154	11.6
元氏县	467647	12.0
赵　县	1008717	12.3
晋州市	1023345	12.1
新乐市	929301	11.6

索　引

使用说明：

一、本索引包含类目、分目、主要条目和部分内文，按照首字汉语拼音字母顺序排列。

二、索引类目采用黑体字，其他采用宋体字，数字表示内容所在的页码。

A

B

C

D

E

F

G

H

J

K

L

M

N

P

Q

R

S

T

W

X

Y

石家庄国家高新技术产业开发区

2014年，高新区贯彻落实中央和省市决策部署，积极开展党的群众路线教育实践活动和反“四风”整治工作，以项目为抓手，科技为支撑，改革为动力，环境为保障，惠民为目标，抢抓机遇、攻坚克难，实现经济社会保持健康快速发展。

◆ 11月25日，河北德路通生物科技有限公司“中德医疗器械联合开发实验室”揭牌

项目建设势头强劲 全年实施重点项目155项，总投资1136.28亿元。四药总部搬迁、诚志永华液晶材料等38个项目竣工投产，格力三期、大唐电信等41个项目正在抓紧建设，石药抗肿瘤新药、东旭玻璃基板等8个项目列入省市重点。企业对标成效显著，全年争创国内领先的技术指标项目30个，行业“第一”“唯一”项目17个。

招商引资成效显著 创新招商方式，引进5亿元以上项目17个。东旭投资75亿元的高科技产业园、汉富城开投资50亿元的石家庄节能环保产业园落户。全区实际利用外资11141万美元，完成全年任务111%。完成服务外包额5.6亿元，完成全年任务186%。

科技创新持续提升 全年认定高新技术企业59家，新增2家省级孵化器，新认定科技型中小企业188家，培育省级科技小巨人企业20家，博广热能宋军保等8人获评河北省“百名科技型民营企业家”。组织申报国家和省市科技项目371项，保持全省领先。科技大市场正式运营，新增东旭集团等5家企业院士工作站，年末全区市级以上工程研究中心和企业技术中心达到82家。

城市建设整体推进 闽江道、漓江道、秦岭大街部分路段竣工通车，仓宁东路、燕山大街正在加紧建设，路网体系不断完善。供电、供水、供气、供暖等配套设施同步跟进，保障能力增强。城区容貌环境综合整治取得显著成效，管理水平大幅提升。

两个环境持续优化 全面清理行政权力及行政事业性收费审批项目，做到应放尽放、限时办结。积极开展大气污染防治，大气质量环境持续好转。

民生建设取得成效 教育设施逐步完善，石家庄一中东校区二期工程基本完成，新增中学一所、小学两所。医疗水平稳步提升，形成“四位一体”医疗保障体系。公共文化设施进一步完善，区文体馆、图书馆即将交付使用。

◆ 10月24日，“2014石洽会高新区投资环境专题合作对接会暨天山—世界之门城市发展高峰论坛”举行。副市长、区工委书记蒋文红（前中）出席活动

◆ 4月16~18日，市政府党组成员、区管委会主任吴时茂（前中）赴珠三角地区及北京进行项目考察

栾城区

◆ 区委书记吕素维（女）考察调研教育事业建设

◆ 区长刘玉渭（前排左一）督导检查企业安全生产

2014年，栾城区完成地区生产总值193.9亿元，同比增长9%。全部财政收入16.66亿元，同比增长13.18%，其中公共财政预算收入8.0亿元，同比增长17.42%。规模以上工业增加值89.9亿元。全社会固定资产投资174.41亿元，同比增长17.7%。社会消费品零售总额69.48亿元，同比增长12.5%。城镇居民人均可支配收入23123元，同比增长9.4%；农村居民人均纯收入12723元，同比增11.2%。2014年栾城区继续保持国家卫生城、全国科技进步区称号，并被确定为全国县级公立医院综合改革试点区。

经济建设　2014年浙商产业园、安瑞科二期等20多个项目开工建设；之春印务、奥祥医药等12个项目顺利竣工；南车集团、石煤机公司整体搬迁完成，21个项目实现属地纳税；中航石飞公司全产业链快速发展，成功举办“中国通用航空运营应用飞行大会”。**园区建设实现突破。**装备制造产业园区实施裕翔街提升改造等14项基础设施工程，承载能力大幅提升，被河北省政府命名为省级高新技术产业开发区、省级装备制造外贸转型示范基地和省级化工外贸转型示范基地。生物医药基地完善产业规划和总体

◆ 区委书记吕素维在浙友机电项目现场办公督导

◆ 区长刘玉渭（左一）陪同市直部门负责人到神威药业集团调研

◆ 南方包装集团公司先进的包装膜印刷设备

◆ 石飞公司研发制造的水陆两栖海鸥300飞机

◆ 神威药业集团获得河北省科技进步一等奖

◆ 安瑞科自主研发具有国际一流技术水平的低温液体储运设备

◆ 中航通飞华北公司办公区

◆ 中车集团石家庄车辆有限公司新厂区和办公大楼

规划，成功获批省级经济开发区。**工业经济加速转型。**加快工业转型升级和结构调整步伐，实施工业技改项目60项，完成投资106亿元。新增入统企业19家；新华能源在“新三板”成功上市，神威药业荣获国家科技进步二等奖。年末科技型中小企业达到86家，省级高新技术企业达到14家。**现代农业特色明显。**推进土地规模化经营，土地流转率达到28%。乡乡香、润源2个专业合作社获评国家级示范社；新增市级以上龙头企业3家，全区规模经营主体达到232家，农业产业化率达到71.8%。拥有河北省重点扶持现代农业园区4家，成功打造万亩经济林示范区两个。**服务业贡献率提高。**2014年栾城区物流行业实现税收同比增长28.6%，服务业增加值增速全市第一，服务业对经济发展贡献率提高4.7个百分点。

基础设施建设　按照城镇化理念，开展“城镇化攻坚年”活动，推进县城、新市镇、村庄三个层面城镇化建设。**基础设施日趋完善。**实施18项重点工程，新赵线全线贯通；高标准完成107国道、裕翔街、308国道（一期）、太行大街（城区段）升级改造，与省会中心城区路网实现高效对接。依托宏远路、宏达路东延等路网建设，加快城区东拓北跨步伐，拉开城市发展框架。**新市镇建设扎实推进。**冶河新市镇土地流转、融资平台建设加速推进；与新地物流签约华北区配货中心项目入驻协议；装备制造产业园区产业新城规划设计基本完成。**美丽乡村建设成效显著。**率先在全省提出美丽乡村三年全覆盖目标。美丽乡村工作坚持整体推进，连片发展，在巩固“一片两带”基础上，重点提升精品示范片。2014年规定每个乡镇建设不少于5个村的新片区目标，成功打造了乏马、夏凉、八里庄等一批新精品村，新增北十里铺、城郎等一批新的美丽乡村，年末全区60%的村完成美丽乡村改造提升任务。

◆ 一年一度的栾城范台阳春草莓采摘节

◆ 美丽的农业示范园

◆ 樱桃熟了，引得市民前来采摘

◆ 中央电视台“春耕行动”和栾城草莓节开幕式

◆ 无人植保机防治玉米蚜虫

◆ 利用垃圾坑改造的水上公园（八里庄）

◆ 城中村改造引入北人集团合作项目

◆ 旧城改造城市综合体项目

◆ 柳林屯迎宾街口

◆ 美丽城区

◆ 人民公园

◆ 曲廊碧水满城春

社会民生 2014年栾城区投入近亿元改善教育办学条件，城区3所小学改造、建设投用，8所农村公办幼儿园全部竣工。中考高考成绩创下历史新高，全省第一个国家级农村中学科技馆落户西营乡中学。提升医疗服务水平，加强城乡医疗机构标准化建设，县级公立医院综合改革被确定为全国试点，栾城区精神卫生中心正式搬迁入驻，创建中医药特色村卫生室80所，群众就医难、看病贵问题得到有效缓解。“见缝插针”建设文体活动场地和设施，城区新增健身场地12处，形成一批“五分钟健身娱乐圈”；农村新增健身路径21处。开展“栾城好人”评选活动和“春雨行动”，培养社会文明和向善向美浓厚氛围。就业再就业服务质量提高，城镇零就业家庭和应届高校毕业生登记失业率均保持动态为零。

◆ 乏马村口小凉亭

◆ 留住乡愁

◆ 柳林屯民居

◆ 南浪头民居

◆ 樱花公园一角

◆ 楼底镇东尹村村民活动中心

◆ 栾城区老年人健身大赛

◆ 新建栾城区人民医院病房楼

◆ 我们的春晚

◆ 西董铺村史馆

井陉矿区

◆ 石钢环保搬迁项目鸟瞰图

◆ 民海化工

◆ 段家楼

◆ 杏花沟生态公园

井陉矿区总面积69.98平方千米，辖2镇1乡2个街道办事处，47个居民委员会。常驻人口9.83万人。2014年，井陉矿区面对严峻经济形势和大气污染防治艰巨任务，成功遏制经济深度下滑，保持了经济社会稳定发展。全年完成地区生产总值63.9亿元；全社会固定资产投资63.52亿元，同比增长22%；财政收入4.31亿元，其中公共财政预算收入1.9亿元；实现规模以上工业增加值45.4亿元；服务业增加值15.8亿元；城镇居民人均可支配收入23125元。2014年井陉矿区在全国69个资源枯竭城市转型绩效考核评价中获评优秀等次。

重点产业　全年实施区级以上重点项目16个，总投资128.5亿元。其中，9个项目列入市级重点项目；重芳烃、粗苯萃取精馏、30万吨碳素一期等10个项目竣工投产；协诚生物氨基酸、仁泰牛樟芝等生物医药高新产业建成投产；投资100亿元的石钢环保搬迁项目正式签约落户；城市矿山综合利用、鑫科物流等6个5亿元以上项目签约。年末井陉矿区基本形成200万吨特钢、400万吨焦化及焦化副产品的独具特色的循环经济产业链。大力发展文化旅游产业和精品特色农业，游客服务中心、汽车客运站、杏花沟生态公园等基础配套设施完工，旅游业发展纳入省市旅游发展规划；新增经济林种植1000余亩，盘溪寨生态农业科技示范园项目签约，昊源苹果再获“果王”称号。

城市建设　围绕城乡统筹发展理念，全力打造新型城镇化建设，完成核心区控制性详细规划和道路、燃气、供热等14项专项规划修编。京昆高速石太北线开工建设，实施凤中路东延、康盛街东侧棚户区改造、文兴路西延及北清线和新岗路大修，3条主干道亮化工程竣工投用。建立城市管理联合执法队伍，打造平涉路城区段迎宾大道、红房街样板街道和南纬路标志性街道，开展“洗楼美城”、城区立体绿化行动，创建政府主导“户分类、村收集、区集中转运处理”覆盖全区城乡一体化垃圾清运模式，并在全市推广。6个农村面貌改造提升重点村改造任务完成，西岗头、赵村店社区分别获评省市级美丽乡村。城乡统筹重点项目天护新城一期工程开工建设。洞底农村产权制度改革试点完成，试点经验在全省推广。

环境治理　推广型煤8457.68吨；削减煤炭102万吨，完成省市下达压煤任务。62家储煤场全部取缔，42家洗煤企业高标准完成棚化仓化改造。主城区道路80%以上实现机械化清扫，建筑工地全部安装在线监控。淘汰黄标车618辆。丰达钢厂拆除，佳正钢厂关停，重点企业减排设施升级改造工程全面完成。率先建立覆盖全区网格化环境监管体系，重点企业与监控指挥中心同步联网。新增绿地面积5万平方米，植树造林4200亩，森林覆盖率达到46.7%。

社会民生　全年新增就业2608人，下岗失业人员再就业552人，年末城镇登记失业率控制在3.46%。教育质量提升三年规划完成，实施学校新改扩建工程，累计投入资金8000余万元，新建省级标准化幼儿园竣工投用；顺利通过国家义务教育均衡发展督导评估验收；中考高考成绩取得历史性突破。成功创建国家慢性病综合防控示范区，养老、医疗、工伤、失业、生育五大保险全部落实到位，建成村、乡、区三级联动救助机制，发放各类低保救助资金720万元。

◆ 西王舍水上公园

◆ 清凉湾湿地公园

◆ 东王舍新民居

◆ 赵村店农村面貌改造提升

ZHAOXIAN

赵县

◆ 县委书记王建海、县长张敏周视察指导县城绿化

◆ 县委书记王建海视察指导县城建设项目

2014年，赵县完成地区生产总值196.3亿元，同比增长7.3%。全部财政收入6.8亿元，其中一般公共预算收入4.25亿元，同比增长17.86%。规模以上工业增加值104.7亿元，同比增长8.6%；实现利润35.2亿元，同比增长12.3%。全社会固定资产投资完成130.8亿元，同比增长17.9%。社会消费品零售总额100.87亿元，同比增长12.3%。服务业增加值41.0亿元，同比增长8.5%。城镇居民人均可支配收入24145元，农村居民人均可支配收入11285元，同比分别增长10.0%和10.5%。

重点项目建设成效显著。全年实施规模以上工业项目87个，总投资128.7亿元。8个项目列入石家庄市项目攻坚年计划，完成投资16亿元，占年任务122%。润达生物、水工机械、环山饲料等33个项目竣工投产；鑫达润滑油、易谷现代产业园等项目建设启动。全年培育国家、省级行业标杆指标19项，争创省内“第一”“唯一”工艺或产品17项。兴柏药业集团获评河北省技术创新示范企业；兴柏药业、巨力科技2家企业技术中心获认省级企业技术中心；巨力科技建成河北省工程实验室。

县城建设攻坚扎实推进。《赵县城乡总体规划（2011—2030年）》通过石家庄市政府批准，规划城区面积扩展到35平方千米。海尔大道、石塔路、自强路、国柏路、青银高速出入口等重点部位实施高标准改造提升。新建李春公园、赵州桥森林公园、塔西公园、自强公园、梨香苑等7处公园绿地，年末县城公园、绿地达到18处，县城新增绿化面积85.1万平方米。

基础设施建设跨越发展。投资3.8亿元，实施308国道大修、京港澳高速赵县连接线、新赵线等全长35千米5条主要交通干道和36千米农村道路建设；投资1300万元的生物产业园至宁晋高速口道路清表完成。投资7522万元建设新中医院、投资1900万元建设新妇幼保健院投入使用。投资1380万元的县经济开发区海兴路西延、工业四街南段天然气管网，投资5780万元的110千伏城关站增容、沙河店至王西章35

千伏线路改造工程竣工投用。投资5900多万元的生物产业园污水处理厂试运行。全年完成水利工程建设投资1.6亿元，建成联村、单村集中供水工程46个，解决了145个村22.3万农村居民的饮水安全问题。

农业农村发展步伐加快。粮食生产实现“十一连丰”，单产、总产位居石家庄市首位，其中小麦单产位居全省第一,再次被农业部命名为“全国产粮大县”。2014年全国小麦水肥一体化示范现场会、全省农业科教工作现场会在赵县召开。大力发展现代农业、生态农业，年末全县农业生态园达到17个。依托石家庄农业科技城建设，成功申报省级现代农业科技园区。引导土地有序流转，全年发展家庭农场、专业大户等新型农业生产经营主体233家，向龙头企业、农民专业合作社流转土地15.47万亩。

第三产业发展提速。编制完成《赵州桥—柏林禅寺省级风景名胜区总体规划》。赵州桥景区实施景观大道容貌提升、生态停车场长廊等基础建设，桥语展馆、古桥展览馆一期建成开放。柏林禅寺周边环境整治及扩建工作取得进展。海尔创新产业园一期、宏联商城项目竣工投用，新合作广场、赵州商贸城正在建设。与省邮政公司签订10万箱雪花梨销售战略合作协议，与省出入境检验检疫局石家庄办事处签订雪花梨产品质量安全示范区共建协议，2014年赵县雪花梨在内蒙古满洲里、广西凭祥口岸出口俄罗斯、东盟直通放行。

社会事业持续发展。全年民生支出14亿元，同比增长5.6%。高标准农田示范建设、医疗惠民等十大利民惠民工程全部完成。低保和五保申请、审批程序规范，实现动态管理下应保尽保。农村互助幸福院全部建成投用。教育支出4亿元，同比增长21.2%，省政府教育督导、义务教育基本均衡和义务教育阶段教学3项省级督导评估顺利通过。文化“三馆一院一站一室一中心”免费开放，《赵州扇鼓》节目在中央电视台播出。医药卫生体制改革顺利通过省政府督导考核；省级慢性非传染性疾病综合防控示范区创建完成。2014年赵县被国家卫生计生委命名为“全国计划生育优质服务先进单位”。

柏林禅寺

赵县生物产业园一角

魅力赵县 MEILIZHAOXIAN

◆ 赵元公路

◆ 新合作广场

◆ 县城建设

◆ 海尔大道

赵州桥

◆ 柏林寺一角

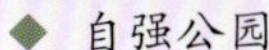

◆ 自强公园

◆ 梨香花海观光园

◆ 梨花节

石家庄市轨道交通建设办公室

2014年，市轨道办（公司）在市委、市政府坚强领导下，按照“压茬推进主体工程、附属工程、3号线两边段征迁工作”主旨，牢牢锁定“里程碑”计划，全面吹响石家庄市轨道交通建设号角，加速运营筹备，全面提升管理水平。全年完成投资45亿元，开工累计完成67亿元，建设进度在全国同期获批7个城市位居前列，工程质量安全获得国家住建部及省市领导的充分肯定和高度评价。

◆ 2014年6月6日，副省长杨汭视察地铁1号线体育场站

2014年石家庄地铁工程建设高潮迭起、不断突破。**主体工程完工过半。**1号线一期、3号线一期首开段工程55个工点全部开工，14座标准站全部封顶。5个区间实现双线贯通，5个区间实现单线贯通。**配套工程强力推进。**线网运营指挥中心（OCC）结构基础施工完成，正定新区预留工程“两站一区间”开工建设。**附属工程建设陆续启动。**1号线一期和3号线一期首开段附属工程涉及地块113处，年内稳定84处设计方案和用地条件。1、3号线一期工程31个出入口和18组风亭开工建设。

质量安全常抓不懈，始终保持稳定向好态势。坚持“安全第一，质量至上，以人为本，科学施工”理念，努力打造全省优质工程、平安工程。**建章立制，夯实管理基础。**结合国家住建部《城市轨道交通安全质量检查指南》，制定和完善30余项质量安全管理制度，基本形成严密的安全质量保障体系，建立健全了安全风险防控体系和风险监控信息系统。**预练结合开展专项行动。**以“安全生产月”活动为契

石家庄市轨道交通有限责任公司

机，以预练结合为手段，深入开展安全生产预防工作。全年开展安全生产应急演练19次，安全生产教育培训46次，参与3757人次，有效提升了安全质量管理水平。**对标整改促进标准化管理。**依据《建设工程安全文明工地标准》，开展工程建设全过程对标和安全文明标准化工地建设，严格落实开工条件验收标准，不达标、不开工，开工则严管，严管必到位，年末全部标段实现安全文明工地达标条件。**坚持隐患排查治理。**建立安全网格化管理模式，组织大规模安全质量检查4次，专项检查27次，全年安全态势总体良好，未发生一般以上安全生产事故和群体性上访事件，顺利通过国家住建部组织的质量安全专项检查，获得高度评价。

坚持依法依规强化企业治理。加强公司制度建设，建立工程建设安全风险管理体系、部门绩效考核体系，形成《石家庄市工程档案整理标准》。全年制定招投标管理、设备材料、监察审计、验工计价、工程变更、信访信息、行政管理等制度办法27项，执行效果良好。

◆ 2014年4月23日，市长王亮、副市长李晋宇视察东广场站

◆ 2014年7月31日，市人大常委会主任杨志辉视察指导轨道交通工程建设

◆ 2014年5月20日，市纪委书记刘明轩视察指导轨道交通建设

◆ 2014年10月11~13日，国家住建部质量安全专家组到石家庄市检查指导轨道交通在建工程质量安全

依法开展招投标活动。本着预防为主原则，从源头加强招投标活动监管，特别是工程建设、设备采购等重点环节的监管力度，变合同审改核准制为备案制，有力提高了合同文件审改效率。全年签订合同170个，完成招标项目25个，编制招标控制价35项。其中，车辆、牵引、信号3个标段招标文件在一周内完成上报，为全国首例，并且多项系统设备完成第一次设计联络。**创新资源开发模式。**在实施既有投融资模式筹措建设资金基础上，积极探索多种投融资模式，拓宽资源开发渠道。按照“三位一体”发展思路，主动作为，谋划车站附属用地开发利用，同时借鉴其他先进城市地铁发展经验，研究资源开发途径。2014年市轨道办（公司）与天山集团、河北广汇就地下接口项目正式签约，并与北国商城、新百广场等多个接口单位签订《对接接口框架协议》。

厉兵秣马、周密开展运营筹备。2014年8月，轨道交通运营分公司正式挂牌成立，并以开通运营为主要目标，制定“五年计划”。其中，2015年为培训提升年，强素质、提技能；2016年为进驻准备年，人到岗、物备齐；2017年为开通服务年，全接管、试运转。轨道交通运营架构基本确定，《运营分公司组织架构方案（初稿）》完成，初步设置11个部门、353个岗位，编制2447人，在此基础上，细化各部室、车间、班组组织架构及部门职责。运营管理团队初具雏形，2014年运营分公司82人招聘计划及订单班530人培养计划完成，并通过内部竞聘方式选拔一批优秀人才，激活了员工竞争意识。推进建章立制，全年完成75个管理类规章文本初稿编制和34个管理类规章文本讨论，其中4个规章开始试行，《石家庄市轨道交通管理条例》正在编制修订。**票价方案制定正式启动。**2014年3月启动，至2014年底，完成各城市地铁票价方案、地铁优惠政策、政府政策等资料收集整理；通过与政府相关部门沟通，确认了票价申请主管部门、举行票价听证流程等事项。

◆ 2014年10月24日，市委副书记司存喜调研轨道交通建设情况

◆ 2014年3月20日，副市长郝竹山到留村站视察指导

◆ 2014年7月9日，省检察院党组副书记、常务副检察长陈晓颖一行到市轨道办（公司）调研指导

◆ 2014年2月17日，市轨道办（公司）召开党的群众路线教育实践活动动员大会

◆ 2014年9月25日，石家庄市城市轨道交通2号线一期工程环境影响报告书专家评审踏勘现场

◆ 2014年11月11日，轨道交通公司董事长付庆文到地铁1号线人民广场站调研指导

◆ 2014年12月11日，市城市轨道交通2号线一期工程可行性研究报告专家评估会在石家庄市召开

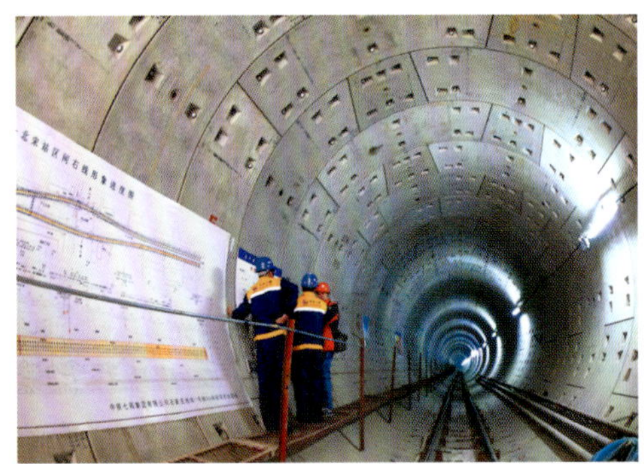

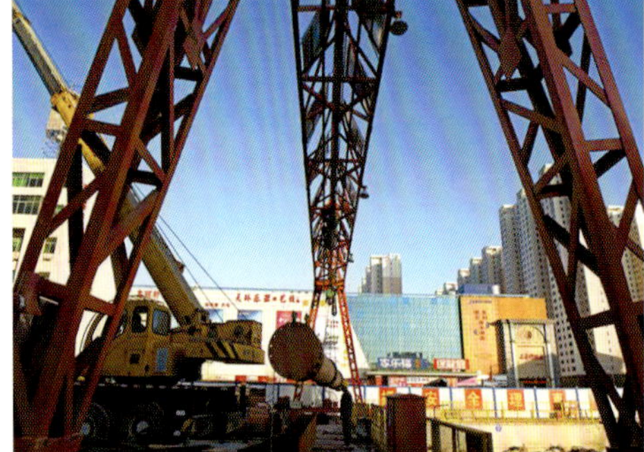

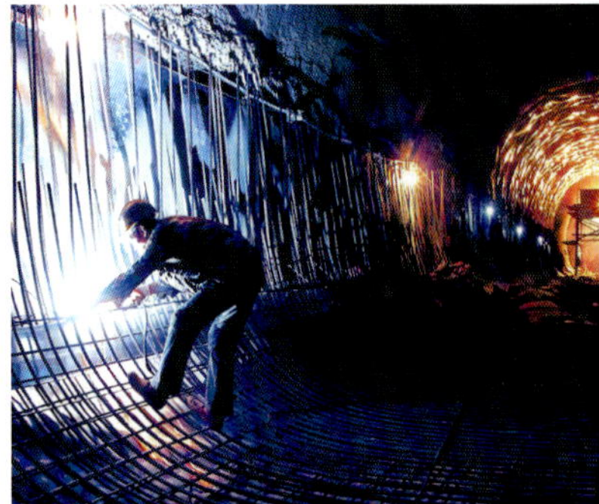

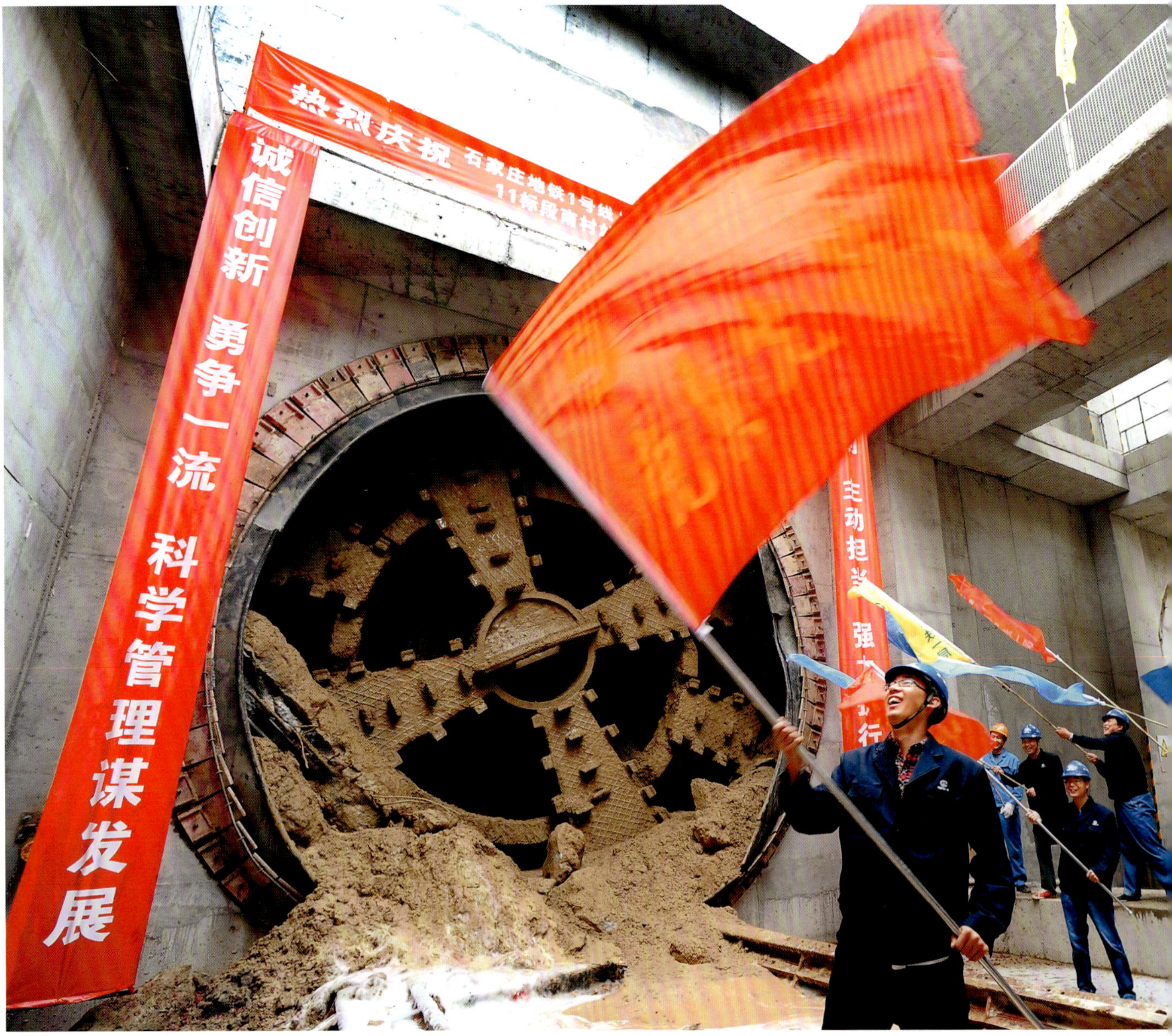
热烈庆祝 石家庄地铁1号线
11标段南村
诚信创新 勇争一流 科学管理谋发展

①体育场站至北宋站区间隧道

②槐安桥站施工现场

③平安大街站至人民广场站暗挖区间

④2014年5月9日，石家庄地铁3号线先锋1号盾构机始发

⑤石家庄地铁首个盾构区间南村站至洨河大道站贯通

⑥2014年8月27日，轨道交通运营分公司挂牌成立

中国工商银行河北省分行营业部

◆ 总行董事长姜建清到营业部中华支行视察指导

中国工商银行河北省分行营业部是中国工商银行在河北省会石家庄设立的二级分行，是一家综合性金融服务机构，共有营业机构149个，其中一级支行32个（市区15个，县域17个），二级支行116个，分理处1个；营业部内设机构29个；从业人员3617人。

价值银行建设 贯彻落实各级政府和总行省行决策部署，围绕京津冀协同发展、新型城镇化建设和石家庄市委市政府转型升级、跨越赶超、建设幸福石家庄的战略部署，加大重点产业、重点项目、园区建设、科技创新、节能减排及“三农”和小企业等领域支持力度，助力中小企业成长和地方特色经济发展。加快金融服务方式创新，拓宽服务实体经济和民生领域路径。2014年营业部发放各类贷款377.68亿元，较2013年增加21.68亿元，其中公司类贷款262.86亿元，小企业贷款64.18亿元。至2014年末，营业部累计各项贷款余额611.10亿元，累计存款余额916.45亿元。

品牌银行建设 以渠道建设为抓手，提升自身服务能力。全年优化改造硬件13家，新建离行式自助银行50家，投入运营助农服务站2家，智能化网点2家，自助便民银亭1家。全面实施网点运营标准化管理改革，为客户提供便捷金融服务。推进互联网金融发展，开通上线商户12家。

绿色银行建设 按照总行绿色信贷管理政策要求，明确绿色银行社会责任。贷前调查严格执行

◆ 营业部代表队参加分行营销创意大赛获得佳绩

◆ 爱心资助灵寿县岔头小学

◆ 总行副行长王敬东到东旭集团有限公司调研走访，实地察看企业产品展示

“环保一票否决”，切实将绿色信贷发展到源头。加大从事农业生态、园林绿化等惠及民生、服务“三农”中小企业支持力度，减小污染源排放。

诚信银行建设 坚持诚信、合规经营，开展“普及金融知识万里行”和“金融知识普及月”活动，加大防范非法集资、信用卡使用、识别假币和金融理财等知识宣传，帮助客户了解金融知识，提高公众金融素养。

和谐银行建设 2014年初，营业部召开第二届三次职工代表大会，提高员工参政议政积极性。履行工会帮扶特困员工“第一责任人”职责，加大帮扶力度。举办“珍惜生命、关爱健康”知识讲座，为全辖女员工投保“女性疾病保险”。落实“送粥工程”和一班制员工午餐补贴常态化措施，做好员工后勤服务工作。

爱心银行建设 开展第四届“爱心日”活动，以实际行动践行社会主义核心价值观，回馈客户，关爱社会。2014年营业部在平山县古月镇西洪子店小学开展“爱在工行”大型爱心捐助活动；对接灵寿县教育局，确定将岔头镇大南地小学作为捐助对象，为孩子们送去爱心礼物；到石家庄市儿童救助管理中心看望孤儿，带去慰问品，为孤儿劳造了温暖幸福的成长环境。

◆ 省行行长助理、营业部总经理沈学勤参加银企对接签约仪式

◆ 营业部二届三次职工代表大会召开

◆ 举办庆“六一”“天使领域”征文活动颁奖仪式

张家口市商业银行石家庄分行

2010年12月10日，张家口市商业银行石家庄分行开业，这是张家口市商业银行设立的第一家域外分行。四年来，石家庄分行在省市各级政府及监管部门指导和大力支持下，积极克服各种困难与挑战，实现业务快速发展、机构建设全面开花、整体经营业绩不断攀升。2014年，石家庄分行紧紧围绕张家口市商业银行提出“忠诚机制建设年”和“专业能力提升年”指导思想，坚持“服务中小企业、服务县域经济、服务社区居民”的市场定位，深度推进企业文化落地、加快机构建设、创新社区服务、全面融入当地发展，在优化组织架构、创新机制建设、提升管理水平、优化网点布局、提升员工素质等方面齐头并进，在业务规模、优化布局、队伍建设和品牌树建等方面取得较大突破。至2014年底，石家庄分行下辖营业网点23家（营业部1家、县域支行11家、市区综合支行8家、社区支行3家）；资产总额160.17亿元；各项存款余额118.25亿元。

★ **业务发展** 2014年，石家庄分行立足当地实际，根据宏观授信政策和自身规模实力，在授信规模非常紧张情况下，确立总体业务重心向县域倾斜的思路，将有限的信贷资源投入到金融支持最为薄弱

◆ 以实际行动，开展创建文明单位和助力文明城市创建系列活动

的县域中小企业。对接县域支行能够扎根及持续开发、有深远影响的项目，通过授信支撑和客户粘性促进业务发展。针对县域产值贡献大、区域范围广、从业人口多的经济主体特点，定向开发“养殖贷”“微联贷”等特色产品，获得市场良好反响。大力提升服务水平和质量，在做好“36599”“三个零”特色服务品牌基础上，丰富和创新社区活动形式，将社区服务理念推崇到提升社区品质、增强社区居民互动互助协作、改善邻里关系上，实现了分行业务与社区融和发展。

★ 网点建设 2014年是张家口市商业银行石家庄分行机构建设成就突出的一年，全年新建县域支行3家、市区综合支行1家、市区简易社区支行3家，县域支行覆盖辛集市、正定县、深泽县、晋州市、新乐市、元氏县、无极县、平山县8个市（县）；市区支行设有分行营业部、谈固支行、翟营支行、金马支行、高新支行、建安支行、广安支行、红旗支行、鹿泉支行、藁城支行、栾城支行、长安支行、普园街社区支行、世奥湾社区支行、建强路社区支行。

◆ 2014年11月21日，开展“走进山区”献爱心捐款活动

◆ 2014年11月28日，举办“好团队讲述好故事”比赛活动

◆ 2014年12月6日，举行“爱我城市 绿色出行”行庆特别活动

石家庄市第一医院

◆ 2014年9月19日，全国人大常委会副委员长陈竺（前排右三）到我院视察重症肌无力病房

◆ 2015年4月3日，省委常委、市委书记孙瑞彬（前排右二）到我院视察重症肌无力诊疗中心建设

石家庄市第一医院（河北医科大学附属人民医院）始建于1938年，是一所集医疗、教学、科研、保健、急救、康复为一体的综合性三级甲等医院，河北省重症肌无力医院、石家庄市肿瘤医院、石家庄市第一眼科医院、石家庄市脑血管病医院均挂牌于此。2014年9月，全国人大常委会副委员长、农工党中央主席陈竺视察我院提出：乘着京津冀一体化发展的东风，加强与京津等地密切合作。2015年4月，省委常委、市委书记孙瑞彬视察我院提出：大力弘扬和推广中西医结合治疗重症肌无力的研究成果，在现有重症肌无力专业发展的基础上，努力建成国际一流的特色专科医院。按照各级领导要求，我院加强医技、质量建设，注重品牌培养，强化服务意识，在省会影响越来越大，得到广大患者的好评。

医院现有三个院区。本部院区拥有一座19层医技病房楼、一座5层综合病房楼及5层智能门诊大楼。完全电视胸腔镜下肺叶切除术，胸腔镜、腹腔镜联合食管癌根治术，微创、无创综合治疗肿瘤等技术省内领先。心血管病、重症医学、健康体检成为医院品牌，治疗急性心肌梗死开通24小时绿色通道，心脑血管介入、心律失常、高血压、肺癌、乳腺癌专病治疗形成特色。

中心院区为原石家庄市中心医院，实行医疗资源优化整合后为市第一医院中心院区。中心院区开通脑血管病24小时绿色通道，重点打造脑血管病、康复医学、肿瘤、重症肌无力等特色专科。

眼院院区为原市第九医院（市交通医院），现为石家庄市第一眼科医院，重点突出眼科特色，是省会首家公立眼病专科医院，拥有雄厚的技术力量和专家团队以及国内先进的眼科检查、治疗设备。

医院先后荣获“全国五一劳动奖状”“全国医院文化建设先进单位”“全国百姓放心示范医院”“全国改革创新医院”“河北省五一奖状集体”“河北省文明单位”“河北省医德医风建设先进单位”“河北省百佳医院”等荣誉称号，连续四年在全市直属医院民主评议活动中位列第一。

2014年12月11日，第四军医大学西京消化病医院石家庄协作中心揭牌仪式在市第一医院中心院区举行。中国工程院副院长樊代明院士出席揭牌仪式并作《精品战略与学科建设》讲座。石家庄协作中心成立后，第四军医大学西

◆ 范西路36号　本部院区

◆ 方北路9号　中心院区

◆ 平安北大街12号　眼院院区

京消化病医院不定期选派消化内、外科专家到中心指导医疗工作，开展各项消化专业诊疗技术及手术。

重视做好社会公益事业，长期开展白内障、唇腭裂、先心病、重度聋哑儿救治等公益活动。其中，“白内障复明工程”免费救治白内障患者1万余名；“微笑列车”救治唇腭裂患者3000余名；“先心病救治爱心工程”救治患儿771名；“听力无障碍工程”“黎明复聪工程”“欢乐听幸福”等听力障碍患者专项活动获得省红十字会专项基金支持。2013年11月，省残疾人联合会、省卫生计生委联合推荐市第一医院为国家级人工耳蜗项目定点手术医院。

◆ 中国工程院副院长樊代明院士与市卫生计生委党委副书记解立芳共同揭牌并做《精品战略与学科建设》精彩讲座

新引进一批高端检查治疗设备，主要包括国内最高配置瑞典医科达容积旋转调强放疗（VMAT）治疗系统，省内首台海扶刀，发现肿瘤最先进医学仪器PETCT及临床应用范围广泛、可用于神经系统、腹部、骨骼、血管、心脏等部位检查的3.0T核磁共振仪等，有效提升了医院诊疗技术水平。

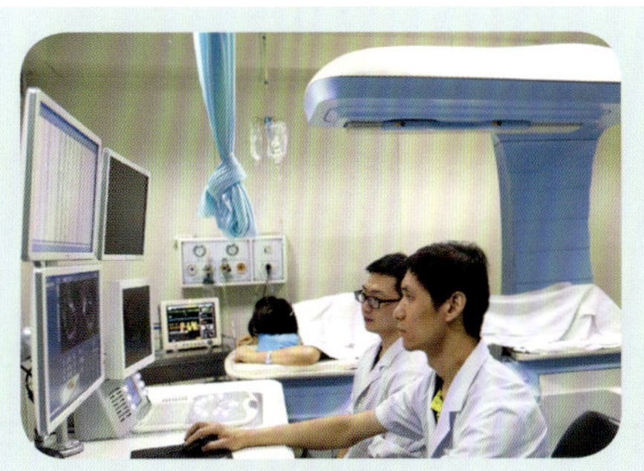

海扶刀治疗室

医院在省内最早开展海扶刀治疗，此项治疗适合大多数子宫肌瘤、子宫腺肌病患者，具有无创、风险小特点，不影响卵巢血运，不造成子宫内膜损害，对有生育要求的患者具独有优势

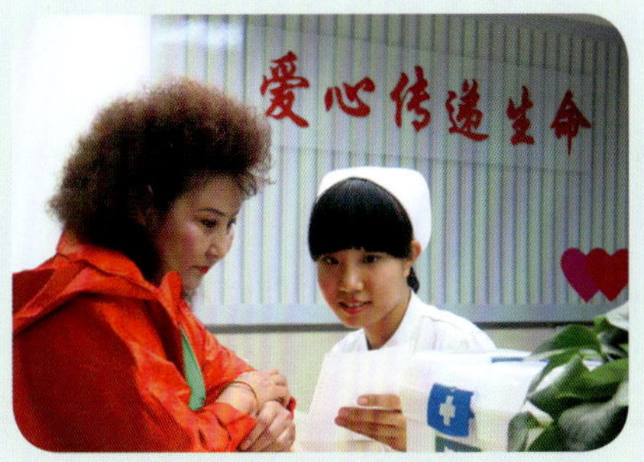

护士耐心为患者讲解

医院更新管理理念、创新工作模式、打造服务特色，以实际行动践行“以病人为中心”的服务理念，荣获石家庄市优质护理服务医院，消化内二科荣获全国优质护理服务示范病区，妇二科荣获河北省优质护理服务示范病区

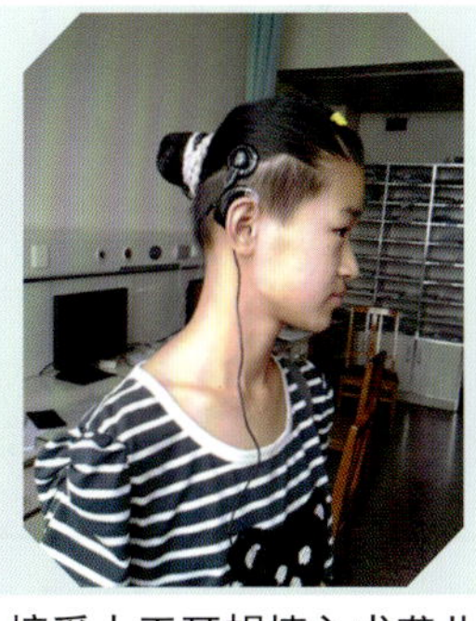

接受人工耳蜗植入术聋儿

耳鼻喉科与北京友谊医院、北京同仁医院，301医院，北大第一医院和北大人民医院建立长期合作关系。耳科医生能够独立完成各种耳显微复杂手术，获得大批聋儿信任，前来就诊和治疗

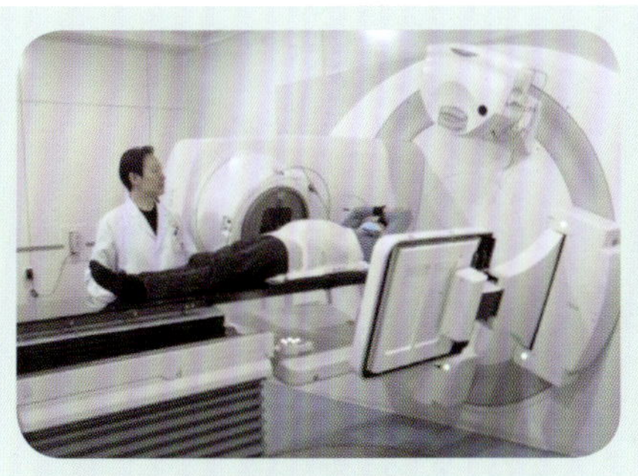

患者接受容积旋转调强放疗（VMAT）治疗系统诊疗

VMAT是在图像引导放射治疗技术(IGRT)基础上，集新型高精尖加速器与顶级逆向优化治疗计划系统、精密三维验证设备于一身的国际最先进的放射治疗技术，可满足全身各部位肿瘤治疗的需要

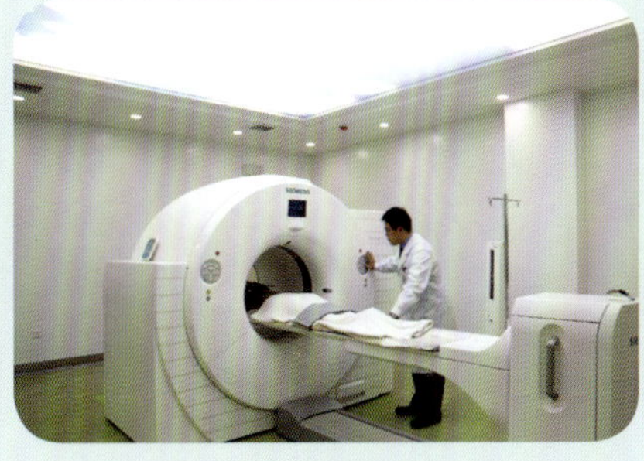

先进的德国西门子PETCT

PETCT影像学检查是医学界发现肿瘤最先进的医学仪器，是肿瘤治疗医生的得力助手，代表分子功能影像技术的最高水平，主要用于肿瘤、心血管和神经系统疾病的早期诊断

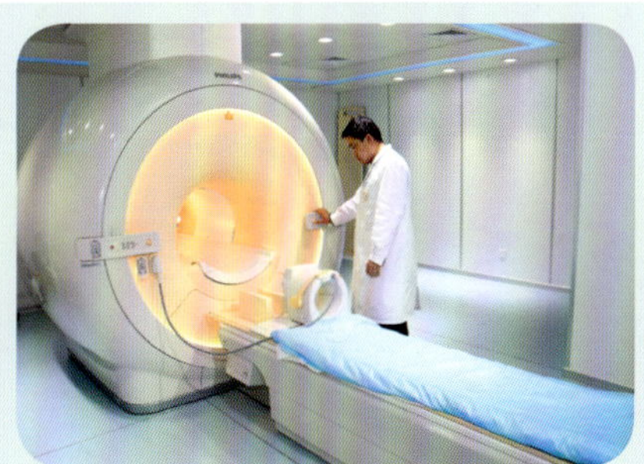

飞利浦3.0T核磁共振仪

3.0T核磁共振仪除能进行常规磁共振检查外，对心血管系统的检查也达到相当高的水准，还可以进行全身健康体检和肿瘤筛查，不需搬动患者，仅需要30分钟左右即可完成从头到脚全身检查

花之吻(KISS FLOVE)美容连锁集团

花之吻美容连锁集团总裁 杨劲辉

花之吻（KISS FLOVE）美容连锁集团是一家专业从事女子美容SPA养生会所连锁经营大型集团公司，成立于1995年，总部位于香港。2015年花之吻集团在国内拥有高端女子SPA会所100余家，遍布国内18个中心城市。花之吻以先进的健康美容理念，专业的技术服务水平，卓越的项目产品体系在美容业独占鳌头，数以万计的顾客正在享受花之吻提供的高品质服务。

花之吻热衷社会公益事业，积极履行企业社会责任，近年来在抗震救灾、扶贫济弱、帮学助教等方面大力投入，累计投资资金超千万元，斥巨资开办的花之吻希望小学，帮助数百名失学儿童重返校园。服务至上、顾客至尊是花之吻的服务宗旨，关爱女性健康、塑造如花女人是花之吻的品牌理念，打造百年老店，开创国际一流品牌是花之吻永恒不变的追求。

企业荣誉：

- 荣获亚洲（中国）健康美容联盟常务理事单位，集团总裁任联盟副主席
- 荣获中国SPA协会常务理事单位
- 荣获中国芳疗协会常务理事单位
- 中国美发美容协会授予5A级企业
- 荣获中国商业联合会会员常务理事单位
- 石家庄市人民政府残疾人工作委员会授予爱心大使称号
- 荣获中国20大最具行业影响力品牌
- 荣获2011-2012年度最受消费者喜爱美容会所荣誉总裁
- 荣获2011-2012年度中国健康美容影响力任务至尊大奖
- 获得华山奖2012年度中国美业十佳美容名店称号

花之吻美容连锁集团获得捐赠证书

石家庄慈善总会聘请花之吻总裁杨劲辉为石家庄市慈善总会副会长

企业慈善事业：

- 2004年在河北省赞皇县捐建花之吻希望小学，累计捐资超过百万元
- 2007年被石家庄市人民政府残疾人工作委员会授予“爱心大使”称号
- 2008年为四川汶川5·12特大地震灾区群众捐款捐物
- 2010年为青海玉树地震灾区送去急需救灾物资
- 2011年向石家庄200户低保户家庭冬季送温暖
- 2012年救助内蒙古身患白血病儿童张新宇
- 2012年救助因车祸受到重创高邑县赵倩倩家庭
- 2012年参与为河北省井陉县抗日英雄立碑捐款
- 2013年参加石家庄慈善总会“小额冠名慈善基金”签约活动，捐赠善款
- 2013年捐赠善款20万元注入“花之吻慈善基金”，帮助社会弱势群体
- 2014年为身患白血病大学生周景涛同学捐款
- 2014年捐助《燕赵晚报》白血病患者殷兵霞慈善基金30000元
- 2014年为身患重病秦皇岛新天地院长马焕英捐助慈善基金30000元
- 2014年为花之吻希望小学捐款捐物
- 2014年为“中国好人”韩金贵捐款
- 2014年为地震灾区云南鲁甸捐款50000元
- 2014年捐赠善款20万元注入“花之吻慈善基金”，帮助社会弱势群体
- 2014年为身患重病保定地区仁和店院长仝宝珍捐助慈善基金20000元
- 2015年10月为陕西省商南县梁家坟小学捐赠花之吻书屋
- 2015年10月为河北省阜平县槐树庄小学捐赠计算机44台

2015年花之吻美容连锁集团慈善爱心捐款20万元

2015年花之吻美容连锁集团慈善助学育栋梁助学金发放仪式

◆ 2015年花之吻美容连锁集团捐赠花之吻书屋揭牌

◆ 2015年花之吻美容连锁集团向花之吻小学捐赠款物

◆ 2015年花之吻美容连锁集团捐助贫困大学生

◆ 2015年花之吻美容连锁集团慈善捐助吉雨轩

石家庄市文化广电新闻出版局

◆ 举办全民阅读活动暨第八届青少年读书节

◆ "彩色周末"文艺演出1156场

2014年，市文广新局紧紧围绕市委、市政府决策部署和全市中心工作，积极构建现代公共文化服务体系和现代市场体系，全力推进全市文化事业和文化产业繁荣发展。在国家文化部、人社部开展"三先"表彰活动中，市文广新局作为全省唯一一家地市级单位，获得"全国文化系统先进集体"称号。**一是服务网络日趋完善。**霞光大剧院（演艺中心）项目主体工程完工，丝弦剧院项目完成内装修。51个街道办事处社区文化中心提档升级。试点推进图书馆总分馆制建设，实现通借通还、资源共享。**二是文艺舞台更加繁荣。**实施惠民工程，放映公益电影49097场，举办"彩色周末"演出1156场，送戏下基层演出996场，活跃了城乡文化生活。深入开展全民阅读活动，在首次全国100个城市全民数字阅读排行中，石家庄市名列第15名。加强精品创作，河北梆子《百合岭》获得国家舞台艺术基金。落实低票价惠民政策，举办"一月一名剧""石演大舞台"演出48场。京津冀三地联合举办河北梆子优秀剧目巡演活动，促进了演艺事业发展。**三是文化产业融合发展。**河北长城影视动漫旅游创意园等项目建设进展顺利。河北美院东方文化创意产业基地等4家园区命名为首批省文化产业示范园区。试点发行文化惠民卡，打造文化消费新亮点。**四是遗产保护成效明显。**正定古城保护工程全面铺开，古城墙、隆兴寺文物保护等项目建设顺利实施。组织开展全国第一次可移动文物普查，新认定文物近4000件。2014年市图书馆被文化部授予"全国古籍保护工作先进单位"称号。**五是行业管理规范有序。**开展"寒暑期网吧专项整治""中小学周边专项整治""打三假"及"净网""清源""秋风""整治非法医疗广告"等专项行动和专项整治，有效净化社会文化环境。2014年全市软件正版化工作通过国家考核验收，市文广新局连续十年被国家版权局评为打击侵权盗版有功单位。

◆ "文化惠民卡"试行　◆ 欢乐大广场系列春节文化活动　◆ 艺术院团送戏下基层演出